V&R

Veröffentlichungen
des Max-Planck-Instituts für Geschichte

Band 177

Vandenhoeck & Ruprecht

Francisca Loetz

Mit Gott handeln

Von den Zürcher Gotteslästerern der Frühen Neuzeit
zu einer Kulturgeschichte des Religiösen

Mit 4 Graphiken und 12 Tabellen

Vandenhoeck & Ruprecht

Die Deutsche Bibliothek – CIP-Einheitsaufnahme

Loetz, Francisca:
Mit Gott handeln : mit 12 Tabellen ; von den Zürcher Gotteslästerern
der Frühen Neuzeit zu einer Kulturgeschichte des Religiösen / Francisca Loetz. –
Göttingen : Vandenhoeck und Ruprecht, 2002
(Veröffentlichungen des Max-Planck-Instituts für Geschichte ; 177)
ISBN 3-525-35173-9

Gedruckt mit Unterstützung der Deutschen Forschungsgemeinschaft.

Inhalt

Verzeichnis der Tabellen und Graphiken

Tabellen

Graphiken

Vorwort

Wer über Gotteslästerung arbeitet, wird bisweilen eine Erfahrung machen, die Ärztinnen oder Rechtsanwälten geläufig ist: Man bekommt eine Geschichte erzählt und soll anschließend die Sachlage beurteilen. So fragte mich eines Tages eine – wohl nicht allzu besorgte – Mutter, ob ihre katholisch getauften Kinder eine Blasphemie begangen hätten, als sie vor kurzem bei einer Zugfahrt im Großraumwagen, auch noch in Anwesenheit eines Priesters, mit Salamischeiben Heilige Messe gespielt hätten. Diese gewichtige Frage wird hier nicht beantwortet. Das Buch – die überarbeitete Fassung eines Manuskripts, das die Philososophisch-Historische Fakultät der Universität Heidelberg im Wintersemester 2000/2001 als Habilitationsschrift angenommen hat – will nicht theologisch Position beziehen, sondern historisch orientieren. Doch der Orientierung habe ich erst selbst bedurft, um auf die Spur der Zürcher Gotteslästerer zu kommen, und so ist es nun an der Zeit, denjenigen zu danken, die hierzu beigetragen haben, wenn ich sie auch nicht alle namentlich erwähnen kann:

Prof. Dr. Sellin gewährte mir als seiner Assistentin großmütig die innere und äußere Freiheit, die das Projekt erforderte. Prof Dr. Wolgast half mit seiner Präzision, etwaige Mißverständlichkeiten auszuräumen. Prof. Dr. Gottfried Seebaß nahm sich eigens die Zeit, vereinzelte theologische Punkte zu kommentieren. Alle drei begutachteten die Habilitationsschrift äußerst zügig und unterbreiteten Vorschläge zur Überarbeitung der Arbeit. Anregungen erhielt ich ferner in den Diskussionen, die sich im Anschluß an Vorträge vor dem Arbeitskreis für Kriminalitätsgeschichte in Stuttgart, bei einer von der Mission historique française en Allemagne und dem Saarbrücker Arbeitskreis für Historische Anthropologie gemeinsam veranstalteten deutsch-französischen Tagung in Saarbrücken, bei einer internationalen Zwinglitagung in Zürich sowie in den Colloquien Ute Daniels in Braunschweig, der Bielefelder Frühneuzeitler in Bielefeld und Kaspar von Greyerz' in Basel ergaben. Die Korrekturen, die aus all diesen Beiträgen resultierten, bekamen Jens Breitschwerdt, Jürgen Huber und Sandra Rößler zu spüren, als sie nochmals stapelweise Bücher aus der Bibliothek besorgten und die Bibliographie auf Fehler durchsuchten. Bärbel Maier-Schicht und Kilian Schultes erwiesen mir den Freundschaftsdienst, bei der Erstellung der Graphiken bzw. der technischen Gestaltung des Umschlagbilds zu helfen. An den Druckkosten beteiligte sich der Zwingliverein Zürich. Die selbstlose Aufgabe des Lektorierens übernahmen Lisette Buchholz und Rosemary Selle.

Ohne die Deutsche Forschungsgemeinschaft, die mir ein zweijähriges Habilitationsstipendium gewährte, hätte ich die Zürcher Bestände nicht auswerten können. Das Zürcher Staatsarchiv, dessen Benutzungsbedingungen so großzügig bleiben mögen, wie sie zu meiner Zeit waren, bot sein eigenes Ambiente. Um Viertel vor acht begrüßte mich Herr Hugentobler mit einem forschen »Morgenstund«. Frau Stadler regelte die Frischluftzufuhr nach ganz eigenem Sinn. Ein Blumengruß wartete immer dann an der Aufsicht auf die Archivbenutzer und Archivbenutzerinnen, wenn Traudel Hirt ihren verläßlichen und zuvorkommenden Dienst tat. Die Hilfsbereitschaft von Verena Buchmann ging weit über die Gewährung kleiner Sonderbedingungen bei der Benutzung von Archivalien hinaus.

Am Zürcher Institut für Reformationsgeschichte, in dem die Bullinger Forschungsstelle eingebunden ist, wurde ich außerordentlich freundlich von Hans Ulrich Bächthold, Herrn Prof. Dr. Campi, Kurt Jacob Rüetschi und Frau Seger aufgenommen. Im Zeitalter des Internet hatte mich eine Mail Rainer Henrichs, der mir in steter Hilfsbereitschaft alle meine Fragen bezüglich sprachlicher oder technischer Probleme beantwortete und sich zudem als geduldiger Bergführer, regelmäßiger Schwimmer und zuverlässiger Keksliebhaber herausstellte, dorthin geführt.

Daß auch anderes als gemeinsame Forschungsarbeit verbindet, erlebte ich mit Saskia Klaassen und Aline Steinbrecher. Beide haben nicht nur geholfen, Kleinigkeiten nachzuprüfen, als ich schon wieder in Heidelberg war, sondern mich in ihrer Herzlichkeit auch mit der helvetischen Kultur der gegenseitigen Zurechtweisungen vertraut gemacht. Eine gelungene Einführung in sein geliebtes Luzern gab mir Dominik Sieber, der nicht müde würde, meine Aussprache des Ortsnamens Weggis zu korrigieren. Die Liebe zur Schweizer Sprache und ihrer Geschichte vermittelte mir außerdem Ruth Jörg in ihrer feinen Art.

Nachdem ich bei der dringenden Suche nach einem Habilitationsthema schließlich auf die Zürcher Archivbestände stieß, sprach Charlotte Methuen mit britischem Humor mir Mut zu: Ich hätte es mit außerordentlich spannenden Quellen zu tun, auch wenn sie als Kirchenhistorikerin sich nicht recht vorstellen könnte, was sie mit ihnen anstellen würde.

Als sich für mich das Thema Gotteslästerung abzeichnete, fiel mir ein, daß ein Bielefelder Kollege bereits an einem ähnlichen Habilitationsprojekt saß. Dieser erschrak erst einmal nicht wenig, als ich ihn anrief, um ihn über mein Vorhaben zu informieren, doch die menschliche und fachliche Offenheit, mit der Gerd Schwerhoff dann reagierte, gehört zu meinen besten beruflichen Erfahrungen. Ebenso wie Martin Dinges unterzog er die erste Fassung des Manuskripts einer eingehenden, konstruktiv-kritischen Lektüre.

Christine Globig und Uwe Gerrens schenkten mir trotz räumlicher Ferne, schreiender Kinder und entgegengesetzter Werdegänge allen nur möglichen Rückhalt.

Danksagungen lassen schnell den Eindruck entstehen, wir lebten in einer paradiesischen Welt. Deswegen ist es mir ein Anliegen, Rosemary Simpson zu nennen, die an einem Scheideweg dafür sorgte, daß der Faden nicht riß. Die Arbeit trägt ihre Spuren. Dafür kommt sie ihr zu.

Einleitung

Wie wir mit Blicken töten können, so können wir mit Worten verletzen. Daher ist diese Geschichte der Gotteslästerung nicht eine Geschichte intellektueller Systeme, sondern eine Geschichte verbalen Handelns. Sie schließt Gotteslästerung als tätliches Delikt, wie sie etwa »Bestialität« (Geschlechtsverkehr mit Tieren), Bilderstürmerei oder Hostienschändung darstellten, aus. Als Ausgangspunkt dient die Überlegung, daß frühneuzeitliche Blasphemie für Menschen der westlichen Moderne ein fremdes Phänomen ist: In den säkularisierten Gesellschaften der heutigen Industrieländer gilt die Ehrverletzung Gottes kaum noch als Delikt. Wer ist sich heute noch bewußt, als Christ zu fluchen und zu schwören, wenn ihr oder ihm ein »scher dich zum Teufel« oder »Herr Gott Sakrament« herausrutscht? Wen beschäftigt es, von Fundamentalisten abgesehen,[1] schon, wenn satirische Werbeanzeigen oder Filme als blasphemisch kategorisiert und der Zensur unterworfen werden?[2] Es hat den Anschein, daß den westlichen Industrieländern die Ehrfurcht vor Gott abhanden gekommen ist. Warum also sich überhaupt noch mit dem Problem der Gotteslästerung aus historischer Perspektive beschäftigen?

Eine erste Antwort: Sicherlich nicht, weil in der Frühen Neuzeit Gotteslästerung das Leben kosten konnte und deswegen die Geschichte der Blasphemie ein zentrales, da »lebenswichtiges« Thema darstellte. Eine zweite Antwort: Auch nicht, weil die frühneuzeitliche Furcht vor dem christlichen Gott

---

[1] So zwang der Protest evangelikaler Studierender der Universität Zürich den Redakteur des Studentinnen- und Studentenmagazins ergo dazu, sich für ein Titelbild zu entschuldigen, das einen Jesus darstellte, der gerade im Begriffe ist, in einen Swimming Pool zu springen. Vgl. B. Dubno, Liebe LeserInnen, in: Ergo 6. 1995 S. 3.

[2] So zum Beispiel eine Werbeparodie aus der Zeitschrift Titanic. Sie zeigte ein metallenes Kruzifix und betitelte das Bild in Anspielung auf Werbetexte der Recyclingindustrie mit »ich war eine Blechdose ... Weißblechdosen sind jesusmäßig umweltfreundlich« (vgl. Titanic, Dez. 1986, Nr. 12, S. 37/38). Das entsprechende Heft wurde per Gerichtsbeschluß mit einem Lieferverbot versehen (schriftliche Auskunft des Titanic Verlags vom 29.1.1997). Eine vergleichbare Niederlage mußte der Filmproduzent Nigel Wingrove einstecken. Der europäische Gerichtshof entschied 1996, daß sein Film »Visions of Ecstasy« blasphemisch sei. Daher sei die Lizenzverweigerung der Britisch Board of Film Classification für den Film rechtens (vgl. S. Herbert, Blasphemy Ruling on Film is Upheld, in: Church Times 29.11.1996, Nr. 6981, 29.11.1996).

heute Befremden auslöst und daher erklärungsbedürftig sei. Eine dritte und nun positive Antwort: Weil religiöse Normen, freilich in wesentlich veränderten Formen, die westlichen industrialisierten Gesellschaften weiterhin prägen. So säkularisiert und entzaubert die Welt der Industrienationen erscheinen mag, es wird noch viel mit Gott gehandelt. Auf der Straße sagen selbsternannte Propheten im Namen eines richtenden Gottes den Weltuntergang vorher. Allerlei esoterische Bewegungen und Sekten versprechen, die Heilssehnsucht der Menschen zu erfüllen. Fundamentalistische Strömungen verkünden, wo die Grenzlinien zwischen gut und böse verlaufen. Religion ist weiterhin präsent. Wenn auch vieles die europäische Moderne von der christlichen Frühen Neuzeit trennt, verbindet doch beide Epochen die Frage nach der Bedeutung von Religion. Gotteslästerung in einer frühneuzeitlichen Gesellschaft zu betrachten, ist daher keine retrospektive Liebhaberei, die mit mancherlei kurzweiligen Anekdoten aufzuwarten vermag. Nach der Tragweite und den Implikationen verbaler religiöser Äußerungen zu fragen, heißt vielmehr, den Beitrag religiöser Normen zur Regulierung des Alltags zu untersuchen und damit einen fundamentalen Zugang zum Verständnis einer Gesellschaft zu wählen: Gottslästerung war Gegenstand obrigkeitlicher wie auch gegenseitiger sozialer Sanktionierung, gehörte zu den alltäglichen Erscheinungen sozialen sowie potentiell politischen Handelns und drückte verschiedene Formen des individuellen Un/Glaubens aus. Dies versucht der Aufbau der Arbeit zu verdeutlichen, wobei die Forschungsdiskussion zur schnelleren Orientierung auf das entsprechende Kapitel konzentriert worden ist. Im Verlauf der anschließenden Argumentation wird nur noch auf Einzelpunkte der Forschung verwiesen, um den Anmerkungsapparat in Grenzen zu halten. Aus Gründen der Verständlichkeit folgen die Zwinglizitate den neudeutschen Übertragungen, sofern in ihnen die sprachlichen Interpretationsspielräume des Originals nicht verloren oder zu sehr eingeschränkt worden sind. Für die hier herangezogenen Texte Heinrich Bullingers fehlen solche Versionen. Aufgrund der Quellen können die erfaßten, rund neunhundert Gotteslästerer, nicht im mikrohistorischen Detail studiert werden. Doch die aggregativen Daten, die kaum eine bevorzugte Behandlung einzelner Fälle erlauben, haben – wie zu zeigen bleibt – auch ihre Vorteile. Was aber heißt nun »Bedeutung der Religion« in Hinblick auf die Frühe Neuzeit? Der Beantwortung dieser Frage widmet sich die vorliegende Arbeit.

I. Religion in der Geschichte der Frühen Neuzeit: Ein Zugang über die Zürcher Gotteslästerer

1. Fragestellung

Am 6. Januar 1658 mußte sich der Nadlergeselle Johannes Zyder aus dem schwäbischen Ravensburg vor Gericht verantworten. Jemand hatte ihn im Zürcher Wirtshaus zum Saffran provozierend gefragt, warum die Schwaben »Leberfresser« seien. Als Antwort hatte er, so die Anklage, einen gotteslästerlichen Witz zum Besten gegeben: Gott sei mit einem Schwaben auf Reisen gewesen, habe unterwegs Leber gekauft und seinen Reisegefährten beauftragt, diese zum Essen vorzubereiten. Bevor jedoch die beiden zu Tisch gehen konnten, sei der Herr von einem Toten gerufen worden, der auferweckt zu werden wünschte. Gott habe ihm die Bitte erfüllt und der Auferweckte sich mit einem Geldgeschenk bedankt. So sei Gott nach verrichteten Geschäften zu seinem Reisebegleiter zurückgekehrt, um nun endlich die ersehnte Mahlzeit zu sich zu nehmen. Doch habe Gott feststellen müssen, daß jemand sich die Leber bereits hatte schmecken lassen. Natürlich habe er den Schwaben gefragt, ob er sie verspeist habe, was dieser jedoch heftig von sich wies. Da habe Gott den eben erhaltenen Geldbetrag in drei Teile geteilt und bestimmt, jeder solle sich seinen gerechten Teil nehmen: der Weggefährte, er selbst und derjenige, der die Leber gegessen habe. Daraufhin aber habe der Schwabe zweimal zugelangt.

Aus heutiger Sicht erschließt sich der damals mit großem Erfolg erzählte Witz nicht ohne weiteres als Gotteslästerung. Mag die Darstellung Gottes als eines Herrn, der sich für seine Dienste bezahlen läßt, manch praktizierendem Christen anstößig erscheinen, für die meisten von uns richtet sich die Pointe des mit Selbstironie begabten Erzählers gegen die Schwaben. Der Vorwurf, daß Gottes Ehre in ernsthafter Weise verletzt sein könnte, wirkt in unserer heutigen säkularisierten Gesellschaft belanglos. Aus historischer Perspektive jedoch lohnt es, Gotteslästerungen, d. h. Ausdrücke des Schwörens, Fluchens und Gott Kritisierens/Leugnens, zu untersuchen. So banal und anekdotenhaft der Fall Zyder erscheint, er bietet ungewöhnliche Möglichkeiten, die Tragweite religiöser Normen im Alltag einer frühneuzeitlichen Gesellschaft zu erschließen. Gerade das Unverständnis, das die Saffraner Wirtshausszene nach modernen Standards auslöst, provoziert die wesentliche Frage nach der Andersartigkeit, d. h. dem »Sinn« von Religion in einer frühneuzeitlichen Gesellschaft: was ist Blasphemie, was machte sie für die Zeitgenossen zum Problem?

Gotteslästerung hat offensichtlich mit Religion zu tun, aber was genau? Welche Rückschlüsse erlaubt Blasphemie auf Religion in der Frühen Neuzeit? Wären die verbalen Verhaltensweisen, von denen die vorliegende Arbeit handelt, kein Stein des Anstoßes gewesen, hätten sie nicht dazu Anlaß gegeben, vor Gericht zu ziehen. Es geht also um Äußerungen, die als Delikt registriert worden sind. Als Normbrüche, die eine bestimmte Toleranzschwelle überschritten und daher justiziabel wurden, geben die gerichtsnotorisch gewordenen Blasphemien in einer dreifachen Perspektive Zeugnis von Religion: in der Dimension von Religion als individueller Glaubenshaltung, als Streitmedium zwischen zwei Konfliktgegnern sowie als Gegenstand der Sanktionierung. Religion läßt sich zwar als Menge der metaphysisch begründeten Deutungs- und Verhaltensmuster, mit denen Menschen ihren Kontingenzerfahrungen Sinn verleihen, definieren,[1] doch muß immer berücksichtigt werden, von welchem Standpunkt aus diese Interpretationen vollzogen werden. Entsprechend handelt es sich um verschiedene Normen, die im Falle der Blasphemie gebrochen werden. Auf der individuellen Ebene erstreckt sich die Normüberschreitung auf metaphysische Fragen der persönlichen Glaubenshaltung. Beim Austragen von Konflikten mit einem konkreten Kontrahenten geht es hingegen um gesellschaftliche Verhaltensnormen, welche die Einhaltung bzw. Verletzung des sozialen Friedens betreffen. Aus Sicht der Obrigkeit und des sozialen Umfelds ist Blasphemie ein Normbruch, der die Legitimität des obrigkeitlichen Herrschaftsanspruchs untergraben und das Gemeinwesen gefährden kann. Da Ausnahmen die Regel bestätigen, d. h. Normbrüche im Negativabdruck Normerwartungen abbilden,[2]

---

[1] Zum Problem, wie Religion zu definieren sei, vgl. jeweils aus theologischer, soziologischer und historischer Sicht: G. AHN, Religion, in: Theologische Realenzyklopädie, Bd. 28. Berlin – New York 1997 S. 513–521; T. LUCKMANN, Einleitung, in: B. Malinowski, Magie, Wissenschaft und Religion und andere Schriften. Frankfurt/Main 1973 S. XI; R. v. DÜLMEN, Religionsgeschichte in der Historischen Sozialforschung, in: Geschichte und Gesellschaft, 6. 1980 S. 37 f.

[2] Daß Normbrüche als »normale Ausnahmen« Normerwartungen zu erschließen erlauben, hat Hans Medick mit Verweis auf Eduardo Grendi unterstrichen in: H. MEDICK, Entlegene Geschichte? Sozialgeschichte und Mikrohistorie im Blickfeld der Kulturanthropologie, in: J. MATTHES Hg., Zwischen den Kulturen? Die Sozialwissenschaften vor dem Problem des Kulturvergleichs. Göttingen 1992 S. 167–178; hier: S. 173 f. Er hätte auch auf Paul Drew und Anthony Wootton verweisen können, die in ihrer Auseinandersetzung mit den Interaktionskonzepten Er-

ermöglicht es das Delikt Gotteslästerung, die Denk- und Handlungsspielräume im Bereich des Religiösen zu sondieren. Vorliegende Untersuchung
will also in eine Forschungslücke vordringen. Sie ergründet Religion als ein
fundamentales, zugleich politisches, gesellschaftliches und individuelles
Phänomen, indem sie nach der Auswirkung religiöser Normen auf die Gestaltung des Alltags fragt.[3]

Wie aber lassen sich die genannten Erkenntnisinteressen empirisch umset-
zen? Im frühneuzeitlichen Kommunalstaat Zürich war Religion eine Sache
der Theologen, der weltlichen und geistlichen Obrigkeit, der Untertanen
und Gemeindemitglieder wie auch der religiös nicht konformen und konformen Menschen. Hier setzen die Leitfragen an, denen die vorliegende Arbeit
folgt: Gotteslästerung war ein Delikt und unterlag daher obrigkeitlicher und
sozialer Maßregelung. Auf der obrigkeitlichen Ebene steckten die Kirche
und der Rat die Rahmenbedingungen ab, unter denen Gemeindemitglieder
bzw. Untertanen sich zu Wort melden konnten. Somit stellt sich die Frage,
wie Theologen das Vergehen der Gotteslästerung konzeptionalisierten und
wie die Obrigkeit Blasphemie behandelte. Gesellschaftlich betrachtet, fragt
sich, inwiefern religiöse Normen zur Regelung der Alltags beitrugen. Die
Fragen auf der individuellen Ebene des Un/Glaubens liegen auf der Hand.
Sie betreffen die persönliche Auseinandersetzung der Gläubigen mit Gott
und damit die genuin religiösen Inhalte von Blasphemie. Die Arbeit betrachtet also das uns fremde Phänomen frühneuzeitlicher Blasphemie zugleich als
Gegenstand der Thematisierung in Theologie und Gesetzgebung sowie als
Frage obrigkeitlicher Herrschaftsausübung, als Element sozialer Praxis so-
wie als Problem des persönlichen Glaubens. Die Arbeit setzt sich somit zum
Ziel, die Untersuchung der Normsetzung (theologische und gesetzliche
Konzeptionalisierung der Blasphemie) mit derjenigen der Praktiken (Wirkung theologisch-juristischer Normen, gotteslästerliche Rede im Hand-
lungskontext) zu korrelieren.

Die Erschließung der theologischen Dimension der Gotteslästerung im
Zürich der Frühen Neuzeit erforderte eine akribische theologiegeschichtliche Aufarbeitung speziell durch Kirchenhistoriker. Sie ist jedoch bislang
nicht einmal ansatzweise geleistet worden. Daher konzentriert sich die vorliegende Studie auf Zwingli und Bullinger als die zwei herausragenden Vertreter des reformierten Zürich. Die Gesichtspunkte, unter denen ihr Werk

---

ving Goffmans von »investigation of the normal through the abnormal« sprechen. Vgl. P.
DREW/A. WOOTTON, Introduction, in: DIES. Hg., Erving Goffman. Exploring the Interaction
Order. Cambridge 1988 S. 1–13; hier: S. 7.

[3] Es geht hier wohlgemerkt um Religion als globales Phänomen, nicht um Religion als die
Gesamtheit theologischer Entwürfe oder kirchlicher Erscheinungen.

ausgewertet wird, leiten sich vom Untersuchungsgegenstand der Arbeit ab. Es ist danach zu fragen, an welche theologischen Traditionen die beiden Reformatoren in ihrer Diskussion der Gotteslästerung anknüpften, welche innovatorischen Impulse sie dieser Diskussion verliehen und welches Gewicht sie dem Problem der Blasphemie zumaßen.

Dieser Zugang zu dem theologischen Konzept der Gotteslästerung ist nicht mehr als eine pragmatische Annäherung an das theologiegeschichtliche Problem der Blasphemie. Die Arbeit verzichtet bei der Auswertung der Zwingli- und Bullingerschriften nicht nur auf detaillierte ideengeschichtliche Spurensuche, sondern läßt auch die Theologen der nachreformatorischen Zeit außer Betracht. Letzteres ist durchaus gerechtfertigt. Stichproben ergaben, daß das Thema der Gotteslästerung von kaum einem der Nachfolger Zwinglis oder Bullingers aufgegriffen worden ist. Wenn dies überhaupt geschah, dann nur, um die Positionen Zwinglis oder Bullingers zu bestätigen. Die Untersuchung der theologischen Dimension des Gotteslästerungsdelikts kann also nicht mehr leisten, als den theologischen Hintergrund, vor dem sich die Zürcher Blasphemiker abheben, zu skizzieren.

Theologie hinterläßt indes nicht allein im Schrifttum von Theologen Spuren. Wenn Kirchenvertreter von der zuständigen weltlichen Obrigkeit den Auftrag erhalten, ein Gutachten zur Beurteilung eines Gotteslästerers zu erstellen, dann liegt es in der Natur der Sache, daß sie theologisch argumentieren. Hier ist zu fragen, auf welche theologischen Konzepte sich die Gutachter bezogen und wie sie die theologischen Normsetzungen am Einzelfall in der Praxis ihrer Argumentation umsetzten. Mit diesem Zugriff soll also zwischen theologischem Denken und kirchlicher Moralpolitik unterschieden werden.

Die politische Dimension religiöser Phänomene ist Historikern vertrauter als deren theologiegeschichtliche Aspekte. Hiermit verbindet sich das Problem obrigkeitlicher Herrschaft über die Untertanen bzw. der Teilhabe der Untertanen an Herrschaft. Die Komplexität des Aspekts bedingt eine vierfache Perspektivierung: Wie definierte der Gesetzgeber, d.h. der Zürcher Rat, Gotteslästerung, und welche Intentionen verfolgte er mit seinen Mandaten? Dies ist die erste Frage nach gesetzlicher Normsetzung als Mittel politischer Herrschaftsausübung. Die drei weiteren Fragen setzen auf der Ebene der Normanwendung an: Nutzten Kirche und Rat die Verfolgung von Gotteslästerern, um Herrschaftsinteressen durchzusetzen? Die Analyse der Bestrafungspraxis seitens der weltlichen Justiz soll darüber Aufschluß geben, inwiefern die Gerichte zur Prävention weiterer Delikte eher punitive (auf Ausgrenzung von Verurteilten bedachte) oder eher restitutive (an der Reintegration der Verurteilten interessierte) Ziele verfolgten. Genauso ist zu prüfen, ob Blasphemiker das Strafmaß mit der Justiz »auszuhandeln« vermochten, anstatt sich ihr lediglich zu unterwerfen. Blasphemiker wurden jedoch nicht allein von der Obrigkeit, sondern auch von ihren Mitmenschen zur Ordnung gerufen. Deswegen soll das Verhalten der Zeugen von Gotteslästerungen untersucht werden, um zu erschließen, welche Rolle soziale Kontrolle für die Sprecher spielte. Dabei ist zu klären, ob die Zeugen die Justiz für eigene Zwecke instrumentalisierten, wenn sie Blasphemiker meldeten bzw. außergerichtliche Regelungen mit den Gotteslästeren fanden.[4]

Neben der theologischen und politischen Perspektivierung des Phänomens Gotteslästerung legt diese Arbeit den Akzent auf die gesellschaftliche Dimension von Religion als dem Zusammenspiel kulturell definierter Normen. Was es heißt, Blasphemie als kulturelles Phänomen zu untersuchen, versteht sich angesichts der derzeitigen deutschen Kontroversen um die Begründung einer modernen Kulturgeschichte, die eher parallel zu den anglo-amerikanischen Auseinandersetzungen um die *cultural studies* stattfinden, nicht von selbst. Ohne die Diskussion der methodologischen Probleme vorwegzunehmen, die mit dieser Frage auf der theoretischen Ebene verknüpft sind, sei vorerst eine provisorische, empirische Antwort gegeben. Aus der Prämisse, daß Kultur eine Gesamtmenge gesellschaftlich geprägter Handlungs- und Deutungsmuster ist, über welche historische Individuen verfügen, um ihr Leben sinnvoll zu gestalten, folgt die Frage, worin der »Sinn« einer Gotteslästerung besteht: Wen und was meinten Blasphemiker mit ihrer Äußerung, in welchen Handlungskontexten stritten sie, und wer waren sie überhaupt?

Die religiöse Dimension der Gotteslästerung schließlich bedarf am wenigsten der Kommentierung. Die Konflikte, die offiziell zum Vorwurf der Gotteslästerung führten, spiegeln wider, welche religiösen Aussagen Probleme bereiteten. Die Frage, von welchen Glaubensüberzeugungen und Glaubenszweifeln lästerliches Reden zeugt, ist daher zwingend. Doch auch hier können unterschiedliche Perspektiven eingenommen werden. Unter dem Blickwinkel der Konfessionalisierungsforschung betrachtet, gewähren lästerliche Äußerungen die Chance, die Auseinandersetzung von Laien mit der reformatorischen Lehre zu verfolgen: Über welche theologischen Punkte diskutieren Blasphemiker und ihre Kontrahenten, wie wandeln sich die Inhalte im Laufe der Zeit? Von einer Geschichte des Glaubens bzw. Unglaubens aus betrachtet, lassen lästerliche Redeweisen ferner erkennen, womit die Gläubi-

---

[4] Den Forschungsstand zum Thema der Denunziation skizziert und diskutiert anhand dreier Tagungen: G. Sälter, Denunziation. Staatliche Verfolgungspraxis und Anzeigeverhalten der Bevölkerung, in: Zeitschrift für Geschichtswissenschaft 47. 1999 S. 153–165. Vgl. ergänzend mit Schwerpunkt auf dem 19. und 20. Jahrhundert das Themenheft: Denunziation und Denunzianten, in: Sowi, 27. 1998. Zum deutschen Forschungsstand außerdem: F. Ross/A. Landwehr Hg., Denunziation und Justiz. Historische Dimensionen eines sozialen Phänomens. Tübingen 2000.

gen in ihrer individuellen Auseinandersetzung mit Gott ringen: Wessen klagen Christen Gott an, wie ist Gott für sie (nicht) denkbar? Daß beide Perspektiven nicht streng voneinander zu trennen sind, verdeutlicht die Tatsache, daß die Geschichte der Konfessionalisierung wie die Geschichte des Un/Glaubens die Frage nach dem Wandel des Gottesbildes aufwerfen. Doch es gilt noch weiter zu differenzieren: Was eigentlich charakterisierte Blasphemiker? Hiernach zu fragen, setzt zum einen eine Abgrenzung gegenüber denjenigen voraus, die unter der Anklage der Magie, Hexerei oder Häresie vor Gericht geführt wurden. Zum anderen ist zu überlegen, was die lästerlichen Redehandlungen über die Blasphemiker selbst aussagen. Sprechen die Äußerungen dafür, daß Gotteslästerer das Erbe häretischer Traditionen fortführten? Pflegten sie bestimmte Formen der Geselligkeit, zu der die spontane Benutzung vorgefertigter Sprachmuster gehörte, oder waren sie eher nonkonforme Grübler, die ihre autonom gewonnenen Überzeugungen und Fragen individuell zu artikulieren wußten?

Sich von einem modernen Verständnis von Blasphemie ausgehend der Vergangenheit nähern zu wollen, hieße, in die Irre von Anachronismen zu gehen.[5] Die Frage ist nicht, wie das, was wir heute als Blasphemie betrachten und etwa von Häresie abgrenzen, in einer vergangenen Gesellschaft ausgesehen hat. Die Frage lautet vielmehr, was für die Mitglieder einer frühneuzeitlichen Gesellschaft unter das Phänomen Gotteslästerung fiel. Daher muß die Arbeit einem historischen Blasphemiebegriff folgen. Doch die Konzeptionalisierung der mittelalterlichen und frühneuzeitlichen Theologen und Juristen, die noch vorzustellen bleibt, findet sich nicht in der diffusen Terminologie der Rechtsakten wieder. Teilten die Theologen und Juristen Gotteslästerung in die Kategorie des Fluchens, Schwörens und Gott Schmähens ein, sprechen die Rechtsquellen oftmals summarisch von »gotteslästerlichen Worten« oder verwenden die theologisch-juristischen Klassifizierungen fälschlicherweise als Synonyme. Die Einschätzung, ob es sich bei den überlieferten verbalen Vergehen um einen Fluch, einen Schwur oder um eine Schmähung Gottes handelt, kann sich daher nicht an der Terminologie der Rechtsakten orientieren. Sie beruht vielmehr auf einer historischen Interpretation, welche die blasphemischen Sprechhandlungen unabhängig von ihrer Quellenterminologie den frühneuzeitlichen Kategorien zuordnet. Damit ist also zwischen vier

---

[5] Zum modernen Verständnis von Blasphemie vgl. T. HAUSMANNINGER, Blasphemie, in: Lexikon für Theologie und Kirche, Bd. 2. Freiburg i. Br. u. a. ³1994 S. 522; H. BURKHARDT, Lästern, Lästerung, in: Das große Bibellexikon. Wuppertal – Zürich 1988 S. 869–870. Interessanterweise diskutiert die Theologische Realenzyklopädie den Begriff Gotteslästerung nicht mehr. Vgl. M. J. SUDA, Religionsvergehen III, in: Theologische Realenzyklopädie, Bd. 29. Berlin – New York, 1998 S. 55–58.

Begriffen von Blasphemie zu differenzieren: den heutigen Vorstellungen von Blasphemie, der damaligen theologisch-juristischen Konzeptionalisierung der Wortsünde, dem unscharfen Verständnis der Rechtsakten und der historischen Einteilung in Sprechhandlungen des Fluchens, Schwörens oder Gott Schmähens gemäß den frühneuzeitlichen theologisch-juristischen Kriterien. Dieser letzte Blasphemiebegriff ist es, der dieser Arbeit zugrundeliegt.

2. Forschungsstand

a) Geschichte der Religion und des Religiösen

Das Thema Religion ist Historikern der Frühen Neuzeit, zumal Kirchenhistorikern, vertraut. Schließlich stehen Reformation, Konfessionalisierung und Säkularisierung mit im Zentrum ihrer Arbeit. Freilich wählen Historiker und Kirchenhistoriker bei der Untersuchung der religiösen Entwicklungen des 16. bis 18. Jahrhunderts einen jeweils spezifischen Zugriff. Die einen folgen kirchen- und politikgeschichtlichen Ansätzen, wohingegen andere sozialhistorische Zugänge bevorzugen. Es ist daher abzuwägen, inwiefern die derzeitigen Forschungsorientierungen eine Annäherung an das Thema der praktizierten Blasphemie erlauben.

Die weitaus meisten Kirchenhistoriker widmen ihre Aufmerksamkeit dem Wandel theologischer Konzepte, kirchlicher Institutionen und Ordnungen. Mit ihren Fragen schlagen sie eine ideen- und ereignisgeschichtliche Richtung ein: Sie untersuchen zum Beispiel, wie sich theologische Entwürfe voneinander unterscheiden oder welche Auswirkung die reformatorischen Umbrüche und konfessionellen Kontroversen insbesondere auf die Kirchen hatten. Die sogenannten Profanhistoriker politikgeschichtlicher Orientierung gehen letztendlich in die gleiche Richtung, wenn sie sich etwa auf die Folgen der Reformation für die innere Staatsbildung oder auf die Konsequenzen religiöser Konflikte für die (internationale) Politik konzentrieren.

Sicherlich reduzieren die obigen Beispiele die Ansätze »der« Kirchen- und Politikhistorie auf das absolut Wesentliche. Diese Reduktion hebt indes hervor, worauf es hier in Hinblick auf die Frage nach der Bedeutung von Religion in der Frühen Neuzeit ankommt: Die etablierte und traditionsreiche Kirchen- und Politikgeschichte beschäftigt sich hauptsächlich mit der Bedeutung theologischer Konzepte und kirchenpolitischer Entwicklungen, aber wenig mit der Bedeutung von Religion selbst. Religiöses als die Menge der religiös besetzten Normen, die das Verhalten von Menschen einer Gesellschaft prägen, ist selten ein Gegenstand des Erkenntnisinteresses.[1] Ferner

---

[1] Freilich setzen einige Kirchenhistoriker auch andere Akzente. Das Plädoyer von Andreas Holzem für einen »ergebnisoffen-frömmigkeitsgeschichtlichen Ansatz«, der die Untersuchung des kirchlichen und religiösen Lebens als »Erfahrungs- und Handlungsraum« in den Mittelpunkt rückt, ist hierfür ein Beispiel. Vgl. A. HOLZEM, Die Konfessionsgesellschaft. Christenleben zwischen staatlichem Bekenntniszwang und religiöser Heilshoffnung, in: Zeitschrift für Kirchengeschichte 10. 1999 S. 53–85; hier: S. 85.

bleibt insbesondere für die Reichsgeschichte festzuhalten, daß, ungeachtet der jeweiligen konfessionellen Standpunkte und trotz intensiverer Erforschung des 17. Jahrhunderts, in beiden Disziplinen noch die Reformationszeit dominiert und damit die restliche Frühe Neuzeit vergleichsweise schlechter aufgearbeitet ist.[2] Aus diesen Gründen spielen Arbeiten aus der Kirchen- und Politikgeschichte für diese Untersuchung eine lediglich untergeordnete Rolle.

Sozialhistoriker betrachten Religion von einer anderen Seite als die meisten Kirchen- und Politikhistoriker. Schematisch gesprochen, lassen sich für die Zeit seit den siebziger Jahren drei Ausrichtungen unterscheiden. Die eine Gruppe, die kirchen- und politikgeschichtlichen Fragen am nächsten steht, beschäftigt sich mit Aspekten, die mit der theologischen und politischen Durchsetzung der Reformation in Verbindung stehen. Zentrale Themen sind die Rezeption der Reformation bei der bäuerlichen Bevölkerung, die Auseinandersetzung zwischen Kommunen und Landesherren oder die Verbreitung reformatorischer Inhalte durch schriftliche oder mündliche Medien.[3]

Sozialhistoriker der zweiten Ausrichtung nehmen Fragen des Glaubens, der Frömmigkeit oder Kirchlichkeit auf, die Johann Huizinga und Lucien Febvre mit ihren mentalitätsgeschichtlichen Ansätzen bereits in den zwanziger Jahren entwickelten. Mit welchen Ängsten rangen Menschen der Frühen Neuzeit, wie drückten sie ihre Frömmigkeit aus, welchen Zugang fanden sie zu ihrer Kirche, welche kirchlichen Rituale kannten sie, das sind einige der Hauptthemen, für die sich die »profane« Forschung geöffnet hat. Der Untersuchungsgegenstand des Religiösen hat somit an Kontur gewonnen. Doch

---

[2] Zu den konfessionellen Einflüssen auf die Reformationsgeschichte vgl. H. R. SCHMIDT, Konfessionalisierung im 16. Jahrhundert. München 1992.
Wenn auch in der englischsprachigen Historiographie die Reformation im Unterschied zur deutschen Forschung nicht im gleichen Maße als Epocheneinschnitt, der die Frühe Neuzeit einläutet, gewertet wird, so messen die einschlägigen Handbücher der Reformation dennoch ein besonderes Gewicht zu. Vgl. etwa T. A. J. BRADY/O. H. A./J. D. TRACY Hg., Handbook of European History, 1400–1600. Late Middle Ages, Renaissance and Reformation, 2 Bde. Leiden – New York – Köln 1994/95.

[3] Vgl. die einschlägigen Arbeiten Peter Blickles und seines Schülerkreises zu Bauernreformation und Kommunalismus oder die Überlegungen Robert Scribners zu den mündlichen und schriftlichen Verbreitungsmedien der Reformation sowie dessen Kommentierung des Kommunalismuskonzepts. Vgl. etwa P. BLICKLE, Kommunalismus. Skizzen einer gesellschaftlichen Organisationsform, 2 Bde. München 2000; P. BLICKLE Hg., Zugänge zur bäuerlichen Reformation. Zürich 1987; R. W. SCRIBNER, Oral Culture and the Diffusion of Reformation Ideas, in: DERS. Hg., Popular Culture and Popular Movements in Reformation Germany. London – Ronceverte 1987 S. 49–69; R. W. SCRIBNER, Communalism. Universal Category or Ideological Construct? A Debate in the Historiography of Early Modern Germany and Switzerland, in: Historical Journal 37. 1994 S. 199–207.

je nach nationaler historiographischer Tradition bzw. eigener konfessioneller Vorliebe ist auch diese »Religionsgeschichte« über wichtige Themen und Zeitabschnitte hinweggegangen. Bevorzugen französische Mentalitätshistoriker die Zeit des 16. Jahrhunderts als Phase der Religionskritik und des 18. Jahrhunderts als diejenige der »Dechristianisierung«,[4] so konzentrieren sich deutsch- wie auch englischsprachige Studien auf die Zeit der Reformation bzw. des »Puritanismus« als Phase der (forcierten) Veränderung von religiösen Verhaltensweisen und Überzeugungen. Allen diesen Arbeiten kommt das Verdienst zu, die ideen- und ereignisgeschichtliche Engführung der Kirchen- und Politikgeschichte aufzuweichen. Doch die sozialhistorischen Arbeiten erliegen vielfach selbst einer unnötigen Einschränkung. Geschichte des Religiösen braucht nicht allein mit Frömmigkeits- und Kirchlichkeitsgeschichte identisch zu sein. Glaubensfragen gehen, um nur einige repräsentative thematische Beispiele zu nennen, über die Auseinandersetzung mit dem eigenen Glauben in Selbstzeugnissen, über Quoten des Abendmahlsbesuchs, die Teilnahme an Wallfahrten oder die Benutzung bestimmter religiöser Formeln in Testamenten hinaus.[5] In vielen sozialhistorisch bzw. mentalitätshistorisch orientierten Arbeiten kommt – insbesondere im deutschen Sprachraum – nicht nur das 17. Jahrhundert ungenügend zu seinem Recht, auch kirchlich nicht konforme Verhaltensmuster von Individuen bleiben vielfach ausgeblendet.[6] Beides aber ist für die vorliegende Arbeit von zentraler Bedeutung.

Die eben umrissene Forschungslücke füllen ansatzweise diejenigen Arbeiten, die einen dritten Zugang zum Thema Religion wählen. Seit Mitte der achtziger Jahre findet religiöse Marginalisierung zunehmend das Interesse derjenigen Sozialhistoriker, die den derzeitigen anthropologischen Ausrichtungen im Fach zuneigen. Thematische Schwerpunkte sind Hexenverfolgung, Inquisition und Magie.[7] Während die Erforschung magischer Prakti-

---

[4] Zur Historiographie des Begriffs vgl. H. Lehmann, Von der Erforschung der Säkularisierung zur Erforschung von Prozessen der Dechristianisierung und der Rechristianisierung im neuzeitlichen Europa, in: Ders. Hg., Säkularisierung, Dechristianisierung, Rechristianisierung. Bilanz und Perspektiven der Forschung. Göttingen 1997 S. 9–16; hier: S. 13.

[5] Die Kritik an der Gleichsetzung von Frömmigkeit mit Kirchlichkeit ist nicht neu, wie etwa die Einwände John Edwards zeigen. Vgl. J. Edwards, The Priest, the Layman and the Historian. Religion in Early Modern Europe, in: European History Quarterly 17. 1987 S. 87–93.

[6] Sofern Untersuchungen zu heterodoxen Verhaltensweisen vorliegen, betreffen sie zumeist, wie etwa in der Täuferforschung, nicht Individuen, sondern Personen als Vertreterinnen religiöser Bewegungen.

[7] Zu weiteren, freilich nicht spezifisch für die Geschichte der Blasphemie relevanten, Aspekten vgl. K. v. Greyerz, Religion und Kultur. Europa 1500–1800. Göttingen 2000; B. Jussen/C. Kolofsky Hg., Kulturelle Reformation. Sinnformationen im Umbruch 1400–1600. Göttingen

ken noch in ihren Anfängen steckt, hat sich die Hexenforschung mittlerweile zu einer ansehnlichen Teildisziplin entwickelt.[8] Sie berücksichtigt durchaus ideengeschichtliche Aspekte etwa bei der Analyse der Dämonologie und fragt ebenso nach den strukturgeschichtlichen Zusammenhängen, mit denen die Hexenverfolgungen korreliert werden könnten. Die Hexenforschung bezieht sich dabei auf das gesamte Europa hauptsächlich des späten Mittelalters und der Frühen Neuzeit, wohingegen die Inquisitionsforschung vorwiegend den mediterranen Raum im Hoch- und Spätmittelalter umfaßt.

Wenn sich auch Hexen- und Inquisitionsforschung in ihrer zeitlichen und thematischen Akzentsetzung unterscheiden, so verfolgen doch beide vergleichbare Erkenntnisinteressen und nutzen dafür gleiche Quellengattungen: Das Arbeitsfeld von Hexen- und Inquisitionsforschern ist der geistliche wie auch weltliche Gerichtsraum vergangener Tage. Justizakten sind es also, aus denen der Stoff der Hexerei- und Häretikerforschung gemacht ist. Beide Disziplinen analysieren, wodurch Hexen/Hexer, Magier bzw. Häretiker zu kriminalisierten Außenseitern der Kirche wurden. Diese Fragen sind für die Erforschung des Blasphemiedelikts ebenfalls zwingend. Insofern leisten Hexen- und Inquisitionsforschung für sie eine gewisse Vorarbeit. Sie erleichtern inhaltlich die begriffliche Abgrenzung der jeweiligen Phänomene (vermeintlich) kirchlich nicht konformen Verhaltens. Außerdem zeigen sie methodologisch, mit welcher Behutsamkeit Gerichtsakten auszuwerten sind. Freilich können die Arbeiten zum Hexenwesen und zur Häresie das Phänomen Gotteslästerung selbst nicht beleuchten. Handelt es sich beim Blasphemievorwurf um die Anschuldigung, Gott zu mißachten oder prinzipiell in Frage zu ziehen, also schlecht zu glauben, beinhaltet Häresie die Anklage, auf irrigen Überzeugungen zu beharren, also falsch zu glauben.[9] Hexen und Hexern hingegen wird in der Regel zur Last gelegt, die göttliche Ordnung zu mißachten und mit dem Teufel einen Pakt zu schließen.[10] Ferner gilt das Augenmerk jeweils unterschiedlichen Zeiträumen. Während Häresie und Hexerei

---

1999; M. WEINZIERL Hg., Individualisierung, Rationalisierung, Säkularisierung. Neue Wege der Religionsgeschichte. München 1997.

[8] Vgl. zum Einstieg in das Thema der Hexenverfolgung mit weiterführenden bibliographischen Hinweisen auf knappsten Raum W. BEHRINGER, Hexen. Glaube – Verfolgung – Vermarktung. München 1998.

[9] Zur Diskussion der freilich auch für die damaligen Verantwortlichen schwierig umzusetzenden Unterscheidung von Häresie und Blasphemie vgl. W. TRUSEN, Rechtliche Grundlagen des Häresiebegriffs und des Ketzerverfahrens, in: S. SEIDEL MENCHI Hg., Ketzerverfolgung im 16. und 17. Jahrhundert. Wiesbaden 1992 S. 1–20; G. SCHWERHOFF, Gott und die Welt herausfordern. Theologische Konstruktion, rechtliche Bekämpfung und soziale Praxis der Blasphemie vom 13. bis zum Beginn des 17. Jahrhunderts, Habilitationsmanuskript. Bielefeld 1996 S. 84–86.

[10] Vgl. aus der Unmenge der Literatur G. SCHWERHOFF, Vom Alltagsverdacht zur Massenver-

eher im 14. bis 17. Jahrhundert zu verorten sind, spielen für die Blasphemie das 16. bis beginnende 18. Jahrhundert eine größere Rolle. Auch hier ist die gegenseitige Ergänzung von Hexerei- und Inquisitionsforschung einerseits und Blasphemieforschung andererseits begrenzt.

b) Der Sonderfall Gotteslästerung

Die Geschichte der Gotteslästerung ist ein Desiderat der Forschung, wenn auch einige Publikationen zum Thema vorliegen.[11] Deren Ansätze sind recht heterogen. Diese seien daher vorgestellt, um in Hinblick auf die Fragestellung der vorliegenden Arbeit zu überlegen, an welche Ergebnisse sie anknüpfen kann und wo sie auf Forschungsdefizite stößt.

Ideenhistoriker haben das Feld der Blasphemie relativ intensiv bearbeitet. Sie behandeln jedoch markante, in ihrer Zeit als blasphemisch eingestufte Einzelfälle und dies zumeist auf der Grundlage gedruckter philosophisch-theologischer Abhandlungen.[12] Ihnen geht es darum, die gedankliche Welt von Persönlichkeiten wie etwa eines Giordano Bruno zu rekonstruieren, nicht die Praxis von Blasphemie in ihren sozialen und kulturellen Kontext einzuordnen. Blasphemie bzw. Atheismus interessieren als intellektuelle Systeme, die mit anderen Denksystemen in Verbindung stehen. Eine solche Ideengeschichte der Gotteslästerung sucht nicht Religion, sondern Theorien von Religion, nicht Alltagspraktiken, sondern intellektuelle Ausnahme-

---

folgung. Neuere deutsche Forschungen zum Hexenwesen, in: Geschichte in Wissenschaft und Unterricht 46. 1995 S. 359–380.

[11] Vgl. hierzu die jeweiligen Einschätzungen bei P. Hersche, Unglaube im 16. Jahrhundert. Ein leicht ketzerischer Beitrag zum Lutherjubiläum in Form einer Literaturbesprechung, in: Schweizerische Zeitschrift für Geschichte 34. 1980 S. 233–250; A. Cabantous, Du blasphème au blasphémateur. Jalons pour une histoire (XVIe-XIXe siècle), in: P. Darteville/P. Denis/J. Robyn Hg., Blasphèmes et libertés. Paris 1993 S. 11–31; R. v. Dülmen, Wider die Ehre Gottes. Unglaube und Gotteslästerung in der Frühen Neuzeit, in: Historische Anthropologie 2. 1994 S. 20–38.

[12] Als Beispiele aus jüngerer Zeit vgl. M. R. Wielema, Ongeloof en atheïsme in vroegmodern Europa, in: Tijdschrift voor Geschiedenis, 114. 2001 S. 332–353; G. Minois, Geschichte des Atheismus. Von den Anfängen bis zur Gegenwart. Weimar 2000; F. Niewöhner/O. Pluta Hg., Atheismus im Mittelalter und in der Renaissance. Wiesbaden 1999; J. Cheyronnaud/P. Roussin Hg., Critique et affaires de blasphème à l'époque des lumières. Paris 1998; D. Wootton, New Histories of Atheism, in: M. Hunter/Ders. Hg., Atheism from the Reformation to the Enlightenment. Oxford 1992 S. 13–53; M. Lienhard, La liberté de conscience à Strasbourg au XVIe siècle, in: F. R. Guggisberg/F. Lestringant/J.-C. Margolin Hg., La liberté de conscience (XVIe-XVIIIe siècles). Genève 1991 S. 39–54; A. C. Kors, Atheism in France 1650–1729. The Orthodox Sources of Disbelief. Princeton/ NJ 1990.

erscheinungen zu erfassen. Sie gelangt zu einer Geschichte religiös relevanten Denkens, nicht aber zu einer Geschichte religiös besetzten Handelns. Dies ist der Grund, warum die Ergebnisse der Ideengeschichte hier nicht weiter von Belang sind.

Soweit sich Rechtshistoriker überhaupt mit Blasphemie auseinandersetzen, sehen sie ihre vornehmliche Aufgabe in der Erarbeitung einer Dogmengeschichte der juristischen Konzeptionalisierung des Delikts. Auch sie betrachten also Gotteslästerung als ein intellektuelles Problem. Die meisten vorhandenen Studien fassen in einem großzügigen Überblick von der Urgeschichte zur Moderne die rechtlichen Entwicklungen auf der normativen Ebene zusammen, ohne ihre Pauschalisierungen aus den Quellen abzuleiten. Von wenigen Ausnahmen abgesehen, wird die Rechtspraxis aus der Betrachtung ausgeschlossen.[13] Die vorliegenden rechtshistorischen Untersuchungen sind daher für den Untersuchungsgegenstand dieser Arbeit von geringem Wert. Zum einen erbringen die universalistisch, teleologisch argumentierenden Studien keinen Erkenntnisgewinn für die historische Betrachtung blasphemischer Äußerungen. Zum anderen beziehen sich die vereinzelten soliden Informationen über die Blasphemiegesetzgebung auf Regionen außer-

---

[13] So schlagen Adolf Moser (vgl. A. MOSER, Religion und Strafrecht, insbesondere die Gotteslästerung. Breslau 1909) und Gerhard Webersinn (vgl. G. WEBERSINN, Die geschichtliche Entwicklung des Gotteslästerungsdelikt. Diss. Breslau 1928) über jegliche historische und begriffliche Differenzierung hinweg einen schnellen Bogen von der intoleranten (antiken) Urgesellschaft zum rational bestimmten und damit tolerant gewordenen Zeitalter der Aufklärung. In die gleiche Richtung geht der amerikanische Rechtswissenschaftler Leonhard Levy. Überwiegend mit Material aus dritter Hand inszeniert er die Geschichte der Blasphemie als einen heroischen Kampf aufklärerischer Protagonisten gegen ihre engstirnigen Verfolger (vgl. L. W. LEVY, Treason against God. A History of the Offense of Blasphemy. New York 1981). René Pahud de Mortanges kann aus historischer Sicht ebensowenig überzeugen. Ohne irgendeine Differenzierung betrachtet er jegliche Verletzung des Numinosen als blasphemische Erscheinung und versucht dabei zu zeigen, daß das Rechtsdenken im »germanisch-christlichen Kulturkreis« von archetypischen Gottesvorstellungen geprägt worden sei. Für de Mortanges stellt sich Gotteslästerung als archetypisch universales Phänomen dar, das historisch lediglich unterschiedlich realisiert wird. Letztlich ist für ihn somit Gotteslästerung ein konstantes, eben archetypisches Phänomen (vgl. R. P. DE MORTANGES, Die Archetypik der Gotteslästerung als Beispiel für das Wirken archetypischer Vorstellungen im Rechtsdenken. Freiburg 1987; hier: S. 51). Historisch genauso problematisch ist die Untersuchung des Rechtshistorikers Jörg Mielke. Mielke verfolgt zwar die Rezeption des Dekalogs in den Rechtstexten des abendländischen Mittelalters, geht aber in seiner Suche nach den »Folgerungen für das Recht in der Gegenwart« (J. MIELKE, Der Dekalog in den Rechtstexten des abendländischen Mittelalters. Aalen 1992 S. 227) im Zusammenhang mit dem 2. Gebot allein auf das Problem des Meineids ein und weiß nicht einmal von den Schwörverboten des Spätmittelalters zu berichten (vgl. J. Mielke, Dekalog S. 118, 196, 204 f., 218).

halb des Untersuchungsraums.[14] Sie erlauben allenfalls vereinzelte verglei-
chende Seitenblicke bezüglich der normativen Regelung des Gotteslästerungsdelikts.[15]

Unter den Literaturhistorikern ist Ralf Georg Bogner mit seiner Untersuchung zum Problem der Wortsünde eine Einzelerscheinung. Anhand seiner außerordentlich sorgfältigen Zusammenstellung gedruckter deutschspra-
chiger »Lingua-Texte« gelangt er zum Ergebnis, daß in der Frühen Neuzeit

---

[14] Im Unterschied zu Moser, Webersinn und de Mortanges ruhen die rechtsgeschichtlichen
Forschungen von Rudolf His und Siegfried Leutenbauer auf einer soliden Grundlage (vgl. R.
His, Das Strafrecht des deutschen Mittelalters. Weimar 1935; S. Leutenbauer, Das Delikt der
Gotteslästerung in der bayerischen Gesetzgebung. Köln – Wien 1984). His und Leutenbauer
schöpfen aus profunden Quellenkenntnissen. Behandelt His die Geschichte des mittelalterlichen
Strafrechts im Reich, geht Leutenbauer der bayerischen Gesetzgebung der (Frühen) Neuzeit
nach. Beide Autoren tragen die jeweiligen Gesetzesnormen und Sanktionsbestimmungen systematisch zusammen; Leutenbauer ergänzt sie um einige wenige Einzelfälle aus der Rechtspraxis.
Beide Arbeiten verbindet somit die Scheu vor der konsequenten Betrachtung der Rechtspraxis
und der Verzicht auf historische Interpretation. Insofern lassen sich die einschlägigen Arbeiten
von His und Leutenbauer, denen einige wenige alte Regionalstudien zur Seite gestellt werden
können (vgl. etwa H. Knapp, Alt-Regensburgs Gerichtsverfassung, Strafverfahren und Strafrecht bis zur Carolina. Berlin 1914; T. Harster, Das Strafrecht der freien Reichsstadt Speier.
Breslau 1900), als zwar informative, aber aufgrund ihres »positivistischen« Ansatzes begrenzte
Deskription der jeweiligen Gesetzgebung lesen (eine solche umfassende Lektüre der Reichsgesetzgebung vollzieht der Germanist R. G. Bogner, Die Bezähmung der Zunge. Literatur und
Disziplinierung der Alltagskommunikation in der frühen Neuzeit. Tübingen 1997; hier:
S. 77–79). An vergleichbare Grenzen stoßen ebenso Ernst Hellbings Untersuchung zum Stellen-
wert religiöser Delikte in der Carolina oder Orest Ranums Studie zum Begriff des *crimen laesae
maiestatis divinae*; beide schränken ihre Fragestellungen auf dogmengeschichtliche Aspekte des
Rechts ein (vgl. O. Ranum, Lèse-majesté divine. Transgressing Boundaries by Thought and Action in Mid-Seventeenth-Century France, in: Proceedings of the Annual Meeting of the Western
Societies for French History 9. 1981 S. 68–80; E. C. Hellbing, Die Delikte gegen die Religion
aufgrund der österreichischen Landesordnungen und der CCC, in: Österreichisches Archiv für
Kirchenrecht 33. 1982 S. 3–14). Für das England des 13. bis 20. Jahrhunderts stellt der Anwalt
(*barrister*) G. D. Nokes Gesetzgebung und Gerichtsentscheidungen über Blasphemie zusammen,
wobei unter den Begriff alle möglichen Formen religiöser Normbrüche fallen (vgl. G. D. Nokes,
A History of the Crime of Blasphemy. London 1928).

[15] Die französische Rechtshistorikerin Corinne Leveleux soll in ihrer Untersuchung der
Blasphemie im frühneuzeitlichen Frankreich die aufgeführten Schwächen ihrer Disziplin vermeiden (vgl. C. Leveleux, Le blasphème entre l'église et l'état (XIIIe–XVIe siècle). Diss. jur. Orléans
1997). Ihr Dissertationsmanuskript ist allerdings nur vor Ort zugänglich, so daß mir keine Einsicht möglich war. Um Mißverständnissen zuvorzukommen, sei darauf hingewiesen, daß die
dogmen- und institutionengeschichtliche Engführung der Rechtsgeschichte nicht für das gesamte Fach repräsentativ ist. Als freilich noch seltenes Beispiel für die Öffnung der Rechtsgeschichte
gegenüber sozial- und kulturgeschichtlichen Fragen vgl. D. Willoweit Hg., Die Entstehung des
öffentlichen Strafrechts. Bestandsaufnahme eines europäischen Forschungsproblems. Köln u. a.
1999.

»Alltagskommunikation« zunehmend diszipliniert worden sei, d. h. eine Elias-
sche Zivilisierung des Sprachgebrauchs stattgefunden habe.[16] Da Bogner
sich dabei auf der Ebene normativer Texte (z. B. Gesetze, Ordensregeln, pastoraltheologische Verhaltensansweisungen) bewegt, bleibt zu prüfen, ob
und inwiefern seine These von der Regulierung der Alltagskommunikation
der Gegenüberstellung mit der Sprachpraxis der Zürcher standhält.

Neben Ideen-, Rechts- oder Literarhistorikern haben Sozialhistorike-
rinnen und Sozialhistoriker diverser Ausrichtungen ein Interesse an der Geschichte der Blasphemie entwickelt. Bereits 1942 warf Lucien Febvre die Frage auf, ob Rabelais über das notwendige »outillage mental« verfügt habe,
um Atheist sein zu können.[17] Zwar hatte Febvre damit ein wichtiges Thema
aufgegriffen, doch blieben seine Thesen auch nach dem Zweiten Weltkrieg
ohne ernsthafte Resonanz. Es sollten viele Jahre vergehen, bis die Mentalitätsgeschichte sich dem Problem der Gotteslästerung wieder zuwandte.[18]
Dies geschah, als Elisabeth Belmas 1980 mit ihrer Dissertation[19] die Grundlage für ihre Gesamtinterpretation der Blasphemie legte.[20] Ohne Rechtsnormen und Rechtspraktiken voneinander zu trennen, zieht sie aus den ver-
mehrten gesetzgeberischen Aktivitäten der französischen Könige des 16. und
insbesondere 17. Jahrhunderts den Schluß, Gotteslästerung sei im Verlauf
der Frühen Neuzeit vermehrt verfolgt worden. Die intensivierte Gesetzgebung belege, so Belmas im Einklang mit ihrem akademischen Lehrer Jean
Delumeau,[21] daß der Staat eine erhöhte Sensibilität für Äußerungen entwik-
kelt habe, die der göttlichen Ordnung widersprachen. Die Zeitgenossen hätten zwischen diesen Äußerungen und den Krisen des 16. und 17. Jahrhunderts einen kausalen Zusammenhang hergestellt. Aus Angst vor weiteren Krisenerscheinungen habe sich daher der Staat gezwungen gesehen, Hexerei,
Magie und Gotteslästerung unnachgiebig zu verfolgen und die Akkulturation der lediglich oberflächlich christianisierten Bevölkerung zu forcieren. An
diese Interpretation knüpft Robert Muchembled insofern an, als er die »Er-

---

[16] Vgl. R. G. Bogner, Bezähmung der Zunge; insbesondere: S 54–84.

[17] Vgl. L. Febvre, Le problème de l'incroyance au 16e siècle. Paris 1942.

[18] Vgl. O. Christin, Le statut ambigu du blasphème, in: Ethnologie française 22. 1992
S. 337–343; F. Hildesheimer, La répression du blasphème au XVIIIe siècle, in: J. Delumeau
Hg., Injures et blasphèmes. Paris 1989 S. 63–81. Siehe die entsprechende Kritik auch bei A. Ca-
bantous, Histoire du blasphème en Occident XVIe–XIXe siècle. Paris 1998 S. 9 f.

[19] Vgl. E. Belmas, La police des cultes et des moeurs en France sous l'Ancien Régime. Thèse
de 3ème cycle, Université Paris I. Paris 1980.

[20] Vgl. E. Belmas, La montée des blasphèmes à l'âge moderne du moyen âge au XVIIe siècle,
in: J. Delumeau Hg., Injures et blasphèmes. Paris 1989 S. 13–33.

[21] Vgl. J. Delumeau, Angst im Abendland. Die Geschichte kollektiver Ängste im Europa des
14.–18. Jahrhundert. Reinbek bei Hamburg 1978 S. 587 f.

findung des modernen Menschen«, dem gotteslästerliches Reden ausgetrieben worden sei, als das Ergebnis eines Akkulturationsprozesses interpretiert.[22] Ohne diese Interpretation eigens zu diskutieren, vertritt Françoise Hildesheimer die These, daß im Verlauf des 18. Jahrhunderts Gotteslästerung sich von einem religiösem zu einem sozialen Delikt gewandelt habe.[23] Der Allgemeinheitsanspruch solcher Deutungen provoziert geradezu, sie der Feuerprobe fundierter Quellenrecherchen auszusetzen, zumal die Vorstellung vom kulturellen Gegensatz der Eliten und »des« Volkes zunehmend an Bedeutung verliert.[24]

Möglicherweise unter dem Einfluß der »Postmoderne« der neunziger Jahre verzichtet Olivier Christin auf die »Großerklärungen« seiner französischen Kolleginnen und Kollegen. Statt dessen begnügt er sich damit, die obrigkeitliche Verfolgung von Blasphemie für die Frühe Neuzeit in vier Phasen einzuteilen und diese skizzenhaft mit Konfessionalisierung in Verbindung zu bringen. Dabei stellt er vorwiegend auf der Grundlage pastoraltheologischer Quellen das Akkulturationsmodell Delumeaus in Frage, ohne aber zu einer alternativen Deutung anzusetzen.[25] Christins Anmerkungen tragen so-

---

[22] Vgl. R. Muchembled, L'invention de l'homme moderne. Culture et sensibilités en France du XVe au XVIIIe siècle. Paris 1988; insbesondere: S 76–82.

[23] Vgl. F. Hildesheimer, répression.

[24] So hebt etwa Britta Echle hervor, daß in den Krisenzeiten des 17. Jahrhunderts »Volksmagie« von allen Bevölkerungsschichten vollzogen worden sei und diese nicht im Gegensatz zur christlichen Religion gestanden habe, sondern mit ihr eine Verbindung eingegangen sei. Vgl. B. Echle, Magisches Denken in Krisensituationen, in: H. Lehmann/A.-C. Trepp Hg., Im Zeichen der Krise. Religiosität im Europa des 17. Jahrhunderts. Göttingen 1999 S. 189–201. Weiterhin als ein Beispiele für die Kritik, der ältere Modelle unterzogen worden sind, die einen Gegensatz zwischen Volks- und Elitekultur postulierten: K. v. Greyerz, Religion und Kultur S. 22–24; R. W. Scribner, Volksglaube und Volksfrömmigkeit. Begriffe und Historiographie, in: H. Molitor/H. Smolinsky Hg., Volksfrömmigkeit in der Frühen Neuzeit. Münster 1994 S. 121–138; W. Freitag, Volks- und Elitenfrömmigkeit in der Frühen Neuzeit. Marienwallfahrten im Fürstbistum Münster. Paderborn 1991.

[25] Vgl. O. Christin, statut ambigu; O. Christin, Matériaux pour servir à l'histoire du blasphème (deuxième partie), in: Bulletin d'information de la mission historique française en Allemagne 32. 1996 S. 67–85; O. Christin, Sur la condamnation du blasphème (XVIe–XVIIIe siècles), in: Revue d'histoire de l'Eglise de France 80. 1994 S. 43–64; O. Christin, Matériaux pour servir à l'histoire du blasphème (première partie), in: Bulletin d'information de la mission historique française en Allemagne 28. 1992 S. 56–67. Allerdings gehört Blasphemie als verbales Vergehen nicht zu Christins Hauptarbeitsgebiet. Sein Interesse gilt vielmehr Fragen der Ikonographie bzw. des Ikonoklasmus. Vgl. hierzu mit Verweisen auf die bildlichen Darstellung von Gotteslästerern O. Christin, Une révolution symbolique. L'iconoclasme huguenot et la reconstruction catholique. Paris 1991. Der bildlichen und literarischen Motivgeschichte des auf Gott geschossenen (blasphemischen) Pfeils geht nach: F. Reitinger, Schüsse, die ihn nicht erreichten. Eine Motivgeschichte des Gottesattentats. Paderborn u. a. 1997; insbesondere: S. 230–242.

mit bedingt zur Blasphemiegeschichte bei, indem sie in Einzelpunkten empirische Vergleichsmöglichkeiten bieten.

Diejenigen, die sich seit den neunziger Jahren der Geschichte religiöser Praktiken intensiv annehmen,[26] haben sich zwar thematisch von den mentalitätshistorischen Betrachtungen inspirieren lassen, doch deswegen den problematischen Mentalitätsbegriff der französischen Kollegen nicht übernommen.[27] Erstere ziehen vielmehr überwiegend historisch-anthropologische Konzepte heran, wenn sie sich auf drei Themenkomplexe konzentrieren:[28] auf Gotteslästerung als soziales Handeln, auf Gotteslästerung als Gegenstand von Disziplinierung und auf Gotteslästerung speziell in der Variante des Fluchens und Schwörens.

Peter Burke unternimmt in seinem stark assoziativen Essay den Versuch, Blasphemie als ritualisierte Form sozialen Handelns mit Worten zu beleuchten.[29] Ungeachtet der Tatsache, daß Burke seinen eigenen Überlegungen von 1986 nicht weiter nachgegangen ist, folgt aus seinem Vorschlag, die Ka-

---

[26] Von mentalitätsgeschichtlichen Ansätzen unberührt, hat für die deutsche Forschung Ernst Walter Zeeden schon vor Jahren auf die Frage nach der Durchsetzung religiöser Normen im Alltag aufmerksam gemacht (vgl. etwa E. W. ZEEDEN/P. T. LANG, Einführung, in: DIES. Hg., Kirche und Visitation. Beiträge zur Erforschung des frühneuzeitlichen Visitationswesens in Europa. Stuttgart 1984 S. 9–20). Über diesen wichtigen konzeptionellen Ansatz hinaus bieten indes die von ihm und seinem Schülerkreis angefertigten Arbeiten für die vorliegende Untersuchung keine weiteren Anschlußmöglichkeiten. Quellenbedingt stoßen Zeeden und seine Schüler auf Normbrüche, die Blasphemie kaum erfassen. Die von ihnen herangezogenen kirchlichen Visitationsakten spiegeln obrigkeitliche, zumeist summierende Beurteilungen über die Einhaltung bzw. die Verletzung kirchlicher Normen etwa auf dem Gebiet der Sexualität, der Kleiderordnung oder des Kirchenbesuchs (für eine neuere Einschätzung der Visitation als Mittel obrigkeitlicher Herrschaftsausübung vgl. H. SCHNABEL-SCHÜLE, Kirchenvisitation und Landesvisitation als Mittel der Kommunikation zwischen Herrschaft und Untertanen, in: H. DUCHART/G. MELVILLE Hg., Im Spannungsfeld von Recht und Ritual. Soziale Kommunikation in Mittelalter und Früher Neuzeit, Köln – Weimar – Wien 1997 S. 173–186). Blasphemie aber ist in den Visitationsakten nur höchst selten ein Thema, da sie in die Kompetenz der weltlichen Obrigkeit fiel. Wie Stichproben ergaben, trifft dies auch für Zürich zu. Deswegen braucht hier die Forschung zum Thema der Kirchenvisitation nicht weiter berücksichtigt zu werden.

[27] Zur »Schule« der Annales ist bereits sehr viel geschrieben worden. Aus der Unmenge der Literatur sei als knappes Resümee verwiesen auf U. DANIEL, Kompendium Kulturgeschichte. Theorien, Praxis, Schlüsselwörter. Frankfurt/Main 2001 S. 220–229; insbesondere: S 224–227.

[28] Freilich bleibt es allerdings noch allzu oft bei empirischen Einzelverweisen. So meint etwa Winfried Helm aufgrund allein zweier Fälle (ein dritter Quellenverweis erfolgt in den Fußnoten) auf geschlechtsspezifische Kennzeichen der Bestrafung von Gotteslästerern schließen zu können. Vgl. W. HELM, Konflikt in der ländlichen Gesellschaft. Eine Auswertung frühneuzeitlicher Gerichtsprotokolle. Passau 1993 S. 96 f.

[29] Vgl. P. BURKE, Beleidigung und Gotteslästerung im frühneuzeitlichen Italien, in: DERS. Hg., Städtische Kultur in Italien zwischen Hochrenaissance und Barock. Eine historische Anthropologie. Berlin 1986 S. 96–110, 205–206.

tegorie »Kommunikation« für die Konstituierung sozialer Realität hervor-
zuheben, ein grundlegender Perspektivenwechsel. Statt Blasphemie ausschließlich als Positionierung gegenüber obrigkeitlichen Normen zu verstehen, wirft er die Frage auf, welchen Sinn blasphemische Handlungen in
ihren jeweiligen Kontexten ergaben. Wie grundlegend dieser historisch-an-
thropologisch geprägte Ansatz für das Verständnis von Blasphemie ist, wird
die vorliegende Arbeit zu zeigen haben.

Als Problem obrigkeitlicher bzw. kommunaler Disziplinierung nehmen
Susanna Burghartz und Heinrich R. Schmidt das Phänomen der Gotteslästerung auf. So bemerkt Burghartz am Rande ihrer Dissertation zur spätmittelalterlichen Justizpolitik des Zürcher Rats, der Rat habe gegen Blasphemiker
eine ambivalente Strafpolitik betrieben. Sie stellt damit die grundsätzliche
Frage nach den Zielen der Justiz, die auch hier zu behandeln sein wird.[30] Im
Gegensatz zu Burghartz nimmt Blasphemie in Heinrich R. Schmidts quantitativ angelegter Arbeit zur Durchsetzung sittlicher Normen eine zentrale
Stellung ein. In seiner Habilitationsschrift gelangt er am Beispiel zweier
frühneuzeitlicher Berner Dörfer zum Schluß, daß Disziplinierung, wie sie
etwa die Ächtung des Fluchens darstellt, nicht so sehr von der Obrigkeit ausgegangen sei, sondern innerhalb der Gemeinde stattgefunden habe.[31] Wer
nach Gotteslästerung als sozialem Handeln und Gegenstand von Disziplinierung fragt, muß sich mit dieser zentralen These Schmidts intensiv auseinanderzusetzen.

Für Burghartz und für Schmidt zeichnen der Rat bzw. die lokale Gemeinde für die Verfolgung von Gotteslästerung verantwortlich. Eva Labouvie
hingegen erkennt in der Sanktionierung von Fluch und Schwur vorwiegend
eine kulturelle Disziplinierung. Der deutschen Historischen Anthropologie
verpflichtet und an ihre Hexenforschung anschließend, vertritt sie die These,
daß Fluchen sich auf Wortmagie gegründet habe. Der Fluch sei eine in der
dörflichen Volkskultur verankerte und im Gegensatz zur kirchlichen Elitekultur stehende Form gewesen, um entweder einem persönlichen Gegner an
Leib und Seele zu schaden oder Unheil durch Gegenzauber abzuwenden.[32]

---

[30] Vgl. S. Burghartz, Leib, Ehre und Gut. Delinquenz in Zürich Endes des 14. Jahrhunderts.
Zürich 1990 S.134–137.

[31] Vgl. H. R. Schmidt, Dorf und Religion. Reformierte Sittenzucht in Berner Landgemeinden
der Frühen Neuzeit. Stuttgart – Jena – New York 1995. Diese rigorose Position nimmt Schmidt
in Auseinandersetzung mit den Kontroversen um die Interpretation der Kirchenzucht etwas zurück in: H. R. Schmidt, Emden est partout. Vers un modèle interactif de la confessionalisation,
in: Francia 26. 1999 S.23–45.

[32] Vgl. E. Labouvie, Verwünschen und Verfluchen. Formen der verbalen Konfliktregelung in
der ländlichen Gesellschaft der Frühen Neuzeit, in: P. Blickle/A. Holenstein Hg., Der Fluch

Im Laufe des 17. Jahrhunderts habe sich jedoch der Fluch allmählich zur Injurie gewandelt.[33] Ohne auf den Wandel des Fluchs im 17. Jahrhundert einzugehen, teilt Schmidt Labouvies Interpretation, grenzt sie jedoch auf den
schweren Fluch ein. Dieser habe sich durch bewußte böse Absicht (dolus ma-
lus) ausgezeichnet. Die fluchende Person rebelliert gegen Gott, indem sie
dessen Regiment durch Magie zu ersetzen sucht. Entsprechend hart seien
die Bestrafungen gegen die Übeltäter ausgefallen.[34]

Im Unterschied zu Burghartz, Schmidt und Labouvie fragen Ashley Montagu und Geoffrey Hughes nicht danach, wie die Geschichte blasphemischer
Äußerungen mit Disziplinierung zusammenhängen könnte. Für Montagu,
Hughes und Peter Schuster stellen Flüche und Schwüre lediglich einen willkürlichen verbalen Affekt dar.[35] Führt Montagu 1967 psychologische Argumente ins Feld, verweist Hughes 1993 auf historisch-sprachwissenschaftliche
Aspekte. Beide verzichten auf überzeugende und ausreichende Quellenbele-
ge aus der Praxis der Blasphemie. Schuster hingegen argumentiert 1999 auf
der Grundlage von knappen Hinweisen in den Rechtsakten, die kaum etwas
Näheres über den Kontext der Sprechhandlungen verraten.[36] Die blasphemischen Varianten des Fluchens und Schwörens stehen also der Interpretation weiterhin offen.[37]

---

und der Eid. Die metaphysische Begründung gesellschaftlichen Zusammenlebens und politischer
Ordnung in der ständischen Gesellschaft. Berlin 1993 S. 121–145; hier: S. 128–130.

[33] Vgl. Labouvie, Verwünschen S. 123 f., 141.

[34] Vgl. H. R. SCHMIDT, Die Ächtung des Fluchens durch reformierte Sittengerichte, in: P.
BLICKLE/A. HOLENSTEIN Hg., Der Fluch und der Eid. Die metaphysische Begründung gesellschaftlichen Zusammenlebens und politischer Ordnung in der ständischen Gesellschaft. Berlin
1993 S. 65–120; hier: S. 98 f.

[35] Vgl. G. HUGHES, Schismatic Vituperation. The Reformation, in: DERS. Hg., Swearing. A
Social History of Foul Language, Oaths and Profanity in English. Oxford – Cambridge/Mass.
1993 S. 91–100; A. MONTAGU, The Anatomy of Swearing. London 1967.

[36] Vgl. P. SCHUSTER, Eine Stadt vor Gericht. Recht und Alltag im spätmittelalterlichen Konstanz. Paderborn – München – Wien – Zürich 2000 S. 74–77.

[37] Das Problem des Fluchens und Schwörens schneiden außerdem Keith Thomas, Blair Warden, Karl Metz und Heinz Kittsteiner im Rahmen der Vorsehungsproblematik an. Sie gehen der
Frage nach, wie Magie bzw. die Furcht vor der Providenz zum Ausgang des Ancien Regime an
Bedeutung verlieren konnte (vgl. H. D. KITTSTEINER, Die Entstehung des modernen Gewissens.
Frankfurt/Main 1991; K. v. GREYERZ, Vorsehungsglaube und Kosmologie. Studien zu englischen Selbstzeugnissen des 17. Jahrhunderts. Göttingen- Zürich 1990; K. H. METZ, »Providence« und politisches Handeln in der englischen Revolution (1640–1660). Eine Studie zu ei-
ner Wurzel moderner Politik, dargestellt am politischen Denken Oliver Cromwells, in: Zeitschrift für Historische Forschung 12. 1985 S. 43–84; B. WARDEN, Providence and Politics in
Cromwellian England, in: Past and Present 109. 1985 S. 55–99; K. THOMAS, Religion and the
Decline of Magic. Studies in Popular Beliefs in Sixteenth- and Seventeenth-Century England,

Die eben genannten Studien erheben nicht den Anspruch, Blasphemie umfassend zu analysieren. Sie greifen vielmehr einen thematisch oder methodisch begrenzten Aspekt heraus. Nicht umsonst bleiben die Argumentationen zumeist nur im Rahmen eines Aufsatzes. Das Wagnis, eine Monographie zur Praxis der Gotteslästerung vorzulegen, gehen allein Alain Cabantous und Gerd Schwerhoff ein.[38]

Der Bielefelder Historiker Schwerhoff verfolgt in seiner 1996 abgeschlossenen Habilitationsschrift über die »theologische Konstruktion, rechtliche Bekämpfung und soziale Praxis der Blasphemie vom 13. bis zum Beginn des 17. Jahrhunderts« drei Anliegen: »die klare Ab- und Eingrenzung des Gegenstandsbereichs (a), die Erarbeitung eines chronologischen Profils (b) und die Analyse der sozialen Praxis (c).«[39] Damit überschneiden sich die Erkenntnisinteressen Schwerhoffs mit den meinigen, was durchaus von Vorteil ist: Die jeweiligen Ergebnisse ergänzen einander und erlauben es somit, bisherige Erkenntnisse zu vertiefen bzw. zu revidieren.

Ohne hier in eine detaillierte Diskussion der empirischen Erträge eintreten zu wollen, bleiben vorerst drei Punkte festzuhalten: Die Analyse der theologisch-juristischen »Diskursivierung« steht bei Schwerhoff eindeutig im Mittelpunkt. Wenn die Untersuchung auch die Diskussion der Gotteslästerung im Reformiertentum nicht mit einschließt, obwohl Basel zu seinen Fallstudien gehört, hat Schwerhoff damit im Anschluß an die Mediävistinnen Carla Casagrande und Silvana Vecchio Grundlegendes für die Geschichte der begrifflichen Spezifizierung der Gotteslästerung geleistet.[40] Seine Darstellung erleichtert die noch zu leistende Einordnung des Reformiertentums bezüglich der Konzeptionalisierung der Blasphemie wesentlich. Zeitlich gesehen, konzentriert sich Schwerhoff auf das Hoch- und Spätmittelalter. Seine Frühe Neuzeit ist wahrlich eine frühe und entspricht seiner Konzeption eines »langen 16. Jahrhunderts«.[41] Das Quellenmaterial geht kaum über die ersten Jahrzehnte des 17. Jahrhunderts hinaus. Die zeitliche Akzentsetzung bedingt, daß Schwerhoff die Frage nach dem Epochencharakter der Frühen Neuzeit bzw. den Kontinuitäten zwischen Spätmittelalter und beginnender

---

Harmondsworth 1973 S 78–112). Ihre Arbeiten liegen damit außerhalb meiner Fragestellung und werden daher nicht weiter aufgenommen.

[38] Vgl. G. SCHWERHOFF, Gott und die Welt; A. CABANTOUS, Histoire du blasphème.

[39] G. SCHWERHOFF, Gott und die Welt S. 8 f.

[40] Auf das Problem der nominalistischen Falle bzw. der Notwendigkeit, hinter dem Terminus Gotteslästerung verschiedene Phänomene zu erkennen, weist außerdem hin: O. CHRISTIN, condamnation S. 44 f.

[41] Zur Kommentierung dieses »langen 16. Jahrhunderts« vgl. G. SCHWERHOFF, Gott und die Welt S. 193, 236 f.

Früher Neuzeit in besonderer Schärfe stellen kann. Demgegenüber aber kommen die frühneuzeitlichen Entwicklungen in ihrer Gesamtheit zu kurz. Schwerhoff behandelt also zentrale, aber für die Frühe Neuzeit zu knappe Zeitabschnitte. Mit dem Ziel, diese Geschichte um die Dimension der gesamten Frühen Neuzeit (16. bis 18. Jahrhundert) zu erweitern, nimmt daher die vorliegende Studie eine notwendige Ergänzung vor.

Die Analyse der sozialen Praxis blasphemischer Rede schließlich vollzieht Schwerhoff an den drei Beispielen der Städte Köln, Nürnberg und Basel. Die methodische Grundsatzentscheidung für einen Städtevergleich hat Vorteile wie auch Nachteile. Angesichts des Arbeitsaufwands, den die Aufarbeitung der gesamten Quellenbestände erfordert, ist Schwerhoff gezwungen, sich mit Stichproben zufriedenzugeben. Für Basel stellt er etwa fest: »Schon vor einer seriell erhaltenen Quelle wie den ungewöhnlich informativen Urfehdebüchern muß der an einem bestimmten Delikt interessierte Bearbeiter kapitulieren, vollends vor dem Riesenbestand der seit dem 15. Jahrhundert einsetzenden ›Kundschaften‹, so er nicht nach Zeugenaussagen über einen raumzeitlich klar zu lokalisierenden Fall sucht.«[42] Zweifelsohne ist die Methode der Stichprobenerhebung legitim und sinnvoll, bei näherem Blick jedoch erweisen sich Schwerhoffs Samples als recht bescheiden.[43] Außerdem hat es Schwerhoff mit der Wahl dreier Städte zwangsläufig mit Quellenüberlieferungen unterschiedlicher Qualität zu tun; in seinem Material klaffen große zeitliche ebenso wie inhaltliche Lücken. Hinzukommt, daß Schwerhoff aufgrund der Entscheidung, sich auf den städtischen Raum zu begrenzen, das ländliche Territorium der Städte außer Acht läßt. Um eben diese Schwächen zu beheben, trifft die vorliegende Arbeit andere methodische Grundsatzentscheidungen. Im Zentrum steht ein Kommunalstaat. Daß die Wahl auf Zürich gefallen ist, liegt an den außerordentlich reichen Quellenbeständen des Ortes.[44] Sie erlauben es, sowohl das städtische wie auch das ländliche Untertanengebiet zu erfassen, das die Nordostschweiz größtenteils abdeckt. Die vorliegende Arbeit betreibt somit die Geschichte einer Region, nicht Stadtgeschichte. Statt vor dem Riesenbestand der Zürcher *Kundschaften* zu kapitulieren, wertet sie ihn konsequent qualitativ aus, wobei weitere dichte Quellenbestände die *Kundschaften* ergänzen. Deswegen kann die Arbeit Fragen zu beantworten suchen, die Schwerhoff aufgrund seiner Vorgehensweise und seiner Quellen erst gar nicht aufgreifen kann.

---

[42] G. SCHWERHOFF, Gott und die Welt S. 266.
[43] Dies legt Schwerhoff selbst offen. Vgl. G. SCHWERHOFF, Schranken S. 64 f., 104.
[44] Siehe Kap. I.4.

Den nicht unwesentlichen methodischen Nachteilen der Fallstudien Schwerhoffs stehen zwei entscheidende Vorteile gegenüber. Schwerhoff eröffnet sich komparatistische Perspektiven, auf die eine monographische Aufarbeitung eines so umfangreichen Quellenbestandes wie des Zürcher Staatsarchivs verzichten muß. Dank der Wahl seiner Städte ist Schwerhoff außerdem in der Lage, die Verhältnisse nicht nur aus verschiedenen lokalen, sondern auch aus verschiedenen konfessionellen Blickwinkeln miteinander zu vergleichen. Dies kann die vorliegende Studie nur bedingt leisten. Die quantitative und qualitative Auswertung der in Luzern gegen Blasphemiker ausgesprochenen Gerichtsurteile vermag lediglich einen ersten Eindruck von den Verhältnissen im katholischen Ort vermitteln.

Neben Schwerhoff hat sich Alain Cabantous eingehend mit der Geschichte der Gotteslästerung beschäftigt. Der Pariser Historiker tritt mit dem Anspruch an, die Geschichte der westeuropäischen Blasphemie vom 16. bis zum 19. Jahrhundert darzulegen. Tatsächlich dominieren in seiner 1998 publizierten, rund zweihundertseitigen Darstellung die romanisch-sprachigen Länder; Frankreich steht hierbei eindeutig im Zentrum. Selbstverständlich kann Cabantous den gesamten Untersuchungsraum nicht mit seiner eigenen Forschung abdecken. Vielmehr ist er darauf angewiesen, magere empirische Forschungsergebnisse anderer zu referieren. Sein Hauptaugenmerk richtet er auf die theologische und juristische Thematisierung des Blasphemiedelikts, punktuell auf die Urteile der jeweils verantwortlichen Gerichte sowie auf die soziale Praxis der Gotteslästerung. Cabantous faßt derzeitige Kenntnisse zusammen und erweist damit einen willkommenen Dienst, der es erleichtert, das Zürcher Beispiel in ihren europäischen Kontext einzuordnen. Wichtiger aber ist das Anliegen von Cabantous: »[...] il semble recevable de proposer, pour un temps et un espace limités, une recherche sur le blasphémateur dans sa relation avec l'appareil énonciateur et l'appareil répressif et dans son rapport à l'environnement social et culturel par l'intermédiaire d'une »parole« spécifique désignée comme un blasphème.«[45] Was Cabantous hier etwas verklausuliert formuliert, trifft den Kern der vorliegenden Arbeit. Es geht um die Frage, inwiefern Blasphemie verbales und kulturell geprägtes soziales Handeln zwischen obrigkeitlicher Normsetzung und individueller Verhaltensentscheidung ist.

Cabantous steckt sich hohe Ziele. Er wird ihnen nicht ausreichend gerecht. So geht er davon aus, daß sozio-kulturelle Zuschreibungsprozesse bestimmte verbale Äußerungen erst zu Blasphemie werden lassen. Trotz dieser entscheidenden methodischen Prämisse sind ihm die sprachwissenschaftli-

---

[45] A. Cabantous, Histoire du blasphème S. 9.

chen Modelle, die hinter ihr stecken, keiner weiteren methodologischen Reflexion wert. Da er überdies auf Fallbeschreibungen nahezu verzichtet, hat er kaum Gelegenheit, sein Konzept an der Rechtspraxis zu erhärten. Außerdem muß Cabantous immer wieder konstatieren, wie wenig zur Geschichte der Blasphemie gearbeitet worden ist. Die vorliegende Arbeit steht daher vor der Aufgabe, den sprachwissenschaftlichen Zugriff von Cabantous weiterzuentwickeln sowie die Geschichte der Blasphemie empirisch zu bereichern.

»Religiosität muß dort beobachtet werden, wo sich die kollektiven und institutionell geformten Vorstellungen auf individueller Ebene brechen. Man muß über die Handlung hinaus zu jenen Bestandteilen des gesellschaftlichen Wissens vorstoßen, aus denen sich die religiöse Wirklichkeit der interagierenden Individuen aufbaut, « fordert Rudolf Schlögl.[46] Die Feststellung Hartmut Lehmanns, daß Religion nicht auf dogmatisch fixierte, politisch festgeschriebene und kirchlich gebundene Ausdrucksformen reduziert werden dürfe,[47] schließt an dieses Programm an. Das Beispiel des Sonderfalls Gotteslästerung ist besonders dazu geeignet, Schlögls und Lehmanns programmatische Äußerungen ernstzunehmen. Als religiöse Übertretung bewegt sich Blasphemie an der Bruchstelle zwischen individuellen Entscheidungen und kollektiven, institutionalisierten Normen. Sie verweist darauf, wie Blasphemiker dogmatische, politische und kirchliche Richtlinien verletzen und dabei für ihre Zwecke gesellschaftliche Normen brechen. Die Geschichte der praktizierten Blasphemie hat somit Wesentliches zur Geschichte der Bedeutung von Religion beizutragen.

c) Gotteslästerung und Historische Kriminalitätsforschung

Gotteslästerung ist ein Delikt. Es wäre daher zu erwarten, daß das Thema Blasphemie in der Historischen Krimininalitätsforschung seinen angemessenen Platz gefunden hätte. Dies ist jedoch nicht der Fall.[48] Auf das Feld der

---

[46] R. Schlögl, Glaube und Religion in der Säkularisierung. Die katholische Stadt Köln, Aachen, Augsburg 1700–1840. München 1995 S. 17.

[47] Vgl. die Kritik Hartmut Lehmanns an der Betrachtung von Religion in der Geschichtswissenschaft: H. Lehmann, Zur Bedeutung von Religion und Religiosität im Barockzeitalter, in: D. Breuer Hg., Religion und Religiosität im Zeitalter des Barock. Wiesbaden 1995 S. 3–22; hier: S. 8; H. Lehmann, Von der Erforschung der Säkularisierung zur Erforschung von Prozessen der Dechristianisierung und der Rechristianisierung im neuzeitlichen Europa, in: Ders. Hg., Säkularisierung, Dechristianisierung, Rechristianisierung. Bilanz und Perspektiven der Forschung. Göttingen 1997 S. 9–16; hier: S. 11.

[48] Thematisch konzentrierten sich bis vor kurzem die meisten Untersuchungen auf Schwerst-

Religion wagen sich allein die Inquisitions- und Hexenforschung vor.[49] Trotzdem leistet, wie hier auszuführen ist, die Historische Kriminalitätsforschung für die Erforschung der Blasphemie wichtige Hilfestellungen.

Historische Kriminalitätsforschung ist eine Teildisziplin, die in den französisch- und englischsprachigen Ländern auf eine ungefähr dreißigjährige Geschichte zurückblicken kann.[50] Sie beschäftigt sich mit der Geschichte des Verbrechens und der Strafjustiz. Klassischerweise fragt sie nach dem Profil von Tätern, Delikten, Opfern und Strafmaßnahmen. Zumeist bedient sie sich hierzu quantitativer Methoden. Allerdings hat mittlerweile die Begeisterung für Zahlen angesichts der methodologischen Probleme, die mit ihnen insbesondere für das vorstatistische Zeitalter verbunden sind,[51] merklich nachgelassen. Qualitative Ansätze gewinnen daher zunehmend an Bedeutung. Von dieser Entwicklung versucht diese Arbeit zu profitieren, um das Profil »der« Gotteslästerer und Tatumstände zu beschreiben.

In Deutschland wird Historische Kriminalitätsforschung erst seit den neunziger Jahren intensiver betrieben. Sie hat sich von neueren internationalen, insbesondere nachbargeschichtlichen Arbeiten dazu anregen lassen,[52]

---

kriminalität (Mord, Totschlag), Eigentumskriminalität (Diebstahl) oder Randgruppen (Räuberbanden, Prostituierte, Vaganten).

[49] Siehe Kapitel I.2.a.

[50] Einen aktuellen Überblick über den deutschen bzw. internationalen Forschungsstand bieten die entsprechenden Beiträge in A. BLAUERT/G. SCHWERHOFF Hg., Kriminalitätsgeschichte. Beiträge zu einer Sozial- und Kulturgeschichte der Vormoderne. Konstanz 2000. Außerdem J. EIBACH, Kriminalitätsgeschichte zwischen Sozialgeschichte und Historischer Kulturforschung, in: Historische Zeitschrift 263. 1996 S. 681–715 (nahezu identisch mit: J. EIBACH, Recht – Kultur – Diskurs. Nullum Crimen sine Scientia, in: Zeitschrift für Neuere Rechtsgeschichte 23. 2001 S. 102–120); H. ROMER, Historische Kriminologie. Zum Forschungsstand in der deutschsprachigen Literatur der letzten zwanzig Jahre, in: Zeitschrift für Neuere Rechtsgeschichte 14. 1992 S. 227–242; G. SCHWERHOFF, Devianz in der alteuropäischen Gesellschaft. Umrisse einer historischen Kriminalitätsforschung, in: Zeitschrift für Historische Forschung 19. 1992 S. 385–414. Spezifisch zur Rezeption rechtsgeschichtlicher Arbeiten in der deutschen Forschung: L. SCHILLING, Im Schatten von »Annales«, Bourdieu und Foucault. Zur Rezeption französischer Rechtshistoriographie in Deutschland, in: O. BEAUD/E. V. H. D. HEYEN Hg., Eine deutsch-französische Rechtswissenschaft? Une science juridique franco allemande? Kritische Bilanz und Perspektiven eines kulturellen Dialogs. Biland critique et perspectives d'un dialogue culturel, Baden-Baden 1999 S. 41–66; insbesondere: S. 57–61.

[51] Typisch hierfür etwa die Kritik Benoît Garnots an den Statistiken, mit denen operiert wurde, um die violence-au-vol-These aufzustellen. Vgl. B. GARNOT, Une illusion historiographique. Justice et criminalité au XVIIIe siècle, in: Revue historique 281. 1989 S. 361–379.

[52] Vgl. etwa H. ROODENBURG, Reformierte Kirchenzucht und Ehrenhandel. Das Amsterdamer Nachbarschaftsleben im 17. Jahrhundert, in: H. SCHILLING Hg., Kirchenzucht und Sozialdisziplinierung im frühneuzeitlichen Europa (mit einer Auswahlbibliographie). Berlin 1994 S. 129–151 (inhaltlich identisch mit: H. ROODENBURG, De notaris en de erehandel. Beledigingen

Alltagsdelikte qualitativ zu untersuchen und lokale Muster der Konfliktlösung zu verdeutlichen.[53] Konzentrierte sich die ältere Forschung darauf, Justiz als Mittel obrigkeitlicher politischer und zivilisatorischer Machtausübung und »social crime« als Ausdruck sozialen Protestes erkennbar zu machen, unterstreichen die neueren mikrohistorischen Analysen von Nachbarschaftskonflikten die Bedeutung des symbolischen Kapitals der Ehre: Die Mitglieder einer Dorf- und Stadtgemeinschaft verteidigten ihre gesellschaftliche Position nach geregelten Konfliktmustern und nicht mit willkürlicher Gewalt, wobei die soziale Stellung der Individuen sich nach deren Anteil an den konstanten materiellen und symbolischen Ressourcen ihrer Gesellschaft richtete.[54] Diese symbolische Ebene menschlichen Zusammenlebens müsse daher verstärkt berücksichtigt werden.[55] Die entsprechende These, daß Gotteslästerung nicht allein Gott, sondern auch als verbales Streitmittel die

---

voor het Amterdamse notariaat, 1700–1710, in: Volkskundig Bulletin 18. 1992 S. 367–388); K. WEGERT, Popular Culture, Crime and Social Control in 18th-Century Württemberg. Stuttgart 1994; C. LIS/H. SOLY, Neighbourhood and Social Change in West-European Cities. Sixteenth to Nineteenth Centuries, in: International Review of Social History 38. 1993 S. 1–30; C. A. CONLEY, The Unwritten Law. Criminal Justice in Victorian Kent. New York – Oxford 1991; C. DITTE, La mise en scène dans la plainte. Sa stratégie sociale. L'exemple de l'honneur populaire, in: Droit et culture 19. 1990 S. 23–48; L. FERRAND, Villageois entre eux, in: Droit et cultures 19. 1990 S. 49–72; L. FAGGION, Points d'honneur, poings d'honneur. Violence quotidienne à Genève au XVIIe siècle, in: Revue du Vieux Genève 1989 S. 15–25; D. GARRIOCH, Verbal Insults in Eighteenth Century Paris, in: P. BURKE/R. PORTER Hg., Social History of Language. Cambridge 1987 1987 S. 104–119; C. B. HERRUP, The Common Peace. Participation and the Criminal Law in Seventeenth-Century England. Cambridge u. a. 1987.

[53] Vgl. beispielsweise M. DINGES, Der Maurermeister und Finanzrichter. Ehre , Geld und soziale Kontrolle im Paris des 18. Jahrhunderts. Göttingen 1994. M. FRANK, Dörfliche Gesellschaft und Kriminalität. Das Fallbeispiel Lippe 1650–1800. Paderborn u. a. 1995.

[54] Vgl. aus der Fülle der Literatur als einschlägige Titel: E. LACOUR, Schlägereien; S. BACKMANN u. a. Hg., Ehrkonzepte in der frühen Neuzeit, Identitäten und Abgrenzungen. Berlin 1998; F. NEUMANN, Die Schmähung als »Meisterstück«. Die Absicherung ständischer Position durch Beleidigungen unter Lemgoer Kürschnern im ausgehenden 16. und frühen 17. Jahrhundert, in: Westfälische Forschungen 47. 1997 S. 621–641; K. SCHREINER/G. SCHWERHOFF Hg., Verletzte Ehre. Ehrkonflikte in Gesellschaften des Mittelalters und der frühen Neuzeit. Köln – Weimar – Wien 1995; W. RUMMEL, Verletzung von Körper, Ehre und Eigentum. Varianten im Umgang mit Gewalt in Dörfern des 17. Jahrhunderts, in: A. BLAUERT/G. SCHWERHOFF Hg., Mit den Waffen der Justiz. Zur Kriminalitätsgeschichte des Spätmittelalters und der Frühen Neuzeit. Frankfurt/Main 1993 S. 86–114; R. WALZ, Agonale Kommunikation im Dorf der frühen Neuzeit, in: Westfälische Forschungen 42. 1992 S. 215–251; K. J. LORENZEN-SCHMIDT, Beleidigungen in Schleswig-Holsteinischen Städten im 16. Jahrhundert. Städtische Normen und soziale Kontrolle in Städtegesellschaften, in: Kieler Blätter zur Volkskunde 10. 1978 S. 5–20.

[55] Dies unterstreicht ebenfalls Richard van Dülmen. Vgl. R. v. DÜLMEN, Historische Kulturforschung zur Frühen Neuzeit. Entwicklungen – Probleme – Aufgaben, in: Geschichte und Gesellschaft 21. 1995 S. 403–429; hier: S. 420.

Welt, d. h. den weltlichen Kontrahenten herausfordern will,[56] ist daher für die vorliegende Arbeit von wesentlicher Bedeutung. Dies trifft genauso für die Frage zu, inwiefern Blasphemie ein Gegenstand politischer Machtausübung seitens der Obrigkeit bzw. politischen Protests seitens der Gotteslästerer war.

Nicht jede Gotteslästerung wurde gerichtsnotorisch und aktenkundig. Aber Konfliktlösung konnte auch außerhalb des gerichtlichen Raums stattfinden. Diesem bedeutenden, jedoch angesichts der Quellenlage schwierig zu erfassenden Phänomen hat sich insbesondere die französische Forschung unter dem ungenügend theoretisierten Stichwort des *infrajudiciaire* genähert. Wie die entsprechenden neuesten Untersuchungen ergeben, sind der Umfang und die Regelhaftigkeit, in denen rechtliche Konflikte vergleichsweise informell geregelt wurden, nicht zu unterschätzen. Rechtliche Auseinandersetzungen allein innerhalb des offiziellen Justizsystems zu betrachten, führt daher dazu, einen beträchtlichen Teil anderer Konfliktlösungsmuster zu übergehen. Deswegen nimmt die vorliegende Arbeit die empirischen Anregungen der Infrajustizforschung auf, indem sie neben den formelleren ebenso die informelleren Wege der Konfliktregelung systematisch berücksichtigt.[57]

Blickte die Historische Kriminalitätsforschung lange Zeit gebannt auf die Bestrafung der Delinquenten, leitete vor ungefähr fünfzehn Jahren Natalie Zemon Davis mit ihrer Untersuchung der französischen Gnadenjustiz eine zweifache Wende ein. An französischen Suppliken des 16. Jahrhunderts untersuchte sie, wie die zum Tode verurteilten Bittsteller mit erzählerischen Mitteln auf das königliche Urteil einwirken konnten. Sie tauschte somit zum einen die Perspektive der Justiz gegen die Perspektive der Angeklagten.[58] Zum anderen führte sie mit ihrem Interesse an der narrativen Qualität ihrer Quellen einen Ansatz ein, der in den folgenden Jahren unter dem Stichwort des *linguistic turn* eine umstrittene Karriere machen sollte. Mit ihrer Untersuchung trug Davis dazu bei, daß die Historische Kriminalitätsforschung den Ansatz sowie das Thema der Gnade und der Logik heute willkürlich

---

[56] Vgl. G. SCHWERHOFF, Starke Worte.

[57] Zum Problem der außergerichtlichen Konfliktregelung mit weiteren Verweisen vgl. C. A. HOFFMANN, Außergerichtliche Einigungen bei Straftaten als vertikale und horizontale soziale Kontrolle im 16. Jahrhundert, in: A. BLAUERT/G. SCHWERHOFF Hg., Kriminalitätsgeschichte. Beiträge zur Sozial- und Kulturgeschichte der Vormoderne. Konstanz 2000 S. 563–579; F. LOETZ, L'infrajudiciare. Facetten und Bedeutung eines Konzepts, in: A. BLAUERT/G. SCHWERHOFF Hg., Kriminalitätsgeschichte. Beiträge zur Sozial- und Kulturgeschichte der Vormoderne, Konstanz 2000 S. 545–562.

[58] Vgl. N. Z. DAVIS, Fiction in the Archives. Pardon Tales and their Tellers in Sixteenth-Century France. Stanford 1987.

wirkender Urteile »entdeckte«.[59] Seitdem gehen jüngere Studien verstärkt der Frage nach, welche Faktoren auf die Gerichtsurteile einwirkten. Sie führen den Nachweis, daß die Bemessung des Strafmaßes vom Alter, dem Geschlecht, der sozialen Zugehörigkeit, und der Fürsprache seitens Dritter abhängen konnte.[60] Die Justizpraxis folgte also nicht rigiden Rechtsgrundsätzen, sondern ließ auch konsequent Gnade vor Recht walten, gründete also auf einer »regelhaften Willkür«. An diese Erkenntnis knüpft die Arbeit an, wenn sie die kulturellen Richtlinien im Umgang mit Blasphemie freizulegen sucht.

Obwohl Blasphemie theologisch-juristisch als *crimen laesae maiestatis divinae* ein Vergehen ist, hat die Historische Kriminalitätsforschung das Delikt kaum beleuchtet. Von disparaten Aufsätzen und der Monographie Schwer-

---

[59] Einen Einblick in die Folgen des linguistic turn für die allgemeine Interpretation staatlicher Herrschaft vermitteln die Beiträge in: G. STEINMETZ Hg., State/Culture. State-Formation after the Cultural Turn. Ithaca – London 1999.

[60] Vgl. als Beispiel erster systematischer Überlegungen in kriminalitätsgeschichtlicher Perspektive G. R. ELTON, Introduction. Crime and the Historian, in: J. S. COCKBURN Hg., Crime in England 1550–1800. London 1979 S. 1–14. Die umfassendste Arbeit zum Thema hat für das mittelalterliche Frankreich vorgelegt: C. GAUVARD, »De grace especial«. Crime, état et sociéte en France à la fin du Moyen Age, 2 Bde. Paris 1991. Für die spanischen Niederlanden behandelt die Gnadenproblematik am Beispiel eines Totschlägers: X. ROUSSEAUX, »Concurrence« du pardon et »politiques« de la répression dans les Pays-Bas espagnols au 16e siècle. Autour de l'affaire Charlet, 1541, in: Centre international d'anthropologie juridique 3. 1999 S. 385–417. Weitere grundsätzliche Überlegungen zum Supplikationswesen bzw. der Durchsetzung von obrigkeitlichen Normen führen anhand der für Deutschland charakteristischen Policeyforschung aus K. HÄRTER, Strafverfahren im frühneuzeitlichen Territorialstaat. Inquisition, Entscheidungsfindung, Supplikation, in: A. BLAUERT/G. SCHWERHOFF Hg., Kriminalitätsgeschichte. Beiträge zur Sozial- und Kulturgeschichte der Vormoderne. Konstanz 2000 S. 459–480; A. HOLENSTEIN, »Gute Policey« und lokale Gesellschaft. Erfahrung als Kategorie im Verwaltungshandeln des 18. Jahrhunderts, in: P. MÜNCH Hg., Erfahrung in der Geschichte der Frühen Neuzeit. München 2001 S. 433–450; K. HÄRTER Hg., Policey und frühneuzeitliche Gesellschaft. Frankfurt 2000; A. LANDWEHR, »Normdurchsetzung« in der Frühen Neuzeit? Kritik eines Begriffs, in: Zeitschrift für Geschichtswissenschaft 48. 2000 S. 146–162; A. LANDWEHR, Policey im Alltag. Die Implementation frühneuzeitlicher Policeyordnungen in Leonberg. Frankfurt/Main 2000; A. HOLENSTEIN, Bittgesuche, Gesetze und Verwaltung. Zur Praxis »guter Policey« in Gemeinde und Staat des Ancien Régime am Beispiel der Markgrafschaft Baden-Durlach, in: P. BLICKLE Hg., Gemeinde und Staat im Alten Europa. München 1998 S. 325–357; U. RUBLACK, Frühneuzeitliche Staatlichkeit und lokale Herrschaftspraxis in Württemberg, in: Zeitschrift für historische Forschung 24. 1997 S. 347–376. Die knappste und zugleich umfassendste Zusammenfassung des Forschungsstands zur Policey bietet: M. STOLLEIS, Was bedeutet »Normdurchsetzung« bei Policeyordnungen der frühen Neuzeit, in: R. H. HELMHOLZ/P. MIKAT/J. MÜLLER ET AL. Hg., Grundlagen des Rechts. Festschrift für Peter Landau zum 65. Geburtstag. Paderborn u. a. 2000 S. 739–757.

hoffs abgesehen,[61] liegen allein aus der Inquisitionsforschung verstreute quantitative Daten zur Verfolgung von Gotteslästerern vor.[62] Bezüglich der sozialen Praxis von Gotteslästerung tappt die Historische Kriminalitätforschung weitgehend im Dunkeln. Dies ist das nüchterne Fazit, das beim derzeitigen Stand der Dinge hinsichtlich der kriminalitätsgeschichtlichen Betrachtung von Blasphemie zu ziehen bleibt.

d) Geschichte Zürichs

Lokalstudien haben in der Schweiz eine sehr starke Tradition. Ihr ist es zu verdanken, daß die Geschichte des Zürcher Stadtstaats gut aufgearbeitet ist. Freilich gilt dies nicht für alle Themenbereiche. Vielmehr haben die inhaltlichen Schwerpunkte und Lücken für die vorliegende Arbeit Konsequenzen, die hier auszuführen sind.

Die neueste handbuchartige Kantonsgeschichte zum frühneuzeitlichen Zürich erlaubt eine schnelle Orientierung über die politischen, kirchenhistorischen, wirtschaftlichen und gesellschaftlichen Entwicklungen des Territorialstaates.[63] Dennoch bleibt der Rückgriff auf die Spezialliteratur für genauere Auskünfte unabdinglich. Die überwältigende Mehrheit der Einzeldarstellungen konzentriert sich auf die Zeit der Reformation, d.h. auf die Person, das Werk und die internationale theologische Ausstrahlung Zwinglis und Bullingers.[64] Außerdem liegen nützliche ältere Darstellungen sowie eine

---

[61] Es sei daran erinnert, daß Cabantous in seiner Monographie nicht eigenständiges Quellenmaterial auswertet, sondern hauptsächlich den in Aufsätzen zerstreuten empirischen Forschungsstand vorstellt.

[62] Vgl. etwa J.-P. Dedieu, L'administration de la foi. L'inquisition de la Tolède XVIe–XVIIe siècle. Madrid 1989; E. Peters, Inquisition. Berkeley 1989; W. E. Monter/J. Tedeschi, Towards a Statistical Profile of the Italian Inquisitions. Sixteenth to Eighteenth Centuries, in: W. E. Monter Hg., Enforcing Morality in Early Modern Europe. London 1987 S. 130–137.

[63] Deren Einzelbeiträge sind allerdings von unterschiedlicher Qualität. Vgl. N. Flüeler/M. Flüeler-Grauwiler Hg., Geschichte des Kantons Zürichs. Frühe Neuzeit – 16. bis 18. Jahrhundert, Bd. 2. Zürich 1996.

[64] Grundlegend zu Zwingli: P. Blickle/A. Lindt/A. Schindler Hg., Zwingli und Europa. Referate und Protokoll des Internationalen Kongresses aus Anlaß des 500. Geburtstages von Huldrych Zwingli (26.–30. 3.1984). Zürich 1985; U. Gäbler, Huldrych Zwingli. Eine Einführung in sein Leben und sein Werk. München 1983; G. W. Locher, Zwingli und die schweizerische Reformation. Göttingen 1982; G. W. Locher, Die Zwinglische Reformation im Rahmen der europäischen Kirchengeschichte. Göttingen – Zürich 1979; H.-C. Rublack, Zwingli und Zürich, in: Zwingliana 16. 1985 S. 393–426; U. Gäbler, Huldrych Zwingli. Eine Einführung in sein Leben und sein Werk. München 1983. Bullinger behandeln im Überblick: U. Gäbler/E. Herkenrath Hg., Heinrich Bullinger 1504–1575. Gesammelte Aufsätze zum 400. Todestag. Zürich

neuere Publikation zum Zürcher Kirchenwesen vor.[65] Über eine der wesentlichen Einrichtungen des städtischen Kirchenwesens, über das Ehegericht und die Reformationskammer, stehen mehrere solide, einander ergänzende Darstellungen mit institutionen- oder theologiegeschichtlichem Schwerpunkt zur Verfügung.[66] Diese heben jedoch auf die Organisation der Gerichte und die Ahndung von Sexualdelikten ab. Das Delikt der Gotteslästerung wird nicht eigens behandelt, so daß die vorliegende Studie sich hier nicht auf Vorarbeiten stützen kann.

Wenn auch unter jeweils sehr verschiedenen Gesichtspunkten, ist die Ausbreitung der Reformation vorrangig aus ereignisgeschichtlicher Perspektive betrachtet worden.[67] In Form einführender Überlegungen schneiden zudem

---

1975; F. BLANKE/I. LEUSCHNER, Heinrich Bullinger. Zürich 1990. Außerdem zur allgemeinen Orientierung: K.-H. Z. MÜHLEN, Reformation und Gegenreformation. Teil I. Göttingen 1999; K. V. GREYERZ, Switzerland, in: B. SCRIBNER/R. PORTER/T. MIKULA's Hg., The Reformation in National Context. Cambridge u. a. 1994 S. 30–46; A. SNYDER, Word and Power in Reformation Zürich, in: Archiv für Reformationsgeschichte 81. 1990 S. 263–285.

[65] Vgl. R. PFISTER, Kirchengeschichte der Schweiz. Von der Reformation bis zum Villmerger Krieg 2 Bde. Zürich 1974; P. WERNLE, Der schweizerische Protestantismus im XVIII. Jahrhundert. Das reformierte Staatskirchentum und seine Ausläufer (Pietismus und vernünftige Orthodoxie) Bd. 1. Tübingen 1923; W. BALTISCHWEILER, Die Institutionen der evangelisch-reformierten Landeskirche des Kantons Zürich in ihrer geschichtlichen Entwicklung. Diss. iur. Zürich 1904.

[66] Vgl. R. M. KINGDON, Wie das Konsistorium des calvinistischen Genf zur Unterstützung von konfessioneller Konformität gebraucht wurde, in: P. PRODI/E. MÜLLER-LUCKNER Hg., Glaube und Eid. Treueformeln, Glaubensbekenntnisse und Sozialdisziplinierung zwischen Mittelalter und Neuzeit. München 1993 S. 179–187; W. J. BAKER, Christian Discipline and the Early Reformed Tradition. Bullinger and Calvin, in: R. V. SCHNUCKER Hg., Calviniana. Ideas and Influence of Jean Calvin. Kirkville 1988 S. 107–120; E. W. MONTER, The Consistory of Geneva, in: Bibliothèque d'Humanisme et de Renaissance 38. 1976 S. 467–484; R. PFISTER, Kirchengeschichte der Schweiz. Von der Reformation bis zum Villmerger Krieg, 2 Bde. Zürich 1974; C. WEHRLI, Die Reformationskammer. Das Zürcher Sittengericht des 17. und 18. Jahrhunderts. Winterthur 1963; R. LEY, Kirchenzucht bei Zwingli. Zürich 1948; K. KILCHENMANN, Die Organisation des zürcherischen Ehegerichts zur Zeit Zwinglis. Zürich 1946; W. KÖHLER, Zürcher Ehegericht und Genfer Konsistorium. Das Zürcher Ehegericht und seine Auswirkung in der deutschen Schweiz zur Zeit Zwinglis, Bd. 1. Leipzig 1932.

[67] Während Emil Bosshart von Sternenberg eine heroisierende Darstellung der Sittenmandate bzw. ihrer Urheber vornimmt, (vgl. E. BOSSHART VON STERNENBERG, Das vaterländische Zürcher Regiment. Eine positive Form des Polizeistaates. Zürich 1910), bringt Muralt die Einführung der Reformation in der Stadt Zürich mit der Verfassung des in Grundzügen »demokratischen« Stadtstaates in Verbindung (vgl. L. V. MURALT, Stadtgemeinde und Reformation in der Schweiz, in: Schweizerische Zeitschrift für Geschichte 10. 1930 S. 349–384). Huber und Kamber rekonstruieren die Ereignisgeschichte der Anfänge der Reformation in Teilen der Zürcher Landschaft (vgl. P. KAMBER, Bauern, Reformation und Revolution in Zürich, 1522–25. Zürich 1991; P. KAMBER, Die Reformation auf der Zürcher Landschaft am Beispiel des Dorfes Marthalen. Fallstudie zur Struktur bäuerlicher Reformation, in: P. BLICKLE Hg., Zugänge zur bäuerlichen Re-

Walter Tappolet, Walter Hollenweger, Palmer Wandel und Matthias Senn
mit dem Problem der Zwinglianischen Mariologie,[68] dem reformierten
Nachbarschaftsbegriff und der religiösen Deutung der Lebenswelt wesentliche theologische und religiöse Themen der Reformation an.[69] Die Ausdrücke, die den Reformatoren zur Beleidigung ihrer theologischen Gegner
dienten, enumeriert der Linguist Gabriel Meier.[70] Die gleiche sprach-
geschichtliche Sammelfreude weist A. Blatter bei seiner Charakterisierung
der »Volksstimmung zur Zeit der schweizerischen Reformation« auf.[71] Angesichts ihres oberflächlich generalisierenden und deskriptiv ereignisgeschichtlichen Charakters können diese Publikationen nicht befriedigen. In
Bezug auf die Rezeption der reformatorischen Lehre, die Formen persönlicher Glaubensüberzeugungen und Varianten der Beleidigungen unter Berufung auf Gott muß die vorliegende Studie, zumal für das Untertanengebiet
der Landschaft, Pionierarbeit leisten.

Die soliden Darstellungen zur Verfassung und Verwaltung Zürichs stammen aus dem 19. Jahrhundert und dem ersten Drittel dieses Jahrhunderts.
Die Publikationen haben bis heute nicht an Gültigkeit eingebüßt.[72] Bleiben

---

formation. Bauer und Reformation, Bd. 1. Zürich 1987 S. 85–125; P. Huber, Annahme und
Durchführung der Reformation auf der Zürcher Landschaft 1519–1530. Zürich 1972). Ebenso
stark ereignisgeschichtlich orientiert sich René Hauswirths Untersuchung der Krisenzeit von
Kappel (vgl. R. Hauswirth, Stabilisierung als Aufgabe der politischen und kirchlichen Führung
in Zürich nach der Katastrophe von Kappel, in: B. Moeller Hg., Stadt und Kirche im 16. Jahrhundert. Gütersloh 1978 S. 99–108).

[68] Eine detaillierte Auseinandersetzung aus theologeschichtlicher Sicht hingegen bei: E. Campi, Zwingli und Maria. Eine reformationsgeschichtliche Studie. Zürich 1997.

[69] Vgl. P. L. Wandel, Brothers and Neighbors. The Language of Community in Zwingli's
Preaching, in: Zwingliana 17. 1988 S. 361–374; W. J. Hollenweger, Ave Maria. Mariologie bei
den Reformatoren, in: Diakonia 15. 1984 S. 189–193; M. Senn, Alltag und Lebensgefühl im Zürich des 16. Jahrhunderts, in: Zwingliana 14. 1976 S. 251–262; W. Tappolet Hg., Das Marienlob
der Reformatoren. Martin Luther. Johannes Calvin, Huldrych Zwingli. Heinrich Bullinger. Tübingen 1962.

[70] Vgl. G. P. Meier, Phrasen, Schlag- und Scheltwörter der schweizerischen Reformationszeit, in: Zeitschrift für Schweizerische Kirchengeschichte 11. 1917 S. 221–236.

[71] Vgl. A. Blatter, Schmähungen, Scheltreden, Drohungen. Ein Beitrag zur Geschichte der
Volksstimmung zur Zeit der schweizerischen Reformation, in: Wissenschaftliche Beilage zu den
Jahresberichten des Gymnasiums, der Realschule und der Töchterschule. Basel 1911.

[72] R. Braun, Das ausgehende Ancien Regime in der Schweiz. Aufriß einer Sozial- und Wirtschaftsgeschichte. Göttingen – Zürich 1984; R. Schnyder, Zürcher Staatsaltertümer. Der Zürcher Staat im 17. Jahrhundert. Bern 1975; B. Schmid, Die Gerichtsherrschaften im alten Zürich,
in: Zürcher Taschenbuch 89. 1969 S. 8–34; W. H. Ruoff, Der Blut- oder Malefizrat in Zürich
von 1400–1798. Bern 1958; E. Kunz, Die lokale Selbstverwaltung in den zürcherischen Landsgemeinde im 18. Jahrhundert. Zürich 1948; P. Guyer, Verfassungszustände der Stadt Zürich im
16., 17. und 18. Jahrhundert. Unter der Einwirkung der sozialen Umschichtung der Bevölke-

auch einige Detailfragen zu organisatorischen Vorgängen im Justizsystem offen, läßt sich doch dessen Aufbau dank der vorliegenden politik- und verwaltungsgeschichtlichen Erkenntnisse in seinen Grundzügen beschreiben. Sehr genaue prosopographische Daten trägt ferner die 1994 erschienene Dissertation Hans-Rudolf Dütschs zusammen. Sie gibt Auskunft über die Person der Landvögte.[73] Allerdings spart Dütsch das Handeln der Justizbevollmächtigten, den Aspekt der Rechtspraxis, aus. Die vorliegende Studie kann bezüglich des Rechtswesens somit auf zuverlässige Informationen über die Justizstrukturen, nicht aber über den Justizalltag im Zürcher Stadtstaat zurückgreifen.

Der Untersuchung der Rechtspraxis entzieht sich ebenso die Studie Thomas Müller-Burgherrs zum Thema des Ehrdelikts. Müller-Burgherr richtet seine Aufmerksamkeit auf die Rechtsdogmatik.[74] Seine Ergebnisse zeigen, wie fließend die juristische Bestimmung des Ehrdelikts für die Zeitgenossen war. Sie stützen daher die methodische Entscheidung, die überlieferten blasphemischen Verstöße nicht nach den Einordnungen in den Rechtsquellen zu kategorisieren, sondern sie gemäß den juristisch-theologischen Kriterien der Frühen Neuzeit neu zu klassifizieren.

Dem Problem der Zürcher Rechtspraxis widmen sich allein drei Arbeiten.[75] So hat Susanna Burghartz in ihrer 1990 publizierten Dissertation zur Justizpolitik Zürichs die Ratsmanuale von 1376–1385 quantitativ nach den

---

rung. Zürich 1943; W. H. RUOFF, Die Zürcher Räte als Strafgericht und ihr Verfahren bei Freveln im 15. und 16. Jahrhundert. Zürich 1941; A. LARGIADÈR, Die Anfänge der zücherischen Landschaftsverwaltung. Zürich 1932; H. FRITSCHE, Begründung und Ausbau der neuzeitlichen Rechtspflege des Kantons Zürich. Zürich 1931; A. BAUHOFER, Fürsprechertum und Advokatur im Kanton Zürich vor 1798, in: Zürcher Taschenbuch 47. 1927 S.136–158; E. EICHHOLZER, Zur Geschichte und Rechtsstellung des zürcherischen Untervogtes, in: Zeitschrift der Savigny Stiftung für Rechtsgeschichte German. Abt. 44. 1924 S.197–215. K. DÄNDLIKER, Geschichte der Stadt und des Kantons Zürich. 3 Bde. Zürich 1908–1912; J. C. BLUNTSCHLI, Staats- und Rechtsgeschichte der Stadt und Landschaft Zürich, 2 Bde. Zürich 1838/39.

[73] Vgl. H.-R. DÜTSCH, Die Zürcher Landvögte von 1402–1798. Ein Versuch zur Bestimmung ihrer sozialen Herkunft und zur Würdigung ihres Amtes im Rahmen des zürcherischen Stadtstaates. Zürich 1994.

[74] Daher bilden konkrete Beispiele von Ehrkonflikten die Ausnahme. Vgl. T. MÜLLER-BURGHERR, Die Ehrverletzung. Ein Beitrag zur Geschichte des Strafrechts in der deutschen und rätoromanischen Schweiz von 1252–1798. Zürich 1987.

[75] Die geistliche, nicht die weltliche, Rechtspraxis behandelt Bruce Gordon (vgl. B. GORDON, Clerical Discipline and the Rural Reformation. The Synod in Zurich, 1532–1580. Bern u. a. 1992). Seine 1992 erschienene Dissertation setzt sich für die Zeit des 16. Jahrhunderts mit der Disziplinierung der reformierten Geistlichen des Zürcher Gebiets durch die Synode, also mit Verstößen gegen die Verkündigung der kirchlichen Lehre, auseinander. Inwiefern Laien die kirchliche Lehre verletzten und deswegen zur Ordnung gerufen wurden, liegt damit außerhalb seines Erkenntnisinteresses.

klassischen Typologisierungsaspekten historisch-kriminologischer Forschung (Erstellung von Täter-, Delikt-, Sanktionsprofilen) ausgewertet.[76]
War Erich Wettstein in seiner Studie der Todesstrafe 32 Jahre zuvor das Delikt der Gotteslästerung allein eine Nebenbemerkung wert gewesen,[77]
kommt Burghartz das Verdienst zu, auf den ambivalenten Charakter der Behandlung dieses religiösen Vergehens durch den Rat aufmerksam gemacht
zu haben. Freilich kann sie aufgrund ihrer Materialauswahl und ihres quantitativen Ansatzes die Frage der Gotteslästerung lediglich anschneiden, wohingegen die Angaben zum Problem der Ehrdelikte deutlich informativer
ausfallen.

Eine außerordentlich detailreiche Studie hat 2000 Katja Hürlimann mit
ihrer Dissertation zur dörflichen »Soziabilität« für zwei bedeutende Gebiete
der Zürcher Landschaft, die Landvogteien Greifensee und Kyburg, in den
Jahren von ca. 1480 bis 1520 vorgelegt.[78] Anhand der quantitativ wie auch
qualitativ ausgewerteten Justizakten der niederen Justiz ebenso wie der Appellationsinstanz des städtischen Rats gelingt es ihr, im Rahmen ihrer
übergeordneten Fragestellung nach den Ausprägungen gesellschaftlichen Zusammenlebens ein erstaunlich scharfes Bild der vielfältigen Konflikte dörflichen Alltags zu zeichnen. Für die vorliegende Arbeit ist Hürlimanns Studie
von dreifacher Bedeutung: Sie charakterisiert praktizierte dörfliche Kon-
fliktkultur, liefert einige quantitative Angaben zum Themenbereich »Vergehen gegen Sitte und Religion« und behandelt insbesondere das ausgehende
Mittelalter. Somit eröffnen Hürlimanns Ergebnisse die Möglichkeit, die Frage zumindest ansatzweise zu beantworten, in welchem quantitativen und
qualitativen Verhältnis Gotteslästerung zu anderen Delikten stand[79], welche
Einblicke in die Justizpraxis die Vogts- und Ratsentscheidungen der vorlie-

---

[76] Vgl. S. BURGHARTZ, Leib.

[77] E. WETTSTEIN, Die Geschichte der Todesstrafe im Kanton Zürich. Winterthur 1958 S. 91.

[78] Vgl. K. HÜRLIMANN, Soziale Beziehungen im Dorf. Aspekte dörflicher Soziabilität in den
Landvogteien Greifensee und Kyburg um 1500. Zürich 2000; K. HÜRLIMANN, »Er hab vil klener
Kind«. Argumente vor den Gerichten in der Landvogtei Greifensee im 15./16. Jahrhundert, in:
Zürcher Taschenbuch 115 N.F. 1995 S. 67–88.

[79] Die Veränderung absoluter Zahlen religiöser Vergehen sagt über den Wandel der Delikt-
häufigkeit nichts aus. Hierzu ist die Rückkoppelung der registrierten Fälle an die Größe der Bevölkerung, also die Berechnung der relativen Deliktquote, notwendig. Brauchbare, allerdings
zumeist grobe, Angaben über die Bevölkerungsentwicklung in der Stadt und auf der Landschaft
stehen für eine solche Berechnung zur Verfügung. Vgl. M. MATTMÜLLER, Bevölkerungsgeschichte der Schweiz. Die frühe Neuzeit, 1500–1700. Basel – Frankfurt/Main 1987; W. SCHELLEN-
BERG, Die Bevölkerung der Stadt Zürich um 1780. Zusammensetzung und regionale Verteilung.
Affoltern 1951; W. SCHNYDER, Die Bevölkerung der Stadt und Landschaft Zürich vom 14. bis
17. Jahrhundert. Eine methodologische Studie. Zürich 1927.

genden Studie im Unterschied zu den Urteilen der niedergerichtlichen Instanzen Hürlimanns vermitteln und welche Kontinuitätslinien sich zwischen
Spätmittelalter und Früher Neuzeit ziehen lassen.[80]

Die Geschichte Zürichs ist intensiv erforscht worden, dies allerdings vorrangig aus politikgeschichtlicher und verfassungsgeschichtlicher Perspektive.
Verläßt man das Spätmittelalter und die Zeit der Reformation, so weist das
Angebot zur Zürcher Geschichte insbesondere aus sozialhistorischer Sicht
große Lücken auf.[81] Für die vorliegende Studie sind am ehesten diejenigen
Darstellungen von einem gewissen Wert, welche die Bedeutung der Geistlichkeit im Zusammenleben der Bevölkerung behandeln. Zwar haben Markus Schär, David Gugerli und Klaus Martin Sauer die Rolle des Pfarrhauses
unter Fragestellungen untersucht, die mit dem Thema Gotteslästerung nicht
direkt in Verbindung stehen, doch verweisen immerhin einzelne Bemerkungen darauf, welche religiösen Verhaltensweisen von Pfarrern und Gemeinde-
mitgliedern als normgerecht bzw. inakzeptabel empfunden wurden.[82] Insgesamt also ist die Forschungslage zur nachreformatorischen Zeit in Hinblick auf den Untersuchungsgegenstand dieser Arbeit bescheiden. Den Spuren der Zürcher Blasphemiker zu folgen, bedeutet daher, vielfach Neuland
zu betreten.

e) Geschichte der Blasphemie:
fünf Thesen zu einem Forschungsdefizit

Die historische Betrachtung von Religion ist beim derzeitigen Forschungsstand ungenügend. Am Beispiel der Blasphemie läßt sich zeigen, worin die
Forschungsdefizite bestehen:

Erstens: Das mehrdimensionale Phänomen Religion erfährt in der Geschichtsschreibung zu oft eine ideen-, dogmen-, politik- oder ereignis-

---

[80] Auf dieses Problem der Kontinuität vom Mittelalter zur Neuzeit macht in einer Randbe-
merkung aufmerksam: A. STAEHELIN, Sittenzucht und Sittengerichtsbarkeit in Basel, in: Zeitschrift für Rechtsgeschichte. Germanische Abteilung 85. 1968 S. 78–103.

[81] Vgl. H. MEYER, Das 16. und 17. Jahrhundert, in: Schweizerische Zeitschrift für Geschichte
1991 S. 135–148; U. IM HOF, Sozialdisziplinierung in der reformierten Schweiz vom 16. bis zum
18. Jahrhundert, in: Annali dell'Istituto storico italo-germanico in Trento/Jahrbuch des italienisch-deutschen historischen Instituts in Trient 8. 1982 S. 119–139; hier: S 134.

[82] Vgl. K. M. SAUER, Die Predigttätigkeit Johann Kaspar Lavaters. Zürich 1988; D. GUGERLI,
Zwischen Pfrundt und Predigt. Die protestantische Pfarrfamilie auf der Zürcher Landschaft im
ausgehenden 18. Jahrhundert. Zürich 1987; M. SCHÄR, Seelennöte der Untertanen. Selbstmord,
Melancholie und Religion im alten Zürich. Zürich 1985.

geschichtliche Einengung auf entweder primär theologisch-kirchliche oder primär juristisch-politische Gesichtspunkte. Daher ist es notwendig, die bisherige Geschichte der Religion zu einer Geschichte des Religiösen zu erweitern.[83]

Zweitens: Die historische Betrachtung von Religion konzentriert sich noch stark auf die Zeit der frühen Reformation, auf den Raum der Stadt und auf die Medien insbesondere schriftlicher Verkündigung. Langzeitstudien liegen – die neueren Studien zur Sittenzucht ausgenommen – kaum vor. Die Bedeutung religiöser Normen über das verbale Handeln der Zürcher Stadt- und Landbevölkerung über einen Zeitraum von ungefähr 1500 bis 1770 zu analysieren, heißt daher, an diesem Forschungsdefizit anzusetzen.

Drittens: Die bisherigen Erkenntnisse zur Geschichte der Blasphemie beziehen sich am ehesten auf Gotteslästerung als Ausdruck intellektueller Systeme, nicht als Ausdruck sozialen Handelns mit Worten. Die Historische Kriminalitätsforschung klammert, von wenigen Ausnahmen abgesehen, den Bereich der Religion aus. Obwohl Blasphemie (fluchen, schwören, Gott schmähen) ein Delikt ist, hat die Historische Kriminalitätsforschung das Problem der Gotteslästerung nicht weiter berücksichtigt. Soweit Gotteslästerung einer sozialhistorischen Analyse unterzogen worden ist, wird sie in der Regel mit unkontrollierten Affekten, kollektivpsychologischen Ängsten und disziplinatorischen Konflikten in Verbindung gebracht. Die Erklärungsmodelle der Sozialdisziplinierung, Zivilisierung und Akkulturation, die diesen Deutungen zugrundeliegen, sind außerordentlich kontrovers. Die Geschichte der Blasphemie als Indikator für die Bedeutung religiöser Normen in einer Gesellschaft bleibt daher noch weitgehend zu schreiben. Dabei stellt sich die Aufgabe, die Tragfähigkeit bisheriger Interpretationsmodelle zu überprüfen bzw. Alternativinterpretationen zu entwickeln.

Viertens: Bei der Analyse von Normbrüchen gilt es das wechselseitige Verhältnis von vertikaler zu horizontaler Disziplinierung zu bestimmen, statt etatistische und kommunalistische Sichtweisen gegeneinander auszuspielen. Ein möglichst angemessenes Bild der Justizpraxis setzt daher genauere Kenntnisse über die Muster der eher formellen Gerichtsurteile und der stärker informellen sozialen Sanktionierungen voraus.

Fünftens: Die Akten der weltlichen und kirchlichen Justiz belegen Normbrüche und deren Sanktionierung. Anhand solcher Akten allein nach Delikt-, Täter-, Opfer- und Strafbemessungsprofilen mithilfe quantitativer Me-

---

[83] Die Diskussion, wie eine solche Geschichte des Religiösen aussehen könnte, erfolgt im Abschlußkapitel.

thoden zu fragen, heißt, die Tatumstände eines Vergehens und die Justizpolitik der Obrigkeit zu rekonstruieren. Ein solcher Ansatz bleibt auf
halbem Wege stehen. Er läßt die Wahrnehmungs- und Interpretationskate-
gorien der historischen Subjekte außer Acht und übergeht somit – im neueren Verständnis des Fachterminus – kulturelle Aspekte. Dieses Manko läßt
sich durch die qualitative Auswertung von gerichtlichen Aussagen, Berichten
und Supplikationen, wie sie für den Zürcher Raum vorliegen, vielfach beheben.

3. Interpretatorische und methodologische Ansätze

a) Erklärungsparadigmen für die Geschichte der Frühen Neuzeit

Derzeit wird in der Frühneuzeitforschung kontrovers über Erklärungsparadigmen diskutiert, die sich unter den Stichworten Disziplinierung, Konfessionalisierung, Säkularisierung, gemeindliche Selbstregulierung, Krisenthe-
se, Akkulturation und Staatsbildung subsumieren lassen. In einem Staatsgebilde, das von 1489 bis 1798 im wesentlichen unverändert fortbestand,[1]
erübrigt sich das Problem der Verdichtung von Herrschaft von selbst. Daher
bleiben allein die übrigen Erklärungsmodelle vorzustellen, um im Hinblick
auf den Untersuchungsgegenstand der Arbeit auszuführen, welchen Beitrag
sie zur Erforschung der Blasphemie leisten.

Die Kontroversen in der »Disziplinierungsdebatte« sind doppelter Natur:
sie kreisen zumeist um die implizite Konzeptionalisierung des Disziplin-
begriffs zum einen und die explizite Interpretation von Disziplinierungspro-
zessen zum anderen. Bekanntlich verbinden sich für die deutsche Frühneuzeitforschung beide Ebenen mit den Namen Norbert Elias und Gerhard
Oestreich, wenngleich weder der Soziologe Elias noch der Historiker Oestreich ihre Disziplinbegriffe theoretisch begründet haben.[2] Ohne die unzähligen erschöpfenden Ausführungen der Sekundärliteratur zum Eliasschen Zivilisationsprozeß und der Oestreichschen Sozialdisziplinierung wiederholen
zu wollen,[3] seien hier die konzeptionellen Unterschiede und Gemeinsamkeiten zwischen den Disziplinbegriffen ausgeführt.

---

[1] Vgl. T. WEIBEL, Der zürcherische Stadtstaat, in: N. FLÜELER/M. FLÜELER-GRAUWILER Hg.,
Geschichte des Kantons Zürich, Bd. 2. Zürich 1996 S. 16–65; H. STUCKI, Das 16. Jahrhundert,
in: ebd. S. 172–230; O. SIGG, Das 17. Jahrhundert, in: ebd. S. 282–363; C. ULRICH, Das 18. Jahrhundert, in: ebd. S. 364–505.

[2] Diesem Mangel half allerdings z. T. Winfried Schulze in seiner posthumen Kommentierung
des Oestreichschen Modells der »Sozialdisziplinierung« ab. Vgl. W. SCHULZE, Gerhard Oestreichs Begriff der »Sozialdisziplinierung« in der frühen Neuzeit, in: Zeitschrift für Historische
Forschung 14. 1987 S. 265–302.

[3] Die Diskussion des Eliasschen und Oestreichschen Disziplinierungsmodells haben bereits
viel Druckerschwärze erfordert. In Zeiten knapper werdender Ressourcen verzichten die folgenden Ausführungen daher auf eine abermalige Wiederholung von bereits Gesagtem und verweisen
statt dessen auf die Überblicke bei: U. BEHRENS, »Sozialdisziplinierung« als Konzeption der
Frühneuzeitforschung. Genese, Weiterentwicklung und Kritik – eine Zwischenbilanz, in: Historische Mitteilungen 12. 1999 S. 35–69; S. VOGEL, Sozialdisziplinierung als Forschungsbegriff?, Frühneuzeit-Info, 8. 1997 S. 190–193; W. SCHULZE, Konfessionalisierung als Paradig-

Für Elias ist Disziplinierung ein Produkt von »Sozio-« und Psychogene-
se«, also von Fremd- und Selbstzwang. Exogene Faktoren wie die Veränderung bestimmter politischer Herrschaftsstrukturen (z. B. die Einbindung
des französischen Adels am absolutistischen Hof des Königs) bewirkten en-

---

ma zur Erforschung des konfessionellen Zeitalters, in: B. Dietz/S. Ehrenpreis Hg., Drei Konfesssionen in einer Region. Beiträge zur Geschichte der Konfessionalisierung im Herzogtum
Berg vom 16. bis zum 18. Jahrhundert. Köln 1999 S. 15–30; R. G. Bogner, Arbeiten zur Sozialdisziplinierung in der Frühen Neuzeit. Ein Forschungsbericht für die Jahre 1980–1994, Erster
Teil, in: Frühneuzeitinfo 7/1. 1996 S. 127–142; C. Müller, Arbeiten zur Sozialdisziplinierung
in der Frühen Neuzeit. Ein Forschungsbericht für die Jahre 1980–1994. Zweiter Teil, in: Frühneuzeit-Info 7. 1996 S. 240–252; M. Prinz, Sozialdisziplinierung und Konfessionalisierung,
Neuere Fragestellungen in der Sozialgeschichte der frühen Neuzeit, Westfälische Forschungen
42. 1992 S. 1–25. Grundsätzliche Kritik an den Disziplinierungsmodellen üben: H. R. Schmidt,
Sozialdisziplinierung? Plädoyer für das Ende des Etatismus in der Konfessionalisierungsforschung, in: Historische Zeitschrift 265. 1997 S. 639–682; M. Dinges, Formenwandel der Gewalt
in der Neuzeit, Zur Kritik der Zivilisationstheorie von Norbert Elias, in: R. P. Sieferle/H. Breuninger Hg., Kulturen der Gewalt, Ritualisierung und Symbolisierung von Gewalt in der Geschichte. Frankfurt – New York, 1998 S. 171–194; G. Schwerhoff, Zivilisationsprozeß und Geschichtswissenschaft. Norbert Elias' Forschungsparadigma in historischer Sicht, in: Historische
Zeitschrift 266. 1998 S. 561–605; M. Dinges, Normsetzung als Praxis? Oder: Warum die Normen zur Sachkultur und zum Verhalten so häufig wiederholt werden und was bedeutet dies für
den Prozeß der »Sozialdisziplinierung«?, in: Norm und Praxis im Alltag des Mittelalters und
der frühen Neuzeit. Internationales Round-Table-Gespräch Krems an der Donau 7. Oktober
1996. Wien 1997 S. 39–53. Stärker auf Seiten Oestreichs dagegen K. Härter, Social Control
and the Enforcement of Police-Ordinances in Early Modern Criminal Procedure, in: H. Schil-
ling/L. Behrisch Hg., Institutionen, Instrumente und Akteure sozialer Kontrolle und Disziplinierung im frühneuzeitlichen Europa. Institutions, Instruments and Agents of Social Control
and Discipline in Early Modern Europe. Frankfurt/Main 1999 S. 39–63; K. Härter, Soziale
Disziplinierung durch Strafe? Intentionen frühneuzeitlicher Policeyordnungen und staatliche
Sanktionspraxis, in: Zeitschrift für Historische Forschung 26. 1999 S. 365–379; X. Rousseaux,
»Sozialdisziplinierung«, Civilisation des moeurs et monopolisation du pouvoir, Eléments pour
une histoire du contrôle social dans les Pays-Bas méridionaux 1500–1815, in: H. Schilling/L.
Behrisch Hg., Institutionen, Instrumente und Akteure sozialer Kontrolle und Disziplinierung
im frühneuzeitlichen Europa, Institutions, Instruments and Agents of Social Control and Discipline in Early Modern Europe. Frankfurt/Main, 1999 S. 251–274; W. Reinhard,
Sozialdisziplinierung – Konfessionalisierung – Modernisierung. Ein historiographischer Diskurs, in: N. Boškovska Leimgruber Hg., Die Frühe Neuzeit in der Geschichtswissenschaft. Forschungstendenzen und Forschungserträge. Paderborn u. a. 1997 S. 39–55; G. Lottes, Disziplin
und Emanzipation, Das Sozialdisziplinierungskonzept und die Interpretation der frühneuzeitlichen Geschichte, Westfälische Forschungen, 42. 1992 S. 63–74. In deutlicher Agrenzung zur
»Totalkritik'« an Oestreich H. Schilling, Profil und Perspektiven einer interdisziplinären und
komparatistischen Disziplinierungsforschung jenseits einer Dichotomie von Gesellschafts- und
Kulturgeschichte, in: H. Schilling/L. Behrisch Hg., Institutionen, Instrumente und Akteure
sozialer Kontrolle und Disziplinierung im frühneuzeitlichen Europa. Institutions, Instruments
and Agents of Social Control and Discipline in Early Modern Europe. Frankfurt/Main 1999
S. 3–36.

dogen einen Verhaltenswandel (etwa die Erziehung des ritterlichen Rauf-
bolds des Mittelalters zum höfischen Adligen der Frühen Neuzeit). Oestreich hingegen betont den Aspekt des Fremdzwangs. Unter dem Einfluß der
Ideen des Neustoizismus stehend, sorgten nach Oestreich die deutschen
Landesfürsten für eine Verhaltensstandardisierung im Stab der Verwaltung
und des Heeres. Diese »Stabsdisziplinierung« wiederum bewirkte eine »Sozi-
alregulierung«, die sich zu einer »Sozialdisziplinierung«, einer Verhaltens-
normierung der gesamten Bevölkerung, ausweitete. Wie dabei die Verhaltensnormen der Eliten von der Bevölkerung übernommen wurden, bleibt un-
geklärt. Ist also Oestreich noch stark der Geschichtskonzeption eines
»Letztlich machen Ideen bzw. Fürsten Geschichte« verpflichtet, folgt Elias
eher dem Motto, daß soziale Eliten bzw. deren Wertvorstellungen aufgrund
ihrer Vorbildfunktion für die sozial Untergeordneten geschichtsmächtig sei-
en. Trotz ihrer markanten Unterschiede liegen beide Disziplinkonzepte
nicht so weit auseinander. Sowohl Elias als auch Oestreich gehen von der
Vorstellung aus, daß Normsetzungen »von oben« (soziale Elite bzw. Lan-
desfürst mit seinem Apparat) in die Bevölkerung durch – wie auch immer
gearteten – Selbst- und Fremdzwang diffundieren. Für beide ist entscheidend, daß Disziplin von oben ausgeht. Der Unterschied zwischen dem Verständnis von Disziplin nach Oestreich bzw. Elias besteht lediglich darin, was
unter »oben« zu verstehen ist.

Thematisch stehen Elias und Oestreich der Fragestellung dieser Arbeit unterschiedlich fern. Elias handelt nicht von religiösen Normbrüchen. Dennoch ist sein Modell der »Zivilisierung« von Belang. Wenn Elias zufolge der
Rückgang von Gewalt mit deren wachsender Tabuisierung bzw. mit der Steigerung von Affektkontrolle in Verbindung zu bringen ist, so stellt sich die
Frage, ob dieses Phänomen nicht ebenso für Gotteslästerung als Ehrkonflikt
gelten könnte.[4] In Hinblick auf Elias drängt sich damit die Frage auf, ob
Gotteslästerung als Auseinandersetzung mit verbal aggressiven Mitteln nicht
eine Form der allmählichen Zurückdrängung offener Gewalt darstellt.

Obwohl Oestreich der Kirchendisziplin lediglich eine marginale Rolle in
seiner Interpretation der Frühen Neuzeit zugestanden und den Neustoizismus ausdrücklich als Gegenpart zur Konfessionalisierung betrachtet hat,[5]

---

[4] Zur Problematik der Gotteslästerung als Ehrkonflikt siehe Kap. II.2.b.

[5] Vgl. G. Oestreich, Strukturprobleme des europäischen Absolutismus, in: Vierteljahres-
schrift für Sozial- und Wirtschaftsgeschichte 55. 1969 S. 329–347; hier: S. 189 f. Hierauf weist
ferner hin; P. Münch, Kirchenzucht und Nachbarschaft. Zur sozialen Problematik des calvinistischen Seniorats um 1600, in: E. W. Zeeden/P. Thaddäus Lang Hg., Kirche und Visitation.
Beiträge zur Erforschung des frühneuzeitlichen Visitationswesens in Europa. Stuttgart 1984
S. 216–248; hier: S. 183, Anm. 61.

legt es das Modell der Sozialdisziplinierung nahe, in der Institution Kirche ein wesentliches Zuchtinstrument der Frühen Neuzeit zu erkennen. Damit steht bezüglich der Verfolgung des Gotteslästerungsdelikts die zentrale Frage nach der Zielsetzung und Auswirkung geistlicher Kontrollorgane auf das Verhalten der Bevölkerung im Raum. Diese Frage allerdings widerspricht Oestreichs Entwurf der Sozialdisziplinierung. Oestreich hatte, wie Heinrich Schmidt mit Hinweis auf Heinz Schilling zurecht hervorhebt, eben keine Verbindung zwischen Sozialdisziplinierung und Konfessionalisierung hergestellt. Diese Verknüpfung nahmen in der deutschen Forschung Wolfgang Reinhard und Heinz Schilling vor.[6] Sie erkannten in der Konfessionalisierung einen von 1530 bis 1650 dauernden Teilprozeß der Sozialdisziplinierung und entwickelten somit ein zweites Erklärungsparadigma für die Geschichte der Frühen Neuzeit.[7] Dem »konfessionellen Zwangsstaat«[8], so Reinhard, geht es in Allianz mit der Kirche unter Anwendung repressiver Mittel um die »Kontrolle des Verhaltens der Bevölkerung«,[9] wovon der Staat durch Anwachsen seiner Gewalt, also durch innere Staatsbildung, profitiert.[10] Schilling zufolge wird der Staat immer stärker »von oben nach unten, von den Obrigkeiten hin zu den Untertanen« auf Kosten der gemeindlichen Selbstregulierung »konturiert«.[11] Im Unterschied zu Reinhard[12] nahm jedoch Schilling seine prononciert etatistische Sichtweise der achtziger Jahre etwas zurück. In einem programmatischen Aufsatz räumte er 1986 durch die

---

[6] Dagegen betont Michael Stolleis, daß Konfessionalisierung, Staatsbildung und Disziplinierung nicht miteinander verwechselt werden dürften. Vgl. M. STOLLEIS, »Konfessionalisierung« oder »Säkularisation« bei der Entstehung des frühmodernen Staates, in: Ius Commune 20. 1993 S. 1–23; insbesondere S. 36–42.

[7] Zur unmißverständlichen Kritik an der Konfessionalisierungskonzeption Reinhards und Schillings, auf die folgende Ausführungen fußen, vgl. H. R. SCHMIDT, Sozialdisziplinierung?, hier: S. 641. Einen dichten Überblick über die Konfessionalisierungsforschung bietet darüberhinaus: H. R. SCHMIDT, Konfessionalisierung; hier: S. 12.

[8] W. REINHARD, Was ist katholische Konfessionalisierung? in: DERS./H. SCHILLING Hg., Die katholische Konfessionalisierung. Gütersloh 1995 S. 433.

[9] W. REINHARD, katholische Konfessionalisierung S. 430 f.

[10] W. REINHARD, katholische Konfessionalisierung S. 432 f.

[11] H. SCHILLING, »Geschichte der Sünde« oder »Geschichte des Verbrechens«. Überlegungen zur Gesellschaftsgeschichte der frühneuzeitlichen Kirchenzucht, in: Annali dell'Istituto storico italo-germanico in Trento/Jahrbuch des italienisch-deutschen historischen Instituts in Trient 12. 1986 S. 169–192; hier: S. 181. Daß dieser Prozeß in ganz Europa zu beobachten und nicht auf das Reich zu begrenzen sei, führt Schilling aus in: H. SCHILLING, The Reformation and the Rise of the Early Modern State, in: J. D. TRACY Hg., Luther and the Modern State in Germany. Kirksville 1986 S. 21–30; hier: S. 23–25, 30.

[12] W. REINHARD, Zwang zur Konfessionalisierung? Prolegomena zu einer Theorie des konfessionellen Zeitalters, in: Zeitschrift für Historische Forschung 10. 1983 S. 257–277; hier: S. 268.

Gegenüberstellung von staatlicher »Sittenzucht« und kirchlicher »Sündenzucht« ein, daß Disziplinierung nicht ohne kommunale Selbstregulierungsprozesse zu denken sei.[13] Elf Jahre später sollte er in scharfer Auseinandersetzung mit Schmidt für eine »Doppelperspektive von Makro- und Mikrohistorie[14] bei der Erforschung der frühmodernen Kirchenzucht« plädieren, wobei freilich in Schillings Konzept die obrigkeitliche Disziplinierung doch die Oberhand über die gemeindliche Selbstregulierung behält.[15]

Dieser Relativierung Schillings gegenüber bleibt Heinrich Schmidt, ein weiterer ausgewiesener Protagonist der deutschsprachigen Konfessionalisierungsforschung, skeptisch und schlägt dagegen ein alternatives Paradigma vor. Für ihn ist Konfessionalisierung kein etatistischer, sondern ein zutiefst »kommunaler Vorgang«.[16] Schmidt führt somit den einstmals von Peter Blickle eingeschlagenen Weg, Reformation als »Kommunalismus«, als Ergebnis von Bewegungen auf Gemeindeebene, zu begreifen, in aller Konsequenz fort. Kirchliche Instanzen hätten nicht staatliche Herrschaftsinteressen vertreten, sondern im Auftrag der »lokal eingebetteten Gemeinde« (Anthony Giddens) gehandelt: »... die Praxis der Konfessionalisierung [war] stets *funktional* mit der Gemeinde verbunden.«[17] Oberstes Ziel sei die Sicherung bzw. Wiederherstellung des sozialen Friedens durch Versöhnung und die Begründung einer reinen Abendmahlsgemeinschaft gewesen. Konfessionalisierung, so Schmidt, war in Europa sozial wie auch metaphysisch motiviert und lokal verankert. »Die Untertanen schaffen und gestalten den Staat,«[18] und nicht umgekehrt. Daher sei die Verbindung der Konfessionalisierung mit Oestreichs Sozialdisziplinierungsmodell und Schillings Konfessionalisierungsinterpretation ein »Irrweg.«[19] Wenn auch Schmidt, so wie Schilling, mittlerweile seine rigorose Position etwas zurückgenommen hat und nun das wechselseitige Verhältnis von vertikaler und horizontaler Disziplinierung stärker hervorhebt, schlägt die Waagschale bei ihm weiter zugunsten der Gemeinden vor Ort aus.[20]

---

[13] Vgl. H. Schilling, »Geschichte der Sünde« S. 179, 191 f.

[14] Zur Grundsatzdiskussion vgl. J. Schlumbohm Hg., Mikrogeschichte Makrogeschichte. Komplementär oder inkommensurabel? Göttingen, 1998.

[15] Vgl. H. Schilling, Disziplinierung oder »Selbstregulierung« der Untertanen? Ein Plädoyer für die Doppelperspektive von Makro- und Mikrohistorie bei der Erforschung der frühmodernen Kirchenzucht, in: Historische Zeitschrift 264. 1997 S. 675–691; vgl. ebenso: H. Schilling, Profil S. 15–32.

[16] H. R. Schmidt, Sozialdisziplinierung? S. 648.

[17] H. R. Schmidt, Sozialdisziplinierung? S. 659.

[18] H. R. Schmidt, Sozialdisziplinierung? S. 666.

[19] H. R. Schmidt, Sozialdisziplinierung? S. 660.

[20] Vgl. H. R. Schmidt, Emden; insbesondere: S. 42 f.

Es liegt auf der Hand, daß Schmidts Konzept der »lokal eingebetteten« Gemeinde für die vorliegende Studie von elementarer Bedeutung ist. Denn die Frage nach dem Delikt der Gotteslästerung trifft mitten in die Kontroverse Schmidt versus Schilling hinein.[21] Sucht der Staat mit Hilfe seines kirchlichen »Apparats« Blasphemiker zu kriminalisieren, um seine Herrschaftsansprüche zu sichern, oder indiziert die Verfolgung von Blasphemikern vielmehr das Ausmaß horizontaler sozialer Kontrolle in religiösen Dingen, also die Selbstregulierung der Gemeinden? Schmidt hat bezüglich des Fluchens, einer spezifischen Kategorie lästerlicher Rede, seine Antwort bereits vorgelegt. Er interpretiert die Ächtung des Fluchens als »Christianisierung des Sozialverhaltens« in Gestalt einer von den Gemeinden getragenen »permanenten Reformation«.[22] Kein Zweifel, die vorliegende Studie wird sich mit Schmidts Konzept, das man unter dem unförmigen Neologismus des Kommunalkonfessionalisierungsparadigma zusammenfassen könnte, auseinandersetzen müssen.

Daß spätestens seit dem 18. Jahrhundert die Bedeutung von Religion sich entscheidend gewandelt, ein Säkularisierungs-, Dechristianisierungs- oder Entchristianisierungsprozeß[23] stattgefunden hat, ist in der Forschung unumstritten. Freilich verbergen sich hinter diesem Erklärungsparadigma der Säkularisierung Thesen mit unterschiedlichen Akzentsetzungen.[24] Für Heinz Schilling etwa erklärt sich Säkularisierung daraus, daß die politische Instrumentalisierung der Kirchen durch den Staat den moralischen Anspruch der Konfessionen auf Lebensgestaltung des Individuums verloren gehen ließ.[25]

---

[21] Mit diesen beiden Namen verbinden sich die zwei Extrempositionen in der Debatte. Gewisse Vermittlungsangebote beinhalten die Überlegungen der evangelischen bzw. katholischen Kirchenhistoriker Berndt Hamm und Andreas Holzem. Vgl. B. HAMM, Reformation als normative Zentrierung von Religion und Gesellschaft, in: Jahrbuch für Biblische Theologie 7. 1992 S. 241–279 (näher an der Position Schillings); A. HOLZEM, Konfessionsgesellschaft (mit größerer Offenheit für Schmidts Position).

[22] Vgl. H. R. SCHMIDT, Die Christianisierung des Sozialverhaltens als permanente Reformation. Aus der Praxis reformierter Sittengerichte in der Schweiz während der frühen Neuzeit, in: P. BLICKLE/J. KUNISCH Hg., Kommunalisierung und Christianisierung. Berlin 1989 S. 113–163.

[23] Zur Historiographie und Problematik der Terminologie vgl. H. LEHMANN, Erforschung der Säkularisierung S. 10. Kritik am Dechristianisierungsbegriff übt: F. W. GRAF, »Dechristianisierung«. Zur Problematik eines kulturpolitischen Topos, in: H. LEHMANN Hg., Säkularisierung, Dechristianisierung im neuzeitlichen Europa. Bilanz und Perspektiven der Forschung. Göttingen 1997 S. 32–66. Angesichts der Probleme, die der aus der französischen Forschung übernommene Begriff der Dechristianisierung bzw. dessen Eindeutschung in »Entchristianisierung« schafft, verzichten die folgenden Ausführungen auf ihn.

[24] Die prägnanteste Zusammenfassung der Diskussion für die deutsche Geschichte bietet H. R. SCHMIDT, Konfessionalisierung S. 1–94.

[25] Vgl. als Beispiel H. SCHILLING, Konfessionskonflikt und Staatsbildung. Eine Fallstudie

Winfried Schulze hingegen streicht heraus, »daß die eigentliche Bedeutung des konfessionellen Zeitalters eigentlich darin liegt, die konfessionelle Bedingtheit menschlicher Existenz zu überwinden und in zentralen Fragen des politischen Zusammenlebens säkularisierte Lebensformen zu entwickeln.«.[26] Rainer Wohlfeil, Bernard Vogler wie auch Martin Greschat schließen sich der Linie Schulzes an. Auch sie gehen davon aus, daß durch die Reformation die Menschen gegenüber Religion selbständiger und damit für die Säkularisierung ihrer Lebenswelt offener geworden seien.[27] Wolfgang Schieder betont dabei die Bedeutung der Aufklärung. Sie habe Religion mit dem Intellekt zu überwinden gesucht.[28] Eine andere Deutung schließlich zeugt von einer gewissen Konfusion. Unter anderen[29] vertritt Richard van Dülmen beispielsweise die Anschauung, der Protestantismus habe die Welt einem Prozeß der Verchristlichung unterworfen.[30] Zugleich behauptet er im gleichen Atemzug, Religion und Kirche seien infolge der Reformation allmählich vom sozialen bzw. politischen Leben abgetrennt worden.[31] Angesichts dieser vielfältigen Deutungen ist festzuhalten, daß die Interpretation der Säkularisierung weiterhin offen ist.

Verbinden sich für Frühneuzeithistorikerinnen und Frühneuzeithistoriker mit den Stichworten der Disziplinierung, Konfessionalisierung und Säkularisierung geläufige Interpretationsmodelle, bedarf der hier gewählte Sammelbegriff der gesellschaftlichen Selbstregulierung weiterer Kommentierung. Hinter dem dritten paradigmatischen Ansatz zur Deutung der Frühen Neu-

---

über das Verhältnis von religiösem und sozialem Wandel in der Frühneuzeit am Beispiel der Grafschaft Lippe. Gütersloh 1981 S. 23.

[26] W. SCHULZE, Einführung in die Neuere Geschichte. Stuttgart 1987 S. 51.

[27] Vgl. M. GRESCHAT, Rechristianisierung und Säkularisierung. Anmerkungen aus deutscher protestantischer Sicht, in: H. LEHMANN Hg., Säkularisierung, Dechristianisierung, Rechristianisierung im neuzeitlichen Europa. Bilanz und Perspektiven der Forschung. Göttingen 1997 S. 76–86; R. WOHLFEIL, Einführung in die Geschichte der deutschen Reformation. Minden 1982 S. 75; B. VOGLER, Die Entstehung der protestantischen Volksfrömmigkeit in der rheinischen Pfalz zwischen 1555 und 1619, in: Archiv für Reformationsgeschichte/Archive for Reformation History 72. 1981 S. 158–195.

[28] Vgl. W. SCHIEDER, Religion in der Sozialgeschichte, in: DERS./V. SELLIN Hg., Sozialgeschichte in Deutschland. Entwicklungen und Perspektiven im internationalen Zusammenhang, Soziales Verhalten und soziale Aktionsformen in der Geschichte Bd. 3. Göttingen 1987 S. 9–31; hier: S. 10.

[29] In Grundzügen vertritt Ronnie Po-Chia Hsia dieselbe in sich widersprüchliche These. Vgl. R. PO-CHIA HSIA, Social Discipline in the Reformation. Central Europe 1550–1750. London – New York 1989 S. 183 f.

[30] Vgl. R. v. DÜLMEN, Reformation als Revolution. Soziale Bewegung und religiöser Radikalismus in der deutschen Reformation. München 1977 S. 14.

[31] Vgl. R. v. DÜLMEN, Reformation S. 6, 11.

zeit verbergen sich sehr heterogene Aspekte der historischen Kriminalitätsforschung. Diese lassen sich den Themenkomplexen »Funktion der Justiz«, »Labelingtheorie«, »Ehrbegriff« und »soziale Kontrolle« zuordnen.

Seit ihren Anfängen begleitet die Frage, welche Funktionen Justiz erfüllte, die historische Kriminalitätsforschung. Die Problematik selbst hat im Gegensatz zu den Antworten, welche ältere, zumal marxistisch inspirierte, Arbeiten auf diese Fragen gaben, nicht an Aktualität verloren. Drehte sich, wie im Forschungsbericht zu sehen war, in den siebziger und achtziger Jahren die Kontroverse hauptsächlich um die These, daß Justiz ein Repressionsinstrument des Staates bzw. sozialer Eliten zur Durchsetzung ihrer eigenen Interessen gewesen sei,[32] so zeichnet die heutige Forschung ein in vierfacher Hinsicht verändertes Bild. Die Delinquenten erscheinen nicht mehr lediglich als Objekte von Repressalien, sondern werden zu Subjekten, die in Verhandlung mit den Gerichten treten.[33] Zweitens gelten Gerichte nicht mehr allein als punitive, sondern ebenso als restitutive Instanzen. Manche Historiker gehen sogar noch weiter, wenn sie drittens von der Nutzung der Gerichte durch die Bevölkerung sprechen.[34] Für den vierten Perspektivenwandel gibt Carolyn Conleys Konzept des »ungeschriebenen Gesetzes« ein treffendes Beispiel: » ... the findings and actions of the criminal justice were [...] primarily determined by the values and priorities of the local community.«[35] Das Bild der Strafjustiz hat sich demnach in der Forschung der letzten zwanzig Jahre gründlich gewandelt. Aus dem einseitigen Repressionsinstrument des Staates ist ein ambivalentes Organ zur Herstellung bzw. Aufrechterhaltung der öffentlichen Ordnung geworden. Inwiefern dieses gewandelte Bild der Justiz auch für die Zürcher Sanktionspraxis in Sachen Gotteslästerung zutrifft, wird noch zu überprüfen sein.

In dem Maße, in dem die historische Kriminalitätsforschung die Rolle der Justiz als obrigkeitliche Kontrollinstanz relativierte, rückten Aspekte gesell-

---

[32] Als repräsentatives Beispiel für die damalige Debatte vgl. J. H. LANGBEIN, Albion's Fatal Flaws, in: Past and Present 98. 1983 S. 96–120.

[33] Vgl. als Zusammenfassung ihrer vielfältigen diesbezüglichen Studien N. CASTAN, Le Recours, Exigences et Besoins de Justice, Théorie et Pratique en France et en Angleterre à l'époque classique, in: H. MOHNHAUPT/D. SIMON (Hg.), Vorträge zur Justizforschung, Geschichte und Theorie, Bd. 1. Frankfurt/Main, 1992 S. 253–268.

[34] Vgl. M. DINGES: Justiznutzungen als soziale Kontrolle in der Frühen Neuzeit, in: A. Blauert/G. SCHWERHOFF Hg., Kriminalitätsgeschichte, Beiträge zur Sozial- und Kulturgeschichte der Vormoderne. Konstanz, 2000 S. 503–544. In Auseinandersetzung mit dem Habermasschen Diskursbegriff: S. RAPPE, Schelten, Drohen, Klagen, Frühneuzeitliche Geschichtsnutzung zwischen »kommunikativer Vernunft« und »faktischem Zwang«, Werkstatt Geschichte 14. 1996 S. 87–94.

[35] C. CONLEY, Unwritten Law, VII.

schaftlicher Selbstregulierung ins Blickfeld: Etikettierung (labeling), horizontale soziale Kontrolle und außergerichtliche Konfliktaustragung wurden zum Thema. Statt abweichendes Verhalten mit Kriminalität, die sich nach gesetzlichen Kriterien eindeutig kategorisieren ließe, zu identifizieren, wird es als Produkt gesellschaftlicher Zuschreibungen verstanden. Kriminalität entspricht keinem objektiven Tatbestand, existiert nicht »an sich«. Deswegen vermeiden neuere Studien den Begriff Kriminalität und ziehen statt dessen den Begriff Devianz vor. Denn Devianz entsteht der Labelingtheorie zufolge durch die Zuordnung von Etiketten, die Handelnde sich selbst anheften oder die ihnen von Vertretern der Justiz und dem sozialen Umfeld auf formelle wie informelle Weise angeklebt werden und welche ein Verhalten als mehr oder weniger normverletzend beschreiben.[36] Was als recht oder unrecht empfunden und sanktioniert wird, bestimmt also nicht allein die Justiz, sondern wird durch soziale Kontrolle ermittelt. Soziale Kontrolle aber wird nicht nur im gerichtlichen, sondern ebenso im außergerichtlichen Raum ausgeübt. Das ist der Grund, warum die Frühneuzeitforschung wie in den jüngsten nachbarschaftsgeschichtlichen Studien oder in den Einzeluntersuchungen zu Injurienhändeln die Bedeutung des Ehrbegriffs unterstreicht.[37] Die entsprechenden Arbeiten zeigen zum einen, daß offizielle Justiz lediglich einen Bruchteil der Rechtspraxis ausmacht und zum anderen, daß die Analyse der symbolischen Ebene menschlicher Interaktion essentiell zum Verständnis einer Gesellschaft dazugehört. Der paradigmatische Erklärungsansatz dieser neueren Studien läßt sich dahingehend zusammenfassen, daß frühneuzeitliche Gesellschaften Normbrüche nach komplexen, eigengesetzlichen, nicht aber zwangsläufig konsistenten Mustern innerhalb ebenso wie außerhalb des Gerichts regelten. Normdurchsetzung wurde also von der Bevölkerung geleistet und fand in vielfältigen formelleren wie auch informelleren Formen statt. Daher wird auch diese Arbeit die Frage zu stellen haben, was Gotteslästerer

---

[36] Als entschiedener Vertreter der Labelingtheorie in Deutschland vgl. die Ausführungen des Kriminalsoziologen F. Sack, Kriminalität, Gesellschaft und Geschichte. Berührungsängste der deutschen Kriminologie, in: Kriminologisches Journal 19. 1987 S. 241–268. Die neueren kriminologischen Kontroversen um die Labelingtheorie bleibt nach meiner Einschätzung für die historische Kriminalitätsforschung vorerst ohne Konsequenzen und werden daher hier nicht eigens behandelt. Zur kriminalsoziologischen Diskussion vgl. K. Wagner, Das Potential des Labeling-Approach. Versuch einer programmatischen Neueinschätzung, in: Kriminologisches Journal 17. 1985 S. 267–289.

[37] Vgl. neuerdings mit umfassenden bibliographischen Hinweisen zum Forschungsstand: R.-P. Fuchs, Um die Ehre. Westfälische Beleidigungsprozesse vor dem Reichskammergericht (1525–1805). Paderborn 1999. Zur Erforschung von Injurien vgl. ebenfalls die von Reinhold Aman herausgegebene Zeitschrift Maledicta.

zu Blasphemikern machte und wie deren Normübertretung in der Zürcher frühneuzeitlichen Gesellschaft behandelt wurde.

Konzentrieren sich momentan die Kontroversen auf die Studien zur gesellschaftlichen Selbstregulierung, sind die Erklärungsparadigmen, die mit den Stichworten Krise und Akkulturation angedeutet sind und insbesondere in den siebziger und achtziger Jahren Hochkonjunktur hatten, schon etwas in die Jahre gekommen. Freilich sind das Krisen- und Akkulturationsmodell mit dem Untersuchungsgegenstand dieser Arbeit derart eng verbunden, daß eine genauere Betrachtung erforderlich ist.[38] Obwohl die These psychologisch nachvollziehbar ist, daß die ständige Gefährdung der eigenen Existenz im krisengeschüttelten 17. Jahrhundert die Angst vor Verstößen gegen religiöse Normen gesteigert habe, da diese für die Krisenerscheinungen verantwortlich gemacht worden seien, hat dieser Erklärungsansatz dennoch Schwächen. Problematisch ist, daß die Korrelation zwischen »objektiven«, »strukturgeschichtlichen« Krisenfaktoren und der Verfolgung etwa von Gotteslästerern mit spekulativen psychologischen Argumenten (Angst) begründet werden.[39] Schwerhoff etwa gelangt in Hinblick auf die Verfolgung von Blasphemikern zum Ergebnis, daß weder für Köln, noch für Nürnberg oder Basel markante Zusammenhänge zwischen Krisensituationen und strafrechtlichen Maßnahmen nachweisbar sind.[40] In Hinblick auf die vorliegende Arbeit bleibt daher die Frage festzuhalten, inwiefern die Zürcher Blasphemiefälle von Existenzängsten frühneuzeitlicher Menschen zeugen und als Reaktionen auf Krisenphänomene zu lesen sind.

Elisabeth Belmas verbindet Blasphemie eher mit Akkulturationsvorgängen als mit Krisenphänomenen. Die französische Historikerin meint mit Verweis auf Freud in Gotteslästerungen einen insgeheim lustvollen Tabubruch erkennen zu können und erklärt diesen als Ausdruck von »résistances instinctives

---

[38] Einen Überblick über die Krisentheorien der siebziger Jahre liefern: P. J. COVENEY, An Early Modern European Crisis? in: Renaissance and Modern Studies 26. 1982 S. 1–25; H. G. KOENIGSBERGER, Die Krise des 17. Jahrhunderts, in: Zeitschrift für Historische Forschung 9. 1982 S. 143–165. Auf die Relevanz der Krisentheorien für die Erforschung der Religiosität gehen ein H. LEHMANN, Erforschung der Religiosität; H. Lehmann, Krisen des 17. Jahrhunderts. Vgl. außerdem die Beiträge in: M. HAGENMAIER/S. HOLTZ Hg., Krisenbewußtsein und Krisenbewältigung in der Frühen Neuzeit – Crisis in Early Modern Europe. Frankfurt/Main u. a., 1992.

[39] Andreas Blauert streicht daher heraus, daß Krisenmodelle notwendigerweise einem simplizistischen Naturdeterminismus huldigten. Vgl. A. BLAUERT, Kriminaljustiz und Sittenreform als Krisenmanagement? Das Hochstift Speyer im 16. und 17. Jahrhundert, in: DERS./G. SCHWERHOFF Hg., Mit den Waffen der Justiz. Zur Kriminalitätsgeschichte des Spätmittelalters und der Frühen Neuzeit. Frankfurt/Main 1993 S. 115–136; hier: S. 122.

[40] G. SCHWERHOFF, Gott und die Welt S. 137 f., 270 f., 292.

de populations soumises à une formidable pression culturelle«.[41] Sie führt also Gotteslästerung auf psychologische Kategorien zurück (Tabubruch, Instinkt) und ordnet diese Herrschaftsstrukturen (kultureller Druck) zu, ohne aber hierfür den Nachweis erbringen zu können. Einem ähnlichen Argumentationsmuster folgt François Berriot, wenn er in seinem willkürlichen Sammelsurium von mentalen Krisenphänomenen u.a. die Gotteslästerung als »manifestations d'une sorte de révolte contre la morale et la foi chrétiennes« aufführt.[42]

Wie Belmas und Berriot stellen auch Keith Thomas, Jean Delumeau, Carlo Ginzburg und Labouvie einen Zusammenhang zwischen Gotteslästerung und Akkulturation her. Allerdings verzichten sie dabei auf die fragwürdig psychologisierenden Interpretationsversuche ihrer französischen Kollegen. Für Thomas bewirkte das Aufkommen der Naturwissenschaften eine Entzauberung der Welt. Irrationales Handeln sei allmählich verdrängt, die Welt ihrer magischen Dimensionen beraubt worden. Hierdurch aber habe ein rationaler Skeptizismus entstehen können, der sich u.a. in atheistischen Äußerungen Bahn gebrochen habe.[43] Im Grunde genommen vertritt Thomas mit seiner Interpretation eine extreme Akkulturationsthese: vormalig kulturell eigenständig in einer Gesellschaft verankerte Handlungen (Magie) werden nicht nur einem dominanten Wertesystem unterworfen (Rationalität der Naturwissenschaften) und akkulturiert, die akkulturierte Teilkultur geht schließlich sogar verloren. Bei Delumeau sind Sieger und Besiegte nicht so eindeutig auszumachen. Ihm zufolge zeugt Blasphemie vom Aufbegehren einiger gegen die christliche Moral und deutet auf die Oberflächlichkeit der Christianisierung hin. Das Christentum habe sich wohl bis in die Frühe Neuzeit hinein die indigenen Kulturen nicht einzuverleiben vermocht.[44] Für Ginzburg steht der Müller Menocchio gleichfalls abseits der dominanten christlichen Konformität. Bis zuletzt bleibt Menocchio seinem volkskulturellen häretischen Hintergrund treu, um schließlich dafür sein Leben zu lassen.[45] Auf den »Eigensinn« volkskultureller Vorstellungen pocht ebenfalls Eva Labouvie. Verfluchung und Verwünschung, Varianten blasphemischer Rede also, gehören für sie »einerseits zum eigenwilligen Bestand dörflicher Selbstverteidigungsmittel, waren aber auch zugleich Formen der Selbst-

---

[41] E. Belmas, blasphème S. 24.
[42] F. Berriot, Athéismes et athéistes au XVIe siècle en France, 2 Bde. Lille o.J. S. 264.
[43] K. Thomas, Decline S. 198 f.
[44] J. Delumeau, Angst S. 587 f.
[45] C. Ginzburg, Der Käse und die Würmer. Die Welt eines Müllers um 1600. Frankfurt/Main 1983.

justiz«.[46] Da diese »volkstümlichen magischen Sichtweisen« in Widerspruch zur kirchlichen Konzeption der Blasphemie als Wortsünde standen, waren Konflikte zwischen der Kirche und der Bevölkerung programmiert.[47] Die Bevölkerung, so Labouvies Bild, war so stark in ihrem eigenen kulturellen System verwurzelt, daß sie sich den Akkulturationsbestrebungen der Kirche widersetzte. Dieser Interpretation entspricht die Deutung van Dülmens, Blasphemie zeuge davon, daß die Bevölkerung die Kirche grundsätzlich abgelehnt habe.[48]

Das Akkulturationsparadigma ist nicht ohne Einwände geblieben. Am Beispiel der Bilderstürmerei führt Jean Wirth aus, daß Elitekultur und Volkskultur keineswegs zueinander im Gegensatz standen. Der Ikonoklasmus, so Wirth, sei der traditional verhafteten Bevölkerung nicht von der gesellschaftlichen Elite aufgezwungen worden, sondern sei aus dem Kombinationseffekt von populärem Antiklerikalismus und Luthers Kritik an der Heiligenverehrung hervorgegangen.[49] Wirth zufolge ist also die Bilderstürmerei nicht als Akkulturationserfolg der Elite- auf Kosten der Volkskultur zu verstehen. Vor solchen voreiligen Fehlschlüssen hat auch Robert Scribner in seinen vielfältigen Einzelstudien zur Volkskultur gewarnt. Er gab immer wieder zu bedenken, daß Kultur nicht in Konfrontation zweier Klassen, sondern als »functional whole« betrachtet werden müsse, in dem diverse Teilkulturen vertikal und horizontal in dynamischen Wechselbeziehungen zueinander stünden.[50] Für die vorliegende Studie ist diese Kritik am Akkulturationsparadigma insofern von Belang, als sie erneut die Frage aufwirft, wogegen sich Blasphemiker eigentlich wandten und aus welcher Motivation sie handelten.

Erheben das Disziplinierungs-, Konfessionalisierungs-, Säkularisierungs-, Krisen- und Akkulturationsparadigma den Anspruch, die Geschichte der Frühneuzeit in wesentlichen Grundzügen erklären zu können, bewegen sich folgende Interpretationsangebote Heinrich Schmidts und Gerd Schwerhoffs zum Phänomen der Gotteslästerung in einem interpretatorisch begrenzteren Rahmen. In seiner Einzeluntersuchung des Fluchens unterscheidet Schmidt zwischen schweren und leichten Varianten blasphemischer Redeweisen. All-

---

[46] E. LABOUVIE, Verwünschen S. 122 f.

[47] E. LABOUVIE, Verwünschen S. 123 f.

[48] Vgl. R. v. DÜLMEN, Wider die Ehre S. 33.

[49] Vgl. J. WIRTH, Against the Acculturation Thesis, in: K. v. GREYERZ Hg., Religion and Society in Early Modern Europe 1500–1800. London – Boston – Sidney 1984 S. 66–78; hier insbesondere: S. 73–75.

[50] Vgl. insbesondere als konzeptuelle Diskussion der Elite- vs. Volkskulturproblematik R. SCRIBNER, History of Popular Culture.

tagsflüche seien ohne böse Absicht gesprochen, entsprechend nicht als eigentliche Gotteslästerung empfunden und daher milde bestraft worden. Den schweren Fluch hingegen hätten die Beleidigung der Majestät Gottes oder die Instrumentalisierung Gottes durch Wortmagie ausgemacht. Beide entsprächen einer Verweigerung des göttlichen Regiments und kämen damit einer »Systemnegation« gleich.[51] Hiergegen wendet Schwerhoff ein, daß weder auf der Ebene der Mandate noch auf der Ebene der Rechtsprechung Spuren vom magischen Charakter des Fluchens zu finden seien. Auch liefere die Strafe des sogenannten Herdfalls[52] bei Fluchdelikten kein zuverlässiges Kriterium für deren Einteilung in Schweregrade.[53] Welche Argumente sich jeweils für und gegen Schmidt bzw. Schwerhoff anhand des Zürcher Materials anführen lassen, bleibt den Ausführungen im empirischen Teil dieser Arbeit überlassen. Konzeptionell bleibt festzuhalten, daß Schmidt mit seiner Interpretation des schweren Fluchs als »Systemnegation« im Prinzip auf die politische Dimension des Gotteslästerungsdelikts verweist. Denn gegen Gott aufzubegehren, bedeutet für die Frühe Neuzeit, auch gegen die Obrigkeit, die in Gottes Auftrag herrscht, zu rebellieren. Daher ist es notwendig, Blasphemie nicht nur aus einer religiösen und kulturellen Perspektive zu betrachten (Konfessionalisierungs-, Säkularisierungs-, Disziplinierungs- und Akkulturationsprozesse, Aspekte gesellschaftlicher Selbstregulierung), sondern auch unter einer politischen (Widerstandsproblematik).

Im Gegensatz zu Schmidt betont Schwerhoff in seiner Monographie, daß Blasphemiker nicht allein Gott, sondern ebenso die Welt herausgefordert hätten. Für ihn steht blasphemische Rede als Medium der Konfliktaustragung im Vordergrund: »Der soziale Gebrauchswert des Schwures liegt, so scheint mir, vorwiegend in seiner Funktion als verbale Waffe im Konfliktfall«.[54] Blasphemische Äußerungen seien überwiegend »als Teil einer ritualisierten Handlungssequenz im Kontext einer agonalen Kultur zu verstehen«,[55] die gegen den konkreten, diesseitigen Konfliktpartner gerichtet gewesen sei.[56] Sozial betrachtet, stelle Gotteslästerung einen »Akt theatralischer Selbstinszenierung in Konfliktsituationen« dar, in denen die Akteure ihre Macht, Stärke und Souveränität zum Ausdruck gebracht hätten.[57] Hier-

---

[51] H. R. SCHMIDT, Ächtung S. 98 f.

[52] Beim Herdfall mußten die Bestraften hinknien und zum Zeichen der Reue den Boden küssen.

[53] G. SCHWERHOFF, Gott und die Welt S. 334–336.

[54] G. SCHWERHOFF, Gott und die Welt S. 320.

[55] G. SCHWERHOFF, Gott und die Welt S. 413.

[56] G. SCHWERHOFF, Gott und die Welt S. 412 f.

[57] G. SCHWERHOFF, Gott und die Welt S. 401.

bei sei die Anrufung Gottes ambivalent gewesen. Einerseits habe der Blasphemiker um Gottes Hilfe und Zeugenschaft gebeten, andererseits sich seinem Kontrahenten gegenüber als übermächtig dargestellt, worin wiederum eine Provokation Gottes bestanden habe.[58] »Gott herauszufordern implizierte [jedoch] zugleich, an ihn zu glauben.«[59] Die Mehrheit der Blasphemiker seien also nicht Ungläubige oder Atheisten im modernen Sinne, sondern vielmehr unzufriedene, mit Gott ringende Gläubige gewesen. Zu diesem kleinen »Häuflein trotziger Rebellen« gehörten, so Schwerhoff, einige wenige »»virtuose«« Gotteslästerer, Einzelgänger, die sich ihren eigenen, laut ausgesprochenen Reim auf die Welt machten.[60] In der sozialen Praxis erstreckte sich das Delikt der Gotteslästerung demnach von der außergewöhnlichen Einzeläußerung, die Aussagen des Christentums grundsätzlich in Frage zu stellen wagte, bis zur banalen, alltäglichen verbalen Provokation, welche die konkreten Konfliktgegner treffen sollte. Der normative theologisch-juristische »Diskurs« hingegen habe in der Blasphemie kein Bagatelldelikt sehen können, sondern vielmehr die Schwere des Gotteslästerungsdelikts hervorgehoben. Ohne den hochmittelalterlichen Konzeptionalisierungen des Blasphemiedelikts entscheidend Neues hinzuzufügen, hätten die Juristen und Theologen des 16. Jahrhunderts durch die Systematisierung und Intensivierung der Kategorisierungsbemühungen ihrer Vorgänger die Gotteslästerung zu einem Delikt dramatischen Ausmaßes hochstilisiert.[61] Dennoch ließe sich selbst für das 16. Jahrhundert nicht feststellen, daß die Beunruhigung der Juristen und Theologen darauf zurückzuführen sei, daß sie der blasphemischen Rede eine magische Dimension zugeordnet hätten.[62]

Über die empirischen Ergebnisse hinaus besteht der entscheidende konzeptionelle Beitrag Schwerhoffs darin, blasphemische Rede als verbales Medium der Konfliktaustragung, d. h. als spezifischen Sprechakt zu betrachten. Schwerhoff bettet Gotteslästerung in ihren kommunikativen Kontext ein und löst somit Blasphemie aus ihrer rein theologisch-juristischen Kategorisierung heraus. Damit aber eröffnet er einen Weg, nach der Anwendung blasphemischer Rede durch die Sprecher zu fragen, statt sich auf die Konzeptionalisierung, Normierung und Sanktionierung der Gotteslästerung zu beschränken. Letztlich kommt sein paradigmatisches Interpretationsmodell, wonach Blasphemiker ihre Sprechhandlung gezielt als Mittel verbaler Konfliktaustragung einsetzten und damit den Glauben an die Existenz Gottes

---

[58] G. Schwerhoff, Gott und die Welt S. 401.
[59] G. Schwerhoff, Gott und die Welt S. 414.
[60] G. Schwerhoff, Gott und die Welt S. 375.
[61] G. Schwerhoff, Gott und die Welt S. 411 f.
[62] G. Schwerhoff, Gott und die Welt S. 325.

voraussetzten, einer »Verdiesseitigung« der Gotteslästerung gleich. Schwerhoff wählt also einen Zugang, der einen religiösen Normbruch wie die Gotteslästerung über dessen theologisch-juristische oder religiöse Dimensionen hinaus um den Aspekt frühneuzeitlicher Streitkultur erweitert. Angesichts der zentralen Bedeutung seines methodologischen und interpretatorischen Konzepts wird eingehend zu diskutieren sein, wieweit Schwerhoffs Konzept theoretisch und empirisch trägt.

b) Blasphemie als kulturgeschichtlicher Schlüssel zum Religiösen

Aufgabe der Sozialgeschichte der Religion ist die »historische Erforschung der Funktion und Bedeutung von Religion innerhalb eines gesamtgesellschaftlichen Bezugsrahmens«, so die Formulierung Kaspar von Greyerz' vor nahezu 15 Jahren.[63] Die Standortbestimmung, mit der damals von Greyerz auf Forschungsdefizite im Bereich der Geschichte der Religion hinwies, hat angesichts des derzeitigen Forschungsstands ihre Aktualität beibehalten. Freilich hat sich in der deutschsprachigen Forschung seit den neunziger Jahren der Terminus »Bedeutung« zu einem programmatischen Begriff gewandelt. Dieser geht auf Ute Daniels Forderung zurück, die (deutsche) Geschichtsschreibung bedürfe einer hermeneutischen bzw. »›symbolischen‹« Wende, um die Sozialgeschichte (insbesondere Bielefelder Prägung) zu einer neuen Kulturgeschichte zu erweitern.[64] Es ist hier nicht der Ort, diese Diskussion im Einzelnen zu referieren.[65] Von Belang ist vielmehr die Überle-

---

[63] K. v. Greyerz, Religion und Gesellschaft in der frühen Neuzeit, in: Religiosität – Frömmigkeit – Religion populaire. Lausanne 1984 S. 13–36, hier: S. 14.

[64] U. Daniel, »Kultur« und »Gesellschaft«. Überlegungen zum Gegenstandsbereich der Sozialgeschichte, in: Geschichte und Gesellschaft 19. 1993 S. 69–99; hier: S. 94. Vgl weiterhin: U. Daniel, Kompendium Kulturgeschichte. Theorien, Praxis, Schlüsselwörter. Frankfurt/Main 2001; U. Daniel, Clio unter Kulturschock. Zu den aktuellen Debatten der Geschichtswissenschaft (Teil I), in: Geschichte in Wissenschaft und Unterricht 48. 1997 S. 195–218; U. Daniel, Historie und Hermeneutik. Zu Geschichte und Gegenwart einer turbulenten Beziehung, in: Handlung, Kultur, Interpretation 5. 1996 S. 135–157.

[65] Für eine Zusammenfassung des jeweiligen Diskussionsstands zugunsten der Gesellschaftsgeschichte bzw. der »Alltagskulturgeschichte« mit umfassenden bibliographischen Verweisen auf die entstandenen Kontroversen vgl. C. Lipp, Kulturgeschichte und Gesellschaftsgeschichte – Mißverhältnis oder glückliche Verbindung? in: P. Nolte/M. Hettling/F.-M. Kuhlemann et al. Hg., Perspektiven der Gesellschaftsgeschichte. München 2000 S. 25–35; T. Mergel/T. Welskopp Hg., Geschichte zwischen Kultur und Gesellschaft. Beiträge zur Theoriedebatte, Göttingen 1997; M. Dinges, »Historische Anthropologie« und »Gesellschaftsgeschichte«. Mit dem Lebensstilkonzept zu einer »Alltagskulturgeschichte«?, in: Zeitschrift für historische Forschung 24. 1997 S. 179–214; R. Vierhaus, Die Rekonstruktion historischer Lebenswelten. Pro-

gung, welchen Beitrag das Danielsche Konzept der »Bedeutung« für die Erschließung des Phänomens Gotteslästerung leisten kann und welche konzeptionellen Präzisierungen hierbei notwendig sind.

Die Analyse von »Bedeutung« als der sozialen Konstruktion der Wirklichkeit zielt, so Daniel, auf »Wahrnehmungsstrukturen, Sinnstiftungsprozesse und Wertorientierungen.«[66] Es gehe darum, »Welt- und Gesellschaftsdeutungen in ihrer Relevanz für soziales Handeln und Verhalten, für gesellschaftliche Kontinuitäten und Diskontinuitäten ebenso ernst zu nehmen wie sozioökonomische oder andere Strukturen,«[67] also Praktiken als für die Handelnden sinnvolle und sinnstiftende Verhaltensmuster auf dem Hintergrund bestehender Lebensbedingungen zu erkennen. Daher kann sich Daniel »keinen Gegenstand vorstellen, der nicht kulturgeschichtlich analysierbar wäre«.[68] Getreu der Grundsatzposition der Hermeneutik, etwas zu verstehen, bedeute, es als Antwort auf eine Frage zu verstehen,[69] formuliert sie entsprechend: Etwas im hermeneutischen Sinne historisch zu verstehen, heiße, geschichtliche Erscheinungen als »Sinnstiftungen, Selbst- und Weltdeutungen der historischen Subjekte in den historischen Kontext einzuordnen, in dem sie erst als Antworten auf Fragen erkennbar werden.«[70] In diesem Ansatz sind historische Subjekte nicht mehr von vorgegebenen ökonomischen und politischen Strukturen bestimmt, innerhalb derer sie als Mitglieder eines Kollektivs, ihrer Klasse oder Schicht, auftreten. Das Konzept »Bedeutung« geht vielmehr davon aus, daß Menschen nicht durch die strukturell gegebenen Lebensbedingungen, mit denen sie konfrontiert sind, determiniert sind, sondern Menschen diese zweifellos vorhandenen Bedingtheiten zu ihrer eigenen Lebenswelt formen. Menschen werden nicht als Objekte von Strukturen geboren, sondern machen sich selbst zu Subjekten ihrer eigenen Realität.[71] Daher kann Geschichtsschreibung nicht darauf verzichten,

---

bleme moderner Kulturgeschichtsschreibung, in: H. LEHMANN Hg., Wege zu einer neuen Kulturgeschichte. Göttingen 1995 S. 7–28.

[66] U. DANIEL, »Kultur« S. 92.

[67] U. DANIEL, »Kultur« S. 93.

[68] U. DANIEL, Kompendium S. 8 f. Mir scheint daher der Einwand, Daniel verwende einen »totalen« Kulturbegriff, der ohne die Kategorie der Gesellschaft auskäme, ungerechtfertigt, da dieser strukturgeschichtliche Dimensionen eben nicht ausblendet. Zu diesem mir nicht nachvollziehbaren Einwand vgl. T. SOKOLL, Kulturanthropologie und Historische Sozialwissenschaft. in: T. MERGEL/T. WELSKOPP Hg., Geschichte zwischen Kultur und Gesellschaft. Beiträge zur Theoriedebatte. München 1997 S. 233–272; hier: S. 237.

[69] Vgl. Gadamers Argumentation zum Verstehen in den Geisteswissenschaften in: H.-G. GADAMER, Wahrheit und Methode. Tübingen 1975; hier: S. 351 f.

[70] U. DANIEL, Hermeneutik S. 142.

[71] Hierzu zum Forschungsstand am Ende der neunziger Jahre: O. ULBRICHT, Aus Marionet-

die Strukturen, innerhalb derer historische Subjekte handeln, zu berücksichtigen, muß aber ebenso erfassen, wie diese ihre Lebenswelt konstruieren. Deswegen sind die Fragen, welchen Sinn Menschen ihrer Welt zuweisen, wie sie sich selbst in ihr einordnen und wie sich Individuen bzw. Kollektive zueinander verhalten, für das Verständnis einer Gesellschaft zentral. Geschichtsschreibung kommt, so die Schlußfolgerung, ohne die Integration der Bedeutungsebene menschlichen Handelns und Verhaltens nicht aus, wenn sie vergangene Gesellschaften als Produkte menschlichen Zusammenlebens verstehen will.

Mit ihrem Anliegen, eine in politische, soziale und religiöse Strukturen eingebettete Kulturgeschichte des Un/Glaubens zu betreiben,[72] knüpft die vorliegende Studie genau an Daniels Programm hermeneutisch verfahrener Geschichtsschreibung an – freilich unter drei Einschränkungen. Daniels gesamte Argumentation beruht auf dem Begriff der Kultur. Wenn es Daniel nach einer knapp zehnjährigen, teilweise unnötig hart geführten Diskussion, ablehnt, den Kulturbegriff in eine abgrenzende Definition zu zwingen,[73] bleibt sie ihren Überlegungen der neunziger Jahre treu. Auf Friedhelm Neidhardt verweisend, bestimmte sie Kultur als »System kollektiver Sinnkonstruktionen, mit denen die Menschen die Wirklichkeit definieren.«[74] Demnach ist jegliche Erscheinung menschlichen Lebens kultureller Natur, so daß Kultur auch nicht als Teilphänomen einer Gesellschaft ausschließend definiert werden kann. In Auseinandersetzung mit der Geschichtswissenschaft Bielefelder Prägung, der sie selbst entstammt, argumentierte Daniel ferner, daß es daher notwendig sei, die praxeologischen Ansätze in der Geschichtsschreibung zu vertiefen: »Der Blick auf ›Praxis‹ – die komplexe Einheit von Gedanken und Handeln, von Bedeutung als durch Handeln konstituiert und als ihm zugrundeliegend – stellt symbolische Prozesse als soziales Handeln […] in den Mittelpunkt der sozialwissenschaftlichen Analyse.«[75] Was allerdings den Systemcharakter von Kultur ausmacht und inwiefern in den Praktiken der historischen Subjekte eine soziale Konstruktion der Wirklichkeit

---

ten werden Menschen. Die Rückkehr der unbekannten historischen Individuen in die Geschichte der Frühen Neuzeit, in: E. Chovjka/R. v. Dülmen/V. Jung Hg., Neue Blicke. Historische Anthropologie in der Praxis. Wien – Köln – Weimar 1997 S. 13–32.

[72] Ich meine hier, mit Kaspar von Greyerz das Verständnis von Kulturgeschichte der Religion zu teilen. Vgl. K. v. Greyerz, Religion und Kultur S. 21–24.

[73] Vgl. U. Daniel, Kompendium S. 8 f.

[74] U. Daniel, »Kultur« S. 72. Sie hätte ebensogut auf die Definition des Ethnologen Karl-Heinz Köhler verweisen können, der Kultur als »menschliche Daseinsform per se« versteht. K.-H. Kohl, Ethnologie – die Wissenschaft vom kulturell Fremden. Eine Einführung. München ²2000 S. 132.

[75] U. Daniel, »Kultur« S. 84.

begründet liegt, diskutiert Daniel nicht im Einzelnen. Weiterhin ist der Begriff der Praktiken,[76] so der eine kritische Punkt im Danielschen Ansatz, problematisch: Praxis ist nach Bourdieu »notwendig und relativ-autonom in einem, insoweit sie das Produkt der dialektischen Beziehung zwischen einer Situation und einem als System dauerhafter und versetzbarer Dispositionen begriffenen Habitus darstellt, der, alle vergangenen Erfahrungen integrierend, wie eine Handlungs-, Wahrnehmungs- und Denkmatrix funktioniert und der dank der analogischen Übertragung von Schemata, die Probleme gleicher Form zu lösen gestatten, und dank der von jenen Resultaten selbst dialektisch geschaffenen Korrekturen der erhaltenen Resultate, es ermöglicht, unendlich differenzierte Aufgaben zu erfüllen.«[77] Es ist überflüssig, hier die Rezeption dieser folgenreichen Definition in der Geschichtswissenschaft nachzuzeichnen.[78] Es gilt lediglich die Problematik des Habitusbegriffs zu unterstreichen, auf die bereits Martin Dinges und Carola Lipp in ihrer Bourdieukritik aufmerksam gemacht haben.[79] Bourdieus Konzept krankt an einem latenten Ökonomismus sowie an einem latenten Strukturalismus. Wenn auch bekanntlich nach Bourdieu der Habitus nicht allein unter den Bedingungen des ökonomischen Kapitals, sondern gleichfalls des sozialen und kulturellen »Kapitals« existiert,[80] behält doch in dieser Trias das ökonomische Kapital die Oberhand.[81] Praktiken sind letztendlich ökonomisch determiniert. Auch stehen Menschen Handlungs-, Wahrnehmungs- und Denkmatrizes zur Verfügung. Wie diese Matrizes »funktionieren«,

---

[76] U. Daniel stellt allein die einschlägige Literatur zum »sogenannten Praxisansatz« zusammen. Vgl. U. Daniel, »Kultur« S. 84, Anm. 57. Für eine erkenntnistheoretische Kritik des Begriffs der Praktiken vgl. J. Bohrman, Do Practices Explain Anything? Turner's Critique of the Theory of Social Practices, in: History and Theory 36. 1997 S. 93–107.

[77] P. Bourdieu, Entwurf einer Theorie der Praxis. Auf der Grundlage der kabylischen Gesellschaft. Frankfurt/Main ²1979 S. 169.

[78] Zur Diskussion des Bourdieuschen Habitusbegriffs in der deutschen Geschichtsschreibung vgl. S. Reichardt, Bourdieu für Historiker? Ein kultursoziologisches Angebot an die Sozialgeschichte, in: T. Mergel/T. Welskopp Hg., Geschichte zwischen Kultur und Gesellschaft. Beiträge zur Theoriedebatte. München 1997 S. 71–121.

[79] Vgl. C. Lipp, Kulturgeschichte und Gesellschaftsgeschichte S. 33; M. Dinges, »Alltagskulturgeschichte« S. 196–198. Aus soziologischer Sicht ergänzend zur unscharfen Terminologie Bourdieus: L. Vogt, Zur Logik der Ehre in der Gegenwartsgesellschaft. Differenzierung, Macht, Integration. Frankfurt 1997; hier: S. 145 f. Für die Rezeption Bourdieus in der französischen Geschichtsschreibung vgl. Les historiens et la sociologie de Pierre Bourdieu, in: Le Bulletin de la Société d'Histoire Moderne et Contemporaine, 46. 1999 S. 4–27.

[80] Vgl. P. Bourdieu, Ökonomisches Kapital, kulturelles Kapital, soziales Kapital, in: R. Kreckel Hg., Soziale Ungleichheiten. Göttingen 1983 S. 183–198.

[81] Die einschlägigen Angaben zur Diskussion dieses Ökonomismus sind zusammengestellt bei: M. Dinges, »Alltagskulturgeschichte« S. 197, Anm. 55.

führt Bourdieu indes nicht aus. Er scheint vielmehr zu implizieren, daß Praktiken aus einem dialektischen Automatismus der jeweiligen Situation zum einen und dem System von Verhaltensdispositionen zum anderen erwachsen. Somit aber unterwirft Bourdieu das Individuum schließlich doch den Strukturen, die durch das Kapital in seinen drei Ausprägungen geschaffen werden. Bourdieus Individuum, so läßt sich resümieren, ist eher determiniert als autonom.

Aus den Schwächen des Bourdieuschen Praxisbegriffs folgt die zweite Einschränkung gegenüber dem Danielschen Konzept der Bedeutung. Sie betrifft die Frage, inwiefern historische Subjekte über einen Handlungsspielraum verfügen. Genau dieser Frage hat sich Martin Dinges mit seinen Überlegungen zum Lebensstilkonzept angenommen. In kritischer Auseinandersetzung mit einer Gesellschaftsgeschichte, die infolge ihres Gesellschaftskonzepts Individuen zu Objekten von Strukturen macht, und einer Historischen Anthropologie, die auf Konzeptionalisierungen weitgehend zu verzichten und statt dessen das Handeln und Erleben von Individuen in ethnographischen Einzelgeschichten zu beschreiben bevorzugt, plädiert er für eine neue Kulturgeschichte in Form einer »Alltagskulturgeschichte«.[82] In sein programmatisches Plädoyer gehen zentrale handlungstheoretische Überlegungen ein, welche die Schwächen des Bourdieuschen Habitusbegriffs beheben. Handeln »funktioniert« nicht lediglich nach latenten Gesetzlichkeiten des »Kapitals«. Handeln läßt sich auch nicht in ein kongruentes System pressen. Es beinhaltet einerseits unbewußte Komponenten und nicht intendierte Folgen, andererseits muß eine Handlung nicht notwendig zu einer spezifischen Handlungswirkung führen.[83] Handeln ist deswegen nach Dinges als Spektrum von »Verhaltensstilen« zu erfassen: Diese sind »auf jeweils ein Problem [...] bezogene relativ stabile Verhaltensweisen von Individuen, Gruppen oder Gesellschaften; in den ›Stil‹ gehen zwar die ökonomische und soziale Lage sowie die erlernten kulturellen Angebote der Zeit bewußt oder unbewußt ein, aber für das Verhalten bleiben letztlich die ›Entscheidungen‹ der Akteure ausschlaggebend, wenn auch keineswegs einzig determinierend.«[84] »Lebensstile« wiederum »lassen sich als relativ stabilisiertes Ergebnis von Auswahlentscheidungen deuten, die Individuen oder Gruppen aus gesellschaftlichen Verhaltensangeboten für sich in mehreren Bereichen ge-

---

[82] Vgl. M. Dinges, »Alltagskulturgeschichte«. Hier erfolgen auch die bibliographischen Verweise auf die einschlägigen Titel der Vertreter der jeweiligen Ausrichtungen, die hier daher nicht nochmals aufgeführt zu werden brauchen.

[83] M. Dinges, »Alltagskulturgeschichte« S. 191.

[84] M. Dinges, »Alltagskulturgeschichte« S. 198.

troffen haben,«[85] ohne daß die Individuen in ihrer Entscheidung absolut frei
sind.[86]

Der signifikante Unterschied zwischen Verhaltenspraktiken nach Dinges
und nach Bourdieu besteht darin, daß die Wahlmöglichkeiten der Subjekte
gegenüber ihrer strukturellen Determiniertheit hervorgehoben werden, ohne
daß deswegen der Einfluß materieller oder sonstiger Bedingtheiten geleugnet
würde. Individuen können sich, wenn auch nicht absolut frei, so doch in vielfältiger Weise für ein bestimmtes Verhalten entscheiden. Ihr Handeln beruht
auf polyvalenten Handlungsoptionen statt auf quasi automatisierten Verhal-
tensmechanismen. Außerdem konzeptionalisiert Dinges die Verhaltensange-
bote als »relativ stabil«. Individuen sind nicht sklavisch an vorhandene Verhaltensmuster gebunden, sie können aus gewissen Verhaltensoptionen aus-
wählen und damit auf die Dauer Verhaltensweisen verändern. Dinges sieht
also in seinem Konzept – ein weiterer Unterschied zu Bourdieu – ausdrücklich die Möglichkeit historischen Wandels vor. Da aber den Individuen eine
große Entscheidungsfreiheit zugestanden wird, muß dieser Wandel nicht teleologisch in die Richtung einer weiteren Habitualisierung gehen; Subjekte
können sich auch so verhalten, daß eine Enthabitualisierung von Verhaltensstilen stattfindet. Verhalten läßt sich demnach nicht auf eindeutige Habitus
oder eigensinnige Verhaltensformen einengen. Verhaltensstile sind vielmehr
polyvalent.

Menschliches Handeln und Verhalten als grundsätzlich kontingent zu
konzeptionalisieren, hat – und hierin besteht der dritte Einwand gegen
Daniel – Konsequenzen für den Kulturbegriff. Kultur ist nicht ein in sich geschlossenes System, sondern umfaßt Dinges zufolge eine »Vielfalt von Formen, in denen Individuen, Gruppen oder ganze Gesellschaften ihre Bedürf-
nisse ausdrücken.«[87] Davon abzusehen, Kultur einen Systemcharakter zuzuweisen, schaffe die Möglichkeit, »die jeweiligen Brüche und Schattierungen
[zu unterstreichen], die Kultur durch sozial, ökonomisch und politisch unterschiedliche Interessenlagen erhält, die sich für Männer und Frauen, Angehörige unterschiedlicher Rassen und Klassen sowie verschiedener Lebens-
alter ergeben.«[88] Zwar führt Dinges nicht weiter aus, was er mit »Bedürf-
nissen«, »Brüchen« oder »Schattierungen« genau meint, doch rührt dies nicht
an seiner Argumentation, Kultur sei kein zwingendes System, was bei kulturgeschichtlichen Untersuchungen konzeptionell zu berücksichtigen sei. Dinges befreit somit die Geschichtsschreibung von den Fesseln etwa »der« deut-

---

[85] M. DINGES, »Alltagskulturgeschichte« S. 198.
[86] M. DINGES, »Alltagskulturgeschichte« S. 199.
[87] M. DINGES, »Alltagskulturgeschichte« S. 185.
[88] M. DINGES, »Alltagskulturgeschichte« S. 185.

schen Historischen Anthropologie, die Handeln gerne als eigensinnig logisches Re-/Agieren interpretiert. Menschliche Verhaltensweisen sind nicht zwangsläufig in sich schlüssig und verändern sich nicht, erst recht nicht linear, in eine einzige Richtung, dieser Tatsache trägt das Kulturkonzept von Dinges Rechnung.[89]

Der Einwand freilich, die Konzeptionalisierung von Kultur als ein in sich geschlossenes System sei zu eng, läßt die Frage im Raum stehen, wie dann der Kulturbegriff angemessener bestimmt werden könne. Eine Antwort auf diese Frage ist in Robert Scribners Auseinandersetzung mit der schematischen Gegenüberstellung von Elitekultur und Volkskultur angelegt. Volks- und Elitekultur seien nicht gegensätzliche Systeme, sondern »functional wholes«, die Varianten einer gemeinsamen Kultur darstellten.[90] Ferner sei zu bedenken: »Culture is not only multivalent, but also involves complex processes of inculcation, appropriation, competition, assimilation or rejection of any given set of cultural values or practices.«[91] Kultur ist demnach eine Verknüpfung von tragenden Entitäten (»functional wholes«), die miteinander in Wechselwirkung stehen. Kultur, so läßt sich also zusammen mit Scribner, Dinges und in Präzisierung von Daniel zusammenfassen, ist eine Menge begrenzt veränderbarer polyvalenter Verhaltensentscheidungen, die Subjekte auf der Grundlage sozialer, ökonomischer, politischer etc. Bedingtheiten treffen und mit denen sie sich über ihre Lebenswelt verständigen. Aufgrund der zwar gewiß nicht absoluten, aber auch nicht zu unterschätzenden Entscheidungsfreiheit der Subjekte, die ihre Verhaltensweisen stets in vielfältige Richtungen hin verändern können und hierbei in Wechselwirkung mit anderen sich verhaltenden Subjekten stehen, ist diese Konstruktion der sozialen Wirklichkeit weder von inneren Widersprüchen frei, noch folgt sie einem geradlinigen, eindeutig zielgerichteten Wandel.

Die programmatischen Ansätze Daniels, Dinges' und Scribners sind in Hinblick auf den Untersuchungsgegenstand von großer Relevanz. Wie Daniel betont, steht am Anfang jedes hermeneutischen Verfahrens das Nichtverstehen. Redeweisen zu interpretieren, deren gotteslästerlicher Charakter heute in der Regel nicht mehr nachvollziehbar ist, heißt genau mit diesem

---

[89] In eine ähnliche Richtung geht aus ethnologischer Perspektive Andreas Wimmer, wenn er in Abgrenzung vom »klassischen Kulturbegriff« Kultur als offenen, instabilen Prozeß des Aushandelns von Bedeutungen konzipiert. Vgl. A. WIMMER, Kultur. Zur Reformulierung eines sozialanthropologischen Grundbegriffs, in: Kölner Zeitschrift für Soziologie und Sozialpsychologie 48. 1996 S. 401–425, hier: S. 407–413.

[90] R. W. SCRIBNER, Is the History of Popular Culture Possible? in: History of European Ideas 10. 1989 S. 175–191; hier: S. 182.

[91] R. SCRIBNER, Popular Culture S. 182.

Nichtverstehen zu beginnen. Was Gotteslästerung in der Frühen Neuzeit ist, läßt sich nicht mit heutigen Kategorisierungen fassen, sondern muß aus den Wahrnehmungsweisen der damaligen Zeitgenossen erschlossen werden. Auf der Grundlage des frühneuzeitlichen Verständnisses von Blasphemie nach der »Bedeutung« religiöser Äußerungen zu fragen, heißt, Religion nicht als strukturell determiniert, wie sie etwa durch Kirche, Theologie oder Angst in erster Linie bestimmt sein könnte, sondern vielmehr als eine sich wandelnde Menge von Handlungsentscheidungen unter den Bedingungen bestehender Normen zu betrachten. Blasphemische Redeweisen werden dann zu Zeugnissen von Sprechhandlungen, welche das Verständnis der Menschen von der Welt belegen. Die Fragen zu eruieren, auf die Gotteslästerung eine Antwort darstellt, bedeutet, die Relevanz der verbalen Normverstöße für soziales Handeln und Verhalten näher zu bestimmen. Deswegen nimmt in dieser Arbeit das kulturgeschichtliche Konzept der »Bedeutung« eine methodologische Schlüsselstellung bei der Analyse des Phänomens Gotteslästerung ein.

c) Gotteslästerung als Sprechhandlung in »textlicher« Überlieferung

Geschichtswissenschaft lebt wesentlich von Sprache. Trotzdem bringen nur wenige Historiker und Historikerinnen ernsthaftes Interesse für den sprachlichen Charakter ihrer Quellen auf.[92] Diese Arbeit hingegen sucht gezielt zwei zentrale sprachphilosophische Grundpositionen zu nutzen. Die eine geht davon aus, daß jegliche verbale Darstellung von Welt sprachlich verfaßt und daher »Text« ist. Die andere postuliert, daß Gotteslästerer mit ihren Worten polyvalent handeln. Wie aber sehen die linguistischen Modelle aus, auf denen diese Prämissen beruhen, und was leisten sie für das historische Verständnis von Gotteslästerung? Auf diese zwei Fragen bietet die folgende Diskussion, welche die Modelle des Sprechakts bzw. der Sprechhandlung

---

[92] Vgl. die Kritik Robert Jüttes, die Geschichtswissenschaft konzentriere sich zu sehr auf die inhaltliche Seite sprachlicher Äußerungen. Sie müsse mithilfe von Diskursanalysen auch die Formseite von Sprechakten auswerten: R. JÜTTE, Sprachliches Handeln und kommunikative Situation. Der Diskurs zwischen Obrigkeit und Untertanen am Beginn der Neuzeit, in: H. HUNDSBICHLER Hg., Kommunikation und Alltag im Spätmittelalter und früher Neuzeit. Internationaler Kongreß. Krems an der Donau 9.–12.10.1990. Wien 1992 S.159–181. Solche Versuche unternehmen etwa: L. MONDADA, La construction discursive de l'altérité. Effets linguistiques, in: Travers. Zeitschrift für Geschichte/ Revue d'histoire 1. 1996 S.51–61; W. ENNINGER, Zu Möglichkeiten und Grenzen historischer Diskursanalyse. Der Fall der Zweiten Züricher Disputation 1523, in: Zeitschrift für Germanistik 11. 1990 S.147–161.

und »des« *linguistic turn* sowie deren empirische Anwendung in der Geschichtswissenschaft zum Gegenstand hat, eine Antwort.[93]

Wie in der Geschichtsschreibung allgemein, haben Kommunikationsmodelle kaum Eingang in die Betrachtung von Gotteslästerung gefunden. Als Ethnologin unterbreitete Jeanne Favret-Saada allein einen programmatischen Vorschlag zur Auswertung blasphemischer Redeweisen nach einem Modell Roman Jakobsons. In Übereinstimmung mit der soziologischen Labelingtheorie ist für sie eine Äußerung nicht an sich gotteslästerlich, sondern wird erst durch Zuschreibungsprozesse seitens der Hörenden zu Blasphemie gemacht: »un énoncé n'est pas qualifié de ‚blasphème‘ en raison d'un contenu qui lui serait particulier, mais par une opération de jugement qui s'appuie sur un corps de textes réglementaires.«[94] Die Rolle von »énonciateur« und »énonciataire« kehren sich damit um;[95] Produzenten der Blasphemie sind nicht die Sprechenden, sondern die Hörenden als diejenigen, die eine verbale Äußerung mit dem Etikett der Gotteslästerung versehen.

Trotz seiner Sympathien für die Labelingtheorie greift der Historiker Schwerhoff in seiner Untersuchung der Gotteslästerung nicht auf Modelle Jakobsons, sondern auf die von John Austin und John Searle entwickelte Sprechakttheorie zurück.[96] Für die »Väter« der Sprechakttheorie stellt jede sprachliche Äußerung einen Sprechakt dar, der in verschiedene Typen (z. B. Bitte, Aufforderung, Befehl etc.) eingeteilt werden kann.[97] Ein Sprechakt besteht aus vier Teilakten: einem lokutionären, einem illokutionären, einem propositionalen und einem perlokutionären.[98] Der lokutionäre Teilakt bezieht sich auf die lautliche Formulierung einer Äußerung. Der illokutionäre

---

[93] Für eine ausführlichere Diskussion dieser Problematik sei verwiesen auf F. Loetz, Sprache in der Geschichte. Linguistic Turn vs. Pragmatische Wende, in: Rechtsgeschichte. 1 2002 (i. Dr.).

[94] J. Favret-Saada, Rushdie et compagnie. Préalables à une anthropologie du blasphème, in: Ethnologie française 22. 1992 S. 251–260; hier: S. 257.

[95] J. Favret-Saada, Préalables S. 258.

[96] Vgl. ihre grundlegenden Werke: J. Austin, How to do things with words. Oxford 1962; J. Searle, Sprechakte. Ein philosophischer Essay. Frankfurt/Main 1971. In einschlägigen Handbüchern wird Austin als Nachfolger Searles vorgestellt, der dessen Theorien verbessert und fortgeführt habe. Demgegenüber betont neuerdings Sybille Krämer die Gegensätzlichkeit beider. Habe Searle ein zwei-Welten-Modell der Sprache vertreten – reine Sprache als Regelsystem sei von der Anwendung dieses Systems im Sprachvollzug zu unterscheiden –, habe Austin gegen dieses Modell argumentiert. Vgl. S. Krämer, Sprache, Sprechakt, Kommunikation. Sprachtheoretische Positionen des 20. Jahrhunderts. Frankfurt/Main 2001 S. 10, 55–73, 135–153.

[97] Die folgende Gegenüberstellung von Sprechakt und Sprechhandlung orientiert sich an der besonders verständlichen Darstellung in A. Linke/M. Nussbaumer/P. R. Portmann, Studienbuch Linguistik. Tübingen ³1996 S. 182–202.

[98] Die Teilakte sind im Verlauf der Diskussion des Modells von Searle, Austin und deren Kri-

umfaßt die Art und Weise, wie sich Sprechende an jemanden wenden. Was sie dabei über die Welt aussagen, bestimmt deren propositionalen Gehalt.[99] Der perlokutionäre Akt weist daraufhin, was oder wen Sprechende eigentlich mit dem meinen, was sie sagen.[100] Sprechen ist demnach mehr, als grammatikalisch korrekte Sätze zu bilden; sprechen heißt mit Worten etwas tun, wie dies der treffende Titel des Grundlagenwerks von Austin *How to do things with words* verdeutlicht.[101] Das Konzept des Sprechakts sucht also nicht das Verhältnis von Wirklichkeit und sprachlichem Zeichen zu klären. Es betont vielmehr, daß Welt durch den situationsspezifischen Akt der Rede gedeutet wird. Die Betrachtung von Gotteslästerung, so Schwerhoffs konsequente Schlußfolgerung, »muß deswegen über eine Analyse der bloßen sprachlichen Formeln hinausgreifen und versuchen, die Äußerungen in ihren sozialen Zusammenhang zu stellen.«[102]

Favret-Saadas und Schwerhoffs Bezugnahme auf linguistische Modelle hat ihre Stärken. Sie nimmt der Gotteslästerung den naiven Status einer selbstredenden Formulierung: Blasphemie sui generis existiert nicht, sondern wird erst zu einer solchen gemacht. Ohne das Wissen der Sprecher wie auch der Adressaten um die Verletzung der illokutionären, propositionalen und perlokutionären Normen kann eine Aussage über Gott nicht als gotteslästerlich entschlüsselt werden. Da jedoch der perlokutionäre Anteil eines Sprechakts in der Regel über den propositionalen hinausweist, ist Blasphemie nicht allein Ausdruck theologischer Inhalte, sondern zugleich sprachliches Agieren im Kontext von Sprachkonventionen und damit soziales Handeln. Blasphemiker »tun« mit ihrem »Sprechakt« etwas Spezifisches, das mehr ist, als ausschließlich auf Gott Bezug zu nehmen.

Freilich bergen die genannten Sprechakttheorien Grundsatzprobleme, die weder Favret-Saada noch Schwerhoff berücksichtigen. Ohne auf die entsprechenden sprachphilosophischen und linguistischen Kontroversen einzugehen, sollen hier lediglich zwei prinzipielle Einwände formuliert werden: Sprechakttheorie orientiert sich zum einen allein an den Sprechenden, zum anderen ausschließlich an deren Intentionen. Es geht um die funktionalisti-

---

tikern unterschiedlich konzeptionalisiert worden. Daher variieren deren Bezeichnungen. Ich benutze im Folgenden die gängigsten Termini.

[99] Aussagen über die Welt zu treffen, heißt z.B eine Information liefern, eine Aufforderung aussprechen, ein Urteil abgeben etc.

[100] Ein Direktor beispielsweise, der seinen Angestellten mit einem »Auch schon da« begrüßt, wird vermutlich nicht konstatieren, daß dieser zu einer bestimmten Uhrzeit eingetroffen ist, sondern wird ihm zu verstehen geben wollen, daß er unpünktlich sei und dies künftig zu unterlassen habe.

[101] Vgl. J. AUSTIN, How to Do Things.

[102] G. SCHWERHOFF, Gott und die Welt S. 14.

sche Frage, was Sprechende tun und welche Zwecke sie verfolgen, wenn sie reden. Insofern ließen sich daher Sprechakttheorien als eine Variante von Motivationsforschung bezeichnen. Daß ein Sprechakt ungewollte Wirkungen auslösen kann, ist im Konzept jedoch nicht vorgesehen. Welche Leistung die Adressierten vollbringen, um zu verstehen, was die Sprechenden implizit ausdrücken, bleibt im Dunkeln. Daraus folgt, daß Sprechakttheorien sprachliche Kommunikation nur »halb«, d. h. aus der Perspektive der Sprechenden in ihrer jeweils einzelnen sprachlichen Äußerung erfassen. Diese werden somit zu Monologisierenden. Sprechakttheorien verfehlen also den Dialog- bzw. Kommunikationscharakter sprachlicher Äußerungen.

Aus dieser Kritik sind Modelle der Sprechhandlung entstanden, die mit den Namen ihrer Begründer Erving Goffman, Harvey Sacks und H. P. Grice verbunden sind.[103] Auch sie beschäftigen sich mit der Frage, wie Gesprochenes gleichzeitig Nicht-Gesagtes (in der Terminologie von Grice »Implikaturen«) transportiert.[104] Anstatt zu verfolgen, was Sprechende auch unausgesprochen beabsichtigen, setzen Modelle der Sprechhandlung einen anderen Akzent. Sie versuchen zu erklären, wie die Adressierten in der Lage sind, zu begreifen, was Sprechende mit ihrem Gesagten und Nicht-Gesagten meinen.[105] Anstatt hierzu verbale Äußerungen isoliert für sich zu betrachten, untersuchen sie, wie sich Redezüge aufeinander beziehen und aufgrund bestimmter »Konversationsmaximen« Wirkung erzielen. Sprechhandlungs-

103 Vgl. als einschlägige Publikationen E. Goffman, Forms of Talk. Pennsylvania ²1995; H. P. Grice, Studies in the Way of Words. Cambridge /Mass. 1989; H. Sacks, Lectures on Conversation. Oxford ³1998.

104 Der Terminus Implikatur ist ein Gricescher Neologismus, der markieren soll, daß Implikatur und Implikation (ebenso wie »implikatieren« und »implizieren«) voneinander zu unterscheiden sind. Hiernach bezeichnen Implikationen rein logische oder semantische Informationen, die ohne Rücksicht auf die jeweilige Redesituation erkannt werden können. Unter Implikaturen hingegen werden Rückschlüsse verstanden, die aufgrund bestimmter Annahmen über den kooperativen Charakter der verbalen Interaktion oder »Konversation« im Gesagten das Gemeinte erfassen. »Konversation« bezeichnet also nicht wie im Deutschen die gepflegte Unterhaltung, sondern den kontextgebundenen sprachlichen Austausch; daher auch der Begriff der konversationellen Implikatur. Zu dieser Erklärung vgl. E. Rolf, Sagen und Meinen. Paul Grices Theorie der Konversations-Implikaturen. Opladen 1994 S. 14. Zur Benutzung des Verbs »implikatieren« vgl. F. Liedtke, Das Gesagte und das Nicht-Gesagte. Zur Definition von Implikaturen, in: F. Liedtke Hg., Implikaturen. Grammatische und pragmatische Analysen. Tübingen 1995 S. 19–46. Ohne Rücksicht auf diese sprachwissenschaftliche Unterscheidung benutze ich in meiner Argumentation die Begriffe »Implikation« und »implizieren«, um die Lektüre für Nicht-linguisten nicht unnötig zu erschweren.

105 Zur Problematik der Gricesschen Trennung von Gesagtem und Nicht-Gesagtem sowie dessen Konversationsmaximen vgl. R. Keller, Rationalität, Relevanz und Kooperation, in: F. Liedtke Hg., Implikaturen. Grammatische und pragmatische Analysen. Tübingen 1995 S. 5–18; hier: S. 5–12.

theorien betrachten somit Kommunikation als Handeln im Sinne einer kooperativen Interaktion:[106] Kommunikation beruht darauf, daß die einen zumindest im Prinzip so reden, daß die anderen verstehen können, was sie
meinen.[107] Eine sprachliche Äußerung wird dadurch zu einer Handlung,
daß die Hörenden in jeglicher sprachlichen Formulierung ein Agieren erkennen. Diesem Modell zufolge existiert in der kommunikativen Situation keine
sprachliche Artikulation für sich; eine sprachliche Äußerung wird stets interpretiert, indem die Adressierten auf die Intention der Handelnden zurückzuschließen. Bei der Entschlüsselung dessen, was die Sprechenden meinen,
d. h. bei der Entschlüsselung ihrer Implikaturen können hierbei verschiedene
Interpretationsmöglichkeiten zur Wahl stehen.[108] Kommunikation beruht
also darauf, Bewertungen von Handlungen auszutauschen. Dies setzt jedoch
voraus, daß diejenigen, die miteinander kommunizieren, über ein gemeinsames, nicht allein situationsspezifisch, sondern auch sozial definiertes Wissen verfügen, mit dessen Hilfe sie sich verständigen.[109] Die Sprechenden setzen voraus, daß sie zusammen mit den Adressierten eine sprachliche Gemeinschaft bilden. Sonst würden sie nicht erwarten können, daß die Adressierten in der Lage seien, Äußerungen in ihren Kontext einzuordnen und
diese somit entlang bestimmter verbaler Verhaltenskonventionen aufzufassen.[110]

Die Theorie der Sprechhandlung oder konversationellen Implikatur ergänzt die Sprechakttheorie in entscheidender Weise. Zum einen bindet sie
die Interpretationsleistung der Hörenden in Kommunikation ein: Kommunikation ist nicht eine Summe vereinzelter Sprechakte, sondern eine Kette Zug
um Zug miteinander ausgetauschter Sprechhandlungen. Zum anderen verweist sie auf das soziale Wissen, ohne das sich Sprechende und Hörende

---

[106] Die Bestimmung dieser Konversationsmaximen wird weiterhin von der Sprachwissenschaft diskutiert. Vgl. etwa hierzu die kritischen Ausführungen bei E. ROLF, Sagen und Meinen;
insbesondere: S. 113–254.

[107] Kooperation meint also ein minimales gemeinsames Interesse an Verständigung, nicht unbedingt gegenseitiges, produktives Einverständnis. Zu dieser Präzisierung vgl. A. LINKE/M.
NUSSBAUMER/P. PORTMANN, Studienbuch S. 196.

[108] Vgl. G. HARRAS, Handlungssprache und Sprechhandlung. Eine Einführung in die handlungstheoretischen Grundlagen. Berlin – New York 1983 S. 22.

[109] Vgl. G. HARRAS, Handlungssprache, 64.

[110] Wenn z. B. um zwei Uhr morgens bei einer Professorin das Telefon klingelt, diese ab-
nimmt und ein Student sich nach der Öffnungszeit der Institutsbibliothek erkundigt, die Professorin darauf ihren Studenten entrüstet fragt, ob er wisse, wieviel Uhr es sei, dann erwartet sie
nicht die Angabe einer Uhrzeit. Sie macht vielmehr deutlich, daß sie die nächtliche Störung für
höchst unangebracht hält. Diese Implikatur aber lebt davon, daß beide die sozialen Regeln im
Umgang mit Telefonaten kennen und sich daher darüber verständigen können, daß der Anruf
deplaziert ist. Das Beispiel ist selbstverständlich fiktiv.

nicht verständigen können: Das Verständnis von Kommunikation wird grundsätzlich kontextabhängig. Die dritte konzeptionelle Erweiterung besteht darin, daß die Theorie der konversationellen Implikatur zwischen dem Gelingen und Erfolg einer Sprechhandlung unterscheidet. Eine kommunikative Handlung gilt dann als »gelungen«, wenn die Adressierten verstehen, was die Sprechenden wollen. »Erfolgreich« ist die Sprechhandlung hingegen nur dann, wenn die Adressierten die Intentionen der Sprechenden auch erfüllen.[111] Sprachlich miteinander zu kommunizieren, heißt also, daß Sprechende und Adressierte sich dank sozial definierter Wissensbestände gegenseitig verständigen können, ohne daß sie deswegen ein Einverständnis erreichen müssen. Modelle der Sprechhandlung versuchen demnach nicht, zu erfassen, was Sprechende bewegt, ein bestimmtes Ziel erreichen zu wollen; Sprechhandlungstheorien betreiben insofern keine Motivationsforschung. Sprechhandlungstheorien erschließen vielmehr die Absichten der Sprechenden allein indirekt aus den Wirkungen, die ihre Äußerungen bei den Adressierten zeitigen.

Worin nun liegt der Gewinn, frühneuzeitliche Blasphemie als Sprechhandlung zu betrachten? Die Sprechakttheorie engt den Blick auf Gotteslästerung apriorisch ein. Denn Blasphemie als Sprechakt zu analysieren, heißt ausschließlich untersuchen zu können, welche Handlung die Sprechenden mit ihrer Äußerung zu vollziehen und welche Intentionen sie dabei zu verfolgen suchten. Damit wäre nach den Funktionen blasphemischer Äußerungen allein aus Perspektive der Sprechenden gefragt. Die Theorie der Sprechhandlung hingegen erlaubt es, darüber hinaus zu explizieren, was die Adressierten mit justiziablen Formulierungen verbanden, wie sie die Absichten der Blasphemiker verstanden und inwiefern sie die Sprechhandlung der Gotteslästerer »gelingen« oder »erfolgreich« werden ließen. Gerade diese »Erfolgsquote« der Gotteslästerer bzw. die Interpretationsleistungen der Adressierten erlauben es, Rückschlüsse auf den relevanten Wissensbestand ihrer Gesellschaft, auf die Bedeutung religiöser Normen, zu ziehen. Ein Beispiel soll dies illustrieren.

Im Jahre 1636 schickte Hans Heinrich Meyer als Vogt von Knonau ein Protokoll seines Verhörs mit Michael Wyß an den Zürcher Rat. Der Vogt meldete, er habe Wyß verhört, weil dieser »die Allmacht Gottes, desglýchen, die herren predicannten, ehrverletzlich angriffen, gschächt und gschändt« habe. Der Angeklagte habe geantwortet: »er wüßße um söllichem allen nüt, er seig gar treunken gsýn, habe er etwas wider die heilig Bibblen, oder herren predicannten gredt, seige imme sölliches von grund sýnes hertzens leid.

---

111 Vgl. G. Harras, Handlungssprache S. 167.

Begäret daruff mit weinenden augen, von Gott dem Allmächtigen und eurer ersamen Oberkeit, gnad unnd barmhertzigkeit, seige allwägen zuo kilchen gangen, deßen sÿn her pfarrer unnd kilchgnoßßen ime zügnüs gében verdint, heüge sich auch in der herschaft verhalten, daß sÿnes halben kein klag.«[112] Unterzieht man das Knonauer Schreiben einer Gricesschen Konversationsanalyse, wird ersichtlich, inwiefern das Modell der Sprechhandlung konventionelle Formen der Quellenkritik zu verfeinern erlaubt: Über den illokutionären Akt des Wyß lassen sich lediglich Vermutungen anstellen. Der propositionale Gehalt der Anklage dagegen ist unzweifelhaft. Der Vogt macht eine Aussage über die Welt, er beschuldigt Wyß eines Vergehens. Was der Vogt damit meint, ist ebenso unmißverständlich. Wie die Reaktion des Angeklagten zeigt, verfolgt der Vogt perlokutionär das Ziel, vom Angeklagten ein Schuldbekenntnis zu erreichen. Wyß jedoch schlüsselt die Implikaturen des Vogts auf ambivalente Weise auf. Einerseits läßt er die Sprechhandlung des Vogtes gelingen. Er gibt zu erkennen, daß er verstanden hat, wessen er angeklagt wird. Er räumt ein, einen Fehler begangen zu haben, sofern die Anklage gerechtfertigt sei. In diesem Falle bitte er um Gnade, die er als rechtschaffener Bürger verdiene. Andererseits bringt Wyß die Sprechhandlung des Vogts zum Scheitern. Wyß behauptet, sich keiner Schuld bewußt zu sein. Die konversationellen Implikaturen dieser verbalen Handlungskette verdeutlichen demnach, inwiefern Vogt und Angeklagter sprachlich kooperieren. Sie teilen beide die Vorstellung, daß die Behauptung, die Bibel sei nicht Gottes Wort, einen Normbruch darstelle. Wyß stellt die Anklage als solche nicht in Frage. Vogt und Angeklagter gehen weiterhin davon aus, daß ein Untertan, der ein Delikt begangen hat, sich als reuig zu erweisen habe. Wer aber bereue, der dürfe auch als einsichtiger Untertan an die Barmherzigkeit der Obrigkeit appellieren. Die Verantwortung für ein Vergehen trage nur, wer zurechnungsfähig sei. Trunkenheit mache jedoch geschäftsunfähig. Dies habe die Obrigkeit zu berücksichtigen. Wyß hätte sich wohl kaum dieser Argumentation bedient, hätte er nicht vorausgesetzt, daß er mit ihr das Gericht überzeugen könne. Propositional führt Wyß also in seiner Aussage Argumente für seine Unschuld an. Dabei erkennt er auf der perlokutionären Ebene symbolisch die Aufsichtsfunktion der Obrigkeit an, die dem reuigen Sünder Nachsicht schuldet.

Der Vorteil dieser Analyse besteht darin, daß es das Modell der konversationellen Implikatur erlaubt, präzis zu explizieren, worin der Unterschied zwischen dem Gesagtem und dem Nicht-Gesagten liegt.[113] Sie ermöglicht

---

[112] StZH, A. 27.74, Aussage Michael Wyß, 21.8.1636.

[113] In seinem Plädoyer für eine historische Diskursanalyse unterstrich Jütte die Notwendig-

es, systematisch zu paraphrasieren und somit nachzuvollziehen, wie die Sprecher und Adressaten sprachlich kooperieren und dabei unterschiedliche Darstellungsinteressen verfolgen. Der springende Punkt in der Rechtfertigung des Wyß ist nicht die Frage, ob er tatsächlich aus Trunkenheit Gott gelästert hat oder nicht. Der Schlüssel zum Verständnis der Gerichtsszene liegt vielmehr darin, daß die Art und Weise, wie sich Zürcher der Frühen Neuzeit auf religiöse Normen bezogen, etwas Spezifisches über die Relevanz von Religion in dieser Gesellschaft aussagt.

Die Gotteslästerungen, von denen hier noch zu handeln ist, sind überwiegend in Gerichtsprotokollen überliefert. Diese zeichnen sich durch eine außerordentliche Erzählfreude aus und verlocken geradezu, in ihnen »fiction in the archives« zu erkennen. Der Grundsatzposition des *linguistic turn* folgend, daß jegliche Darstellung von Welt sprachlich verfaßt ist und daher keine Welt existiert, die es hinter der Sprache zu entdecken gäbe,[114] ließe sich daher zugespitzt formulieren: Historiker und Historikerinnen können nicht eigentlich fragen, w a s Gerichtsakten als »Texte« von vergangenen Tatumständen berichten, sondern allein »dekonstruieren«,[115] w i e sie von ihnen berichten und somit erfassen, wie vergangene Entwürfe von Welt aussehen.

---

keit, »Inhalt und Form sprachlichen Handelns in seiner historisch-sozialen Bedingtheit und Entwicklung« zu erfassen, um »Texte nicht mehr allein von der Inhaltsseite aus zu betrachten, sondern hinter der sprachlichen Form auch gesellschaftliche Konventionen, Ritualisierungen und Institutionalisierungen zu erkennen« (R. JÜTTE, Sprachliches Handeln S. 161 bzw. 180). Mit dieser Konzentration auf die Ausdrucksseite, auf die sprachliche Form einer verbalen Äußerung, gerät jedoch deren Inhaltsseite als Spannungsverhältnis von Gesagtem und Gemeintem zu sehr aus dem Blickfeld.

[114] Es ist hier nicht der Ort, die Diskussion um den linguistic turn im einzelnen zu verfolgen. Aus der Unmenge der Literatur seien daher nur wenige einschlägige Reader genannt: V. E. BONNELL/L. HUNT Hg., Beyond the Cultural Turn. New Directions in the Study of Society and Culture. Berkeley – Los Angeles – London 1999; C. CONRAD/M. KESSEL Hg., Kultur und Geschichte. Neue Einblicke in alte Beziehungen. Stuttgart 1998; K. JENKINS Hg., The Postmodern History Reader. London – New York 1998; C. CONRAD/M. KESSEL Hg., Geschichte schreiben in der Postmoderne. Beiträge zur aktuellen Diskussion. Stuttgart 1994. Die sprachlichen Abgrenzungsstrategien, welche die Befürworter und Befürworterinnen des linguistic turn bzw. dessen Kritiker und Kritikerinnen verfolgen, untersucht: K. J. MACHARDY, Geschichtsschreibung im Brennpunkt postmoderner Kritik, in: Österreichische Zeitschrift für Geschichtswissenschaft 4. 1993 S. 337–369.

[115] Der theoretisch aufgeladene Begriff der Dekonstruktion scheint mir teilweise zu einem Synonym von »Analyse« zu verflachen. Um die Vorsicht, die mir daher gegenüber dem Dekonstruktionsbegriff geboten scheint, auszudrücken, setze ich den Begriff hier in Anführungszeichen.

Dieser Linie folgen Ulrike Gleixner, Andrea Griesebner und Monika Mommertz, [116] wenn sie die Faktizität des Fiktionalen in Gerichtsakten hervorheben.[117] Ihre Position geht viel weiter als ethnomethodologische oder konversationsanalytische Einsichten, daß Aussagen vor Gericht keine unbefangene freie Rede, sondern zweckgebundene Erzählungen sind.[118] Verweisen letztere darauf, daß Gerichtsakten deswegen kritisch auf ihren Wahrheitsgehalt überprüft werden müssen, geben erstere prinzipiell den Anspruch auf, hinter den Darstellungen der Befragten eine solche Wirklichkeit erkennen zu können. Warum es notwendig ist, zwischen beiden Positionen zu vermitteln, soll das folgende Beispiel illustrieren: Im Jahre 1520 befinden die

---

[116] Allerdings bleibt hierbei der benutzte Textbegriff meist recht offen. Symptomatisch scheint mir hierfür zu sein, daß Monika Mommertz in ihrem Vorschlag, Gerichtsakten als sprachlich konstituierte Handlungszusammenhänge zu lesen, nicht nur mit einem pauschalen Verweis auf den Handlungscharakter von Sprache auskommt, sondern auch Sprache mit Diskurs gleichsetzt und dabei »Diskurs« als sprachpragmatischen Terminus und zugleich spezifischen Foucaultschen Begriff verwendet (vgl. M. MOMMERTZ, »Ich, Lisa Thielen«. Text als Handlung und sprachliche Struktur – ein methodischer Vorschlag, in: Historische Anthropologie 4. 1996 S. 303–329; insbesondere: S. 304/Anm. 10; als Beispiel der Gleichsetzung von Text als Handlung und Diskurs S. 323). Diskurs bezeichnet in der Sprachpragmatik jedoch Strukturen, die es erlauben, Folgen von Sprechhandlungen zu größeren kommunikativen Einheiten zu kombinieren. Der Begriff ist also nicht mit dem Habermasschen oder Foucaultschen Verständnis von Diskurs zu verwechseln. Vgl. hierzu: Diskurs, in: H. GLÜCK Hg., Metzler Lexikon Sprache. Stuttgart – Weimar 1993 S. 144 f.

[117] Vgl. hierzu etwa A. GRIESEBNER, Konkurrierende Wahrheiten. Malefizprozesse vor dem Landgericht Perchtoldsdorf im 18. Jahrhundert. Wien – Köln – Weimar 2000 S. 144–176; M. MOMMERTZ, »Ich, Lisa Thielen«; U. GLEIXNER, Geschlechterdifferenzen und die Faktizität des Fiktionalen. Zur Dekonstruktion frühneuzeitlicher Verhörprotokolle, in: WerkstattGeschichte, 11. 1995 S. 65–71; U. GLEIXNER, »Das Mensch« und »der Kerl«. Die Konstruktion von Geschlecht in Unzuchtsverfahren der Frühen Neuzeit (1700–1760). Frankfurt – New York 1994 S. 19–21.

[118] Auf diesen spezifischen Charakter der Rede vor Gericht hat bereits vor langem insbesondere Ludger Hoffmann aufmerksam gemacht. Vgl. L. HOFFMANN, Kommunikation vor Gericht. Tübingen 1983 S. 107. Eine umfassende kritische Diskussion der diversen Ansätze leistet in Hinblick auf eine Theorie richterlichen Urteilens die Hamburger Psychologin und Kriminologin G. LÖSCHPER, Bausteine für eine psychologische Theorie richterlichen Urteilens. Baden-Baden 1999; insbesondere Teil II, Kap. 3. Vergleichbare grundsätzliche methodologische Überlegungen fehlen für die Geschichtswissenschaft. Einen ersten Beitrag hierzu leistet W. NAUCKE, Die Stilisierung von Sachverhaltsschilderungen durch materielles Strafrecht und Strafprozeßrecht. in: J. SCHÖNERT/K. IMM/J. LINDER Hg., Erzählte Kriminalität. Zur Typologie und Funktion von narrativen Darstellungen in Strafrechtspflege, Publizistik und Literatur zwischen 1770 und 1920. Tübingen 1991 S. 59–86. Wie die kommunikationswissenschaftlichen Ansätze emprisch zu nutzen sind, demonstriert Sabine Kienitz in ihrer Untersuchung zur Prostitution in einer württembergischen Stadt des 19. Jahrhunderts. Vgl. S. KIENITZ, Sexualität, Macht und Moral. Prostitution und Geschlechterbeziehungen Anfang des 19. Jahrhunderts in Württemberg. Ein Beitrag zur Mentalitätsgeschichte. Berlin 1995.

Zürcher Räte über Hans Wingarten, er habe sein Leben verwirkt, da er beim Kartenspiel auf unerhörte Weise mehrmals geflucht und geschworen habe. Doch das Urteil ist alles andere als eine nüchterne juristische Feststellung eines Delikts. Bei näherer Betrachtung erweist es sich als eine dramatisierende Erzählung, die Wingarten zum übermütigen Maulhelden, cholerischen Spieler und tragischen Narren eines Picaroromans werden läßt.[119] Ist dies nicht ein Paradebeispiel dafür, daß Gerichtsakten Sprechhandlungen als »Fiktionen« überliefern? Meine Antwort ist negativ. Fiktion kennt keine grundsätzlichen Grenzen. Fiktion kann auch mit den gesellschaftlichen Regeln der Erzählkonventionen brechen. Sie muß sich weder an diese Regeln halten, noch brauchen diese nachprüfbar zu sein. In einem solchen Raum der Fiktion bewegen sich aber weder die Protokollierten der Vergangenheit noch deren heutige Interpretinnen und Interpreten. Beide sind dem Kommunikationsprinzip der interaktiven Kooperation ausgesetzt. Wie die »Kreativität« der vom Gericht Befragten trotz aller verbalen Handlungsmöglichkeiten durch dessen Relevanzkriterien begrenzt ist, so müssen sich Historikerinnen und Historiker am »Vetorecht« ihrer Quellen orientieren, auf das die Interpretationsregeln ihres Faches gründen. Gerichtsakten zeugen daher davon, wie sich die Beteiligten über ihre Welt verständigen, ohne sich deswegen über die Interpretation der Wirklichkeit einig sein zu müssen. Auch diese Welt ist zwar »textlich« konstruiert, aber nicht willkürlich produzierbar und auslegbar, da sie notwendig an das Regelwissen der Gesellschaft gebunden und damit intersubjektiv nachvollziehbar ist. Fakten und Fiktionen liegen also zwar näher beisammen als es »Positivisten« wahrhaben wollen, doch kann die Trennung zwischen Tatsächlichem und Erzähltem nicht prinzipiell aufgehoben werden.[120]

Wer sprachliche Zeugnisse auswertet, kann nicht umhin, sprachphilosophische Prämissen zu setzen. So geht diese Arbeit davon aus, daß Gotteslästerungen als Sprechhandlungen zu verstehen sind, um anhand ihrer Wirkungen zu erfassen, was Blasphemiker mit ihren Worten zum einen sagten und zum anderen meinten. Angesichts der Erzählfreude der Gerichtsakten, in denen die blasphemischen Äußerungen vorwiegend überliefert sind, ist im

---

[119] Für mehr Details hinsichtlich der narrativen Struktur des Falls vgl. F. LOETZ, Sprache. Zur Interpretation Wingartens als Gotteslästerer s. hingegen die Schilderung im Kap. II.2.c.a.

[120] Für die Aufweichung, nicht aber die Aufhebung dieser Trennung plädiert ebenfalls: M. STOLLEIS, Rechtsgeschichte als Kunstprodukt. Zur Entbehrlichkeit von »Begriff« und »Tatsache«. Baden-Baden 1997 S. 16. Als Tagungsbericht zur Diskussion der vermeintlichen Schrecken von Diskursanalyse und linguistischer Wende außerdem: A. LANDWEHR, Vom Begriff zum Diskurs – die »linguistische Wende« als Herausforderung für die Rechtsgeschichte? in: Zeitschrift für Geschichtswissenschaft 48. 2000 S. 441–442.

Hinblick auf die derzeitigen Kontroversen um den *linguistic turn* daher zu klären, inwiefern es sich hierbei um Belege »fiktiven« Charakters handelt.

Wer Quellen einseitig auf das inhaltlich Gesagte, auf die illokutionäre und propositionale Ebene, hin untersucht, wird gerade bei Gerichtsakten verleitet, sich auf die Rekonstruktion von Tathergängen zu konzentrieren und womöglich noch retrospektiv ein »richterliches Urteil« über die Vorkommnisse auszusprechen.[121] Dieser Ansatz stellt die historische Analyse unnötig auf dünnes Eis. Wer vorrangig einem detektivischen »Wer war's, und was haben er oder sie getan?« folgt, gelangt zu mehr oder weniger wahrscheinlichen Aussagen darüber, wie es sich denn wohl mit dem überlieferten Fall verhalten habe.[122] Die Frage hingegen, wie Betroffene einen bestimmten Tathergang präsentieren und an welchen Normen sie sich in ihrer Darstellung orientieren, was sie mit ihren perlokutionären Handlungen meinen, führt auf fruchtbareren Boden. Die Quellen dokumentieren durchaus, daß etwas passiert ist, dies jedoch immer aus der Wahrnehmungsperspektive der am Gerichtsverfahren Beteiligten. Daher ist nicht der Vorfall selbst, der hinter den Aussagen verborgene »wahre Sachverhalt«, das historisch relevante »Faktum«, sondern die Interpretation dieses Vorfalls durch die Beteiligten: dessen »fiktionale« Ausgestaltungen verweisen auf die Art und Weise, wie diese ihre Welt gedeutet haben.

Die Auswertung von Quellen als »Text« stößt dort an eine Grenze, wo die sprachlich konstruierte Wirklichkeit einer Gesellschaft in »fiktive«, rein subjektbezogene Deutungen von Realität aufgelöst wird. Subjekte einer Gesellschaft bewegen sich nicht autonom, sondern sind Mitglied einer (Sprach-)Gemeinschaft und damit strukturell in (Sprach-)Konventionen eingebunden. Dieser Tatsache tragen Sprechhandlungsmodelle Rechnung, wenn sie Kommunikation auf die Kooperationsprinzipien der Sprechenden

---

[121] Zu dieser Frage im Zusammenhang mit dem Problem der »Vergangenheitsbewältigung« vgl. N. Frei/D. Laak van/M. Stolleis Hg., Geschichte vor Gericht. Richter und die Suche nach Gerechtigkeit, München 2000. Für die Problematik in Frankreich vgl. F. Brayard Hg., Le Génocide des Juifs entre procès et histoire 1943–2000. Paris 2000.

[122] Kritik an einer solchen »retrospektiven Kriminalistik« übt aus mikrohistorischer Perspektive: O. Ulbricht, Marionetten S. 16. Die gleiche Vorsicht legt Kienitz an den Tag, wenn sie auf kommunikationswissenschaftliche Untersuchungen zur Rede vor Gericht verweist und die Konsequenz zieht, daß »nicht die Suche nach der Beweiskraft der Geschehnisse, sondern der Versuch einer Deutung der vor Gericht konstruierten Bilder« im Zentrum ihrer Untersuchung zu stehen habe (vgl. S. Kienitz, Sexualität S. 239). Unter der Bedingung, daß Prozeßakten in ihren Entstehungszusammenhang eingeordnet werden, hält es Helga Schnabel-Schüle hingegen für möglich, die »Akten auf ihren Wahrheitsgehalt zu prüfen«. Vgl. H. Schnabel-Schüle, Ego-Dokumente im frühneuzeitlichen Strafprozeß. in: W. Schulze Hg., Ego-Dokumente. Annäherung an den Menschen in der frühen Neuzeit. Berlin 1996 S. 295–317; hier: S. 298.

zurückführen. Konversationsmodelle stellen nicht die ontologische Frage, was (überhaupt) ist, ob objektiv oder subjektiv. Sie zielen vielmehr auf die Frage, was für die Sprechenden Realität ist. Modelle der Sprechhandlung berücksichtigen nicht allein, daß Welt intersubjektiv konstruiert ist; sie setzen darüber hinaus systematisch am Unterschied von Gesagtem und Gemeintem an. Dieses Konzept bietet somit ein Instrumentarium, mit dem sich präzise paraphrasieren und analysieren läßt, wie Menschen in ihrer Kommunikation auf gemeinsame Normen verweisen, um sprachlich miteinander zu kooperieren und sich dadurch über ihre Wirklichkeit zu verständigen. Wer historische Schriftzeugnisse als »textliche« Belege sprachlicher Handlungen liest, braucht sich nicht in einer undurchsichtigen Vielfalt beliebiger Wahrnehmungen zu verlieren. Historische Quellen auch aus sprachlicher Sicht zu würdigen, heißt vielmehr, ihre intersubjektiven, in den Konventionen ihrer Sprachgemeinschaft strukturell eingebetteten und damit kulturgeschichtlich relevanten Deutungen von Wirklichkeit zu erschließen.

4. Das Beispiel Zürich

a) Untersuchungsraum und Untersuchungszeit

Die gotteslästerlichen Szenen, von denen zu berichten sein wird, spielen in Zürich. Dennoch ist die vorliegende Arbeit nicht vorrangig einem Thema Schweizer Geschichte gewidmet. Dies hat zwei Gründe. Formell gehörte die Eidgenossenschaft bis 1648 zum Heiligen Römischen Reich Deutscher Nation.[1] Insofern läßt sich das Zürcher Beispiel in die Geschichte der oberrheinisch deutschen Städte einordnen. Gewichtiger ist das Argument, daß Zürich hier nicht als Schauplatz »nationaler«, sondern regionaler Entwicklungen interessiert. Die Scheinwerfer werden vielmehr auf Zürich als Bühne eines Kommunalstaats gerichtet, der in seiner Verfassungsstruktur für einen mitteleuropäischen Stadtstaat der Frühen Neuzeit mit Ausnahme Norditaliens typisch ist. Wie die räumlichen und verfassungsgeschichtlichen Kulissen dieser Bühne aussahen und in welchem zeitlichen Rahmen die blasphemischen Protagonisten auf ihr auftraten, ist Gegenstand der folgenden Ausführungen.

Das Territorium der Schweiz bestand nach 1513 aus den 13 Ständen (Landorten), den Gemeinen Herrschaften (von zumindest zwei Landorten gemeinsam verwalteten Vogteien) und den nicht vollberechtigten und jeweils nur mit einzelnen Landorten verbundenen Zugewandten Orten. Im Nordosten lag einer dieser Landorte, Zürich. Räumlich erstreckte sich der Stadtstaat über die Gemeinen Herrschaften Thurgau, Rheintal, Sargans und Tessin sowie über die Grafschaft Baden und die Freien Ämter.[2] Baden und die Freiämter grenzten im Westen, der Thurgau im Osten an das Zürcher Untertanengebiet an. Das Rheintal, Sargans und das Tessin hingegen waren geographisch von Zürich getrennt. Daher erklärt sich der hier gewählte Raum des Zürcher Gebiets. Er umfaßt die Stadt und die Landschaft Zürich sowie die genannten mit Zürich geographisch verbundenen Gemeinen Herrschaften als in sich geschlossenen Komplex.

---

[1] Vgl. H. BERNER/U. GÄBLER/H. R. GUGGISBERG, Schweiz. in: A. SCHINDLING/W. ZIEGLER Hg., Die Territorien des Reichs im Zeitalter der Konfessionalisierung. Land und Konfession 1500–1650, Der Südwesten, Bd. 5. Münster 1993 S. 279–323; hier: S. 280.

[2] Vgl. Handbuch der Schweizer Geschichte, Bd. 1. Zürich 1980 S. 495–526; Handbuch der Schweizer Geschichte, Bd. 2. Zürich 1980 S. 675 f.; H. BERNER/U. GÄBLER/H. R. GUGGISBERG, SCHWEIZ S. 279, 300.

Verfassungsgeschichtlich betrachtet, weist Zürich alle Züge des typischen frühneuzeitlichen Kommunalstaats auf.[3] Seit dem vierten bzw. fünften Geschworen Brief von 1489 bzw. 1498 galt die Zunftverfassung. Der aus Mitgliedern der Zünfte und der Constaffel (Vertreter des Patriziats, des Handels und der Gewerbe mit freier Zunftwahl) zusammengesetzte städtische Rat regierte über das städtische wie das ländliche Untertanengebiet. Die Regierungsgeschäfte übernahmen auf der Landschaft die Vögte. Sie wurden aus den eigenen Reihen vom Rat ernannt. Sie leiteten die Anweisungen aus Zürich an die Untervögte weiter, die für deren Umsetzung in den Gemeinden zuständig waren.[4] Gelernte Verwaltungsfachleute oder Juristen waren die Vögte nicht. Sie durchliefen keine formale Ausbildung. Zumeist traten sie in die Fußstapfen ihres Vaters oder eines anderen engen männlichen Verwandten und wurden auf diese Weise informell vor Ort in die Amtsgeschäfte eingeführt.[5] Die Vögte erledigten dabei ihre Aufgaben, ohne über ein kodifiziertes Recht oder irgendwelche Vorformen von Amtsblättern zu verfügen.[6] Bei ihren Amtsgeschäften waren die Vögte somit darauf angewiesen, sich nach gewohnheitsrechtlichen Erfahrungswerten oder nach den jeweiligen Anordnungen aus Zürich zu richten.

Die Kirche Zwinglis übte im Gegensatz zu derjenigen Calvins einen viel geringeren direkten Einfluß auf die Regierungsgeschäfte aus.[7] Aus theologischen Überlegungen zum gegenseitigen Verhältnis von weltlicher und geistlicher Obrigkeit überließ die Zürcher Kirche profane Angelegenheiten dem Rat. Sie selbst sah ihre Aufgabe in der Verbreitung des Wortes Gottes, im Ausbau wohlgeordneter Verhältnisse in den Kirchengemeinden und in der Aufsicht über die Tätigkeit der Geistlichen. Nach der offiziellen Einführung der Reformation im Jahre 1525 entwickelte sie hierfür sehr schnell die entsprechenden institutionellen Mittel. Überall entstanden Sittengerichte, die Kirchenstrukturen wurden mit Erfolg neu organisiert, die Seelsorger auf den

---

[3] Für die Details samt der bibliographischen Angaben zum Forschungsstand vgl. R. Braun, Ancien Régime S. 15–20, 212 f., 239–241, 248–251; T. Weibel, Stadtstaat S. 27–40, 46–48, 63.

[4] Die kleineren und in der Umgebung der Stadt gelegenen inneren Vogteien wurden von Zürich aus von den Obervögten verwaltet. In den größeren, weiter entfernt liegenden äußeren Vogteien hingegen bestand für die Landvögte Präsenzpflicht. Daß dieser Unterschied für die Verfolgung von Gotteslästerern Folgen gehabt hätte, ist jedoch nicht nachzuweisen und wird daher im folgenden nicht weiter berücksichtigt.

[5] H. R. Dütsch, Landvögte S. 131, 169.

[6] E. Kunz, Die lokale Selbstverwaltung in den zürcherischen Landsgemeinde im 18. Jahrhundert. Zürich 1948 S. 95.

[7] Zu den Kirchenverhältnissen vgl. zusammenfassend T. Weibel, Stadtstaat S. 44 f.; H. Stukki, 16. Jahrhundert S. 195 f., 208–216, 222–224, 231–237, 250–253.

Zwinglianischen Stand der Dinge gebracht, bindende Bekenntnisschriften formuliert.

Die eben skizzierte verfassungspolitische Struktur des Stadtstaates hatte hinsichtlich der Verfolgung von Gotteslästerung dreierlei Konsequenzen: In ihrer Funktion als beratendes Organ des weltlichen Arms hatte die geistliche Obrigkeit keinen Zugriff auf die Justiz. Somit waren erstens der Kirche eigenständige Initiativen im Kampf gegen die Blasphemie rechtlich versagt. Die vorrangige Aufgabe der Kirche bestand darin, die Arbeit des Rats zu unterstützen. Sie hatte im Auftrag des Rats Gutachten über Blasphemiker anzufertigen, die rein empfehlenden Charakter besaßen.[8] In ihren *Fürträgen* konnte sie dem Rat Gesetzesänderungen nahelegen, diese aber nicht erzwingen. Am selbstständigsten agierten die Pfarrer vor Ort in den Gemeinden. Sie waren dazu verpflichtet, verbale Vergehen entweder selbst zu ahnden, oder sie vor das lokale Sittengericht zu ziehen, oder dem Vogt anzuzeigen.[9] Außerdem hatten sie die Kirchenstrafen zu vollziehen, die der Rat anordnete. Darüber hinaus bot sich ihnen die Chance, über Predigten oder unter vier Augen den Leuten ins Gewissen zu reden. Der Kirche standen also außerhalb des Sittengerichts »allein« seelsorgerliche Mittel zur Verfügung, um Blasphemiker unter Druck zu setzen.

Aus der verfassungspolitischen Struktur des Stadtstaates folgte zweitens, daß die strafrechtliche Bekämpfung der Gotteslästerung überwiegend in den Händen der weltlichen, und nicht der geistlichen, Obrigkeit lag. Wie etwa in Köln, Nürnberg, Konstanz oder Basel bzw. in Frankreich oder England war in Zürich der Rat das entscheidende Organ der Justizpolitik.[10] Alle Sittenmandate gingen von ihm aus; er fällte die Urteile über Gotteslästerer. Vor das kirchliche Sittengericht gelangten in der Regel nur die vergleichsweise banalen Fälle.[11] Blasphemie war zwar ein theologisch begründetes Vergehen, wurde aber weitgehend von der weltlichen Justiz geahndet. Dieser Umstand führt vor Augen, wie eng profane und sakrale Sphäre miteinander verbunden waren.

---

[8] Zu den Synodalgutachten siehe den entsprechenden Passus in der Quellendiskussion.

[9] Zur Leitungsfunktion der Pfarrer in den Sittengerichten sowie der Zusammenstellung dieser »Stillstände« vgl. zusammenfassend T. WEIBEL, Stadtstaat S. 45.

[10] Vgl. G. SCHWERHOFF, Gott und die Welt S. 216, 233, 273 f., 287, 409 f. Zu den prinzipiell vergleichbaren Verhältnissen in Frankreich und England vgl. A. CABANTOUS, Histoire du blasphème S. 66–76.

[11] Typischerweise – vergleichbare Kompetenzüberschneidungen zwischen weltlichem Ruggerichten und Kirchenkonvent finden sich auch im Amt Leonberg (vgl. A. LANDWEHR, Policey im Alltag S. 162) – waren also die strafrechtlichen Kompetenzen nicht sauber voneinander abgegrenzt.

Wer in der Stadt einen blasphemischen Vorfall melden wollte, wandte sich an einen Ratsherrn. Auf der Landschaft war der Vogt die zuständige Person. Anzeigen konnten auch indirekt über andere Amtspersonen wie Pfarrer, Untervögte, Vertreter der lokalen Gerichte oder Dorfvorsteher erfolgen. Die Vögte hatten hierauf den Vorfall entweder selbst zu regeln oder zur weiteren Erledigung nach Zürich zu leiten.[12] Die Ratsherren und Vögte befanden sich also an der Schnittstelle zwischen Bevölkerung und Obrigkeit. Für beide waren sie Ansprechpartner und Aufsichtspersonen zugleich. In Sachen Blasphemie – und dies ist die dritte Konsequenz der verfassungspolitischen Struktur Zürichs – waren somit Rat, Vögte und Bevölkerung aufeinander angewiesen.

Mit der Abschaffung der Messe im Jahre 1525 wurde die Stadt und Landschaft Zürich rein reformiertes Gebiet. Sargans und das Tessin blieben katholisch, wohingegen in den Gemeinen Herrschaften Rheintal, Baden, Thurgau und in den Freiämtern die zwei entstehenden Konfessionen seit 1530 existierten. Die konfessionellen Verhältnisse sorgten für manche Konflikte. Im ersten Landfrieden von 1529 einigten sich die Orte auf eine Regelung zugunsten der Reformierten. Die Wahl der Konfession stand jedem Ort frei. In den Gemeinen Herrschaften durften die zum neuen Glauben übergetretenen Gemeinden nicht zum Katholizismus zurückkehren. Damit war die Eidgenossenschaft konfessionell zweigeteilt. Keine der Parteien mochte sich mit diesen Verhältnissen zufrieden geben. Nach erneuten Auseinandersetzungen gewannen im zweiten Kappeler Landfrieden von 1531 schließlich die Katholiken die Oberhand: Den zum neuen Glauben konvertierten Gemeinden stand es frei, den alten Glauben erneut anzunehmen. Die katholischen Minderheiten in den reformierten Gegenden wurden ausdrücklich geduldet (nicht aber umgekehrt). Dies führte dazu, daß Menschen verschiedener Konfessionen nebeneinander lebten. Hierbei konnten allerdings die katholischen Minderheiten im Gegensatz zu den minoritären evangelischen Gemeinden die Teilung des Kirchengutes verlangen. Der dritte Landfriede von 1656 konsolidierte diese Verhältnisse. Für einen Ausgleich sorgte der vierte Landfriede von 1712. Die Vereinbarung legte das Paritätsprinzip nunmehr auch für Reformierte fest.[13] Das Beispiel des Kommunalstaats Zürich erfaßt somit zweierlei Aspekte des Konfessionalisierungsprozesses: Es verweist zum einen auf den Umgang mit dem Phänomen Gotteslästerung im Reformiertentum zwinglianischer Prägung. Es läßt zum anderen das Problem aus

---

[12] Zu den *Kundschaften und Nachgängen* siehe die entsprechenden Ausführungen in der Quellendiskussion.

[13] Zu den Einzelheiten vgl. R. PFISTER, Kirchengeschichte, Bd. 2 S. 114–119, 254 f., 636 f. Zusammenfassend hingegen H. STUCKI, 16. Jahrhundert S. 212, 216.

der Warte der zeitgenössischen konfessionell aufgeladenen Polemiken erscheinen.

Die Arbeit erstreckt sich über einen weiten Zeitraum von dreihundert Jahren. Trotz dieser großen Zeitspanne blieben in Zürich die politischen Verhältnisse zwischen ausgehendem Mittelalter und Ende des Ancien Régime insgesamt stabil. Die Zunftverfassung aus dem ausgehenden 15. Jahrhundert wurde erst 1798 aufgehoben. Die Verwaltungsorganisation erfuhr innerhalb dieser Zeit keine wesentlichen Veränderungen. Im Prinzip arbeiteten somit Justiz und Verwaltung über drei Jahrhunderte hinweg nach denselben Grundsätzen. Dank dieser Rahmenbedingungen ist ein Quellencorpus entstanden, das über den gesamten Zeitraum in Form und Funktion homogen bleibt und sich daher in besonderem Maße dafür eignet, das Problem der Gotteslästerung im Längsschnitt zu verfolgen.

b) Quellencorpus und Quellendiskussion

Oft müssen Frühneuzeithistoriker das harte Brot relativ karger Quellenbestände beißen. In Zürich, wo der Kanton mit üppigen Quellenbeständen aufwarten kann, ergeht es ihnen besser:[14] Norm- und Praxisebene können konsequent zueinander in Verbindung gesetzt werden. Über die weltlichen Richtlinien gibt eine Mandatensammlung Auskunft. Bestimmte Schriften Huldrych Zwinglis und Heinrich Bullingers sowie Stellungnahmen der Kirche belegen die theologischen Normen. Widerrufstexte und Synodalgutachten zeugen von der Anwendung dieser Normen. Die Akten der Sittengerichte verraten, wie weit Normbrüche kirchlich sanktioniert wurden. Über die weltliche Justizpraxis geben die Ratsmanuale, die Rat- und Richtebücher, Dorsalnotizen, Bußenregister, Vogt- und Pfarrerberichte und insbesondere die Gerichtsprotokolle der Angeklagten und Zeugen Auskunft. Angesichts dieser Materialfülle ist es Aufgabe der folgenden Ausführungen zu erläutern, inwiefern die Quellen den historischen Appetit, den sie wecken, auch stillen können. Dazu ist es notwendig, die Quellenauswahl zu begründen und den Wert der unterschiedlichen Textgattungen zu bestimmen.

Für die gesetzliche Regelung der Blasphemie zeichnete in Zürich die weltliche Instanz verantwortlich. Es war der Rat, der die Sittengesetze erließ und die Strafurteile fällte. Die geistliche Instanz, die Kirche, hatte lediglich beratende Funktion. Freilich waren die Kompetenzen nicht konsistent vonein-

---

[14] Die weitaus meisten relevanten Akten liegen im Staatsarchiv. Die Bestände der Zentralbibliothek hingegen nehmen sich vergleichsweise bescheiden aus.

ander getrennt. Leichtere Formen der Blasphemie wurden auch von den kirchlichen Sittengerichten geahndet. Folglich erfordert die Rekonstruktion der Normebene ein Studium der relevanten theologischen Schriften, der kirchlichen Standortbestimmungen und Sittenmandate, wohingegen die Strafpraxis aus den Protokollen der Sittengerichte und den Akten der weltlichen Justiz zu erschließen ist.

Was das theologische Schrifttum betrifft, muß angesichts des bereits skizzierten Forschungsstands ein pragmatischer Ansatz genügen. Er besteht darin, das Werk Zwinglis und seines unmittelbaren Nachfolgers Bullinger auf das Problem der Gotteslästerung hin zu untersuchen. Beide Männer haben als Theologen und Kirchenvorsteher die Haltung der Zürcher Kirche gegenüber der Blasphemie für die gesamte Frühe Neuzeit nachhaltig geprägt. Ihre seltenen Stellungnahmen zum Problem der Blasphemie finden sich in Predigten, katechetischen Werken und Bekenntnisschriften und bedürfen der Einordnung in ihren Entstehungskontext, um besser zu verstehen, was Zwingli und Bullinger zum Thema zu sagen hatten.[15]

Im Jahre 1522 erreichte die Auseinandersetzung um den neuen Glauben in Zürich einen Höhepunkt. Um zu einer Klärung zu gelangen, lud der Rat die Geistlichen des Untertanengebiets zu einer öffentlichen Disputation in das Rathaus. Im Zusammenhang mit dieser Disputation vom Januar 1523 entstanden die 67 Thesen Zwinglis. Unter dem Druck der Ereignisse verfaßte Zwingli eine dogmatische Kampfschrift. Sie versucht Unschlüssige für den neuen Glauben zu gewinnen und laviert dafür zwischen unverrückbaren dogmatischen Aussagen und strategischen Rücksichtnahmen auf die Positionen der Adressaten. Unmittelbar nach der Disputation machte sich Zwingli daran, seine mündlich vorgetragenen Argumente für den Druck zu überarbeiten. Die Tatsache, daß er die *Auslegung und Begründung der Thesen oder Artikel* trotz Warnungen auf deutsch drucken ließ und umgehend in Umlauf

---

[15] Die erhaltenen Briefwechsel der Reformatoren werden nicht berücksichtigt, weil sie vom »privaten« (u. a.) theologischen Austausch unter den Korrespondenzpartnern zeugen, nicht aber für die Öffentlichkeit zur Begründung theologisch-kirchlicher Normen konzipiert waren. Zuverlässige, wenn auch nicht vollständige, Quelleneditionen stehen zur Verfügung mit: E. EGLI/G. FINSLER Hg., Huldreich Zwinglis sämtliche Werke. Corpus Reformatorum 88, Berlin 1904; E. EGLI u. a. Hg., Huldrich Zwingli. Sämtliche Werke. Berlin – Leipzig – Zürich 1909–1954; F. BÜSSER Hg., Heinrich Bullinger. Werke, 12 Bde. Zürich 1972–91. Eine aktuelle, konzise Einführung in die ausgewählten Texte bieten die jeweiligen Einleitungen zu den Übersetzungen der Zwinglischriften ins Neudeutsche bei: T. BRUNNSCHWEILER/S. LUTZ Hg., Huldrych Zwingli. Schriften, 4 Bde. Zürich 1995. Für Ausgaben der Zwinglischriften in der Originalsprache bleiben grundlegend: Hg., Huldrici Zwinglii opera. Completa editio prima, Zürich 1838 (abgekürzt als Z).

brachte, zeigt, wie wichtig ihm die schnelle Verbreitung seiner theologischen Argumente erschien. Bei der *Auslegung* handelt es sich also um ein frühe, dogmatisch auf Abgrenzung zielende Schrift. Mit ihr legte Zwingli einen Grundstein zu einer neuen Theologie, die auch Laien überzeugen sollte. Die *Auslegung* ist daher einer der zentralen Texte, um nach der Haltung Zwinglis zum Problem der Blasphemie zu fragen.[16]

In einem vergleichbaren historischen Kontext steht Zwinglis *Predigt von der ewig reinen Jungfrau Maria* von 1522. Der Chorherr Konrad Hoffmann hatte gegen Zwingli den Vorwurf erhoben, er habe die Mutter Gottes entehrt. Zwingli sah sich veranlaßt, in einer Predigt seine Mariologie darzulegen und die Beschuldigung zurückzuweisen. So entstand ein »theologisches Pamphlet«, in dem Zwingli »um die Christologie, Soteriologie und Ekklesiologie sowie um eine Neuorientierung des Glaubens« rang.[17] Auf den ersten Blick mag es hier überraschen, daß die Marienpredigt herangezogen wird, scheint sie doch in keiner Verbindung zum Problem des Fluchens, Schwörens oder Schmähens Gottes zu stehen. Dieser Schein trügt. Ohne Kenntnisse über die Mariologie des Reformators sind die blasphemischen Bezugnahmen der Zürcher auf Maria als Jungfrau und Gottesmutter nicht einzuordnen.

Mit der institutionellen Anerkennung der Reformation im Jahre 1523 war die Reformation noch nicht vollbracht. Das wußte auch Zwingli. Nicht umsonst setzte er sich weiter für die Verbreitung seiner Überzeugungen ein. In der Abhandlung über die *göttliche und menschliche Gerechtigkeit* von 1523 nahm er zur Kritik seiner diversen Gegner Stellung. Thema ist die politische Frage, wie Christen in einem Staatsverband unter Aufsicht der Obrigkeit miteinander leben sollen. Zwinglis Abhandlung stellt damit ein wichtiges sozialethisches Dokument dar, das konsequenterweise zu Zwinglis Einschätzung der Blasphemieproblematik befragt werden muß.[18]

Nach den Umbrüchen der Reformationsjahre galt es, das Erreichte zu sichern. Zwingli suchte die Einheit der Reformationsbewegung zu stärken. In einer Zeit, in der die katholische Opposition noch stark war, die radikalen Täufer immer mehr in die Anarchie abzugleiten schienen und Kontroversen mit Luther im Raum standen, verfaßte er 1525 den *Kommentar über die wahre und falsche Religion*. Als »erste, vollständige, lateinisch geschriebene evan-

---

[16] Zur knappen Einführung in die *Auslegung* vgl. T. Brunnschweiler, Einleitung. in: Ders./S. Lutz Hg., Zwingli Schriften, Bd. 2. Zürich 1995 S. 3–11.

[17] E. Campi, Maria S. 21.

[18] Vgl. E. Saxer, Einleitung, in: T. Brunnschweiler/S. Lutz Hg., Zwingli Schriften, Bd. 1. Zürich 1995 S. 157–158.

gelisch-reformierte Dogmatik« stellt es das Hauptwerk Zwinglis dar.[19] Daher muß der *Commentarius* zur Frage der Blasphemie konsultiert werden.

Im Gegensatz zu seiner lateinischen Dogmatik richteten sich die Berner Predigten Zwinglis von 1528 hauptsächlich an die Gemeinde der Gläubigen. Beide Ansprachen Zwinglis stehen im Zusammenhang mit der Berner Reformationsgeschichte.[20] Bern suchte sich gerade von Rom zu lösen und ließ zu diesem Zweck eminente Vertreter der schweizerisch-oberdeutschen Reformation auf die Kanzel steigen, damit sie die neue Lehre verkündeten. Zwinglis Predigt, die er für die Drucklegung gründlich redigierte, läßt sich somit als erneute Standortbestimmung des reifen Theologen in Hinblick auf die theologischen Kontroversen seiner Zeit lesen. Auch hier ist daher nachzuprüfen, wie Zwingli das Problem der Blasphemie beurteilte.

Drei Jahre später befand sich Zwingli politisch erneut in starker Bedrängnis. Er hatte kritische Töne gegen Luthers Abendmahlsverständnis angeschlagen und damit die protestantischen Verbündeten im Reich verprellt. So suchte Zwingli nach neuen Förderern und warb um den französischen König, der wiederum eine Allianz gegen den Kaiser anstrebte. Auf diesem politischen Hintergrund schrieb Zwingli 1531 seine *fidei expositio*.[21] Um den König davon zu überzeugen, sich doch für die rechte Sache einzusetzen, legte er ihm eine prägnante Zusammenfassung seiner Theologie vor. Mit ihrer theologischen Standortbestimmung gegenüber der katholischen Kirche und den diversen protestantischen Richtungen liefert die *expositio* somit ein weiteres Dokument, das die Lehre Zwinglis widerspiegelt.

Wie bei Zwingli lassen sich im Schrifttum Bullingers nur wenige Stellungnahmen zum Problem der Gotteslästerung finden. Die seltenen, etwas ausführlicheren Abschnitte zum Thema sind in der *Summa christenlicher Religion* und im *Hausbuoch* nachzulesen. Die 1556 erschienene katechetische *Summa* prägt bis auf den heutigen Tag das Reformiertentum; ebenso das *Hausbuoch* von 1558, eine Sammlung von fünfzig Predigten Bullingers. Beide Schriften fassen die Lehre der reformierten Kirche für Laien zusammen. Als Lehrbücher, die sich an das Laienpublikum wandten, umreißen sie den normativen kirchlichen Hintergrund, von dem sich die Blasphemiker abhe-

---

[19] So das Urteil von Andreas Beriger und Samuel Lutz in: A. BERIGER/S. LUTZ, Einleitung. in: T. BRUNNSCHWEILER/S. LUTZ Hg., Huldrich Zwingli. Schriften. Bd. 3. Zürich 1995 S. 33–37; hier: S. 33.

[20] Die reformationsgeschichtlichen Hintergründe schildert ausführlicher: H. R. LAVATER, Einleitung. in: in: T. BRUNNSCHWEILER/S. LUTZ Hg., Zwingli Schriften, Bd. 4. Zürich 1995 S. 35–39.

[21] Vgl. F. BLANKE: »Fidei ratio« (1539), Entstehung und Bedeutung, in: Archiv für Reformationsgeschichte 57. 1966 S. 96–101.

ben. Sie sind somit eine wesentliche Quelle kirchlicher Normsetzung und gehören daher zwingend in die Textauswahl.

Im Gegensatz zu seinen zwei katechetischen Schriften zielte Bullinger mit seinen Evangelienkommentaren auf die Theologen. Nur sehr wenige Passagen greifen das Thema Blasphemie auf. Sie präzisieren jedoch die katechetischen, relativ einfach gehaltenen Auslegungen Bullingers und sind daher mitzuberücksichtigen. Dies gilt umso mehr, als das übrige Opus Bullingers keine wesentlich relevanten Abschnitte zum Problem der Gotteslästerung enthält.

Eine spezifische Form theologischer Normverkündung stellen die öffentlichen Schuldbekenntnisse von Gotteslästerern dar. Wie sich aus den Akten ergibt, wurden die Widerrufstexte von der Justiz formuliert und mußten von den Verurteilten im Gottesdienst vorgelesen bzw. nachgesprochen werden. In Form und Inhalt gehorchen die Texte einem stets gleichen Aufbau: Die Verurteilten bekennen sich schuldig und erkennen an, die Todesstrafe verdient zu haben. Es folgt die Schilderung der blasphemischen Aussagen, die inhaltlich zurückgenommen werden. Hierauf ruft der Blasphemiker Gott, die Obrigkeit und die Gemeinde flehentlich um Verzeihung an. Zutiefst dankbar darf der Sünder auf die unendliche Güte der Obrigkeit verweisen, die ihm aus Barmherzigkeit das Leben geschenkt habe. Zum Abschluß bittet der Gotteslästerer die Gemeinde um ihr Gebet, daß er wieder zu einem rechtschaffenen und gottesfürchtigen Leben zurückfinden möge. Die Widerrufe erfüllen eine zweifache Funktion: Zum einem dienen sie der Verkündigung der rechten Lehre. Die blasphemischen Äußerungen werden revidiert, die anwesende Gemeinde an die kirchlichen Normen erinnert und somit Normsetzung vollzogen. Zum anderen bestätigt der Gotteslästerer durch sein Schuldbekenntnis die Gültigkeit der kirchlichen Normen. Die Widerrufstexte, die für Gotteslästerer freilich nur in kleiner Zahl erhalten sind, belegen also, wie die Kirche unorthodoxe Äußerungen wieder aufhob, wie Normsetzung in Normanwendung überging. Weiterhin können die Schuldbekenntnisse die Gerichtsprotokolle ergänzen. Teilweise liefern sie mehr Angaben über den Inhalt der gefallenen blasphemischen Worte als die Aussagen der Angeklagten und Zeugen. Deswegen sind sie eine willkommene Quelle zusätzlicher Information.

Im Gegensatz zu den kirchlichen Normen lassen sich die Richtlinien der weltlichen Obrigkeit anhand einer einzigen Quellengattung rekonstruieren. Die vom Rat erlassenen Sittenmandate legten gesetzlich fest, was mit Gotteslästerern zu geschehen habe.[22] Diese Mandate sind in vielfältigen hand-

---

[22] Sofern nicht in Stadt- oder Landmandate unterschieden, erstreckte sich der Geltungsbereich der Mandate auf das gesamte Territorium des Zürcher Stadtstaates.

schriftlichen Versionen und gedruckten Ausfertigungen in schwer zu über-
blickender Menge überliefert.[23] Von den meisten Drucken abgesehen, sind
die Dokumente in der Regel nicht datiert. Aufgrund dieser Überlieferungslage sind die gesetzlichen Regelungen zwar gut faßbar, lassen sich aber in ihrer Chronologie nur selten eindeutig zuordnen. Deswegen konzentriert sich
die Darstellung der gesetzlichen Bestimmungen auf die wichtigsten gedruckten und eindeutig datierbaren Verordnungen.

Am Schnittpunkt von Normsetzung und Normanwendung befinden sich
die Papiere der Kirchenleitung. In der außerordentlich unübersichtlichen
Sammlung der Kirchenakten finden sich Dokumente verschiedenster Art.[24]
Sie wurden relativ wahllos zu Büchern zusammengebunden, so daß bei-
spielsweise Konzepte kirchlicher Stellungnahmen neben Abschriften von
Predigten und Mandaten, Antworten der Kirchenvorsteher auf schriftliche
Anfragen neben Protokollen kircheninterner Beratungen stehen. Dieser un-
handliche Bestand der Kirchenakten ist aus zwei Gründen von Bedeutung.
Er enthält *Fürträge der Geistlichkeit.* In ihnen trug die Kirche dem Rat ihre
Monita vor. An diesen Dokumenten läßt sich also die Kritik der Kirchenleitung am Rat in Sachen Blasphemiebekämpfung ablesen. Ebenfalls aufschlußreich sind die sogenannten Synodalgutachten. Es handelt sich um die kirchliche Beurteilung von Blasphemiefällen im Auftrage des Rats. Aus den Akten
ist in der Regel nicht zu ersehen, wer sie erstellte oder in welchen Fällen sie
in Auftrag gegeben wurden. Trotz dieser fehlenden Angaben eröffnen die
kirchlichen Stellungnahmen aufgrund ihres standardisierten Argumentati-
onsmusters wichtige Einblicke in das Verhältnis von Normsetzung und
Normanwendung: Die Empfehlungsschreiben der Synode beginnen klassisch
mit einer rhetorischen Demutsbezeugung gegenüber der weltlichen Obrigkeit, die als zuständige strafrechtliche Instanz für Blasphemiefälle anerkannt
wird. Im zweiten Teil folgen die topischen Argumente zur Begründung der
Todesstrafe. Gerade die rhetorische wie auch inhaltliche Formelhaftigkeit
der Ausführungen bringt zum Ausdruck, welche juristisch-theologischen
Normen als selbstverständlich angesehen werden. Ganz im Gegensatz zu

---

[23] Gedruckte Fassungen und handschriftliche Aus- und Überarbeitungen bzw. Kopien befinden sich hauptsächlich im Zürcher Staatsarchiv unter verschiedenen Signaturen. Vgl. insbesondere die Abteilungen A. 42 und IIIAAb im Staatsarchiv. Einen Überblick über die Regelungen
stellt zusammen: C. Schott-Volm, Zürich, in: M. Stolleis/K. Härter Hg., Repertorium der
Policeyordnungen der Frühen Neuzeit. Frankfurt/Main 2002 (i. Dr.). Ich danke Frau Schott-
Volm für die Möglichkeit, ihre Unterlagen einzusehen. Bei den in der Zürcher Zentralbibliothek
vorhandenen Dokumenten handelt es sich überwiegend um Doppelexemplare.

[24] Vgl. die Bestände unter A. 44.1–3; B. II.1080–1084; E. I.5.1–2: E. II.1–7b; E. II.8–54;
E. II.87–103; E. II.335–436a.

den zwei standardisierten Einführungspassagen steht der dritte und eigentlich argumentative Teil der Gutachten. Hier wird der konkrete Einzelfall diskutiert und dabei abgewogen, um welche Form der Gotteslästerung es sich handle, welche mildernden Umstände zu berücksichtigen seien und welche Strafe verhängt werden solle. Anhand dieser Argumentation läßt sich verfolgen, wie weit sich die kirchlichen Gutachter an ihre eigenen Normen hielten.

Zeugen die Synodalakten von der Wechselwirkung zwischen Normsetzung und Normanwendung auf höchster Kirchenebene, belegen die Bußenregister der Zürcher Sittengerichte die Praxis der kirchlichen Strafverfolgung vor Ort. Für die einzelnen Pfarrgemeinden auf der Landschaft sind durchaus ansehnliche Bestände erhalten. Teilweise reichen sie bis ins 17. Jahrhundert zurück. Die Qualität der Akten ist jedoch sehr heterogen. Für das städtische Gebiet hingegen sind die Unterlagen des Sittengerichts (später Reformationskammer genannt) nur in Bruchstücken und überdies allein für das 18. Jahrhundert, in dem ohnehin das Blasphemiedelikt gerichtlich kaum noch eine Rolle spielt, erhalten.[25] Dabei ist zu bedenken, daß die Register der städtischen wie der ländlichen Gemeinden das geahndete Delikt meist nur unter einem Stichwort angeben und weitere Angaben zum Normverstoß fehlen. Die Eintragungen sind derart summarisch, daß sich allein eine quantitative Auswertung anbietet, wie sie Schmidt für zwei Berner Dörfer durchgeführt hat.[26] Eine solche Auswertung aber ist in enge Grenzen verwiesen. Sie erlaubt Erkenntnisse über die Wiederherstellung des sozialen Friedens in der Gemeinde, nicht aber über die Zusammenhänge, in denen blasphemische Sprechhandlungen erfolgten.[27] Die Untersuchung der kirchlichen Strafpraxis stößt also in Zürich auf enge Grenzen. Zum einen eignen sich die Protokolle der Sittengerichte nicht für eine qualitative Auswertung, zum anderen sind die erhaltenen Restbestände des städtischen Sittengerichts disparat

---

[25] Vgl. den Bestand B III.173–185. Die Stichproben in Akten des städtischen Sittengerichts ergaben folgenden Befund: Im Jahre 1709 wurden 79 Fälle entschieden, allein drei von ihnen betrafen das Schwören. Das Verhältnis von verzeichneten Fällen zu geahndeten Schwüren betrug in den Jahren 1716, 1723, 1736, 1743 und 1751 jeweils 97:3, 91:3, 91:1, 95:2, 34:0 und 29:0. Andere Formen der Blasphemie werden in den Akten nicht erwähnt. Dieser Umstand weist darauf hin, daß Blasphemie im 18. Jahrhundert kaum noch zum Gegenstand gerichtlicher Verhandlungen wurde. Vgl. B. III die Bände Nr. 173, S. 175, 177, 178, 181, 182. Die Tätigkeit der Reformationskammer beschreibt C. WEHRLI, Reformationskammer.

[26] Vgl. D. PÜNTER, »… ist ihnen deswägen nach nothurft ernstlich zuogesprochen worden«. Sittenzucht und ihr Vollzug auf der Zürcher Landschaft 16.–18. Jahrhundert Lizenziatsarbeit Philosophische Fakultät I der Universität Zürich. Zürich 1994.

[27] Es ist daher kennzeichnend, daß Schmidt seine »Szenarien« der Gotteslästerung nicht ausmalen kann. Vgl. H. R. SCHMIDT, Dorf.

und bezüglich der Blasphemieproblematik kaum aufschlußreich. Deswegen ist auf ihre systematische Auswertung verzichtet worden.

Den einfachsten Zugriff auf die weltliche Justizpraxis erlauben die Ratsmanuale zum einen und die Rats- und Richtbücher zum anderen.[28] Zusammen bilden sie ein corpus von rund dreihundert Bänden. Mit Ausnahme der Ratsmanuale von 1516 bis 1544 sind beide Quellengattungen für den gesamten Untersuchungszeitraum überliefert. Dabei ist zu bedenken, daß der Rat entprechend der Verfassungsstruktur eines frühneuzeitlichen Kommunalstaates in zweifacher Weise Justiz übte. Für das Gebiet der Stadt stellte er das einzige Gericht. Auf der Landschaft hingegen lag die Rechtsprechung in den Händen der Vögte. Hier diente der Rat als zweite und höchste Instanz. Die Ratsakten erfassen daher für das Gebiet der Stadt die Gesamtheit der registrierten Delikte, wohingegen für die Landschaft allein die weitergeleiteten, d. h. die als problematisch angesehenen Fälle erfaßt werden.[29] Die Unterlagen des Rats auszuwerten, führt somit dazu, die »banalen« Fälle auf der Landschaft auszublenden.

Die Ratsmanuale protokollieren die Ergebnisse der Ratssitzungen. In ihnen finden sich die Namen der Verurteilten sowie das gegen sie gefällte Urteil. Angaben zu Alter, Beruf, Wohnort oder Zivilstand erfolgen selten. Urteilsbegründungen fehlen ganz. Die Rats- und Richtbücher hingegen führen allein diejenigen Delinquenten auf, die zu schweren Körperstrafen oder zum Tode verurteilt wurden. Ohne weitere Angaben zur Person der Delinquenten zu machen, registrieren die Listen alle Delikte, die dem Verurteilten zur Last gelegt wurden. In eben dieser Zusammenstellung der Anklagepunkte, die das Urteil implizit begründete, stecken wesentliche Zusatzinformationen. Sie erlauben es, den kriminellen Hintergrund der schwer kriminellen Gotteslästerer zu erkennen.

Die Angaben zu den Urteilsbegründungen in den Ratsmanualen oder Rats- und Richtbüchern sind relativ spärlich. Doch liefern die Dorsalnotizen der Gerichtsakten weitere Informationen. Immer wieder findet sich auf der Rückseite des letzten Blatts der Gerichtsprotokolle ein Vermerk. Er hält die formelhafte Urteilsbegründung samt etwaiger Begnadigungsakte fest, selbst wenn diese lange nach dem Urteil erfolgen. Diese Notizen ergänzen die

---

[28] Vgl. den Bestand B II und B VI.

[29] Aus den Akten wird ersichtlich, daß der Rat für die Landschaft auf dreifache Weise als Justizorgan in Erscheinung treten konnte: Mit einer Appellation wandte sich eine Konfliktpartei aus eigener Initiative an den Rat als Appellationsinstanz. Mit einer *Weisung* leiteten Vögte eine Sache an den Rat weiter und schalteten ihn somit in ein Verfahren ein. Der Rat konnte aber auch direkt eingreifen, indem er eine Sache nicht durch den Vogt entscheiden ließ, sondern das Verfahren statt dessen an sich zog.

Ratsmanuale in entscheidender Weise. Als Grundregel gilt, daß jedesmal, wenn eine Akte eine Dorsalnotiz aufweist, eine entsprechende Eintragung in den Ratsmanualen fehlt. Daraus folgt, daß die Auswertung ausschließlich der Ratsmanuale – und dieses Vorgehen ist in der Forschung üblich – zwangsläufig unbefriedigend sein muß, da sie systematisch einen Teil der Urteile und Begnadigungen übergeht.[30]

Bekanntlich wird nicht jede Strafe, die verhängt wird, auch tatsächlich vollzogen. Nichts deutet für Zürich jedoch darauf hin, daß die verkündeten Urteile allein auf dem Papier stehen geblieben wären. Vielmehr lassen Stichproben das Gegenteil erkennen. In den Säckelamtsrechnungen der Stadt lassen sich Spuren der abgerechneten Kosten für den Vollzug von Körperstrafen nachweisen. Außerdem sind die Bußenregister der Stadt wie auch der Landschaft für die gesamte Frühe Neuzeit in hunderten von Bänden erhalten. Aus ihnen wird ersichtlich, welche Einkünfte die Stadt und die Vogteien aus den Geldstrafen bezogen. Unter Angabe des Namens, des Delikts und des Wohnortes der Verurteilten verzeichnen sie, welche Bußzahlung eingegangen ist. Anhand dieser Eintragungen läßt sich die Umsetzung der Strafurteile im relativ niedrigen Strafspektrum der Geldstrafen überprüfen.[31]

Der serielle Charakter der Bußenregister verlockt zu quantitativer Auswertung. Dennoch wird in der vorliegenden Arbeit lediglich ein punktueller quantitativer Ansatz verfolgt. Er beschränkt sich auf zwei Informationsquellen: die Verteilung der Höhe der Geldstrafen in Stadt und Land zum einen, die zeitliche Verteilung der Bußen innerhalb einer Vogtei über den gesamten Untersuchungszeitraum zum anderen. Auf diese Weise bietet sich eine Möglichkeit, die Funktion des Ratsgerichts für die Stadt und die Landschaft zu bestimmen sowie der Frage nachzugehen, ob die Höhe der Strafen von der Person des Richters abhing. Prinzipiell wären dafür die Abrechnungen aller Vogteien geeignet. Mit Andelfingen ist das Beispiel einer durchschnittlichen Vogtei gewählt worden.[32]

Wie wesentlich die Erschließung der Strafurteile für die Beschreibung der Rechtsprechung auch ist, das Bild der Rechtspraxis bliebe ohne Betrachtung der Justizfälle selbst völlig blaß. Hier kämen die Protokolle der niederen Gerichte in Frage. Daß die vorliegende Arbeit angesichts ihrer Fragestellung

---

[30] Dies weist am Beispiel der Vogteien Greifensee und Kyburg im Einzelnen nach: K. HÜRLIMANN, Soziale Beziehungen S. 62–64.

[31] Vergleichswerte werden bereitgestellt durch: N. BARTLOME, Zur Bußenpraxis in der Landvogtei Willisau im 17. Jahrhundert. in: Jahrbuch der Historischen Gesellschaft Luzern 11. 1993 S. 2–22.

[32] Zur Einschätzung der Bedeutung der Vogteien für den Stadtstaat vgl. H.-R. DÜTSCH, Landvögte S. 36, 65.

ausgerechnet von diesen Quellen Abstand nimmt, wird überraschen. Die methodische Entscheidung hat jedoch ihren Grund. Die stichprobenartige
Durchsicht der Vogteiakten ergab, daß die Protokolle überwiegend stereotype, pauschalisierende Angaben enthalten, sofern sie überhaupt welche machen:[33] »hat lästerliche, schlimme, ungehörige etc. Worte gesprochen« oder
»hat eine Schelthandlung begangen«, aus solchen summarischen Formulierungen ist kaum etwas über blasphemische Sprechhandlungen zu erfahren.[34]
Daß die Zufallsproben nicht zu einer Fehleinschätzung geführt haben, bestätigen Hürlimanns Ergebnisse. In den Niedergerichtsakten der Landvogteien Kyburg und Greifensee sind für die Jahre 1480 bis 1520 religiöse Delikte[35] zu einem nur verschwindend geringen Anteil vertreten.[36] Wenn
blasphemische Reden auftauchen, dann in der Version des formelhaften
Schwörens und Fluchens.[37] Es sieht daher so aus, als ob die lokalen Gerichte
bzw. Vögte sich nicht eingehender mit Gotteslästerung beschäftigt hätten.
Entweder wurden die Sprechhandlungen als derart banal eingestuft, daß sie
nicht weiter ins Gewicht fielen, oder die Vorfälle waren den Vögten zu heikel, so daß sie den Rat einschalteten. Vieles spricht für die zweite Überlegung. Typisch ist die Reaktion des Eglisauer Obervogts Hans Ruodolff
Loüw von 1651: Er habe von seinem Schloß aus die lästerlichen Reden des
Felix Huber gehört, ihn auf der Stelle gefangennehmen lassen und bitte den
Rat nun darum, ihm »bevelch zuertheilen, weßen ich mich hierüber zever-
halten hab.«[38] Wenn sich also auf der untersten Justizebene kaum etwas De-
tailliertes über blasphemische Vorfälle findet, ist der Verzicht auf die Auswertung der niedergerichtlichen Akten nur konsequent.
    Die Arbeit verdankt der Scheu der Vögte, selbst über Gotteslästerungen
zu entscheiden, den Kernbestand ihres Quellencorpus. In dem Moment, in

---

[33] So tauchen in den 28 Bänden der Gerichtsprotokolle der Vogtei Kyburg für die gesamte
Frühe Neuzeit allein zwei halbwegs relevante Fälle von Blasphemie auf. Vgl. 21.71–21.99. Ähn-
lich enttäuschend fiel die stichprobenartige Durchsicht der Justizakten der Vogteien Andelfingen, Bubikon, Bülach, Eglisau , Grüningen, Knonau, Kyburg, Niederweningen und Regensberg
aus. Vgl. A. 108.3, A. 27.108.4, A. 108.7, A. 109.1, A. 109.2, A. 110.1, A. 110.2, A. 115.4, A. 115.5,
A. 124.3, A. 124.5, A. 128.9, A. 138.6, A. 119.4, A. 139.7, A. 143.3, A. 143.5, B. VII.1.1,
B. VII.2.1 – B. VII.2.4, B. VII.2.8, B. VII.2.15 – B. VII.2.19, B. VII.15.2, B. VII.19.5, B. VII.21.85,
B. VII.21.98, B. VII.30.1, B. VII.51.1, B. VII.101.1, B. VII.101.21, B. VII.101.50, B. VII.101.52.
[34] Typisch hierfür etwa das Urteilsbuch des Andelfinger Landvogts für die Jahre 1684–94.
Vgl. B. VII.2.4.
[35] Hürlimann faßt darunter vor allem Häresie, Blasphemie, Sexualdelikte, Hexerei. Vgl. K
Hürlimann, Soziale Beziehungen, Anhang 5.
[36] Vgl. K. Hürlimann, Soziale Beziehungen S. 96; Anhang, 1.
[37] Vgl. K. Hürlimann, Soziale Beziehungen S. 109–113.
[38] A. 27.90, Schreiben Vogt Ruodolff Loüw, 10. 8. 1651.

dem ein Vogt eine Rechtssache an den Rat abgab, ließ der Rat *Kundschaften und Nachgänge* einholen; d. h. Gerichtsprotokolle anfertigen.[39] Dies war ebenso der Fall, wenn die Beklagten aus unterschiedlichsten Gründen nicht persönlich vor dem Rat erscheinen konnten. Für Zürich sind diese Gerichtsprotokolle in außergewöhnlich hoher Zahl durchgehend vom Ausgang des 15. Jahrhunderts bis in das frühe 19. Jahrhundert hinein überliefert. Allein der unter der Registratur »Kundschaften und Nachgänge« im Archiv abgelegte Aktenbestand umfaßt schätzungsweise 85.000 Folios.[40] Doch finden sich in den rund 170 Schachteln, in denen die losen, unpaginierten Seiten jahresweise aufbewahrt werden, längst nicht nur Gerichtsprotokolle. Ebensowenig sind die *Kundschaften und Nachgänge* allein unter der gleichnamigen Archivrubrik zu suchen. Für das Thema liegen relevante Gerichtsprotokolle ebenso in der Abteilung der »Personalia« und der »religiösen Schmähungen« vor, so daß nochmals schätzungsweise 7500 Seiten für eine Durchsicht hinzukommen. Angesichts dieser Quellenmassen, aus denen rund neunhundert Gotteslästerer erfaßt worden sind, sorgt der Befund für Erleichterung, daß der ebenso imposante Bestand der Vogteiakten und Niedergerichtsprotokolle für eine Auswertung ausscheidet.

Welchen Quellenwert besitzen nun die *Kundschaften und Nachgänge*? Die Antwort setzt Kenntnisse über das Entstehen und die Funktion der Gerichtsprotokolle voraus.[41] So müssen unterschiedliche Formen von Gerichtsprotokollen unterschieden werden.[42] Um *Kundschaften und Nachgänge* anferti-

---

[39] Die Begriffe sind nicht genau zu klären. Theoretisch bezeichnen *Kundschaften* Zeugeneinvernahmen bei Offizialdelikten, *Nachgänge* hingegen Aussagen, die aufgrund einer Privatklage eingeholt wurden (vgl. W. H. Ruoff, Räte S. 70f). Die Unterscheidung scheint jedoch eine idealtypische zu sein. In den Aktenvorgängen werden die eingesandten Protokolle sowohl *Kundschaften* wie auch *Nachgänge* genannt, obwohl es sich bei Blasphemie stets um ein Offizialdelikt handelte.

[40] Diese Einschätzung beruht auf die Anzahl der Blätter, die in den Schachteln für die Jahre 1544/45, 1590/91, 1633, 1679 und 1706/07 liegen. Die Anzahl der Blätter beträgt jeweils 576, 635, 392, 453 und 503, woraus sich ein Durchschnittswert von rund 510 Seiten je Schachtel ergibt. Daraus ergibt sich die Schätzung, daß der Bestand allein der *Kundschaften und Nachgänge* von ca. 1480 bis 1797 (insgesamt 171 vergleichbar gefüllte Schachteln) bei 87.210 Blättern liegt.

[41] So warnt Helga Schnabel-Schüle zurecht davor, Strafprozeßakten zu interpretieren, ohne sie in ihren politischen, verfassungsrechtlichen und verwaltungstechnischen Kontext einzuordnen. Vgl. H. Schnabel-Schüle, Ego-Dokumente S. 298.

[42] Dies ist etwa aus den badischen Frevelgerichtsprotokollen des 18. Jahrhunderts zu ersehen. Hier erfolgte nach der ersten Niederschrift vor Ort eine Überarbeitung in der Kanzlei zum Zwecke der Berichterstattung an den Hofrat. Diese richtete sich an den Hofrat vorrangig als administrative, weniger als juristische Instanz. Die Protokolle des badischen Frevelgerichts dienten nicht dazu, Rechtsfälle zu entscheiden, sondern den Hofrat über die lokalen Zustände zu informieren und gegebenenfalls über die Notwendigkeit von Verwaltungsmaßnahmen zu unterrich-

gen zu lassen, ernannte der Rat entweder zwei Herren aus den eigenen Reihen zu Kundschaftern bzw. Nachgängern oder er wandte sich direkt an den Vogt.[43] Ihr Auftrag bestand darin, die Angeklagten und Zeugen vor Ort getrennt voneinander zu befragen, ohne den Namen derjenigen Person anzugeben, die eine Meldung erstattet hatte.[44] Die Aussagen sollten so detailliert und getreu wie möglich protokolliert werden, denn der Rat fällte das Urteil allein aufgrund der Aktenlage. Er war daher auf die Genauigkeit und Zuverlässigkeit der Protokolle, die an ihn geschickt wurden, angewiesen. Entsprechend waren die Schreiber bzw. Kundschafter eidlich dazu verpflichtet, wahrheitsgetreu und umfassend die Aussagen der Befragten festzuhalten. Warnend heißt es in einer undatierten Anweisung, daß sie sich »an den gefangenen am höchsten versündigen könend un glychsam den him[m]el oder die hell verdienen, wz [was] sonderlich ein Schrÿber, wan Er namblich durch unbedachtsame mit einem einzigen wort den schuldigen machet lauffen laßen oder den unschuldigen lÿchtlich in gefahr Lÿbs und Lebens bringen thut.«[45] Die Anleitung gibt weiterhin vor: »Den gefangnen sol man fraage[n] umb sÿnen Namen, sÿnen stand und nahrung, sÿn alter, wan und wie Er in verhafftung kom[m]en, was die ursachen und wz Er für gespanen gehabt, welches aller Er erzellen sol ohn einiches vorsprechen.«[46] Möglichst unter Verzicht auf die Folter sollten die »siben stuckh und Umbständ [...], Namlich: Wer, Was, Wie, Wo, Wann, Wormit« Gegenstand des Verhörs sein.[47]

Diese Richtlinien waren nicht mehr als eine grobe Orientierung. Es müssen noch genauere, auf den Einzelfall abgestimmte Anweisungen zur Befragung

---

ten. Daher weisen die badischen Akten wesentliche Unterschiede zu den Zürcher Gerichtsprotokollen auf: sie benutzen intensiv die Sprache der zeitgenössischen Verwaltungsterminologie, fassen die Aussagen der Bürger zusammen und werden von Kommentaren der Protokollanten ergänzt. Vgl. hierzu A. HOLENSTEIN, Ordnung und Unordnung im Dorf. Ordnungsdiskurse, Ordnungspraktiken und Konfliktregelung vor den badischen Frevelgerichten des 18. Jahrhunderts, in: M. HÄBERLEIN Hg., Devianz, Widerstand und Herrschaftspraxis in der Vormoderne. Studien zu Konflikten im südwestdeutschen Raum (15. bis 18. Jahrhundert). Konstanz 1999 S. 165–196; hier: S. 173 f. Anders hingegen etwa die Gerichtsprotokolle der Perchtoldsdorfer Malefizprozesse, die nach mehrfacher Überarbeitung als juristisches Instrumente dienten (vgl. hierzu A. GRIESEBNER, Konkurrierende Wahrheiten S. 113–118). Die beste Übersicht zum Strafverfahren in den Reichsterritorien bietet K. HÄRTER, Strafverfahren; insbesondere: S. 469 f.

[43] Satzungen zum Verfahren sind zwar bekannt (vgl. W. H. RUOFF, Räte), doch ist der genaue Vorgang an den Gerichtsakten nicht genau nachzuvollziehen.

[44] Vgl. W. H. Ruoff, Räte S. 78, 98. Diese Praxis läßt sich mit dem einleitenden Standardvermerk der Gerichtsprotokolle, die Zeugen seien in Abwesenheit der Beklagten befragt worden, belegen.

[45] (ZB) MsL 459, p. 435.

[46] (ZB) MsL 459, p. 434.

[47] (ZB) MsL 459, p. 433.

der Zeugen und Angeklagten erfolgt sein. Die Befragungen sind zu gezielt, als daß sie sich allein nach den genannten allgemeinen Richtlinien gerichtet hätten. Doch ist bei den Blasphemiefällen nur sehr selten nachzuweisen, daß der Rat Fragen für das Verhör vorgab.[48] Vermutlich sind die Anweisungen nicht überliefert worden. Für diese Annahme spricht die Tatsache, daß bei den Recherchen des Rats im Zusammenhang mit geisteskranken Untertanen solche Anleitungen vielfach erhalten sind.[49] Es wäre aber unwahrscheinlich, daß der Rat in gleichen Verfahren unterschiedliche administrative Wege gegangen sein sollte. Daher ist davon auszugehen, daß bei Blasphemikern wie bei Geisteskranken die Art der Befragung nicht von der Person der Kundschafter, sondern von den Informationsbedürfnissen des Rats abhing.

Die *Kundschaften und Nachgänge* lassen trotz ihrer Detailfülle manche Wünsche für die historische Analyse offen: Sehr häufig sind die Personenangaben unvollständig. In der Regel bleiben die Namen der Personen, die eine Blasphemie anzeigten, ungenannt. Über die in einen Fall verwickelten Personen sowie über deren Verhältnis zueinander läßt sich kaum etwas sagen. Außerdem wäre es naiv, in den Erzählungen, die »ohn einiches vorsprechen« entstanden, ein unbefangenes Reden zu erkennen. Die Betroffenen antworteten in einer spezifischen Situation, sie sagten – und dies zumeist unter Eid – vor der Justiz aus. Mit wenigen Ausnahmen zeigten sich die Beklagten aussagewillig, so daß die Folter »nur« höchst selten zur Anwendung kam.[50] Ihre Stellungnahmen dürfen daher nicht als erpreßte Zugeständnisse

---

[48] Vgl. B.II.509, Fall Barbara Hertenstein, p. 47; A. 27. 41, Aussage Jagli Guggenbühl, 15. 2. 1598.

[49] So zum Beispiel im Fall des geisteskranken Christoph Werdmüller vgl. A. 25, Memoriale für die Hrrn. Nachgänger, 7. 8. 1669. Den Hinweis verdanke ich Aline Steinbrecher.

[50] Der Hinweis, daß das Geständnis nicht unter Folter abgelegt worden sei, erfolgt nur in seltenen Fällen. Gemeint ist wohl, daß die Befragten nach erlittener Folterung »frei« gestanden hatten (vgl. zum Aussagewert von Folterakten M. SPICKER-BECK, Mordbrennerakten. Möglichkeiten und Grenzen der Analyse von Folterprozessen des 16. Jahrhunderts, in: M. HÄBERLEIN Hg., Devianz, Widerstand und Herrschaftspraxis in der Vormoderne. Studien zu Konflikten im südwestdeutschen Raum (15. bis 18. Jahrhundert), Konstanz 1999 S. 53–66; hier: S. 55–59). Hierbei handelt es sich meistens um Angeklagte, die außerdem im Verdacht standen, ein schweres Verbrechen begangen zu haben oder der Häresie verfallen zu sein. Vgl. A. 27.61, Aussage Jörg Altherr, 3. 7. 1617; A. 27.83, Aussage Hans Bader, 4. 3. 1644; A. 27.99, Aussage Georg Stapfer, 17. 7. 1664; A. 27.113a, Aussage Hans Jagli Maag, 2. 2. 1685; A. 27.119, Aussage Jacob Kübler, 25. 9. 1696; A. 27.121, Aussage Anna Hartmann, 1. 2. 1699. Zur juristischen Rolle des Geständnisses in Inquisitionsverfahren vgl. S. LEMBKE, Folter und gerichtliches Geständnis. Über den Zusammenhang von Gewalt, Schmerz und Wahrheit im 14. und 15. Jahrhundert, in: DIES. Hg., Das Quälen des Körpers. Eine historische Anthropologie der Folter. Köln – Weimar – Wien 2000 S. 171–199; G. KLEINHEYER, Zur Rolle des Geständnisses im Strafverfahren des späten Mittelalters und der frühen Neuzeit. in: G. KLEINHEYER/P. MIKAT Hg., Beiträge zur Rechts-

an die Justiz gelesen zu werden, wenn sie auch nicht im angstfreien Raum entstehen.[51] So spontan und unbekümmert die Gerichtsprotokolle jedoch wirken, ihre Erzählungen folgen bestimmten Relevanzsetzungen. Ihre Aussagen sind »›erzählte‹ Darstellungen«, keine freie Rede. Was die heutige Sprachwissenschaft ausführt, ist für die frühneuzeitliche Justiz genauso gültig: Die Aussagen sind nie zweckfrei, sondern zielen auf das Gericht.[52] Die Darstellungen gehorchen dem Prinzip der Alltagslogik, der inneren Geschlossenheit und der Glaubwürdigkeit der Aussagenden,[53] da sie wahrheitsgetreu zu sein beanspruchen und überzeugen wollen. Diese Erzähl- und Rechtfertigungsstrategien der Befragten müssen bei der Auswertung der Justizakten daher immer mitberücksichtigt werden.

Neben der spezifischen Redesituation vor Gericht ist eine zweiter quellenkritischer Aspekt zu bedenken. Nur eine verschwindend kleine Anzahl der *Kundschaften und Nachgänge* weist die typischen Merkmale der inquisitorischen Befragung auf:[54] In den zumeist aus dem 18. Jahrhundert stammenden Protokollen werden Frage und Antwort gegenübergestellt. Die Fragen erlauben in der Regel allein eine Antwort mit Ja oder Nein. Die Personalien der Verhörten werden systematisch erfaßt, die Beklagten gefragt, ob sie den Grund ihrer Vorladung/Gefangennahme kennen. Abschließend erhalten sie

---

geschichte. Gedächtnisschrift für Hermann Conrad. Paderborn 1979 S. 367–384. Zur Diskussion des deutschsprachigen Forschungsstands aus historischer Sicht vgl. P. BURSCHEL/G. DISTELRATH/S. LEMBKE, Eine historische Antrhopologie der Folter. Thesen, Perspektiven, Befunde, in: DIES. Hg., Das Quälen des Körpers. Eine historische Anthropologie der Folter. Köln – Weimar – Wien 2000 S. 1–26.

[51] Hieran erinnert zurecht Wolfgang Behringer anhand eines Hexenfalls unter Diskussion der Folterungsproblematik. Vgl. W. BEHRINGER, Gegenreformation als Generationenkonflikt oder: Verhörsprotokolle und andere administrative Quellen zur Mentatlitätsgeschichte. in: W. SCHULZE Hg., Ego-Dokumente. Annäherung an den Menschen in der Geschichte. Berlin 1996 S. 275–293; hier: S. 282 f.

[52] Vgl. als einer der deutschen Spezialisten aus dem linguistischen Bereich: L. HOFFMANN, Vom Ereignis zum Fall. Sprachliche Muster zur Darstellung und Überprüfung von Sachverhalten vor Gericht, in: J. SCHÖNERT/K. IMM/J. LINDER Hg., Erzählte Kriminalität. Zur Typologie und Funktion von narrativen Darstellungen in Strafrechtspfelge, Publizistik und Literatur. Tübingen 1991 S. 87–113; hier: S. 107.

[53] Vgl. zu den Prinzipien der »Normalisierung«, »Kohärenzerwartung« und »Personalisierung« als Bedingungen der Plausibilität L. HOFFMANN, Einleitung. Recht – Sprache – Diskurs, in: DERS. Hg., Untersuchungen zur Kommunikation in Gerichtsverfahren. Tübingen 1989 S. 9–23; hier: S. 12 f.

[54] Das klassische Frageraster für Gotteslästerer ist nachzulesen etwa bei: J. C. F. v. FROELICHSBURG, Commentarius in Kayser Carl deß Fuenfften und deß H. Roem. Reichs Peinliche HalsGErichtsOrdnung … Franckfurt – Leipzig 1733 S. 5–16. Ich danke Karl Härter für den Hinweis. Die Strafverfahren in Staaten der Frühen Neuzeit sind schlecht erforscht. Zu dem Forschungsstand und den Forschungsdefiziten vgl. K. HÄRTER, Strafverfahren.

die Gelegenheit, ihren Aussagen etwas hinzuzufügen. Die inquisitorische Standardisierung der Gerichtsprotokolle hat für die vorliegende Untersuchung Vorteile wie Nachteile. Zum einen geben die Protokolle im Stile des gebrochenen Blatts, auf dem links die Fragen und rechts die Antworten stehen, den Dialogcharakter der Befragung besser wieder. Die Angaben zur Person werden systematisch erhoben. Zum anderen werden die Befragten durch die Fragen stark dirigiert. Aus diesem Grund fallen Kontextinformationen, die für das Gericht irrelevant waren, aber aus historischer Sicht als »Überreste« sehr aufschlußreich sein können, weg.

Die überwältigende Mehrheit der *Kundschaften und Nachgänge* freilich sind nicht als gebrochenes Blatt angefertigt, sondern als geschlossene Erzählung der Aussagenden notiert. Die Fragen der Kundschafter müssen daher aus dem Text erschlossen werden. Die Befragten sind nicht gezwungen, auf direkte Fragen knapp, möglichst mit einem »Ja« oder »Nein« zu antworten. Vielmehr enthalten sie den Raum, eine ausführliche Schilderung des Vorfalls zu liefern. So beginnen die Akten mit der standardmäßigen Formulierung: x hat, in Anwesenheit der Justizpersonen y wegen z befragt, unter Eid ausgesagt, daß [...]. Hierauf folgt eine zusammenhängende Darstellung, welche die offensichtlich mehrfachen Fragen der Kundschafter in Einem beantwortet und die nicht von den direktiven Fragen der Kundschafter oder Vögte unterbrochen ist. Der dialogische Verhörcharakter geht somit zwar verloren, doch haben die Erzählungen historisch ihren besonderen Reiz. Die Befragten erhalten die Gelegenheit, ihre Geschichten auszugestalten, so daß sie viel eher dazukommen, eigene Zusammenhänge zu formulieren. Diese ungebundeneren Erzählungen enthalten somit nicht nur mehr Kontextinformationen, sondern lassen auch der Eigeninterpretation der Befragten eine Chance. Beides aber ist für die Erschließung der Wahrnehmungsperspektiven der Betroffenen wesentlich.[55]

Der dritte Aspekt, den es bei der Auswertung der *Kundschaften und Nachgänge* zu berücksichtigen gilt, ist die Form der indirekten Rede, in der die Aussagen der Befragten zumeist vorliegen. Die Gerichtsprotokolle sind buchstäblich durch die Feder der Protokollanten gegangen. Damit stellt sich die Frage, wie stark die Protokollanten von den Aussagen der Befragten abweichen. Eine definitive Antwort auf diese Frage muß ausbleiben, da Protokolle und Originalaussage nicht miteinander verglichen werden können.[56]

---

[55] Zur Bedeutung von Gerichtsprotokollen und Suppliken als Quellen, die von der Selbst- bzw. Fremdwahrnehmung der beteiligten Subjekte zeugen, vgl. W. SCHULZE Hg., Ego-Dokumente. Annäherung an den Menschen in der Geschichte. Berlin 1996.

[56] Die wenigen Kenntnisse über die Zürcher Gerichtsschreiber trägt zusammen: G. SIBLER: Nachträge zu den Landschreibern im alten Zürich, Zürcher Taschenbuch, 113. 1993 S. 131–137;

Doch vermittelt eine Bemerkung von Seltenheitswert eine Vorstellung davon, wie präzis die Protokollanten die Aussagen der Befragten zu referieren suchten: In der Akte Johann Friedrich Speyers findet sich der Hinweis, das Verhör habe eineinhalb Stunden gedauert;[57] das Protokoll selbst ist zweieinhalb Folios lang. Angesichts dieses Verhältnisses von Befragungszeit und Protokolllänge dürfte es unwahrscheinlich sein, daß der Protokollant jedes einzelne Wort des Befragten notiert hat. Umgekehrt aber fällt auf, daß der Protokollant die Argumentation Speyers nicht in wenigen Zeilen zusammengefaßt hat, obgleich dies inhaltlich ohne weiteres möglich gewesen wäre. Auf solche Zusammenfassungen verzichten kennzeichnenderweise auch die anderen Zürcher Protokolle. Daher ist wohl davon auszugehen, daß die Protokollanten tatsächlich bemüht waren, die Aussagen der Befragten möglichst getreu wiederzugeben.

Freilich läßt sich die Glaubwürdigkeit eines Gerichtsprotokolls nicht allein daran messen, ob es den Sachverhalt inhaltlich korrekt festhält.[58] Ebenso wichtig ist die Frage, ob auf die Zürcher *Kundschaften* die Überlegung zutrifft, daß Gerichtsprotokolle »einen ganz anderen Texttypus repräsentieren als der originale Dialog« und daher die Sprache von Gerichtsprotokollen die »interne Kommunikationsstruktur« der rechtlichen Institution widerspiegeln.[59] Wie eng also lehnen sich die Protokollanten sprachlich an die Aussagenden an?[60] Zunächst fällt auf, daß die Protokollanten zwar formelhafte Ausdrücke verwenden, diese aber relativ selten benutzen. Meistens dienen die Formeln einer Kurzbeschreibung des juristischen Sachverhalts. Der Ausdruck »mit der flachen Hand schlagen« etwa bezeichnet die Kategorie »Ohrfeige mit dem Handrücken oder mit der Innenhand« im Gegensatz z. B. zu »Faustschlag ins Gesicht«. Wenn die Protokollanten beispielsweise notie-

---

G. Sibler: Zinsschreiber, geschworene Schreiber und Landschreiber im alten Zürich, Zürcher Taschenbuch, (108) 1988 S. 149–206.

[57] Vgl. A. 27.115, Aussage Johann Friedrich Speyer, 10. 10. 1689.

[58] Auf diese konventionelle Frage nach dem Wahrheitsgehalt der Aussagen konzentriert sich H. Schnabel-Schüle, Ego-Dokumente S. 298.

[59] H. Steger, Sprachgeschichte als Geschichte der Textsorten/Testtypen und ihrer kommunikativen Bezugsbereiche. in: W. Besch/O. Reichmann/S. Sonderegger Hg., Sprachgeschichte. Ein Handbuch zur Geschichte der deutschen Sprache und ihrer Erforschung, Bd. 2/1. Berlin – New York 1984 S. 186–204; hier: S. 194, 196.

[60] Daß die Sprachwissenschaft jenseits der Debatten um den *linguistic turn* für die historische Kriminalitätsforschung ertragreiche Perspektiven eröffnen könnte, vermerkt – soweit ich sehe – im deutschprachigen Bereich allein: O. Ulbricht, Supplikationen als Ego-Dokumente. Bittschriften von Leibeigenen aus der ersten Hälfte des 17. Jahrhunderts als Beispiel, in: W. Schulze Hg., Ego-Dokumente. Annäherung an den Menschen in der Geschichte. Berlin 1996 S. 149–174; hier: S. 171.

ren, daß die Zeugen von der beklagten Person »nichts als Ehrs, liebs [und] guts wissen« hätten, heißt dies nicht, daß die Zeugen diese Worte tatsächlich ausgesprochen hätten. Die Protokollanten benutzen vielmehr eine Chiffre dafür, daß die Zeugen der beschuldigten Person einen guten Leumund attestieren. Die Protokollanten leisten jedoch nur verhältnismäßig selten solche Übertragungen von Einzelaussagen in juristische Terminologien. In der Regel übersetzen sie die dialektale Ausdrucksweise der Zeugen in die Kanzleisprache ihrer Zeit.[61] Eine erhebliche Verzerrung der ursprünglichen Aussage erfolgt damit nicht. Wenn ein Schreiber sich korrigiert und etwa den Ausdruck »füdli« mit »Hintern« ersetzt,[62] mag zwar etwas vom sprachlichen Lokalkolorit verloren gehen, aber keine für die Arbeit wesentliche Information.

Eine Reihe weiterer Argumente läßt sich dafür ins Feld führen, daß die Protokollanten ihrer eidlichen Verpflichtung nachkamen, die Aussagen möglichst getreu niederzuschreiben. Auffällig sind die wenigen Korrekturen. Sie weisen auf eine sorgfältige Redigierung der Protokolle hin. Wenn Korrekturen vorliegen, wird an ihnen ersichtlich, wie sehr sich die Protokollanten um die möglichst wortgetreue Wiedergabe der Aussagen bemühen. Grobe Fehlformulierungen der Protokollanten müssen eine Seltenheit gewesen sein. Jedenfalls ist der Schreiber, der die Aussage Jakob Berschys notierte, ein Einzelfall. Er begann festzuhalten, daß Berschy »gots Marter all samend an kein« geschworen habe, strich den Satzteil durch, um sich schließlich für folgende, völlig andersartige Formulierung zu entscheiden: Berschy habe geschworen »Gotz lichnam schend aller luterschen schelmen, horte aber nit, das er weder herds noch yemants nampts.«[63] Im Gegensatz zu solch grundsätzlichen Korrekturen stehen die etwas häufigeren kleinen sprachlichen Verbesserungen. Sie bestehen darin, einzelne Wörter zu präzisieren. Manchmal dreht es sich um rein stilistische, inhaltlich belanglose Veränderungen.[64] Ob aber jemand bei »gotz« oder bei »getz«[65], bei einem »himmel« oder

---

[61] Leider liegen, soweit ich sehe, keine weiterführenden sprachgeschichtlichen Arbeiten zum Verhältnis von Volkssprache und Kanzleisprache vor. Angelos Garovi untersucht allein die sprachgeographische Verteilung bestimmter Rechtstermini. Vgl. A. GAROVI, Rechtssprachlandschaften der Schweiz und ihr europäischer Bezug. Tübingen – Basel 1998.

[62] Vgl. etwa A. 27.151, Aussage Ulrich Frey, 13.2.1771.

[63] A. 27.14, Aussage Jakob Berschy, X.X.1542.

[64] So hielt der Protokollant der Aussage Verena Voglins fest, Jacob Schwytzer habe seinem Kontrahenten in einem Ehrkonflikt erwidert: »er sÿge nit so ein schöner gsell, das man nit mit Im reden dörffe. Inn dem habe der Müller Inne, Schwÿther, mit einem biel zum haubt geschlagen.« (A. 27.60, Aussage Verena Voglin, 11.12.1615). Eine vergleichbar harmlose Korrektur findet sich auch in A. 27.72, Aussage Andreas Ryffel, 3.12.1634.

[65] Vgl. etwa das Urteil gegen Heiny Ysenschlegel von 1542, er habe »solt Inn gotz (oder getz) Crütz, Wunden, Lÿden und macht schennden.« B. VI.256, fol. 89v. Ebenso die erfolglose Nach-

»himmel hergot« geschworen hatte,[66] machte einen entscheidenden Unterschied. Stellte der erste Ausdruck eine juristisch schwerere Form der Blasphemie dar, weil er Gott direkt beim Namen nannte, konnten die Beklagten den zweiten Ausdruck als euphemistische Umschreibung darstellen und auf diese Weise Milderungsgründe geltend machen. Gerade bei solchen juristisch relevanten sprachlichen Wendungen wird man also mit der präzisen Fixierung der Aussagen durch die Protokollanten rechnen dürfen.

Für die Sorgfalt, mit der die Protokollanten ihre Arbeit verrichteten, sprechen weitere, gewichtige Gründe. Es liegt im Interesse von Angeklagten, unzutreffende Vorwürfe von sich zu weisen. Eben aus diesem Grunde rechtfertigten sich die Beklagten immer wieder damit, die Zeugen hätten sie mißverstanden oder falsch zitiert. Sie insistierten also darauf, daß die Wiedergabe der strittigen Sprechhandlung korrigiert werde. Dazu ließ ihnen offenbar das Gerichtsverfahren die Gelegenheit: Es scheint die Regel gewesen zu sein, daß das Protokoll vorgelesen und von den Verhörten bestätigt wurde.[67] In einer Akte von 1687 steht zu lesen: »Stabhalter Heini Kleiner von Undermetmanstetten ward über seine gethane obige Ußsage noch einmahl verhört, bitet Ihme selbe nacheinmahl vorzeleßen, so beschehn, welcher solche nochmahlen bestehtet.«[68] Hätten sich die Beklagten falsch wiedergegeben gefühlt, wäre daher zu erwarten, daß sie Einwände gegen das Protokoll erhoben hätten. Dies ist allerdings nur in einem Fall nachzuweisen, in dem Cunrath Schüppers kritisierte, er habe »niemaln sÿn frouwen ein hergots Element, Sacrament ald [oder] himelhuoren gschulten, sonnder ein hergottlose Ellement, Sacrament und himelloße huoren [...] Sÿ, die kundtschafter uff den underschied der worten nit geachtet.«[69] Angesichts ausbleibender Korrekturanforderungen der Befragten ist also davon auszugehen, daß die Protokolle deren Aussagen inhaltlich treu wiedergeben. Die Schreiber mußten auf der Stelle die Aussage der Befragten notieren und von ihnen bestätigen lassen. Wenn die Protokollanten ihre Konzepte nachträglich überarbeiteten, korrigierten sie nicht die Aussagen der Befragten. Sie brachten die Mitschriften lediglich in eine saubere Form.

---

frage beim Zeugen Herman Göldli in Sachen Kleinhans Morgenstern: »Ob er [der Beklagte] aber Gotz oder Getz gseÿt, moge er nit wißßen.« A. 27.14, Aussage Herman Göldli, X. X. 1545.

[66] So strich der Protokollant der Aussage Rudolf Leemans über den Schwur einer Schiffersfrau das Wort »himel« durch. Vgl. A. 27.48, Aussage Rudolf Leeman, X. 11. 1600.

[67] Über diese Verfahrensfrage ist wenig bekannt. Auch Wilhelm Ruoff kann allein auf ein Schreiben eines Vogts von Kyburg verweisen. Vgl. H. W. Ruoff, Räte S. 98.

[68] A. 27.120, Aussage Heini Kleiner, 4. 9. 1697.

[69] A. 27.39, Aussage Cunrath Schüpper, 18. 7. 1586.

Ein weiteres Argument spricht dafür, daß es sich bei den *Kundschaften und Nachgängen* um Texte handelt, welche die Perspektive der Betroffenen, wenn nicht unmittelbar, so doch aus großer Nähe nachzuvollziehen erlauben. Selbst bei inhaltlicher Übereinstimmung und einer Vielzahl von Zeugen sehen die Protokollanten in nahezu allen Fällen von einer Zusammenfassung der Aussagen ab.[70] Wenn in absoluten Ausnahmefällen die Kundschafter oder Vögte mehrere Aussagen zu einer einzigen Beschreibung zusammentragen oder eine Aussage summarisch festhalten, weisen sie eigens darauf hin.[71] Im Regelfall aber notieren sie jede einzelne Aussage in ihren sprachlichen Variationen. Bezüglich einer Schlägerei zwischen den Brüdern Heini und Bürgi Studer sagte etwa Hans Umber aus: »Da [als Pfarrer Teck zwischen die Brüder trat] heini [Studer] nachingangen unnd ettwan getz krütz geschworen. Daruf der predicant zuo Im gsagt, er sölte buoß thuon und den herd küssen. Seite heini, ob er das gegen Jedem so bald andete. Redte der predicant, er hette das sÿn than und so er das nit thete, welte er das bringen, dahin es gehorte.« Die Aussage Jacob Röschlis ist inhaltlich identisch, doch folgt der Protokollant dessen sprachlicher Version: Der Pfarrer habe Heini Studer ermahnt, »er sölte nit also schweeren. Sproche Studer getz Crütz, Ich schweren doch nit. Daruf seite der herr, er schwür, er sölte buoß thuon. Frage studer Inn, ob er alweg so grecht were. Seite der herr, er hette das sÿn than und so er nit buoß thuon welle, müßte er wol, wohin er mit sölte.« Gleiches gilt für die Aussage Galli Lemans: Teck habe Heini aufgefordert, sich zurückzuziehen, was dieser jedoch verweigert habe. Statt dessen »schwüre [er] über dem bruder. Seite der herr zu Im, er sölte nit also schweren. Seite studer: getz Crütz, Ich schwer doch nit. Seite der herr: ist das nit geschworen? Thuo buoß und bist ghorsam oder ich weiß wol, wohin Ich mit soll.«[72] Die Protokollanten achteten also darauf, gerade den individuellen Charakter der Aussagen zu erhalten. Die Gerichtsprotokolle dürfen daher als Texte gelten, welche die Perspektive der Befragten verhältnismäßig »authentisch« vermitteln. Die Protokollanten waren keineswegs die letztendlichen Autoren der von ihnen erstellten Texte.[73]

Die Passagen in direkter Rede erwecken am stärksten den Eindruck der Authentizität. Die seltenen Abschnitte in direkter dialektaler Rede lassen da-

---

[70] Als Beispiel eines solch seltenen Falles vgl. A. 27.10, undatierte Aussagen in der Sache Michel Hengli.

[71] Vgl. etwa A. 27.67, Bericht des Regensberger Statthalters in Sachen Heinrich Jegli, 28.6.1626 bzw. A. 27.113, Aussage Hans Jacob Hönysen, 12.11.1684.

[72] A. 27.12 undatierte Aussage.

[73] Hierauf führt Ulrike Gleixners Vorstellung vom Richter als Autor der Texte hinaus. Vgl. U. GLEIXNER, Unzuchtsverfahren S. 21.

bei nicht erkennen, daß die Protokollierung in Kanzleisprache die ursprüng-lichen Redeweisen inhaltlich wesentlich breche. Hierzu ein Ausnahmebei-spiel aus dem Jahre 1713: Der Protokollant hielt die Aussage Jagli Dubers über den Wortwechsel zwischen Heinrich Müller und einer Frau über die Frage, ob Maria als Mutter Gottes eine Fürbitterin sei, in folgender Form nieder: Müller habe gesagt, »d[er] abt v. st. gallen ist dursach [die Ursache], daß Eüwer krieg so abglofen. Die fr[au] heig do gseit: Ich ha den krieg nit angfang[en], Ich willen au nid außmachen. Use [unsere] fr[au], die muter gottes, ist use fürbiteri.«[74] Wenngleich die direkte dialekte Rede unmittel-barer wirkt, so verrät das Protokoll doch nichts, was nicht auch in anderen Gerichtsprotokollen über die Diskussionen um die Marienanbetung zu lesen wäre. Gleiches läßt sich an einem weiteren Ausnahmebeispiel von 1548 beob-achten: Während der Protokollant die Aussage des Angeklagten Bluntschli in der ersten Person festgehalten hat, wählte der Schreiber bei der Aussage des Zeugen Joachim Wyß die übliche grammatische Form der dritten Person. Aufschlußreich ist, daß die relevanten Passagen zur blasphemischen Bemer-kung Bluntschlis inhaltlich identisch sind.[75] Die entscheidende Brechung in den *Kundschaften und Nachgängen* geschieht nicht sprachlich in der Pro-tokollierung der Gerichtsschreiber, sondern gedanklich im Aussageverhalten der Befragten.

Es ist zwar nicht auszuschließen, daß die Protokollanten bewußt die di-rekte Rede zur dramatischen Aufwertung einzelner Szenen benutzten. Dies widerspräche freilich der Feststellung, daß sie sonst nicht als eigenmächtige Stilisten in Erscheinung treten. Es ist viel wahrscheinlicher, daß die unter Zeitdruck stehenden Schreiber sich von den eindringlichen Darstellungen der Befragten dazu verleiten ließen, die strittige Passage des Redewechsels unmittelbar in direkter Rede zu übernehmen. Daß es für die Protokollanten schwierig werden konnte, die Simultandolmetschung aus dem Dialekt in die Kanzleisprache, aus der direkten in die indirekte Rede zu leisten, zeigen zwei Einzelfälle:[76] In ihnen wechseln die Schreiber zwischen der ersten und dritten Person. Sie sind also nicht in der Lage, konsequent die Position des Referierenden einzunehmen, sondern gleiten streckenweise in die Perspekti-ve des Befragten hinein. Daß aber die spontane Umformulierung der Dar-stellungen der Aussagenden Schwierigkeiten bereiten konnte, ist ein zusätz-liches Indiz dafür, wie nahe die Protokollanten an den Äußerungen der Be-klagten »dranblieben«. Wenn auch in Gerichtsakten die Befragten nicht

74 A. 27.128, Aussage Jagli Duber, 7.2.1713.

75 Vgl. A. 27.16, Aussage Joachim Wyß, X.X. 1548; Aussage Bluntschli, 1.2.1548.

76 A. 27.16, Aussage eines nicht namentlich genannten Landsknechts: X.11.1546; A.27.16, Aussage Ruotsch Bluntschli, Samstag nach Karoli 1548.

selbst direkt zu Wort kommen, so sollten umgekehrt die Schreiber nicht als autonome Interpreten der von ihnen fixierten Aussagen überschätzt werden. Als Zwischenfazit ist daher festzuhalten, daß die Zürcher Gerichtsprotokolle prinzipiell in doppelter Weise gebrochen sind: durch die Situation der Rede vor Gericht zum einen, durch die schriftliche Protokollierung zum anderen. Sie können daher nicht naiv als unmittelbare Selbstzeugnisse der Befragten gelesen werden. Doch erweisen sich umgekehrt die Protokollanten nicht als juristische oder sprachliche Zensoren, sondern als zuverlässige Übermittler der erfolgten Aussage. Die *Kundschaften und Nachgänge* liefern somit ungewöhnlich detailreiche Zeugnisse blasphemischer Sprechhandlungen und der mit ihnen implizierten religiös-sozialen Normen.

Aus welcher Perspektive aber genau sind diese Einschätzungen der Betroffenen überliefert? Handelt es sich um Dokumente, die aus einer Sicht »von oben« oder einer Sicht »von unten« entstanden sind? Weder das eine noch das andere trifft zu. Die hier behandelten *Kundschaften und Nachgänge* stammen deswegen nicht »von unten«, weil sie weder direkte Zeugnisse der Betroffenen sind, noch aus der untersten Ebene der Niedergerichtsbarkeit stammen. Ebensowenig entsprechen die Gerichtsprotokolle einem Blick »von oben«. Es sind nicht Repräsentanten der Obrigkeit, die für die Betroffenen sprechen oder die aus ihrer Warte Urteile über die Befragten abgeben. Vielmehr reden die Betroffenen selbst und zwar vor den Kundschaftern bzw. Vögten, die zwischen lokaler Niedergerichtsbarkeit und städtischem Rat zu vermitteln haben.[77] Insofern lassen sich die *Kundschaften und Nachgänge* einer Position zwischen »oben« und »unten« zuordnen. Die Zürcher Gerichtsprotokolle auszuwerten, heißt folglich eine rein etatistische Betrachtungsweise zu überwinden, ohne der Illusion zu erliegen, die Perspektive der Betroffenen selbst einnehmen zu können. Diese Justizakten erlauben es damit, die zeitlichen und perspektivischen Grenzen, die autobiographischen Aufzeichnungen von Zeitzeugen gesetzt sind,[78] zu überschreiten wie auch eine Akzentverlagerung von der Obrigkeit weg zu den Betroffenen hin vorzunehmen.[79]

---

[77] Daher ist es notwendig, die monologischen Gerichtsprotokolle als Dialog zwischen den Befragten und den Vertretern der Obrigkeit zu entschlüsseln. Vgl. hierzu in größerer Ausführlichkeit unter Verzicht auf eine Auseinandersetzung mit dem *linguistic turn*. D. SABEAN, Peasant Voices and Bureaucratic Texts. Narrative Structure in Early Modern German Protocols, in: P. BECKER/W. CLARK Hg., The Figures of Objectivity. i. Dr. Ich danke David Sabean für die Zusendung des Manuskripts.

[78] Vgl. etwa T. Bruggisser, Frömmigkeitspraktiken.

[79] Zu einer allgemeinen Einschätzung des Quellenwerts von Justizakten vgl. K. SIMON-MUSCHEID, Reden und Schweigen; K. SIMON-MUSCHEID, Gerichtsquellen; S. GÖTTSCH, Zur Konstruktion schichtspezifischer Wirklichkeit, Strategien und Taktiken ländlicher Unterschichten

Der Aussagewert der Zürcher Gerichtsprotokolle läßt sich jedoch noch näher bestimmen. Die Quellengattung der *Kundschaften und Nachgänge* existiert durchgehend vom ausgehenden 15. bis ins beginnende 19. Jahrhundert und verändert sich in der Form kaum. Die vorliegende Langzeitstudie beruht somit auf Material, das in sich homogen ist. Allerdings unterscheiden sich die Akten im Übergang vom Spätmittelalter zur Frühen Neuzeit recht deutlich. Während bis in die 1520/30er Jahre hinein die meist undatierten Gerichtsprotokolle sehr viel stärker von der Rechtssprache geprägt sind und meist wenige Zeilen umfassen, nimmt mit der Entwicklung der Schriftlichkeit die erzählerische Detailfreude und die Bereitschaft zur Datierung ab den 1540er Jahren spürbar zu.[80] Aus diesem Grund müssen viele Fragen, welche die Kontinuitäten und Brüche im Übergang vom 15. zum 16. Jahrhundert betreffen, unbeantwortet bleiben.

Die Lücken, welche die Gerichtsprotokolle bezüglich des Kontexts offenlassen, werden von drei Quellengattungen, die sich unter der Archivrubrik der *Kundschaften und Nachgänge* befinden, teilweise geschlossen: die Pfarrer- und Vogtberichte, die »Leumundszeugnisse« der Pfarrer und die Suppliken der Angeklagten. Gehorchen die »Leumundszeugnisse« und Suppliken bestimmten Argumentationsmustern, sind Pfarrer und Vögte in ihrer Berichterstattung, von manchen rhetorischen Konventionen abgesehen, erheblich freier. Doch auch diese darstellerische Freiheit hat ihre Grenzen. Ob aus Eigeninitiative oder auf Anforderung des Rats hin, Vögte schickten ihre Berichte nach Zürich, um sich als gewissenhafte Amtmänner zu erweisen. Sie schrieben aus eigener Kenntnis, konnten aber genauso Meldungen von Pfarrern oder Amtspersonen referierend zusammenfassen und berichteten dann aus zweiter Hand. Was die Geistlichen betrifft, so griffen sie von sich aus nur selten zur Feder. Zumeist folgten sie der Aufforderung des Rats, Auskünfte über einen Vorfall zu erteilen. Doch auch sie legten Wert darauf, ihre Aufgabe gewissenhaft zu erfüllen, indem sie möglichst genaue Recherchen anstellten und deren Ergebnisse schriftlich festhielten. Damit sind Berichte entstanden, die den Gerichtsprotokollen aufschlußreiche Zusatzinformationen, insbesondere zur Vorgeschichte eines Konflikts und zu den Reaktionen des sozialen Umfelds, liefern können. Gerade diese ergänzenden Hinweise

---

vor Gericht, in: B. Brönich-Brednich/H. Gernd Hg., Erinnern und Vergessen. Göttingen, 1991 S. 443–452.

[80] Erreicht um die Mitte des 16. Jahrhunderts ein Gerichtsprotokoll eine Länge von ungefähr drei Seiten, lag die Seitenzahl am Beginn des 18. Jahrhunderts bei fast neun Seiten. Diese Einschätzung beruht auf die durchschnittliche Zahl der Folioseiten, die jeweils für ein Delikt in den Jahren 1544/45, 1590/91, 1633, 1679 und 1706/07 angefertigt wurden. Vgl. A. 27.15; A. 27.42; A. 27.72; A. 27.109a; A. 27.125.

erlauben es, Konfliktaustragung auch außerhalb des justiziellen Raums zu verfolgen. Allerdings darf hierbei nicht übersehen werden, daß auch die Berichte der Geistlichen und Vögte sich ebenso an den Relevanzkriterien der Justiz orientieren. Auch sie dürfen nicht als erschöpfende Gesamtdarstellung eines Falls verstanden werden.

Zusätzliche Angaben zur Person des Angeklagten liefern die »Leumundszeugnisse« der Pfarrer. Diese entstanden unter drei unterschiedlichen Bedingungen und heben sich daher jeweils voneinander ab. In schwierigeren Fällen ließ der Rat beim Gemeindepfarrer manchmal nachfragen, wie sich der Angeklagte bislang verhalten habe. Die Pfarrer gaben ihr Urteil also nur auf Anfrage ab. Die Leutpriester der drei großen Zürcher Kirchen St. Peter, Fraumünster und Großmünster hingegen waren grundsätzlich dazu verpflichtet, die in den Stadttürmen eingelieferten Gefangenen zu besuchen und über das seelsorgerliche Gespräch Bericht zu erstatten. In beiden Fällen erfüllten die Gutachten der Geistlichen die Funktion, dem Rat Hintergrundinformationen über die Person des Beklagten wie auch über dessen Einstellung zu seiner Tat an die Hand zu geben. Eine andere Aufgabe erfüllten die Schreiben, die Pfarrer im Auftrag der Gemeinden anfertigten, um beim Rat für die Angeklagten Fürsprache zu halten. Erheben in den ersten beiden Fällen die Zeugnisse den Anspruch, neutral Auskunft zu geben, betonen die supplikationsähnlichen Schreiben emphatisch den guten Leumund der fraglichen Person. Die rhetorischen Stilmittel, derer sich die Geistlichen bedienen, sind daher ganz andere; auch der Argumentationsrahmen der Zeugnisse unterscheidet sich. Doch sind diese Differenzen in der Form ohne weiteren Belang. Ausschlaggebend ist, daß alle drei Sorten gutachterliche Texte sich nach den Kriterien guter christlicher Lebensführung richten. Sie liefern somit nicht nur zusätzliche Informationen über die Person des/der Angeklagten und den Hintergrund eines Konflikts, sondern belegen auch, welche Verhaltensnormen aus weltlicher wie aus geistlicher Sicht in der Praxis relevant wurden.

Von einer spezifischen Art, sich auf die Normkriterien der Obrigkeit zu beziehen, zeugen die Supliken, die in Zürich ab ungefähr der Mitte des 17. Jahrhunderts vereinzelt für bzw. von Blasphemikern überliefert sind.[81] Wenn auch die Verwandtschaft, die *Freundschaft*, die Fürsprecher oder die Angeklagten selbst mit den gattungsspezifischen rhetorischen und argumentativen Topoi arbeiten (lassen), so ist doch auffällig, wie stark die Bittschriften individuell gestaltet sind. Den Handschriften nach zu urteilen, ist wohl

---

[81] Diese sind über den gesamten Bestand der Aussage und Nachgänge verstreut (A. 27.4a–158) und in einer eigenständigen Abteilung für Bittschriften (A. 92.1–7) zu finden.

eine beträchtliche Anzahl der vorhandenen Bittschreiben von den Angeklagten selbst aufgesetzt worden. Damit scheinen die Suppliken dazu prädestiniert zu sein, die Strategien von Blasphemikern in ihrer Auseinandersetzung mit der Justiz und somit eine politische Dimension des Gotteslästerungsdelikts zu verfolgen. Freilich dürfen gerade angesichts der gesteigerten Aufmerksamkeit, welche diese Quellengattung derzeit in der Forschung findet, keine zu hohe Erwartungen an die Aussagekraft der Suppliken gestellt werden. Im Falle Zürichs erzählen die wenigen Gnadengesuche keine dramatischen Geschichten, die wie diejenigen der zum Tode Verurteilten von Natalie Zemon Davis zu vielfältiger Interpretation reizten. Die Zürcher Blasphemiker bleiben in der Regel sachlich-nüchtern und sind verhältnismäßig kurz angebunden. Offensichtlich war ihnen nicht sehr nach »Erzählen« zumute.

Die Bestände des Zürcher Staatsarchivs, so das Fazit, haben für das Thema der Gotteslästerung ihren besonderen Reiz. Zum einen sind die relevanten Quellen massenhaft und weitgehend über die gesamte Frühe Neuzeit erhalten. Sie ermöglichen eine Langzeitstudie über nahezu dreihundert Jahre. Zum anderen ergänzen die Quellengattungen in ihrer Vielfalt einander. Sie bieten ferner die Möglichkeit, die Geschichte der Blasphemie auf der Norm- wie auf der Praxisebene zu verfolgen.

Keine der im Forschungsüberblick vorgestellten Arbeiten ruht auf einer Quellengrundlage, die sich nur annähernd mit der Zürcher Überlieferung messen könnte. Allein Schwerhoffs Studie arbeitet Archivmaterial in umfassend qualitativer Weise auf. Die Überlieferungslücken jedoch, welche die Schwerhoffschen Bestände aufweisen, sind nicht mit denjenigen in Zürich zu vergleichen. Schwerhoff ist aufgrund seines Materials dazu genötigt, mit der »Knappheit der Quellen« zu leben.[82] Die Nürnberger Mandatensammlung und Haderbücher oder das Material zu den Geldbußen beispielsweise sind außerordentlich fragmentarisch. Auch die theologischen Gutachten, die in der Stadt Nürnberg über Blasphemiker angefertigt wurden, scheinen weniger ausführlich als deren Zürcher Äquivalente auszufallen. Um eben solche Überlieferungslücken zu umgehen, ist Schwerhoff gezwungen, mehrere Fallstudien miteinander zu kombinieren.[83] Dies ist jedoch eine nur bedingt befriedigende Lösung, weil zum einen die Verhältnisse in den drei gewählten Städten stark voneinander abweichen und zum anderen die jeweils herangezogenen Quellengattungen nicht genügend einander ergänzen. Anders die Zürcher Quellenbestände. Sie führen in die Tiefe einer Regionalstudie. Wenn

---

[82] Vgl. G. Schwerhoff, Gott und die Welt S. 242.

[83] Auf diese Probleme macht Schwerhoff selbst aufmerksam. Vgl. G. Schwerhoff, Gott und die Welt S. 166, 248, 250, 260, 263, 273, 290.

die Zürcher Quellen auch nicht den Stoff für eine mikrohistorische Darstellung der Fälle hergeben, lassen sie eine Vielzahl aggregativer Fallbeschreibungen aus Sicht der Beteiligten zu. Die Akten für die Frühe Neuzeit sind derart in sich geschlossen, detailreich und zueinander komplementär, daß sie eine reizvolle Suche versprechen: die Suche nach der Tragweite religiöser Normen im Alltagsleben einer frühneuzeitlichen Gesellschaft.

II. Das Delikt der Gotteslästerung
im frühneuzeitlichen Zürich

1. Die Sanktionierung der Gotteslästerung

a) Normsetzung

Die weltlich-obrigkeitlichen Sittenmandate

Bis zum Ende des Ancien Régime kannte die Justiz des Kommunalstaats Zürich kein Strafgesetzbuch. Allein die Sittenmandate legten fest, was im Falle einer Blasphemie zu unternehmen sei. Die gesetzliche Sanktionierung der Blasphemie zu beschreiben, heißt daher, die Mandate daraufhin zu untersuchen, welche Regelungen sie vorsahen und wie diese sich im Laufe der Zeit veränderten.

Die Wortsünde des Schwörens und Fluchens erkannten Theologen und Juristen bereits im Hochmittelalter und nicht erst in der Frühen Neuzeit als Problem.[1] Diese Feststellung gilt auch für Zürich. Ähnlich wie in Konstanz,[2] Köln, Nürnberg, Basel, Luzern[3] oder Bern[4] sagte der Zürcher Rat ab dem 14. Jahrhundert den lästerlichen Sprachgewohnheiten seiner Untertanen den Kampf an. Am 18. August 1344 verkündete der Rat, daß es unter Geldstrafe (bzw. Gefängnisstrafe im Falle der Zahlungsunfähigkeit) untersagt sei, bei »Gotz funf wunden, Gotz werden wunden, Gotz wunden, Gotz sweis, Gotz schedel, Gotz houpt, Gotz kopf, Gotz stÿrn, Gotz lunge, Gotz leber, Gotz

---

[1] Für die Theologie des 13. Jahrhunderts vgl. die grundlegende Arbeit C. Casagrande/S. Vecchio, péchés. Zur theologisch-juristischen »Diskursivierung« der Wortsünde insbesondere im Spätmittelalter und bei Luther vgl. G. Schwerhoff, Gott und die Welt S. 17–72.

[2] Vgl. P. Schuster, Stadt vor Gericht S. 75.

[3] Vgl. zu den frühen städtischen Rechtsbestimmungen im Gebiet des Deutschen Reichs seit dem 13. Jahrhundert G. Schwerhoff, Gott und die Welt S. 148–157. Spezifisch zu Köln, Basel und Nürnberg vgl. hingegen G. Schwerhoff, Gott und die Welt S. 229–231, 246 f., 267 f.

[4] Zu den offensichtlich parallelen Entwicklungen mit der Berner Sittengesetzgebung vgl. H. R. Schmidt, Dorf S. 78–80.

ader, Gotz bart, Gotz nasa, Gotz huerre [Stute], Gotz merhe, Gotz bluot«
oder bei anderen Attributen des Höchsten zu schwören. Außerdem legte der
Rat fest, daß es für die Mitglieder einer gemeinsamen Haushaltung nicht
statthaft sei, sich gegenseitig der Wortsünde zu beschuldigen, was demnach
offensichtlich vorkam.[5]

Nach dem Auftakt im 14. Jahrhundert folgten im 15. Jahrhundert drei
weitere gesetzliche Bestimmungen. Die Verordnung gegen das Fluchen und
Schwören vom 14. November 1415 sah vor, »dz [daß] man von diss hin [von
nun an] all die, es syen frouwen oder man, so von ûnserm herren got oder bi
sinem liden oder gelidern oder von siner wirdigen muoter ûnser lieben frouwen oder bi den heiligen frevenlich oder ungewonlich swerrent oder fluo-
chent, ein jeklicher, der dz hoeret , bi sinem eid [sc. den vier verantwortlichen Amtspersonen] leiden [melden] sol.« Weiterhin sollten die verantwortlichen Amtmänner oder jemand, dem ein Fall angezeigt werde, »die person und die swuer und die fluoch, die sie getan hat, verzeichnen« und die
Betroffenen einmal wöchentlich vor den Rat bringen.[6] Das Mandat verschärfte also die vormaligen Regelungen insofern, als nunmehr zusätzlich zu
den Gliederschwüren die mißbräuchliche Anrufung der Mutter Gottes kri-
minalisiert wurde. Anstatt festzulegen, welche Denunziationen nicht rechts-
gültig seien, wurde die Meldung einer lästerlichen Äußerung zur Bürger-
pflicht erklärt. Der Fluch wurde formell dem Schwur zur Seite gestellt, ohne
daß eine explizite kategoriale Unterscheidung für notwendig erachtet wurde.
Mit dieser Verordnung war der Rat offensichtlich erst einmal zufrieden. Am
26. Juni 1417 bestätigte er die Gültigkeit der zwei Jahre alten Bestimmungen.[7] Dies trifft ebenfalls für das Mandat vom 25. August 1421 zu. Es mahnte pauschal an, daß niemand einen »ungewonlichen swuor tuon sol« und rief
erneut die Denunziationspflicht einer und eines jeden in Erinnerung.[8]

Hatte der Rat im Hochmittelalter ein gemäßigtes Interesse am Problem
der Wortsünde gezeigt, erachtete er das Problem nach der Reformation als
dringlicher.[9] Bereits am 1. Dezember 1526 erfolgte ein entsprechendes Man-

---

[5] Zitiert nach: H. Zeller-Werdmüller/H. Nabholz Hg., Die Zürcher Stadtbücher des XIV.
und XV. Jahrhunderts, Bd. 2 S. 164.
[6] Zitiert nach: H. Zeller-Werdmüller/H. Nabholz Hg., Zürcher Stadtbücher, Bd. 2 S. 37.
[7] Vgl. H. Zeller-Werdmüller/H. Nabholz Hg., Zürcher Stadtbücher, Bd. 2. S. 38.
[8] Zitiert nach: H. Zeller-Werdmüller/H. Nabholz Hg., Zürcher Stadtbücher, Bd. 2 S. 152.
[9] Die folgende Darstellung kann aufgrund der Überlieferungslage nicht den Anspruch einer
absolut gesicherten Chronologie der Sittengesetzgebung erheben. Sie vermag jedoch einige in
der Literatur verbreitete Datierungen zu korrigieren. Die Paginierung bzw. die Numerierung
der Dokumente im Archivbestand der gedruckten Mandate (III.AA.b) ist oft inkonsistent, wurde aber dennoch angegeben, um – soweit möglich – die Orientierung zu erleichtern. Eine popu-
lärwissenschaftliche Überblicksdarstellung der Verordnungen im Kontext der Zürcher Ge-

dat, das 1528 wiederholt wurde: »Das niemans bj gott, siner wirdigenn muoter unnd den heiligenn schwerenn selle bj einer buoß deshalb daruff gesetzt.
Lanngt uff sollichs die genantenn unser herrenn warlich und gleuplich an,
unnd sicht man es auch täglich, Daß solch Ir verußgangen mandat und ge-
pott auch ansechenn eben schlechtlich gehaltenn wirdt, und sunder das yetz
gmeynlich von méngklichenn unverschampt und fräffentlich söllich schwür
unnd schelt wort gotes marter und liden, auch sin werdige mutter unnd die
heilgen betrefens gepruchet werdent unnd sich des niemans maßßet. Dran unser herrenn mengklich mißfall tragent unnd wellennt hiemit mengklich be-
richtenn unnd mit allem ernst warnen, das yederman Jung unnd alt, frowen
und mannen, diennstknecht und jungkfrowenn, Sich sollicher schwüren und
getzlestern maßßgind unnd darvon standint. Dann wer es uber sicht, er thuege es uß bößßer angenommner gwenheit oder undachtlichenn, der unnd die-
selbigenn söllennt so offt es beschühe, zuo buoßß gebenn fünff schilling
pfänning und eins oder einer möchte so boßß unnd schantlich schwuer thuon, man wurde es nit bj söllicher buoß plibenn laßßenn, Sonnders die übert-
redendenn witer an er, lib oder gut straffenn, ye nach gstalt der sach unnd
eins yedem verhandlung.«[10] Der Rat ergriff also erneute Initiativen gegen
blasphemisches Reden. Die Tatsache jedoch, daß beide Verordnungen noch
nach Einführung der Reformation Schwüre bei den Heiligen und der Mutter
Gottes verboten, verdeutlicht, wie nahtlos die Zürcher Sittengesetzgebung
der ersten Reformationsjahre an die mittelalterlichen Traditionen anknüpfte.
Die neuen Bestimmungen lehnten sich in den Formulierungen wie in den Inhalten unmittelbar an vormalige Regelungen an.[11]

Die Grundlage für die frühneuzeitlichen Regelungen legte im Anschluß an
diese Bestimmungen der zwanziger Jahre das »Große« oder »Bußmandat«
von 1530.[12] Um einige Regelungen zum Abendmahl ergänzt, wurde es 1532
erneut verkündet. In seiner Fassung von 1550 sollte es bis ins 18. Jahrhundert
hinein prinzipiell gültig bleiben.[13] Während die Anweisungen im Gesetz von

---

schichte leistet P. ZIEGLER, Sittenmandate. Eine gründliche Übersicht der Polizeiordnungen
wird demnächst greifbar sein unter: C. SCHOTT-VOLM, Zürich, in: K. HÄRTER/M. STOLLEIS Hg.,
Repertorium der Policeyordnungen der Frühen Neuzeit. Frankfurt/Main 2002 (i. Dr.). Bis da-
hin vermittelt einen Eindruck von der Zürcher *Policey*: C. SCHOTT, Policey in der Schweiz. Das
Beispiel Zürich, in: M. STOLLEIS/K. HÄRTER/L. SCHILLING Hg., Policey im Europa der Frühen
Neuzeit. Frankfurt/Main 1996 S. 489–507.

[10] Vgl. A. 42.2, Schwörmandat für Stadt und Land, 1.12.1526; Abdruck der zwei Mandate
bei E. EGLI Hg., Aktensammlung zur Geschichte der Zürcher Reformation in den Jahren
1519–1533. Zürich 1879 (Ndr. Aalen 1973), Nr. 1977 S. 515; Nr. 1401 S. 616.

[11] Vgl. etwa das unter A. 42.2. vorhandene Mandat von ca. 1512.

[12] Vgl. III. AAb. 1.1, Nr. XV, p. 63–67.

[13] Vgl. III. AAb. 1.1; E. EGLI, Aktensammlung, Nr. 1654 S. 702–711. Der öfters anzutreffende

1550 erheblich genauer ausfielen, verwies die Verordnung von 1530 noch pauschal auf das Übel der Gotteslästerung. Im Text von 1530 heißt es: »Uss verkündung des hellen, unbetrügenlichen wort Gottes, das wir worab Gott dem allmächtigen zuo eren und unserer besserung, nach dem richtschyt begründter, biblischer geschrift, one vermischung menschlichen guotdunkens und uss oberkeits und christenlichen amptspflichten [sehen wir uns bewogen] unser und der unseren ärgerliches, zerbrochens leben [...] zuo verbesseren und ein fromms, erbars wesen, ouch guot christenlich sitten bi den unsern ze züchten. Zur erhaltung guoter, erbarer policey und christenlichen lebens würden kraft dieser Ordnung die vorusgangne mandat, es sye üppiger kleideren, gottslästerens, schwerens, zuotrinkens, tanzens oder anderer unmassen halb, mit rechter wüssen ernüwert, bestätiget und zum teil gebesseret.«[14] Das Sittengesetz von 1550 hingegen legte fest: »Damit uns Gott der allmaechtig glück, gnad und heil verlyhe, Gebietend wir, das yederman, jung und alt personen, frowen und man, dienstknecht und jungfrowen sich huete vor Gottes und sines heiligen namens lesterung, schelten und schweeren. Dann weliche das übersähe[n]d, sy thuegind es uß boeser angenomner gwohnheit oder unverdaechtlich, der unnd die selben übetraettenden soellend angentz durch die naechst person bym Eyd buoß zethuond, so offt es bschicht, erfordert werden. Un[d] die glych inn der fußstapffen sich uff die knüw niderlassen unnd den herd küssen oder aber dem leider ein schilling unser waerstschafft also bar zuo sinen handen antworten und dieselb buoß fürderlich durch Gottes willen dem naechsten armen menschen ald inn den stock des gemeinen Almuosens gegeben und verordnet werden und wedere straaff einer oder eine annimpt un[d] vollstreckt, damit soll gebueßt syn. Und waer sich harinn ungehorsam erzeigte, das dann die person, so den schwuer gehoert und gemeldet hatt, soelllichs bym Eyd in unser Statt einem Burgermeister unnd uff der Landtschafft unsern Voegten unverzogenlich fürbringen. Damit die schuldigen gehorsam gemacht und nach jrem verdienen wyter gestraafft werdind. Und eins oder eine moechte so groblich, schantlich und boeß schwuer thuon, man wurde es by eegemelter buß nit blyben lassen, sonders die schuldigen wyter an lyb, laeben eer und guot hertenklich straaffen. Allwaeg nach gestalt der sach und eins yeden überfaren und verhandlung.«[15]

Hinweis auf die Sammlung der Druckschriften in der Zürcher Zentralbibliothek (XVIII.210.53) ist für das Mandat von 1532 falsch.

[14] E. EGLI, Aktensammlung, Mandat, 26.3.1530, Nr. 1656 S. 702 f. Das gedruckte Original des Mandats befindet sich nicht, wie bei Emil Egli angegeben, in der Mandatsammlung III.Aab.1, sondern ist unter E. I.1.2 zu finden.

[15] III. AAb.1.1, Mandat 1550, Nr. 25, p. 7.

Der Gesetzestext von 1530 nannte Gotteslästerung in einem Atemzug mit anderen moralischen Vergehen wie das Zutrinken, Tanzen und Verletzen der Kleiderordnung, drohte neben Geld-, Ehren- und Körperstrafen mit der Todesstrafe und behandelte somit Blasphemie als eine Angelegenheit öffentlicher Ordnung. Nach »Etablierung« der Reformation wurde die Ordnung allein mit der Heiligen Schrift legitimiert und die Referenz auf die Mutter Gottes oder die Heiligen fallen gelassen. Verglichen mit den Bestimmungen des Mittelalters und der ersten Reformationsdekade unterschied sich das Mandat von 1550 darin, daß es auf die mißbräuchliche Verwendung des Namens Gottes verwies und sich damit auf das zweite (bzw. nach reformierter Zählung dritte)[16] Gebot berief. Während die mittelalterlichen Gesetzestexte ohne Legitimierung ausgekommen waren, argumentierte das »Große Mandat« vergeltungstheologisch damit, daß der Rat für ein gottgefälliges Leben der Untertanen zu sorgen habe, um Gottesstrafen wie Epidemien, Hungersnöte oder sonstige Katastrophen abzuwenden.[17] In der Form also trug das Mandat mit seiner biblizistischen Argumentation klar reformatorische Züge. Konzeptionell jedoch stellten die Regelung von 1550 wie auch diejenigen von 1530 und 1532 keinen Einschnitt dar: So typisch die Argumentationsfigur auch für die frühneuzeitliche Gesetzgebung sein mag,[18] die vergeltungstheologische Legitimierung des Mandats kann nicht dem Einfluß der Reformation zugesprochen werden, denn in Nürnberg, Köln und Basel argumentierten die Gesetzgeber bereits im 15. Jahrhundert mit der Angst vor dem Zorn Gottes.[19] Deswegen kann die Einschätzung des »Großen Mandats« als »Krönung der Bemühungen Zwinglis um eine Erneuerung der Lebensführung und -haltung aus den Quellen der Reformation«[20] nicht überzeugen. Außerdem blieben Fluchen, Schwören und Gott Lästern terminolo-

---

[16] Zur Zählung der Zehn Gebote siehe Kap. II.1.a.b.

[17] Zur Interpretation von Naturkatastrophen, Epidemien oder Hungersnöten als göttliches Zeichen seitens der Zürcher Geistlichen des 16. Jahrhunderts in ihrer Predigttätigkeit vgl. M. SENN, Alltag.

[18] Die Bedeutung der vergeltungstheologischen Argumentationsfigur für die frühneuzeitliche Gesetzgebung unterstreicht hingegen H. R. SCHMIDT, der den Begriff der Vergeltungstheologie in die Diskussion geworfen hat. Vgl. H. R. SCHMIDT, Ächtung S. 73 ff.; H. R. SCHMIDT, Dorf S. 3 ff. Auf die vergeltungstheologischen Argumentationen der pfälzischen Mandate des 16. Jahrhunderts weist Vogler hin. Vgl. B. VOGLER, Volksfrömmigkeit S. 175.

[19] Vgl. G. SCHWERHOFF, Blasphemie vor den Schranken städtischer Justiz. Basel, Köln, Nürnberg im Vergleich (14.–17. Jahrhundert), in: Ius Commune 25. 1998 S. 56–58. Allerdings behält für Schwerhoff »die Behauptung von der entscheidenden Relevanz der Vergeltungstheologie auf die Blasphemiegesetzgebung [für das Spätmittelalter] den Charakter einer Hypothese,« wenn er ihr auch einige Plausibilität zugesteht. Vgl. G. SCHWERHOFF, Gott und die Welt S. 193.

[20] R. LEY, Kirchenzucht S. 105 f.

gisch offene Kategorien. Eine Bezugnahme auf die rechtliche Kategorie des *crimen laesae maiestatis divinae* erfolgte genausowenig wie in der Reichsgesetzgebung.[21] Weiterhin sollten wie im mittelalterlichen Zürich Geldbußen und eine allgemeine Denunziationspflicht vom Übel der Wortsünde abschrecken. Die Kontinuitäten zu den gesetzlichen Regelungen des Mittelalters sind also nicht zu übersehen. Trotzdem setzte die reformatorische Sittengesetzgebung neue Impulse. Sie machte sich horizontal-soziale Kontrolle verstärkt zunutze und berief sich dabei ausdrücklich auf das Schriftprinzip. Nicht nur waren wie zuvor alle Bürger eidlich dazu angehalten, eine blasphemische Äußerung der Obrigkeit anzuzeigen, die Bürger – sie wurden mindestens einmal jährlich bei der öffentlichen Verlesung des Mandats daran erinnert –[22] erhielten darüber hinaus das Recht bzw. wurden darauf verpflichtet, von Blasphemikern entweder den Herdfall (»Erdkuß«)[23] zu verlangen, oder die festgesetzte Geldstrafe zu fordern oder den Übeltäter zu melden.

Das Landmandat von 1572 wie auch die für das gesamte Territorium erlassenen Bestimmungen von 1580 und 1601 bestätigten das »Bußmandat« in seinen Fassungen von 1530/1532 bzw. 1550.[24] Offensichtlich erachtete der Rat die Sittengesetzgebung jedoch als ergänzungsbedürftig im Detail. Er entwickelte nach dieser ersten Phase der reformatorischen Grundsteinlegung eine gewisse gesetzgeberische Aktivität. In der nächsten Phase, die mit dem zweiten Drittel des 17. Jahrhunderts beginnt und mit dem letzten Drittel des Jahrhunderts ausläuft, steht die Differenzierung der Strafen und die genauere Bestimmung der Aufsichtspersonen im Vordergrund. Hierbei folgte die schriftliche Niederlegung der Regelungen den bereits praktizierten Strafmaßnahmen. So bestimmte das Sittenmandat vom 29. Dezember 1627:[25] »Es

---

[21] Vgl. zur Reichsgesetzgebung G. SCHWERHOFF, Schranken S. 187 f.; O. RANUM, crime de lèse-majesté.

[22] Eine Verordnung vom 7. Januar 1551 sah vor, daß die Pfarrer das Sittenmandat ein- bis dreimal jährlich von der Kanzel vorzulesen hatten. Vgl. (ZB) MsB74, fol. 48r. Für weitere Ausführungen zum Treueid der Untertanen vgl. T. WEIBEL, Stadtstaat S. 20.

[23] Die Ehrenstrafe bestand darin, auf »die Erde zu fallen«, d.h. hinzuknien und den Boden zu küssen (vgl. zum Beispiel B. VI.266a, fol. 4r, Urteil Baltasar Wyg, 1.5.1613). Daß die Verurteilten dabei ein als symbolischen Schemel Gottes Kreuz auf die Erde zu zeichnen und dieses in spiegelbildlicher Strafe zu küssen gehabt hätten (vgl. Handbuch des Aberglaubens, Bd. 2 S. 906), ist für Zürich nicht nachweisbar. Roger Ley verzeichnet fälschlicherweise, daß der Herdfall für das Schwören 1580 eingeführt worden sei. Vgl. R. LEY, Kirchenzucht S. 149 f.

[24] Vgl. III.AAb.1.1, Nr. XXXI, p. 182 f.; III.AAb.1.1., Nr. XXXII, p. 191 f.; AAb.1.2, Nr. XLIII, p. 290 f.

[25] Ley hingegen datiert die erstmalige Niederlegung der Kanzel- und Gätteristrafe auf das Sittenmandat von 1636. Vgl. R. LEY, Kirchenzucht S. 150.

moechte aber jemandst so groeblich, schandlich unnd boeß schwuer thuon, man wurde es by eegemelter buoß [von entweder einem Schilling[26] oder einem Erdkuß] nit belyben lassen, sonders die schuldigen wyter mit gfangenschaft, offentlicher fürstellung an der Canzel, ehr unnd guot, ja auch an lyb und läben haertenklich straaffen, unnd die jungen knaben mit der Gätteri und in ander weg dergstalt züchtigen, daß maengklicher unser hoechstes mißfallen hierab zuverspüren haben.«[27] Offiziell führte die Verordnung mit der Ehrenstrafe der Abkanzelung eine Neuerung ein. Innovativ war ebenfalls die Strafe der »Gätteri.« Sie sah vor, »Knaben,«[28] die eine zu lockere Zunge führten, für eine Weile in einem Graben vor der Kirchentür einzuschließen. Mit der »benemung der ehren und gewehrs« schrieb das Mandat vom 25. Juni 1636 eine weitere Ehrenstrafe förmlich fest.[29] Ferner präzisierte der Rat am 28. November 1650, wie das Sittengesetz umgesetzt werden sollte. Von Amts wegen seien, »nit allein alle und jede unsere Kirchendiener, auch Oberkeitliche Beampttete und Nachgesetzten, desßgleychen die zur uffsicht in der Statt und zu den Stillstaenden [Sittengerichten] uff der Landschafft verordnete personen, Ehegaumer [Mitglieder des Sittengerichts] und Geschworne dazu verpflichtet anzuzeigen, wann sy jemanden hierwider [sc. gegen das Mandat] sich vergryffen hoertind, den und dieselben ohne ansehen der person unseren verordneten Offseheren oder wenigists einem Großweibel [Vertreter des Gerichts] in der Statt, uff dem Land aber unseren Voegten oder dero Nachgesetzten, zu angedüter gebührenden abstraffung unverzogenlich zuleyden und anzuzeigen und hiemit durch verschwygung sich frömbder sünden nit theilhafftig zumachen. Dann wo ein solches uff den einen ald [oder] anderen hernacher kundtlich wurde, den und dieselben wird man dar-

---

[26] Zum Vergleich: Die Preismandate sahen um 1530 für eine Mahlzeit einen Preis von vier Schillingen vor. Vgl. K. HÜRLIMANN, Soziale Beziehungen S. 225.

[27] III.AAb.1.2, p. 535.

[28] Der Ausdruck »Knabe« ist nicht mit »Junge« zu übersetzen. Er konnte den Sohn im Alter der bürgerlichen Handlungsfähigkeit meinen wie auch eine ehrenvolle Bezeichnung für den konfirmierten, ledigen Mann ungeachtet seines Alters sein. Vgl. Idiotikon, Bd. 3 S. 709. Entsprechend findet sich in den Akten die Bezeichnung »Knabe« für einen neunzehnjährigen Zeugen (vgl. A. 27.11, Aussage Gorius Günthart, 9. 11. 1681) sowie für einen Mann vierzehn Tage vor seiner Hochzeit (vgl. A. 27.97, Aussage Elisabeth Studer, 20. 1. 1660).

[29] III.AAb.1.3, Nr. LXXXVIII, p. 176 f. Welche Sanktionen genau mit dieser Strafe verbunden waren, ist nicht bekannt. Es scheint sich darum zu handeln, daß mit dem Verbot, Waffen zu tragen, ein erheblicher Prestigeverlust, vermutlich auch der Verlust von Bürgerrechten wie das Wahlrecht, einherging. Dies läßt sich aus einem (abgelehnten) Bittschreiben Geörg Schwytzers erschließen, in dem der Verurteilte darum bat, die Strafe der Ehr- und Wehrlosigkeit aufzuheben, »damit er bÿ diseren Österlichen Fÿrtagen auch das heilige Nachtmal empfachen und sonsten sÿne sachen desto beßer anstellen khönne.« B. VI.266a, f.285r, Eintragung Geörg Schwytzer, 6. 4. 1620.

umb hertigklich handhaben [...]«[30] Meinte der Rat in seinem Mandat vom
20. Juli 1672 die Eltern daran erinnern zu müssen, daß sie ihren Kindern ein
sprachliches Vorbild zu sein hätten,[31] wandte sich der Rat im Landmandat
von 1679 erneut an seine Amtspersonen und drohte offen mit Entlassung,
sollten sie eine Gotteslästerung nicht ordnungsgemäß melden.[32] Außerdem
wurde nunmehr offiziell die Strafe des öffentlichen Widerrufs eingeführt,
womit das Arsenal der Ehrenstrafe formal um ein weiteres Element berei-
chert wurde. Der gesetzliche Druck auf und durch Eltern oder Amtspersonen als Aufsichtspersonen wurde also erhöht. In die gleiche Richtung zielte die Regelung im Stadtmandat vom 17. November 1680. Die Geldbuße von
einem Schilling wurde an das aktuelle Preisniveau angepaßt; zudem sollten
auch Pfarrer verstärkt zu Predigten gegen die Blasphemie angehalten werden können.[33]

Die übrigen Mandate des 17. und frühen 18. Jahrhunderts – von 1691 bis
1714 erlebten sie nahezu jährlich eine Neuauflage –[34] wiederholten lediglich
die vorherigen Verordnungen. Sie argumentierten, daß angesichts der Um-
setzungsdefizite eine Bestätigung der Edikte notwendig sei, und hielten mit
dieser Legitimation den Anspruch aufrecht, das moralische Verhalten der
Untertanen zu regeln.[35] Die gesetzlichen Regelungen des zweiten Drittels
des 17. Jahrhunderts spezifizierten offiziell den Umgang mit dem Delikt der
Gotteslästerung, wiesen aber nicht in die Richtung konzeptioneller Innova-
tionen. Im Vergleich zum Spätmittelalter intensivierte der reformierte Rat
seine Aktivitäten im Kampf gegen die Blasphemie, stand jedoch dabei in der
Tradition seiner Vorgänger.[36] Insofern stellte die Reformation in Zürich wie

---

30 III.AAb.1.4, Nr. CXXXIII, p. 263/3–8.
31 III.AAb.1.5, Nr. CCXV.
32 III.AAb.1.5, Nr. CCXXXIV, fol. 65r–66v.
33 III.AAb.1.5, Nr. CCXL, fol. 94.
34 III.AAb.1.5, Nr. CCLXXIII, fol. 179–180; III.AAb.1.5., Nr. CCLXXIV, fol. 197–198;
III.AAb.1.6, Nr. CCXCVII, fol. 271; III.AAb.1.6. Nr. CCC, fol. 309; ebd., Nr. CCCVI,
fol. 357v; III.AAb.1.6, Nr. CCCXXI, fol. 377v; III.AAb.1.6, Nr. CCCXXXIV, fol. 418;
III.AAb.1.7, Nr. CCCXLIX, fol. 497v; III.AAb.1.7, Nr. CCCLVIII, fol. 356v; III.AAb.1.7,
Nr. CCLIX, fol. 547; III.AA.b.1.7, Nr. CCCLXVI, fol. 581; III.AAb.1.7, Nr. CCCLXXXVI,
fol. 647; III.AA.b.1.7, Nr. CCCCIV, fol. 684v–685r; III.AAb.1.7, Nr. CCCCXV, fol. 715–716v;
III.AAb.1.7., Nr. CCCCXLVIII, fol. 853v–854r.
35 Zur Interpretation der Wiederholung von Mandaten als Praxis der Normsetzung vgl. M.
DINGES, Normsetzung als Praxis? Oder: Warum die Normen zur Sachkultur und zum Verhalten
so häufig wiederholt werden und was bedeutet dies für den Prozeß der »Sozialdisziplinierung«?,
in: Norm und Praxis im Alltag des Mittelalters und der frühen Neuzeit. Internationales Round-
Table-Gespräch Krems an der Donau 7. Oktober 1996. Wien 1997 S. 43–52.
36 Im Vergleich zum Deutschen Reich freilich nehmen sich die gesetzgeberischen Maßnah-

in Nürnberg, Basel und Köln[37] keinen Schnitt in der juristischen Konzeptionalisierung des Delikts der Gotteslästerung dar, sondern sorgte vielmehr für eine verstärkte gesetzgeberische Aktivität auf der begrifflichen Grundlage des Mittelalters.

Eine gewisse Zwischenstellung im Übergang zur nächsten Periode der Zürcher Blasphemiegesetzgebung nimmt die Regelung vom 14. November 1718 ein. Sie verpflichtete Lehrer dazu, ihre Schüler vor dem Schwören und »anderen Unfugen« zu warnen.[38] Einerseits führte sie also den Ansatz des Rats fort, die Aufsichts- und Erziehungspersonen für den Kampf gegen die Wortsünde gesetzlich heranzuziehen, andererseits verlor Gotteslästerung, wenn nicht formal, so doch faktisch an Bedeutung. Sie wurde zu einem von mehreren Unfugen. Damit verweist das Mandat auf die letzte Phase der gesetzlichen Normsetzung, die mit dem zweiten Drittel des 18. Jahrhunderts beginnt. Der Rat ordnete am 19. November 1733 an,« […] daß weder dem Allerheiligsten Namen des grossen und erschreklichen Gottes noch denen heiligen Sacramenten als sicheren Pfanden und Zeichen Unserer Erlösung durch das theure Blut JEsu Christi, noch auch denen Elementen samt allen Straff = Mittlen Gottes auf eine gottloß = gestudierte Weise nicht verschonet und so gar Leib und Seel aus der Hand des guetigsten Schoepffers […] und dem Feind Gottes und der Menschen (dem leydigen Teufel) verpfaendet werden […] Und ist hiemit Unser ernstliche Befehl, Will und Meynung, daß jedermaenniglich sich sorgfaeltig huete vor Entheiligung des Namens Gottes, desselben Geringachtung und Mißbrauch vor allem Schweeren und Fluchen, von was Gattung selbiges immer seye, auch keine andere gottlose Reden und schandbare Wort in dem Mund fuehre […] [Die Amtspersonen sollen Blasphemiker ordnungsgemäß anzeigen,] damit dieselben je nach Beschaffenheit der Suend mit Gefangenschafft, Zuechtigung an der Stud, Stellung vor dem Stillstand, setzen unter die Kantzel, Herdkuß, Ausschließung vom heiligen Abendmahl, ja auch nach Gottes Gesetz und Unseren selbigen gemaeß eingerichteten Satzungen an Ehr und Gut, Leib und Leben gestrafft werden.«[39] Die Bestimmungen standen also formell ganz in den Traditionen

---

men eher bescheiden aus. Vgl. hierzu die vielen Polizeiordnungen wie sie erfaßt sind bei: L. Schilling/G. Schuck Hg., Repertorium der Policeyordnungen der Frühen Neuzeit, Wittelsbachische Territorien (Kurpfalz, Bayern, Pfalz-Neuburg, Pfalz-Sulzbach, Jülich-Berg, Pfalz-Zweibrücken), Bd. 2. Frankfurt/Main, 1999; K. Härter/M. Stolleis Hg., Repertorium der Policeyordnungen der Frühen Neuzeit, Deutsches Reich und geistliche Kurfürsten (Kurmainz, Kurtrier, Kurköln), Bd. 1. Frankfurt/Main, 1996.

[37] Vgl. G. Schwerhoff, Schranken S. 76–86.
[38] III.AAb.1.8, Nr. CCCCXCIX, fol. 1058v–1059r.
[39] III.AAb.1.10, Nr. DCII, fol. 290–292.

des 17. Jahrhunderts, wobei allerdings die Strafe der »Züchtigung an der Stud« (das Verabreichen von Rutenschlägen in der Strafkammer des Gefängnisses oder am Pranger) in diesem Mandat zum ersten Mal in ihrer gesetzlichen Niederlegung faßbar wird. Keine neue Form also, keine neuen Inhalte. Dennoch leitete das Mandat eine neue Periode der für das Delikt der Gotteslästerung relevanten Gesetzgebung ein: Das Mandat erschien kennzeichnenderweise als eigenständige Verordnung im Zusammenhang mit Fragen des Gottesdienstbesuchs. Blasphemie wurde also als partikulares Problem isoliert; es scheint nicht mehr in die Reihe der anderen schweren sittengerichtlichen Vergehen, in dessen Kontext Blasphemie bislang immer gestellt worden war, passen zu wollen. In die gleiche Richtung weisen die weiteren Bestimmungen von 15. November 1734, 22. November 1735, 21. Januar 1739, 4. März 1744, 10. März 1755, den Landmandaten vom 3. November 1756 und 12. Mai 1764, der Verordnung vom 23. November 1765 und dem Stadtmandat vom 29. April 1779, die sich alle an die Regelungen von 1718 und 1733 anlehnen.[40] Gotteslästerung und deren Bestrafung wurde unter zunehmend pauschalen Kategorien aufgeführt. Schließlich wandelte das Gesetz im ausgehenden 18. Jahrhundert das Delikt der Gotteslästerung, das ursprünglich eine Gefährdung erster Ordnung für das Gemeinwesen dargestellt hatte, in eines von vielen Fehlverhalten um. Im Landmandat von 1764 hieß es etwa: »Demnach sie [die Räte] Unsere L[ieben] Landsangehoerige auch nicht minder gedrungenlich ermahnen, ihre jeweilen aufhabende theure Eidspflichten wol in acht zu nehmen, sich vor dem hoechst suendlichen Schweeren und Fluchen, vor dem aberglaubischen Segnen und Lachsnen, vor dem schaendlichen Schelten und Verleumden, vor Streit und Zank, Rauffen und Schlagen, und darum auch insonderheit vor dem Zuken der Meseren, Vorschlagen und Werfen mit Pruegeln oder Steinen, und Mißbrauch aller andern mordlichen Gewehren sorgfaeltigst zu hueten [...]«[41] Der Rat bezeichnete, in der rhetorischen Tradition der vormaligen Gesetzestexte stehend, Schwören und Fluchen weiterhin als »hoechst suendlich,« doch die Wortsünden hatten ihre exponierte Stellung als prominentes Vergehen verloren. Die gesetzlichen Bestimmungen zur Blasphemie ähneln im 18. Jahrhundert eher einem traditionellen, symbolischen Drohgestus, als daß sie einen gesetzgeberischen Gestaltungswillen erkennen lassen. Offensichtlich war der weltlichen Obrigkeit des ausgehenden 18. Jahrhunderts die

---

40 III.AAb.1.10, Nr. DCIX, fol. 303–304; III.AAb.1.10, Nr. DCXXXIII, fol. 365; III.AAb.1.10, Nr. DCLXXII, fol. 44; III.AA.b.1.10, Nr. DCCXXXIII, fol. 215v; III.AAb.1.10., Nr. DCCXLVII, fol. 245v–246r; III.AAb.10, Nr. DCCCX, fol. 436v; III.AAb.1.10, Nr. DCCCXXXII, fol. 468; III.AAb.1.14, Nr. MV.
41 III.AAb.1.10, Nr. DCCCX, fol. 436v.

Regelung der Blasphemie keine weitere gesetzgeberische Anstrengung mehr wert.

* * *

Wenn auch die Reformation nicht ohne Auswirkungen auf die Sittengesetzgebung des frühneuzeitlichen Zürich blieb, so dürfen diese doch nicht überbewertet werden. Als der Rat 1530/32 bzw. 1550 das »Große Mandat« erließ, das für die weitere gesetzliche Entwicklung maßgeblich bleiben sollte, knüpfte er konzeptionell an die Schwörmandate des 14. und 15. Jahrhunderts an. Neu war der Versuch, unter vergeltungstheologischer Begründung soziale Kontrolle auf horizontaler Ebene zu institutionalisieren. Alle Bürger erhielten das Recht bzw. wurden dazu verpflichtet, bei einer gotteslästerlichen Äußerung von den Sprechern und Sprecherinnen die gesetzlich festgesetzte Geldstrafe einzufordern oder den Herdfall zu verlangen. Kennzeichnend sind ferner die Intensität und Systematik, mit der die weltliche Obrigkeit den Kampf gegen die Wortsünde fortführte. Ohne innovative Akzente bei der juristischen Konzeptionalisierung von Blasphemie zu setzen, legte der Rat in den ersten Jahrzehnten der Reformationszeit das Fundament für die frühneuzeitliche Sittengesetzgebung. Im zweiten Drittel des 16. bis ins ausgehende 18. Jahrhundert folgten zahlreiche Verordnungen, welche die vormaligen Bestimmungen präzisierten und die praktizierten Strafen nachvollziehend fixierten. Nahm in diesen ersten beiden Phasen der Sittengesetzgebung das Delikt der Blasphemie eine hervorragende Stellung ein, verlor das Delikt seit dem frühen 18. Jahrhundert faktisch an Bedeutung. Rhetorisch stand Gotteslästerung weiterhin an erster Stelle, legislatorische Anstrengungen unternahm der Rat des ausgehenden Ancien Régime ihretwegen jedoch nicht mehr.

Die theologisch-kirchliche Konzeptionalisierung der Gotteslästerung

Verglichen zum Spätmittelalter ergriff der Rat insbesondere im 16. Jahrhundert auffällig viele gesetzgeberische Initiativen zur Bekämpfung der Gotteslästerung, wohingegen Zwingli und Bullinger bzw. die reformierte Kirche ein eher gemäßigtes Interesse an den Bemühungen des Rats zeigten. Soweit Zwingli, Bullinger und die Kirchenleitung sich überhaupt zu dem Thema äußerten, nahmen sie zu drei Komplexen Stellung: zum Begriff der Gotteslästerung, zum Problem des Eidschwurs und zur Verfolgung blasphemischer Rede. Unter diesen drei Gesichtspunkten läßt sich nachvollziehen, wie die Väter der Zürcher Reformation und Vertreter der Kirche Gotteslästerung einordneten, wobei der Eidschwur hier nur als Gegensatz zum illegitimen, blasphemischen Schwur von Interesse ist.

Theologisch gesehen, deckte der Begriff der Gotteslästerung ein weites Spektrum von Wortsünden ab. Blasphemie wurde nach drei Kategorien unterschieden: Mit dem Fluch wünschen die Sprecher auf sich selbst oder auf jemand anderen Unheil herab. Das blasphemische Schwören hingegen besteht darin, Gottes Zeugenschaft in einer unangemessenen Sache anzurufen; es ist somit eine »›illegale‹ Form des Eids«.[42] Die Schmähung oder eigentliche Lästerung Gottes konnte in drei Untervarianten oder *species* vorliegen. Wer Gott entweder eine ihm zugehörige Eigenschaft abspricht oder ihm einen ihm nicht zugehörigen Wesenszug zuordnet oder einem Geschöpf göttliche Eigenschaften zuweist, lästert Gott. Dies war die Definition, auf die sich die Theologen des Mittelalters im Prinzip verständigt und mit der sich ihre frühneuzeitlichen Nachfolger auseinanderzusetzen hatten.[43]

Ungeachtet dieser Facetten des Blasphemiebegriffs spricht Zwingli in vier verschiedenen Bedeutungen von Gotteslästerung. Er verwendet den Terminus zur Bezeichnung religiöser Gegner, greift Blasphemie in ihren *species* auf, verbindet sie mit Häresie und führt nach Mt 12, 21 bzw. Lk 12, 10 die »Sünde wider den Heiligen Geist« an. Im 55. seiner 67 Artikel oder Thesen führt Zwingli aus: Über die Frage aber, was die Sünde gegen den Heiligen Geist sei, machen sich die Theologen ernsthafte Gedanken; aber sie reden davon wie die Blinden von den Farben [...] Sünde, die nicht vergeben wird, ist der Unglaube.«[44] Diese Sünde, die Zwingli auch »die Sünde des Verleugnens oder Abfallens« nennt, bestehe darin, nicht darauf zu vertrauen, daß allein Christus durch seinen Kreuzestod die Menschheit erlöst habe. Wer nicht an diese Erlösung glaube, könne sie auch nicht erfahren.[45] Unmißverständlich formuliert Zwingli im »Kommentar über die wahre und falsche Religion« von 1525: Die größte Lästerung ist [...] die: Ihm [Gott] nicht vertrauen.«[46] Gotteslästerung geht weit über Wortsünde hinaus. Gotteslästerung ist eine Lebenshaltung, in der die Sünder von Gott abfallen, den Bund mit Gott aufkündigen und somit Christus verleugnen: »Der Unglaube – wir können ihn auch ›Verweigerung von Vertrauen‹ oder ›Nichtglaubenwollen‹ nennen – allein ist [...] diejenige Sünde, die niemals vergeben wird.«[47] Gott-

---

[42] H. R. Schmidt, Ächtung S. 85, 87.

[43] Zur spätmittelalterlichen »Diskursivierung« der *species* der Blasphemie vgl. im Detail: G. Schwerhoff, Gott und die Welt S. 31–39, 41–46.

[44] Zwingli, Auslegung, in: T. Brunnschweiler/S. Lutz Hg., Zwingli, Schriften Bd. 2 S. 449.

[45] Zwingli, Auslegung, in: T. Brunnschweiler/S. Lutz Hg., Zwingli, Schriften Bd. 2 S. 450 f.

[46] Zwingli, wahre und falsche Religion, in: T. Brunnschweiler/S. Lutz Hg., Zwingli, Schriften Bd. 3 S. 174.

[47] Zwingli, wahre und falsche Relgion, in: T. Brunnschweiler/S. Lutz Hg., Zwingli, Schriften Bd. 3 S. 175.

los, »atheistisch« sein, bedeutet demnach nicht, zu verkünden, Gott existiere nicht und sei daher tot, sondern heißt, sich von ihm abzuwenden. So fügt Zwingli in seiner Argumentation bezüglich der Vorsehung ein: »[...] wenn Gott ist (wie er ist, denn ich argumentiere hier bloß gegen die Atheisten, das heißt die Gottlosen),[48] gibt es auch einen, der alles sieht, der alles besorgt und zusammenstellt, der alles bestätigt und sich um alles kümmert.«[49] Sein Heil in jemand anderem als Christus suchen, dies begründet die Sünde wider den Heiligen Geist.

Neben dieser absoluten Definition der Gotteslästerung als Gottlosigkeit oder vormodernen »Atheismus« greift Zwingli die mittelalterliche Kategorisierung der *species* als Schmähung Gottes auf. In der Auslegung seines 55. Artikels faßt er sie in einer griffigen Formulierung zusammen: »Um Lästerung gegen den Heiligen Geist handelt es sich dann, wenn man Gott sein Werk abspricht und es den Geschöpfen oder dem Feind Gottes, dem Teufel, zuspricht; und solche Lästerung ist nicht anderes als Unglaube.«[50] Wenn die römische Kirche, so Zwinglis Darstellung, etwa die Lehre von den guten Werken vertritt, Priester, die Gottesmutter und Heilige als Mittler zwischen Gott und die Gläubigen einsetzt und aus Habgier und Machtsucht mit dem Ablaßwesen ihr Unwesen treibt, dann macht sie sich der Blasphemie schuldig. Sie spricht Gott ab, die Menschheit durch den Opfertod seines Sohnes erlöst zu haben, und maßt sich göttliche Eigenschaften an, wenn sie vermeint an Gottes Statt die Aufhebung der Sünden regulieren zu können.[51] Hinsichtlich des unbiblischen Charakters der Lehre von den guten Werken gelangt daher Zwingli zum Schluß: »alles, was sich für das ausgibt, was es nicht ist, das ist falsch und lügenhaft. Und wenn es sich bei allem Betrug erst noch als göttlich, wahrhaftig und gut anpreist, dann ist das eine Gotteslästerung, ein Greuel und eine unverschämte Torheit.«[52] Ausschließlich durch Christus werden die Gläubigen von der Sünde befreit und nicht aus eigener Kraft: »Es ist auch eine Lästerung Jesu Christi, wenn man irgendeinem Geschöpf das zuspricht, was allein ihm zusteht,«[53] so der Kommentar zum 20. Artikel[54] seiner theologischen Grundsätze.

---

[48] Der Originaltext lautet: » ... solummodo enim argumentamur adversum atheous, hoc est: anumines ...« Z, Bd. 6/3 S. 114.

[49] Zwingli, Die Vorsehung, in: T. BRUNNSCHWEILER/S. LUTZ Hg., Zwingli, Schriften Bd. 4 S. 177.

[50] Zwingli, Auslegung, in: T. BRUNNSCHWEILER/S. LUTZ Hg., Zwingli, Schriften Bd. 2 S. 451.

[51] Vgl. Zwingli, Auslegung, in: T. BRUNNSCHWEILER/S. LUTZ Hg., Zwingli, Schriften Bd. 2 S. 20, 34 f., 282, 346.

[52] Zwingli, Auslegung, in: T. BRUNNSCHWEILER/S. LUTZ Hg., Zwingli, Schriften Bd. 2, S. 99.

[53] Zwingli, Auslegung, in: T. BRUNNSCHWEILER/S. LUTZ Hg., Zwingli, Schriften Bd. 2 S. 204 f.

[54] Zwingli, Auslegung, in: T. BRUNNSCHWEILER/S. LUTZ Hg., Zwingli, Schriften Bd. 2 S. 447.

Das Fluchen, die andere Variante der Gotteslästerung, kennt Zwingli zwar, doch widmet er ihr kaum größere Aufmerksamkeit. Im gedruckten Werk finden sich allein zwei relevante Passagen. Man könne nicht das ewige Leben verdienen, selbst wenn man sich »des Spielens, Fluchens, Herumalberns, kurz alles unnützen Treibens dieser Zeit« enthalte, so der Kommentar zum fünften seiner 67 Artikel.[55] Im 31. Artikel hingegen kommentiert er bezüglich des Ausschlusses eines Gemeindemitglieds vom Abendmahl: »Wenn einem Gläubigen der Kirchenbann auferlegt wird, ohne daß er durch seine Sünde öffentlich Anstoß erregte, soll ihn jeder Gläubige so wenig fürchten, als ob ihm eine zornige Frau die Epilepsie anwünschte, ihn zum Teufel verfluchte oder dergleichen, denn Katzengebet geht nicht zum Altar!«[56] Jemandem mit einer stehenden Redewendung das »fallende Übel« oder jemanden »zum Teufel« zu wünschen, erachtete Zwingli als unwirksames »Katzengebet,« das nicht als Wortmagie ernstzunehmen war. Der Fluch gehörte für ihn zu den vielen Varianten »unnützen Treibens« und verdiente keine eingehendere theologische Aufarbeitung. Fluchen also ist für den Reformator ein verachtenswertes, aber theologisch nicht weiter reizvolles Ärgernis, und eines, das – entgegen der Interpretation Labouvies und Schmidts –[57] nicht mit Schadenszauber in Verbindung steht. Hingegen zu vermeinen, sich aus eigener Kraft die Rechtfertigung verdienen zu können, läuft darauf hinaus, die Kreatur, d. h. in diesem Fall sich selbst, zum Maßstab der Dinge zu erheben. Dies aber ist der Inbegriff der Sünde.

Das Schwören als weitere Variante der Gotteslästerung – im Schweizerdeutsch der Frühen Neuzeit waren »fluchen« und »schwören« synonym –[58] findet allein in indirekter Form das Interesse des Theologen Zwingli. Nicht mit dem blasphemischen Schwören setzt sich Zwingli auseinander, sondern mit der hochpolitischen Frage des Eidschwörens. Seine gesamte diesbezügliche, gegen die Täufer gerichtete Argumentation geht dahin, daß es rechtens sei, Gottes Zeugenschaft anzurufen, um eine Sache durch Eid zu bekräftigen.[59] Die mißbräuchliche Nutzung des Namen Gottes indes erwähnt Zwingli nicht. Theologisch hat ihn das blasphemische Schwören offenbar nicht beschäftigt. Er begnügt sich allein mit der Anmerkung – er verweist hier implizit auf die Bergpredigt (Mt 5, 34 f.) –, es sei nicht gottgefällig, »by im [Gott], noch himel, noch erd, noch by unserem eignen haupt« zu schwö-

---

[55] Zwingli, Auslegung, in: T. Brunnschweiler/S. Lutz Hg., Zwingli, Schriften Bd. 1 S. 55.

[56] Zwingli, Auslegung, in: T. Brunnschweiler/S. Lutz Hg., Zwingli, Schriften Bd. 1 S. 327.

[57] Vgl. E. Labouvie, Verwünschen S. 128, 130; H. R. Schmidt, Ächtung S. 92 f., 112 f.

[58] Vgl. Idiotikon, Bd. 1 S. 1163; Idiotikon, Bd. 9 S. 2091.

[59] Zur Bedeutung der promissorischen Eidformen in Mittelalter und Früher Neuzeit vgl. A. Holenstein, Huldigung.

ren.[60] Schwören scheint also für Zwingli eine weitere Spielart »unnützen Treibens« gewesen zu sein, das sich nicht eigens theologisch zu analysieren lohnte.

Im Grunde genommen griff Zwingli zur theologischen Bestimmung der Gotteslästerung nur die eine Form der Gotteslästerung, die eigentliche Blasphemie als Schmähung Gottes, auf und ließ somit die mittelalterliche Sündenkasuistik links liegen. Die Unschärfe, mit der er den Begriff der Häresie und Gotteslästerung verwandte, teilt er jedoch mit der mittelalterlichen Terminologie: Häretiker glaubten falsch, wohingegen Blasphemiker schlecht glaubten, so die in der Praxis schwierig umzusetzende und unter Theologen auch nicht unumstrittene Unterscheidung.[61] Entsprechend handelt es sich auch für Zwingli bei Häresie und Blasphemie theologisch um zwei getrennte Kategorien, die faktisch miteinander verwandt sind: Diejenigen, die nicht erkennten, daß Gott seinen Willen in der Menschwerdung und im Opfertod Christi mitgeteilt habe, gingen fehl, denn es »irren alle, die anderen Lehren gleich viel oder mehr Bedeutung zumessen als dem Evangelium.«[62] Diejenigen, die behaupteten, so Zwinglis fünfter Artikel, das Evangelium sei menschlicher Vernunft entsprungen und könne allein vom Papst und den Kirchenvätern ausgelegt werden, machten sich »eine[r] infame[n] Lästerung und Beschimpfung Gottes« schuldig.[63] »Irren« und dadurch Gott zu »schmähen« liegen also nah beieinander. Auch sei es, so weiter im 16. Artikel, »ein schwerwiegender und in die ewige Verdammnis führender Fehler [...], Gott zu verlassen und ihm nicht – sich selbst dafür um so mehr [d. h. nicht auf Gottes Gnade, sondern auf die eigenen guten Werke] – zu vertrauen. Denn das ist Gotteslästerung und wirklicher Götzendienst«[64] bzw. »eine schmach gottes und ein ware abgötery«, wie der Originaltext lautet.[65] Wer den »pharisäischen« Fehler begeht, seine frommen Werke an die Stelle der göttlichen Gnade zu setzen und damit quasi sich selbst anzubeten, glaubt demnach falsch und schlecht zugleich. »Götzendienst« und »Gotteslästerung« werden nahezu identisch. In diese Richtung weisen ebenfalls die Sätze: »Glaube oder Frömmigkeit verlangt [...] zuerst, daß wir von Gott lernen,

---

[60] Zwingli, Auslegung, Z, Bd. 2 S. 474.

[61] Vgl. G. Schwerhoff, Gott und die Welt S. 31–39, 84–93. Für die Jurisprudenz war ferner das Festhalten der Inquirierten an ihren Irrlehren wesentlicher Bestandteil des Häresievorwurfs. Vgl. W. Trusen, Grundlagen. Für Christin geht die Unschärfe der beiden Begriffe in den theologischen Kontroversen des frühneuzeitlichen Frankreichs so weit, daß sich Häresie und Blasphemie teilweise decken. Vgl. O. Christin, condamnation S. 45–48.

[62] Zwingli, Auslegung, Bd. 1 S. 34.

[63] Zwingli, Auslegung, Bd. 1 S. 34 f.

[64] Zwingli, Auslegung, Bd. 1 S. 110.

[65] Z, Bd. 2 S. 94.

wie wir ihm gefallen können, wie wir ihm dienen können; sodann, daß wir zu dem von ihm Gelernten nichts hinzutun und nichts davon wegnehmen. [...] 5. Mose 12, 32 ist eine wichtige Stelle, denn an ihr hängt der ganze Unterschied zwischen der wahren und der falschen Religion.[66] Und weiter: Wer dies [die Macht, die Sünden zu vergeben] den Geschöpfen erlaubt, entzieht Gott seine Ehre und gibt sie jemanden, der nicht Gott ist. Das ist eigentliche Abgötterei.«[67] »Denn Abgötterei definiert sich dadurch, daß man die göttliche Ehre den Geschöpfen zuschreibt oder den Geschöpfen gibt, was Gott allein zusteht.«[68] Mittelalterliche Blasphemiedefinition und »Abgötterei,« auch hier rückt Zwingli getrennte theologische Kategorien eng zusammen.

In derselben begrifflichen Unschärfe diskutiert Zwingli die Frage, inwiefern der Mensch nach Gottes Ebenbilde geschaffen sei, also Gott im Umkehrschluß einen leiblichen Körper besitzen müsse. Er gelangt dabei zum Schluß:»Pflichteten wir dem bei, so würde Gott ein zusammengesetztes Ding sein, das wieder in seine Bestandteile zerlegt werden könnte, was ganz und gar der Unveränderlichkeit des göttlichen Wesens widerspräche, und unchristlich, falsch und gotteslästerlich wäre.«[69] »Unchristenlich, irsälig und gotßlestrig,« wie der Originaltext lautet –[70] Zwingli verwendet keine Mühe auf die Begründung seiner Kategorien. Von der Aufbruchsstimmung seines Erfolgs bei der ersten Zürcher Disputation vom 21. Juli 1522 getragen, hält er kurze Zeit später den Dominikanerinnen des Klosters Öttenbach eine Ansprache, mit der er sie zwar durch theologische Argumentation für den neuen Glauben zu gewinnen sucht, in der er aber dennoch auf eine strenge Begrifflichkeit verzichtet. Zwingli zielt an dieser Stelle nicht auf theologische Differenzierung, er argumentiert rhetorisch. Zum Zwecke der emphatischen Wirkung reiht er die Termini aneinander und läßt sie somit ineinander verschmelzen. Bei Häresie und Blasphemie handelt es sich also zwar um verschiedene Sachverhalte, wie diese aber genau voneinander abzugrenzen seien, ist für Zwingli zweitrangig.

Die vierte Variante, in der Zwingli den Blasphemiebegriff benutzt, ist die Bezeichnung von religiösen Kontrahenten als Gotteslästerer. Etikettiert Luther die römische Kirche, die rebellischen Bauern, die radikalen Reformatoren, die Juden, »Epikuräer« und die Anhänger des Islam[71] kämpferisch als

---

[66] Zwingli, wahre und falsche Religion, in: T. BRUNNSCHWEILER/S. LUTZ Hg., Zwingli, Schriften Bd. 3 S. 97.

[67] Zwingli, Auslegung, in: T. BRUNNSCHWEILER/S. LUTZ Hg., Zwingli, Schriften Bd. 2 S. 436.

[68] Zwingli, Auslegung, in: T. BRUNNSCHWEILER/S. LUTZ Hg., Zwingli, Schriften Bd. 2 S. 437.

[69] Zwingli, Klarheit, in: T. BRUNNSCHWEILER/S. LUTZ Hg., Zwingli, Schriften Bd. 1 S. 107.

[70] Z, Bd. 1 S. 343.

[71] Für Luthers Benutzung des Blasphemiebegriffs zur Bezeichnung von konfessionellen Gegnern vgl. G. Schwerhoff, Gott und die Welt S. 93–99. Auch in den Lingua-Texten dient der

Gotteslästerer, hat Zwingli insbesondere Rom – und auffälligerweise nicht die Täufer –[72] im Visier. So richtet er an die »Päpstler,« also die altgläubigen[73] Geistlichen, den Vorwurf: »Warum geht ihr blasphemische Schurken denn hin und sagt, die Verteilung der Frucht des Leidens Christi sei allein Sache des Papstes und seines Gefolges und haut damit Christus die Hände und den Mund ab? [...] Warum verfälscht ihr Gottes Wort und nehmt ihm seine Macht [...]?«[74] Polemisch ruft er im Artikel 57 seiner Thesen den Katholiken entgegen: »Die wahre Heilige Schrift weiß nichts von einem Fegefeuer nach diesem Leben [...] Schau, wohin ihr selbst euch mit eurem Geschwätz bringt! Ihr führt euch selbst weg vom Glauben [...] Wehe euch, ihr Gotteslästerer, die ihr alle Wahrheit verkehrt!«[75] Ebenso scharf wendet er sich in seiner Gegenüberstellung von »richtiger«, reiner und »falscher«, römisch verdorbener Religion gegen seine Gegner an der Pariser Theologischen Fakultät: »Was der Heiligen Schrift entnommen ist, das bezeichnen sie [ein Schlag »Theologisten« an der Sorbonne] als gottlos, ketzerisch und gotteslästerlich, während ich doch keine gotteslästerlichere Lehre kenne als diejenige, der sie folgen.«[76] Umgekehrt weist er den Vorwurf weit von sich, er solle gepredigt haben, Maria habe nicht nur Jesus zum Sohn gehabt. Dies sei »eine unchristliche, gotteslästerliche, in verbrecherischer Absicht erfundene

---

Blasphemiebegriff zur Diffamierung des religiösen Gegners. Vgl. hierzu R. G. Bogner, Bezähmung der Zunge S. 152–158.

[72] Zwingli bezeichnet sie zumeist als Täufer oder Sektierer, manchmal abschätzig als Taugenichtse, aber nicht als Gotteslästerer. Vgl. hierfür L. v. Muralt/W. Schmidt Hg., Quellen, Bd. 1, etwa: S. 363f; M. Baumgartner, Die Täufer und Zwingli. Eine Dokumentation. Zürich 1993, beispielsweise: S. 172–174, 177–184.

[73] »Als ›Päpstler‹ bezeichne ich übrigens den ganzen Haufen, derer die man Geistliche nennt, abgesehen von den klaren Verkündigern des Gotteswortes.« Zwingli, Der Hirt 1524; in: T. Brunnschweiler/S. Lutz Hg., Zwingli, Schriften, Bd. 2 S. 266. Der historiographische Begriff der Altgläubigen als Bezeichnung für die Katholiken widerspricht bekanntlich dem Selbstverständnis der Reformatoren. Diese nahmen für sich in Anspruch, deswegen die wahrhaft Altgläubigen zu sein, weil sie zum ursprünglichen, vom Katholizismus unverfälschten, rein biblisch begründeten Glauben zurückkehrten.

[74] Zwingli, Auslegung, in: T. Brunnschweiler/S. Lutz Hg., Zwingli, Schriften Bd. 2 S. 209. Die neudeutsche Übertragung interpretiert das Original sinngemäß, wenn sie sich auch sprachlich vom Originaltext löst: »Warumb gond ouch ir gotsdieben und sprechend: das ußteilen der fruchtbarkeit des lydens Christi sye allein des bapsts und sines xindes und howend Christo sind hend und mund ab? ... Warumb ... felschend [ihr] got sin wort und nemmend im sinen gwalt ...?« Z, Bd. 2 S. 176.

[75] Zwingli, Auslegung, in: T. Brunnschweiler/S. Lutz Hg., Zwingli, Schriften Bd. 2 S. 455, 468.

[76] Zwingli, wahre und falsche Religion, in: T. Brunnschweiler/S. Lutz Hg., Zwingli, Schriften Bd. 3 S. 46.

wahrheitswidrige Unterschiebung!«[77] Kein Zweifel, im Zuge der reformatorischen Auseinandersetzungen war für Zwingli wie für seine römischen Gegenspieler die Bezeichnung »Gotteslästerer« zu einem pejorativen Etikett geworden, das – vergleichbar zum französischen Sprachgebrauch – den Gegner als Kämpfer für die falsche Sache stigmatisieren sollte.[78]

Bullingers Gotteslästerungsbegriff ist weitgehend mit demjenigen Zwinglis identisch. Auch für ihn entspricht Gotteslästerung einer existentiellen Übertretung göttlicher Gebote und ist daher der Inbegriff der Sünde:[79] »Es ist Eebraecherisch, es ist Gottloß, es ist Gottslesterlich, alls dz [das] da menschliche unsinnigkeit fürnimpt und ordnet, dardurch Gottes ordnung zerbrochen wirt.«[80] Wer die göttliche Ordnung leugnet, macht sich der Gotteslästerung schuldig. Entsprechend der mittelalterlichen Kategorisierung kennt Bullinger ferner verschiedene Formen der Wortsünde: »[...] das woertli lester[n], heißt ein fluoch oder schaeltwort mit dem wir etwar verletzend und schantlich unerbar sachen auff einen redend, dardurch sein ehr verletzt oder durchtilcket wirt [...] Insonders aber lesterend wir Gott, so wir sein ehr schmaehend, seiner gnad und waarheyt die er uns eroffnet widerspraechend, seine heitren unnd offenbaren [klaren] werck auß fürgesetzter boßheyt schaeltend und beharlich lesterend.«[81] Im Rückgriff auf die bereits von spätmittelalterlichen Theologen genannten alttestamentarischen Stellen vertritt Bullinger die Anschauung, wer »eytel, leichtferig oder vergeblich« den Namen Gottes nenne, Gott also zu Unrecht z. B. für einen Segenszauber[82] als Zeugen anrufe, begehe einen Schwur.[83] Während Zwingli das Fluchen und Schwören als änstößiges, aber dennoch relativ banales Alltagsverhalten betrachtet, hebt also Bullinger stärker den Aspekt der Ehrverletzung

---

[77] Zwingli, Berner Predigten, in: T. Brunnschweiler/S. Lutz Hg., Zwingli, Schriften Bd. 4 S. 57.

[78] Zum Blasphemiebegriff in den theologischen Kontroversen Frankreichs vgl. O. Christin, condamnation S. 45–48, 59–61.

[79] H. Bullinger, Summa Christenlicher Religion ... Zürich 1556, fol. 41v.

[80] H. Bullinger, Hausbuoch, Darinn begriffen werden fuenfftzig Predigten ... Zürich 1558, fol. 49r.

[81] H. Bullinger, Hausbuoch, fol. 214v–215r.

[82] Vgl. H. Bullinger, Hausbuoch, fol. 57.

[83] H. Bullinger, Hausbuoch, fol. 56v. Bullinger verweist hier auf Textstellen, die leitmotivisch in der Diskussion über das Delikt der Gotteslästerung genannt werden, etwa: Ps 5, Lev 24, 2. Kön 18–19, Jes 36–37 oder die 77. Justinianische Novelle. Konventionell ist ebenso der Verweis auf Mt 5 und Jak 15 in seiner *Summa*. Vgl. Summa, fol. 58. Zur Exegese dieser Texte seit dem Hochmittelalter vgl. G. Schwerhoff, Gott und die Welt S. 48, 56, 61 f., 127 f., 137, 306. Aufschlußreicherweise bezeichnet Bullinger den Segenszauber nicht als Hexerei. Diese besteht für ihn vielmehr darin, daß Hexe oder Hexer einen Pakt mit dem Teufel eingehen, um mit dessen Hilfe Schaden anzurichten. Vgl. H. Bullinger, Wider die Schwartzen Künst S. 298–306.

hervor, die für ihn essentieller Bestandteil der Lästerung Gottes ist. Fluchen und Gott Lästern unterscheiden sich darin, daß ersteres sich auf einen diesseitigen Konfliktgegner bezieht, während letzteres Gott als jenseitigen Adressaten meint. Worin Fluchen, Schwören und Gott Lästern konkret bestehen, führt Bullinger etwa im vierten Artikel seiner *Summa* aus, mit der er seinen Lesern ein Kompendium der reformatorischen Lehre zur Bewältigung ihres Alltags an die Hand geben will: »[...] das man den nammen Gottes verunheiliget, wenn man im hertzen wenig von Gott halt, wider seine gericht, wort und werck brum[m]let und fraevenlich redt und handlet, wenn man sinen heiligen nammen nit anruefft, pryset un[d] lobt, ouch jm umb alles guots danckt, wenn man sines nammens verlougnet, by sinem nammen allein nit schweert, ja fluochet ›Das Dich botz diß und das schend‹ und da Gott sin krafft unnd macht, lyden, wunden unnd marter ufhebt, Item denn enteeret man den heiligen nammen Gottes, wenn man den heiligen nammen lychtfertig brucht unnd den ym[m]erdar im mund, one not und nutz, hat: ›Es ist by Gott guot, Es ist Gott und gnuog, Es ist by Gott also od Gott sye mir nit gnaedig‹«.[84] Zu diesen Beispielen paßt die vergleichbare Mahnung auf der Grundlage von Mt 5, 34: »Ir soellend nit schweeren beim himmel, dann er ist Gottes stuol.«[85] Verwerflich sei gleichfalls die »Gottslesterung,« welche diejenigen begingen, »die die herligkeyt deß unzergaencklichen Gottes verwandlend in die gestalt eines zergaencklichen menschens.« Deswegen müsse man den Glaubenssatz vom Sitzen des auferstandenen Christus an der Rechten Gottes im übertragenen und nicht im konkreten Sinne verstehen.[86]

Im Vergleich mit Zwingli widmete der Antistes[87] Bullinger dem Fluchen und Schwören in ihren konkreten Ausformungen mehr Aufmerksamkeit. Als Theologe jedoch, der einen biblisch-existentiellen Sündenbegriff vertrat, hielt er eine Auseinandersetzung mit der mittelalterlichen Sündenkasuistik für überflüssig. Der Theologe Bullinger unternahm keine Anstrengungen,

---

[84] H. BULLINGER, Summa, fol. 58.
[85] H. BULLINGER, Hausbuoch, fol. 32r.
[86] H. BULLINGER, Hausbuoch, fol. 33r.
[87] Antistes war seit ungefähr 1680 die offizielle Bezeichnung für den obersten Repräsentanten der Zürcher Kirche. Er führte den Vorsitz in der Synode und dem Examinatorenkonvent und war somit faktisch der Vorgesetzte der Geistlichen, besaß aber keine eigenen Befugnisse. Zu den Deitails vgl. H. R. GREBEL, Der Antistes. Geschichte und Bedeutung eines verschwundenen kirchlichen Amtes, in: Neue Zürcher Zeitung, Nr. 264. 10. Juni. 1973 S. 53; W. KÖHLER, Antistes Zwingli. in: Zwingliana, III/6. 1915 S. 194; W. KÖHLER, Zu Antistes Zwingli. in: Zwingliana, III/9. 1917 S. 284f; W. KÖHLER, Beiträge zur Geschichte des Titels »Antistes«. in: Zwingliana, III/11. 1918 S. 350 f.; W. Baltischweiler, Institutionen S. 87. Zum Amtsverständnis Bullingers aus kirchenhistorischer Sicht vgl. P. BIEL, Doorkeepers at the House of Righteousness, Heinrich Bullinger and the Zürich Clergy 1535-1575. Bern - New - York - Paris 1991.

die *species* der Blasphemie auszuarbeiten oder den Häresie- vom Blasphemiebegriff sauber abzugrenzen. In seinem ersten Traktat von 1526 formuliert er noch in aller Klarheit: »Der[jenige …], [der] uß eignem kopff ettwz
[etwas] erdicht, dem selbigen schirm thuot, sich sünderet un[d] ein rott an
sich henckt, ist ein kaetzer.«[88] Kennzeichnend sei außerdem, daß Ketzer auf
falschen Behauptungen beharrten, »die gschrifft verkeren …, zanggen,
schelcke[n], schryen, grossen pracht, glatte wort und tratzliches geboech
[Gepolter] triben, yetz disers, dann yenes sagen.«[89] Was Blasphemiker von
Häretikern unterscheidet, ist, daß letztere nicht nur falsch glauben, sondern
auch als Sektenanführer Gläubige vom rechten Pfad wegführen, während erstere ihr persönliches Verhältnis zu Gott aufkündigen, ohne andere in den
Abgrund der Gottlosigkeit mitzureißen. Für beide aber gilt, daß sie sich lästerlich verhalten. Freilich löst sich der reifere Bullinger der Dekaden etwas
von dieser stark an Tertullian angelehnten und pauschalisierenden Charakterisierung. Häretiker, so in seiner 18. Lehrpredigt, sind Verführer, von denen ein Teil gotteslästerliche Irrlehren vertritt, wohingegen der andere Teil
weniger schwerwiegenden Irrtümern unterliegt: »[…] so sind auch unter
den falschen leeren un[d] meinungen etliche boeser und schwaerer dann die
anderen. Etliche sind so gar gottloß, gottßlesterlich un[d] schantlich […] etliche [andere hingegen] jrrend also, das Gott durch jhren jhrthum nicht ge-
lesterert wirt.«[90] Typisch ist gleichfalls Bullingers exegetischer Kommentar
zum dritten Kapitel des Markusevangeliums mit Verweis auf Mt 12, 31:
»[…] ostendit quam grave sit peccatum blasphemare doctrinam veritatis, il-
lamq[ue] nolle admittere, ac veluti haereticam damnare.«[91] Wenn aber die
Lästerung Gottes auch darin besteht, die Wahrheit als häretisch zu verurtei-
len, so überlappen in der ausgereiften Terminologie Bullingers der Begriff
der Häresie und Blasphemie einander. Die Wahrheit, d. h. Gottes Verkündigung zu schmähen, kommt einem ketzerischen Akt gleich. Kein Wunder also, daß Bullinger in seinem Briefwechsel prominenten Häretikern seiner Zeit
wie Servet, Schwenckfeld oder Ochino vorwirft, »blasphemias« zu verbreiten.[92]

---

[88] H. BULLINGER, Verglichung, unpaginiert.

[89] H. BULLINGER, Verglichung, unpaginiert.

[90] H. BULLINGER, Hausbuoch, fol. 90r.

[91] H. BULLINGER, In Sacrosanctum Evangelium … secundum Marcum Commentariorum lib.
VI. Zürich 1545, cap. III unpaginiert.

[92] Vgl. (zu Servet) Brief Bullingers an Uchanski, 27. 5. 1560, in: T. WOTSCHKE Hg., Der Briefwechsel der Schweizer mit den Polen. Leipzig 1908 S. 108 f.; (zu Schwenckfeld) Brief Bullingers
an Ambrosius Blarer, 27. 2. 1543, Autograph, Kantonsbibliothek St. Gallen, Vadiana Ms 34
(VBS V); Brief Bullingers an Fabricius, 20. 4. 1565, in: T. SCHIESS Hg., Bullingers Korrespondenz mit den Graubündnern. II. Teil, April 1557-August 1566, Basel 1905 S. 599 f. Mein Dank

Bullinger hebt sich, so die Zwischenbilanz, nicht wesentlich von Zwinglis Sprachgebrauch ab, wenn er unter den Begriff der Gotteslästerung »Atheismus«, die *species* der Blasphemie wie Varianten der Häresie subsummiert. Im Vergleich zu Zwingli fällt hingegen auf, daß Bullinger – zumindest in der *Summa*, dem *Hausbuoch* und seinen Evangelienkommentaren – den Gotteslästerungsbegriff kaum zur Etikettierung religiöser Kontrahenten verwendet. Vermutlich sah sich Bullinger nicht mehr in die hitzigen religiösen Kontroversen seines Vorgängers eingebunden und verzichtete womöglich auch wegen seiner eher konziliatorischen Persönlichkeit auf polemische Abgrenzung.[93]

Beschäftigten sich Zwingli und Bullinger nur wenig mit der theologischen Konzeptionalisierung des Fluchens, Schwörens und Gott Schmähens, konzentrierten sie sich umso mehr auf das Thema des Eidschwörens. Beide Reformatoren setzten sich mit diesem Thema intensiv auseinander und nahmen insbesondere in ihren Evangelienkommentaren die relevanten Textstellen zum Anlaß, die Rechtmäßigkeit des Eidschwurs theologisch eingehend zu begründen.[94] Mit der grundsätzlichen Weigerung der Täufer konfrontiert, Eide abzulegen, war für sie das Problem des Eidschwörens in der Auseinandersetzung mit dem »linken Flügel« der reformatorischen Bewegung von tagespolitischer Brisanz. Trotz der heftigen Diskussion um die Notwendigkeit und Rechtmäßigkeit des Eids erachteten sie es nicht als notwendig, den illegitimen Schwur eigens zu behandeln. Theologisch betrachtet, fiel also das Problem des blasphemischen Schwörens gegenüber demjenigen des Eids nicht ins Gewicht.

Wie Zwingli und Bullinger beschäftigte das Thema Gotteslästerung die reformierte Kirche theologisch kaum. Belege für diesbezügliche Diskussionen in der Kirchenleitung sind eine Seltenheit.[95] Dennoch erkannte die Kirche

---

geht an Rainer Henrich, der mich auf diese Stellen aufmerksam gemacht hat. Zur ersten Orientierung über die »Ketzer« vgl. J. Friedman, Michael Servetus. in: H. H. J. Hg., The Oxford Encyclopedia of the Reformation, Bd. 4. New York – Oxford 1996 S. 48f; E. R. Mc Laughlin, Kaspar von Schwenckfeld. in: H. J. Hillerbrand Hg., The Oxford Encyclopedia of the Reformation, Bd. 4. New York – Oxford 1996 S. 21–24; P. Simoncelli, Bernadino Ochino. in: The Oxford Encyclopedia of the Reformation, Bd. 3. New York – Oxford 1996 S. 166 f.

[93] Für eine Kurzcharakterisierung des Antistes vgl. F. Büsser: Bullinger Heinrich, Theologische Realenzyklopäsie, Bd. 7. Berlin – New York, 1981 S. 375–381.

[94] Vgl. Zwingli, Z, Bd. 6/2 S. 226, 229–230; Zwingli, Auslegung des 55. Artikels, Werke, Bd. 2 S. 410; ibid., Gerechtigkeit S. 474, 480–483; H. Bullinger, Hausbuoch S. 56–59; H. Bullinger, Evangelium secundum Matthaeum, fol. 59; H. Bullinger, Evangelium secundum Marcum; E II.341, Fürtrag Bullinger, fol. 3376r–3377r. Für den Hinweis danke ich Rainer Henrich.

[95] Nur sehr selten gab sie sich wie etwa im Jahre 1551 die Mühe, ihre Schwurverbote biblisch zu begründen. Vgl. E. II.99, p. 31–35, 9. 12. 1551.

ebenso wie Zwingli und Bullinger in den lästerlichen Redeweisen der Zürcher einen schweren Mißstand. Beide Antistes nahmen daher zur konkreten Frage der Bestrafung von Gotteslästerern Stellung. Weder für Zwingli noch für seinen Nachfolger bestand irgendein Zweifel, daß die Verfolgung von Blasphemikern Aufgabe der weltlichen Obrigkeit sei. So stellt Zwingli lapidar fest: »Wenn Du aber Gott lästerst und schmähst, so straft dich die Obrigkeit.«[96] Bei Bullinger heißt es kurz und bündig: »Das leert uns aber die waar allgemeyn waarheyt, das die religions sachen sonderlich der Oberkeit zuogehoerind.«[97] Diejenigen aber, die unter diese Kategorie fallen, lassen sich eindeutig ausmachen. Es sind »die abfelligen, abtrünnling, goetzen diener, gottslesterer, kaetzer, falsche leerer, auch die verachter deß glaubens und der religion.«[98]

Welche Strafe aber verdienten Gotteslästerer? Von einer einzigen Ausnahme abgesehen, diskutierten auffälligerweise weder Zwingli noch Bullinger die Körper- oder Geldstrafen, die der Rat ihrer Zeit verhängte. Die Theologen wandten sich vielmehr dem Problem des Kirchenbanns und der Todesstrafe zu. Unter Artikel 31 seiner Thesen spricht Zwingli davon, »[...] welch gute, heilsame Sache der Kirchenbann wäre, wenn man ihn richtig anwendete. Schamlosen Ehebruch, öffentliche Gotteslästerung, Verführung von Jungfrauen, Völlerei, üble Nachrede, Müßiggang, Streitsucht, Kuppelei, Verleumdung, Lügen und ähnliche Laster, die den Christen viel Streit einbringen – sie alle würde man unter den Kirchenbann stellen und so aus der Gemeinde vertreiben.«[99] Zwingli vertritt also die Position, daß sich die schwere Verurteilung zum Kirchenbann nicht zur erfolgreichen Bekämpfung der Gotteslästerung eignet. Auch bei dem härtesten weltlichen Zuchtmittel, bei der Todesstrafe, plädiert Zwingli dafür, möglichst auf sie zu verzichten bzw. sie nur äußerst behutsam zum Schutz der Gemeinschaft anzuwenden. Im Artikel 40 hält er fest: »Allein die weltliche Obrigkeit hat das Recht zu töten, ohne den Zorn Gottes auf sich zu ziehen. Und sie darf die Todesstrafe nur gegen diejenigen aussprechen, die öffentliches Ärgernis erregen, es sei denn, Gott befehle etwas anderes.[100] [...] Doch miß dabei immer mit den

---

[96] Zwingli, Gerechtigkeit, in: T. BRUNNSCHWEILER/S. LUTZ Hg., Zwingli, Schriften Bd. 1 S. 212.

[97] H. BULLINGER, Hausbuoch, fol. 80r. Zu den hier nicht weiter relevanten Einzelheiten über den Einfluß Bullingers auf die Sittenmandate vgl. H. Bächtold: Heinrich Bullinger vor dem Rat. Zur Gestaltung und Verwaltung des Zürcher Staatswesens in den Jahren 1532 bis 1575. Zürich, 1982 S. 59–87.

[98] H. BULLINGER, Hausbuoch, fol. 89v.

[99] Zwingli, Auslegung, in: T. BRUNNSCHWEILER/S. LUTZ Hg., Zwingli, Schriften Bd. 2 S. 331.

[100] Zwingli, Auslegung, in: T. BRUNNSCHWEILER/S. LUTZ Hg., Zwingli, Schriften Bd. 2 S. 381.

Maßstäben, die Gott braucht. Dieser strebt nämlich nicht den Tod des Sünders an (vgl. Ez 18, 21–32), sondern will, daß er sich bekehre und lebe.«[101]
Zwingli wendet sich sogar im Artikel 65 – und dies ist die einzige Stelle, in
der er zur Praxis der weltlichen Justiz Stellung nimmt – explizit gegen Körperstrafen: »Mit denen, die keine Selbsterkenntnis zeigen, wird Gott gerecht
verfahren. Darum soll man gegen sie keine körperliche Gewalt anwenden, es
sei denn, sie führten sich so ungeheuerlich auf, daß man nicht ohne dieses
Mittel auskommen könnte.«[102] Was empfiehlt Zwingli statt dessen? »Von
diesen Leuten [von denjenigen, die es darauf abgesehen haben, die Welt in
Unfrieden zu stürzen] reden auch einige so blasphemisch[103] von der Schrift,
von Gott und von der Wahrheit, daß es gut wäre, man schlösse ihnen das
Maul [...] Doch das soll nicht mit Gewalt geschehen, sondern man soll sie,
nachdem ihre Unwissenheit nachgewiesen ist, [...] schweigen lernen.«[104]
Wenn man von der Grundsatzfrage der Todesstrafe absieht, gibt Zwingli also keine konkreten Anweisungen zur Bestrafung von Gotteslästerern. Im
Zentrum seiner Überlegungen steht nicht die punitive Seite der Justiz, die
ausgrenzende Sanktionierung des Gotteslästerers, sondern die restitutive,
die Wiedereingliederung des Sünders durch Einsicht in seine Fehler. Denn
wer seine Fehler bereut, der kann nach Zwingli auf Vergebung der Sünden
vertrauen und somit wieder in die Gemeinde aufgenommen werden.[105]
Auch Bullinger unterließ es nicht, auf Leviticus 24, 10–23, die zentrale alt-
testamentarische Referenzstelle zur Begründung der Todesstrafe gegen Gotteslästerer, zu verweisen. Er konnte die Passage, in welcher der Sohn einer

---

[101] Zwingli, Auslegung, in: T. Brunnschweiler/S. Lutz Hg., Zwingli, Schriften Bd. 2 S. 382.

[102] Zwingli, Auslegung, in: T. Brunnschweiler/S. Lutz Hg., Zwingli, Schriften Bd. 2 S. 492.

[103] Diese Übertragung halte ich für zu frei. Der Originaltext lautet: *Es redend iro etlich ouch so
schmächlich von der gschrifft ...* Z, Bd. 2 S. 452. Mir scheint vielmehr die Schmähung Gottes in
die Richtung einer unspezifischen Respektlosigkeit ihm gegenüber zu gehen, während Lästerung
eher einen gezielten Angriff auf die Ehre Gottes meint. Freilich weiß das Schweizerische Idiotikon keinen wesentlichen Unterschied zwischen den Verben »schmähen« und »lästern« anzugeben. Vgl. Idiotikon, Bd. 3 S. 1466; Idiotikon, Bd. 9 S. 832. Zwingli jedoch kommentiert in seiner
Exegese von Kol 3, 8: *Maledicentiam. Blasphemiam non dei intelligo, sed quamlibet, ut fere fit in
iurgiis et contentionibus ubi homines se mutuis conviciis et contumeliis petunt, quisque obprobat alii
sua scelera et vitia.* Z, Bd. 6 S. 226. Hier läßt sich wohl übersetzen: Schmähen: Ich verstehe darunter nicht die Lästerung Gottes, sondern irgendeine, wie sie etwa vorkommt in Wortwechseln
und Streitigkeiten, mit der Menschen sich unter gegenseitigen Beschimpfungen und Verunglimp-
fungen angreifen und mit der jeder dem anderen seine schlechten Taten und Laster vorwirft.

[104] Zwingli, Auslegung, in: T. Brunnschweiler/S. Lutz Hg., Zwingli, Schriften Bd. 2 S. 493.

[105] Zur theologiegeschichtlichen Diskussion der Buße als Voraussetzung für die Wiederher-
stellung der Reinheit der Abendmahlsgemeinde am Beispiel Oekolampads vgl. O. Kuhr, Die
Macht des Bannes und der Buße«. Kirchenzucht und Erneuerung der Kirche bei Johannes
Oekolampad (1482–1531). Bern u. a. 1999.

Israelitin und eines Ägypters seiner Gotteslästerung wegen auf Geheiß Gottes gesteinigt wird, nicht einfach übergehen. Schließlich beanspruchten die
Reformatoren, im Gegensatz zu Rom ihre Grundsätze aus der Bibel herzu-
leiten. Außerdem hatten seit den Zeiten der Kirchenväter die Theologen immer wieder diese Stelle zitiert.[106] Bullinger kam daher nicht umhin, Stellung
zu nehmen. Blasphemie sei ein todeswürdiges Vergehen, allerdings sei zu bedenken: »Im straffen aber soelicher lüthe[n] muoß ma[n] guote[n] und[er]-
scheid halte[n] erstlich d[er] persone[n], denach d[er] jrthumen un[d] zuo
letst auch d[er] straffen.«[107] Daraus folge, daß man nicht »gleich einen jeden
toeden soelle, der da jret. Was mit worten und troewungen mag verbessert
werden, das darff nit mit groesserem und rüherem auffgehept und gestrafft
werden. Maß halten ist in allen dinge[n] das best.«[108] Bullinger erweist sich
als Realist, wenn er etwa mit Paulus darauf hinweist, daß einer des anderen
Last tragen (Gal 6, 2), den Schwachen im Glauben geholfen werden (Röm
14, 1) und daher Milde geübt werden solle, solange die Beklagten Einsicht
zeigten.[109] Die Todesstrafe sollte also nicht zwangsläufig die Norm sein.
Welche Strafen jedoch genau zum Richtstab werden sollten, das hütete sich
Bullinger ebenso wie Zwingli festzulegen. Schließlich fiel die Verurteilung
von Blasphemikern in die Kompetenz des Rats. Wie für seinen Vorgänger
war das Entscheidende für den Theologen Bullinger die restitutive Aussöhnung des Sünders mit Gott, die allein in dessen Gnade gründete. Damit zielte Bullinger auf die spirituell getragene Wiederherstellung der göttlichen
Ordnung, nicht die weltlich-punitive Bestrafung des Blasphemikers.
   In ihrer Auseinandersetzung mit der Frage, welche Strafen Gotteslästerer
verdienten, schenken weder Zwingli noch Bullinger der mittelalterlichen
Sündenkasuistik irgendeine Aufmerksamkeit. Der Schluß, daß die beiden
Reformatoren nichts Neues zum Thema zu sagen gehabt und stillschweigend
die Konzepte der mittelalterlichen Juristen und Theologen übernommen haben, liegt zwar nahe, geht aber fehl. Er übersieht, daß die Reformatoren eine
Hinwendung zu einem innovatorischen biblisch-existentiellen Sündenbegriff
vollzogen, welche die mittelalterliche Sündenkasuistik überflüssig machte.
Zielte diese Kasuistik darauf, Vergehen möglichst in einzelne Kategorien
aufzuschlüsseln, um auf Grundlage dieser Kategorisierung bestimmen zu
können, mit welchen guten Werken die Normübertretungen wieder auf-

---

106 Vgl. H. BULLINGER, Hausbuoch, fol. 89v–90r. Zur theologischen Debatte um die Bestrafung von Gotteslästerern im Spätmittelalter und der Frühen Neuzeit vgl. G. Schwerhoff, Gott
und die Welt S. 48, 56, 61 f., 127 f., 137, 306.
107 H. BULLINGER, Hausbuoch. fol. 90r.
108 H. BULLINGER, Hausbuoch, fol. 90v.
109 H. BULLINGER, Hausbuoch, fol. 90v.

gewogen werden konnten, sahen Zwingli und Bullinger von solchen Überlegungen radikal ab. Für sie galt ausschließlich das absolute Vertrauen auf die Rechtfertigung allein aus Gnade. Für die Reformatoren erübrigte sich daher eine differenzierte Konzeptionalisierung der Gotteslästerung in diverse theologische Kategorien von selbst.

Ungeachtet der Zurückhaltung, die Zwingli, Bullinger und die reformierte Kirche bezüglich der Forderung schwerer Strafen für Blasphemiker übten,[110] ließ die Kirche die Novellierung der Sittengesetzgebung nicht ruhen.[111] Bereits zwei Jahre nach Erlaß des »Großen Mandats« trug sie 1534 dem Rat vor, daß das Schwören effektiver bekämpft werden müsse.[112] Immer wieder mahnte sie, insbesondere im Laufe des 17. Jahrhunderts, die Überarbeitung der Sittengesetze an. Hiervon zeugen die Empfehlungen der Geistlichen, in denen die Kirchenvertreter dem Rat wiederholt Überarbeitungen des »Großen Mandats« nahelegten und bestehende Mißstände anprangerten. So bekräftigen sie 1551 mit Verweis auf das Alte Testament die biblische Begründung des Schwurverbots.[113] In ihrem *Fürtrag* von 1572 ließ die Kirchenleitung verlauten, »daß Gots lestern ist so gmein und gadt im schwank, daß auch von wýberen und von kindern gschworen wirdt, daß eöwere foderen mit dem blut gricht gestraafft hetind [...]Und unßerer voderen sagtend, die landts knècht hetend kein glück allein von ires übels schwerens [wegen].«[114] Ferner nannte »das Gutachten der Geistlichkeit die vorhabende Reformation belangend« im Jahre 1606 »das grausam fluochen, meineid schweren und getslesteren« hinter den mangelnden religiösen Kenntnissen der Bevölkerung und der Plage der Zauberei an dritter Stelle.[115]

---

[110] Auch hier fehlen in den Synodalakten Belege, die auf die Bevorzugung harter Körperstrafen oder der Hinrichtung hinwiesen. (vgl. E. II, 1–7b). Wenn die Zürcher Kirche sich im Falle des »Gotteslästerers« Servets in ihrem von Genf angeforderten Gutachten für die Todesstrafe aussprach, dann insbesondere, weil dieser – aus Sicht der Gutachter – starrsinnig auf seine häretischen Irrlehren beharrte. Für eine konzise Darstellung des Falls vgl. G. Schwerhoff, Gott und die Welt S. 102–104.

[111] So vermerkt das Promptutarium ecclesiasticum in der Zeit von 1521–1792 für die Jahre 1534, 1540, 1572, 1614, 1619, 1624, 1628 und 1680 eigene *Fürträge* (Empfehlungen an den Rat) bezüglich des *Großen Mandats*: Vgl. E II.101.a, Teil IIa .

[112] E. II.96, Fürtrag, 20. 10. 1534, fol. 13r–14v. Zur Institutionalisierung des protestantischen »Sittendiskurses« allgemein vgl. H. Grünberger: Institutionalisierung des protestantischen Sittendiskurses, in: Zeitschrift für historische Forschung, 24. 1997 S. 215–252.

[113] Hier lehnten sich die Geistlichen an diejenigen Passagen an, die auch in der Argumentation Zwinglis und Bullingers auftauchen, etwa: Dtn 6, 10, Ex, 20 und 23, Jes. 45, Jer 4 und 5 oder Ps 63. Vgl. E II.99, Fürtrag, 9. 12. 1551, fol. 32v–33r.

[114] (ZB) MsB258, Fürtrag (von Heinrich Bullinger, Rudolf Gwalther, Johannes Wolf und Burchkhart Leemann unterschrieben), p. 160.

[115] Vgl. E. I.5. 1a, Nr. 38.

Im November 1637 gaben die Kirchenvertreter zu überlegen, ob die Strafe von einem Schilling für eine lästerliche Äußerung nicht aufgehoben werden und statt dessen der Erdkuß obligatorisch gemacht werden solle, »sidtmalen die Jezigen leidigen und verderbten zÿten den Innigen, als dißer schillings ufgesezt worden, nit mehr glÿch auch die schwür und Gotslestungen dißer zÿt vil größßer und bößer, auch mehr gewohnt sind.«[116] Blasphemiker sollten also nicht mehr die Chance erhalten, ihr doch schwerwiegendes verbales Vergehen mit einem niedrigen Geldbetrag aufzuwiegen, sondern statt dessen auf jeden Fall der empfindlicheren Ehrenstrafe des Herdfalls unterzogen werden. Allerdings räumten die Kirchenvertreter in ihrem Gutachten zugleich ein, daß das »Große Mandat« vielleicht doch unverändert bleiben solle, »dann wo es an dißerem ohrt geendertet wurde, müßte solches auch im Burger-Eidt beschéhen.«[117] Mit der Festsetzung des Strafmaßes blieb die Kirchenleitung freilich unzufrieden. Sie monierte 1652 erneut, »alle die Sünden der ersten Tafflen[118] sollen beÿ einem Regenten seÿn in größerer Consideration und achtung, dann die, so begangen werden wider die ander Taffel. Es ist doch unglich zum beÿspiel einer, der übel schweert, straffen um 10 batzen und 5lb. [Pfund] und einer, der ein badenschenke gibt, um 25 lb.«[119] Aus kirchlicher Sicht kamen Blasphemiker also zu billig weg. Wie ihre Amtsbrüder aus dem württembergischen Leonberg[120] sahen die Zürcher Geistlichen außerdem, das Übel der Wortsünde überall um sich greifen. Strafpredigten sollten daher nicht nur speziell auf einzelne Delinquenten gehalten werden, sondern die Gemeinden allgemein einbeziehen. So stellte die Kirchenleitung anläßlich des Falls Heinrich Schultheß von 1650 fest, daß es die Kirchenleitung »nit [für] undienstlich [erachte], [daß] von Stat und Land auß hochoberkeitlichen anstehen, eine Predig außtruckenlich wider alles leichtfertige schweeren und Mißbräuch des hohen, wehrten namens Gotes gehalten und darbeÿ E[urer] E[hrwürdigen] W[ei]sh[ei]t mandat und Satzungen im gemein und besonderbahr verstärkt [werde].«[121] Schließlich rückte bis 1656 »das fluchen und schweren nebent anderern unchristlichen Vorthen bÿ Jungen und Alten« von der dritten Position der »KlagPuncten«

---

116 B II.1083, Gutachten der Geistlichen, 27/30. 11. 1637, p. 531.
117 B II.1083, Gutachten der Geistlichen, 27/30. 11. 1637, p. 531.
118 Die erste Tafel umfaßt nach evangelischer Zählung die ersten drei Gebote, d. h. alle Gebote, die das Verhältnis mit Gott betreffen. Vgl. H. BULLINGER, Hausbuoch S. 50. Nach reformierter Zählung gehört das zweite Gebot zum Bilderverbot, während nach lutherischer und katholischer Zählung das Begehrverbot in das neunte und zehnte Gebot aufgeteilt wird. Zu den theologischen Konsequenzen dieser Zählung vgl. H.-G. FRITZSCHE, Dekalog IV S. 418.
119 E II.96, Fürtrag, 6. 12. 1652, p. 1149.
120 Zu Leonberg vgl. A. LANDWEHR, Policey im Alltag S. 107.
121 E. II.97, p. 1129, Fürtrag, 6. 4. 1650.

auf die erste Position vor.[122] Mit vergeltungstheologischen Argumenten unterstrich die Synode 1668: »Eine gleiche ernstlichere Abstraffung [mit allen möglichen weltlichen und geistlichen Mitteln] wäre auch hochnothwendig beÿ anderen grassierenden Sünden und lastern; Sonderbar beÿ dem Gott vergeßenen Schweren, Gottslästeren und Meineid; da je nicht zu zweÿflen, wann wir Menschen Gott zu ehren für seinen hochheiligen Namen nicht nach Nothdurft eÿfern werden, Er selbst sich an uns und dem gantzen Land heiligen, und sein Zorn also angehen werde, daß kein löschen mehr seÿn wird.«[123] Die Überlegungen der Kirche hinsichtlich der »ernstlicheren Abstraffung« indes bezogen sich auf die Erhöhung der Geldstrafe; am Ende der internen Kontroversen stand 1680 folgendes Ergebnis: »dz [das] schweren, fluochen, lästeren u[nd] dießes lasters halb wurde die straf verscherft. Anstat 1s [Schilling] imm großen Mandat gesezt, solten für dz erste mahl abgefordert werden 5 lb, dz ander mahl 10 lb. Item gfangenschaft, erdkuß.«[124] Doch Antistes Klingler machte auf ein weiteres Problem aufmerksam. Er rief bei einem Treffen beider Stände in der Chorherrenstube 1694 in Erinnerung, »das vorder und capitalste [Laster] ist das allgmeine fluchen und schweeren, gotslästeren und andere entheiligung des hohen und theüren namens Gotes, darüber aller Orthen nit allein nach alter weiß und gewohnheit geklagt wird, sonder auf ein gantz neüwe, besonderbahre und wehemüthige weiß dergleichen beÿ unseren Voreltern niemahls gehört worden [...] [Deswegen] haltet die liebe Kirch widerum [beim Rat] zum driten mahl um dieselbe [Strafe, nämlich den Erdkuß] an, in hofnung, wann man die Kirche werde laßen gebrauchen ihres gewalts, den sie von Got empfangen, so werde dißem übel mögen gesteüret werden, allermaßen die erfehrung bezüget, daß die Kirchen disciplinen ofters weit mehr kraft haben als die civil-straffen [...]«[125] Freilich war seine Position, bei Gotteslästerungen solle die Kirche als Strafinstanz eingreifen, innerhalb der Synode umstritten. Ein gegen 1694 zu datierendes »Wohlgemeints Bedenken über den Herdkuß« teilte zwar die Einschätzung Klinglers über die lästerlichen Sprachgewohnheiten der Zürcher, wandte jedoch - wohl aus Erfahrung - »die nicht unzeite sorg« ein, »es möchte mit dem Herdkuß vil ohnbedachtig und auß passion, viel auch gantz partheysch und nach ansechen der persohn ÿngenommen werden: dann die meisten Stillstände sind einfaltige Leüth [...]«[126] Einem Ratsurteil vom 15. 11. 1694 zufolge setzten sich schließlich diejenigen Geistlichen

---

[122] A. 44.1, Weisungen der Verordneten zur Reformation, 20. X. 1656.
[123] E. I. 5. 2a, Fürtrag, 24. 10. 1668.
[124] B. II. 36, Protokoll Conventus habitus, 12. 11. 1680, fol. 26v.
[125] E. II. 98, Vortrag Antistes Klingler, p. 264.
[126] E. II. 92, p. 49.

durch, welche für die Strafkompetenz der Sittengerichte eintraten. Die
»Herren der Lehr hätten sonderlich auf die eigenwillige vernemmung deß
Erdkußes vor den Stillständen gegen muthwilligen Fluchern abermahls« ge-
drungen. Der Rat replizierte jedoch, die Sittengerichte könnten nur dann
wirksam sein, wenn die Geistlichen ihrer Meldepflicht nachkämen.[127] Er
wies also die Verantwortung für die mangelnde Umsetzung der gesetzlichen
Normen von sich. Dessenungeachtet müssen zusätzliche Klagen seitens der
Kirchenleitung über die ungenügende Bestrafung von Gotteslästerern gefolgt
sein. Jedenfalls hielt der Rat 1714 enerviert fest, daß zwar in der Tat das
Schwören und Fluchen weiterhin zugenommen habe, die Abhilfe nicht aber
im Erlaß eines neuen Mandats, sondern in der Umsetzung des bereits dekre-
tierten bestehe. Nicht die Gesetzgebung sei reformierungsbedürftig, vielmehr vernachlässigten Vögte und Pfarrer ihre Aufsichtspflicht. Daher würden die Räte »hinkönftig keine gravamina mehr über dise [das Fluchen] oder
andere grassierende Sünden annehmmen [...], als wann die Fehlbare [die
Täter] dem behörigen Richter gelaidet [gemeldet], aber nit gestrafft worden.«[128] In der Diskussion um eine angemessene Normsetzung schoben
weltliche und geistliche Obrigkeit sich also die Verantwortung gegenseitig
zu, ohne daß die kirchlichen Normvorstellungen sich hätten durchsetzen
können. Eine gewisse Wirkung auf die Sittengesetzgebung mag hingegen die
Theologie Zwinglis und Bullingers gehabt haben. Möglicherweise ist es dem
Einfluß der Theologen zu verdanken, daß die Mandate darauf verzichteten,
zwischen Fluchen, Schwören und den drei Formen der Schmähung Gottes
kasuistisch zu differenzieren. Freilich ist nicht auszuschließen, daß der Rat
in seinen Mandaten nicht an theologische Argumente dachte, sondern prag-
matisch Bestimmungen zu erlassen suchte, die für die Umsetzung in der
Rechtspraxis geeignet schienen.

* * *

Wie, in der Tradition des ausgehenden Mittelalters stehend, die weltliche
Obrigkeit des frühneuzeitlichen Zürich der Wortsünde den gesetzgeberischen Kampf ansagte, so beschäftigten sich auch Zwingli, Bullinger und die
reformierte Kirche mit dem Problem der Blasphemie. Als Theologen hielten
sich jedoch weder Zwingli noch Bullinger mit einer innovativen Konzeptionalisierung der Gotteslästerung auf. Wie schwer blasphemisches Reden als
verwerfliche Todsünde auch wog, die verbale Verfehlung war den beiden reformatorischen Theologen kein dringendes intellektuelles Anliegen. Ihre

---

[127] E. II. 92, Ratserkenntnis 15. 11. 1694, p. 75 f.
[128] E. II. 95, Ratserkenntnis, 24. 5. 1714, fol. 113v.

theologische Energie konzentrierten sie vielmehr auf die tagespolitisch aktuelle Frage des Eidschwörens, welche die Täufer aufgeworfen hatten. Dennoch verloren weder Zwingli noch Bullinger als Kirchenvorsteher die lästerlichen Redegewohnheiten ihrer Schutzbefohlenen aus dem Auge. Sie stellten beide unmißverständlich fest, daß die Verfolgung der Blasphemie in die Kompetenz der Obrigkeit falle, die für eine angemessene Bestrafung der Beklagten zu sorgen habe. Die Festsetzung der Strafen überließen sie daher dem Rat, während sie theologisch die Bedeutung der Versöhnung des Blasphemikers mit Gott durch aufrichtige Reue betonten. Beide, Zwingli und Bullinger, dachten auf der Grundlage ihres biblisch-existentiellen Sündenbegriffs in geistlich-restitutiven, nicht in weltlich-punitiven Kategorien.

In ihrer Haltung zur Frage der Gotteslästerung führte die Kirchenleitung die Linie Zwinglis und Bullingers fort. Ohne sich um eine theologisch originelle Argumentation zu bemühen, trat sie stets für die Anpassung von Geldstrafen an das jeweils herrschende Preisniveau und für die Ehrenstrafe des Herdfalls ein. Die Körper- oder Todesstrafen waren für die reformierte Kirchenleitung auffälligerweise kein Thema, das der Diskussion lohnte. Im Zentrum der kirchlichen Aufmerksamkeit stand bei den Wortsünden das alltägliche Schwören und Fluchen, nicht die Blasphemie in der Variante der außergewöhnlichen, grundsätzlichen Infragestellung Gottes, die eine Hinrichtung notwendig machte. Somit knüpfte die reformierte Kirche unmittelbar an die Schwörmandate des spätmittelalterlichen Zürich an. Rhetorisch verwies die reformierte Kirche zwar in ihren Empfehlungen auf den Topos der wachsenden »Verderbtheit der Zeiten«, letztlich jedoch stellte sie pragmatische Überlegungen an, wenn sie die Geldstrafen an das aktuelle Preisniveau angepaßt sehen wollte und über den Stellenwert bzw. die Umsetzbarkeit des Herdfalls debattierte. Die frühneuzeitliche Zürcher Kirche ließ also nur bedingt einen Willen zu spezifisch reformierter Normsetzung erkennen: Sie mahnte immer wieder eine angemessene Bestrafung von Blasphemikern an und wurde nicht müde, das Laster der Wortsünde anzuprangern. Insofern trug die Haltung der reformierten Kirche zur Erhöhung der obrigkeitlichen Sensibilität gegenüber dem Problem der Gotteslästerung bei. Mit der Reformation begann indes keine neue Ära, in der sich die Kirche durch eine besonders harte Haltung in der Frage der Verfolgung von Blasphemikern oder durch neue theologische Überlegungen ausgezeichnet hätte. Auch zeigten die Argumentationen der Kirche relativ wenig Wirkung auf den Rat. Dieser nahm zwar die ständigen Ermahnungen der Kirche ernst und ließ daher im gesetzgeberischen Kampf gegen die Blasphemie nicht nach. Von den theologischen Differenzierungen in der Entwicklung des Gotteslästerungsbegriffs indes blieb die Sittengesetzgebung unberührt; sie trennte nicht zwischen Fluchen, Schwören und Lästern. Ebenso wies der Rat den kirchlichen

Vorwurf von sich, als Gesetzgeber nicht genügend Aktivitäten zu ergreifen und kritisierte statt dessen die Kirche bzw. die Geistlichen für ihren mangelnden Einsatz bei der Meldung von Blasphemikern. Weltliche und geistliche Obrigkeit kooperierten auf der Ebene der Normsetzung nur bedingt.

b) Die obrigkeitliche Anwendung der Normen

Die Aufsichtspflicht von Amtspersonen und Untertanen

Um Gotteslästerer habhaft zu werden, war die Justiz darauf angewiesen, daß deren Vergehen zur Anzeige gelangten. Das spätmittelalterliche Nürnberg, Basel und Konstanz betrauten heimliche Kundschafter eigens mit dieser Aufgabe.[129] Neben diesen drei Städten lockten die französische Krone, die rheinische Pfalz, das Amt Leonberg und die Magistrate der Städte Florenz und Köln mit Prämien für die Denunzianten.[130] Zürich hingegen kannte keines dieser Mittel, die Meldung von Gotteslästerern zu befördern. Dort gehörte vielmehr seit dem 15. Jahrhundert die konsequente Meldung von Gotteslästerern zu den Aufgaben der Amtspersonen. Das hielten auch die Gesetze der Frühen Neuzeit fest. Nunmehr aber wurden zusätzlich die Bürger und Bürgerinnen dazu verpflichtet, unter bestimmten Bedingungen Blasphemien anzuzeigen. Doch offenbar war die Obrigkeit mit der Arbeit der Ratsleute, Vögte, Gerichtsweibel, der Pfarrer und der Ehegaumer (Vertreter der Sittengerichte) nicht zufrieden. Vielmehr hielt sie es für notwendig, nachlässige Amtleute und Zeugen offen mit Strafen zu drohen. Angesichts dieser Verhältnisse ist die Frage zwingend, wie genau die Amtspersonen bzw. die Untertanen ihrem gesetzlichen Auftrag nachkamen.

 Die Verfassungsstruktur Zürichs gab den Weg vor, den die Meldung einer Gotteslästerung zu nehmen hatte. Entweder die weltlichen und geistlichen Amtleute schritten in ihrer Aufsichtsfunktion selbst ein oder die Bevölkerung wandte sich an sie als Vertreter der Obrigkeit. Die Abbildung auf der folgenden Seite zeichnet den Instanzenzug schematisch nach.

 Die Menge der Blasphemieakten, welche die Zürcher Justiz hinterlassen hat, ist der beste Beweis dafür, daß die Amtleute ihrer Aufsichtspflicht überhaupt nachkamen. Typisch sind hierfür die *Weisungen*, wie sie der Kyburger Vogt Rudolff Wolff 1643 an den Rat schickte: »Als hat mir nit gebüren wöl-

---

129 Vgl. G. Schwerhoff, Gott und die Welt S. 259, 268–270; P. Schuster, Konstanz S. 184.
130 Vgl. G. Schwerhoff, Schranken S. 51–56; B. Vogler, Entstehung S. 176; A. Landwehr, Policey im Alltag S. 150; A. Cabantous, Histoire du blasphème S. 115.

Graphik 1: Verfassungsstruktur Stadtstaat Zürich 1525/28-1798
Meldung von Gotteslästerern

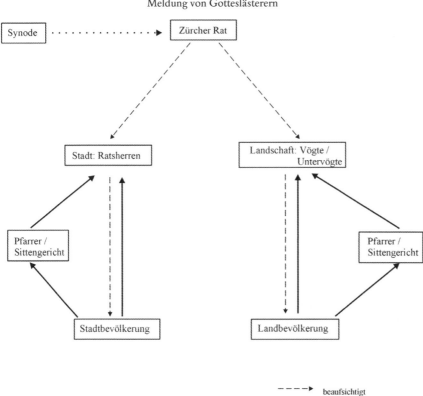

len, In einer so wüchtigen sach [die religionssach des Bartli Münz], etwas zehandlen, sondern die Persohn sampt ÿnliggendem bricht hiemit U[e]r Gn[a]d[en] verwahrlich zu dero fehrner Disposition zu beschicken.«[131] Meistens handelten die Vögte korrekt, versuchten die Sache vor Ort zu regeln oder übergaben sie dem Rat. Mit welcher Gewissenhaftigkeit dies geschehen konnte, führt der Fall des Seltzbacher Jagli Hartmann vor Augen. Dieser verließ wegen »etwas Gotslesterung« umgehend das Land und kehrte erst dreieinhalb Jahre später zurück. Der Vogt jedoch hatte den Vorfall nicht

---

131 A. 27.82, Schreiben Ruodolff Wolff, 4.9.1643.

vergessen. Er ließ Hartmann verhaften, um ihn dem Rat zu überstellen.[132]
Amtmänner konnten demnach ein außerordentlich gutes Gedächtnis haben.

Auch die Vertreter der geistlichen Obrigkeit taten ihren Dienst. Pfarrer
Schinz von Humbertigkon etwa verhielt sich 1650 nach den Buchstaben des
Gesetzes. Unterwegs sei ihm Jagli Kuontz begegnet, der ihn wegen der
blasphemischen Äußerungen des Heinrich Schultheß angesprochen habe.
Hierauf habe er Schultheß einberufen, befragt und feststellen müssen, daß
dieser keine überzeugende Entschuldigung vorzubringen vermochte. Er habe
daher befunden, »daß er anderst nit könne fürkommen, dann er müße sỹ
[sc. die Sache] dem H[er]rn LandVogt offenbaren. Do sprach gedachter
Schulhess zu Ime, Er habe es so böß nit gmeint ..., wolle Im doch verschonen und die sach nit wÿter bringen [...] Da antwortet Er, Züg, daß dißes sachen [seien], die er Ime nit gewallt habe zu verzÿchen ..., doch sich darbÿ
anerbotten, nit zu böst, sondern vilmehr das beste [gegenüber dem Land-
vogt] zureden.«[133] Der Pfarrer ließ sich also auf keine weiteren Verhandlungen mit Schultheß ein, sondern hielt sich an die gesetzlichen Vorgaben. Ähnlich erging es Heinrich Gorschli und Barbara Trüb von Horgen im Jahre
1698.[134]

Wie unter den Vögten befleißigten sich einige Geistliche besonders, ihre
Dienstaufgaben zu erfüllen. Als in der ersten Hälfte des 16. Jahrhunderts die
Gebrüder Studer sich in die Haare gerieten, griff Pfarrer Teck ein. Dies erregte jedoch den Unwillen von Heini Studer, der hierauf »getz krütz geschworen. Daruf der predicant zuo Im gsagt, er sölte buoß thuon und den
herd küssen. Seite heini, ob er das gegen Jedem so bald andete. Redte der
predicant, er hette das sỹn than und so er das nit thete, welte er das bringen,
dahin es gehorte.«[135] Teck zögerte also nicht, umgehend die Regelungen des
Sittenmandats umzusetzen. Auf ein korrektes Vorgehen pochte ebenfalls der
Großmünsterpfarrer Johann Jakob Ulrich im Jahre 1650. Sein Diakon Hans
Heinrich Fäßi wandte sich 1650 schriftlich an den Rat, um den Fall der Elisabeth Meyer anzuzeigen, denn »H[er]r pfarrer vermeint, dz [daß] es nit
gnugsam seige, das si [die Meyer] nur in einer privat censur darumb [sc. eine
blasphemische Äußerung] beschulet werde.«[136] Der gestrenge Pfarrer wollte
die Meyer nicht zu billig davonkommen lassen und sorgte dafür, daß ihr
Vergehen ein weiteres Nachspiel haben sollte. Auch das 18. Jahrhundert
kannte unnachsichtige Sittenaufseher, wie aus einem Anschreiben des Anti-

132 A. 27.94, Schreiben Vogt von Grüningen, 14. 3. 1656.
133 A. 27.89, Schreiben Pfarrer Schintz, 25. 3. 1650.
134 Vgl. A. 27.120, Schreiben Pfarrer Rollenbutz, 9. 10. 1698.
135 A. 27.12, Aussage Hans Umber, undat.
136 A. 27.89, Schreiben Hans Heinrich Fäßi, 16. 9. 1650.

stes Neuscheler an die Herren Examinatoren zu ersehen ist:[137] Pfarrer
Kilchperger von Stäffa habe ihm 1730 brieflich mitgeteilt, er habe in Schöpf-
lidorf in einer Wirtschaft Hans Ulrich Hirt von Schlinikon Gottes Namen
mißbrauchen hören. Er, Kilchperger, habe diesen zwar »beschelkt,« worauf
Hirt auch Abbitte geleistet habe, doch sehe er sich dennoch nicht in der Lage, die Sache zu verschweigen. Hierauf habe er, Neuscheler, den Gemeindepfarrer Hirts angeschrieben, aber vom Amtsbruder keine Antwort erhalten.
Deswegen wende er sich nun an die Kirchenleitung, um den Fall zu klären.[138] Weder Kilchperger noch Neuscheler ließen also locker, obwohl der
Übeltäter sich als reuig erwies.

Den Pfarrern und Vögten standen als Helfer die Ehegaumer und Gerichtsweibel zur Seite. Auch sie wußten für Anzeigen gegen Gotteslästerer zu
sorgen. So hatten die Gebrüder Güttinger von Altdorf es dem Eifer eines Ge-
richtsweibels zu verdanken, daß sie 1560 vor dem Gericht landeten.[139] Im
Fall Hans Druodels aus der ersten Hälfte des 16. Jahrhunderts leitete u. a.
ein Ehegaumer ein Verfahren ein.[140] Georg Zindel teilte 1661, Jacob Kuntz
von Riet 1726 mit Druodel das gleiche Schicksal.[141]

Neben den Amtspersonen standen Wirte in der Pflicht. Sie hatten ihren
Gästen auf das Maul zu schauen. Tatsächlich sind auch einige Fälle bekannt,
in denen Wirte obrigkeitliche Recherchen erleichterten. Im Jahre 1554 gab
der Wirt Uolly Lup an, er habe Vogt Uolmann im Pfarrhaus »ungeschickte«
wort treiben hören. Er sei anschließend mit dem Vogt in eine Wirtschaft – es
scheint sich um seine eigene gehandelt zu haben – gegangen, wo der Vogt
fortgefahren habe, zu fluchen und zu schwören. Abends habe sich der Vogt
bei ihm für seine Ausschreitungen entschuldigt. Trotzdem aber alarmierte
Lup einen Ehegaumer. Die Sache war für ihn offenbar nicht bereinigt.[142] Zu
weit trieb es auch Bernt Galli aus Weil im Jahre 1708. In einer Wirtschaft
zettelte er einen Konfessionsstreit an, in dem er es an Flüchen und Provokationen gegen den Wirt nicht fehlen ließ. Hierauf habe der Wirt Hans Heinrich Schwytzer sich nach verschiedentlichen Ermahnungen gezwungen gesehen, Galli mit einer Anzeige zu drohen. Galli habe aber seine blasphemischen Provokationen fortgesetzt, so daß er ihm entgegnet habe: »Du bist

---

[137] Die Herren Examinatoren bildeten das Gremium, das die Amtsführung der Pfarrer beauf-
sichtigte. Vgl. B. GORDON, Clerical Discipline S. 88 f.
[138] Vgl. A. 27.141, Schreiben Antistes Neuscheler, 18. 12. 1730.
[139] B. VI.258, fol. 235r, Urteil Jacob und Hans Güttinger, 10. 1. 1560.
[140] Vgl. A. 27.98, Aussage Georg Zindel, 15. 5. 1661.
[141] Vgl. A. 27.18, Aussage Hans Druodel, undat.; A. 27.137, Schreiben Pfarrer Caspar Diebolt, 29. 9. 1726.
[142] Vgl. A. 27.20, Aussage Uolly Lup, 10. 10. 1554.

ein fauler, Gotloßer verdächtiger gsell, ich will dieße gotloßen Sachen, alß
zu denen man nit schweigen kann, meiner Schuldigkeit gemäß an gebührenden Orth anzeigen.« Seine Drohungen blieben keine leeren Worte. Schließlich wandte sich der Wirt an den geschworen Wachtmeister Weber, der
Galli verhaftete.[143] Der Wirt war sich also seiner Aufsichtspflichten bewußt
und nutzte sie, als ihn Galli persönlich provozierte. Freilich bilden die zwei
genannten Denunziationen die absolute Ausnahme. Sonst liegen keine Meldungen von Wirten vor. Für sie war es wichtiger, an den Gästen zu verdienen
denn für die öffentliche Ordnung zu sorgen.

Auffälligerweise finden sich in den Justizakten kaum weitere Nachrichten
darüber, daß Amtspersonen am Anfang eines Gerichtsverfahrens gegen
Blasphemiker standen.[144] Daraus folgt zweierlei. Zum einen fühlten sich die
Amtleute – und hier ähnelten sie ihren Kollegen in Konstanz und Basel –[145]
nicht dazu berufen, Jagd auf Gotteslästerer zu machen. Zum anderen muß
die überwältigende Mehrheit der Anzeigen von Privatpersonen stammen, die
sich auf ihre Bürgerpflichten beriefen. Wenn die Namen dieser Bürger in der
Regel in den Gerichtsprotokollen fehlen, geht dies auf die verfahrensrecht-
liche Regelung zurück, daß die Zeugen und Angeklagten zu verhören waren,
ohne daß sie den Namen der anzeigenden Person kannten. Dennoch finden
sich eindeutige Hinweise, welche Schritte Privatpersonen unternahmen,
wenn sie einen Gotteslästerer anzeigen wollten. Wie die bereits aufgeführten
Beispiele zeigen, fiel ihnen der Weg zu einer Amtsperson, meist zum leichter
erreichbaren Gemeindepfarrer, nicht schwer.

Daß Amtleute vergleichsweise selten Blasphemiefälle meldeten, hatte mehrere Gründe. Zu den »technischen« Gründen gehört, daß man in ihrer Nähe
keine so lockere Zunge geführt haben wird. Ferner konnten die Amtspersonen schlichtweg nicht immer zur Stelle sein, wenn irgendwo eine Gotteslästerung fiel. Doch hielten sich die Aufsichtspersonen noch aus weiteren

---

[143] E.I.10.5, Aussage Hans Heinrich Schwytzer, 11.2.1708.

[144] Insofern widerspricht das Zürcher Beispiel der Darstellung van Dülmens (vgl. R. V. Dülmen, Wider die Ehre Gottes S.32), leichte Gotteslästerungen wie Flüche und Schwüre seien
meist durch Amtspersonen zur Anzeige gelangt.

[145] So war in Basel dem Amt der »Lüsener«, d.h. der im 15. Jahrhundert amtlich bestellten
Kontrolleure über das sittliche Verhalten der Bevölkerung kein Erfolg beschieden. Auch wissen
die Basler Klagbücher für die Jahre 1531–1538 nur von 4 Fällen zu berichten, in denen Amtspersonen eine Anzeige aufgegeben hatten. Vgl. G. Schwerhoff, Gott und die Welt S.268–272, 288.
In Konstanz sanken die Meldequoten der »Angeber« genannten Aufsichtspersonen im 16. Jahrhundert stetig (vgl. W. Dobras, Ratsregiment, Sittenpolizei und Kirchenzucht in der Reichsstadt Konstanz 1531–1548. Ein Beitrag zur Geschichte der oberdeutsch-schweizerischen Reformatoren. Gütersloh 1993 S.203–218, Tab.1). Auch für das 15. Jahrhundert läßt sich kein Erfolg
dieser Spitzel nachweisen (vgl. P. Schuster, Konstanz S.184f.).

Gründen bei der Denunziation von Blasphemikern zurück. Der Vorwurf der Gotteslästerung war zu schwerwiegend, um ohne ernsthafte Gründe erhoben zu werden. Die Aufsichtspersonen suchten das Risiko einer Fehlbezichtigung zu meiden. Selbst wenn es sich um eine Schutzbehauptung handeln sollte, so ist doch hier die Argumentation des Küßnachter Untervogts Jegkli vom Beginn des 16. Jahrhunderts aufschlußreich: Er habe die blasphemische Äußerung Michel Degenharts deswegen nicht zur Anzeige gebracht, weil er von ihr lediglich aus zweiter Hand, und zwar über seine Frau, erfahren habe. Diese habe ihm erzählt, »wie gemelts Rytzis frow gesagt, das Michel Degenhart ungeschicktlich gereth, … Doch hab er nie nüt eigentlichs, wiewol er der sach nachgfragt, erkondigen mögen, auch sÿn frowen deßhalb heißen schwigen.«[146] Ebenso hielt sich Pfarrer Lamprecht Zender bedeckt: »Das [sc. die Gerüchte um Degenharts Blasphemie] habe er nur von hör sagen und gmeiner gassen redt. Doch möge man heinrich wirtz, den Müller, darumb beschicken.«[147] Die Amtspersonen gingen also bei ihren Meldungen mit Bedacht vor, im Zweifel ließen sie einen Vorfall lieber auf sich beruhen.

Das Risiko einer Falschbeschuldigung war eine Sache, die Unannehmlichkeiten, die aus einer Anzeige erwuchsen, eine andere. Dies wird aus der Reaktion des Gemeindepfarrers von Benedict Berli deutlich. Als der Kilchberger Untervogt Nägeli 1616 dem Geistlichen die Gotteslästerungen Berlis vom Vorabend meldete, wies er ihn an den Obervogt Bertschinger weiter.[148] Der Geistliche wollte mit dem Vorfall offenbar nichts weiter zu tun haben und ging keinen offenen Konflikt mit Berli ein.

Von genau derselben Haltung zeugt die Reaktion des Pfarrers von Elgau auf Vogt Uolmann. Obwohl der wegen seiner Trinklust und Blasphemien bekannte Vogt Uolmann zur Abkanzelung bestraft worden war, hatte er sich der Strafe entzogen. Er erschien nicht zum Gottesdienst. Es war nicht das erste Mal, daß Uolmann den Pfarrer brüskierte. Bereits zuvor hatte er in Anwesenheit des Geistlichen etliche Schwüre und Flüche von sich gegeben. Der Pfarrer hatte sich jedoch mit Ermahnungen begnügt, bis jemand 1554 beim Obervogt vorstellig wurde, nachdem Uolmann die Pfarrersfrau verletzt hatte.[149] Der Geistliche hätte also allen Grund gehabt, Uolmann der Gotteslästerung zu beschuldigen, doch scheute er wohl die Auseinandersetzung mit dem Amtsträger.

Eine Anzeige aufzugeben, hieß eine ganze »Maschinerie« in Bewegung zu setzen. So manche Geistliche scheinen versucht zu haben, die Umstände, die

---

[146] A. 27.13, Aussage Jegkli, undat.
[147] A. 27.13, Aussage Lamprecht Zender, undat.
[148] Vgl. A. 27.61, Aussage Untervogt Jacob Negeli, 15.4.1616.
[149] Vgl. A. 27.20, Schreiben Vogt?, 13.9.1554.

dadurch verursacht wurden, zu vermeiden. Jedenfalls klingt dies in der Begründung des Pfarrers Wyß von 1628 an. Er habe Merki deswegen allein seiner Ehestreitigkeiten wegen vor dem Sittengericht zur Verantwortung gezogen und darauf verzichtet, zusätzlich dessen schwerwiegende Gotteslästerung zur Sprache zu bringen, weil er Merki vor dem Geschwätz der Leute habe schützen wollen.[150] Wyß zog es vor, Merkis brisante Bemerkungen unter vier Augen zu regeln. Er suchte also zum einen den Aufwand, der mit einem öffentlichen Verfahren verbunden war, zu umgehen und zum anderen Merki die soziale Bloßstellung zu ersparen. Beides wird es dem Geistlichen erleichtert haben, Konflikte vor Ort zu meiden.

Wyß war es nicht ganz wohl in seiner Haut. Dies zeigt seine defensive Argumentation. Der Urdorfer Pfarrer Schmutz hingegen lehnte 1735 jegliche Verantwortung für die riskanten Worte des angehenden Pfarrers und Pfarrerssohn Johannes Nötzli ab. Auf die Recherchen Kuhns hin erwiderte Schmutz: »Ich wüß nichts, es seÿ unanständig, daß ein geistlicher jage, das ministerium werde verschreÿt …« Da Kuhn bereits beim Verwalter Kramer und dem Chorherr Wirz vorstellig geworden sei, empfahl der Geistliche dem Rat, diese zu befragen und »mit dergleichen poßen einen trüwen diener jesu auf dem land nicht zu betrüben, der sonst an seinem ort mehr als genug zu thun.«[151] Keine Frage, Pfarrer Schmutz wollte von der ganzen Angelegenheit nichts wissen und nicht weiter mit Nachfragen belästigt werden.

Die Haltung der Vögte ist mit derjenigen der Pfarrer vergleichbar. Auch sie ließen es manches mal mit Warnungen bewenden, statt die Übeltäter konsequent vor das Gericht zu ziehen. Als Hans Knöpfli 1550 seiner Gotteslästerungen wegen dem Andelfinger Vogt vorgeführt wurde, hob er erneut an, »gotz marter, crütz und lÿden« zu schwören. Bereits zuvor hatte ihn der Vogt« zum dickeren [wiederholten] mal selbs gebeten, er solte heim keren und sinem urfecht gläben.«[152] Der Vogt hatte also vorerst darauf verzichtet, ein gerichtliches Machtwort zu sprechen. Für dieselbe Strategie entschied sich 1686 Vogt Holtzhalb: »Als er Im sÿnen garten gsÿn, habe er vom Böllerburen ettliche schwür und wort gehört, so nit wol zemälden. Darüber er Im sömbliches underseit und gehißen shwÿgen mit vermäldung, wüer er derglÿchen mehr von Im hörte, welte er dassëlbig einer ersamen Oberkeit anzeigen, Damit er sÿn gebürender lon darumb empfienge. Darüber er sich aller beßerung anerbotten habe.«[153] Offenbar verlor ein Vogt wie Holtzhalb sein Interesse nicht aus dem Auge, sich möglichst mit den Bewohnern zu arrangieren.

---

150 A. 27.68, Bericht Pfarrer Wyß, 28. 1. 1628.
151 A. 27.144, Schreiben Pfarrer Schmutz, 17. 11. 1735.
152 A. 27.17, Bericht Vogt?, X. 2. 1550.
153 A. 27.160, Aussage Vogt Holtzhalb, 26. 7. 1686.

Genauso wie Pfarrer und Vögte ließen auch deren Helfer ihre amtlichen
Zügel bisweilen schleifen. Der Sohn des Untervogts von Riespach etwa emp-
fand 1614 die Aufforderung Leemans als Zumutung, mitten in der Nacht
den Gotteslästerer Keßler nach Zürich abzuführen. Er habe daher Leeman
und seine Gefährten gebeten, »sý möchtind sich villicht biß dar [sc. bis zum
nächsten Morgen …] anders bsinnen. Wie aber der Leeman Ime Zügen vermeldt, er sölle das ein mal uff sýn costen und schaden hin thuon, habe er
demselben gewillfahret.«[154] So dringlich war dem Sohn des Untervogts demnach die Sache nicht, als daß er mitten in der Nacht aufgebrochen wäre, um
Keßler dem Rat zu überstellen. Er verfolgte allein auf Druck der Anzeiger
den Fall weiter. Solange ein solcher Druck fehlte, erlaubten es sich Vertreter
der Obrigkeit wie der Gerichtsdiener Heinrich Schnyder durchaus, über
Gotteslästerungen hinwegzugehen. Obwohl er 1612 Zeuge einer blasphemischen Äußerung wurde, unterließ er es, sie anzuzeigen.[155] Wie andernorts,
so das Zwischenfazit, entzogen sich die Amtleute mehr oder weniger offen
der Aufgabe, gezielt auf Gotteslästerer zu achten.

Neben den »technischen« Gründen, dem Risiko einer Fehlbezichtigung
und der bewußten Vernachlässigung der Amtspflicht hatte die geringe Mel-
dequote der Amtspersonen einen weiteren und wesentlichen Grund. Die
Amtleute stießen bei ihren Nachforschungen immer wieder auf Mauern des
Schweigens.[156] Die Begründung des Pfarrers Caspar Brunner, warum er den
der Blasphemie verdächtigten Marx Bleuwler erst auffällig spät gemeldet habe, ist hierfür kennzeichnend. Zwar habe er, so die Selbstlegitimation des
Pfarrers, nachdem ihm der damalige Kirchenpfleger Caspar Murer und der
Ehegaumer Jacob Kienast die blasphemischen Reden Bleuwlers im November 1667 gemeldet hätten, am 27. Dezember 1668 einen Stillstand einberufen, doch sei eine Messerstecherei Bleuwlers Gegenstand der Verhandlung
gewesen. Niemand habe bezüglich des Vorwurfs der Gotteslästerung Stellung genommen. Erst nach der Sitzung habe er, Brunner, von Kienast und
zwei anderen eine schriftliche Meldung über die Gotteslästerung Bleuwlers
erhalten. Als Pfarrer habe er zwar weitere Erkundigungen einzuholen versucht, jedoch ohne Erfolg. Die Frau Kienasts habe er aufgesucht und auf-
gemuntert, »nichts anders zu reden, als wz die wahrheit seÿ, es träfe da an
Gottes hohe Maÿestät, es laß sich nit schwÿgen […] Hierauf habe sie mit
der spraach nit recht herfür wöllen, die sach verglimpft.« Da überdies
Bleuwler, den er sich vorgenommen habe, den Vorfall geleugnet habe, sei er

[154] A.27.59, Aussage Sohn des Untervogts Batt Tuppiner von Riespach, 18.11.1614.
[155] Vgl. A.27.57, Aussage Heinrich Schnyder, X.4.1612.
[156] Zum Problem des Schweigens vor Gericht vgl. K. SIMON-MUSCHEID, Reden und Schweigen.

gezwungen gewesen, die Sache zunächst Gott zu überlassen. Am 7. Januar 1669 habe das Sittengericht allerdings in einer erneuten Sitzung beschlossen, den Fall an den Rat weiterzuleiten.[157] Solange also die Zeugen den Angeklagten deckten, vermochten die Amtspersonen nichts auszurichten.

Mit seiner Erfahrung stand Pfarrer Brunner nicht alleine da, wie das Schreiben Pfarrer Vögts (?) vom 5. Juni 1672 belegt. Der Geistliche klagte seinem Schwager in dessen Eigenschaft als Antistes sein Leid: Ein »ehrlicher Mann« habe am 14. April angezeigt, daß eine Gruppe von Keglern vier Wochen zuvor während einer Partie ihren Spott auf das Gleichnis der zehn Jungfrauen getrieben hätten. Er habe unmittelbar daraufhin den Stillstand einberufen, deren Mitglieder von nichts gehört haben wollten. Die von ihm zitierten Kegelspieler jedoch hätten umgehend gestanden. Am folgenden Dienstag habe er die Angelegenheit erneut vor das Sittengericht gebracht, das Vögts hierauf an die weltliche Obrigkeit Vogt verwiesen habe.[158] Die weitere kleine Odyssee des Gemeindepfarrers ist hier nicht zu erzählen. Aufschlußreich ist vielmehr, daß selbst die ehrenhaften Mitglieder des Sittengerichts, die mit großer Wahrscheinlichkeit die exponierte Szene gesehen haben dürften, erst einmal die Sache zu vertuschen versuchten. Auch den Denunzianten hatte das Gewissen erst nach vier Wochen so stark geplagt, daß er sich an den Pfarrer wandte. Ohne die Motive der Mitglieder des Sittengerichts bestimmen zu können – sie hatten wohl mit den Spielern einfach Sympathie und hielten ihre leichtfertige Unterhaltung für einen tolerablen Spaß –, ist festzuhalten, daß der Fall allein dank des »ehrlichen Mannes« aufgeflogen war. Der Pfarrer hatte von der Sache jedenfalls keinen Wind bekommen.

Genau das Gleiche gilt im Fall des Steinmaurer Jungen Jacob Kuntz aus dem Jahre 1726. Die lästerlichen Reden des Knaben gelangten erst nach vier Wochen der Obrigkeit zu Ohren. Die Mutter von Kuntzes Dienstherrn, die von den Worten des Jungen gehört hatte, denunzierte ihn bei einem Ehegaumer, der wiederum die Meldung an Pfarrer Diebolt weiterleitete. Die Zeugen selbst hingegen hatten nichts unternommen. Mißtrauisch beauftragte der Geistliche seinen Ehegaumer, weitere Recherchen anzustellen. Dieser habe schließlich herausgefunden, daß die Leute von dem Vorfall wußten, es aber vorzogen, sich in Schweigen zu hüllen.[159]

Vertreter der Obrigkeit gerieten weiterhin in eine Sackgasse, wenn die Zeugen sich verweigerten. Untervogt Jegkli von Küßnacht erfuhr von seiner

---

[157] Vgl. A. 27.103, Schreiben Pfarrer Brunner, 10. 2. 1669.
[158] E. II. 88, Schreiben Pfarrer Vögts (?) an Waser, 5. 6. 1672.
[159] Vgl. A. 27.137, Bericht Caspar Diebolt, 29. 9. 1726.

Frau, sie habe sagen hören, der Michel Degenhart habe gotteslästerliche Worte von sich gegeben. Jeglli versuchte dem Gerücht nachzugehen, mußte aber resigniert feststellen, er habe »nie nüt eigentlichs, wiewol er der sach nachgefragt, erkondigen mögen.«[160] Ohne die Kooperationsbereitschaft der Zeugen waren die Kundschafter machtlos, wie sie auch im Fall Hans Jaglli Maags erfahren mußten. Maag hatte in einem vollen Wirtshaus beim Trunke Blasphemien ausgestoßen. Die insgesamt neun Zeugen wollten jedoch nichts gehört haben.[161]

Die Obrigkeit konnte es nicht tolerieren, daß Amtspersonen und Zeugen willentlich von einer Anzeige absahen, wollte sie ihre Glaubwürdigkeit nicht verlieren. Daher suchte der Rat deren Nachlässigkeit zu sanktionieren. Freilich gelang es der Justiz nur selten, die Betreffenden zu überführen. Strafen für Wirte blieben eine Seltenheit, obwohl diese bewußt so manche Gotteslästerung überhört haben dürften, wie ein Ratsurteil von 1648 zeigt: »Heinrich Güntzenbach, der Wirt, hat gar nüt zur sach geredt. Ist gestrafft umb 5 lb.«[162] Ebenso erging es einem seiner Kollegen 1708: »Weilen aber der Wirth auff Baldern diesen Lästerungen [des Bernet] allzulang zugesehen, Er 3 lb [...] zu buß bezahlen [...] solle.«[163] Die Strafen waren also durchaus empfindlich, wenn auch nicht unermeßlich hoch. Die Amtspersonen kamen da etwas besser weg. Im Fall Jaglli Maag stellte es der Rat 1609 dem Obervogt frei, ob er Pfarrer Sprüngli und Weibel Mag von Oberglatt eine förmliche Ermahnung aussprechen wolle.[164] Über diese Entscheidungsfreiheit verfügte der Vogt von Knonau 1697 nicht. Der Rat wies ihn an, den Seckelmeister Heini Frigk sowie den Kilchmeyer Heinrich Frigk »umb das sie [blasphemische] worthe Lang bÿ sich selbs behalten,« durch den Pfarrer von Knonau und den von Mettmenstetten ermahnen zu lassen.[165]

Die ehrenrührige Bekundung des obrigkeitlichen Mißfallens konnte auch Zeugen blasphemischer Vorfälle treffen. Angesichts der Erkundigungen im Falle Jaglli Maag empfahl der Rat 1608 den Obervögten des Neuamts nicht allein Pfarrer Sprüngli und Gerichtsweibel Mag für eine Bestrafung in Betracht zu ziehen. Die Vögte sollten ebenfalls überlegen, ob sie »Felix Gaßman und Verena Gölin ehrst allhar [...] bescheiden und selbigen allerseiths

---

[160] A. 27.13, Aussage Jegkli, undat.
[161] Vgl. A. 27.113a, Aussagen Moriz, Jaglli, Elsbetha, Hansjaglli (genannt Trüb) und Jaglli Maag (genannt Schneider), Jaglli und Felix Bertschi, Hans Baßmann, Christ Hofmann 2.6.1685.
[162] E.I.10.3, Urteil Heinrich Güntzenbach , 8.5.1648.
[163] B.II.701, p.65, Urteil Wirt von Baldern, 13.2.1708.
[164] Vgl. B.II.609, p.30, Urteil Jaglli Maag, 5.2.1680.
[165] B.II.659, p.64, Urteil Ulrich Gugoltz, 2.10.1697.

wegen übersehner Laydungs-Pflicht [Anzeigepflicht] dz Oberkeitliche Miss-
fallen [...] bezeügen [wollten].« Für die übrigen Zeugen erfolgten aus Zürich
klare Anweisungen: »Insonderheit [...] der Trüb und Gaßman, weilen sie
nicht nur die Red[en], so der Mag ausgelassen haben soll, nicht also bald be-
hörige[n] Orths gelaydet, sond[ern] noch daruf biß in die spate nacht mit
ihme, Mägen, getruncken, mit einer Gëlt-Buß od[er] straff der gefangenschafft anzuseh[en], auch selbige ernstlich dahin zu erjinnern, dz sy sich
ohnfehlbarlich, wann [...] Mäg den Widerruf thun wirdt, auch bey der Predig einfinden thüegind.«¹⁶⁶ Außerdem ordnete der Rat an, daß der Pfarrer
von Oberglatt die Strafpredigt »expressé nicht allein auff ihme Mägen, son-
d[ern] auch auf dz je mehr und mehr leider! zunemmende gottlose fluch[en]
und schweer[en] Jns gemein wie nicht weniger auff dz gemeine Laster der
trunkenheit und sonderlich die pflicht der jenigen, so dergleichen lästerliche
reden hören, eingerichtet werd[en]« solle.¹⁶⁷ Sofern möglich, suchte demnach der Rat die Zeugen für die Verfolgung einer blasphemischen Tat verantwortlich zu machen und ihnen ins Gewissen zu reden. Auch aus dem Urteil Heinrich Gryners von Altdorf spricht dieses Bemühen. Der Rat setzte
1696 fest, daß alle Zeugen ausfindig gemacht und einer Strafe zugeführt
werden sollten, da sie das Stillschweigen über die Worte des Gesellen ge-
wahrt hätten.¹⁶⁸ Für die zwei männlichen und zwei weiblichen Zeugen der
Blasphemie des Andreas Schultheß bestand diese Strafe 1737 in einer Vorladung vor das Sittengericht.¹⁶⁹
Die Obrigkeit befand sich den Zeugen von Blasphemien gegenüber in einer Zwickmühle. Um ihre Autorität bzw. die der Sittenmandate zu wahren,
war sie einerseits gezwungen, Druck auf die Zeugen auszuüben, die ihrer
Anzeigepflicht nicht nachkamen. Andererseits konnte es dem Rat nicht gelingen, diesen Zeugen ein Fehlverhalten nachzuweisen, solange alle Beteiligten schwiegen. Angesichts der begrenzten Kontrollmöglichkeiten der Amtleute war der Rat grundsätzlich von der Anzeigebereitschaft der Bevölkerung abhängig. Es widersprach daher seinem Interesse, der Bevölkerung mit
Strafen zu drohen. Vermutlich lassen sich deswegen die Fälle, in denen Zeugen wegen unterlassener Denunzationsleistung verurteilt wurden, an einer
Hand abzählen.

* * *

---

¹⁶⁶ B. II.609, p. 30, Urteil Jagli Maag, 5. 2. 1680.
¹⁶⁷ B. II.209, p. 30, Urteil Jagli Maag, 5. 2. 1680.
¹⁶⁸ Vgl. B. II.653, p. 68–69, Urteil Heinrich Gryner, 4. 3. 1696.
¹⁶⁹ Vgl. B. II.816, p. 250–252, Urteil Andreas Schultheß, 17. 6. 1737.

Aus verschiedenen Gründen waren Vögte, Pfarrer und deren amtlichen Helfer nicht in der Lage bzw. nicht sonderlich motiviert, aus eigener Initiative Gotteslästerer systematisch zu verfolgen. In den weitaus meisten Fällen kamen Verfahren gegen Blasphemiker durch Anzeigen von Privatpersonen zustande. Die Obrigkeit war auf die Kooperationsbereitschaft der Bevölkerung angewiesen. Weigerten sich Zeugen, die Mauern des Schweigens zu brechen, waren ihre Recherchen zwecklos. Wenn die Zeugen eine Sache auf sich beruhen lassen wollten, hatten die Amtspersonen nur wenig Chancen, von einem Vorfall Wind zu bekommen. Die effektivere Aufsicht über das verbale Verhalten der Untertanen übten nicht die Amts-, sondern die Privatpersonen. Hier kam die horizontal-soziale Kontrolle stärker zur Geltung als die obrigkeitlich-vertikale.

Die Begutachtung der Gotteslästerer

Ein auffälliges Kennzeichen frühneuzeitlicher Justizakten ist, daß die Frage nach den tieferen Motiven der Angeklagten in der Regel nicht gestellt wird. Dies ist auch bei den Zürcher Blasphemikern der Fall. Daher stellt sich die Frage, nach welchen anderen Kriterien weltliche und geistliche Obrigkeit den verbalen Normbruch jeweils beurteilten und in welchem Verhältnis die jeweiligen Einschätzungen zueinander standen.

Warum jemand möglicherweise Gott gelästert hatte, interessierte die Obrigkeit nicht. Die Aufmerksamkeit der Justiz richtete sich vielmehr auf die affektiven, physischen und intellektuellen »Randbedingungen« der Tat. In den *Kundschaften und Nachgänge*n wird stets danach gefragt, ob die Beklagten provoziert worden seien, ob sie aus »Zorn«, aus »böser gewohnheit«[170], in der »Wynfüchte«[171] oder alles zugleich[172] geredet hätten. Außerdem überprüften die Kundschafter, ob die Gotteslästerungen aus »verrenkung der Sinnen« erfolgt waren. Ein solcher Zustand konnte aus einem akuten Angstzustand oder aus chronischer Geisteskrankheit erwachsen. In beiden Fällen galten die Angeklagten als nicht oder zumindest nur bedingt zurechnungsfähig. Wer nicht bei Verstand war, konnte nicht zur Rechenschaft gezogen, sondern mußte versorgt werden.[173] Die Justiz fragte also danach, ob Affekt, Trunkenheit oder Geistesverwirrtheit bei der blasphemischen Sprechhand-

---

[170] Angesichts des Fülle der Beispiele sei im folgenden jeweils auf nur einen einzigen, willkürlich herausgegriffenen Beleg verwiesen. Vgl. bezüglich der Lästerung aus Provokation etwa A. 27.103, Aussage Maria Blewler, 21. 4. 1669. Zum Fluchen und Schwören als Habitus vgl. z. B. A. 27.43, Aussage Sarius Peter, ca. 25. 9. 1592.

[171] Vgl. etwa A. 27.119, Aussage Heinrich Widmer, 12. 11. 1694.

[172] Vgl. beispielsweise A. 27.71, Aussage Jörg Setteli, 27. 11. 1633.

[173] Vgl. als Beispiel A. 27.96, Aussage Jacob Bachofner, 18. 2. 1659.

lung im Spiel gewesen waren. Sie bemühte sich, die Zurechnungsfähigkeit der Angeklagten zu klären.

Im Verlauf des 17. Jahrhunderts legten die Nachgänger auf einen weiteren Aspekt systematischen Wert. Sie suchten herauszufinden, wie die radikalen Gotteslästerer unter den Angeklagten auf ihre brisanten Äußerungen gekommen waren: Waren sie alleine zu ihren Anschauungen gelangt, standen sie unter dem Einfluß sektiererischer Bewegungen oder waren sie gar selbst als Sektenführer aufgetreten?[174] Offensichtlich zielten die Erkundigungen darauf, im Gegensatz zum zeitgenössischen Sprachgebrauch zwischen Häresie und Blasphemie zu unterscheiden. Johannes Gottfried etwa gab 1704 zu Protokoll, er sei in ein Wirtshaus gegangen. Dort habe man jemandem dessen Gesangbuch zurückgegeben mit der Bemerkung, »daß seyen Ketzers-Sachen.« Er Gottfried habe kurzentschlossen das Buch gekauft und sei in die angrenzende Stube gegangen. Jedoch sei ihm ein Ratsherr gefolgt und habe ihn wegen des Buchs bedrängt. Er, Gottfried habe hierauf, »ein Stück darauß geleßen, worüber der Rathsherr gseit, daß seý ein Ketzertruck, man solte ihn samt dem büchli verbrennen [...] so er [Gottfried] widersprochen und gseit, wan einer zu Zürich das büchli mechte, man würde ihn für ein Gotslästerer halten.«[175] Für die Angeklagten bestand demnach kein Unterschied zwischen Ketzerei und Gotteslästerung. Aus Sicht der Nachgänger sah die Situation jedoch anders aus. Zwar trennten sie die beiden religiösen Delikte ebensowenig nach dem propositionalen Gehalt der Äußerungen, doch war für sie das entscheidende Kriterium, ob ein Angeklagter sich einer sektiererischen Bewegung angeschlossen oder andere in die »Irre« geführt hatte.[176] Den Nachgängern ging es darum, die individuelle Verantwortung von Blasphemikern genauer zu bestimmen sowie Blasphemie von Häresie

---

[174] Vgl. A. 27.47, Aussage Jagli Gugenbühl, 15. 2. 1598; A. 27.130, Aussage Jacob Nägeli, 25. 6. 1715; E. II. 8, p. 761–795, Aussage Jagli Amman, X. 1. 1634.; A. 27.141, Aussage Hans Ulrich Hirt, 23. 12. 1730.

[175] E. I. 10.5, Aussage Johannes Gottfried, 3. 11. 1704.

[176] Dieses neue Interesse der Kundschafter ist nicht damit zu erklären, daß sich die Obrigkeit mit dem aktuellen Problem des Pietismus konfrontiert sah und daher eine besondere Sensibilität für die religiösen Hintergründe gotteslästerlicher Äußerungen entwickelte. Die Justiz hatte bereits im Verlauf des 16. und 17. Jahrhunderts bei Blasphemikern z. B. sozinianische »Irrtümer« festgestellt, ohne sich deswegen für den Kontakt der Angeklagten zu sektiererischen Bewegungen zu interessieren. Allein die *Kundschaften und Nachgänge* in der Form des gebrochenen Blatts fragen nach dem intellektuellen Umfeld der Beklagten. Offenbar folgten die Kundschafter der zeitgenössischen Formalisierung des Inquisitionsverfahrens. Freilich blieb dies für die Justizpraxis ohne entscheidende Konsequenzen: Im Falle einer Todesstrafe wurden Häretiker weiterhin verbrannt, Blasphemiker hingegen geköpft. Auch bei den übrigen Urteilen ist nicht zu erkennen, daß die Antworten der nach dem veränderten inquisitorischen Verfahren Befragten auf neuartige Weise ins Gewicht gefallen wären.

stärker juristisch abzugrenzen. Im Grunde genommen, betrachteten sie dabei Ketzerei als Gotteslästerung unter dem Einfluß Dritter oder zur Beeinflussung Dritter. Statt mit unscharfen theologischen Kategorien zu hantieren, setzten die Kundschafter also klare pragmatische Maßstäbe an, um Häretiker und Gotteslästerer auseinanderzuhalten.

Über die Zurechnungsfähigkeit der Täter hinaus waren Form und Inhalt eines verbalen Tabubruchs weitere wichtige Kriterien zur Beurteilung einer gotteslästerlichen Äußerung. Die Nachgänger insistierten darauf, möglichst den genauen Wortlaut der umstrittenen Rede herauszufinden. Wie oft hatten die Beklagten geschworen oder geflucht, hatten sie dabei den Namen Gottes erwähnt,[177] hatten sie dies in der euphemistischen Formulierung eines »getz« oder hatten sie mit einem »gotz« den Namen Gottes artikuliert?[178] Wovon genau hatten die Angeklagten gesprochen?[179] Nur die Beantwortung dieser Fragen machte es möglich, den Schweregrad der Wortsünde juristisch einzustufen. Der Kriterienkatalog, nach dem sich die Justiz zur Beurteilung der gotteslästerlichen Formulierungen richtete, war also keineswegs willkürlich. Er folgte einer sachbedingten Logik: mehrmals den Namen Gottes zu mißbrauchen, wog schwerer als dies nur einmal zu tun; den Namen Gottes in einem »illegalen« Schwur auszusprechen, war weniger verzeihlich als ihn in einer verballhornten Form zu verwenden; beispielsweise das Sakrament zu schmähen, war bereits ein schweres Vergehen, doch Eigenschaften Christi oder Gottes selbst zu bezweifeln, ging viel weiter.

Die Kirchenleitung griff die Beurteilungskriterien der *Kundschaften und Nachgänge* auf. Auch sie berücksichtigte, ob jemand aus Affekt, Trunkenheit oder Geistesverwirrung eine lästerliche Äußerung getan und die sündigen Worte wiederholt hatte. Diese Kriterien paßten zu den theologischen Maßstäben, nach denen sich die kirchlichen Gutachter der Frühen Neuzeit richteten und die sie Theologen des Hoch- und Spätmittelalters verdankten. Ausschlaggebend für die Beurteilung des Schweregrads der blasphemischen Äußerung war, ob die Gotteslästerer bewußt, in böser Absicht oder vielmehr ungewollt, unwillkürlich gehandelt hatten. Außerdem galt es zu berücksichtigen, ob die lästerliche Rede sich unmittelbar oder mittelbar auf Gott bezog, ob sie das Wesen Gottes selbst berührte oder etwas, was mit ihm assoziiert wurde (Heilige, Maria, Sakramente etc.). Wie sehr sich die frühneuzeitlichen Zürcher Synodalgutachten an dieser Klassifizierung orientierten, verdeutlicht das Argumentationsmuster, dem sie folgten: Blasphemie sei ein

---

[177] Vgl. etwa A. 27.113, Aussage Heinrich Maag, 2.6.1684.
[178] Vgl. A. 27.14, Aussage Kleinhans Morgenstern, X. X. 1545.
[179] Vgl. beispielsweise A. 27.39, Aussage, Cunrath Schupper, 18.7.1586.

prinzipiell todeswürdiges Delikt, doch müßten die Tatumstände berücksichtigt werden. Gegen den Angeklagten spreche, daß er blasphemisch geredet habe, ob dies nun »unbesinnt« bzw. »einfaltig«[180] und »qualificiert, absolut, materialiter, categorisch, positiv« oder »mediat«[181] bzw. »conditioniert, bedingt« oder »indirecte« in Bezug auf Gott geschehen sei.[182] Das Synodalgutachten über Bürkli im Jahre 1647 konstatiert ohne rhetorische Umschweife: »Danethin ist bekant die alte und wolbegründte Regel: Actiones aestimantur ex fine et intentione agentis.«[183] Mit der Übernahme der konventionellen Gegenüberstellung von gewollter und ungewollter, direkter und indirekter Gotteslästerung in ihren drei *species* reihten sich also die Geistlichen in die theologisch-juristische Tradition des Mittelalters ein. Dessen waren sie sich auch bewußt. So nahm Antistes Johannes Jacob Müller in seinem Gutachten über Heller im Jahre 1679 explizit auf diese »der Theologen und Rechtsgelehrten vernünftig gemachten Underscheid« Bezug.[184] Im Fall Rudolf Kleiner, dem die Anklage zur Last legte, in einem Wirtshaus ein Glas zerbrochen, dies aber unter Berufung auf Gott geleugnet zu haben, vertraten die kirchlichen Gutachter folgende Ansicht: Habe Kleiner tatsächlich das Glas beschädigt, sei »sÿn Red [...] ein formalische Gotteslesterung, als da man die Hoche Maÿestatt Gottes zum Zügen ernënt in einer Sache, da man schuldig. Wan Er aber das Glaß nit bruochen, so seÿe es dannoch eine unbsinnte, gottlose Red, bei einem schlechten glas so hoch zezügen.«[185] Die Gutachter begründeten also ihre Stellungnahme mit dem konventionellen Hinweis auf die Varianten der Schmähung Gottes. Auch im 18. Jahrhundert hatte sich nichts an den traditionellen theologisch-juristischen Grundsätzen geändert: »Blasphemia oder die Lästerung wider Got ist, wan etwas verkleinerliches wider Got geredt oder gethan wird, wordurch deßelben vollkomenheit höchster Majestet und gütigkeit abbruch gethan wird. Die[s] geschieht, wan Man eintweders etwas verkleinerliches Gott zuschribet, daß Ihm nit gezimet oder wan man etwas in Got abläugnet, daß ihme gebührt. Beides kan geschehen gradenwegs, wan man etwas abscheüliches von Got bejaht oder verneinet, den krummen weg [indirekt], wan man, waß Got al-

[180] Vgl. E.I.5.1b, Bedenken der Geistlichkeit Fall Kleiner, 3.10.1660, Nr.128; E.I.5.2a, Gutachten Fall Heller, 17.10.1679; E.I.5.2b, Gutachten Fall Hönysen, 21.11.1684; A.27.115, Gutachten Klinglers Fall Kofel, 6.1.1689.

[181] Vgl. E.I.5.2a, Gutachten Fall Bleuwler, 2.2.1669; E.I.5.2b, Gutachten Fall Hönysen, 2.11.1684; E.I.5.2b Gutachten Fall Stutzer, 11.1.1685.

[182] Vgl. E.II.88, Gutachten Fall Meyer, 15.11.1671, p.377; E.I.5.2a, Gutachten Fall Heller, 17.10.1679; A.27.115, Gutachten Klinglers Fall Kofel, 6.1.1689.

[183] A.26.9, Gutachten Fall Bürkli, 1647. Es handelt sich hier wohl um eine Rechtsregel.

[184] E.I.5.2a, Gutachten Fall Heller, 17.10.1679.

[185] E.I.5.1b, Bedenken der Geistlichkeit, 3.10.1660.

lein gehöret, den Creaturen zumißet oder was schandliches über die gebot
Gotes, über sein worth, Sacrament und Heilige Gotes austoßet. So ist die
Gotslästerung einweders unMitelbahr, wann Gotes allerheiligste Majestet
selbs mit Lästerworten angegriffen wird, oder mittelbahr, wan man die
Werkh Gotes, Item auch hocher und Niederer Menschen mit Beÿthun deß
Namens Christi, seiner Macht, Leidens, Wunden, Creüzes und Sacramenten
gotloßer weiß schmähet. Widerum ist die lästerung einfach, wan man solche
aus tumer aber unentschuldenlicher unwüßenheit, aus böser gewohnheit
nach dem Exempel andere Leüthen, auß leichtsiniger securitet und Reden-
süppigkeit in einsmahliger perturbation ausstoßet oder aber villfaltig und
qualificiert, wan sie mit fluchen über den Nechsten begleitet aber under der
form deß fluches ausgesprochen wird, oder wann man offentlich etwas lehret
und bekent, welches einiger Maßen die Gotslestrung Mit einschließt.«[186]
Obgleich sie in der zeitgenössischen juristischen Terminologie formulierten,
die Zürcher Gutachter hielten also bis ins ausgehende Ancien Régime am
Kriterienkatalog des Spätmittelalters fest.

Es entsprach der theologisch traditionellen Orientierung der Gutachter,
wenn sie bei der biblischen Begründung ihrer Stellungnahmen auf Originalität verzichteten. Wie die Theologen des Spätmittelalters konzentrierten sie
ihre Argumentation auf das Alte Testament[187] (vor allem Lev 24) sowie
Math 25 und Joh 10 und die Apokalypse.[188] Eine gewisse reformiert theologische Akzentverschiebung mag allerdings die Vorliebe der Gutachter für
die Paulusbriefe sein, die in der spätmittelalterlichen Theologie eine geringere Rolle gespielt zu haben scheinen.[189] Auffällig ist ferner, daß von den insgesamt 13 Synodalgutachten nur sechs mit Bibelverweisen arbeiten. Offen-

---

[186] (ZB) Ms H 222, Nr. 15. Es scheint sich um eine Art theologischer Argumentationsübung
zu handeln. Angesichts der Notiz am unteren Rand des ersten Blattes - »von H. Diacon Hugen
aufgesetzt den Ratsh. Conr. Locher und dieses wüste expressionen zu exculpiren oder aufs we-
nigste zu diminuieren« - läßt sich die Schrift auf die Jahre zwischen 1730 und 1734 datieren. Ich
danke Rainer Henrich für die Datierungshilfe.
[187] Vgl. die auf den Pentateuch, die Propheten und die Psalmen beruhende Argumentation
der Synode zum Schwörmandat E II.99, Fürtrag, 9. 12. 1551, fol. 31-55. Auf Lev 20 und Dtn 23
verweist E. II.97, Gutachten Fall Werdmüller, 1659, p. 1265-1267. Ex 21, 17 und Jes 7, 14 führt
an A. 27.115, Gutachten Klinglers Fall Kofel, 6. 1. 1689.
[188] Vgl. zu Lev 24, 15-16 A. 26.9, Gutachten Fall Bürkli, 1647; E. I.5.2a, Gutachten Fall Heller, 17. 10. 1679; E. II.5.2b, Gutachten Fall Brauwer, 15. 11. 1681. Auf Mt 25 sowie Joh 10 und
14, 5 beruft sich E. II.97, Gutachten Fall Werdmüller, 1659, p. 1250, 1261 f., 1264. Apk 13, 1-6
und 21 führen an A. 27.115, Gutachten Klinger Fall Kofel, 6. 11. 1689 sowie E. II.97, Gutachten
Fall Werdmüller, 1659, p. 1261. Zu den biblischen Referenzstellen im theologischen Diskurs des
Spätmittelalters vgl. G. SCHWERHOFF, Gott und die Welt S. 39 f., 50, 62, 127 f., 306.
[189] Vgl. Verweise auf I Kor, 2 und 15, II Kor 13, Eph 5, Gal 11, Hebr 13 finden sich in
E. II.97, Gutachten Fall Werdmüller, 1659, p. 1259, 1261, 1265-1267.

sichtlich galten die Beurteilungskriterien der Gutachter als derart gesichert, daß sie nicht eigens begründet zu werden brauchten. Dies dürfte umso mehr zutreffen, als sich ein Gutachten explizit auf Bullingers Ausführungen beruft.[190] Dieser wiederum hatte sich eindeutig in die juristische Tradition eingereiht. Bei der Diskussion der Bestrafung religiöser Vergehen berief er sich auf das römische Recht wie auch auf Augustin und bejahte ältere Pentateuchauslegungen, wobei seine nicht ganz so konventionelle Vorliebe für die Paulusbriefe nicht zu übersehen ist.[191] Auf die Reichsgesetzgebung ging Bullinger nicht ein. Genausowenig spielte die Carolina in den Synodalgutachten eine Rolle. Sie wird lediglich einmal am Rande erwähnt.[192] Bei der Begutachtung von Blasphemikern also ging die Zürcher Kirche mit der Argumentation des Spätmittelalters konform. Allein die bevorzugte Stellung der Paulusbriefe mag man als spezifisch reformiertes Kennzeichen der Synodalgutachten deuten.

So wie Zwingli und Bullinger Blasphemie und Häresie wiederholt in Verbindung brachten, gingen die beiden Kategorien auch für die kirchlichen Gutachter oft ineinander über. In einem Gutachten von 1553 über Michael Servet heißt es: »Quod ergo Servetus Hispanus trinitatem coaeternam Dei triceps monstrum, ac Cerberum, quendam tripartitum denique deos imaginarios, illusiones, ac tres spiritus daemoniorium appellitat [sic], aeternam Dei maiestatem nefande et horribiliter blasphemat.«[193] Demnach bezeichneten die zeitgenössischen Theologen Servet, der nach heutigen Kategorien als Antitrinitarier unter die Häretiker fällt, als einen Blasphemiker. Wenn auch die theologischen Experten nicht kategorisch zwischen Häresie und Blasphemie trennten, so folgt daraus nicht, daß sie verbale Tabubrüche nicht differenziert einzustufen wußten. Im Jahre 1690 legten sie vielmehr die umstrittenen Worte des Dr. Bochenez dahingehend aus, daß sie »wider die hohe geheimnuß der Hoch H[eiligen] dreÿ Einigkeit anlauffen schÿnen! Wann man aber uf Doctor Bochanez hoch protestiert und betheüerte erklährung sÿner worten sechen will, die an sich selbs der H[eiligen] Schrift nit zu wider lauffen und bekant ist, so konnend sÿ nicht alß ein eigentliche Blasphemia oder GotsLesterung verstanden werden, sind aber zum theil ein profane und Leichtsinnige Allusion zu Deütung und ein strefflicher mißbruch dißer anbetens würdiger gehimnuß, zum theil [...] eine Bedrüwung gegen einer ordentlichen oberkeit mit Gottes gericht [...] und hiermit Sünd wider daß IIIte und V. geboth.«[194] Sorgfältig unterschieden also die Gutach-

---

190 Vgl. A. 26.9, Gutachten Bürkli, 1647.
191 Vgl. Bullinger, Hausbuoch, fol. 89r–90r.
192 Vgl. A. 26.9, Fall Bürkli, 1647.
193 Clarissimis syndicis, 557.

ter zwischen der respektlosen »Anspielung« auf den Namen Gottes und den eigentlich blasphemischen Worten, doch letztlich war das eine Teil des anderen. Argumentative Sorgfalt ließen die Gutachter ebenfalls in der prominenten Sache Johann Rudolf Werdmüller obwalten. Sie dröselten jede einzelne Äußerung des Generals auf und beurteilten, inwiefern diese etwa als »unbesinnt und vermeßen«,[195] »atheistisch und gotloß«,[196] »irrig, verführerisch, heidnisch und gotloß«,[197] oder »unbesinnt, unerbaulich, leichtfertig und tückisch«[198] einzustufen seien. Die Gutachter wußten also profanierendes von blasphemischem und häretischem Reden zu unterscheiden. Freilich handelte es sich dabei eher um besondere Aspekte der fraglichen lästerlichen Wendung als um streng gegensätzliche Kategorien. In ihrer Unterscheidung von Blasphemie und Häresie vollzogen die Gutachten dieselbe begriffliche Gratwanderung wie Zwingli und Bullinger.

Rhetorisch geschult wie die kirchlichen Gutachter waren, ließen sie den Gesichtspunkten, die gegen den Angeklagten sprachen, diejenigen folgen, welche zu dessen Gunsten angeführt werden konnten. Immer machten die Gutachter geltend, daß ... – und hier folgte eine lange Liste aller möglicher Milderungsgründe, zu denen guter Leumund, religiöse Unwissenheit, aufrichtige Reue und Demut der Beklagten gehörten.[199] Im Fazit ihrer dialektischen Argumentation gelangten die Gutachten zum Ergebnis, daß eine exemplarische Bestrafung angemessen sei, ohne eine konkrete Empfehlung für die Festsetzung des Strafmaßes auszusprechen. Ausnahmen bestätigen die Regel;[200] schließlich war die Urteilsfindung Sache der weltlichen Obrigkeit.[201] Gleichwohl weisen die kirchlichen Empfehlungen in eine klare Rich-

---

[194] A. 27.119, Gutachten der Winterthurer Geistlichkeit, 12. 12. 1690.

[195] E II.97, Gutachten Fall Werdmüller, X. X. 1659, p. 1254.

[196] E II.97, Gutachten Fall Werdmüller, X. X. 1659, p. 1263.

[197] E II.97, Gutachten Fall Werdmüller, X. X. 1659, p. 1260.

[198] E II.97, Gutachten Fall Werdmüller, X. X. 1659, p. 1266.

[199] Vgl. zum Aspekt des Leumunds E. I.5.1b, Gutachten Fall Stapfer, 28. 9. 1664; E. I.5.2a, Gutachten Fall Bleuwler, 2. 2. 1669; E. I.5.2a, Gutachten Fall Heller, 17. 10. 1679; E. I.5.2b, Gutachten Fall Hönysen, 21. 11. 1684. Die ungenügenden religiösen Kenntnisse der Beklagten geben zu bedenken A. 27.82, Empfehlung Breitinger zum Fall Münz, 13. 4. 1643; Das Motiv der Reue bzw. Einsicht und Demut greifen auf E. II.97, Gutachten Fall Werdmüller, 1659, p. 1266; E. I.5.2a, Gutachten Fall Heller, 17. 10. 1679; E. I.5.2b, Gutachten Fall Hönysen, 21. 11. 1684. Auf die verantwortliche Gnadenpflicht der Obrigkeit weisen hin E. I.5.2a, Fall Heller, 17. 10. 1679.

[200] Vgl. zum Beispiel (ZB) Ms A 124b, p. 286, Fall Werdmüller, Bedenken der Geistlichkeit, 23. 4. 1659; (ZB) Ms B 80a, p. 469, Fall Barbara Hertenstein, X. X. 1660.

[201] Die Rolle der Kirche, lediglich Empfehlungen allgemeinen Charakters auszusprechen, die der Rat in fürsorglicher Strenge zu konkretisieren habe, heben in typischer, rhetorischer Devotion hervor A. 26.9. Gutachten Fall Bürkli, 1647 (= E. II.97, p. 1025); E. II.9, Gutachten Fall Her-

tung. Von prominenten Sonderfällen wie demjenigen des Michael Servet abgesehen,[202] spricht sich keines der ausgewerteten Gutachten für die Todesstrafe aus. Wie in Nürnberg[203] werden die Argumente für ein gnädiges Urteil konsequent in die Waagschale geworfen. Genau diese Argumente sind es übrigens, die sich in den Urteilsbegründungen des Rats finden lassen.[204] Setzte sich die Kirche auf der normativen Ebene also für eine rigorose Bekämpfung der Wortsünde ein, erfüllte sie im konkreten Einzelfall eine andere Aufgabe. In der »normativen Praxis« – Beurteilungskriterien zu formulieren, hieß Normen anzuwenden und damit diese für die Praxis zu festigen – bestand die Funktion der reformierten Kirche darin, eine saubere, konventionelle juristische Klassifizierung der Tat nach theologischen Kriterien vorzunehmen und den göttlichen Auftrag der weltlichen Obrigkeit als fürsorglich strenges, aber doch gnädiges Regiment zu bestätigen. Auch hier wird man daher bezüglich der Beurteilung von Blasphemikern das Großereignis Reformation nicht überschätzen dürfen. Zum einen schrieb die reformierte Kirche in ihrer Argumentation die theologischen Kategorien des Mittelalters fort, zum anderen urteilte sie in der Konfrontation mit der Realität des Einzelfalls weniger hart als es ihre moralischen Richtlinien erwarten ließen. Das Charakteristische an den Synodalgutachten ist nicht, daß sie die Instrumentalisierung der Kirche für eine verschärfte Urteilssprechung des Rats dokumentierten. Kennzeichnend ist vielmehr, daß die Kirchenleitung sich für eine systematischere Verfolgung von Gotteslästerern aussprach und die Kriterien der weltlichen Justiz berücksichtigte, dabei aber dem Rat weder zu einer verschärften Rechtsprechung verhalf noch der Kategorisierung von Gotteslästerern theologisch innovatorische Impulse verlieh.

* * *

Neue Maßstäbe für die Kategorisierung von Blasphemie entwickelte die weltliche Obrigkeit des frühneuzeitlichen Zürich genausowenig wie die geistliche. Beide bezogen sich auf Beurteilungskriterien und biblische Argumentationsweisen, auf die sich bereits spätmittelalterliche Theologen verständigt hatten. Römisches Recht und Reichsgesetzgebung spielten für die Haltung des Rats und der Synode keine weitere Rolle. Im Gegensatz zu modernen

---

tenstein, 14.5.1660; E.I.5.2b, Gutachten Fall Hönysen, 21.11.1684; E.I.2b, Gutachten Fall Stutzer, 11.1.1685.

[202] Vgl. Clarissimis syndicis, 557 f.

[203] Auch dort erwogen die theologischen und juristischen Konsulenten die vielfältigsten Gründe, mit denen sie die pragmatische und eher milde Begutachtung der Blasphemiker rechtfertigen konnten. Vgl. G. Schwerhoff, Schranken S. 104.

[204] Zu den Milderungskriterien in der Justizpraxis vgl. das Kapitel zur Bestrafung der Gotteslästerer.

Erwartungen versuchten bei der Beurteilung der Gotteslästerungen weder der Rat noch die Autoren der Synodalgutachten herauszufinden, welche tieferen psychologischen Gründe die Blasphemiker zu ihrer Tat bewogen hatten. Die Klassifizierung der Wortsünden richtete sich vielmehr danach, welche Absichten die Beklagten verfolgt, welche Formulierungen sie gewählt und welche blasphemischen Aussagen sie gemacht hatten. Abzuwägen war, was die Sprecher hatten erzielen wollen, nicht, warum sie sich diese Ziele gesetzt hatten. Die Beurteilung der lästerlichen Formulierungen folgte somit nicht der Willkür im Sinne eines individuell auszuschöpfenden Ermessensspielraums, sondern gehorchte sachbedingter, »objektiver« Logik. Zwar intensivierte die weltliche und geistliche Obrigkeit auf der normativen Ebene ihre Bemühungen um die Bekämpfung der Blasphemie, doch blieben auf der Ebene der »normativen Praxis« konzeptionell innovative Impulse für die Beurteilung von Blasphemien bis ins 18. Jahrhundert aus. Hatten die Theologen Zwingli und Bullinger die mittelalterliche Kasuistik zur Konzeptionalisierung von Gotteslästerung hinter sich gelassen, führten die Synodalgutachter, die vor der konkreten Aufgabe standen, blasphemische Äußerungen zu kategorisieren, den mittelalterlichen Kriterienkatalog fort. Während sich für die reformierte Theologie eine kasuistische Konzeptionalisierung der Blasphemie angesichts der Rechtfertigungslehre von selbst erübrigen mochte, kamen die Synodalgutachter in der Praxis nicht um eine differenzierte Beurteilung der lästerlichen Reden herum. Die weltliche Justiz wählte einen pragmatischen Weg. Sie mühte sich nicht mit den theologisch unscharfen Begriffen der Gotteslästerung und Häresie ab. Stattdessen unterschied sie zwischen Häresie und Gotteslästerung, indem sie Häresie als Gotteslästerung unter Einfluß oder zur Beeinflussung Dritter betrachtete.

Mit forcierten Staatsbildungsprozessen im Zeitalter der Konfessionalisierung hatte die Gutachtertätigkeit der Kirche – zumal in einem Staatsgebilde, das von 1498 bis 1798 nahezu unverändert überdauerte – wenig zu tun. Wenngleich die Kirchenleitung das Konzept vom göttlichen Herrschaftsauftrag der weltlichen Obrigkeit vertrat, so legitimierte sie doch nicht eine besonders harte Bestrafung von Blasphemikern. Die kirchlichen Gutachten boten sich für den Rat nicht dafür an, die eigene Herrschaft mithilfe besonders scharfer Maßnahmen zu verdichten.

Gotteslästerer zwischen geistiger Verwirrung
und moralischer Verantwortlichkeit

Eines der vielen karikierenden Klischees über Geisteskranke besagt, daß geistig verwirrte Menschen sich bisweilen für herausragende Persönlichkeiten halten. Solche Figuren sind unter den Blasphemikern des frühneuzeitlichen

Zürich kaum anzutreffen. Zumeist dreht es sich bei den Personen, die »nit by sinnen« waren, um relativ unspektakuläre Fälle.[205] Ganz gleich, mit wem es die Justiz zu tun hatte, sie stand vor der Aufgabe, die Zurechnungsfähigkeit der blasphemischen Sprecher zu beurteilen. Schließlich hatte der Rat das Strafmaß festzusetzen bzw. anzuordnen, was mit den für geisteskrank Befundenen geschehen solle. Drei Fragenkomplexe sind angesichts dieser Voraussetzungen zu behandeln: Inwiefern diente den Angeklagten das Argument der »Blödigkeit des Hauptes« oder der »Melancholie« als Schutzbehauptung, d. h. als Verteidigungsstrategie vor Gericht?[206] Wie ging die Obrigkeit mit geisteskranken Blasphemikern um, und was kennzeichnete sie aus zeitgenössischer Sicht? Erlauben die Inhalte, von denen geistig verwirrte Blasphemiker sprachen, Rückschlüsse auf die religiösen Normen ihrer Gesellschaft? Das diesbezüglich spärliche Quellenmaterial weist zumindest die Richtung, in der Antworten liegen könnten.

Einige wenige Blasphemiker verfügten, wie noch zu zeigen sein wird, über kabarettistisches Talent und wußten bei ihrem Verhör schlagfertig zu antworten. Das Register des geistig Umnachteten jedoch scheint keiner unter ihnen wirklich gezogen zu haben. Der einzige, der hier in Frage käme, ist Hans Bader aus Möntwil (Montville), der sich als Pilger von Compostella ausgab. Der Elsässer geriet 1644 wegen »erschreckenlich Gottslesterungen und andere unverantwortliche schwere fehler« in die Hände der Justiz. Wie das Verhör zeigt, versuchte diese systematisch herauszufinden, ob es sich bei Bader um einen Häretiker, einen Hexer oder gar einen Geisteskranken handle. Zunächst zogen die Nachgänger Bader wegen seiner Beleidigungen der Obrigkeit zur Verantwortung. Der Angeklagte aber gab trotzig zur Antwort: »Was er gredt, beharre er […] Ob er nicht der gnaden begehre? Antwortet er: Es ist doch wahr, Ich muß sagen, wie es ist. Uff befragen, Wo er daheimen? sagte er erstlich: Im Himelrÿch. Hernach aber bekhanndte er, syn Heimat sÿge zu Monttwÿler bÿ Rosach (?) Uff fehrners bewegliches zusprechen gab er zur anntwort: Er meine es nit böß, Er sÿge doch auch ein schölm, er begehre alles zu stëlen. Mit wÿterem unverschampten vermelden gegen einem der Herrn nachgenngeren: ich begehre Dich auch zu stëllen bÿ Gott. Befragt, Warumb er Gott, den Hernn, also gelestert? verlaugnete ers einfaltig. Und, wo Gott sÿge? Antwort er uff sich selbs dütend: Da uffm stul

---

[205] Die Verweise auf die Spitalakten der genannten Gotteslästerer verdanke ich Aline Steinbrecher. Genaue Angaben zur Geschichte des Zürcher Spitals und der Versorgung von »Melancholikern« im frühneuzeitlichen Zürich finden sich in ihrer Lizenziatsarbeit. Vgl. A. STEINBRECHER, »Von der Blödigkeit des Haupts«. Geisteskranke im Zürcher Spital 16.–18. Jahrhundert. Lizenziatsarbeit Philosophische Fakultät I der Universität Zürich. Zürich 1997.

[206] Zur Differenzierung der Geisteskranken nach den zeitgenössischen Diagnosen vgl. A. STEINBRECHER, Spital S. 55 f.

ist er. Welliche wort er uff ernstliches zusprechen also ußgelegt: Gott syge ja inn allen orthen und, wo Gott nit bÿ ihme, were er kein Christ.« Mit diesen Antworten konnten sich die Inquisitoren nicht zufrieden geben, Bader mußte gefoltert werden. Nachdem dieser an der Marter »mächtig gezablet und mit den füßen sich zu wehren understanden, ergänzte er, Er habe wider Gott nit gesündet, syge nit böß, wüsse nüzit bößes, das er getan habe. Item Ihr myne Liebe Christenlüth, Ich meins alles gut, Ihr verstahnd mich eben nit, Ich bin ja auch ein Christ.« Das Verhör ging weiter: »Ob ihm leid, daß er Gott gefluchet [...] Daruff gab er gar kein antwort.« Bader wurde nochmals auf die Folterbank gesetzt, doch er leugnete standhaft: »Er wüßße nichts mehr von dem allen, dann er erst hüt uff dwelt komen.« Wich Bader als starrsinniger Häretiker oder Hexer geschickt den Fragen aus, war er tatsächlich unschuldig oder gar nicht bei Verstand? Erneute Folterung sollte weiterhelfen. Nunmehr sagte Bader ergänzend aus, er sei zu Ems »ein zÿtlang an Ketenen gelegen wegen synes von Jugent uff gehabten seltzsamen Kopfs, hernach aber widerumb ab- und ledig gelaßßen worden.« Die Folterknechte fuhren mit ihrem Werk fort. Der Angeklagte leugnete wieder, irgendjemanden ermordet, einen Teufelspakt oder schwarze Künste betrieben zu haben, gestand aber dafür, ein wenig gestohlen zu haben. Außerdem schloß er nicht aus, daß »er ein hexenmeister syge [...], dann er die hexen wol übermeistern könne, so es Gotts will seÿ. Gott syge Im Himmel, könne aber auch wol uff erden sÿn. Er könne auch bätten.« Und in der Tat, die Nachgänger stellten fest, daß der Angeklagte das Vater Unser und die Zehn Gebote in der katholischen Version beherrschte. Ein Hexer, ein Häretiker, ein schwerer Krimineller war Bader also nicht, was war er dann? Die physische Folter unterbrechend, bohrten die Inquisitoren nach: »Ob er uß schalkheit vorerzelte ding gethan, [er] geantwortet, er wüße nit, was er gethan habe. Er bätte umb verzyhung.« Er habe niemandem das Haus anzuzünden gedroht, denn er wisse, daß dies Sünde sei. Vielmehr sei er von den Leuten unter Schlägen vertrieben worden. Die Inquisitoren waren immer noch nicht zufrieden und überprüften Baders Credo: »Uff befragen, wer Ihm erschaffen? sagt er Gott im himel. Wer Ihn erlößt? Antwort: Gott Im himel. Wodurch? Antwort: Durch syn Rosÿnfarbens blut. Wievil Persohnen Inn der Gottheit seÿen? Antwort: Dreÿ, namlich Gott der Vatter, Sohn und heiliger Geist. Welche persohn Inn erlößt? Gott der Sohn. Ob er denn stÿf glaube, daß er durch den verdienst Christi werde heil und selig werden? Antwort: Ja.« Trotz weiterer Folter blieb Bader bei seinen Aussagen und lehnte beharrlich ab, ein Hexenmeister zu sein, bat jedoch unter Tränen – für die Nachgänger ein Indiz wahrhafter Reue – um Verzeihung.[207] Bader sollte mit

---

[207] A. 27. 83, Aussage Hans Bader, 30. 3. 1644.

dem Leben davon kommen. Angesichts seines »verwirrten, ohnsinnigen Kopfs« wurde er »lediglich« des Landes verwiesen.[208] Die Justiz hatte er also von seiner Unzurechnungsfähigkeit überzeugt. Ob Bader auch im historischen Rückblick den Eindruck eines Geistesverwirrten macht? Wohl ja. Bader gelangen zwar zum Teil geschickte verbale Schachzüge, die den Verdacht aufkommen lassen könnten, es handle sich bei ihm um einen Simulanten, der sich unter dem Deckmantel geistiger Gestörtheit versteckte. Als »Hochstapler« jedoch hätte Bader eher Interesse daran gehabt, noch viel verworrenere Aussagen zu machen, die seine Folterer bzw. die Justiz viel schneller zu dem Schluß gebracht hätten, daß er unzurechnungsfähig sei. Oder aber er hätte sich als geständiger, gesunder Delinquent zu erkennen geben können, um damit der Folter zu entkommen. Die Strafpraxis zeigte ja, daß er einen Landesverweis, eventuell eine Körperstrafe, nicht aber notwendig sein Leben riskierte. Bader aber hatte das »Pech«, noch zu vernünftig bzw. nicht wirr genug zu reden, um eindeutig als Geisteskranker wahrgenommen zu werden. Eine Schutzbehauptung dürfte der Hinweis auf seinen »seltzamen Kopf« daher nicht gewesen sein.

Schauspielerisch oder rhetorisch unbegabte Blasphemiker machten das Argument, ab und zu nicht recht bei Sinnen zu sein, selten geltend. Uolrich Müller ist solch eine Ausnahme. Wie aus dem Urteil von 1582 zu ersehen, erklärte er seine Schwüre damit, daß er aufgrund einer alten Kopfverletzung »dermaßen verwirrt werde, das [er] syn selbs nit meister.«[209]

Im 16. Jahrhundert tauchen Figuren wie Uolrich Müller sehr selten auf. Für das 17. Jahrhundert hingegen haben die Justizquellen deutlich mehr zu bieten. So machte Jacob Jörg seinen Zeitgenossen klar, daß er die Kontrolle über sich verloren habe. Im Jahre 1661 verschanzte er sich mit drei Pfund Schießpulver in einem Zürcher Haus. Dort rief er den Umstehenden zu, er habe den Teufel angetroffen, der ihm befohlen habe, Selbstmord zu begehen, sie sollten doch »sein seel eretten oder sie werdind es zeverantworten haben, der böse geist habe angesetzt.«[210] Die Umstehenden riefen umgehend Pfarrer Ulrich zur Hilfe, um Jörg wieder zur Besinnung zu bringen. Doch der vom Teufel Besessene lehnte es ab, mit Ulrich zu beten, und fragte statt dessen blasphemisch zurück, »wer vor Got gsein seige.«[211] Als Jörg schließlich vor Gericht geführt wurde, sahen die Ratsleute von einer Bestrafung ab. Stattdessen ordneten sie an, Jörg im Spital zu verwahren, wo er seelsorger-

---

[208] A. 27.83, (Dorsalnotiz, 10. 4. 1644), Aussage Hans Bader, 30. 3. 1644.
[209] B. VI.263, p. 39, Urteil Uolrich Müller, 14. 7. 1582.
[210] A. 27.98, Aussage Bernhart Öri, X. 1. 1661.
[211] A. 27.98, Aussage Bernhart Öri, X. 1. 1661.

lich betreut werden solle.[212] Der Geistliche und die Richter hatten also Jörgs Selbstdarstellung ernst genommen; sie erkannten in ihm einen Hilfsbedürftigen, der außer Standes war, für seine Gotteslästerung einzustehen.

Die gleiche Reaktion zeigten die Verantwortlichen gegenüber Hans Hegetschwyler von Oberurdorf. Seine Darstellung von 1663, er sei »Inn sÿner Jugendt [...] von sönen fründen übel mißhandlet und geschlagen worden, das er ietzunder ein blödes haupt habe und wüße oftmahlen selbst nit, was er rede,« überzeugte;[213] Hegetschwyler wurde dem Spital übergeben.[214]

Bei Isaac Keller lag der Fall für den Rat klar vor Augen. Keller mußte wegen seiner offenkundigen Geistesverwirrung seines Vogtamtes enthoben und dem Spital zugeführt werden.[215] Dieser schrieb wohl in Anspielung auf II Sam 16, 10–11 als Einundsechzigjähriger: »Ich kan nit sagen, wohar mir das Übel eigentlich kompt. Ess ist mir, wie dem Heiligen Davidts, da er in seiner Verfolgung vom Symnay zu den Kinderen Zeania gesagt hatt, lassendt ihn fluchen, lassendt ihn fluchen, der Heilige hattss ihn geheissen, nit dass Got heiss fluchen.«[216] Keller war sich also offensichtlich zumindest in dem Moment der Schriftabfassung bewußt, daß irgendetwas mit ihm nicht stimmte. Er gab seine Schuld insofern offen zu, ohne deswegen eine Verantwortung für sein Vergehen zu erkennen. Der Angeklagte taktierte nicht mit einer Schutzbehauptung, er brachte vielmehr seine Ratlosigkeit zum Ausdruck.

Keller war wegen seiner inkompetenten Amtsführung aufgefallen. Der sechzigjährige Witwer Heinrich Halbherr von Hinwil hingegen war wegen der vielen verbalen Auseinandersetzungen mit seinem Sohn ins Gerede gekommen. Im Oktober 1717 meldete ihn seine Tochter Magdalena, nachdem er seinen sechsundzwanzigjährigen Sohn mit einer Waffe bedroht und angedeutet hatte, er wolle Selbstmord begehen.[217] Die Tochter habe, so der Bericht des Untervogts Johann Jacob Lavater, angezeigt, »das Ihr Vatter Jeder Zeith, so sÿ bëtind, nur schwöre und sage, sÿ söllind die bätter nit bätten, dan sÿ seigind nit in der heilligen Schrifft enthalten. Ja dem Jenigen gebät, so der Herr Pfarrer Ihnen befohlen hab zu bätten, ein hunds gebät heißen. Und

---

[212] A. 27.98, (Dorsalnotiz, 16.1.1661), Aussage Bernhart Öri, X.1.1661.
[213] A. 27.99, Aussage Hans Hegetschwyler, 4.7.1663.
[214] A. 27.99, (Dorsalnotiz, 4.7.1663), Aussage Hans Hegetschwyler, 4.7.1663.
[215] Die Patientenkarriere Kellers läßt sich über zwölf Jahre verfolgen. Die ungewöhnlich dichte Aktenlage ist wohl dem Umstand zu verdanken, daß Keller ein hohes Amt innehatte. Als Beitrag zur Psychiatriegeschichte behandelt Steinbrecher Kellers bewegte Krankenlaufbahn in: A. STEINBRECHER, Schicksal eines psychisch Kranken im 17. Jahrhundert. Ein Zürcher Obervogt verliert den Verstand, in: Zürcher Taschenbuch NF. 119. 1999 S.331–361.
[216] A. 26.12, nr. 135, Supplik Isaac Keller, 10.1.1677.
[217] A. 27.131, Aussagen Marx Knecht und Wilhelm Kürzer, 2.10.1717.

so es AbendRoth seige, sage er, Lug, Wie der Tüffel blüth. Auch wan Sÿ das
Vater unßer bëtind und zu der bit komind, gib unß heüt unßer täglich Brot,
sage Er, Wo gibt Er unß Jetz Brot [...] sage Er, es ist alles wider mich, Gott,
Engell und menschen.«[218] Für die Krankheit Halbherrs sollte die achtund-
zwanzigjährige Tochter im Verlauf des Verfahrens eine Erklärung bieten:
»Die ursach der Schwermut sëge, daß man dem vater, wie selbiger vermeine
den Foster [Förster] dienst unschuldiger weis genommen, wodurch er in Armut und Mangel« geraten sei.[219] Diese Interpretation interessierte die Nachgänger nicht. Vielmehr versuchten sie Halbherr zu einem Geständnis zu bewegen. Doch dieser gab auf ihre Nachfragen die inhaltlich immer gleiche
Antwort: »Wäre ihme hertzlich leid, so er etwas [...] solte gesagt haben, wüße es nit, müße im unverstand geschehen seÿen.«[220] Jacob Knecht, Mitglied
des Sittengerichts, das Halbherr Anfang November zu den Vorwürfen befragt hatte, wußte allerdings einen solchen »unverstand« nicht zu bescheini-
gen. Der Angeklagte sei stets bei Sinnen gewesen und habe kein auffälliges
Verhalten gezeigt.[221] Pfarrer Johann Heinrich Fäsi indes berichtete, Halbherr habe ihn aufgesucht und über Schlafstörungen geklagt, die er mit seinem schlechten Gewissen erklärt habe, er habe nämlich in einem Ehebruchs-
fall nicht restlos ausgesagt, sondern manches verschwiegen. Ferner habe sich
Halbherr »wegen villmahliger plagung seines Membri Virilis [...] zwahr ohne Samenverliehrung ganz bekömmert und angsthafftig« gezeigt. Bis 1711
habe er unbescholten gelebt, seitdem aber immer wieder vor das Sittengericht zitiert bzw. ins Spital eingewiesen werden müssen.[222]

Neben dem Pfarrer stimmte auch Magdalena Halbherr ein Klagelied über
ihren Vater an. Lange habe sie »verhoft, Got der herr werde es auch widerum mit Ihme besser machen.« Der Zustand des Vaters habe sich aber so sehr
verschlechtert, daß sie schließlich den Pfarrer und Ehegaumer um Hilfe gebeten habe. »Gott im dem himmel wüße, was sie die Jahr über mit ihrem vater außgestanden und in demen er jetzund jn dem Ötenbach [sc. dem Stadt-
gefängnis] sein müße, werdind es Ihro Alle leüth jn dem dorf vorhalten, als
wan sie etwas Böses gethan hete, da sie sich doch gleichwohlen getrachtet,
[sich] jmmer Recht und Ehrlich aufzuführen und die gantze haußhaltung
mit Gottes hülf durch ihre handArbeith Ehrlich durchgebracht.«[223] Die
Tochter sprach also nicht davon, daß ihr Vater krank und daher zu entlasten

---

218 A.27.132, Bericht Johann Jacob Lavater, X.11.1717.
219 A.27.131, Aussage Magdalena Halbherr, 2.10.1717.
220 A.27.131, Aussage Heinrich Halbherr, 29.9.1717.
221 A.27.131, Aussage Jacob Knecht, 2.10.1717.
222 A.27.132, Bericht Johann Heinrich Fäsi, 1.12.1717.
223 A.27.131, Aussage Magdalena Halbherr, 12.1.1718.

sei. Statt eine solche Schutzbehauptung aufzustellen, führte Magdalena Halbherr dem Rat das Dilemma vor Augen, in dem sie sich als verantwortungsvolle Tochter befand. Dieser folgte ihrer Interpretation und wies, wie noch zu zeigen sein wird, Heinrich Halbherr in das Spital.

Es ist außerordentlich schwer zu beurteilen, inwiefern Magdalena Halbherr in ihrer Argumentation repräsentativ ist. Die Behauptung, der Angeklagte sei wegen seiner geistigen Verwirrung strafunfähig, führten Anverwandte nur höchst selten an. Bereits dieser Umstand deutet darauf hin, daß die Chancen, jemanden dadurch erfolgreich zu entlasten, daß man ihn als unzurechnungsfähig hinstellte, niedrig waren. Dies bestätigt das Beispiel Catharina Schnorfs von Ütikon. Ihrer Aussage von 1720 zufolge war ihr Bruder Heinrich Schnorf derart über einen Kinderstreich in Zorn geraten, daß »er aufbrunnen wie ein Milch sagende, er glaube nicht, das Gott so wizig, das Er ihn finden könte und laufe im jast und zorn zur stuben auf die güter hinauß.«[224] Doch Heinrich habe bereits vor dieser Gotteslästerung Zeichen der seelischen Labilität gezeigt. Als sie ihn anläßlich eines schweren Gewitters gefragt habe, zu welcher Melodie er gerade singe und pfeife, habe er das Kirchenlied »Ficht wider meine anfechtungen« genannt. Am folgenden Sonntag sei der Pfarrer in seiner Predigt auf das Gewitter zu sprechen gekommen und habe es als göttliche Vorwarnung gedeutet. Über diese Interpretation habe man anschließend in der »Haushaltung« gesprochen, doch Heinrich Schnorf habe »nur darüber gelächlet, so daß sie selbiges mahl schon gsehen, daß es um ihme nicht recht stehe, sonder [er] verwirret seÿe, dann er schon selbiges mahl großlechte Augen gemacht.«[225]

Im Gegensatz zu Magdalena Halbherrs Erklärung läßt Catharina Schnorfs Darstellung eher an eine Schutzbehauptung denken. Diesen Eindruck gewann zumindest der Rat. Nach sorgfältigen Recherchen verurteilte der Rat Heinrich Schnorf zu weiteren sechs Tagen Gefängnis, dreimaliger »Züchtigung an der Stud« sowie zu Abkanzelung und Widerruf in der Ütikoner Kirche, wo er bei dem Taufstein den Herdfall vollziehen sollte. Außerdem wurde er lebenslänglich für ehr- und wehrlos erklärt und hatte sich der »Ürten« zu enthalten.[226] Damit verhängte der Rat Strafen, die über das gewöhnliche Strafmaß hinausgingen. Offensichtlich übte sie Schnorf gegenüber keinerlei Nachsicht. Der Entlastungsversuch seiner Schwester war gescheitert.

Es wäre falsch, aus der rigiden Haltung des Rats im Fall Schnorf zu schließen, die Justiz habe die »Schwermütigkeit« blasphemischer Delinquenten

---

224 A. 27.133, Aussage Catharina Schorf, 1.9.1720.
225 A. 27.133, Aussage Catharina Schorf, 1.9.1720.
226 B. II.750, p. 135–136, Urteil Heinrich Schnorf, 3.10.1720.

nicht als mildernden Umstand betrachtet. Zwar finden sich noch andere Fälle, in denen die Justiz die Erklärung, der Beklagte sei unzurechnungsfähig,[227] ablehnte, doch ließ die Justiz in ihren Urteilsbegründungen das Argument der geistigen Umnachtung trotzdem gelten. Bei Hans Huber aus
dem Kaiserstuhl verwies sie auf dessen »blödes zerschlagnes Haupt«.[228] Im
Falle Jaggli Gugenbüls stellte sie fest, daß dieser »mit einem bösen geist be-
sessen« sei.[229] Der Elsbetha Flöütin von Bern bescheinigte sie ein »arbeitseli-
ges Haubt«.[230] Im ehemaligen Nachgänger Michel Güntner erkannte sie einen Menschen, »der nit bÿ sÿnen sinnen«.[231] Beim Schiffmacher Hans Ruodolf Knüpfel aus Horgen sah sie, daß dieser »zum Zÿten nit rëcht Im haubt«
sei.[232] Den Hans Schmidt von Tagelschwangen überwies der Rat wegen »seiner melancholey und zum Zeithen verwirrten haubtes« für ein halbes Jahr in
das Spital.[233] Die Justiz anerkannte also ausdrücklich Geistesverwirrung als
mildernden Umstand; das Argument der geistigen Unzurechnungsfähigkeit
wischte sie nicht als billige Schutzbehauptung zur Seite. Auffälligerweise
minderte sie in den Fällen, in denen es zu einer Verurteilung kam, das Strafmaß dennoch nicht.

Daß die Justiz einerseits Gotteslästerern zugestand, aus Verwirrtheit gehandelt zu haben, dies aber andererseits bei der Festsetzung des Strafmaßes
nicht weiter berücksichtigte, belegt die – auch für Köln bekannte –[234] Ambivalenz, mit der sie auf geisteskranke Blasphemiker reagierte. Zum einen versuchte sie, die hilfsbedürftigen Gotteslästerer von den strafwürdigen zu
scheiden. Zum anderen pendelte die Obrigkeit zwischen der Bemühung hin
und her, die Betroffenen als unzurechnungsfähige Kranke angemessen zu
versorgen und sie zugleich in Phasen der »Normalität« für ihr Vergehen zur
Verantwortung zu ziehen. Dies läßt sich an der Konsequenz verfolgen, mit
der sich der Rat ein Urteil über den Geisteszustand der Angeklagten zu bilden suchte. Ebenso spiegelt das Bild, das die Berichterstatter von den Be-

---

[227] So entschuldigte sich etwa Hans Ulrich Gugoltz damit, daß er »mit einer haubtkrankheit
geschlagen« sei, worauf jedoch der Rat keine Rücksicht nahm. Vgl. A.27.120, Urteil Hans Ulrich Gugoltz, 2.10.1697.

[228] Vgl. B.VI.263, fol.113v–114r, Urteil Hans Huber, 6.6.1584.

[229] A.27.47, Aussage Jaggli Gugenbül, ca. 15.03.1598.

[230] B.VI.256, fol.256r, Urteil Elsbetha Flöütin, 9.1.1611. »Arbeitselig« ist ein semantisch
schillernder Begriff, der in den Spitalakten häufig zu finden ist und der offensichtlich dazu
dient, den Zustand von Geisteskranken zu beschreiben. Vgl. hierzu A. STEINBRECHER, Spital
S.59f.

[231] A.27.58, (Dorsalnotiz, 25.1.1613), Aussage Meister Michel, 24.1.1613.

[232] B.VI.266a, fol.192–193r, Urteil Hans Ruodolf Knüpfel, 31.12.1617.

[233] B.II.597, p.124, Urteil Hans Schmidt, 8.6.1682.

[234] Vgl. G. SCHWERHOFF, Schranken S.85f.

troffenen zeichneten, wider, daß sie Worte der geistig Verwirrten nicht auf sich beruhen ließen.

Bestand der Verdacht, daß es sich bei dem Angeklagten um eine Person handeln könne, die nicht recht bei Verstand war, hatte der Rat die Sache zu überprüfen. So lehnten im Falle Osli Streßlers die Synodalgutachter 1675 eine Stellungnahme ab, da »unbekannt ist, ob beÿ ihm ein verrenckung der Sinnen oder, ob es [sc. sein gotteslästerliches Reden] ein so gewohnte gottloßigkeit seÿe.«[235] Die Gutachter empfahlen daher, Stressler für mehrere Wochen an einem Ort, d.h. im Spital, aufzuwahren, um ihn seelsorgerisch zu betreuen.[236] Sie rieten also dem Rat, sich ein zuverlässiges Urteil über den Gemütszustand Streßlers zu bilden. So schnell wurden Blasphemiker offenbar nicht als potentiell Geisteskranke aus ihrer Verantwortung entlassen.

Wie auch immer es um den Gemütszustand der Angeklagten bestellt war, der Rat sorgte dafür, daß sie beaufsichtigt, befragt und katechisiert wurden. Der bereits genannte Jaggli Gugenbül etwa wurde nach einem Aufenthalt im Gefängnisturm und wiederholten Verhören für drei Monate ins Spital eingeliefert, wo er in Hoffnung auf Besserung, von jeglichem Außenkontakt abgeschnitten, untergebracht wurde.[237] In den vorangegangenen Verhören hatten die Nachgänger vom Rat den Auftrag erhalten herauszubekommen, »was sÿn thun und wäßen, Item, wormit er umgbange und wo, auch wer Inne sölliches sc. gotteslästerliches Reden gelernet und gheißet, wormit er sich die zythar erhalten, ob er gemördt.«[238] Die Justiz prüfte demnach zuerst nach, ob es sich bei Gugenbül um einen Kriminellen, einen Hexer oder einen Häretiker handelte. Obwohl Gugenbüls Vorstellungen von einer heiligen Fünfeinigkeit recht kraus waren, wurde wohl angesichts dieser Eventualitäten der Versuch unternommen, ihn mit biblischen Argumenten davon zu überzeugen, daß seine Anschauungen falsch seien.[239] Die möglicherweise gesunde, wenn auch verirrte Seele sollte wieder auf den rechten Pfad geführt werden. Doch umsonst. Der Leutpriester am Großmünster Locher stellte zusammen mit den verantwortlichen Obervögten resigniert fest, daß »anders nützit dann Gotslesteren bÿ und Inn Im Ist [...] er nit wärt sÿge, das man von sölichen sachen mit Ime rede.«[240] Der Rat sah hierauf von einer strafrechtlichen Verfolgung des Blasphemikers ab und sorgte statt dessen für dessen Verwahrung im Spital, ohne aber die Anklage der Gotteslästerung zurückzuziehen.

235 E. II.103, p.725, Synodalgutachten Osli Streßler, X. X. 1675.
236 E. II.103, p.725, Synodalgutachten Osli Streßler, X. X. 1675.
237 Vgl. A. 27.47, (Dorsalnotiz, 15. 3. 1598), Aussage Jaggli Gugenbül, ca. 15. 3. 1598.
238 A. 27.47, Aussage Jagli Gugenbül. 15. 2. 1598.
239 Vgl. A. 27.47, Aussagen Jagli Gugenbül, 15. 2. 1598 und um 15. 3. 1598.
240 A. 27.47, Bericht Locher, ca. 15. 2. 1598.

Aus dem zurechnungsfähigen Mann, mit dem man über religiöse Fragen diskutierte, war ein Kranker geworden, der ins Spital gehörte.

Weitere Einblicke in die Haltung der Justiz gegenüber geistesgestörten Blasphemikern erlauben Conrad Huser, Jacob Bachofner und Heinrich Jukker. Als 1638 Huser aus Rutschwil abfällige blasphemische Bemerkungen über den Landvogt Schneeberger machte und zudem eine Mandatsverlesung störte, wurde er umgehend einem Verhör unterzogen. Doch der Angeklagte habe »mit ungrembten Reden« mit einem ständigen Lächeln auf den Lippen geantwortet. Daraufhin befragt, »wie er deß so großen fehlers lachen möge,« habe er erwidert: »Ein fröhlich Muoth, sÿge zu allem guot.«[241] Offensichtlich erkannten hierin die Richter ein Zeichen der Gestörtheit. In einem ersten Schritt übergaben sie den Angeklagten dem Spital, wo Huser zur Ader gelassen werden sollte.[242] Zwei Monate später ließen sie Huser unter der Bedingung frei, daß ihn seine Verwandten versorgten. Er sei, so die Urteilsbegründung, »Im haubt verwirrt.«[243]

Wie bei Huser reagierte der Rat 1659 bei Bachofner. Zunächst wurde eine medizinische Behandlung des geistig Gestörten eingeleitet. Bachofner wurde zur Last gelegt, gesagt zu haben »Gott behüt alle Mentschen, der Tüffel sÿge Ine lieber als die Mentschen.« Es folgte im Verständnis der Zeit keine Strafe, sondern eine fürsorgliche Betreuung: Bachofner wurde »etliche Wuchen an Banden gelegt und alle 2. Monat oder offt alle 6. ald 7. wuchen zur Ader« gelassen.[244]

In den »Genuß« einer vergleichbaren Versorgung kam auch Heinrich Jukker, der im März 1671 wegen »sinnen-verzuckung« ins Spital eingeliefert wurde.[245] Das erste Urteil bestimmte, daß Jucker von den anderen Insassen isoliert im Spital eingesperrt und dort von den Geistlichen besucht werden solle.[246] Dort fanden erneute Verhöre statt, in dem der Angeklagte »uff seiner gottlosen Meinung« verharrte. Der Rat beschloß daher, den Spitalinsassen seelsorgerlich betreuen zu lassen und ihn nochmals über den Teufel, der ihm in der Gestalt eines schwarzen Hundes erschienen sei, zu befragen.[247] Doch den Bemühungen der Geistlichen war kein Erfolg beschieden. Im Juni 1672 konstatierte ein Synodalgutachten, daß »bei Ihme sich gnugsame an-

---

241 A. 27.76, Aussage Conrad Huser, 28. 2. 1638.
242 Vgl. A. 27.76, (Dorsalnotiz, 5. 3. 1636), Aussage Conrad Huser, 28. 2. 1638.
243 B. II.423, p. 79, Urteil Conrad Huser, 5. 5. 1638.
244 A. 27.96, Aussage Jacob Bachofner, 18. 2. 1659.
245 Vgl. HI.261, 66, Fall Heinrich Jucker, 2. 3. 1671.
246 B. II.557, p. 20, Urteil Heinrich Jucker, 20. 1. 1672.
247 B. II.557, p. 96, Eintrag Fall Heinrich Jucker, 11. 5. 1672. Vgl. ebenfalls HI.261, 128, Fall Heinrich Jucker, 22. 1. 1672.

zeigungen herfür thun einer gemütsverenkung deßgleichen sich auch beÿ seinem Vater und großVater sol befunden haben und selbige durch eingensinni-
ge underlaßung der säuberung seines schwehren bluts so underhalten worden seÿn.«[248] Das Ratsurteil wies in dieselbe Richtung: »Jucker, welcher im
Spital an lÿb und gmüth kranck ligt [soll körperlich und seelisch betreut werden ...] Wan er widerum leibs halben gesund, solle man ihne zur arbeit halten, ihne von solchen schwermüetigen gedancks abzuzühen und diß also ein
halb Jahr lang mit ihne geprobiert und inzwüschent fleissig uff ihne acht gehabt werden, wie er sich verhalten werde.«[249] Jucker wurde also als krank an
Leib und Seele anerkannt.[250] Sogar eine erbliche Vorbelastung wurde ihm
zugesprochen und an der Verpflichtung, ihn zu betreuen, nicht der geringste
Zweifel geäußert. Der Vorwurf der Gotteslästerung indes blieb im Raum stehen.

Die Konsequenz, mit der die Justiz die Verantwortlichkeit von Blasphemikern immer wieder aufs Neue prüfte und ein umfassendes Geständnis zu erhalten suchte, führen ebenfalls die Fälle Isaac Keller und Heinrich Halbherr,
die den Rat über mehrere Jahre beschäftigen sollten, vor Augen. Da das Vorgehen des Rats bei Isaac Keller und Heinrich Halbherr absolut vergleichbar
ist, und zu Keller bereits eine Fallstudie vorliegt, sei allein Heinrich Halbherr exemplarisch vorgestellt: Zuerst zog der Rat bei dem Gemeindepfarrer,
einem Mitglied des Ehegerichts und den Kindern »in möglichster Stille« Erkundigungen über Halbherrs Ergehen ein.[251] Angesichts der widersprüchlichen Einschätzungen vermochte er indes nicht zu entscheiden, was er von
dem Gotteslästerer halten solle und pendelte in seiner Vorgehensweise hin
und her. Mal schickte der Rat Halbherr in den Gefängnisturm, um ihn dort
wiederholt zu verhören und zu foltern, ihn also als Zurechnungsfähigen zu
behandeln, mal wies der Rat den Angeklagten ins Spital und betrachtete ihn
somit als psychisch Verwirrten.[252] Auch von dort jedoch erhielt der Rat unschlüssige Berichte. Zeitweise wurde Halbherr »an Banden gelegt,« zeitweise
zur Arbeit angehalten, d. h. als so weit genesen betrachtet, daß ihm eine »Ar-
beitstherapie« zugedacht werden konnte.[253] Im Januar 1718 berichtete der

---

[248] E. II.97, p. 1515 f., Heinrich Jucker, Synodalgutachten, 10. 6. 1672.

[249] B. II.557, p. 117, Urteil Heinrich Jucker, 15. 6. 1672.

[250] Zur Verständnis von der Komplementarität ärztlicher und seelsorgerlicher Versorgung
der Spitalinsassen vgl. A. STEINBRECHER, Spital, 100–104.

[251] Vgl. B. II.738, p. 142–143, Eintragung Heinrich Halbherr, 30. 11. 1717.

[252] Vgl. B. II.738 die Verhöre vom 4. 12. 1717, 10. 12. 1717, 16. 12. 1717, 14. 1. 1718, 8. 3. 1718,
11. 3. 1718, 16. 3. 1718, 31. 3. 1718; außerdem die vielen Einträge in den Ratsbüchern unter
B. II.738, B. II.740, B. II.742.

[253] Zur Arbeit als »Beschäftigungstherapie« bei der Versorgung von Geisteskranken vgl. A.
STEINBRECHER, Spital S. 99.

Pfarrer, der ihm zur Seite gestellt war, Halbherr zeige ein »melancholisches Temperament.«[254] Im März berichtete der Spitalarzt, Halbherr sei zwar bei seiner Einweisung für einige Tage verwirrt gewesen, doch habe er danach auf die ihm gestellten Fragen vernünftige Antworten geben können. Außerdem verhalte er sich still, esse gut und bete fleißig; er sei also bei guter Vernunft.[255] Der Diakon am Großmünster hingegen gelangte – ebenfalls im März – zu einer gegenteiligen Einschätzung. Trotz täglicher Besuche sei es unmöglich gewesen, Halbherr zu einem in sich logischen Geständnis zu bringen.[256] Im Juni befand sich der »einfaltige tropf« wieder »an Banden« und wurde erneut eine »schüchliche stupiditet und ohnwüssenheit in Religions Sachen« an ihm festgestellt.[257] In diesem ganzen Hin und Her ließ sich Halbherr nicht beirren und hielt bis zuletzt an der Position fest, »er habe nichts gesagt, und so er etwas geredt, wüße er es nicht, und müße er nit beÿ seinem guten verstand geweßen seÿn, sonsten er in seinem Alter nit würde gredt haben.«[258] Schlußendlich bestimmte der Rat, Halbherr solle weiter im Spital verwahrt werden.[259] Der Rat versuchte demnach den Gotteslästerer in seinen »Normalitätsphasen« zur Verantwortung zu ziehen, wozu auch die Anweisung gehörte, ihn durch die Scharfrichter »zu runder Bekantnüs [zu einem umfassenden Schuldbekenntnis] schrecken [zu] laßen.«[260] In dem Moment aber, in der Halbherr wieder in »Melancholie« verfiel, betrachtete die Justiz ihn als jemanden, der nicht mehr die Folter verdiente, sondern einer Betreuung im Spital bedurfte. Die Räte waren sich also dessen bewußt, daß sie es mit einem geistig Erkrankten zu tun hatten, und setzten die Verfolgung für die Zeiten seiner »schwermütigen« Schübe aus, ohne ihn jedoch definitiv von der Anklage der Gotteslästerung zu befreien. Ob zurechnungsfähig oder nicht, der Blasphemiker blieb solange Blasphemiker, bis er seine

---

[254] A. 27.132, Fall Heinrich Halbherr Bericht Spitalgeistlicher, 23. 1. 1718.

[255] Vgl. Hi.266, 71 Fall Heinrich Halbherr Bericht, 25. 1. 1718; H.II.8, Fall Heinrich Halbherr Bericht, 8. 3. 1718.

[256] Vgl. A. 27.132, Fall Heinrich Halbherr Bericht Diakon Großmünster, 11. 3. 1718. Am Großmünster waren zwei Diakone tätig. Wie die Berichte der »Gefängnisgeistlichen« zeigen, fiel in der Regel die Betreuung der Gefangenen der Leutpriesterei zu, die Gefangenen zu besuchen. Somit dürfte es sich bei dem Autor des Berichts um Hans Jakob Hottinger handeln. Vgl. E. DEJUNG/W. WUHRMANN Hg., Zürcher Pfarrerbuch 1519–1952. Zürich 1953 S. 138.

[257] H.II.8, Fall Heinrich Halbherr Bericht, 14. 6. 1718.

[258] A. 27.131, Aussage Heinrich Halbherr, 6. 12. 1717.

[259] Vgl. B. II.742, fol. 59, Urteil Heinrich Halbherr, 29. 8. 1718.

[260] So die Formulierung in B. II.738, p. 165, Eintragung Heinrich Halbherr, 18. 12. 1717. Isaac Keller wurde sogar zugestanden, ein Gelübde darüber abzulegen, daß er sich nach seiner Entlassung – er sollte er bald wieder ins Spital eingeliefert werden – bessern werde. Dies aber bedeutet, daß ihn der Rat als voll geschäftsfähig betrachtete. Vgl. hierzu A. STEINBRECHER, Spital S. 137.

Schuld bekannt und gebüßt hatte. Die Vorstellung, daß geistig Erkrankte nicht nur zeitweise, sondern grundsätzlich selbst in ihren Phasen der »Normalität« nicht in der Lage waren, für ihre Handlungen einzustehen, war dem frühneuzeitlichen Zürich fremd.[261]

Obwohl die Justiz davon ausging, daß geistig verwirrte Gotteslästerer zeitweise bei Vernunft waren, zeichnete sie zusammen mit den ärztlichen und geistlichen Betreuern von den fraglichen Personen zugleich ein entgegengesetztes Bild. Wie alle Geisteskranken wurden auch die Blasphemiker unter ihnen – Osli Streßler beispielsweise –[262] als wilde Tiere beschrieben.[263] Diese mußten in ihrer Unberechenbarkeit davor geschützt werden, sich selbst oder anderen etwas anzutun. Typisch ist etwa der Hinweis, die Betroffenen hätten sich umzubringen gedroht und müßten davon abgehalten werden.[264] Auch die Menschen im Umfeld von geistesverwirrten Blasphemikern waren zu schützen. Dieses Argument findet sich zum Beispiel in den Aussagen der Brüder des Hans Köllicker von 1685. Dieser habe bereits über zehn Jahre die Nachbarschaft mit seinen Flüchen und Schwüren belästigt. Nun, da er einen seiner Brüder sowie seinen Schwager mit der Waffe bedroht habe, solle er doch im Spital untergebracht werden.[265]

Ganz so schlimm war es um Hans Jacob Hotz nicht bestellt. Dennoch stellten 1709 seine Verwandten den Antrag auf dessen Einweisung ins Spital. Seit nunmehr zehn bis zwölf Jahren leide Hotz an »Gemüths- und Geistesverzuckungen«, nachts streune er herum, immerzu rede er ärgerliches und blasphemisches Zeug. Auch habe er schon einmal im Spital »an Banden« gelegt werden müssen. Bereits als Junge habe sich seine Geisteskrankheit angedeutet. Gefragt, was für ein Tag am nächsten Morgen sein werde, habe er geantwortet, das Teufelswerk werde dann zu Tage treten. Man möge ihnen doch, so die Verwandten weiter, den Pflegefall abnehmen.[266] Die Argumentation war also im 18. wie im 17. Jahrhundert dieselbe: Blasphemische Geisteskranke stellten für die Allgemeinheit eine Zumutung dar und müssten daher im Spital versorgt werden; sie störten nicht so sehr Gott als die öffentliche Ordnung.

Erwiesen sich die Verwandten von Köllicker und Hotz bereits als begnadete Bittsteller, zeigt das Schreiben des Dekan Andreas Pestalozzi, welche

---

[261] Zum gleichen Ergebnis gelangt Aline Steinbrecher im Falle des Isaac Keller. Vgl. A. Steinbrecher, Schicksal S. 354.

[262] Vgl. E. II.103, p. 721, Fall Osli Streßler Synodalgutachten, X. X. 1675.

[263] Zur Stereotyp von Geisteskranken als Tiere vgl. A. Steinbrecher, Spital S. 79 f.

[264] Vgl. etwa für Heinrich Halbherr A. 27.132, Bericht Johann Jacob Lavater, X. 11. 1717.

[265] Vgl. H. II.8 Brief Johanes Helgi, 29. 1. 1685.

[266] Vgl. H. II.8, Fall Hans Jacob Hotz Bericht Pfarrer, 21. 5. 1709.

rhetorischen Register sich sonst noch ziehen ließen. In seinem Brief von 1761 an den Rat führte der Geistliche aus, daß Salomon Nötzli unbedingt in das Spital gehörte »wegen seinem zornmüthigen weßen, da er oft einem rasend und wütenden thier gleich wird; wegen Seinem Schänden und Schmähen, da vor Seiner bößen Zungen auch die unschuldigst und ehrbarsten Personen nicht sicher; Allermeist auch wegen Seinem abscheülichen fluchen und Schweren, da er mit Fleiß aus dem Haus auf die Gaß hinaus gehet, daß man Ihn, der Gott nicht förchtet, und vor dem Menschen sich nicht Schämet, deßto ringer hören möge. Die privatConstitution, Stellung vor Stillstand, langem Aufenthalt im Ötenbach, Züchtigung an der Stud und Setzung under die Cantzel, alle Gradus correctionis« hatten nichts genutzt. Im Wahn laufe Nötzli mit offenem Licht in seiner Wohnung herum, so daß er ständig das Haus in Brand zu setzen drohe.[267] Bis ins späte 18. Jahrhundert hinein war demnach die Einweisung von Blasphemikern ins Spital die letzte Lösung, die immer dann gewählt wurde, wenn der Angeklagte nicht in den Griff zu bekommen war.

Die Gefahr, die von geistesverwirrten Blasphemikern ausging, war für die Zeitgenossen freilich nicht allein physischer Art. Kennzeichnenderweise sollte Juckers Verhör »in der Gschauwstube«[268] stattfinden, »daß von den Spitälern niemand zulosen [zuhören] köne.«[269] Außerdem ordnete der Rat 1672 an, daß ihm »dz [das] stillschwygen bei leib und lebenstraff uferlegt und darbei verbotten werden, daß ihme niemand von Göttlich Geheimnüßen zu reden ursach gebe.«[270] Jucker sollte demnach weder die anderen Spitalinsassen mit seinen wirren Gotteslästerungen durcheinanderbringen noch irgendeine/r ihn zu neuen blasphemischen Äußerungen provozieren.

Die gleiche Haltung nahm der Rat 1682 bei Jacob Redinger an, der über mehrere Jahre hinweg die Justiz wie auch das Spital beschäftigte. Nachdem der Rat von ihm mit Suppliken überflutet worden war, beschloß dieser schließlich, Redinger Papier und Tinte zu verweigern und ihn vom gemeinsamen Ostergottesdienst der »Spitäler« fernhalten zu lassen.[271] Hielt sich somit der Rat weitere Bittschreiben vom Hals, sorgte er gleichzeitig für einen

---

[267] A. 27.148, Schreiben Pfarrer Andreas Pestalozi, 5.6.1761.

[268] D.h. die Stube, in der die »Gschau«, die medizinische Begutachtung der Eingewiesenen, stattfand. Zur »Gschau« vgl. A. STEINBRECHER, Spital S. 47 f.

[269] B. II.557, p. 96, Eintrag Fall Heinrich Jucker, 11.5.1672.

[270] B. II.557, p. 117, Urteil Heinrich Jucker, 15.6.1672.

[271] HI.262, 68. Fall Isaac Keller, und Jacob Redinger Ratsbeschluß, 12.4.1682. Dies entsprach der typischen Haltung des Rats, die auch gegen andere Geisteskranke ein Schreib- und Gottesdienstverbot verhängte, das jedoch immer wieder unterlaufen wurde. Vgl. hierzu A. STEINBRECHER, Spital S. 100 f.

ungestörten Ablauf der Osterfeier. Die Erkrankten, so das Fazit, bedurften aufmerksamer Aufsicht und Betreuung. Das Argument, die geistig Verwirrten entfachten mit ihren Blasphemien Gottes Zorn, fiel in diesem Zusammenhang auffälligerweise nicht. Die Unzurechnungsfähigen wurden also als Menschen betrachtet, die sich selbst und andere gefährdeten, aber Gott im Zustand der Geistesverwirrung nicht ernsthaft erzürnten.

* * *

Obwohl im frühneuzeitlichen Zürich geisteskranke Blasphemiker als Wahnsinnige erkannt werden konnten, verlor das Delikt der Gotteslästerung nicht seine Bedeutung. Blasphemie verfiel durch die Verwirrung der Sprecher nicht zu einer belanglosen, bedeutungsleeren Rede. Vielmehr ging die Justiz jeglicher Gotteslästerung konsequent nach. Selbst wenn sie Angeklagte als krank einstufte, hob sie die Anklage der Gotteslästerung nicht auf. Gotteslästerung blieb Gotteslästerung, solange der Angeklagte kein umfassendes Schuldbekenntnis ablegte und seine Schuld sühnte. Die Justiz stand in der Verantwortung, für die Wiederherstellung der Ehre Gottes zu sorgen.

Unter diesen Bedingungen leuchtet es ein, warum Angeklagte oder deren Fürsprecher das Argument, die Inquisiten seien wegen ihrer geistigen Verwirrung unzurechnungsfähig, nicht als Schutzbehauptung nutzten. Geistige Ausfälle bezeichnete zwar der Rat explizit als mildernden Umstand, doch machte er bei der Strafbemessung keinen Unterschied zwischen den »normalen« und »anomalen« Gotteslästerern. Der Hinweis auf das angeschlagene Gemüt der Betroffenen entsprach einer symbolischen, rhetorischen Geste, welche die Todesstrafe, die normativ auf Blasphemie stand, formal wegzuargumentieren erlaubte.

Wenn über nur wenig geistig gestörte Blasphemiker eine der üblichen Strafen verhängt wurde, so hängt dies mit der ambivalenten Haltung zusammen, welche die Justiz psychisch auffälligen Blasphemikern gegenüber einnahm. Die Justiz ließ systematisch prüfen, ob es sich bei den merkwürdigen Blasphemikern um Häretiker, Hexer oder tatsächlich Kranke handelte. Hierzu diente die Folter wie auch das religiöse Streitgespräch. Beide setzten voraus, daß die Angeklagten genügend bei Vernunft waren, um ein schlüssiges Geständnis abzulegen und zu wahrer religiöser Einsicht zu gelangen. Gewann die Justiz jedoch den Eindruck, daß die Angeklagten nicht recht im Kopfe seien, erfolgte die Einweisung in das Spital. Hier wurde für eine ärztliche und seelsorgerliche Betreuung gesorgt. Auf der einen Seite behandelte die Justiz die Betroffenen also als Unzurechnungsfähige, die nicht zur Verantwortung gezogen werden konnten. Auf der anderen Seite aber wurden diese in dem Moment, in dem die Angeklagten wieder bei Vernunft zu sein

schienen, erneut belangt, verhört und katechisiert. Schließlich war die Anklage der Gotteslästerung nicht geklärt und damit auch nicht aufgehoben;
selbst zeitweise verwirrte Seelen ließen sich nicht so einfach aus der Verantwortung entlassen. Die Vorstellung also, daß der Wechsel zwischen Phasen
der »Anomalität« und »Normalität« ein geschlossenes Krankheitsbild ergibt,
war der Zürcher Justiz fremd. Insbesondere seit dem 17. Jahrhundert bedachte die Züricher Justiz die Möglichkeit, daß Gotteslästerung eine biologische Veranlagung oder pathologische Erscheinung sein konnte, doch deutete sie das Phänomen nicht psychologisch. Daher konnte sie eine Justizpolitik betreiben, in der dieselbe Person über Jahre hinweg bald als geschäftsfähig, bald als unzurechnungsfähig behandelt wurde.

Eine weitere Ambivalenz kennzeichnet die Einstellung der Justiz und der
Bevölkerung gegenüber wahnsinnigen Gotteslästerern. Die Justiz wie auch
diejenigen, welche die Betroffenen angezeigt hatten, begründeten deren Einweisung mit dem Argument, die Angeklagten stellten eine physische wie auch
moralische Gefährdung dar und seien teilweise suizidgefährdet. Diese geistig
umnachteten Blasphemiker störten also die öffentliche Ordnung; von der
Gefahr göttlicher Vergeltung war nicht die Rede. Diese Argumentation aber
lief darauf hinaus, den Sprechhandlungen unzurechnungsfähiger Blasphemiker ihre religiöse Virulenz zu nehmen. Hier klaffte ein offener Widerspruch
zwischen der Hartnäckigkeit, mit der die Justiz die Angeklagten in ihren
»Normalitätsphasen« als religiöse Tabubrecher formaljuristisch der Ehre
Gottes wegen verfolgte, und dem eigentlichen Anliegen, diese als soziale Unruhestifter zu neutralisieren.

Die Strafpraxis

Der Toleranzgedanke gilt im Allgemeinen als Errungenschaft der Aufklärung. Im ausgehenden Mittelalter wie in der Frühen Neuzeit hingegen scheinen im gnadenlosen Kampf um die Orthodoxie die züngelnden Flammen der
Scheiterhaufen um sich zu greifen. Aus Machtgier verschlinge die Inquisition
ihre Opfer und befördere Häretiker und Hexen bzw. Hexer massenhaft vom
Leben in den Tod. Dieses Klischee ist auch in Bezug auf die Gotteslästerung
weit verbreitet. Da paßt die Behauptung Wettsteins, in Zürich seien von 1526
bis 1745 viele, nämlich 78, Gotteslästerer hingerichtet worden,[272] bequem
ins Bild. Wie das Zürcher Material belegt, erweist sich diese Einschätzung
freilich als trügerische Voreingenommenheit moderner Betrachter. Die frühneuzeitliche Rechtsprechung ist viel zu facettenreich, als daß der Rat als intolerante Obrigkeit gekennzeichnet werden könnte, die allein mit dem

---

[272] Vgl. E. WETTSTEIN, Todesstrafe S. 91.

Schwert des Scharfrichters auf Blasphemie zu antworten gewußt hätte. Angesichts dieses Befunds stellen sich in Sachen Gotteslästerung sieben Fragen zur Zürcher Justizpolitik: Welches Gewicht kam überhaupt der Verfolgung von (»normalen«) Blasphemikern in der Rechtsprechung zu? Welche Strafen verhängte der Rat gegen Gotteslästerer? Wie sah der Ermessensspielraum aus, in dem der Rat Gnade übte und seine Urteile »willkürlich« fällte bzw. innerhalb dessen die Angeklagten ihr Urteil »aushandelten«? In welchem Verhältnis standen weltliche und kirchliche Strafen zueinander? Welche Auswirkungen hatten sie für die Verurteilten? Wie verhielt sich die Urteilssprechung des Rats zu den Entscheidungen der Vögte auf der Landschaft? Und schließlich: Welchem Wandel unterlag die Rechtsprechung des Rats?

Mochten Rat und Kirche auf der normativen Ebene noch so sehr der Wortsünde den Kampf ansagen, in der Rechtsprechung spielte das Delikt der Gotteslästerung eine untergeordnete Rolle. Unter den *Kundschaften und Nachgängen* macht Blasphemie nicht mehr als schätzungsweise 2% bis 3% der Fälle aus.[273] Ähnliche Werte ergeben die quantitativen Auswertungen der Ratsakten von 1376 bis 1385 wie auch der Justizakten aus der Vogtei Greifensee für die Jahre 1480 bis 1520.[274] Eine noch niedrigere Quote, 1,4% der registrierten Geldbußen von 1545 bis 1788, liefert das Rechnungsbuch der Andelfinger Vogtei.[275] Wie im südlichen Deutschland, der Schweiz und England kann die Verfolgung von Gotteslästerern also für die Obrigkeit kaum ein wesentliches Mittel gewesen sein, repressive Politik gegen die Untertanen zu betreiben.[276] Die folgende Tabelle, die auf einige wenige quantitative Stichproben aus den *Kundschaften und Nachgängen* beruht, gibt weitere Hinweise zur Bedeutung der Blasphemie in der Rechtsprechung des Rats (Tab. 1, s. S. 179).

---

[273] Dieser Schätzwert ergibt sich aus folgender Berechnung: In den Stichjahren 1544/45, 1590/91, 1633, 1679, 1706/07 – also je ein Stichprobenjahr pro Verfolgungsphase (siehe Tabelle 2) – beläuft sich die Zahl der reinen Blasphemiefälle auf insgesamt 10. Der Durchschnittswert beträgt somit 2,66% der registrierten Delikte.

[274] Vgl. S. BURGHARTZ, Leib S. 75f.; K. HÜRLIMANN, Soziale Beziehungen S. 297.

[275] Vgl. F. III.3. Grundlage für die Schätzung der Gesamtzahl der Urteile ist die Zahl der Einträge von 53 Stichjahren (= 2898 Einträge). Der Durchnittswert pro Jahr (= 54,67) wurde multipliziert mit der Anzahl der Jahre, über deren Zeitraum Urteile wegen Blasphemie gefällt worden sind; dies entspricht für die Zeit von 1545 bis 1788 dem Faktor 243 (= rund 13.120 Fälle insgesamt). Somit entsprechen die 188 Bußen wegen Gotteslästerung 1,43% der Gesamtmenge.

[276] Hierzu einige Vergleichswerte zur Verfolgungs von Gotteslästerern durch die weltlichen und kirchlichen Gerichte (vgl. G. SCHWERHOFF, Schranken S. 65; G. SCHWERHOFF, Gott und die Welt S. 160 S. 216f., 273f., 287; P. Schuster, Konstanz S. 71; W. Monter, Consistory S. 471f.; A. LANDWEHR, Policey im Alltag S. 348f.; H. R SCHMIDT, Dorf S. 85; H. SCHNABEL-SCHÜLE, Sanktionen S. 227):

Aus der Tabelle ist zu ersehen, daß nicht nur Gotteslästerer relativ selten vor Gericht standen, sondern die Verfolgungsquoten auch nicht mit der Entwicklung anderer Deliktkategorien korrelieren. Nahm der Anteil der reinen Gotteslästerungen zu, so hielten sich zu Beginn des 18. Jahrhunderts – mit einigen zwischenzeitlichen Schwankungen – ökonomisch und moralisch relevante Delikte (Kategorie »Wirtschafts-& Eigentumsdelikte« sowie »Abtreibung/Kindsmord« oder »liederliches Leben«) tendenziell auf dem Niveau der Mitte des 16. Jahrhunderts. Gewaltdelikte (Mord und Totschlag), Injurien mit und ohne Gotteslästerung wie auch politische Vergehen gingen zurück, wohingegen die Justiz bei den Sexualdelikten zunehmend durchgriff. Kurzum, die Verfolgungsraten für Blasphemie (Kategorie »Real- & Verbalinjurie mit Gotteslästerung«, »rein Gotteslästerung«) schließen vermeintlich überzeugende Erklärungen aus: Die Verfolgungsquoten spiegeln keine Wirtschaftskrisen wider und folgen keinem Prozeß wachsender Sozialdisziplinierung. Das Ausmaß, in dem die Justiz Gotteslästerer zur Verantwortung zog, zeigt also weder die Krisenempfindlichkeit noch den Disziplinierungswillen des Rats an. Die Erhebung der Blasphemiefälle kann somit nicht mit einem Lackmußstreifen für Krisen- und Modernisierungswerte verglichen werden.

Wenngleich sich die Haltung des Rats gegenüber Blasphemikern nicht in Zivilisierungs- oder Krisenmodelle einfügt, so verknüpfte der Rat doch ge-

Raum/Zeit	Delikte gesamt	davon Gotteslästerung	Gotteslästerung in %
Basel 1376–1455		99	4,8
Schlettstadt 1387–1420	282		2,8
Konstanz 1430–14660	1725	57	3,3
Genf 1559–64	52	10	20
Amt Leonberg 1644–1749	612	44	7,19
Genf Stadt 1664–68/69	1906	66	3,5
Genf Land 1664–68/69	530	26	4,9
Berner Land 1575–1795 Stettlen	2859	(Schwören) 477	16,7
Vechigen	8332	(Schwören) 500	6
Herzogtum Württemberg 1532–1800	4209	52	1,5

Für die geringe Verfolgungsquote von Schwüren in Lancashire und Essex in den Jahren 1626 bis 1650 bzw. 1626 bis 1651 vgl. S. HINDLE, The State and Social Change in Early Modern England, c. 1550–1640. London 2000 S. 184.

Tab. 1: Stellenwert der Gotteslästerung in der Rechtsprechung des Rats: absolute und prozentuale Verteilung der Delikte in den *Kundschaften und Nachgängen*[277]

Jahr	1544/45	1590/91	1633	1679	1706/07
Delikte gesamt (= 100%)*	182	168	57	49	57
Wirtschafts-& Eigentums- (absolut) / %	(37) / 20,32	(49) / 29,16	(12) / 21,05	(15) / 30,61	(10) / 17,54
Mord&Totschl. (absolut) / %	(6) / 3,29	(1) / 0,59	(2) / 3,50	(–) / 0	(–) / 0
polit. Vergehen (absolut) / %	(–) / 0	(1) / 0,59	(2) / 3,50	(–) / 0	(–) / 0
Sexualdelikte (absolut) / %	(29) / 15,92	(30) / 18,85	(13) / 22,73	(14) / 28,61	(24) / 42,10
Abtreibung/ Kindsmord (absolut) / %	(7) / 3,84	(2) / 1,18	(2) / 3,5	(1) / 2,04	(2) / 3,50
»liederliches Leben« (absolut) / %	(12) / 6,59	(21) / 12,50	(2) / 3,50	(5) / 10,20	(6) / 10,52
Real-&Verbalinjurie ohne GL	(53) / 29,12	(25) / 14,88	(9) / 15,78	(4) / 8,16	(5) / 8,77
Real-&Verbalinjurie mit GL	(4) / 2,19	(1) / 0,59	(–) / 0	(–) / 0	(–) / 0
rein GL	(3) / 1,64	(1) / 0,59	(2) / 3,5	(2) / 4,08	(2) / 3,50
Sonstiges (absolut) / %	(37) / 20,32	(37) / 20,02	(13) / 3,31	(8) / 16,32	(8) / 14,03

* mit Doppelzählungen, d. h. beispielsweise Fall eines Ehebruchs durch einen Dieb = 2 Delikt-
kategorien (Sexualsachen und Eigentumsdelikt)
Sexualdelikte = vorehelicher Beischlaf, Inzest, »Sodomie«, »Hurerei«, Ehebruch
Mord&Totschl. = Mord und Totschlag
polit. Vergehen = politische Vergehen: Aufruhr durch öffentliche Reden, Versammlungen,
Widerständigkeiten
Wirtschafts- & Eigentums- = Wirtschafts- und Eigentumsdelikte: Diebstahl, Veruntreuung,
Schulden, Falschmünzerei, Verletzung der Preismandate
rein GL = ausschließlich unter der Anklage der Gotteslästerung

---

[277] Vgl. A. 27.15; A. 27.42; A. 27.72; A. 27.109a; A. 27.125. Die Kategorien wurden so gebil-
det, daß sie möglichst aufschlußreiche Vergleichsmomente für den Stellenwert der Blasphemie
liefern und folgen daher nicht der »Standardkategorisierung« historisch-kriminologischer Untersuchungen. Die Gruppe der Wirtschafts- und Eigentumsdelikte dient als ökonomischer Ver-
gleichsindikator. Die Menge der Sexualsachen, der Abtreibung bzw. des Kindsmords und des
»liederliches Leben« erlauben Rückschlüsse auf den Status der Gotteslästerung in Bezug auf moralische Kriterien, während die Klasse Mord- und Totschlag bzw. politische Vergehen das Delikt Gotteslästerung in den Kontext von Gewaltdelikten und politischen Konflikten zu stellen erlaubt. Die Stichprobe ist zu gering, als daß sie die Trends im Einzelnen zu belegen erlaubte. Folgende Überlegungen sind daher als grobe Tendenzaussagen zu verstehen, die es zu verfeinern
gilt.

wisse justizpolitische Ziele mit seiner Rechtsprechung. Hiervon zeugen die Strafurteile, die der Rat in der Frühen Neuzeit über Gotteslästerer verhing (Tab. 2).

Die quantitative Auswertung der Ratsurteile gegen Blasphemiker fördert einige Auffälligkeiten zutage. So zeigt sich, daß Geldstrafen in Kombination mit Ehrenstrafen zusätzlich der reinen Ehrenstrafen knapp die Hälfte aller Urteile ausmachten. Gotteslästerung wurde also eindeutig als Ehrdelikt behandelt, das in den Augen der Justiz nach der Wiederherstellung der Ehre des verletzten Adressaten verlangte. Mit Geld allein ließ sich dieses Delikt kaum aufwiegen, wie der unbedeutende Anteil der reinen Geldstrafen gerade im Gegensatz zur Strafpraxis des 14. Jahrhunderts belegt.[278] Geld spielte zwar als Sanktionsmittel eine zentrale Rolle,[279] doch wurde in der Frühen Neuzeit der stigmatisierende Charakter der Bestrafungen durch die Verknüpfung der Geld- mit Ehrenstrafen verschärft.[280]

Eine noch unbedeutendere Rolle als die Geldbußen spielten für den Rat die Körperstrafen. Blasphemie sollte nicht mit physischer Gewalt ausgetrieben werden. Ferner fällt auf, daß Körperstrafen nicht mit Ehren- und Geldstrafen kombiniert wurden. Offensichtlich galten Körperstrafen Ehrlosen, die nicht über genügend materielles oder symbolisches Kapital verfügten, auf das die Justiz hätte zugreifen können. Im Umkehrschluß folgt, daß angesichts des geringen Anteils, den die zu Körperstrafen Verurteilten stellen, d. h. angesichts der unbedeutenden Menge, welche die an materiellem oder symbolischem Kapital armen Delinquenten ausmachten, Blasphemiker überwiegend zu den ehrbaren Leuten gehört haben müssen. Wenn die Justiz Gotteslästerer zur Verantwortung zog, so betrieb sie damit keine Marginalenpolitik.

Für diese Deutung spricht die Politik, die hinter der Anwendung des Landesverweises stand. Mit nahezu 15% der Verurteilten zeigte der Rat, daß er Blasphemiker in einem spürbaren, wenn auch nicht extremen Ausmaß, außer Landes sehen wollte. Daß diese personae non gratae waren, gab man ihnen

---

[278] In der Zeit von 1376 bis 1385 wurde Gotteslästerung fast ausnahmslos mit Geldbußen geahndet. Vgl. S. BURGHARTZ, Leib S. 134–137, 267–269.

[279] So Schwerhoffs Einschätzung. Vgl. G. SCHWERHOFF, Gott und die Welt S. 220.

[280] Zu dem stigmatisierenden Charakter von Ehrenstrafen vgl. G. SCHWERHOFF: Verordnete Schande?, Spätmittelalterliche und frühneuzeitliche Ehrenstrafen zwischen Rechtsakt und sozialer Sanktion, in: A. BLAUERT/G. SCHWERHOFF Hg., Mit den Waffen der Justiz, Zur Kriminalitätsgeschichte des späten Mittelalters und der frühen Neuzeit. Frankfurt/Main, 1993 S. 158–188.

Tab. 2: Urteile des Zürcher Rats 1501–1747[281] gegen Blasphemiker[282]: Verteilung der Urteile

Urteile nach Strafkategorie	Zahl absolut	% der Urteile	% der Strafkategorie
Urteile gesamt	314		
Geld- + Ehren- + Körper-	0	0	
Geld- + Ehren-	31	9,87	
rein Ehren-	119	37,89	
rein Geld-	10	3,18	
rein Körper-	5	1,59	
Landesverweis	45	14,33	
davon LV mit Pranger	32		71,11
davon LV ohne Pranger	13		28,88
Todes-	84	26,75	
Männer	71		84,52
Frauen	13		15,47
rein für GL	19	6,05	22,61
Männer rein für GL	16		
Frauen rein für GL	3		
Freispruch	20	6,39	
Teilbegnadigungen	15	4,77	
Urteile gesamt	15	4,77	

+ = kombiniert mit
Geld- = Geldstrafen: von 2 Pfund 10 Schilling [283] bis zu 500 Pfund
Ehren- = Ehrenstrafen: Herdfall, Widerruf, Abkanzelung, Ehr- und Wehrlosigkeit, Verbot der *Ürten*,[284] förmliche Ermahnung durch den Stillstand oder den Rat, Arbeit am Schellenwerk,[285] Pranger
Körper- = Körperstrafen: Schlitzen der Zunge, Züchtigung mit Rutenschlägen
rein = alleiniger Anklagepunkt
LV = Landesverweis
Todes- = Todesstrafen: Hinrichtung für die Männer; Ertränken für die Frauen mit einer einzigen Ausnahme, in der die Verurteilte hingerichtet wird
GL = Gotteslästerung
Teilbegnadigung = Erlassen einer Teilsumme der Geldstrafe, Aufhebung der Ehr- und Wehrlosigkeit nach einer gewissen Frist (kein Fall registriert, in dem die Strafe global aufgehoben worden wäre)

---

[281] Vgl. A. 27.1 – A. 27.145; B. II.32 – B. II.858; B. VI.243 – B. VI.276. Die Tabelle beruht auf

unmißverständlich zu verstehen. Wie im spätmittelalterlichen Basel[286] wurden viele – drei Viertel – von ihnen an den Pranger gestellt, bevor sie an die Landesgrenzen geführt wurden. Im Ausnahmefall wurde die Strafe sogar symbolisch verschärft. Im Urteil Marti Ruodolfs von 1668 heißt es, dieser habe für 101 Jahre das Territorium nicht wieder zu betreten.[287] Wessen aber genau versuchte sich der Rat zu entledigen? Die Prangerstrafe[288] traf am ehesten diejenigen Männer und Frauen, die ihre blasphemischen Worte mit keiner Form von Kapital aufwiegen konnten. Kennzeichnend ist hierfür das Urteil gegen Dorothea Suter aus dem Jahre 1596: »Wÿl sÿ aber ein arbetselig, vertruncken, lÿchtfertig wÿb und an Iro nit vil ehren zuerjagen und sÿ Jetzt In 14 tag In großßer Kelte gfangen gelegen, So Ist Iro uß gnaden zuo buoß und straaff uferlegt, das sÿ ein vierteil einer stund lang am Halß ÿßen

---

der Summe der ausgewerteten (nicht der insgesamt überlieferten) datierbaren Fälle und damit auf einer Zufallsprobe. Sie umfaßt diejenigen Fälle, die ich aufgrund ihres typischen Charakters oder einer anderen Besonderheit für die Gotteslästerung als aussagekräftig eingeschätzt habe und beläuft sich auf eine Zahl von rund 900 Fällen. Im Gegensatz zu den mit Todesstrafen belegten Wortsünden ist also nicht jeder einzelne Fluch oder Schwur aufgenommen. Die mit geringeren Strafen geahndeten alltäglichen Blasphemien sind daher in den folgenden Tabellen eher unter- bzw. die Todesurteile eher überrepräsentiert. Die Aussagen über prozentuale Verteilungen beziehen sich allein auf das Sample, nicht auf die Gesamtheit der gerichtsnotorisch gewordenen Vorfälle.

[282] Darunter fallen die Kategorien Fluchen, Schwören und Lästern.

[283] Das Pfund blieb eine Rechnungseinheit und entsprach einem halben Gulden. bzw. 20 Schilling Vgl. N. FLÜELER/M. FLÜELER-GRAUWILER Hg., Geschichte des Kantons, Bd. 2 S. 516.

[284] Gemeint ist das Verbot, an gesellschaftlichen Ereignissen teilzunehmen und ins Wirtshaus bzw. in die Zunftstube zu gehen. Zur Wortbedeutung von »Ürte« als »Zeche« vgl. Idiotikon, Bd. 1 S. 489 f.

[285] Die Strafe bestand darin, an einer öffentlichen Baustelle Arbeiten verrichten zu müssen und dabei an andere Sträflinge angekettet zu sein. Teilweise verschärfte die Strafe des sogenannten Halskragens, das Tragen einer mit einer Glocke versehehene Metallkonstruktion auf dem Kopf, den ehrenrührigen Charakter der Strafe. Zum Schellenwerk als Ehrenstrafe in Zürich vgl. G. FUMASOLI, Ursprünge und Anfänge der Schellenwerke. Ein Beitrag zur Frühgeschichte des Zuchthauswesens. Zürich 1981 S. 176 f., 189, 192. Fumasolis Feststellung, der Halskragen sei in Zürich nicht zur Anwendung gekommen ist, wie die Urteile zu den Zürcher Blasphemikern zeigen, unzutreffend. Zum Halskragen am Beispiel Winterthurs vgl. F. Gut, Übeltat, S. 212–215.

[286] Auch im spätmittelalterlichen Basel ging der Verbannung oft eine Ehrenstrafe voraus. Vgl. G. SCHWERHOFF, Schranken S. 71.

[287] Vgl. B. VI.272, fol. 94, Urteil Marti Ruodolf, 22. 1. 1668.

[288] Die laut Mandat von 1627 für unverheiratete Männer vorgesehene Strafe der »Gätteri« scheint im Gegensatz zur Landschaft in der Stadt kaum zur Anwendung gekommen zu sein, wie die Nachrichten über die mangelnden Unterhaltung der Gräben vor den Eingängen zu den Stadtkirchen nahelegen. Zu den Einzelheiten vgl. W. H. RUOFF, DIE GÄTTERI ALS FORM DES KIRCHENPRANGERS. IN: E. KURT Hg., FESTSCHRIFT HERMANN BALTL. INNSBRUCK 1978 S. 421–438; HIER: S. 426–438.

staan und darnach mit dem Eÿd von Statt und Land verweißen werden sölle.«[289] Typischerweise stammte die Suter aus Einsiedeln. Wie drei Viertel der
Verbannten gehörte sie nicht zu den Einheimischen.[290] Kennzeichnend ist
ebenfalls das Urteil gegen Jacob Blüwler vom 26. Juni 1588. Es bestimmte,
daß dieser nur für den Fall verbannt werden sollte, daß er sich nicht als Züricher ausweisen könne.[291] Wie in anderen Orten ging es also dem Rat darum,
straffällig gewordene »Ausländer« als unliebsame Gäste abzuschieben.[292]
Die Justiz zielte also darauf, Zürcher Blasphemiker möglichst in den eigenen
Landesgrenzen zu behalten, wohingegen sie sich der auswärtigen entledigte.

Die Analyse des Stellenwerts der Todesstrafen im Urteilsspektrum bestätigt diese Einschätzung. Zwar scheinen die Kapitalstrafen mit gut einem
Viertel der Urteile stark ins Gewicht zu fallen, doch stellt sich bei genauerer
Betrachtung heraus, daß allein ein Fünftel der Hingerichteten bzw. rund 6%
der Verurteilten ausschließlich unter der Anklage der Gotteslästerung ihr
Leben lassen mußten. Diese Werte liegen deutlich über den Winterthurer
und Luzerner Quoten. Deswegen kann die Zürcher Justiz zwar nicht als unverhältnismäßig blutrünstig eingeschätzt werden, aber dennoch als recht
streng gelten.[293] Die übrigen vier Fünftel der in Zürich Hingerichteten hatten
schwere Vergehen – etwa Mord, Raubüberfall, mehrfachen Diebstahl, Sexualdelikte (»Sodomie«, »Bestialität«, Vergewaltigung, Inzest) – begangen.
Die Todesstrafen zielten auf zwei unterschiedliche Gruppen von »Blasphemikern«. Die Rats- und Richtbücher verraten über die eine Sorte Gotteslästerer deutlich mehr als über die andere.

Den Rats- und Richtbüchern zufolge gehörte Blasphemie schlichtweg zum
Erscheinungsbild des Schwerstkriminellen. Wenn in den Büchern die aus-
führliche Liste der einzelnen Straftaten mit der Angabe abschließt, daß die
Verurteilten Gott gelästert hätten, dann wirkt der Anklagepunkt eher als

---

[289] A. 27.45, (Dorsalnotiz, 17. 2. 1596), Supplik Melchior Suter, X. 2. 1596.

[290] Unter den 45 Verbannten, die sich aufgrund der Quellenangaben geographisch verorten
lassen, stammen nur 15 aus dem Zürcher Gebiet.

[291] Vgl. A. 27.41, (Dorsalnotiz , 26. 6. 1588), Aussage Jacob Blüwler, 26. 6. 1588.

[292] Zum diesem Kennzeichen der Verbannungsstrafe vgl. C. A. HOFFMANN: Der Stadtverweis
als Sanktionsmittel in der Reichsstadt Augsburg zu Beginn der Neuzeit, in: H. SCHLASSER/D.
WILLOWEIT Hg., Neue Wege strafgeschichtlicher Forschung. Köln – Weimar – Wien, 1999 S.
206; G. SCHWERHOFF, Gott und die Welt S. 163.

[293] In der Stadt Winterthur ließen in der Zeit von 1401–1800 bei einer Bevölkerung von
durchschnittlich 2700 Personen 10 Gotteslästerer unter dem Richtschwert ihr Leben. Vgl. F.
GUT, Übeltat S. 201, 204. Zu den Luzerner Fällen siehe Kap. III.2. Für Köln, Nürnberg und Basel scheint im 16. Jahrhundert die Kapitalstrafe für Blasphemie – die Quellen erlauben lediglich
eine vorsichtige Einschätzung – eher eine Einzelerscheinung gewesen zu sein. Vgl. G. SCHWER-
HOFF, Schranken S. 95–98.

dramatisierende Abrundung einer Delinquentenkarriere denn als begründeter Vorwurf. Typisch ist etwa das Urteil Martli Kästlis von 1601. Dieser müsse wegen »schandtlichen, unchristenlichen, bößen Gottslesterungen, Deßglychen eererverletzlichen Zuoredungen, Auch schandtlichen und gefärlichen thröwungen und das er weder frid noch Rächt halten wellen […] sÿn groß übel und mißthuon« sein Leben lassen. Hinter den formelhaften Formulierungen verbergen sich jedoch fünf Anklagepunkte. Kästli wurde für schuldig befunden, in einer Schlägerei dem Kontrahenten mit dem Fuß in die Geschlechtsteile getreten und ihn mit dem Kopf gestoßen zu haben. In einem Wirtshaus habe er trotz mehrmaliger Aufforderung seine Zeche nicht bezahlt und unter zweimaligem Friedbruch eine Schlägerei provoziert. Diejenigen, die schließlich für ihn gezahlt hätten, habe er zudem als Ketzer, Schelm und Hudler beleidigt. Hierzu habe er Himmel und Herrgott geschworen. Dabei habe er auch noch behauptet, ihm sei gleichgültig, wohin ihn der Teufel führen werde. Die Anwesenden, die ihn darauf eindringlich ermahnt hätten, habe er allesamt als Judasse injuriert und ihnen erwidert, sie sollten ihm »in den hindern blaßen.« Bei seiner Festnahme schließlich habe er denjenigen, die ihn abgeführt hätten, mit Brandstiftung gedroht.[294]

Verglichen mit Felix Meyer handelte es sich bei Martin Kästli um einen relativ kleinen Fisch. Felix Meyer hatte deutlich mehr auf dem Kerbholz. In seinem Urteil von 1608 heißt es: »Das er uf ein Zÿt In einem Huß zu Schlÿnicken gar Lätz gethan, tobet, Tusent Herr Gott, Himmel, Tusent Sacrament geschworen, die Hand ufgworffen und greth habe, die Stral sölle In das Huß schießen. Item er habe Ime ein mal für sich genommen, einen umbzebringen und wan daßelbig geschächen, als dan welle er sich selbs erhäncken. In einem anderen Hus habe er uf ein Zÿth, als es häfftig doneret und gwäterleichtet, sich an ruggen gelegt die bein ob sich gestreckt und greth, die Stral sölle Ime von Himmel herab (reverenter zemälden!) In hinderen schießen. Auch daruf villmaln geschworen, thusent Herr Gott, Himmel und Sacrament. Item so habe er sÿn Mutter ein Hëx und ein Huor geschulten und darzuo übel gschworen. Als er uf ein Zÿt ab den Klupf heimbgangen und sich bÿ dem Surbstäg gstelt, habe er greth, er habe mit Gott nüt mehr zuo schaffen, sonder allein (Gott behüte uns) mit dem Tüfel.«[295] Überdies hatte, so das Urteil weiter, Meyer seine Mutter und seine Ehefrau schwer mißhandelt und verflucht, eine Frau auf offener Straße angegriffen und die gemeindliche Holzverteilung kritisiert. Der Ausdruck »Blasphemiker« bezeichnet demnach nicht so sehr eine Person, die Gott ge-

---

294 B. VI.265, fol. 207v–208r, Urteil Martin Kästli, 23.5.1601.
295 B. VI.266, fol. 171–172, Urteil Felix Meyer, 13.2.1608.

lästert hat; der Terminus etikettiert vielmehr den Typ der kriminellen Persönlichkeit. Gotteslästerung, so der Tenor der Todesurteile, ist eine prinzipielle Begleiterscheinung von Kriminalität, nicht unbedingt ein eigenständiges Delikt. Wettstein hat einen methodischen Fehler begangen, als er all diejenigen unter zu Tode verurteilte Gotteslästerer rubrizierte, die in den Rats- und Richtbüchern abschließend als solche tituliert werden, ohne dabei die einzelnen Anklagepunkte zu berücksichtigen. Die Darstellung, die Zürcher Justiz habe Blasphemiker besonders häufig dem Schwert des Scharfrichters übergeben, ist daher nicht korrekt.[296] Daß die Todesstrafe zum Strafarsenal der Justiz gehörte, ist unzweifelhaft, doch muß deren Bedeutung für die Verfolgung von Blasphemikern stark relativiert werden.

Die Frage, wann das alleinige Delikt Gotteslästerung das Leben kostete, läßt sich anhand der Quellen nur ansatzweise beantworten. Rudi Rifli sollte 1514 wegen »unchristlich, schantlich böß swür und wort« sein Leben lassen. Er hatte in einem Streit den gebotenen Frieden abgelehnt mit den Worten, »er wölt das gotz wunden die Herren schante. Und als daruf wýter an In erfordert ist, zu trosten, hat der selb Rudi Rifli gredet, Er wöllte das gots ertrich die Senft schandte, darIn got selbs gelegen wëre und wo si nit darvon lassen wölten, so wöllte er sweren.«[297] Rifli war offenbar so verwegen gewesen, Gott selbst indirekt zu verfluchen. Bekannt ist ebenfalls der Fall Hans Weingartner von 1520. Der Kartenspieler formulierte eine eindrucksvolle Serie von teilweise originellen Schwüren und gab in einem Graffiti seine blasphemisch-poetische Begabung zum Besten.[298] Dem prominenten Fall nach zu urteilen, wurden übliche Schwüre auf die Passion Jesu Christi dann lebensgefährlich, wenn sie ungewöhnlicherweise mit Verweisen auf den Teufel oder mit offener Auflehnung gegen Gott kombiniert wurden. Heini Dahinden gehörte ebenfalls zu denjenigen, die ihren Kopf hinhalten mußten. Statt es bei verbreiteten blasphemischen Formulierungen zu belassen, hatte er in einer Streitszene 1526 hinzugefügt: »Ich mein, got weiß nüdt mer von mir. Doch gilt es mir schier glich. Dan wil mich got nit, so Ist der tüffel min vast fro.«[299] Auch Uli Bruner hatte originelle Sprüche zu bieten. Er verwirkte 1567 mit insgesamt siebzehn, teils selbst erdachten Schwurvarianten sein Leben. Der Württemberger Hans Loffler hingegen hielt sich 1572 an das übliche Maß und schwor lediglich mehrmals: »Das üch gotz hergott aller dieben und schelmen, auch sampt zum drittenmal gotz Sacrment, deßglychen gotz

---

[296] Freilich gibt Wettstein nicht an, nach welchen Kriterien er die Kategorisierung seiner Daten vornimmt.

[297] B. VI. 245, fol. 42r, Urteil Rudi Rifli, X. X. 1514.

[298] Vgl. B. VI. 248, fol. 30r, Urteil Hans Wingartner, Dienstag vor Ulrich 1520.

[299] B. VI. 251, fol. 79, Urteil Heini Dahinden, Kindlertag 1526.

element.«[300] Der Rat hätte sehr viel mehr Gotteslästerer dem Schwert des Scharfrichters übergeben müssen, hätte er die vielen vergleichbaren Äußerungen derart hart ahnden wollen. Warum nun ausgerechnet Loffler zu Tode verurteilt wurde, während andere mit dem Leben davonkamen, verraten die Quellen nicht. Sollte an ihm ein Exempel statuiert werden? Die Frage ist offen. Ebensowenig läßt sich das Schicksal der anderen seltenen registrierten radikalen Gotteslästerer verfolgen, die unerhörte Aussage über Gott wagten.

Das Bild von der Zürcher Justiz läßt sich trotzdem weiter verfeinern. Im Gegensatz zum Landesverweis wandte der Rat die Todesstrafe nicht signifikant häufig gegen Auswärtige an. Von den 68 Verurteilten, die sich lokalisieren lassen, gehörten lediglich sechs nicht der Untertanenschaft des Territorialstaates an. Kennzeichnend ist ferner, daß über 80% von denjenigen, die allein unter der Anklage der Gotteslästerung ihr Leben lassen mußten, Männer waren. Frauen hingegen wurden beträchtlich seltener hingerichtet. Je nach Vorannahme erlaubt dieser Befund unterschiedliche Schlüsse zur geschlechtsspezifischen Ahndung des Gotteslästerungsdelikts: Frauen, so ließe sich theoretisch mutmaßen, hätten leichtere Gotteslästerungen begangen und seltener blasphemisch geredet. Freilich dürfte dies unwahrscheinlich sein. Nimmt man dagegen an, daß Frauen genauso blasphemisch geredet haben wie Männer, folgt, daß Blasphemikerinnen einerseits von ihrem sozialen Umfeld besser toleriert und daher weniger denunziert wurden und andererseits vom Rat als bedeutungslosere Fälle eingeschätzt wurden. Frauen hätten sich dann derselben blasphemischen Redewendungen bedient, dies aber in Kontexten, die weniger Anstoß erregten. Hieraus wäre zu schließen, daß Frauen nur selten in gesellschaftlich relevanten, »öffentlichen« Räumen auftraten. Die spärlichen Quellenangaben[301] lassen die zweite Deutung als die wahrscheinlichere erscheinen, erlauben aber kein entschiedeneres Urteil. Jedenfalls wirkte sich die geschlechtsspezifische Rechtsprechung des Rats zumindest in Sachen Gotteslästerung – die Hexenverfolgungen sind für Zürich noch wenig untersucht –[302] nicht sonderlich gegen Frauen aus.

Die Untersuchung von geschlechtergeschichtlichen Aspekten geht oftmals mit der Frage nach der Herrschaft von Männern über Frauen einher. Ebenso zielt die Untersuchung der Härte bzw. Milde der Justiz auf die Frage, inwie-

---

300 A. 27.29, Aussage Bernhart und Heini Meiger, sowie Jacob Byr, X. X. 1572.
301 Auch die Lingua-Texte erlauben keine Rückschlüsse, da sie nicht nach geschlechtsspezifischer Sprechgewohnheit unterscheiden. Vgl. R. G. Bogner, Bezähmung der Zunge S. 18.
302 Zum Ende der Hexenverfolgung in Zürich vgl. die im Staatsarchiv einsehbare Linzenziatsarbeit: P. K. Sele, Das Ende der Hexenprozesse im Zürich. Lizenziatsarbeit Philosophische Fakultät I der Universität Zürich. Zürich 1998.

fern die Rechtsprechung ein Instrument von Herrschaftsausübung war bzw. inwiefern Untertanen das Gericht für eigene Interessen funktionalisierten. Hat die Analyse der Handhabung der Todesstrafe bereits gezeigt, daß der Zürcher Rat verhältnismäßig selten zum letzten Mittel griff, fällt der geringe Anteil derjenigen Verurteilten auf, die freigesprochen wurden oder einen Teil ihrer Strafe erlassen bekamen. Dieses Ergebnis hat drei interpretatorische Konsequenzen: Im Gegensatz zu französischen Gerichten des 17. Jahrhunderts begnadigte der Zürcher Rat die Angeklagten nur selten;[303] bei einer Begnadigung hielt er die individuellen Ermessensspielräume in enge Grenzen. Zum anderen bedeutet dies umgekehrt, daß die Verurteilten nur geringe Chancen hatten, auf das Urteil einzuwirken. Zum dritten weist die niedrige Freispruchquote darauf hin, daß der Rat in fast allen Fällen den Vorwurf der Gotteslästerung als erwiesen ansah. Diejenigen, die der Justiz Blasphemiker meldeten, müssen demnach begründet Anzeige erstattet haben. Wer mit einem Kontrahenten oder einer Kontrahentin eine Rechnung zu begleichen hatte, bezichtigte ihn oder sie nicht so schnell der Gotteslästerung. Der Vorwurf der Gotteslästerung eignete sich offenbar nicht sonderlich dazu, die Justiz für eigene Belange zu nutzen.

So gering der Spielraum für »Willkür« auch war, innerhalb dessen der Rat Gnade walten ließ, es lohnt sich, diesen Spielraum genauer anzuschauen, um die »eigensinnigen« Prinzipien seiner Rechtsprechung aufzudecken. Die Urteilsbegründungen geben hierzu - wohlgemerkt aus der Sicht des Rates - Auskunft, wenn sie die mildernden Umstände nennen, die zu einer Herabsetzung des Strafmaßes führten. Die Tabelle auf der folgenden Seite stellt die Argumente der Justiz zusammen (Tab. 3).

Der Gnadenbegriff, den der Rat in seinen Urteilen verwendete, ist heute fremd. Es mutet makaber an, wenn jemand »aus Gnaden« geköpft und damit vor qualvolleren und ehrenrührigeren Formen der Todesstrafe verschont wird.[304] Ebenso befremdlich wirken die anderen Kriterien, mit denen der Rat die Herabsetzung der Strafe erklärte. Kommt noch das Prinzip vertraut vor, die Tatumstände, die Zurechnungsfähigkeit und Einsicht der Beklagten zu berücksichtigen, so nimmt die moderne Justiz für sich in Anspruch, ihr Urteil möglichst sachgerecht, d.h. unabhängig vom sozialen Status der Beklagten, zu fällen. Im Selbstverständnis der frühneuzeitlichen Rechtsprechung ist hingegen gerade die gesellschaftliche Position der beklagten Person ein wesentlicher und »objektiver« Maßstab für deren Bestrafung. Die Tabelle könnte kaum eine klarere Sprache sprechen. In zwei Fünftel der Fäl-

---

303 Vgl. A. CABANTOUS, Histoire du blasphème S. 128.
304 Vgl. B. VI.268, fol. 155r, Urteil Rudi Gillmann, 20.2.1628.

Tab. 3: Urteile des Zürcher Rats 1501–1747 gegen Blasphemiker: Begründung für die Herabsetzung des Strafmaßes

Milderungsbegründung	Zahl absolut	% der Begründungen
Begründungen	195	
Sozialkapital	81	40,51
»von außen erbrachtes« Sozialkapital gesamt	60	30,76
Fürbitte Amtsträger/Gemeinden	11	
Fürbitte Verwandtschaft	35	
Fürbitte *Freundschaft/Nachbarschaft*	14	
»selbst erbrachtes« Sozialkapital gesamt	18	9,23
Leumund	16	
Geschlecht	2	
Einsichtigkeit Beklagte/r	35	17,94
Supplik	17	8,71
Reue	15	7,70
Selbstanzeige/freiwillig Gefängnis	3	
Unzurechnungsfähigkeit Beklagte/r	40	20,51
Trunkenheit	14	
»Zorn«	5	
Habitus	3	
kein Vorsatz	5	
Geisteskrankheit	13	6,66
besondere Umstände	38	19,48
Belastung durch Familie	17	8,71
Jugend	8	
Alter	1	
Gebrechlichkeit	2	
Armut	3	
bisherige Gefangenschaft	5	
hohe Feiertage	2	
Unschuld gesamt	4	2,05
ausgestandene Folter ohne Geständnis	3	
keine GL	1	

le wird das Urteil mit Hinweis auf das Sozialkapital der Gotteslästerer legitimiert. Die Rechtsprechung des Zürcher Rats, so der Eindruck der Urteilsbegründungen, ist eine vornehmlich personen-, weniger eine sachorientierte. Dabei fallen die Worte, die Dritte für den Beklagten einlegten (»von außen aufgebrachtes« Sozialkapital), deutlich stärker ins Gewicht als die gesellschaftliche Stellung, welche die Beklagten kraft ihrer Geburt oder ihres Lebensstils einnahmen (»selbst erbrachtes« Sozialkapital).[305] Auch die Suppliken, welche die Beklagten selbst einreichten, tauchen in den Urteilsbegründungen verhältnismäßig selten auf. Für den Rat war ausschlaggebend, daß das soziale Netz der beklagten Person trug. Damit aber orientierte sich offiziell der Rat an keinem anderen Kriterium als dem der sozialen Integration der Beklagten: Wer in einer Gemeinschaft seinen/ihren guten, festen Platz hatte, sollte ihn auch prinzipiell behalten, so die Logik der Urteilsbegründungen. Die Urteile setzten also nicht auf Ausgrenzung, sondern vielmehr auf Einbindung in ein festgefügtes soziales Netz.

Die zweite Auffälligkeit in den Urteilsbegründungen des Rats besteht darin, daß der Anteil derjenigen, die offiziell ihrer Supplik bzw. ihrer familiären

---

Erläuterungen zu Tab. 3:

Fürbitte = Interzession, formelle Bitte um Erlaß der Strafe

Amtsträger = Gemeindepfarrer, Vogt, Ortschaft

Verwandtschaft = Verwandte ersten Grades

Freundschaft/Nachbarschaft = Quellentermini für diejenigen, die das soziale Netz der Beklagten darstellten

Geschlecht = gesellschaftliches Ansehen der Familie

freiwillig Gefängnis = Beklagte, die sich aus eigener Initiative ins Gefängnis einliefern ließen

Habitus = Sprachgewohnheiten beim Militär oder in der Fremde

kein Vorsatz = Leichtsinn, Unwissenheit, kurzfristige Geistesverwirrung

ausgestandene Folter = kein Geständnis trotz Folter, was als Beweis der Unschuld galt

keine GL = fragliche Worte nicht als Gotteslästerung kategorisiert

Belastung durch Familie = Fürsorgepflicht für abhängige (Groß-)Eltern, Ehefrau, Kinder

hohe Feiertage = Strafnachlaß aus Anlaß des Weihnachts- oder Osterfestes

---

[305] Freilich sollte dieser Grundsatz nicht dahingehend mißverstanden werden, daß Träger eines höheren Amts oder höheren militärischen Rangs grundsätzlich mit besonderer Nachsicht der Justiz rechnen konnten. Nach den sieben relevanten Fälle zu urteilen, war dies nicht der Fall. Ob Hauptmann, (Unter-)Vogt, Weibel, Landschreiber oder Ratsredner, die Delinquenten wurden von den Richtern nicht privilegiert behandelt. Vgl. A.27.20, (Dorsalnotiz, 20.10.1554), Schreiben Vogt Fall Vogt Uolmann, 13.9.1554; B.VI.267, p.117, Urteil Hans Küng, 18.11.1622; A.27.66a, (Dorsalnotiz, undat.), Joseph Werdmüller, 13.5.1625; A.27.79, Aussage Hans Kofel, 21.2.1640; A.27.101, Aussage Kramer, 11.6.1667; B.II.607, p.105–106, Urteil Hans Jacob Hönysen, 22.11.1684; B.II.703, p.170, Urteil Kleiner, 11.12.1708.

Belastungen wegen eine mildere Strafe erhielten, vergleichbar groß ist. Zweifellos hatte die Justiz Interesse daran, daß die Delinquenten sich einsichtig zeigten, offenbar dachte sie aber zugleich an die Folgekosten, die für die »öffentliche Hand« entstünden, sollte der Beklagte nicht mehr in der Lage sein, die von ihm abhängigen Familienmitglieder zu versorgen. Hier stellte der Rat ein nüchternes, pragmatisches Kalkül an.

Ebenso nachvollziehbar ist die Begründung der Freisprüche. Konnte der Rat der beschuldigten Person ihre Schuld nicht eindeutig nachweisen, so war es weiser, im Zweifel zu ihren Gunsten zu entscheiden.[306] Die Obrigkeit hatte damit Gelegenheit, dem Grundsatz des »in dubio pro reo« zu huldigen und sich als nachsichtig zu erweisen. Gleiches gilt für die Argumente der Zurechnungsfähigkeit, die auch heute noch überzeugen können. Was hier jedoch irritiert, ist, daß die plausiblen Erwägungen ungefähr genauso oft ins Spiel kommen wie diejenigen, die modernem Verständnis nach keineswegs logisch zwingend erscheinen. Warum sollte das Weihnachts- oder Osterfest die Schuld der Beklagten mildern? Wie konnte einmal das hohe,[307] dann wieder das geringe Alter der Beklagten[308] zu berücksichtigen sein? Zwar mag es angehen, die Zeit der Gefangensetzung bis zum Urteilstag als »Untersuchungshaft« anzurechnen, doch folgt daraus wohl nicht, daß das Strafmaß als solches zu reduzieren sei. Widersprach sich der Rat nicht selbst, wenn er Trunkenheit als Entschuldigung akzeptierte und zugleich resigniert feststellte, der Beklagte sei nicht trinkfest genug gewesen?[309] Was hat die Tatsache, daß der Vater des Beklagten auf dem Ehrenfeld von Kappel bzw. »in der Stadt Nöten« gefallen war[310] oder das *Geschlecht* des Angeklagten zu den guten frommen Leuten gehörte,[311] mit dem Verhalten des Beklagten selbst zu tun? Wie konnte die Feststellung, daß im Militär und in der Fremde lockere verbale Sitten herrschten,[312] die Zürcher, die in Kriegsdiensten ge-

---

[306] Vgl. B. II.575, fol. 18–19, Urteil Jacob Bucher, 15.7.1676; B II.699, fol. 108 f., Urteil Jacob Unholz, 12.9.1707.

[307] Vgl. A. 27.62, (Dorsalnotiz, undat.), Aussage Rudolf Gwalter, 5.5.1618.

[308] Vgl. B. VI.258, fol. 108v–109, Urteil Oswald Schwytzer, 30.3.1556; A. 27.31, (Dorsalnotiz, 27.1.1574), Aussage Anders Bietenholz, X.X.1574; B. VI.260, fol. 245, Urteil Cunrat Herliberger, 27.9.1574; B. VI., fol. 187, Urteil Jagli Roth, 12.3.1586; B. VI.267, fol. 60r, Urteil Jagli Stauber, 11.6.1621; B. VI.267, fol. 180v–181r, Urteil Uolrich Müller, 17.3.1624.

[309] Vgl. A. 27.48, (Dorsalnotiz, undat.), Aussage Felix Rüttli, X.11.1600.

[310] Vgl. B. VI.254, fol. 84r, Urteil Jacob Geßner, Donnerstag nach Lichtmess 1536; B. VI.256, fol. 30, Urteil Marx Glattfelder, Montag nach Himmelfahrt 1541.

[311] Vgl. B. II.539, fol. 93–94, Urteil Kramer, 31.10.1667 oder E. I.10.4, Urteil Hans Ruodi Kleiner, 29.11.1660.

[312] Vgl. A. 27.27., (Dorsalnotiz, 10.4.1568), Aussage Jörg Meyer, X.X.1568; E. II.9, Zusammenfassung des Fall Jörg Zindel, X.12.1643; B. II.459, fol. 27, Urteil Bürkli, 9.2.1647.

wesen waren oder sich in der Fremde aufgehalten hatten, von der Pflicht entbinden, ihre eigene Zunge in Zaum zu halten? Ist der Hinweis darauf, der Beklagte habe keinen schlechten Leumund[313] oder sei ein »guter Zürcher«[314] nicht ein weiterer verzweifelter Versuch, einen Vorwand zu finden, warum das Strafmaß herabzusetzen sei? Sicherlich, solche Rückfragen sind anachronistisch. Sie verdeutlichen aber, worin die Andersartigkeit der Urteilsbegründungen in der Gnadenrhetorik des Rats liegt. Für die Justiz schlossen die eben gegenübergestellten Argumente einander nicht aus, sie waren auch nicht beliebig an den Haaren herbeigezogen. Die Urteilsbegründungen veranschaulichen vielmehr, wie sehr sich die Justiz als frühneuzeitliche Obrigkeit stilisierte, die dem christlichen Herrschaftsauftrag gerecht zu werden suchte: Sie hatte streng (Blasphemiker verdienen prinzipiell die Todesstrafe) und fürsorglich zugleich (Barmherzigkeit ist Teil des göttlichen Herrschaftsauftrags) zu sein.[315]

Um welches Maß aber wurde eigentlich die Strafe abgemildert? Aus der Sicht der Urteile ist die Antwort eindeutig. Das Urteil gegen Marx Glattfelder von 1541 ist typisch: »umb gehörten schwerens und ÿfrigen gottslesterns willen [hätten die Herren des Rats] göttlich Recht gehept zu sÿnem lÿb und lëben zerichten,«[316] doch - und hier folgen alle erdenklichen Milderungsgründe - man werde »das milter an die hand« nehmen.[317] Der Gnadenakt bestand darin, dem Angeklagten das Leben zu schenken und seine Reue zu akzeptieren. Typisch ist die Urteilsbegründung, man wolle »das beßßer auch glauben,« d. h. die Versprechung des Angeklagten, nicht rückfällig zu werden, annehmen.[318] Soweit die Darstellung in den Urteilen bzw. die »Selbstdiskursivierung« der Justiz. Der Vergleich mit den Urteilen, in denen Milderungsbegründungen ausbleiben, ergibt indes ein anderes Bild. Sie lassen nicht erkennen, daß sich »normale« von herabgesetzten Strafen merklich unterschieden. Die Strafkomponenten, derer sie sich bedienen, sind mit den übrigen Urteilen absolut vergleichbar. Die »dramatisierenden« Formulierungen, mit denen der Rat die Berücksichtigung mildernder Umstände begrün-

---

313 Vgl. A. 27.68, (Dorsalnotiz, 29.4.1628), Aussage Mathys von Wald, 18.4.1628.

314 Vgl. A. 27.20, (Dorsalnotiz, 20.10.1554), Schreiben Vogt Fall Cunrad Uolmann, 13.9.1554.

315 Zu Bullingers typischem Argument, Gotteslästerung verdiene die Todesstrafe, doch sei die Obrigkeit ebenfalls dazu verpflichtet zu verzeihen siehe Kap. II.1.a.b.

316 B VI.256, fol. 30, Urteil gegen Marx Glattfelder, Montag nach Himmelfahrt 1541.

317 So etwa in A. 27.65, Urteil Baltasar Wyg, 1.5.1613 oder A. 27.63, Urteil Junghans Utzinger, 15.5.1620.

318 Vgl. zum Beispiel A. 27.37, (Dorsalnotiz, 16.7.1582), Aussage Lienhart Hohenrütter, X. X. 1582.

dete, entpuppen sich also als Gnadenrhetorik. Diese diente dem Rat dazu, sich als christliche Obrigkeit zu profilieren.

Welche Möglichkeiten hatten die Beklagten angesichts dieses »Gnadendiskurses« sowie der recht geringen Bereitschaft der Justiz, Milde walten zu lassen, ihr Urteil »auszuhandeln«? Die vereinzelt überlieferten Suppliken[319] sprechen eine klare Sprache: wenige. Bereits die Tatsache, daß Suppliken so selten in den Milderungsbegründungen des Rats aufgeführt werden, bzw. die Bittschriften in so dürftiger Zahl überliefert sind, weist daraufhin, daß Blasphemiker mit ihren Bittschriften nicht viel auszurichten vermochten. Dafür spricht auch, daß in den fraglichen sieben Fällen nicht zu ersehen ist, worin die Wirkung der Suppliken bestanden haben könnte.[320] Die entsprechenden Strafurteile heben sich nicht von anderen ab; sie gehen von den üblichen kirchlichen Ehrenstrafen bis zu hohen Geldstrafen. Wenn die Bittschriften eine Wirkung gehabt haben sollten, dann könnte diese in der Vermeidung eines Todesurteils gelegen haben. Hierauf spielt indes lediglich ein einziger Supplikant, David Thoman, an. Der offenbar leicht geistesverwirrte Schulmeister – er hatte lästerliche Reden geführt, sich gegen seine Mutter aufgelehnt und fühlte sich zum Theologiestudium berufen – wandte sich Pfingsten 1680 an die Obrigkeit, daß sie »an mir nicht ferüben [möge] summum jus et rigorem, das höchste recht, sonder nach dem exempel deß H[eiligen] Geistes und um deßelben willen ein wenig dafon abweichen, mich betrachten alß einen sündlichen menschen, der sündlichen anfechtungen underworffen und deßhalben meine begebene fähler in gnaden zu ferzeichen, fergeßen, fergeben, schenken und nachlaßen und mit dem mandtel der liebe bedeken.«[321]

---

[319] Es handelt sich um neun Suppliken von sechs Gotteslästerern. Vgl. A. 27. 61, Supplik Berni Bärli, 13. 5. 1616; A. 27.80, Supplik Ulrich Singer, 11. 10. 1634 und X. X. 1634; A. 27.90, Supplik Heinrich Friderich, 17. 1. 1651; A. 27.104a, Heinrich Baumann, 3. 1. 1671; A. 92.3, Supplik Abraham Hegi, 8. 9. 1678; A. 27.109a, Supplik David Thomann, 21. 7. 1679; A. 27.100, Supplik David Thomann, Pfingsten 1680; A. 27.117, Supplik David Thomann, 7. 4. 1692. Eine Vielzahl von Suppliken liegen überdies von Jakob Redinger für die 1660er Jahre vor. Offenbar handelte es sich bei ihm aber um einen schwer geisteskranken Theologen, weswegen seine Bittschriften hier nicht berücksichtigt worden sind. Auch David Thomann macht den Eindruck eines geistig Verwirrten, doch scheinen seine Bittschriften noch »normal« genug zu sein, um sie in die Untersuchung einzuschließen. Zu den »Melancholikern« im frühneuzeitlichen Zürich arbeitet derzeit Aline Steinbrecher an einer Dissertation, in der sie Redinger und Thomann eingehend vorstellt.

[320] A. 27.61, Supplik Berni Bärli, 13. 5. 1616; A. 27.80, Supplik Ulrich Singer, 10. 11. 1634; A. 27.79, Hans Keller, 13. 8. 1640; A. 27.90, Heinrich Friderich, 17. 1. 1651; A. 27.104a, Supplik Heinrich Buman, 3. 1. 1671; A. 27.109, Supplik Hans Jacob Kleiner, 0. 0. 1678; A. 27.109a, Supplik David Thomann, 21. 7. 1679.

[321] A. 27.100, Supplik David Thomann, Pfingsten 1680.

Stellt Thomans Hinweis auf das »höchste recht« eine Ausnahme dar, ist seine Argumentationsweise typisch. Im allgemeinen wird das Vergehen selbst inhaltlich nicht diskutiert. Meist bleibt offen, um welchen Fehler es sich handelt, der da verziehen werden soll. Entsprechend nennen die Bittschriften keine konkreten Argumente (etwa »Zorn« oder Trunkenheit), die überzeugen und somit den Supplikanten entschuldigen sollen. Vielmehr stellen sich die Supplikanten als grundsätzlich fehlbare Menschen dar, die sich der Gnade Gottes und der Obrigkeit anvertrauen. Den Bittstellern geht es also nicht darum, »partnerschaftlich« mit der Justiz Argumente abzuwägen und dadurch Strafen im einzelnen auszuhandeln. Die Supplikanten vollziehen vielmehr eine Demutshandlung, mit der sie sich der Obrigkeit formal unterwerfen und Besserung geloben. Sie suchen nicht direkt, sondern indirekt auf das Strafmaß einzuwirken, indem sie mit biblischen bzw. reformiert theologischen Grundkenntnissen bewappnet die Obrigkeit an die christliche Pflicht der Vergebung erinnern: »soll ich ver zagen« – so fragt der Uhrenmacher Jacob Meister 1663 mit rhetorischer Verve –, »o nein. Dan Gott begärt nit den todt des sünders, sunder das er sich bekere und läbe[322] [...] Wie ich in meinem herzten ver sichert bin zu haben ein gnedigen gott, allso hoff ich werde dißers gägen würdigs stund auch haben ein gnedigen richter, dar zu der aler höchst sein sägen verlichen wölle.«[323] Desselben Topos bediente sich 1678 Abraham Hegi:[324] »Wan sich ein armer reüwender sünder für Gott stelt, er findet Gnad und freüwend sich deßelbigen die Engel im himel.[325] Wan der Arme reüwende publicam an sün brust schlacht und spricht, ›O Gott bist mir armen sünder gnedig,‹ gaht er gerёchtfertigt us dem Tёmpel.«[326] In die gleiche Richtung argumentierte der Schwiegervater des Hauptmann Bürkli, als er in einer Interzession 1647 für Bürkli ein gutes Wort einzulegen suchte. Der Rat möge sich als nachsichtig erweisen, damit Bürkli »durch gnediger erlütherung sÿner sach, er sich nit allein uff das zuokünftige heilige Osterfäßt mit Gott dem Allmächtigen widerumb versühnen, sonder auch die Jёhingen so sÿnethalben In Höchster betrübnüß und herzenleid gerathen, auch widerumb mögind ergezt und erfröuwt werden.«[327] Mochten die Supplikanten den Topos der göttlichen bzw. obrigkeitlichen Gnade sprachlich auch

---

[322] Vgl. Ez 33,11.

[323] A. 92.3, Supplik Jacob Meister, 8.10.1663.

[324] Vermutlich handelte es sich weder bei Meister noch bei Hegi um Blasphemiker, doch bringen beide die Argumentation der Supplikanten treffend auf den Punkt.

[325] Vgl. Lk 15,10.

[326] A. 92.3, Supplik Abraham Hegi, 8.9.1678. Meister spielte hier an auf Lk 18, 13–14.

[327] A. 26.9, Bittschreiben Schwiegervater Hauptmann Bürkli, undat.

noch so selbstständig ausgestalten,[328] Argumente konnten sie für sich nicht in die Waagschale werfen. Sie hatten lediglich die Möglichkeit, sich der christlichen Obrigkeit symbolisch zu unterwerfen und auf die Versöhnung mit Gott zu verweisen. Die Chancen für die Supplikanten, ihr Urteil zu beeinflussen, waren außerordentlich gering.

Nicht nur beim Supplizieren war der Verhandlungsspielraum mit der Obrigkeit eng, auch den Verteidigungstrategien waren bescheidene Grenzen gesetzt. Wohl deswegen wird sich die große Mehrheit der Beklagten für schuldig bekannt haben. Beliebt waren hierbei drei Entschuldigungsmuster:[329] Die einen Angeklagten behaupteten, sie seien zur Tatzeit zu betrunken gewesen, als daß sie sich noch an irgendetwas erinnern könnten, doch träfen wohl die Zeugenaussagen zu. Typisch ist hierfür die Rechtfertigung Heini Zimmers von 1617: »Er khöne sych nit erinneren das er geschworen habe, es möge woll syn, aber er wüßße nüt darvon er syge Zimblich thrunken gsyn, und habe vor der Zyt auch die leidig Krankheit gahn die Imme syn haubt dermaßßen zerstört, und so blöd gemacht habe, das er so bald er nur ein wenig thrincke, nit wüßße was er thuege, syge Imme derhalben von hertzen leid, so er geschworen habe.«[330] Die anderen, die sich eines besseren Gedächtnisses erfreuten, erklärten, sie seien zu Unrecht provoziert worden und die blasphemischen Worte ihnen daher aus »Zorn« entrutscht. So gab etwa Rudolf Hägi 1644 zu Protokoll, er habe in »Zorn und unmut geredt.«[331] Verbreitet war bei den Angeklagten ebenfalls die Behauptung, die Zeugen hätten sie mißverstanden. Derselbe Rudolf Hägi zum Beispiel gab zu bedenken, »das man Ihme gewüßlich nit Recht werde verstanden haben.«[332] Die Rechtfertigung hingegen, aus psychischer Bedrängnis gehandelt zu haben, bleibt eine Ausnahme. Barbara Herstenstein von Töß beispielsweise bekannte, 1660 gesagt zu haben, falls sie ein Kind erwarte, müsse sie der Heilige

---

[328] Die Handschriften und Orthographie lassen vermuten, daß die Bittschriften von den Supplikanten selbst aufgesetzt worden sind.

[329] Auf dieselben stereotypen Rechtfertigungsmuster stößt Bogner in seinen Lingua-Texten, die ihre Leser ermahnen, ungezügelten Sprechern nicht die Entschuldigung durchgehen zu lassen, er oder sie habe im Affekt oder der Trunkenheit gehandelt (vgl. R. G. BOGNER, Bezähmung der Zunge S. 93–95). Daß der Appell in Zürich nutzlos verhallte, zeigt, wie berechtigt die Befürchtungen der Sprachkritiker waren, verbale Tabubrecher könnten in der Praxis doch auf die beiden Argumente zurückgreifen, um sich zu entlasten. Die normativen Vorgaben belegen also Disziplinierungsintentionen bzw. fehlgeschlagene Disziplinierungsansätze, nicht aber wirksame Disziplinierung.

[330] A. 27.57, Aussage Heini Zimmer, 27. 2. 1617.

[331] A. 27.83, Aussage Rudolf Hägi, 14. 6. 1644.

[332] A. 27.83, Aussage Rudolf Hägi, 14. 6. 1644.

Geist geschwängert haben. Diese Worte jedoch habe sie in einer Situation gesprochen, da sie »in angst und noth, auch schwachen und blöden haubts war.«[333] Ganz gleich, welches Argumentationsmuster sie gewählt hatten, oft zeigten sich die Delinquenten als reuig. Wie ernst auch immer diese Entschuldigungen gemeint gewesen sein mögen, ausschlaggebend war, daß die Delinquenten ihr Gesicht wahren bzw. dem Rat einen Milderungsgrund offerieren konnten. Als großartige strategische Leistung im selbstbewußten Umgang mit der Justiz wird man diese Haltung nicht einzuschätzen brauchen. Diejenigen, die gestanden, ohne Entschuldigungsgründe anzuführen oder Schuldgefühle auszudrücken, erhielten nämlich dieselben Strafen. Strategisches Vorgehen verlor da seinen Wert.

Was aber geschah, wenn die Beklagten leugneten oder ihre Schuld nicht so recht eingestehen wollten? Auffälligerweise trifft dies im Sample von 314 Urteilen[334] allein auf 42 Beschuldigte zu: 21 behaupteten, mißverstanden oder falsch zitiert worden zu sein, und versuchten, sich mit sprachlichen Spitzfindigkeiten herauszuwinden;[335] 15 leugneten rundweg,[336] zwei bezeichneten sich ausdrücklich als unschuldig;[337] allein drei riskierten es, zum

---

[333] A. 27.97, Aussage Barbara Hertenstein, 29. 3. 1660.

[334] Zum Sample siehe die Anmerkungen zu Tabelle 2.

[335] Vgl. A. 27.77, Aussage Heinrich Breytinger, Dienstag nach Paulus 1636; A. 27.79, Aussage Marx Müller, 30. 7. 1640; A. 27.79, Aussage Hans Keller, 13. 8. 1640; E. II.9, Zusammenfassung des Falls Jörg Zindel, X. 12. 1643; A. 27.83, Aussage Rudolf Hägi, 7. 6. 1644; A. 27.89, Anwort Burgli Küschenhan, 9. 12. 1645; A. 27.89, Aussage Heinrich Schultheiß 8. 3. 1650; A. 27.89, Schreiben Diakon Hans Heinrich Fäßi, 16. 9. 1650; A. 27.98, Schreiben Vogt Spondli, 4. 12. 1661; B. II.545, fol. 118, Urteil Maria Bleuwler, 24. 4. 1669; A. 27.104a, Schreiben Hans Heinrich Baumann, 15. 12. 1670; A. 27.114, Bericht Gemeindepfarrer Fall Hans Schwarzenbach, 15. 8. 1687; A. 27.119, Bericht Vogt Hans Jacob Leuw Fall Jacob Wolfensperger, 28. 11. 1694; A. 27.119, Aussage Hans Beyner, 25. 2. 1696; A. 27.119, Aussage Jacob Kübler, 25. 9. 1696; A. 27.120, Bericht Pfarrer Rollenbutz Fall Barbara Trüb, 9. 10. 1698; A. 27.126, Schreiben Dekan Caspar Hardmeyer Fall Untervogt Kleiner, 2. 12. 1708; B. II.725, fol. 153, Urteil, Jacob Weidman, 11. 4. 1714; A. 27.137, Bericht Pfarrer Diebolt Fall Jacob Kuntz, 29. 9. 1726; A. 27.144, Aussage Gebhard Heller, 8. 4. 1735.

[336] Vgl. A. 27.41, Aussage Veit Türinger, undatiert; A. 27.29, Aussage Hans Großmann, X. X. 1572; A. 27.81, Aussage Hans Kleer, 23. 3. 1642; A. 27.100, Aussage Elsbetha Staubin, 9. 9. 1665; A. 27.107, Aussage Oswald Streßler, 22. 6. 1675; A. 27.113, Aussage Caspar Meyer, 23. 4. 1684; A. 27.117, Aussage Jacob Wollenweider, 15. 11. 1684; A. 27.113a, Aussage Hans Jacob Maag, 27. 1. 1685; A. 27.116, Aussage Hans Habersat, 31. 3. 1690; A. 27.119, Aussage Bochenez, 18. 4. 1696; E. I.5.2b, Fall Anna Hartmann, 13. 2. 1699; A. 27.125, Aussage Jacob Unholz, X. X. 1707; A. 27.126, Aussage Hans Widmer, 14. 2. 1708; A. 27.138, Aussage Elisbetha Bürgi, 13. 9. 1727.

[337] Vgl. A. 27.6, Aussage Marx Metzler, X. X. 153X; A. 27.125, Aussage Jacob Unholz, X. X. 1707.

Gegenangriff überzugehen, indem sie einen der Zeugen belasteten;[338] nur einer wagte das Argument, die blasphemischen Worte seien lediglich aus Spaß gefallen, man solle die Sache nicht so ernst nehmen.[339] Soweit sich die Urteile rekonstruieren lassen, lohnte sich jedoch nur für vier unter ihnen die unnachgiebige Haltung. Sie wurden gegen Erstattung der Unkosten freigesprochen und wieder auf freien Fuß gesetzt.[340] Alle übrigen hingegen wurden bestraft, d. h. ihre Stellungnahmen als Schutzbehauptungen aufgefaßt, wobei es so aussieht – Einschätzungen fallen angesichts der vielfältigen Varianten, in denen der Rat seine Urteile zusammenstellte, schwer –, daß einige für ihren Starrsinn zusätzlich büßen mußten. Die verhängten Körperstrafen fallen tendenziell besonders hart aus. Ob dies aber mit den Aussagen der Verurteilten oder mit ihren Vergehen zusammenhing, ist nicht zu entscheiden. Eigentlich hatten also die Beschuldigten bei ihren Aussagen keine große Wahl. Ihre strategischen Möglichkeiten beschränkten sich darauf, sich als Delinquenten zu stilisieren, die im Moment der Tat unzurechnungsfähig gewesen waren, um somit gesellschaftlich ihr Gesicht zu wahren. Eine Auswirkung auf das Urteil hatte diese »soziale Kosmetik« jedoch nicht. Den Beschuldigten gelang es überdies nur extrem selten, den Rat von ihrer Unschuld zu überzeugen. Eine Justiz, die auf das Geständnis der Beklagten pochte,[341] um die Rechtmäßigkeit ihrer Urteile zu begründen – typisch ist hierfür der Verweis bei den Todesurteilen, die Beklagten hätten von sich aus gestanden –[342], die jedoch dabei die Entschuldigungen der Geständnisbereiten nicht in Rechnung stellte, ließ für strategisches Vorgehen keinen Platz. Das Potential der Beklagten, mit der Obrigkeit über das Urteil zu »verhandeln«, war außerordentlich gering. Die Verurteilten selbst konnten bei der Justiz eigene Interessen kaum durchsetzen.

Daß die Justiz äußerst selten mit sich verhandeln ließ, bedeutet umgekehrt aus der Perspektive des Rats, daß er in der Begnadigung kaum ein bedeutendes Instrument seiner Justizpolitik sah. Wenn der Rat aber Milde übte, dann folgten die Gnadenakte einer gewissen Linie. Geldstrafen wie auch das Verbot der »Ürten« waren – von einem Sonderfall abgesehen –[343] von der Milde

---

[338] Vgl. A.27.63, Aussage Junghans Utzinger, 13.5.1620; A.27.94, Aussage Jagli Aman, 29.5.1656; A.27.96, Aussage Johannes Zyder, 6.1.1658.

[339] Vgl. 27.6, Aussage Antonius, X.X.152X.

[340] Vgl. A.27.29, (Dorsalnotiz, 21.6.1572), Aussage Hans Großmann, X.X.1572; A.27.77, Aussage Heinrich Breytinger, Dienstag nach Paulus 1636; B.II. 545, fol.118, Urteil Maria Bleuwler, 24.4.1669; A.27.125, Aussage Jacob Unholz, 8.9.1707.

[341] Zur juristischen Rolle des Geständnisses im Inquisitionsprozeß vgl. G. KLEINHEYER, Rolle.

[342] Vgl. beispielsweise: B.II.545, fol.56, Urteil Marx Bleuwler, 17.2.1669.

[343] Allein Jacob Meister bekam seine Geldbuße um die Hälfte erlassen. Vgl. B.II.523, fol.79-80, Urteil Jacob Meister, 14.11.1663.

des Rats ausgeschlossen. Dafür, daß einem Verurteilten oder einer Verurteilten eine Körperstrafe erspart geblieben wäre, fehlt jeglicher Hinweis. Wenn
der Rat Gnade übte, so bezog sich seine Nachsicht zumeist auf die Aufhebung der Ehr- und Wehrlosigkeit. In der Regel stellte er die Ehren- und
Wehrhaftigkeit der Verurteilten wieder nach einem Jahr her. Daß dies als
Regel galt, zeigt die Selbstbestrafung Hans Ruodolf Kleiner. In seiner Supplik führte er an: »ich habe mir gare ein hartes gsatz gemacht: ich wole ein
yar lang ihn kein wirzt hus oder Es seige an Eyner ehren hohzit.«[344] Die Be-
gnadigungsfrist konnte jedoch auch zwischen einem viertel oder halben Jahr
über drei, fünf bis zu sechs Jahren schwanken.[345] Die sofortige Aufhebung
der Ehrenstrafe war die absolute Ausnahme.[346] Der Rat konzentrierte seine
fein abgestufte Begnadigungspolitik also auf diejenige Ehrenstrafe, die vermutlich die Bürgerrechte der Verurteilten tangierte. Nachsicht zu üben, dürfte demnach für die Justiz geheißen haben, die Verurteilten wieder in den
Stand der Bürger mit vollen Rechten und Pflichten zu erheben. Sie suchte also
die politisch begrenzt »brauchbaren« erneut in »vollwertige« Untertanen um-
zuwandeln. Die Justiz förderte die Wiedereingliederung in die politische Bürgerschaft, ohne an der gesellschaftlichen Reintegration der Verurteilten ein
besonderes Interesse zu zeigen. Es ging ihr um den leistungsfähigen Untertan.

Die Tatsache, daß die Ahndung von Blasphemie in den Kompetenzbereich
des Rats fiel, hatte zur Folge, daß eine weltliche Obrigkeit über Normbrüche
urteilen mußte, denen theologische Kategorien zugrundelagen. Wie löste der
Rat diese Spannung? Wie setzte er weltliche bzw. kirchliche Strafen ein, inwiefern betrachtete er beide Strafkategorien als komplementär? Die nächste
Tabelle gibt hierüber Auskunft (Tab. 4).

Was bei Untersuchung des Verhältnisses von kirchlichen zu weltlichen
Strafen ins Auge sticht, ist das geringe Ausmaß, in dem beide einander ergänzten, wobei die Vorladung vor den Rat annähernd genauso häufig mit
kirchlichen Strafen kombiniert wurde, wie umgekehrt die Stellung vor dem
Sittengericht mit weltlichen Sanktionen einherging. Daß der Untervogt als
Repräsentant der weltlichen Justiz die Aufgabe übernahm, den Verurteilten
zur Abkanzelung unter die Kanzel zu führen, war eine absolute Ausnah-

---

[344] A. 27.109, Supplik Hans Ruodolf Kleiner, genannt Spöribub, X. X. 1678.
[345] Vgl. als Beispiel (Zeitraum bis zur Begnadigung in Klammer): B. VI.267, fol. 201, Urteil
Hans Jacob Bertschinger, 31.7.1624 (drei Monate); (halbes Jahr) B VI.258, fol. 235r, Jacob
Güttinger, 10.1.1560; (dreiviertel Jahr) B VI.258, fol. 227v–228, Urteil Hans Breitenstein,
29.6.1559; (zwei Jahre) B. VI.266a, fol. 100v, Urteil Hans Pfister, 21.2.1616; (4 Jahre)
B. VI.262, fol. 64r, Urteil Lienhart Wäber, 1.7.1577; (6 Jahre) B. VI.266a, fol. 4r, Urteil Baltasar
Wyg, 1.5.1613.
[346] Vgl. E. I.5.1b, Fall Uli Frey, 22.3.1636.

Tab. 4: Urteile des Zürcher Rats 1501–1747 gegen Blasphemiker: Komplementarität weltliche/geistliche Obrigkeit

Urteile	Zahl absolut	% der Urteile
Urteile gesamt	314	
Rat + kirchl. Strafen	16	5,09
kirchl. + weltl. Strafen	20	6,36
davon LV	4	
davon weltl. Ehren-	10	
davon rein Körper-	6	
davon Todes-	0	
Komplementarität Obrigkeiten	36	11,45

Rat = förmliche Ermahnung durch den Rat
kirchl. Strafen = Herdfall,[347] Widerruf, Abkanzelung, Stellung vor Stillstand
LV = Landesverweis
weltl. Ehren- = weltliche Ehrenstrafen: Ehr- und Wehrlosigkeit, Verbot der »Ürten«, Schellenwerk, Pranger
rein Körper- = allein zusätzlich der *Züchtigung an der Stud* (keine Fälle mit anderen Körperstrafen)
Todes- = Todesstrafen

me.[348] Der Rat trennte also deutlich zwischen weltlicher und kirchlicher Sphäre;[349] er unterschied zwischen Blasphemie als eher diesseits- oder eher jenseitsorientiertem Delikt. Somit behandelte er das theologisch konzeptionalisierte Delikt als ambivalente Kategorie.

Wenn die weltliche Justiz Gotteslästerung als ambivalentes Delikt behandelte, welche Funktion wies sie der Kirche – der Vollzug der kirchlichen Strafen setzte ja ihre Mitwirkung voraus – im Kampf gegen die Blasphemie zu? Hier fällt auf, daß kirchliche Strafen kaum in Kombination mit Landesverweisen und überhaupt nicht mit Todesstrafen erscheinen. Der Rat erachtete also kirchliche Strafen dann für überflüssig, wenn die Delinquenten »aus

---

[347] Den Herdfall habe ich deswegen unter die kirchlichen Strafen eingeordnet, weil er zumeist im Rahmen des Gottesdienstes geleistet werden mußte.

[348] Vgl. B. VI.254, fol. 207, Urteil Andres Rytzel, 1540.

[349] Dabei ist zu bedenken, daß, wie die Akten belegen, diese wenigen Fälle meist in Zusammenhang mit konfessioneller Polemik, der Einhaltung des Landfriedens oder der Schmähung der Obrigkeit stehen. Die fraglichen Fälle bewegen sich somit in der Grauzone diverser provozierender Redeweisen und müssen daher nicht notwendig mit Gotteslästerung verbunden werden. Streng genommen liegt daher die Angabe, daß kirchliche Strafen in 11,45% der erfaßten Urteile mit weltlichen kombiniert wurden, zu hoch; d.h. die Trennung der beiden Sphären war noch schärfer als es die Tabelle zu erkennen gibt.

dem Wege geschafft« wurden. Die weltliche Obrigkeit bedurfte der Kirche nicht, um Gotteslästerer aus dem Untertanenverband auszuschließen. Eine wichtige Rolle hingegen spielte die Kirche bei der Reintegration der Blasphemiker, wie die folgenden Tabellen zum Verhältnis der weltlichen und kirchlichen Strafkomponenten zueinander zeigen (Tab. 5).

Tab. 5: Urteile des Zürcher Rats 1501–1747 gegen Blasphemiker: Verhältnis weltliche/kirchliche Strafkomponenten[350]

Strafkomponenten	Zahl absolut	% der Gesamt-menge	% der Strafkategorien
Strafkomponenten gesamt	526		
kirchliche Strafkategorien:	210	40,30	
Stillstand	25	4,79	11,90
Abkanzelung	20	3,83	9,52
Widerruf	50	9,59	23,80
Herdfall	115	22,07	54,76
Ausschluß Abendmahl	0	0	0
weltliche Strafkategorien:	316	59,69	
Rat	10	1,91	3,22
Landesverweis	45	8,63	14,46
Zunge	6	1,15	1,92
Pranger	34	6,52	10,93
Schellenwerk	5	0,95	1,60
Züchtigung	26	4,99	8,36
Ehr- & Wehrlosigkeit	88	16,85	28,29
»Ürten«	62	2,64	19,93
Geld-	40	7,67	12,86

Stillstand = förmliche Ermahnung durch das lokale Sittengericht
Rat = förmliche Ermahnung durch den Rat
Zunge = Aufschlitzen der Zunge[351]
Züchtigung = Auspeitschung mit Ruten
»Ürten« = Verbot an gesellschaftlichen Ereignissen teilzunehmen und ins Wirtshaus bzw. in die Zunftstube zu gehen
Geld- = Geldstrafen

---

[350] Die Summe der Strafkomponenten ist nicht mit derjenigen der Strafurteile zu verwechseln: Ein Urteil besteht aus mehreren Strafkomponenten, so daß die Zahl der Strafkomponenten diejenige der Strafurteile übersteigt.
[351] Zur Legitimierung der spiegelnden Strafe des Zungenschlitzens in den deutschprachigen Lingua-Texten der Frühen Neuzeit vgl. R. G. BOGNER, Bezähmung der Zunge, 135–143.

In der Gesamtmenge der Fälle macht die Kategorie der kirchlichen Strafen annähernd zwei Fünftel aus, wohingegen die Rate der weltlichen Strafen um rund ein Fünftel höher liegt. Es zeigt sich erneut, daß das konzeptionell metaphysisch verortete Delikt der Gotteslästerung stärker als diesseits- denn als jenseitsorientiertes Vergehen behandelt wurde. Ferner spielt in der Kategorie der kirchlichen wie auch der weltlichen Strafen die förmliche Ermahnung durch die Obrigkeit (Rat oder Sittengericht) mit zusammengerechnet fast 15% der Strafkomponenten eine erstaunlich geringe Rolle. Die Bestrafung der Blasphemiker erfolgte also nur relativ selten direkt durch die Vertreter der Justiz. Unter der Rubrik der kirchlichen Strafkategorie ist weiterhin bemerkenswert, daß der gesetzlich vorgesehene Ausschluß vom Abendmahl in den Urteilen – mit einer einzigen Ausnahme – nirgends erwähnt wird.[352] Offensichtlich lag der Kirchenbann in den Händen der Sittengerichte. Damit blieb dem Rat eine wesentliche Bestrafungskompetenz vorenthalten. Der Rat hatte also nicht die Mittel, unmittelbar in das Leben der Gemeinde einzugreifen. Ferner fällt das Verhältnis von Verwarnung durch das Sittengericht und Abkanzelung zum einen und von Widerruf und Herdfall (= »Erdkuß«) zum anderen auf; es beträgt innerhalb der kirchlichen Strafkategorie grob eins zu drei. Der Rat bevorzugte also diejenigen Sanktionen, in denen die Verurteilten aktiv einen Wiedergutmachungsgestus vollziehen mußten, gegenüber denjenigen, in denen die Verurteilten lediglich passiv eine Ermahnung über sich ergehen zu lassen brauchten. Wenngleich also der Rat häufiger ohne die Mitwirkung der Kirche bei der Bestrafung von Blasphemikern auskam, so legte er Wert darauf, die geistliche Obrigkeit am Vollzug der Strafen stark zu beteiligen. Der Rat wußte sich der kirchlichen Strafen zu bedienen, um die verurteilten Untertanen durch deren aktive Sühneleistung wieder in ihre Gemeinden einzugliedern. Dies wird besonders für diejenigen Fälle gegolten haben, in denen der Rat die blasphemischen Reden als eher metaphysisch orientiertes Delikt einschätzte.

Zielten die kirchlichen Strafen darauf, daß die Sünder im Worte von ihrer Gemeinde wieder aufgenommen wurden, galt bei den weltlichen Strafen das umgekehrte Prinzip. Wie in Nürnberg bestand die Strafe darin,[353] die Delinquenten durch ein Wirtshausverbot aus dem Gesellschaftsleben auszugrenzen. Wer ehr- und wehrlos gesprochen oder sich offiziell der »Ürten« zu enthalten« hatte – und diese Gruppe machte immerhin zwei Fünftel derjenigen aus, denen weltliche Sanktionen auferlegt wurden –, war für längere Zeit

---

[352] Hier ist jedoch nicht klar, von wem der Kirchenbann ausgesprochen wurde. Vgl. A. 27.103, Fall Anna Murer, Bericht Vogt Heinrich, 28. 12. 1668.
[353] Vgl. G. Schwerhoff, Gott und die Welt S. 164.

weitgehend aus dem aktiven sozialen Leben ausgeschlossen bzw. sozial zu Passivität verurteilt. Da der Rat Strafen nur selten minderte, hatten die Betroffenen kaum eine andere Chance, als ihre Strafen »abzusitzen«; ein aktiver Versöhnungsgestus zur Reintegration in die Bürgerschaft stand nicht zur Verfügung. Dies gilt ebenso für die zweite Gruppe der übrigen Verurteilten, die weltliche Strafen hinnehmen mußten, ohne des Landes verwiesen zu werden. Im Unterschied zur ersten Gruppe erstreckten sich zwar ihre Strafen nicht auf einen längeren Zeitraum, doch sollte der anhaltend stigmatisierende Charakter der Ehrenstrafen, denen sie unterworfen wurden, nicht unterschätzt werden.

Bei der Festlegung der Strafen wußte der Rat feine Unterschiede zu machen. So verschärfte der Rat die »Züchtigung an der Stud,« wenn er sie bis zu dreimal anordnete.[354] Die Dauer der Ehr- und Wehrlosigkeit variierte von einem halben zu einem Jahr – das war die Regel – bis zu zehn Jahren oder einer lebenslänglichen Strafe.[355] Ebenso flexibel gestaltete der Rat die Zeit der Verbannung.[356] Wer sich bei offiziell geschlossenen Rats- oder Kirchentüren ermahnen lassen mußte, wurde der Öffentlichkeit symbolisch weniger ausgesetzt, als dies bei offenen Türen der Fall war.[357] Mehrmals vor den Rat oder das Sittengericht zitiert zu werden, wog wohl schwerer denn eine einmalige Vorladung.[358]

---

[354] Als Beispiele für zweimalige Auspeitschung vgl. B. II.762, fol. 94, Urteil Andreas Zander, 30.10.1723; B. II.778, fol. 62, Urteil Elisabeth Bürgi, 17.9.1727; B. II.802, fol. 87, Urteil Rudolf Großmann, 17.9.1733; B. II.808, fol. 130, Urteil Gebhard Heller, 27.4.1735; Beispiele für den dreimaligen Vollzug der Körperstrafe sind: B. II.729, fol. 120 f., Urteil Heinrich Bollier, 30.3.1715; B. II.750, fol. 135–136, Urteil Heinrich Schnorf, 3.10.1720; B. II.774, fol. 45, (Dorsalnotiz, 4.9.1726), Urteil Jakob Kuntz.

[355] Vgl. aus den vielen Beispielen nach Dauer der Strafzeit: B. VI.264, fol. 314, Urteil Hans Heinrich Schad, 9.10.1595; B. II.655, fol. 77, Urteil Hans Jacob Kübler, 29.9.1696; B. VI.254, fol. 20v–21r, Urteil Cleynbub Vogler, 1634. Selbst hier ging der Rat noch in seiner Differenzierung weiter, wenn er etwa spezifizierte, daß Hans Knöpfer trotz Ehrlosigkeit weiterhin sein Gewehr tragen dürfe. Vgl. B. VI.256, fol. 234r, Urteil Hans Knöpfer, 9.2.1549.

[356] Hier lag der Regelwert bei einem Jahr, konnte aber ebenfalls über verschiedene Abstufungen bis zu lebenslänglicher Strafe gehen. Vgl. beispielsweise B. II.731, fol. 127, Urteil Franz Niderist, 28.10.1715; B. VI.258, fol. 108v–109, Urteil Oswald Schwytzer, 30.3.1556; B. II.768, fol. 37, Urteil Ulrich Leuthold, 21.2.1725; B. VI.272, fol. 94, Urteil Ruodolf Marti, 22.1.1668.

[357] Vgl. etwa (bezüglich des Sittengerichts) B. II.609, fol. 60, Urteil Jacob Zahnder, 21.3.1685; B. II.856, fol. 48–49, Urteil Jacob Laban, 15.3.1747; (bezüglich der Stellung vor den Rat) etwa B. II.619, fol. 74, Urteil Hans Schwarzenbacher, 10.9.1687; E. I.10.5, Urteil Gall Bernet, 11.2.1708.

[358] Vgl. etwa B. II.663, fol. 150–151, Urteil Barbara Trüb, 22.11.1698; B. II.808, fol. 130, Urteil Gebhardt Heller, 27.4.1735.

Eine sensible Abstufung kannte die Rechtsprechung auch für den Herdfall. Dieser konnte einfach oder zweifach verhängt werden.[359] Manchmal
ließ der Rat ihn im Gefängnis selbst, also allein unter den Augen der Justizpersonen, vollziehen. Die Strafe wurde aber auch vor dem Gefängnisturm,
bei der Landung an der Schiffslände,[360] vor versammelter Gemeinde in der
Kirche oder auf dem Zürcher Fischmarkt zum Teil im Beisein von Justizver-
tretern[361] und offenbar zu spezifischen Tageszeiten,[362] also in unterschiedlich exponierter Weise abgebüßt.[363] Daß der Rat zudem festlegte, ob die Delinquenten den »Erdkuß« in der Kirche derjenigen Ortschaft bzw. Ortschaf-
ten, in der bzw. in denen die lästerlichen Worte gefallen waren und/oder in
ihrer Heimatgemeinde,[364] zu leisten hatten, zeigt, daß sowohl der verletzte
Raum der Gemeinde wiederhergestellt wie auch der Delinquent als Mitglied
seiner Gemeinde reintegriert werden sollte. In seiner Justizpolitik setzte der
Rat also zwei Akzente: Er suchte zur Bestrafung nicht so sehr kurzfristig als
vielmehr langfristig die Lebensführung der Verurteilten zu beeinträchtigen.
Den Hebel setzte er dabei beim Sozialprestige der Verurteilten an. Nur beschränkt am gesellschaftlichen Leben teilnehmen zu dürfen, öffentlich die
Kirchengemeinde um Verzeihung zu bitten, bedeutete, eine starke Einbuße

---

[359] Für Verurteilungen zu zweifachen Herdfällen vgl. etwa: B.II.527, fol. 90–91, Urteil Georg
Stapfer, 29.9.1664; A.27.102, (Dorsalnotiz, undat.), Aussage Hans Wiser, 29.4.1668;
B. II.607, fol. 105–106, Urteil Hans Jacob Hönysen, 22.11.1684; B.II.609, fol. 18, Urteil Harz
Stutzer, 24.1.1685; B.II.748, fol. 34, Urteil Anna Mejer, 11.7.1720.

[360] Der Gefängnisturm des Wellenbergs befand sich im innerstädtischen Seebereich. Nach ihrer Entlassung wurden die Delinquenten auf das Land hinübergesetzt und mußten den Herdfall an derjenigen Stelle vollziehen, an denen die Boote anlegten. Sie verbüßten somit ihre Ehrenstrafe in dem Moment, in dem sie wieder festen städtischen Boden betraten.

[361] Für solche zusätzlich ehrenrührige Regelungen vgl. beispielsweise: B.VI.256, fol. 30, Urteil Marx Glattfelder, Montag nach Himmelfahrt 1541; B.VI.269, fol. 45, Urteil Conrad
Schweitzer, 28.11.1633; B.II.663, fol. 150–151, Urteil Barbara Trüb, 22.11.1698.

[362] Vgl. die Spezifizierung, daß die Strafe um ein Uhr nachmittags zu vollziehen sei: B VI.272,
fol. 94, Urteil Ruodolf Marti, 22.1.1668.

[363] Von den insgesamt 102 Urteilen mußten 9 im/vor dem Gefängnisturm, 12 an der Schiffslände, 12 vor dem Rat, 15 vor dem Sittengericht/in der Kirche, 54 andernorts – die Quellen nennen diesen Ort meistens nicht – vollzogen werden. An der Spezifizierung der Urteile zeigt sich,
daß der Rat die symbolische Hierarchie der Plätze nutzte, um die Schwere der Ehrenstrafe ab-
zustufen. Dabei tendierte der Rat dazu, die Delinquenten der städtischen Öffentlichkeit auszusetzen. Nur wenigen war es vergönnt, alleine vor der symbolischen Öffentlichkeit der Justizre-
präsentanten in oder vor dem Gefängnisturm die Demutshandlung zu vollziehen.

[364] Vgl. etwa für den Widerruf in verschiedenen Gemeinden: B.VI.254, fol. 361, Urteil Felix
Cuntzli, Dienstag nach Maria Heimfahrt, 1539; A.27.68, (Dorsalnotiz, 4.2.1628, Aussage
Heinrich Merki; als Beispiel des Widerrufs in den vier Zürcher Stadtkirchen bzw. in der Heimatgemeinde: B.VI.263, fol. 187, Urteil Jagli Roth, 12.3.1586; E.I.5.1b, Urteil Ulrich Frey,
22.3.1636.

an Ehrkapital hinnehmen zu müssen. Den Herdfall zu vollziehen, hieß die Verletzung der Ehre Gottes nicht allein abzubüßen, sondern diese aktiv wiederherzustellen. Ebenso belegt die Feinheit, mit welcher der Rat die Ehren- und Körperstrafen abstufte, daß Gotteslästerung ein Ehrdelikt par excellence war: Die Ehre Gottes wurde in Zürich – wie in Köln –[365] dadurch wiederhergestellt, daß die Verurteilten von ihrem Ehrkapital abgeben mußten. Sie leisteten somit eine Wiedergutmachung gegenüber Gott und gliederten sich wieder in die Gemeinschaft ein. Der Rechtsprechung des Rats lag also eine restitutive Ehrpolitik im doppelten Sinne zugrunde.

In seiner Justizpolitik war der Rat auf die Mitwirkung der Untertanen angewiesen. Einerseits hing die Obrigkeit davon ab, daß die Bevölkerung ihr Delinquenten meldete. Andererseits setzte das Prinzip der stigmatisierenden Strafe voraus, daß die Untertanen die Zurückstufung des Verurteilten in der sozialen Rangordnung vollzogen. Daß dies der Fall war, bestätigen einige Quellenhinweise zur Wirkung von Ehrenstrafen. Was im Verbot der »Ürten« mitschwang, wird in einem Wortwechsel von 1560 ersichtlich: Clemens Wälti und Dani Götz gerieten bei einer Hochzeit aneinander. Wälti habe schließlich Götz erwidert: »Thäny, Du bist der eren nit wärt, das soltist also under eren lüten sitzen, sonders soltist zu beten zit daheinen Im huß sin.«[366] Wälti spielte offen auf ein Verbot der »Ürten« an, das offensichtlich gegen Götz verhängt worden war. Wälti wußte also um das Strafurteil und zögerte nicht, sein Wissen einzusetzen, um seinen Kontrahenten zu erniedrigen. Daß Vorwürfe im Stile Wältis empfindlich trafen, zeigt eine andere Szene aus dem Jahre 1662. Der Zürcher Müllermeister Hans Müller, so lautet die Anklage, hatte den Vogt von Hedingen injuriert und zudem behauptet, der Vogt »seige nit wärth, daß er mit einem Christen Mäntschen tantze.«[367] Diese Beleidigung aber konnte offenbar der Vogt nicht auf sich beruhen lassen, der Vorfall wäre sonst nicht gerichtsnotorisch geworden. Hieraus ist zu schließen, daß, wer nicht an geselligen Runden teilnehmen konnte, durch horizontale soziale Kontrolle stigmatisiert war.

Auch die Strafe der Abkanzelung beruhte auf der Herabwürdigung der Verurteilten. Daß diese Sanktion nicht nur eine peinliche Angelegenheit für die Zeit eines Gottesdienstes war, zeigen drei Anweisungen des Rats an die jeweiligen Gemeindepfarrer. Eigentlich hatte Pfarrer Conrad Vögts 1672 ein Schreiben erhalten, er solle eine Strafpredigt für zehn seiner Gemeindeschäfchen, die beim Kegeln zu lockere, blasphemische Sprüche hatten fallen las-

---

[365] So gelangt Schwerhoff zum Ergebnis, daß »auf die Entehrung Gottes [...] mit Entehrung der Täter reagiert« wurde. G. SCHWERHOFF, Schranken S. 73.

[366] A. 27.23, Aussage Blin Bur, 20. 3. 1560.

[367] A. 27.98, Aussage Caspar Zimberman, 24. 4. 1662.

sen, vorbereiten. Am Samstag abend erfuhr der Geistliche indes, daß die Übeltäter zwar dazu verurteilt worden waren, am Gottesdienst teilzunehmen, ihnen jedoch eine Abkanzelung erspart bleiben solle.[368] Dieselbe Erfahrung mußte der für Etzliberg zuständige Pfarrer im Jahre 1687 machen. Er sollte eine Strafpredigt auf Hans Schwarzenbacher halten, doch durfte dieser an seinem gewöhnlichen Platz sitzen bleiben.[369] Der Pfarrer von Uetikon erhielt 1720 inhaltlich genauere Anweisungen. Er erhielt den Auftrag, gegen den Gotteslästerer Heinrich Schnorf »eine scharfe und ernstliche Predigt, jedoch mit nöthiger Praecaution« zu richten.[370] Der Rat traf also Vorsorge, die Delinquenten der Gemeinde nicht völlig auszuliefern. Das war wohl auch sinnvoll. Die Ermahnungen von der Kanzel konnten kontraproduktiv werden. Als Riethmüller aus Dietikon 1717 gefragt wurde, warum er so lange dem Gottesdienst ferngeblieben sei, gab er zur Antwort, »anfänglich sej er nit gegangen, weil H[er]r Pf[ar]r[er] auf der Canzel auf ihn gestichelt, jez habe er nachgelaßen.«[371] Ob sich der Rat dieser Problematik bewußt war, läßt sich nicht nachweisen. Auffällig ist jedoch, daß er die Geistlichen im Falle einer Blasphemie öfters beauftragte, eine allgemeine Ansprache an die Gemeinde zu halten, ohne sich speziell gegen die Übeltäter zu wenden.[372]

Der Rat hatte für sein relativ behutsames Vorgehen gute Gründe, wie an den Konsequenzen der Widerrufsstrafe deutlich wird. Die Ehefrau Cunradt Schüppers etwa wurde 1586 zusammen mit ihren Man zu einem Widerruf verurteilt. Ihr wurde jedoch die Strafe erlassen, »als an mÿn gnedig herren gelanget, wie das die frouw sich merken laße, wenn sÿ an die Cantzel müße, welle sÿ anfach[en], das man sÿ nit mehr säh[e] wie da Irem vatter leider auch bescheh[en].«[373] Die Frau Schüppers wußte, womit sie rechnen mußte. Schließlich hatte es ihr eigener Vater vorgezogen, aus seinem Wohnort zu verschwinden, nachdem er einen Widerruf hatte vollziehen müssen. Aufschlußreicherweise ließ die Drohung der Schüppers, sich ebenfalls aus dem Staub zu machen, den Rat nicht unberührt. Er hatte Verständnis für die Befürchtungen der Frau und befand, daß sie als stillende Mutter die Strafe erlassen bekommen solle. Offenbar war sich die Justiz bewußt, daß die sozialen Konsequenzen einer Ehrenstrafe wie des Widerrufs hart sein konnten.

---

[368] Vgl. E.II.8, Schreiben Pfarrer Vögts, 5.6.1672.

[369] A.27.114, (Dorsalnotiz, 22.8.1687), Aussage Hans Schwarzenbacher, undat.

[370] B.II.750, fol.135, Urteil Heinrich Schnorf, 12.9.1720.

[371] A.27.131, Aussage Riethmüller, 15.9.1717.

[372] Vgl. B II.471, p.78, Urteil Heinrich Schultheß, 20.4.1650; B.II.808, p.130, Urteil Gebhard Heller, 27.4.1735.

[373] A.27.39, (Dorsalnotiz, undat.), Aussage Cunrath Schüppers, 18.7.1586.

Genau auf diese Sanktionierung setzten die Vertreter der Justiz, wie ein Schreiben Ruodolf Löuws, des Obervogts von Eglisau, von 1651 belegt. Hierin entschuldigte sich der Vogt, er habe die Order, Felix Huber einen Widerruf vollziehen zu lassen, nicht beizeiten an den Pfarrer weiterleiten können. Die Anweisung habe ihn erst Samstag nachts erreicht, der Pfarrer habe nicht rechtzeitig vor dem Sonntagsgottesdienst verständigt werden können. Daher frage er an, ob man zur Vollstreckung der Strafe bis zum nächsten sonntäglichen Gottesdienst warten wolle, oder nicht lieber umgehend die Dienstagspredigt dazu nutzen solle. Sie werde ebenfalls »volckrÿchlich besucht.«[374] Offenbar ging es also darum, den Übeltäter möglichst umgehend dem Urteil seiner Mitmenschen auszusetzen.

Wie die anderen Ehrenstrafen hatte der Herdfall für die Verurteilten Konsequenzen. Dics läßt ein seltener Hinweis aus dem Protokoll der »Reformationskammer« erkennen. Der Schneidermeister Bürkli aus Zürich beschwerte sich über den Schneidermeister Oberman, daß dieser sich weigere, seine Schulden bei ihm zu begleichen. Das stadtzürcher Sittengericht hielt unter dem 6. Juni 1734 fest: »Auf die geführte Klag Mstr. Meister Heinrich Bürklis des Schneiders, wie daß vergangennen Weißer Sonntag Mstr. Schnieder Oberman der Sekelmstr. ihme sein in seiner Jugend zu Winterthur gehabtes Unglück (da er nammlich von dem Sacrament der H. heiligen tauffs gotlose wort außgestoßen) aufgehebt und gesagt, es habe ihme ein solcher, der schon den Boden habe küßen müßen, nichts zu befehlen. Weilen nun solches eine schon vor villen Jahren geschehen und ausgemachte sach seÿe, als hoffe er, das Mstr. Oberman wegen disen ohngeschikten worten billichmäßiger Satisfaction werde geben müßen. Ist erkent worden, daß Mstr. Oberman den Mstr. Bürkli solle umb verzeichung, ihne vor einen ehrlichen Meister halten und 5 lb obrigk[eitlic]h Buß erleggen.«[375] Bürkli hatte für seinen Normbruch schon vor langer Zeit gebüßt und war als Handwerksmeister in die Stadtgesellschaft integriert. Dennoch blieb er angreifbar, wie dies Obermans Argument verdeutlicht, er brauche einem ehemaligen Gotteslästerer, dem die förmliche und ehrenrührige Strafe des Herdfalls auferlegt worden war, seine Schulden nicht zu bezahlen. Zwar setzte sich schließlich Bürkli und nicht Oberman beim Sittengericht durch, doch zeigt Obermans Argumentation, wie gut das Gedächtnis des sozialen Umfelds für ehrenrührige Bestrafungen war, d. h. wie lange horizontale soziale Kontrolle grundsätzlich zugreifen konnte.

Bestrafung, so läßt sich an der Wirkung von Ehrenstrafen zeigen, wurde nicht schlichtweg vom Rat dekretiert, sondern gleichfalls vom Umfeld des

374 Vgl. A. 27.90, Schreiben Ruodolf Löuw, 10.8.1651.
375 B III. 178, p. 9, Eintragung 6.6.1734.

Delinquenten praktiziert. Die Ahndung von Gotteslästerern beruhte auf einem Prinzip sozialer Kontrolle, in der die formellere Justiz der Obrigkeit mit der informelleren der Untertanenschaft ineinandergriff.[376] Der Kampf gegen die Blasphemie zeugt also nicht von politischer Herrschaftsausübung über die Untertanen mit den Mitteln der Justiz, sondern von der Verzahnung zwischen formellerer und informellerer Kontrolle.

Während der Rat Blasphemiefälle sowohl aus dem städtischen als auch aus dem ländlichen Untertanengebiet entschied, regelten die Vögte allein diejenigen Delikte, die in ihren Amtsbezirk fielen. Welche Fälle aber waren das? Welche Urteile verhängten Vögte im Unterschied zum Rat? Inwiefern hing die Verfolgung von Blasphemikern auf der Landschaft von der Person des Vogts ab? Welche Bedeutung, so die gemeinsame Zielrichtung der drei Fragen, hatte die Rechtsprechung der Vögte für die politische Herrschaft der Stadt über das ländliche Territorium?

Die Bußenregister der Vogteien Andelfingen halten einige Antworten auf die aufgeworfenen Fragen bereit.[377] Hierbei trifft wohlgemerkt die legitime Annahme, die Verrechnungen der Vögte erlaubten allein Rückschlüsse auf die verhängten Geldstrafen, nicht zu. Die Register führen ebenfalls Ehrenstrafen auf. Ob diese systematisch eingetragen worden sind, läßt sich nicht beurteilen. Weitere Hinweise auf andere Strafkomponenten fehlen. Wurden diese in Bußenregistern grundsätzlich nicht aufgeführt oder ausschließlich vom Rat verhängt? Allein die Auswertung der lokalen Gerichtsakten, die jedoch aus methodischen und arbeitstechnischen Gründen unterblieben ist, lieferte eine Antwort. Wenn also die Bußenregister die Rechtsprechung auf der Landschaft nicht komplett abbilden dürften, so vermitteln sie doch einen Einblick in die Rechtsprechung der Vögte, die über den Bereich der Geldstrafen hinausgeht.

Nur 1,43% der in den Andelfinger Bußregistern Erfaßten wurden wegen Gotteslästerung zur Kasse gebeten. Die Urteilsquote für Gotteslästerung lag

---

[376] Daß beide keine Gegensätze sind, sondern Justiz in Gestalt von Justiznutzung eine Form sozialer Kontrolle sein konnte, führt aus: M. Dinges, Justiznutzungen; M. Dinges, Frühneuzeitliche Justiz. Justizphantasien als Justiznutzung am Beispiel von Klagen bei der Pariser Polizei im 18. Jahrhundert, in: H. Mohnhaupt/D. Simon Hg., Vorträge zur Justizforschung. Geschichte und Theorie, Bd. 1. Frankfurt/Main 1992 S. 269–292.

[377] Aus technischen Gründen habe ich eine einzige Vogtei quantitativ untersucht. Die Wahl der Vogtei Andelfingen als Beispiel ist darauf begründet, daß die Rechnungsbücher der Vögte nicht nur ab 1532 durchgehend erhalten sind, sondern auch genügend Fälle umfassen, um quantitative wie auch qualitative Aussagen bezüglich der Verfolgung von Blasphemie treffen zu können. Gemessen an der Bedeutung der Vogteien für Zürich weist Dütsch Andelfingen den fünften von neun Rängen zu (vgl. H.-R. Dütsch, Landvögte S. 65). Andelfingen kann insofern als Beispiel einer durchschnittlichen Vogtei betrachtet werden.

damit auf der Landschaft bei vergleichbaren Werten wie in der Landvogtei Greifensee, wo für die Jahre 1480 bis 1519 Vergehen gegen Sitte und Religion vor den niederen Gerichten 2%, vor dem Rat 3% ausmachten.[378] Die Andelfinger Zahlen dürfen also als repräsentativ gelten. Auffällig ist, daß Ehrenstrafen wie der Herdfall allein vierzehn-,[379] Gefangenschaft neun-,[380] die Stellung vor den Stillstand vier-[381] und Ehr- und Wehrlosigkeit nur einmal festgesetzt wurden. Die weitaus meisten Fälle galten also als »harmlos« genug, um sie mit einer Geldstrafe zu regeln.[382] Daraus folgt, daß die schwereren Vergehen an den Rat gegangen sein werden. Hierauf weisen nicht allein die Daten aus Greifensee und Kyburg hin, wo bezeichnenderweise die Urteilsquoten vor dem Rat höher liegen als vor den lokalen Gerichten. Auch die Verteilung der Geldstrafen in Andelfingen wie im Zürcher Sample erhärtet diese Vermutung, wie folgende Tabelle zeigt:

Tab. 6: Höhe der Geldstrafen: Urteilsfindung Rat (1520–1708)/Vogtei Andelfingen (1545–1788):[383]

Strafhöhe	Rat: abs.	Rat: %	Andel.: abs.	Andel.: %
< 2lb10ß	1	2,43	19	12,10
2lb5ß–5lb	9	21,95	44	28,02
5lb1ß–50lb	19	46,34	81	51,59
50lb1ß–100lb	7	17,07	9	5,73
> 100lb	5	12,19	3	1,91
Fälle gesamt	41	100	156	100

abs. = absolut   lb = Pfund   ß = Schilling

---

[378] Vgl. K. HÜRLIMANN, Soziale Beziehungen S. 74, 297. Dabei ist zu bedenken, daß Hürlimann Häresie, Blasphemie, Sexualdelikte, Hexerei und weitere Sonderfälle unter die Kategorie der Vergehen gegen Sitte und Religion subsummiert (vgl. K. HÜRLIMANN, Soziale Beziehungen S. 301).

[379] Vgl. F III.3, Bußenregister Andelfingen, Heinrich Baßler, 1574; Uoli Bucher, 1593; Michel Zinzeller; Benedict Rütsche, 1695; Sohn Hörnis, 1595; Hans Bucheller, 1611; Michel Küchli; 1611; Hans Honysen, 1611; Frau Jörg Wolfers, 1613; Bastian Kübler, 1638; Derus (?) Wekerling, 1641; Gallus Burman, 1641; Jagli Breiter, 1641; Joseph Wäsi, 1644; Hans Brunysen, 1645; ein bayerischer »Seüwtreiber«, 1664.

[380] Vgl. F. III.3, Bußenregister Andelfingen, Hans Honysen, 1613; Felix Zuner, 1620; Bastian Kübler, 1638; Hans Brunysen, 1645; Jagli Hagenbuch, 1663; Caspar Metler, 1706; Jacob Bachnang, 1707; Jagli Sigg, 1707.

[381] Vgl. F. III.3, Bußenregister Andelfingen, Jeörg Hammerer, 1597; Sohn Heini Keller, 1598; Caspar Metler, 1706; Jacob Bachnang, 1707.

[382] Vgl. F. III.3, Felix Zuner, 1620.

[383] Vgl. A. 27.6–A. 27.126; F. III.3. Im Unterschied zu Tabellen 1bis 3 wird einzig der Zeitraum von 1520 bis 1708 berücksichtigt, weil die Geldbußen allein in diese Zeitspanne fallen.

Bereits auf den ersten Blick fällt auf, daß die Andelfinger Vögte Bußen verhängten, die sich in der Regel mit denen des Rats messen können. Beide Instanzen legten Geldstrafen fest, die sich überwiegend zwischen zwei und 50
Pfund bewegten.[384] Städtisches und ländliches Gericht setzten also vergleichbare Strafsätze an. Wenn in Andelfingen viele Strafen unter fünf Pfund
lagen und diese niedrigeren Strafsätze in der Urteilssprechung des Rats fehlen, während umgekehrt die hohen Geldstrafen über 50 Pfund im Zürcher
Bußenregister mehr zu Buche schlagen, dann ist dies darauf zurückzuführen,
daß Vögte offensichtlich die leichteren Fälle behandelten, während der
Rat die schwereren regelte. Vögte setzten sich also nicht nur weniger mit
Blasphemikern auseinander als der Rat, sondern nahmen sich auch nur der
kleineren Delinquenten unter ihnen an.

Die obigen Beobachtungen legen die Frage nahe, wie hart die genannten
Geldstrafen waren und inwiefern die Urteilsfindung von der Person des
Vogtes abhing. Die erste Frage läßt sich annähernd beantworten. Peter Ziegler zufolge stieg der Tageslohn eines Handwerksmeisters zur Mitte des 16.
bis zum zweiten Drittel des 18. Jahrhunderts von rund acht Schilling auf ungefähr 20 Schilling.[385] Ein Preismandat von 1536 sah vor, daß eine Mahlzeit
im Wirtshaus vier Schillinge, das Tagfutter für ein Pferd einen Schilling kosten sollte.[386] Für die Stadt Zürich zu Anfang des 18. Jahrhunderts ist berechnet worden, daß ein Taglöhner täglich 20 und ein Zimmermann 17
Schilling verdienen konnten. Das Zürcher Pfund (528g) Kalbfleisch kostete
drei, das Pfund Butter siebeneinhalb Schilling.[387] Die niedrigeren Geldstrafen bewegten sich also in einem Rahmen, der mehreren Tagen Arbeit bzw.
um die zwanzig Mahlzeiten in einem Gasthaus oder an die drei Kilogramm
Fleisch entsprach. Die Geldbußen waren also mehrheitlich zwar empfindlich, aber durchaus bezahlbar. Hierbei ist zu bedenken, daß die Höhe der
Geldstrafen nicht an die Preisentwicklung angeglichen worden zu sein
scheint. Die Bußen wogen damit gegen Ende des Ancien Régime weniger
schwer als zu früheren Zeiten.

Der Vergleich mit den Bußgeldern, die auf anderen Delikten standen, erlaubt es, den Stellenwert der Geldstrafen für Gotteslästerung näher zu bestimmen. Hier einige Beispiele aus der Vogtei Andelfingen: Claus Ziegler hat
1546 »mit der fust gschlagen« und dafür ein Pfund gezahlt.[388] Hans Bentz,

---

[384] Von den 41 Urteilen, in denen Geldstrafen verhängt wurden, lagen 30 zwischen fünf und
50 Pfund, 5 zwischen 50 und 100 Pfund, sechs über 100 Pfund.

[385] Vgl. P. ZIEGLER, Sittenmandate, Anhang, unpaginiert.

[386] Vgl. K. HÜRLIMANN, Soziale Beziehungen S. 245.

[387] Vgl. F. LENDENMANN, Entwicklung S. 149.

[388] Vgl. F. III.3, Bußenregister Vogtei Andelfingen, Claus Ziegler, 1546.

der Uolrich Bentz »mit gewaffneter hand herdfelig gemacht,« d. h. ihn unter Einsatz einer Waffe zu Boden geschlagen hatte, mußte 1562 fünf Pfund Strafe leisten.[389] Gängige Beleidigungen der Kontrahenten als »hundsfort«,[390] »fuller Hudler und Lump«,[391] »Hure« und/oder »Hexe«[392] kosteten im 17. wie zur Mitte des 18. Jahrhunderts meist ebenso viel. Die Injurie »Diebin«[393] oder »Schelm und Dieb«[394] hingegen war häufig mit Beträgen zwischen einem Pfund und zwei Pfund zehn Schilling abzugelten. Für dieselben Schimpfwörter konnten aber auch ganz andere Sätze angelegt werden. Die Titulierung der Rietmüllerin als »Hexe« kam Jagli Ärbentz 1639 fünfzehn Pfund zu stehen.[395] Den »Schelm,« den Maria Knöpfli dem Schlosser Schmand an den Kopf warf, sühnte sie mit sechs Pfund.[396] Als typische frühneuzeitliche Amtspersonen setzten also die Andelfinger Vögte die Strafen nicht nach starren Sätzen fest, sondern trugen der Person des Delinquenten/der Delinquentin wie wohl auch des Opfers Rechnung. Genau dies trifft aber ebenso für das Schwören und Fluchen zu. Hans Othli entrichtete 1632 für Schwören neun, die Frau Jeörg Steiners 1663 fünfzehn Schillinge.[397] Offensichtlich hatten die Vögte auf die Armut der Verurteilten Rücksicht genommen.[398]

Blasphemisches Reden konnte als verhältnismäßig gewöhnliches Delikt eingestuft werden, wie dies der Blick auf andere Strafen verdeutlicht. Verurteilte Ehebrecher mußten bei einmaliger »Unzucht« 100 bzw. 150 Pfund aufbringen,[399] ein Hexer wie Ulrich Fehr wurde 1716 »wegen gebrauch lachsnerischen [magischer] Künsten« zusammen mit vier weiteren Männern aus Eglisau mit vierzig, also mit zehn Pfund je Person zur Kasse gebeten. Auch der Vergleich mit Verbalinjurien ist aufschlußreich: Beleidigungen kamen denjenigen teuer zu stehen, die besonders krasse Verbalinjurien benutzt

---

389 Vgl. F. III.3, Bußenregister Vogtei Andelfingen, Hans Bentz, 1562.
390 Vgl. F. III.3, Bußenregister Vogtei Andelfingen, Hans Jörg Kindshuser,1619.
391 Vgl. F. III.3, Bußenregister Vogtei Andelfingen, Joseph Wäseri 1630.
392 Vgl. F. III.3, Bußenregister Vogtei Andelfingen, Hans Jaggli Sigg, 1639; Regula Eggenheer, 1744; Caspar Basler, 1748.
393 Vgl. F. III.3, Bußenregister Vogtei Andelfingen, Maria Satler, 1639.
394 Vgl. F. III.3, Bußenregister Vogtei Andelfingen, Hans Stauder, 1718.
395 Vgl. F. III.3, Bußenregister Vogtei Andelfingen, Jagli Ärbentz, 1639.
396 Vgl. F. III.3, Bußenregister Vogtei Andelfingen, Maria Knöpfli 1749.
397 Vgl. F. III.3, Bußenregister Vogtei Andelfingen, Hans Othli, 1632; Frau Jeörg Steiner, 1663.
398 Weitere Korrelationen mit dem Beruf, Vermögen oder Alter der Verurteilten sind aufgrund der Quellenangaben weder für das Zürcher noch für das Andelfinger Bußenregister möglich.
399 Vgl. etwa: F. III.45, Hans Heinrich Keller, Natalis 1640.

oder diese individuell ausgestaltet hatten: Ruodolf Goldschmid hatte 1601 Heinrich Randegger beschimpft, »das er nüt werdt, das er das heilig Sacrament empfachen, welle es ime auch nüt mer gäben. Ittem, das er bößer sige weder [als] der Verrater Judas samt anderen wüßten und Gottlosen wortten.« Er wurde hierfür um elf Pfund erleichtert.[400] Mit drei Tagen Gefangenschaft und hundert Pfund büßte Jacob Müller dafür, daß er dem Vogt »unlidenliche wort zuogeredt, geschmächt und geschändt, auch uff fryger [offener] Landtstras gredt und geschröuwedt, wan er mich [sc. den Vogt] hete, welt er mit mir um gaan, dz dz bluot herr sprützen müßte sampt anderen lichtfertigen schandtlichen reden.«[401] Verbal- und Realinjurien kosteten eine/n also in der Regel bis zu fünf Pfund, konnten aber beträchtlich höhere Strafen nach sich ziehen. Damit bewegten sich Injurien in genau derselben Spanne wie blasphemisches Reden. Oder umgekehrt: Fluchen und Schwören kam einer profanen Injurie gleich und erhielt somit einen recht gewöhnlichen Charakter.

Vergleichsbeispiele aus andersartigen Deliktkategorien erhärten diesen Befund. Dafür, daß sie sich nach unmäßigem Trunk übergeben (und damit die Gaben Gottes verachtet) hatten, wurden Jorg Schmidtknecht 1545 mit drei, Schider Müller 1566 mit fünf Pfund zur Kasse gebeten.[402] Ebenfalls fünf Pfund mußten 1540 Rudi Sigg für einmalige »Unzucht« bzw. die Ochsnerin 1630 für unzüchtige Betastungen ihrer männlichen Tischgenossen abstatten.[403] Das unmoralische Tanzen mußten mehrere Bewohner von Flach und Volken 1649 mit zehn Pfund abgelten.[404] Hans Widerman zahlte 1650 für Fischen nach der abendlichen Pfingstpredigt acht Pfund.[405] Schwerer ins Gewicht fiel der Meineid. Hans Jost wurde 1534 zu einer Strafe von 26 Pfund, der »arme Gsell« Zent Wyß 1595 zu einer von 50 Pfund verurteilt.[406] Genug der Beispiele, wie im Fall der Injurien wird deutlich: Die Andelfinger Vögte wiesen bei der Festsetzung der Strafhöhe den lästerlichen Reden keine Sonderrolle zu. Sie bemaßen diese nach denselben Sätzen wie andere Un-

---

[400] Vgl. F. III.3, Bußenregister Vogtei Andelfingen, Ruodolf Goldschmid, 1601. Goldschmid war offensichtlich alles andere als ein beispielhafter Geistlicher. Bereits von seiner ersten Gemeinde vertrieben, wurde er schließlich 1601 wegen Ehebruchs seines Amtes enthoben. Vgl. Pfarrerbuch 300.

[401] Vgl. F. III.3, Bußenregister Vogtei Andelfingen, Jacob Müller, 1598.

[402] Vgl. F. III.3, Bußenregister Vogtei Andelfingen, Jorg Schmidtknecht, 1545; Schider Müller, 1566.

[403] Vgl. F. III.3, Bußenregister Vogtei Andelfingen, Rudi Sigg, 1540; Ochsnerin, 1630.

[404] Vgl. F. III.3, Bußenregister Vogtei Andelfingen, Einträge unter den Orten Falch und Volken, 1649.

[405] Vgl. F. III.3, Bußenregister Vogtei Andelfingen, Hans Widermann, 1650.

[406] Vgl. F. III.3, Bußenregister Vogtei Andelfingen, Hanns Jost, 1534; Zent Wyß, 1595.

zuchtsdelikte oder den Meineid. Sie übten also keine besondere Strenge gegen Blasphemiker.

Wenn sich insgesamt betrachtet die Andelfinger Vögte nicht als Scharfmacher im Kampf gegen die Blasphemie erweisen, ist deswegen die Frage noch nicht beantwortet, ob sich einige unter ihnen vielleicht doch als besondere Eiferer für die Ehre Gottes hervorgetan haben. Die nächste Tabelle gibt hierüber Aufschluß (Tab. 7).

Tab. 7: Geldbußen Vogtei Andelfingen 1561-1791: Korrelation Person des Landvogts/Urteile gegen Blasphemiker[407]

Landvogt Amtstätigkeit	Verurteilungen für Blasphemie	Verurteilung pro Jahr
E. Stoll 1561-67	3	0,5
H. Vögeli 1567-73	5	0,83
H.H. Holzhalb 1573-79	6	1
B. Bachofen 1579-84	1	0,2
H. v. Schänis 1584-86	2	1
H.O. Röist 1587-92	3	0,6
H.J. v. Schmid 1593-99	9	1,5
H.J. v. Schänis 1599-1605	2	3
H.P. Wolf 1605-11	4	0,66
H.J. Haab 1611-17	8	0,75
R. Meyer 1617-23	6	1
H. Kluntz 1623-29	3	0,5
G. Kaufman 1629-33	3	0,75
H.W. Stapfer 1633-39	7	0,85
H.J. Keller 1639-45	12	2
M. v. Schönau 1645-48	3	1
H.U. Rahn 1649-51	–	–
H.H. Balber 1651-52	3	3
H.H. Lauffer 1653-60	2	0,28
H.U. Thumysen 1660-66	5	0,83
C. Körner 1666-72	3	0,5
H.R. Fäsi 1672-79	4	0,57
H. Berger 1679-85	11	1,83
H.C. Escher Glas 1685-91	12	2

[407] In der Zeit von 1545 sind die Fälle entweder zu disparat bzw. die Amtszeit der Vögte zu kurz, daß eine Berechnung sinnvoll wäre. Für die Personenangaben vgl. H.-R. Dütsch, Landvögte, 103-107.

Landvogt Amtstätigkeit	Verurteilungen für Blasphemie	Verurteilung pro Jahr
C. Meiss 1691–92	2	2
H. Bräm 1693–1701	14	**1,75**
H.L. Schneeberger 1701–1707	12	**2**
H.R. Hess 1707–1711	9	**2,25**
H. Greuter 1711–19	5	0,62
C. v. Schmid 1719–25	2	0,28
H. Heidegger 1725–31	3	0,5
H.H. Hirzel 1731–37	3	0,5
A. Stocker 1737–43	1	0,16
H.J. Wolf 1743–49	1	0,16
H.C. Hirzel 1749–55	3	0,42
G. Rahn 1755–83	2	0,33
H.C. Billeter 1761–67	–	–
H.C. v. Orelli 1767–72	–	–
H.R. Lavater 1773–79	1	0,16
C. Lavater 1779–85	–	–
H.C. Meiss 1785–91	1	0,16

Mit überdurchschnittlich hohen Werten in der Anzahl der jährlich verfolgten Blasphemiker fallen acht Vögte auf; deutlich unter der durchschnittlichen Zahl der jährlich erfaßten Blasphemiker liegen zwei weitere Vertreter
des Rats.[408] Dabei läßt die Verteilung der Jahresraten insgesamt keine markanten Verfolgungswellen erkennen. Allein die Werte gegen Ende des 17.
und zu Anfang des 18. Jahrhunderts zeigen eine größere Aktivität der Vögte
an, wobei diese bis zum Ende des Ancien Régime endgültig zurückgeht. Die
erhöhten Durchschnittswerte zur Wende zum 18. Jahrhundert stehen indes
im Gegensatz zu den Verfolgungswellen im gesamten Gebiet des Territorialstaates, so daß die auffälligen Andelfinger Werte nicht mit der allgemeinen
Konjunktur in der Verfolgung von Blasphemikern in Verbindung stehen
können. Wenn nun aber die markanten Andelfinger Werte weder mit binnen-
spezifischen Verfolgungsphasen noch mit dem generellen Trend korrelieren,
folgt daraus, daß den zehn fraglichen Vögten Blasphemie besonders wichtig
bzw. unwichtig gewesen sein muß. Hieraus wiederum ist zu ersehen, daß die
Verfolgung von Gotteslästerern, wie zu erwarten, durchaus von der Person
des Vogtes abhing. Freilich galt dies nur bis zu einem gewissen Grad, denn

---

[408] Vgl. die fett hervorgehobenen Werte. Die Vögte von Schänis und Meiss habe ich wegen
der Kürze ihrer Amtsdauer in die folgenden Überlegungen nicht mit einbezogen.

schließlich divergieren die fraglichen Raten von den anderen nicht sonderlich stark. Die Person des Vogtes hatte also zwar einen gewissen Einfluß auf die Verfolgungsquote von Gotteslästerern, doch stand es keinem der Vögte frei, sich als außergewöhnlich tolerant oder intolerant zu erweisen.

Verfügten die Andelfinger Vögte über einen gewissen Spielraum, was ihr Interesse an der Verfolgung von Blasphemikern betrifft, so war dies bezüglich der Festsetzung der Geldstrafe nicht der Fall. Die Sätze aller Andelfinder Vögte sind miteinander vergleichbar. Mochten also einige wenige Vögte in Andelfingen sich der Gotteslästerer besonders stark oder wenig annehmen, ihre Urteile fielen deswegen nicht spezifisch hart oder milde aus. Alle Vögte orientierten sich an den Bestrafungsprinzipien des Rats. Angesichts der bereits zitierten Andelfinger Beispiele mögen nur wenige Vergleichsbeispiele aus der Urteilsfindung des Rats genügen: Die Bußen für Real- und Verbalinjurien lagen meist im Rahmen von wenigen Schillingen bis zu zwei Pfund zehn Schilling ,[409] erreichten aber auch Höhen von bis zu zehn, manchmal fünfzig oder mehr Pfund.[410] Gleiches gilt für diverse blasphemische Reden.[411] Das Ausmaß, in dem Blasphemiker auf der Landschaft gerichtlich belangt wurden, stand also in einem gewissen Zusammenhang mit der Person des jeweiligen Vogtes, das Strafmaß jedoch nicht. In Widerspruch zu den englischen Verhältnissen an der Schwelle zur Neuzeit[412] paßt dieser Befund in das Bild, das Schmidt von der Berner Landschaft für die Sittengerichte zeichnet. Dort ereilten die Verurteilten für vergleichbare Delikte annähernd gleiche Strafen, ganz gleich, welcher Pfarrer dem Sittengericht vorstand.[413] Vögte und Pfarrer sprachen Recht im Sinne der Obrigkeit, nicht im Sinne persönlicher Interessen.

---

[409] Vgl. F III.45, Bußenregister Zürich, Jung Notz, Natalis 1573 bzw. Caspar Notz, Baptistalis 1619; Caspar Knor, Natalis 1623; Hanns Petter Äberhart, Natalis 1573; Hans Ulrich Berthold, Baptistalis 1573.

[410] Vgl. F. III.45, Bußenregister Zürich, Hanns Ziegler, Natalis 1573; Hans Ruodolf Stapfer, Baptistalis 1624; Heinrich Landolt, Baptistalis 1573.

[411] Gezahlt wurden für »unchristenliche Schwüre« fünf Pfund (F. III.45, Bußenregister Zürich, Hans Jörg Hallouwer, Natalis 1617); zehn Pfund für »übel geschworen und Gott gelestert« (F.III.45, Bußenregister Zürich, Simon Nötzli, Natalis 1578) oder auch zweihundert Pfund »unchristlichen unnd ungebürlicher schwüren und gotts lestrungen« wegen (F.III.45, Bußenregister Zürich, Juncker Hans von Waldkirch zu Schollenberg, Baptistalis 1579).

[412] Hier gelangt Marjorie McIntosh zum Ergebnis, daß die Sanktionierung moralischer Vergehen deutlich von den einzelnen regionalen Gerichten und der Person der Geschworenen abhing. Vgl. M. K. McIntosh, Controlling Misbehavior in England 1370–1600. Cambridge 1998 S. 209.

[413] Vgl. H. R. Schmidt, Dorf S. 149–156.

Tab. 8a: Urteile des Zürcher Rats 1501–1747 gegen Blasphemiker: absolute Verteilung der Strafkomponenten nach Verfolgungsphasen[414]

Jahr	1525–1535	1536–1559	1560–1610	1611–1649	1650–1690	1691–1747
Strafkomponenten gesamt: 577						
weltliche Strafkategorie gesamt: 316						
weltl. Strafen gesamt	17	50	71	77	43	58
LV	1	7	9	11	5	12
Geld-	2	8	9	13	3	5
Körper gesamt	1	–	2	2	8	19
Zunge	1	–	1	–	4	–
Züchtigung	–	–	1	2	4	19
Ehren gesamt	13	35	51	51	27	27
Pranger	2	4	12	5	5	6
Schellenwerk	–	–	2	3	–	–
Ehr &Wehr.	5	15	24	26	11	7
»Ürten«	4	12	13	15	9	9
Rat	2	4	–	2	2	–
kirchliche Strafkategorie gesamt: 210						
kirchl. Strafen gesamt	4	22	39	53	49	43
Abk.	–	–	1	3	7	9
Wider.	–	6	6	17	14	7
Herdfall	4	16	32	31	22	10
Stillstand	–	–	–	2	6	17
Teil-begnadigung	–	1	5	8	1	–
Freispruch	–	1	3	3	7	4
Tod (rein GL)	2	1	2	7	5	2

---

[414] Die fett hervorgehobenen Jahreszahlen führen die Phasen verstärkter Urteilssprechung in Sachen Gotteslästerung auf. Die datierbaren Daten aus dem Sample, die vor 1525 liegen, habe ich wegen ihrer geringen Anzahl unberücksichtigt gelassen. Zu den Verfolgungswellen im Einzelnen s. Kap. III.1.

Tab. 8b: Urteile des Zürcher Rats 1501–1747 gegen Blasphemiker: prozentuale Verteilung der Strafkomponenten nach Strafkategorien und Verfolgungsphasen

Jahr	1525–1535	1536–1559	1560–1610	1611–1649	1650–1690	1691–1747
weltliche Strafkategorie = 100%						
LV	5,88	14	12,67	14,28	11,62	20,68
Geld-	11,76	16	12,67	16,88	6,97	8,62
Körper gesamt	5,88	0	2,80	2,59	18,60	32,75
Zunge	5,88	0	1,40	0	9,30	–
Züchtigung	0	0	1,40	2,59	9,30	32,75
Ehren gesamt	76,45	70	71,81	66,21	62,78	37,91
Pranger	11,76	8	16,90	,49	25,58	10,34
Schellenwerk	0	0	2,81	3,89	11,62	0
Ehr- & Wehr.	29,41	30	33,80	33,76	0	12,06
»Ürten«	23,52	24	18,30	19,48	20,93	15,51
Rat	11,76	8	0	2,59	4,65	0
kirchliche Strafkategorie = 100%						
Abkanzelung	0	0	3,12	5,66	14,28	20,93
Widerruf	0	27,27	15,38	32,07	28,57	16,27
Herdfall	100	72,72	82,05	58,49	44,89	23,25
Stillstand	0	0	0	3,77	12,24	39,53

LV = Landesverweis
Geld- = Geldstrafen
Körper- = Körperstrafen
Ehren- = Ehrenstrafen
Ehr- & Wehr. = Ehr- und Wehrlosigkeit
»Ürten« = Verbot an gesellschaftlichen Ereignissen teilzunehmen und ins Wirtshaus bzw. in die Zunftstube zu gehen
Abk. = Abkanzelung
Wider. = Widerruf
Stillstand = förmliche Ermahnung durch den Stillstand
Teilbeg. = Teilbegnadigung: Erlassen einer Teilsumme der Geldstrafe, Aufhebung der Ehr- und Wehrlosigkeit nach einer gewissen Frist
rein GL = ausschließlich unter der Anklage der Gotteslästerung

Tab. 8c: Urteile des Zürcher Rats 1501–1747 gegen Blasphemiker: prozentuale Verteilung der Strafkomponenten nach der Gesamtmenge der Strafkomponenten und nach Verfolgungsphasen[415]

Strafkomponente	1525–1535	1536–1559	1560–1610	1611–1649	1650–1690	1691–1747
Strafkomponenten gesamt: 100%						
weltliche Strafkategorie gesamt: 54,67						
Körper gesamt	0,17	0	0,34	0,34	1,38	3,28
Ehren gesamt	2,24	6,05	8,82	8,82	4,67	4,67
Geld-	0,34	1,38	1,55	2,25	0,51	2,07
kirchliche Strafkategorie gesamt: 36,33						
gesamt	0,69	3,80	6,74	9,16	8,47	7,43
Teilbegnadigung	0	0,17	0,86	1,38	0,17	0
Freispruch	0	0,17	0,51	0,34	1,21	0,69
Tod (rein GL)	0,34	0,17	0,34	1,21	0,86	0,34

Geld- = Geldstrafen
Körper- = Körperstrafen
Ehren- = Ehrenstrafen
Teilbegnadigung: Erlassen einer Teilsumme der Geldstrafe, Aufhebung der Ehr- und Wehrlosigkeit nach einer gewissen Frist
rein GL = ausschließlich unter der Anklage der Gotteslästerung

Die bisher statischen Bilder der Justiz anhand quantitativer Auswertungen in eine dynamische Entwicklung einzuordnen, ist schwierig. Das Sample stellt statistische Probleme.[416] Vor allem aber fallen die Urteile außerordentlich individuell aus. Sie berücksichtigen derart viele Faktoren, daß sie schlecht miteinander vergleichbar sind. Selbst bei einem simplen Fall wie einem Sakramentsschwur läßt sich gar nicht so leicht feststellen, welche Geldbußen zum Zeitpunkt x im Vergleich zum Zeitpunkt y verhängt wurden. Ob und

---

[415] Zur leichteren optischen Orientierung ist die Tabelle vereinfacht. Unter der weltlichen Strafkategorie sind allein diejenigen Strafkomponenten aufgeführt, die besondere Rückschlüsse erlauben.
[416] Siehe die Anm. zu Tab. 2.

wie die Rechtsprechung des Rats bzw. der Vögte sich gewandelt hat, läßt sich daher nur in groben Trends skizzieren. Ins Auge stechen hierbei vor allem die Negativergebnisse, wie sie Tabelle 8 verzeichnet.

Das Auffällige an der Verteilung der Strafkomponenten bezogen auf die einzelnen Verfolgungswellen der Gotteslästerung (Tabellen 8a bzw. 8b) liegt darin, daß sie für die Frühe Neuzeit zufällig ist. Ein signifikanter Unterschied zwischen den Phasen erhöhter und geringerer Strafverfolgung läßt sich in der Rechtsprechung des Rats nicht feststellen. So häufen sich zwar die Todesurteile am ehesten im 17. Jahrhundert, die Verfolgungswelle von 1650–1690 zeigt indes keine markanten Einwirkungen. Auch bei den Freisprüchen und Teilbegnadigungen ist kein Zusammenhang zwischen den jeweiligen Quoten und den Verfolgungsphasen zu erkennen. Daß die Justiz in bestimmten Jahrzehnten Blasphemiker besonders bzw. weniger häufig zur Verantwortung zog, bedeutete also nicht, daß sie dann auch härtere bzw. mildere Urteile verhängte.

Bei der Verteilung der jeweiligen Strafkomponenten über den Untersuchungszeitraum (Tabelle 8b bzw. 8c) zeichnen sich darüber hinaus drei weitere Ergebnisse ab. Das eine Resultat betrifft den Bereich der physischen Strafmittel. Die Rate der Körperstrafen zum ausgehenden 17. Jahrhundert geht nicht zurück, sondern steigt vielmehr zu Beginn des 18. Jahrhunderts an. Auch bleibt die »primitive mittelalterliche« Strafe des Zungenschlitzens in Gebrauch.[417] Von einer »Humanisierung« der Strafurteile kann insofern nicht die Rede sein. Freilich sollte man deswegen die Bedeutung der physischen Strafen nicht überbewerten; die Durchschnittsquote für den Untersuchungsraum beträgt für die Körperstrafen knapp unter 1%, für die Todesstrafe etwas über 0,5% der Strafkomponenten. Körperliche Gewalt war also für die Justiz kein bevorzugtes Mittel, Gotteslästerer zur Ordnung zu rufen.

Das andere Ergebnis bezieht sich auf das Verhältnis der weltlichen (Ehr- und Wehrlosigkeit, »Ürten«, Stellung vor den Rat) zu den kirchlichen (Herdfall, Widerruf, Abkanzelung, Stellung vor den Stillstand) Ehrenstrafen. Seit Anfang des 17. Jahrhunderts verschiebt es sich kontinuierlich zugunsten der kirchlichen Sanktionen. Allerdings kann im Gegensatz zu den Sittengerichten der Berner Landschaft nicht davon die Rede sein, daß die kirchlichen Ehrenstrafen die unmittelbar nachreformatorische Zeit charakterisierten. Der Herdfall verlor zwar an Bedeutung, machte aber in der ersten Hälfte des 18. Jahrhunderts immerhin noch fast ein Viertel der Kirchen-

---

[417] Doch auch im Mittelalter blieb die Strafe offensichtlich eher die Ausnahme. Schuster verweist für das Konstanz des 15. Jahrhunderts allein auf zwei solcher Fälle (vgl. P. SCHUSTER, Konstanz S. 76).

strafen aus.[418] An die Stelle des Herdfalls traten allmählich der Widerruf, die Abkanzelung und die Stellung vor dem Stillstand, wobei der Anteil der förmlichen Ermahnung durch das Sittengericht gegenüber der Abkanzelung und dem Widerruf stieg. Die Kirchenstrafen wurden also verstärkt gestreut, die Verurteilten weniger häufig vor den Augen der Gemeinde bloßgestellt. Insgesamt verlagerte der Rat das theologisch verortete Delikt der Gotteslästerung von der profanen auf die sakrale Sphäre; der Anteil der kirchlichen Sanktionen wuchs. Der soziale Charakter des Normbruchs trat also zunehmend zurück. Ob hierin ein Niederschlag der Säkularisierung zu erkennen ist?

Als drittes Ergebnis ist festzuhalten, daß die Rechtsprechung des Zürcher Rats keine klaren Entwicklungslinien aufweist.[419] Insgesamt bleiben die Strafen über den Untersuchungszeitraum vergleichbar. Eine Verschiebung von Körper- zu Ehren- und schließlich zu Geldstrafen ist nicht zu beobachten. Die Todesstrafe büßt an ihrer Bedeutung bis zum Ausgang des Ancien Régime nicht ein. Die Daten zu den Freisprüchen und Teilbegnadigungen geben ebensowenig eine Richtung an. Modernisierungslinien – geschweige den geradlinige – von den physischen und inkriminierenden Sanktionen weg zu den materiellen und weniger stigmatisierenden Strafen hin lassen sich also nicht ziehen. Die Urteile des Zürcher Rates liefern keine Belege dafür, daß sich die Justizpolitik im Verlauf der Frühen Neuzeit auf eine »modernere«, »humanere« Rechtsprechung hinbewegt hätte.

Dieser Befund wirft die Frage auf, ob oder inwiefern diese Rechtsprechung an die spätmittelalterliche anknüpfte oder vielmehr die Reformation einen Schnitt setzte. Einen solchen Eindruck könnte die Intensivierung der Sittengesetzgebung durchaus erwecken. Wie sehr aber hinkte die schriftliche Fixierung der gesetzlichen Regelungen den Rechtspraktiken hinterher? Der Forschungsstand erlaubt lediglich eine zurückhaltende Einschätzung. Wenige Stichproben in den Ratsmanualen des Spätmittelalters ergeben, daß weder die Strafe der Abkanzelung noch des Widerrufs vom reformierten Rat neu eingeführt worden ist und auch im 14. Jahrhundert die Verurteilungsquote mit rund drei Viertel der Angeklagten hoch lag.[420] Sich – wie andernorts –[421]

---

[418] Schmidt spricht für Vechigen und Stettlen von einem »eklatanten Niedergang« des Herdfalls seit dem 17. Jahrhundert. Vgl. H. R. SCHMIDT, Dorf S. 91.

[419] Eine solche Einschätzung legt Schwerhoff nahe, wenn er von der wachsenden Bedeutung der Schandstrafen gegenüber den Geldstrafen, dem Rückgang der harten Körperstrafen im 18. Jahrhundert sowie der Ausdifferenzierung des Strafarsenals spricht. Vgl. G. SCHWERHOFF, Gott und die Welt S. 165, 196, 212, 220 f., 240.

[420] So errechnet Burghartz für die Zeit von 1376 bis 1385, daß 73% der 62 Blasphemiefälle zu einer Verurteilung durch den Rat führten (vgl. S. BURGHARTZ, Leib S. 135). Für den Strafvollzug im 15. Jahrhundert vgl. die entsprechenden Ratsbücher unter B II.

barfüßig und barhäuptig vor die Kirche aufstellen und die Gottesdienstbesucher um ihr Gebet bitten zu müssen, dürfte vergleichbar inkriminierend wie
der Herdfall gewesen sein. Allerdings setzte die Reformation in einer Hinsicht einen Einschnitt. Aus offensichtlichen theologischen Gründen fiel die
Bußwallfahrt zur Beichte nach Einsiedeln im Strafarsenal des reformierten
Rats ersatzlos weg. Die Geldstrafen jedoch belaufen sich im 14. und 15. -
Jahrhundert wie in der Frühen Neuzeit auf ähnliche Beträge.[422] Eine Anpassung der Bußen an das jeweilige Preisniveau scheint nicht erfolgt zu sein.
Dies läßt vermuten, daß die Strafhöhe bis zum Ausgang der Ancien Régime
zurückging. Insgesamt weisen die Ergebnisse eher in die Richtung starker
Kontinuitäten zwischen Spätmittelalter und Früher Neuzeit als in die Richtung eines dramatischen Kurswechsels durch die Reformation. Gotteslästerer scheinen im Zürich der Frühen Neuzeit nicht so sehr härter bestraft als
vielmehr häufiger erfaßt worden zu sein.[423]

* * *

Die Bestrafung der Gotteslästerer durch die Justiz zu untersuchen, heißt die
ordnungspolitische Dimension des Delikts der Wortsünde zu erkunden. Der
Stellenwert der Blasphemie in der Rechtsprechung des Rats, die Kennzeichen sowie der Wandel seiner Justizpolitik lassen erkennen, inwiefern die
weltliche Obrigkeit Blasphemiker verfolgte, um ihre Herrschaft über die Untertanen auszubauen und die Kirche für ihre eigenen Zwecke einzuspannen.
    Quantitativ gesehen, machte Gotteslästerung einen verschwindend kleinen
Anteil an den Gerichtsfällen aus. Qualitativ betrachtet, zeigt sich, daß
»Durchschnittsblasphemiker« mit verhältnismäßig erträglichen Sanktionen
davonkamen. Auffälligerweise erhielten sie oftmals die gleichen Strafen wie
diejenigen, die Verbal- oder Realinjurien begangen hatten; »gewöhnliche«
Gotteslästerung und Injurien wurden als ebenbürtige Vergehen behandelt. In
der Strafverfolgung nahm das Delikt der Blasphemie in seiner alltäglichen
Gestalt keinen Sonderstatus ein; es war einer von vielen moralischen Fehltrit-
ten. Was die besondere Stellung der Wortsünde am ehesten unterstrich, war

---

[421] Vgl. für Köln bzw. Paris : G. SCHWERHOFF, Gott und die Welt S. 164, 263; A. CABANTOUS,
Histoire du blasphème S. 130.
[422] Vgl. die Angaben für das 14. Jahrhundert bei S. BURGHARTZ, Leib S. 267, Anm. 63. Für das
15. Jahrhundert vgl. B. VI.218, fol. 352, Urteil Uelrich Ritter, X. X. 1452; B. VI.221, fol. 306v;
Urteil Uelrich Armbruster, X. X. 1459; B. VI.224, fol. 328r, Urteil Huober, X. X. 1456. Ich danke Herrn Gilomen für die Erlaubnis, auf die unter seiner Leitung entstehende Datenbank zu den
Ratsbüchern der Jahre 1450 bis 1470 zuzugreifen ebensowie Pascale Sutter für den Ausdruck
der entsprechenden Daten.
[423] Zu dieser Tendenz siehe den Vergleich mit den Luzerner Ratsurteilen in Kap. III.2.

ihr ambivalenter Charakter: Blasphemie wurde als sakrales ebenso wie profanes Vergehen betrachtet. In beiden Fällen erwies es sich als ein Ehrdelikt par excellence. Die Ehre Gottes wurde dadurch wiederhergestellt, daß die Delinquenten mit ihrem Ehrkapital ihre Schuld aufwiegen mußten.

Daß der Rat in seiner Rechtsprechung einem so schweren Vergehen, wie es die Wortsünde theoretisch darstellte, eine relativ unverhältnismäßig untergeordnete Bedeutung zuwies, bedeutet, daß für ihn die Verfolgung von Blasphemikern kein besonderes Disziplinierungsinstrument gewesen sein kann. Wenn auch die Justiz immer wieder – dies allerdings weniger häufig als bislang behauptet – zur Todesstrafe griff, wußte sie doch wie andernorts höchst differenziert auf Blasphemie zu antworten.[424] Kennzeichnend ist hierbei, daß die Justiz Nichtzürchern gegenüber eine Abschiebungspolitik betrieb, sonst aber die prinzipielle Ausgrenzung der Verurteilten vermied. Sie verfolgte weder eine Marginalen-, noch eine Marginalisierungspolitik: Im Gegenteil, die Zürcher Blasphemiker, die angesichts der verhängten Strafen überwiegend zu den ehrbaren Leuten gehört haben müssen, erhielten Strafen, die sie zwar längerfristig stigmatisierten und zeitweilig aus dem aktiven Gesellschaftsleben ausschlossen, ihnen aber dafür die Wiedereingliederung in die Gemeinschaft ermöglichten. Der Rat sah vor, daß sich die Delinquenten über einen vornehmlich aktiven Aussöhnungsgestus in ihre kirchliche Gemeinde reintegrierten und bestimmte durch die Aufhebung von weltlichen Ehrenstrafen, wann er die Verurteilten wieder in den Stand vollberechtigter Untertanen erhob. Der Rat setzte Blasphemikern gegenüber auf eine restitutive Ehrpolitik im doppelten Sinne: Die Wiederherstellung der Ehre Gottes ging mit der Reintegration der Delinquenten in ihre politische sowie kirchliche Gemeinde einher. Frauen, die ohnehin seltener als Blasphemikerinnen Anstoß erregten, da sie ihre Wortsünden offensichtlich in gesellschaftlich weniger relevanten Räumen begingen und wohl deswegen seltener der Obrigkeit angezeigt wurden, behandelte der Rat dabei tendenziell nachsichtiger als die männlichen Delinquenten.

Die Reintegrationspolitik der Justiz ruhte auf fünf Pfeilern: der Bemessung des Strafmaßes nach der Logik des Sozialkapitals, der Einsicht der Angeklagten, der Rechtsprechung durch die Vögte, der Mitwirkung der Kirche am Vollzug der Strafen und der Umsetzung der formelleren Sanktionen durch informellere soziale Kontrolle.

---

[424] Für die calvinistische Pfalz vgl. B. VOGLER, Entstehung S. 175 f. Auch im frühneuzeitlichen Herzogtum Württemberg konnte sich die Bestrafung von Gotteslästerung von einer Geldstrafe bis zur Todesstrafe erstrecken. Vgl. H. SCHNABEL-SCHÜLE, Sanktionen S. 234.

Im Unterschied zur modernen Justiz orientierte sich das frühneuzeitliche
Gericht nicht nach grundsätzlich »sachgerechten«, sondern nach »personenzentrierten« Kriterien. Daher konnte für dieselbe Wortsünde beispielsweise
die Höhe der Geldbuße deutlich schwanken. Wer über ein gewisses Sozialkapital verfügte, dem ersparte der Rat offenbar die Körperstrafen. Insofern
richtete der Rat nach einer »eigensinnigen« Logik. Diese »Willkür« hielt die
Justiz jedoch in engen Grenzen. Soweit die Ausnahmefälle eine Einschätzung erlauben, wurden höhere Amtsträger nicht auffällig privilegiert behandelt. Mochte die Justiz in ihren Urteilen alle erdenklichen Milderungsgründe
nennen, diese Urteile unterschieden sich nicht von denjenigen, in denen Verweise auf mildernde Umstände fehlen. Auch Fürbitten und Supplikationen
zeigten bei der Urteilsfindung kaum Wirkung. Mit Teilbegnadigungen ging
der Rat zurückhaltend um; Freisprüche waren die Ausnahme. Zwar hoben
die Urteile die Reue der Angeklagten positiv hervor, doch wurden deswegen
die Einsichtigen nicht mit einem Strafnachlaß belohnt. Denn das Wichtige
am Schuldbekenntnis war nicht, daß es das konkrete Strafmaß beeinflussen
sollte, sondern vielmehr, daß sich die Reuigen dem Urteil Gottes bzw. der
Obrigkeit überließen und somit das gebrochene Vertrauensverhältnis zu
Gott bzw. zur Obrigkeit als dessen Stellvertreterin wiederherstellten.[425] Es
war daher konsequent, daß diejenigen, die dieses Vertrauen nicht aufbrach-
ten und unnachgiebig ihre Schuld leugneten, um schließlich doch ihres Vergehens überführt zu werden, sanktioniert wurden. Diese Justizpolitik sagt
dreierlei über Justiz bzw. Justiznutzung aus: Die Angeklagten hatten kaum
die Möglichkeit, durch strategisches Vorgehen auf ihr Urteil einzuwirken.
Die Justiz allein auf Grundlage eines ungerechtfertigten Gotteslästerungs-
vorwurfs einzuschalten, um jemandem zu schaden und für sich selbst Vorteile zu verschaffen, war angesichts der drohenden Strafen offenbar zu riskant.[426] Der Rat sprach auf eine Weise Recht, die es ihm erlaubte, sich als

---

[425] Davon zeugt eine der außerordentlich seltenen Folterungsszenen. Der wegen »gottloser
Reden« angeklagte Jagli Maag versuchte umsonst, seine Folterknechte davon zu überzeugen,
daß er nicht etwas zugeben könne, an das er sich wegen Trunkenheit nicht erinnern könne: »Je
mehr er nachsinne, je minder er dasselbige wüßße, dann wan er etwas wüßße und daßßelbige nit
sagte, so were er vor Gott VerLohren und thette ein große unVerantwortliche sünd und ist alle-
Zeit in folgende wort außgebrochen: O Jesu Christ, waß soll Ich bekennen. Ich weiß nicht, waß
Ich gredt hab.« A.27.113a, Aussage Hans Jagli Maag, 31.1.1685.

[426] Aus dieser Argumentation folgt nicht, daß Falschbeschuldigungen im Konfliktfall nicht
auch instrumentalisiert werden konnten, um einen Kontrahenten zu diskreditieren. So ist wohl
anzunehmen, daß Kläger, die einen weniger riskanten oder gar begründeten anderweitigen Vorwurf erhoben, ihre Beschuldigungen zu stützen suchten, indem sie die beklagte Person zusätzlich als gotteslästerlich und damit weniger glaubwürdig herabstuften. Doch war dann der
Blasphemievorwurf eine Begleiterscheinung einer anderen Streitsache und nicht die Grundlage
einer eigenständigen Denunziation.

fürsorglich strenge, christliche Obrigkeit zu »diskursivieren«, ohne sich in der Strafbemessung von den Kriterien abhängig zu machen, die er selbst als Referenzpunkte nannte.

Vögte und Kirche trugen die Justizpolitik des Rats mit. Die Verfolgung von Blasphemikern hing zwar zu einem gewissen Grad von der Person des Vogtes ab, doch hielten sich die Vögte bei der Urteilsfindung an die Grundsätze des Rats. Sie vertraten somit die justizpolitischen Interessen der Stadtstaates auf der Landschaft. Daß die Vögte sich dabei seltener als der Rat mit Blasphemikern auseinanderzusetzen hatten und diese auch nicht gerade die schwersten Wortsünden begangen hatten, ist hierbei nicht weiter von Belang.

Die Kirche wirkte insofern an der Justizpolitik der weltlichen Obrigkeit mit, als sie die kirchlichen Ehrenstrafen vollzog. Sie war somit an der Reintegration der Delinquenten in die Gemeinden beteiligt, ohne daß jedoch die weltliche Instanz etwa über die Verhängung des Kirchenbanns in das Gemeindeleben selbst eingriff. Weltliche und kirchliche Instanz arbeiteten zusammen, ohne daß die eine die andere eindeutig für die eigenen Zwecke funktionalisiert hätte. Kennzeichnenderweise ergänzten kirchliche und weltliche Strafkomponenten einander kaum. Wenn mit der Zeit der Rat dazu neigte, bevorzugt kirchliche anstelle weltlicher Ehrenstrafen zu verhängen, dann mag dies ein Ausdruck dafür sein, daß er das theologisch definierte Delikt aus der profanen in die sakrale Sphäre zurückdrängte. Vielleicht folgte der Rat damit Säkularisierungsprozessen, die religiöse Angelegenheiten zunehmend in die Sphäre der Kirche oder der persönlichen Glaubensüberzeugung verwiesen.

So wie die weltliche Obrigkeit der Kirche bedurfte, um Gotteslästerung als metaphysisch orientiertes Delikt zu ahnden, so setzten die Ehrenstrafen voraus, daß die Untertanen die Verurteilten entsprechend ihrer Bestrafung sozial herabstuften. Die obrigkeitliche Verfolgung von Gotteslästerern hing davon ab, daß die Untertanen den formelleren Strafen informellere soziale Sanktionen folgen ließen. Der Rat dekretierte Urteile, letztlich waren es aber die Untertanen, die sie vollzogen. Es ist kein Zufall, daß die Ratsherren und die Mitglieder des Sittengerichts verhältnismäßig selten die Delinquenten in einer direkten Gegenüberstellung zur Ordnung riefen. Die Obrigkeit rechnete vielmehr damit, daß das soziale Umfeld der Gotteslästerer die verhängten Urteile wirksam werden ließ.

Angesichts des Forschungsstands läßt sich die Zürcher Justizpolitik nur begrenzt mit derjenigen anderer Städte vergleichen. Im reformierten Zürich scheint besonderer Wert auf den stigmatisierenden Charakter von Strafen gelegt worden zu sein; Geldstrafen gingen meist mit Ehrenstrafen einher. Insofern zeichnete sich die Zürcher Justiz durch eine spezifische Härte aus. Die Einschätzung jedoch, daß in Zürich außerordentlich viele Gotteslästerer zum Tode verurteilt worden seien, ist unzutreffend. Hier unterschied sich Zürich nicht wesentlich von anderen Orten.

Die Brüche oder Kontinuitäten in der Justizpolitik des Rates gegenüber Blasphemikern zu beurteilen, ist angesichts des Forschungsstandes und der Problematik quantitativer Auswertungen außerordentlich schwer. Die Aperçus zur spätmittelalterlichen Rechtsprechung sprechen dafür, daß die Kontinuitäten zur Frühen Neuzeit überwiegen. Die entscheidende Veränderung besteht nicht in der Höhe, sondern in der Anzahl der Bestrafungen. Gotteslästerer wurden nicht unbedingt härter bestraft, sondern häufiger erfaßt; aus gerichtlicher Sicht wurde Blasphemie also nicht zu einem schwereren, sondern zu einem alltäglicheren Delikt.

Von der Reformation bis zum Ende des Ancien Régime lassen sich keine klaren Entwicklungslinien in den Urteilen des Rats ziehen. Die Strafpolitik des Rats fügt sich nicht in Humanisierungs-, Disziplinierungs- oder Modernisierungsprozesse ein, wenngleich der Kampf des Rats gegen Gotteslästerer politische Dimensionen hatte: Zum einen suchte der Rat die Reintegration der Zürcher Blasphemiker in ihre Pfarrgemeinden und den Untertanenverband zu befördern, zum anderen war er hierfür auf die Mitwirkung der Untertanen angewiesen.

c) Gotteslästerung als Gegenstand horizontal-sozialer Kontrolle

Reaktionsmuster der Zeugen auf Gotteslästerung

Laut Sittenmandat erforderte Gotteslästerung eine eindeutige Reaktion: entweder die Sanktionierung an Ort und Stelle oder die Erstattung einer Anzeige.[427] Die tatsächlichen Handlungsmöglichkeiten der Zeugen waren jedoch

---

[427] Ich benutze »soziale Kontrolle« als weiten soziologischen Begriff, der alle Arten meint, in denen Menschen das Verhalten anderer als deviant einstufen und entsprechend sanktionieren. Soziale Kontrolle kann demnach vertikal – etwa von der Obrigkeit aus – wie auch horizontal – z. B. durch gegenseitige Zurechtweisung – erfolgen. Vgl. H. PETERS, Devianz und soziale Kontrolle. Eine Einführung in die Soziologie abweichenden Verhaltens. Weinheim 1989 S. 20. Zur soziologischen Diskussion des Konzepts vgl. S. SCHERER/H. HESS Hg., Social Control. A Defence and Reformulation, in: R. BERGALLI/C. SUMMER Hg., Social Control and Political Order. European Perspectives at the End of the Century. London – Thousand Oaks – New Delhi 1997 S. 96–130; C. SUMMER, Social Control. The History and Politics of a Central Concept in Anglo-American Sociology, in: R. BERGALLI/DERS. Hg., Social Control and Political Order. European Perspectives at the End of the Century. London – Thousand Oaks – New Delhi 1997 S. 1–33. Zur Rezeption historischer Disziplinierungsmodelle in der Soziologie vgl. F. SACK, Strafrechtliche Kontrolle und Sozialdisziplinierung. in: D. FREHSEE, D./G. LÖSCHPER/K. F. SCHUMANN Hg., Strafrecht, soziale Kontrolle, soziale Disziplinierung. Opladen 1993 S. 16–45.

vielfältiger. Hier sollen daher diejenigen Verhaltensweisen untersucht werden, die Hörer blasphemischer Äußerungen zeigten, bevor sie die Justiz einschalteten. Außerdem bleibt auszuführen, wie wiederum Blasphemiker auf
die Reaktionen der Zeugen antworteten und was die Verhaltensweisen beider über den Stellenwert von Gotteslästerung aussagen.

Religiösen und gesetzlichen Normen entsprechend war Gotteslästerung
ein schweres Vergehen, das man nur unnachgiebig ahnden konnte. Doch die
Zürcher reagierten keineswegs so eindeutig, wie es die Sittengesetzgebung
von ihnen forderte. Da waren zum einen die Gesetzestreuen, die unverzüglich Sanktionen ergriffen oder die Obrigkeit einschalteten. Da waren aber
auch andere, die lediglich ihre Mißbilligung audrückten. Und schließlich
gab es noch andere, die eine Gotteslästerung mehr oder weniger aktiv tolerierten. Für Aufsichtspersonen jedoch geziemte es sich, auf Blasphemien heftig zu reagieren. Für den Meilener Pfarrer Johann Rudolf Zeller beispielsweise hatte Untervogt Ebersperger vorbildlich gehandelt. Zeller berichtete
1686 »nicht ohne sonderen grausen und schrecken« über die Blasphemien
des Wundarztes Heinrich Wyman. Der Untervogt Ebersperger habe sie gehört und sei darauf unverzüglich »in schrecken« zu ihm gelaufen, um dem
Geistlichen den Vorfall anzuzeigen.[428] Die Justiz erwartete auch im 18. Jahrhundert, daß Gotteslästerungen klare Reaktionen auslösen würden. So wurde Heinrich Pfenninger von Wernetshausen 1755 in seinem Verhör danach
gefragt, »ob nicht Sein Frau über die lästerliche wort wie verfahren geweßen.«[429] Der Beklagte argumentierte, dies könne nicht der Fall gewesen sein,
da seine Frau die »Küchli« gegessen habe, die er ihr angeboten habe. Den
Appetit hatte es ihr – das wäre also im Fall einer Gotteslästerung anschei-
nend zu erwarten gewesen – nicht verschlagen.

Dieser Erwartungshaltung entsprechend gaben Zeugen oder Blasphemiker
bisweilen zu Protokoll, daß sie die fraglichen blasphemischen Worte sehr
getroffen hätten. Als im ersten Drittel des 16. Jahrhunderts Hans Druodel
im Haus des Niclaus Martin behauptet habe, der Teufel habe das Beten erfunden, seien sie, die Tischgenossen, »alle übel erschrocken und Inn gewar-
net, darvon abzestaan.«[430] Solche Worte verschlugen einem derart die Sprache, daß sich der Schreck körperlich ausdrückte. Der Buchdrucker Herman
Baumann zum Beispiel kam 1670 eines Tages nach Hause, als sich gerade
seine Frau mit einer Nachbarin und einer Freundin unterhielt. Die Ehefrau
habe sich mal wieder darüber beklagt, daß er, der Tag und Nacht arbeite,

---

[428] A. 27.11, Fall Heinrich Wyman Bericht Johann Rudolf Zeller, 31. 1. 1686.
[429] A. 27.146, Aussage Heinrich Pfenninger, 16. 18. 1755.
[430] A. 27.18, Aussage Steffen Haß, undat.

ihr nicht genügend Haushaltsgeld zur Verfügung stelle, er müsse das Geld verprassen. Nachdem ihn die Nachbarin ermahnt habe, Gott sehe und höre doch alles und werde wissen, was er treibe, sei er in Zorn geraten und habe erwidert: »Wan sie glaube und wüsse, daß ein Got seÿe, der alles sehe und höre, so solte sÿ nit zu einem jeden wort also den namen Gottes vergeblich fuoren [...] Sobald das ich diese Wort geredt hate, so hebt die Arterin ire hend auf, sprechende: O Jesus, der Mensch glaubt nit, daß ein Got ist.«[431] Für die Nachbarin war der Einwand Baumanns wirklich ungeheuerlich, da sie ihn als atheistisch mißverstand. Wie hätte sie da nicht die Hände über den Kopf zusammenschlagen sollen? Derart emotional reagierten allerdings nicht nur Frauen. Zu seiner Entlastung führte etwa der Wirt Gugoltz von Mettmenstetten 1697 an, daß er »selbs erschrocken und rot worden,« nachdem er auf die Bemerkung, einige Klosterfrauen erwarteten ein Kind, eingeworfen hatte, der Heilige Geist werde sie wohl geschwängert haben.[432] Solche blasphemisch anzügliche Reden mußten einem ehrenhaften Mann offenbar die Schamesröte ins Gesicht treiben.

Als ordentlicher Mensch auf Gotteslästerungen hin zu erschrecken, war nicht schlecht; Blasphemiker zur Besinnung zu rufen, war besser. So ergriff 1554 der Gemeindepfarrer des aufsässigen Vogt Cunrad Uolmanns von sich aus die Initiative. Nachdem er einige Tage zuvor von dessen gotteslästerlichen Reden erfahren hatte, hielt er eine allgemeine Strafpredigt, die unmißverständlich auf den Vogt gemünzt war. Er verkündete von der Kanzel, daß einige am Ort schwerere Gotteslästerungen begingen als manch andere, die in Zürich für weniger blasphemische Worte hätten mit dem Leben zahlen müssen.[433] Der Geistliche hatte einen Warnschuß abgegeben, verzichtete aber, der Sache im Einzelnen nachzugehen. Somit hatte er sich als vorbildlich streng und barmherzig zugleich erwiesen und sich zusätzlich für die Ehre Gottes eingesetzt und insofern mit ihm, in Bezug auf Gott, gehandelt.

Freilich hatten Zeugen, die blasphemische Sprecher direkt kritisierten, nicht immer Gott im Blick. Als der Metzger Rudolf Bräm 1681 über den Vogt in Rage geraten sei, habe er über den Amtmann geflucht und geschworen. Darauf habe Bräms Frau, so die Aussage des Zeugen Bünhart, ihrem Mann eindringlich zugeredet und schließlich bei der dritten Ermahnung zu bedenken gegeben: »Er soll doch Gott nit also lästern, die Wänd habind ohren.«[434] Anstatt darauf zu trachten, die gesetzlichen Regelungen, welche die Ehre Gottes beschützen sollten, einzuhalten, verfolgte die umsichtige

---

[431] A. 27.104a, Aussage Herman Baumann, 15. 12. 1670.
[432] A. 27.120, Aussage Heinrich Gugoltz laut Protokoll Knonauer Amt, 4. 9. 1697.
[433] Vgl. A. 27.20, Fall Uolmann Vogtbericht, 13. 9. 1554.
[434] A. 27.111, Aussage Bünhart, 16. 11. 1681.

Metzgersfrau andere Interessen. Sie versuchte ihren Mann davon abzubringen, durch weiteres Gepoltere eine Denunziation zu riskieren.

Klare Worte der Zurechtweisung wollten Hörer blasphemischer Sprechhandlungen selbst dann gefunden haben, wenn sie den Delinquenten freundschaftlich, nicht aber familiär verbunden waren. Landschreiber Schweitzer etwa sagte über den Oltener Vogt Hans Jakob Hönysen aus, er habe zusammen mit ihm und Hönysens Schwager, dem Seckelmeister Landolt, in einem Wirtshaus gegessen. Da habe sich Hönysen über den Wein beschwert: »Der Wÿn seÿ nit gut. Wan Er nit gut, so hab ihn Unser Herr Gott (absit blasphemia dicto) bschißen. Woruf der Schreiber also bald das Wort in den mund genommen und gesagt: Ach bhüt uns Gott Vatter. Hans Jagli, haltet mit den worten inn, das ist schröcklich. Ihr köntet in groß Unglegenheit und schweher buß kommen. Sein Knecht aber druf gsagt: wan mancher an orthen und ende so redte, würd er erntslich gestraft werden, und der Clöwi Mantz habe ihm mit dem finger träuwt [gedroht].«[435] Ob verbal oder nonverbal, die Warnungen waren eindeutig: Hönysen, der offenbar mit Schweitzer und Landolt auf vertrautem Fuß stand, solle sich weiterer Reden enthalten, wolle er eine schwere Strafe vermeiden. Möglicherweise waren die Hörer tatsächlich darüber schockiert, daß Hönysen die Majestät Gottes angegriffen hatte. Doch scheint ihnen die Vorstellung, der Vogt könne vor das Gericht zitiert werden, grauslicher gewesen zu sein. Sie ließen es jedenfalls bei ihren Ermahnungen bewenden.

Eigentlich aber sollten Vögte nicht zu den schwarzen Schafen gehören, sondern mit gutem Beispiel vorangehen. Diese Erwartung erfüllte Vogt Holtzhalb 1686. Er sagte aus, er habe Bollerbüren mit der Anna Stadler – vermutlich handelte es sich um eine Prostituierte – streiten hören. »Als er Im sÿnen garten gsÿn, habe er vom Böllerburen ettliche schwür und wort gehört, so nit wol zemälden. Darüber er Im sömbliches underseit und gehißen s[c]hwÿgen mit vermäldung, [...] [falls] er derglÿchen mehr von Im hörte, welte er dassëlbig einer ersamen Oberkeit anzeigen, Damit er sÿn gebüren-den lon darumb empfienge.«[436] Der Vogt versuchte also erst einmal die Sache informell zu regeln, indem er ein Verfahren androhte, ohne ein solches einzuleiten. Hier hatte die Ehre Gottes wieder das Nachsehen. Der Amtmann legte offenbar mehr Wert darauf, vor einer weiteren Blasphemie zu warnen als die bereits begangene zu ahnden. Er suchte sich somit eine Auseinandersetzung mit Bollerbüren zu ersparen.

---

[435] A.27.113, Aussage Landschreiber Schweitzer, 12.11.1684.
[436] A.27.160, Aussage Vogt Holtzhalb, 26.7.1686.

Gotteslästerer flößten Schreck ein, man mußte sie mehr oder weniger freundlich zur Ordnung rufen, doch man konnte sich auch in Abscheu von ihnen abgrenzen. Der Stammheimer Michel Keller bekam dies zu spüren, als er bei einer Hochzeitsgesellschaft den Bräutigam nach dem Fest unter Schwüren aufforderte, eine weitere Weinflasche herbeizuschaffen. Der Brautvater fand die ausgelassenen Sprüche Kellers überhaupt nicht lustig, sondern habe ihn »gepetten [...] darfür buoß zetuon, dann er welle des Gotts lesteren In sinem Huß nützit.«[437] Gotteslästerer, so der strenge Hausherr, hatten unter seinem Dach nichts verloren.

Die gleiche Rechtschaffenheit legten Wirtshausgäste im Jahre 1634 an den Tag. Als sie sich über die blasphemische Äußerung eines Juden ereiferten, Christus sei von einem seiner Glaubensvorfahren – d.h. leiblich von einem Juden und nicht durch den Heiligen Geist – gezeugt worden, überboten sie sich gegenseitig in ihren Unmutsäußerungen: Der Wanger habe »gredt, er wollte nit 100 g[u]lden nemen unnd sölliche Reden ußgießßen. Er Züg, wollte nit 200 g[u]lden, der von Schwitz nit 1000 g[u]lden für derglichen lesterwordt empfachen. Darbÿ es verblÿben.«[438] Mit vergleichbarer Verachtung reagierte Heinrich Kleiner, als ihn 1678 Hans Jakob Kleiner zur Herkunft Davids und Marias befragte, die er für Heiden hielt. Er habe es dabei belassen, sich ob »der groben unwüßenheit« seines Gesprächspartners zu verwundern, doch sonst nichts weiter gesagt.[439] Mochte also der Fall auf sich beruhen gelassen werden, die Botschaft war unmißverständlich: Gotteslästerungen waren eine verächtliche Sache, von der man sich demonstrativ distanzierte.

Diese Abscheu konnte derart tief sein, daß sie sich auf die Körpersprache übertrug: Die lästerlichen Reden des bereits erwähnten Rudolf Bräm hätten ihn, so die Selbstdarstellung des neunzehnjährigen »Knaben« Borius Bänhart, derart abgestoßen, daß er »mit der Hand an sein Hertz geschlagen« und gesagt habe: »Laßend uns gahn, Ich mag nit mehr da sein und mit den übrigen weggegangen.«[440] Bänhart hatte sich demnach entschieden, dem verwerflichen Gotteslästerer mit emphatischer Geste – das Schlagen auf die Brust war bei Zürchern männlichen Geschlechts vermutlich eine Geste, mit der sie auf ihre Ehre verwiesen –[441] buchstäblich hinter sich zu lassen.

[437] A. 27.24, Bericht Untervogt Andreas Farmer, Freitag nach Johannes 1563.
[438] A. 27.72, Aussage Caspar Gletlin, X. 4. 1634.
[439] A. 27.109, Aussage Heinrich Kleiner, 12. 11. 1678.
[440] A. 27.111, Aussage Borius Bänhart, 16. 11. 1681.
[441] Zu dieser körpersprachlichen Handlung vgl. F. LOETZ, Zeichen der Männlichkeit? Körperliche Kommunikationsformen streitender Männer im frühneuzeitlichen Staat Zürich, in: M. DINGES Hg., Hausväter, Priester, Kastraten. Zur Konstruktion von Männlichkeit in Spätmittelalter und Früher Neuzeit. Göttingen 1998 S. 264–293; hier: S. 282.

Den gesetzlichen Regelungen zufolge sollten Zeugen als erstes Blasphemiker dazu auffordern, den Herdfall zu vollziehen oder einen Schilling in die Armenkassen zu zahlen. Daß es mit der Umsetzung dieser Vorschrift oft gehapert haben muß, ist bereits gezeigt worden. Dabei gilt es allerdings zu bedenken, daß diejenigen Fälle, in denen das Sittenmandat erfolgreich zum Zuge kam, nicht in den Justizakten überliefert sein können, da sich dann sein gerichtliches Verfahren erübrigte. Daß die Zürcher eher darauf verzichteten, als Gesetzeshüter aufzutreten, läßt sich daher lediglich erahnen. Es sieht aber so aus, daß es manchem Zürcher wichtiger war, Konflikte zu vermeiden, als für die Ehre Gottes einzutreten.

Entschiedener gingen Zürcher vor, wenn es darum ging, blasphemischen Äußerungen zuvorzukommen. Wie schon gesehen, hielten einige den Sprechern die Hand vor den Mund, um sie daran zu hindern, lästerliche Worte zu artikulieren. Ob sie die Ehre Gottes schützen oder den Sprechern ein Verfahren ersparen wollten, ist kaum zu sagen. Zumindest stigmatisierte ihre Reaktion Gotteslästerer zu unverantwortlichen Sprechern.

Es liegt in der Natur der Justizakten, daß die Zeugen betonten, wie sehr sie Blasphemiker ordnungsgemäß verabscheuten. Daß Zeugen Gotteslästerungen dennoch zu einem gewissen Grad in verschiedenen Formen tolerierten, ist daher nur indirekt aus den Justizakten zu erschließen. Bei Ehefrauen etwa ist immer wieder zu beobachten, daß sie ihren Männern die Verantwortung überließen, Gotteslästerer zu melden. Sie begnügten sich damit, ihnen – natürlich sofort und voller Entsetzen, wie sie in ihren Zeugenaussagen unterstrichen – zu berichten, was sie gehört hatten. Typisch ist hierfür das Beispiel der Frau des Untervogts Jegkli von Küßnacht aus dem ersten Drittel des 16. Jahrhunderts. Ihr Mann sagte aus, seine Gemahlin habe sich im Haus seines Nachbarn Rytzi aufgehalten, als ein Gewitter ausgebrochen sei. Als sie zurückgekommen sei, habe sie ihm von der Gotteslästerung des Michael Degenhart berichtet. Doch habe er selbst nichts genaueres herausfinden können und daher seine Frau angewiesen, über die Angelegenheit zu schweigen.[442] Die Frau machte auf Gotteslästerer aufmerksam, der Mann entschied über eine etwaige Anzeige. Diese Rollenverteilung galt auch bei den Eheleuten Agata Äschman und Hans Heinrich Hännßler, die ein Wirtshaus in Richterswil führten und als Wirtsleute gesetzlich dazu verpflichtet waren, Gotteslästerungen ihrer Gäste anzuzeigen. Hännßler, der seine Meldepflicht verletzt hatte, rechtfertigte sich 1612 gegenüber der Obrigkeit damit, daß er von den blasphemischen Reden Ulrich Walders über seine Frau erfahren habe. Diese sei wiederum von einer anwesenden Prostituierten auf die Worte

---

442 A. 27.13, Aussage Vogt Jegkli, undat.

des Gastes aufmerksam gemacht worden. Er habe daher dem Gerede »aller nützit nit geachtet und vermeint, wÿl es von einer sollichen person ußgoßen, das wenig daruf zesetzen.«[443] Mochten auch Frauen auf Gotteslästerungen hinweisen, Männer behielten es sich vor, den Wert ihrer Mitteilungen zu beurteilen.

Die Art und Weise, wie die Obrigkeit auf den Gotteslästerer Marx Bleuwler aufmerksam wurde, unterstreicht diese Rolle der Ehemänner als Hausväter. So gab Jacob Kienast 1669 mit aller Selbstverständlichkeit zu Protokoll, daß er Bleuwlers Worte zwar nicht selbst gehört habe, aber seine Frau, sein Knecht sowie eine weitere Zeugin ihm diese mitgeteilt hätten, so daß er sich schließlich an den Pfarrer gewandt habe.[444] Diesem Beispiel nach zu urteilen, muß für Mitglieder einer Haushaltung der Hausvater öfters der erste Ansprechpartner gewesen sein.

Daß die Entscheidungskompetenz der Ehemänner eher etwas über die Rollenverteilung in einer frühneuzeitlichen Ehe aussagt als über die rechtliche und soziale Möglichkeit für Frauen, Blasphemiker anzuzeigen, verdeutlicht ein Fall aus dem Jahre 1661. Verena am Büel, die Ehefrau Georg Zindels, wandte sich an ihre Schwägerin, die Frau Conrath Zanggers. Diese aber muß Anzeige erstattet haben, denn der Vogt wußte dem Rat schließlich zu melden, Frau Zindel habe der Zangger »mit weinenden augen ohne gegëbenen anlos also geoffnet, Zindel Schweere und fluoche iederzÿth, ab Ihrem vermanen zum gebët thüge er nüt [um ihre Ermahnung zu beten, schere er sich nicht].«[445] Eine Frau war also sehr wohl in der Lage, Gotteslästerer zu melden. Wenn Verena Büel trotz ihrer religiösen Bedenken davor zurückgescheut und damit die Verantwortung ihrer Schwägerin übertragen hatte, dann wohl, weil sie einen weiteren Ehekonflikt fürchtete.

Frauen scheinen den direkten Weg zur Justiz lieber vermieden zu haben, wenn sie Familienmitglieder der Blasphemie beschuldigten. So stammten die Informationen, über die Vogt Hans Kilchsperger von Grüningen 1668 im Fall Süri verfügte, aus dritter Hand. Er bezog sie vom örtlichen Ehegaumer, den die Wäscherin Anna Murer eingeschaltet hatte. Diese habe ihm gemeldet, daß ihr die Margaretha Krieß eröffnet habe, daß ihre Stieftochter sie unter blasphemischen Worten beim Kochen von der Herdplatte weggeschubst habe.[446] Eigentlich hätte die Krieß den Mut aufbringen müssen, die Sache ordnungsgemäß zu melden. Offensichtlich setze sie aber auf die

---

[443] A.27.57, Aussage Hans Heinrich Hennßler, X.4.1612.
[444] Vgl. A.27.103, Aussage Jacob Kienast, 22.1.1669.
[445] A.27.98, Schreiben Vogt Wolff, 26.7.1661.
[446] Vgl. A.27.103, Fall Süri Schreiben Vogt Heinrich Kilchperger, 28.12.1668.

unangenehme Wirkung der Gerüchte, die in Umlauf kommen würden; die Beleidigung Gottes war da wohl nebensächlich.

Ob man die Verantwortung für eine Anzeige delegiert oder sich ihrer rundweg entzieht, macht einen Unterschied. Wer schlafen ging, wenn die ungeliebten Nachbarn mal wieder tobten, schwörten und fluchten, oder zugab, sich in seinen Garten zurückgezogen zu haben, um Lästerungen dieser Nachbarn nicht hören zu müssen, der wollte von den ärgerlichen Umständen nichts wissen.[447] Wie bereits ausgeführt, war diese Einstellung bei habituellen Lästerungen akzeptabel. So gab Rudolf Großmann im ersten Drittel des 16. Jahrhunderts unumwunden zu, daß er von einem Gesellen Heinrich aus Höngg gefragt worden sei, ob er nicht die Schwüre Jacob Brögens vernommen habe. Hierauf habe er geantwortet: »Er, wellte nit loßen [hören], denn er nit gern höre schweren Und würde villicht ein annderer loßen, d[er] Im dißer schwür woll an tag bringen werde.« Er sei anschließend »heimbgangen Und habe er stets dhein [keine] schwür von Brögen nit gehört.«[448] Wahrlich, wer nicht hören wollte, brauchte die Ohren nicht zu spitzen und konnte damit manchem Ärger aus dem Wege gehen. Von der Sorge um die Ehre Gottes oder um dessen möglicher Vergeltung scheint Großmann dabei frei gewesen zu sein.

In einer Gesellschaft, in der man aufeinander angewiesen war, hatte es seine guten Gründe, wenn man miteinander auszukommen suchte. Dies wird wohl das Motiv gewesen sein, warum Vogt Wolff auf Granit biß, als er 1661 Erkundigungen über Georg Zindel einholen wollte. Von den Schwüren, über die sich Verena am Büel bei ihrer Schwägerin beklagt hatte, »will niemants wüßßen,« so mußte der Vogt frustriert berichten. Die Zeugen hätten ausgesagt, sie hätten nichts vernehmen können, »dan grad vorm hus ein bach herunder lauffe.«[449] Diese Begründung läßt wohl eher eine Schutzbehauptung vermuten, als daß sie vom reinen Gewissen der Nachbarn zeugte. Es sieht ganz danach aus, daß den Nachbarn mehr daran gelegen war, sich mit Zindel gut zu stellen als sich um die Einhaltung des Sittenmandats bzw. die Wiederherstellung der Ehre Gottes zu kümmern.

Eine weitere Form, Gotteslästerung faktisch zu tolerieren, bestand darin, ihr mit Gleichgültigkeit zu begegnen. Hier wurde die Verantwortung für das Respektieren religiöser Normen weder delegiert noch verweigert, hier wurde diese Verantwortung erst gar nicht zur Kenntnis genommen. Diese Einstellung zeigten Zürcher insbesondere bei situations- und sozialtypischen Aus-

---

447 A. 27.13, Aussage Tochter Felix Nüßeler und Andreas Rytzli, undat.
448 A. 27.12, Aussage Rudolf Großmann, undat.
449 A. 27. 98, Schreiben Vogt Wolff, 26. 7. 1661.

prägungen der Gotteslästerung. Statt bereits gewonnene Erkenntnisse zu
wiederholen, sei ein einziges, eindeutiges Beispiel aus einem Bischofzeller
Wirtshaus von 1673 angeführt: Ein Müllerknecht aus dem katholischen St.
Gallen hatte die evangelische Übersetzung der Bibel und damit das reine
Wort Gottes als »Ketzerbuch« gescholten und war dafür des Landes verwiesen worden. Einige Zeit später kehrte er zurück, obwohl das Gedächtnis für
blasphemische Religionsschmähen sonst weit zurückreichte.[450] Wie der Vogt
feststellte, war ihm niemand gram, denn »es krähet kein hahn nach dieser lästerung.«[451] Der Vorfall war zu einem unbedeutenden, letztlich erträglichen,
alltäglichen Vorkommnis geworden.

Mit der Tatsache, daß Gotteslästerungen dennoch alles andere als eine
Nebensächlichkeit waren, spielten diejenigen Zeugen, welche die Gunst der
blasphemischen Stunde nutzten. Bei Gotteslästerungen im Wirtshaus boten
Zeugen gerne an, von einer Meldung abzusehen, sofern der Delinquent ihre
Zeche übernehme. Dies geschah beispielsweise 1612 in einer Gaststube: Dort
schlugen zwei Gesellen dem Uli Walder, der Blasphemisches über die Gottesmutter gesagt hatte, vor, unter dieser Bedingung auf eine Denunziation
zu verzichten. Zollinger sprang für Walder in die Bresche und ging auf den
Handel ein. Hierauf hätten ihm die Gesellen ihr Versprechen »Inn die hand
verheißen unnd daruf hin [sie] noch ein wÿl mit ein anderen truncken und
volgantz mit gutem willen von ein anderen gescheiden.«[452] Der religiöse
Normbruch wurde demnach zum Vorwand genommen, die Geselligkeit zu
pflegen. Gefallen an blasphemischen Witzen zu finden – es sei an die Erzählung vom schwäbischen Leberliebhaber erinnert –, gehörte zu dieser Geselligkeit. Zeugen reagierten längst nicht immer entsetzt, wenn sie blasphemische Worte vernahmen. Sie wußten sich auch ihren Spaß aus ihnen zu machen. Ein Umtrunk war ihnen näher als der Gedanke an einen in seiner Majestät beleidigten Gott. Die wohlgelaunten Zechkumpanen drückten hier
also nicht nur ein Auge vor der Blasphemie zu, sondern machten sie zu einem integralen Bestandteil ihrer fröhlichen Runde.

Blasphemiker waren nur dann gezwungen, ihrerseits auf die Reaktionen
der Zeugen einzugehen, wenn diese ihren Unmut zu erkennen gaben. Andernfalls entstanden ja keine Spannungen, die es auszugleichen gegolten hätte. Prinzipiell fanden Gotteslästerer zwei Antworten auf ihre Widersacher:

---

[450] Typisch ist hierfür der Fall des Jacob Wattinger aus Hüttwilen. Hans Mag und dessen
Sohn wußten sich anläßlich eines Ehrenhandels zu erinnern, daß der katholische Wattinger 30
Jahre zuvor behauptet habe, die Reformierten verwendeten Schweinemist zur Feier des Abend-
mahls. Vgl. E. I.10.5, Fall Jacob Wattinger Schreiben Pfarrer Büler, 9.4.1668.

[451] E. I.10.5, Vogteibericht, 19.7.1673.

[452] A.27.57, Aussage Rudolf Goldschmid, X.4.1612.

Die einen zeigten sich einsichtig, die anderen standen herausfordernd zu ihrer Sprechhandlung. Selbstverständlich sah die Justiz die erste Reaktionsweise lieber. Entsprechend besannen sich Delinquenten eines besseren, um den Schaden zu begrenzen bzw. wiesen Zeugen auf die vorbildliche Reue der Delinquenten hin, wenn sie diese zu entlasten suchten. Der Landschreiber Schweitzer etwa sagte 1684 über den Vogt Hans Jakob Hönysen aus: Nach verschiedentlichen Ermahnungen »habe der Vogt noch etwas wollen reden, wie er aber dise beschelckungen und verwarnungen vernommen, habe er von freyen stücken geschwigen.«[453] Jacob Zahnder versicherte: »So bald er daß [die blasphemischen Worte] geredt, seye ihm ein stich ins hertz gegangen. Alß ihn die wächter darüber bescholten, seye er nach noch mehr erschroken und habe zu ihnen gesagt, [...] er meine es nit böß.«[454] Böllerburen ging weiter, als ihn 1686 Vogt Holtzhalb seiner Schwüre wegen zu verfolgen drohte. Er habe nicht nur von seinen blasphemischen Worten abgelassen, sondern Besserung gelobt.[455] Daß die Justiz im 18. Jahrhundert ebenfalls erwartete, daß Gotteslästerer ihre Tat zutiefst bereuten, verdeutlicht die Frage, welche die Nachgänger Heinrich Pfenninger stellten: »Ob man ihm nicht über tisch diese lästerliche reden vorgehalten und Er darüber geweynet habe?«[456] Der Körper als Spiegel der Seele konnte wohl nicht trügen.

Obwohl es im Interesse von Blasphemikern hätte liegen müssen, ihre Rede umgehend zu bereuen und zurückzunehmen, berichten die Justizakten eher von den Starrsinnigen wie Heini Studer, Michel Keller, Hans Jacob Atzger oder Andreas Zander, die trotzig auf ihren Worten beharrten: Als Pfarrer Teck im ersten Drittel des 16. Jahrhunderts Studer seiner Schwüre wegen zum Herdfall aufforderte, habe Studer erwidert, »ob er das gegen Jedem so bald andete.«[457] Frech wandte er ein, daß der Geistliche ungerecht handle. Auch Keller ließ sich 1563 nicht von Verweisen beeindrucken. Obwohl er seiner Schwüre wegen des Hauses verwiesen worden war, »hatt er sich hinder dem Thÿsch an die wannd erleinet [gelehnt] und sine beid fuoß uff den Tisch gehept, unangesehen alles früntlichen pitts und wins und brotts, so daruf gegenwürttig gestanden.«[458] Keller entschuldigte sich demnach nicht. Im Gegenteil, er machte sich unverschämterweise breit und schmähte zusätzlich Wein und Brot als Gottesgaben, indem er seine Füße auf den Tisch legte. Ebenso ungehörig verhielt sich im gleichen Jahr Hans Jacob Atzger. Dessen

---

453 A. 27.113, Aussage Landschreiber Schweitzer, 12.11.1684.
454 A. 27.113a, Aussage Jacob Zahnder, 20.3.1685.
455 Vgl. A. 27.160, Aussage Vogt Holtzhalb, 26.7.1686.
456 A. 27.146, Aussage Heinrich Pfenninger, 16.10.1755.
457 A. 27.12, Aussage Hans Umber, undat.
458 A. 27.24, Bericht Untervogt Andreas Farmer, Freitag nach Johannes 1563.

Gemeindepfarrer berichtete 1663 dem Rat, daß er am Abend zuvor in einem Wirtshaus Gott gelästert habe. »Als ihn aber der Werkmeister [Johan Jakob Örri] beschelkt [ermahnt] und gsprochen, er rede dißfahls als ein schölm, hat diser bub replicirt, Er rede so als ein hundts etc., wann er sage, dz [daß] er wj ein schölm rede.«[459] Atzger hatte seine blasphemischen Reden nicht weiter verfolgt, richtete aber dafür seine Injurien gegen denjenigen, der für Gott eingetreten war. Solch unverfrorene Sprecher finden sich ebenfalls im 18. Jahrhundert. Als Zander aus Bachenbülach 1723 in einem Wirtshaus seiner Flüche und Schwüre wegen von der Hirt ermahnt worden sei, Gott werde ihn strafen, habe er herausfordernd erwidert: »So kome Er, so kome Er und räche es, wan ich schuldig bin.«[460] Alle vier, Studer, Keller, Atzger und Zander schlugen die doch gerechtfertigten Ermahnungen der Zeugen in den Wind. Dabei handelten sie nicht aus religiöser Überzeugung, sondern aus Provokationslust. Sie repräsentieren somit die sozial Aufmüpfigen, von denen bereits die Rede war.

So wie die Hörer eine blasphemische Sprechhandlung – in verschiedenen Formen – entweder ablehnen oder tolerieren konnten, so standen auch Blasphemiker vor einer grundsätzlichen Alternative: sie hatten die Wahl, die Ermahnungen anzunehmen oder zurückweisen. Diese Beobachtung ist nicht einfach eine rationale Überlegung. Zwar besagt die Logik, daß Warnungen grundsätzlich ernst genommen oder aber übergangen werden können, doch bedeutet dies noch lange nicht, daß in einer Gesellschaft genügend Spielräume für eine solche Entscheidungsfreiheit vorhanden sein müssen. Was die Zürcher Gesellschaft betrifft, sie war »tolerant« genug, Gotteslästerern diese Wahl zu lassen. Sie begriff, daß, wer aus gesellschaftlichem Trotz auf seine blasphemischen Worte beharrte, nicht zugleich ein religiöser Überzeugungstäter sein mußte. Für Gotteslästerung als soziale Provokation war in Zürich ein wenig Platz.

* * *

Bevor eine Gotteslästerung zur Meldung kam, hatte das Delikt bereits eine Vielfalt von Reaktionen ausgelöst. Wie auch immer Zeugen auf Blasphemie antworteten, sie konsolidierten durch ihr Verhalten religiöse Normen, wie sie ungeachtet gesetzlicher oder kirchlicher Vorgaben in der Praxis galten. Insofern übten die Zeugen horizontale soziale Kontrolle auf Gotteslästerer aus. Teilweise überlappten die Zielvorstellungen der Obrigkeit und soziale Kontrolle einander, so daß obrigkeitliche und gemeindliche Disziplinierung einander ergänzten.

[459] A. 27.99, Fall Hans Jacob Atzger Bericht Gemeindepfarrer, X. 7. 1663.
[460] A. 27.135, Aussage Hirt, 18. 10. 1723.

Bei den Angaben, die Zeugen oder Angeklagte über ihre Reaktionen auf einen blasphemischen Vorfall machten, wird der Legitimationsdruck deutlich, unter dem beide standen. Die Nachgänger fragten die Zeugen immer wieder nach ihrer Einhaltung des Sittenmandats. Vor Gericht mußten die Zeugen daher überzeugend erklären können, wie sie verantwortungsvolle Untertanen sein konnten, wo sie doch eine Anzeige unterlassen hatten. Wer Gotteslästerer in Schutz nehmen wollte, betonte, daß diese auf die Ermahnungen der Zeugen gehört und umgehend aufrichtige Reue gezeigt hätten. Genau dieses Bild zeichneten die Angeklagten von sich selbst, wenn sie sich zu rechtfertigen suchten. Diese Argumentations- bzw. Verhörstrategien lassen also erkennen, daß für die Obrigkeit das Sittenmandat kein bloßes symbolisches Papier, sondern ein konkretes Hilfsmittel war, die Untertanen zur Verantwortung zu ziehen und damit zu disziplinieren.

Die Reaktionen der Zeugen auf Gotteslästerungen gingen in zwei grundsätzlich getrennte Richtungen. Die einen drückten ihre Ablehnung aus oder versuchten, aktiv das Sittenmandat zu vollziehen. Die anderen duldeten die Blasphemien oder machten sie gar zu einem Element der Geselligkeit.

Ihren Unmut gegenüber Blasphemikern äußerten Zeugen auf verschiedene Weise. Im Einklang mit den normativen Erwartungen ergriff manche Frauen und Männer ein derart tiefes Entsetzen, daß es sich auch in der Körpersprache niederschlug. Diese (angebliche) Reaktionsweise entsprach ganz dem Ideal von den vorbildlichen Untertanen, die in der Gotteslästerung zurecht ein schweres Delikt erkannten.

Die zweite Gruppe von Zeugen lief nicht vor lauter Schreck vor den Gotteslästerern weg, sondern ermahnte sie. Dies geschah jedoch aus unterschiedlichen, nicht immer ganz vorbildlichen Motiven. Mit einem Gerichtsverfahren zu drohen, hieß zwar anzukündigen, die Sache Gottes bzw. der Obrigkeit vertreten zu wollen. Wer aber Blasphemiker warnte, um sie von einer weiteren blasphemischen Handlung abzuhalten und damit vor dem Risiko einer Bestrafung zu schützen, verfolgte persönliche Interessen. Möglicherweise ging es darum, Familienmitglieder oder gute Bekannte bzw. Freunde vor Sanktionen zu bewahren. Vögte indes, die es bei der Androhung einer Strafverfolgung beließen, ohne gerichtlich zur Tat zu schreiten, erleichterten sich das Leben als Amtspersonen. Sie vermieden einen offenen Konflikt und damit Komplikationen in ihrer Amtsführung. Hier hatte die Ehre Gottes das Nachsehen. Wie verwerflich den Zeugen die Sprechhandlung von Gotteslästerern auch erschien, sie gingen davon aus, daß die Angelegenheit untereinander geregelt werden könne.

Entschiedener reagierten diejenigen, die sich mit Abscheu von Blasphemikern abwandten. Sie grenzten sich emphatisch – teilweise körpersprachlich – von Gotteslästerern als Menschen, mit denen man nichts zu tun haben wollte, ab. Solche Leute zu tolerieren, bedeutete für sie, die eigene reine Weste zu beschmutzen. Diese Zeugen stigmatisierten also Gotteslästerung zu einem unerträglichen Delikt und huldigten somit, eher passiv, Gott bzw. der Obrigkeit.

Eine Kontrollfunktion erfüllten diejenigen Zeugen, die Blasphemiker zum Vollzug des Herdfalls aufforderten. Wie groß diese vierte Gruppe gewesen ist, läßt sich nicht sagen, denn die Zeugen haben nur dann Spuren in den Justizakten hinterlassen, wenn sie bei ihren Bestrafungsaktionen auf Schwierigkeiten stießen. Manches deutet jedoch darauf hin, daß die Zürcher auf die Rolle des Gesetzeshüters eher verzichteten.

Die Motive der erfolgreichen informellen Gesetzeshüter liegen genauso im Dunkeln wie deren Zahl. Lag ihnen wirklich die Wiederherstellung der Ehre Gottes am Herzen, oder versuchten sie sich auf Kosten der Bestraften einen Vorteil zu verschaffen? Die Frage läßt sich angesichts der spärlichen Quellenhinweise zur Praxis des Herdfalls nicht klären. Gotteslästerung jedenfalls war ein Delikt, das den Zeugen zu beidem die Chance bot.

Ebenso ambivalent dürften die Motive sein, die Zeugen dazu veranlaßten, Blasphemikern die Hand vor den Mund zu halten. Die Tatsache, daß Zeugen Blasphemiker somit daran hinderten, weitere Gotteslästerungen zu artikulieren, läßt sich mehrfach deuten. Möglicherweise wollten sie die Sprecher als unverantwortliche Untertanen stigmatisieren. Es mag aber auch sein, daß sie prophylaktisch die Ehre Gottes beschützen wollten. Wie auch immer, das entschiedene Eingreifen der Zeugen beweist, wie hoch der soziale und zugleich religiöse Provokationswert von Gotteslästerung war.

Eine völlig andere Haltung nahmen diejenigen Zeugen ein, die Gotteslästerung passiv bis aktiv duldeten. Hier lassen sich vier Gruppen unterscheiden. Statt unmittelbar gegen Gotteslästerer Stellung zu nehmen, delegierten einige die Verantwortung für die Verfolgung von Delinquenten. Diese Einstellung scheint Ehefrauen zu charakterisieren, die ihren Gatten von blasphemischen Vorfällen berichteten und es ihnen als Hausväter überließen, Anzeige zu erstatten. Frauen, die sich über Blasphemien weiblicher Familienmitglieder beschwerten, ohne selbst die Obrigkeit einzuschalten, neigten offenbar dazu, diese Aufgabe statt dessen einer Frau ihres Vertrauens anheimzustellen. Nicht das Gesetz, sondern geschlechtsspezifische Rollenverteilungen (in der Ehe) sahen demnach vor, daß (auch) hier dem Mann die Entscheidungskompetenz zustand bzw. Frauen dazu neigten, andere (Frauen) für sich sprechen zu lassen. Das Beispiel der Gotteslästerung zeigt somit, daß gravierende verbale Normbrüche als männerspezifische Domäne galten.

Die Ohren vor Blasphemien zu verschließen und damit diese faktisch zu tolerieren, lief darauf hinaus, sich der Verantwortung zu entziehen, die das Sittenmandat allen Zürchern auferlegte. Die Ehre Gottes wog hier offenbar nicht so schwer wie das Vermeiden direkter Auseinandersetzungen mit den Delinquenten. Gotteslästerung war zwar wohl ein Delikt, das aber die eigenen Lebenskreise störte und von dem man sich daher besser weigerte, es zur Kenntnis zu nehmen.

Ähnlich dürfte die Haltung derjenigen gewesen sein, die Gotteslästerung schlichtweg aus Gleichgültigkeit übergingen. Als sozial- und situationstypischer Habitus sahen diese Zeugen in Blasphemien banale Alltagserscheinungen, die keine weitere Aufmerksamkeit verdienten. Hier gerieten die Zeugen erst gar nicht in die Verlegenheit, ihre Verantwortung für die Einhaltung des Sittenmandats zu leugnen. Sie erkannten nicht, daß ein Handlungsbedarf überhaupt bestand.

Am weitesten gingen Zeugen von Blasphemien, die Gotteslästerer letztlich aktiv tolerierten. Dies geschah, wenn Zeugen unter der Bedingung, daß der Delinquent ihnen ihre Wirtshauszeche zahle, versprachen, den blasphemischen Vorfall zu verschweigen. Man hatte dann einen guten Vorwand, miteinander eine weitere Runde zu trinken. Diejenigen, die über blasphemische Witze lachten und sie nochmals erzählt bekommen wollten, verwandelten Gotteslästerung gleichfalls in einen Gegenstand der Geselligkeit, statt den Tabubruch zu bekämpfen. Gott propositional, nicht aber perlokutionär zu lästern, machte offensichtlich Spaß, und zwar nicht nur Gotteslästerern.

Die Reaktionen, die Blasphemie auslösten, erlauben Rückschlüsse auf die Bedeutung von Religion in einer frühneuzeitlichen Gesellschaft. Gotteslästerung war ein komplexes Phänomen, das vielfältigste Antworten bewirkte. Religiöse Norm und religiöser Normbruch standen zueinander in einem zu subtilen Verhältnis, als daß man sie als die weiße bzw. schwarze Seite einer Medaille charakterisieren könnte. Mochten Theologen, Juristen oder vorbildliche Untertanen wissen, welche Lehren und Verhaltensweisen zu welcher Seite der Medaille gehören sollten, in den konkreten Fällen überwogen die Grautöne: Auf der Normebene war Gotteslästerung ein schweres Delikt, das nach entsprechend harter Bestrafung verlangte. In der Praxis jedoch reichten bei den Zeugen die Reaktionen vom vorbildlichen Entsetzen und Ergreifen der gesetzlichen Maßnahmen, von passiver Duldung bis zum aktiven Tolerieren von Blasphemien. Das Verhalten der Gotteslästerer auf die Ermahnungen der Zeugen erstreckte sich von trotzigem Beharren auf den blasphemischen Worten bis zu deren reuiger Zurücknahme. Daß Gotteslästerer und deren Zeugen sich vor Gericht drehten und wanden, zeigt zweifelsohne, wie hoch der Legitimationsdruck war, unter dem sie der Justiz gegenüber standen. Die Obrigkeit wollte das Sittenmandat umgesetzt sehen. Die Tatsache aber, daß Gotteslästerer ebenso wie Zeugen die Möglichkeit sahen, zwischen prinzipieller Ablehnung bzw. Duldung von Gotteslästerung zu wählen, läßt erkennen, daß die Zürcher Gesellschaft gewisse Denk- und

Handlungsspielräume bot. Nicht alles, was Gotteslästerung war, wurde als Gotteslästerung geahndet; eine frühneuzeitliche Gesellschaft war durchaus in der Lage, religiöse Tabubrüche bis zu einem gewissen, schwer zu bestimmenden Maße als soziale, teils banale und alltägliche Provokation zuzulassen, ohne deswegen disziplinierend durchzugreifen.

Motive für die Meldung von Blasphemikern

Gotteslästerung war ein Offizialdelikt par excellence. Mochte auch seine Ehre verletzt worden sein, Gott selbst konnte schlecht eine Injurienklage einreichen. Daher oblag es der Obrigkeit als Stellvertreterin Gottes, Blasphemien zu verfolgen. Freilich brachte diese Aufgabe die Obrigkeit in eine schwierige Situation. Sie mußte Klägerin und Richterin in einem sein. Dabei war sie darauf angewiesen, daß die Bevölkerung ihr die Gotteslästerer meldete, nach denen die Amtspersonen offensichtlich nur ungern suchten.[461] Untertanen, die auf eine Anzeige verzichteten, riskierten jedoch nicht sonderlich viel. Der Nachweis, daß sie willentlich einen Vorfall verdunkelt hatten, war schwer zu führen. Daher stellt sich die Frage, was Untertanen denn bewog, Blasphemiker der Justiz auszuliefern. Lag ihnen wirklich daran, sich als gesetzestreue, fromme Bürger zu erweisen, die für die Sache Gottes eintraten? Der rhetorische Charakter dieser Frage deutet bereits an, daß andere Motive hineinspielten. Dies gilt es im folgenden zu vertiefen, um Gotteslästerung als Gegenstand sozialer Kontrolle zu erfassen und damit den religiösen Stellenwert des Blasphemiedelikts in einer frühneuzeitlichen Gesellschaft näher zu bestimmen.

In den Fällen, in denen sich Zürcher dazu äußerten, was sie veranlaßt hatte, eine Blasphemie zu melden, ist immer die Selbststilisierung der Zeugen vor Gericht zu berücksichtigen. Trotz dieser Brechung ist aus den Protokollen zu ersehen, daß Zeugen aus echter Gewissensnot Anzeige erstatteten. Zumindest behaupteten dies Zeugen wie Untervogt Jakob Nägeli von Kilchberg im Jahre 1616. Er habe sich am Morgen mit zwei weiteren Zeugen getroffen, um über die Gotteslästerung, die sie gemeinsam am vorherigen Abend in einem Wirtshaus gehört hatten, zu beratschlagen. Gemeinsam hätten sie den Entschluß gefaßt, »das sý ein sölliches dem H[er]r Pfarrer anzei-

---

461 Das Problem, inwiefern Denunzierende mit staatlichen Organen kooperieren, ist für die Frühe Neuzeit weitgehend unerforscht. Zur Diskussion des deutschsprachigen Forschungsstands anläßlich eines Kolloquiums zur Polizeigeschichte mit Schwerpunkt auf das 19. und 20. Jahrhundert vgl. D. Hüchtker, »Denunziation oder Kooperation?«. Das 8. Kolloquium zur Polizeigeschichte, in: WerkstattGeschichte 19. 1998 S. 89–91. Für erste empirische Ergebnisse vgl. dagegen F. Ross/A. Landwehr Hg., Denunziation und Justiz. Historische Dimensionen eines sozialen Phänomens. Tübingen 2000.

gen und offnen wellint.«[462] Daß aber Nägeli die Sache mit den beiden anderen Zeugen besprach und diese mit ihnen zusammen dem Pfarrer vortrug,
statt kraft seines Amtes einzuschreiten, läßt vermuten, daß er hier eher als
Privat- denn als Amtsperson handelte. Offensichtlich mußte er sein Gewissen befragen, bevor er gegen die lästerlichen Worte vorgehen konnte.

Schenkt man den Selbstdarstellungen der Zeugen Glauben, so dauerte es
oft eine Nacht, bis das Gewissen sie dazu trieb, eine Initiative zu ergreifen.
Im Unterschied zu Nägeli konnten sich dabei die Bedenken, die den Zeugen
die Nachtruhe geraubt haben müssen, auch ohne Unterstützung weiterer
Zeugen durchsetzen. Landschreiber Schweitzer gab 1684 an, er habe der
Gotteslästerungen des Oltener Vogts Hönysen »nachgsinnet und wÿl ihm
sein gwüßen kein ruh glaßen, seÿe er ins Schloß gangen und habe beid H[er-
ren] L[and]vögten, gestalten der nöuwe damahls auch drußen war, dieselbi-
ge erzelt.«[463] Ebenso sagte Wirt Aberti aus, er habe Leinhart Fuchs seiner
abendlichen Lästerungen wegen am nächsten Morgen festnehmen lassen
wollen. Da sich der Delinquent aber bereits aus dem Staub gemacht hatte,
habe er ihn erst drei Monate später aufs Ratshaus führen können, als er ihm
zufällig in Zürich begegnet sei.[464] Das Gewissen Abertis hatte ganze Arbeit
geleistet und den Fall in sein Gedächtnis eingegraben. Der Wirt ging der Sache nach, ohne von irgendjemandem deswegen unter Druck gesetzt worden
zu sein, weil er seine Meldepflicht verletzt hatte. Die Blasphemie des Fuchs
war demnach zu einem persönlichen Anliegen geworden, ob aus religiösen
Gewissensnöten oder aus anderen Gründen.

Offenbar lastete eine schwere Verantwortung auf den Schultern derjenigen, die von einer Gotteslästerung erfuhren. Diesen Eindruck vermittelt zumindest ein Fall aus dem Jahre 1669. Der Aussage Jacob Kienasts zufolge sei
eines Tages seine Frau zusammen mit ihrem Knecht und einer Spinnerin aus
den Weinbergen zurückgekehrt, in denen Marx Bleuwler bei der Arbeit
blasphemische Bemerkungen gemacht hatte. Die drei hätten ihm vom Vorfall
erzählt, so daß er, Kienast, Bleuwlers Worte »nit bÿ sich behalten wollen,
sonder selbige dem Caspar Muhrer, Sÿ beide dem H[er]rn Pfahrer alleß, So
bald er zu Ihnen kommen, geleÿdet [gemeldet] habind.«[465] Kienast, der, soweit die Quellen ein Urteil erlauben, nichts mit Blewler zu tun hatte, hätte
sehr gut zur Sache schweigen können, doch er entschied anders und meldete
den Vorfall. Der Darstellung Kienasts, er habe aus innerer Not gehandelt,
wird man daher Glauben schenken können. Sogar ohne selbst Zeuge einer

---

[462] A. 27.61, Aussage Jacob Nägeli, 14. 4. 1616.
[463] A. 27.113, Aussage Landschreiber Schweitzer, 15. 11. 1684.
[464] Vgl. A. 27.113a, Aussage Aberti, 9. 6. 1685.
[465] A. 27.103, Aussage Jacob Kienast, 22. 1. 1669.

blasphemischen Handlung geworden zu sein, wog Gotteslästerung für manche zu schwer, als daß man sie auf das eigene religiöse Gewissen genommen hätte.

Auch die Wirtin Anna Meyer gab zu Protokoll, sie habe nach einigem Zögern Andreas Zander wegen seiner Gotteslästerungen einfach anzeigen müssen. Wie schwer ihr dies möglicherweise gefallen sein kann, ist an ihrer Aussage von 1723 abzulesen: »Zander [habe] etliche Jahr beÿ Ihnen im Wirthshaus gedienet und sich ehrlich bei Ihnen verhalten; seÿ Ihro leÿd, daß Sie dermahlen selbigen um obige Reden willen verklagen müße. Auch habe Er schon öfters mit weinenden Augen beklagt, wie daß Ihme zum Zeiten so wunderlich werde.«[466] In ihrem Bedauern ließ sie nicht nur die menschliche Anteilnahme einer Dienstherrin für ihren langjährigen treuen Bediensteten mitschwingen, die Meyer versuchte Zander auch noch mit ihrem Verweis auf dessen schwermütige Neigungen – also dem Argument der Unzurechnungsfähigkeit – in Schutz zu nehmen. Es ist zwar nicht auszuschließen, daß die Meyer die betrübte Dienstherrin spielte, um möglichen Anschuldigungen von außen zuvorzukommen, doch hätte die Wirtin in diesem Fall eine recht schwache Vorstellung gegeben: Sie hätte Zander mehr entlastet als sich selbst, die sie sich mit ihrer Aussage implizit eines säumigen Verhaltens bezichtigte. Außerdem deutet nichts darauf hin, daß die Wirtin unter dem Druck dritter Personen handelte oder sie Zander in ungerechtfertigte Schwierigkeiten zu bringen suchte. Meyers Darstellung macht also deutlich, daß Gotteslästerung von den Zeugen als ein derart ernstes Vergehen wahrgenommen werden konnte, daß selbst langjährige Loyalitäten aufgekündigt wurden. Ungesühnte blasphemische Worte nagten in der Tat am Gewissen mancher Zeugen. Schließlich erinnerten Pfarrer in ihren Predigten immer wieder daran, daß, wer Blasphemien verschwieg, sich der Wortsünde teilhaftig mache. Die kirchlichen Mahnungen verhallten offenbar nicht ohne Wirkung.

Angesichts des Anzeigeverhaltens etwa bei den Hexenverfolgungen liegt es nahe zu überlegen, ob denunziert wurde, um einem lästigen Mitmenschen zu schaden.[467] Im Gegensatz zu Lothringen läßt sich die Frage der Falschbeschuldigung jedoch überwiegend negativ beantworten.[468] Wie im Fall der

---

[466] A. 27.135, Aussage Anna Meyer, 29.10.1723.
[467] Vgl. aus der Vielfalt der jüngsten Veröffentlichungen etwa M. DINGES, Justiznutzung S. 538; E. BIESEL, Hexenjustiz, Volksmagie und soziale Konflikte im lothringischen Raum. Trier 1997; R. BRIGGS, Witches and Neighbours. The Social and Cultural Context of European Witchcraft. London 1996; G. SCHWERHOFF, Alltagsverdacht S. 370-375.
[468] Vgl. O. CHRISTIN, condamnation S. 54.

Barbara Lienhard aus Basel[469] ist der Fall der Margaretha Krieß aus dem Jahre 1668 eine absolute Ausnahme. Die Krieß erzählte einer Freundin, ihre Schwiegertochter Barbara Süri habe sie unter blasphemischen Worten beim Kochen von der Herdplatte weggestoßen. Als die Krieß schließlich ihre Behauptung vor dem Vogt wiederholen sollte, nahm sie aber die Beschuldigung zurück.[470] Offenbar wurde der Krieß – wohl aus guten Gründen – das Gerichtsverfahren zu riskant.

In der Regel vermieden Zeugen Falschbeschuldigungen. Dies läßt sich an ihrer typischen Rechtfertigungsstrategie ablesen. Die Zeugen erklärten recht häufig, daß sie deswegen auf eine Anzeige verzichtet hätten, weil sie nur über unzuverlässige Gerüchte von einem Vorfall erfahren hätten. In Übereinstimmung mit Pfarrer Lamprecht Zender und Untervogt Jegkli von Küßnacht sagte etwa Heinrich Wirt im ersten Drittel des 16. Jahrhunderts aus, »das Im diser, der Degenharts, [blasphemischen] Reden halb gar nützit ze wüßen dann wie [als] die gmein gaßen Red gwesen.«[471] Jegkli fügte in seiner Aussage an, er habe daher seine Frau angewiesen, zur Sache zu schweigen.[472] Sicherlich suchten sich die Befragten mit ihren Erklärungen von dem Vorwurf zu befreien, ihre Meldepflicht vernachlässigt zu haben. Hinter dem Legitimationsversuch stand jedoch auch die Vorstellung, daß eine Anzeige auf gesichertem Boden ruhen müsse. Diese Argumentation wiederum dürfte nicht allein juristischen Notwendigkeiten, sondern auch dem Rechtsempfinden entsprungen sein. Hierfür spricht jedenfalls die Vorsicht, mit der Zeugen vorgingen, wenn sie den Vorwurf der Blasphemie erhoben.

Daß Falschanzeigen eine Ausnahme blieben, schließt nicht die Möglichkeit aus, daß Denunziationen dazu genutzt werden konnten, untereinander Rechnungen zu begleichen. Für die Denunziation aus dem niederen Motiv der Rache gibt es durchaus einige Hinweise. So fragten die Nachgänger Jacob Wollenweider skeptisch, »warumb die sach erst ietzt außkome, da Er mit dem Gugolz in Zerwürfnüßß komen.«[473] Die Erfahrung hatte die Justizleute offenbar gelehrt, daß in Konflikten zu Unrecht die Waffe des Blasphemievorwurfs gezückt wurde. Genau dieses Arguments bedienten sich die Angeklagten, wenn sie, so die juristische Standardformel, behaupteten, die Zeugen hingen ihnen etwas »aus Neid und Haß« an. Andreas Zander bei-

---

[469] So betont auch Schwerhoff am Beispiel der Lienhard, wie selten der Vorwurf der Gotteslästerung zu persönlichen Zwecken instrumentalisiert wurde. Vgl. G. SCHWERHOFF, Schranken S. 100.

[470] Vgl. A. 27.103, Bericht Vogt Hans Heinrich Kilchperger, 28. 12. 1668.

[471] A. 27.13, Aussage Heinrich Wirt, undat.

[472] Vgl. A. 27.13, Aussage Vogt Jegkli, undat.

[473] A. 27.120, Aussage Jacob Wollenweider, 22. 9. 1697.

spielsweise, der in einem Streit mit seinem Nachbarn geschworen hatte, wandte 1723 in seinem Verhör ein, »es schwerind ander auch, man woll Ihne nur um sein Sächli bringen.«[474] Der Angeklagte Heinrich Pfenninger entgegnete 1755 den Nachgängern, er habe trotz des ewigen Gejammeres seiner Ehefrau Gott nicht gelästert. »Wan man etwas von Ihme ausgebe, so seye es aus neid und haß.« Die Frau des Hans Schmider von Hadtlikon »seye Ihm feind wegen dreyfachen proceßes und seji ein abgeredte sach.« Daher habe sie falsche Gerüchte in die Welt gesetzt.[475] Die Frage, ob Pfenningers Gegenbeschuldigung zutrifft, kann offen bleiben. Entscheidend ist dessen Argumentation: Sie beruhte auf der als allgemeines Erfahrungswissen betrachteten Annahme, daß der Vorwurf der Gotteslästerung in einem Konflikt öfters als unfaire Waffe eingesetzt wurde.

Die Vorsicht der Nachgänger und die Gegenbeschuldigungen der Angeklagten gegen die Zeugen, die sie belasteten, hatten ihre Gründe. Das Bedürfnis, Konfliktgegnern zu schaden bzw. sich an ihnen zu rächen, trieb manche/n dazu, den Vorwurf der Gotteslästerung zu erheben. So leuchtet die Argumentation Hans Kellers von 1640 ein. Zwar habe er an Weihnachten ein Kirchenlied, das Heinrich Ruockstul blasphemisch umgedichtet hatte, nachgesprochen und auf die hierdurch provozierte Rückfrage Jacob Ruckstuls beleidigend geantwortet, doch sei die Sache am folgenden Tag zu gegenseitiger Zufriedenheit förmlich geregelt worden. Daß nun mehrere Monate später der Vorfall erneut aufgeworfen worden sei, habe mit der weihnachtlichen Wirtshausszene nichts zu tun. Vielmehr habe er, Keller, gegen seinen eigenen Knecht geklagt und ihn des Ehebruchs mit seiner Frau bezichtigt. Der Knecht habe aber selbst unter der Folter nicht gestanden und sei daher freigesprochen worden. Deswegen hätten »sýne mißgünner das Alte widerumb herfür gesuocht.«[476] Die Geschichte Kellers klingt plausibel, wenngleich sie sich anhand der Akten nicht überprüfen läßt.

Ebenso besitzt die Verteidigung des Buchdruckers Heinrich Bauman von 1671 einige Überzeugungskraft: Die Behauptung, er habe blasphemische Reden ausgestoßen, »seige ein sach, welche die wýber 12 gantzer wochen bei sich behalten und nach gehnts in einer Zerwürfnüs und Uneinigkeit von Ihm geschwätzt habind.«[477] Jedenfalls ist es merkwürdig, daß die Nachbarinnen ausgerechnet dann den Vorfall zur Anzeige brachten, als sie drei Monate später mit Bauman in einen Streit gerieten. Eine ähnliche Erklärung lieferte 1696 Ursula Hollhammer, die Ehefrau des Angeklagten Hans Jakob Kübler:

[474] A. 27.135, Aussage Andreas Zander, 18. 10. 1723.
[475] A. 27.146, Aussage Heinrich Pfenninger, 18. 10. 1755.
[476] A. 27.79, Aussage Hans Keller, 13. 8. 1640.
[477] A. 27.104a, Aussage Heinrich Bauman, 3. 1. 1671.

Sie hätten vor einiger Zeit einen »Handel« mit den Zeugen Caspar Mettler gehabt, der ihren Mann nun zu Unrecht belaste.[478] Mag sein, daß der Zusammenhang, den die Hollhammer herstellte, unzutreffend war, dennoch ist es auffällig, daß einer Meldung häufiger Auseinandersetzungen mit dem Angeklagten vorausgingen. Blasphemische Äußerungen konnten demnach ein willkommener Anlaß sein, die Justiz zu nutzen, um einem Gegner durch eine Anzeige zu schaden.

Wie Nachbarschaftskonflikte bereiteten auch Ehestreitigkeiten der Denunziation einen fruchtbaren Boden. Vielsagend ist hierfür das Beispiel der Anna Bucher aus dem Jahre 1676: Vor ungefähr zwölf Jahren sei eines ihrer Kinder schwer erkrankt. Da habe ihr Mann über den Gesundheitszustand des Kindes gejammert, sie aber hierauf eingewandt: »Gott strafft sÿ umb Ihr beide ellend lebens und wēsen willen. Also sage er druff: Er wolte lieber, Gott strieffe Ihme als die Kinder. Druf sÿ geanwortet, soll nit also reden, Gott laße sich nit fatzen. Habe er druff solche lästerlichen und schmēchlichen wort geredt, habe es die Zeit har niemand gsagt.« Ein solch langes Schweigen war erklärungsbedürftig. Die Nachgänger hakten nach: »Uf forhalten, warum sÿ solches nit ehender anzeigt, auch der man seige umb schwüren halben schon abgstrafft worden [zumal ihr Mann bereits seiner Schwüren halben bestraft worden sei], sagt sÿ: Um anderer sachen wēgen seige er gstrafft und vorgstelt worden, umb solches aber noch nit. Habe solches verschwigen bis uf diße Zeit [...], [weil] man habe in dem dorff sÿt sine Heimkonfft von straßburg hin und wider gred.«[479] Überzeugend ist die Erklärung der Bucher nicht. Es kann kein Zufall sein, daß sie auf einmal ihren Mann nicht mehr vor Gerüchten in Schutz zu nehmen wünschte und einen Vorfall, der über ein Jahrzehnt zurücklag, hervorkramte. Da werden sie wohl nicht plötzlich religiöse Gewissensnöte überfallen haben. Sie wird wohl vielmehr versucht haben, ihren Mann, mit dem sie offenbar seit Jahren im Streit lag, in Bedrängnis zu bringen.

Der Vorwurf der Gotteslästerung muß – wie im Paris des 17. Jahrhunderts –[480] öfters eine Art gewesen sein, den gegenseitigen Kleinkrieg mit anderen Mitteln fortzusetzen. So beleidigten 1698 Barbara Trüb und Heinrich Göschli in Horgen auf offener Straße einander, als sie wegen einer Erbschaft in Streit gerieten. Der Pfarrer zitierte sie umgehend zu sich. Doch auch vor den Pfarrleuten versöhnten sich die beiden nicht.[481] Der »Zufall« wollte es, daß

---

478 Vgl. A. 27.119, Aussage Ursula Hollhammer, 25. 9. 1696.

479 A. 27.108, Aussage Anna Bucher, 13. 7. 1676.

480 Vgl. A. Cabantous, Histoire du blasphème S. 118 mit Verweis auf eine Magisterarbeit S. Debarets.

481 A. 27.120, Bericht Pfarrer Rollenbutz, 9. 10. 1698.

gut zwei Monate später die Trüb den Ehegaumer aufsuchte, um ihm mit-
zuteilen, sie habe erfahren, Göschli schwüre ständig über sie.[482] Der Zusammenhang mit dem Erbstreit ist nur allzu offensichtlich. Ob bei Ehekonflikten
oder Erbstreitigkeiten, Frauen wußten sich der Waffe der Denunziation zu
bedienen.

Die Denunziation war ein Kampfmittel, dessen sich nicht nur Frauen als
das angeblich schwächere Geschlecht bedienten. Auch Männer, die sich in
der sozial stärkeren Position befanden, erstatteten Anzeige, um ihren Kontrahenten das Leben zu erschweren. Dies wird zumindest aus der Argumentation des Ravensburger Nadlergesellen Johannes Zyder ersichtlich, der den
bereits angeführten Witz vom schwäbischen Leberliebhaber erzählt hatte.
Zydler erklärte 1658 den Nachgängern, sein Meister Nüscheler habe ihn
nicht des Witzes wegen angezeigt. Vielmehr habe Nüscheler der Witz so gut
gefallen, daß er ihn gebeten haben, diesen zu wiederholen. Auch habe Nüscheler die Gelegenheit verstreichen lassen, etwas gegen ihn zu unternehmen, als er, Zydler, vor das Zürcher Sittengericht zitiert worden sei. Erst
mehrere Wochen später – es müssen sechs oder sieben gewesen sein – habe
Nüscheler Anzeige erstattet und er wisse, warum: »wyln Er, Zyder, Ihre
Handtwerks gwohnheit nit wöllen ỹngehn, habe Nücheler uß Haß Ihme diße reden zu einer gotsLesterung ußdüthen wollen.«[483] Zydler wird seine Argumentation nicht an den Haaren herbeigezogen haben. Meister Nüscheler
kann jedenfalls kein Eiferer Gottes gewesen sein, wenn es mehrerer Wochen
bedurfte, bis sich sein Gewissen regte. Wahrscheinlicher ist doch wohl, daß
der Meister dem ungehorsamen Gesellen zeigen wollte, wer am längeren Hebel saß.

Denunzianten scheinen öfters der eigenen Ehre Vorrang vor der Ehre
Gottes eingeräumt zu haben. Selbstverständlich präsentierten diejenigen, die
Anzeige erstattet hatten, die Sache anders. Der Zürcher Chirurg Heinrich
Wirth gab 1708 in seiner Klage gegen Heinrich Widmer von Horgen an, er
habe gehört, wie dieser Gott gelästert habe, als er zusammen mit seinen Be-
gleitern aus der Kirche getreten sei. »Es seÿe Ihm aber Leid, daß Er den
Kerl, den er damahls nit kenth, dan er Ihme grad auß den Augen komen,
nit alsobald über den Worthen angehalten und beschelkt. Hab aber Erst der
Sach auch nachgedacht und zu Hauß über Tisch gesagt, Er hab sich heüt
frömbder Sünden theilhaft[ig] gemacht.« Vor einigen Tagen habe er den
Unbekannten bei Ratsherrn Werthmüller wieder getroffen, wobei ihn Widmer »ohne einige Ursach hinderuks Ehrrührig angegrifen und ander Leids

482 A. 27.120, Aussage Barbara Trüb, 21. 12. 1698.
483 A. 27.96, Aussage Johannes Zyder, 6. 1. 1658.

gethan.« Als er ihn als den Blasphemiker wiedererkannt habe, habe er »solches [sc. dessen lästerliche Reden] zu räumung Seines gewüßens geofenbahrt.«[484] Wirths Reaktionen waren offenbar schneller, wenn es um die eigene Ehre ging. Als ihn Widmer persönlich beleidigte, reichte er umgehend eine Klage ein. Der an Gott adressierte Ausruf Widmers, »Du Unflath, Wie Last Schneÿen,« hatte den Chirurgen hingegen zögern lassen. Anstatt beherzt für die Sache Gottes einzutreten, mußte er erst einmal nachdenken – und so die Gelegenheit verpassen, des Fremden habhaft zu werden. An dieser zweifelhaften Haltung ändert auch die vorbildlich schuldbewußte Selbstbeschreibung Wirths nichts, daß er seinen Fehler bereut und im Kreise seiner Familie gestanden habe.

Die persönlichen Interessen, die Denunzianten verfolgten, mußten nicht auf konkrete Vorteile zielen; sie konnten auch auf symbolischer Ebene liegen. Hierfür ist eine Wirtshausszene von 1694 vielsagend: Heinrich Widmer von Glattfelden hatte die Gottesmutter gelästert. Während zwei andere Zeugen Widmer abmahnten und die Sache abzuwiegeln versuchten, nutzte Hans Hilbert die Gelegenheit sich zu profilieren. Als Richter Deemuth und Heinrich Meyer die Stube betraten, sprach Hilbert, der sich bis dorthin aus der Sache herausgehalten hatte, die beiden an. Er berichtete von den blasphemischen Worten Widmers und verdeutlichte zugleich, wie diese einzuordnen seien: »Wann es [sc. die Gotteslästerung] an den Tag komen sollte, wurd es Ihme [Widmer] den Kopff kosten oder die Zungen geschlitzt werden.«[485] Hilbert erwies sich somit als gar beflissener Untertan. Er machte Deemuth umgehend auf den Delinquenten aufmerksam und nahm dem Richter auch noch die Mühe ab, ein eigenständiges Urteil zu fällen. Ohne es beweisen zu können, Hilbert erweckt den Eindruck, daß er sich selbst als getreuer Untertan hervortun und damit einen symbolischen Gewinn erzielen wollte. Mit Widmer scheint ihn jedenfalls nichts verbunden zu haben, das er mit ihm auszumachen gehabt hätte.

Die bis hierher aufgeführten Fälle erlauben allein indirekte Rückschlüsse darauf, welche Beweggründe Zeugen animiert haben dürften, Gotteslästerer zu melden. Die absoluten Ausnahmen, in denen direkte Hinweise zur Motivation von Zeugen überliefert sind, ermöglichen es, diese Rückschlüsse zu erhärten. So zeigt der Fall Heinrich Puri von 1654, wie entschieden Zeugen auf der Meldung eines Vorfalls beharren konnten. Der Knecht des Elgger Gerichtsherrn hatte mit dem Knecht Salomon Hegners im Wirtshaus über das sechste Kapitel des Markusevangeliums debattiert. In dieser Disputation

---

484 A.27.126, Aussage Heinrich Wirth, 14.2.1708.
485 A.27.119, Aussage Richter Deemuth und Heinrich Meyer, 12.11.1694.

habe er, Puri, anhand der Bibel die Vorstellung vertreten, »Christus der Herr seige eines Zimermans Sohn gewëßen.«[486] Der Metzger Felix Meister habe ihn darauf abgemahnt: »Wan er das glaube, so habe er einen Jüdischen glauben.«[487] Mit »jüdisch« aber meinte Meister »blasphemisch«, denn Christus, so die Lehre seiner Kirche, war durch den Heiligen Geist empfangen worden. Puri erkannte seinen Fehler und habe »nach lang gehabtem strÿth ëntlich der gnaaden begehreth und sich anerbothen, den Herd zeküßen. Züg und andere sömliches nit anëment wöllen, sonder wollind es ihrem Herren pfarrer anzeigen, als der die sach beßer verstande weder aber sÿ [besser als sie]. Was er als dan druß mache, seigind sÿ woll zu friden und seige hiemit darvon gangen.«[488] Die Zeugen lehnten es ab, den Herdfall, den Puri sogar von sich aus zu vollziehen anbot, als befriedigende Strafe zu betrachten. Daß der Metzger sich irgendeinen Gewinn aus der Anzeige versprechen konnte, ist jedoch nicht ersichtlich. Die Zeugen müssen demnach darauf gezielt haben, ein Exempel zu statuieren. Der gerechte Zorn machte sie zu Aufsichtspersonen, die den Vorfall von einem theologischen Experten geklärt wissen wollten.

Einem deutlich profaneren Grund verdankte der sechzehnjährige Jacob Kuntz aus Steinmaur seine gerichtliche Vorladung. In Rahmen seiner Erkundigungen erfuhr Pfarrer Diebolt vom Ehegaumer, wie die Anzeige gegen Kuntz zustande gekommen war. Kuntz hatte in pubertärem Übermut beim Stierehüten einem seiner Gefährten repliziert, Gotte wisse so wenig wie ein Kuhschwanz. Dies war über mehrere Wochen allgemein bekannt gewesen, ohne daß jemand die Sache für schwerwiegend genug erachtet hätte, den Vorfall zu melden. Dies geschah erst, als die fünfundachtzigjährige Mutter von Kuntzes Dienstherrn diesen verdächtigte, sie um Geld bestohlen zu haben.[489] Die hochbetagte Frau war demnach rüstig genug gewesen, sich an Kuntz für einen Schaden, den sie dem Knecht zuschrieb, zu rächen. Der eigene Geldbeutel war ihr näher als die Ehre Gottes. Warum sonst hatte sie nicht sofort, nachdem ihr der blasphemische Wortwechsel zu Ohren gekommen war, die Obrigkeit alarmiert?

Was an den aufgeführten Beispielen auffällt, ist die Tatsache, wie sehr die Zeitspannen, die zwischen der Gotteslästerung und der Anzeige lagen, voneinander abweichen konnten. In vier Fällen war die Meldung innerhalb von 24 Stunden erfolgt,[490] in vier weiteren hatte es bis zu einer Woche gedau-

[486] A. 27.92, Aussage Heinrich Puri, 1.6.1654.
[487] A. 27.92, Aussage Felix Meister, 29.5.1654.
[488] A. 27.92, Aussage Felix Meister, 29.5.1654.
[489] Vgl. A. 27.137, Bericht Pfarrer Diebolt, 29.9.1726.
[490] Vgl. A. 27.43, Aussage Lienhart Vögeli, 21./22.9.1592; A. 27.99, Fall Hans Jacob Atzger

ert.[491] In drei anderen Fällen hatten die Zeugen bis zu vier Wochen gebraucht, um die Anzeige zu erstatten,[492] in fünf ließen sie über einen Monat
vergehen,[493] in vier ergriffen die Zeugen sogar erst nach einem Jahr die Initiative.[494] In allen Fällen, in denen die Zeugen zögerten, eine Amtsperson
zu benachrichtigen, waren die Motive der Ankläger eher dubioser Natur.
Statt für Gott und Obrigkeit einzutreten, verfolgten die Zeugen persönliche
Interessen. Sie verteidigten die eigene Ehre, rächten sich für andere Vorkommnisse und wurden damit zu Denunzianten. Bei den unmittelbaren Meldungen konnten zwar Rachemotive auch hineinspielen, doch scheinen die
Zeugen hier eher aus Gewissensgründen und religiöser Überzeugung gehandelt zu haben, ohne daß festzustellen wäre, daß die Zürcher Zeugen ihr Verhalten vom Schweregrad der blasphemischen Äußerung abhängig gemacht
hätten.[495]

Die Tatsache, daß zwischen einem blasphemischen Vorfall und dessen
Anzeige lange Zeiträume liegen konnten, erlaubt weitere Rückschlüsse: Zum
einen ging die Justiz den Zeugenaussagen nach, selbst wenn ein Fall länger
zurücklag. Sie vertraute also dem guten Gedächtnis ihrer Untertanen und
nahm Gotteslästerung prinzipiell so ernst, daß sie Vorwürfe konsequent
überprüfte. Zum anderen reichte das Gedächtnis der Zeugen, wie in anderen
Justizfällen,[496] weit zurück. Die Zeugen hielten sich quasi ein »Beschuldigungskapital« bereit, um es bei Bedarf im Kampf um die eigene Ehre einzusetzen.

Der Vergleich mit dem Denunziationsverhalten bei Hexenverfolgungen
unterstreicht, daß die Anzeigen gegen Blasphemie meist andere Wurzeln

---

Pfarrerbericht, X.7.1663; A.27.135, Fall Andreas Zander, 18.10.1723; A.27.137, Fall Hans
Frey Pfarrerbericht, 7.7.1726.

[491] Vgl. A.27.70, Fall Jacob Wener Bericht Vogt Hans Georg Kaufmann, 7.12.1630; A.26.9,
Fall Hauptmann Bürckli Aussagen der elf Zeugen, 2.3.1646; A.27.89, Fall Christina Holler Bericht Vogt Hirzel, 4.1.1650; A.27.129, Aussage Jacob Huser, 20.3.1714.

[492] Vgl. A.27.89 Fall Elisabeth Meyer Bericht Diakon Fäßi, 16.9.1650; A.27.113a, Aussage
Lienhart Fuchs, 9.6.1685; A.27.144, Aussage Gebhard Heller, 8.4.1735.

[493] Vgl. A.27.12, Aussage Uli Mietli, undat.; A.27.68, Aussage Hans Merki, 25.1.1628;
A.27.79, Aussage Hans Keller, 13.8.1640; A.27.96, Aussage Johan Zyder, 6.1.1658; A.27.103,
Fall Anna Murer Bericht Vogt Hans Kilchperger, 28.12.1668.

[494] Vgl. A.27.79, Aussage Felix Hönysen, 18.4.1640; A.27.83, Aussage Adam Steger,
7.6.1644; A.27.103, Fall Marx Bleuwler Bericht Pfarrer Johann Caspar Brunner, 2.10.1669;
A.27.119, Fall Hans Jacob Kübler Bericht Vogt Heinrich Bräm, 22.9.1696.

[495] Diese These vertritt hingegen van Dülmen. Seiner Einschätzung nach denunzierten Zeugen vorrangig schwere Gotteslästerungen, um sich vor der göttlichen Vergeltung zu schützen
oder um Rache an den Angeklagten zu üben. Vgl. R. v. DÜLMEN, Wider die Ehre Gottes S. 34.

[496] Das gute Gedächtnis frühneuzeitlicher Menschen für Normüberschreitungen ist allgemein
charakteristisch. Vgl. hierzu M. DINGES, Justiznutzung S. 531, Anm. 143.

hatten. Der Vorwurf der Hexerei beruhte auf das Herstellen von Zusammenhängen, die eine Frage der Interpretation waren. Hatte ein Bauer, der beispielsweise seine Ernte durch ein Unwetter verlor, dies der schwarzen Magie
einer Hexe oder der Strafe Gottes zu verdanken? Bei Gotteslästerung war
die Sache besser zu klären. Hier ging es nicht um den Vollzug eventuell
zweifelhafter kausaler Zusammenhänge, sondern um die Feststellung, ob bestimmte Worte gefallen waren. Wer jemanden einer Gotteslästerung beschuldigte, mußte sich auf eine eindeutige blasphemische Sprechhandlung beziehen können. Zudem mußten weitere Zeugen die inkriminierte Äußerung bestätigen, denn eine Verurteilung erfolgte in Zürich nur dann, wenn zumindest zwei Zeugen einhellige Aussagen machten. Wer unzutreffende
Vorwürfe erhob, riskierte die Strafe, die sonst gegen die angeklagte Person
verhängt worden wäre. Die Andelfinger Gerichtsordnung von 1534 beispielsweise hielt für den Fall einer Falschbeschuldigung fest, daß die Denunzianten« in der geschuldigten Fußstapfen stahn, und alles das, darum leiden,
und dulden, das Sie [sc. die Geschädigten] gelitten, uond geschuoldet haben
müßten, so auf sie gebracht worden sind.«[497] Beliebigen Beschuldigungen
waren wie im spätmittelalterlichen Konstanz damit Grenzen gesetzt.[498] Hexerei ließ sich von Klägern in der Logik des zeitgenössischen Hexereiglau-
bens »produzieren«, Gotteslästerung hingegen mußte erst erfolgt sein, bevor
sie zu eigenen Zwecken genutzt werden konnte. Das ist wohl der Grund,
warum sich in Zürich für Blasphemie weder Denunziationswellen noch De-
nunziationszentren erkennen lassen. Das Anzeigeverhalten der Zürcher Bevölkerung versperrt sich der Erklärung, Denunziationen seien unter dem
Druck von Moralisierungskampagnen oder Umstellungskrisen entstanden.[499] Die Verfolgung der Gotteslästerung ist zumindest für Zürich kein
guter Indikator für Justiznutzung.

* * *

Wer dazu beiträgt, Gerichtsverfahren einzuleiten, versucht zu disziplinieren.
Wenn die Zürcher Untertanen vielfach die Voraussetzung dafür schufen,
daß die Justiz viele - wie viele läßt sich angesichts der Dunkelziffer nicht
sagen - Gotteslästerer verfolgen konnte, disziplinierten sie wesentlich mit.
So wie Amtspersonen obrigkeitliche Herrschaft ausübten, wenn sie Gottes-

---

[497] B. VII.2.1, Rechte und Gerichts=Ordnung, 6. Brachmonats 1534.

[498] So mußte, Konstanzer, die Gerüchte in die Welt setzten, ohne beweisfähig zu sein, selbst
mit einer Buße rechnen. Vgl. P. SCHUSTER, Konstanz S. 81, 182.

[499] Zu diesen Erklärungsansätzen für Justiznutzung im Allgemeinen vgl. M. DINGES, Justiznutzung S. 524 f.

lästerer dem Rat zuführten, verwiesen Zeugen die Delinquenten dadurch in ihre Schranken, daß sie diese anzeigten. Disziplinierungsdruck ging also zwar zum Teil von der Obrigkeit, aber vorrangig von der Bevölkerung aus: Die soziale Kontrolle über Gotteslästerer erfolgte stärker in horizontaler als in vertikaler Richtung.

Amtspersonen waren aus beruflichen Gründen dazu verpflichtet, Blasphemiker zu verfolgen. Daß sie als Vertreter der Obrigkeit Gotteslästerer der Justiz überlieferten, ist daher nicht erstaunlich. Die Zürcher Untertanen band offiziell das Sittenmandat. Niemand aber konnte sie faktisch dazu zwingen, den gesetzlichen Anweisungen Folge zu leisten. Was bewog daher die Zürcher, sich zum verlängerten Arm der Justiz zu machen? Wenngleich nur wenige und dazu noch selbststilisierende Angaben von Zeugen über ihre diesbezüglichen Motive vorliegen, lassen sich zwei Tendenzen erkennen: Die einen handelten aus echten Gewissensnöten, die anderen verfolgten als Denunzianten persönliche Interessen.

Wer Blasphemie durchgehen ließ, machte sich fremder Sünden teilhaftig. Dieses biblisch-kirchliche Argument müssen einige Zürcher ernst genommen haben, wenn ein blasphemischer Vorfall zu schwer auf ihrer Seele lastete, als daß sie ihn hätten verschweigen können. Diese religiösen Bedenken der Zeugen sollte man nicht unterschätzen und als pure Selbstdarstellung vor Gericht mißdeuten. Wenn Zeugen die Obrigkeit oft umgehend von einem blasphemischen Vergehen verständigten, dann muß ihnen die Meldung ein dringliches Anliegen gewesen sein. Ohne ausschließen zu können oder zu wollen, daß andere als Gewissensgründe die Zeugen bewogen schnell vorzugehen, so belegt doch ihr Eingreifen, wie unerträglich ihnen Blasphemie erschien.

Was Gotteslästerung im einzelnen derart unerträglich machte, führten die Zeugen in ihren Aussagen nicht aus. Dies war auch nicht Gegenstand ihrer Befragung. Die religiösen Anschauungen der Zeugen lassen sich daher nicht inhaltlich erfassen. In den Justizakten sind allein die Spuren der Konsequenzen, die ihnen ihr Gewissen diktierte, erhalten geblieben. So war es offenbar für manche Hausväter nicht zu verantworten, wenn ihre Familienmitglieder und Bediensteten von einer Gotteslästerung berichteten, die nicht gemeldet worden war. Ohne selbst Zeuge des verbalen Tabubruchs geworden zu sein, setzten sie ihrem Haushalt ein moralisches Vorbild, indem sie die Obrigkeit alarmierten. Einen noch ernsteren moralischen Eifer bewiesen diejenigen, die den gesetzeskonformen Vollzug des Herdfalls ablehnten und darauf insistierten, die Sache einem Pfarrer als theologischem Experten weiterzuleiten. Die inneren Bedenken angesichts eines blasphemischen Vorkommnisses konnten ferner so stark sein, daß Zeugen trotz der Loyalitäten, sie sich aus langjährigen Dienstverhältnissen ergaben, Schuldige anzeigten. Diese Zeugen waren hin und her gerissen zwischen dem Vertrauen, das sie mit den Beschuldigten verband und aus dem heraus sie diese in Schutz zu nehmen suchten, und der Notwendigkeit, Gott bzw. der Obrigkeit die gebührende Ehre zu erweisen. Am Ende aber siegte das Gewissen gegenüber Gott über das persönliche Verhältnis zu den Angeklagten.

Von extrem seltenen Ausnahmen abgesehen, erstatteten Zürcher nur dann Anzeige, wenn ihrer Einschätzung nach die Angeklagten tatsächlich gegen Normen verstoßen hatten. Falschbeschuldigungen waren offenbar zu riskant, um sich ihrer zu bedienen, wenn man jemandem das Leben sauer zu machen suchte. Im Gegensatz zu den vielen zeitgenössischen Hexenverfolgungen zeigte man sich daher Gerüchten gegenüber eher skeptisch; Denunziationswellen blieben aus. Der Vorwurf der Gotteslästerung eignete sich demnach nur bedingt zur Austragung sozialer Konflikte.

Dennoch griffen Zürcher durchaus zur Denunziation. Wen es danach dürstete, sich als rechtschaffene/r Bürger/in zu profilieren und damit sein Ehrkapital zu erhöhen, dem und der bot sich die Gelegenheit, Gotteslästerer pflichtschuldigst anzuzeigen. Rache war ein anderer und besonderer Saft, der in allen möglichen Konfliktsituationen und -konstellationen dazu animierte, den Beschuldigten etwas heimzuzahlen. Ob in der sozial schwächeren oder in der sozial stärkeren Position, weibliche wie auch männliche Zeugen nutzten die Justiz in Form der Denunziation, um Kontrahenten Schaden zuzufügen. Hinter dem vermeintlichen Einsatz für die Ehre Gottes standen höchst profane Interessen. Vermutlich erklärt dies, warum diese Denunzianten zum Teil lange zögerten, bevor sie die Obrigkeit einschalteten. Sie warteten den Moment ab, in dem ihre Waffe die stärkste Schlagkraft entwickeln würde.

Das Vertrauen, das die Justiz in das gute Gedächtnis der Zeugen setzte, läßt erkennen, wie ernst sie den Vorwurf der Blasphemie nahm. Selbst wenn die Fälle Jahre zurücklagen, hielt es die Justiz bzw. die Gesellschaft für notwendig, diese aufzurollen. Die Zeugen verfügten somit über ein »Beschuldigungskapital«, das sie jederzeit einsetzen konnten, um Kontrahenten zu schaden. Daraus folgt, daß diejenigen, die sich etwas zuschulden hatten kommen lassen, stets angreifbar waren. Über ihnen hing das Damoklesschwert der horizontalen sozialen Kontrolle, das in jedem Moment auf sie herabfallen konnte. Gotteslästerung brauchte nicht formal strafrechtlich verfolgt zu werden, um für Delinquenten eine stete Gefährdung darzustellen. Delinquenten dürften öfters der Justiz entgangen sein, den Urteilen ihrer Mitmenschen entkamen sie nicht. Dazu war in einer frühneuzeitlichen Gesellschaft die prinzipielle religiöse Integrität des Untertanenverbands ein zu kostbares Gut.

Außergerichtliche Regelungen der Gotteslästerung

Etatistisch, d. h. aus obrigkeitlicher Sicht zu denken, heißt für die Verfolgung von Gotteslästerern, zwei Möglichkeiten zu sehen: Blasphemiker gelangten entweder vor Gericht oder entkamen ihm; entweder das Justizsystem griff disziplinierend ein oder es tat sich eine Lücke im »Disziplinierungsapparat« auf. Eine solche Betrachtungsweise grenzt außergerichtliche Formen der Rechtsregulierung aus. Unter welchen Bedingungen außergerichtliche Lösungen erfolgten, was die gütlichen Einigungen charakterisierte und in welchem Verhältnis sie zur offiziellen Justiz standen, ist Gegenstand des vorliegenden Kapitels. Es beschäftigt sich somit mit der Frage, wie religiöse Normen durch nicht institutionalisierte Formen der Regulierung geprägt wurden.

Unter dem Stichwort *infrajudiciaire* sind es insbesondere französische Historiker, die darauf aufmerksam gemacht haben, daß Delikte auch außerhalb des Gerichts verhandelt werden und daher obrigkeitliche Justiz nur einen Ausschitt von Rechtspraxis repräsentiert. Ohne die Stärken und Schwächen des Konzepts hier im Detail zu diskutieren,[500] sei eine pragmatische Arbeitsdefinition von Infrajustiz eingeführt. Infrajustiz ist ein außergerichtlicher Raum, in dem Kontrahenten miteinander oder über eine Schlichtungsperson Wege finden, ihre Gegensätze so zu regeln, daß sie den sozialen Frieden wiederherstellen. Erfolgreiche Infrajustiz setzt allerdings voraus, daß Obrigkeit und/oder soziales Umfeld die Regelungen der Konfliktparteien akzeptieren. Dies wird für Zürich aus den Fällen ersichtlich, in denen außergerichtliche Konfliktlösungen gescheitert sind und deswegen vor das Gericht gelangten.

Eigentlich waren sich der Konstanzer Fuhrmann Jörg Seteli, Caspar Koller und Jacob Haller handelseinig geworden. Seteli hatte 1633 im Zürcher Gasthaus Zum Stern das flache Brot, das zur Suppe gereicht worden war, als Zürcher Oblaten bezeichnet. Prompt wurde er von einem der reformierten Wirtshausgäste, Antonius Pestalutz, zurechtgewiesen, »er sölle sëchen, was er rede. Sÿ sÿgind nit die lüth, daß sÿ das [sc. die Ofleten] für das Sacrament haltind.«[501] Bei dieser Schmähung des reformierten Abendmahls sollte es aber nicht bleiben. Nachdem Seteli sich dermaßen betrunken hatte, daß er sich übergeben mußte und somit die Gottesgaben von Wein und Brot mißbraucht hatte, habe er behauptet, das Zürcher Sakrament sei ihm nicht bekommen. Zwei der Zeugen, Koller und Haller, die Seteli zum Mittrinken eingeladen hatte, ohne sie zu kennen, kamen am nächsten Morgen auf den

---

[500] Vgl. hierzu statt dessen F. Loetz, L'*infrajudiciaire*.
[501] A. 27.71, Aussage Antonius Pestalutz, 8. 11. 1633.

Vorfall zurück. Sie suchten Seteli auf und forderten von ihm, »er sölle Gott dem Allmechtigen ernstlichen umb verzÿchung petten. Wo er ein sölliches nit thun, wurdind sÿ verursachet, sölliches dem H[er]rn Burgermeister oder H[er]rn Pfarrer Breitinger anzuzeigen. Darüber Seteli nochmalen begert, sÿ söllind nüt daruß machen und habe Uff Ir begeren Ime, H[er]rn Haubt-mann, 5 lb gelts, die er In das Allmoßen Seckli legen sölle, zu geben verspro-chen. Darnebent deme er, Seteli, die 3 fl 10ß, wellche sÿ In den obstenden schlafftrunck verzehrt, Ime zebezallen versprochen habe.«[502] Doch die drei hatten ihre Rechnung ohne den Ratsredner Wüst gemacht. Dieser hatte zu-sammen mit Hauptmann Gwalter und Gerichtsschreiber Frieß über Jacob Haab von der Sache Wind bekommen. Hierauf sei er, Wüst, zu seinem Amtsbruder Berger gegangen und habe zusammen mit ihm beschlossen, sich den Vorfall vom Wirt schildern zu lassen. Nachdem Wüst und Berger ihn zur Sache befragt hatten, hielten sie fest: die Angelegenheit »werde nit also verblÿben [...] Sÿ wolten nit, das sÿ [sc. Haller und Koller] thädungs herren geweßen weren und hinweg wöllen.«[503] Die Ratsredner hielten Wort. Sie müssen Anzeige erstattet haben, da sonst der Fall Seteli in den Zürcher Justiz-zakten keine Spuren hinterlassen hätte. Der Wirt hingegen hatte trotz seiner gesetzlichen Verpflichtung den Fall nicht gemeldet und somit toleriert. Auch die Zeugen hatten darauf verzichtet, die Obrigkeit einzuschalten. Nicht aber so die Ratsredner, die für eine gerichtliche Verhandlung sorgten und damit die infrajustizielle Lösung ablehnten.

Wie der Amtmann Wüst lehnte Hans Heinrich Fäßi, Diakon am Groß-münster, die informelle Regelung eines blasphemischen Vorfalls ab. Daher hielt er es für nötig, 1650 seinen Schwager und Ratsherrn wegen Elisabeth Meyer anzuschreiben. Als ihr ausgerichtet worden sei, nicht der Hand-werksmeister persönlich, sondern sein Knecht werde ihren Ofen mauern, ha-

---

[502] A. 27.71, Aussage Wirt Jagli, 8.11.1633.
[503] A. 27.71, Aussage Ratsredner Wüst, 9.11.1633. »Teidingen« (bzw. »tädigen«) kann so-wohl die gerichtliche Verhandlung als auch die informelle Unterhandlung bezeichnen. Vgl. zur Wortbedeutung J. Grimm/W. Grimm, Wörterbuch, Bd. 11, Teil I/1, Leipzig 1935 S. 234. »Tä-dingsherren« meint die zu einem Vergleich obrigkeitlich verordneten Männer, Richter oder Ver-mittler, »Tädingslüt« diejenigen, die einen Streit als Zugezogene schlichten helfen. Vgl. Idioti-kon, Bd. 2, S. 1545; Idiotikon, Bd. 3, S. 1895. Zum Thema der Tädigung in Schlaghändeln vgl. V. Groebner, Der verletzte Körper und die Stadt. Gewalttätigkeit und Gewalt in Nürnberg am Ende des 15. Jahrhunderts, in: T. Lindenberger/A. Lüdtke Hg., Physische Gewalt. Studien zur Geschichte der Neuzeit. Frankfurt/Main 1995 S. 162–189; hier: S. 168–175. Daß die Rege-lung von Gewaltdelikten nach subjektiven Kategorien der Betroffenen erfolgte und für die Ob-rigkeit als legitim galt, solange die Auseinandersetzungen die soziale Ordnung nicht störten, führt ebenfalls aus: P. C. Maddern, Violence and Social Order. East Anglia 1422–1442, Oxford 1992.

be sie ausgerufen, der Ofenbauer »seige ein zweifacher Dieb, wan er schon
Gott der Sohn Gottes selbster were.« Diese Gotteslästerung leite er, Fäßi,
nun weiter, da »H[er]r pfarrer[504] vermeint, dz es nit gnugsam seige, das si
[die Meyer] nur in einer privat censur darumb beschulet werde.«[505] Die
Möglichkeit einer »privat censur« war also prinzipiell gegeben, nicht aber in
diesem Fall – warum auch immer.

Neben den Vertretern der weltlichen und geistlichen Obrigkeit verhinderten manchmal die Zeugen einer Blasphemie eine außergerichtliche Einigung.
Hierzu das Beispiel Heinrich Puris: Dieser hatte 1654 in einem Gasthaus eine Blasphemie begangen, »worüber der pot [sc. Puri] nach lang gehabtem
strÿth ëntlich der gnaaden begehreth und sich anerbothen, den Herd zeküßen. Züg und andere sömliches nit anëment wöllen, sonder wollind es ihrem
Herren pfarrer anzeigen.«[506] Statt einer gesetzlich legitimierten außergerichtlichen Lösung – dem Herdfall – zuzustimmen, beharrten die Zeugen
darauf, den Gemeindepfarrer einzuschalten. Die Fälle Seteli, Meyer und Puri zeigen also: Die unmittelbaren Konfliktparteien konnten für sich zu einer
befriedigenden Regelung finden, sogar das Gesetz sah solche vor, wenn aber
jemand für Gerüchte sorgte, Repräsentanten der Obrigkeit die Einigung für
illegitim erklärten oder Zeugen diese ablehnten, stieß Infrajustiz an ihre
Grenzen. Infrajustiz funktionierte allein unter der Bedingung, daß die Konfliktparteien einigungsfähig waren und die Zeugen sowie die Obrigkeit eine
außergerichtliche Regelung befürworteten oder zumindest duldeten.

Soweit die Justizakten einen Einblick gewähren, wurde Gotteslästerung
öfters zwischen Sprecher/in und Adressat/in oder unter Hinzuziehung einer
dritten Person geklärt. Als Vermittlungspersonen traten sowohl Amtmänner
wie auch private Schlichter auf. Daß ein Pfarrer den Herdfall einforderte,[507]
entsprach ganz und gar den gesetzlichen Vorgaben. Eine Amtsperson konnte
aber auch ohne amtliche Anweisung im Sinne der Obrigkeit handeln. Dies
unternahm etwa der Gemeindepfarrer von Elgg, als er 1554 in einer Predigt
»under anderem das gotzlesterenn an der Kantzlen in der kÿlchen« allgemein kritisierte, aber dabei ganz offensichtlich den gotteslästerlichen Vogt
Uolmann meinte.[508] Ohne daß ihm der Rat einen Auftrag hierzu erteilt hatte, übte der Geistliche Druck auf Uolmann aus und stellte ihn verbal an den
Pranger.

---

[504] Gemeint ist Antistes Johann Jakob Ulrich.
[505] A. 27.89, Fall Elisabeth Meyer Schreiben Diakon Fäßi, 16. 9. 1650.
[506] A. 27.92, Aussage Felix Meister, 29. 5. 1654.
[507] Vgl. beispielsweise zum Fall Bürgi Studer A. 27.12, Aussage Jacob Röschli, undat.
[508] A. 27.20, Fall Cunrad Uolmann Vogtschreiben, 13. 9. 1554.

Einen ähnlichen Ansatz wählte 1640 der Gemeindepfarrer Hans Kellers. Dieser hatte ein Weihnachtslied blasphemisch umgedichtet, was jedoch Heinrich Ruckstuol als gegen ihn gerichtete Injurie aufgefaßt hatte. Statt das Mißgeschick der Obrigkeit als Gotteslästerung anzuzeigen, zitierte der Geistliche am folgenden Morgen die beiden in das Pfarrhaus.Dort habe Keller »Inn býwesen des H[errn] Dechan, Haubtman und Lütnants Ehrensperger wie auch Graffschaffts Weibels entschlagen [sc. sich entschuldigt.]«[509] Der Gemeindepfarrer hatte für eine ritualisierte Form des außergerichtlichen Ausgleichs gesorgt und dafür Vertreter der Obrigkeit hinzugezogen. Im Fall Keller wie im Fall Uolmann suchten die Pfarrer also ein Gerichtsverfahren zu vermeiden, nicht weil sie die Justiz grundsätzlich ablehnten, sondern vielmehr um für Recht und Ordnung zu sorgen, bevor die Obrigkeit eingreifen mußte.

Hatte sich im Fall Uolmanns der Gemeindepfarrer der Öffentlichkeit zu bedienen gesucht, bevorzugte 1628 Pfarrer Wyß von Dachsen im Fall Heinrich Merki eine »privat censur.« Der Geistliche hatte die zwei örtlichen Ehegaumer und den Untervogt zusammengerufen, um Merki seiner Ehekonflikte wegen zu befragen. Die gotteslästerlichen Äußerungen jedoch, derer ihn seine Frau anklagte, hatte Wyß vor dem Stillstand nicht zur Sprache gebracht. Es mag sein, daß die Zeugen es ohnehin nicht so genau wissen wollten, jedenfalls hatte Wyß die Angelegenheit mit Merki zusammen so weit bereinigt, daß drei Jahre später, als der Vorfall schließlich doch noch vor Gericht gelangte, die dreizehn Zeugen nichts von einer Gotteslästerung zu berichten wußten.[510] Der Pfarrer hatte also schlichtweg die Justiz umgangen, den Fall unter vier Augen geregelt und damit das Gericht ersetzt.

Pfarrer wie Wyß müssen bei der Ahndung von Normbrüchen öfters die gesetzlichen Vorgaben verletzt haben. Es ist auffällig, daß Gotteslästerer immer wieder ihre Gemeindepfarrer darum baten, von einer Meldung abzusehen. Ohne daß die Delinquenten zumindest eine geringe Chance gesehen hätten, daß ihre Bitte erhört werden könne, hätten sie diese Versuche wohl nicht unternommen. Heinrich Schultheß drang 1650 bei Pfarrer Schintz allerdings nicht durch. Dieser erklärte Schultheß, »daß er anderst nit könne fürkommen, dann er müße sý [sc. die Gotteslästerung des Schultheß] dem H[er]rn LandVogt offenbaren. Do sprach gedachter Schulhess zu Ime, Er habe es so böß nit gmeint [...], wolle Im doch verschonen und die sach nit wýter bringen [...] Da antwortet Er, Züg, daß dißes sachen, die er Ime nit

---

gewaltt habe zu verzÿchen.«⁵¹¹ Manches ließ sich demnach schon unter der
Hand mit einer Aufsichtsperson wie einem Gemeindepfarrer bereinigen. Das
läßt eben dieser unnachgiebige Pfarrer Schintz erkennen: Der Geistliche lud
Schulteß erst vor, nachdem er am vorherigen Abend in einem Wirtshaus
volltrunken Gott mit dem Teufel gleichgesetzt hatte. Auf die vielen Schwüre
hingegen, die Schulteß über mehrere Wochen hinweg getan hatte, kam der
Geistliche offiziell nicht zu sprechen; Schintz und Schulteß müssen diesbezüglich eine andere Regelung gefunden haben. Es sieht so aus, daß der Pfarrer einen Unterschied zwischen den leichteren blasphemischen Vergehen,
die außerhalb des Gerichts, und den schwereren, die vor dem Gericht behandelt werden sollten, machte.

Auch Repräsentanten der weltlichen Obrigkeit behielten sich die Entscheidung vor, ob sie die Justiz einschalten wollten, wie dies an einem Beispiel aus
Baden zu sehen ist. Dort forderte 1657 der katholische Bauer Hans Klotz
aus Wettingen in einem Wirtshaus den reformierten Profoß Hans Meyer aus
Neerach heraus, »er solle Ihme das H[eilige] Vater Unßer und die 12 Articul
deß Glaubens erzellen, damit er auch sechen köne, waß er für ein glauben
habe.« Trotz mehrerer Ermahnungen habe Klotz abschätzige Bemerkungen
über die reformierte Lehre gemacht, bis er »entlichen und nach langem in die
abscheüerlichen und Gots-lästerlichen wort ußgebrochen und gredt, daß der
jenige, wo unßeren glauben gemacht, ein wÿßes Roß angangen habe [Ge-
schlechtsverkehr mit einem Schimmel gehabt habe].« Erbost wandte sich
Meyer an den Schultheiß, »der Ihme also bald den Groß-Weibel zugeben,
daß er den Man suchen und in Arest nëmen solle. Nach dem sie denselben
gefunden, habe er, Meyer, Ihme, Klotzen, in bÿsein des Großweibels und
seiner gspanen befraget. Klotz gab seine Schuld zu und entschuldigte sich
bei Meyer. Hieruff der Groß-Weibel zu Ihnen gesagt, sie sollind sich mit
einanderen vertragen, mit vermelden gegen Ihme Meÿer, daß, wan dem
Klotzen schon der Kopf weg gschlagen wurde, er nüt desto mehr hete. Und
als er Meÿer gesagt, er dörfe soliches ohne vorwüßen seiner Gn[ädigen]
H[e]rr[e]n und Oberen nit thun, habe er, Klotz, gredt, er habe Ihne [sc.
Meyer] nit geschulten.«⁵¹² Der Vertreter des Gerichts, der Weibel, ordnete
den Vorfall nicht als Religionsschmähe, sondern als Injurie ein, die Klotz
mit seiner Entschuldigung zurückgenommen hatte. Zum einen vermied der
Weibel damit ein Gerichtsverfahren, zum anderen legitimierte er ausdrücklich den Vergleich der Kontrahenten als die bessere Alternative zur Justiz.

---

⁵¹¹ A. 27. 89, Aussage Pfarrer Schintz, 25. 3. 1650.
⁵¹² E. I. 10. 4, Aussage Hans Meyer, X. X. 1657.

Amtspersonen konnten also selbst gegen den Willen eines der Beteiligten darauf drängen, daß gotteslästerliche Differenzen zwischen Kontrahenten aufgehoben wurden.

Freilich schlichteten in Streitsituationen meist nicht Amtspersonen, sondern eher Verwandte und Freunde. Heinrich Merki etwa bat 1628 den wohl mit ihm verwandten Schulmeister Mathias Werki von Schleinikon, für ihn ein gutes Wort beim Pfarrer einzulegen, da »In sỹn frouw vor den Heren pfarer unnd den geschwornen so übel verkleineret« und das Sittengericht angerufen hatte. Auf die Fürsprache des Schulmeisters hin erklärte sich der Pfarrer schließlich bereit, die Eheleute bei sich zu Hause, und damit privat, anzuhören. »Hernach er Inen zuogspraachen unnd also beide miteinanderen wider woll eins gsỹn.«[513] Mathias Werki hatte also auf Wunsch Heinrich Werkis erfolgreich vermittelt. Mit Hilfe Dritter vermochte man sich demnach in manch verfahrener Situation miteinander zu arrangieren.

Der Fall Elisabeth Studers ist ein weiteres Beispiel dafür, wie man Konflikte unter Verwandten möglichst innerhalb der Familie zu lösen suchte. Die Studer sagte aus, daß zwischen ihr und ihrem Mann vor der Verehelichung ein Streit ausgebrochen sei. Der Zukünftige hatte sich entgegen den Gepflogenheiten weigern wollen, die Hochzeitskosten zu übernehmen. Sie jedoch habe nicht nachgegeben und darauf bestanden, daß der Bräutigam zu zahlen habe. Hierauf habe dieser alle Besucher ihres Hauses verflucht und sich zwei Wochen lang nicht sehen lassen. Die Aussöhnung habe erst Studers Schwager ermöglicht: »am H[eiligen] Pfingstnachtag komme ihr Schwager zu ihro, und habe sỹ gebeten mit ihm in der Mutter huß zu gehn und die sach zu vergleichen, so sỹ gethan.«[514] Die Hochzeit kam zustande. Die Parteien werden sich also über die finanziellen Fragen und die Aufhebung der Schwüre verständigt haben. Doch, so die Klage der Studer, ihr Mann habe wiederholt über sie geflucht, was sie ihrem Vater sowie ihrem Schwager berichtet habe. Von ihnen sei allerdings keiner eingeschritten.[515] Diese Schilderung erlaubt zwei Rückschlüsse: Zum einen erwartete die Studer, daß die männlichen Familienmitglieder ihr helfen würden, auf ihren Mann einzuwirken. Diese Erwartungshaltung spiegelt eine geschlechtsspezifische Rollenverteilung wider, die es hier nicht zu erläutern gilt. Zum anderen betrachtete die Studer die Verfluchungen ihres Mannes als Teil ihrer Ehekonflikte, die innerhalb der Familie zu klären waren. Selbst gotteslästerliche Flüche konnten also zu einer Familienangelegenheit deklariert werden.

[513] A. 27.68, Aussage Mathias Werki, 27. 1. 1628.
[514] A. 27.97, Aussage Elisabeth Studer, 20. 1. 1660.
[515] Vgl. A. 27.97, Aussage Elisabeth Studer, 20. 1. 1660.

Daß neben Verwandten Freunde zu den Personen gehörten, die man in einer Konfliktsituation als Schlichter heranzog, liegt auf der Hand. Typisch ist hierfür die Beschreibung David Füßlis aus dem Jahre 1633. Dieser mußte dem Gericht überzeugend erklären, warum er den bereits genannten Seteli nicht angezeigt hatte. Füßli sagte aus, er habe zugegebenermaßen nach dem nächtlichen Vorfall im ersten Moment nicht genügend über die Sache nachgedacht. »Morgens aber habe er denen reden, die Seteli gredt, erst recht nachgesinnet unnd sÿge deßwegen uff die bruggen gangen, etliche gute fründ Raths zefragen, wie der sach werde zethun sÿn, dann er werde es nit allso verblÿben laßen können.«[516] Die gemeinsame Beratschlagung nahm quasi die Gestalt einer Vorverhandlung an. Das informelle Richtergremium der Freunde entschied darüber, ob Seteli angezeigt werden solle, wobei offenbar das Urteil gegen die Justiz und zugunsten des Delinquenten ausfiel. Füßli sah jedenfalls von einer Anzeige ab. Dies mußte jedoch nicht immer so sein. Untervogt Nägeli beispielsweise beratschlagte sich am Morgen nach der blasphemischen Tat Benedict Berlis mit zwei Freunden, ob er die Worte Berlis melden solle. Offenbar überlegte der Amtmann, wie man die Angelegenheit ohne Hinzuziehung des Gerichts bereinigen könne. Doch diesmal hatte der Delinquent das Nachsehen. Nägeli erhielt den Rat, Berli der Justiz zu melden; er sollte dem Rat folgen und damit seine Amtspflicht erfüllen.[517] Es bedurfte also weder zwangsläufig der Justiz, um das Los der Delinquenten zu bestimmen, noch wurden die Fälle der Justiz systematisch vorenthalten. Justiz und Infrajustiz standen nicht als gegensätzliche Justizsysteme einander gegenüber, sondern bildeten zusammen ein in sich geschlossenes Rechtssystem.

Wenn die Justizakten Hinweise zur Infrajustiz im Falle einer Blasphemie liefern, dann berichten sie zumeist von Situationen, in denen die Delinquenten und Zeugen sich untereinander, ohne Hinzuziehung Dritter, verglichen. Die gegenseitige Verständigung beruhte darauf, daß Blasphemiker eine Gegenleistung erbrachten, die den Zeugen angemessen erschien. Die Zeugen liebten es, sich ihr Schweigen erkaufen zu lassen: Sollte der Delinquent die Wirtshauszeche ganz oder teilweise übernehmen, so würden sie von einer Anzeige absehen, so ein typisches Angebot von Zeugen.[518] Manchmal freilich klappte das Tauschgeschäft nicht. Am Fall Heinrich Puris war bereits zu sehen, daß Zeugen das Angebot eines Gotteslästerers, eine Runde zu spendieren und den Herdfall zu vollziehen, auch ablehnen konnten, um statt des-

---

[516] A. 27.71, Aussage David Füßli, 9. 11. 1633.
[517] Vgl. A. 27.61, Aussage Nägeli, 15. 4. 1616.
[518] Vgl. etwa A. 27.57, Aussage Rudolf Goldschmid, X. 4. 1612; A. 27.120, Klage Frantz Häni, 14. 5. 1697.

sen den Fall an die Obrigkeit weiterzuleiten.[519] Auch hier lassen sich Infrajustiz und Justiz demnach nicht schematisch als zwei getrennte Rechtssysteme gegenüberstellen.

Diese Verzahnung verdeutlicht der bereits genannte Fall Seteli. Als Haller und Koller von diesem forderten, er solle Gott um Entschuldigung bitten, fünf Pfund in die Armenkasse zahlen und die Wirtshauszeche begleichen, setzten sie eine Strafe gegen Seteli fest, die ganz und gar den Maßstäben eines ordentlichen Verfahrens glich. Im Grunde genommen substituierten die beiden das Gericht: Der Verurteilte mußte die Gerichtskosten (die Zeche) übernehmen, eine Buße zahlen, die dem üblichen Strafsatz für schwerwiegendere Gotteslästerungen entsprach, sowie Gott durch eine Demutshandlung die Ehre erweisen. In Form und Inhalt waren hier Infrajustiz und Justiz eigentlich identisch.

Zu diesem Resonanzverhältnis, das zwischen Justiz und Infrajustiz bestand, gehören die rituellen Formen, in denen Gotteslästerer und Zeugen eine Handlung besiegelten. So einigte sich Uli Walder 1612 mit einem Gesellen aus Aegeri und einem aus Einsiedeln, daß er die Zeche zahlen werde, sofern die beiden seine konfessionell-blasphemische Bemerkung verschweigen würden, »welliches die beiden von Ägeri und Einsidlen dem Zollinger Inn die hand verheißen.«[520] Die Sanktionierung der Schwüre war offenbar nicht allein dem Gericht vorbehalten. Das gleiche gilt für Gesten, mit denen die Schuldigen um Verzeihung baten. So wie das Gericht die Ehrenstrafe des Kniefalls kannte,[521] konnten Blasphemiker von sich aus die Demutshandlung wählen. Dies machte jedenfalls Heinrich Schultheß 1650 geltend: Er habe zwar bei einer Seeüberquerung gegen Heinrich Wyland geschworen, sich jedoch noch im Boot auf die Knie »geworfen« und um Verzeihung gebeten.[522] Außergerichtliche Regelungen von Gotteslästerung wiesen also in der Form Überschneidungen mit gerichtlichen Einigungen – bzw. umgekehrt – auf.

Infrajustiz, so ist bis hierher gezeigt worden, war eine Ausprägung horizontaler sozialer Kontrolle, die eine Vorform einer Gerichtsverhandlung (zum Beispiel die Entscheidung über eine Meldung) darstellen oder das Gericht ersetzen konnte, sei es, daß die Justiz außergerichtliche Regelungen ausdrücklich als gleichwertigen Ersatz anerkannte, sei es, daß die Betroffenen die institutionalisierte Justiz umgingen. Infrajustiz konnte jedoch auch nach Abschluß eines ordentlichen Verfahrens greifen, wenn der Fall für die

---

[519] Vgl. A.27.92, Aussage Frantz Wollenweider, 29.5.1654.
[520] A.27.57, Aussage Rudolf Goldschmid, X.4.1612.
[521] Vgl. zum Beispiel B.II.856, fol. 48–49, Urteil Jacob Laban, 15.3.1747.
[522] Vgl. A.27.89, Aussage Pfarrer Schintz, 18.4.1650.

Justiz längst erledigt war. Aufschlußreich ist die Klage Meister Heinrich Bürklis von 1734 gegen den Schneidermeister Oberman. Dieser weigerte sich, Bürkli seine Schulden zu zahlen, und vertrat die Ansicht, er brauche einem ehemaligen Gotteslästerer, dem die förmliche und ehrenrührige Strafe des Herdfalls auferlegt worden war, nichts schuldig zu sein.[523] Oberman nutzte also die Verletzlichkeit Bürklis aus. Er versuchte im Anschluß an das formelle Verfahren – und insofern ließe sich hier von dem nachgerichtlichen Aspekt des *infrajudiciaire* sprechen – Bürkli mit der Aberkennung seiner Rechte erneut zu bestrafen.

Überhaupt scheint soziale Ächtung eine gefürchtete Erscheinung außergerichtlicher Verurteilung gewesen zu sein. Pfarrer Wyß etwa erklärte 1628 zum Fall Heinrich Merki: »Der schweren Gottslesterung halben, dz [das] H[eilige] Nachtmahl betreffend, hab ich vor den gschwornen keinen anzug gethan, damit sölcher gutwol desto minder under die leüt kommen solte.«[524] Wyß wußte offenbar nur zu gut, welche Folgen für den sonst unbescholtenen Merki der Ruf haben konnte, ein Gotteslästerer zu sein. Im Prinzip lieferte Anna Bucher 1676 dieselbe Erklärung, als die Nachgänger skeptisch nachfragten, warum sie erst jetzt, da sie mit ihrem Mann im Streit lag, dessen zwölf Jahre alten Blasphemien hervorhole: »Habe solches verschwigen bis uf dße Zeit [...], [denn] man habe in dem dorff sÿt sine Heimkonfft von straßburg hin und wider gred.«[525] Offenbar tat man – wie bei anderen Delikten –[526] gut daran, nicht ins Gerede zu kommen. Gerüchte über die eigene Person trafen

---

[523] B III. 178, p. 9.

[524] A. 27.68, Bericht Pfarrer Wyß, 28.1.1628.

[525] A. 27.108, Aussage Anna Bucher, 13.7.1676.

[526] Daß Gerüchte gezielt ausgestreut wurden, um Kontrahenten in ihre Schranken zu weisen, weist für das westfälische Canstein am Beginn des 18. Jahrhunderts nach: B. KRUG-RICHTER, Konfliktregulierung zwischen dörflicher Sozialkontrolle und patrimonialer Gerichtsbarkeit. Das Rügegericht in der Westfälischen Gerichtsherrschaft Canstein 1718/1719, in: Historische Anthropologie 5. 1997 S. 212-228. Zum Gerücht nicht als Indiz eines politischen Aufruhrs, sondern als Mittel der Abgrenzung zur Männerwelt wie auch zur Durchsetzung von Normen innerhalb einer Subkultur, »in der Frauen Frauen richten« vgl. aus historisch-soziologischer Perspektive zum neuzeitlichen England M. TEBBUTT, Women's Talk? A Social History of »Gossip« in Working Class Neighbourhoods 1880-1960, Brookfield/Vt. 1995; hier: S. 78. Zur politischen Dimension des Gerüchts vgl. den Themenschwerpunkt in Werkstattgeschichte 15. 1997. Zur »Logik des Geredes« im frühneuzeitlichen Württemberg vgl. U. RUBLACK, Magd, Metz' oder Mörderin. Frauen vor frühneuzeitlichen Gerichten. Frankfurt/Main 1998, S. 19-34. Auf das Gerücht als Forschungsdefizit haben bereits hingewiesen R.-P. FUCHS, Ehre, S. 289-324; P. HOLENSTEIN/N. SCHINDLER, Geschwätzgeschichte(n). Ein kulturhistorisches Plädoyer für die Rehabilitierung der unkontrollierten Rede, in: R. v. DÜLMEN Hg., Dynamik der Tradition. Studien zur historischen Kulturforschung IV. Frankfurt/Main 1992 S. 41-108, 271-281; G. SCHWERHOFF, Devianz S. 407 f.

empfindlich, was nichts anderes bedeutet, als daß horizontale soziale Kontrolle sehr wirksam sein konnte, wie informell sie auch immer erfolgte.

* * *

Die infrajustizielle Verfolgung von Blasphemie, d.h. die Art und Weise, in der Gotteslästerer und Zeugen sich untereinander oder mit Hilfe Dritter darüber verständigten, wie der begangene Normbruch zu regeln sei, verrät vieles über die Rechtspraxis eines frühneuzeitlichen Stadtstaates. Die entsprechenden Erkenntnisse tragen zur Beantwortung der Frage bei, welche gesellschaftliche Bedeutung Blasphemie hatte und wie die Bevölkerung religiös diszipliniert wurde.

Infrajustiz setzte voraus, daß einerseits die Kontrahenten zusammen mit den Vermittlern einigungsfähig waren und andererseits ihr soziales Umfeld und/oder die Obrigkeit die getroffene Regelung zumindest akzeptierten oder gar forcierten. Hierbei konnten die Kontrahenten einander bekannt sein oder auch nicht. Die als Schlichter eingeschalteten Personen hingegen waren den Streitenden vertraut. Um als Vermittler eingeschaltet zu werden, mußten Amtspersonen, Verwandte oder Freunde zuvor das Vertrauen derjenigen erworben haben, die sie um Hilfe baten.

Außerhalb des gerichtlichen Raums kamen drei wesentliche Mittel zur Anwendung, um einen Normbruch soweit zu bereinigen, daß der soziale Friede wiederhergestellt war. Amtspersonen konnten eine Angelegenheit über private Zurechtweisung aus dem Weg räumen. Manchmal zogen sie es vor, Delinquenten verbal an den Pranger zu stellen und somit dem Urteil der Öffentlichkeit preiszugeben. Zwischen den Kontrahenten überwog die Form des Tauschhandels. Die einen versprachen, einen Normbruch zu verschweigen, wofür die anderen sich dazu verpflichteten, eine als äquivalent empfundene Gegenleistung zu erbringen. Vereinzelt ließ es das soziale Umfeld bei einer solchen privaten Regelung nicht bewenden. Wer Gerüchte in die Welt setzte, sorgte dafür, daß soziale Ächtung die Delinquenten stigmatisierte und ein Fall möglicherweise vor das Gericht gelangte.

Der Rahmen, in dem außergerichtliche Konfliktlösungen erzielt wurden, konnte rein privat wie auch halb öffentlich sein. Bei Auseinandersetzungen allein Familienmitglieder zu verständigen, hieß, die Sache im eigenen »Clan« abklären zu wollen. Die örtlichen Honoratioren zusammenzutrommeln, damit sich der Delinquent vor ihnen erkläre, bedeutete hingegen, Vertreter der Justiz in eine nicht institutionalisierte Form der Rechtsprechung zu integrieren. In der Rechtspraxis gingen somit öffentlicher und privater Raum teilweise ineinander über.

Im Verhältnis von institutionalisierter und nichtinstitutionalisierter Justiz, d.h. von Justiz und Infrajustiz stellt sich nicht nur die Gegenüberstellung

»öffentlich« vs. »privat« als unzutreffend heraus. Die Kontrastpaare »obrigkeitlicher Rechtsanspruch versus Rechtsvakuum«, »kodifiziertes Recht versus Gewohnheitsrecht«, »geregelte versus willkürliche Rechtsfindung« sind ebenso unzutreffend. Infrajustiz und Justiz standen sich nicht als voneinander getrenntes informelles bzw. formelles System gegenüber, sondern bildeten zusammen ein Gesamtsystem, in dem informellere Formen des Konfliktausgleichs in formellere hinüberglitten. Auch außerhalb des Gerichts wurden Divergenzen behoben und insofern Recht gesprochen. Hierbei sind inhaltlich wie formal Resonanzen zwischen gerichtlicher und außergerichtlicher Urteilsfindung zu beobachten. Amtspersonen, die sich entschieden, den einen Fall an der Justiz vorbei zu klären, während sie einen anderen an die Justiz weiterleiteten, verdeutlichen, wie sehr selbst für Vertreter der Obrigkeit Justiz und Infrajustiz einander ergänzten.

Idealtypisch lassen sich drei Typen von Infrajustiz unterscheiden. Infrajustiz konnte einer Vorverhandlung entsprechen, in der Privatpersonen und bisweilen Amtmänner gemeinsam darüber entschieden, ob ein Fall der Obrigkeit angezeigt werden solle. Infrajustiz stellte hier die Weichen, ob sie einen ersten Schritt auf dem Weg zur Justiz oder – dies wäre die zweite Variante – eine Alternative zu ihr sein sollte. Infrajustiz war dann insofern eine Alternative, als sie ein Gerichtsverfahren ersetzte. Die Vermutung liegt nahe, die Bevölkerung habe deswegen einen Bogen um die Justiz geschlagen, weil sie gegen sie aufbegehrte. Soweit die Justizakten, die hierfür sicherlich nicht die beste Quelle sind, eine Einschätzung erlauben, scheint dies jedoch nicht der Fall gewesen zu sein. Denn wenn Zeugen und Beschuldigte sich auf Strafen einigten, die denjenigen eines ordentlichen Gerichtsverfahrens glichen, pflegten sie keine »eigensinnige« Subkultur. Ebensowenig faßten Vertreter der Obrigkeit außergerichtliche Regelungen als subversive Alternative auf, wenn sie Konfliktpartner drängten, selbstständig zu einer Lösung zu finden. Vielmehr betrachteten sie Infrajustiz auch als komplementäre Entlastung für die Justiz.

Nachdem in einem ordentlichen Verfahren Recht gesprochen und wiederhergestellt worden war, konnte Infrajustiz in einer dritten Erscheinungsform auftreten. Soziale Ächtung ließ die Verurteilten zusätzlich spüren, welche Strafen ihnen die Gesellschaft auferlegte. Wann auch immer also Infrajustiz griff, sie spielte mit der Justiz zusammen, so daß beide Rechtssphären ein Gesamtsystem bildeten. Daher entspricht es einer verkürzten Sicht, zwischen Justiz und Infrajustiz einen tiefgehenden kulturellen Gegensatz anzunehmen und/oder Rechtspraxis allein anhand dessen, was vor Gericht geschah, erfassen zu wollen.

Die Einblicke, die das Beispiel der Zürcher Gotteslästerung in die gelebte Rechtskultur des frühneuzeitlichen Stadtstaates erlaubt, vermitteln einen

Eindruck davon, welche Bedeutung Gotteslästerung als religiöser Tabubruch besaß. Die vielen Varianten, in denen Gotteslästerer außerhalb des
Gerichts zur Ordnung gerufen wurden, zeigen, daß horizontal-soziale Kontrolle für die Konsolidierung religiöser Normen sorgte. Der Druck, den das
soziale Umfeld auf Gotteslästerer ausübte, war hoch; hoch genug jedenfalls,
um Blasphemiker Zechen zahlen und die »Strafurteile« der Zeugen akzeptieren zu lassen. Umgekehrt waren selbst die leichteren Blasphemien des
Alltags – diese waren es, die offenbar eher auf außergerichtlichem Wege geklärt wurden – schwerwiegend genug, um Delinquenten jederzeit angreifbar
zu machen bzw. Zeugen immer wieder zu einem regulierenden Eingreifen zu
bewegen. Daher sollte die Auswirkung horizontaler sozialer Kontrolle im
Vergleich zu obrigkeitlichen Maßnahmen nicht unterschätzt werden: Die
Bezähmung der blasphemischen Zunge erfolgte eher durch die Bevölkerung
als durch die Vertreter der Obrigkeit.

2. Gotteslästerung im gesellschaftlichen Handlungskontext

a) Gotteslästerung als Widersetzlichkeit

Wenn Untertanen Vertreter der Obrigkeit mit Flüchen und Schwüren bedachten, begingen sie nach frühneuzeitlichen Vorstellungen ein ambivalentes Vergehen: Zum einen verletzten sie die Ehre Gottes, zum anderen verweigerten sie der Obrigkeit den ihr gebührenden Respekt. Angesichts der rechtshistorischen Interpretation Paolo Prodis, der im Fluchen und Schwören einen Akt politischer Verweigerung sieht,[1] liegt daher die Frage nahe, ob die Gotteslästerer nicht so sehr Gott als vielmehr die Obrigkeit herausforderten. Wen und was meinten Untertanen mit ihren Äußerungen über die Obrigkeit, in denen sie auf Gott verwiesen? Welche Wirkungen zeigten ihre Worte? Um diese Fragen zu beantworten, ist zunächst zu klären, wie politisches Handeln im gesellschaftlichen Kontext der Frühen Neuzeit erfaßt werden kann.

Politisch aktiv zu sein, heißt heute z. B. Grundsatzforderungen zu stellen, an Protestaktionen teilzunehmen oder einer Partei anzugehören. Auf die Frühe Neuzeit läßt sich dieses Verständnis von Politik nicht übertragen, da vormoderne Politik sich nicht aus Programmen, Unterschriftenkampagnen oder Parteiaktivitäten erschließen läßt.[2] Außerdem handelten Gotteslästerer als Einzelpersonen, ohne auf die zeitgenössischen institutionalisierten Wege politischer Meinungsäußerung zurückzugreifen. Daher sind ihre Worte am ehesten im Rahmen der kontroversen Kategorie der »Erfahrung« zu verstehen.[3] Hierbei geht es darum, Handeln auch außerhalb institutionalisierter Formen als Wechselwirkung zwischen Individuen in ihren strukturellen Bezügen zu verstehen. Auf Politik als das Verhältnis von Obrigkeit und Unter-

---

[1] Vgl. P. Prodi, Das Sakrament der Herrschaft, Der politische Eid in der Verfassungsgeschichte des Okzidents. Berlin 1997 S. 328 f.

[2] Für den deutschsprachigen Raum faßt die Protest- und Widerstandsforschung derzeit am konzisesten zusammen: M. Häberlein, Einleitung, in: Ders. Hg., Devianz, Widerstand und Herrschaftspraxis in der Vormoderne. Studien zu Konflikten im südwestdeutschen Raum (15. bis 18. Jahrhundert), Konstanz 1999 S. 9–32.

[3] Zur Begründung und Diskussion des Erfahrungsbegriffs vgl. die Beiträge in P. Münch Hg., Erfahrung in der Geschichte der Frühen Neuzeit. München 2001. Mir selbst lag der Sammelband noch nicht vor, so daß ich mich auf die entsprechenden Beiträge zur Essener Tagung der Frühneuzeithistoriker von 1999 beziehe. In kritischer Auseinandersetzung mit dem »postmodernen« Erfahrungsbegriff J.W. Scotts außerdem: U. Daniel, Erfahrung – (k)ein Thema für die Geschichtstheorie?, in: L'Homme Z.F.G. 11. 2000 S. 120–123.

tan[4] bezogen, heißt dies, zu untersuchen, ob Gotteslästerer in den Amtspersonen auf die Obrigkeit und politische Belange oder auf Individuen und persönlichen Interessen zielten.

Die Festellung, daß die meisten Beklagten aus konkreten Beweggründen gegen Amtspersonen fluchten und schworen, wird nicht überraschen. Der Unmut der Untertanen wandte sich hauptsächlich gegen die Gerichtsweibel, Ehegaumer oder Vögte als Vertreter der Niedergerichte. So wurde Uly Böny 1526 für schuldig befunden, »an der gemeind zu thös zu gebharten herren weibel an der stras daselbs gerett unnd namlich gesprochen [zu haben …:] Das dich bots wunden schend aller köplis buben In das wyß und blaw.«[5] Der Anlaß für Bönys blasphemische Worte liegt im Dunkeln, aber es ist offensichtlich, daß sie gegen den Amtmann als Repräsentanten der Obrigkeit gerichtet waren. Ein wenig mehr Licht auf die Auseinandersetzung zwischen einem Gerichtsdiener und einem Schuldner wirft die Akte Heytz Hüwiners. Als der Gerichtsweibel von Schwamendingen 1549 Hüwiners Schulden einzutreiben versuchte, überhäufte ihn dieser mit Sakramentsschwüren. Es bedarf keiner großen Phantasie, warum dies geschah.[6] Der Schuldner machte dem Gerichtsdiener verbal deutlich, daß er höchst unwillkommen sei. Mit Gott hatte die Sache offenbar wenig zu tun.

Im Falle Rudolf Bräms liegt die Sache etwas klarer vor Augen. Der Untervogt Huber hatte, so das Empfinden Bräms, sein Haus – es scheint sich um eine Zwangsversteigerung gehandelt zu haben – deutlich unter Preis verkauft. Er fühlte sich derart ungerecht behandelt, daß er laut Hubers Klage von 1681 in die Worte ausbrach: »Ich will das sagen, wohin es auch kome, vor dem Rath oder vor den Herren OberVögten. Den Mantel muß man dem UnderVogt Uff dem Rathhauß innen ablupfen. Er wolle Ihne zu einem MeinEiden faulen mann machen, zu einem MeinEiden faulen Lumpen. Ein Obrigkeit werde Ihne schon straffen, und wan Ein Oberkeit Ihne nit straffe, so werde Ihne Gott straffen, und wan Gott (A[bsit] B[lasphemia] D[eo]) Ihne nit straffe, so seige er fäuler als der faul Meineid Lump.«[7] Bräm beleidigte

---

4 Zum Untertanenbegriff vgl. P. BLICKLE, Untertanen in der Frühen Neuzeit, Zur Rekonstruktion der politischen Kultur und der sozialen Wirklichkeit Deutschlands im 17. Jahrhundert, Vierteljahrschrift für Sozial- und Wirtschaftsgeschichte, 70. 1983 S. 483–522. Als Konzept zur Interpretation des Verhältnisses zwischen Obrigkeit und Untertan vgl. A. LÜDTKE, Einleitung: Herrschaft als soziale Praxis, in: DERS. Hg., Herrschaft als soziale Praxis. Historische und sozial-anthropologische Studien. Göttingen 1991 S. 9–51.

5 B. VI.249, fol. 209r, Urteil Uly Böny, erster Sonntag nach Lätare 1526. Weiß und blau sind die heraldischen Farben Zürichs. Böny adressierte also die Zürcher Obrigkeit.

6 Das Urteil vermerkt den Wortlaut der blasphemischen Formulierungen nicht. Vgl. B. VI.256, fol. 241r, Urteil Heytz Hüwiner, 19. 10. 1549.

7 A. 27.11, Aussage Rudolf Rieder, 8. 11. 1681.

demnach den Untervogt mit einem gewöhnlichen »meineidigen, faulen Lump«; er kritisierte die Person Hubers, nicht aber die Obrigkeit, die der Untervogt verkörperte. Im Gegenteil, als guter Untertan stellte er die Obrigkeit als gerechte Instanz dar, die den Amtmann schon zurechtweisen werde. Blasphemisch wird die Szene erst, als Bräm die Ungeheuerlichkeit ausspricht, Gott könne möglicherweise Hubers Verhalten auf sich beruhen lassen. Die Blasphemie – Gott kann nicht ungerecht sein – wandte sich also nicht gegen die Obrigkeit, sondern gegen Gott. Damit verzichtete jedoch Bräm auf politische Implikationen: Er begehrte gegen Huber als Person auf, nicht aber gegen die Obrigkeit als solche, und ließ in der Auseinandersetzung mit dem Amtmann Gott aus dem Spiel.

Ähnlichkeiten mit dem Fall Bräm weist die Sache mit Jacob Laban von 1747 auf. Laut Anklage habe Laban den Gerichtsbevollmächtigten Krauwer beschuldigt, ihn in einer Erbschaftssache und in einem Handelsgeschäft übervorteilt zu haben. Labans Schwören habe »von Abend halber Sieben biß gegen Mitternacht nach Eÿlf Uhren gewähret und in diser Zeit [habe Laban] den Herrn Landschreiber, AmtsWeibel und Sekelmeister [Krauwer] mehr als 12. biß 15 Mahl Verdammte Kätzern, Doners und StrahlsBuben bescholten und zwahren mit solch Laut und erhabener Stim, daß man es zu Oberst im Dorf hören und verstehen mögen.«[8] Aus welchen Gründen auch immer die beiden aneinandergeraten waren, es handelte sich offenbar um persönliche, emotional aufgeladene Konflikte. Die blasphemische Titulierung Krauwers als »verdammter Ketzer, Donners- und Strahlsbuben« scheint Krauwer vorrangig als privaten Geschäftsmann gemeint zu haben, wenn Laban behauptete, der amtlich bestallte Gerichtsdiener habe ihn finanziell ausgenommen. Laban bewegte sich hier wohl in Kategorien nicht so sehr politischer als geschäftlicher Erfahrung.

Den Gerichtsakten nach zu urteilen, haben die Vögte häufiger den blasphemischen Zorn von Untertanen auf sich gezogen als die Ehegaumer und Weibel. Für die Beklagten war der Schwur eine Möglichkeit, lauthals kundzutun, daß man ihnen Unrecht getan habe. So beging im ersten Drittel des 16. Jahrhunderts Jagli Arbentz zusammen mit seinem Bruder Bantli die Unvorsichtigkeit, in aller Öffentlichkeit und unter vielen Schwüren sich darüber zu beschweren, daß der Andelfinger Vogt eine unangemessen harte Strafe gegen ihn verhängt habe.[9] Daß die Brüder Arbentz keine Ausnahme waren, belegt das Beispiel des Wolfgang Suter von 1541. Heini Suters Aussage zufolge, sei Wolfgang Suter vom Vogt Hirt aus der Wirtsstube heraus-

---

[8] A.27.145, Klageschrift Huber, 4.2.1747.
[9] A.27.70, Aussage Jagli und Bantli Arbentz, undat.

gerufen worden, sei anschließend zurückgekommen und habe geschworen: »das dich gots lÿden als Schübÿns«[10] »schendd, In, den vogt Hirten, damit meÿnend.« Versuchte Wolfgang Suter, mit der Anrufung Gottes dem Vogt ein Unheil anzuhängen? Dagegen spricht die ergänzende Angabe Felix Pfyffers. Dieser sagte aus, der Angeklagte habe behauptet, Hirt »wēre ein Schübÿn, ein Süpplifrässer unnd ein Narr«.[11] Suter unterließ es, auf die Amtsführung Hirts anzuspielen; offensichtlich injurierte er wie die Brüder Bantli nicht das Amt, sondern die Person des Vogts.

Im Bestand der *Kundschaften und Nachgänge* finden sich nur noch wenige weitere Beispiele blasphemischer Sprechhandlungen gegen Repräsentanten der Obrigkeit. Wie im spätmittelalterlichen Konstanz hatten die lästerlichen Reden gegen »die da oben«, d. h. gegen die Obrigkeit im allgemeinen einen spezifischen Anlaß.[12] So ging der Seevogt 1582 direkt gegen Heinrich von Helbling von Wädenswil vor, als dieser – und nicht zum ersten Mal – gegen den Amtmann schwor.[13] Die Spannungen zwischen ihm und dem Vogt scheinen sich wohl über einen längeren Zeitraum erstreckt zu haben und sprechen für eine langwierige persönliche Auseinandersetzung. Dies läßt sich mit Sicherheit im Fall Wilhelm Kern aus dem Jahre 1699 sagen. Der Beklagte hatte laut Aussage des Wirts Hans Volkhart bei einer Zechrunde wiederholt den Schultheiß[14] Hans Jacob Frölich bezichtigt, ungerechtfertigterweise sein Vermögen beschlagnahmt und außerdem Vogteieinnahmen veruntreut zu haben. Er habe behauptet, der Schultheiß wie der Rat »seÿend all schellmen und dieben [...] habind ihn umb daß seinig bracht, der Sch[ultheiß] Frölich habe ihme den Rantzen blünderet und daß Gelt daraus genommen, der Ketzer. Dieser sei deswegen ein Bätlerschlager, Tonnershundsf[urt] Wÿberguotfreßer [...] Er wolte, daß der doner und hagel /Gott bhüt unß/ alles in boden einhin schluog.«[15] Im Unterschied zu den anderen genannten Fällen hatte Kern nicht nur seinem Unmut Luft gemacht, sondern auch offen ein Unglück auf die Obrigkeit herabgewünscht. Statt es mit persönlichen Angrif-

[10] Dieser Ausdruck – ein Lesefehler ist mit ziemlicher Sicherheit auszuschließen – ist im Idiotikon der Schweizerdeutschen Sprache wie auch anderen Nachschlagewerken nicht belegt und daher nicht zu klären.

[11] A. 27.14, Aussage Heyni Wüst und Felix Pfÿffer, X. X. 1541.

[12] Zur Feststellung Schusters, daß die Flüche und Schwüre der Konstanzer einen konkreten Anlaß hatten, aber einer politischen Botschaft entbehrten vgl. P. SCHUSTER, Konstanz S. 76 f.

[13] B. VI.263, fol. 1v–2r, Urteil Heinrich von Helbling, 11. 4. 1582.

[14] Der Begriff des Schultheiß ist nicht eindeutig zu klären. Für Zürich soll er den Vorsitzenden des Stadt-, also des Schuldgerichts bezeichnen (vgl. Historisch-Biographisches Lexikon S. 254). Mit dem Titel kann aber auch ein herrschaftlicher Verwaltungsbeamte, ein Ortsvorsteher, Vogt oder Ratsvorsitzender gemeint sein (vgl. Idiotikon, Bd. 2 S. 1683–1684).

[15] A. 27.111, Aussage Hans Volkhart, 26. 8. 1699.

fen auf den Vogt bewenden zu lassen, verrdammte Kern die gesamte Obrigkeit. Doch seine blasphemische Wut war blind. Das herbeigewünschte Unwetter sollte einfach nur alles zerstören. Im Gegensatz zu den widerständigen Zeitgenossen suchte er nicht das Verhältnis zwischen Obrigkeit und Untertan zumindest teilweise neu zu regeln. Man wird daher Kern kaum als Blasphemiker mit politischen Interessen bezeichnen können.

Die meisten Gotteslästerer, die gegen die Obrigkeit fluchten und schworen, machten ihrem Unmut Luft, ohne deswegen politische Botschaften zu senden. Nur eine verschwindend kleine Minderheit nutzte die Blasphemie, um politisch kritische Töne anzuschlagen. So besagt das Urteil gegen den wegen »unchristenlich, schantlich böß swür und wort« angeklagten Rudi Rifli 1514, daß er mit Hans Flecklin in einen handgreiflichen Streit geraten sei. Als jemand versucht habe, zwischen den beiden Frieden zu stiften, habe Rifli dies mit den Worten abgelehnt: »Er wölt das gotz wunden die Herren [sc. die Räte] als Aufseher über den Stadtfrieden schante [...] Er wöllte das gots ertrich die Senft schandte, darInn got selbs gelegen wëre, und wo si nit darvon lassen wölten, so wöllte er sweren.«[16] Er hatte damit bewiesen, daß er der Obrigkeit den schuldigen Respekt verweigerte.

Das gleiche Verhalten zeigte 1526 Hans Müller von Birmensdorf. Ihm, der des Landes verwiesen worden war, wurde vorgeworfen, »daß er unsern gnedigenn herrenn gefluchet und Namlichenn gesprochenn, [...] wie die Inn dem Rat, Inn der statt nit all vill und stinckennd werint [...] Solte Gots wünndenn die boßwicht Inn der statt Schënndenn, denn noch wolte er nüdt gen.« Ohne die genaueren Umstände aus dem zitierten Urteil erschließen zu können, sieht es so aus, daß Müller sich weigerte, das gegen ihn verhängte Urteil anzunehmen. Er mißachtete somit eine obrigkeitliche Anweisung und brachte dies auch noch in »schanntlich, lasterlich scheltwort und Schwer zu Redungen« zum Ausdruck.[17] Worauf aber zielte Müller mit seinen groben Sprüchen? Auf politisches Handeln, das im Rahmen des üblichen Kräftemessens zwischen Obrigkeit und Untertan eine legitime Einzelregelung erzwingen wollte?[18]

---

[16] B.VI.245, fol. 42r, Urteil Rudi Rifli, X. X. 1514.

[17] B.VI.251, fol. 5, Urteil Hans Müller, Donnerstag nach Pfingsten 1526.

[18] Zum Verständnis politischer Herrschaft als zwischen Obrigkeit und Untertanen stattfindender zirkulärer Prozeß von Normsetzung und Normwirkung auf der Grundlage von Einzelfallregelungen vgl. A. HOLENSTEIN, Die Umstände der Normen – die Normen der Umstände. Policeyordnungen im kommunikativen Handeln von Verwaltung und lokaler Gesellschaft im Ancien Régime, in: K. HÄRTER Hg., Policey und frühneuzeitliche Gesellschaft. Frankfurt 2000 S. 1–46; A. LANDWEHR, Policey; U. RUBLACK, Staatlichkeit; hier: S. 363.

Daß er nicht viel auf die Obrigkeit gebe, das formulierte auch Lienhart Uttinger von Zürich. In der Urteilsbegründung von 1527 heißt es, er habe ungeachtet der Ermahnungen nicht nur den Frieden gebrochen, »sonnders weiter geschweren und geret, gets Krankheit, er welte schweren und wann schen sibenn vögt da werint.«[19] Genauso wenig Respekt vor der Obrigkeit zeigte Kleinhans Berchtold von Wasterkingen 1620, welcher der Obrigkeit wünschte, daß der Strahl sie erschlage.[20] Jacob Welte aus dem Berner Gebiet 1635 bedachte nach seiner Festnahme den Rat mit ähnlich stereotypen Schwüren.[21] Jörg Haupt aus Steinmauer hingegen, der dem Vogtbericht von 1650 zufolge »übell geschworen« hatte, wurde etwas deutlicher. Die Worte, die ihm zur Last gelegt wurden, lauteten: daß »di stral In die Obrigkeit schießen [...] 1000 Sacrament, bim blut Sacrament, er wölte, daß der Donder und der hagell In den Öthenbach[22] schlüge.«[23] Er hatte Gott angerufen, die Obrigkeit zu bestrafen und das Gefängnis als Symbol ihrer Autorität zu zerstören, und somit die Obrigkeit angegriffen. Nicht umsonst landete er vor Gericht.

Auf politisch gefärbte Blasphemien reagierte der Rat mit einiger Empfindlichkeit, zumal wenn sie wie im Fall des Hans Spieß heikle politische Fragen betrafen. Spieß hatte wegen umstrittener Holzrechte einen Hofbesitzer von Nenrath vor das Gericht gezogen. Vor dem angesetzten Gerichtstermin, so das Urteil von 1566, habe Spieß jedoch »etwas ungeschickter tröwwort und Gotslesterung [...] ußgestoßen.«[24] Es ist nicht schwer, sich vorzustellen, wer mit den Schwüren gemeint war. Wenn Spieß die Obrigkeit auch nicht beim Namen nannte, verfehlte die Sprechhandlung doch nicht ihre Wirkung. Der Rat holte umgehend Nachgänge ein.[25] Das verbale Verhalten von Spieß war im Zusammenhang mit einer Grundsatzfrage wie derjenigen von Holzrechten zu brisant, als daß der Rat die blasphemischen Worte auf sich hätte beruhen lassen können. Spieß wurde für die Obrigkeit zu einem widerborstigen Untertan.

Als politisch unzuverlässigen Untertanen verurteilte der Rat Peter Schufelberg. Er wurde am 1. September 1599 für schuldig befunden, »nit nur allein fürsetzlich, ganz unverschampter und verruchter Wyß onne allen anlaß Wider Unnser gn[ädigen] herren sich berüempt, Gottes fründ unnd der Statt

19 B. VI.251, fol. 60r, Urteil Lienhart Uttinger, Donnerstag vor Bartholomäus 1527.
20 Vgl. A.27.63, Aussage Kleinhans Berchtold, 22.3.1620.
21 Vgl. A.27.73, Aussage Johannes Leygruber, 22.9.1635.
22 Der Öttenbach diente als Verwahrungsstätte für die Gefangenen.
23 A.27.89, Vogteibericht Fall Jörg Haupt, 13.3.1650.
24 B. VI.259, fol. 220, Urteil Hans Spieß, 7.2.1566.
25 Vgl. B. VI.259, fol. 220, Urteil Hans Spieß, 7.2.1566.

Zürich fÿent [zu sein] […] Zü dem auch gredt, das alle die Ihenigen von dem meer zuo Grueningen abgewichent, Sÿent vom Christenlichen glauben abgefallen. Item er wëlte, das alle die, so von dem ersten meer gestanden (Got behüete Unns) der tüfel nëme […]«[26] Statt seiner Obrigkeit politisch die Treue zu halten, hatte sich Schufelberg verbal auf die Seite der politischen Gegner Zürichs gestellt, seine Obrigkeit verflucht und sich damit als verräterischer Untertan erwiesen – so zumindest die Sicht der Justiz. Ob aber Schufelbergs blasphemischer Fluch, als Gottes Freund die Kontrahenten zum Teufel zu wünschen, aus politischer Reflexion herrührte, sei dahingestellt.

Eine subtile Form, die Obrigkeit in Frage zu stellen, wählte der Untervogt Kleiner von Mettmenstetten 1708. Die Anklage gegen ihn lautete, daß er »ohngeschickte reden wider daß stille Exercitium an Sontagen und Weigerung des Exercierens und mundierung auch ander wider Mgndhrn. [meiner gnädigen Herren] befehl darzu veranlasset und anschlüpfig gemacht habe […] Auf diesen Vorwurf gab es zur Protokoll: 1. Könne Er nit in abred seÿn, daß Er gesagt habe, 6 tage soltu arbeiten und am 7.t[en] mußtern […]«[27] Ob aus Spaß oder grundsätzlicher Überzeugung, er hatte mit seiner ironischen Bemerkung, die das Sabbatgebot profanierte und daher einer blasphemischen Verunglimpfung gleichkam, eine helvetische Institution kritisiert: den Dienst in der Armee. Somit hatte sich ausgerechnet ein Untervogt von seinen »staatsbürgerlichen« Pflichten distanziert.

Wie ging die Obrigkeit mit solchen Provokationen um? Auffällig ist, daß sie relativ wenig Interesse für den Wortlaut der umstrittenen Aussprüche zeigte. Die Protokolle benutzen häufig pauschale Formulierungen wie »unschicklich reden« oder »übel schwören«. Dies steht in deutlichem Kontrast zu der Sorgfalt, mit der sonst die Protokollanten den exakten Wortlaut blasphemischer Formulierungen festhielten. Statt sich für den propositionalen Gehalt der Sprechhandlungen zu interessieren, konzentrierten sie sich auf den perlokutionären. Wirkung zeigten bei der Obrigkeit nicht so sehr die gotteslästerlichen Inhalte, sondern die obrigkeitskritischen Töne. Es ging dem Rat mehr um die Antastung seiner Autorität als um den Angriff auf die Ehre Gottes, also eher um die politische als die theologische Dimension der Blasphemie.

Diese Sorge um die politischen Anklänge von Gotteslästerungen spiegeln die Urteile des Rats wider. Die Strafen relativieren häufig die sakralen Aspekte des Delikts, indem sie auf kirchliche Sanktionen wie etwa das Ab-

---

[26] B. VI.265, fol.137–138, Urteil Peter Schufelberg, 1.9.1599.
[27] A.27.126, Aussage Untervogt Kleiner, 10.12.1708.

kanzeln oder die Ermahnung durch das Sittengericht verzichten: Wolfgang Suter erhielt eine reine Geldstrafe. Er hatte den Stadtsäckel um zehn Mark zu bereichern.[28] Der Ziegler Heytz Hüwiner hingegen kam mit einer Mark davon.[29] Gegen Uli Böny wurde die Strafe der *Stellung* vor den Rat verhängt,[30] obwohl eine Vorladung vor das Sittengericht ebenso in Frage gekommen wäre.[31] Auch der Untervogt Kleiner mußte vor den Rat erscheinen und zusätzlich eine Strafe von fünf Mark zahlen.[32] Der Wundarzt von Stadel, Jochen Wyß, die Gebrüder Güttinger, Hans Spieß und Heinrich von Helbling wurden ehr- und wehrlos gesprochen und durften zum Teil offiziell nicht mehr ins Wirtshaus gehen noch bei Gesellschaften mitfeiern. Für sie beschränkte sich der Schaden auf eine, allerdings empfindliche, Ehrenstrafe.[33] Eine ehrenrührige Strafe erhielt Heinrich Berger mit einer Stunde Halseisen.[34] Wolfgang Kern traf es härter. Er wurde zu Rutenschlägen und zu einem sechsjährigen Landesverweis verurteilt.[35] Mit dem Tod zahlten Rudi Rifli, Hans Müller, Lienhart Utinger und Peter Schufelberg ihr Vergehen.[36] Freilich zeigt sich bei einem genaueren Blick, daß diese Delinquenten noch ganz andere Delikte auf dem Kerbholz hatten.[37] Den Herdfall mußten allein Kleinhans Berchtold, Rudolf Keller und Jörg Haupt – ihm wurde zusätzlich die hohe Buße von 100 Pfund auferlegt – vollziehen.[38] Vor dem Stillstand brauchte keiner der Angeklagten zu erscheinen. Jacob Welte war der einzige, der zu einem Widerruf in der Kirche verurteilt wurde.[39] Der Rat behandelte also die Schwüre faktisch nicht als gotteslästerliche, sondern als anstößige Reden, die er zumeist mit Strafen belegte, die dem Strafmaß einer gewöhn-

---

[28] Vgl. A. 27.14, (Dorsalnotiz, undat.), Aussage Wolfram Suter, X. X. 1541.

[29] Vgl. B. VI. 256, fol. 241r, Urteil Heytz Hüwiner, 19. 10. 1549.

[30] Die Strafe bestand in einer förmlichen Ermahnung durch die Ratsherren.

[31] Vgl. B. VI. 249, fol. 209r, Urteil Uli Böny, erster Sonntag nach Lätare 1526.

[32] Vgl. B. II. 703, fol. 170, Urteil Kleiner, 11. 12. 1708.

[33] Vgl. B. VI. 254, fol. 14, Urteil Schärer, Montag nach Misericordia 1534; B. VI. 257, fol. 264v, Urteil Jochen Wyß, 1. 8. 1551; B. VI. 258, fol. 235r, Urteil Güttinger, 10. 1. 1560; B. VI. 259, fol. 220–221r, Urteil Hans Spieß, 7. 2. 1566; B. VI. 263, fol. 1v–2r, Urteil Heinrich von Helbling 11. 4. 1582.

[34] A. 27.38, (Dorsalnotiz, 19. 9. 1584), Aussage Heinrich Berger, X. 9. 1584.

[35] Vgl. A. 27.121, (Dorsalnotiz, undat.), Aussage Wolfgang Kern, 26. 8. 1699.

[36] Vgl. B. VI. 245, fol. 42r, Urteil Rudi Rifli, X. X. 1514; B. VI. 251, fol. 5, Urteil, Hans Müller, Donnerstag vor Pfingsten 1526; B. VI. 251, fol. 60r, Urteil Lienhart Utinger, Donnerstag vor Bartholomäus; B. VI. 265, fol. 137–138, Urteil Peter Schufelberg, 1. 9. 1599.

[37] Zum Problem der Anwendung der Todesstrafe für das Delikt der Gotteslästerung siehe den Abschnitt zur Strafpraxis.

[38] Vgl. A. 27.63, Aussage Kleinhans Berchtold, 22. 3. 1620; B. VI. 268, fol. 306v–307r, Urteil Rudolf Keller, 25. 10. 1632; A. 27.89, (Dorsalnotiz, 1. 5. 1650), Bericht Vogt, 13. 3. 1650.

[39] Vgl. A. 27.73, (Dorsalnotiz, 26. 9. 1635), Aussage Jacob Welte, 22. 9. 1635.

lichen Ehrbeleidigung entsprach. Kein Zweifel, die Delinquenten hatte es
mit ihren Lästerungen der Obrigkeit gegenüber an gehörigem Respekt fehlen
lassen. Der Rat interpretierte offensichtlich die verbalen Vergehen als ein
Handeln, das die profane Ebene, das Verhältnis von Obrigkeit und Untertan
berührte.

Die Gesetzgebung sah gegen Gotteslästerer u. a. die Strafe des »Erdkus-
ses« vor. Wer sich ihm verweigerte, lehnte sich gegen die Obrigkeit auf. Insofern kann man die Ablehnung dieser Strafe als Gradmesser für »oppositio-
nelles« Verhalten nehmen. Freilich sind nur sehr wenige Fälle bekannt, in denen die Schuldigen dem Herdfall zu entgehen versuchten. Gerhart Huober
gehört zu ihnen. Als er ihn, so die Darstellung Jörg Müllers, 1607 seiner
üblen Schwüre wegen »fründlich abgemandt [habe], sölle nit so gar Übell
schweren oder den herd küssen,« sei dieser nicht in sich gegangen, sondern
habe ausfällig erwidert: »sölle im (Reverenter) den hinderen Küßen [...]«[40]
Für wie schlagfertig man den temperamentvollen Huober auch halten mag,
von einem Versuch, gezielt politisch handeln zu wollen, wird man nicht sprechen können. Huober brüstete sich nicht, die gesetzlichen Regelungen unterlaufen zu wollen. Er gab vielmehr Müller zu verstehen, daß dieser sich nicht
einmischen solle. Huobers Verhalten hatte daher keinerlei politische Dimension.

Anders verhält es sich bei Jacob Mor aus der Grafschaft Kyburg. Dieser
war bereits 1534 wegen Schwörens mit dem Aufschlitzen der Zunge bestraft
und trotzdem rückfällig geworden: »nechstverganngner tagen [habe er] un-
gestochen Gott unnd der Eerbarkeit pitterlich unnd schanntlich übel geschworen. Namlich: Gotts Crütz, Gotts lyden Unnd Gotts wunnden. Unnd
als Er den Herd zeküssen vermanet worden, Er drüber fürbas gschworen,
Gotts macht, Er wüsse dises verpott nit zehalten [...]«[41] Wer sich selbst mit
aufgeschlitzter Zunge nicht die Sprache nehmen ließ und sich nicht in der
Lage sah, den gesetzlichen Anweisungen Folge zu leisten, der stand in einem
grundsätzlichem Widerspruch zur Obrigkeit und leistete insofern politischen
»Widerstand«. Als widerständiger Untertan muß sich Mor auch selbst erfahren haben. So hält das Urteil fest, Mor habe erklärt, »das syn Sinn unnd
gmüt alleyn zuo schaden, unthrüw, gfaar und uffruor gestannden« habe.[42]

»Überzeugungstäter« wie Jacob Mor sind freilich die absolute Ausnahme.
Auch die Spaßvögel, die mit dem Herdfall spielten und von denen die Quellen extrem selten berichten, gehörten nicht zu ihnen. Hierzu eine Szene aus

40 B. VII.21.85, Aussage Jörg Müller, 27.3.1607.
41 B. VI.257, fol.243, Urteil Jacob Mor, X.2.1552.
42 B. VI.257, fol.243, Urteil Jacob Mor, X.2.1552.

einem Zürcher Gasthaus von 1616. »Etliche Puren knaben« von Altstetten
hätten ihn, Andres Rother, mit seinen Gefährten zu einem Trunk aufgefordert. Er habe jedoch die zudringliche Einladung abgelehnt. Die Altstettener
hätten darauf weiter provoziert, daß ihm schließlich im Zorn ein Schwur
entfahren sei. Der Aufforderung, deswegen den Herdfall zu vollziehen, sei
er umgehend nachgekommen. Die Altstettener hätten jedoch ihren Spott mit
ihm getrieben und behauptet, er habe dadurch dem Teufel den Hintern ge-
küßt.[43] Die genaueren Umstände der Persiflage auf das Sittenmandat sind
aus den Akten nicht zu ersehen. Man wird die theaterreife Szene jedoch eher
übermütiger Geselligkeit als politischen Motiven zuordnen dürfen.

* * *

Durch die gesamte Frühe Neuzeit hindurch ließen sich Zürcher immer wieder dazu hinreißen, in ihren Auseinandersetzungen mit der Obrigkeit zu
schwören und diese aus konkreten Anlässen zu verfluchen. Solche Blasphemiker wurden selten gerichtsnotorisch. Das Quellencorpus umfaßt kaum
mehr als die genannten Beispiele. Weder traten diese Lästerer vermehrt zu
bestimmten Zeiten auf, noch verfolgten sie spezifische politische Ziele. Sie
widersetzten sich obrigkeitlichen Anweisungen und erwiesen sich damit als
renitente Untertanen. Es ist auffällig, daß selbst wenn heikle Fragen wie diejenigen der Holzprivilegien, die schnell für politische Unruhen hätten sorgen
können, angeschnitten wurden, die Delinquenten davon absahen, Grund-
satz- oder Einzelregelungen zu fordern. Sie fühlten sich im konkreten Einzelfall von der Obrigkeit ungerecht behandelt. Dies brachten sie in ihren lästerlichen Unmutsäußerungen entweder gezielt ad personam oder in unspe-
zifischer Respektlosigkeit der Obrigkeit gegenüber zum Ausdruck. Als politische »Überzeugungstäter«, welche die Herrschaftsansprüche der Obrigkeit
von sich wiesen, handelten sie – von extrem seltenen Ausnahmen abgesehen –
nicht. Mit ihren Flüchen und Schwüren suchten sie nicht so sehr mittels
Wortmagie das Gottesgericht auf die Amtspersonen herabzuzwingen als
vielmehr die Kontrahenten in ihrer persönlichen Ehre zu treffen. Wenn sie
sich dem Herdfall verweigerten, dann lehnten sich nur wenige von ihnen aus
genuin politischen Erwägungen gegen die Obrigkeit auf; die meisten empfanden die Aufforderung zum Herdfall als ungerechtfertigte Zumutung und
reagierten spiegelbildlich mit einer Provokation des Konfliktgegners. Hier
trafen Konfliktparteien aufeinander, die nicht um politische Ansprüche rangen, sondern persönliche Rechnungen beglichen.

---

[43] Vgl. A. 27.61, Aussage Andres Rother, 5. 8. 1616.

Von tagespolitisch brisanten Themen abgesehen, reagierte die Obrigkeit recht gelassen auf diese Untertanen. In der Regel verhängte die Justiz gegen die Delinquenten Strafen, die denjenigen von Verbalinjurien entsprachen. Kirchlicher Sanktionen bediente sie sich wenig. Der Justiz nach zu urteilen, hatten die Delinquenten den Fehler begangen, eher ärgerliche denn gottes-lästerliche Reden zu führen. Jedenfalls neigte die Justiz dazu, in den Formu-lierungen nicht ein *crimen laesae majestatis divinae* zu erkennen, sondern die-se als eher profane Injurie einzustufen, die das Verhältnis von Obrigkeit und Untertan berührte.

Die Sprecher, die ihre blasphemischen Energien auf die Obrigkeit kon-zentrierten, erweisen sich in der Regel als unbequeme, nicht aber als wider-ständige Untertanen; sie provozierten zwar die Welt der Obrigkeit, nicht aber die Welt Gottes. Gegen die Obrigkeit zu schwören und zu fluchen, hieß, seinen Unmut im Rahmen bestimmter Sprachkonventionen zu äußern, ohne dabei – selbst nicht aus Sicht der Justiz – ernsthaft einen grundlegenden Wandel der Verhältnisse herbeizuwünschen. Insofern hatten die gegen Amtspersonen oder gegen die Obrigkeit gemünzten blasphemischen Worte keine weitergehende politische Zielrichtung. Von sehr wenigen Ausnahmen abgesehen, entzog sich Blasphemie offensichtlich politischer Nutzung.

b) Gotteslästerung als Injurie

Blasphemie als Ausdruck eines Ehrkonflikts

»Die blasphemischen Ehrverletzungen folgten dem Muster weltlicher Ehr-händel.«[44] Mit dieser These stellt Schwerhoff einen bislang ungewohnten Zusammenhang zwischen Gotteslästerung und Injurie her. Nach Schwerhoff haben Schwören und Fluchen keinen rein sakralen, sondern auch einen pro-fanen Charakter.[45] Mit ihren starken Worten rufen Blasphemiker zum einen Gott um Hilfe an, damit er ihnen im Kampf gegen ihre Kontrahenten beiste-he. Zum anderen demonstrieren sie ihre eigene Stärke, indem sie zeigen, daß sie die höheren Mächte verachten. Gotteslästerer fordern somit Gott und die

---

[44] G. Schwerhoff, Gott und die Welt S. 339.

[45] Dies paßt zur Einschätzung Peter Dinzelbachers, daß im Spätmittelalter das Profane im Religiösen – er verweist hier allerdings auf die zunehmend menschlichen Züge von Heiligenbil-dern bzw. der Christusfigur in Passionsspielen – zugenommen habe. Vgl. P. Dinzelbacher, Handbuch der Religionsgeschichte im deutschsprachigen Raum. Hoch- und Spätmittelalter, Bd. 2. Paderborn u. a. 2001 S. 88 f.

Welt zugleich heraus.[46] Die folgenden Ausführungen radikalisieren diesen Interpretationsansatz in der Gewichtung. Ich vertrete die These, daß blasphemische Ehrverletzungen nicht auch, sondern vorwiegend weltliche Ehrhändel und damit eine kulturell spezifische Form des Streitens sind. Die Herausforderung Gottes ist eher untergeordnet. Als weltliche Ehrkonflikte provozieren Gotteslästerungen nicht eigentlich Gott, sondern die Welt. Zur Begründung dieser These diskutiere ich vier Fragen: Inwiefern stellen Gotteslästerungen ein *crimen laesae majestatis divinae*, d. h. eine Ehrverletzung Gottes dar? Welchen (geschlechtsspezifischen) Regeln folgen weltliche Ehrhändel? Wie sehen im Vergleich zu diesen Ehrkonflikten Streitigkeiten aus, in denen die Kontrahenten sich gotteslästerlicher Redeweisen bedienen? Inwiefern weisen sprachliche Merkmale von blasphemischen Wendungen, das Selbstverständnis von Blasphemikern und die Reaktion der Zeugen darauf hin, daß lästerliche Sprechhandlungen nicht Gott, sondern die Welt provozieren, und damit ein Medium des weltlichen Ehrhandels sind?

Daß Gotteslästerung einer Majestätsbeleidigung Gottes gleichkomme, ist ein Topos, der die Quellen der kirchlichen wie der weltlichen Instanzen durchzieht. »Dem Menschn wird seyn ehr wider gegeben, aber Gottes ehr muoß lyden,« so klagte 1670 der Autor des Visitationsberichts über die schlechten Redegewohnheiten der Bewohner des Freiamts.[47] Auch Synodalgutachten stellten fest, daß durch gotteslästerliche Äußerungen »die Hohe Mayestet Gottes ohnmittelbar angriffen und verletzt wirt.«[48] An ein *crimen laesae majestatis divinae* fühlte sich auch der Pfarrer zu Meilen erinnert. In seinem Schreiben an dem Rat meldete er 1686, Meister Heinrich Wyman habe »nit allein über seinen sohn, den heinrich, jämerlich und kläglich gefluchet, sonder auch leider, welches zu schreiben mir grauwet, den großen Gott im himmel mit seiner lesterzungen erschröcklich angegriffen.« Man habe daher Wyman festnehmen wollen, »aber es war zu spath und der vogel schon auß dem schlag.« Er bitte den Rat nun um Anweisungen, wie er weiter verfahren solle, »weil es umb die rettung der ehre Gottes zethun, die uns über alles höchst angelegen sein soll und die gewüß nit ungerettet bleiben wird, dann so sÿ die menschliche [Obrigkeit] nit retten würde, so wird Er sÿ gewüßt retten, maßen Er Ein Eÿfriger Gott ist, der sein Ehr keine andere geben will.«[49] Blasphemisches Reden, so die diversen kirchlichen Quellen, ist eine Ehrverletzung Gottes. Aufgabe der Obrigkeit ist es, die Ehre Gottes wiederherzustellen, will sie dem »Eifer« Gottes zuvorkommen.

---

[46] Vgl. als konzise Zusammenfassung dieser Argumentation G. SCHWERHOFF, Starke Worte.

[47] E. II.119, p. 192, Visitationsbericht Freiamt, Herbst 1670.

[48] (ZB) Ms A. 124b, Fall Samuel Meyer, fol. 604v.

[49] A. 27.11, Bericht Pfarrer Johan Rudolf Zeller, 31. 1. 1686.

Die weltlichen Gerichtsakten schlagen den gleichen normativen Grundton an. So folgt dem Urteil Heinrich Pfisters von Ried aus dem Jahre 1615 die Bemerkung: »Darnëbent [sc. über das Urteil hinaus] werdent wolermelt mỹn gnedig Herren berichtet, daß der glỹchen schwür von etlichen Hernn Underthanen mehr gebrucht werdint, allso daß sỹ umb eineß Jeden wortß willen Göttliche Maiestet auch die Heiligen Sacrament und Eelement schandtlicher wyß angrỹffindt und andere grobe schwür thügend. Wellicheß under Christen lüthen nit sölte gehört vil weniger geduldet werden sol, dan dardurch der Zorn und fluch Gotteß über ein gantzes lannd gereitzet wirt.«[50] Daß die Schuldbekenntnisse der Verurteilten diese Leitvorstellungen widerspiegeln, liegt in der Natur der Sache, denn das Schuldbekenntnis besteht gerade darin, die normativen Vorgaben der Obrigkeit zu bestätigen. Entsprechend räumte z. B. Hauptmann Bürckli 1647 ein, er könne sich zwar an seine blasphemischen Äußerungen nicht erinnern, doch träfen die Zeugenaussagen wohl schon zu. Er werde in der Tat die Ehre der Majestät Gottes verletzt haben.[51]

Im selben Duktus sind die Widerrufe gehalten. So mußte Junghans Schmid 1659 »zu rettung der Ehren Gottes und zu einem erinnerlichen Exempel der Kindtlichen schuldigkeit« ein öffentliches Bekenntnis ablegen.[52] Daß die Justiz sich auch im 18. Jahrhundert auf die Majestät Gottes bezog, belegt das Verhörprotokoll Hans Müllers: Bei seinem Verhör wurde er 1721 ermahnt, er »solle sin Gwüßen nit beschwehren, sonder Gott die Ehr geben.«[53] Die Formulierungen der Justizakten sind also eindeutig, wer schwört, flucht oder lästert, »[greift die] göttliche Maiestet [an],«[54] begeht eine »entunehrung der Göttlichen M[ajestä]t.«[55] Nur wenn Gottes Ehre wiederhergestellt wird, läßt sich das göttliche Strafgericht abwenden. Damit argumentieren auch die Justizakten so, als handele es sich bei der Ehre Gottes um die Ehre eine konkreten Person. Was das heißt, wird im Vergleich zwischen den Injurien, die ohne Blasphemie auskommen, und denjenigen, die mit gotteslästerlichen Verweisen arbeiten, ersichtlich.

Die Parallelen zwischen den Varianten weltlichen Ehrhandels lassen erkennen, wie stark inhaltlich verwandt Fluchen und Schwören mit weltlichen Ehrverletzungen sind. Um dies auszuführen, ist es notwendig, die Grundregeln gewöhnlicher Ehrkonflikte vorzustellen, wie sie in frühneuzeitlichen

---

50 B. VI.266a, fol. 100, Urteil Heinrich Pfister, 27. 3. 1615.
51 A. 26.9, Aussage Hauptmann Bürckli, 8. 1. 1647.
52 A. 27.96, Widerruf Junghans Schmid, 1. 5. 1659.
53 A. 27.134, Aussage Hans Müller, 23. 10. 1721.
54 Vgl. B. VI.266a, fol. 100r, Urteil Heinrich Pfister, 27. 3. 1615.
55 B. VI.269, fol. 429, Urteil Hans Meyer, 21. 5. 1638.

Gesellschaften der »agonalen Kultur« vorherrschen. Am Anfang einer Injurie steht die Tatsache, daß die gesellschaftliche Stellung eines jeden Individuums durch Ehre definiert wird. Ehre ist aber ein begrenztes Gut. Es kann nicht vermehrt werden, sondern steht allein als nicht reproduzierbare Ressource zur Verfügung. Aus dieser Bedingung der Summenkonstanz folgt, daß alter/a nur dann ihr oder sein Ehrkapital erhöhen kann, wenn ego an Ehre verliert. Will ego keinen gesellschaftlichen Positionsverlust hinnehmen, muß ego daher dafür sorgen, daß er oder sie den Ehrgewinn, den alter/a erworben hat, wieder wettmacht.[56]

Das »ökonomische« Gesetz der Ehre bedingt, daß die Auseinandersetzungen um die Ressource Ehre in Zürich wie andernorts[57] einem naheliegenden dramaturgischen Grundmuster folgen.[58] Der eröffnenden Provokation (Angriff auf die Ehre der Adressierten) schließt sich die Phase der Retorsion (Zurückgewinnung der Ehre) an. Die Herausgeforderten müssen reagieren: Entweder sie weichen dem Konflikt aus oder gehen auf ihn ein. Letzteres geschieht, indem die Adressierten ihre Kontrahenten ihrerseits angreifen und sich dabei nach dem »Äquivalenzprinzip«[59] verschiedener Drohrituale bedienen. In seiner dritten Phase eskaliert der Konflikt, bis er schließlich offen ausbricht, um gütlich oder auch nicht (Wiederherstellung oder Neuverteilung der Ehrverhältnisse) beigelegt zu werden.

Die frühneuzeitliche Ressource der Ehre läßt sich prägnant in der Titulierung fassen, die Schlosser Falkenstein 1630 für Büler sen. wählte: dieser sei ein »ehren vergäßener ehrendieb.«[60] Sich unrechtmäßig die Ehre eines oder einer anderen anzueignen, macht selbst ehrlos; umgekehrt ist Ehre jederzeit in Gefahr, gestohlen zu werden. Aber nur wer ehrenwert ist, hat einen Anspruch, respektiert zu werden. Daher hat es seine innere Logik, wenn 1630

---

[56] Zum Konzept der agonalen Kultur auf der Grundlage ethnologischer und soziologischer Modelle vgl. R. WALZ, Agonale Kommunikation; hier: S. 221–223. Eine Zwischenbilanz zur Diskussion um die kulturelle Bedeutung des Ehrbegriffs bieten K. SCHREINER/G. SCHWERHOFF, Verletzte Ehre. Überlegungen zu einem Forschungskonzept. in: DIES. Hg., Verletzte Ehre. Ehrkonflikte in Gesellschaften des Mittelalters und der frühen Neuzeit. Köln – Weimar – Wien 1995 S. 1–28.

[57] Vgl. aus der reichhaltigen Literatur etwa: M. DINGES, Die Ehre als Thema der historischen Anthropologie. Bemerkungen zur Wissenschaftsgeschichte und zur Konzeptualisierung, in: K. SCHREINER/G. SCHWERHOFF Hg., Verletzte Ehre. Ehrkonflikte in Gesellschaften des Mittelalters und der Frühen Neuzeit. Köln – Weimar – Wien 1995 S. 29–62; R.-P. FUCHS, Ehre.

[58] Zur Konzeptionalisierung dieser Muster vgl. M. DINGES: Ehrenhändel als »Kommunikative Gattungen«, Kultureller Wandel und Volkskulturbegriff, Archiv für Kulturgeschichte, (75) 1992 S. 359–393.

[59] Siehe hierzu weiter unten.

[60] A. 27.70, Aussage Falkenstein, 29.6.1630.

Ambrosi Gugelberg in einem Streit unter Gesellen Ruodolf zur Eich erwiderte: »Möchte wohl schwÿgen, er habe deßen ein so große ehr nit.«[61] Daß dieses symbolische Kapital der Ehre für die Zürcher wertvoller als materielles Gut sein konnte, verdeutlicht auch der Wortwechsel zwischen Uli Küster und Jacob Fügli aus dem ersten Drittel des 16. Jahrhunderts. Nach Aussage Rusch Krygs hatten die beiden im Wirtshaus gesessen, als Fügli dem Küster von einem anderen Tisch aus zurief: »Uli, Duo Kuoster, Ich habe mer gelt dann du. Antwortet Kuoster: So hab ich doch bessere Eer dann duo.«[62] Gerade aufgrund ihrer Eigenschaft als symbolisches Kapital war Ehre stets gefährdet, wie die Argumentation des Bernhart Wyß von 1526 zeigt. Dieser weigerte sich, seine Spielschulden zu begleichen. Dem Schuldner Jörg Wyder habe er entgegnet: »Er wer nit der man […] Du hast Dich lassenn Diebenn [dich als einen Dieb verunglimpfen lassen] unnd es nÿe ab Dir gethann noch Dich des entschlagenn, Darumb mußt mir auch ein Dieb sin.«[63] Wyder, so die Begründung des Wyß, habe den Vorwurf auf sich sitzen lassen, ein unehrenhafter Mann zu sein, und brauche daher nicht als ehrenwerter Mann behandelt zu werden. In einer Kultur, in der solche Argumentationsmuster überzeugen konnten, galt es, seine Ehre möglichst schnell wiederherzustellen. Ehre war ein so sensibles Gut, daß die Zeitgenossen ein gutes Gedächtnis für ehrmindernde Vorfälle hatten. Typisch ist etwa die Klage des Gesellen Bastian Macks von Erlibach aus dem Jahre 1558 gegen seinen Kumpanen Otli Bugoltz, der aus demselben Dorf stammte. Er, Mack, sei zusammen mit anderen Gesellen im Wirtshaus gesessen, als Bugoltz hinzugekommen sei und ihn »mit Reden wie, daß er vor vier Jahren im Gefängnis gessessen,« provoziert habe. »Deßhalb er zu rettung syner Eeren zu Im [sc. Bugoltz] gredt: Wann er solliches rede, seite er nit die warheit,« worauf eine Schlägerei ausgebrochen sei.[64]

Wie wichtig es war, seine Ehre zurückzuerobern, verdeutlicht die Reaktion Gerold Kollers von 1553. Er erstattete gegen den ebenfalls in Wollishofen wohnhaften Rudi Horner Anzeige. Dieser habe ihn fälschlicherweise beschuldigt, ihm, Koller, ein Netz gestohlen zu haben. »Deßhalb er Ine mit der fust an kopf geschlagen, darumb sÿ gefridet worden. Uber daßelbig aber genanter horner wÿter Rette, das er ein kobler (?) dieb were […] Daruf er Ime geantwort, das er Ime nie nützig gestollen und so er sollich [Dinge behaupte], Rett er nit wie ein biderman. Und diewÿl dann genanter horner Ine one einichen anlaß sÿner eeren geschüldiget und Ine dardurch sovil veranla-

---

61 A. 27.70, Aussage Ambrosi Gugelberg, 27. 12. 1630.
62 A. 27.12, Aussage Rusch Kryg, undat.
63 A. 27.4a, Klage Jörg Wyder, X. 1. 1526.
64 A. 27.21, Klage Bastian Mack, X. 2./3. 1558.

ßet, das er Ine schlachen müßen, verhoffe er, das derselb [...] Ime wandel
und bekerung sÿner eeren, als es sÿn notdurft erforderte, thun wolte.«[65] Koller hatte nicht gezögert. Er wehrte den Ehrangriff unmittelbar mit »Körper-
einsatz« ab und verknüpfte seine Abwehrreaktion mit der Gegenbeschuldigung, Horner sei kein ehrenhafter Mann, kein »Biderman«. Da aber Horner
weiterhin kein Einsehen gezeigt habe, so die Darstellung Kollers, haber er
gar keine andere Wahl gehabt, als nochmals auf seinen Kontrahenten einzuschlagen, um sich zu wehren. Doch scheint ihm dies keine angemessene
Genugtuung gewesen zu sein, denn er zog vor Gericht, um den Ehrangriff
Horners aufheben zu lassen. Ganz gleich wie zutreffend die Ausführungen
des Klägers sind, ausschlaggebend ist das Argumentationsmuster, auf das
sich Koller bezog: Ein Ehrangriff berechtige zu körperlicher wie auch verbaler Notwehr, sei es in direkter Auseinandersetzung mit dem Konfliktgegner (Friedbruch), sei es vor Gericht (»notdurft«). Wenn ehrverletzliche Worte »glimpf und eer zum höchsten berürte[n],« so eine geläufige Rechtsfor-
mulierungen der Injurienklagen,[66] erforderte es die Logik der frühneuzeitlichen »Ehrökonomie«, daß die Angegriffenen ihre Ehre mit allen Mitteln
verteidigten. Diese Logik war für die Zeitgenossen derart zwingend, daß
Selbstverteidigung bis zur offenen Herausforderung zum Zweikampf gehen
konnte. Der Wirt Jacob Vogel beispielsweise erhob im ersten Drittel des 16.
Jahrhunderts die Klage, Synman Gossower habe ihn beschuldigt, seine Gäste zu betrügen. »Er, cleger, Ime geanntwortet: Du, Gossower, du redst mir
an mein glÿmpff und Eer, Ich wills meinen herren anzöugen,« woraufhin er
Gossower beleidigt habe. Dieser habe wiederum erwidert: »Bist ein Biderman, so kum abhin, so wennd wir dir mit den schwerttern um den grÿnd
[Kopf] klopfen.«[67] Jeder Ehrangriff verlangte, so das frühneuzeitliche Ehr-
verständnis, nach Satisfaktion.

Die Regeln der Provokation und Retorsion orientierten sich an der
Knappheit und Konstanz der Ressource Ehre. Wie bereits gesehen, bestand
die Provokation darin, dem Gegenüber einen Teil seines Ehrkapitals streitig
zu machen. Sofern der Adressierte sich nicht dem Konflikt entzog, verlief
seine Reaktion nach dem Schema: »Wenn du sagst, daß ich x bin, so bist du
y«. Es ging also darum, eine äquivalente Gegenbeschuldigung zu finden. Der
Sinn dieses »Äquivalenzprinzips« bestand darin, die gesellschaftliche Position des Kontrahenten bzw. seinen »Wert« in Zweifel zu ziehen. Besonders
deutlich wird dies an einem Beispiel aus dem ersten Drittel des 16. Jahrhun-

---

[65] A. 27.19, Klage Gerold Koller, ca. Tag Johannes des Täufers 1553.
[66] Vgl. etwa A. 27.21, Klage Hartmann Großman, 21. 10. 1557.
[67] A. 27.13, Klage Jocob Vogel, undat.

derts. Nachdem Jacob Schölli aus Schaffhausen Leman vergeblich zu einem gemeinsamen Trunk aufgefordert hatte, fühlte er sich provoziert und fragte nach, »warumb er nüt wölle mit in trincken, ob er nüt als gutt sige als er. Daruff der Leman im geanttworttet: Neÿn, du bist nütt als gütt als ich, dann du bist ein dieb, dz [das] bin ich nütt.«[68]

Sein eigenes Ehrkapital zu verteidigen bzw. zu erhöhen, indem die geschäftliche Ehrenhaftigkeit des Gegenübers als vermeintliche aufgedeckt wurde, war eine weitverbreitete Taktik, die Ehre von Männern anzutasten. Eine Ausnahme hingegen stellt der Vorwurf dar, der 1552 in einem Streit zwischen Heinrich Schmidli aus Hedingen und Uli fiel. Schmidli hatte Uli eine Axt geliehen und bat Uli, sie ihm zurückzugeben. Als dieser leugnete, noch im Besitz der Axt zu sein, diese aber schließlich in Ulis Haus gefunden wurde, habe Uli sich verteidigt: »er were nüdt desto unfrümmer.«[69] Schmidlis »Knabe« habe indes entgegnet: »er were besser unnd frömer dann er.«[70] Ganz gleich, ob es sich hier um eine inhaltlich originelle Variation der Äquivalenzregel handelte, das Prinzip, auf dem die Retorsion beruhte, entsprach den standardmäßigen Formulierungen. Der Adressierte suchte seine Ehrenhaftigkeit auf Kosten des Herausforderers zu profilieren.

Das Äquivalenzprinzip galt auch in Ehrhändeln zwischen den Geschlechtern und unter Frauen. In Wetzikon geriet in der ersten Hälfte des 16. Jahrhunderts die Berschinger mit ihrer Nachbarin in Streit. Aus einem unbekannten Grund hatte sie ihre Tochter ermahnt, worauf das Mädchen wiederum »dasëlbs grad angëntz sÿn gwand hinden ufgehept und sÿ (mitt Züchten zreden) heissen Im arsh läcken.« Als sich die Berschinger bei der Mutter beschwerte, habe die Nachbarin erwidert: »Ja, wänn du rettst das mëne kind banckarten, so luge sÿ wie ein huor und were nitt eerenwärt.« Darauf habe die Berschinger nachgehakt und gefragt, ob ihre Nachbarin bei ihrer Äußerung bleibe. »Dieselb stÿff Iro geantwurt, Ja, ein alte breckur, lottertäsch und nüdtsöllende Hur, und sÿ were nitt als gut als sÿ.«[71]

Der Schlagabtausch zwischen der Berschinger und ihrer Nachbarin war nicht nur für Konflikte unter Frauen, sondern auch für Auseinandersetzungen zwischen den Geschlechtern typisch. Hierzu eine Wirtshausszene von 1596: Ein Mann aus dem reformierten Meilen habe die offensichtlich katholische Dorothea Sutter mit Bemerkungen über Geistliche ihrer Kirche und die Einhaltung der Fastengebote provoziert. Hierauf habe sie sich abschätzig über Zwingli geäußert. Schließlich sei ein offener Streit ausgebrochen: [Der

---

68 A. 27.12, Aussage Ulrich Schwitzer, undat.
69 A. 27.19, Aussage Jacob Rieder, 9.6.1552.
70 A. 27.19, Aussage Peter Äberlin, 9.6.1552.
71 A. 27.13, Aussage Anndli Krade, undat.

eine von Meilen habe sie] »nit allein (mit gunst zemelden) ein Huoren gescholten, sonnder auch zuo Ihro gesagt, sÿ gang mit Hexen werck umb. Darüber sÿ erzürnet unnd zuo Inen gsagt, wenn sÿ ein Hex sÿge, so sÿgen sÿ
[sc. die neugläubigen Zürcher] so gewüß Kätzer.«[72] Die Erwiderung Sutters
ist nicht so eindeutig, wie sie erscheinen mag. Der Meilener hatte sie auf ihre
sexuelle Redlichkeit hin bescholten und sie mit dem Hexereivorwurf in das
religiöse Abseits gedrängt. Auf diese doppelte Beleidigung fand die Sutter eine ambivalente Replik. Die Bezeichnung »Kätzer« konnte sowohl den neugläubigen Häretiker als auch einen Mann, der die verwerflichen Sexualprak-
tiken der Sodomie oder Bestialität ausübte,[73] bezeichnen. Somit hatte die
Sutter als Frau sehr wohl auf die religiöse wie auch auf die sexuelle Injurie zu
replizieren gewußt, indem sie den Meilener an den ebenfalls lebensgefähr-
lichen Rand sexueller und religiöser Haltungen rückte.

Gehört Sutters Replik in das Standardrepertoire der gemischtgeschlechtlichen Ehrhändel, hat der Konflikt zwischen Barbara Trüb und Heinrich
Götschli von 1698 eher Seltenheitswert. Dem Bericht des Horgener Pfarrers
Rollenbutz zufolge waren die beiden wegen einer Erbschaft in Streit geraten.
Götschli hatte auf »offener Gasse«, also in aller Öffentlichkeit, die Trüb als
»welche Hur« betitelt, was sie ihm mit einem »Windelwäscher« heimzahlte,
»er seige ein Gleichsner [Hexer], ein unüzer mensch, wüße nit, was Er in
der Kirche thüge.«[74] So ungewöhnlich der Vorwurf des verweiblichten
»Windelwäschers«, der Hexerei und der mangelnden Frömmigkeit auch war,
entscheidend ist, daß in außerordentlichen Varianten der Ehrbeleidigungen
die Injurie gleichfalls darauf gründete, den Ehrenwert des Konfliktgegners
herabzusetzen. Ob Standard- oder Ausnahmesituation, auch Frauen beherrschten also die Regeln, nach denen ein Ehrverlust abgewendet wurde,
indem das Gegenüber gedemütigt oder die eigene Ehre durch eine äquivalente Gegenbeschuldigung zumindest aufrechterhalten wurde.

Freilich galten für Frauen andere Kriterien der Anständigkeit als für Männer. Wie in vielen Gegenden Europas wurden Frauen häufig als »Huren«,
»Hexen«, »Kindsverderberinnen« oder »Lottertaschen« (Tratschtüten) beschimpft. Sexuelles Wohlverhalten, magische Praktiken und Geschwätzigkeit bzw. Schweigsamkeit definierten die weibliche Ehrhaftigkeit. Bei den
Männern hingegen wurde die Meßlatte anders angesetzt.[75] Meister Caspar

---

[72] A. 27.45, Aussage Dorothea Sutter, X. 1. 1596.
[73] Vgl. hierzu den Sprachgebrauch der Rats- und Richtebücher (B. VI).
[74] A. 27.109, Bericht Pfarrer Rollenbutz, 9. 10. 1698.
[75] Die geschlechtsspezifischen Varianten der Ehrbeleidigung sind in der Literatur vielfach belegt. Als Beispiele: P. SCHUSTER, Konstanz S. 79–83; R.-P. FUCHS, Ehre S. 105 f.; R. B. SHOEMA-
KER, Reforming Male Manners. Public Insult and the Decline of Violence in London,

Zimberman etwa, Wirt zu Affoltern, gab 1662 zu Protokoll, der Zürcher Müllermeister Hans Müller habe sich in seiner Wirtsstube über den Vogt von Hedingen beklagt, daß er zu hohe Zinsen für das Getreide verlange. »Er [sc. der Vogt von Hedingen] seige einen fullen Meineiden, Ehrloßen Man, seige nit werth, daß er Mÿner Gn[nädigen] H[er]r[e]n farb trage. Auch seige er einen fullen, Ehrlosen lump.«[76] »Schelm«, »Dieb«, »Lump« zum einen, »Ketzer« oder »Kuhgeher« bzw. »Gehörnter« zum anderen – dies waren in Zürich wie andernorts[77] bis in die Neuzeit hinein[78] die für Männer typischen ehrverletzlichen Schimpfbezeichnungen. Männliche Ehre maß sich an zweierlei Kriterien. Die erste Kategorie der Injurien bezog sich auf die geschäftliche Leistungsfähigkeit des Adressierten, die zweite Kategorie setzte an der

---

1660–1740, in: T. HITCHCOCK/M. COHEN Hg., English Masculinities 1660–1800. London – New York 1999 S. 140 f.; M. SCHMÖLZ-HÄBERLEIN, Ehrverletzung als Strategie. Zum sozialen Kontext von Injurien in der badischen Kleinstadt Emmendingen 1650–1800, in: M. HÄBERLEIN Hg., Devianz, Widerstand und Herrschaftspraxis in der Vormoderne. Studien zu Konflikten im südwestdeutschen Raum (15. bis 18. Jahrhundert). Konstanz 1999 S. 160 f.; A. CABANTOUS, Histoire du blasphème S. 113; L. ENDERS, Nichts als Ehr', Lieb' und Gut's. Soziale Konflikt- und Ausgleichspotenzen in der Frühen Neuzeit, in: A. LUBINSKI/T. RUDERT/M. SCHATTKOWSKY Hg., Historie und Eigensinn. Festschrift für Jan Peters zum 65. Geburtstag. Weimar 1997 S. 141–156; L. GOWING, Gender and the Language of Insult in Early Modern London, History Workshop, 35. 1993 S. 1–21; M. F. GRAHAM, The Uses of Reform. »Godly Discipline« and popular Behavior in Scotland and Beyond, 1560–1610. Leiden – New York – Köln 1996 S. 293; E. S. COHEN, Honor and Gender in the Streets of Early Modern Rome, Journal of Interdisciplinary History, 22. 1992 S. 597–625; L. ROPER, Will and Honor, Sex, Words and Power in Augsburg Criminal Trials, Radical History, 43. 1989 S. 45–71. Ähnliche geschlechtsspezifische Kennzeichen zeigen Injurien in Form und Inhalt auch in Übersee. Zu Maryland im 17. Jahrhundert vgl. die bereits 1984 an einem umfangreichen Sample vorgenommene Studie: M. B. NORTON, Gender and Defamation in Seventeenth-Century Maryland. in: The William and Mary Quarterly 44. 1987 S. 3–39. Daß die physische und verbale Gewalt von Männern jeweils vom männlichen Ehrcode ihrer Zeit abhing, führt Robert Shoemaker am Beispiel Londons im 18. Jahrhundert aus. Vgl. R. SHOEMAKER, Male Honour and the Decline of Public Violence in Eigteenth-Century London. in: Social History 26. 2001 S. 190–208. Das Problem des Totschlags als Ausdruck eines männlichen Ehrcodes behandelt für Zürich im Übergang vom Spätmittelalter zur Frühen Neuzeit S. POHL, »Ehrlicher Totschlag« – »Rache« – »Notwehr«. Zwischen männlichem Ehrcode und dem Primat des Stadtfriedens (Zürich 1376–1600), in: B. JUSSEN/C. KOLOFSKY Hg., Kulturelle Reformation. Sinnformationen im Umbruch 1400–1600. Göttingen 1999 S. 239–283.

[76] A. 27.98, Aussage Caspar Zimberman, 24. 4. 1662.

[77] Zur Beleidigung als Kuhschweizer vgl. C. SIEBER-LEHMANN, Einleitung. in: DERS./T. WILHELMI Hg., In Helvetios – Wider die Kuhschweizer. Fremd- und Feindbilder von den Schweizern in antieidgenössischen Texten aus der Zeit von 1386 bis 1532. Bern – Stuttgart – Wien 1998 S. 1–21.

[78] So klagte etwa der Zunftschreiber Hatz von Herschmethlen beim Hinwiler Bezirksgericht gegen Hoffau 1832, dieser habe ihn bezichtigt und zwar mit den Worten: » er seye ein schlechter Mann, … schreibe er wie ein Schelm und Dieb.« Gerichtsprotokoll Bez.Hinwil 671.1, p. 70, Klage Hatz, 24.2.1832.

sexuellen Potenz an. Wer eine »Kuh anging«, versuchte bzw. betrieb Geschlechtsverkehr mit Tieren und beging somit ein Delikt, das neben der Sodomie auch unter der Bezeichnung der Ketzerei lief und auf das die Todesstrafe stand. Sich von seiner Ehefrau Hörner aufsetzen, sich von ihr betrügen zu lassen, hieß, nicht in der Lage zu sein, seine Gattin sexuell in Zaum zu halten und sich somit als Pantoffelheld zu entblößen.

Das Strafmaß für Ehrkonflikte folgte zumindest im 16. Jahrhundert häufig einer typischen »Bußenarithmetik«.[79] Die Urteile machen eine säuberliche Rechnung auf. Im Konflikt zwischen Bastian Mack und Hans Otli Bugoltz etwa wurde dieser dazu verurteilt, für den Friedbruch zehn Pfund, für ein »Zucken« eine Mark und für die zwei Faustschläge zweimal ein Pfund fünf Schilling zu zahlen.[80] Eine grundsätzliche Unterscheidung zwischen den Geschlechtern scheint hierbei nicht gemacht worden zu sein, solange beide Konfliktpartner gesellschaftlich gleichgestellt waren. Das Zürcher Bußenregister enthält jedenfalls den typischen Eintrag: »zalt 5 lb bar Verena Bruppachin, Hans Geörg Schnÿders Eefrow umb das sÿ hans heinrichen Bindschädleren allersÿts zuo Erlibach ehrverletzlich zuogeredt. Zalt 5 lb Bar obgemelter Bindschädler umb das er genannte Bruppachin auch an ehren gescholten.«[81] Mann und Frau, sie erhielten dieselbe Buße. Die gegenseitigen ehrenrührigen Erwiderungen wurden von den Richtern als äquivalent eingestuft.

Ehrhändel, so das Zwischenfazit, bestanden aus Provokation, Retorsion (entweder Vermeiden der Auseinandersetzung oder Drohgebärde nach dem Äquivalenzprinzip) und schließlich dem Ausgang des Konflikts. Ob Mann oder Frau, beide beherrschten in gleich- wie auch in gemischtgeschlechtlichen Konstellationen die Regeln, nach denen um die kostbare Ressource Ehre gestritten wurde. Im Prinzip waren diese für beide Geschlechter gleich, allein in den inhaltlichen Variationen gab es geschlechtsspezifische Unterschiede. Zielten die Verbalinjurien bei Frauen auf ihre sexuelle Anständigkeit, ihre magischen Praktiken und ihre »typisch weibliche« Geschwätzigkeit, bezogen sich die Beleidigungen gegen Männer auf deren geschäftliche Redlichkeit und sexuelle Potenz.

Blasphemisches Reden, das war die Ausgangsthese, folgt nicht nur formal den Mustern weltlicher Ehrenhändel, auch inhaltlich geht es um Ehrenkonflikte. Dies ist daran zu erkennen, daß Fluchen und Schwören einen hohen Provokationswert hatten. Ebenso eigneten sich diese Wortsünden für die Retor-

---

[79] Der Ausdruck stammt von H.R. Schmidt. Zur Kumulation der Strafen im spätmittelalterlichen Basel vgl. G. SCHWERHOFF, Schranken S. 70.
[80] A. 27.21, (Dorsalnotiz, 2.3.1558), Klage Bastian Mack, X.2./3.1558.
[81] F. III.45, Bußenregister, Baptistalis 1614.

sion. Die Angegriffenen bedienten sich lästerlicher Formulierungen, um ihren Herausforderern zu drohen, zu imponieren und sie zu degradieren. Die fraglichen blasphemischen Wendungen richteten sich nicht gegen Gott, sondern gegen den Konfliktgegner oder die Konfliktgegnerin. Propositional und theologisch betrachtet, gehörten Fluchen und Schwören zu den Varianten blasphemischer Sprechhandlungen. Perlokutionär wie auch von ihren Wirkungen her gesehen, war blasphemisches Reden oftmals ein profanes Streitmittel, das die sakrale Bezugnahme auf Gott zurücktreten ließ. Die folgenden empirischen Beispiele sollen hierzu den Nachweis erbringen.

Daß blasphemisches Reden als Provokation empfunden wurde, läßt sich an vielen Beispielen wie dem Wortwechsel zwischen Uli Schärer von Weningen und dem Klotener Egolff von Kloten im Jahre 1633 zeigen. Beide waren in einen Streit geraten, so der Zeuge Hans Feld. Schärer habe gegen Egollf »das Dich getz fünf lyden schennd« geschworen. Schließlich sei zwischen beiden Friede gestiftet worden, doch habe Egolff Schärer vorgeworfen: »Stan ich mit dir – den von wenningen meynet – Inn fridenn, warumb schwerst dann über mich? unnd er zückte damit zween steyn deßhalb unnd damit nüt wyters angfanngen wurde. Schrüwe Üli schärer: würff nit, würff nit. Aber des Unangsëchen, würffe er eben Ime scherer die styn am Kopf anhin, das er dem Übel vergüt hette, zuckte sin schwärt und schlüge auch uff In.«[82] Egolff hatte sehr wohl verstanden, daß Schärer mit seinen Flüchen nicht Gott, sondern ihn meinte. Er schlug buchstäblich zurück. Die gleiche Reaktion löste Heinrich Herliberger von Oberhasli im Jahre 1545 aus. Die Szene zeigt, wie eng Fluch, Provokation und tätliche Auseinandersetzung miteinander verknüpft waren: Schneider Heinrich Herliberger habe Rudolf Vogler beschimpft und »daruff er wider fluocht wie vor: das dich gotz lÿden als gälen schnyders schänd, bist eyn bidermann, so kom abhen.«[83] Die Sprechhandlung hatte Erfolg. Prompt kam es anschließend zu einer Schlägerei.

Voglers Art, Satisfaktion zu fordern, war nicht allein für Männer charakteristisch. Dies belegt ein Beispiel von ungefähr 1528: Die Kerer und die Kilchart, so die Aussage Heini Flicks, hätten im Streit einander beleidigt und geschlagen. Nach einem vergeblichen Versuch, zwischen den Frauen Frieden zu stiften, »gieng sÿ [die Kerer] für [vor] der kilchratin hus und schwur, das dich Gotsmacht ertrich Im schißhußlÿ Inen schend. Bist als gut als ich, so kum ußhin.«[84] Nicht Gottes Unterstützung suchte die Kilchrat mit ihrem

[82] A. 27.8, Aussage Hans Feld, X. X. 1533.
[83] A. 27.10, Aussage Rudolf Vogler, X. X. 1545.
[84] A. 27.6, Aussage Heini Flick, ca. 1528.

Schwur zu gewinnen, vielmehr sagte sie ihrer Kontrahentin emphatisch den offenen Kampf an.

Als Provokation hatten Gotteslästerungen eine begrenzte profane Funktion. Sie sollten die Kontrahenten zwingen, sich einer Auseinandersetzung zu stellen. Als Drohung hingegen verfolgte blasphemisches Reden weitergehende Ziele. Die Gegner sollten mit oder ohne Gottes Hilfe eingeschüchtert werden. Um dies zu veranschaulichen, sei ein Beispiel aus dem Jahre 1612 angeführt: Die Gebrüder Gilg hätten zusammen mit Leinhart Huber Anna Meyer und Anna Wetzel überfallen und zu Boden geworfen. Der Aussage Anna Wetzels zufolge, habe sie sich jedoch anschließend in eine Scheuer retten können, als zugleich ein Gewitter ausgebrochen sei. Da habe Huber »allwägen, wann es tunneret, mit einem Zapfen an dschür klopffet, Ziger unnd brot ghöüschet. Unnd wann dann sÿ, die Wÿber, Innen gstäubt, solle doch Gott fürchten, dann er so nit ufhöre, werde sÿ alle Gott straffen, habe er, Huber, dann v[er]achtlich gesagt, Gott sige schon da unnd Im pfÿfflet.«[85] Wenn die Anklage gegen Huber – das Urteil ist nicht unter dem Aktenverweis auf das Ratsmanual zu finden – auf »frëvel und gewalt« lautet,[86] dann zeigt dies, wie die Justiz Hubers Sprechhandlung interpretierte. Eigentlich hatte Huber eine extreme Gotteslästerung begangen. Propositional gesehen, hatte er sich mit Gott und dem Gottesgericht gleichgesetzt. Die Richter jedoch entschlüsselten die Botschaft Hubers nicht in diesem Sinne, sondern stuften das verbale Verhalten Hubers als profane Gewaltausübung ein.

Hatte Huber vielleicht gemeint, die Frauen zum Spaß noch weiter einzuschüchtern, zeigen andere Fälle, daß blasphemisches Reden und Gewaltandrohung oftmals Hand in Hand gingen. Typisch sind die Eintragungen im Richtebuch, in dem davon die Rede ist, daß Verurteilte wie beispielsweise Jörg Scheller im Jahre 1613 sich »mit Gottslesterungen, schwüren und tröuwworten« vergangen hätten.[87] Der Aussage Jost Ruffs zufolge hatte Jörg Scheller auf dem See geschworen, »er welle bim Crütz Hergot den Lorentzen Scheller erstёchen.«[88] Seine Gewaltbereitschaft wußte auch Rudolf Gwalter zu signalisieren. Als er 1618 nach dem Verbleib seiner Tochter gefragt worden sei, habe er »sich mechtig erzürnt, das messer wider den Tisch gworffen, Himel und Herrgott geschworen und gar unwürsch gethan.«[89] Desselben

[85] A. 27.57, Aussage Anna Wetzel, 22. 6. 1612.
[86] A. 27.57, Aussage Anna Wetzel, 22. 6. 1612.
[87] B. VI.266a, fol. 2r, Urteil Jörg Scheller, 8. 1. 1614.
[88] A. 27.58, Aussage Jost Ruff, 10. 3. 1613.
[89] A. 27.62, Aussage Jacob Hug, 7. 5. 1618.

Drohgestus[90] bediente sich Hauptmann Bürckli. Laut Untervogt Hindermeister sei Bürckli ins Wirtshaus hineingestürmt und habe den Untervogt Hans Herzt, der gerade Bürklis Bruder hatte verhaften lassen, mit einer Pistole bedroht und »1000 Sacrament und was Ihnen [ihm] Inns mul komen, gschworen.«[91]

Bei ihrem »Drohbarock« (M. Dinges) verwiesen blasphemische Sprecher zweifellos auf Gott. Die bisherigen Beispiele haben jedoch gezeigt, daß sich die Sprecher nicht an Gott wandten, um sich dessen Unterstützung zu sichern. Vielmehr inszenierten Blasphemiker ihre Stärke, indem sie einen furchtlosen und respektlosen Umgang mit Gott zur Schau stellten.[92] Seltener als diese Form der Selbsterhöhung sind die Fälle, in denen direkt mit Gott gedroht wurde. Ein Beispiel ist hierfür Meister Heinrich Wyman, der seinen gleichnamigen Sohn verbal und nonverbal zur Raison zu bringen suchte. Laut Bericht des Gemeindepfarrers sei der Vater »in dise erschröckliche lästerwort außgebrochen, daß Er seinen sohn uff die achsel schlagend, gesagt, wan dich Gott nit straff, so iß Er nit Ein gröchter Gott; (fehrn seige von disßer schrift die lesterwuth!).«[93] Die Frage, ob Wyman tatsächlich von der Vorstellung ausging, daß er mit seinem Ausspruch die Providenz zwingen könne, oder ob er nur seinem Unmut mit einer gezielten Drohung Luft machte, entscheidend ist wiederum die Betrachtung der Äußerung als Sprechhandlung: Wymans Botschaft lautete nicht, daß Gott – und in dieser Fehlzuschreibung gründet die Gotteslästerung – ein ungerechter Gott sein könne, sondern daß der Sohn sich ihm als Vater gegenüber gefälligst anders zu verhalten habe. Wyman implizierte keine Aussagen über das Wesen Gottes, sondern Warnungen an seinen Sohn.

Neben dem Drohen eignete sich blasphemisches Reden für das Imponieren. Dies geschah, indem Flüche und Schwüre zu ungewöhnlichen Formulierungen variiert oder gewöhnliche theatralisch in Szene gesetzt wurden. Hauptmann Bürckli hatte sich zwar, wie bereits gesehen, bei seinen Androhungen stereotyper Schwüre bedient; um sich besonders hervorzutun, entschied er sich aber zusätzlich für eine auffällige Formulierung. Laut Aussage des »Werkmanns« Johannes Wyß habe Bürckli versucht, gewaltsam in das Haus einzudringen, in denen die Waffen seines verhafteten Bruders lagen. Dabei habe er geschworen: »er wölle sýnes bruders sachen ußhin haben und

---

[90] Zur Körpersprache von Männern aus geschlechtergeschichtlicher Perspektive vgl. F. LOETZ, Männlichkeit.

[91] A. 26.9, Aussage Felix Hindermeister, 2. 3. 1646.

[92] Hier gehe ich mit der Interpretation Schwerhoffs konform. Vgl. G. SCHWERHOFF, Gott und die Welt S. 320.

[93] A. 27.11, Bericht Pfarrer von Meylen, 31. 1. 1686.

wann der Herrgott selbst da were und wehrte.«[94] Soldaten sollen mutige Leute sein, doch sich mit Gott messen zu wollen, da hatte Bürckli dramaturgisch dick aufgetragen.

Die Kunst des Imponierens pflegten nicht nur Männer.[95] Frauen konnten sich ohne weiteres mit ihnen messen, wie dies etwa der Ehekonflikt zwischen Anna Wieland und ihrem Mann belegt. Der Streit war so heftig, daß Jacob Asfar »zuo einenn fenster ußhin gluoget [und gehört habe], daß Anna Wielandin volgende grußammen schwür unnd Gottlesterliche wort ußgoßen: daß dich Gott Herrgot, Gots crüz, Gots lÿden, unnd Gots Thauff schënd.« Seine Ehefrau Magdalen Wäber erinnerte die Wortlaute ein wenig anders: »Das dich Gots Herr Gott, himmel, Sacrament, Crüz, Chrißen unnd Thauff als lümpel manß schënd.« Anna Rottenschwÿl war ein weiteres Detail im Gedächtnis geblieben. Die Wielandin habe gerufen: »Das dich botz Element schënd. Ich stiehen ein mëßßer Inn dich. Uunnd daruf wÿter: Gottß thußent Herr Gott, Element, Chrisen unnd Thauff schënd.«[96] Die Wieland hatte also die Register der verbalen Drohgebärden gezogen. Effektvoll wurden möglichst viele stereotype Schwüre emphatisch aneinandergereiht, um sie mit einer ungewöhnlichen Formulierung zu krönen. Das Verweisen auf körperliche Gewalt konnte nicht schaden, um noch mehr Eindruck zu machen.

Die obigen Beispiele zeigen, daß der Verweis auf eine übergeordnete Größe wie Gott beliebt war, um zu imponieren. Noch häufiger als Gott selbst diente jedoch der Gegenspieler Gottes, der Teufel, als Sparring-Partner. Im Falle Vatlis, der im beginnenden 16. Jahrhundert nachts lauthals mit seiner Frau und seinem Sohn in Streit geriet, gab Bernhart Sprüngli zu Protokoll, Vatli habe über seinen Sohn geschworen: »Das Dich Gots barmhertzigkeit schände als nüdtsöllenden pfaffen und Tüfel. Tüfel kom, nim mich bim hals, [...] darmit ich deß Barmherzigen läbens abkome.«[97] Vatli hatte sich somit als ein unerschrockener Mann dargestellt, der es selbst mit dem Teufel aufnehmen könne und dafür gar das Ewige Leben aufs Spiel setzte. Jacob Wener ging noch weiter, als er 1630 in der Vogtei Andelfingen verhaftet wurde. Er scheute nicht davor zurück, sich die Kompetenzen des Bösen anzumaßen: »Er welte, daß der hagel alles inn boden erschliege, [...] er sÿge der tüfel

---

[94] A. 26.9, Aussage Johannes Wyß, 2. 3. 1646.

[95] Dafür spricht der Anteil weiblicher Delinquenten bei den Verurteilungen für Fluchen und Schwören. Unter den in Basel von 1546 bis 1556 insgesamt 28 registrierten Gotteslästerern befinden sich immerhin fünf Frauen (vgl. G. Schwerhoff, Gott und die Welt S. 287). Der Frauenanteil an den im frühneuzeitlichen Stettlen und Vechigen Verurteilten schwankt zwischen 40 und 50% (vgl. H.R. Schmidt, Dorf S. 85).

[96] A. 27.35, Aussagen Jacob Asfar, Magdalen Wäber, Anna Rottenschwyler, 11. 7. 1579.

[97] A. 27.13, Aussage Bernhart Sprüngli, undat.

selbs, er könne häxen.«[98] Auch Landschreiber Kramer aus Baden wußte in seinem Injurienhandel mit Friedrich Huber den Mund vollzunehmen. Groß-keller Meier gab 1667 gegen Kramer zu Protokoll, dieser habe vielfältig ge-schworen: »Taufsloße Hunds etc /rev[erenter]/ Item doner, plitz, Straals-Kätzer und das nit nur ein, sonder oftmahl. Über diß, wölte Er lieber den Teüfel bÿ sich am Tisch haben als den Kätzer und wan /Gott behüt unß/ der böß Geist hette, was Ihme gehörte, were Er, H[er]r Huber, nit gan Ba-den komen.«[99] Mit seinen Worten hatte Kramer nicht den Teufel beschwo-ren, sondern Huber klargemacht, er solle sich verdrücken.

Auch Frauen trauten sich verbal die Begegnung mit dem Teufel zu. Die Heglin war 1602 in einen heftigen Streit mit Veronica Schulfelberger gera-ten. Meister Caspar Hofmeister habe vergeblich zu vermitteln versucht und sie ermahnt, sich bei der Schufelberger zu entschuldigen. »Da sÿ Ime zeant-wort geben, Ee [ehe] sÿ die Schufelbergerin deßhalben entschlahe, welte sÿ, das sÿ hundert tusent tüfel nemind.«[100] Was die blasphemische Sprecherin hier betrieb, war keine magische Teufelsbeschwörung, sondern verbale Ef-fekthascherei.

Das Imponiergehabe der Lästerer erschöpfte sich keineswegs in der Teu-felsanrufung. Für ihre theatralische Selbstinszenierung ließen sie sich so manches einfallen. Einen Sinn für die dramatische Kulisse bewies Hans Jagli Stüdli aus Wil im Jahre 1677. Er hatte Schwüre gegen die Eheleute Schmidt gerichtet, woraufhin der Hauptmannsknecht Heinrich Stockhar ihn zur Ordnung gerufen habe. Doch Stüdli habe sich erbost gezeigt, so Stockhars Darstellung, und »darnebent gschworen, das der Donner und Hagel /:Gott behüet uns:/ alles in Boden Innen schlage und dz mehr als 20. bis 30. mahl, ob gleich damahlen donnert und Gwetter Leuchtet.«[101] In einer Gesellschaft, in der Gewitter als lebensgefährliche Bedrohung empfunden wurden,[102] war die Bezugnahme Stüdlis auf das Unwetter kein Zufall. Vielmehr hatte er sich bewußt diabolische Züge zugelegt.

Hans Jacob Nestler bewies ebenfalls Gespür für theatralische Effekte. In Zorn u. a. über den Gerichtsweibel entbrannt, suchte er 1687 Müller Ullrich Widmer in seiner Mühle auf: »Da gfluchet und gschworen, mit dem wüest wort Ketzeren, ohn underscheid geschändt. Als er es ihme abgewehrt Und gsagt, ob er nit ghört den H[er]rn Pfarher predigen, habe er gsagt, [...] Es seÿge nit alles wahr, waß die Schwartzen Pfafen sägind, man müeß Ihnen nit

---

[98] A. 27.70, Bericht Vogt Kaufmann von Andelfingen, 7. 12. 1630.
[99] A. 27.101, Aussage Großkeller Meier, 11. 9. 1667.
[100] A. 27.49, Aussage Baltasar Egeman, X. 2. 1602.
[101] A. 27.108, Aussage Heinrich Stockhar, X. 6. 1677.
[102] Vgl. H.D. KITTSTEINER, Gewissen S. 25–65.

alles glauben, er wolle noch vor Ihnen im himel sỹn [...] Item habe gwünscht, daß der Hagell alles durch den thürn abhin schlieg.«[103] Es sieht ganz so aus, daß Nestler eine Bühne (die Mühle) suchte und auf eine Replik (der Verweis auf die Predigt) wartete, um seiner blasphemischen Kreativität (Festlegung der Reihenfolge in der Auferstehung der Toten) freien Lauf zu lassen. Wie auch immer, das verbale Verhalten Nestlers genauso wie die antiklerikal gefärbte Anmaßung, er werde eher selig werden als der Pfarrer, zeigt, daß die lästerliche Sprechhandlung nicht auf Gott, sondern auf wirkungsvolle Selbstdarstellung zielte.

Das theatralische Imponiergehabe beherrschten nicht nur Blasphemiker des 16. und 17. Jahrhunderts. Auch im »zivilisierteren« 18. Jahrhundert treten Figuren auf, die sich mit den Helden eines Rabelais messen könnten. Der Hochwächter Heinrich Frey, so der Bericht des Vogts aus der Zeit um 1702, sei bereits »wol beräupt« in das Wirtshaus zur Krone gegangen und habe hinter sich die Tür offen gelassen. Die Frau des Wächter Martin Morath habe ihn daher gebeten, die Tür zuzuziehen, was er aber mit »unflätige[n] wort« quittiert habe. Als ihn hierauf Hans Ulrich Haußer und Hans Jacob Sprenger abmahnten, erwies sich Frey einer burlesken Romanfigur würdig. Im Bericht heißt es: »hat er den haußer einen donners Röthel und Sacraments-Röthell, und den Sprenger ein Sacraments Kläfen geheißen, ihre abmahnungen auff genommen, alß wan sie ihm nur fopen thetten, sie auff den tägen heraußgefordert, getreüert, er wolle ihnen die Heiligen drey stöß geben, und entlich bey dem Heiligen Sacrament geschworen, wan sie nit schweigen thüyen, wolle er es ihnen schon machen: Letzlich alß sein frauw darzu komen, und ihnen heimbgemachet, hat er ihnen auch getreürt, er wolle ihnen die Heiligen drey stöß geben, wan sie nit schweige, oder sie mit einen Kißellstein zu todt werffen, oder alle Heiligen zusammen schweren.«[104] Ob auf der faktischen Bühne des Wirtshaus zur Krone, ob in der fiktiven Welt des Theaters oder Schelmenromans, eine Figur wie Frey wußte für rhetorische Effekte, die seine Person – und nicht Gott – ins Rampenlicht rückten, zu sorgen. Kennzeichnenderweise spricht der Bericht von einem »leidigen Schwehe-Handell,« in welchem der »Ellende Tropf« Frey verwickelt gewesen sei. Das Stichwort Blasphemie fällt nicht.

Wenn auch diesbezüglich die Quellen spärlich fließen, wird man pikareske Szenen wie diejenige zur Krone bis ins späte 18. Jahrhundert vermuten dürfen. Ulrich Frey jedenfalls gestand 1771 mehrere Ehrverletzungen ein. Er habe u. a. den Pfarrer beleidigt, »er welle bim Donner schon reden, der Pfarrer

[103] A. 27. 114, Aussage Ullrich Widmer, 23. 4. 1687.
[104] A. 27. 123, Vogteibericht, undat.

seÿ ein Schelm, Leckerbub und Schinder und solches mit fluchen und schwehren begleitet.«[105]

Kontrahenten zu drohen oder ihnen zu imponieren stellten zwei Möglichkeiten dar, sich selbst über den Rang des oder der anderen zu erheben. Eine dritte Version im Kampf um das Kapital der Ehre beruhte darauf, die Kontrahenten herabzuwürdigen: Bereits seit mehreren Monaten lagen sich der Schiffmeister Heinrich Engelhardt und sein gleichnamiger Sohn in den Haaren. Als aber Engelhardt jr., so die Darstellung des Vaters aus dem Jahre 1677, sich geweigert habe, vor Caspar und Baltasar Aman den Hut zu lüften und sich damit ungehörig erwiesen hatte, sei er in Zorn geraten. Deswegen habe er gesagt, »daß ich nit glaube, daß er [sc. der Sohn] ein kind Gottes, sonder deß Tüffels gar seige. Wan er in schon der Tüffel sëhen wurde sÿnen Sohn nemen [selbst wenn er sähe, daß ihn der Teufel holen werde], er wolte Ihme nit wehren.«[106] Engelhardt ging also so weit, seinen Sohn nicht zu verwünschen, sondern ihn als Sohn des Teufels zu degradieren.

Daß solche Äußerungen den Leumund einer Person beschädigten, also einer Ehrverletzung der adressierten Person gleichkamen, belegt die Klage der Frau Adam Wolffers gegen ihren Schwager Heinrich Wolffer aus Andelfingen. Das Urteilsbuch der Vogtei hält unter dem 29. August 1691 fest: »frauw clagt, daß der Heinrich Wolffer über sÿ ußgeben, sÿ seie nit sicher vor dem Teüffel, und dörffe nit allein inn Keller. Item seye Iren sünderen flüech und wüste worth mehr, wolle es er wÿßen. Item clagt der Heinrich, sÿ habe auch über ime ußgeben, der teüffel habe ime auch [... ?] umbe zogen, wolle es auch er wÿßen.« Schließlich verhängte der Vogt jeweils gegen beide wegen »schelten, fluoch und schweren« eine Geldstrafe von zwölf Pfund.[107] Lokutionär und propositional hatten die Wolfers Flüche und Schwüre artikuliert, perlokutionär aber hatten sie »gescholten«. Bezeichnenderweise blieben beiden kirchliche Strafen erspart. Schwägerin und Schwager hatten einander angeschwärzt, um das Ehrkapital des Gegenübers zu mindern. Beide hatten sie die gleiche, d. h. von ihrer Geschlechtszugehörigkeit unabhängige, Strafe erhalten. Ihre gegenseitigen Verleumdungen wurden offensichtlich als äquivalentes und profanes Vergehen eingestuft.

So wie die blasphemische Provokation von Kontrahenten den Regeln des Ehrhandels gehorchte, folgte auch die lästerliche Retorsion den Mustern des Ehrcodes. Auch hier war das Äquivalenzprinzip Dreh- und Angelpunkt jeder Erwiderung. Oft wehrten die Adressierten den verbalen Angriff mit einer

---

[105] A. 27.151, Aussage Ulrich Frey, 10. 1. 1771.
[106] A. 27.108, Aussage Heinrich Engelhardt, 14. 5. 1677.
[107] B. VII. 2. 4, Urteilsbuch Landvogtei Andelfingen, 29. 8. 1691.

spiegelbildlichen Gegenformulierung ab. »Du hast gredt,« – so habe sich
Ruodolf Schintz über Tubli 1514 beschwert – »Ich sye ein haverlofner buob
unnd sye nit ein biderman. Das dich gotz lyden schänd, kom hrab, so sichst,
wer Ich bin. Unnd Tubli: Ich kenn dich wol, aber du kennst mich nit, dz
[daß] dich gotz lyden schänd.«[108] Die Erwiderung Tublis beruhte demnach
darauf, verbal ein exakt ausgewogenes Kräfteverhältnis wiederherzustellen.
Der Dialog zwischen Hans Rudi Frymann und Müller aus Schöfflisdorf vom
Jahre 1635 verdeutlicht gleichfalls, daß Konfliktgegner nicht allein rein
sprachlich mit gleicher Münze zurückzahlten, sondern auch inhaltlich
gleichgewichtige Entgegnungen suchten: Müller habe geschworen, »solt Üch
(gott bhüt unß) der Tüfel nëmen. Woruff Züg gsagt, wann du alter Hudler
das wünschist, so wölte Ich, das er dich neme.«[109]

Die verbale Taktik der spiegelbildlichen Retorsion galt ebenso, wenn der
Konflikt eskalierte. Dies läßt sich an der Auseinandersetzung zwischen
Hans Stoltz und Hans Müller aus dem Jahre 1537 verfolgen. Hans Stoltz sei
vorbeigekommen, als Hans Müller auf einem Misthaufen gestanden habe.
»Do schwür hanß stoltz, das dich gotts Macht schend, dich und dine Merhen. Do Rede hanß Müller, waß gescht do schwür? Hans stol[t]z aber, daß
dich gottß botten dich und dine Merhen schent [...]« Müller habe diese Beleidigungen abgewehrt und hierauf Stoltz erwidert: »Das dich gotz fünfwun-
den schendt dich und die roß [...], daß dich gotz Macht schent als nit söl-
lenden Man.«[110] Müller hatte es also offenbar verstanden, so zu antworten,
daß Stolz zwar immer wieder verbal eins drauflegte, aber schließlich abzog,
ohne den Konflikt für sich entscheiden zu können. Müller hatte die zwischen
ihm und Stolz herrschende Verteilung an Ehrkapital zu wahren gewußt, indem er Stolz keinen Ehrgewinn erlaubte.

Daß eine blasphemische Wendung oftmals als schärfste rhetorische Waffe
in einer Konfliktspirale im letzten Moment gezückt wurde, veranschaulicht
der verbale Schlagabtausch zwischen Heini Breitinger von Hottingen und
Sprüngli. Der Aussage Thoman Wetzels von ungefähr 1545 zufolge hatte
Breitinger die erste Runde eröffnet, indem er Sprüngli als Zwergen betitelt
und damit provoziert habe. »Da seigte der Sprüngli, alls gewüß er ein Zwerg
wer, so gwüß were der Breitinger ein Ketzer und Boßwicht. Da zwergete Inn
der Breitinger abermaln. Daruff spreche der Sprüngli, alls gwüß ich ein
zwerg bin, so gwüß hast du ein ku geheyt. Da seite der Breitinger, Sprüngli
du tribst unzimliche wort. Uff das seigte der Sprüngli, der Breitinger solt zu

[108] B. VI.288, fol. 1r, Aussage Hann uff allen Vieren, Mittwoch nach Epiphanias 1514.
[109] A.27.73, Aussage Hans Rudi Frymann, 27.9.1635.
[110] A.27.8, Aussage Fritli Keller, X.X.1537.

Im kan. Da gienge er gegen Inn und spreche, Da bin Ich, gryffe auch mithin an sin gwer. Da fluche er Sprüngli.«[111] Die erste Runde war also unentschieden ausgegangen. Breitinger hatte die Beleidigung als Zwerg mit der gleichwertigen als Ketzer und Bösewicht aufgewogen. Auch im zweiten Anlauf vermochte Breitinger nicht, einen Vorteil über Sprüngli herauszuschlagen. Vielmehr hatte sich Sprüngli eine Überlegenheit erkämpft. Nunmehr stand die relativ harmlose Bezeichnung Zwerg gegen die ungleich schwerer wiegende Verunglimpfung als Mann, der mit einer Kuh Geschlechtsverkehr hatte. Prompt reagierte Breitinger auf diesen Gesichtsverlust mit dem Gegenvorwurf, Sprüngli erhebe schmutzige Vorwürfe. Der Konflikt hatte sich also hochgeschaukelt. In der dritten Runde leiteten die Kontrahenten das Finish ein. Forderte der eine zum Zweikampf auf (Breitinger solle zu ihm kommen), nahm der andere die Herausforderung an (da bin ich), drohte mit körperlicher Gewalt (er griff an sein Messer) und mobilisierte die letzten verbalen Kräfte (er fluchte).[112] Die Kontrahenten hatten also immer wieder ein Gleichgewicht an Ehre wiederherzustellen vermocht, bis schließlich beide keinen anderen Ausweg mehr sahen, als mit den jeweils schärfsten Waffen um eine Entscheidung zu ringen.

Das gleiche Sprachverhalten zeigten Frauen. Hierzu eine anschauliche Szene aus dem Zürcher Blatternhaus von 1567, in dem Catharyna Streker und Barbara Stryner, vermutlich beide Prostituierte, aneinandergerieten. Dem Richtebuch zufolge habe die Stryner zur Streker gesagt, »Gotz Crütz, Element unn Gotzhimell, aller fulen huren an dem Bett schend, Ich will dich noch abhin kygen. Daruf Iren die annder [sc. Streker] geanntwurt und Geschweren: Das dich Gots hergott schennd, so kum har, du bist alls ful alls Ich. Uff das die Strynerin geredt: Wann sӱ ein Knab were, das sy Ee thussent Essel unnd Mӓrchen kygen, Ee das sӱ bӱ der Strekerin liggen wellte [daß sie, wenn sie ein Mann wäre, lieber sexuellen Verkehr mit tausend Eseln und Stuten hätte als mit ihr]. Da sӱ, die Strekerin, zu Iro gesproch[en]: Das sӱ das auch lieber thun unnd sӱ der tüffel gehӱgen söllte. Unnd demnach beӱd volgennde schwür durcheinanndern wӱter gethan alls namlich: Gotz himel, Tussennd hergot, Siben Sacrament, Tauff, Krütz lӱden Elemennt unnd Inn Summa alle schwür, so sӱ erdenken khönnen unnd dartzu allwegen gott ge-

---

111 A.27.10, Klage Heini Breitinger, ca. 1545.
112 Die Lesart, »da fluche der Sprüngli den Breitinger« ist aus sprachlichen Gründen außerordentlich unwahrscheinlich, wenn sie auch der Logik des Schlag um Schlag entgegenkommt. Die Protokolle legten es darauf an, die Handelnden unmißverständlich zu bezeichnen. Deswegen wäre zu erwarten, daß der Protokollant entweder bei der Überarbeitung seiner Mitschrift eine andere Formulierung gewählt hätte oder das Original Korrekturspuren erkennen lassen würde, um Sprüngli als den Fluchenden auszumachen. Beides aber ist nicht der Fall.

namset.«[113] Für die Frauen zweifelhaften Rufs machte es zwar Sinn, sich die übliche Beleidigung »Hure« an den Kopf zu werfen, doch konnte die Retorsion weder darin bestehen, auf die eigene sexuelle Redlichkeit noch auf die Unredlichkeit der anderen zu verweisen. Als Prostituierte beruhte ihre »Ehre« vielmehr darauf, den sexuellen »Marktwert« der Kontrahentin zu bezweifeln. Nachdem beide genau dies getan hatten, war eine weitere Steigerung der ehrverletzlichen Reden nicht mehr möglich. Der Konflikt ließ sich für sie allein mit Flüchen und Schwüren verschärfen. Auch in diesem Streit läutete blasphemisches Reden die letzte Runde der weltlichen Konfliktaustragung ein.

Ein weiteres Argument dafür, daß blasphemisches Reden eine Form des profanen Streitens darstellte, ist das enge sprachliche Verhältnis, in dem weltliche Ehrhändel und Gotteslästerung standen. Schimpfwörter und – zumeist gewöhnliche – Schwüre gingen nahtlos ineinander über. Hiermit trat der lästerliche Charakter der Sprechhandlung zurück. Angesichts der unendlichen Vielzahl an Fällen seien nur wenige Beispiele herausgegriffen. So gerieten etwa im Jahre 1569 der Glattfeldener Wirt Hans Koch und Caspar Keller aneinander. Im Urteil gegen Keller heißt es: »Das er nit allein grobe unnd wüste wort als namlich hie Küdreck, Schwytz grunnd unnd Boden geschruwen, Sonndern auch darbÿ Crütz und Lÿden, Tauff, Element unnd Sacrament geschworen.«[114]

Im 17. Jahrhundert war es gleichfalls üblich, Beschimpfungen mit lästerlichem Reden zu kombinieren. Auf seine Ehestreitigkeiten angesprochen, habe Studer im Zunfthaus 1628 gegen seine Gattin geschworen: »100000 Sacra[ment], 1000 Ellement, 1000 stralEllement, Ich erstich dich Ketzerin (rever[enter]), mörderin, botzlufft, botz stern.«[115] Dem Studer stand die Rotanna, die seit offentlich längerer Zeit mit Verena Schön im Streit lag, in nichts nach. Die Schön beschuldigte sie, »als sÿ [sc. die Schönin] diser tagen wellen zuo Imbis kochen, sÿge oftgesagte Rottanna dahar kommen unnd sÿ an grind [an den Kopf] gschlagen, übel mißhanndlet und darnébent gschworen Botz Crütz aller Hexen und Kindtsverderberi.«[116] Offensichtlich wußten Frauen sich der Sprache ebenso zu bedienen wie Männer. Auch sie nutzten blasphemische Wendungen, um die Wirkung von Injurien zu steigern.

Neben der Kombination von Injurie und Gotteslästerung als Ehrbeleidigung ist die sprachliche Fusion beider aufschlußreich. Die Bezeichnung

---

[113] B.VI.259, fol. 271v–272v, Urteil Streker, Urteil Stryner, 29.12.1567.
[114] B.VI.260. fol. 16, Urteil Caspar Keller, 12.3.1569.
[115] A.27.68, Aussage Schneider Urbentz, 26.1.1628.
[116] A.27.160, Aussage Anna Stadtler (genannt Rotanna), 26.7.1686.

»Donners Hundtsfud«[117] etwa zeigt in aller Deutlichkeit, wie blasphemisches Element (Schwören beim Donner) und Beleidigung eine Verbindung eingingen. Die blasphemische Wendung wurde quasi zum Präfix, das den profanen Charakter der Ehrbeleidigung verstärkte. Daß Fluch und Beleidigung sprachlich sogar soweit miteinander verschmelzen konnten, daß sie nicht mehr voneinander zu unterscheiden waren, verdeutlicht weiterhin die Formulierung der Catharina Rem von Wollishofen. Sie gestand 1709: »Den Mann habe Sie Ketzer, Deüfelsbub geheißen, und da er einstmahl nit zu ihr ins Bett wollen, habe sie gesungen, er seÿe ein verdammter fluch.«[118] »Ein Fluch sein« – die Rem hatte den Ausdruck als Beleidigung eingesetzt. Damit lieferte sie ein schönes Beispiel dafür, wie »Fluch« semantisch in das Wortfeld »beleidigen« übergehen konnte.

Der Sprachgebrauch der Zürcher deutet nicht nur für das Fluchen darauf hin, daß lästerliches Reden oftmals einem weltlichen Ehrhandel und nicht eigentlich einer Blasphemie, die sich an Gott richtete, entsprach. Auch »schwören« und »beschimpfen« konnten auf das engste miteinander verknüpft sein. Vielsagend ist hierfür, ein (vermeintliches?) Mißverständnis im Verhör Heinrich Halbherrs von Hinwil aus dem Jahre 1717. Als die Nachgänger ihn fragten, »was er damahls [bei dem Vorfall] geschworen,« antwortete der Beklagte: »Schelmen, Dieben.« Halbherr setzte also das Verb »schwören« mit dem Verb »beleidigen« gleich. Doch die Nachgänger präzisierten: »Es treffe diß malen nit das an. Ob er nit über Gott und deßen Geschäft ungebührliche Reden ausgestoßen?«[119] Genau diese Reaktion der Inquisitoren zeigt, daß sie mit ihrer Ausgangsfrage eine gelungene, aber nicht erfolgreiche Sprechhandlung vollzogen hatten. Halbherr hatte – und dies trifft selbst für den Fall zu, daß er sich willentlich »dumm« anstellte – die Frage der Nachgänger verstanden. Er decodierte die Frage und gab eine logisch mögliche Antwort. Aus der Sicht der Nachgänger jedoch hatte Halbherr das ambivalente Verb nur in der einen Wortbedeutung aufgeschlüsselt und somit vorerst ihre Frage nach den lästerlichen Schwüren vereitelt. Diese Diskrepanz konnte aber nur dadurch entstehen, daß die Verben »schwören« und »beleidigen« nicht eindeutig voneinander zu trennen waren.

Stellten Fluchen und Schwören relativ banale Varianten der Blasphemie dar, so war die Schmähung Gottes eine ernstere Angelegenheit. Doch selbst hier, auf dem Feld der Gotteslästerung im engeren Sinne, konnte blasphemisches Reden die Funktion einer weltlichen Ehrbeleidigung annehmen. Be-

---

[117] A. 27.112, Aussage Caspar Bochsler, 4. 8. 1683.
[118] A. 27.127, Aussage Catharina Rem, 22. 8. 1709.
[119] A. 27.131, Aussage Heinrich Halbherr, 29. 11. 1717.

zeichnend ist hierfür die Anklage, zu der 1735 Gebhardt Heller aus Wil Stellung nehmen mußte. Johannes Angst sagte gegen ihn aus, er sei in einer privaten Runde gefragt worden, warum er sich von Leutnant Fries als Henkersbub habe titulieren lassen. Hierauf habe Heller erwidert, er sei genauso viel wert wie der dreieinige Gott.[120] Heller hatte also die weltliche Retorsionsregel »bin ich x, so bist du y,«; d. h. »ich bin genauso ehrenhaft wie du« auf die sakrale Sphäre übertragen. Als Heller seinem Kontrahenten widersprach, beging er nicht in dem Sinne eine Gotteslästerung, daß er sich mit Gott maß. Vielmehr setzte Heller mit seinem gewagten Vergleich den Akzent auf den weltlichen Ehrhandel, in dem es darum ging, die eigene gesellschaftliche Position zurückzuerobern.

Über die Parallelen mit weltlichen Ehrhändeln und die semantischen Verschiebungen in beleidigenden Ausdrücken hinaus belegen die Selbstdarstellung der Blasphemiker sowie die Reaktionen der Zeugen, daß gotteslästerliche Sprechhandlungen einen Angriff auf die Person des konkreten Kontrahenten darstellten. Bezeichnenderweise zeigte sich im ersten Drittel des 16. Jahrhunderts Jörg Bleuler bei seiner Verhaftung überrascht. Da er seinen Schwager des Ehebruchs mit seiner Frau verdächtigt hatte, war es mit ihm zu einer Auseinandersetzung gekommen, bei der Bleuler Schwüre hatte fallen lassen. Als er deswegen abgeführt wurde, verhielt er sich dennoch (oder gerade deswegen), als ob er sich keiner Schuld bewußt sei: »was fürent Ir mich da, Ich henn doch weder gmürt noch gestolen.«[121] Er gab also vor, die blasphemischen Worte als Nebensächlichkeit übergehen zu können.

Bleulers Verhalten kann angesichts seines kulturellen Hintergrunds durchaus plausibel gewirkt haben, wie der Fall Hans Jagli Henßler von Rümlang zeigt. Pfarrer Waser bestätigte in seinem Bittschreiben von 1648, daß Henßler bei der Arbeit in den Weinbergen ausgerufen habe, »Er, Henßler, seye besser dann Gott, sittenmahls Er die Ewain (allso heist Kenßlers hußfrauw, die zimlicher maaßen scharpf) habe zur Ehe genommen, die doch Gott nie wöllen.«[122] Der Gemeindepfarrer machte indes geltend, daß dem Angeklagten »diße wort zwar endtfallen, doch nitt im Zorn, vil weniger die He[i]lige Maÿestet Gottes in minsten und gringsten anzugrÿffen, sonder gantz unwüssender und unbedachtsamer wÿß.«[123] Selbst der Geistliche banalisierte also den blasphemischen Ausfall Henßlers als verunglückten verbalen Ausrutscher.

[120] A.27.144, Bericht Vogt von Eglisau, 8.4.1735.
[121] A.27.11, Aussage Peter Kaufmann, undat.
[122] A.27.87, Schreiben Gemeindepfarrer Waser an seinen Schwager und Amtsbruder, 4.2.1648.
[123] A.27.87, Interzession Gemeindepfarrer Waser, 8.3.1648.

Daß Formulierungen wie die Henßlers nicht die Ehre Gottes, sondern diejenige des Kontrahenten verletzten, verdeutlicht das einlenkende Verhalten Jacob Blüwlers. Nach mehrfachen Provokationen war zwischen ihm und den Metzger Balthasar Ertzli 1588 ein Streit entstanden. »Da habe er [sc. Blüwler] als ein zornischer, thrungker man, alls der hierzuo größtlichen veranlaßet und angereitzt worden, Leider ettliche schwür als Himel unnd Herrgott Inn gesagte unfridlich wäß[en] unnder annder wortt[en] lauf[en] laß[en]. Doch syge er willens genannten Ertzli umb obgehördte schmach- unnd schelltworten zuberächtigen.«[124] Blüwler erklärte sich also bereit, die Ehre Ertzlis wiederherzustellen. Die Ehre Gottes war nicht das Problem.

Genau dieses Verständnis von der blasphemisch durchsetzten Injurie als Verletzung der persönlichen Ehre spiegelt für das 17. Jahrhundert die Klage Abraham Hegis gegen die Eheleute Thomann exemplarisch wieder. Er erhob 1679 folgenden Vorwurf: »Er [sc. sein Vermieter Caspar Thomann][125] stieß meiner Frauowen die faußt vor die naßen, sagende, sicht da, du lausch, du flätternaß, Ich will dich nach schlachen, daß dich /:cum venia:/ der Teüfel hollen möcht und forderte daher, daß sie [sc. die Eheleute] wegen Ihrer schendungen, und unChristlichen reden, [...] Mihr und den meinigen gebürende Reparation thun.«[126] Nicht von Sühne für die »unchristlichen Reden« war die Rede, vielmehr von persönlicher Satisfaktion; nicht Gotteslästerung stand also zur Debatte, sondern weltliche Ehrverletzung.

Es liegt in der Natur des Schwurs, daß er gegen jemanden gerichtet ist. Daß die blasphemischen Sprecher hierbei zwar Gottes Namen im Munde führen, aber das konkrete Gegenüber meinen, verdeutlicht die Aussage Uli Mietlis aus dem ersten Drittel des 16. Jahrhunderts. Das korrigierte Protokoll (s. die Durchstreichungen) belegt, wie relevant für die Justiz die Frage war, wem der Schwur galt. Mietli sagte aus, »daß er ungfar bÿ zweÿ monaten von Jacob Brögen, als er voll wÿn gwesen, ~~ghö~~ selbs ghört, das er geschworen Gotz lÿden, Crütz, Element und Sacrement. ~~Über wen er aber s~~ Ob er aber sölliche schwür über sÿn frauw oder anderlüth gethan, moge er nit wüssen.«[127] Das Gericht hatte also nicht zu urteilen, ob Blasphemie vorlag, sondern ob die Botschaften blasphemischer Sprecher an die Adressaten gerechtfertigt waren.

Auf das Verständnis von Gotteslästerung als weltliche Ehrverletzung nahmen die Urteile Rücksicht: »Caspar und Jacob und die Walderen von Stäfen,

---

[124] A. 27.41, Aussage Jacob Blüwler, 26. 6. 1588.
[125] Die Personenangaben erschließen sich aus dem Urteil. Vgl. B. II.587, fol. 72, Urteil Caspar Thomann, 22. 9. 1679.
[126] A. 92.3, Klage Notz, X. 9. 1679.
[127] A. 27.12, Aussage Uli Mietli, undat.

welche sich in H[er]rn Sekelm[ei]st[e]r Frießen Hauß auf eine ohngeschickte Weiß mit schwehren, fluchen und pochen sowohl gegen H[er]rn Seckelmeister als auch gegen Fr[au] Sekelmeisterin aufgeführt, [...], sind folgender gestalten gebüßt worden: als Erstlich sollen sie durch den StadtKnecht
zu Her]rn Sekelmeister geführt werden und daselbst den H[er]rn Sekelmeister und sine Fr[au] Liebste auf das demüthigst umb verzeichung biten.«[128]
Die Justiz stufte also das Verhalten der Verurteilten eindeutig als Ehrhandel
ein. In aller Deutlichkeit unterstrich das Urteil gegen den Metzger Jacob Laban von Regensberg aus dem Jahre 1747, daß dessen Schwüre einen Ehrangriff auf den Landvogt Füeßli bedeuteten. Der wegen »verlezliche[n] Reden, Scheltungen, Gottloße[r] Flüech und Schwüre[n]« angeklagte Laban
wurde unter anderem dazu verurteilt, öffentlich auf den Knien vor dem
Landvogt Füeßli Abbitte zu leisten; die »schmäh= und dräuworte« hingegen
durfte er stehend abbüßen.[129] Zwar mußte sich Laban zudem den Ermahnungen des Sittengerichts stellen, doch verzichtete das Gericht auf einen Widerruf in der Kirche. Es legte statt dessen den Akzent darauf, die verletzte
Ehre des Amtmanns wiederherzustellen, wobei das Gericht zwischen
»Schmähungen und Drohungen« zum einen und Flüchen und Schwüren zum
anderen unterschied. Die Justiz betrachtete also den Fall vorrangig als weltlichen Ehrhandel. Jedenfalls war für sie die Ehre Gottes weit weniger be-
schmutzt worden. Sie erachtete eine halböffentliche Abmahnung durch den
Stillstand für genügend.

Gegen diese Interpretation ließe sich einwenden, die Haltung der Justiz
sei damit zu erklären, daß im vergleichsweise säkularisierten 18. Jahrhundert
die sakrale Dimension der Blasphemie verloren gegangen war. Der Einwand
ist nicht zu halten, wie ein Gegenbeispiel aus den Weihnachtstagen des Jahres 1640 zeigt. Die beiden Gesellen Hans Keller und Heinrich Ruckstuol
hatten anläßlich des Feiertages in einem Wirtshaus Psalmen und Lieder gesungen. Da habe, laut Keller, Heinrich Ruckstuol plötzlich ein Weihnachtslied umgedichtet, so daß Keller ihn gefragt habe: »Heinrich Rucktuol, was
singstu Gelobt seÿstu Herr Jesus Christ und Du ein Schölm geboren bist und
Ihme, dem gedachten Ruchstuol uff die Achsel geschlagen. Daruf Jacob
Ruckstuol, deß ernanten Heinrich Ruckstuols Veter, zu Ime gesprochen,
wen er meine, Ob er Got meine. Hat er [sc. Keller] Ime geantwortet, Er meine seinen Vetern.«[130] Kennzeichnenderweise gelangte die Sache am folgenden Morgen nicht als Blasphemie, sondern als Verbalinjurie vor die Justiz.

---

128 B. III. 178, p. 3–4, Protokoll Reformationskammer, 2. 2. 1734.
129 B. II. 856, fol. 48–49, Urteil Jacob Laban, 15. 3. 1747.
130 A. 27. 79, Aussage Hans Keller, 13. 8. 1640.

Schließlich »habe ernanter Keller den Heinrich Ruckstuol Im Pfahrhuß Inn bÿwesen des H[erren] Dechan, Haubtman und Lütnants Ehrensperger wie auch Graffschaffts Weibels entschlagen [...] und hiemit Ime sÿnen ehrlichen Namen wider geben müßen, also daß die sach dozmalen zuo beiden theil ufgehebt worden.«[131] Selbst in Anwesenheit des Geistlichen ging es bereits im 17. Jahrhundert darum, Jacob Ruckstuol, nicht Gott, seinen »ehrlichen Namen« zurückzugeben.

Die Einstellung der Justiz gegenüber blasphemisch-ehrverletzlichen Sprechhandlungen entsprach dem Selbstverständnis der Adressierten: So strengte 1562 Melcher Notz eine Klage gegen Jacob Boshart an, nachdem dieser im Wirtshaus seinen Schwager beleidigt und zusätzlich über ihn, Notz, geschworen hatte. »Deßhalben Notz von Im [sc. Boshart] trostung des Rëchtens zesind erforderet.«[132] Notz hatte demnach den Fall nicht gemeldet, um als treuer Bürger den Anweisungen des »Großen Mandats« zu folgen. Vielmehr trug er für seine persönliche Ehre Sorge.

Auf der lokutionären und propositionalen Ebene begingen Sprecher in der Tat eine Gotteslästerung, wenn sie Flüche und Gotteslästerungen ausstießen. Freilich lassen die Reaktionen der Adressierten und Zeugen erkennen, daß die fraglichen Äußerungen keineswegs als blasphemische Sprechhandlung aufgefaßt werden mußten. Hiervon zeugt eine Unterredung des Nachgängers Rudolff Lyndiners mit dem Schulmeister Wust von ungefähr 1539. Lyndiner, so seine Aussage, habe Wust in dessen Haus mit gezückter Waffe angetroffen und sich daher erkundigt, was vorgefallen sei. Der Schulmeister habe ihm hierauf geantwortet, er sei von einem seiner Spielkumpanen mißhandelt und beraubt worden, »schwüre auch darbÿ Gots Crütz und Sacrament, Ich will sollichs nit erliggen laßßen, Sunder es meinen herren clagen.« Drei Tage danach habe er Wust gefragt, ob er nun eine Klage eingereicht habe. »Antwurte er [sc. Wust] Im, neÿn. Spreche er, Kuntschaffter, zuo Im, das Im söllichs übel anstuende unnd er welte sich chemen, das ers nit clagte, diewÿl ers doch so thür verschworen hette.«[133] Bezeichnenderweise warf Lyndiner dem Wüst nicht vor, den Namen Gottes mißbraucht zu haben, obwohl er als amtliche Aufsichtsperson genau hierzu verpflichtet gewesen wäre. Lyndiner kritisierte vielmehr, daß Wüst nicht konsequent um seine Ehre gekämpft habe. Anstatt in den Schwüren eine Gotteslästerung zu sehen, entschlüsselte der Nachgänger Wüsts Reden als Element eines weltlichen Ehrhandels.

---

131 A. 27.79, Aussage Hans Keller, 13. 8. 1640.
132 B. VI.259, fol. 95v, Urteil Jacob Boshart, 8. 3. 1562.
133 A. 27.9, Aussage Rudolff Lyndiner, ca. 1539.

Daß Hörer Varianten von Gotteslästerung nicht nur nicht zwangsläufig mit blasphemischen Inhalten verbanden, sondern häufig mit einem Angriff auf die Ehre einer Person verknüpften, läßt sich am Beispiel eines weiteren Konfliktfalls zeigen. Laut seiner eigenen Darstellung von 1677 habe Joseph Büttinger von Felix Schweitzer aus Opfikon die Begleichung seiner Schulden verlangt. Als die beiden in einer Wirtschaft beieinander zu sitzen gekommen seien, nachdem Büttinger angesichts seiner erfolglosen Bemühungen das Gericht eingeschaltet hatte, sei Schweitzer in blasphemische Worte ausgebrochen. Doch er, Büttinger, »habe dem schwÿtzer uff sein fluchen und schweren keine antwort gegeben.«[134] Selbst wenn Büttinger sich mit seiner Aussage als friedfertiger Bürger ins rechte Licht gesetzt haben mag, so veranschaulicht doch dessen Argumentation die Spielräume, innerhalb derer sich blasphemisches Reden bewegte. Gemäß den Regeln des Injurienhandelns folgte auf eine Provokation (Eintreibung der Schulden) die Retorsion (Fluchen und Schwören). Ob der Konflikt eskalierte, hing von der Erwiderung des zuletzt Adressierten ab. Genau diese Verschärfung des Konflikts behauptete Büttinger vermieden zu haben, indem er die Herausforderung seines Gegners ins Leere habe laufen lassen. Wenn jedoch Büttinger aussagte, er habe die Worte Schweitzers nicht »beantwortet«, so drückte er damit aus, daß es um eine direkte Auseinandersetzung zwischen ihnen beiden ging. Hätte er die Reden Schweitzers als eigentliche Gotteslästerung aufgefaßt, hätte er diese nicht »beantworten«, sondern lediglich melden und anderen die Wiederherstellung der Ehre Gottes überlassen können. Die Situation war Büttinger also klar: nicht die Ehre Gottes, sondern seine eigene stand auf dem Spiel.

Die Fälle, in denen an der Reaktion der Zeugen deutlich wird, daß die sakrale Dimension der blasphemischen Rede nicht ernsthaft ins Gewicht fiel, ließen sich für den gesamten Untersuchungsraum in beliebiger Zahl zitieren. Wenige Beispiele mögen genügen: Den Angeklagten wurde zwar zur Last gelegt, geflucht und geschworen zu haben, doch zeigten die Umstehenden wenig Interesse an den blasphemischen Implikationen. Zogen es die einen vor, die Redegewohnheiten ihrer Nachbarn zu ignorieren (zumindest behaupteten sie dies vor Gericht),[135] nahmen andere zu den jeweiligen Szenen Stellung. Nachdem etwa Anna Wieland ihrem Ehemann lauthals mit Schwüren eingeheizt hatte, fühlte sich im Jahre 1579 der Nachbar Jacob Asfar bewogen, ihre Worte nicht unkommentiert stehen zu lassen, sondern erteilte den

---

[134] A. 27.108, Aussage Joseph Büttinger, 9. 6. 1677.

[135] Vgl. beispielsweise die Aussagen über die »liederliche« Haushaltung Nüßeler unter A. 27.13, undat.

Ratschlag: »Wann sÿ thoub sÿge, sölle man sÿ an Ketten leggen.«[136] Asfar nahm demnach nicht daran Anstoß, daß die Wieland gotteslästerliche Worte in den Mund genommen, sondern daß sie für öffentliches Ärgernis gesorgt hatte.

Ebenso aufschlußreich wie die Reaktion Asfars ist diejenige des Gemeindepfarrers von Dachsen im Fall Merki. Zwar verraten die Justizakten aus dem Jahre 1677 nicht, was den Geistlichen bewogen haben mag, die Gotteslästerungen des Webers Heinrich Merki privat regeln zu wollen, doch erlauben die Angaben des Angeklagten einige Rückschlüsse: Er habe seine Frau als »donerloße Hur, Spitzg und tonnerlosse Kriegs Hur« beschimpft, weswegen sie ihn abgemahnt habe. Er aber, so gab der Beklagte zu, habe daraufhin mit der Faust auf den Tisch geschlagen und »hundert 1000 Sacer[-ment] geschworen, die straal söllen sÿ erschießßen. Da sÿ Inne weiter abgemanet, sagende, er sölt sich schämen, er habe hüt dz [das] heilig Brot gebrochen, habe er daruf geredt, dz, erschockenlich zehören, er habe, Gott behüt unnß, den Tüffel brochen«.[137] Ausgerechnet ein Geistlicher faßte die blasphemische Sprechhandlung eher als verunglückte profane Retorsion denn als eigentliche Gotteslästerung auf. Deshalb meinte er, den Fall unter vier Augen klären zu können.

Wie die geistliche war auch die weltliche Obrigkeit willens, blasphemische Sprechhandlungen als verständliche, nicht ernsthaft die Ehre Gottes gefährdende Unmutsäußerungen, aufzunehmen. Lienhart Hohenrütter aus Innsbruck etwa hatte 1582 in Küßnacht eine Herberge gesucht, aber keine finden können und darauf »geschweren und gredt, er bette Gott, das der Donder undt für [Feuer] von himeel kome und dasselbig uf den boden hinweg verbrandte.«[138] Die weltliche Obrigkeit zeigte sich gnädig: »Diewÿl der hochrütter allein Durch den wÿn zu sÿnem ungeschickten Reden gebracht Unnd er sich deßen fürhin zuo ennthallten anerbüt, Wellen mÿn herren Rëcht das beßßer auch glauben un Ime der gefangenschafft uff ein gewonlich Urfecht ledig lassen.«[139] Aus der Verfluchung waren »ungeschickte Reden« geworden, die nicht mal mehr die Ehre der Obrigkeit als Stellvertreterin Gottes auf Erden tangierten. Bezeichnenderweise wurde Hohenrütter gegen eine Urfede wieder auf freien Fuß gesetzt.

* * *

---

[136] A. 27.35, Aussage Jacob Asfar, 11. 7. 1579.
[137] A. 27.68, Aussage Heinrich Merki, 25. 1. 1628.
[138] A. 27.37, Aussage Lienhart Hohenrütter, X. X. 1582.
[139] A. 27.37, (Dorsalnotiz, 16. 7. 1582), Urteil.

Blasphemische Sprechhandlungen waren vielfach nicht nur der Form, sondern auch dem Inhalt nach vorrangig weltliche Ehrhändel. Rat und Kirche faßten in ihren normativen Leitvorstellungen Gotteslästerungen als Majestätsbeleidigung Gottes auf und argumentierten mit der Ehre Gottes, als handle es sich um diejenige einer konkreten Person. Letztlich glichen sie damit ihre Normen an die Regeln weltlicher Ehrhändel an.

Die Muster, denen die weltlichen Ehrkonflikte in Zürich folgten, sind mit denen anderer europäischer Gesellschaften vergleichbar: In einer »agonalen Kultur«, in der das symbolische Kapital der Ehre die Position eines und einer jeden entscheidend bestimmte und in der Ehre eine nicht reproduktive Ressource war, herrschte die »Logik der Ehrökonomie«. Da sich das Ehrkapital unter dem Gesetz der Summenkonstanz nicht vermehren ließ, konnte ein Ehr- oder Prestigeverlust nur dadurch aufgehoben werden, daß der verlorene Anteil an Ehre zurückerobert wurde.

Naheliegenderweise liefen weltliche Ehrhändel in drei Phasen ab. Auf die eröffnende Provokation folgte mit der Reaktion der Adressierten die Retorsion, bis der Konflikt soweit ausgetragen war, daß ein befriedigendes (oder auch nicht befriedigendes) Ergebnis erzielt war. Wichen die Adressierten der Kampfansage nicht aus, gaben sie nach dem »Äquivalenzprinzip« Kontra. Es bestand darin, die ursprüngliche Verteilung an Ehre dadurch wiederherzustellen (oder eventuell gar zu den eigenen Gunsten zu beeinflussen), daß die Angegriffenen mit einer mindestens ebenso gewichtigen Beleidigung antworteten.

Im weltlichen Ehrhandel galt das »Äquivalenzprinzip« für beide Geschlechter, freilich in spezifischen Varianten. Maß sich die Reputation von Männern wie von Frauen an Beruf/ung und Sexualität, so waren damit doch geschlechtsspezifische Normen verknüpft. Wer die Ehre eines Mannes angreifen wollte, stellte dessen berufliche Redlichkeit oder sexuelle Potenz bzw. sexuelle Praktiken mit einem »Schelm«, »Dieb«, »Kuhgeher«, »Sodomit«, »Kätzer« oder »Gehörnter« in Frage. Weniger üblich waren Anspielungen auf Religiosität (»un/fromm sein«, »Ketzer«), Magie (»Hexer« bzw. »Lachsner«) oder unmännliches Verhalten (»Windelwäscher«). Die Berufung der Frau bestand den Ehrbeleidigungen zufolge vor allem darin, ein demütiges Leben zu führen. Eine anständige Frau schwätzte nicht, betrieb keine Magie, half nicht bei Abtreibungen und war sexuell treu. Um sie zu verunglimpfen, waren daher – neben anderen Formen – die Beschimpfungen als »Hexe«, »Hure«, »Kindsverderberin« oder »Lottertasche« beliebt. Daß die jeweils geschlechtsspezifischen Injurien den gleichen ehrenrührigen Wert besaßen, verdeutlichen die ebenbürtigen Geldstrafen.

Blasphemisches Reden war eine Variante weltlichen Streits, die Frauen und Männer gleichermaßen beherrschten. Dies zeigen die Parallelen zwischen den Streitigkeiten, in denen die Kontrahenten Gotteslästerungen ausstießen bzw. auf solche verzichteten. Der Personenkreis zwischen beiden Konfliktformen unterschied sich nicht wesentlich voneinander. Wenngleich eher soziale Randexistenzen mit ihren Flüchen, Schwüren und Gotteslästerungen auffielen, so war es auch für einen gestandenen Bürger oder eine unbescholtene Bürgerin durchaus »normal«, im Kampf um die eigene Ehre mit blasphemischen Worten zu handeln.

Wie bei »reinen« Ehrhändeln verliefen lästerliche Injurien in drei Phasen. Der Provokationswert einer lästerlichen Sprechhandlung war so hoch, daß die Adressierten sie als persönliche Kampfansage verstanden. Ganz im Sinne des »Äquivalenzprinzips« reagierten die Adressaten im Kampf um die Ressource Ehre, indem sie den Herausforderern mit Flüchen, Schwüren oder Schmähungen Gottes zu imponieren oder zu drohen suchten. Sie setzten dem Ehrangriff eine mindestens ebenso gewichtige Gegenoffensive entgegen. Sprachlich implizierten zwar die jeweiligen Retorsionsvarianten eine Bezugnahme auf Gott, doch riefen Blasphemiker mit ihrer Sprechhandlung nicht die Unterstützung Gottes an. Vielmehr bedienten sie sich theatralisch-pikaresker Selbstinszenierung – zu ihr gesellte sich oft ein dramatischer Verweis auf den Teufel –, um ihrer Entgegnung insbesondere mit originellen Formulierungen Emphase zu verleihen. Zu fluchen, zu schwören und Gott zu lästern, stellte ein Mittel dar, einen Konflikt auszutragen. Wie etwa im Paris des 17. Jahrhunderts konnten blasphemische Wendungen körperliche Gewalt begleiten oder im entscheidenden Moment als blanke verbale Waffe gezückt werden.[140] Dabei galten für Männer und Frauen formal und inhaltlich dieselben Regeln.[141] Die Zürcher Beispiele widersprechen daher der Vorstellung, Gotteslästerungen ließen sich als sublimierte Form von Gewalt und damit als ein Element des Zivilisationsprozesses verstehen.[142]

Daß Blasphemien, die in Injurienhändeln zumeist gezielt zum Einsatz kamen, als Angriff auf die eigene Person und nicht auf die Majestät Gottes empfunden wurden, verdeutlichen die Reaktionen der Zeugen und der Justiz sowie das Selbstverständnis der Gotteslästerer. Wenn Geistliche blasphemisches Reden zu verunglückten verbalen Retorsionen banalisierten, weltliche und kirchliche Obrigkeit der Argumentation folgten, daß diese Sprechhandlung die Ehre der adressierten Person angriffen, wenn diese Satisfaktion forderten, dann fiel die Verletzung der sakralen Sphäre nicht entscheidend ins Gewicht. Gotteslästerung war dann nicht mehr eigentlich

---

[140] Vgl. A. CABANTOUS, Histoire du blasphème S. 121.

[141] Cabantous betont hingegen, daß Fluchen und Schwören spezifisch männliche Rituale der Gewalt gewesen seien. Vgl. A. CABANTOUS, Histoire du blasphème S. 193 f.

[142] Dies unterstreicht auch Schwerhoff. Vgl. G. SCHWERHOFF, Gott und die Welt S. 321.

Blasphemie, sondern eine Version weltlicher Konfliktaustragung. Unter diesen Umständen hatten religiöse Normen die Bedeutung, ein kulturspezifisches Medium profanen Streits zu sein.

Den profanen Charakter von Gotteslästerungen spiegeln vielfach ihre sprachlichen Erscheinungsformen wider. Injurien und Blasphemien wurden so miteinander kombiniert, daß letztere erstere verstärkten. In Komposita übernahmen lästerliche Bezeichnungen die Funktion von Präfixen, welche die Wirkung der Verunglimpfung steigerten. Semantisch waren »beleidigen«, »schwören« und »fluchen« derart miteinander verwandt, daß sie als Synonyme aufgefaßt werden konnten.

Als weltliche Ehrverletzung nimmt die qualitative Bedeutung der Gotteslästerung im frühneuzeitlichen Zürich nicht ab. Die aufgeführten Beispiele aus Stadt und Landschaft umfassen die Zeit vom ausgehenden 15. bis zur Mitte des 18. Jahrhunderts, ohne daß die blasphemischen Sprechhandlungen ihren ehrverletzlichen Charakter wesentlich änderten. Diese Beobachtung macht skeptisch gegenüber Modellen, die davon ausgehen, daß in der Frühen Neuzeit menschliches Verhalten »zivilisiert« und verstärkt reguliert worden sei. Mit dieser Skepsis ist jedoch die Frage nach dem historischen Wandel der Blasphemie hier noch nicht beantwortet.

Fluchen: Wortmagie oder Injurie?

Wie in Köln, Nürnberg und Basel weichen die Zürcher Gerichtsakten der Frühen Neuzeit von der zeitgenössischen Terminologie der Theologen ab. In der Theorie unterschieden die theologisch-juristischen Schriften zwischen dem Schwören, dem Fluchen und der Schmähung Gottes, im Rechtsalltag aber wurden die Begriffe synonym verwendet.[143] Pfarrer Caspar Diebolt von Bülach beispielsweise berichtete 1723 über Andreas Zander, dieser habe »ohne einichen gegebenen anlas erschreklich gefluchet und gelästert, was man immer fluchen kan, bim Donner, Hagel, Stral, Sacramenten, Elementen [...], welche flüch er alle auf eine ensetzliche weis under einanderen gemischt und auf einmal nit nur einen fluch ausßgesprochen, sonder alle an einandern gehenkt.«[144] Vom Tatbestand her betrachtet hatte aber Zander eigentlich nicht geflucht, sondern geschworen. Um Mißverständnissen zuvorzukommen, sei daher eigens darauf hingewiesen, daß der Fluch, von dem hier zu handeln ist, diejenige Sprechhandlung meint, mit der jemand sich selbst, jemand anderer bzw. jemand anderem einen Schaden anwünscht. In dieser strengen Definition schließt Fluchen die Ambivalenz der blasphe-

---

143 Vgl. G. Schwerhoff, Gott und die Welt S. 321–329.
144 A. 27.135, Schreiben Pfarrer Diebolt, 30. 9. 1723.

mischen Redeweise aus, die Labouvie in ihrer Untersuchung von Verwünschungen unterstreicht.[145] Fluchen als Herabwünschen eines Unheils kann
nicht Segen sein, kann nicht als effektiver, volkskulturell verankerter Gegenzauber eine Schadensandrohung abwehren. Genausowenig darf das Fluchen,
von dem im folgenden die Rede ist, mit dem Fluchmonopol Gottes, das in
dessen Vergeltung zum Ausdruck kommt,[146] verwechselt werden. Fluchen
bezeichnet hier vielmehr eine Variante blasphemischen Handelns, mit dem
ein Mensch etwas Spezifisches bewirken will.

Was dieses Spezifische sei, ist in der Forschung kontrovers. Drei Positionen sind zu diskutieren.[147] Die einen sehen in Fluch und Schwur einen belanglosen verbalen Affekt. Daß dies eine Unterschätzung des Phänomens ist,
hat bereits die Interpretation blasphemischer Sprechhandlungen als Form
verbalen Streites gezeigt. Für andere gehört der schwere Fluch in das Umfeld der Magie und der damit verbundenen Angst vor göttlicher Vergeltung.[148] Schwerhoff wiederum ordnet den verbalen Tabubruch in den Bereich der profanen Ehrhändel ein. Injurien- und Magiethese gehen also in
unterschiedliche Interpretationsrichtungen. Die folgenden Ausführungen
wollen überprüfen, auf welcher Seite die stärkeren Argumente stehen und inwiefern der Fluch neu zu interpretieren ist.

Manches aus der Fluchpraxis des Zürcher Alltags scheint die Magiethese
zu stützen. Wie bei den anderen Varianten der Gotteslästerung orientieren
sich die kirchlichen wie auch die weltlichen Normen an vergeltungstheologischen Argumenten.[149] Daß die Angst vor der Rache Gottes keine leere juristische oder theologische Formel war, sondern dem Empfinden der Bevölkerung entsprach, läßt sich bis ins 18. Jahrhundert hinein belegen. So heißt es
etwa in einem Bericht des Gemeindepfarrers von Illnau von 1717 über die
Familie Ochsner: »daß in ihrem hauß gar öfters ein entsezliches fluchen und

---

[145] Vgl. E. LABOUVIE, Verwünschen S. 130.
[146] Vgl. H. R. SCHMIDT, Ächtung S. 82, 102.
[147] Für eine detaillierte und kritische Darstellung des Forschungsstands siehe Kap. I.2.
[148] Hierbei lassen sich drei Varianten der »Magiethese« unterscheiden. Gehen Keith Thomas,
Blair Warden, Karl Metz und Heinz Kittsteiner eher der Frage nach, wie Magie und Furcht vor
der Providenz an Bedeutung verloren hätten, betonen Delumeau und Belmas den Zusammenhang zwischen der Angst vor der Vergeltung Gottes und blasphemischer Rede. In beiden Inter-
pretationsvarianten steht also der Fluch im Kontext der Magie, so daß ein impliziter Zusammenhang zwischen Fluch und Wortmagie hergestellt wird. Labouvie und Schmidt hingegen konzentrieren sich auf den Fluch, den sie explizit als Form der Wortmagie auffassen (siehe hierzu das
Kapitel zur Forschungsdiskussion). Ralf-Peter Fuchs läßt es mit dem Hinweis bewenden, daß
dem gotteslästerlichen Fluch eine unheilbringende Wirkung zugeschrieben worden sei. Vgl.
R.-P. FUCHS, Ehre S. 100.
[149] Siehe Kap. II.1.a.

lästern gehört werde, daß die nachbaren sich geförchtet, ihre hütten werden mit jener ihne von der Erden verschlungen werden, verwundern sich auch über Gottes große langmuth.«[150] Solche Textstellen vermitteln durchaus den Eindruck, Fluchen sei als Wortsünde wahrgenommen worden. Der Geistliche, d. h. ein Vertreter der kirchlichen »Elitekultur«, wie die von ihm referierten Nachbarn, d. h. Vertreter der dörflichen »Volkskultur« scheinen zu erwarten, daß das verbale Verhalten der Ochsners Schaden nach sich ziehen werde.[151] Doch worauf bezieht sich diese Angst vor der Wirkung des Fluchs? Fürchteten die Gläubigen, daß Gott Vergeltung üben werde, weil seine Ehre angetastet worden war oder weil die Fluchenden durch Magie seine Macht zu usurpieren gesucht hatten? Die Quellen bleiben eine eindeutige Antwort schuldig. Jedenfalls belegt das Beispiel Uli Wißmanns von Kloten aus dem Jahre 1677, daß auf Flüche durchaus reagiert wurde. Dem Schreiben des gleichnamigen Gemeindepfarrers an den Rat zufolge wandte sich Uli Wißmann an ihn, um sich über die Schwüre und Flüche, die Felix Schwytzer und Joseph Güttinger einander angehängt hatten, zu beklagen. Wyßmann »besorge, wo nit ruhe geschaffet werde, es möchte die straff Gottes über alle kommen. Es ist der Gmeind bekant, es will sich aber [dieser Sache] niemand beladen und anemen.«[152] Es ist nicht auszuschließen, daß Wißmann aus ganz anderen Motiven Schwytzer und Güttinger gemeldet hat. Dies ändert aber nichts daran, daß der Pfarrer sich auf die Seite Wyßmanns schlug: Die blasphemischen Reden – sie betrafen nicht einmal Uli Wyßmann persönlich – gäben Anlaß zur Sorge. Doch, so stellte der Geistliche selbst fest, andere teilten diese Sorge nicht. Offensichtlich waren für sie die Schwüre und Flüche nicht so bedrohlich, als daß sie die Unannehmlichkeiten einer gerichtlichen Auseinandersetzung auf sich genommen hätten. Mochten also die einen die magischen Wirkungen eines Fluchs befürchten, mußte das für andere längst nicht der Fall sein. Demnach wurde (schweres) Fluchen nicht zwangsläufig als magische Formulierung betrachtet, die vergeltungstheologische Ängste auslöste.

Neben der Angst vor der Providenz sieht Schmidt – Schuster und Sabean teilen diese Einschätzung –[153] in den Kautelformeln der Protokollanten einen Beleg dafür, daß Fluchen mit magischen Dimensionen in Verbindung

---

[150] A.27.131, Fall Ochsner Bericht Gemeindepfarrer Illnau, 9.9.1717.

[151] Daß Repräsentanten der (weltlichen) »Elite-« bzw. »Volkskultur« die Vorstellung von der unheilvollen Wirkung von Verwünschungen teilten, verdeutlicht ferner der Bericht des Vogts Caspar Escher von Andelfingen von 1690. Vgl. A.27.116, Vogteibericht Fall Freimüller Lins, 16.10.1690.

[152] A.27.108, Schreiben Pfarrer Wyß, 5.6.1677.

[153] Vgl. P. SCHUSTER, Konstanz S.76; D. SABEAN, Soziale Distanzierungen. Ritualisierte Ge-

gebracht worden sei: »Keine Erwähnung eines Fluches ohne vorherigen verbalen Gegenzauber.«[154] Die Einschübe eines »Gott behüt unss« seien nicht
als bloße Floskeln abzutun, sondern entsprängen »aus der Scheu, eine Formel wiederzugeben, die selbst ohne schädigende Absicht des Täters wirksam
sein könnte.«[155] In der Tat, auch die Zürcher Protokollanten trafen mit einem »salvo honore«, einem »absit blasplemia dicto« oder »deo«, einem
»Gott bhüt uns« etc. Vorsorge. Sie beraubten die referierten Worte ihrer
blasphemischen Implikation und stellten somit sicher, daß die ursprüngliche
Sprechhandlung erfolglos blieb. Auch die Zeugen scheinen der Wirkung eines Fluchs zuvorkommen zu wollen, wenn sie wie Jacob Widmer über Wal-
purga Ernst im ersten Drittel des 16. Jahrhunderts aussagen, die Beklagte
habe geschworen »Gots siben Hergot, marter, auch andere derglichen böse
schwür. So Dick und vil von Iren gehört, das Im darab gruset. Könn und
dörff sÿ auch nit gnugsam ußsprechen oder erzellen.«[156] Doch stellen solche
Formulierungen wirklich einen Gegenzauber dar? Handelte es sich nicht um
floskelhafte Redewendungen, wie sie das teilweise reflexartige Mitschreiben
beim Protokollieren nahelegte? Im Zürcher Quellencorpus ist jedenfalls allein ein einziger individuell variierter Kommentar eines Protokollanten überliefert: Im Fall Zindel notierte der Protokollant 1661, der Beklagte habe
»grusame wort (welche mir Got verzeihe, dz [daß] ich sie uf das Papÿr setze!)« ausgesprochen.[157] Diese Formulierung ist aufschlußreich, denn sie
zeigt, daß die Einschübe der Protokollanten keineswegs eindeutig sind. Einerseits läßt sich die Anmerkung des Protokollanten durchaus als ein Gegenzauber auffassen. In diesem Falle bestünde der propositionale und perlokutionäre Gehalt der Nebenbemerkungen darin, die Wirkung der blasphemischen Rede und damit die Gefahr einer göttlichen Vergeltung aufzuheben.
Andererseits hat die entgegengesetzte Interpretation genauso ihre Berechti-
gung: Möglicherweise lehnte der Schreiber die Verantwortung für die
blasphemischen Reden Zindels perlokutionär ab. Ein Gegenzauber erübrigte
sich dann deswegen, weil die Formulierung keine effektive Gotteslästerung
implizierte. Die Kautelformulierungen, in denen Schmidt zufolge Wortmagie mit Gegenzauber begegnet wird, lassen sich also auch als Floskeln interpretieren, mit denen die Protokollanten verdeutlichen, daß sie einen

stik in deutscher bürokratischer Prosa der Frühen Neuzeit, in: Historische Anthropologie 4.
1996 S. 216–233.
  [154] H. R. Schmidt, Ächtung, S. 93.
  [155] H. R. Schmidt, Ächtung, S. 93.
  [156] A. 27.18, Aussage Jacob Widmer, undat.
  [157] A. 27.98, Aussage Georg Zindel, 15. 5. 1661.

Normbruch referieren, ihn nicht aber selbst erneut begehen.[158] Magische
Elemente spielten hier nicht hinein.

Schmidt legt auf die Bedeutung der Kautelformeln der Protokollanten
großen Wert. Wenn der (schwere) Fluch derart stark mit Wortmagie einherging, daß Gegenzauber als notwendig erachtet wurde, wäre dann nicht zu
erwarten, daß bei anderen blasphemischen Formulierungen Protokollanten
und Zeugen gleichfalls prophylaktische Maßnahmen ergriffen, um sich vor
der Vergeltung Gottes zu schützen? Genau dies trifft in der Regel nicht zu.
Hans Sigrit ist einer unter unzähligen Zeugen, der ohne jegliche verbale Vor-
sichtsmaßnahme aussagte, Mathys Schmid habe Schwüre getan, »als namlich Wunden, Lÿden, touff, himel, ertrich, Boden und Crisam und zudem
gotz namen.«[159] Genausowenig Mühe bereitete es, Protokolle zu zitieren, in
denen Kautelformeln fehlen. Das Argument, der magische Charakter von
Flüchen sei daran zu erkennen, daß sie die Protokollanten zu einem verbalen
Gegenzauber bewogen, kann also nicht hinreichend überzeugen.

Wer Flüche aussprach, beging eine Wortsünde und verletzte damit ein Ta-
bu. Dies ist in der Forschung unumstritten. Fraglich ist jedoch, ob dieser Tabubruch magische Elemente beinhaltete. Urteile wie die gegen Heinz Truodel deuten darauf hin. Truodel wurde 1564 für schuldig befunden, gesagt zu
haben, »sige einem Inn einer gëgen sÿnem widersächer vil nützer und mer erschießlicher Inn gegen Im abzuoschrecken, wann einer Getz fünff wunden
schwere dann so einer ein vatter unnser bëttete, damit Inn zuo stillen.«[160]
Truodel hatte also insinuiert, daß ein ordentlicher Schwur auf einen Kontrahenten mehr Wirkung zeige denn ein gottgefälliges Gebet. Meinte er aber
damit zugleich, daß die Abschreckungswirkung des Schwurs in dessen magischer Kraft bestand? Das mag sein, sicher ist es nicht.

Manche Verhaltensweisen der Zeugen verstärken den Eindruck, daß für
sie Fluch und Magie miteinander einhergingen. Michel Hengli etwa wurde
irgendwann im ersten Drittel des 16. Jahrhunderts auf eine Meldung Habs'
hin verhaftet. Als dieser abgeführt wurde, sei Habs, so die Aussage Gering

---

[158] Diese Deutung wird durch David Sabeans Intepretation der Kautelformeln als allgemeines
sprachliches Reinigungsritual mit exorzistischem Charakter einerseits und als Ausdruck des Ent-
setzens in Fällen von Blasphemie andererseits gestärkt. Dabei versteht Sabean die Formeln auch
dann als soziale Selbstpositionierung der württembergischen Protokollanten, wenn kein Bezug
zu Gotteslästerung hergestellt wird: Die Autoren vollzögen gegenüber ihren Vorgesetzten in der
hierarchisch strukturierten Bürokratie eine verbale Demutshandlung; gegenüber den Angeklagten aus den Unterschichten markierten sie ihre soziale Distanz (vgl. D. SABEAN, Distanzierungen
S. 220, 226). Nichts spricht dagegen, daß diese Deutung nicht auch für Blasphemie zutreffend
sein könnte.

[159] A. 27.13, Aussage Hans Sigrit, undat.

[160] BVI.259, fol. 126v–127, Urteil Heins Truodel, 11.6.1564.

Cünris, zu Hengli gegangen, um sich bei ihm zu entschuldigen: »Michel mir ist das Unfal leÿd. Do redt Michel, Es ist dir nit leÿd, dann wär es dir leÿd, Du hettest Inn zÿten etwan gmecher than. Da sprach der Habs wÿter. Es ist mir leÿd, daruff wole sich Michel umgkeren unnd In böße wort gen. Do ver huob Ich im das mul, das er kein wort mehr zuo ver sten bringen.«[161] Offensichtlich wollte Cünri weiteren Schaden vermeiden, indem er Hengli daran hinderte, noch deutlicher zu werden. Ist hier nicht zu vermuten, daß er einer gefährlichen Wortmagie zuvorkommen wollte? Andere Situationen, in denen Zeugen auf genau dieselbe Weise wie Cünri reagierten, widerlegen diese Vermutung. Hierfür eine Szene aus dem Jahre 1545 gemäß der Aussage Rudolf Knechtlis: Die Brüder Jagli und Simon Liechti seien miteinander in Streit geraten. Nach den vielen gegenseitigen Verfluchungen habe schließlich Simon Jagli eingegriffen und Jagli Liechti mit den Worten den Mund zugehalten: »Ja, das füdli [den Hintern] verhan Ich Im [hebe ich ihm zu].«[162] Deutet die Wortwahl Simon Jaglis nicht darauf hin, daß er Liechtis Flüche eher als despektierliches Verhalten gegen Gott denn als bedrohliche Wortmagie behandelte?

Freilich ist diese Interpretation nicht zwingend. Zwei weitere Wirtshausszenen lassen indes ersichtlich werden, wie Zeugen, die sich in die Auseinandersetzungen einmischten, blasphemische Sprechhandlungen entschlüsselten. Als 1559 der Wirt Georg Fytz einen Badergesellen gebeten habe, seine Zeche zu begleichen, habe ihm dieser in provozierender Weise den Säckel hingeworfen und ihn unter Schwüren aufgefordert, sich das Geld selbst zu holen. Fytz habe ihn daraufhin ermahnt, »das er abstan od[er] den herd küssen, ald oder] 8ein schilling nach m[einer] H[erren] satzung legen solte. Zuge der gsell sin seckle wid[er] fürhin und wurffe das gelt oben uff den tisch und schwuere botz crütz, nemend, was Ir wend.«[163] Marx Harnister zufolge habe der namentlich nicht genannte Geselle trotz zusätzlicher Ermahnungen »wÿter schweren und toben wellen, hette er [jedoch] Im [sc. dem Gesellen] den mund verhept.«[164] Schließlich sei, so die Darstellung des Wirts, der Provokateur nach einer Schlägerei vor die Tür gesetzt worden. Der Situationskontext gibt Hilfestellungen, wie das Verhindern weiterer blasphemischer Reden zu deuten ist. Nicht die Ehre Gottes stand hier im Mittelpunkt, sondern die Beleidigung des Wirts. Es ist kein Zufall, daß der Geselle auf die Regelungen des Sittenmandats hingewiesen, aber nicht gezwungen wurde, diese einzuhalten. Harnister sah also nicht so sehr den Be-

---

[161] A. 27.10, Aussage Gering Cünri, undat.
[162] A. 27.10, Aussage Rudolf Knechtli, ca. 1545.
[163] A. 27.22, Aussage Georg Fytz, X.6.1559.
[164] A. 27.22, Aussage Marx Harnister, X.6.1559.

darf darin, blasphemische Reden zu unterbinden, für die sich Gott rächen würde, als vielmehr den Konflikt in der Wirtshausstube zu begrenzen.[165]

Der Fall Heinrich Widmers von Glattfelden aus dem Jahre 1694 ist etwas anders gelagert. Widmer habe sich durch einen Lobgesang auf Maria provoziert gefühlt. Er habe daher einen handgreiflichen Streit mit den Wirtshausgästen angefangen und dabei die Gottesmutter als »Hundts etc.« bezeichnet. Hilberts zufolge sei hierauf der Vogtsknecht Conrad eingeschritten und habe Widmer »das Mauhl verhebt und Ihne mit Worten seines unverandtworthlichen fehlers abgestrafft.«[166] Angesichts der Schlägerei, die Widmer ausgelöst hatte, ist Conrads Reaktion wohl darauf zurückzuführen, daß er die Auseinandersetzung in Grenzen halten und eventuell weiteren despektierlichen Äußerungen gegenüber Gott zuvorkommen wollte. Hätte Conrad Widmers Reden als Wortmagie interpretiert, hätte er indes zu einem Gegenzauber greifen müssen.

Die drei Beispiele, in denen bis zur Wende zum 18. Jahrhundert davon berichtet wird, daß Zeugen »böse Worte« physisch unterbanden, handeln nicht von Flüchen, sondern von Schwüren. Dennoch sind sie für die Frage relevant, ob Flüche eine Form der Wortmagie darstellten. Kennzeichnenderweise fehlen im Zürcher Material Belege dafür, daß Fluchende an der Lokution blasphemischer Worte gehindert wurden. Diese Lücke ist angesichts der – wenn auch seltenen – Fälle, in denen dies bei Schwüren geschah, vielsagend. Offensichtlich fühlten sich Hörer immer wieder dazu veranlaßt, das Artikulieren von Schwüren zu verhindern, wenn es um die Begrenzung eines Ehrkonflikts ging. Wäre hingegen nicht zu erwarten, daß ihre Reaktionen viel heftiger ausgefallen wären, wenn sie das Aussprechen von Flüchen als bedrohliche Wortmagie aufgefaßt hätten? So unbefriedigend Argumentationen ex negativo auch sind, die Lücken in den Quellen lassen sich als beredtes Schweigen interpretieren: Fluchen wurde nicht zwangsläufig mit Wortmagie verknüpft. Es bestand daher keine Notwendigkeit, die Artikulation der blasphemischen Worte zu unterbrechen. Aus diesem Grund können die Quellen gar nicht darüber berichten, daß jemand eine fluchende Person von ihren lästerlichen Reden physisch abgehalten habe.

Die obigen Beispiele zeigen, daß die Zürcher vor der magischen Wirkung eines Fluchs nicht unbedingt Angst hatten. Die Sprecher selbst scheinen diese Unsicherheit geteilt haben. Sattli etwa geriet 1668 derart über Stachi in Ra-

---

[165] Bezeichnenderweise sind solche Deeskalationsversuche auch in verbalen Konfliktsituationen überliefert, die nichts mit Blasphemie zu tun haben. So wurden Beleidigungen in Westfalen ebenfalls dadurch verhindert, daß den Sprechern der Mund zugehalten wurde. Vgl. R.P. FUCHS, Ehre S. 108 f.

[166] A. 27. 119, Aussage Hilbert, 12. 11. 1694.

ge, daß er ihn »oftmahls ein hundtsflur, die 3 ernannten männer [sc. Jacob Wäber, Junghans Schwartz, Junghans Nerfern] aber SibenKätzer (s[alvo] h[onore]) gschulten, mit vermelden, Er welte, das sie der donder ab einanderen schosse. Allein schiesse der donder jetz nicht, dann er siege zu kalt.«[167] An die magische Wirkung seiner Verwünschung vermochte Satlli selbst nicht so recht zu glauben. Jedenfalls fand er mit dem Hinweis, daß es für ein Unwetter nicht schwül genug sei, einen auffällig szientistischen Grund, warum der Blitz seinen Kontrahenten vorerst nicht erschlagen werde.

Die Deutung des (schweren) Fluchens als Wortmagie kann, so das Zwischenfazit, nicht vollends überzeugen. Wie sieht es aber mit dem Ansatz aus, im Fluch eine vornehmlich profane Injurie zu erkennen? Die Frage ist deswegen nicht leicht zu beantworten, weil, von den theologisch-juristischen Normsetzungen und den Kautelformeln der Protokollanten abgesehen, der Gebrauch des Fluchs von den Betroffenen selbst nicht zum Thema gemacht wird. Der Fall Christian Kalts aus dem Jahre 1475 ist hier eine absolute Ausnahme. Dieser strengte eine Klage gegen Hans Cunradt Glarer an. Als er, d. h. Kalt, von den Flüchen Glarers gegen ihn erfahren habe, habe er Glarer angesprochen: »Junckherr hanscunradt, was fluchent Ir mir, ich hab uch doch nie kein leid getän und wölte es noch nit gern tuon. Der Im tratzlich antwurte, er solte für sich gän. Des er Im hinwider antwurte, er könde wol gan, aber er meinte, er sölte Im nüd fluchen denn ein ander, so Im doch nützig getän hett.«[168] Ging es hier in der Sache um Wortmagie? Fühlte sich Kalt von den Flüchen Glarers bedroht? Argumentierte er, daß er Glarer nichts angetan habe und daher magischer Gegenzauber in Form von Verwünschungen ungerechtfertigt sei? Die Quellen erlauben keine Antwort. Bezeichnenderweise kam es jedoch anschließend zu einer Schlägerei. Die beiden standen in einer direkten Auseinandersetzung; die blasphemischen Worte werden eher als provozierende Ehrverletzung denn als Bekämpfung des Gegners mit magischen Mitteln zu verstehen sein.

Wenn auch die Zürcher der Vormoderne Historikern nicht den Gefallen getan haben, sich selbst zum Thema des Fluchens zu äußern, so läßt sich doch aus ihren verbalen Verhaltensweisen die Funktion der Sprechhandlung als profanes Streitmedium erschließen. Als 1482 zwischen Hans Brand und Heini Hirt in einem Wirtshaus ein Streit ausbrach, weil Hirt dem Brand ein Glas zerbrochen und für nur minderwertigen Ersatz gesorgt hatte, habe

---

[167] A.27.102 Aussagen Jacob Wäber, Adelheit Walder, Elsbeth und Junghans Wäber, Frau und Sohn des Kirchenpflegers Schwartz, Junghans Nerfern, 20.4.1668.
[168] B.VI.229, fol. 270, Protokolleintrag, 1475.

Brand den Hirt gestellt: »wie kanst du also ein man sin. Des der hirtt an-
gends und ufs zornigen gemüt frefenlichzu Im rette: Gang hinweg und läß
mich aller Tüfelname äne gehigt [laß mich in Teufelsnamen ungeschändet] .
Antwurte er Im: der tüfel gehig dich [Der Teufel schände dich]. Da schlüge
Inn der genant hirtt mit sin funst an sin hopt.«[169] Die Situation ist in dieser
Wirtshausszene recht klar. Die gegenseitige Aufforderung, sich zum Teufel
zu scheren, wurde nicht als Wortmagie, sondern als offene Provokation
empfunden, auf die nach der Äquivalenzregel mit Gewalt zu antworten war.

Fluch und weltlicher Ehrhandel, so also die These zur Untermauerung der
Schwerhoffschen Interpretation, waren eng miteinander verbunden, ohne
daß eine magische Bedrohung entscheidend ins Spiel kam. Bereits bei der
Untersuchung der Flüche von Untertanen gegen die Obrigkeit war zu sehen,
wie relativ tolerant die Justiz reagierte. Die Langmut der Justiz jedoch ist sicherlich nicht damit zu erklären, daß sie in den fraglichen Flüchen Wortmagie erkannte. Der soziale Wert des Fluchens bestand vielmehr darin, Ehrhändel nach den Regeln der Kunst auszutragen. Der Fluch diente dabei
ebensosehr dazu, die Kontrahenten zu erniedrigen wie auch sich selbst
durch Selbstinszenierung hochzustufen. Ohne zu wiederholen, was bereits
im Rahmen der Blasphemie als Injurie ausgeführt worden ist, sollen einige
Beispiele speziell zum Fluchen dies belegen.

Eine Form, dem Kontrahenten den Rang streitig zu machen, bestand darin, zu provozieren. Unerschrocken zeigte sich etwa ein Außenseiter namens
Johannes Teuffer aus Wallis. Laut Anklage hatte er »1000 sacrament geschworen, den höchsten Gott, Teüffels Bott geheißen. Item gesagt, du Ton-
ners Gott, du Kätzers Gott, laß mich doch kranck werden. Des sterbens
aber habe er nit gedacht.«[170] Aus unbekannten Gründen hatte Teuffer sich
dazu hinreißen lassen, sich als jemanden darzustellen, der selbst eine Krankheit als Gottesstrafe nicht fürchte. Daß er aber hierbei von der Sorge frei
war, er könne dadurch sein Leben riskieren, deutet darauf hin, daß er auf
die Publikumswirksamkeit seiner Reden und nicht auf ihre eventuell magische Wirkung bedacht gewesen sein dürfte.

Selbstverfluchungen gehörten nicht nur zum theatralischen Repertoire des
16. und 17. Jahrhunderts, sie dienten bis ins 18. Jahrhundert hinein dazu,
sich selbst in Pose zu setzen. Als der Schuhmacher Hans Schäppi von Oberrieden 1721 auf seinem Heimweg den örtlichen Ehegaumer traf, habe er seinen Vater verwünscht: »Ja, er wolte, daß der tüffel Ohme den Schumacher
grad jetzt hollen würde [...] Ja, man solle Ihme eher den kopf abhauwen,

---

169 B. VI.233, fol. 188, Protokolleintrag, 1482.
170 A. 27.111, Aussage Johannes Teuffer, 15. 11. 1681.

dann er wünsche nit mehr zläben.«[171] Die Botschaft, die Schäpi jun. aussendete, lautete demnach: Wer den Tod nicht fürchte, habe in einer Auseinandersetzung nichts zu verlieren und könne daher alles aufs Spiel setzen. Hans Schäppi hatte also nicht den Wunsch ausgesprochen, der Teufel möge seinen Vater abführen, als vielmehr unmißverständlich signalisiert, er werde den Streit mit seinem Vater schon ausfechten.

Die These zu vertreten, Flüche seien vornehmlich Teil profaner Injurien gewesen, bedeutet nicht, ihnen jeglichen magischen Charakter abzusprechen, sondern heißt, das Element der Wortmagie stark zu relativieren. Daß der profane Anteil den magischen überwog, wird aus einem Beispiel von 1598 ersichtlich. Es zeigt, daß neben der Selbstinszenierung die Stigmatisierung des Gegenübers eine weitere Form war, den Gegner empfindlich zu treffen: Als Lehrbürge Heinrich Tüttschlis beschwerte sich Peter Rodel bei dem Zürcher Maurermeister Konrad Horner, daß dieser Tütschli seit einem Jahr das Lehrgeld nicht ausgezahlt habe. Horner aber habe den Vorwurf zurückgewiesen und statt dessen »von ermeldten Tüttschli ußgeben, er Imm verschinen Straßburgischen Zug die Knecht, so Inn der schlachtordnung gstanden, heyßen fluchen, sonst kome Irs gebeins nit darvon und daruf geret, er achte unnd haelte Inne für eyn fullen und eerlosen man.«[172] In seiner Verleumdung behandelte also Horner den Fluch als eine Sprechhandlung, durch die Soldaten sich in der Schlacht schützen könnten; er ordnete das Fluchen somit in die Wortmagie ein. Gerade der Rückgriff auf denkbaren Zauber aber, so Horners Behauptung weiter, mache Tüttschli zu einem ehrlosen Mann. Die Verleumdung Horners kann folglich in zwei Richtungen gezielt haben. Zum einen mag er Tüttschli als einen feigen Soldaten herabgewürdigt haben, der sich illegitimer Zaubermittel bedient hatte, um seine Haut zu retten. Zum anderen mag er das Fluchen selbst als ehrenrühriges Verhalten charakterisiert haben. Ganz gleich, was zutrifft, aufschlußreich ist, daß vor Gericht nicht der möglicherweise magische Kunstgriff Tüttschlis zur Debatte stand, sondern über die Schlägerei, die zwischen Rodel und Horner schließlich ausgebrochen war, verhandelt wurde. Wenn aber der Vorwurf, geflucht zu haben, als ehrenrührig empfunden werden konnte, dann weist dies darauf hin, daß es hier nicht um die Rechtmäßigkeit eines Gegenzaubers ging. Das, worum Rodel und Horner gerichtlich stritten, war vielmehr ihr Anteil am gesellschaftlichen Ehrkapital. Wenngleich also der Fluch als denkbare Wortmagie stehengeblieben war, rückte für beide der Ausgang ihres weltlichen Ehrhandels in den Vordergrund.

---

[171] A. 27.134, Aussage Ehegaumer, 9. 11. 1721.
[172] A. 27.41, Aussage Hans Uttinger, 22. 5. 1598.

Gegen das obige Beispiel ließe sich einwenden, daß Horner zwar Tüttschli als ehrlos bezeichnet, aber dabei keinen Zusammenhang mit dessen (angeblichen?) Flüchen hergestellt habe. Dieser Einwand verliert bei der Betrachtung anderer stigmatisierender Flüche an Stärke. So berichtete Elisabeth Studer über ihren Mann, dieser habe unmittelbar vor der Trauung sich geweigert, die Kosten für das Hochzeitsfest zu übernehmen. Sie habe sich darüber »befrömbdet, und gesagt, ein solches seÿ nit bräuchig, sonder daß der brauch, daß der knab die hochzeit und derselben Costen habe, und nit die hochzeiterin, und staade himit ihm zu. Uff diß hin rede er, der seÿ, Gott behüt, einen ieden deß teüffels, der mehr in diß Hauß gange; und seÿ auch 14 tage lang nit mehr kommen.«[173] Angesichts der Konfliktsituation ist kaum anzunehmen, daß der »Knabe«, der noch ledige Mann, dem Umfeld seiner Zukünftigen den Teufel an den Hals wünschte. Wahrscheinlicher ist doch wohl, daß er den Wert seiner Partnerin herabzusetzen suchte, was er unmißverständlich mit seinem zweiwöchigen Fernbleiben markierte.

Den Regeln der weltlichen Konfliktaustragung entsprechend, baute das Fluchen in den Momenten der Provokation, Selbstinszenierung und Herabwürdigung der Kontrahenten auf emphatischer Effekthascherei auf. Im Jahre 1696 meldete Untervogt Heinrich Bräm von Andelfingen, was ihm Pfarrer Waser über die Eheleute Jacob Kübler und Ursula Hollhamer angezeigt hatte. Der Gatte habe seine Ehefrau verflucht mit den Worten, »wolte, daß sie der Teüfel, Gott behüete unß, hollete und seige drauf zum hauß hinauß und zum tisch des Herrn gegangen [...] Item habe zu ihro gesagt, er wolle sie umb die Seel bringen, sie seige verflucht, verflucht /absit blasphemia dicto/ seige, der sie erschaffen, und verflucht, der sie gemacht.«[174] Die Deutung, Kübler habe magische Reden getrieben, um seine Frau dem Teufel anzuvertrauen, ist nicht sehr plausibel. Sonst müßte die Verfluchung gegenüber dem Schöpfer seiner Gattin dahingehend aufgeschlüsselt werden, daß er Gott selbst ein Unheil anwünschte. Dies hätte jedoch einen Widerspruch ergeben. Die Blasphemiefälle zeugen zwar wiederholt davon, daß es für die Zeitgenossen vorstellbar war, Gott zu leugnen, doch fehlt jeglicher Hinweis darauf, daß es denkbar war, Gott auch einen Schaden zuzufügen zu wollen. Die Sprechhandlung Küblers bestand also nicht darin, Unheil auf seine Frau oder Gott zu zwingen, sondern in eindrucksvoller rhetorischer Steigerung seine Frau als unwürdig von sich zu stoßen.

Wie bereits Küblers Beispiel zeigt, gingen Fluchende in ihrer Suche nach emphatischer Wirkung erstaunlich weit. Hans Benntzighofer aus Bern etwa

---

[173] A. 27.97, Aussage Elisabeth Studer, X. 1. 1660.
[174] A. 27.119, Bericht Untervogt Bräm, 22. 9. 1696.

hatte 1532 in einer Auseinandersetzung mit seinem Meister gedroht und zudem »gefluochet, Namlich: Ja, unnd söllt es Gott Im hymel Im herzten wee thuon.«[175] Als ernsthafte Wortmagie wird man diese Formulierung wohl nicht aufzufassen haben. Bennzighofer wünschte dem blasphemischerweise vermenschlichten Gott keinen Herzinfarkt. Vielmehr betonte er effektvoll, daß ihm der Streit mit seinem Meister selbst einen Konflikt mit Gott wert sei.

Die bisherigen Beispiele legen es zwar nahe, den injuriösen Charakter von Flüchen gegenüber dem magischen zu unterstreichen, doch ist auch diese Auslegung der Beispiele nicht zwingend. Freilich lassen sich weitere Argumente dafür anführen, daß (schweres) Fluchen in der Praxis wenig mit Wortmagie verbunden wurde. Auffällig sind die vielen Fälle, in denen Flüche von den Protokollanten festgehalten werden, ohne daß die Justiz sich ihrer weiter angenommen hätte. Der Zürcher Untertan Mathys von Wald aus Küßnacht etwa war 1628 mittellos aus dem Kriegsdienst in seine Heimat zurückgekehrt und war daher gezwungen, sich vom Bettel zu ernähren. Doch hätten ihm die Leute lediglich schlechtes Brot vor die Tür geworfen. Daher habe er »zu sin gspan geredt: daß sy der Tüffel (Gott behüt) braten und die stral Inns huß schlachen soll.«[176] Obwohl Mathys eindeutig Unheil auf die Küßnachter herabgewünscht hatte und jemand es für angebracht gehalten hatte, deswegen Anzeige zu erstatten, blieb die Justiz unbeeindruckt. Sie setzte Mathys unmittelbar auf freien Fuß.[177] Dies wäre aber wohl kaum der Fall gewesen, hätte sie sich durch Wortmagie bedroht gesehen.

Wie im 17. Jahrhundert ließ die Justiz auch im 16. und 18. Jahrhundert Flüche ungestraft, vermochte also in ihnen keinen gefährlichen Wortzauber zu erkennen. Lienhart Hohenrütter aus Innsbruck etwa legte 1582 das Geständnis ab, in Küßnacht vergeblich eine Herberge gesucht zu haben und darauf in die Worte ausgebrochen zu sein: »er bette Gott, das der Donder undts für von himeel kome und dasselbig uf dem boden hinweg verbrandte.«[178] Trotz dieser Formulierung, die ohne weiteres als bedrohliche Wortmagie hätte aufgefaßt werden können, ließ die Justiz Hohenrütter laufen.[179] Den Zimmermann Rodolf Großmann aus Horgen hingegen bestrafte die Justiz 1733 mit einem sechsjährigen Landesverweis und einer zweimaligen Ausstäupung mit Ruten empfindlich. Die Verwünschungen gegen seine Frau indes – er hatte sie zum Teufel gewünscht sowie Donner und Hagel auf sie

---

[175] B. VI.251, fol. 272r, Urteil Hanns Benntzighofer, Do. nach Simon und Juda 1532.
[176] A. 27.68, Aussage Mathys von Wald, 18. 4. 1628.
[177] A. 27.68, (Dorsalnotiz, 25. 4. 1628), Aussage Mathys von Wald, 18. 4. 1628.
[178] A. 27.37, Aussage Lienhart Hohenrütter, X. X. 1582.
[179] Vgl. 27.37, (Dorsalnotiz, 16. 7. 1582), Aussage Lienhart Hohenrütter, X. X. 1582.

herabgeschworen – blieben ungesühnt.[180] Der Rat nahm sowohl von einer Kirchenstrafe wie auch vom Herdfall Abstand.

Die Gründe, warum die Justiz in manchen Fällen auf eine Bestrafung von Flüchen verzichtete, liegen im Dunkeln. Ebenso undurchsichtig sind die Prinzipien, nach denen der Rat seine Strafen bemaß. Hielt er sich einmal an die Regel der »Bußenarithmetik«,[181] setzte er ein andermal für Flüche von Tätern vergleichbarer sozialer Herkunft unterschiedliche Strafen an.[182] Genausowenig erlaubt es die Zürcher Justizpraxis, anhand der verhängten Strafen zwischen leichten Bagatellflüchen und schweren magischen Flüchen zu unterscheiden. Obwohl der Rat sonst sensibel auf magische Praktiken wie die der Hexerei und Lachsnerei reagierte,[183] bekümmerten ihn etwaige übernatürliche Elemente des Fluchens nicht. Jedenfalls deutet die Strafpraxis in keiner Weise darauf hin, daß der Fluch als Wortmagie verstanden wurde, die ein konsequentes und hartes Vorgehen erfordert hätte. Auch liegt im Quellencorpus kein einziger Fall vor, in dem über die magischen Wirkungen eines Fluches geklagt worden wäre. Wenn aber für die Zeitgenossen Hexen und Lachsner mithilfe der Magie in ihr Leben eingriffen, wie konnten dann Flüche als Wortmagie wirkungslos verhallen?

* * *

Die Quellen aus dem frühneuzeitlichen Rechtsalltag Zürichs sind in ihrer Terminologie sehr unscharf. Um das Phänomen Fluchen zu erfassen, zwingen die Akten daher dazu, den Fluch losgelöst von der Sprache der Quellen als eigenständigen Sprechhandlungstyp zu definieren: Der Fluch ist eine Variante der Gotteslästerung, mit der die Sprechenden sich selbst oder der adressierten Person Unheil anwünschten.

Kontrovers ist die Deutung dieser Sprechhandlung insofern, als im deutschen Sprachraum insbesondere Schmidt und Labouvie die Anschauung vertreten, daß es sich bei schweren bzw. »volkskulturell« verwurzelten Flüchen um Wortmagie handele. Schwerhoff hingegen sieht im Fluch eine Form der weltlichen Injurie. In einem furchtlosen Spiel mit Gott – die Blasphemiker nehmen Gott für ihre Sache in Anspruch und messen sich zugleich an ihm – setzen sich die Sprecher in Szene, um ihre Kontrahenten zu erniedrigen.

---

[180] Vgl. A. 27.143, Aussage Rodolf Großmann, 15. 9. 1733.

[181] Vgl. beispielsweise A. 27.57, Aussagen der 17 Zeugen im Fall Hans Murer, 8. 7. 1611.

[182] Vgl. etwa A. 27.75, Aussagen Hauptmann Schwarzenbach und Heinrich Buman, 21. 5. 1634.

[183] Der Hexereivorwurf bezog sich in der Regel auf die Bezauberung von Mensch und Vieh, auf Teufelsbuhlschaft wie auch auf die Beeinflussung des Wetters, wohingegen Lachsner zumeist angeklagt wurden, mithilfe weißer Magie Medizin betrieben zu haben. Vgl. A. 159–164.

Die Analyse der Zürcher Beispiele zeigt, daß die Argumente, die für die Interpretation des Fluchs als Wortmagie angeführt werden, nicht vollends überzeugen. Zwar waren auch in Zürich auf der Normebene der »Elitekultur« wie auf der Praxisebene der »Volkskultur« vergeltungstheologische Vorstellungen verbreitet, doch erweisen sich diese als ambivalent. Die Angst vor der Vergeltung Gottes kann, muß aber nicht mit der magischen Bezwingung Gottes in Zusammenhang gebracht werden. Fluchen konnte, mußte aber nicht Angst vor magischen Wirkungen verursachen.

Auch die Kautelformeln der Protokollanten der Justizakten sind nicht zwingend als prophylaktischer Gegenzauber gegen die magische Kraft eines Fluches zu deuten. Die Schreiber markierten lediglich, das sie das blasphemische Delikt schriftlich referierten, ohne den Fluch erneut zur Anwendung kommen zu lassen. Da somit der Fluch seiner Wirkung beraubt war, brauchten die Kautelformeln der Protokollanten nicht die Funktion eines Gegenzaubers zu übernehmen. Mit ihren reflexartigen Floskeln schützten sich die Schreiber nicht vor einem Gott, der durch die Wiederholung der Gotteslästerung im Gerichtsverfahren sich nochmals provoziert fühlen könnte. Vielmehr distanzierten sich die Protokollanten ausdrücklich von einem bereits begangenem Delikt.

Einige Zeugen zeigten eine auffällige körpersprachliche Reaktion auf Schwüre. Sie hielten den Gotteslästerern den Mund zu, um sie dadurch an der Artikulation ihrer lästerlichen Worte zu hindern. In diesem Verhalten ließe sich ein Indiz erkennen, daß es hier um die Unterbindung magischer Worte ging. Zwei Einwände sprechen jedoch gegen diese Deutung. Zum einen läßt sich das Eingreifen der Zeugen damit erklären, daß sie eine verbale Eskalation verhinderten. Sie suchten eher einen weltlichen Ehrkonflikt als eine blasphemische Handlung in Grenzen zu halten. Wären zum anderen Flüche als magische Formeln aufgefaßt worden, hätte Zeugen allgemein daran gelegen sein müssen, Blasphemiker von der Lokution blasphemischer Worte konsequent abzuhalten. Solche Belege aber fehlen.

Wenn auch die Zürcher Flüche im Kontext einer Gesellschaft fielen, die in magischen Vorstellungen verwurzelt war, überwog doch eindeutig der injuriöse Charakter der Sprechhandlung. Flüche waren nicht erst ab dem 17., sondern bereits ab dem 15. bis ins 18. Jahrhundert hinein Mittel der Ehrbeleidigung. Im Kampf um das Kapital der Ehre dienten sie nach den Regeln der weltlichen Konfliktaustragung der emphatischen Provokation wie der Selbstinszenierung und Erniedrigung des Gegners.

Die Strafpraxis verdeutlicht, wie sehr die Justiz Flüche als Element des weltlichen Ehrhandels betrachtete, ohne sie mit Wortmagie in Verbindung zu bringen. Oft registrierte sie die blasphemischen Worte im Rahmen von Streitigkeiten, verzichtete aber darauf, die Wortsünden zu ahnden. Wenn sie

Sanktionen verhängte, dann folgte ihre Strafbemessung keiner stringenten Unterscheidung in leichte, banale und schwere, magische Flüche. Die Haltung der Justiz ist umso auffälliger, als sie magische Praktiken wie die Hexerei bzw. Lachsnerei scharf verfolgte. Auch fehlen Anzeigen, aus denen ersichtlich würde, daß eine Person wegen der magischen Wirksamkeit eines Fluches verklagt worden wäre. Genau dies wäre jedoch angesichts der Denunziation von Hexen und Lachsnern zu erwarten. Offensichtlich waren Flüche nicht mit dem Odium der Magie belegt.

Die Frage, ob Flüche einen magischen oder injuriösen Charakter hatten, läßt sich nicht klar beantworten. Es ist zwar nicht auszuschließen, daß der Fluch magische Implikationen haben konnte, doch sprechen mehr Indizien dafür, im Fluch eine Form des profanen Ehrkonflikts zu sehen. Freilich handelt es sich hier um Indizien, nicht um Beweise. Für letztere sind die Quellen zu ambivalent. Fluch – Wortmagie oder Injurie? Die Antwort kann nicht in einem entschiedenen Entweder-Oder liegen. Sie weist aber in eine erkennbare Richtung: Injurie.

c) Gotteslästerung als Element der Soziabilität

Die Lästerung Gottes als sozial- und situationsspezifischer Habitus

Bis heute gelten Fluchen und Schwören als sprachliches Merkmal sozialer Randfiguren, die sich in bestimmten Situationen verbal nicht zu beherrschen wissen. Freilich erinnern die starken Worte, die da in Streitereien fallen, kaum noch jemanden an Gotteslästerung. Angesichts der Tragweite religiöser Normen in der Frühen Neuzeit könnte man vermuten, daß in Zürich die Verhältnisse völlig anders aussahen. Blasphemie werde eine zu ernste Angelegenheit gewesen sein, als daß sie zu einem ärgerlichen Verhaltensstil bestimmter sozialer Gruppen oder zu einem belanglosen verbalen Affekt hätte banalisiert werden können. Diese Vorstellung zu überprüfen, heißt, die Toleranzmargen, die in Zürich für Gotteslästerung bestanden, zu ertasten. Zur Sondierung dieser Toleranzschwellen ist danach zu fragen, welchen sozialen Gruppen und Handlungssituationen Gotteslästerung zugeschrieben wurde und inwiefern die brisanten Sprechhandlungen für die Zeitgenossen sakralen bzw. profanen Charakters waren.

Blasphemische Reden kennzeichneten den sozialspezifischen Habitus von Soldaten und Unterschichten, darin waren sich die Zürcher mit den Kölnern, Baselern, Engländern und Franzosen der Frühen Neuzeit einig.[184] Im

---

[184] Vgl. G. SCHWERHOFF, Schranken S. 105 f., G. SCHWERHOFF, Gott und die Welt S. 379; A. CABANTOUS, Histoire du blasphème S. 89–92.

Gegensatz zu Köln oder Basel wurde jedoch in Zürich Gotteslästerung nicht vornehmlich Rebleuten, Metzgern oder Jugendlichen zugeordnet.[185] Für die Zürcher ergänzten Bettler, Fremde, Kriminelle und querulante Außenseiter das Reservoir der Blasphemiker. Als Michel Hengli im ersten Drittel des 16. Jahrhunderts verhaftet wurde, mutmaßte er, ein Bürger aus Zug habe ihn angezeigt. Mit diesem hatte er zuvor in einer Zürcher Wirtschaft gemeinsam angestoßen. Als der Zuger jedoch zu schwören angefangen habe, sei er, Hengli, deutlich geworden und habe ihn gemahnt: »ä michel, die schwür sinnd nit brüchig unnder unnß, darumb laß darvon.«[186] Tabuverletzungen, so die Darstellung des Zürcher Untertanen, waren bei anderen, nicht aber im eigenen Land, verbreitet.

Auf dieses Bild der unbeherrschten Anderen griff kennzeichnenderweise die Kirchenleitung zurück, wenn sie vom wachsenden Übel der Wortsünde sprach. So erhielt 1650 der Rat die Empfehlung, er möge erneut ein Mandat gegen die »fürbrechenden alte und Neüwen Gotslästerungen, mit dem das liebe Vaterland auß Frankreich, Catalonien und Dalmatien krams weiß erfült werde« erlassen.[187] Daß in der Fremde so manche schlechten Redegewohnheiten herrschten, die mißlicherweise ansteckend seien, behaupteten auch einige Angeklagte, um sich selbst zu entlasten. Der Müllergeselle Georg von Birch etwa gab 1592 an, er habe die inkriminierten Schwüre »uß angenommner gewohnheit (deren er sich aus der frömbde gewonnet) lauffen laßen.«[188] Des gleichen Arguments bediente sich im 17. Jahrhundert Georg Zindel. Er habe »durch diß unzimmende wort, kätzer hergot, keins wëg Gott Im himmel, sondern die götzen und bilder verstanden. Daruff er sterben und lëben wölle, dann Inn der Mark, also er dienet, die götzen und bilder gmeinlich Herrgot genambset und obiges abschüwliches wort villmahlen von ÿnwohneren daselbst gebrucht werde.«[189] Eine faule Entschuldigung war das nicht. Jedenfalls machte die Justiz dieses Argument immer wieder geltend, wenn sie die Milderung eines Urteils begründete. Der Kannengießergesell Jörg Meyer aus Nördlingen z. B. hatte sich 1568 in einem Wirtshausgerangel erlaubt zu »schweren, namlich Gotz Tusend Sacrament, Ellement, Himel, fünff thusend Hergott, Krütz unnd andere böse schwür.« Außerdem hatte er nach einer Vermahnung hinzugefügt, »fürchte auch niemans unnd Gott Im Himel nit.«[190] Trotz dieses schweren Vergehens ließ es der

[185] Vgl. G. SCHWERHOFF, Schranken S. 112.
[186] A. 27.10, Aussage Vogt Winkelmann, undat.
[187] E. II.97, p. 1134, Eintrag , ca. 25. 4. 1650.
[188] A. 27.43, Aussage Georg von Birch, 25. 9. 1592.
[189] A. 27.82, Aussage Georg Zindel, 29. 11. 1643.
[190] A. 27.27, Aussage Heinrich Holzhalb, X. X. 1568.

Rat »Inansechen, das sölliches Gotslesteren Inn sÿner lannds ord leider gmein« mit einem Landesverweis bewenden. Kennzeichnenderweise entledigte sich der Rat des ausländischen Gesellen und verzichtete dabei auf die Strafe des Herdfalls.[191] Offensichtlich war ihm die Wiederherstellung der öffentlichen Ordnung ein dringenderes Anliegen als die Wiederherstellung der Ehre Gottes. Lästerliches Reden kennzeichnete also aus Zürcher Sicht die Fremden. Wer aus fernen Landen zurückkehrte und von dort schlechte Sprechgewohnheiten mitgebracht hatte, konnte mit einem gewissen Verständnis seitens der Justiz rechnen, solange er sich wieder an die strengeren verbalen Sitten der Heimat anzupassen versprach. Was die Justiz an den Ausländern bzw. den Heimkehrern kritisierte, war nicht, daß sie Gott ernsthaft geschmäht hatten, sondern daß sie schlechte Zürcher (Gäste) waren, welche die sprachliche Moral im Lande untergruben.

Soldaten bildeten die zweite Gruppe, die für ihre blasphemische Zunge berüchtigt waren. Felix Oberglatt beschuldigte 1546 den Landsknecht Witter »gar übel geschworen [zu haben] wie dan die lantzknecht thuond.«[192] Hauptmann Bürckli aus Bassersdorf rechtfertigte sich 1647 damit, daß er die böse Gewohnheit zu schwören im französischen Kriegsdienst erworben habe.[193] Wilhelm Huber gab 1650 seinen Richtern zu bedenken, er »habe dergleÿchen grusame worth Imm Soldatenwäßen villmaln gehört. Sÿ thügint Ime herduorch [sc. durch die Strafverfolgung] gwalt und unrëcht.«[194] Pfarrer Waser meldete 1696 dem Untervogt Heinrich Bräm von Andelfingen, Hans Jacob Kübler habe seine Frau mißhandelt und dabei »seine alten soldaten Schwüre wider hervor gezogen und sie eine verzwickte vermaledeÿete Seel geheißen.«[195] Der Diakon Hottinger berichtete 1719 vom Küßnachter Heinrich Trümpler: »Die Worth, mit einem auf dem Schimel über dem Berg fahren, habe er leider von den Soldaten zu Rapperschweil gehört.«[196] Wozu die Delinquenten verurteilt wurden, läßt sich nur für Kübler, Huber und Trümpler rekonstruieren: Huber, der für seine heftigen Auseinandersetzungen mit seiner Familie bekannt war, wurde auf die Dauer von zehn Jahren für ehr- und wehrlos erklärt;[197] Kübler mußte den Herdfall leisten. Den verstockten und anfangs ungeständigen »Atheisten« Trümpler ereilten schwere-

191 A. 27.27, (Dorsalnotiz, 10. 4. 1568), Urteil Jörg Meyer, X. X. 1568.
192 A. 27.16, Aussage Felix Oberglatt, X. 11. 1546.
193 A. 26.9, Gutachten Fall Hauptmann Bürckli, X. X. 1647.
194 A. 27.89, Aussage Wilhelm Huber, 27. 3. 1650.
195 A. 27.119, Bericht Johann Heinrich Bräm, 22. 9. 1696.
196 A. 27.133, Bericht »Gefängnisgeistlicher« Hottinger, 21. 7. 1719.
197 Vgl. B. II. 655, fol. 87, Urteil Hans Jacob Kübler, 29. 9. 1696; A. 27.89, (Dorsalnotiz), Aussage Wilhelm Huber, 27. 3. 1650.

re Strafen. Er wurde zu zweimaliger »Züchtigung an der Stud,« zu Widerruf und Abkanzelung verurteilt. Der Landesverweis wurde erneut und diesmal für sechs Jahre ausgesprochen.[198] Warum der Rat in einem Falle die Wiedergutmachung der Ehre Gottes auferlegte, im anderen hingegen nicht, ist offen. Wenn sich aber Beschuldigte damit rechtfertigten, ihre blasphemischen Sprechhandlungen entsprächen lediglich militärischen Usancen bzw. wenn Außenstehende solche Redegewohnheiten militärischen Gepflogenheiten zuordneten, dann stand nicht die Frage der Ehrverletzung Gottes im Mittelpunkt. Vielmehr diente die (Selbst-)Zuschreibung dazu, die Männer in Waffen als grobe Kerle zu charakterisieren. Der militärische Verhaltensstil erregte nicht so sehr Anstoß, weil er die Vergeltung Gottes heraufbeschwor, sondern weil er Streitigkeiten unter den Untertanen schürte.

Als dritte soziale Gruppe standen Bettler im Ruf, sich durch blasphemisches Reden auszuzeichnen. Dies scheint insbesondere für das 16. Jahrhundert gegolten zu haben. Jedenfalls stammen alle Beispiele aus dieser Zeit. So mußte der Thurgauer Marx Metzler sich in den 1530er Jahren dafür verantworten, daß er »übell geschworen haben sollt unnd suonst auch andere übeln, so die bettler und Landstricher gebruchet.«[199] Als Jakob Berschy vernahm, wie ein Bettler schwörend an seiner Tür vorbeizog, nahm er dies prompt zum Anlaß, ihn zu denunzieren.[200] Im einen wie im anderen Falle dürfte nicht der Angriff auf Gott, sondern die Belästigung durch Bettelei für Ärgernis gesorgt haben. Ein schlagender Beweis sind die beiden Beispiele hierfür nicht. Sie lassen jedoch die obige Deutung – die Quellen erlauben keine gesicherten Erkenntnisse – plausibel erscheinen.

Neben den Fremden, Soldaten und Bettlern trugen Kriminelle das Etikett, notorische Blasphemiker zu sein. Nicht umsonst tauchen bei den meisten zu Tode verurteilten Gotteslästerern ihre Redegewohnheiten als Begleitdelikt auf. Für eine solche kriminelle Persönlichkeit steht Heini Liechi: Gegen ihn war schon einmal eine Lebensstrafe verhängt worden, doch hatte ihn die Frau des Vogts von Baden im letzten Moment freigeschnitten. Liechi besserte sich indes nicht. Als er schließlich und endlich unter den Händen des Scharfrichters sein Leben lassen mußte, hatte ihn die Justiz eines Totschlags, der Beleidigung der Obrigkeit sowie der Verleumdung und Verfluchung seines Vaters überführt.[201]

---

[198] B. II.746, fol. 54, erstes Urteil Heinrich Trümpler, 2.8.1719; fol. 109–110, zweites Urteil, 23.9.1719.
[199] A. 27.6, Aussage Marx Metzler, X.X.153X.
[200] Vgl. A. 27.14, Aussage Jacob Berschy, X.X.1542.
[201] B. VI.257, fol. 330, Urteil Heini Liechi, 27.10.1552.

Ulrich Leuthold von Oberrieden, um ein Beispiel aus dem 18. Jahrhundert anzuführen, war der Justiz auch schon mehrmals aufgefallen. Er hatte seine Frau beschimpft und verleumdet, einem seiner Kinder mit einer Waffe und den Nachbarn mit Brandstiftung gedroht, bis ihm seine »entsetzliche schwür und flüch« eine Klage eingehandelt hatten.[202] Sicherlich, die Gotteslästerungen der Inquirierten stellten einen Normverstoß dar. Aber welchen? Hier stand nicht die für das Allgemeinwohl gefährliche Provokation Gottes, der religiöse Normbruch, sondern sozial die konkrete Störung des Zusammenlebens im Vordergrund. Wer kriminell war, führte auch blasphemische Reden; deswegen war aber, wer Gott schmähte, nicht auch kriminell.

Die fünfte Gruppe, der Gotteslästerung als sozialspezifischer Habitus zugeschrieben wurde, bildete das heterogene Häuflein der Aufsässigen. Zu ihnen gehörten halbstarke Jugendliche, störrische Wiederholungstäter oder Querulanten, von denen die Justizakten vereinzelt berichten. Unter diesen Unangepaßten befand sich Vogt Cunrad Uolmann von Elgg. Dieser hatte es 1554 verstanden, die öffentliche Abmahnung des Pfarrers zu umgehen. Als er darauf den Geistlichen aufgesucht habe, um sich zu entschuldigen, und dieser ihm sogar zum Zeichen der Aussöhnung entgegengekommen sei, habe indes Uolmann »übell geschworen und des pfarrers frowen mit ungeschikte einen finger abgeprochenn.«[203] Ferner habe er bei einer anderen Gelegenheit den Pfarrer herausfordernd gefragt, ob dieser den Schlüssel zum Himmelreich besitze und erneut Schwüre fallen lassen. Der Geistliche habe es trotzdem bei einer informellen Rüge bewenden lassen.[204] Doch damit nicht genug. Anthony Wetzell wußte zudem zu berichten, daß er gehört habe, wie Uolmann die Pfarrfrau gebeten habe, seiner Ehefrau bei ihrer sechzehnten Entbindung als Hebamme beizustehen. Auf deren Absage habe der Vogt erwidert, »ob sÿ nit ouch brutet und kind gehept hette, darbÿ schwüere gotz elementh, das ine der pfarrer gstÿllet hett.«[205] Wirt Uolly Lup ergänzte das Bild: Der Vogt habe Gotz »krÿssem, ellementh Bodenn und annders geschworen, das er, Züg, vermant, sölte des gotzslesterens abstan, welichem aber nützet verfangen, das er, züg, in besorgens stan, müessent mit im In unfrÿd zekomen.«[206] Kurzum, so das Fazit Hans Wyßhaupts, »der vogt halte sich der massen ouch, das ime im flecken gar niemand günstig noch hold sÿge.«[207] Uolmann also bestand darauf, immer wieder anzuecken. Trotz seiner

202 A.27.136, Verhör Ulrich Leuthold, 16.1.1725.
203 A.27.20, Vogteischreiben Fall Uolmann, 13.9.1554.
204 A.27.20, Aussage Ulrich Petter, 10.10.1554.
205 A.27.20, Aussage Anthony Wetzell, 10.10.1554.
206 A.27.20, Aussage Uolly Lup, 10.10.1554.
207 A.27.20, Aussage Hans Wyßhaupt, 10.10.1554.

Respektlosigkeit gegenüber dem Pfarrer und seiner blasphemischen Sprechhandlungen hatte es jedoch längere Zeit gedauert, bis der Fall vor die Justiz
kam. Es mag sein, daß ihn sein Amt vor einer früheren Anzeige geschützt
hat. Dennoch ist die Geduld des Geistlichen wie der Leute am Ort dem Gotteslästerer Uolmann gegenüber augenfällig. Offensichtlich störte er für sie
mehr den sozialen als den religiösen Frieden. Als blasphemische Äußerungen
eines sozialen Querulanten waren die Gotteslästerungen Uolmanns offenbar
nicht so ernst zu nehmen, als daß die Ehre Gottes umgehend hätte wiederhergestellt werden müssen.

Zu den renitenten Untertanen gehörten weiterhin die Wiederholungstäter.
Hans Morgenstern aus Zürich etwa wurde im Jahre 1552 »wegen trunkenheit, schwerens und andere ungeschickter handlungen« gerichtlich belangt.
Im Laufe des Verfahrens stellte sich heraus, daß er bereits 1539 bei einem
Vergewaltigungsversuch in blasphemische Worte ausgebrochen war. Das
Opfer habe sich erfolgreich zur Wehr gesetzt, »von wellichem Widersatze
wägenn der genant morgenstern zornig wurde unnd schwüre underanderm
böße schwür, alle die schwür, so er erdenncken konte, nampte doch nit all-
wägenn gott darzuo.«[208] Die »Ungeschicklichkeiten«, die ihm nunmehr zur
Last gelegt wurden, waren nicht weniger schwerwiegend. Er habe vielfältig
über seine Familie geschworen und sie mit der Waffe bedroht. Der Tochter
habe er vor ihrer Verheiratung ehrverletzlich nachgesagt, sie sei derart geil,
daß er sie zu einem Stier führen werde. Nach ihrer Hochzeit habe er öffentlich behauptet, er zöge es vor, sein Schwiegersohn beginge das Delikt der
Bestialität, als daß er seine Tochter beschlafe. Daß Morgenstern mehrmals
Friedbruch begangen, den Teufel schwörend angerufen und die Gottesgabe
des Brots verunglimpft habe, überrascht angesichts dieser Klagepunkte
nicht.[209] Morgenstern erwies sich als unverbesserlich. Er hatte zwar – zumindest nach dem gescheiterten Vergewaltigungsversuch – keine kriminellen Akte mehr begangen, doch weigerte er sich, sich in die soziale Ordnung ein-
zufügen. Morgenstern legte sich als notorischer Störenfried also nicht primär
mit Gott, sondern mit der Gesellschaft an. Hätte das Umfeld die Ehre Gottes durch Morgenstern ernsthaft gefährdet gesehen, hätte es dann nicht früher eingreifen müssen? Die Gotteslästerungen Morgensterns verblassen zu
Selbst- und Fremdzuschreibungen für Außenseiter.

Um die halbstarken Jugendlichen ist es in den Zürcher Quellen sehr still.
Von den sexuellen Phantasien pubertierender Jungen zeugt aber beispielsweise eine Bülacher Szene von 1726. Dem Schreiben des Gemeindepfarrers

---

[208] A.27.19, Aussage Rudi Wipf, X.X.1539.
[209] Vgl. A.27.19, Aussage Hans Morgenstern, X.X.1552.

Diebolt zufolge habe Jacob Kuntz aus Ried zusammen mit drei anderen Gefährten Stiere auf die Weide geführt und dabei zum Besten gegeben, daß bei
ihm zu Hause den Frauen die Haare »unter den Jüppen herfürgehen.« Außerdem habe er seine Kumpanen aufgefordert, im Stiermist herumzurühren,
woraufhin einer ihn jedoch ermahnt habe, »nit also zu reden, Gott möge ihn
strafen.« Kuntz indessen habe erwidert: »Ja, er [sc. Gott] weißt minder als
ein Kuhschwanz.«[210] Strenggenommen, waren dies unerhörte Worte, die
dem Pfarrer da zu Ohren gekommen waren. Doch gab der Seelsorger zu bedenken, daß Kuntz sich nicht nur sofort geständig gezeigt habe, sondern
»auch zimlich fein beten« könne.[211] Die Anklage schließlich lautete nicht auf
Gotteslästerung, sondern auf »leichtfertige und unbesinnte Reden.«[212] Die
Vertreter der Obrigkeit hatten die Sprüche des Kuntz also nicht in den Kontext der Blasphemie eingeordnet, sondern als Kraftmeierei eines Pubertie-
renden eingestuft.

Diejenigen, die in den Augen der Justiz ein »lotterliches Leben« führten,
stellten als sechste und größte Gruppe das unerschöpfliche Reservoir der habituellen Blasphemiker. Sie stammten aus dem Milieu der Prostitution, des
Spitals und der asozialen Haushaltungen. Typisch ist etwa die nächtliche
Szene von 1567, in denen die beiden Prostituierten Catharina Streker von
Andelfingen und Barbara Stryner zu verbaler Hochform aufliefen. Laut Meier von Brütten habe die eine angefangen mit einem »das dich getz Chrisam
als sacks schend. Deßhalben sÿ dann uneins worden und schwüren sÿ demnach: Gotz Himel, Thusent Hergot, Touff, Sacrament, Element, Crütz und
Inn sinnen alle bößen schwür so sÿ erdencken können. Hetten allweg gott
darzuo genempt.«[213] Die Obrigkeit kannte kein Pardon. Beide wurde zum
Tod durch Ertränken verurteilt. Doch das Richtebuch korrigiert den Eindruck, die Angeklagten könnten dies allein ihren blasphemischen Worten zu
verdanken haben. Es sieht vielmehr danach aus, daß »beganngne Diebstäl,
groß übel und mißthun« ihnen das Leben kosteten.[214] In den Augen der Justiz waren die Frauen mit ihrem verruchten Lebenswandel in die Kriminalität
abgerutscht, ihre Schwüre waren nebensächlich. Mit dem Todesurteil suchte
die Justiz die Allgemeinheit eher vor weiterem materiellen Schaden zu schützen als vor der etwaigen Vergeltung Gottes.

Suchte die Justiz einen religiösen Tabubruch zu ahnden, dann scheint sie –
die Justizakten sind hier wenig auskunftsfreudig – eher wie bei der »Hure«

---

[210] A.27.139, Fall Jacob Kuntz Schreiben Pfarrer Diebolt, 29.9.1726.
[211] A.27.139, Fall Jacob Kuntz Schreiben Pfarrer Diebolt, 29.9.1726.
[212] A.27.137, Aussage Jacob Kuntz, 30.8.1726.
[213] A.27.26, Aussage Meier von Brütten, X.12.1567.
[214] B.VI.259, fol.271v–272r, Urteil Catharina Streker/Barbara Stryner, 29.12.1567.

Anna Mantz vorgegangen zu sein. Das Urteil von 1631 gegen die Unterschlatterin lautet: »von wegen Ires die Zÿth haro geübten Argwönigen und üppigen läben und wandels [...] wie nit weniger Ires gewohnten Gotslesterlichen Fluchens und schweerens [...] solle [der Nachrichter] sÿ ein halb Stundt lang Inn das halßÿsen stellen, demnach wider daruf nëmen, Iro die Kleider biß uff die weiche abhin züchen, auch Ire hend binden und dann vom Vischmarckt an die straaß hinab biß für das Niderdörffer Thor hinuß mit ruten schlachen laßßen.«[215] Die Mantz erhielt also keine Kirchenstrafe. Dem Urteil zufolge charakterisierte sie ihr gewohnheitsmäßiges Blasphemieren als Prostituierte. So wurde sie denn auch als Prostituierte, nicht als Gotteslästerin, durch weltliche Strafen gemaßregelt. Von der verletzten Ehre Gottes weiß das Urteil kennzeichnenderweise nicht zu berichten.

Freilich vermitteln die Justizakten kein klares Bild. Zum Fall Mantz lassen sich Gegenbeispiele anführen. Die beiden »Huren« Elisabetha Pfister und Barbara Boshart aus Wädenswil etwa mußten ihrer Schwüre wegen den »Erdkuß« leisten. Der ehemalige Wirt Heinrich Pfister wurde 1615 für schuldig befunden, »bÿ anderen Dirnen mehr Durch die gantz nacht Inn Unehrern gesëssen, Den Heilligen thüren namen Gotteß Unßers Schöpfers und Heÿlandts, ouch sÿne Hochwürdige Sacrament und die Eelement, so offt daß es zuerbarmen, mit schandtlichen schwüren angriffen, auch unßer gnedige Herren Ireß oberkeitlichen gwaltß und ansëchens Unehrlicher schandtlicher wÿß angetastet [zu haben].«[216] Die Strafe fiel hoch aus: Pfister mußte den Herdfall vollziehen, einen Widerruf leisten, wurde zudem für ehr- und wehrlos erklärt und hatte sich der Ürten zu enthalten. Obgleich Pfisters Ehr- und Wehrlosigkeit nach einem dreiviertel Jahr wieder aufgehoben wurde,[217] besteht kein Zweifel, daß die Justiz hart durchgegriffen hatte. Doch hatte er dies seinen offensichtlich gewöhnlichen Schwüren – ungewöhnliche wären wörtlich protokolliert worden – zu verdanken? Wohl nicht. Pfister hatte Kritik an der Obrigkeit geübt. Und diese reagierte empfindlich, wenn ihre Ehre angegriffen wurde. Untertanen, die sich mit Prostituierten herumtrieben und dabei die Ehre der Obrigkeit beschmutzten, mußte Einhalt geboten werden. Um ein Exempel zu statuieren, wurden ihre stereotypen Lästerungen, die sonst überhaupt keine oder deutlich leichtere Sanktionen nach sich zogen, zusätzlich mit den schwersten Kirchenstrafen belegt. Die Obrigkeit vertrug den Verhaltensstil des potentiell rebellischen Untertanen schlecht, der in zweifelhaften Milieus verkehrte; nicht, weil dieser Gott

---

in besonderer Weise angriff, sondern weil er einen politisch gefährlichen Habitus an den Tag legte.

Treffpunkt anderer Asozialer war das Spital. Dem vormodernen Verständnis nach erfüllte die Einrichtung nicht die Funktion eines Hauses für Kranke, sondern eines Sozialasyls. Entsprechend war im Zürcher Spital für Konfliktstoff unter den Insassen bzw. mit dem Aufsichtspersonal gesorgt. So wurde der Knecht Hans Nögg 1524 im hauseigenem »Loch« gefangengesetzt, nachdem er die Obrigkeit beleidigt und Schwüre hatte fallen lassen.[218] Genauso erging es 1552 Anna Fryg aus Aarau, deren Verhalten den Kontext blasphemischer Sprechhandlungen gut illustriert. Das Urteil von 1552 hält gegen sie fest: »Das sÿ Inn dem blaaterhus an Ötenbach, darInnen sÿ sampt Irem Kindli umb Gottes willen Ires brëstens halb uß gnaden geartznet und gehëylet worden, Über vermelt Ir unmündig Kindli, wann das gewëynet, volgende Gotzlesterungen, flüch unnd schwür ußgoßen, Namlich: das Gots Krütz, Herrgot, Himel, lufft, ertrich, Lÿden, wunden, Sacrament und Element dasselbig als ein merchen unnd Losen Kind, auch Huorer banckhart schennden. Unnd darzu under annderm geredt: Die Luterischen Kätzer müßten Iro dennoch zeeßen geben unnd wenn Inen ein Krütz wer. Unnd wiewol sÿ von semlichen grewelichen schweren abzestan vermant, hat es nit meer bÿ Ir verfachen mögen, Dann das sÿ daruff beharret und gesagt, das sÿ ein eigen mul für sich selbs unnd damit nach Irem gefallen schweeren möchte.«[219] Die Anna Fryg hatte weder einem willkürlichen Affekt Luft gemacht, noch wandte sie sich eigentlich an Gott. Ihre von Konfessionspolemik durchsetzte Sprechhandlung beinhaltete eine unmißverständliche Botschaft. Zürich habe ihr als alleinstehender, mittelloser und kranker Mutter beizustehen. Anstatt sich in frommer Demut für die gewährte Unterstützung dankbar zu erweisen, benutzte sie die lästerlichen Worte, die sie wohlbedacht nicht gegen die Obrigkeit, sondern gegen das schutzbedürftige Kind richtete, um gezielt Rechte einzufordern. Der religiöse Normbruch wurde zum Instrument eines »sozialen Protests«.

Rund hundert Jahre später spielten im Zürcher Spital zwei weitere Szenen. Sie vermitteln einen Eindruck davon, welcher Gesprächston unter manchen Insassen herrschte: Barbara Näf sei betrunken in die Spitalstube getreten und habe, so die Klage der Bärbel Leemann von 1656, sie auf folgende Weise gegrüßt: »Was ist dir du huntz etc. Item, du calte sträloße Tonnerx Hex, es techtind dir zweÿ Kloffter Schÿter wol uff dem platz [...] Darauf Sÿ wÿter mit schweren und fluchen fortgefahren, In sonderheit vill Bÿ dem heilig[en]

---

[218] B.VI.284, fol.143r, Urteil Hans Nögg, X.X.1524.
[219] B.VI.258, fol.162r, Urteil Anna Fryg, 4.8.1552.

Nammen Gottes unnd den heilig Sacramenten geschworen … [Außerdem sei sie] In diß abschüchliche Wort uß gebrochen, Eÿ daß d[er] Donner und d[er] Hagel (Gott behüt unß alles mit einanderen).«[220] Aus irgendeinem Grund hatte die Näf Streit gesucht. Nichts deutet darauf hin,[221] daß ihre Bezugnahme auf Gott über einen verbalen Automatismus hinausging. Vielmehr scheint in solchen Fällen der Hexereivorwurf schnell bei der Hand gewesen zu sein. So klagte 1660 die Spitalmeisterin über die aufsässige Catharina Bürcklin, sie sei am meisten darüber bekümmert, daß »die Bürcklin zu allen Ihren Verichtungen, ja auch gar wann Sÿ rev[erenter] übers heimlich Gmach Sitze, den Namen der Heiligen Dreÿfaltigkeit bruche. Unlangst habe Sÿ Knehli gebachen und dieselben Inn Namen der H[eiligen] Dreÿfaltigkeit in Weken gelegt. Eß seige aber darüber das Tepfli mit dem Weken umgefallen.«[222] Nicht blasphemischen Schadenszauber brachte hier die Spitalmeisterin ins Spiel, auch nicht die Verletzung der Ehre Gottes, sondern den Verdacht, die Bürcklin treibe es mit dunklen Mächten. Um sich einer lästigen Spitalinsassin zu entledigen, lag der Vorwurf der Hexerei offensichlich näher als der Vorwurf der Blasphemie.

Den Justizakten zufolge bewegten sich soziale Randfiguren längst nicht nur im Spital. Auch in Wirtshäusern fielen sie ihrer schockierenden Äußerungen wegen auf.[223] Anna Bötsch etwa war 1561 in das Wirtshaus von Meilen eingekehrt und hatte sich Wein bestellt. Nach den ersten Schlucken habe sie ausgestoßen: »Gots Lÿden, was Ist das für ein wÿn, wie Ist er so sur. Unnd als sÿ von denen, so Inn der Stuben gewësen vermant, das sÿ nit also schweren, Dann es gutten wÿn, hatt sÿ gereth, das sÿ sÿ ungehÿgt Laß Iro Inn hindern blaßen unnd die Nasen darInn stossen.« Noch war die Bötsch nicht so weit gegangen, daß der Wirt oder die Gäste weiteren Handlungsbedarf sahen. Der Schwur wurde offenbar als tolerierbarer Ausruf behandelt. Doch die Bötsch wurde noch ausfallender. Provozierend teilte sie den anwesenden Männern mit, sie stelle ihren Hund für Geschlechtsverkehr zur Verfügung. Außerdem habe sie »Inn der stuben Unnd, als sÿ de wirt ußhin gethon, vor

---

[220] A.27.95, Aussage Bärbel Leeman, 23.09.1656.

[221] Ein Strafurteil ist nicht überliefert.

[222] A.27.97, Aussage Spitalmeister, 20.7.1660.

[223] Allerdings dürften Gotteslästerungen im Vergleich zu anderen Konflikten, die aus Wirtshäusern gerichtlich überliefert sind, eine untergeordnete Rolle gespielt haben. Jedenfalls machten nach Hürlimann Blasphemiefälle in den Vogteien Greifensee und Kyburg für die Zeit von 1480 bis 1520 unter 34 Vorfällen 3% aus (vgl. K. HÜRLIMANN, Soziale Beziehungen S. 247). Ohne auf das Problem der Gotteslästerung zu stoßen, arbeitet B. Kümin die Rolle des Wirtshauses als sozialer Treffpunkt und Gegenstand wenig wirksamer obrigkeitlicher Disziplinierung heraus. Vgl. B. KÜMIN, Useful to Have, But Difficult to Govern. Inns and Taverns in Early Modern Bern and Vaud, in: Journal of Early Modern History, 3. 1999 S. 153–175.

ußem vilmaln geschworen: Botz Krankheit, Elemënt, hergott, Krütz, Lÿden
und Tusent Sacermënt unnd sÿ welle ein Spill zurüsten, das die schwÿtzer all
und Besonnders die Lutherschen damit zu schaffen haben müßten unnd wie
sÿ hieruf fengklichen angenommen unnd Inn schiff Bracht, ferne gereth, das
sÿ ein wätter machen, Das sÿ sÿ nit Läbend Inhin bringen unnd sÿ well gern
mit Inen ertrinken.«[224] Wirt und Wirtshausgäste hatten also offenbar zuerst
versucht, sich der Bötsch zu entledigen, indem sie sie schlichtweg vor die
Tür setzten. Sie hatten somit immer noch nicht die blasphemischen Worte
als Schmähung Gottes, sondern als lästigen Zwischenfall entschlüsselt. Die
Gefangennahme erfolgte erst, als die Bötsch – übrigens ohne blasphemische
Untermalung – die Sache so weit trieb, mit Hexerei zu drohen. Gerade deswegen dürfte sie auch schließlich zu Tode verurteilt worden sein, zumal ihre
Prophezeiung, Hans Wynmans Stier werde in zwei Tagen verenden, ein-
traf.[225] Offensichtlich ging für die Zeitgenossen asoziales Verhalten derart
eng mit Gotteslästerung einher, daß deren propositional blasphemischer Gehalt für sie verloren ging. Die Sprachgewohnheiten der sozialen Randfiguren
waren zwar ärgerlich, nicht aber wirklich ernst zu nehmen.

Den Prototypus des blasphemischen Asozialen stellt der Wyler Balthasar
Wyg dar. In seiner Verurteilung von 1613 heißt es: »Das er sich mit groben
schwüren, auch mit Übersehung zwÿer urfechden, Item mißhandlung gegen
sÿner ersten Eefrowen seligen, deßglychen mit den ußgegoßenen tröuwworten, entragen Diebstahl eines halben mütt gerstens und also mit sÿnem gefür-
ten widerstringen wäßen und läben übel v[er]gang[en].«[226] Von Margreth
Müller, dem weiblichen Pendant Wygs, ist eine ausführlichere, stigmatisierende Charakterisierung überliefert: »Als I. so thut sie den Allerheiligisten
Namen Gottes, und seine h. Sacramenten in ihrem steten zanken erschrok-
kenlich und unchristenlich mißbrauchen mit wünschen dz Gott u. seine h.
sacramente ihre widerparth schmech solle. Der leidige Teüffel ist ihro stets
im maul und auf d. Zunge. Ihre Eigen kinder nannet sie Teüffels- und huren-
kinder u. bankart. 2. Bey Ihro ist nur ein schein christenthumb und ein werck
der gottseligkeit, und gottesforcht ein geringer Ernst. 3. Ihre eigne kinder
treüwet sie zu erstechen und auch sich selbst umzubringen dz gantze huuß
thut sie v[er]fluchen. 4. Ihre nechts greifft sie an mit allerhand schmach,
schand und fluch wort, als welche vor ehrliche ohren ni zemelden […] Dem
recht friedfertigen Ehemann, mit dem sie seit langem im Streit liege, treüwet
sie zu erstechen zu erwürgen und tituliert ihn mit allerhand schandwort u.

[224] B. VI.259, fol. 12v–13, Urteil Anna Bötschin, 9.5.1561.
[225] Vgl. B. VI.259, fol. 12v–13, Urteil Anna Bötschin, 9.5.1561.
[226] A. 27.65, Urteil Balthasar Wyg, 1.5.1613 (= B. VI.266a, fol. 4r)

fluch, daß auch die nachbarn selbs ein groß bedaurn und ergernüß darab fa-
ßen. 5. Sie ist auch fast allezeit mit dem wein und trunkenheit dergestalt beschwert und geladen daß sie nit weißt, waß sie thut, entschläfft in der füllerei
und im fluchen und schweren und gleicher gestalt erwachet sie auch mit ein
solche gotlosen und zänkischen maul.«[227] Kein Zweifel, Gotteslästerung
wurde wie in Köln, Nürnberg oder Basel als Teil eines »Verhaltenssyn-
droms« (G. Schwerhoff) erachtet.[228] Dieses wurde Individuen ebenso wie
Familien in ihrer Generationenabfolge zugeschrieben. Im Falle der Haushaltung Ochsner stellte der Illnauer Gemeindpfarrer fest, nicht nur seien bereits mehrere Familienmitglieder ihrer Gotteslästerungen wegen zu einem
Widerruf verurteilt worden, auch habe er von seinem Herrn »precessore [...]
selbsten gehört, daß er [Vater Ochsner] gleich seinen Vorfahren dergleichen
habe thun müssen.«[229] Jemanden als Blasphemiker zu beschreiben, hieß
demnach, sie oder ihn in ein bestimmtes Milieu einzuordnen. Hier waren
Gotteslästerungen nicht einzelne Sprechhandlungen, in der Sprecher auf
Gott Bezug nahmen, hier entsprachen Blasphemien einem Verhaltensstil,
der Individuen als Außenseiter stigmatisierte. Blasphemie als Habitus von
Asozialen wies nicht vorrangig auf die jenseitige, sondern auf die diesseitige
Dimension von Religion. Religiöse Normen bzw. Normbrüche lassen sich
daher nicht allein in der Sphäre des Sakralen verorten, sondern sind zugleich
als soziale Zuschreibungen zu verstehen.

Obwohl die quantitative Bedeutung der Blasphemiefälle vor Gericht im
Laufe des 18. Jahrhunderts zurückging, änderte sich nichts an den Etiketten,
die Marginale als Blasphemiker auszeichneten. Ein Bild vom Inbegriff des
gottlosen Asozialen zeichnete beispielsweise Pfarrer Johann Heinrich Keller
in seinem Bericht von 1718: [Der Hauptmann und Müller Stein aus Glattbrugg habe]« sich [seit einem Jahr] gantz ärgerlich und unverantwortlich
aufgeführt und gelebt schier nicht wie ein Christ, sondern wie ein Heÿd [...]
Meine Gmeind ist auf das äußerst von Ihne geärgert worden wegen seines
ungeheüren fluchens, der oft wort geredt, die nicht zumelden, der geflucht
über sich, über sein Weÿbe und über seine Kinder, daß es sich zu verwundern über Gottes Langmuth über Ihne und daß nit Gottes Grichte Ihne au-
genscheinlich getrofen habe [...] Es scheint als wann Gottes Geist von Ihne
Weit gewüchen und Er kaum mehr recht thun könne.«[230] Vertreter der weltlichen Obrigkeit gelangten zu ähnlichen Schlüssen. Gerichtsweibel Frey etwa
gab 1717 von der Familie Tutweiler das Urteil ab, «die gantze Tutweilleri-

[227] A.27.111, anonymer Bericht, X.X.1681.
[228] Vgl. G. SCHWERHOFF, Schranken S.107–114.
[229] A.27.131, Pfarrerbericht, 9.9.1717.
[230] A.27.132, Bericht Pfarrer Keller Fall Stein, 3.3.1718.

sche Haußhaltung seÿe ein ellend liederlich Volck. Gehind zu keiner Kirchen, [...] betind niemahlen, sonder schwerind und fluchind nur jeder über alle leüth, daß also die gantze Gemeind sich Ihnen zubefürchten habe.«[231] Sicherlich sollte »die Furcht der ganzen Gemeinde« in beiden Fällen angesichts der vergeltungstheologischen Vorstellungen der Zeit, auf die gerade Vertreter der Obrigkeit verwiesen, nicht heruntergespielt werden. Doch scheinen die Gemeinden so beunruhigt nun auch nicht gewesen zu sein. Schließlich hatte erst ein Vorfall am Pfingstmontag – Tutweiler hatte das Abendmahl eingenommen und anschließend mit seiner Familie »turnirt« – das Faß zum Überlaufen gebracht und den Tutweilern eine gerichtliche Vorladung eingehandelt. Bei Stein hatte es ein Jahr gedauert, bevor das Gericht eingeschaltet wurde. Bis dahin waren die sprachlichen Usancen der Inkriminierten ertragen worden, wohl weil sie für die Zeugen Beleidigungen, nicht aber gefährliche Gotteslästerungen implizierten.

Die Geduld der Nachbarschaft gegenüber fluchenden und schwörenden Familien scheint weit gegangen zu sein. Dies ist eines der Argumente dafür, daß blasphemisches Reden als schlechte, profan ehrverletzliche Redegewohnheit wirkte. So machten 1717 die Eherichter den Rat erst nach wochenlangen Streitigkeiten auf die Eheleute Kambli aufmerksam. Die Frau des Strumpfwebers Heinrich Kambli, Anna Catharina Meyli, war vor das Gericht gezogen. Niemand anders hatte Anzeige erstattet, obwohl der Meyli zufolge hierzu genügend Anlaß bestanden hätte: Ihr Gatte habe u. a. »über sie entsetzlich geflucht und gelästeret, sie wüesten Kätzer, bestien und donerssüch geheißen [...] [Ferner habe er geschimpft] der vatter und mutter habind keinen guten geist, der kalte strahl mueße durch sie gehen, der vatter sÿe ein mein eider dieb [...] wolte, daß der doner und wätter den hellen hund erschlagen und daß Ihme [dem Vater] die händ darbeÿ [bei der Berührung einer Uhr] erlahmet werind.«[232] Dies waren schwere Verwünschungen. Freilich hatten sie keine/n aus der Nachbarschaft bewogen, sich in die Streitigkeiten einzumischen, um die Ehre Gottes zu retten. Zweifelsohne sorgte das Verhalten von Meyli und Kambli für Anstoß, doch wurde es offenbar nicht als derart schwerwiegend eingestuft, daß es umgehend obrigkeitlicher Maßregelung bedurft hätte. Die Eheleute pflegten unverantwortliche Sprachgewohnheiten. Das war wohl ärgerlich, nicht aber bedrohlich. Die beiden waren eben störende Asoziale, nicht aber Leute, die Gottes Strafe auf die Allgemeinheit herabzwangen. So erstaunlich ist die relative Toleranz, mit der ihnen über längere Zeit hin begegnet wurde, daher doch nicht.

---

[231] A. 27.131, Aussage Gerichsweibel Frey, 15. 6. 1717.
[232] A. 27.131, Aussage Heinrich Kambli, 4. 5. 1717.

Blasphemien wurden, wie eben gesehen, nicht gleich vor den Richterstuhl gezerrt. Das galt nicht allein im »säkularisierteren« 18. Jahrhundert. Zu Beginn der Frühen Neuzeit konnte blasphemisches Reden genauso als religiös nicht weiter relevantes, als banales asoziales Verhalten beiseite geschoben werden. Im Falle Caspar Fatlis, der im ersten Drittel des 16. Jahrhunderts anzusiedeln ist, waren sich die Nachbarn einig: dieser führe ein derart unchristliches Leben, daß man nicht mehr auf seine Schwüre achte. Man zog sich in seinen Garten zurück, um die blasphemischen Reden nicht weiter anhören zu müssen.[233] Wie die Tochter des Dr. Geßner konnte man auch stärkere Nerven beweisen: Sie habe nachts etwas an das Dach schlagen hören und habe nachgesehen. Es sei ihr dabei klar geworden, daß Fatli, »sein altes wesen mit schweren toben« getrieben und zudem seiner Frau gedroht habe, sie zu erstechen. Er habe »darzu übel geschworen, da sÿ ab[er] die schwür nit nennen noch sagen könne, dann allein, das er was von Gotz Barmhertigkeit gsagt. Es habe auch dieser fatli das wesen nit nur jetzt, sonder[ern] vor mer malen triben, wann er voll gsÿn, und sÿ deß dermaßen gwonet, das sÿ sÿnem kein acht habind, sond[ern] inn tob[en] laßind.«[234] Daß die Haltung der Geßner keine Ausnahme war, zeigt die vergleichbare Reaktion der Tochter Nüßelers. Diese gab zu Protokoll, Fatli habe seiner Frau gedroht und ihr zudem Steine nachgeworfen.[235] Außerdem habe er »gotz lÿden geschworen und dermaßen thobet, das sÿ Ime nit mer zu loßen [zuhören] wellen unnd schlaff[en] gangg[en].«[236] Fatli hatte zweifellos den nächtlichen Frieden gestört. Die Nachtruhe vermochten seine blasphemischen Worte den Zeuginnen indes nicht zu rauben. Selbst unter der Annahme, die Zeuginnen hätten Schutzbehauptungen aufgestellt, um den Vorwurf von sich zu weisen, daß sie entgegen den gesetzlichen Regelungen den Fall nicht gleich gemeldet hatten, ändert dies nichts am Argument der Zeuginnen, daß habituelle lästerliche Sprechhandlungen von Randfiguren keine weitere Aufmerksamkeit verdienten. Hätten sie aber diese Position vertreten können, wäre es um die Ehre Gottes gegangen?

Die Justizakten vermitteln das Bild, daß Blasphemiker sich besonders aus den Unterschichten rekrutierten. Hieraus ergibt sich jedoch nicht der Schluß, Angehörige der Unterschichten hätten erheblich mehr geflucht und geschworen. Vielmehr läßt sich vorsichtiger formulieren, daß blasphemisches Reden Randexistenzen als sozialtypischer Habitus zugeordnet wur-

---

[233] Vgl. A. 27.131, Aussage Andreas Rytzli, X. X. 1717.
[234] A. 27.13, Aussage Tochter Dr. Geßner, undat.
[235] Einer von diesen Steinen muß auf Geßners Dach gelandet sein und das Geräusch verursacht haben, das die Aufmerksamkeit der Geßner erregte.
[236] A. 27.13, Aussage Nüßeler, undat.

de. Freilich wußten die Zürcher im Einzelfall immer noch zu unterscheiden. Gallus Christiner zum Beispiel sagte in Übereinstimmung mit David Singenberg 1545 über den in zweifelhaftem Ruf stehenden Hans Morgenstern aus, dieser habe wiederholt mit Vater und Bruder gestritten sowie seine Frau mit einem Schwert bedroht, »doch habe er In nie ghört schweren.«[237] Demnach wurde nicht jeder Asoziale automatisch als Gotteslästerer abgestempelt. Auch war Gotteslästerung nicht das Privileg sozialer Randfiguren. Der bereits erwähnte Vogt Uolmann gehörte sicherlich nicht zu ihnen; ebensowenig befanden sich notorische Blasphemiker wie der Ofenmacher Jörg Blüwler oder Goldschmiedemeister Weiß, beide aus der Stadt Zürich, am unteren Rand der Gesellschaft.[238] Was Blasphemie als Verhaltensstil von Unterschichten interessant macht, ist also nicht, daß soziale Marginalität mit Gotteslästerung assoziiert wurde. Vielmehr ist die Tatsache, daß gewohnheitsmäßiges Schwören selbst in einer religiös so aufgeladenen Gesellschaft wie derjenigen des frühneuzeitlichen Zürichs als sprachlicher Habitus toleriert wurde, aufschlußreich.

Blasphemische Sprechhandlungen fanden in einem bestimmten sozialen Milieu und in spezifischen Alltagssituationen statt. Insbesondere Schwüre gehörten zur Normalität des Alltags. Bei Trunkenheit, Kartenspiel und im Affekt waren lästerliche Äußerungen für die Zeitgenossen tolerierbare Verhaltensweisen, wenngleich sich ehrenhafte Christen selbstverständlich keine Blasphemien zuschulden kommen ließen. In diesem Rahmen konnten Flüche und Schwüre durchaus die Funktion erfüllen, ein Ventil für temperamentvolle Gemüter zu sein.[239] Hans Morgenstern argumentierte 1539 kennzeichnenderweise damit, daß er »auch gar kein böse schwür nit, allein etwan ein gewonlich schlecht schwürlin, alls felti unnd der glich geschworenn« habe.[240] So ein verständlicher harmloser verbaler Ausrutscher, was war schon dabei?

Andere Angeklagte behaupteten, daß nur außerordentliche Umstände sie dazu verleitet hätten, die Kontrolle über sich zu verlieren. So brachte 1650 der Zürcher Schneider Hans Keller zu seiner Verteidigung vor, daß »er sonst grob mit schwüren sich zuvertragen nicht gewohnet.«[241] Das gleiche Argument zog der Bäcker Heinrich Wäber 1654 aus der Tasche: »die grusamen

[237] A.27.14, Aussage Gallus Cristiner, X.X.1545.
[238] Vgl. B.VI.259, fol.263, Urteil Jörg Blüwler, 3.6.1667; A.27.126, Aussage Hans Conrad Weiß, 25.2.1709.
[239] Vgl. A. Montagu, Swearing S.72. Eine detailliertere Diskussion erfolgt bei: G. Schwerhoff: Der blasphemische Spieler, Zur Deutung eines Verhaltenstypus im späten Mittelalter und in der frühen Neuzeit, Ludica, 1. 1995 S.79-95.
[240] A.27.19, Aussage Hans Morgenstern, X.X.1539.
[241] A.27.89, Aussage Hans Keller, 5.6.1650.

Schwür alß 1000 Sacrament, 1000 Donner und der glychen, habe Er syn Leben tag nie geschworen. Habe Es gar nie mahlen im bruch gehabt und jeder zyt vermeint, Er halte sich wie ander Lüth und schwere nit.«²⁴² Beide stellten sich also zuerst als Unschuldslämmer dar – sie gestanden beide schließlich ihren Fehler –, die Gott natürlich den gebührenden Respekt erwiesen. Wäbers Ironie läßt aber durchscheinen, daß dies so natürlich nicht war. Sein Argument lief darauf hinaus, daß er keine auffällige Sprechhandlung begangen habe. Er insinuierte somit, daß andere genauso schwüren wie er, daß also blasphemisches Reden zum Alltag gehöre. Es wird demnach kein Zufall gewesen sein, daß sich die schwäbische Landstreicherin Küschenhan Burgeli um die gleiche Zeit desselben Arguments bediente. Sie erklärte, »daß sy also schwere und fluche, syge eben wie ander lüth. Wan man sy darzu reitze, müße wol schweren.«²⁴³

Ein Bestandteil des Alltags war Trunkenheit.²⁴⁴ Nicht umsonst sah das Gesetz vor, daß bei der Bemessung der Strafhöhe die Zurechnungsfähigkeit der Blasphemiker zu berücksichtigen sei; bezeichnenderweise entschuldigten sich die Inquirierten immer wieder damit, sie seien zu alkoholisiert gewesen, um ihre Zunge zu bezähmen. Die Justiz warf etwa Kilian Häderli 1562 vor, »das er vilmaln, wann er voll wyns ald [oder] sonsst erzürnet worden, gefluchet, dass Gott einen schänden [soll], Ouch geschworen habe.«²⁴⁵ Peter Sarius gab 1592 zu, »das er wol wüße, das er, so er ein thrunck habe, grobe schwür thüyge.«²⁴⁶ Mit einer vergleichbaren Entschuldigung nahm Balthasar Nießli 1606 Joseph Geßner in Schutz, als er darauf hinwies, daß dieser zwar im betrunkenen Zustand viel schwöre, »sonsten, wann er nüchtern, arbeite er ernsthafftig, halte sich ehrlich woll und thüyge niemandts khein leid.«²⁴⁷ Ebenso rechtfertigte 1667 der Rat sein Urteil gegen Jagli Wild damit, daß er bei Nüchternheit »fründtlich unnd beschëyden« sei.²⁴⁸ Solange die blasphemischen Äußerungen im Rausch fielen, stellten sie zwar störende verbale Verhaltensweisen, nicht aber schwerwiegend lästerliche Sprechhandlungen dar.

²⁴² A. 27.92, Aussage Heinrich Wäber, 14.8.1654.
²⁴³ A. 27.89, Aussage Küschenhan Burgeli, 9.12.1645.
²⁴⁴ Zur geschlechtsspezifischen Perspektive des frühneuzeitlichen Alkoholkonsums vgl. M. FRANK, Trunkene Männer und nüchterne Frauen. Zur Gefährdung von Geschlechterrollen durch Alkohol in der Frühen Neuzeit, in: M. DINGES Hg., Hausväter, Priester, Kastraten. Zur Konstruktion von Männlichkeit in Spätmittelalter und Früher Neuzeit. Göttingen 1998 S. 187–212.
²⁴⁵ B. VI.259, fol. 54, Urteil Kilian Häderli, 10.4.1562.
²⁴⁶ A. 27.43, Aussage Sarius, 25.9.1592.
²⁴⁷ A. 27.52, Aussage Balthasa Nießli, 20.12.1606.
²⁴⁸ B. VI.259, fol. 286, Urteil Jagli Wild, 27.10.1667.

Alkohol und Blasphemie wurden so eng zusammen gedacht, daß in den Justizakten eine Bemerkung wie »geschahe alles nüchterner weiß« auffällt.[249] Untypisch ist auch die Rechtfertigung Caspar Meyers von Glattfelden aus dem Jahre 1684: »Wan er truncken seÿe, so fluche er nit und stelle auch keine händel an.«[250] Er unterstrich somit, daß er sich gerade nicht wie jemand aufführe, der zu tief ins Glas schaue. In die gleiche Richtung weist die Antwort des Gotteslästerers Jacob Zahnder von 1685: »auf befragen, ob er trunken geweßen, gab er zu Protokoll, er seÿe nit so trunken geweßen und habe woll gewüßt, waß er thüge.«[251] Die Justiz wie die Inquirierten gingen also davon aus, daß übermäßiger Weingenuß unzurechnungsfähig mache und blasphemische Zungen lockere. Mit dieser Vorstellung aber degradierten beide Blasphemie zu einer Nebenwirkung von teilweise exzessivem Alkoholkonsum, wie er für die Trinkkultur der Frühen Neuzeit charakteristisch war; Gotteslästerung wurde somit zu einem relativ alltäglichen situationsspezifischen Habitus banalisiert.

Dem Forschungsstand zufolge wäre das Kartenspiel als weiterer typischer situativer Kontext für blasphemische Sprechhandlungen zu bezeichnen.[252] Die Züricher Quellen jedoch hüllen sich hier für die Frühe Neuzeit wie für das 14. Jahrhundert in ein auffälliges Schweigen.[253] Für die Zeit von 1545 bis 1788 wurden in der Vogtei Andelfingen lediglich drei von insgesamt 156 Blasphemikern wegen Schwörens im Spiel zu einer Geldstrafe verurteilt.[254] Im Gegensatz zu den vielfältigen Spielmandaten auf der normativen Ebene,[255] beschränken sich die disparaten Nachrichten aus dem Zürcher Rat auf das ausgehende 15. bzw. beginnende 16. Jahrhundert.[256] Der Kuhhirt Hans Stachen aus Dietikon sagte in den 1490er Jahren aus, daß Heini Frey aus Ried »gotzwunden, zum ander[en] oder dritten mal und botz kraft oder gotz kraft« geschworen habe.[257] Im Jahre 1515 benutzte der Schmied Rü-

---

[249] E. I.10. 5, Fall Pündner/Reistel Vogteibericht, 19.7.1673.

[250] A. 27.113, Aussage Caspar Meyer, 23.4.1684.

[251] A. 27.113a, Aussage Jacob Zahnder, 20.3.1685.

[252] Vgl. in der Auseinandersetzung mit dem spärlichen Forschungsstand: G. SCHWERHOFF, blasphemische Spieler. Im Frankreich des 15. Jahrhunderts gingen 7,84% der von den *officialités* wegen Gotteslästerung angestrengten Prozesse mit einer blasphemischen Äußerung im Spiel einher. Vgl. A. CABANTOUS, Histoire du blasphème S. 120.

[253] Für das 14. Jahrhundert vgl. S. Burghartz, Leib 136.

[254] Vgl. F. III.3.

[255] Vgl. K. HÜRLIMANN, Soziale Beziehungen S. 304.

[256] Im Fall des Kartenspielers Samuel Meyers von Glattfelden fehlen in den Akten aufschluß-reiche Informationen bezüglich der Inhalte wie auch des Kontexts der inkriminierten Schwüre. Vgl. (ZB) MsA L124b, p.604–606, Fall Meyer, 15.11.1671.

[257] A. 27.2, Aussage Hans Stachen, X.X.149X.

land mit einem »gotz fleisch liden, auch gotz kraft und macht« vergleichbare gewöhnliche Passionsschwüre.[258] Im Jahre 1523 erreichte Zwingli ein anonymes Schreiben, in dem es besorgt heißt: »ich bit uch fruntlich und durch gotzwillen, das ir daran syend, das das spil ab gestelt werd. Den es ist ein grossy noturft und ist ein groß laster. Den ir glouben nit, die boesen schwuer, die die [sic] dar durch beschehend: den man hebt got sin craft, sin macht, sin liden, sin ertrich, als das man erdenken kann, hebt man im uf.«[259] Welchen (intolerablen) Sinn diese Schwüre ergaben, läßt sich aus diesen Fällen, die keinerlei weitere Hintergrundinformationen liefern, nicht erschließen. Aufschlußreicher ist hingegen die Beschreibung Michel Bumanns aus dem Jahre 1520: Herman Ferer habe ganz friedlich mit Hans Wingartner Karten gespielt. Als jedoch für ihn eine Partie verloren gegangen sei, habe Ferer plötzlich zwei Karten zerrissen und einen Passionsschwur getan. Hierauf habe er, Bumann, Ferer ermahnt, er »sölte nit also schweren. Da redte er zü Inn, In müdte, das er so ungsellig were und schwüre nützut mer.«[260] Buman, so ist wohl Ferers Erwiderung zu verstehen, solle kein Spielverderber sein, gewöhnliche Schwüre gehörten einfach zum Ambiente einer Kartenrunde, dienten der Unterhaltung. Ferer forderte also eine gewisse Toleranz gegenüber seinen blasphemischen Worten ein, was indes nicht möglich gewesen wäre, hätte seine Gesellschaft eine solche Toleranz nicht gekannt.

Ganz harmlos können die Blasphemien mit »Unterhaltungswert« freilich nicht gewesen sein. Bezeichnenderweise ließ Ferer von seinen lästerlichen Worten ab; der Spaß hatte seine Grenzen. Hans Wingartner hingegen ging weit über die Toleranzmargen hinaus und wird wohl deswegen sein Vergehen mit dem Leben bezahlt haben müssen. Der Fall ist derart schillernd,[261] daß das Urteil von 1520 ausführlich zitiert sei: »das er diß hienach genanpt schantlich böß uncristlich schwür unnd gotslestrung gethan unnd mit verdachtem muott gerett hat. Namlich uff ein zit hatt Er Ein kartenspil zum vensteruß wellen werffenn unnd so Im sollichs gewert wordenn, hatt Er, der hanns Wingarter gerett, Es muß hinuß, obschon gott selbst daruff sässe, unnd daruff geschworen, das dich gotz Joseph als Kindli müßli machers schend, kan Ich darin keins gewinnenn, Gots funff wunden, gotz krütz, gots feltÿ, gots lidenn unnd sollichs onzall. So denne uff Ein zit hatt er Im spil geschworn, das dich gotz krütz Im himel schend als Joseppen, warumb hast

---

258 A. 27.3, Aussage Jacob Gunthart, X. 4. 1515.
259 Zitiert nach: Zürcher Dokumente S. 52.
260 A. 27.3, Aussage Michel Bumann, X. 7. 1520.
261 Nicht umsonst hat der prominente Fall seinen Platz in seriösen Quelleneditionen wie in populärwissenschaftlichen Comics gefunden. Vgl. E. EGLI HG., Aktensammlung, Nr. 127 S. 24; F. BÜNZLI/M. ILLI, Hirsebarden und Heldenbrei. Bern 1995 S. 42–44.

unserm hergott nit Ein oppriment In sin müßli gethan, damit Im Du vergeben hettest, unnd das dich gots krütz als Registers schend und derglichen
schwüre gots wunden, gots macht, gots sacrament, gotz funnf lidenn. Witer
hat Er mit verdachtem muott an Ein Wand geschribenn: Frid und gnad, wen
hast Ein end, das dich gotz ertrich schend. Aber hatt er geschribenn allein
ein oder samer [mehrfach] gotz himmell und Ertrich Ich schiß darzu.«²⁶²
Die Passionsschwüre waren zu gewöhnlich, als daß sie Wingartner zu einer
Ausnahmeerscheinung gemacht hätten. Die Verunglimpfung Josephs als
Hausmann (»Kindli müßli macher«), die Verballhornung der Heiligen-
namen St. Valentin (»gots feltÿ«) und die Anspielung auf die Vergiftung Gottes durch »oppriment«, d. h. Arsen, die Verwünschung bei gots »krüz als re-
gistern,« d. h. bei allen Formen des Unheils, waren deutlich weniger verbreitet. Sie tauchen in den Zürcher Justizakten außerordentlich selten auf, lassen
sich aber als bekannte Redewendungen belegen.²⁶³ Vermutlich hat Wingartner, dem sonst keine weiteren Delikte vorgeworfen wurden, mit diesen lästerlichen Worten den Bogen also nicht überspannt. Wingartner dürfte vielmehr aus anderen Gründen aus dem Rahmen des Tolerierbaren gefallen sein.
Nicht nur hatte er vorsätzlich (»mit verdachtem muott«) gehandelt, er hatte
auch die blasphemischen Wendungen mehrfach wiederholt. In einer Gesellschaft der oralen Kultur, in der Schriftlichkeit dem Niedergeschriebenen besondere Bedeutung verlieh, wird sein Graffiti zudem als besonderer Affront
eingestuft worden sein. Schließlich hatte es Wingartner mit seinen blasphemischen Äußerungen direkt mit Gott aufgenommen. Zu behaupten, das Kartenspiel gehöre zum Fenster hinaus, selbst wenn der Höchste darauf säße,
kam nicht nur einer illegitimen Vermenschlichung Gottes, sondern auch einer offenen Provokation ihm gegenüber gleich. Eine ebenso schwere
Blasphemie muß die paradoxe Formulierung dargestellt haben, Friede und
Gnade, beides Gottesgaben, könnten erlöschen und dann auch noch vom
Erdreich Gottes, dem Schöpfungswerk eben dieses Gottes, verflucht werden.
Der Fall Wingartner zeigt also an, wo die Toleranz gegenüber blasphemischen Worten in spezifischen Alltagssituationen wie derjenigen des Kar-
tenspiels aufhörte. Wie in Köln, Nürnberg und Basel waren gewöhnliche,
habitualisierte Lästerungen noch erträglich.²⁶⁴ Über sie stellten die Sprecher

---

²⁶² B. VI.248, fol. 30r, Urteil Hans Wingartner, Dienstag vor Ulrich 1520.
²⁶³ Vgl. F. BÜNZLI/M. ILLI, Hirsebrei S. 42. Es kann wohl sein, daß die Bezeichnung Josephs
als Müslizubereiter auf spätmittelalterliche Josephsmotive zurückzuführen ist, doch diente die
Bezeichnung auch allgemein zur Verunglimpfung eines Mannes als verweichlichte Person. Siehe
hierzu den Abschnitt zu den geschlechtsspezifischen Injurien in Kap. II.2.b.a.
²⁶⁴ Zur Selbstverständlichkeit blasphemischer Redewendungen in der Alltagssprache der drei
Städte vgl. G. SCHWERHOFF, Schranken S. 108 f.

ein kumpelhaftes Verhältnis zu ihren Mitspielern her. Hier war Blasphemie ein Medium der Geselligkeit. Bewußte, »originell« individualisierte blasphemische Sprechhandlungen hingegen setzten zu starke Akzente. Mit ihnen setzte sich der Blasphemiker mit Gott auf gleichen Fuß. Das aber konnte nichts anderes als eine unerträgliche Majestätsbeleidigung sein.

Das Kartenspiel ist nur eine der typisch emotional geprägten Situationen, in denen spontane und unwillkürliche Sprechhandlungen zu erwarten sind. Hatten die frühneuzeitlichen Zürcher für solche Reaktionen Verständnis, konnte für sie der blasphemische Affekt ein tolerierbarer situationsspezifischer Habitus sein? »Zorn«, davon war bereits die Rede, galt in Zürich als nachvollziehbarer Beweggrund für verbale blasphemische Ausrutscher. Dieser affektive Charakter der Gotteslästerung soll auch nicht in Abrede gestellt werden. Das Beispiel Pfisters von 1615 verdeutlicht ihn. Der Aussage Anna Küngs zufolge sei Pfister mit zwei jungen Frauen ins Wirtshaus eingekehrt, »als er der einen under densélben beiden an Ir heimliches orth (reverenter) wieder Iren willen grifen [und] geschworen: botz thusent Hergot, sÿ hat noch khein har daran.«[265] Wie sehr sich der Angeklagte hier auch als unverfrorener Schürzenjäger selbst verstanden und dargestellt haben mag, seine Worte dürften doch wohl als Ausdruck der Überraschung verstanden werden. Jedenfalls machen sie weder als Injurie noch als Wortmagie oder Provokation Gottes Sinn.

Daß für die Zeitgenossen solche spontanen Äußerungen als psychologisches Ventil denkbar waren und nicht Gott meinen mußten, veranschaulicht weiterhin die Reaktion Margaretha Applis auf die Schwüre Georg Zindels von 1643. Der ledige Geselle, so die Aussage der Scherersfrau, sei an einem verregneten Sonntagmorgen völlig durchnäßt – er war in den Bach gefallen, weil ein schadhafter Steg unter seinen Füßen gebrochen war – in die Stube gekommen und habe dort sein »Bündel mit zorn uf den bankh geworffen und gesagt: Lufft und Hergot. Woruff sÿ, gesagte Äpplin, Ime beschulten und gesagt, worumb Schwerst also.«[266] Klar, eine Ermahnung war fällig, doch was die Äpplin interessierte, war nicht die ehrverletzende Adressierung Gottes, sondern der Grund von Zindels Unmut. Damit bewies sie eher ihre psychologische Neugier als ihren religiösen Eifer für die Ehre Gottes.

Gewöhnliche Schwüre wurden wohl häufig als Ventil unkontrollierbarer Affekte hingenommen. Jedenfalls hielt sich die Justiz insbesondere mit Fällen auf, in denen die blasphemischen Formulierungen vom Standard abwichen. Kennzeichnenderweise räumte der Glattfelder Caspar Keller 1569 sofort

---

[265] A. 27.60, Aussage Anna Küng, 16.1.1615.
[266] A. 27.82, Aussage Margaretha Äpplin, 21.11.1643.

ein, die üblichen Passionsschwüre ausgestoßen zu haben, als er sich mit dem Wirt wegen der Zeche überworfen habe, »daß er aber geschwören haben sölle, das dich gotz himel und ertreich schend als hergot Im himel oben, von dem selbigen sige Ine gantz und gar nützit zewüssen.«[267] Wem ungewöhnliche Gotteslästerungen zur Last gelegt wurden, so läßt sich schließen, riskierte höhere Strafen; wohl deswegen, weil sich ihre Sprechhandlung nicht mehr als habitualisierter Affekt hinstellen ließ, der sich als verbaler Automatismus eigentlich gar nicht an Gott wandte.

Das Beispiel des Jacob Wolfensberger aus Bäretswil bestätigt diesen Grundsatz für das 17. Jahrhundert. Im Bericht des Grüninger Vogts Hans Jacob Leuw von 1694 heißt es, »das gedachter Wolffensperger in bÿwesen villen im Schiff sich befindenden Volkhs, als er über zwoo Schyterbÿgen gestigen oder gekrochen, offentlich geredt, so Er gar wol gehörtdt und verstanden, namlich: Herr Christus Jesus, gstoßen schäll.« Der Beklagte aber habe sich, so der Bericht weiter, damit gerechtfertigt, er habe »nit wollen gefehlt haben, sagend Er habe solches auch von anderen oft gehördt[...] [Habe nicht lästern wollen, sondern] vermeint gesagt zu haben, namlich: Gstochen schilt, schällen gilt. Darumb habe Er vermeinth, nit so übel gefehlt zu haben, wie es Ihme die Zuohörer ausgelegt.«[268] Wolfensberger berief sich also darauf, eine übliche Redewendung benutzt zu haben.

Daß diese Rechtfertigung auf festem Boden stand, wird aus einem Synodalgutachten von 1685 ersichtlich. Hans Stutzer aus Weyer habe »materialiter oder dem buchstäblichen Innhalt nach betrachtet eine rechte Gotteslästerung« begangen, die sich von allgemeinen Redensarten unterscheide: »Was ander etwan auch gemeine aber gar nicht gutgeheißene Redens-Ardten betreffen thut, als da leichtsinnig gesagt wird, »so wahr als Got lebt«, »so wahr mir Got lieb und Seel erschaffen«, »das ist eine göttliche Wahrheit« und dergleichen, wäre wol zu wünschen, daß sie underlaßen oder wenigst, so sie ohne noth und umbesinnt gebraucht werden, nicht ungestraft dur[ch]-gelaßen würden.«[269] Die Gutachter, so ihr fatalistisches Argument, seien sich dessen bewußt, daß bestimmte Schwüre verbreitet und leider geduldet seien. Andere Lästerungen aber seien strikte zu bekämpfen. Reflexartige Redeweisen im Affekt mußten also hingenommen werden. Abgeänderte Formulierungen indes zeugten davon, daß die blasphemischen Formulierungen nicht einem habitualisierten Reaktionsmuster entsprangen und waren daher absolut verwerflich.

---

267 A.27.23, Aussage Caspar Keller, 3.12.1569.
268 A.27.119, Fall Wolfensberger Bericht Vogt Leuw, 28.11.1694.
269 E.I.5.2b, Gutachten Hans Stutzer, 11.1.1685 (= (ZB) MsE 134, p.5111f.).

Im gleichen Maße, wie die Justiz nach dem »Zorn« von Blasphemikern
fragte, forschte sie nach der Intentionalität der Inquirierten. Das Todesurteil
gegen den Stadtzürcher Lienhart Utinger beispielsweise – er wurde außerdem des Friedensbruchs angeklagt –, stellte 1527 ausdrücklich fest, Utinger
habe willentlich geschworen.[270] Im selben Jahrzehnt gab Ignatig Schwerer
zu, er habe seinem Freund Antonius unterwegs angekündigt, er werde einen
Schwur formulieren, sollte er auf dem Eis ausrutschen. Seinem Vorsatz sollte
er verbale Taten folgen lassen.[271] Weder Utinger noch Schwerer also handelten aus Affekt. Ebenso finden sich in den Akten immer wieder Fälle, in denen die ermahnten Blasphemiker entschlossen ihre Sprechhandlungen wiederholten. Ruodolf Kellers Verhalten etwa ist mit dem der bereits erwähnten
Anna Fryg vergleichbar. In einem Streit unter Gesellen wurde er 1586 seiner
blasphemischen Worte wegen ermahnt, doch er entgegnete: »er welle schweren und schwüre hiemitt wiederum zum dickern mal Tusent Sacrament,
Tauff und Element.«[272] Somit markierte Keller, daß er nicht die Kontrolle
über sich verlöre, sondern in vollem Bewußtsein handele. Fehlt in den Ratsbüchern ein Eintrag über das Urteil gegen Keller, so fiel die Strafe gegen die
Fryg hart aus. Sie wurde dazu verurteilt, eine Stunde im Halseisen am Pranger zu stehen. Außerdem sollte sie vom Rüden bis zum Niederdorf, d. h. über
eine Strecke von mehreren hundert Metern, geschwemmt, also immer wieder
ins Wasser der Limmat getaucht werden, um anschließend des Landes verwiesen zu werden.[273] Dem Fall Fryg nach zu schließen, verstand die Obrigkeit also bei willentlichem Lästern keinen Spaß. Wer sich bewußt mit Gott
anlegte, ging zu weit.

Dieser Grundsatz galt offenbar selbst für diejenigen, die zwar aus Gewohnheit, deswegen nicht aber minder absichtlich Gott in seiner Ehre angriffen. Bei Jörg Stapfer zum Beispiel scheint der springende Punkt gewesen
zu sein, daß dieser nicht nur Ehebruch und weitere schwere sexuelle Verfeh-
lungen begangen hatte, sondern daß »von imme mehrmahlen ußgegoßen
worden überuß gottloße, ja gott lesternde reden und zwahren nit etwan ein
Zorn oder trunckner Wyß, sondern aus arger gwohnheit.«[274] Auf den
Blasphemiker mit lockeren moralischen Sitten warteten hohe Strafen. Ihm
blieb keine kirchliche Strafe erspart. Er mußte einen Widerruf leisten und jeweils einen Herdfall an zwei exponierten Stellen der Stadt Zürich vollziehen.

270 B. VI. fol. 60r, Urteil Lienhart Utinger, Do. vor Bartholomäus 1527.
271 A. 27.6, Aussage Ignatig Schwerer, X. X. 152X.
272 A. 27.39, Aussage Wirt Möritz, X. X. 1586.
273 Vgl. B. VI. 258, fol. 162r, Urteil Anna Fryg, 4. 8. 1557.
274 E. I. 5.1b, Gutachten Jörg Stapfer, 28. 9. 1664.

Außerdem sollte ihm, wie es sich für Gotteslästerer gehörte, die Zunge öffentlich geschlitzt werden. Unter den weltlichen Strafen ereilte ihn nicht nur die standardmäßige Ehr- und Wehrlosigkeit; ein Dorfarrest ergänzte sie.[275] Die Justiz setzte also Stapfers »arge Gewohnheit« nicht mit dem verbalen Verhaltensstil von Asozialen gleich. Wer wiederholt nüchtern und böswillig blasphemische Reden trieb, provozierte Gott und konnte nicht mit obrigkeitlicher Toleranz rechnen.

Die Justiz, die Zeugen wie auch die Blasphemiker selbst legitimierten Wortsünden häufig mit »Zorn«, also mit einer Affekthandlung. Psychologische Deutungsmuster anderer Art spielen in den Justizakten überhaupt keine Rolle. Der Fall des Tischmachers Hans Kästli aus dem Jahre 1538 ist ein absoluter Sonderfall. Wibla Wäber sagte über ihn aus, daß dieser »uß dem wirtz huß vollen wins gegangen, alwegen übel geschworen, nemlich gsacramentet und wißent auch ander unzalbarlich groß schwür gethan, das er Züg ettman Inn gflochen, damit er in nit so übel müßte hören schweren. Daruff er Züg in gstraft. Seite er Dischmacher: lieber wibla, zürn nüt an mich, wan ich also trinck, kumpt mich dise furcht also an, das Ich also schwer.«[276] Angst, der Schlüsselbegriff Delumeauscher und magischer Deutungen der Frühen Neuzeit, fehlt in den Justizakten so gut wie ganz.

Im Gegensatz zu Wäber wußte die Magd Barbara Hertenstein aus Töss 1660 den Grund ihrer Angst anzugeben. Als sie nach einem Ehebruch ein Kind erwartete, behauptete sie, vom Heiligen Geist geschwängert worden zu sein:[277] Diese Worte habe sie leider geredet »in einer sölichen zeit, da sÿ in angst und noth, auch schwachen und blöden haubts [sc. geistig verwirrt][278] war.«[279] Den Ehebruch tolerierte die Justiz nicht; sie bestrafte ihn mit sechs Wochen Arbeit am Schellenwerk. Die Gotteslästerung – sie scheint die Qualität einer Redewendung gehabt zu haben –[280] behandelte jedoch die Justiz deutlich nachsichtiger; sie stellte es dem Diakon frei, ob er die Hertenstein

---

[275] B. II.527, fol. 90–91, Urteil Jörg Stapfer, 29. 9. 1664.

[276] A. 27.8, Aussage Wibla Wäber, X. X. 1538.

[277] Vgl. E. II.9, Aussage Barbara Hertenstein, 14. 5. 1660.

[278] Zu diesen Begriffen vgl. im Kontext der Zürcher Psychiatriegeschichte: A. Steinbrecher, Spital S. 56.

[279] A. 27.97, Aussage Barbara Hertenstein, 29. 3. 1660.

[280] So gab angesichts ihrer unehelichen Schwangerschaft auch Anna Hartmann den Heiligen Geist als Kindsvater an, um sich den Fragen nach ihrem Partner zu entziehen (vgl. A. 27.121, Aussage Anna Hartmann, 1. 2. 1699). Daß der Verweis auf die Zeugungskraft des Heiligen Geists keine rein weibliche Sprechgewohnheit war, verdeutlicht der Fall des Mettmenstetter Wirts Hans Ulrich Gugoltz. Als jemand in seiner Wirtshausstube erzählte, einige Klosterfrauen erwarteten ein Kind, kommentierte er lakonisch, da werde wohl der Heilige Geist gewirkt haben (vgl. A. 27.120, Aussage Hans Heinrich Gugoltz, 24. 9. 1697).

in einem vertraulichen Gespräch ermahnen wolle.[281] Vergleichbaren Langmut zeigte die Justiz 1690 auch im Fall der Wundarzttochter Elsbeth Maag von Greifensee. Als die unehelich Schwangere zur Rede gestellt wurde, wer der Kindsvater sei, habe sie »die schwangerschafft mit disen grausamen, vast gotteslästerlichen Worten geläugnet: Wan sie schwanger seye, müßte (Gott rechne mir die widerhollung nicht zur sünd) überschattiget worden seyn wie die Muter Gottes.«[282] Ohne das Strafurteil zu kennen, fällt eines auf. Die eindeutig blasphemischen Worte bezeichnete die Justiz selbst lediglich als fast gotteslästerliche. Die seelischen Nöte einer außerehelichen Schwangerschaft – andere Situationen der Bedrängnis tauchen in den Akten nicht auf – entschuldigte eben manche Blasphemie. Für die frühneuzeitlichen Zürcher konnten Blasphemien also im Affekt, d. h. allerdings fast nur im »Zorn« und in der Trunkenheit, geschehen. Vom Problem einer unehelichen Schwangerschaft abgesehen, hatten die Zürcher für weitergehende Psychologisierungen wenig Sinn. Der blasphemische Affekt wurde zwar toleriert, aber in Grenzen.

* * *

Religiöse Angelegenheiten hatten für die Frühe Neuzeit zweifelsohne einen hohen sakralen Wert. Trotzdem sollte man für diese Epoche die profanen Elemente der Gotteslästerung, wie sie als Kennzeichen eines sozial- und situationsspezifischen Habitus' betrachtet wurden, nicht unterschätzen. Das Etikett der Blasphemie mußte nicht die Glaubenshaltung eines Menschen qualifizieren; der Vorwurf der Blasphemie konnte als soziale Zuschreibung dienen. Im Verständnis der Zeit zeichneten sich die (Rand-)Gruppen der Fremden, Soldaten, Bettler, Kriminellen, Renitenten und Asozialen – von den andernorts prominenten Spielern und Jugendlichen ist in Zürich kaum die Rede – durch einen Verhaltensstil aus, zu dem blasphemisches Reden gehörte. Solange diese notorischen Blasphemiker ihre lästerlichen Sprüche im Rahmen des Normalen hielten, reagierte das Umfeld relativ nachlässig. Man überging möglichst die ärgerlichen Reden und kümmerte sich nicht weiter um die gesetzlichen Vorschriften. Auch die Obrigkeit griff nicht mit aller Härte ein. Wenn sie die vielen Flüche und Schwüre des Alltags bestrafte, dann sanktionierte sie viel eher die Störung des sozialen Friedens als die der religiösen Ordnung. Sie hatte nicht vorrangig die zu erwartende Vergeltung Gottes im Auge, sondern den konkreten Schaden, den die Streitereien anrichteten. Entsprechend eignete sich der Hexerei- besser als der Blasphemievorwurf dazu, eine lästige Person als gefährlich zu stigmatisieren.

---

[281] Vgl. B. II.509, fol. 61, Urteil Barbara Hertenstein, 26. 3. 1660.
[282] A. 27.116, Aussage Elsbeth Maag, 21. 8. 1690.

Es ist nicht verwunderlich, daß in der Wahrnehmung der Zeitgenossen Randgruppen eher mit dem Gesetz in Konflikt gerieten als ehrbare Bürger. Dies erklärt, warum die Justizakten von der besonderen Anfälligkeit der Unterschichten für blasphemische Reden zu berichten wissen. Es wäre unangemessen, aus diesem verzerrten Bild zu schließen, daß hauptsächlich soziale Marginale fluchten und schworen. Auch Handwerksmeister oder Vögte waren vor der verbalen Versuchung der Blasphemie nicht gefeit. Von den Handwerksgesellen, die in den genannten Beispielen immer wieder auftauchten, wird noch zu handeln sein.

Der gerichtliche Ursprung der Quellen bringt es ebenso mit sich, daß Szenen aus öffentlichen Räumen (Wirtshaus, Straße, Nachbarschaft) überliefert worden sind. Es wäre naiv anzunehmen, daß Blasphemie auf diese Orte und soziale Kontexte beschränkt gewesen sei. So sind für das Bernische Vechigen und Stettlen dank der Akten des Sittengerichts gotteslästerliche Handlungen im »privaten« Raum der Ehe, der Familie und des Haushalts durchaus nachweisbar.[283] Von ihnen handeln die hier hinzugezogenen Zürcher Quellen jedoch nicht. Über den »privaten« Formen der Gotteslästerung liegt ein Mantel des Schweigens, der sich nicht lüften läßt.

Blasphemie galt nicht allein als teilweise tolerierbares, wenn auch störendes Verhaltensmuster bestimmter sozialer Milieus, Blasphemie wurde auch spezifischen affektgeladenen Situationen wie dem Ehrhandel oder dem Kartenspiel zugeordnet. Wer im unzurechnungsfähigen Zustand, d.h. aus »Zorn« oder volltrunken, Gotteslästerungen begangen hatte, konnte mit der Langmut der Zeugen bzw. der Justiz rechnen, solange die blasphemischen Reden nicht über »normale« Tabubrüche hinausgingen. Denn schließlich hatten die Sprecher nicht eigentlich Gott, sondern ihre persönliche Kontrahenten gemeint. In diesen Standardsituationen des Alltags verblaßte Religion zu relativer Bedeutungslosigkeit: die Verletzung religiöser Normen wurde zur profanen Nebenerscheinung von Alkoholkonsum, menschlicher Emotionalität und geselligem Wirtshausambiente banalisiert.

Gotteslästerung war nicht gleich Gotteslästerung. Wer willentlich und vielleicht gar noch mit »originellen« Formulierungen Gott provozierte, beging ein ungleich schwereres Vergehen als diejenigen, die sich standardisierter Ausdrücke bedienten, um ihre persönlichen Kontrahenten zu reizen oder ihrem Unmut Luft zu machen. Im ersten Fall war die Vergeltung Gottes zu befürchten, da die Ehre des Höchsten angegriffen worden war. Im zweiten Fall hingegen handelte es sich um störende, profane verbale Entgleisungen, die nicht zu ernst genommen zu werden brauchten.

---

[283] Vgl. H. R. Schmidt, Dorf S. 92.

Die Mitglieder einer zutiefst religiös geprägten Gesellschaft wußten sehr wohl zu differenzieren zwischen Normbrüchen, die vornehmlich jenseitig, und denen, die vornehmlich diesseitig ausgerichtet waren. Die Omnipräsenz religiöser Normen läßt sich jedoch nicht allein damit erklären, daß Religion eine für die Moderne schwer vorstellbare sakrale Größe gewesen sei, die alles mit dem Höchsten verknüpfte. Mit religiösen Kategorien konnten vielmehr auch soziale Zuschreibungen vorgenommen, Rechte eingefordert, Formen der Geselligkeit gestaltet, Ärger ausgedrückt, kurzum weltliche Angelegenheiten geregelt werden. Die Kultur der Frühen Neuzeit dadurch zu charakterisieren, daß in dieser Epoche die Sphären des Sakralen und Profanen unauflöslich miteinander verschränkt gewesen seien, kann daher nicht heißen, die Durchdringung der profanen Sphäre durch die sakrale einseitig zu unterstreichen. Auch das umgekehrte Verhältnis, die Durchdringung der sakralen durch die profane Sphäre, ist zu berücksichtigen.

Die Grenzen, an denen die relative Toleranz der Zürcher gegenüber blasphemischen Reden endete, markieren die Denk- und Spielräume der streng religiösen Gesellschaft. Habitualisierte Blasphemie, verbale Entgleisungen in Trunkenheit oder Ärger, jugendlichem Übermut oder in einigen wenigen Momenten der Angst wie die der seelischen Not bei unehelicher Schwangerschaft mochten noch angehen, bewußte und gezielte Angriffe auf die Ehre Gottes aber nicht. Die Zürcher Toleranzmargen waren also zwar eng, aber trotzdem weit genug, um nicht jede blasphemische Äußerung fundamentalistisch als tatsächliche Schmähung Gottes einzustufen. Die Zürcher bewegten sich deswegen noch lange nicht in einer entsakralisierten, »aufgeklärten«, »rationalen« Gesellschaft, in Blasphemie nicht mehr den Gang vor das Gericht lohnte, doch ist das Bild von der intoleranten Frühen Neuzeit, die unorthodoxe Äußerungen und Verhaltensweisen unerbittlich bekämpfte, zu eindimensional.

Die Lust an der Provokation

Provokation war, wie bereits gesehen, aller Ehrenhandel Anfang. Die Notwendigkeit, seine Ehre zu verteidigen, diktierte den Auftakt zu einer eventuell blasphemischen Auseinandersetzung. Anders verhält es sich bei den Tabubrüchen, in denen die Kontrahenten aus Freude an der Provokation handelten. Inwiefern Gotteslästerungen im Spaß begangen wurden und was dies über die Tragweite frühneuzeitlicher religiöser Normen aussagt, ist Gegenstand der folgendenden Ausführungen.

Häufig entsprang Blasphemie burschikoser Rivalität. Für Zürich lassen sich drei typische Kontexte ausmachen, in denen Gotteslästerungen bevorzugt fielen: verbaler Übermut in geselliger Runde, trotziges Kräftemessen innerhalb einer Ingroup und die polemische Herausforderung der konfessionellen Gegner.

So religiös durchdrungen der frühneuzeitliche Alltag war, er erstarrte deswegen nicht in sankrosanktem Ernst. Dies zeigt das Beispiel einer ausgelassenen Kegelrunde aus dem Jahre 1672. Ein »ehrlicher Mann« meldete Pfarrer Conrad Vögts vier Wochen nach dem Vorfall, daß eine Gruppe von Spielern gekegelt und dabei das Gleichnis von den zehn Jungfrauen herangezogen habe. Die Kegler hätten die treffenden Kugeln als die klugen, die anderen als die törichten bezeichnet, die vom Himmelreich ausgeschlossen sein würden. Ferner hätten sie den »törichten« Kugeln die Worte in den Mund gelegt: »Herr, Herr thue uns auf.«[284] Bezeichnenderweise fehlt in den Akten jeder Hinweis darauf, daß die Sache gerichtliche Folgen gehabt hätte. Das vom Pfarrer einberufene Sittengericht wollte vom Vorfall nichts gehört haben. Offensichtlich fühlte sich – vom Geistlichen und dem »ehrlichen Mann« abgesehen, der seine Gründe gehabt haben wird, die Sache so spät zu melden – niemand bemüßigt, die launigen Sprüche der Kegler entweder als mittelbare Gotteslästerung oder als respektlosen Umgang mit biblischen Texten aufzufassen. Humor und religiöse Anspielungen selbst leicht blasphemischer Art schlossen einander nicht aus.

Neben dem Spiel inspirierte der Wein öfter zu gotteslästerlichen Äußerungen. Heinrich Schultheß etwa hatte bereits wiederholt seiner Schwüre und gewagten Bibelauslegungen wegen Schwierigkeiten mit der Justiz bekommen.[285] Dessenungeachtet befand er in einem Wirtshaus, »der Wÿn sÿge so sauwer, daß, wann man In einem Essel (rev[erenter]) ins gseßß schüttete, Er wurde dergestalten hinderen ußschlagen, daß die sternen von Himel fielend.«[286] Schultheß verunglimpfte damit die Gottesgabe des Weins und verstieg sich außerdem zu dem blasphemischen Bild, daß ein Esel mit seinen Hinterbeinen die Sterne erreichen könne. Doch Schultheß implizierte keine Kritik an Gott. Vielmehr hatte er den Wirt im Visier, den er offensichtlich mit rhetorischem Genuß vor versammelter Kundschaft beschuldigte, einen schlechten Wein auszuschenken. Ob die Justiz hier stärker die Injurie oder die Blasphemie ins Gewicht hätte fallen lassen, ist freilich nicht zu sagen. Ein Urteil erübrigte sich, nachdem Schultheß bei der Flucht aus dem Gefängnisturm in den Tod gestürzt war.[287]

---

[284] E. II.88, Schreiben Conrad Vögts (?), 5. 6. 1672.

[285] Vgl. A. 27.89, Aussage Jagli von Ruffs, 8. 3. 1650; A. 27.89, Aussage Jagli Kuontz, 29. 3. 1650; A. 27.89, Aussage Heinrich Schultheß, 18. 4. 1650.

[286] A. 27.89, Aussage Jacob Wyland, 23. 5. 1650.

[287] A. 27.89, (Dorsalnotiz), Aussage verschiedener Zeugen, 3. 8. 1650.

Viel besser als Schultheß muß es dem Gesellen Heinrich Beyner von Altdorf geschmeckt haben. Bei der Hochzeit des Schmied Isaac Hertenstein
war er bereits um drei Uhr nachmittags derart angeheitert, daß er den Weinschenk mit den Worten herbeirief: »Schenk ein Schöpfer H[eiliger] Geist,
abs[it] blasph[emia]. Hernacher über 1 viertelstund [eine Viertelstunde später …]: Wo bist Schöpfer, Heiliger Geist, abs[it] blasph[emia]?[288]« Die
blasphemische Verwechslung schockierte offenbar nicht und muß daher als
Spaß aufgefaßt worden sein. Keiner der Zeugen ermahnte Beyner oder meldete ihn. Die Sache war nur aufgeflogen, weil der Kyburger Ehegaumer Jacob Sürer Anzeige erstattet hatte. Deswegen mußten sich die anderen Zeugen vor Gericht dafür verantworten, nicht eingegriffen zu haben. Der Bräutigam entschuldigte sich damit, Beyner nach Wiederholung seiner Worte kritisiert zu haben. Er habe zu seinem Tischnachbarn gesprochen: »das ist viel
geredt und ganntz leichtsinig.«[289] Doch Beyner hatte nicht einfach »viel und
leichtsinnig« geredet; er hatte vielmehr einen Menschen mit dem Heiligen
Geist gleichgesetzt und somit eine Gotteslästerung begangen. Genausowenig
wie die fadenscheinige Rechtfertigung Hertensteins überzeugt die Stellungnahme des Hochzeitspaten Bonnhoffner. Er habe zwar Beyner vertraulich
zur Seite genommen und ihn zur Rede gestellt, dieser habe sich aber damit
gerechtfertigt, er habe »komm, heiliger Mensch« gesagt. Selbst wenn die
Formulierung nicht lästerlich war, auch diese Ausrede schmeckte noch nach
Blasphemie. Ehrlicher war wohl der Schmied Steiner: »er habe vermeint, daß
[sc. Beyners Sprüche] were nochts [nichts] böses.«[290] Ein kleiner, unterhalt-
samer blasphemischer Spaß, was war schon dabei? Die Zeugen jedenfalls
fühlten sich nicht an die gesetzlichen Regelungen erinnert noch sahen sie
Gottes Vergeltung über sich hineinbrechen. Die blasphemischen Worte kamen für sie einem fröhlichen Trinkspruch gleich. Ob die Justiz diese Sicht
teilte, ist unbekannt.[291]

Das Wirtshaus war Ort vielfältiger Blasphemien in heiterer Runde.[292] Hier
wurden Witze und lockere Sprüche zum Besten gegeben. Gut gelaunt kehrten im ersten Drittel des 16. Jahrhunderts sechs Männer auf dem Heimweg
nach Zürich in einer Gaststube ein. Dort habe Michel Hengli ihn, so die
Aussage des Schmid Heini Meyers von Mettmenstetten, zu einem Glas Wein

---

[288] A. 27.119, Aussage Isaac Hertenstein, 25. 2. 1696.
[289] A. 27.119, Aussage Bonhoffner, 26. 2. 1696.
[290] A. 27.119, Aussage Isaac Hertenstein.
[291] Zwar verweist die Akte auf einen Eintrag im Ratsbuch, doch fehlt dort jeglicher Vermerk
zum Ausgang der Sache.
[292] Zur Bedeutung des Wirtshaus als sozialer Knotenpunkt, der den Obrigkeiten einiges
Kopfzerbrechen bereitete vgl. B. KÜMIN, Inns and Taverns.

eingeladen. »Do gab Ich im zur antwort, Ich wil gern mit Dir trincken unnd dir ein früntlichen trunck nit versagen. Darnach Nam Michel Henglÿ das glaß, stalts nider unnd sprach, Ich wil der tagen eins mit einm ein trunck thuon, das gott Im himel muoß lachen.«[293] Hengli hatte damit eine Blasphemie begangen; Gott ließ sich nicht als Trinkkumpan vermenschlichen. Welche Handlung aber hatte er tatsächlich vollzogen? Weder machte er irgendwelchen Emotionen Luft, noch versuchte er jemanden zu beleidigen oder zu verwünschen, noch legte er sich mit Gott an. Hengli hatte den Mund voll genommen, um sich vor seinen Wegbegleitern mit der Originalität seiner Trinksprüche zu brüsten. Der Sinn der Blasphemie lag in der übermütigen Selbstdarstellung des Sprechers.

Ebendies war der Fall, als 1658 der Ravensburger Nadlergeselle Johannes Zyder seinen Schwabenwitz erzählte, von dem bereits die Rede war. Was war an der Erzählung erheiternd, daß Gott nach getanem Wunderwerk sich umsonst auf das versprochene Leberessen gefreut hatte und statt dessen anbot, den erarbeiteten Lohn mit seinem schwäbischen Wegbegleiter, dem »Leberfresser« und ihm selbst zu teilen? Wohl nicht die blasphemische Vorstellung, Gott sei ein Gourmet, der auch noch für die Auferweckung eines Toten Geld annahm. Doch vielmehr die helvetische Schadenfreude an der Dummheit der schwäbischen Witzfigur, die sich durch ihren Geiz verrät. Kennzeichnenderweise stieß die lästerliche Geschichte die Zuhörer nicht ab. Im Gegenteil, sie wurde für derart lustig befunden, daß Meister Nüscheler Zyder aufgefordert habe, den Witz zu wiederholen. Selbst als Nüscheler in einer anderen Sache vor das Zürcher Sittengericht zitiert wurde, sei er nicht auf die Wirtshausszene zu sprechen gekommen und könne sie daher nicht als anstößig empfunden haben.[294] Zyder hatte also einen Lacherfolg erzielt. Dieser ging nicht auf Kosten Gottes, sondern auf Kosten der bei den Eidgenossen unbeliebten Schwaben. Über die propositional todernste Gotteslästerung konnte also nur deswegen gelacht werden, weil die Sprechhandlung Schadenfreude über die Nachbarn implizierte.

In Wirtshäusern werden bekanntlich nicht nur Witze erzählt, sondern auch Diskussionen geführt. Das frühneuzeitliche Zürich war da keine Ausnahme. Rüger gab gegen 1523 zu Protokoll: »Es habe sich begäben, Das er uff gestern dem heiligen abend zum Rappen In das Wirtzhuß komen [...] und gemeint, Es wäre sitt hie, das man von gott und sinem heiligen wort Reden söllte.« Da sei Goldschmied Rudolf Benner unvermittelt in die Worte ausgebrochen: »Wir wend [wollen] nüt mit gott zeschaffen haben. Der tüfel

293 A. 27.10, Aussage Heini Meyer, undat.
294 Vgl. A. 27.96, Aussage Johannes Zyder, 6.1.1658.

muoßß auch ettwas haben [...] muoß Ich denn des tüffels sin, So wil Ichs auch sin. Starke, blasphemische Worte eigentlich, doch, so das Protokoll weiter, ob er [Benner] das In gespött oder ernst gethan hab, mag diser zug [sc. der Zeuge Rüger] nit wussen. Wol habe niemand mit Im gezanckett.«²⁹⁵ Die lästerlichen Reden Benners hatten also niemanden echauffiert; die Lust an der Gotteslästerung als spaßiger Provokation, als »gespött«, war durchaus vorstellbar und wurde auch ausgelebt.

An der Grenze zwischen humorvoller Herausforderung und ernsthafter Weltdeutung bewegt sich die Wirtshaussszene von 1556, in denen mehrere Gäste auf eine Kometenerscheinung zu sprechen kamen. Als er eingeworfen habe, so Hans Schnebergs eigene Aussage, er habe den Kometen noch nicht gesehen, »antwurte heinrich helbing aber er hette den gesechen und Es wer glich, Als wenn unser Herr Gott zeliecht were gsin, Einem ein Ampeler gnommen und die dahar gehenckt [als ob Gott ein Licht hätte anzünden wollen, jemandem ein Windlicht genommen und es hingehängt hätte].«²⁹⁶ Helbing beabsichtigte nicht, unzutreffende Aussagen über Gott zu machen oder sich mit ihm oder einem konkreten Kontrahenten zu messen, sondern versuchte sich an einer anschaulichen, möglicherweise lustigen Erklärung. Gott etwas zuzuordnen, was ihm nicht entsprach, ihn als jemanden zu vermenschlichen, der eines Kerzenlichts bedarf, kam einer Blasphemie gleich, die Justiz indes begnügte sich damit, Helbing »ungebürliche Reden« vorzuwerfen. Schließlich betrachtete sie den Fall als harmlos genug, den Beklagten freizulassen.²⁹⁷ Die Handlungsspielräume der Zürcher Gesellschaft waren also groß genug, um manche Blasphemie als flapsige Bemerkung durchgehen zu lassen.

Der Sinn für solche witzig gemeinten Blasphemien machte nicht jeder Gotteslästerung Tor und Tür auf. Mit ihrer Provokationslust begingen Gotteslästerer eine riskante Gratwanderung. Heinig Oswald, Sohn eines Webers aus Egg, wußte, daß er sich zu weit vorgewagt hatte. Als er 1559 volltrunken eine weitere Runde bestellen wollte, verweigerte ihm dies der Wirt »mit erinnerung, das er sonnst gnuog Unnd Im, so er wÿtters trincken sölte, ein untzucht beschëhen möch. [Hierauf habe Oswald] gantz verruochter und Gottloßer wÿß greth, was es schaden, so er schon kotzete, es hette doch unser hergott ouch etwann getruncken, das er gekotzet«.²⁹⁸ Sich wegen exzessiven Alkoholkonsums übergeben zu müssen, galt bereits als Verunglimp-

²⁹⁵ A.27.6, Aussage Hanno Rüger, ca. 1523.
²⁹⁶ A.27.159, Aussage Hans Schneberg, X.3.1556.
²⁹⁷ A.27.139, (Dorsalnotiz), Aussage Hans Schneberg, X.3.1556.
²⁹⁸ B.VI.258, fol.197, Urteil Heinig Oswald, 6.4.1559.

fung der Gaben Gottes.[299] Aber Gott dasselbe schnöde Verhalten anzudichten und ihn dadurch zu einem Gelegenheitstrinker zu degradieren, war doch ein starkes, buchstäblich gottloses Stück. Oswald wird schon gewußt haben, warum er nach dieser Szene das Land verließ und erst »etlich Jare« später in die Heimat zurückkehrte, um sich schließlich der Justiz zu stellen. Der Rat aber behandelte seine Worte als ärgerliche Reden; das Stichwort Gotteslästerung fiel nicht. Ohne Kirchenstrafe kam Oswald davon. Er wurde für ehr- und wehrlos erklärt und sollte sich der »Ürten enthalten.«[300] Oswald hatte also mit seinen flotten Sprüchen den Bogen überspannt, aber nicht so, daß er hierfür öffentlich Gott um Verzeihung hätte bitten müssen.

Solange die Sprecher mit ihren übermütigen Worten letztlich etwas über sich und nicht Gott aussagten, erweisen sich die Zürcher als relativ tolerant. Wer jedoch die Ehre Gottes beschmutzte, mußte erleben, daß aus leichtsinnigem Spaß bitterer Ernst werden konnte. Der Rat befand etwa, daß der Grempler Hans Grüter »allhir Im Wirtzhus zum Rößli gsëßen unnd unnder etlichen Eerenlüthen offentlich Gredt, Unnßer hergot sÿe des Tüffels Aff Unnd der Tüffel unnßers hergots aff.«[301] Völlig unvermittelt hatte er mit gängigen Wendungen blasphemischen Unsinn von sich gegeben, was ihn teuer zu stehen kommen sollte. Im Rahmen des Gewohnten bewegten sich die Strafe der Ehr- und Wehrlosigkeit sowie der Ausschluß von Festgesellschaften, während die Geldbuße von vier Mark, der Stadtarrest sowie der obligatorische Gottesdienstbesuch zu den ungewöhnlichen Strafmaßnahmen gehörten. Für billige provokatorische Mätzchen hatte die Justiz nichts übrig.

Auch im 18. Jahrhundert bot das Wirtshaus für manch blasphemisches Talent eine Bühne. Als Heinrich Trümpler 1719 in einer Gaststube zu Rapperswil salzige Teilchen aufgetischt wurden, rief dieser aus, »er habe im verfloßenen Jahr dem Teüffel auch ein Küchli zum guthen jahr gegeben.« Anschließend sei er in ein anderes Wirtshaus gegangen und dort »ein glaß in handen gehabt und geredt, der Teüffel solle ihne nemen, wan er solches nit an der wand herauffwerfend widerum gantz bekommen möge.«[302] Trümpler wandte sich hier nicht an Gott oder an einen persönlichen Kontrahenten, sondern hatte vielmehr das Gasthauspublikum im Auge. Den einen, die sich an Wortmagie erinnert fühlten, bot er – vielleicht heutigen Messerwerfern vergleichbar – einigen Nervenkitzel. Andere hingegen mögen über Trümplers

---

[299] So wurde beispielsweise Fridli Keller von Rümlang 1548 eine Geldstrafe von einer Mark auferlegt »um das er sich über thrunken unnd den wein wider von Im geben hat.« F. III.45, Baptistalis 1548.

[300] Vgl. F. III.45, Baptistalis 1548.

[301] B. VI.259, fol. 210, Urteil Hans Grüter, 7. 11. 1665.

[302] A. 27.133, Aussage Heinrich Trümpler, 13. 7. 1719.

Showeffekte gelächelt haben. Ob spannende Unterhaltung oder Übermut in geselliger Runde, die Justiz sorgte für die Antiklimax. Der wegen weiterer »atheistischer Reden« angeklagte Trümpler mußte eine zweimalige Körperstrafe einkassieren, sich abkanzeln lassen, einen Widerruf leisten und wurde zusätzlich für die Dauer von sechs Jahren des Landes verwiesen.[303] Somit hatte die Justiz der blasphemischen Ausgelassenheit ein Ende gesetzt.

Den zweiten typischen Kontext, in dem gotteslästerliche Bemerkungen aus Provokationslust fielen, stellen die vielen Szenen dar, in denen Blasphemiker ihre verbalen Kräfte am Publikum maßen. Insbesondere Gesellen beschäftigten mit ihren Sticheleien die Justiz. Im Jahre 1489 etwa geriet Hans Bintzli mit jemandem in eine Schlägerei und ließ dabei mehrere Passionsschwüre fallen. Hanno Trayer habe daraufhin eingegriffen und Bintzli ermahnt, »es möcht got Im hymel leid sin. Man sölt einen In ein sack swemen, der so übel schwüre. Do redte heini Rot von Bachern bülach schalckbarlich zu Inn, das dich gots blut schennt, worumb soll man denn einen guoten gsellen ertrencken.«[304] Anstatt Trayer beizupflichten, trickste Rot den Trayer mit burlesker Ironie aus. Er verhielt sich im genauen Widerspruch zu den Anweisungen Trayers: »schalckbarlich« tat Rot selbst einen Schwur, beging also eine Blasphemie, um im gleichen Atemzug Bintzli als guten Kumpanen zu entlasten. Rot handelte in seiner gotteslästerlichen Erwiderung nicht von Gott. Vielmehr spielte Rot seine verbale Überlegenheit über Trayer aus.

Um Kraftmeierei ging es auch bei einer Szene auf dem Zürcher Neumarkt im Jahre 1500. Im Kreise einiger Gesellen neckte Junghanns Fridwiler Felix Meyer: »Gelt, du wellst aber in dz [das] frowen huß. Daruff rette Ir eyner [einer unter ihnen]. A Neÿn, es ist hüt ein heilger tag. Daruff rette felix meÿer: und dz der heilig geist Im fornen uff den zie[hen] sässe, so wolt er denoch gen brut[en].«[305] Meyer wird mit seinen »schandtlichen worten« wohl kaum Gott, sondern seinen Gefährten mit seiner ungebändigten Libido zu beeindrucken gesucht haben. Die Justiz freilich fand Meyers Imponiergehabe nicht amüsant. Sie verurteilte Meyer zu einem Widerruf in den zwei großen Zürcher Stadtkirchen, verhängte gegen ihn das Verbot der »Ürten« und schickte ihn zur Beichte nach Einsiedeln. Sie verwies somit die blasphemisch-burschikose Subkultur von Gesellen in ihre Schranken.

Neben gewagten Formulierungen gehörten unter Gesellen auch Schwüre zum guten Ton. Hiervon vermittelt eine Zürcher Wirtshausszene aus dem

---

303 Vgl. B. VI.746. fol. 54, Urteil Heinrich Trümpler, 2. 8. 1719.
304 A. 27.2, Aussage Hanno Trayer, ca. 1489.
305 B. VI.243, fol. 3r, Aussage Cunrat Lydiner, Dienstag nach St. Peter 15X. D.h. in heutigem Deutsch: und wenn ihm schon der Heilige Geist auf den Zehen säße, so wollte er dennoch Geschlechtsverkehr haben.

Jahre 1592 einen Eindruck. Peter Sarius hatte sich im Wirtshaus Weggen mit mehreren Müllergesellen getroffen und war »mit der Stuben frauwen Inn etwas grets khommen [...] Da Sarius sÿne wort schier allwegen mit schweren befestiget, als namblich: bÿ Gott, bim Sacrament.« Das Gespräch habe hierauf seinen weiteren Verlauf genommen, wobei jeder der Diskutanten seinen Beitrag mit einem Schwur bekräftigt habe. »Sonsten sÿge nie khein Uneinigkeit under Inen gsÿn, sonder sÿgind also bÿ ein anderen gseßen und gschwätzt, dann sÿ letstlich mehr denn dann 1. stund oder anderhalbe ohne wÿn gesëßen.«[306] Die Kumpanen, so die Darstellung Pauli Usteris, hätten nichts weiter getan, als friedlich und gemütlich, ohne übermäßig zu trinken, beisammenzusitzen. Blasphemie war hier ein Code, mit dem sich die Sprecher zu einer geschlossenen Gruppe von »mannhaften« Gesellen verbanden.[307]

Daß dieser Code auch dazu genutzt werden konnte, seinem Selbstdarstellungsbedürfnis freien Lauf zu lassen, zeigt das Beispiel des Breisacher Küferknechts May. Er hatte sich 1634 mit Freunden zu einem Picknick am See verabredet. Zuerst habe er sich, so der Bericht des Regensdorfer Vogts, damit gebrüstet, gleich mehrere Frauen an der Hand zu haben, wobei er »zu jedtwedern wort tusent donder, straal und hagel [...] geschworen.« Dann, als er »gebrunzet, sige er kein trit abseits getreten. Beim Essen schließlich habe er mehrtheils disen sägen gesprochen: Kommend, wer wollend alles (reverenter) in trunk hinweg fräßen und so sÿ [sc. die Freunde] ihm diser enormiteten abgemahnet, heige er mit unfletigen reden und schwüren noch häfftiger angehalten und gedonderet.«[308] Implizierte May, sich mit dem Höchsten messen, einen Streit mit den Freunden ausfechten zu wollen, als er aus dem Tischgebet eine Aufforderung zum Gelage machte? Wohl kaum. Vielmehr inszenierte er sich selbst als unverfrorener Frauenheld und ausgelassener Zeitgenosse, von dessen Triumphen die blasphemischen Worte kündeten. Blasphemie entsprach hier lustvoll provozierender Rhetorik, die den Peers mächtig Eindruck machen sollte.

Neben der Selbstdarstellung diente der blasphemische Spaß unter Gesellen dazu, nicht mit Ernst von Gott, sondern mit Schadenfreude von einem Gruppenmitglied zu handeln. Genau dies geschah, als Heinrich Ruckstuol 1640 das Weihnachtslied »Gelobt seist Du Herr Jesus Christ« mit einem »und Du ein Schölm geboren bist« weiterdichtete. Sein Vetter Jacob Ruckstuol reagierte umgehend und fragte nach, ob er auf Gott anspiele. Schlag-

---

306 A. 27.43, Aussage Pauli Usteri, 25. 9. 1592.
307 Die Bedeutung »subkultureller Vergemeinschaftung« durch »male bonding« insbesondere beim Kartenspiel unterstreicht G. SCHWERHOFF, Gott und die Welt S. 403–407.
308 A. 27.72, Fall May Bericht Vogt Heinrich Abeli, X. 6. 1634.

fertig erwiderte Heinrich, er meine eben seinen Vetter.[309] Ob Heinrich tatsächlich eine Gotteslästerung (Christus als Schelm) begehen wollte und sich geschickt aus der Schlinge zog, oder ob er seinen Verwandten hatte necken wollen, ist nicht entscheidend. Ausschlaggebend ist, daß der Reim zwar als religiös gefärbte Sprechhandlung mißlang, als profan provozierende Sprechhandlung aber gelang: Die Gotteslästerung wurde nicht als Wortsünde, sondern als Injurie enschlüsselt. Gott stand nicht auf dem Spiel. Der Genuß lag in der Provokation auf Kosten eines anderen.

Freilich lag der Genuß nicht allein in der Provokation, sondern auch im Spiel, das sich mit den möglichen Folgen einer blasphemischen Äußerung treiben ließ. So belustigten sich im Jahre 1616 einige Altstättener Jungbauern über den Münsteraner Gesellen Andres Rother. Dieser hatte es abgelehnt, mit ihnen einen Schluck zu teilen und war seinen eigenen Kumpanen treu geblieben. Hierauf hätten ihn die Altstettner nicht in Ruhe gelassen, so daß er »zornig worden und gredt: botz hergot, laß unns Inn unnßer zëch rüwig verfaren. Daruf einer under denen von Altstetten gredt: Du Diebsläcker, du mußt den herd küßen oder ein schilling gëben, dann du hast hergott gschworen. Er, Roth, aber, diewÿl er erfaren, das es üwer mÿner gnedigen Herren Mandath vermöge, habe er demselben nochkommen wöllen und glÿch angentz den Herd küßt. Daruf Ime der, so Inne gheißen, der Herd küßen, zu andtwort geben: Jetzt weist, das du (Gott behüt uns) den tüffel (reverenter) den hinderen küßt hast.«[310] Rothers Schwur hatte nicht das religiöse Empfinden der Altstettner verletzt, noch lag ihnen, die sie selbst eine Gotteslästerung begangen (Gleichsetzung von Erdboden mit dem Hinterteil des Teufels), die Ehre Gottes am Herzen. Vielmehr machten die Ansässigen Rother zu einer unfreiwillig komischen Figur. Sie hatten die Blasphemie zum Vorwand genommen, den Fremden vorzuführen und die Sittengesetzgebung frech zu parodieren. Dies aber hieß nichts anderes, als daß sie die Blasphemie zum Vorwand nahmen, den Fremden zur geselligen Unterhaltung zu verspotten.

So wie Gruppen mit Blasphemien spielte, ließen sich auch Individuen die Chance nicht entgehen, ihren Gewinn aus lästerlichen Äußerungen zu ziehen. Im Jahre 1697 etwa ging der Pfarrerssohn und Geselle Frantz Häni aus dem reformierten Bern mit den katholischen Gesellen Michel Schmid von Ochsenhausen und Hans Jost Trachler aus Luzern in Zürich spazieren. Als die Glocken zum Abendgebet läuteten, hätten ihn seine Kumpanen damit aufgezogen, daß er nicht in den Gottesdienst gehe. Vergeblich habe er, so

---

[309] A.27.79, Aussage Hans Keller, 13.8.1640.
[310] A.27.61, Aussage Andres Roth, 5.8.1616.

die Aussage Hänis, erklärt, daß er gerade erst angekommen sei und daher
die örtlichen kirchlichen Gepflogenheiten nicht kenne. Die katholischen Gesellen hätten nicht locker gelassen, sondern eingeworfen: »Du fürchtest
gwüß, [die] Kirchen falle auff dich oder der Tüffel holle dich. Hierauf habe
Michel Schmid hinzugefügt, nein, der Tüffel /Got bhüt uns/ holle den prediger eher als ihne.« Zwar seien noch weitere antiklerikale Bemerkungen gefolgt, doch habe man sich schließlich »verglichen und jeder ein Maß Wein,
wan er schweige, bezahlen wollen.«[311] Häni, das war die Vereinbarung, sollte die konfessionell aufgeladenen Verwünschungen nicht melden und dafür
jeweils von den Gesellen zu einer Runde eingeladen werden. Häni hatte also
in Berufung auf Gott aus der Situation Profit zu schlagen gewußt. Er ließ
sich sein Schweigen bezahlen; die Schwüre sollten als spaßige, verbale Rangeleien durchgehen.

Die Lust an der blasphemischen Provokation beschränkte sich nicht allein
auf den spielerischen Wettkampf der Worte. Sie hatte auch ernste Hintergründe. Typisch sind hierfür die frechen Antworten, mit denen Blasphemiker ihren Kontrahenten widersprachen. So wurde 1687 Elisabeth Hug dem
Stadtzürcher Sittengericht gemeldet, weil sie im Streit mit Jacob von Bär eingeworfen habe, »daß, was sie sag und vorgebe, nit anderst seige, alß wann es
Gott selbst redte.«[312] Vergleichbar scheint 1735 Gebhardt Heller von Wil
reagiert zu haben, als er bei einem Trunk im Kreis von Freunden gefragt
wurde, warum er sich als »Henkersbub« habe bezichtigen lassen. Dem Bericht des Vogts Hirzel von Eglisau nach soll er hierauf erwidert haben: »ich
bin so gueth als Gott der Vatter, der Sohn und der heillige geist und mein
herr Jesus.«[313] Was die beiden mit ihrer Sprechhandlung implizierten, ist
klar. Sie suchten ihre Ehre zu retten, indem sie einen provokanten Vergleich
anstellten. Ihre blasphemische Retorsion meinte weder Gott noch beleidigte
sie direkt einen persönlichen Kontrahenten. Die Herausforderung sollte vielmehr dazu dienen, jedweden Zweifel an ihrem Leumund aus dem Wege zu
räumen. Mit Ehrkapital ließ sich nicht spaßen. Genau dies drückten Hug
und Heller aus, als sie paradoxerweise mit blasphemischen Worten ihre Un-
bescholtenheit zu beweisen suchten.

Wandten sich die Hug und der Heller trotzig gegen die Vorwürfe ihrer
Mitbewohner, scheint 1687 der Forstaufseher Hans Schwarzenbach von
Talwil seine Vergnügen daran gehabt zu haben, die Nerven seiner Umge-
bung zu strapazieren. Anläßlich eines Gewitters hatten die Gäste, mit denen

[311] A. 27.120, Aussage Frantz Häni, 14. 5. 1697.
[312] A. 44.1, Schreiben Schultheiß an Reformationskammer, 1. 11. 1687.
[313] A. 27.144, Fall Gebhardt Heller Vogteibericht, 8. 4. 1735.

er sich zusammen in einem Wirtshaus befand, ihre Furcht vor dem herannahenden Hagel geäußert. Hierauf habe er »bei seiner Seel und bei Gott geschworen, Es könne dises jahr nicht mehr haglen. Auf Fragen, warum? geantwortet, Es seÿe andere jahr allezeit etwas risleten (?) vorgegangen, disen sommer nicht.« Ihm wurde ferner vorgeworfen: »In allen blitzen und donneren soll Er den Allerhöchsten, der seine gewalt mit stralschießen erschießt, mit eifer gereizt und so wiel alß mit folgenden ellenden, öfters widerholeten worten heraußgefordert haben: Schieß dapfer. Wan es geblitzet, gesprochen: Es hat geladen, er wird bald abschießen. Wenn es gedonneret: Habe ich nicht gesagt, er oder es habe geladen?«[314] Schwarzenbach hatte somit die Gotteserscheinung des Gewitters unverfroren auf ein meteorologisch erklärbares Phänomen (Fehlen der »risleten«) reduziert. Ohne Respekt vor dem Herrn hatte er die Zeichen göttlicher Vergeltung (Blitz und Donner) zu ungefährlichem Theatergepolter (wirkungslose »Schüsse«) umgedeutet. Was hatte Schwarzenbach gereizt? Gott herauszufordern oder seinen Spaß mit den ängstlichen Wirtshausgästen zu treiben? Wohl beides. Hinter der übermütigen Parodie auf das Gotteszeichen stand jedoch für die Zeitgenossen eine zutiefst respektlose Haltung gegenüber Gott, die nicht mit Leichtigkeit übergangen werden konnte. Als Schwarzenbach die vier Zeugen – sie meldeten dem Pfarrer den Vorfall – bat, ihn nach Hause zu begleiten, verweigerten sich alle. Sie erklärten, sie befürchteten, auf dem Wege vom Blitz erschlagen zu werden.

Das gesellige Wirtshausambiente mochte zu heiteren Blasphemien beflügeln, zu blasphemischer Renitenz animierte es auch. Heinrich Bollier aus Rüschlikon etwa forderte 1715 in einem Knonauer Wirtshaus die anwesenden Vögte auf, sein Schreiben zu öffnen, das er offensichtlich nicht zum ersten Mal gegen sie aufgesetzt hatte. Die Amtspersonen lehnten jedoch ab. Sie wandten ein, die Obrigkeit hätte bestimmt schon eingegriffen, hätte sie einen Anlaß dazu gesehen. Hierauf habe Bollier ein Messer genommen, den Brief geöffnet und gesprochen: »Die barmhertzigkeit und gnaad Gottes seige groß, aber noch größer seige sein brieff.«[315] Bollier ließ sich seine Kampfeslust nicht verderben und versuchte aufzutrumpfen. Allerdings bekam ihm dies schlecht. Mit einer einwöchigen Gefängnisstrafe, dreimaliger »Züchtigung an der Stud«, Abkanzelung, Widerruf, lebenslänglicher Ehr- und Wehrlosigkeit sowie Hausarrest zahlte er einen hohen Preis für seine Provokation.[316] In den Augen der Justiz stellte sie, wie die Kirchenstrafen un-

---

[314] A. 27.114, Fall Hans Schwarzenbach Pfarrerbericht, 15.8.1687.
[315] A. 27.130, Aussage Hans Rudolf Hetschwyler, 14.3.1715.
[316] B. II.729, fol. 120 f., Urteil Heinrich Bollier, 30.3.1715.

mißverständlich anzeigen, eine Gotteslästerung dar. Bollier selbst aber hatte
wohl nicht Gottes Regiment in Frage stellen, sondern vielmehr den Amtmännern imponieren wollen. Mit der provokanten Sprechhandlung signalisierte
er, daß er sie verachte und daß er nichts und niemanden fürchte. Mit magischer Beschwörung, der persönlichen Beleidigung der Kontrahenten, einer
Auseinandersetzung mit Gott oder heiterer Unterhaltung hatte dies nichts
zu tun.

Die starrsinnige Haltung Bolliers machte ihn zu einem der bis zum
17. Jahrhundert verhältnismäßig seltenen Querulanten. Diejenigen hingegen,
die im 18. Jahrhundert mit ihren blasphemischen Unverschämtheiten ge-
richtsfällig wurden, gehörten öfter in diese Kategorie. Für einen solchen
Querulanten ist Andreas Schultheß aus Stäfa ein Beispiel. Dem Verhör von
1737 nach war er in einem Zürcher Wirtshaus in eine Schlägerei geraten und
hatte jemandem den Inhalt eines Glases ins Gesicht geschüttet. Welch gefährliche Gratwanderung Schultheß nicht nur in dieser Situation zwischen
blasphemischer Unverfrorenheit und renitenter Aufmüpfigkeit vollzog, verdeutlichen die Fragen des Gerichts: »Ob Er dann [sc. in dem genannten
Wirtshausstreit] nicht verschidenen gets ärgerliche Reden geführt? Ob dan
nicht in Beck Itschners Haus geredt, der Teüfel sey ein braver, witziger Man
und thüge ihm nichts? Item der Hund sey sein Bub? Ob nicht auf der Zihl
[sc. auf der Sihl, d.h. in einem Zürcher Stadtviertel] geredt, wann unser
Herr Gott auf der welt herumwandelte als ein Her oder als ein baur oder
bettler, er konte ihn nicht höher achten als man jetz die Leüth in Ehren halten müße?«[317] Doch damit nicht genug. In der Stube zur Sonne in Stäfa sei
er, so der weitere Vorwurf, ermahnt worden, von seinen Flüchen und
Schwüren abzulassen, woraufhin er erwidert habe: »Man soll ihm ihn hinuntergeben, Er woll ihm den Hinteren ertätschlen.«[318] Mit seiner gewitzten
Schlagfertigkeit und seinen Provokationen muß Schultheß manchem Zürcher die Sprache verschlagen haben. Jedenfalls waren ihm diejenigen, die ihn
zur Ordnung zu rufen versuchten, offensichtlich nicht gewachsen. Was aber
hatte Schultheß im Sinn? Wahrscheinlich ein lockeres Leben, frei von Zwän-
gen. Mit seinen fürwitzigen Blasphemien maß er als sozial Unangepaßter seine Kräfte nicht so sehr an Gott als vielmehr an der Gesellschaft.

Die Lust an der konfessionellen Provokation war das dritte große Feld,
das Gotteslästerungen immer wieder den Boden bereitete.[319] Die Früchte,
welche dieser Boden trug, zeigen freilich, wie schwer Konfessionspolemik

[317] A. 27.145, Aussage Andreas Schultheß, 21. 5. 1737.
[318] A. 27.145, Aussage Jacob Kuentz, 28. 5. 1737.
[319] Für eine Sammlung entsprechender Redewendungen aus historisch-linguistischer Perspektive vgl. A. BLATTER, Schmähungen.

und Blasphemie voneinander zu trennen sind. Was des einen Religions-
schmähung war, war des anderen Gotteslästerung bzw. umgekehrt. Gerade
diese Verzahnung macht deutlich, daß blasphemisches Reden je nach Kontext unterschiedliche Bedeutungen annehmen konnte.

Angesichts der Feindschaften, welche die Religionskriege geschaffen, und
der Opfer, welche sie gefordert hatten, schwang in den Konfessionspolemiken stets ein ernster Unterton mit. Dennoch wurden viele konfessionelle Divergenzen mit blasphemischen Sticheleien zur wohlgefälligen Unterhaltung
des Publikums ausgetragen. Typisch ist hierfür die Wirtshausszene von
1695, in der Heinrich Leüthi aus Richterswil mit einem Boten aus dem katholischen Zug in ein Streitgespräch geriet: Man habe gefragt, »ob es wahr,
daß sie vergangnen Sontag zu Zug im gewehr gestanden, der Zugerbott es
bejahet. Hierauff er [sc. Leüthi] gseit, sie habind Einnerley glauben und
glaubind an den Herren Christum. Der Zugerbott hierüber geantwortet, Sie
habind den Rechten und ein anderen glauben weder als wir. Da er dan zu
dem Zugerbott wider gesagt. Sie habind nit den Rechten glaubind. Sein Vatter hab zu Einsidlen [sc. einem Zentrum des schweizerischen Katholizismus]
gelehrt mauren, unnd an der Maria Capellen etwas vermachen müßen. Da
habe er 2 Röhrli gsehen darin man Öell [eine Flüssigkeit] schütte und dardurch die Muter Gottes schreyen mache [den Eindruck erwecke, als weinte
die Marienfigur]. Der Zugerbott alßo bald gseit, sein vatter und er seyen
Dieben, wann sie es sagind.« Im weiteren Schlagabtausch folgten die üblichen Vorwürfe und Gegenvorwürfe wie, daß katholische Priester sich für
Messen bezahlen ließen bzw. reformierte Geistliche in Hurerei lebten. Von
der Kirchenpolemik aus drang man schließlich zu einem zentralen theologischen Streitpunkt vor: Leüthi vertrat die Position, »sie habind Bibel auch zu
Zug, gebend sie ihnen aber nicht zuleßen. Wir lebind dem nach, daß Christus, der Her, seinen apostlen befohlen in alle Welt außzugehen und daß
Evangelium zupredigen. Entlich hab der Zugerbott gseit, Sie habind brieff
und Sigel darum, daß unßern Vorelterern alle deß Tüffels.«[320] Die Wirtshausszene vereint viele Topoi der zeitgenössischen Konfessionspolemik.
Ging es aber den Kontrahenten wirklich darum, sich mit theologischen Inhalten auseinanderzusetzen, drehte sich der Streit um blasphemische Standpunkte wie sie etwa – aus reformierter Sicht – die Behauptung darstellte, der
Protestantismus sei eine Irrlehre? Doch wohl nicht. Hier handelten die Sprecher mit, d. h. in Berufung auf Gott, nicht aber von ihm. Der Wortwechsel
war nichts anderes als ein symbolisches Säbelrasseln, mit dem man sich als
Zuger bzw. Zürcher in Szene setzte.

---

[320] E. I.10.5, Aussage Heinrich Leüthi, 23. 8. 1695.

Neben diesen allgemein für das Konfessionszeitalter (und darüber hinaus) typischen Rangeleien nahmen andere Polemiken ein spezielles Lokalkolorit an. Die hölzerne Marienfigur zu Einsidlen war, wie im obigen Beispiel, ein beliebter Aufhänger für gegenseitige Provokationen. So sagte 1552 Hans Goldau aus dem Kyburgischen Hittnau aus, er habe beim Ausbau einer Scheuer geholfen, dort mit seinen Kumpanen gevespert, als jemand eine prächtige Stute vorbeigeführt habe. Als man sich gefragt habe, woher das Tier stamme, habe jemand geantwortet, es werde aus Einsidlen kommen. Goldau habe den Einwurf aufgegriffen und weitergeführt, »das unsere frow von Einsidlen [sc. Maria] sÿ Im villicht bracht. Und als Ine einer Daruf gefraget, wie er das meinte, Antworte er, das er sollichs keiner andern gestalt greth noch gmeint, dann das Im Unsere frow zu Einsidlen sollich angeordnet und nit meine, das sÿ es bracht, Als er wol erkhennen [könne], das sollichs dem holtz unmüglich und darvon nit eerbarlich noch zimlich greth were.«[321] Goldau hatte sich eigentlich über die katholische Marienverehrung lustig machen wollen, indem er zunächst zu verstehen gab, die Gottesmutter werde mit der Stute ein Wunderwerk verrichtet haben. Goldau scheiterte mit seiner Sprechhandlung jedoch kläglich. Die Kumpanen vermochten der ikonoklastischen Ironie nicht zu folgen und verdächtigten ihn statt dessen einer Gotteslästerung. Wenn sich auch Goldau umgehend gegen diesen Vorwurf zur Wehr setzte, indem er seine Anspielung zurücknahm und darauf verwies, daß er einer hölzernen Statue keine übernatürlichen Kräfte zuordne, kam ihm der mißlungene Spaß teuer zu stehen. Er wurde des Landes verwiesen und lebenslänglich für ehr- und wehrlos erklärt, wobei das Urteil drei Jahre später wieder aufgehoben wurde.[322] Eine Kirchenstrafe blieb ihm allerdings erspart. Die Justiz behandelte ihn also als Untertan, der den Religionsfrieden gefährdete, und zog ihn nicht als Blasphemiker zur Verantwortung.

Zu den spezifisch lokalen Varianten der Konfessionspolemik mit blasphemischem Kontext gehörten neben den Anspielungen auf bestimmte Orte diejenigen auf spezifische Ereignisse der Zürcher Kirchengeschichte. Das umstrittene Bratwurstessen bei Christoph Froschauer etwa fand bis in das 18. Jahrhundert hinein seinen Nachklang.[323] Franz Niderist von Weesen sei mit sechs Freunden zusammengekommen, um miteinander eine Schiffstaufe zu

---

[321] A. 27.19, Aussage Hans Golder, X. X. 1552.

[322] Vgl. A. 27.19, Aussage Hans Golder, X. X. 1552 den Dorsalvermerk zum Urteil vom 4. 6. 1552 und der Begnadigung vom 1. 8. 1555.

[323] Das Wurstessen steht plakativ für die Anfänge der Reformation in Zürich. Es verweist auf den ersten Fastensonntag des Jahres 1522, an dem, von Zwinglis Kritik an sinnentleerten Kirchengebräuchen angeregt, mehrere prominente Laien und Geistliche die Fastengebote brachen und demonstrativ Wurst zu sich nahmen. Der anwesende Zwingli allerdings soll auf das Fleisch-

feiern. Die vorhandenen Bratwürste habe er liegenlassen und sich statt dessen am Käse gütlich getan. Einige seiner Gefährten hätten hierauf mit Verweis auf die Bibel argumentiert, »was zum mund eingehe, werde den menschen nicht verohnreinig[en], auch von dem Antichrist und dem bapst geredt. Habe er endtlich /welches er nicht widersprechen köne/ gesagt, er verfluche die bibel für sich.«[324] Die Kumpanen hatten sich also eine Freude daraus gemacht, den offensichtlich katholischen Niderist derart in die Ecke zu treiben, daß er in seiner Bedrängnis die Heilige Schrift schmähte. Das hatten die Herausforderer wohl nicht beabsichtigt. Sie wollten weder theologisch debattieren noch einen Blasphemiker überführen. Vielmehr verspotteten sie Niederist als Katholiken, der lächerlichen Lehren anhing. Die Blasphemie Niderists war ungewolltes Nebenprodukt eines geselligen Spiels auf Kosten des Andersgläubigen.

Freilich waren solche Spiele riskant, wie das Beispiel des Zürcher Wirts Alexander Ziegler zeigt. Hans Zyser erinnerte sich 1605, daß dieser im katholischen Luzern in einem Wirtshaus gesagt habe: »Die Luterischen Ketzer sind guter dingen. Ir [sc.die Luzerner] meinind, der Zwingli sÿe in der Hell. Vermeine aber nit, dz [daß] er sollches böß gemeint, sonder habe allein spotwerk getriben.«[325] Demnach mußte nicht jede konfessionell aufgeladene Bemerkung ernst gemeint sein; es war denkbar, solche Bemerkungen im Spaß fallen zu lassen. Dennoch, Ziegler hatte sich zu weit in eine gefährliche Grauzone vorgewagt. Zwar hatte er mit seinen »verruchten reden« lediglich einen Luzerner Standpunkt überspitzt referiert, doch kam es allein Gott zu, darüber zu entscheiden, wer verdammt sei oder nicht. Zunächst legte ihm die Zürcher Justiz die ärgerlichen Worte nicht als Blasphemie aus. Schließlich richtete sich die Polemik gegen Zwingli. Als jedoch Ziegler fünf Jahre später tatsächlich eine Gotteslästerung beging, griff sie den Luzerner Vorfall erneut auf und deutete ihn um. Nunmehr bewertete sie die Äußerung von 1605 als blasphemisch. Aus dem harmlos gemeinten Spaß konnte, je nach Umständen, bitterer Ernst werden.

Über die unspezifischen oder lokal gefärbten Topoi hinaus verweisen die Konfessionspolemiken auch auf konkrete Streitpunkte wie Abendmahlslehre, Bibelübersetzung oder Mariologie.[326] Anstatt diese Streitgegenstände einzeln durchzugehen, sei der Kürze wegen allein das Problem der Gottes-

---

produkt verzichtet haben. Zur Einordnung der Zusammenkunft in ihren reformationsgeschichtlichen Kontext vgl. H. STUCKI, 16. Jahrhundert S. 189.

[324] A. 27.130, Aussage Franz Niderist, 26. 10. 1715.

[325] A. 27.51, Aussage Hans Zyser, 15. 6. 1605.

[326] Vgl. als Beispiel (zum Abendmahl) A. 27.71, Fall Seteli, 8. 11.–27. 11. 1633; (zur Bibelübersetzung) E. I. 10. 5, Fall Müllersknecht von St. Gallen, 19. 7. 1673.

mutter exemplarisch herausgegriffen. So geriet um das zweite Drittel des 16. Jahrhunderts eine Frau vor Gericht, weil sie in einer Herberge von der Wunderheilung ihres Beinleidens erzählt hatte: »sÿ glaupte unsere frow hett Iro geholff[en] und unser herr Gott möchte Iro nit helff[en]. Daruf seite neiß, wellich[er] und[er] Inen, wie das sin köndte unnd wie sÿ dann zu kilchen ganget und wie Iro Ir kilch gfiele. Antwurte sÿ, Ir kilchen were wie ein süw stal unnd sÿ hete sÿ nit anderst dann für ein süw stal. Söllichs Inen zehören unlÿdenlich gsin unnd sÿ deßhalben gfencklich angenom[men].«[327] An der Reaktion von Neiß läßt sich ablesen, worin die Provokation der altgläubigen Frau für die neugläubigen Wirtshausgäste bestand. Statt der Blasphemie, Gott habe keine Hilfe geleistet, zu widersprechen, reagierte Neiß auf die konfessionelle Provokation. Gegen die Lehre von der Fürbitterschaft Mariens setzte er die Stellung der reformierten Kirche und handelte sich damit prompt eine erneute konfessionelle Abfuhr ein. Aus welchen Motiven heraus die Frau blasphemisch provoziert hatte, läßt sich nicht entscheiden, jedenfalls spricht eine gewisse Angriffslust aus ihrem Verhalten; eine Angriffslust, die sich nicht gegen den Herrn richtete, sondern gegen die konfessionellen Rivalen.

Gottes Fürsorge zu bezweifeln, war schon ein starkes Stück. In einem Wirtshaus zu behaupten, »unsere Liebe frauw sÿge bößer dann ein andere Huor. Ein andere frauw habe zu Ihrem kind ein Vatter, die aber habe keinen vatter ghaan,«[328] nicht minder. Eigentlich hätten diese Worte Uli Walders aus Holzhäusern von 1612 dennoch nicht vor die Justiz gelangen dürfen. Denn die zwei katholischen Trinkkumpanen hatten »inn die hand verheißen«, daß sie gegen Zahlung der Zeche auf eine Klage verzichten wollten, woraufhin die Gesellen »noch ein wÿl mit ein anderen truncken und volgantz mit gutem willen von ein anderen gescheiden.«[329] Die Provokation war erst einmal freundschaftlich beigelegt worden. Trotzdem hatte jemand Walder angezeigt, allerdings nicht der Wirt oder der Gerichtsweibel. Keiner von beiden war der Sache nachgegangen, obwohl sie von ihr gehört hatten.[330] Walders Sprechhandlung war also nicht als Gotteslästerung, sondern als konfessionelle Polemik entschlüsselt worden. Genau hierauf berief sich auch Walder, als er von einem Gefährten davor gewarnt wurde, in das katholische Einsiedeln, von dem die Gesellen stammten, zu gehen. Gerichtsweibel Schneider gab an, gehört zu haben, wie Walder erwidert habe: »er habe nit

---

[327] A. 27.12, Aussage Marx Blüwler, undat.
[328] A. 27.57, Aussage Rudolf Goldschmid, X. 4. 1612.
[329] A. 27.57, Aussage Rudolf Goldschmid, X. 4. 1612.
[330] A. 27.57, Aussage des Wirts sowie des Weibel Schnyder.

unsere frow, sonder die zu Einsidlen gemeint unnd allein gsagt Ire syge Höltzin, habe Reverenter zemälden ein Höltzins füdlin, unnd wann man Iren Öll Inn die Ougen schüte, so trüffe Iren dassälbig zum sälben nest wider uss [...] Sonsten habe Uli Walder vil schimpfboßen triben, die doch den glauben nit antroffen.«[331] Gotteslästerung à la Walder war nicht mehr als eine polemische, konfessionell aufgeladene »Schimpfposse«.

Provokationen im Stile Walders waren nicht auf das 16. und 17. Jahrhundert beschränkt. Auch das 18. Jahrhundert kannte Konfessionspolemiken blasphemischen Beigeschmacks, wie eine Wirtshausszene von 1713 belegt. Der Knecht Heinrich Müller von Uetikon hatte sich herausfordernd an eine St. Gallenerin gewandt, die unter den Gästen saß. Das katholische St. Gallen habe seiner Konfessionszugehörigkeit wegen kein Kriegsglück, die dortige Marienverehrung entspreche der biblisch verworfenen Anbetung des Goldenen Kalbs. Besonders höflich war dieser Auftakt wohl nicht, doch er paßte noch in den üblichen Rahmen konfessioneller Anfeindungen. Allerdings überspannte Müller schließlich den Bogen. Auf die Ermahnung der St. Gallenerin »use [unsere] fr[au], die muter gottes, ist use fürbitteri,«[332] habe er entgegnet: »die Mutter Gottes sey schon längsten in der Hell unden und der teüfel hab sie schon längst da unden.«[333] Sicher, streng genommen, war dies eine mittelbare Blasphemie. Aus dem Handlungskontext wird indes klar, daß Müller seine konfessionelle Kontrahentin angriff, nicht Gott. Diese Position nahm jedenfalls die Justiz ein, als sie dem Knecht »ohngeschickte Worte«, nicht aber Gotteslästerung vorwarf. Je nach Kontext konnte sich also Blasphemie in billige Konfessionspolemik wandeln.

* * *

Wer provoziert, hat dafür Gründe. Auch diejenigen, die Gotteslästerungen aus Lust an der Provokation begingen, hatten ihre eigenen Motive. In welchen Varianten auch immer, hinter ihren Sprechhandlungen stand die Freude daran, in einem zumeist heiteren, manchmal ernsthaften verbalen Spiel das letzte Wort zu behalten. Den Mut zu haben, sakral Übernatürliches auf die Ebene des gewöhnlich Irdischen herunterzuholen, bedeutete, für publikumswirksamen metaphysischen Schauer zu sorgen, indem ein Trumpf gezogen wurde, auf den andere lieber verzichteten. Diese verbalen Schaukämpfe handelten nicht so sehr von der Ehre Gottes oder eines Konfliktgeg-

---

[331] A. 27.57, Aussage Weibel Schnyder.
[332] A. 27.128, Aussage Jagli Duber, 7.2.1713.
[333] A. 27.128, Aussage Caspar Baur.

ners. Das Kräftemessen bestand vielmehr darin, die eigene unverfrorene Schlagfertigkeit unter Beweis zu stellen.

Wirksame Provokation setzt eine »Öffentlichkeit« voraus. Sicherlich, die Zürcher werden ihre blasphemischen Launen auch in privatem Kontext unter vier Augen ausgelebt haben. Doch es ist kein Zufall, daß die Justizakten auf drei typische Situationen verweisen, wenn sie von blasphemischer Provokationslust berichten. Ob in ausgelassener Runde, bei Rivalitäten zwischen und innerhalb von Gruppen oder beim Spott über die konfessionellen Gegner, immer beruhte die Wirkung der Gotteslästerung darauf, daß sich ein Publikum am verbalen Auftrumpfen der Sprecher erfreute.

Die drei hauptsächlichen Kontexte, in denen Gotteslästerungen aus Lust an der Provokation überliefert sind, weisen auf die Denk- und Handlungsspielräume einer frühneuzeitlichen Gesellschaft für religiöse Tabubrüche hin. Diese Spielräume waren nicht beliebig groß, aber durchaus vorhanden. Sie waren dann ausgeschöpft, wenn die Sprecher nicht mehr etwas über sich selbst, sondern über Gott aussagten. Innerhalb dieser Schranken war es möglich, mit religiösen Anspielungen seinen Spaß zu treiben. Neigt die Moderne dazu, Religion – von Grundsatzfragen wie der Religionsfreiheit abgesehen – auf die Sphäre des Privaten und Sakrosankten zu beschränken, konnte für die Frühe Neuzeit Religion derart öffentlich und »profan« sein, daß sie ein Mittel der verbindenden Unterhaltung wie auch der Abgrenzung sein konnte.

So wie Religion und Humor einander nicht ausschlossen, konnten vom 15. bis zum 18. Jahrhundert selbst blasphemische Äußerungen einen provokantgeselligen Charakter haben. Im Gewand flapsiger Bemerkungen, gelungenen Nervenkitzels oder übermütiger Selbstdarstellung konnte man mit Gotteslästerung spielen. Insbesondere unter Gesellen war die Freude an verbalen Sticheleien, mit denen man sich nach außen abgrenzte sowie um die Stellung innerhalb der Peergroup rang, groß.

Freilich hatte dieser blasphemische Spaß auch einen ernsten Hintergrund. Wenn einige ihre Ehre paradoxerweise mit blasphemischen Bemerkungen verteidigten, dürfte ihnen nicht so sehr zum Lachen zumute gewesen sein. Anders könnte es sich bei den blasphemischen Querulanten verhalten haben, an denen sich die Justiz insbesondere im 18. Jahrhundert stieß. Diese Gotteslästerer trieben nicht mal hier, mal dort einen verbalen Schabernack, sondern maßen prinzipiell ihre Kräfte an der Gesellschaft. Sie provozierten als sozial Unangepaßte.

Wie kontextabhängig die Bedeutung von Gotteslästerung ist, verdeutlicht insbesondere das Problem der blasphemischen Konfessionspolemiken. Zum einen hing die Beantwortung der Frage, ob die umstrittenen Worte Gotteslästerliches implizierten, vom konfessionellen Standpunkt ab. Zum anderen aber konnte der blasphemische Spott über die Andersgläubigen nichts weiter als eine billige Posse sein, die nicht auf theologische Inhalte zielte, sondern die eigene Schadenfreude befriedigte.

Gotteslästerung: Im Prinzip war sie eine todernste Angelegenheit, in der sozialen Praxis aber ließ sie Raum für provokante, nicht immer ungefährliche, gesellige Spiele. Das Spiel indes konnte nur deswegen funktionieren, weil alle die Spielregeln, d. h. die religiösen Normen, kannten und mitvollzogen: Religion war in der Frühen Neuzeit eine Form der Sozialität, die weit über Wallfahrten, Bruderschaften, Katechisation oder andere institutionalisierte Formen der Religiosität hinausging.

d) Zur Person »des« Gotteslästerers

Obwohl der aus Lyon stammende Jean-Jacques Dubois bzw. Jacob Holtz sich bereits am 8. Juni 1723 wegen Diebstahls, dubioser Handelsgeschäfte und Gotteslästerung vor den Nachgängern verantworten mußte und nicht aus dem Gefängnis geflohen war, fertigte die Justiz vier Tage später einen Steckbrief des Delinquenten an: »1. Ist langlechter, magerlechter postur. 2. Im Gesicht weißlecht und eine spitzlachte dünnen Nasen, auch 5 Hieben im Gsicht. 3. Hat sein eigen Haar so schwarzlecht auch etwas krausen bist auf die Schulter gehende und dünnlecht zu forderts bÿ der Stirnen rasirt. 4. Hat grauw weißlechte Augen und ein Barth so genau (?) rasirt. 5. Hat auch an beiden ärmen und an der rechten Hieb und Stich. 6. Hat noch alle Zähn. 7. Tragt einen mit Rothem Barchet gefueterten weißlechten Zeügenen Rock mit weiß-grauen Cameelen Knöpfen und ein gfärbt, gstrichlet wollens Kamisol samt einem Rothen futter, samt gfärbt, gstrichleten überzognen Knöpfen. 8. Tragt blauw.Ratini Hosen 9. Weiß baumwole strümpf 10. Hat gelbe Rimken in Schuhen.«[334] Dieses Dokument ist das einzige, das für das frühneuzeitliche Zürich das äußere Erscheinungsbild eines Gotteslästerers beschreibt. Dies scheint kein Zufall zu sein.[335] Die Justiz machte sich offenbar

---

[334] A.27.135, Beschreibung Jacob Holtz, 10.6.1723.

[335] Allerdings war der Steckbrief ein noch relativ junges Fahndungsmittel, das die Gesuchten noch stark stereotypisierte. Vgl. hierzu aus rechtsgeschichtlicher Perspektive H.-W. Nicklis, Rechtsgeschichte und Kulturgeschichte. Zur Vor- und Frühgeschichte des Steckbriefs (6.–16. Jahrhundert), in: Mediaevistik 5. 1992 S. 95–125.Genauere sozialhistorische Erkenntnisse sind aus dem Projekt Valentin Groebners (Florenz) zu den »Künsten des Identifizierens von 1400 bis 1600« zu erwarten. Vgl. bis dahin die Projektbeschreibung V. Groebner, Describing the Person, Describing the Face in Renaissance Europe. Identity Papers, Vested Figures and the Limits of Identification 1400–1600, in: J. Caplan/J. Torpey Hg., Documenting Individual Identity. The Development of State Practices in the Modern World. Princeton (i. Dr.)

nicht die Mühe, Gotteslästerern auf die Spur zu kommen, wenn sie wieder von dannen gezogen waren. Von Gotteslästerern, die sich auf der Flucht befunden hätten und die daher »steckbrieflich« gesucht wurden, berichten die Justizakten nicht. Eine »Suchanzeige« handelten sich Blasphemiker demnach dann ein, wenn sie als Ansässige den örtlichen Frieden störten oder als nicht Seßhafte konkreten Schaden anrichteten. Wer aber gehörte zu diesen Leuten? Dem aktuellen Forschungsstand zufolge wären die Einzeltäter vor allem unter den jungen Männern aus dem Milieu der Randgruppen und der Handwerkergesellen zu suchen.[336] Diese Angaben der Forschung greifen jedoch zu kurz. Dies soll die Betrachtung der sozialen und geographischen Herkunft wie auch des Alters der Zürcher Gotteslästerer zeigen.

Zur Erinnerung sei ein kurzer Rückblick auf die Informationen, die in den vorherigen Kapiteln am Rande über Gotteslästerer eingeflossen sind, erlaubt. Gotteslästerung galt – unter anderem – als ein Habitus, der Fremden, Bettlern, Außenseitern, Kriminellen, Soldaten, Handwerkergesellen und Querulanten zugeordnet wurde. Blasphemisches Reden charakterisierte den Verhaltensstil sozialer Außenseiter. Ob sich diese Zuschreibung mit dem Rekrutierungsfeld von Gotteslästerern deckt? Ohne alle die provokationslustigen, disputierfreudigen und religionskritischen Gotteslästerer, die bereits vorgestellt worden sind, nochmals Revue passieren lassen zu wollen, fällt eines auf: Wer auf unzulässige Weise mit Gott handelte, war fast immer männlich, konnte zu den Gebildeten oder Ungebildeten, zu den Handwerkern, den Amtspersonen oder den höheren Offizieren gehören und auf der Landschaft sowie in der Stadt leben. Die habituellen Blasphemiker befanden sich wie im Paris des 17. Jahrhunderts durchaus in guter Gesellschaft.[337]

Die Zürcher Quellen erlauben es nur bedingt, diese soziale und geographische Beschreibung von Gotteslästerern zu präzisieren. Für Vorfälle im ländlichen Untertanengebiet fehlen meistens Angaben zum Beruf. Bei Handwerkern wird der Wohnort in der Regel nicht registriert. Die Vermutung liegt nahe, daß es sich bei Einwohnern der Stadt Zürich von selbst erübrigte, den Wohnort zu notieren. Statt dessen diente dort die Handwerksbezeichnung dazu, einen Angeklagten zu identifizieren. Umgekehrt ist es plausibel, davon auszugehen, daß auf der Landschaft jeder Übeltäter, der nicht beruflich kategorisiert wurde, selbstredend ein Bauer war. Nichts aber erlaubt, diese Vermutungen zu erhärten.

Dieser Umstand hat analytische Konsequenzen. Stadt-Land-Unterschiede können nicht untersucht werden. Für das ländliche Untertanengebiet ist al-

---

[336] Als repräsentative Stimme vgl. G. Schwerhoff, Gott und die Welt S. 379.
[337] Vgl. A. Cabantous, Histoire du blasphème S. 103 f.

lein festzustellen, daß sich blasphemische »Agglomerationen« nicht herausschälen. Gotteslästerung war offenbar keine lokale Spezialität.

Was die soziale Herkunft der Blasphemiker anbelangt, so sind von den hier rund 900 erfaßten Personen 110 relevante Angaben überliefert. Dabei ist zu bedenken, daß die Daten mit Sicherheit verzerrt sind. Bauern werden nicht als solche benannt, obwohl bzw. weil sie 85% der Bevölkerung stellen.[338] Die Stadtbevölkerung ist also überrepräsentiert. Ein zweites Interpretationsproblem entsteht dadurch, daß die Tabelle, für sich genommen, über die soziale Herkunft der Gotteslästerer wenig aussagt. Erst der Vergleich mit der Sozialtopographie des Zürcher Territoriums würde eine präzise Beurteilung der erfaßten Daten erlauben. Eine derartige Sozialtopographie aber fehlt.[339] Die Tabelle 9 ist daher mit aller Vorsicht zu lesen, wenn sie auch mit Befunden zum Paris des 17. und 18. Jahrhunderts sowie zum Umland der Stadt übereinstimmt.[340]

Trotz ihrer Grenzen vermittelt die Tabelle eine ungefähre Vorstellung von den sozialen Merkmalen von Gotteslästerern. Sie bestätigt bisherige Forschungsergebnisse, revidiert und präzisiert sie aber auch: Entsprechend den Erwartungen stammt über die Hälfte der erfaßten Blasphemiker aus dem Handwerk. Deren Zahl entspricht ungefähr dem Bevölkerungsanteil in der Stadt.[341] Man kann daher von einer repräsentativen Vertretung der Handwerker an der »blasphemischen Population« sprechen. Ob hierbei im Unterschied zu anderen Gegenden[342] Metzger, Müller, Schmiede, Weber und Schuhmacher als notorische Blasphemiker bezeichnet werden können, ist allerdings höchst ungewiß.

Doch nicht alle Befunde erhärten die derzeitigen Erkenntnisse. Überraschend ist etwa, daß die Gesellen, denen gern eine lockere Zunge nachgesagt wird, deutlich unterrepräsentiert sein dürften.[343] Vieles spricht dafür, daß

---

[338] Für ca. 1635 berechnet nach: M. IRNIGER, Landwirtschaft S. 87; O. SIGG, 17. Jahrhundert S. 318.

[339] Vgl. F. LENDENMANN, Die wirtschaftliche Entwicklung im Stadtstaat Zürich, in: Geschichte des Kantons Zürich. Frühe Neuzeit – 16. bis 18. Jahrhundert, Bd. 2. Zürich 1996 S. 127–132.

[340] Vgl. A. CABANTOUS, Histoire du blasphème S. 104.

[341] Vgl. F. LENDENMANN, wirtschaftliche Entwicklung S. 130.

[342] Schwerhoff macht Rebleute und Fuhrleute als besonders häufig genannte Berufsgruppe aus. Vgl. G. SCHWERHOFF, Schranken S. 112.

[343] Genaue Zahlen zum Verhältnis von Handwerkergesellen zu Handwerksmeistern sind nicht bekannt. Angesichts der Überlegung jedoch, daß oft mehrere Gesellen bei einem Handwerksmeister arbeiteten, dürfte, selbst unter der Einschränkung, daß nicht jeder Handwerksmeister einen Gesellen eingestellt hatte, davon ausgegangen werden, daß Gesellen unter den Blasphemikern längst nicht so stark vertreten sind, wie dies ihrer Gesamtzahl entspräche. Der Einwand, die Quellen hätten wohl nicht konsequent zwischen Meistern und Gesellen unterschie-

Tab. 9: Soziale Herkunft von Gotteslästerern im Kommunalstaat Zürich 1515–1747

soziale Herkunft	absolut	% Kategorie	% gesamt
Handwerker:	60		54,54
Meister	51	46,36	
Gesellen	9	8,18	
Metzger	8		
Müller	5		
Schmiede	5		
Weber	5		
Schuhmacher	4		
Sonstige	24		
Randgruppen, Unterschicht:	22		20,–
Bettler, Landstreicher, Tagelöhner, Almosenempfänger, Spitalinsassen	16	14,54	
Knechte/Mägde	6	5,45	
Amtspersonen:	14		12,72
Hilfspersonal (Weibel, Schreiber, Knechte)	5		
Schulmeister	3		
Unter-/Vogt	3		
Ratsherren	2		
Sonstige	1		
Militär:	8		7,27
Wund/Ärzte[344]	4		3,63
Geistliche	2		1,81
Gesamt	110		

die Forschung die zeitgenössische Rede vom groben, blasphemischen Gesellen zu unkritisch aus den Quellen übernommen hat. Qualitativ scheint zwar das Bild zu stimmen. Blasphemische Sprechhandlungen gehörten, wie schon

---

den, so daß das Verhältnis beider zueinander nicht näher bestimmt werden könne, läßt sich zumindest relativieren. Angesichts der Präzision, mit der die Protokollanten den sozialen Status der Zeugen und Angeklagten zu erfassen suchten, ist es unwahrscheinlich, daß sie auf die Angabe entscheidender sozialer Rangunterschiede verzichtet haben.

[344] Wundärzte oder *Scherer* gehörten eigentlich in die Kategorie des Handwerks. Da es sich aber in den beiden registrierten Fällen um auffällig gebildete Barbiere handelte, habe ich sie in die Kategorie der »Akademiker&franzab; eingeordnet.

zu sehen war, zur »Subkultur« der Gesellen. Quantitativ jedoch sollte das Phänomen nicht überschätzt werden. Gleiches scheint für Randgruppen, Teile der Unterschicht sowie das Militär zuzutreffen: Soziale Randfiguren und Soldaten galten zwar als prototypische Gotteslästerer, doch sind sie in der Tabelle, an ihrem geschätzten Bevölkerungsanteil gemessen,[345] stark unterrepräsentiert.[346] Diese Diskrepanz führt vor Augen, wie wenig vom Vorwurf der Gotteslästerung als soziales Etikett auf die Sozialstruktur der gerichtlich erfaßten Blasphemiker geschlossen werden darf.

So wie die Forschung die blasphemische »Subkultur« von Soldaten, Unterprivilegierten und Gesellen überschätzt haben dürfte, scheint sie die lästerlichen Sprechhandlungen von Amtspersonen unterschätzt zu haben. Auf blasphemische Amtspersonen, gleich welcher Rangstufe, ist die Forschung bislang nicht aufmerksam geworden. In Zürich stellen sie indes eine relativ große Gruppe. Hängt dies damit zusammen, daß Amtmännern religiöse Tabubrüche weniger nachgesehen wurden? Der auffällige Anteil der Repräsentanten der Obrigkeit deutet darauf hin.

Die erfaßten Geistlichen, Ärzte, Chirurgen, Lehrer, ranghohen Militärs und Amtspersonen gehörten eindeutig zu den – sicherlich unterschiedlich – Gebildeten unter den Blasphemikern. Es liegt nahe zu fragen, ob ihre Bildung sie besonders dazu verleitete, Gottes Ehre mit intellektuellen Argumenten zu verletzen. Um diese Frage beantworten zu können, müßte man wissen, in welchem Mengenverhältnis »banale« Schwüre und Flüche zu den radikalen Blasphemien stehen. Die Quellen geben leider nicht genügend her, um eine derartige Einschätzung zu wagen.

Die bisherigen Überlegungen bewegen sich auf dem dünnen Eis vorsichtiger Einschätzungen oder plausibler Annahmen. Trotzdem erlauben sie die Feststellung, daß Blasphemiker aus allen Bevölkerungsgruppen stammten. Es sieht nicht so aus, als ob irgendeine soziale Gruppe völlig unterrepräsen-

---

[345] Soweit ich sehe, liegen keine exakten Daten zur Sozialstruktur des frühneuzeitlichen Zürichs vor. Unumstritten ist jedoch, daß für die zweite Hälfte des 16. Jahrhunderts und für das 17. Jahrhundert von einer Situation der Massenarmut auszugehen ist: Um 1590 berechnete ein Pfarrer aus Stein am Rhein den Anteil der registrierten Armen auf nahezu 10% der Bevölkerung. Moderne Schätzungen besagen, daß zwei Drittel der Bevölkerung an der Existenzgrenze lebte. Zu den Angaben im Einzelnen vgl. M. Irniger, Landwirtschaft S. 88; H. Stucki, 16. Jahrhhundert S. 226–229; O. Sigg, 17. Jahrhundert S. 284, 318.

[346] Hierbei ist zu bedenken, daß die helvetische Konföderation – wie in der Frühen Neuzeit üblich – kein Berufsheer unterhielt, sondern Söldnertruppen einsetzte (vgl. H. Romer, Herrschaft, Reislauf und Verbotspolitik. Beobachtungen zum rechtlichen Alltag der Zürcher Solddienstbekämpfung im 16. Jahrhundert. Zürich 1995). Doppelkennzeichnungen wie »Müller und Hauptmann« sind selten. Sie lassen erkennen, daß der militärische Rang für die soziale Zuordnung eine geringere Rolle spielte als die Berufszugehörigkeit.

tiert wäre, sich also in signifikanter Weise blasphemischer Sprechhandlungen enthalten hätte. Insofern läßt sich Gotteslästerung als ein Indikator begreifen, der die gesamte – freilich nahezu ausschließlich männliche – Bevölkerung beschreibt. Gotteslästerer waren häufig Marginale, doch gesellten sich – wie in der spätmittelalterlichen Stadt – auch »gute«, rechtschaffene Bürger zu ihnen.[347] Dies belegt etwa die Argumentation des Gotteslästerers Michael Wyß von 1636. Als er die Obrigkeit um Gnade bat, machte er geltend, er »seige allwägen zuo kilchen ganngen, deßen sÿn her pfarrer unnd kilchgnoßßen ime zügnüs gäben verdint, heüge [habe] sich auch in der herschaft verhalten, daß sÿnes halben kein klag sÿn [werde], wie ich [sc. der Berichterstatter Hans Heinrych Meyer, Vogt von Knonau] dan ime deßen zügnüß gäben muß.«[348] Das Delikt der Gotteslästerung zu betrachten, heißt, im Prinzip, gleichsam durch ein Schlüsselloch die Gesamtbevölkerung Zürichs in den Blick zu nehmen.

Den Sittenmandaten und der Forschung zufolge neigten junge Männer besonders stark zur Gotteslästerung.[349] Wie alt aber durfte man im frühneuzeitlichen Zürich noch sein, um zu den jungen Leuten zu gehören? Bereits der in einem anderen Zusammenhang gefallene Begriff des »Knaben«, der ein männliches Kind ebenso wie einen unverheirateten erwachsenen Mann bezeichnet, veranschaulicht, daß Alter, d. h. der Grad der Verantwortlichkeit, nicht allein eine Frage der Lebensjahre war. Der wegen Vergewaltigung angeklagte Rudi Stricker bat bezeichnenderweise das Gericht in seinem Urteil, »syn Jugent, welche etwaß zu 30 Jahren, an[zu]sehen.«[350]

Der mildernde Umstand der »Jugent« wurde auch bei Blasphemikern ins Spiel gebracht. Auffälligerweise führten jedoch nicht die Angeklagten das Argument an. Allein die Justiz bediente sich des Motivs der Unzurechnungsfähigkeit von »Jugendlichen«. In ihren Urteilsbegründungen ging es offenbar um symbolische Rhetorik. Das Alter der Angeklagten wurde nicht für wert befunden, festgehalten zu werden, kann also derart ausschlaggebend doch nicht gewesen sein. Ebensowenig fiel die »Jugend« der Delinquenten bei der Strafbemessung erkennbar ins Gewicht. Aus den Strafen indes, die das Gericht über die »jugendlichen« Straftäter verhängte, wird ersichtlich, daß es

---

[347] So stellt Burghartz fest, daß alltägliche Schwüre und Flüche im spätmittelalterlichen Zürich sozial weit verteilt gewesen seien. Vgl. S. Burghartz, Leib S. 136. Auch Schwerhoff spricht in seiner Charakterisierung »des« Gotteslästerers vorsichtig von Tendenzen. Vgl. G. Schwerhoff, Gott und die Welt, insbesondere: S. 249, 287, 404.

[348] A. 27.74, Aussage Michael Wyß, 21. 8. 1636.

[349] Vgl. zum diesbezüglichen Stand der Forschung G. Schwerhoff, Gott und die Welt S. 379, 385 f., 387.

[350] A. 27.101, Aussage Rudi Stricker, 1. 2. 1667.

sich um volljährige Männer handelte. Sie hätten sonst nicht zu Ehr- und Wehrlosigkeit verurteilt werden können.[351]

Für die historische Neugier hat das Desinteresse des Gerichts am Alter der blasphemischen Delinquenten Konsequenzen. Im Sample der rund 900 aufgenommenen Fälle sind nur für zwanzig Angeklagte Altersangaben überliefert. Hierzu die mageren insgesamt 22 Daten in Übersicht:

Tab. 10: Alter von Gotteslästerern[352]

Alter in Jahren	Anzahl absolut
bis 20	3
20–29	6
30–39	6
40–49	1
50–59	3
60–69	1
über 70	2

Es versteht sich von selbst, daß sich angesichts der geringen Fallzahl großzügige Verallgemeinerungen verbieten. Doch die Tabelle erlaubt Tendenzaussagen, die von Pariser Werten aus dem 17. Jahrhundert bestätigt werden:[353] Bei Gotteslästerern handelt es sich vorwiegend um Männer im Alter von zwanzig bis vierzig Jahren. Dies ist der eine Grund, warum nach heutigen Maßstäben die Vorstellung vom »jugendlichen« Blasphemiker relativiert werden muß. Der zweite Grund liegt darin, daß man angesichts der demo-

---

351 Vgl. etwa B. VI. 256, fol. 234r, Urteil Hans Knöpfer, 2. 9. 1549; B. VI. 259, fol. 95v, Urteil Jacob Boshart, 3. 8. 1563; B. VI. 260, fol. 245, Urteil Cunrat Herliberger, 27. 9. 1574; B. VI. 267, fol. 180v–181r, Urteil Ulrich Müller, 17. 3. 1624.

352 Vgl. A. 27. 62, Aussage Rudolf Gwalter, 5. 5. 1618; A. 27. 79, Aussage Felix Hönysen, 18. 4. 1640; A. 27. 90, Fall Felix Huber Bericht Vogt Hans Ruodolf Louw, 8. 10. 1651; A. 27. 96, Aussage Hans Jacob Schlump, 14. 10. 1658; A. 27. 99, Aussage Jörg Stapfer, 4. 6. 1664; A. 27. 112, Fall Hans Honegger Bericht Vogt Rudolf Lavater, 19. 1. 1682; A. 27. 113a, Aussage Jacob Zahnder, 25. 3. 1685; A. 27. 116, Aussage Hans Habersat, 31. 3. 1690; A. 27. 119, Aussage Heinrich Beyner, 25. 2. 1696; A. 27. 164, Aussage Vreneli Schwartzenbach, 27. 12. 1702; A. 27. 130, Aussage Franz Niderist, 26. 10. 1715; A. 27. 132, Heinrich Stein, 3. 3. 1718; A. 27. 133, Aussage Heinrich Trümpler, 13. 7. 1718; A. 27. 133, Aussage Anna Mejer, 7. 5. 1720; A. 27. 135, Aussage Andreas Zander, 18. 10. 1723; A. 27. 136, Aussage Ulrich Leuthold, 16. 1. 1725; A. 27. 137, Aussage Jakob Kuntz, 30. 8. 1726; A. 27. 137, Aussage Hans Frey, 9. 7. 1726; A. 27. 141, Fall Hans Ulrich Hirt Bericht Pfarrer Hans Jacob Korodi, 20. 12. 1730; A. 27. 143, Aussage Mathys Wäber, 13. 1. 1733; A. 27. 144, Aussage Andreas Bindschädler, 3. 5. 1735; A. 27. 145, Aussage Andreas Schultheß, 21. 5. 1737.

353 Vgl. A. Cabantous, Histoire du blasphème S. 106.

graphischen Struktur frühneuzeitlicher Gesellschaften nicht vergessen darf, daß die Zwanzig- bis Vierzigjährigen einen Großteil der Population ausmachten. Die relativ hohe absolute Zahl der »Jugendlichen« ist nicht mit ihrem prozentualen Anteil an der Bevölkerung zu verwechseln. Gotteslästerer waren also in der Regel keine übermütigen Jugendlichen. Vielmehr befanden sie sich als Zwanzig- bis Vierzigjährige in einer Phase, in der sie ihre soziale Stellung erkämpfen bzw. sie verteidigen mußten. Wahrscheinlich sind sie deswegen häufiger in Ehrkonflikte geraten, die bekanntlich oft mit Flüchen und Schwüren einhergingen. Zu Ende gedacht, folgt aus diesem Interpretationsansatz, daß blasphemisches Reden nicht so sehr auf eine Subkultur männlicher Jugendlicher hinweist. Der Anteil der »jungen« Gotteslästerer erklärt sich eher daraus, daß blasphemische Sprechhandlungen eine Begleiterscheinung sozialer Etablierung sein konnten.[354] Freilich schließen beide Phänomene einander nicht aus.

* * *

Auf Grundlage der bescheidenen strukturellen Hintergrundinformationen über die Sozialtopographie und Alterspyramide der Zürcher Bevölkerung Aussagen über die Person »des« Gotteslästerers zu treffen, ist ein heikles Unterfangen. Es wird dadurch erschwert, daß die Justizakten mit Angaben zu Wohnort, Beruf und Alter der Angeklagten – und dies wohl zu Ungunsten des ländlichen Untertanengebiets – geizen. Differenzierungen nach den Varianten blasphemischer Sprechhandlungen sind nicht möglich.

Trotz nicht allzu üppiger Daten läßt sich das Bild »des« typischen jungen, männlichen blasphemischen Einzeltäters, der zuvorderst aus dem Randgruppenmilieu, teilweise aus den Mittelschichten stammt, soweit ausdifferenzieren, daß mehrere Erscheinungsformen von Blasphemikern erkennbar werden. Die Feststellung, daß vorrangig seßhafte Untertanen, die eher den Mittelschichten angehörten, als Blasphemiker und Einzeltäter registriert wurden, bestätigt bisherige Forschungserkenntnisse.

Andere Forschungsergebnisse hingegen sind zu relativieren bzw. zu präzisieren: Randgruppen und Mitglieder der Unterschicht galten als Gotteslästerer schlechthin. Diese Einschätzung entspricht jedoch nicht dem tatsächlichen Anteil der Angeklagten vor Gericht. Angesichts dieser Diskrepanz

---

[354] Hierfür spricht auch die Feststellung Michaelas Schmölz-Häberleins, daß im frühneuzeitlichen badischen Emmendingen in Phasen der Reorganisation der sozialen Ordnung oder der Integration neuer Bürger in eine bestehende soziale Ordnung die Zahl der Ehrhändel signifikant zunahm, also Ehrkonflikte einer kalkulierten Strategie zur Sicherung bzw. zur Erhöhung des eigenen gesellschaftlichen Rangs gleichkamen. Vgl. M. Schmölz-Häberlein, Ehrverletzung S. 141–143, 159.

muß zumindest für Zürich das Bild, das die Forschung von den sozialen Au
ßenseitern und Unterprivilegierten als prototypische Blasphemiker zeichnet,[355] korrigiert werden. Quantitativ betrachtet, neigten junge Männer der
Blasphemie weniger zu als angesichts des derzeitigen Forschungsstands zu
erwarten wäre. Auch ist der Anteil der Handwerkergesellen an der blasphemischen Population relativ gering. Qualitativ gesehen, fallen unter die »jeunesse blasphématrice« die Zwanzig- bis Vierzigjährigen, die ohnehin den
Großteil der Bevölkerung stellten. Daß viele Männer im Alter von zwanzig
bis vierzig Jahren fluchten und schworen, dürfte damit zu tun haben, daß sie
sich in einer Lebensphase befanden, in der sie sich sozial etablierten und in
der sie damit mit größerer Wahrscheinlichkeit in Ehrhändel gerieten. Im Gegensatz zur These von der Subkultur junger Männer wäre Gotteslästerung
diesem Interpretationsansatz zufolge eher ein Indikator für soziale denn für
subkulturelle Phänomene.

Bislang sind Amtspersonen als Gotteslästerer von der Forschung nicht in
den Blick genommen worden. Auch hinsichtlich der Handwerker sind Korrekturen zum Forschungsstand angebracht. Handwerker speisten offenbar
in ausgeglichenem Verhältnis zu ihrem Bevölkerungsanteil den Fonds der
Gotteslästerer. Eine besondere Anfälligkeit für Blasphemie scheint allerdings
in einzelnen Handwerkszweigen nicht nachweisbar zu sein. Das Mundwerk
von Metzgern oder Schmieden war nicht so schlecht wie ihr Ruf.

Gotteslästerung war nicht nur ein »Breitbanddelikt«,[356] sondern auch ein
»Breitbandphänomen«. Im Prinzip gehörten blasphemische Sprechhandlungen zum verbalen Repertoire der gesamten Bevölkerung. Gotteslästerung im
frühneuzeitlichen Zürich zu betrachten, bedeutet daher, mitten in die Gesellschaft des Kommunalstaates vorzustoßen und nicht, am soziokulturellen
Rand der Marginalität stehen zu bleiben. Wer aus historischer Perspektive
Fragen zu den religiösen Normen in einer frühneuzeitlichen Gesellschaft
verfolgt, wählt daher mit der Gotteslästerung keinen »exotischen«, sondern
vielmehr einen zentralen Zugang.

---

[355] Typisch hierfür ist die Vorstellung, daß seit dem frühen 17. Jahrhundert schwere Schmähungen Gottes überwiegend von Mitgliedern der Unterschichten begangen wurden. Vgl. R. v.
DÜLMEN, Wider die Ehre Gottes S. 34.

[356] So Schwerhoffs Ausdruck in einem unveröffentlichten Vortrag bei einer Tagung in Hohenheim 1992. Ich nehme seinen Neologismus auf, wenn ich von Gotteslästerung als »Breitbandphänomen« spreche und damit meine, daß blasphemische Sprecher in allen Bevölkerungsschichten zu finden waren.

3. Gotteslästerung als Ausdruck des Un/Glaubens

a) Die religiösen Kenntnisse von Gotteslästerern

Gotteslästerer handeln nicht nur in einem spezifischen gesellschaftlichen, sondern auch in einem spezifischen religiösen Kontext. Die religiösen Hintergründe einzuschätzen, aus denen heraus Blasphemiker agierten, bedeutet daher, ein Stück weit beurteilen zu können, wogegen sich die Delinquenten abgrenzten. Womit setzten sich Blasphemiker eigentlich inhaltlich auseinander? Wie vertraut waren ihnen Kirchenlehren oder religiöse Kontroversen? Diese Fragen lassen sich von verschiedenen Seiten her beleuchten. Den Blick auf die religiösen Kenntnisse der Gotteslästerer zu richten, heißt, diese Fragen teilweise zu beantworten.

Über das religiöse Umfeld von Gotteslästerern verraten die Zürcher Justizquellen zwar nur wenig, aber immerhin etwas. Disparate Hinweise enthalten die Aussageprotokolle der Beklagten in den seltenen Fällen, in denen die Nachgänger danach fragten, was die Blasphemiker zu ihrer Sprechhandlung inspiriert habe. Weitere vereinzelte Informationen geben die Rechtfertigungen der Angeklagten bzw. die Urteile, die über sie verhängt wurden. Da das Strafmaß sich an der Zurechnungsfähigkeit der Delinquenten orientierte, versuchte die Justiz herauszufinden, inwiefern die Beschuldigten die religiösen Normen wissentlich verletzt hatten. Die meisten Angaben liefern freilich die Berichte der Zürcher Stadtpfarrer bzw. ihrer Diakone über ihre seelsorgerlichen Gespräche mit denjenigen Gefangenen, die in den städtischen Gefängnistürmen saßen. Neutral sind diese Berichte nicht. In ihnen kommen vielmehr die religiösen Normvorstellungen der Autoren zum Ausdruck.

Die Zürcher Nachgänger begannen erst spät, seit Ende des 17. Jahrhunderts, systematisch nach den religiösen Hintergründen von Blasphemikern zu fragen, und gelangten hierbei zu einem Negativergebnis. Vom Pfälzer Barbiergesellen Johannes Friedrich Speyer erfuhren sie, daß »ihme nieman [seinen Glauben] aufgetrungen, seye auch von nieman darin gestercket worden.«[1] Als die Vertreter der Justiz Jacob Nägeli fragten, »von wem er dießen so schweren wort [sc. seine Blasphemien] habe«,[2] gab der Angeklagte zur Antwort, er bezöge die Bezeichnung Gottes als senilen Mann von den »Papisten«, in deren Gebiet er sich als Soldat aufgehalten habe. Hans Ulrich Hirt,

---

[1] A.27.115, Aussage Johann Friedrich Speyer, 10.10.1689.
[2] A.27.130, Aussage Jacob Nägeli, 25.6.1715.

der an der Hochzeitstafel einen Weinschenk als Heiligen Geist willkommen geheißen hatte, mußte gleichfalls angeben, woher er die »böse Redens-Arthen« habe. Diesmal antwortete der Angeklagte, er »habs auch von niemandem gehört außert, daß er es im psalmenbuch gelesen und auß selbigem gesungen und aber nirgend bÿm trunck oder singen nach noch reden gehört.«[3] Mochten sich auch einige wenige Kundschafter darum bemühen, Kontakte zwischen Gotteslästerern und häretischen Bewegungen konnten sie nicht nachweisen.

Etwas auskunftsfreudiger als die Gerichtsprotokolle sind die Schilderungen, die Pfarrer dem Rat über den seelischen Zustand der Gefangenen einsandten. Freilich wirken die Berichte recht stereotyp. Der Grund hierfür liegt darin, daß sich die Geistlichen an ein und denselben Normenkatalog halten. An welche Ziele Seelsorger dachten, belegt der Bericht vom Gesinnungswandel des zum Tode verurteilten Walliser Mörders und Gotteslästerers Johannes Teüffer: Man habe am Verurteilten »einiche brutalitet, einfaltigkeit und darbÿ grobe ohnwüssenheit an ihme verspüren müssen; so hat iedoch die continuierliche besuchung und tägliche information durch Gottes gnad so vil by Ihme gefruchtet, daß er die drey personen weißßt a. wer ihm erschaffen? b. wer ihm erlöst c. wie sein erlöser heißße d. womit er ihm erlöst, e. welchen er mit wahren glauben ergreiffen solle f. daß er demselben höchst danckbar sÿn solle g. die danckbarkeit erweisen solle mit ohnerhörlichen gebät, williger gedult, christlicher gehorsame.«[4] Selbst wer fern von Gott gelebt hatte, konnte – mit katechetischer Unterstützung – wieder den Weg zu Gott finden und die Grundlagen der christlichen Lehre erlernen. Diese Fundamente legten das Vaterunser, die Zehn Gebote und/oder das Glaubensbekenntnis. Stets fragten die Geistlichen danach, ob die Gefangenen in der Lage waren, diese zentralen Texte aufzusagen. Ferner hielten sie fest, ob die Gefangenen die Erläuterungen aus dem kleinen und großen Katechismus berherrschten. Weiterführende Kenntnisse konnten die Pfarrer, die ihre Schäfchen zum regelmäßigen, möglichst zweimal wöchentlichen, Gottesdienst und zum jahrelangen Besuch der Kinderlehre anhielten,[5] in der oralen Kultur ihrer Zeit nicht erwarten. Entsprechend oft stießen die Seelsorger bei den Gefangenen auf große Lücken. Typisch ist der Bericht über den Illnauer Hans Jagli Ochsner aus dem Jahre 1717: »Er könne das Vaterunser, der glauben, die

---

    ³ A.27.141, Aussage Ulrich Hirt, 23.12.1730.
    ⁴ A.27.111, Fall Johannes Teüffer Bericht »Gefängnisgeistlicher«, 29.11.1681.
    ⁵ Vgl. hierzu die vielen diesbezüglichen Sittenmandate unter III.AAb. Über die normativen Vorgaben für die Katechese vgl. außerdem aus der Sicht des 18. Jahrhunderts L. Lavater, Die Gebräuche und Einrichtungen der Zürcher Kirche. Erneut hg. und erweitert von Johann Baptist Ott. Übersetzt und erläutert von Gottfried Albert Keller. Zürich 1987 S. 54 f.

zehen Geboth und Hilf Helfer Hilf bethen, daß kleine Fragstükli oder den Lehrmeister könne Er nicht; der Herr Pfarrer habe sie lange zeit niemahlen weder besucht noch jn das PfarrHauß beschickt.«[6] Wer aber etwas auswendig zu rezitieren wußte, mußte das Aufgesagte noch lange nicht verstanden haben. Über Hans Kofel etwa steht 1688 zu lesen: »daß er zwahr von den Religions puncten, so er aus dem größeren und kleinen Catechismy gefraget wird, zimllich fein antworten kan, doch der verstand und die meinung der heilsamen lehr schlechtlich gefasset.«[7] Was die Geistlichen konstatierten, war also, daß Blasphemiker nicht oder nur ungenügend im Glauben instruiert waren, wobei die Auseinandersetzung mit den vermittelten religiösen Inhalten vielfach zu wünschen übrig ließ. Sicher, die Berichterstatter neigten dazu, die Gefangenen als religiöse Primitivlinge darzustellen, die seelsorgerischer Erziehung bedurften. Auch versuchten einzelne unter ihnen, die Angeklagten zu entlasten, indem sie deren religiöse Kenntnisse eher herunterspielten und damit ihre Zurechnungsfähigkeit relativierten. Freilich richten sich diese Einwände auf die Bewertung der Kenntnisse der Befragten, nicht aber auf deren Kenntnisstand. Ganz gleich, wie wenig diese Gotteslästerer dem Ideal der Berichterstatter entsprachen, ausschlaggebend ist die Auskunft, daß so mancher Gotteslästerer nur wenig mit den Grundlagen des christlichen Glaubens vertraut war. Solche Blasphemiker brachen Normen, ohne spezifisch religiöse Ziele zu verfolgen.

Genau dies machten Blasphemiker geltend, wenn sie sich vor Gericht verteidigten bzw. andere für sie beim Rat vorstellig wurden. Pfarrer Waser gab in seinem Interzessionsschreiben 1648 zu bedenken, Hans Jagli Henßler aus Rümlang habe zwar eine Blasphemie begangen, aber »gantz unwüssender und unbedachtsamer wÿß.«[8] Vergleichbarer Argumentationsmuster bedienten sich die Angeklagten. Elsbeth Maag hatte ihre uneheliche Schwangerschaft geleugnet. Wenn sie schwanger sei, so müsse der Heilige Geist über sie gekommen sein. In ihrem Bekenntnis von 1690 gab sie nicht nur ihre Schuld zu, sondern führte zusätzlich an: »sie habe es unbedachtsammer weiß gesagt und habe nit gwüßt, das es so große sünd seÿe.«[9] Auf seine mangelnden Kenntnisse berief sich auch 1726 der sechzehnjährige Jacob Kuntz aus Ried. Während er Stiere auf die Weide führte, sagte er im jugendlichen Übermut, Gott wisse nicht über alles Bescheid, was in der Welt geschehe. Danach gefragt, warum er so etwas behauptet habe, gab er zur Antwort, er »seÿ [...] ein armer bub und habe nicht gwüßt, daß diß so ein große Sünd

---

6 A.27.131, Fall Hans Jagli Ochsner Bericht »Gefängnisgeistlicher«, 16.9.1717.
7 A.27.115, Fall Hans Kofel Bericht »Gefängnisgeistlicher«, 28.12.1688.
8 A.27.87, Schreiben Pfarrer Waser, 8.3.1648.
9 A.27.116, Aussage Elsbeth Maag, 27.8.1690.

seÿe.«[10] Bereits die formelhafte Formulierung von der unbedachtsamen Rede, stamme sie von den Zeugen oder den Protokollanten, läßt erkennen, daß diese Entschuldigung geläufig war. Sie muß also dem Rat als plausibel gegolten und daher wohl eine realistische Grundlage gehabt haben.

Freilich wäre es unangemessen, diese Rechtfertigungen als Schutzbehauptungen abzutun. Es war offenbar möglich, durch das Netz kirchlicher Katechisierungsbemühungen zu fallen.[11] So heißt es im Bericht über Heinrich Wüst, genannt Bübli, von 1632: »Unnd alß hievor wolgenanter Herr Leeman empfangenen bruch nach Inn sÿnes glaubens befragt, hat er gar nützut zuo bescheid gëben können, sonnder schier weder Gott, noch sÿn Erlößer erkëndt.«[12] Wüst dürfte theologisch tatsächlich nicht gewußt haben, was er eigentlich sagte, als er seine – inhaltlich in den Justizakten nicht weiter überlieferte – Gotteslästerung beging.

Katechetische Nachhilfestunden wären Georg Zindel aus Adlikon wohl ebenfalls gut bekommen. Pfarrer Käsi von Dürnten erteilte dem Grüninger Landvogt 1661 die Auskunft, der Angeklagte sei seit 26 Wochen nicht mehr in der Kirche gesichtet worden.[13] Im Fall Jacob Weidmann hatten die Geistlichen einen noch stärkeren Grund, sich über den »Löli« und Analphabeten[14] zu entsetzen: »Es ist sonst dieser man in den Fundamental geheimnußen unsers allerheiligsten Glaubens so unwëßend als wann er nit unter den Christen geboren oder auferzogen worden, sonder nur im vorbeÿgang etwas von Christo gehört habe.«[15] Ein schlechtes Beispiel gab auch jemand wie Caspar Steus von Horgen ab. Pfarrer Jacob Schar stellte irgendwann um 1770 fest: »Dießer alte Mann besitzt zwahr ziemlich guten verstand, aber dabeÿ fanden wir ihn dennoch sehr unwißend, dan beÿ allem seinem plauderen von Religions Sachen, äußerte sich, daß er auch in ansehung der Hauptpunkt der christl[ichen] Religion wenig oder gar keine rechten begriffe besaß.«[16] Viele Blasphemiker wußten wohl nur wenig über die Grundlagen des Christentums. Wer aber die christliche Lehre nicht einmal in ihren Grundzügen kannte, wird auch kaum in die Gefilde systematischer religiöser Gegenentwürfe vorgedrungen sein. Diese Form von Gotteslästerung zeugt davon, daß

---

[10] A. 27.137, Aussage, Jacob Kuntz, 30. 8. 1726.
[11] Nicht umsonst findet sich allerorten in Visitationsberichten die Klage, die Bevölkerung sei nicht genügend über Glaubensfragen unterrichtet. Als typisches Beispiel vgl. etwa die Beschreibung der Pfälzer Zustände bei: B. VOGLER, Entstehung S. 184 f.
[12] A. 27.71, Fall Heinrich Wüst Bericht »Gefängnisgeistlicher«, 18. 5. 1632.
[13] Vgl. A. 27.98, Schreiben Pfarrer Käsi, 10. 7. 1661.
[14] Vgl. A. 27.129, Aussage Jacob Huser, 23. 3. 1714.
[15] A. 27.129, Fall Jacob Weidmann Bericht Nachgänger, 20. 3. 1714.
[16] A. 27.150, Fall Caspar Steus Bericht »Gefängnisgeistlicher« Jacob Schar, undat.

die Delinquenten sozial zu provozieren suchten, nicht aber aufgrund einer prinzipiellen Auseinandersetzung mit den Lehren der Kirche zu übergreifenden unorthodoxen Überzeugungen gelangt waren. »Echte« Blasphemiker im Sinne von religiösen »Überzeugungstätern« waren diese Delinquenten nicht; sie waren Unangepaßte, die als soziale Außenseiter religiöse Normen punktuell verletzten und dabei zu Blasphemikern wider eigenen religiösen Willen wurden.

Allerdings finden sich auch Gotteslästerer anderer Couleur. Zwar scheinen die obigen Beispiele die Vorstellung zu bestätigen, die Kirche habe auch in der Frühen Neuzeit die Bevölkerung nicht erfolgreich zu christianisieren vermocht. Doch lassen sich genügend Gegenbeispiele anführen; die christliche Sozialisation reichte weit. Hausväter wie Ulli Walder konnten 1612 behaupten, daß sie trotz ihres volltrunkenen Zustands »dz [das] vatter unser wie auch die 10 gebot gebättet, auch sÿn wyb und kinder gesägnet« hätten, bevor sie schlafen gegangen wären.[17] Nicht nur das Gebet, auch die Bibellektüre reichte über die reformierten Gotteshäuser hinaus. Als Stoffel Willinger 1661 in einem Wirthaus wüst herumpolterte, wurden ihm Passagen aus der Bibel vorgelesen. »Sage er, Willinger, schisse (rev[erenter]), aber nit uß-gesagt, was er meine. In dem läßend sÿner [sc. des Zeugen Zürers] khinderen eins In der Biblen [weiter].«[18] Die kleine Szene verweist auf zwei Dinge: zum einen lag in der Gaststube eine Bibel griffbereit, zum anderen wurden Kinder angewiesen, die Bibel eigenständig zu lesen. Die religiöse Fürsorge gehörte eben zu den Pflichten eines Familienoberhaupts, wie Riehtmüller 1717 ausführte: »Deß [sc. zu beten und die Bibel vorzulesen] sei seines brufs als eines christen, der seine gaaben zum heil seiner mitgliederen anwenden müße. [Die] Haußgnoßen sejen seÿn.«[19] Christliche Sozialisation wurde also nicht einfach von der Kirche herbeigezwungen, sondern in Familien vollzogen.

Wie die Walders oder Riethmüllers zeigen, bewegten sich Gotteslästerer in einem religiösen Umfeld, in dem die eigenständige Bibellektüre zum Alltag gehörte. So wird der Sohn Ursula Hegis den Idealen der Geistlichen entsprochen haben: Der »Knabe« des Hauses hatte an einem Samstagabend des Jahres 1683 in der Bibel gelesen und darauf die Magd gefragt, »wellicher Stucken halb ein Mensch, der das H[eilige] nachtmal würdig empfahn wölle, sich bewähren müße.«[20] Der »Knabe« – angesichts der Tatsache, daß er eine Bedienstete um Belehrung bat, wird es sich um einen Jungen und nicht

[17] A. 27.57, Aussage Ulli Walder, 27.1.1612.
[18] A. 27.98, Aussage Heinrich Zürer, 1.1.1661.
[19] A. 27.131, Aussage Riethmüller, 15.9.1717.
[20] A. 27.112, Aussage Ursula Hegin, 29.5.1683.

einen ledigen erwachsenen Mann handeln – verlangte demnach die Bibelpassage, die er gerade gelesen hatte, erläutert zu bekommen. Diese kleine Szene belegt, wie Kinder bzw. Jugendliche mit der Heiligen Schrift groß wurden und sich aktiv mit ihr auseinandersetzen konnten. Heranwachsende wie der Sohn Hegi bedurften keiner Pfarrer, die ihnen in der Kinderlehre theologische Aussagen aufzwangen.[21] Sie konnten aus eigener Initiative, mit Unterstützung der Erwachsenen, ihre religiösen Grundkenntnisse vertiefen.

Eine solche Sozialisierung hinterließ Spuren, die erklären, in welchem religiösen Kontext Gotteslästerer handelten. Den einen fiel beim Kegeln das Gleichnis von den zehn Jungfrauen ein.[22] Andere kommentierten Predigten, die sie gehört oder Schriften, die sie gelesen hatten. Seelsorger gingen bei einigen Gefangenen sogar davon aus, daß sie die Helvetische Konfession gelesen haben könnten.[23] Gotteslästerer, die in einem derartigen religiösen Klima lebten, müssen gewußt haben, was sie taten, wenn sie den Namen Gottes in den Mund nahmen.

Figuren wie Ulrich Singer von Rickenbach passen in dieses Milieu der willentlichen Gotteslästerer. Der Müller räumte in seinem Bittschreiben von 1634 ein: »[ich] bin gotloß gewëßen, han übel mißhandlet, ich bin von gotes gesatz unnd Ordnung abthrëten, [habe] uss hoch und über muot ales in wind geschlagen, mich nit wellen Erkënen, [bin] mit meinem Eignen Kopff uss gefahren [und] un angesehen [obwohl] ich die heilige biblische schrifft alts und neüwes testament so uffter malen durch läsen, hab [ich] mich nit welen daran bekehren.« Und in der Tat, Singer stellte seine Bibelkenntnisse unter Beweis. Die von ihm eingereichte Supplik – angesichts der dialektalen Wendungen, die von der Kanzleisprache der Protokolle abweichen, dürfte er sie selbst formuliert haben – strotzt, selbst an den zeitgenössischen Maßstäben gemessen, vor biblisch aufgeladener Rhetorik.[24] Wenn der Ehebrecher nur unregelmäßig in den Gottesdienst ging und die Auferstehung leugnete,[25] wird er seine biblisch fundierten Gründe gehabt haben.

Dies dürfte auch für Hans Schaufelberger zutreffen. Der Gefängnisseelsorger bescheinigte ihm 1686 solide religiöse Kenntnisse: man habe ihn »in der erkandtnüß seines schöpfers und Erlößers ziemlich maaßen underrichtet

---

21 Zu dieser Problematik der Durchsetzung der Reformation vgl. B. Hamm: Reformation »von unten« und Reformation »von oben«, Zur Problematik reformationshistorischer Klassifizierungen, in: H. R. Guggisberger/G. G. Krodel Hg., Die Reformation in Deutschland und Europa. Gütersloh, 1993 S. 256–293.
22 Vgl. E. II.88, Schreiben Conrad Vögts (?), 5. 6. 1672.
23 Vgl. E. II.8, Aussage Hans Jacob Amman, X. 1. 1634.
24 A. 27.80, Supplik Ulrich Singer, ca. X. 11. 1634.
25 Vgl. A. 27.80, Schreiben Pfarrer Johannes Murer, 16. 3. 1631.

sein befunden.«[26] Dennoch oder gerade deswegen hatte Schaufelberger Gott gelästert. Auch er war religiös genügend informiert, um zu wissen, daß er mit seiner Sprechhandlung – genauere Angaben zum Delikt fehlen – religiöse Normen verletzte.

Freilich wäre es unrealistisch anzunehmen, daß christlich wohlunterrichtete Blasphemiker immer aus grundsätzlichen religiösen Erwägungen schworen, fluchten oder Gott schmähten. Im Falle des Heinrich Müller von Uetikon gelangte Pfarrer Ulrich von Mettmenstetten 1713 zum Schluß: »das dißer Mensch eines Ehrlichen gemüths u[nd] in der H[eiligen] Schr[ift] wol belesen ist und darum [ich] von ihme nichts anders glauben konne, aß in dem Zorn habe dißer unglükselige seine wort, die ihne for eine lästerung der hochgebenedeÿten Muter Gottes ausgedeütet worden, so durcheinander geworffen, das sie zwahr dißen anschein beÿ deme, der selbige nach den Reglen der Redkunst examinieren wolte, haben könte, [doch könne er, Ulrich, nicht glauben, daß Müller die Religion habe blasphemisch angreifen wollen].«[27] Mochte Müller auch aus »Zorn« durcheinander geraten sein, er bewegte sich, so das Expertenurteil des Gemeindpfarrers, auf sicherem biblischen Boden. Der Blasphemiker Müller erwies sich somit als guter reformierter Christ, der vermutlich aus Ungeschicklichkeit mit seinen Worten zu weit gegangen war.

* * *

Die Angaben der Zürcher Justizakten zu den religiösen Hintergründen von Gotteslästerern sind quantitativ wie qualitativ außerordentlich spärlich. Immer sind sie mit Bedacht auf das Gericht formuliert. So manche Angeklagten trugen bei ihren Verhören vor, ihnen sei aufgrund mangelnder Kenntnisse gar nicht bewußt gewesen, daß sie religiös fehlten. Die Stadtpfarrer, zu deren Aufgabe es gehörte, die in den Türmen Zürichs Gefangenen seelsorgerisch zu betreuen, erhielten vom Rat den Auftrag, die religiöse Zurechnungsfähigkeit der Angeklagten einzuschätzen. Hierbei neigten sie in ihren Berichten dazu, sich als religiöse Erzieher darzustellen, derer die Angeklagten bedurften. Vereinzelt spielten sie deren religiöse Kenntnisse herunter, um sie zu ihrer Entlastung als ungenügend unterrichtet und damit weniger zurechnungsfähig darzustellen. Trotz dieser Bedingungen, unter denen Indizien über die religiösen Hintergründe von Blasphemikern erhalten geblieben sind, erlauben es die überlieferten Hinweise, die Frage ansatzweise zu beantworten, inwiefern Blasphemiker sich mit den christlichen Lehren ausein

26 A. 27.114, Fall Hans Schaufelberg Bericht »Gefängnisgeistlicher«, 26. 11. 1686.
27 A. 27.128, Bericht Pfarrer Ulrich, 2. 10. 1713.

andersetzten und sich aus innerer Überzeugung mittels ihrer blasphemischen Sprechhandlungen von Gott abgrenzten.

Gemessen an ihren religiösen Kenntnissen, bilden die Zürcher Gotteslästerer zwei große Gruppen. Zu den Unwissenden gehörten diejenigen, die durch das Netz kirchlicher Katechisierung gefallen waren und tatsächlich kaum etwas vom christlichen Glauben wußten. Ihnen gesellten sich diejenigen hinzu, die zwar formal mit der christlichen »Grundausstattung«, dem Vaterunser, den Zehn Geboten, dem Glaubensbekenntnis und möglichst dem kleinen oder besser dem großen Katechismus ausgerüstet waren, aber die Grundsätze des Christentums nicht inhaltlich verarbeitet hatten. Ihre Fähigkeiten beschränkten sich darauf, die entsprechenden Texte auswendig wiederzugeben, ohne sie zu begreifen. Diese kritischen Beurteilungen aus Sicht von Geistlichen lassen erkennen, daß manche Gotteslästerer Blasphemiker wider theologischen Willen waren. Ihre Sprechhandlungen spiegeln nicht durchdachte theologische Gegenentwürfe wider, sondern die punktuelle Verletzung von religiösen Normen aus entschiedener sozialer Nonkonformität.

Angesichts der theologisch minderbemittelten Gruppe von Blasphemikern den Schluß zu ziehen, die Zürcher Bevölkerung sei nur oberflächlich von der reformierten Kirche christianisiert worden, wäre überzogen. Denn dieser einen Gruppe stehen all diejenigen gegenüber, die mit Bibel, Gebet, Predigt und Druckschriften so vertraut waren, daß die reformierten Richtlinien ihren Alltag prägten. Diese Gotteslästerer wußten – zumindest im nachhinein – was sie taten, wenn sie verbal gegen Gott handelten. Unter ihnen befanden sich einige, die lediglich ihren »Zorn« in blasphemische Worte gossen. Sie bewegten sich an der Grenze zwischen affektiver Entgleisung und willentlicher Abkehr von den christlichen Lehren. Man könnte sie als Gotteslästerer wider Absicht, nicht aber wider Wissen, bezeichnen. Zur Gruppe der religiös Bewanderten gehörten ferner die »echten« Blasphemiker, die auf eigene Faust die Bibel lasen, sich – ohne nachweislichen Kontakt zu häretischen Gruppen – selbständige Urteile über Predigten oder Druckschriften vorbehielten und mit ihren Gotteslästerungen aus innerer Überzeugung ihren religiösen Protest willentlich artikulierten.

b) Der Reiz des »Disputierens«

Die Freude am religiösen Streitgespräch, in dem die Sprecher ihre Kenntnisse und Fragen zum Besten gaben, wies manche formale Ähnlichkeiten mit der Lust an der gotteslästerlichen Provokation auf. Die Wirkungen jedoch, welche die Sprecher erzielten, verdeutlichen, daß es sich um zwei verschiedene Kategorien von Herausforderung handelte. Hatten es die Provokateure auf die verbalen Streiche an sich abgesehen, die das Publikum unterhalten oder schockieren sollten, hatten die »Disputanten« den intellektuellen Wettkampf im Auge. Dieser Wettstreit, der sich auf bestimmte kontroverse Fragen konzentrierte, wurde von Hörern und Obrigkeit unterschiedlich wahrgenommen. Was die Absichten, die Themen, und die Wirkungen von blasphemisch durchsetzten »Disputationen« über die Bedeutung frühneuzeitlicher Religion aussagen, behandelt das vorliegende Kapitel.

Der Rahmen, in dem kräftig provoziert wurde, ist aus Sicht der Justizakten absolut mit demjenigen vergleichbar, in dem heftig »disputiert« wurde. Gesellige Runden wie Zufallstreffen eigneten sich für beides. Der Wirt Sixt von Eglisau etwa war unterwegs nach Zürich, als er auf Jörg Sunthuser und Pauli Krüter stieß. Als »Kriegsmann« habe Sunthuser, »uf dem wäg den Straßburgischen krieg anngezog[en]. Und von der Statt Mulhußen gesagt [gesprochen]. Daruf ein wort uf das ander gevolget, also das Sixt Wirt von Eglisauw und der Krützer Inn ein disputation gerathen.« Die Kontroverse, die hierauf folgte, drehte sich nicht um die politischen bzw. kriegerischen Auseinandersetzungen in der Gegend, sondern um die Jungfernschaft Mariens und den Sinn von Wallfahrten.[28] Man mußte sich demnach nicht persönlich kennen, um über konfessionell relevante Standpunkte zu diskutieren.

Die meisten »Disputationen«, die vor das Gericht gelangten, fanden im Wirtshaus statt. Hier trafen Menschen verschiedener Konfessionen, Überzeugungen und intellektueller Ansprüche aufeinander. Über eines scheinen sie sich jedoch einig gewesen zu sein. Wer über religiöse Fragen zu diskurrieren wagte, sollte »unterrichtet« sein. Kennzeichnend hierfür ist die Reaktion Cunrat Hürlimans. Der betrunkene Heini Nagel sprach ihn 1572 in einer Gaststube auf seinen Glauben an: »wand er sin büchli bÿ Ind [wenn er seine Bibel (?) dabei habe], das er Im daruf so vil brichten solle, dadurch er [sc. Hürlimann] sin glouben auch anemden würde.« Hierauf habe Hürliman ihn gebeten, »Ind rüwig und unantzogen zelassen, den er wäder schrÿben noch lässen könde und dahin nit zuobringen wär, des Zwinglis leer unnd glouben anzenemden.«[29] Hürliman entzog sich also der Auseinandersetzung, indem er sich als Analphabet für inkompetent erklärte. Er setzte demnach zum einen voraus, daß theologische Lehrfragen nur von Informierten und Gebilde-

---

[28] Vgl. die inhaltlich einmütigen Aussagen der Zeugen Paul Schmid, Michael Altstetter, Heinrich Eberhart unter A. 27.50, 9. 12. 1603.
[29] A. 27.29, Aussage Heini Nagel, 9. 3. 1572.

ten behandelt werden sollten, und nahm zum anderen an, daß sich das Wirtshauspublikum mit dieser Erwiderung zufrieden geben würde.

Bei heiklen theologischen Problemen war Vorsicht geboten. Das wußten nicht nur diejenigen, die sich selbst in Acht nahmen. Dessen waren sich auch diejenigen bewußt, die andere davor warnten, zu tief in die Materie einzusteigen. Paul Krüti jedenfalls empfahl 1603 dem bereits erwähnten Wirt Sixt, »er säll nit weyter disputieren, dann er deßelben [sc. der Menschwerdung Christi] nit genugsam underrichtet seye.«[30] Ebenso ermahnten 1687 der Geschworene Stauber von Oberrieden und Meister Martin Schäppi, den Fischer Hanß Ulmer, der sie bei einer gemütlichen Wirtshausrunde in eine Diskussion verwickelt hatte, sich doch zurückzuhalten, »weil er dorbeÿ wenig verstandtes habe und sicht leichtlich übel mißreden könte.«[31] Die gleichen Bedenken wollte1696 Johann Georg Bochener, Doktor der Medizin, gegenüber dem Hutmacher Jacob Schwytzer von Elgg geäußert haben. Als dieser ihn herausgefordert habe, mit ihm zu disputieren, habe er Schwytzer »zur antwort geben, er seÿg nit sÿnes glÿchen, er wüß villicht nit, was Im ersten vers Inn der Bibel stande, wolt gschwÿgen Inn dem Letsten.«[32] Auf dieses Urteil lief auch die Darstellung der Geistlichen hinaus, die 1714 über Jacob Weidmann von Lufingen befanden, daß er völlig ungebildet sei und nicht einmal über Grundkenntnisse in der christlichen Religion verfüge.[33] Diese Einschätzung teilte auch der Laie Jacob Huser: Weidmann »seÿe trunken gewesen und sonst ein Löli, der weder schreiben noch lesen köne.«[34] Die Konsequenzen solcher Beurteilungen zog die Justiz, wenn sie wie im Fall der Gebrüder Hartman 1573 die Empfehlung aussprach, »so sy des glaubens ald [oder] der Leer halb etwas mangels habind, als dann sy die Hern Predicanten darumb umb bescheid ansuchen« sollen.[35] Ob Laien, Geistliche oder Richter, keiner von ihnen stieß sich daran, daß öffentlich religiöse Kontroversen ausgetragen wurden. Allerdings sollte dies nur die Sache derjenigen sein, die dafür das nötige Rüstzeug mitbrachten.

Daß sie über die erforderlichen Kenntnisse verfügten, unterstrichen »Disputanten« immer wieder: Der Geselle Ulrich Frölich etwa war 1605 von seinem Meister aus Zug nach Zürich geschickt worden, wo er bei den Gossouwers übernachtete. Wegen Platzmangel hatten ihn diese zusammen mit ihren

---

[30] A. 27.50, Aussage Jörg Sunthuser, 9. 12. 1603.
[31] A. 27.114, Aussage Felix Stauber und Martin Schäppi, 12. 9. 1687.
[32] A. 27.119, Aussage Johann Georg Bochenez, 22. 11. 1696.
[33] A. 27.129, Fall Jacob Weidmann, Referieren der Darstellung der Geistlichen durch Nachgänger, 20. 3. 1714.
[34] A. 27.129, Aussage Jacob Huser, 23. 3. 1714.
[35] A. 27.30, (Dorsalnotiz, 8. 4. 1573), Vogteibericht, X. X. 1573.

Lehrjungen Burckhart in einer Kammer untergebracht. Als die beiden sich zum Schlafen legten, habe der Lehrjunge ihm vorgeworfen, als gebürtiger und damit reformierter Zürcher zum katholischen Glauben übergetreten zu sein. Er, Frölich, sei indes nicht auf die konfessionellen Einwände Burckharts eingegangen, sondern habe ihm entgegnet, »er hab auch Inn büchereren geläß[en].« Frölich aber habe nicht locker gelassen und genauer wissen wollen, um was für Bücher es sich da handele. Hierauf habe Frölich ihm zur Antwort gegeben: »Ein hundert jerrige Bibel.«[36] Die Bibel, nicht theologisches Schrifttum, war also der Referenzpunkt, auf die sich die Gesprächspartner beriefen. Besonders deutlich wird dies am Beispiel einer Adliswiler Wirtshausszene von 1616. Dort habe Benedict Berli den Untervogt Jacob Kegeli mit den Worten herausgefordert: »Vogt Nëgeli, Ich überstudiere dich. Daruf er, Vogt, die Bibel, so daselbsten bim tisch gestanden, genomen und gsagt, er glaube, was da Innen stande.«[37] Anhand der Bibel unter Laien Grundsatzfragen zu diskutieren, war demnach nicht allein das Privileg theologischer Experten.

Freilich wurden »Religionsdiscurse« nicht nur an Stammtischen geführt, sie gehörten auch zum Ton der feinen Gesellschaft, wie Anna Werdmüller 1657 in ihrem Bittschreiben ausführte. Ihr Mann, der über die Landesgrenzen hinaus bekannte General Werdmüller, sei »bey fürstlichen und hohen stands Persohnen taffelen von spizfündigen und gestreiften köpfen mit dergleichen ungewohnten fragen [in Religionsdingen] angezogen worden, die Er allezeit so gut möglich widerfochten, nach seiner Heimkonft aber nicht bey gemeinen Volck, sonder bey gestudierten Personen und zwahren zu dem end auf die bahn gebracht, daß Er vernemen möge, wie unser Gelehrten mit disen sachen umzugehen und dergleichen verwerfliche Meinungen mit guten grund zu mehrerer seiner bekräftigung zu widerfechten wüße.«[38] Ihr Gatte habe, so das Argument der Bittstellerin, in der Tat zu diffizilen theologischen Fragen Stellung genommen. Er habe dies bei den gesellschaftlichen Anlässen als ranghoher Repräsentant Zürichs nicht vermeiden können. Doch statt sich landläufigen und simplen Meinungen anzuschließen, habe er sich bei Fachleuten informiert, um die Sache der reformierten Religion zu verfechten. Inwiefern diese Darstellung zutrifft, wird noch zu behandeln sein. Vorerst genügt die Feststellung, daß religiöse Kontroversen in der besseren Gesellschaft zur Kunst der Konversation gehörten. Hier mußte man auf die mehr oder minder offenen Sticheleien im Gewand gepflegter Diskussionen

---

[36] A. 27.51, Aussage Ulrich Frölich, 22.4.1605.
[37] A. 27.61, Aussage Jacob Kegeli, 15.4.1616.
[38] (ZB) MsB. 159, fol. 21, Bittschrift Anna Werdmüller, 28.12.1657.

zu antworten wissen. Wer etwas auf sich hielt, verfügte dafür dank seiner Bildung über das nötige Rüstzeug.

Wie auch immer es um die theologischen Kenntnisse der »Disputanten« bestellt war, ihre Interessen gingen in unterschiedliche Richtungen. Schrieben die einen billige Polemik auf ihr Panier, vergnügten sich andere mit heiteren Rätselspielen, während eine dritte Gruppe auf ihre intellektuellen Kosten zu kommen trachtete.

Polemik lebt davon, auf Differenzierungen zu verzichten, um die Gegensätze desto stärker zu unterstreichen. Eben diese Strategie verfolgten Hans Crauwer und sein Gegenpart, als sie 1686 in einem Wirtshaus miteinander »disputierten«. Nachdem Crauwer »ohne einich gegebnen Anlaß« auf das Problem der Reliquien zu sprechen gekommen sei, habe er einen der Wädenswiler Gäste gefragt, »ob er wüße, wehr Ihn erschaffen. Antwortet er: Ja, namblich Gott der Vatter. Und fräge hinwider den Crawer, ob er wüße, wehr In erlöst hete. Uff dise fräg aber Crawer nit geantwortet, Ëndtlich aber dem von Wÿdischwÿl wid[erholt] gefräget, was wir in unsrer Religion für fürbitten heten. Antwortete der wëdischwÿler: Jesus Christus, der david und marters für uns glithen habe. Darauf sage Crawer, es seÿe mit dem nit genuog, diß seÿe ein fechden, ketzreschen glauben, und nach noch vill andere reden.«[39] Wie im Streitgespräch zwischen der Wyß und dem Stumpf ging es hier nicht darum, einzelne Positionen zu betrachten. Die Kontroverse blieb auf billige Polemik mit – je nach Standpunkt – blasphemischen Untertönen (hier das Problem der Jungfernschaft Mariens) beschränkt. Anstatt die Positionen, die das Katechismusniveau nicht überstiegen, einander anzunähern, versuchten die Streitenden, sich Redezug um Redezug zu demütigen.

Freilich mußten Polemiken in geselliger Runde nicht zwangsläufig in Beleidigungen enden, wie eine Szene von 1620 illustriert. Der Schuhmacher Raphael Sprüngli sei mit seiner Magd und dem Küferknecht Hans Krötz aus dem elsässischen Stötz in der Stube beisammen gesessen, als Krötz der Magd die – aus reformierter Sicht blasphemische – Frage gestellt habe, ob im Reformiertentum die Mutter Gottes als Fürbitterin gelte. »Daruf er, züg [sc. Sprüngli], gredt, sÿ söllind schwÿgen. Nach dem Essen aber habe der Knecht die reformierte Konfession als tonerloßen glauben geschmäht, uff welliches der Meister gsagt, Du, Hanß kom, Ich will mit dir disputieren, nimb ein maß wÿn zuo dir, und Ime darmit abmanen wellen.«[40] Den Angriff auf seine Konfession vermochte Sprüngli demnach nicht einfach hinzunehmen. Statt aber mit einer Injurie zu antworten, nahm er die Sache humorvoll

---

[39] A.27.46, Fall Hans Crawer Bericht Caspar Billickter, 13.4.1686.
[40] A.27.63, Aussage Raphael Sprüngli, 4.4.1620.

und ernst zugleich. Sicherlich mußte der Krötz abgemahnt werden, doch bei einem Glas Wein würden die besseren Argumente schon noch obsiegen, das ist wohl die Haltung, die aus Sprünglis Worten spricht. Was aus der Unterhaltung wurde, ist freilich nicht überliefert. Ebenso fehlen Hinweise auf eine Bestrafung des Elsässers. Die beiden müssen also miteinander zurecht gekommen sein. Die »Disputation« dürfte ein gefälliges Ende gefunden haben.

Die religiösen Rätselspiele nahmen zwar in der Regel heiterere Formen als die Konfessionspolemiken an, verlangten dafür aber eine intensivere Auseinandersetzung mit theologischen Fragen. Bemerkungen blieben nicht einfach für sich stehen. So etwa geschehen in einer Zürcher Zunftstube 1595. Der Schulmeister Heinrich Wyß saß dort mit dem Küfer Felix Rechen an einem Tisch, an dem sich beide »in ein gespręch glaubens sachen halber yngelaßen. Hete der genant Wÿß sich under anderm vermercken laßen, das er – gott behütte uns – an dem thüffel glaube. Als aber gesagter Rech an Ime begęrt zu offnen [zu eröffnen, auszuführen], uff was form er an Ime allso glaube, Dan er nit an den bößen, sonder an gott glauben thüge, Hette er darüber diße erlütherung allso geben dergestalt: Er glaube allein, das Ime der Böse geist ohne verhängnüß gottes nützit thuon möge. Uff diße syn Ußlegung werdint sy all ob sýnem thisch zufriden.«[41] Propositional betrachtet, hatte der Schulmeister mit dem Ausspruch, er glaube an den Teufel, eindeutig eine Gotteslästerung begangen. Möglicherweise hatte Wyß aber tatsächlich seinen Zuhörern ein ernsthaftes Rätsel aufgeben wollen. Statt ihn einfach den gesetzlichen Regelungen gemäß zurückzuweisen, hakte Rechen jedenfalls nach. Er wollte wissen, was Wyß genau gemeint hatte. Der Küfer begnügte sich demnach nicht mit dem Befund, daß blasphemische Worte gefallen waren, sondern versuchte die Implikationen des Schulmeisters zu verstehen. Mag sein, daß Rechen damit entweder exakt bestimmen wollte, worin die Blasphemie des Wyß bestand, oder dem Schulmeister eine Chance einzuräumen suchte, sich aus der Affäre zu ziehen. Wie auch immer, die Reaktion Rechens sowie der Zeugen belegt, daß die Laien darauf Wert legten, sich ein eigenes theologisches Urteil über die anstößigen Reden zu bilden. Insofern griffen sie die Provokation des Wyß als intellektuelle Herausforderung auf.

Die Freude an theologischen Denksportaufgaben, die schließlich zu Blasphemien reizten, zeigt sich in einer anderen Wirtshausszene von 1687 noch deutlicher. Felix Stauber und Martin Schäppi saßen an einem Samstag Abend gemütlich beisammen, als sich Hans Ulmer zu ihnen gesellte, um »ihnen allerhand biblische räthserÿn, dergliechen in einem getrucktem patent zufinden, ufftzgebën, zum exempel, wer gestorben und nit gebohren, wer

---

[41] A. 27.44, Aussage Hans Fretz, X. 5. 1595.

gebohren und nit gestorben etc. [...] frage Er [Ulmer] endtlich, welches das größte wunderwerk uff der wält gewäßen? Schäppi antworte: Ohn alle zweiffel die mënschwerdung Xristi, da der Ewige Sohn Gottes uns ußerwehlten zu gutem angenommen wahre mënschliche Natuor und doch wahrer Gott gebliben, So daß Er worden, was Er nit war, und gebliben, was Er war. Nein sage Ulmer, das seige nit das gröste, sonder das: daß ein Jungfrauw gebohren und doch ein Jungfrauw gebliben vor der Geburt, in der Geburt und nach der Geburt. Schäppi frage darüber, ob Er aber nit wüße, daß Xristus in seiner Mënschwerdung gebliben was, Er war, wahrer Gott und worden, was Er nit war, wahrer mënsch: Oder wie kann Er auch meinen, daß Xristus gewäßen? Ulmer fange an zuzellen und sage tausend, sechs hundert und seben und achzig jahre. Staub und Schäppi sagtend darüber, Er seige unwüßend in der Lehre von Xristo, sole sich schämen. Ob Er dann nit wüße, das Xristus nach seiner Gottheit von Ewiegkeit her, und allso auch schon unter dem Alten Testament gewäßen seige? Ulmer antworte: Nein, Xristus seige erst seit seiner menschwerdung. Staub fragt, ob Er dann nit gehört anzichen, was Xristus gesprochen [...] Darauff sage Ulmer unbesonnerer weiß: Xristus ist in sünden gebohren worden wie wir. Sie beide Staub und Schäppi fuhrend ihn hierauff ernstlich an, sagtend, Er lestere, dreüwerten [drohten] ihm, sie wollend ihn zum hauß ußstoßen, und holleten ihn vor den ohrt (?) an die Hebräer [und führten die Stelle aus dem Hebräerbrief an], Xristus ist uns in allen dingen gliech worden, ußgenommen die sünd. Ulmer sage darüber: ja ja, das ist rëcht, ich habe gefehlt, ihr habet rëcht und ich läz [unrecht].«[42] Die ungewöhnlich detailliert geschilderte »Disputation« belegt vier Dinge: Zum einen regten Druckschriften Laien zur offenen Diskussion religiöser Fragen an.[43] Zum anderen kannten diese Laien ihre Bibel wie auch die kirchlichen Dogmen. Die christologische bzw. mariologische Kontroverse Ulmers mit Schäppi und Staub lehnt sich stark an Bibelpassagen und theologische Formeln ihrer Zeit an. Zum dritten zeugt die Position Ulmers bzw. die Gegenargumentation seiner Gesprächspartner davon, daß Laien nicht einfach – ob in einem freiwilligen oder erzwungenen Akkulturationsprozeß –[44] Kirchenlehren übernahmen oder auf die »Tranformation theologischer Ergebnisse« angewiesen waren,[45] sondern sich aktiv mit dogmatischen Fragen auseinander-

---

[42] A. 27.114, Aussage Felix Stauber und Martin Schäppi, 12. 9. 1687.

[43] Vgl. hierzu H.-E. BÖDEKER/G. CHAIX/P. VEIT (Hg.): Le livre religieux et ses pratiques, Göttingen 1991.

[44] Typisch ist hierfür die Vorstellung, religiöse Delikte seien als Ausdruck breiten populären Zweifels und Unglaubens und als »starker Protest gegen den Anspruch der Kirchen« zu verstehen. Vgl. R. v. DÜLMEN, Wider die Ehre Gottes S. 37 bzw. 26 f.

[45] So hält Christoph Burger folgende Metapher, die implizit an die These vom gesunken

setzten und dabei auch zu eigenen Ergebnissen gelangten. Allerdings war nicht jeder »Disputant«, der unkonventionelle Positionen vertrat, vom Range eines Ginzburgischen Menocchios. Ulmer zog beschwichtigend zurück, räumte ein; »gefehlt« zu haben und akzeptierte dadurch den Gotteslästerungsvorwurf. Theologische Denkspiele konnten also viertens in blasphemische Richtungen weisen, bewußt wurde indes die Schwelle zur konsequenten Gotteslästerung nicht ohne weiteres überschritten.

Freilich fiel bei theologischen Wettkämpfen schnell eine ungewollte Gotteslästerung. Hierzu zwei Versionen derselben Wirtshausszene von 1696: Eva Engel zufolge habe der Hutmacher Schwytzer unvermittelt zu schwören angefangen, woraufhin ihn der Arzt Bochenez ermahnt und ihm die folgende Frage gestellt habe: »Wer zu erst /s[alvo] h[onore]/ in daß waßer geschißen habe? Der Hutmacher anfangs gsagt, er wüße es nit. Der Doctor haruf: seyg ungschickt, wann er daß nit wüße. Darüber der Huthmacher gsagt: Gott der Allmächtig.«[46] Die Zurechtweisung von Bochenez, durch die der Studierte den intellektuell offensichtlich überforderten Hutmacher bloßstellte, ließ nichts Gutes erwarten. Schwyzers Antwort auf das provokante Rätsel war insofern blasphemisch, als er Gott, nicht Christus, zu einem (und dazu noch spuckenden) Menschen werden ließ. Die ergänzenden Angaben des Bochenez liefern indes noch weitere aufschlußreiche Details: Zwar habe er dem Hutmacher das obige Rätsel gestellt, nachdem dieser ihn zu einer theologischen Diskussion aufgefordert habe, doch habe er auf die Antwort Schwytzers erwidert, »warumb er also lestere, Gott sey ein Geist, der alles erschaffen und habe kein Lÿb. Er woll es Ime sagen, wer es geweßen: es sey kein mentsch, kein vogel, kein fisch, sonder daß füdli [den Hintern], s[alvo] h[onore]. Schwytzer habe ihn hierauf als papistischen Ketzer tituliert, so daß er ihn widerumb Corrigiret, mit vermelden, Gott könn durch sÿne Allmacht noch alles Inn einen Schafstahl bringen, worüber der Schwÿtzer gsagt, daß könn er bÿ Gott nit.«[47] Erbost wies der Hutmacher die Häme des Arztes, der ihn als dummes Schaf darstellte, zurück, allerdings auf unglückliche Weise. Mit der Erwiderung, Gott sei nicht in der Lage, alles in einem Schafsstall unterzubringen, beging er eine zweite Gotteslästerung: er bezwei-

---

Kulturgut anknüpft, für angemessen, um die Verbreitung anspruchsvoller Universitätstheologie in Laienkreisen zu erklären: »Wechselstrom, der unter hoher Spannung über weite Entfernungen transportiert werden kann, muß heruntertransformiert werden, um für die Geräte von Kleinverbrauchern brauchbar zu werden.« C. BURGER, Transformation theologischer Ergebnisse für Laien im späten Mittelalter und bei Martin Luther. in: H.-J. NIEDEN/M. NIEDEN Hg., Praxis Pietatis. Beiträge zu Theologie und Frömmigkeit in der Frühen Neuzeit. Stuttgart 1999 S. 51.

[46] A. 27.119, Aussage Eva Engel, 21. 11. 1690.

[47] A. 27.119, Aussage Johann Georg Bochenez, 22. 11. 1690.

felte die Allmacht Gottes. Hier ging es wahrlich nicht um eine intellektuelle Debatte zwischen gleichrangigen Partnern, auch nicht um mehr oder weniger freundliche konfessionelle Rivalitäten. Hier diente das theologische Rätselraten dazu, den intellektuell Minderbemittelten unter dem Vorwand einer kleinen theologischen Debatte zu blamieren. Die theologischen Kräfte aneinander zu messen, hieß nicht unbedingt, sich fair um den Standpunkt des Gegenübers zu bemühen bzw. von ihm abzugrenzen; »disputieren« konnte auch eine Form sein, das Gegenüber in Argumentationsnotstände zu bringen, die ihn in die Blasphemie treiben konnten.

Die Klasse der theologischen »Profis« verzichtete auf billige Polemik oder Rätselspiele teilweise zweifelhaften Geschmacks. Eigentlich hätte es der katholische Priester Richter aus Backnang besser wissen müssen, doch verstrickte er sich 1662 derart in ein Streitgespräch mit seinem reformierten Gegenpart Johan Jacob Lavater, daß dieser dem Landvogt meldete: »Der [Priester] brachte uff die ban ein solches ärgerliches thema: Ihr [sc. die Neugläubigen] sagend, Gott seige Allmächtig und Allwüssend, Ich aber wil beweisen, daß er weder Allmächtig noch Allwüssend seige. Wie? Gott (sagte der lesterliche mensch) hat nit können 2 berg erschaffen ohn ein thal. Item, Es ist ein tisch da, Ihr sehend ihn, und es kan es niemand läugnen. Wan ich aber in meinem sinn gedächte, es were kein tisch, da kont mir Got nit darvor seÿn. Im wurd geantwortet. Got kont Eüch wol darvor seÿn, und mit dem gächen tod [dem jähen, dem plötzlichen Tod] straffen [...] Ob er nit auch spreche, Ich glaub in einen Got, in den Allmächtigen Vater? Ob der, der das oug erschaffen, nit allso solte sehen, und der das ohr erschaffen, [nit solte hören]. Ob er nit glesen, daß kein härlin von unsere haupt und kein leidiger spatz nit uff die erden felle ohne Gotes willen und wüssen? Damit bricht er aus in die grewenliche lästerung. Ich habe ouch spatzen gfressen, meinend Ihr, Got solte das gwüst haben? [...] Wan Ihr beweisen könnend, daß Got Allmächtig und Allwüssend seige bÿ den Element, Ich wil hinacht nach Ewer Relligion werden. Aber ihm erfolgte der bschÿd, wan ihr nit mögend an das kommen, was wir gesagt, So sind ihr nit wärth, daß wir uns mit Eüch bemühind.«[48] Der Priester hatte also die reformierte Religion zu schmähen beabsichtigt, verlor sich aber in Gotteslästerungen, als er die Omnipotenz Gottes in Zweifel zog. Der Polemik entbehrten seine Provokationen sicherlich nicht. Freilich zeugten diese insofern von einem gewissen »intellektuellen« Niveau, als das Argument von der notwendigen Verbindung von Berg und Tal nicht logisch zu widerlegen ist. Auch die Position, Gott könne die Gedanken des Menschen nicht bestimmen, da diese frei seien, stellt einige An-

---

[48] E.I.10.4, Fall Richter Brief Johann Jacob Lavater, 17.3.1662.

forderungen an die theologische Debattierkunst. Besagte nicht die biblische
Lehre, wie sie etwa in der Parabel vom Genuß der verbotenen Früchte im Pa-
radies enthalten ist, daß der Mensch in seiner Entscheidung – und damit
auch in seinen Gedanken – frei sei? Freilich wußte Richter in seinem Eifer
das Niveau nicht zu halten. Mit der Behauptung, er habe etwas getan, ohne
daß es Gott wisse, begab sich der theologisch Ausgebildete in die Niederun-
gen der billigen Polemik. Er verpaßte somit die Chance, seine Kontrahenten
zu einem anspruchsvollen Religionsgespräch zu zwingen. Stattdessen lieferte
er ihnen einen guten Vorwand, sich erst gar nicht mit ihm zu beschäftigen.
Wer dumme Sprüche klopfte, war es nicht wert, daß man sich um ihn »bemühte«.

Ganz so leicht kamen die Angegriffenen jedoch nicht immer davon. Der
reformierte Pfarrer von Altdorf jedenfalls klagte 1671 in einem Schreiben an
einem Ratsherrn: »Es ist erst im vergangnen Herbst einer von Altorff, soll
ein Doctor der H. Schryfft syn, heißt Peter inm Hoff, by mir gsyn, und mit
gewalt von mir ein antwort wollen haben uff die wort S. Pauli: Es seye nur
ein Glaub.«[49] Ob die beiden jemals ein Religionsgespräch miteinander geführt haben? Die Quellen bleiben die Antwort schuldig. Ganz gleich, aus
dem Druck, mit dem sich der Reformierte konfrontiert sah, wird ersichtlich,
daß unter Experten ernste Fragen ernsthaft beantwortet sein wollten.

So wie anspruchsvolle Fragestellungen und verfehlte Polemik einander
nicht ausschlossen, konnten auch echtes theologisches Interesse, persönliche
Glaubensfragen und spielerische Herausforderung miteinander einhergehen.
Dies belegt der prominente Fall des Generals Hans Rudolf Werdmüller von
1657.[50] Werdmüller, Abkömmling einer Ratsherrenfamilie und Enkel des
Begründers der Zürcher Seidenhöfe, gehörte zu den reichsten Männern Zürichs. Ganz und gar Kriegsmann und Diplomat, war er eine Figur des öffentlichen Lebens. Als solche war er bereits vor dem Prozeß von 1657, den er
vermutlich einer Intrige seines Vetters Thomas Werdmüller zu verdanken
hatte, aufgrund seines unorthodoxen Lebenswandels aufgefallen. Es war
nicht das erste Mal, daß Werdmüller wegen seiner Äußerungen zu Religionsdingen Aufsehen erregte. Sein Cousin hatte ihn bereits 1652 denunziert,

---

[49] E. I. 10. 5, Schreiben Gemeindepfarrer, 18. 1. 1671.
[50] Zur Dynastie der Werdmüllers mit einem eigenen Abschnitt über Hans Rudolf Werdmüller
vgl. L. WEISZ, Die Werdmüller. Schicksale eines alten Zürcher Geschlechts. Bd. 2. Zürich 1949
S. 226–246. Die Ereignisgeschichte des Falls verfolgt O. A. WERDMÜLLER, Der Glaubenszwang
der zürcherischen Kirche im 17. Jahrhundert. Eine kirchenhistorische Skizze. Zürich 1845
S. 13–36. Dort sind auch eine Auswahl von Aktenstücken paraphrasiert bzw. in leicht umge-
arbeiteter Fassung abgedruckt. Eine grobe Skizze auf knappstem Raum bietet O. SIGG, 17. Jahrhundert S. 301.

nachdem er bei der Huldigungsfeier des Landvogt Junkers Escher heikle religiöse Bemerkungen riskiert hatte. Während der Rat im ersten Verfahren die Angelegenheit nicht weiter verfolgt hatte, kam Werdmüller im zweiten nicht so glimpflich davon. Werdmüller hatte in einer Debatte mit Pfarrer Grob von Wädenswil sowie in der Zürcher Zunftstube zum Rüden derart heikle Positionen vertreten, daß der Rat der Sache nachging.[51] Der Rat beauftragte die Kirche, ein Synodalgutachten zu erstellen. Aus diesem geht zum einen deutlich hervor, welche Freude Werdmüller am theologischen Streitgespräch gehabt haben muß und zum anderen, wieviel Sorgfalt die Gutachter darauf verwandten, Werdmüllers Positionen Punkt für Punkt zu kommentieren. Im Gegensatz zu den anderen Synodalgutachten referierten die Kirchenvertreter nicht allein die Anklagepunkte, um sie – in der Regel handelte es sich in den Fällen um wenige kritische Äußerungen – anschließend zu kategorisieren. Sie differenzierten zusätzlich zwischen der theologischen Beurteilung der Vorwürfe, den Stellungnahmen Werdmüllers zu diesen Vorwürfen und der Diskussion seiner Verteidigungsargumente. Damit argumentierten die Geistlichen auf vier Ebenen. Statt das komplexe Gutachten umständlich zu referieren, sei es der Übersichtlichkeit wegen entlang der Argumentationsführung auf seine Grundstruktur reduziert und tabellarisch dargestellt:

Tab. 11: Fall Hans Rudolf Werdmüller: Synodalgutachten 1659[52]

Anklagepunkt	Kategorisierung des Anklagepunkts durch die Gutachter	Verteidigungsargumente Werdmüllers	Beurteilung der Verteidigungsargumente Werdmüllers (= W.) durch die Gutachter
Leugnung der Auferstehung (a) habe mit Verweis auf Mt 22 behauptet, daß nur Christus zähle[53]	sei eine häretische Position der Sadduzäer[54]	habe Position der Sadduzäer dargestellt, nicht die eigene[55]	habe eine Gotteslästerung begangen, allerdings ohne Absicht[56]

---

[51] Vgl. E.II.97, p. 1246, 1268, Fall Werdmüller Synodalgutachten, X.X.1659.
[52] Vgl. E.II.97, p. 1247–1269. Inhaltlich identische Akten finden sich weiterhin in der Zentralbibliothek unter: A.124b, fol. 472–478v; MsB.215, fol. 5v–10r; MsJ.304, fol. 346–362v; MsP.2077, nr.7, p. 1–22.
[53] Vgl. E.II.97, p. 1240, Fall Werdmüller Synodalgutachten, X.X.1659.
[54] Vgl. E.II.97, p. 1249, Fall Werdmüller Synodalgutachten, X.X.1659.
[55] Vgl. E.II.97, p. 1249, Fall Werdmüller Synodalgutachten, X.X.1659.
[56] Vgl. E.II.97, p. 1249, Fall Werdmüller Synodalgutachten, X.X.1659.

Anklagepunkt	Kategorisierung des Anklagepunkts durch die Gutachter	Verteidigungsargumente Werdmüllers	Beurteilung der Verteidigungsargumente Werdmüllers (=W.) durch die Gutachter
Leugnung der Trinität: im Urtext sei allein von einer (und zwar einzigen) »Person« die Rede; Christus verkörpere die Liebe Gott Vaters, der Heilige Geist entzünde die guten Werke im Menschen[57]	sei eine Häresie, die im Widerspruch zur Bibel (Joh 14,2; Kor 13) und der helvetischen Konfession stünde[58]	habe Gesprächspartner lediglich angeregt, über diese Frage nachzudenken; habe Punkt nur »übungsweis« vertreten[59]	sei zu akzeptieren sei nicht zu entschuldigen, da W. verführerische, vergessene Irrtümer wieder hätte aufleben lassen[60]
Das griechische »Hypostasis« ließe sich nicht ins Lateinische »Person« übertragen[61]			der Ausdruck »Person« sei der verbreitete und der daher zu benutzende Terminus; »Hypostasis« habe nur Spaltungen hervorgerufen, vor denen Paulus gewarnt habe; W. hätte die Kontroverse nicht auslösen sollen[62]
Gebete sollten allein an Gott, nicht an Christus noch den Heiligen Geist, gerichtet werden[63]		habe Positionen im französischen Protestantismus, nicht die eigene vertreten[64]	sei zu berücksichtigen, daß W. sich anhand des letzten Kapitels der Offenbarung das Martyrium des Stephanus habe erklären lassen; hätte die Sache nicht diskutieren sollen[65]

[57] Vgl. E. II. 97, p. 1250, Fall Werdmüller Synodalgutachten, X. X. 1659.
[58] Vgl. E. II. 97, p. 1250, Fall Werdmüller Synodalgutachten, X. X. 1659.
[59] Vgl. E. II. 97, p. 1252, Fall Werdmüller Synodalgutachten, X. X. 1659.
[60] Vgl. E. II. 97, p. 1252, Fall Werdmüller Synodalgutachten, X. X. 1659.
[61] Vgl. E. II. 97, p. 1252 f., Fall Werdmüller Synodalgutachten, X. X. 1659.
[62] Vgl. E. II. 97, p. 1252, Fall Werdmüller Synodalgutachten, X. X. 1659.

Anklagepunkt	Kategorisierung des Anklagepunkts durch die Gutachter	Verteidigungsargumente Werdmüllers	Beurteilung der Verteidigungsargumente Werdmüllers (=W.) durch die Gutachter
Kritik der helvetischen Konfession: Bekenntnisschrift sei unvollständig[66]	sei »unbesinnt und vermeßen«[67]	helvetische Konfession sei tatsächlich nicht vollständig: äußere sich nicht zur französischen Gepflogenheit des Niederkniens beim Beten; habe die reformierte Religion als allein seligmachende vertreten[68]	habe einen gefährlichen »discours« gehalten, aber keine Gotteslästerung begangen[69]
habe den Eid auf die Konfession als nicht bindend dargestellt[70]	sei eine »ungeschickt, ja gotlose red«[71]		habe eine gewagte Position eingenommen, die aber nicht als Gotteslästerung kategorisiert werden könne[72]
habe Wahrheit der *Bibel* (Propheten, Apostel, Johannesbrief) in Frage gestellt[73]		habe heidnische und jüdische Positionen referiert[74]	hätte umgehend Wahrheit der Propheten, Apostel wie auch des Johannesbriefs bekunden sollen[75]

63 Vgl. E. II. 97, p. 1252, Fall Werdmüller Synodalgutachten, X. X. 1659.
64 Vgl. E. II. 97, p. 1253, Fall Werdmüller Synodalgutachten, X. X. 1659.
65 Vgl. E. II. 97, p. 1253 f., Fall Werdmüller Synodalgutachten, X. X. 1659.
66 Vgl. E. II. 97, p. 1254, Fall Werdmüller Synodalgutachten, X. X. 1659.
67 Vgl. E. II. 97, p. 1254 f., Fall Werdmüller Synodalgutachten, X. X. 1659.
68 Vgl. E. II. 97, p. 1253, Fall Werdmüller Synodalgutachten, X. X. 1659.
69 Vgl. E. II. 97, p. 1255, Fall Werdmüller Synodalgutachten, X. X. 1659.
70 Vgl. E. II. 97, p. 1254 f., Fall Werdmüller Synodalgutachten, X. X. 1659.
71 E. II. 97, p. 1255, Fall Werdmüller Synodalgutachten, X. X. 1659.
72 Vgl. E. II. 97, p. 1254, Fall Werdmüller Synodalgutachten, X. X. 1659.
73 Vgl. E. II. 97, p. 1255 f., Fall Werdmüller Synodalgutachten, X. X. 1659.
74 Vgl. E. II. 97, p. 1256 f., Fall Werdmüller Synodalgutachten, X. X. 1659.
75 Vgl. E. II. 97, p. 1256 f., Fall Werdmüller Synodalgutachten, X. X. 1659.

Anklagepunkt	Kategorisierung des Anklagepunkts durch die Gutachter	Verteidigungsargumente Werdmüllers	Beurteilung der Verteidigungsargumente Werdmüllers (=W.) durch die Gutachter
Beleidigung des Moses und Paulus: habe beide als Säufer, Fresser und Lebemänner, Moses als Betrüger der Ägypter bezeichnet[76]	da Moses wie Paulus Vertreter Gottes seien, stelle deren Beleidigung eine Gotteslästerung dar[77]	habe dies niemals beabsichtigt, sondern Position des Binese diskutiert[78]	hätte diese Position nicht aufbringen sollen;[79] der Punkt solle in Vertrauen auf W.s Aussage auf sich beruhen bleiben[80]
Leugnung der Auferstehung (b): habe Auferstehung auf die Auferstehung der Seele beschränkt	sei eine »sadduceische Verleugnung Gottes« und des Leidens Christi nach I Kor 15[81]	leugne diesen Punkt,[82] habe nur in der Diskussion erzählt, er habe von solch einer Position gelesen[83]	der Vorwurf beruhe auf Aussagen von »einfalten Persohnen«, W. jedoch leugne, dieser Anklagepunkt müsse daher offen bleiben;[84] die Position sei »irrig, verführerisch, heidnisch und gottloß, nit [...] von deßwegen gäntzlich zu entschuldigen«[85]

---

76 Vgl. E. II.97, p. 1257, Fall Werdmüller Synodalgutachten, X. X. 1659.
77 Vgl. E. II.97, p. 1257, Fall Werdmüller Synodalgutachten, X. X. 1659.
78 Vgl. E. II.97, p. 1257 f., Fall Werdmüller Synodalgutachten, X. X. 1659.
79 Vgl. E. II.97, p. 1258., Fall Werdmüller Synodalgutachten, X. X. 1659.
80 Vgl. E. II.97, p. 1258 f., Fall Werdmüller Synodalgutachten, X. X. 1659.
81 Vgl. E. II.97, p. 1259, Fall Werdmüller Synodalgutachten, X. X. 1659.
82 Vgl. E. II.97, p. 1259, Fall Werdmüller Synodalgutachten, X. X. 1659.
83 Vgl. E. II. 97, p. 1260, Fall Werdmüller Synodalgutachten, X. X. 1659.
84 Vgl. E. II.97, p. 1259, Fall Werdmüller Synodalgutachten, X. X. 1659.
85 Vgl. E. II.97, p. 1260, Fall Werdmüller Synodalgutachten, X. X. 1659.

Anklagepunkt	Kategorisierung des Anklagepunkts durch die Gutachter	Verteidigungsargumente Werdmüllers	Beurteilung der Verteidigungsargumente Werdmüllers (=W.) durch die Gutachter
falsche Darstellung bzw. Leugnung des ewigen Lebens und der Hölle:[86] Hölle bestehe in »Verzehrung der leibern«, Frauen hätten keinen Anteil am ewigen Leben;[87] das ewige Leben sei Ort der Erfüllung der Begierden, der Ort der Hölle sei unbekannt[88]	sei »mit einem wort atheistisch und gotloß« sei nach Mt 25, I Kor 2, Act 21 »ärgerlich und verführerisch«[89]	habe Position der Diskussion willen vertreten; habe sich während einer ernsten Erkrankung mit Aussicht auf das ewige Leben getröstet[90]	
Leugnung des Monopolanspruchs der reformierten Religion: habe gesagt, man könne auch als nicht Reformierter selig werden[91]	sei »gefährlich, ärgerlich und verführerisch,«[92] allein Christus führe nach Joh 14,5, Joh 10 zum ewigen Leben[93]	habe gemeint, daß die Evangelischen niemand verdammen sollten; die Schächer am Kreuze Christi zeugten davon, daß es verschiedene Wege zu Gott gebe; bekenne sich zur evangelischen Lehre, habe diesen Punkt wohl nicht richtig verstanden[94]	»könen wir [...] [das Gespräch] nit gut heißen;«[95] allein Gott bestimme, wer selig werde, die evangelische Religion sei die einzig richtige; die Schächer seien nicht selig geworden;[96] W. habe »gefährlich, unbesinnt und ärgerlich« geredet, zeige sich aber einsichtig[97]

---

[86] Vgl. E. II.97, p. 1260 f., Fall Werdmüller Synodalgutachten, X. X. 1659.
[87] Vgl. E. II.97, p. 1262, Fall Werdmüller Synodalgutachten, X. X. 1659.
[88] Vgl. E. II.97, p. 1262, Fall Werdmüller Synodalgutachten, X. X. 1659.
[89] Vgl. E. II.97., p. 1260–1262, Fall Werdmüller Synodalgutachten, X. X. 1659.
[90] Vgl. E. II.97, p. 1263, Fall Werdmüller Synodalgutachten, X. X. 1659.
[91] Vgl. E. II.97, p. 1263, Fall Werdmüller Synodalgutachten, X. X. 1659.
[92] Vgl. E. II.97, p. 1263, Fall Werdmüller Synodalgutachten, X. X. 1659.
[93] Vgl. E. II.97, p. 1264, Fall Werdmüller Synodalgutachten, X. X. 1659.
[94] Vgl. E. II.97, p. 1264–1266, Fall Werdmüller Synodalgutachten, X. X. 1659.
[95] E. II.97, p. 1264, Fall Werdmüller Synodalgutachten, X. X. 1659.
[96] Vgl. E. II.97, p. 1264–1265, Fall Werdmüller Synodalgutachten, X. X. 1659. Einen Widerspruch sahen die Gutachter in diesen unlogischen Argumentationsschritten nicht.

Anklagepunkt	Kategorisierung des Anklagepunkts durch die Gutachter	Verteidigungs-argumente Werdmüllers	Beurteilung der Verteidigungsargu-mente Werdmüllers (=W.) durch die Gutachter
falsche Darstellung der Sünde: habe behauptet, Hurerei und Biga-mie seien nicht sündhaft[98]	sei nach Eph 5, Dtn 23 »unbesinnt, un-erbaulich, leichtfer-tig und türkisch;«[99] sei nach Gal 11, Hebr 13, Lev 20 ei-ne Gottesläste-rung[100]	[habe gescherzt]	Scherz W.s sei nicht zu entschuldigen[101]
Verachtung der Bi-bel: habe sie zu Bo-den geworfen, als man ihm aus der Bi-bel Gegenargumen-te angeführt habe[102]		leugne den Punkt[103]	die Kundschaften seien diesbezüglich ungenau, daher sei der Vorwurf zu übergehen[104]

Für Historiker der Blasphemie ist die Ausnahmeerscheinung Werdmüllers ein glücklicher Fall, der es erlaubt, dreierlei Perspektiven zu verfolgen: Die im Gutachten referierten Anklagepunkte spiegeln wider, was Zeugen gegen Werdmüller ausgesagt, wie also die umstrittenen Sprechhandlungen auf die Hörer gewirkt haben. Werdmüllers Stellungnahmen wiederum belegen, wie der gebildete General seine Reden vor der Obrigkeit meinte rechtfertigen zu können. Das kirchliche Gutachten schließlich macht ersichtlich, mit welchen Kategorisierungskriterien die geistliche Obrigkeit arbeitete und welche Spielräume sie Laien für theologische Diskussionen zugestand.

Womit Werdmüller seine Hörer schockiert hat, läßt sich nicht rekonstru-ieren. Die einzelnen Kundschaften sind nicht erhalten. Doch ist aus der sum-marischen Wiedergabe der Anklagepunkte im Synodalgutachten ersichtlich, was den Zeugen erwähnenswert schien. Wer zu Protokoll gab, Werdmüller

---

[97] Vgl. E. II.97, p. 1265–1266, Fall Werdmüller Synodalgutachten, X. X. 1659.
[98] Vgl. E. II.97, p. 1266 f., Fall Werdmüller Synodalgutachten, X. X. 1659.
[99] Vgl. E. II.97, p. 1266, Fall Werdmüller Synodalgutachten, X. X. 1659.
[100] Vgl. E. II.97, p. 1265–1267, Fall Werdmüller Synodalgutachten, X. X. 1659.
[101] Vgl. E. II.97, p. 1268, Fall Werdmüller Synodalgutachten, X. X. 1659.
[102] Vgl. E. II.97, p. 1268, Fall Werdmüller Synodalgutachten, X. X. 1659.
[103] Vgl. E. II.97, p. 1268, Fall Werdmüller Synodalgutachten, X. X. 1659.
[104] Vgl. E. II.97, p. 1268, Fall Werdmüller Synodalgutachten, X. X. 1659.

habe die Bibel verächtlich auf den Boden geworfen, habe Bigamie und Ehebruch entschuldigt, die Hölle verharmlost, das Leben im Himmel profaniert
und Moses und Paulus beleidigt, hob wohl mehr auf den gewagt unterhaltsamen Charakter der Reden ab. Hier ging es um soziale Tabus, nicht um religiöse Inhalte. Anders verhielt es sich für diejenigen, die etwas zu den teilweise diffizilen theologischen Fragen zu erinnern wußten. Wer konnte schon
zwischen dem lateinischen »persona« und dem griechischen »hypostasis« unterscheiden? Wer war in der Lage, diverse häretische Positionen durch-
zubuchstabieren? Hier waren wohl die Spezialisten – Werdmüllers Beispiel
zeigt, daß es sich dabei nicht allein um Geistliche handeln mußte – unter
sich. Religiöse Streitgespräche in geselliger Runde konnten demnach unterschiedlich »ankommen.«. Schätzten die einen den Unterhaltungswert
(nicht), erfreuten sich andere offenbar an der theologischen Diskussion.
     Die Motive, die hinter Werdmüllers Reden standen, waren vielfältiger Na-
tur. Dazu gehörte der Reiz der intellektuellen Auseinandersetzung, in der
man »übungsweis« zur Anregung der Gesprächspartner häretische Positionen aufwarf. In der Diskussion um die Auferstehung der Toten, das ewige
Leben oder die Trinität meldete sich ein Mann zu Wort, der die entsprechenden Debatten, welche die Kirchengeschichte durchziehen, kannte. Vermutlich handelte Werdmüller dabei weniger aus intellektueller Eitelkeit als aus
intellektueller Neugier. Als gebildeter Mann wollte er wissen, was andere
von aktuellen Kontroversen hielten. Hier wandte er sich an einen kleinen
Kreis von Kundigen. Nicht umsonst waren, dem Bericht des Großmünster-
pfarrers Felix Wyß zufolge, »diese Gespräch [sc. die Unterhaltung über die
Bedeutung des Ausdrucks »persona« im Rahmen einer Hochzeitsgesell-
schaft] [...] gehalten worden in der stille, daß vielleicht die Herren beÿsas-
sen nit alles gehört, vilweniger jemand von den aufwarteren sich darob geär-
geret.«[105]
     Neben der intellektuellen Neugier speiste sich die »Disputierfreude«
Werdmüllers aus der Auseinandersetzung mit – teilweise persönlichen – Fragen des Glaubens. Als Kriegsmann, der in französischen Diensten gestanden
hatte, wird seine Kritik an der helvetischen Konfession konkrete Gründe gehabt haben. Sollte er zusammen mit seinen französischen Glaubensgenossen
auf Knien beten oder nicht? In der Bekenntnisschrift hatte Werdmüller keine
Antwort gefunden und hatte daher darauf hingewiesen, daß diese noch ergänzungsbedürftig sei. Bezeichnenderweise aber verzichtete Werdmüller in
seiner Verteidigung darauf, den Punkt, er habe die Verbindlichkeit der helvetischen Konfession bezweifelt, aufzugreifen. Werdmüller hatte also die

---

[105] (ZB) MsB. 215, fol. 1–2r, Kopie Bericht Felix Meyer, 9. 12. 1657.

Bekenntnisschrift kommentiert, nicht aber als ein Intellektueller, der zu Dingen der Religionspolitik oder Konfessionsbildung Stellung nahm. Hier sprach vielmehr ein Zwinglianer, der im Vollzug seines Glaubens auf ein konkretes Problem gestoßen war. Zu »disputieren«, hieß also nicht nur aus sportlicher Lust intellektuelle Klimmzüge zu vollziehen, sondern bedeutete auch, Probleme der Religiönsausübung zur Diskussion zu stellen.

Daß dem überzeugten Reformierten Werdmüller in seinen Streitgesprächen Fragen des Glaubens am Herzen lagen, ist im Gutachten nur schwer zu erkennen. Die Rechtfertigung, er habe sich in der Stunde des scheinbar herannahenden Todes mit der Aussicht auf das ewige Leben getröstet und habe die Bedeutung der Schächer am Kreuze Christi wohl nicht richtig verstanden, mag eine geschickte Verteidigungsstrategie gewesen sein. Doch können die Glaubensbekundungen auch ernst gemeint gewesen sein. In ihrem Bittschreiben hob Werdmüllers Gattin jedenfalls hervor, ihr Mann habe ihre katholischen und moslemischen Bediensteten zum reformierten Glauben geführt, außerdem seien die Eheleute niemals vor das Sittengericht zitiert worden. Werdmüller sei ein Mann, der sich »die Ehr und Lehr Gottes [...] angelegen sein lasse.«[106] Sicher, Anna Werdmüller suchte ihren Mann im besten Licht erscheinen zu lassen, doch jeglicher Grundlage kann ihre Stilisierung nicht entbehrt haben. Den General beschäftigte tatsächlich die Frage, wie der reformierte Glaube befördert werden könne. Dies wird aus dem Bericht des Pfarrer Felix Wyß am Fraumünster ersichtlich. Wyß referierte darin, welche Vorstellungen Werdmüller bei einer Diskussion anläßlich einer Hochzeitsfeier – hier fielen auch die (vermeintlich) antitrinitarischen Bemerkungen – vertreten habe: Das Psalmensingen im Gottesdienst führe dazu, daß die Leute in der Trunkenheit im Wirtshaus ebenfalls Psalmen sängen und diese damit profanierten. Man solle daher darauf verzichten, im Gottesdienst Psalmen anzustimmen. Statt dessen begrüße er es, wenn die Orgelmusik wieder in den Gottesdienst eingeführt werde. Außerdem wünsche er sich von den Predigten, sie würden nicht in mehrere Teile portioniert, sondern in einem geschlossenen »schönen discours« gehalten. Ferner sei das biblische Vaterunser die einzige überzeugende Grundlage, um für das Wohlergehen der Bevölkerung zu beten. Die von der Synode vorgesehenen Gebete hingegen seien ungeeignet.[107] Hier machte sich der überzeugte Reformierte Werdmüller für die Sache seiner Konfession stark, indem er überlegte, wie seine Kirche überzeugender auftreten könne. Der Intellektuelle, der über

---

[106] (ZB) MsB. 159, fol. 20r, Bittschrift Anna Werdmüller, 28. 12. 1657.
[107] Vgl. (ZB) MsB. 215, fol. 1–2r, Bericht Felix Wyß, 7. 12. 1658.

das lateinische »persona« bzw. griechische »hypostasis« diskutierte, trat erst einmal zurück.

Werdmüller war zu sehr Intellektueller, als daß ihn seine reformierten Überzeugungen zu einem bornierten Dogmatiker gemacht hätten. Der Reiz des »Disputierens« bestand für ihn darin auszuloten, wie weit er sich als »Freidenker« zu erkennen geben konnte. Die Vorstellung, das Seelenheil sei auch außerhalb des Reformiertentums zu erlangen, war für die reformierte Kirche angesichts ihres Monopolanspruchs ein unerträglicher Gedanke; die abgemilderte Version, man solle Anderskonfessionelle nicht verdammen, auch. Ganz gleich, welche der beiden Anschauungen Werdmüller tatsächlich vertreten hat, sein Einlenken, er bekenne sich zur evangelischen Lehre und er habe wohl die Kreuzigungsszene noch nicht richtig verstanden, zeigt, wie sehr sich Werdmüller der Grenzen bewußt war, in denen er sich bewegte. Für Querköpfe wie ihn, die unorthodoxe Toleranzgedanken äußerten, war im frühneuzeitlichen Zürich kein Platz.

In der »Disputierlust« Werdmüllers kommt nicht allein der Intellektuelle, Gläubige und »Freidenker«, sondern auch der Mann der feinen Gesellschaft, der mit Religionsdingen scherzte, zum Vorschein. Auf das Niveau der Wirtshausgeselligkeit wird sich Werdmüller vermutlich dabei nicht begeben haben. Die Titulierungen des Moses und Paulus, die ihm zur Last gelegt wurden und die an die großmäuligen Sprüche der Wirtshaushelden erinnern, wußte er jedenfalls elegant damit zu begründen, daß er den Advocatus diaboli gespielt habe. Es ist recht wahrscheinlich, daß diese intellektuellen Feinheiten den gröberen Wirtshausgesellen entgangen waren. Unwahrscheinlich ist hingegen, daß Werdmüller sich im Gasthaus als polternder Wüstling betätigt hat. Jedenfalls leugnete er, mit der Bibel um sich geworfen zu haben. Die Gutachter stellten fest, die Zeugenaussagen seien zu ungenau, um hier zu einem befriedigenden Urteil zu gelangen. Sie hielten sich also bedeckt und gingen offenbar nicht davon aus, daß Werdmüller ein solch roher Kerl sei. Hatte aber Werdmüller nicht von den sinnlichen Freuden nach dem Tode, von denen Frauen jedoch ausgeschlossen seien, gesprochen? Hatte er nicht Bigamie und »Hurerei« entschuldigt? Schwang in all diesen Reden nicht ein anzüglicher Ton von nicht ganz so feinem Geschmack mit? Zumindest offiziell nicht. Die Gutachter übten in der Beurteilung dieser Vorwürfe auffällige Zurückhaltung, verzichteten auf klare Worte. Was Werdmüllers Äußerungen zum Leben im Himmel und in der Hölle antraf, enthielten sie sich sogar jeglichen Urteils. Werdmüllers Bemerkungen zu Bigamie und außerehelichem Geschlechtsverkehr maßregelten sie lediglich als schlechten Scherz. Und diesen Scherz meinte Werdmüller glaubhaft erklären zu können: Er habe einst in schwedischen Diensten spaßeshalber behauptet, Frauen würden nicht selig werden »und als die fr[au] feldMarschallin sich sehr darüber erzürnt, hingegen H[er]r feldMarschall ein Wohlgefallen an solchem Scherz gehabt, habe Er die feldMarschallin gefraget, ob Sie dan glaube, unser Weiber komind in Himel auf die Weis wie wir Sie hin auf Erden habind.« Als die Marschallsgattin die Frage bejaht habe, habe er vorgegeben, Frauen würden sich wohl sehr auf dem Weg zum Himmel ändern müssen, da auf Erden, »ihr richten und trachten [...] von jugend an bös [sei].« Auch ihr, der Marschallin, hafte die weibliche Sünde an, den Ehemann beherrschen zu wollen, statt ihm der Bibel gemäß gehorsam zu sein. »Dergleichen Scherz habe Er zu underschiedenlichen mahlen erzehlt.«[108] Werdmüller hatte sich den Spaß erlaubt, die Eheleute zu necken – in einem Stil, der offensichtlich dem Geschmack der höheren Kreise entsprach und der es ihm daher erlaubte, seine Späße weiterzutreiben. Die Freude an der »Disputation« mit blasphemischen Spitzen hatte demnach auch spielerische Züge.

Die Kirche bzw. das Synodalgutachten unterwarf die »Disputierlust« Werdmüllers einer kritischen Analyse. Vorsichtig wägten die Gutachter in diesem aufsehenerregenden Fall zwischen ärgerlich verwirrenden, gefährlich häretischen und untolerierbar blasphemischen Reden ab. Ihre Kategorisierung war jedoch nicht konsistent. Es fiel den Theologen offensichtlich schwer, konsequent zwischen falsch und schlecht glauben zu trennen. Hiervon zeugt deren Feststellung, Werdmüller habe mit der Leugnung der Auferstehung eine sadduzäische – und damit häretische Anschauung – vertreten. Dessenungeachtet ordneten die Gutachter diesen Punkt gleichzeitig als eine ungewollte Blasphemie ein. In der Frage, wie die Beleidigung des Moses und Paulus einzuschätzen sei, gelangten sie ebenfalls zu einem widersprüchlichen Urteil. Die Geistlichen kamen zum Schluß, Moses und Paulus seien beide Vertreter Gottes und deren Beleidigung damit eine Gotteslästerung. Dennoch gaben sie sich mit Werdmüllers Rechtfertigung, er habe in dieser Frage lediglich eine häretische Position durchspielen wollen, zufrieden. In ihrer Argumentation bedienten sich die Gutachter also ihres theologischen Arsenals. Ihre Argumentation lief darauf hinaus, einmal eine »unbesinnte«, einmal eine »mediate« Blasphemie zu konstatieren, wobei sie auffälligerweise darauf bedacht waren, den Angeklagten möglichst zu entlasten.

Viel mehr als diese Blasphemien beschäftigten die Gutachter freilich die häretischen Positionen eines Mannes, der »als ein Atheist, ja Gots lesterer, der eintweders seine religion nicht verstande oder wol gar kein religion habe, zu Statt und Land ausgeschrauwen worden« war.[109] Die strittigen Positionen Werdmüllers verurteilten sie in aller Schärfe als »gefährlich, ärgerlich und

---

108 (ZB) MsB. 215, fol. 6v, Aussage Werdmüller, 3. 2. 1659.
109 (ZB) MsB. 159, fol 20r, Bittschrift Anna Werdmüller, 8. 12. 1657.

verführerisch«, als »unbesinnt, unerbaulich, leichtfertig und türkisch«, gar
als »atheistisch und gotloß.« Die Beurteilung seiner Person hingegen fiel
deutlich zurückhaltender aus. Anstatt den General ausdrücklich der Häresie
und/oder Gotteslästerung zu bezichtigen, formulierten die Gutachter vorsichtig, der Angeklagte sei nicht zu entschuldigen, dessen theologisches
Streitgespräch nicht gutzuheißen, seine gefährlichen »discours« nicht zu befürworten. Die Gutachter versuchten offenbar, den gesellschaftlich angesehenen Werdmüller mit einer eindringlichen Ermahnung davonkommen zu
lassen, statt den Skandal um ihn zu schüren. Die Kirche suchte den Schaden,
den aus ihrer Sicht häretisch bzw. blasphemisch oder unorthodox ange-
hauchte theologische Streitgespräche anrichteten, in Grenzen zu halten.
Deswegen lehnte sie das »Disputieren« unter Laien nicht grundweg ab. Sie
akzeptierte vielmehr Werdmüllers Rechtfertigung, er habe seine Gesprächspartner zum Nachdenken anregen wollen, als er häretischerweise die Trinität geleugnet habe. Die Kirche zeigte teilweises Verständnis für die »Disputierlust« des intellektuellen Gläubigen. Theologische Streitgespräche wollte sie jedoch auf Gebildete beschränkt wissen. »Einfalten Persohnen« konnte
man da nicht trauen, wie deren ungenaue Zeugenaussagen bewiesen. Dem
Fall Werdmüller zufolge steuerte die Kirche also einen tendenziell mittleren
Kurs, wenn »Disputanten« in ihren Kontroversen blasphemische, häretische
bzw. unorthodoxe Anschauungen artikulierten. Die Sache war viel zu ernst,
als daß sie im Spaß betrieben werden konnte, »gottlosen« Reden mußte entschieden Einhalt geboten werden, daran bestand kein Zweifel. Trotzdem
kannte die Kirche gewisse, wenn auch sehr begrenzte, verbale Handlungsspielräume. Grundsätzlich waren theologische Kontroversen zwischen Informierten für sie denkbar. Wenn sich jemand vom Kaliber eines Werdmüller
zu weit vorwagte, versuchte sie den Vorfall herunterzuspielen und die Sache
auf möglichst unspektakuläre Weise zu regeln.

Die Untersuchung des Falls Werdmüller, so das Zwischenfazit, führt zu
einem vierfachen Ergebnis: Unter theologisch gebildeten Intellektuellen fanden informelle »Disputationen« über religiöse Angelegenheiten auf einem
hohen Niveau statt. Auf diesem Niveau war die Grauzone von Häresie und
Blasphemie schnell erreicht. Anspruchsvolle, heikle Religionsgespräche waren nicht das Privileg mehr oder minder prominenter Theologen. Eine Vielfalt von Motiven trieb zweitens Menschen wie Werdmüller dazu, Kontroversen zu provozieren. Neben der intellektuellen Neugier an theologischen Debatten stand die – teils unorthodoxe – Auseinandersetzung mit Fragen des
Glaubens, wie auch die Freude an der Kunst der gepflegten und humorvollen
Konversation. Wenn Menschen wie Werdmüller aus diesen Interessen heraus
Äußerungen wagten, die ihnen die Anklage der Blasphemie einbrachten, waren sie deswegen noch lange nicht tatsächliche Gotteslästerer. Nicht immer

waren drittens die Hörer von Streitgesprächen in der Lage, die subtile Argumentation der Diskutierenden zu erfassen. In ihren Zeugenaussagen reduzierten sie daher manches auf eine gewöhnliche Wirtshausblasphemie. Gerade in so schwierigen Fällen wie demjenigen Werdmüllers ist daher darauf zu achten, inwiefern Zeugen etwas über soziale oder über religiöse Handlungsspielräume aussagten. Die Haltung der Kirche gegenüber theologischen Kontroversen schließlich war wenig flexibel, aber nicht völlig starr. Solange die Diskutanten sich auf dem Boden des reformierten Bekenntnisses bewegten, gestand sie es entsprechend gebildeten Laien zu, »übungsweise«, also letztlich der eigenen Erbauung wegen, über Fragen der Kirchenlehre zu debattieren. Zu »disputieren« war aus kirchlicher Sicht möglich, wenn auch in engen Grenzen; selbst für die Kirche lauerte Blasphemie bzw. Häresie nicht überall.

Bis hierhin war zu sehen, daß das Niveau von »Disputationen« um Qualitätsklassen schwankte. Diese Qualitätsunterschiede scheint die Justiz in ihrer Rechtsprechung auch berücksichtigt zu haben, wobei sich allerdings allein vier Urteile von den hier aufgeführten Fällen rekonstruieren lassen. Hans Jakob Kleiner, der David und Maria den Heiden zugeordnet hatte, brauchte sich allein dem Stillstand zu stellen und auf die »Ürten« zu verzichten.[110] Den Hartmans kostete die Vorstellung, daß der Offenbarungstext nicht biblisch und das Beten für das Seelenheil Verstorbener zu befürworten sei, eine Geldstrafe von jeweils einer Mark Silber.[111] Bochenez ereilte ein für Ausländer typisches Urteil. Für sein Rätselspiel, wer denn als erster ins Wasser gespuckt habe, sollte er nach einem Herdfall vor offener Ratshaustüre das Land verlassen.[112] Weidmann, der die Gottesmutter als »alt Großmutter« und »Hundsfud« verunglimpfte, mußte eine Buße von 100 Pfund leisten, in der Kirche widerrufen und sich abkanzeln lassen. Außerdem wurde er auf zwei Jahre für ehr- und wehrlos erklärt und ihm der Wirtshausbesuch untersagt.[113] Werdmüller entzog sich vorerst einer Verurteilung, indem er in der Hoffnung, die Sache werde sich legen, für zwei Jahre ins Ausland ging. Diese Hoffnung sollte enttäuscht werden. Der Rat, der ihm zusätzlich außerpolitische Machenschaften zur Last legte, gelangte einstimmig zum Schluß, daß Werdmüllers Reden »Inn keiner bößen intention und zu keinem bößen ennde beschehen, daß er doch damit zu vil gethan. Seiner Reue, sonderlich auch sýner wolbestalten hußhaltung wegen solle Werdmüller aber dißer verloffnen sachen nit den bößte[en], sonder den mitelr[en] weg ußgedüet wer-

---

110 Vgl. B.II.583, fol. 91, Urteil Hans Jakob Kleiner, 18.11.1678.
111 Vgl. A.27.30, (Dorsalnotiz), Aussage Abraham Geßner, 8.4.1573.
112 Vgl. A.27.119, (Dorsalnotiz, 18.4.1696), Aussage Johann Georg Bochenez, 21.11.1690.
113 Vgl. B.II.725, fol. 153, Urteil Jacob Weidmann, 11.4.1714.

den.«[114] Die Nachsicht bestand darin, die biblisch begründete Todesstrafe, die offiziell auf schwerer Gotteslästerung stand, in eine spektakulär hohe Geldstrafe von 1200 Pfund zu verwandeln, die »bar und ohne v[er]zug« zu begleichen war. Außerdem blieb es dem angesehenen General erspart, einen obrigkeitlich vorformulierten Widerruf zu leisten. Statt eine solche Ehrenstrafe in einer der Zürcher Stadtkirchen erleiden zu müssen, wurde ihm eine bevorzugte Behandlung zuteil. »Zur bezügung Oberkeitlich[en] hohen mißfallens [sollte ihm »lediglich«] ufferlegt sÿn, daß er bevorderist vor den H[errn] v[er]ordneten zur Lehr, als vor den 4 H[erre]n Pfahrern und dem H[err] ann der Stifft, Inn bÿwesen Hern Burgermeister Wasers, H[err] Statthalter Spöndlis, H[err] Statthalter Heideggers, Obman Müllers, H[err] Rathsher Landolts, H[err] Schultheiß Hirzel, H[err] Ambtman Schüchtzers, H[err] Hußschrÿber Tomans, H[err] Stalher Brebels wie auch H[err] Quartierhaubtman Hirtzels und H[err] Rittmeister Meÿens (?)[zu] stellen und die vor mÿnen gn[ädigen] H[erren] ÿngegebene schriftliche Glaubensbekanntnuß auch daselbst mit erkanntnuß sÿnes fehlers von mund ab[zu]legen und [zu] bezügen, auch darüber Ime durch die H[erren] Pfahrer die nothdurfft wÿters zugesprochen werden [solle].«[115] Werdmüller wurde somit mit Repräsentanten der Zürcher Kirche und Verwaltung, nicht aber mit dem gemeinen städtischen Volk konfrontiert. Auch die Kirchengemeinde, um dessen Gebet der blasphemische Sünder sonst in seinem standardisierten Widerruf die Gemeinde bitten mußte, wurde umgangen. Allein die Pfarrer, die das Sittengericht stellten (»Verordneten zur Lehr«) bzw. die Stadtkirchen leiteten, sollten sich der geistlichen Ermahnung annehmen. Werdmüller, der die gewagtesten und theologisch subtilsten Anschauungen vertreten hatte, wurde also am härtesten bestraft, wenn er auch dank seiner gesellschaftlichen Position und politischen Beziehungen relativ verschont blieb. Die nächsthärteren Strafen erhielten Bochenez und Weidmann. Hierbei ging die Justiz darüber hinweg, daß sie es in dem einen Fall mit einem Gebildeten zu tun hatte, der wohl bewußt provoziert hatte, während es sich im anderen um einen »Löli« handelte, der tölpelhaft die Gottesmutter geschmäht hatte. Bei den Hartmans hingegen, von denen nicht bekannt wäre, daß sie über ein besonderes Sozialkapital verfügt hätten, erwies sich die Justiz als nachsichtig. Sie verhängte eine Buße, die den Strafsätzen von Verbalinjurien entsprach und dies, obwohl die Brüder bereits seit mehreren Jahren religiöse Kontroversen auslösten, in denen sie konsequent ihre dubiosen Positionen

---

[114] B. II.504, fol. 63- 65, Urteil Hans Rudolf Werdmüller, 27.4.1659 (der Verweis auf die Ratsbücher B II.505 und 507 bei O. A. Werdmüller, Glaubenszwang S. 61 ist falsch).
[115] B. II.504, fol. 63 f., Eintrag Hans Rudolf Werdmüller, 27.4.1659.

vertraten. Soweit diese vier Fälle einen Einblick erlauben, scheint also die Justiz informelle »Disputationen« zu einem verhältnismäßig hohen Grad geduldet zu haben, wobei sie diejenigen, die sich während der Debatten eine blasphemische Bemerkung erlaubt hatten, nach der Schwere ihres Delikts zu bestrafen suchte.

Im Gegensatz zur Rechtsprechung waren die Themen, über die diskutiert wurde, unabhängig von den Klassenunterschieden zwischen den Streitgesprächen mit blasphemischen Implikationen. Um auf theologische Fragen zu stoßen, mußte man nicht ein Intellektueller vom Range eines Werdmüllers sein. Als etwa der Wachtmeister und Glaser Heinrich Kleiner[116] sich mit Hans Jakob Kleiner (genannt Spöribub) 1678 in einem Wirtshaus über das Passionsspiel von Zug unterhalten hätten, habe ersterer angemerkt, »daß diejenigen, so Christum gefangen, nicht Juden, sonder heidnische Kriegsknecht gewesen. Sage darauf Spöri bub, ob nicht David und Herodes auch Heiden gsÿn, welchem er, Zeüg [sc. Heinrich Kleiner], geantwortet, David seÿe ein Jud gseÿn, weil auß dessen geschlecht Christus gebohren worden. Darauf Spöri bub widerumb gesagt, ob dann die H[eilige] Jungfrau Maria nicht von heiden nacher kome, deme er, Zeüg, mit nein geantwortet.«[117] Nicht nur Herodes, sondern blasphemischerweise ebenso David und Maria dem Heidentum zuzuordnen, zeugt in der Tat von Unwissenheit. Allerdings besticht die Erklärung, David sei deswegen Jude gewesen, weil er der Stammvater Christi sei, auch nicht gerade durch Brillanz. Theologische Fragen aufzuwerfen, hieß noch lange nicht, ihnen gewappnet zu sein; aus mangelnder Kenntnis konnte man da schnell in blasphemisches Fahrwasser geraten.

Die Gottesmutter Maria beschäftigte häufig die Gemüter. Gerade an ihr wird deutlich, wie fließend der Übergang zwischen konfessioneller Abgrenzung, ernsthaftem Streitgespräch und blasphemischer Provokation war. Die Verzahnung von konfessioneller Provokation mit – je nach Standort – blasphemischem Charakter und »Disputierbedarf« verdeutlicht ein Beispiel aus dem Jahre 1676. Ein katholischer Priester habe Conrad Thoman abends vor dessen Haus angeredet, »er soll auch Catholisch werden. Drauff Conrath Thomann geantwortet, Er seÿe schon lengst Catholisch gsein und glaube nichts anderßt alß waß der Catholisch glaub außweiße und vermöge.« Der Priester habe ihm widersprochen und eingewandt, die Reformierten leugneten die Jungfräulichkeit Mariens sowie deren Fürbittfunktion. »Dises beantwortete Conrad Thoman gar bescheindelich und dergestalten: diß seÿe zwüschend unß und Ihnen ein solcher Streitpuncten, welchen sÿ beide dißen abendt nit entscheiden und erörteren werdind. Unß betreffend, so glaubind wir nit, daß man die H[eilige] J[un]gf[rau] M[aria] anruffen müße, eß werde unß in H[eiliger] Schrift nit befohlen, und seÿe unß nit als ein Mittlerin und Fürbitterin fürgestelt, sonderlich seÿe eß auch abzunemmen auß Joh[annes] 2: v[erse] 3. 4. 5.«[118] Der Nachbar Thomans, der evangelische Gemeindepfarrer, hatte die Szene beobachtet und gemeldet. Sicherlich wird ihm daran gelegen gewesen sein, Thomans Reaktion als vorbildlich darzustellen; seiner Beschreibung zufolge hatte der Nachbar alles getan, um den Religionsfrieden zu wahren und die Vorstöße des Priesters ins Leere laufen zu lassen. Ob Thoman sich tatsächlich so friedfertig verhalten hat, mag dahingestellt bleiben. Jedenfalls wich Thoman zum Leidwesen des Priesters – dieser habe fürchterlich »fulminiert« – dem Streitgespräch »uff offner Gaß« aus.[119] Dennoch reagierte Thoman ganz wie es sich für einen reformierten »Disputierfähigen« geziemte. Er widersprach in einem ersten Schritt, um im zweiten Gegenargumente anzuführen: Er sei der eigentliche Katholik, d. h. der wahrhaft Gläubige. Die Mariologie der katholischen Kirche sei nicht biblisch, Stellen aus dem Johannesevangelium sprächen gegen die Marienanbetung. Ganz hatte sich Thoman also dem theologischen Streitgespräch nicht entzogen. Er sah sich offenbar gezwungen, die aus seiner Sicht blasphemische Vorstellung von der Fürbitterschaft Mariens zu widerlegen. Besondere Freude scheint Thoman an der Kontroverse mit dem Priester indes nicht gehabt zu haben. Auch der Wutanfall des Priesters weist darauf hin, daß diesem der Spaß an der Herausforderung vergangen war. Besonders lustvoll wird die Auseinandersetzung auf offener Straße für keinen der Beteiligten gewesen sein, doch bestanden offenbar beide darauf, die Kontroverse auszutragen; der eine, um seine Religion als die richtige zu behaupten, der andere, um genau diese als blasphemisch zu entlarven.

Als Jacob Weidmann von Lufingen auf der Landstraße mit einem Haschierer aus Bremgarten 1714 ins Gespräch kam, vermischten auch sie konfessionelle Abgrenzung mit theologischer Auseinandersetzung und Blasphemie: Weidmann habe auf den Sieg der Zürcher im letzten Krieg hingewiesen, worauf der Haschierer erwidert habe, »es seÿge Gotts Will gewesen, ein ander mahl könte es anderst werden. Worauf Weidman versetzt, Sie mögen ihr alt Frauw anbeten so lang sie wollen, werde ihne nichts helfen könen. Der Haschier hierauf, sie bäten sie nicht an, sonder halten sie nur für ein Fürbit-

---

[118] E. I. 10. 5, Schreiben Pfarrer?, 5. 4. 1676.
[119] Vgl. E. I. 105, Schreiben Pfarrer?, 5. 4. 1676.

terin mit beyfügen des Gleichnüßes, daß, wann einer ein Sach vor d[em] H[err]n Bürgermeister hëute [hätte] und zu seiner Frau kehrte, sie ersuchte, daß sie ihm ein gut Wort bey ihrem H[err]n verleihen wollte, ob er nicht meinte, daß sie vill bey ihm ausrichten werd [und fügte das Gleichnis hinzu, daß, wenn jemand sich in einer Sache an den Bürgermeister wenden wolle, er dessen Frau anspreche, um sie darum zu bitten, bei ihrem Gatten ein gutes Wort einzulegen, selbst wenn er davon ausgine, daß sie bei ihm nicht viel ausrichten werde].«[120] Weidmann jedoch gab nicht nach und wiederholte bzw. ergänzte seine blasphemischen Bemerkungen: Maria sei eine »alte Großmuter« und ein »hundsfud.«[121] Weidman hatte also den Auftakt mit der polemischen Bemerkung gemacht, daß die Gottesmutter den Katholiken kein Kriegsglück zu bringen vermocht hatte, demnach deren Anbetung überflüssig sei. Darüber hinaus hatte er sie verunglimpft. Statt die Herausforderung mit Gegenpolemik zu beantworten, reagierte der Haschierer mit einer theologischen Korrektur. Maria sei für die Katholiken keine Göttin, sondern eine Fürbitterin. Mit diesem katholisch-römischen Standpunkt beging er jedoch nach reformatorischen Kriterien eine Blasphemie. Er schrieb der Gottesmutter Eigenschaften zu, die ihr nicht zukamen. Wie konnte er nur die unbiblische Fürbittfunktion Mariens behaupten und diese mit den Einflußmöglichkeiten einer Bürgermeistersfrau vergleichen?

Prinzipiell standen die Debatten um die reformierte Lehre von der Rechtfertigung allein durch den Glauben in thematischer Nähe zu den Kontroversen über die Gottesmutter. Bei beiden Themen ging es darum, sich des Wohlwollens Gottes zu versichern. Die ernste Angelegenheit konnte durchaus humorvoll diskutiert werden und brauchte nicht in eine Blasphemie abzugleiten, wie die Szene einer Überfahrt über den Zürichsee von 1705 belegt. Der katholische Kaplan von Menzingen habe Ulrich Züst von Horgen gegenüber bemerkt, »es seie schad, daß er [sc. Züst] als ein starcker mann in die hell komme. Er gseit, holla, hübschli warum? Der Caplan gesagt, wir [sc. ihr, die Reformierten] haben kein Fegfeür. Er Züst antworte, das Blut Jesu Christi reinige ihm von aller Sünd.« Hierauf seien die Reisenden auf die Jungfrau Maria als Fürbitterin zu sprechen gekommen, worauf Züst bekräftigt habe: »allein Christus Jesus seye allein der Mitler zwüschent Gott und dem Menschen, der uns vor Gott dem himlisch Vater vertrete. Caplan sage fehrner, wir [sc. die Reformierten] halten nichts von den H[eiligen] Apostlen.« Auch hier habe Züst widersprochen und daran erinnert, daß seine Glaubensgenossen die Apostel als Diener Gottes in Ehren hielten. Nunmehr

---

[120] A. 27.129, Aussage Bernhart Dups, 23.3.1714.
[121] A. 27.129, Aussage Jacob Weidmann und Bernhart Dups, 23.3.1714.

habe sich der Altweibel Staub Züst mit einer Frage zum reformierten Kalender in die spielerische Auseinandersetzung eingeschaltet.[122] Hierauf habe ein »Knabe« Züst geraten: »gib ihnen kein Antwort. Der Caplan frage hierauf den Knaben, an wen er glaube? Der Knab antwortet: an Jesum Christum den Sohn Gottes. Daruf der Caplan den Knaben mit dem Stecken über den Kopf geschlagen, er gseit: holla es gelte nit alßo.«[123] Halb im Spiel, halb im Ernst neckte sich die Bootsgesellschaft mit theologischen Grundsatzfragen wie der Vergebung der Sünden. Ein wenig konfessionelle Polemik konnte da zum Anheizen der Diskussion nicht schaden. Blasphemische Klippen wurden jedoch geschickt umschifft. Statt zuzugestehen, daß er entweder an die katholische oder die reformierte Sache glaube, gab der »Knabe« die einzige Antwort, die ihn vor solch einer Gotteslästerung schützte. Mit seinem Bekenntnis zu Jesus Christus konnte er nichts falsch machen. Auf dem See war also gut gelaunt »disputiert« worden. Man tauschte gegenseitig die konfessionellen Standpunkte aus, ohne deswegen gleich in blasphemische Untiefen zu geraten.

Die Heilige Schrift war ein weiterer Gegenstand, der immer wieder zu – häufig konfessionell geprägten – Streitgesprächen reizte. Im Anschluß an die Osterpredigt Gwalters gerieten die Gebrüder Isaak und Jacob Hartmann 1573 in einem Wirtshaus mit Abraham Geßner typischerweise[124] in »ettwas arguierens«. Jacob Hartman habe die Anschauung vertreten, Wein könne keine Gottesgabe sein »dann man dardurch nun voll und ungschickt werde.«[125] Im Anschluß habe sich eine Kontroverse entzündet, in der Isaak Hartmann behauptet habe, »was Walthart predige, sÿe ettlichs waar, ettlichs nitt, dann er predige die fablen Esopi. Darzuo saging wir vil von den Töufferen, das nitt die warheit sÿe […] Und als Abraham Geßner unter anderem das Buoch der Offenbarung angezogen, hatt Jacob Hartman geredt, daßelbig Buoch sÿe fabelwerk und erdichtet und wüße nieman, wär es geschriben habe. Geßner habe Jacob Hartman hierauf erwidert, Er sölle luogen, was er

---

[122] Theoretisch war der Gregorianische Kalender 1584 in katholischen Ländern eingeführt worden. Doch fanden sich erst gegen Ende des 17. Jahrhunderts die meisten katholischen Orte mit dem neuen Kalender ab. Die Reformierten hielten bis 1700 am Julianischen Kalender fest, weil sie die Kalenderreform als unzulässige Einmischung des Papstes in weltliche Angelegenheiten ablehnten. Die Folge war, daß in den gemischt konfessionellen Gebieten der gemeinen Herrschaften beide Kalender nebeneinander bestanden. Vgl. H. STUCKI, 16. Jahrhundert S. 272 f.; O. SIGG, 17. Jahrhundert S. 345.
[123] E. 10.5, Aussage Sevelin, 2. 2. 1705.
[124] Zu dem Problem der Predigtrezeption in der Bevölkerung vgl. N. SCHINDLER, Die Prinzipien des Hörensagens, Predigt und Publikum in der Frühen Neuzeit, Historische Anthropologie, 1. 1993 S. 359–393; hier: S. 367–375.
[125] A. 27.30, Aussage Abraham Geßner, 8. 4. 1573.

rede, dann er [Gwalther] habe doch M[eister] Heinrich Bullinger gedachtes
Buoch geprediget, So bezüge der Titel klar, daß S[ankt] Johannes daßelb
geschriben.«[126] Die Osterpredigt habe ferner eine Diskussion über die Auferstehung ausgelöst, nämlich, daß »die (so sy in warem glauben verscheid-
[en]) nach unsers Herren Christi verheißung yetzt in das Ewig läben hindurch trungen und in Ewiger säligkeit syend.«[127] Isaak Hartmann aber
wandte ein, »es dunke inn nit unrecht, ob schon einer sage, Gott helfe mynem lieben vatter seligen und derglychen.«[128] Die theologische Streitlust
reichte weit zurück. Bereits drei oder vier Jahre zuvor, so die Aussage des
Bruders, sei Jacob Hartman mit Geßner aneinandergeraten, weil dieser behauptet habe, »daß Johannes Gott den Vatter gesehen, das bezüge er Inn
syner offenbarung, weliches syn bruder verneinet und gsagt, das Gott den
vatter niemands nie gesehen.« Seitdem betitle Geßner seinen Bruder Isaak
als »Apostützler.«[129] Geßner wiederum wußte zu berichten, daß die Hartmanns ihn häufig mit dem Pfarrer diskutieren gesehen hätten und sie ihn daher »einen töüffer gescholten und vil wesens gestritten, das er lettslichen ni-
mer erlyden mögen, sonder gesagt, so er ein töüffer, so sigen sy mamaluk-
ken, dann sy nützit uff der offenbarung Johannis hetten.«[130] In die religiösen
Auseinandersetzungen spielten demnach persönliche Rivalitäten hinein.
Wenn die immer wieder aufflammenden Streitgespräche sich auch an der
Grenze zum Ehrhandel bewegten, so standen hier doch theologische Interessen im Mittelpunkt. Konnte man das Beten für das Seelenheil Verstorbener
rechtfertigen, war die kryptische Schrift der Offenbarung wirklich ein biblischer Text,[131] hatte Johannes nun das Angesicht Gottes gesehen oder nicht?
Das waren Fragen, die nicht nur Generationen von Theologen beschäftigt
hatten, sondern die auch von der ernsthaften Auseinandersetzung von Laien
mit der Bibel zeugen. Eigentlich lief es auf eine Blasphemie hinaus, die Apo-
kryphen in Zweifel zu ziehen. Ebenso widersprach aus reformierter Sicht die
Vorstellung, daß man für das Seelenheil von Verstorbenen beten könne, der
Rechtfertigungslehre und stellte somit eine Schmähung des Kreuzestodes
Christi dar. Dessen dürften sich aber die »Disputanten« nicht bewußt gewe-

---

[126] A. 27.30, Fall Hartmann Vogteischreiben, X. X. 1573.
[127] A. 27.30, Fall Hartmann Vogteischreiben, X. X. 1573.
[128] A. 27.30, Aussage Isaak Hartman, 4. 4. 1573.
[129] A. 27.30, Aussage Isaak Hartman, 4. 4. 1573.
[130] A. 27.30, Aussage Abraham Geßner, 8. 4. 1573.
[131] Die Frage spiegelt zudem wider, welche Breitenwirkung Bullingers Offenbarungskom-
mentar erreichte. Zur Bedeutung von Bullingers Auslegung der Apokalypse als Trostbuch vgl. F.
Büsser, Zürich - »Die Stadt auf dem Berg«. Bullingers reformatorisches Vermächtnis an der
Wende zum 21. Jahrhundert, in: Zwingliana 25 S. 38-41.

sen sein. Es hätte sie wohl überrascht, der Gotteslästerung bezichtigt zu werden. In ihrem Selbstverständnis handelten sie nicht von Gott, sondern von der Auslegung der Heiligen Schrift.

In religiösen Debatten zeichneten sich Reformierte immer wieder dadurch aus, daß sie sich als gute Protestanten auf die Bibel beriefen. So schilderte der Metzger Felix Meister 1654, daß Heinrich Puri, der Knecht des Gerichtsherrn von Elgg sich mit Salomon Hegners Knecht unterhalten habe. Im Gespräch – es fand typischerweise in einem Wirtshaus statt – habe Puri schließlich »ohne einichen gegëbenen anlaaß [gesagt], Christus der Herr seige eines Zimermans Sohn gewëßen, Das wolle er us der H[eiligen] Schrifft erwyßen, und der Herr Christus sëlbsten seige ein Jochmacher gewëßen.« Christus als leibhaftigen Sohn eines Juden hinzustellen, stand im offenen und blasphemischen Widerspruch zur Lehre von der Empfängnis Christi durch den Heiligen Geist. Puri jedoch wies den Vorwurf, er vertrete »einen jüdischen glauben, von sich und habe also bald di biblen begëhrt.« Hierauf habe er, Felix Meister, eingeworfen, Puri »seige nit wërth, das er in der biblen läße und nebent in sitze und Ine von ime gestoßen.«[132] Puri versuchte also anhand der Bibel zu beweisen, daß er im Recht sei. Meister hingegen strafte ihn mit Verachtung. Er stellte Puri als jemanden dar, der die Heilige Schrift beschmutzte und verteidigte somit die Bibel als Buch des Glaubens. Wenn auch die beiden Reformierten zu unterschiedlichen Ergebnissen gelangten, beriefen sich doch beide auf die Bibel als ausschließlich verbindliche Grundlage jeglicher Argumentation.

Auf die alleinige Autorität der Bibel verwiesen Reformierte besonders gern in Kontroversen mit Katholiken. Als 1664 ein katholischer Priester anläßlich der Zehntzahlungen mit Vogt Suter in einen Streit geriet, habe er, der Vogt, auf die Zehn Gebote hingewiesen. Der Geistliche jedoch habe entgegnet, »Gott habe genausowenig mit Moses gesprochen wie mit einem anderen Menschen.« Seiner Aussage zufolge habe er, der Vogt, den Geistlichen zurechtgewiesen: »Er scheldte uns da und stande das in der h[eiligen] götlichen geschrift.«[133] Der Priester ließ sich nicht beeindrucken. Er soll erwidert haben: »ich wollte eüch [...] [auf die evangelische Bibel] drufschissen und stoßt unsß die Bybel nebend sich.«[134] Keine Frage, der Priester hatte aus einem konkreten Anlaß – für Katholiken wie auch für Reformierte – eine gotteslästerliche Äußerung getan. Der Vogt jedoch reagierte vorerst nicht als Aufsichtsperson, die gesetzliche Regelungen umzusetzen hatte – dies ge-

---

[132] A. 27.92, Aussage Felix Meister, 29.5.1654.
[133] E. I.10.5, Aussage Vogt Suter, X. 1.1664.
[134] E. I.10.5, Aussage Vogt Suter, X. 1.1664.

schah erst später, als er den Fall meldete –, sondern als Reformierter. Er
führte die Bibel als Gegenargument an und versuchte zu debattieren. Der
Reiz zur theologischen Auseinandersetzung war im ersten Moment stärker
als die Pflicht zur rechtlichen Verfolgung.

Bei Kontroversen über das biblische Wort verstanden die Reformierten
keinen Spaß. So berichtete Wirt Aberi 1685, daß Michel Lienhart Fuchs aus
Art sich eines Italieners angenommen habe, der in seinem Wirtshaus schwer
erkrankt sei. Als dieser verstorben sei, hätten die Kinder an seinem Bett gebetet, Fuchs sei darauf »in die stuben kommen und habe mit einem wed-
lischwyler, den Fürnies, angefangen zu »disputieren« und under anderem gesagt: Wir haben einen glauben und ein Vatter Unser, aber es ist darzu gesetzt, dan dein ist das Reich etc. Da er gefraget worden, wer dan dasselbige
darzu gesetzt, es stand so in der Bibel, habe er geantwortet, der Teufel habe
es darzu gemacht, der Pfaff habe es gesagt, worüber er Ihne hefftig gescholten und alß er Ihne morndrigs Morgens wollen gefangen nemen, seye er
schon fort geweßen.«[135] Aus reformierter Sicht bestand kein Zweifel, ihre
Version des Vaterunsers entsprach der biblischen Fassung. Daß der offensichtlich katholische Fuchs die gekürzte Form seiner Kirche verteidigte, hätte der Wirt eventuell noch toleriert, aber zu behaupten, der Teufel habe die
reformierte Version geprägt, war eine unerträgliche Gotteslästerung. Das
Gespräch hatte also aus konkretem Anlaß mit einer kritischen Rückfrage,
wer denn das Vaterunser angeblich ergänzt habe, begonnen; es endete in einer Blasphemie. Die »Disputierfreude« war aus Unbedachtheit zu weit gegangen.

Vermochte Fuchs seine Kritik an der reformierten Fassung des Vaterunsers nicht anhand der Bibel zu belegen, nahm der reformierte Heinrich
Schultheß 1650 für sich in Anspruch, dazu in der Lage zu sein. Laut Jagli
Kuontz habe man bei ihm zu Hause in trauter Runde »bim trunkh discurriert und heinrich Schultheßß vil von Gott und Göttlichen dingen gesprochen. Under anderem aber habe Er gsagt, Der böß syge so gut in synem
Stanndt als Gott.« Hierüber habe er, Kuontz, Schultheß ermahnt und
schließlich vor die Tür gesetzt. Am nächsten Morgen jedoch sei Schultheß
wiedergekommen und habe »uß dem Register der Bibel, da der Tüffel ein
Gott der gotlosen gnennt wirt,« verwiesen. Als er, Kuontz, zusammen mit
Hürlimann, einem Gast des Vorabends, eingewandt habe, daß er, Schultheß, die Stelle falsch interpretiere, habe dieser den Einwand nicht zu ent-
kräften vermocht.[136] Diese Szene liefert einen klaren Beleg dafür, daß Laien

---

[135] A. 27.113a, Aussage Wirt Aberti, 9.6.1685.
[136] A. 27.89, Aussage Jagli Kuontz, 29.3.1650.

sich intensiv mit exegetischen Fragen beschäftigten. Schultheß ließ sich nicht einfach aus der guten Stube hinauswerfen, sondern versuchte, seinen Standpunkt mit der Bibel gewappnet zu verteidigen. Das religiöse Streitgespräch des vorherigen Abends sollte nicht seichte Unterhaltung gewesen sein; hier wollte jemand, der bereits zuvor seiner Flüche wegen aufgefallen war[137] und wohl zugleich seine persönliche Ehre im Sinne hatte, die Bibel begreifen, was ihm auch Pfarrer Schintz bestätigte.[138] Das immerwährende religiöse Gespräch war vielen Menschen der Frühen Neuzeit, selbst wenn sie notorische Flucher waren, ein Bedürfnis; ein Bedürfnis, das die Reformierten im Einklang mit der Bibel zu befriedigen suchten, was sie allerdings nicht gegen blasphemische Mißverständnisse feite.

* * *

Wer religiöse Streitgespräche führte, hatte einen mehr oder minder ausgeprägten Sinn für theologische Polemik. Diese Polemik unterschied sich von derjenigen, die soziale Provokateure mit ihren Blasphemien pflegten. Suchten diese vorrangig den Publikumserfolg, war den »Disputanten« insbesondere an theologischen Erkenntnissen gelegen. Wenn auch längst nicht jeder informelle, spontane »Religionsdiscurs« auf blasphemische Abwege führte, formulierten doch die Beteiligten im Eifer der Kontroversen so manche Gotteslästerung. Der Rahmen, in dem dies geschah, war nahezu beliebig. Ob zusammen mit Fremden auf der Landstraße, in geselliger Runde im Wirtshaus, zu Hause oder in feiner Gesellschaft mit Freunden und Bekannten, eine zufällige Bemerkung oder ein konkreter Anlaß vermochten immer wieder zu religiösen Debatten zu reizen. Aus Sicht der Obrigkeit wie auch der »Disputierenden« und Zeugen stand es jedem, der über das nötige geistige Rüstzeug, d. h. über solide Bibelkenntnisse verfügte, frei, sich an den Kontroversen zu beteiligen.

Die Religionsgespräche mit blasphemischem Kontext fielen in drei Kategorien. Bei den Polemiken handelte es sich darum, sich aus Prinzip und nicht immer lustvoll von den Andersgläubigen abzugrenzen. Hier verflachte die »Disputation« oft zu billiger Konfessionsschmähe. Ob jemand eine blasphemische Äußerung gewagt hatte, war schlichtweg eine Frage des konfessionellen Standpunkts. Die subtileren Sticheleien hingegen liefen auf blasphemische Reden hinaus, die zum Konversationston der feinen Gesellschaft gehörten. In der zweiten Klasse der Denkspiele maßen die »Disputierenden« ihre intellektuellen Kräfte. Der Spaß bestand darin, sich im unter-

---

[137] Vgl. A. 27.89, Aussage Jacob Wyland und Heinrich Schultheß, 8. 3. 1650 bzw. 18. 4. 1650.
[138] Vgl. A. 27.89, Aussage Pfarrer Schintz, 25. 3. 1650.

haltsamen verbalen Wettkampf gegenseitig zu übertrumpfen. Im Eifer des Gefechts kam es da öfter zu ungewollt blasphemischen Entgleisungen, die nichts mit Glaubensüberzeugungen zu tun hatten; die Schwelle zur gezielten, bewußten Gotteslästerung lag viel höher. Humor und intellektuelle Selbstinszenierung prägte ebenso die dritte Klasse der eigentlichen, der propositional und perlokutionär religiösen Kontroversen. In diesen Debatten trafen allerdings nicht immer ebenbürtige Gesprächspartner aufeinander. Ein hilfloses Gegenüber derart in die argumentative Enge zu treiben, daß es aus Ungeschick eine Blasphemie formulierte, hieß, sich auf unfaire Weise auf dessen Kosten zu amüsieren und die Inhalte der Auseinandersetzung zu verwässern. Anders verhielt es sich bei den theologisch anspruchsvollen Diskussionen. Hier rangen Gesprächspartner teilweise über Jahre hinweg um die richtige Einsicht. In diesen Fällen bewegte sich Gotteslästerung, die für die Diskutierenden keineswegs eine solche war, im Grenzbereich von intellektueller Neugier, unorthodoxem Denken und der Auseinandersetzung mit Fragen des eigenen Glaubens.

Die Motive für blasphemische Sprechhandlungen waren vielfältig. Der Drang zur Selbstdarstellung, sei es in feiner Gesellschaft, sei es vor einem gewöhnlichen Publikum, war sicherlich ein starkes Moment. Doch sollte nicht unterschätzt werden, mit welcher Ernsthaftigkeit »disputiert« wurde. Die Auseinandersetzung mit Glaubensfragen wie auch der intellektuelle Erkenntnisdrang, der bis zum »Freidenkertum« reichen konnte, stand an erster Stelle. Gotteslästerung war hier Ausdruck tiefer Religiosität und theologischer Selbstpositionierung.

Viele Zeugen von Religionsgesprächen erkannten nicht die Beweggründe und Absichten blasphemischer »Disputanten«. Die meisten wußten mehr über burleske Szenen als theologische Feinheiten zu berichten. In ihrem Munde bezeichnete Gotteslästerung eher ein sozial auffälliges Verhalten als eine religiös unhaltbare Vorstellung. Ihre Wahrnehmung verdeutlicht, wie eng in einer frühneuzeitlichen Gesellschaft religiöse mit sozialer Konformität verknüpft war.

Unter den Bedingungen dieser Koppelung räumten die geistliche und die weltliche Obrigkeit den »Disputanten« gewisse Denk- und Handlungsspielräume ein. Solange die Gesprächspartner über die entsprechenden Kenntnisse verfügten, hatte die Kirche durchaus Verständnis dafür, daß häretische oder blasphemische Positionen »übungsweis« dekliniert wurden. Allerdings konnte der Zweck dieser Übungen allein darin bestehen, die reformierte Lehre zu bestätigen. Wer, wie der angesehene Johann Rudolf Werdmüller, unorthodoxe Gedanken entwickelte, mochte zwar dank seines gesellschaftlichen Ansehens von einem entsprechend harten Rechtsurteil verschont bleiben, mußte aber mit eindringlichen Ermahnungen rechnen.

Welche Haltung die weltliche Obrigkeit zum Problem der Gotteslästerung beim »Disputieren« einnahm, ist angesichts der Quellenlage nur schwer zu sagen. Auffälligerweise fehlen in den meisten Fällen die Strafurteile. Dies mag darauf hindeuten, daß die Justiz in diesen Fällen auf eine Verfolgung verzichtete. Daß sich die weltliche Obrigkeit als relativ nachsichtig erweisen konnte, belegen Urteile, die Blasphemie und Verbalinjurie im Strafmaß gleichsetzten. Wenn blasphemische bzw. häretische Äußerungen das Maß des Gewöhnlichen weit überstiegen, konnte die Justiz freilich auch extrem hohe Strafen verhängen. Was hier für die Justiz zählte, waren nicht die Zurechnungsfähigkeit und die intellektuellen Voraussetzungen der Angeklagten, sondern deren Sozialkapital. Die Justizpolitik des Zürcher Rats scheint also darauf hinausgelaufen zu sein, den vielen »normalen« Tabubrüchen mit relativer Toleranz zu begegnen und bei aufsehenderregenden Fällen unter Rücksicht auf das Sozialprestige der Angeklagten konsequent vorzugehen.

Die »Religionsdiscurse« mit blasphemischen Implikationen hatten bestimmte inhaltliche Schwerpunkte. Für Diskussionsstoff sorgte häufig die Frage, ob die Gottesmutter Maria eine Jungfrau gewesen und geblieben sei, und ob sie Mittlerin zwischen den Menschen und Gott sein könne. Dies aber heißt, daß die Themen der Sünde und Gnade die Gemüter beschäftigten. In dieses Bild paßt die Feststellung, daß das Problem der Sündenvergebung bzw. die Rechtfertigungslehre häufig Gegenstand der Auseinandersetzungen war. Viele Menschen der Frühen Neuzeit versuchten mit allem Ernst zu begreifen, wie sie in ihrer Sündhaftigkeit ein gottgefälliges Leben führen könnten. Für Reformierte bedeutete dies aber – und das war der dritte Schwerpunkt der Auseinandersetzungen –, sich Klarheit darüber zu verschaffen, welche Bibelübersetzung die richtige und welche Textexegese die angemessene sei.

Immer wieder verleiteten also religiöse Debatten zur Blasphemie. Es ist durchaus möglich, aus analytischen Gründen voneinander getrennt zu beschreiben, in welchem Rahmen diese Diskussionen stattfanden, wie die Gespräche klassifiziert werden können, welche Motive hinter ihnen standen, welche Wirkung sie auf die Zeugen ausübten, wie die Obrigkeiten auf die lästerlichen Äußerungen reagierte und mit welchen Themen sich die Gesprächspartner auseinandersetzten. Doch sollte darüber nicht vergessen werden, wie stark für die Sprecher, die Hörer wie auch die Obrigkeit (konfessionelle) Polemik, intellektuelle Neugier, unorthodoxe Überlegungen und Glaubensanliegen ineinandergriffen. Auch die Übergänge im Spektrum zwischen der Gotteslästerung als ungewollter, unbeholfener Äußerung zum einen und als gezieltes Ausloten von religiösen Denk- und Handlungsspielräumen zum anderen sind fließend. Außerdem sei festgehalten, daß der blasphemische Diskussionsbeitrag im 18. Jahrhundert insofern an Reiz verlor, als er immer weniger einen Gang vor das Gericht lohnte. Die Justizfälle konzentrieren sich eindeutig auf das 16. und 17. Jahrhundert. Auffällig ist schließlich, daß wie im spätmittelalterlichen Konstanz »disputierende« Frauen in den Zürcher Justizakten weder im 14. Jh. noch in der Frühen Neuzeit vorkommen.[139] Sollte das religiöse Streitgespräch Männersache gewesen sein?

Die Blasphemiefälle, von denen hier die Rede war, geben Hinweise auf die Tragweite religiöser Normen in einer frühneuzeitlichen Gesellschaft. Im reformierten Zürich war ein Teil der Bevölkerung – er läßt sich nicht genauer bestimmen – mit der Bibel und den zeitgenössischen religiösen Schlagwörtern vertraut. Man tauschte seine Meinung über die eben gehörte Predigt aus, hatte gerade etwas gelesen. Von Religion handelten nicht allein Theologen, die Laien zu unterweisen suchten. Mit Kirchenlehre und Bibelexegese setzten sich vielmehr auch Laien auseinander. Sie eigneten sich die Heilige Schrift und die Dogmen auf teils eigenwillige Weise an, ohne vor Kontroversen mit den Experten zurückzuscheuen. Dieses religiöse und/oder theologische Interesse von Laien erkannten weltliche und geistliche Obrigkeit an, wenn sie – allerdings in engen Grenzen – die »Disputierfreude« der ihr Anbefohlenen tolerierten. Das Bedürfnis der Zeitgenossen, sich durch Kontroversen über Glaubensfragen zu orientieren, sollte nicht unterschätzt werden. Deswegen schlossen die Auseinandersetzungen jedoch weder Amüsement noch (konfessionelle) Injurie aus. In die ernsthafte religiöse Suche mischten sich die durchaus weltlichen Momente der Wirtshausgeselligkeit. Religion war etwas, zu dem Menschen der Frühen Neuzeit offensichtlich weniger Distanz empfanden und mit dem sie daher »lockerer« umgehen konnten; etwas, das im Gegensatz zur Moderne nicht ausschließlich der Ehrfurcht erheischenden Sphäre des Sakralen zugeordnet wurde, sondern auch in den Rahmen der Geselligkeit paßte.

c) Die Auseinandersetzung mit Fragen der Dogmatik

Das Problem alter Paradoxien

Auf den ersten Blick ist die christliche Religion voller Paradoxien. Dementsprechend stoßen Christen seit dem Urchristentum immer wieder auf dieselben Fragen. Die Zürcher Gotteslästerer sind da keine Ausnahme. Auch sie

---

[139] Dort tauchen nicht einmal fluchende und schwörende Frauen auf. Vgl. P. SCHUSTER, Konstanz S. 74f; S. BURGHARTZ, Leib S. 136. Diese scheinen allein auf der Ebene der Sittengerichte faßbar zu sein. Vgl. H. R. SCHMIDT, Dorf S. 85–89.

hatten es schwer, zu begreifen, was es mit der Allmacht Gottes, der Trinität, dem Wirken Christi, der Auferstehung der Toten, der Sündhaftigkeit des Menschen oder der Jungfernschaft Mariens auf sich habe. Um die Sprechhandlungen der Gotteslästerer dogmatisch einzuordnen, gilt es daher, drei Fragen zu behandeln: Entspringt das, was Blasphemiker zu diesen Themen zu sagen hatten, häretischen Traditionen, zeitgenössischen theologischen Diskussionen oder eigenständigen Grübeleien? Lassen sich die Sprecher nach der Art ihrer Äußerungen nach Typen unterscheiden? Und was schließlich sagen die dogmatischen Implikationen der inkriminierten Blasphemien über die Bedeutung von Religion in einer frühneuzeitlichen Gesellschaft aus?

Das Problem der Omnipotenz Gottes taucht in den Zürcher Justizakten ab dem 17. Jahrhundert auf. Das Paradox vom ohnmächtigen, gekreuzigten Gottessohn reizt zum logischen – auch der Bibel bekannten –[140] Widerspruch, wie denn Gott der Allmächtige sich ans Kreuz habe schlagen lassen können. Hierzu eine Wirtshausszene aus der Stadt Zürich vom Ostersonntag 1605: Er, der Wundarzt Felix Wirt habe sich mit seinem Schwager Alexander Ziegler unterhalten, da »habe derselbig Inn bysin Bonifaci Zÿsers von Thun geret, Warumb Gott der Allmechtig sich habe crützgen laßen, er sÿe doch selbst meister gsÿn. Er hette uns wol ohne das khönnen Inn Himmel nemmen. Wer Inne das geheißen habe.«[141] Hierauf habe Wirt geantwortet: »Die gerächtigkeit Gottes habe daß erforderet.«[142] Der Aussage des Junkers Hans Escher jun. zufolge soll Ziegler in seinen Überlegungen noch weiter gegangen sein und hinzugefügt haben, es »neme Inne wunder, worumb Gott der Almächtig für unns mensch[en] gestorb[en] sie. Deswegen Er nit allein Meister sÿge, Sonnder der Tüfel habe auch gwalt, so wol alß er.«[143] Ziegler suchte also die Paradoxie des Opfertodes Christi zu durchbrechen, indem er eine für ihn einleuchtende Antwort auf das Skandalon der Kreuzigung fand: Wenn Gott tatsächlich allmächtig gewesen wäre, hätte er die Menschen auch ohne den Opfertod des Gottessohns vom Tod erlösen können. Dies sei aber nicht der Fall gewesen. Vielmehr sei der Teufel ein mächtiger Widersacher Gottes gewesen, der es verstanden habe, dem Gottessohn den Gang in die Hölle aufzuzwingen und dadurch die Omnipotenz Gottes erfolgreich anzugreifen. Diese Argumentation machte Ziegler zweifellos zum Blasphemiker

---

[140] Vgl. etwa die drei Szenen von der Versuchung Christi, von der Aufforderung der Pharisäer, ein Zeichen zu geben und insbesondere von der Verspottung Jesu am Kreuz in Mt 4, 1–1, Mt 12,38–42 und Mt 27, 39–44 bzw. den Parallelstellen in den übrigen Evangelien.

[141] A. 27.51, Aussage Felix Wirt, 5. 6. 1605.

[142] A. 27.51, Aussage Felix Wirt, 3. 8. 1605.

[143] A. 27.51, Aussage Hans Escher, 3. 8. 1605.

aus innerer Überzeugung. Er suchte eine in sich schlüssige Erklärung für die Kreuzigung, die darauf beruhte, dem Teufel Eigenschaften zuzusprechen, die ihm nach biblischer Aussage nicht zukommen. Allerdings hielt Ziegler trotzdem an der chistlichen Grundaussage fest, daß durch die Kreuzigung Christi der Tod überwunden worden sei.

In Anbetracht der Lehre von der Omnipotenz Gottes hatten die Zürcher – zusammen mit manchen Württembergern –[144] nicht allein mit dem Kreuzestod Christi ein Problem. Ihnen stellte sich auch die Theodizeefrage. Konkret überlegten sie, welche Stellung denn eigentlich der Teufel in der Welt einnehme. So erinnerte sich Jagli Kuontz 1650 an eine alte Gotteslästerung des Heinrich Schultheß von Schirmensee: man habe »bim trunkh discurriert, heinrich Schulthefß […] under anderem […] gsagt, Der böß sÿge so gut in sÿnem Stanndt als Gott.« Hierauf habe er, Kuontz, Schultheß ermahnt und schließlich vor die Tür gesetzt. Dieser sei jedoch am nächsten Morgen zurückgekehrt und habe »sÿne wort uß dem Register der Bibel, da der Tüffel ein Gott der gotlosen gnennt wirt,« zu belegen versucht.[145] Schultheß legitimierte sich also ausschließlich mit der Bibel (möglicherweise I Joh 3, 8–10), ohne einen Zusammenhang zwischen seiner Anschauung und seinen Lebenserfahrungen herzustellen. Eine offene Kritik an Gott, der den Teufel an seiner Seite dulde, formulierte er nicht. Vielmehr argumentierte er mit seinen persönlichen Bibelkenntnissen. Für Schultheß scheinen nicht so sehr lebensweltlich bedingte Zweifel als »philosophische« Weltbetrachtungen im Mittelpunkt gestanden zu haben. Zwar folgte er hierbei dem reformatorischen Grundsatz, daß die Heilige Schrift die alleinige Autorität des christlichen Glaubens darstelle, doch fiel er ihm zum Opfer, als er die Bibelpassage blasphemisch interpretierte. Damit war die uralte Frage aufgeworfen, wie die Schrift auszulegen sei.

Andere Akzente als Schultheß setzte 1715 Jacob Nägeli. Eine Frau hatte Pfarrer Caspar Diebolt gemeldet, »es seyen gotlose leüthen, die sagind, Unser Her Got seye zu alt«.[146] Diebolt ging der Sache nach und konnte schließlich Nägeli als den Blasphemiker ausmachen. Dieser wiederum sagte aus, er habe an einem Sonntag gesehen, wie einige trotz des Sabbatgebots Heu gemacht hätten, obwohl hierzu keine besondere Notwendigkeit bestanden habe. Er habe sich daher erlaubt, ihnen zu sagen, »daß Leüt seyen, die meinen /absit blasphemia/ unser H[err] Got seye ein alter Man, mög in seiner Regierung und Sachen nicht mehr nachkommen. Er seye dennoch so starck als

[144] Auf einen mit Zieglers Kritik inhaltlich vergleichbaren Fall weist hin D. Sabean, Distanzierungen S. 219.

[145] A. 27.89, Aussage Jagli Kuontz, 29. 3. 1650.

[146] A. 27.130, Bericht Pfarrer Caspar Diebolt, 22. 6. 1715.

von Anfang vor 324 und 5000 Jahren und wäre er uns nicht so gnedig und barmhertzig, wurde der Teüffel einem von den anderen wegnemen.« Nägeli behauptete also, sich einer (deistisch klingenden) Gotteslästerung bedient zu haben, die selbstverständlich nicht von ihm stamme (es seyen Leüt), um die Sache Gottes zu vertreten, d.h. für ihn zu handeln: Auf die eigenen Kräfte statt auf Gott zu bauen und daher vorsorglich sonntags Heu zu machen, käme dem Vorwurf gleich, Gott sei ein seniler Herr, der die Weltgeschäfte nicht mehr zu richten wisse. Gott sei aber allmächtig und gnädig wie eh und je, der Teufel habe keine Gewalt auf Erden. Offenbar hätten ihn aber andere mißverstanden. Als am folgenden Dienstag ein Unwetter ausgebrochen sei, habe ihn Heinrich Schnätzler gefragt, »ob er jetz nicht einn got glaube […] Dem er geantwortet, er habe allzeit ein Got glaubt, der so mächtig, daß Er ihnen alles nemen könte.«[147] Ob Nägeli in seiner Rechtfertigung eine Schutzbehauptung aufgestellt hat, braucht hier nicht zu interessieren. Aufschlußreich ist vielmehr die Vorstellung, Gott habe aus Altersgründen die Kontrolle über seine eigene Schöpfung verloren. Dies war offensichtlich für einige Zeitgenossen der Grund, warum die Welt aus den Fugen geraten war. Wenn aber Gott die Welt nicht mehr lenkte, dann entstand ein Machtvakuum, das nur noch der Teufel füllen konnte. Allein ein starker Gott vermochte dafür zu sorgen, daß der Teufel den Menschen nichts »wegnehme«. Dieses Erklärungsangebot auf die Theodizeefrage verknüpfte zwei Formen von Erfahrungswissen: Menschen der Frühen Neuzeit lebten im Bewußtsein, daß Katastrophen wie Mißernten oder Seuchen die eigene Existenz jederzeit gefährdeten. Zudem war Altersdemenz ein bekanntes Phänomen. Diese Erfahrung findet sich in der Vorstellung vom hochbetagten, überforderten und damit vermenschlichten Gott wieder. Nägeli und Schnätzler diskutierten also nicht über theologische Grundsatzfragen, sondern versuchten, ihre Lebenserfahrung mit dem christlichen Glauben in Übereinstimmung zu bringen.

Ein besonders schwieriges Kapitel in der Kirchengeschichte stellt die Entwicklung der Trinitätslehre dar. Auch in Zürich bereitete die Lehre von der Heiligen Dreieinigkeit einiges Kopfzerbrechen. Die Trinitätsproblematik war jedoch nicht nur beliebtes intellektuelles »Disputationsthema«, sondern eine Angelegenheit, die gläubige Menschen zutiefst beschäftigte. Davon zeugt das Beispiel des Polen Caspar Theodor Fengler aus dem Jahre 1648. Dieser reiste in der Begleitung zweier mit ihm verwandter Priester nach Böhmen und Schlesien. Schließlich gelangte er zusammen mit ihnen bis Apulien, um dann in Padua das Medizinstudium aufzunehmen. Zu einem nicht be-

---

147 A.27.130, Aussage Jacob Nägeli, 25.6.1715.

kannten Zeitpunkt zog er nach Prag weiter, wo er auf das Studium der Physik und Logik umsattelte. Von Prag aus reiste er zurück nach Polen und wurde für zwei Jahre Novize bei den Jesuiten in Brien, um schließlich wieder eine Reise nach Padua anzutreten. Von dort aus schlug er sich – weitere Angaben fehlen – ins Zürcherische Thalwil, wo er den Gemeindepfarrer um Unterstützung bat. Dieser jedoch hatte seine Zweifel, ob es Fengler mit den Glaubensdingen richtig hielt und befragte ihn daher zu seinen religiösen Überzeugungen. Im Laufe der Unterredung vertrat Fengler derart unorthodoxe Anschauungen, daß ihn der Gemeindepfarrer anzeigte, weil dieser »Christum und unßere Christenliche Religion Gottslesterlich angegriffen« habe. Im Verhör bestätigte Fengler, was er vertreten hatte: »glaube er vestigklich, das Gott einig sÿge Im wößen und Inn der Persohn ohne Zuthuon des Sohns und deß H[eiligen] Geists [...] Zwahren habe er vill Inn heidnischen bücheren geläßen alß Im Aristostele, Platone, Isocrate etc. Da dann Aristoteles ußtruckenlich melde, Nulla est trinitas. Item, Ens Entium miserere mei. Doch binde er sÿnem glauben gar nit an diße heidnische bücher, sonder di Yngebung sÿge das fundament sÿnes glaubens.« Die weiteren fünf Punkte beschloß er mit der Bemerkung, »nun sÿge er uns Christen nit schuldig sÿn gwüßen zuentdecken, man sölle Ihne unbekümmert laßen, dann Inn sÿner gantzen Wanderschafft habe er keine sÿner opinion antroffen.«[148] Die antiken Autoren kannte wohl Fengler aus seiner Zeit bei den Jesuiten. Vielleicht rührten seine antitrinitarischen Vorstellungen aus der Begegnung mit dem böhmischen Sozinianismus.[149] Wie auch immer, Fengler stellte selbst fest, daß er ein Einzelgänger sei, der sich weder einer Bewegung angeschlossen noch eine angeführt hatte. Ferner erhob er den Anspruch, seine Überzeugungen nicht aus der intellektuellen Auseinandersetzung mit den antiken Philosophen, sondern aus seiner Inspiration heraus zu beziehen. Es war also auch für seine Zeit denkbar, eigenständig zu häretischen Aussagen zu gelangen, ohne deswegen einer häretischen Strömung anzugehören. Man sollte daher die Verbindungslinien zwischen Häretikern und Gotteslästerern nicht zu sehr forcieren.[150] Vielmehr gilt es zu bedenken, daß Menschen unabhängig voneinander inhaltlich identische Vorstellungen entwickeln können.

---

[148] A. 27.87, Aussage Caspar Theodor Fengler, 10.7.1648.

[149] Zu den Sozinianern vgl. weiterhin F. TRECHSEL, Die protestantischen Antitrinitarier vor Faustus Socin. Heidelberg 1839.

[150] Dies ist meine Kritik an Schwerhoffs Versuch (vgl. G. SCHWERHOFF, Gott und die Welt S. 369), einen direkten Zusammenhang zwischen den blasphemischen Gedanken etwa eines Thonis von Wesseling und zum Teil recht abgelegenen schriftlichen bzw. mündlichen Traditionen herzustellen. Ein solcher Zusammenhang ist möglich, nicht aber zwingend. Die Versuchung, aus der Retrospektive Rezeptionslinien zu ziehen, ist groß, denn sie befriedigt die intellektuelle

So wie Fengler an der Schwelle zwischen theologischer Debatte und persönlichem Glauben stand, kamen auch bei General Werdmüller theologisches Interesse und Glaubensfragen zusammen. Lediglich »übungsweis« habe er 1650 den Standpunkt vertreten, das Neue Testament spreche von »hypostasis« als einer einzigen Person; es gebe keine Heilige Dreieinigkeit. Konsequenterweise müßten Christen ihr Gebet ausschließlich an Gott und nicht an Christus noch den Heiligen Geist richten.[151] Ob hier Werdmüller tatsächlich allein Positionen anderer referierte? Die Frage läßt sich nicht klären. Schließlich versuchte sich Werdmüller vor Gericht zu rechtfertigen, so daß es ihm daran liegen mußte, sich als konformer Reformierter zu geben. Ganz gleich, als eigentlichen Gotteslästerer, der die Majestät Gottes perlokutionär in Frage stellte, wird man Werdmüller nicht bezeichnen dürfen, wenn ihn auch einige seiner Zeitgenossen als solchen hinstellten. Dies würde der Tatsache widersprechen, daß er sich für Belange der Kirche einsetzte und seine Diener für die reformierte Religion gewann. Werdmüller war vielmehr ein Freigeist, der sich mit unorthodoxen Positionen, die er aus der theologischen Diskussion kannte, auseinandersetzte, ohne darüber die konkreten Fragen des Glaubens zu vergessen. Sicher, Werdmüller galt manchen seiner Zeitgenossen als Blasphemiker. Dieser angebliche Gotteslästerer jedoch war ein religiöser Intellektueller, der sich seinen eigenen Weg zum Reformiertentum bahnte.

Die Trinitätsproblematik scheint nur wenige Blasphemiker beschäftigt zu haben. Christologische Fragen hingegen stießen auf ein breiteres Interesse. Für Diskussionsstoff sorgte wiederholt das Problem der Zeugung Christi. Die Lehre besagte, daß Maria den Gottessohn durch den Heiligen Geist empfangen habe. Einige wie der Illnauer Hans Wildermut dachten 1543 in viel diesseitigeren Kategorien: Er habe mit seinen Mitgesellen Holz geladen, als er zu seinen Kumpanen die Bemerkung gemacht habe, »wie es so ein fein ding sÿge, Das Gott so wol alle ding geschaffen. Da seite einer, wie gott auch ein vatter, deßglichen ouch ein muter gehept unnd alls ein jeder sin meÿnung geseit, Habe er ouch unbesinter wÿß darzu geredt [...]: Diewÿl er dan vatter und muter gehan, So hand sÿ es auch müssen einandern thun nach der menschen kinder gewohnheÿt.«[152] Wenn sich auch Wildermut wohl nur hatte einen Spaß erlauben wollen, seine irdischen Phantasien verraten, daß

Freude an der historisch geschlossenen Argumentation. Ist es aber nicht auch denkbar, daß Menschen inhaltlich identische Gedanken entwickeln, ohne miteinander in Kontakt zu stehen?

[151] Vgl. E. II.97, fol. 1252 f., Gutachten Fall Werdmüller, X. X. 1650.

[152] A. 27.14, Aussage Hans Wildermut, X. X. 1543. In die gleiche Richtung gehen Bemerkungen, die auf die vielfache Mutterschaft Mariens anspielen (vgl. z. B. A. 27.115, Aussage Hans Kofler, 27. 12. 1688).

es ihm schwerfiel, sich die Menschwerdung Christi zu erklären. Wildermut dürfte zu den vielen Zürchern gehört haben, die, ohne sich dessen selbst bewußt zu sein, latente Gotteslästerer waren, weil sie dogmatische Paradoxien mit lebensnahen, aber unorthodoxen Denkkonstruktionen aufzulösen suchten.

Einige Rätsel gab die Menschwerdung Christi auch einer Wirtshausrunde im Jahre 1687 auf. Auf die Frage des Fischers Hans Ulmer, welches das größte Wunder auf Erden sei, habe Meister Martin Schäppi mit der Menschwerdung des Gottessohnes geantwortet, wohingegen Ulmer die Jungfernschaft Mariens angeführt habe. Als die beiden hierauf in eine Diskussion gerieten, ob Ulmer »nit wüße, daß Xristus in seiner Mënschwerdung geblieben was Er war, wahrer Gott und worden, was Er nit war, wahrer mënsch,« habe Ulmer die Ansicht vertreten, Christus existiere erst seit seiner Menschwerdung, d. h. seit 1687 Jahren. Auf den Einwand, »ob Er dann nit gehört anzichen, was Xristus gesprochen: Ehe Abraham war, war ich,« habe Ulmer behauptet: »Xristus ist in sünden gebohren worden wie wir.«[153] Das Gespräch belegt zum einen die »Disputierfreude« von Zürchern. Es zeugt zum anderen davon, wie sehr Christen lebensweltliche Kategorien auf dogmatische Fragen wie die Zwei-Naturen-Lehre Christi übertrugen. Für Ulmer war Christus als Mensch geboren worden, seine Zeugung ließ sich daher auf eine Stunde Null zurückrechnen. Was konnten da die kryptischen Worte Christi, er sei bereits vor Abraham (Joh 8, 58) gewesen, schon bedeuten? Ulmer war wohl ein guter Christ, der den Glauben zu erfassen suchte; ein Christ aber, dessen Fragen aus kirchlicher Sicht auf Abwege führten und ihn zu einem Blasphemiker wider Willen werden ließen.

War für Ulmer Jesus Christus wie jeder gewöhnliche Mensch gezeugt und geboren worden, vertrat Hans Jakob Kleiner 1678 eine gegenteilige Auffassung. Als Wachtmeister Klein ihn in einer Wirtshausrunde nach der Geburt Christi fragte, antwortete Kleiner: »Christus habe zwoo Naturen. Nach seiner Gotheit seige Christu nit gebohren. Daruff sage der Wacht[meiste]r: Wann er das glaube, daß Christus nie gebohren, so seige er ein Arianer.«[154] Klein ordnete als zumindest relativ gebildeter Mann Kleiners Anschauung in ihren häretischen Kontext ein. Doch Kleiner dürfte mit den theologischen Feinheiten der häretischen Bewegung nicht vertraut gewesen sein. Im Verlaufe des Gesprächs mit dem Wachtmeister stellte sich jedenfalls heraus, daß Kleiner nichts von der jüdischen Herkunft Marias und Davids wußte. Seine eklatante Wissenslücke spricht dafür, daß er, der sich immerhin auf die

153 A. 27.114, Aussage Felix Stauber und Martin Schäppi, 12. 9. 1687.
154 A. 27.109, Aussage Hans Jakob Kleiner, 7. 11. 1678.

Zwei-Naturen-Lehre bezog, theologische Fragen wohl nicht richtig zu erfassen vermochte. Es ist daher außerordentlich unwahrscheinlich, daß er sich arianische Vorstellungen systematisch zu eigen gemacht hat. Kleiner wird sich mit seinen bruchstückhaften dogmatischen Kenntnissen über die christliche Lehre seine eigenen Gedanken gemacht haben und dabei zu einem Ergebnis gelangt sein, das andere bereits vor ihm formuliert hatten. Kleiner war ein häretischer Blasphemiker aus Unwissenheit, der in keiner häretischen Linie stand.

Aus jüdischer Sicht ist Jesus nicht der menschgewordene Gottessohn; für Juden ist Jesus Mensch und daher selbstverständlich auf natürliche Weise gezeugt worden. Wenn ein Jude wie Samuel Eiron – Juden waren 1436 zum zweiten Mal aus Zürich vertrieben worden und durften sich nur kurzfristig dort aufhalten –[155] die Ansicht äußerte, »Christus syge auch ein Jud gsyn und habe in ein Jud gemacht,«[156] sprach jemand, der nicht dem christlichen Glauben angehörte und mit gesundem Menschenverstand argumentierte. Der Vorwurf der Gotteslästerung wurde somit zum diskriminierenden Etikett der christlichen Gesellschaft für den Andersgläubigen, der aufgrund seiner Glaubenszugehörigkeit in seiner Äußerung keine Lästerung Gottes erkennen konnte.[157]

Mit seinem Kreuzestod hat der Gottessohn, so die Grundüberzeugung des Christentums, den Tod überwunden; daher hört das Leben des Menschen nicht mit dem physischen Tod auf. Diese Lehre von der Auferstehung der Toten hatte bereits in der Alten Kirche für dogmatische Diskussionen gesorgt. Zweifel regten sich ebenfalls im frühneuzeitlichen Zürich, und übrigens nicht nur dort.[158] Äußerungen wie die des Rudolf Lehman von Meilen wirken bis heute vertraut. Die 1616 über ihn eingezogenen Kundschaften ergaben, »das er nit allein zu underschidenlichen malen hin und wider von der uferstendtnüß der todten gantz schechtlich und mit namen gredt, das ein mentsch noch synem tod anderst nit dann wie ein hund zeachten, es syge dhein [kein] ehwig lëben, dann der abgestorbenen lüthen noch dheiner wi-

---

[155] Vgl. E. Bär, Juden S. 149.

[156] A. 27.72, Aussage Hans Conrat Blöwler, 21. 3. 1634.

[157] Zum christlichen Stereotyp des Juden als Gotteslästerers vorrangig im theologischen Schrifttum des Mittelalters und der Frühen Neuzeit vgl. G. Schwerhoff, Juden; insbesondere: S. 146 f. Daß in diesem Falle antisemitische Ressentiments im Spiel waren, läßt die auffällig harte Strafe vermuten, die der Rat gegen Eiron verhängte: Dieser mußte seinen Ausspruch mit dem Leben bezahlen. Vgl. B. VI.269, fol. 217r, Urteil Samuel Eiron, 24. 4. 1634.

[158] Auch manche Württemberger und Pfälzer taten es sich schwer, an ein Leben nach dem Tod zu glauben. Vgl. H. Schnabel-Schüle, Überwachen und Strafen im Territorialstaat. Bedingungen und Auswirkungen des Systems strafrechtlicher Sanktionen im frühneuzeitlichen Württemberg, Köln – Weimar – Wien 1997 S. 263–265; B. Vogler, Entstehung S. 181.

derkommen, der deßelben halber zügknüß bracht habe. Und wer dem nit glaube, der sölle Inn das Beinhuß gohn und noch der uferstendtnüs fragen. Es sÿge nüt mit dem Jüngsten tag.«[159] Lehman hatte also mit rationalem »gesundem Menschenverstand« gegen das Dogma der Auferstehung argumentiert, ohne daß ersichtlich wäre, daß er sich auch nur irgendwie für die intellektuellen Debatten seiner Zeit interessiert hätte. Es bedurfte also – und dies übersehen die Ansätze, die Atheismus ausschließlich als intellektuelles Elitenphänomen betrachten – nicht notwendig der großen intellektuellen Köpfe, um im Namen der Vernunft christliche Glaubensgrundsätze zu bezweifeln. Menschen wie Lehman handelten weder als suchende Christen noch als großartige Denker, sondern als soziale Außenseiter und nüchterne Realisten. Auch die magisch und religiös aufgeladene Epoche der Frühen Neuzeit kannte nicht studierte »Empiriker«, die übernatürlichen Vorstellungen mit Skepsis begegneten.

Hatte Lehmann mit rationalen Argumenten die Auferstehung der Toten in Zweifel gezogen, beschränkte sich Rudolf Hägi 1644 auf provokante Sprüche. Er habe seinen Vater besucht und danach gesagt, »Wan [wenn] er sterbe, wölle er nit den nechsten [umgehend] in Himel, dan wan er uff der stedt darin kheme, so were der glaub und die schrifft fuhl.«[160] Gehörte Hägi zu den Unintellektuellen, die sich ihren eigenen, kritischen Reim auf die Bibel machten und verbreitete – nach reformiertem Standpunkt – unorthodoxe Vorstellungen von einem Übergangszustand zwischen Tod und Auferstehung teilten? Wohl nicht. Hägi selbst gab an, Analphabet zu sein und verteidigte sich damit, daß er nicht eigentlich gewußt habe, was er gesprochen habe. Außerdem habe man ihn falsch ausgelegt: Er habe gehört, wie der in der »Heiligen Schrift wohlbelesen[e]« Ringger mit einigen »Pfaffen« in einem Wirtshaus darüber »disputiert« habe, was aus ungetauft verstorbenen Kindern werde. »Habe er [Hägi] hernach damals gehörte, der Papisten meinung einfaltig und Inn keinem argen vor etlichen persohnen erzelt [...] [Außerdem] uß sovil predigen, Inn denen er geweßen, wo sovil behalten, es auch styff glaube, das ein jeder mensch glych nach sÿnem absterben entweiders Inn himel oder Inn die hell kome. Also das mann Ihme gewüßlich nit Recht werde verstanden haben.«[161] Selbstverständlich suchte Hägi sich vor Gericht zu entlasten, indem er sich einerseits als unzurechungsfähig, andererseits als guter reformierter Christ darstellte. Trotzdem wird man seine Aussage nicht als leere Formel auffassen dürfen. Denn es ist auffällig, daß er im Gegensatz

---

[159] B. VI.266a, fol.154, Fall Rudolf Lehman Zusammenfassung der Kundschaften, 14.11.1616.
[160] A.27.83, Aussage Adam Steger, 7.6.1644.
[161] A.27.83, Aussage Rudolf Hägi, 14.6.1644.

zu anderen Gotteslästerern darauf verzichtete, seine Aussagen mit genauen Bibelverweisen zu untermauern. Offenbar war er nicht in der Lage, seine Position auf eigenen Bibelkenntnissen und Überlegungen zu stützen. Stattdessen begnügte er sich damit, etwas zu referieren, das er in Streitgesprächen und Predigten aufgeschnappt hatte. Mit den starken Sprüchen markierte er also nicht vorrangig religiöse, sondern hauptsächlich soziale Abgrenzungen. Dies zeigen die anderen blasphemischen Sprechhandlungen, die ihm das Gericht zur Last legte: Dem Ottmar Wollenweider habe er im Gasthaus fluchend ein Glas nachgeworfen, auch sich selbst habe er mehrmals verflucht.[162] Elsi Häberling, die ihn ermahnte, er solle von seinen antiklerikalen Bemerkungen absehen, erwiderte er in kindlichem Trotz: »müeße eben nit In Hiemel und nit bäten.«[163]

Für Lehman bewies Erfahrungswissen, daß das ewige Leben grundsätzlich auszuschließen sei. Als hingegen Hägi die Auferstehung leugnete, gab er zu verstehen, daß ihm sein Seelenheil gleichgültig sei und er sich daher nicht an soziale Normen zu halten gedenke. Hans Jakob Amman, ein Wundarzt aus Thalwil, der 1614 Bürger der Stadt Zürich wurde, setzte ganz andere häretische bzw. »blasphemische« Akzente.[164] Der Wundarzt, der den Vorderen Orient bereist hatte, versuchte 1634 in Wirtshäusern für seine unorthodoxen Anschauungen zu werben. Die Anklage gegen ihn lautete, daß er auf freche Weise »irrige Meinungen« vertrete und damit »vile ehrliche lüth ungschücht, anfecht und Ire mache.«[165] Außerdem warf ihm das Gericht »Übel und Gotslesterungen« vor.[166] Zuvor hatte am 12. Januar 1634 im Anschluß an die Sonntagspredigt in der Chorherrenstube mit den »Herren Examinatoren«, d. h. mit den Vertretern der Kirche, mit Obman Rahn und Landvogt Schneeberger als Vertreter der beiden Säckelmeister, also mit hohen Repräsentanten der kirchlichen und weltlichen Obrigkeit, ein Gespräch stattgefunden. Hierauf hatte Amman eine schriftliche Stellungnahme eingereicht. Sie bildete die Grundlage für das nächste Gespräch, das am 26. des Monats in der gleichen Besetzung stattfand.[167] Von den zehn Streitpunkten interessieren hier nur fünf: »2) Ob er gredt, Herr [Pfarrer] Hirztgartner Predige [...] nur umb s buchs [des Bauches] willen? Antwort: Möge sich nit erIneren, daß er diß geredt von H[errn] Hirtzgartner In specie, aber wol in genere von allen die

---

[162] Vgl. A. 27.83, Aussage Adam Steger, Otmar Wollenweider und Frena Schnereli, 7.6.1644.
[163] A. 27.83, Aussage Elsi Häberlin, 7.6.1644.
[164] Vgl. E. II.8, fol. 761–795, Aussage Hans Jakob Amman, X.1.1634. Zum Fall in aller Kürze vgl.: O. Sigg, 17. Jahrhundert S. 296.
[165] E. II.8, fol. 761, Aussage Hans Jakob Amman, X.1.1634.
[166] E. II.8, fol. 762, Aussage Hans Jakob Amman, X.1.1634.
[167] Vgl. E. II.8, fol. 764, Aussage Hans Jakob Amman, X.1.1634.

umb s gelts willen predigind. Die Apostel habindt vergebens Prediget. 3) Ob er glaube, daß der Herr Jesus sÿn Heilig Fleisch empfangen und angenommen habe uß der Substanz der H[eiligen] Jungfrauw Marie? Antwort: Nein: Das glaube er nit, der Herr habe sÿn fleisch vom Himel bracht. 4) Ob er glaube, daß der Herr Christus mit sÿnem wesenlichen fleisch, welches er von himel bracht, wohne in sÿnem fleisch? Antwort: Ja, er glaube das. 5) Ob er glaube, das unsere Lÿb darInen wir jetzt lebend, widerumb ufferstahn werdint? Antwort: Ja, aber nit zum ewigen Leben [...] 8) Ob er die Eidtgnössische Confession geläsen? Antwort: Etwan vil, habe bald gnug ghabt, wÿl er bald gmerckt daß die, so die selbig gstelt, Iren Kuchi nit vergeßen habind.«[168] Erneut brauchte Amman seine Anschauungen nicht mündlich zu rechtfertigen. Er erhielt die Erlaubnis, dies schriftlich zu tun, da ihm wegen seiner »gfelligen Hand« als Chirurg »nit die wenigsten günstig waren.«[169] Das Schreiben, das hierauf Amman einsandte, weist ihn als eifrigen Leser der Bibel aus: Seine Vorstellung, Christus beziehe seine menschliche Gestalt vom Himmel her, sah er in Mt 1,18, Lk 1,35, Joh 5,6 und Hebr 7,3 bestätigt. Daß das Fleisch Christi in einem jeden Menschen wohne, stützte er mit Dtn 3,14, Joh 1,14 und 6,51, Röm 8,9 und 10,8, Eph 4,4 und Kol 1,14. In Mt 6,24, Joh 8,34, Röm 6,16, Gal 2,17, I Petr 1,15 und I Joh 3,9 fand er den Beleg, daß der Mensch bereits auf Erden sündenfrei lebe. Aus Joh 3,13, I Kor 15,49 und II Kor 5,6 schloß er, daß der Mensch zwar auferstehe, ohne aber in das ewige Leben einzugehen.[170]

Die Frage, ob die Interpretation der Textstellen, auf die Amman verwies, in einem spezifischen kirchengeschichtlichen Kontext stehen, sei theologischen Experten überlassen. Aufschlußreich ist hier die Feststellung der Synodalgutachter: »Aman ist nit gefraget worden, ob er die Wort der Frag in der Bibel find oder nit, sonder, ob er den Inhalt der frag glaube oder nit glaube. Allhie het Aman Antworten söllen mit Ja oder Nein [...][171] Hiemit erscheint sich us diser Censur, daß Aman 1. Nit richtig geAntwortet uff die fürglegten fragen, sondern nur Schrifften ÿngführt, Darumb kein streÿt und welche sÿn meinung nach umb stoßen darzu. 2. An den tag gibt, das er die lehr und mei-

---

[168] E. II.8, fol. 764 f., Aussage Hans Jakob Amman, X. 1. 1634.

[169] E. II.8, fol. 770, Aussage Hans Jakob Amman, X. 1. 1634.

[170] Vgl. E. II.8, fol. 768 f., Aussage Hans Jakob Amman, X. 1. 1634. Allerdings führten Ammans Überzeugungen ihn nicht wie den Ranter Abiezer Coppe dazu, seine innere Freiheit demonstrativ unter Beweis zu stellen, indem er in der Öffentlichkeit systematisch fluchte. Amman scheint sich also nicht von antinomianistischen Bewegungen seiner Zeit beeinflußt worden zu sein. Für den Hinweis auf Coppe vgl. K. v. GREYERZ, England im Jahrhundert der Revolutionen 1603–1714. Stuttgart 1994 S. 103.

[171] Vgl. E. II.8, fol. 771, Aussage Hans Jakob Amman, X. 1. 1634.

nung unser kilchen noch nit verstande.«[172] Den Vertretern der Obrigkeit gelang es also nicht, Amman in die Ecke zu drängen. Dieser verweigerte sich den inquisitorischen Fragen, die seine Antworten und damit seine Glaubenssätze auf ein simples Ja oder Nein reduzieren wollten. Stattdessen führte Amman seine religiösen Argumentationen in aller Breite aus. Der Rat jedoch beschloß vorerst, den Beschuldigten nicht weiter zu verfolgen. Die Ratsherren zogen es offensichtlich vor, die Sache auf sich beruhen zu lassen und somit weitere Diskussionen zu vermeiden, die womöglich noch eine öffentliche Kontroverse hätten auslösen können.

Im Jahre 1656 stand Amman allerdings erneut vor Gericht. Ihm wurde vorgeworfen, er habe behauptet, »daß der mentsch sellig werde, gëb was Er glaube, Er seige ein papist oder Türgg und wann Er auch ein Kuoh anbätten oder sonst nur an ein Thier glauben wurde, dann es w[er]dint alle menschen sellig.« Amman korrigierte das Mißverständnis. Jagli Stehli, Uli Düebensdorfer und Marx Kuhn hätten ihn, der nüchtern gewesen sei, in betrunkenem Zustand durch allerlei Fragen »abzeschmieren [versucht] [...] under anderem Ihne auch befrägende, Ob Er auch gehördt, daß alle Völcker sellig werdint? Daruf Er geantwortet, Er habe ghördt nit, daß alle Völcker, sonder in allen Volckern etlich sellig w[er]dint [...] villicht wüßind die Türggen und heiden nüt von Got und obs sellig w[er]dint oder nit, möge Er auch nit wüßen.«[173] Diesmal wurde Amman gerichtlich verurteilt; er mußte seine Reden mit drei Tagen Gefängnis büßen.[174] Nach 1656 wurde es um Amman, der weitere zwei Jahre leben sollte, wieder still. Er wird es nunmehr vorgezogen haben, seine häretisch-blasphemischen Überzeugungen für sich zu behalten.

Bereits die Vielfalt der inhaltlichen Aspekte zeigt, daß es sich bei Amman um einen Gotteslästerer anderen Kalibers als eines Lehmanns oder Hägis handelt. Amman argumentierte nicht als ungläubiger Realist bzw. lauer Christ, der die Kirchenlehre punktuell aufgriff, um ihr aufgrund eines zufälligen Anlasses als sozial Unangepaßter trotzig zu widersprechen. Vielmehr unterzog Amman die Institutionen und Bekenntnisse des Reformiertentums einer eingehenden biblischen Prüfung. Der offensichtlich beliebte und angesehene Chrirurg handelte also als gläubiger Christ, der möglicherweise während seines Aufenthalts im Orient anderen Religionen oder Häresien begegnet war und sich auch auf diesem Hintergrund mit Fragen der Dogmatik intensiv beschäftigte. Amman implizierte nicht punktuelle soziale Provokation, sondern theologische Grundsatzkritik, die ihn zu missionarischem Eifer

---

[172] Vgl. E. II. 8, fol. 789, Aussage Hans Jakob Amman, X. 1. 1634.
[173] A. 27. 94, Aussage Hans Jakob Amman, 29. 5. 1656.
[174] Vgl. A. 27. 94, (Dorsalnotiz, 31. 5. 1656), Aussage Hans Jakob Amman, 29. 5. 1656.

trieb. Selbst zwanzig Jahre nach seiner ersten gerichtlichen Vorladung, nach der es um ihn – zumindest vor Gericht – ruhig geworden war, muß er im Ruf gestanden haben, gewagte religiöse Positionen zu vertreten. Stehli, Düebensdorfer und Kuhn werden schon gewußt haben, warum sie Amman in Verlegenheit zu bringen suchten. Amman jedenfalls hat seine Vorstellungen nicht widerrufen und hielt gegen Ende seines Lebens die aus kirchlicher Sicht unhaltbare Position, Nicht-Christen könnten ebenfalls selig werden, für vorstellbar. Wer unter anderem die Empfängnis Christi durch den Heiligen Geist oder die Auferstehung der Toten leugnete, war für die Zeitgenossen ein Blasphemiker, weil er Gott etwas absprach, was ihm zustand. Für diese Vorstellungen auch noch zu werben, hieß, sich als Häretiker zu betätigen, der Christen vom Pfade der rechten Lehre wegführte. Aus zeitgenössischer Sicht war daher Amman ein häretischer Blasphemiker, den man solange tolerieren konnte – Amman blieb 1634 vor einem gerichtlichen Urteil verschont – , solange er von seinen Verführungen ließ. Im historischen Rückblick indes erscheint Amman als aufrichtiger, standhafter Mensch, der über Jahrzehnte hinweg anhand der Bibel paradoxe Aussagen des Christentums durch andere ersetzte, um – nach seinem Verständnis – unbiblische Mißverständnisse aufzuheben. Aus historischer Sicht verblaßt der Gotteslästerer vor dem unorthodoxen, gläubigen Bibelinterpreten.

General Werdmüller hat mit dem hochangesehene Wundarzt Amman gewisse Ähnlichkeiten. Beide waren belesene Intellektuelle und engagierte Christen, die ihre Standpunkte differenziert auszuführen wußten. Beide standen unter dem Verdikt, Blasphemiker und Häretiker zugleich zu sein, und kamen dank ihrer gesellschaftlichen Stellung mit relativ milden Strafen davon. Hier hören die Gemeinsamkeiten freilich auf. Mit seinen Bemerkungen über das ewige Leben und die Trinität hatte Werdmüller sich in einem Fall ein blasphemisches Späßchen erlaubt, um zur Unterhaltung der feinen Gesellschaft beizutragen. Im anderen Fall hatte er ein Streitgespräch provoziert, um einen Streifzug durch die Kirchengeschichte zu machen, ohne deswegen eigene Glaubensfragen auszuschließen. Im Gegensatz zu Amman hat Werdmüller jedoch nie versucht, seine Anschauungen unter die Leute zu bringen; er stellte sie lediglich zur Diskussion. Nach zeitgenössischen Maßstäben hatte Werdmüller häretische und blasphemische Positionen vertreten. Im historischen Rückblick erweist sich Werdmüller demnach als eine doppelte Figur. Zum Conférencier, der mit »unterhaltsamen« Blasphemien beim feinen Publikum für gute Laune sorgte, gehörte der überzeugte Reformierte. Der Zwinglianer in ihm versuchte, die Paradoxien seines Glaubens in kritischer Auseinandersetzung mit den Debatten, die sie in der Kirchengeschichte ausgelöst hatten bzw. in seiner Zeit weiterhin auslösten, zu begreifen und gelangte dabei teilweise zu unorthodoxen Einsichten.

Der Kreuzestod Christi und die Lehre von der Auferstehung der Toten
sind mit der Frage der Sündhaftigkeit des Menschen gekoppelt. Nur weil
Gott seinen Sohn am Kreuz geopfert hat, ist der Mensch von der Erbsünde
befreit und kann daher das ewige Leben erlangen. Diese Grundanschauung
des Christentums reizte immer wieder zu Bemerkungen, die als blasphemisch verstanden wurden. Der über die Landesgrenzen hinaus bekannte Fall
des Antonius Besutius (bzw. Antonio Bessozo) ist hierfür ein Beispiel.[175]
Dieser hatte während der Zurzacher Herbstmesse von 1564 in der Herberge
zum Schlüssel mit einem Florentiner Handelsfreund über religiöse Dinge
»disputiert«. Die Ansichten, die Besutius dabei vertrat, wirkten derart anstößig, daß die Zürcher Zeugen Cunrat Funck und Cunrat Edlibach dem überzeugten Genfer Calvinisten Niclas Denis von der Sache erzählten. Dieser
ging hierauf der Angelegenheit nach und hielt es für angebracht, Besutius
aufzusuchen, um ihn in ein religiöses Streitgespräch zu verwickeln. In den
Justizakten steht zu lesen: »Besutius sol offentlich und dabei mehr dann eines [einmal] geredt haben, Christus sye nitt für unsere sünd gestorben. Item
er selb sye kein sünder. Dazuo: so sye Christus allein die wurrzen gsin, aber
David Georg,[176] so zuo Basel vor etwas Jaren ußgraben und verbrennt worden, der sye der rechte stam und boum Davids.«[177] Die unerhörten Worte
wurden dem Rat nicht vom Gesprächspartner Niclaus Denis, sondern von
Eglibach und Funk gemeldet.[178] Das Gericht entschloß sich, alle drei zu befragen,[179] bevor diese selbst Besutius zur Rechenschaft zogen.[180] Nachdem
die Angelegenheit immer weitere Kreise gezogen hatte und ergänzende

---

[175] Für die ereignisgeschichtlichen Einzelheiten sowie die getreue Wiedergabe der Aktenstük-
ke vgl. weiterhin F. MEYER, Die evangelische Gemeinde in Locarno. Ihre Auswanderung nach
Zuerich und ihre weitern Schicksale, Ein Beitrag zur Geschichte der Schweiz im sechzehnten
Jahrhundert, Zürich 1836 S. 184–197, 395–400. Die ähnlichen Auseinandersetzungen um den
Fall Ochino hat Emidio Campi im Rahmen der internationalen Zwinglikonferenz vom Herbst
1997 in Zürich vorgestellt, aber, soweit ich sehe, bislang nicht publiziert. Vgl. bis dahin K. BEN-
RATH, Bernadino Ochino von Siena, Ein Beitrag zur Geschichte der Reformation. Nieuwkoop
1968.

[176] Hinter dem Pseudonym David Georg bzw. David Ioris verbirgt sich Johannes von Brügge,
der als Anhänger der Wiedertäufer aus Delft fliehen mußte und als Anführer des gemäßigten
apokalyptischen Täufertums breite Wirkung erzielte. Zu den Einzelheiten vgl. J. M. STAYER, David Georg. in: Theologische Realenzyklopädie, Bd. 17. Berlin – New York 1988 S. 238–242.

[177] A. 27.25, Zusammenfassung der Kundschaften, undat.

[178] Vgl. F. MEYER, Gemeinde S. 27. Der Verweis auf das entsprechende Ratsbuch ist allerdings
falsch.

[179] Vgl. A. 27.25, Schreiben Cunrat Funcken und Cunrat Eglibach, 5. 10. 1564; A. 27.25, Aussagen Niclas Denis, 30. 10. 1664 und 15. 11. 1664.

[180] Vgl. F. MEYER, Gemeinde S. 400; Besozzi. in: Dizionario biografico degli Italiani, Bd. 9.
Rom 1967 S. 672–675.

Kundschaften eingeholt worden waren,[181] kam die Synode in ihrem Gutachten zum Schluß: »Die Artikel, so sich uff gedachten Antony Besutium fast einhellig erfunden, sind unlidenlich und sträflich als die der Heiligen gschrifft und warem glauben zewider und vor vil hunndert iaren mitt heiliger Biblischer gchrifft in der kilchen Gottes verworffen und under den gleübigen durch Christliche Oberkeiten nitt geduldet worden. 1) Als namlich, daß wir nitt syend von Adams stammen geboren noch in sünden empfangen, ist deß alten Secters Pelagÿ irthum von wort zuo wort [...] Aber disen artickel hatt fillicht Antony Besutius uß Bernhardin des welschen predicanten buoch genomen, der dann inn einlisten gespräch vil falscher ärgerlicher dingen under dem schin deß disputierens wider die erbsünd ußgoßen [...] 2) Demnach, daß wir armen menschen mögind das gesatz erfüllen, ist ein alter Jüdischer irthum, darwider die säligen Apostel geschriben und prediget habend [...] Disen yrthum hatt vor Ziten obgedachter Secter Pelagius ernüwert [...] disen yrthum hatt auch vorgemelter Bernhardin im 12 und 13[.] gespräch sines ärgerlichen buochs [...] ernüweret. Gliche gstalt ist auch ein alter pelagianischer irrthum, daß der mensch möge guotes thuon uß im selbs [...] Noch ein gröberer irthumm ist, daß wir selbst für unsere sünd mögind genuog thuon. 3) Der Artikel aber, daß unser Herr Jesus Christus sye wol der son Gottes, aber doch nitt von Eewigkeit, der ist gar nitt zuogedulden, dann er Gottslesterisch ist und richtig wider die artickel unsers christlichen glaubens [...] Nach iren [der Aposteln] ziten hatt der allgemeine fyend der tüffel disen irthum ingefürt durch die Gottslesterischen Kätzer Paulum Samosatenum und Arium [...] Zuo unßeren Ziten hatt ein Hispanier, Michael Servetus, dißen irthum ernüweret und sind yezund etliche Italiener in Poland, die hiermitt großen iamer und unruw anrichtend, zuo denen auch mehrgedachter Bernhardin [...] [gehört]. 4) Daß unser Herr Jesus Christus wol der son Davids sye, aber nitt, der da komen sölle, das ist der waar ächt Meßias und Heiland, sonder es werde noch ein anderer komen, [...] ist ein offner kundbarer jüdischer yrthum und ein offentliche verleügnung unßers herren Jesu Christi. 5) Daß keine verdammten syend, ist auch ein alter yrthum, vor langest verworffen [...] Uff diße artickel gibt vilgedachter Antonius Besetius sin antwort, mitt deren er ettliche verleügnet [...] Wir wissend aber für gwüß, daß er verschinner Jaren ettliche Servetaner und verleügner der Eewigen Gottheit unßers Herren Jesu Christi beherberget.«[182] Am 16. Dezember schließlich fällte der Rat das Urteil: der italienische Kaufmann sollte das

---

Land verlassen[183] und mußte Denis die ihm entstandenen Unkosten erstatten. Eglibach und Funck hingegen hatten für ihre Auslagen selbst aufzukommen, weil ihre Beschuldigungen nicht ganz zutreffend gewesen waren.[184]

Der mit hohem Aufwand verfolgte Fall des Besutius verdeutlicht zum einen, wie fließend für die Zeitgenossen der Übergang zwischen Häresie und Blasphemie war, zum anderen, welch heftige Reaktionen der Kaufmann bei Laien auslöste. Die Behauptung, Christus sei weder von ewig göttlicher Natur noch der Messias, der mit seinem Kreuzestod den Tod überwunden habe, lief darauf hinaus, den Menschen weiterhin mit der Erbsünde behaftet zu sehen. Die Vorstellung, der Mensch könne sich durch seine eigenen Werke von der Sünde befreien und unterliege daher nicht dem providentiellem Urteil Gottes, verhöhnte ebenfalls den Opfertod des Gottessohns. Wie es um die Sündhaftigkeit des Menschen und damit um das Seelenheil der Verstorbenen bestellt sei, war aber für Menschen der Frühen Neuzeit eine existentielle Frage, die nichts mit belangloser theologischer Haarspalterei zu tun hatte. Jedenfalls muß Besutius mit seinen Äußerungen einen Lebensnerv der Zeugen getroffen haben, die sonst keine Gründe hatten, ihn derart hartnäckig zu verfolgen. Ihrem religiösen Empfinden ist es zu verdanken, daß mit Besutius ein Fall ins Rollen kam, der die häretischen Hintergründe lesefähiger Gotteslästerer aufdeckt. Der Kaufmann hatte Vorstellungen aufgegriffen, die seit den Zeiten der Alten Kirche im Schwange waren und die zeitgenössische Häretiker wie der Niederländer David Georg verbreiteten. Besutius muß demnach ein religiös interessierter und aufgeschlossener Mann gewesen sein, der aus innerer Überzeugung von der Kirchenlinie abwich und als italienischer Kaufmann vermutlich mit seinen in Polen lebenden häretischen Landesgenossen Kontakt hatte. Er hätte sonst kein Interesse daran gehabt, sich mit unorthodoxen Anschauungen vertraut zu machen, Vertreter sektiererischer Lehren bei sich zu beherbergen und seine Positionen gegenüber dem Gericht standhaft zu verteidigen. Seine häretisch-blasphemischen Äußerungen wurzelten in unorthodoxen Strömungen seiner Zeit, die wiederum in einer langen kirchengeschichtlichen Tradition standen. Hinweise, daß Besutius selbstständig zu seinen Einsichten gelangt wäre, fehlen. Das Gutachten spricht allein und unspezifisch davon, daß der Angeklagte die Vorwürfe geleugnet habe. Hätte Besutius sich jedoch auf die Bibel oder auf Bekennt-

---

[183] Auf seine Bittschrift hin erhielt Besutius die Erlaubnis, sich solange im Zürcher Gebiet aufzuhalten, bis er eine evangelische Stadt fände, in der er leben könne. (vgl. B. II.131, p. 4, Urteil Besutius, 15. 1. 1565). Schließlich siedelte er 1565 nach Basel um (vgl. F. MEYER, Gemeinde S. 196 f.)

[184] Vgl. mit Verweis auf ein Ratsurteil vom 16. 12. 1664 F. MEYER, Gemeinde S. 196 f. Unter diesem Datum ist allerdings kein Eintrag in den Ratsbüchern zu finden.

nisschriften berufen, hätten die Synodalgutachter die entsprechenden Verweise wohl festgehalten und korrigierend kommentiert, wie dies in der Regel geschah. Der nach zeitgenössischen Maßstäben gotteslästerliche Besutius läßt sich daher als Häretiker einordnen. Er ist von den Grüblern und Zweiflern zu unterscheiden, die ihre blasphemischen Einsichten aus der eigenen Auseinandersetzung mit der Bibel und den Grundlagen des Christentums ableiteten.

Ähnliche Ansichten wie Besutius vertrat 1648 der bereits erwähnte, aus Polen stammende ehemalige Jesuitennovize Caspar Theodor Fengler. In der »Disputation« mit dem Pfarrer von Thalwil leugnete er nicht nur die Trinität, sondern auch die Erlösung des Menschen von der Erbsünde durch Christi Tod. Christus habe gesprochen, »Ego sum studiosus veritatis et sapientiae.[185] Dargegen sage unßere Bibel: omnis homo mendax. Item, wan der Mentsch ex ratione, dz [das] ist nach der Vernunft thüyge, was er vermöge, syge er kein sünder.«[186] Fengler war nicht der erste, diese häretische Vorstellung zu formulieren. Freilich erhob er den Anspruch, allein aus seinem Glauben heraus zu argumentieren. Antike oder andere Autoren hätten ihn nicht beeinflußt, Gleichgesinnten sei er nicht begegnet. Selbst wenn er in Polen mit zeitgenössischem häretischem Gedankengut in Berührung gekommen sein sollte, hätte er wohl darauf beharrt, daß seine Einsichten ausschließlich in der eigenen Inspiration wurzelten. Fengler war – in der unscharfen Terminologie seiner Zeit – der Typ des belesenen, eklektischen »Gotteslästerers« bzw. »Häretikers«, der sich auf religiöser Suche befand und dabei mit dem Thema der Erbsünde einen Punkt aufgegriffen hatte, der seine Zeitgenossen offenbar besonders beschäftigte.

Um mit dem Problem der Erbsünde zu kämpfen, mußte man nicht (halber) Theologe wie Fengler sein. Der Barbiergeselle Johann Friedrich Speyer aus dem kurpfälzischen Lambsheim ist der beste Gegenbeleg.[187] Er sagte 1689 in seinem eineinhalbstündigen Verhör aus, ein Lüneburger namens Walter »hab ihn gewißen auf die Bibel, daraus Er dan seinen glauben empfangen. Mit diesem Lüneburger seye er nach Bern gangen, daselbst sie dan Einkehr und aufenthalt gehabt bey dem Kürstinger Weiß. Alda einiche Mans= und Weibs= Personen von geringem Stand, die er nit gekendt, zusammen kommen, mi einanderen in der Bibel geläßen, von ihrem glauben darin,

---

185 Fengler spielt hier auf den elften Vers des 116. Psalms an.
186 A. 27.87, Aussage Caspar Theodor Fengler, 10.7.1648.
187 Eine kurze Notiz zum Fall findet sich unter impliziter Berufung auf Johann Jakob Hottinger bei: J. STUDER, Der Pietismus in der zürcherischen Kirche am Anfang des vorigen Jahrhunderts nach ungedruckten Quellen. in: Jahrbuch der Historischen Gesellschaft Züricher Theologen 1. 1877 S. 112 f. Ich danke Rainer Henrich für den Hinweis.

je nach jedeste maaß, die einte Person stercker oder schwecher als die andere, geredt und sich mit einanderen in Christo erfröwet, welches 2. oder 3. tag gewähret.« Von diesen Unterredungen sei er jedoch nicht beeinflußt worden: »Den glauben, welchen Er, Speÿer, habe, habe ihme nieman aufgetrungen, seÿe auch von nieman darin gestercket worden. Und ob er gleich beÿ anläßßen in discours gerathen mit den H[er]r[e]n Pfareren zu Feldten und Rieckenbach, mit H[er]r[e]n Stömer, Ziegler und deßen Schwösteren, den Locher, Brysacher, Schweÿtzer, so habe er doch sie nicht darzu beredt, wüße auch nit, was sie glauben, jedem überlaße er seinen eignen glauben. Er stehe und falle seinem Herrn.[188] Dem H[er]rn Pfarrer zu Rieckenbach habe er Sprüch aus der h[eiligen] Schrift schriftlich übergeben.« Dieser Glauben aber, so der Vorwurf der Nachgänger, beinhalte häretische Positionen. Speyer ließ sich jedoch nicht beirren: »Von jrrthumben, die Er haben solle, wüse Er nichts. Auf bücher, schreiben und läßen halte er nichts, danac[h] er er auch einiche schriften und den Bem und Hiel anders aber nichts verbrendt;[189] die Bibel seÿe ihme genug [...] [Aus ihr entnehme er,] daß er Got gleich seÿe nach seiner biltnus in rechtschaffner und vollkomner Heiligkeit und grechtigkeit, nicht aber aus der nathur, sondern durch und allein aus der gnade Gotes, danach er auch als von Christo gäntzlich gewäschen und den Geist der Apostlen habende nit mehr sündige, die sünd gar nit mehr in ihme hersche, so unschuldig lebe als Adam und Eva vor dem fahl [fall], deswegen ihm unnöthig umb verzeichung der sünden zu peten, auch nit umb das täglich brot, weil er dz [das] Reich Gottes und die grechtigkeit habe.« Als ihm die anwesenden Geistlichen aus der Bibel zu widerprechen suchten, entgegnete er standhaft: »Er frage nicht nach Paulo, Petro etc., sondern nach Christo. Er neme aus der schrift nicht an das, was von der sünd handle, die nicht mehr in ihme hersche, sondern was von der grechtigkeit, in deren er lebe, geredet werde.«[190]

---

[188] Vgl. I Röm, 14,4.

[189] Vermutlich ist mit »Bem« der Görlitzer Theosoph Jacob Boehme gemeint. Zu seiner Person vgl. TRE, Bd. 6 S. 748–754. Der Verweis auf »Hiel« läßt sich nicht eindeutig klären. Bekannt ist lediglich, daß im 17. Jahrhundert mehrere Schriften unter diesem vermutlich hebräisch als Hi-el zu lesenden Namen kursierten. Angeblich wurde der Text hundert Jahre zuvor von einem gewissen Hendrik Jansen verfaßt (vgl. etwa J. Hendrick, Erklärung der Offenbarung Johannis. Aus den visionischen Gesichte in das wahre Wesen Jesu Christi, alles durch Hiel, das einweise Leben Gottes / Anfänglich in Nieder Teutsch gedruckt ... o. O. 1687. Es scheint, daß diese Schriften mit dem Frühpietisten Friedrich Breckling in Verbindung zu bringen sind. Zu Person und Werk F. Brecklings vgl. D. Blaufuß, Breckling Friedrich. in: Theologische Realenzyklopädie, Bd. 7. Berlin – New York 1981 S. 150–153. Die Auflösung der Namen verdanke ich dem detektivischen Spürsinn Rainer Henrichs.

[190] A. 27.115, Aussage Johann Friedrich Speyer, 10.10.1689. Angesichts dieser Standhaftig-

Strenggenommen – und in diesem Falle hielt sich die Justiz an die enge Definition – war der Vorwurf der Häresie korrekt. Speyer hätte aber angesichts der Vorstellungen, die er von sich als sündenfreiem Menschen hegte, genausogut der Gotteslästerung beschuldigt werden können. Für wen also steht Speyer? Der Barbiergeselle konnte lesen und schreiben, hatte ein Handwerk erlernt, war nicht Theologe und verfolgte die religiösen Debatten, wie sie in den zeitgenössischen Druckschriften geführt wurden. Immerhin befanden sich zwei solcher Schriften in seinem Besitz.[191] Eben dieses religiöse Interesse wird Speyer bewogen haben, mit seinem norddeutschen Kumpanen nach Bern aufzubrechen. Vermutlich ist das Reiseziel nicht zufällig gewesen. Es sieht vielmehr danach aus, daß die religiös Suchenden gezielt Anschluß an die Berner Gruppe suchten, die dem Frühpietismus zugehört haben dürfte. Die Beschreibung Speyers, er habe mit seinen Glaubensgeschwistern gemeinsam die Bibel gelesen, um gegenseitig den eigenen Glauben zu bekennen und sich tagelang miteinander an Christus zu »erfreuen«, spricht dafür.[192]

Wofür nun steht der Fall Speyer? Die Vorstellung, daß der Mensch bereits auf Erden sündlos lebe, war für Speyer zentral. Möglicherweise bestätigt sie indirekt das Bild vom angstgeplagten Menschen der Frühen Neuzeit. Speyer hätte dann seine Ängste mit einer Gegenstrategie beantwortet: Er hob die uralte »Zumutung« auf, als Mensch im Zustand der Erbsünde leben zu müssen und zugleich durch Christi Opfertod von ihr erlöst zu sein. Wer jedoch nicht, wie Luther formulierte, im Bewußtsein lebte, »simul iustus et peccator« zu sein und sich bereits im Diesseits befreit wußte, brauchte den Stachel der Erbsünde nicht zu fürchten. Wie auch immer es um die Ängste Speyers bestellt gewesen sein mag, seine Anschauungen trugen ihm den Vorwurf der Häresie ein. Damit vertritt Speyer den Typ des blasphemischen Häretikers, den seine ernsthafte religiöse Suche unter Einfluß frühpietistischer Strömungen auf Wege geleitet hatte, die aus obrigkeitlicher Sicht in das Reich falscher Glaubensüberzeugungen führten.

Wie die Lehre von der Omnipotenz Gottes, der Trinität, der Menschwerdung Christi oder dem ewigen Leben und der Vergebung der Sünden wider-

---

keit entschied sich der Rat für eine typische, pragmatische Lösung. Er verwies Speyer des Landes und ließ ihn schwören, daß er keine Korrespondenz mit irgendeinem Zürcher bezüglich seiner *Irrtümer* unterhalten werde. Vorsorglich wurden Basel, Bern, Schaffhausen und der Theologieprofessor Fabricius in Heidelberg von dem Urteil unterrichtet (vgl. B. II.626, p. 64–65).

[191] Man wird den diesbezüglichen Angaben Speyers Glauben schenken dürfen. Speyer hätte vor Gericht nicht den geringsten Vorteil davon gehabt, hier irgend etwas zu erfinden.

[192] Zum Schweizer Frühpietismus weiterhin einschlägig: R. Dellsperger, Die Anfänge des Pietismus in Bern. Quellenstudien. Göttingen 1984.

spricht die Lehre von der Jungfräulichkeit Mariens menschlichem Verstand. Daß Maria Christus jungfräulich durch den Heiligen Geist empfangen habe und vor, während und nach der Geburt Christi Jungfrau geblieben sei, hatte bereits in vorreformatorischen Zeiten kritische Anfragen ausgelöst. Was das reformierte Zürich betrifft, so setzte Zwingli mit seiner »Predigt von der ewig reinen Jungfrau Maria« von 1522 die Maßstäbe.[193] Ohne die theologiegeschichtlichen Einzelheiten verfolgen zu wollen, sei lediglich festgehalten, daß für Zwingli auch Maria Sünderin ist. Maria ist nicht göttliche Mutter, die selbst unbefleckt empfangen worden ist; Maria ist menschliche Gebärerin des Gottessohnes. Daß Maria für Zwingli ihre Jungfräulichkeit bewahrt hat, ist nicht als mariologische, sondern als christologische Aussage zu verstehen. Maria kennzeichnen nicht übernatürliche Eigenschaften; vielmehr ist Gott und damit auch Christus von Ewigkeit her und vollbringt daher das Wunder der jungfräulichen Geburt.[194] Mit solchen Ausführungen stellte Zwingli hohe Anforderungen an die Differenzierungsgabe seiner Hörer bzw. Leser. Dafür war die Argumentation Zwinglis in der Frage, ob Maria leibhaftig in den Himmel aufgefahren sei und als Fürbitterin zwischen den Menschen und Gott vermittle, weit weniger verschlungen. Aus der Rechtfertigungslehre folgte unzweifelhaft, daß die Frage negativ zu beantworten sei, was Zwingli – wohl aus pragmatischen Erwägungen – allerdings nicht davon abhielt, die Marienfeste erst einmal zu tolerieren.[195]

Zwinglis mariologische Sätze behielten in der Folgezeit ihre Gültigkeit. Anläßlich einer Anfrage, ob der »Englische Gruß«, d. h. das Ave Maria, gebetet werden solle, hielt die Kirche 1604 in einer Empfehlung an den Rat fest: Die Anbetung Mariens als Fürbitterin sei im Laufe der Kirchengeschichte aus »allerley su[per]stition und abgoetterey« entstanden.[196] Die Anrufung Mariens sei nicht schriftgerecht und daher strikte abzulehnen.[197] Freilich sei nach der Reformation »[...] gemelter Englischer gruoß, oder Ave Maria, noch ein guoth zyt [...] in der Kilchen verbliben, und offentlich an den Cantzlen gesprochen worden, wie das die alten formular getruckt worden Anno 1535, bezügend und ußwyßend näbet dem, daß noch lüt zefinden, die es verdencken moegend [...] Dann diewyl man anfangs umb der schwachen willen thuon mueßen, nit was man gern gwöllen, sonder was man

---

[193] Zur differenzierten ereignis- und theologiegeschichtlichen Einordnung der Predigt in ihren kirchengeschichtlichen Kontext vgl. E. CAMPI, Maria S. 17–21.

[194] Vgl. E. CAMPI, Maria S. 48–66.

[195] Vgl. E. CAMPI, Maria S. 82, 93 f.

[196] E. II.451, p. 125–139, hier: p. 128, Fürtrag der Geistlichkeit, 30. 11. 1604. Dieser Fürtrag ist ebenfalls zu finden unter E. II.96, fol. 514–532.

[197] Vgl. E. II.451, p. 129, 136–139, Fürtrag der Geistlichkeit, 30. 11. 1604.

gmöge.«[198] Zwar werde in einigen reformierten Gemeinden das Ave Maria immer noch von der Kanzel gelesen, doch solle man sich davor hüten, das Gebet in den Gegenden, in denen die Bevölkerung »mit großer mueh und arbeit« vom ihm entwöhnt worden sei, wiedereinzuführen.[199] Maria sei nicht als Fürbitterin anzubeten, sondern als »reine und unbefleckte junckfrauw und als fürgeliebte Gottes Dienerin, deren glauben, liebe reinigkeit, demut, heiligkeit, dultmuot, hoffnung und anderen der glychen tugenden, nimmer genuog könne noch möge geprißen und geruempt werden, zu ehren. Daß wir sy aber darumb mit dem Englischen Gruoß anpäten, grueßen und anruoffen söllind, das haben wir kein befelch [sc. keinen biblischen Auftrag].«[200]

Deutlich schärfer fiel der Ton in einer Auseinandersetzung im konfessionell gemischten Toggenburg aus, als 1634 die Frage aufkam, ob die reformierten Pfarrer dazu gezwungen werden könnten, das Ave Maria zu beten. Die Antwort der Synode war eindeutig: »Es ist zwahren einem christlichen Hertzen gantz kein beschwärnis, sonder vil mehr ein freuwen sich selbst und andere Gläubige leüth des Englischen grußes und vergangen Gott seligen Gheimnis von der Menschwerdung unsers Herren und Heilandts zu erInnern, Wÿl aber vom Gegentheil [sc. den Katholiken] anders nützit gesucht wird als die beherschung und betrübung der Unsrigen [...] und die dißfalls geleistete gehorsame zu Interpretieren für ein Annemmung Ihrer Abgottereÿ [aufgefaßt werden würde], da mögend wir ohne Sünd [...] [das Sprechen des Ave Maria auf der Kanzel] nit bewilligen.«[201] Beide Konfessionen behielten also die Formel von der »semper virgo« bei, verbanden aber mit ihr unterschiedliche theologische Inhalte.

Die mariologischen Differenzen reichten weit über den theologischen Elfenbeinturm hinaus. Die Reaktion Conrat Thomanns, den 1676 ein katholischer Priester aufforderte, doch zu seinem Glauben zu konvertieren, zeigt, wie vertraut Zürcher Laien mit der reformierten Mariologie sein konnten. Thomann habe zur Antwort gegeben: »Er seÿe schon lengst Catholisch gsein und glaube nichts anderßt alß waß der Catholisch glaub außweiße und vermöge.« Der Geistliche habe widersprochen und eingewandt, die Evangelischen leugneten die Jungfräulichkeit und die Funktion Mariens als Fürbitterin.[202] Hierauf habe ihm Thomann erwidert: »unß betreffend, so glaubend

198 E. II.451, p. 131, Fürtrag der Geistlichkeit, 30. 11. 1604.

199 Vgl. E. II.451, p. 133 f., Fürtrag der Geistlichkeit, 30. 11. 1604

200 E. II.451, p. 127, Fürtrag der Geistlichkeit, 30. 11. 1604.

201 E. II.8, fol. 838 f., Kopie Synodalakte, X. 6. 1634.

202 Der Priester repräsentierte somit die intensive Marienfrömmigkeit des Spätmittelalters, in der Maria göttliche Züge annahm. Vgl. hierzu in knapper Zusammenfassung: P. DINZELBACHER, Religionsgeschichte S. 141–148.

wir nit, daß man die H[eilige] J[un]gf[rau] M[aria] anruffen müße, eß werde unß in H[eiliger] Schrift nit befohlen, und seÿe unß nit als ein Mittlerin
und Fürbitterin fürgestelt: sonderlich seÿe eß auch abzunemmen auß Joh[an-
nes] 2: v[ers] 3.4.5.«[203] Der »Katholik«, d.h. der wahrhaft rechtgläubige
Thomann, verwies somit konsequent auf die Lehren seiner Kirche; der Laie
kannte sich dogmatisch aus.

Zumindest Teile der Bevölkerung waren demnach solide dogmatisch unterrichtet, d.h. erfolgreich christianisiert. Dessenungeachtet wagten es einige
Zürcher, mit dem Feuer zu spielen. So hatte Ulli Walder 1612 in einer ausgelassenen Gesellenrunde im Wirtshaus »vil schimpfboßen triben.«[204] Mit
der Bemerkung, »unsere Liebe frauw sÿge bößer dann ein andere Huor. Ein
andere frauw habe zu Ihrem kind ein Vatter, die aber habe keinen vatter
ghaan,«[205] hatte er allerdings den Bogen überspannt.[206] Trotz einer einver-
nehmlichen Regelung sollten ihn zwei katholische Gesellen später anzeigen.
Zollinger warnte seinen Freund, daß dies geschehen könne, er solle sich besser nicht nach Einsiedeln begeben, von wo der eine der katholischen Zeugen
stamme. Doch Walder schlug die Ratschläge seines Freundes in den Wind:
»Nein, sÿ wurden Im nüt thun, er habe nit unsere frow, sonder die [Marien-
figur] zu Einsidlen gemeint unnd allein gsagt, Ire [Maria] sÿge Höltzin, habe Reverenter zemälden, ein Höltzins füdlin [Hintern] unnd wann man Iren
Öll [Flüssigkeit] Inn die Ougen schüte, so trüffe Iren dassälbig zum sälben
nest wider uss.«[207] Walder spielte den Fall also auf eine billige Konfessionspolemik herunter. Im Prinzip hatte er damit Recht. Da er der Gottesmutter
weder eine Eigenschaft zuschrieb, die ihr nicht zukam, noch eine abstritt,
die sie auszeichnete, hatte er nach juristisch-theologischen Kriterien keine
Gotteslästerung begangen. Seine Anzüglichkeit war also propositional zwar
respektlos, setzte aber gerade die anerkannte Lehre von der Jungfräulichkeit
Mariens voraus. Walder stellt somit den Typ des Gotteslästerers dar, der als
solcher wahrgenommen wurde, aber faktisch keiner war. Nicht perlokutionär theologische Inhalte, sondern konfessionelle Rivalitäten zwischen den
Gesellen hatten Walder zum Blasphemiker werden lassen. Der »Gotteslästerer« hatte dumme Sprüche geklopft und dabei mit dem biologischen Paradox
von der jungfräulichen Mutterschaft Mariens gespielt.

---

[203] E.I.10.5, Pfarrerbericht, 5.4.1676.
[204] A.27.57, Aussage Gerichtsweibel Schnyder, X.4.1612.
[205] A.27.57, Aussage Rudolf Goldschmid, X.4.1612.
[206] Er war übrigens nicht der einzige. So bezeichnete Hans Kofel 1688 Maria als Magd, die
siebenmal »gehurt« habe. Vgl. A.27.115, Aussage Hans Kofel, 27.12.1688.
[207] A.27.115, Aussage Gerichtsweibel Schnyder, X.4.1612.

Armbruster und Ehrhardt Kesselring wurden 1674 ebenfalls zu Blasphemikern, als die reformierten Zürcher im katholischen Zug ein Streitgespräch
über die Jungfrau Maria führten. Er, Armbruster, habe die Meinung vertreten, »die Muter Gottes seÿe vor Christus geburt so wol ein sünderin gseÿn
als wir.« Kesselring habe ihn unterbrochen: »Hierin habe er zu viel geredt:
denn die H[eilige] Jungfr[au] maria seÿe nicht ein Sünderin gseÿn wie wir,
dann ob sÿ wol auch in der Erbsünd empfangen und geboren, so finde man
doch nicht, daß sÿ iemahlen ein einige thatlich sünd begangen wie wir andre
Menschen, dann sÿ durch den H[eiligen] Geist zeÿtlich widergeboren worden.«[208] Damit verstrickten sich beide in Widersprüche, die dem römischen
wie dem zwinglianischen Standpunkt widersprachen: Aus katholischer Sicht
war die Gottesmutter unbefleckt empfangen worden und Jungfrau geblieben.
Wer, wie die beiden Zürcher, dies in einem Klima der allgemeinen konfessionellen Auseinandersetzung bestritt, wußte, daß er eine für die andere Seite inakzeptable Position vertrat. Armbruster und Kesselring hatten sich also
ausdrücklich als Reformierte von den katholischen Zugern distanziert. Doch
Kesselring hatte auch aus reformierter Sicht eine Gotteslästerung begangen.
Mit der Vorstellung von der zeitlichen Wiedergeburt Mariens durch den
Heiligen Geist, schrieb er der Gottesmutter Eigenschaften zu, die ihr trotz
ihrer herausgehobenen Stellung in der zwinglianischen Mariologie nicht zukamen. Es mag sein, daß Kesselring bereits zuvor aus dogmatischen Ver-
satzstücken (Heiliger Geist, Wiedergeburt und möglicherweise Mariä Himmelfahrt) für sich eine eigene unorthodoxe Mariologie entwickelt hatte, die
katholische und reformierte Standpunkte miteinander vermengte. Wahrscheinlicher ist es jedoch, daß er im Eifer des konfessionellen Gefechts die
Versatzstücke falsch zusammensetzte. Vermutlich geriet er in der betonten
Abgrenzung von katholischen Anschauungen und im Bemühen um die »richtige« zwinglianische Lehre aus dogmatischer Konfusion – und daher wohl
ungewollt – auf blasphemische Abwege.

* * *

Auch für Menschen der Frühen Neuzeit enthielt der christliche Glaube die
Zumutung, von etwas überzeugt sein zu sollen, das sich ihrem rationalen
Verständnis verschloß. Auf dieses Paradox stießen Zürcher Blasphemiker,
wenn sie sich mit der Lehre von der Omnipotenz Gottes, von der Trinität,
der Jungfernschaft Mariens und der Menschwerdung Christi auseinandersetzten. Mit den Themen griffen sie einige der dogmatischen Fragen auf, die
seit den Zeiten der Alten Kirche für heftige Kontroversen gesorgt hatten.

---

[208] E. I. 10. 5, Brief Armbruster an Jacob Ziegler, 6. 2. 1674.

Die dogmatischen Vorlieben der Zürcher Gotteslästerer, die in langer kirchengeschichtlicher Tradition standen, heben sich nur undeutlich ab. Die Allmacht Gottes scheint ab dem 17. Jahrhunderts in Zweifel gezogen worden zu sein und mag daher als Indiz für die beginnende Entzauberung der Welt gedeutet werden. Deutlicher ist das gesteigerte Interesse der Zürcher an Aspekten der Soteriologie zu erkennen. Wie stand es um die Befreiung der Menschen von der Erbsünde, wie sah das ewige Leben aus, wann fing es eigentlich an, wovon hatte der Heiland die Menschheit nun tatsächlich erlöst, solche Fragen deuten auf Menschen hin, die um die Folgen ihres Lebens in Sünde besorgt waren.

Die Tatsache, daß Blasphemiker mit ihren Sprechhandlungen Anstoß erregten, bedeutet, daß sie in einem bestimmten religiösen Kontext agierten. Daß Blasphemiker als Tabubrecher wahrgenommen werden konnten, setzte voraus, daß die Bevölkerung die entsprechenden religiösen Normen kannte. Die Bevölkerung muß angesichts der zahlreichen Normverstöße, die sie registrieren ließ, mehr als nur oberflächlich christianisiert gewesen sein. Auch direkte Belege zeigen, daß eine unbekannte Menge von Laien dogmatisch gut unterrichtet und theologische Auseinandersetzungen zu rezipieren in der Lage war, ohne deswegen kritische Rückfragen zu unterlassen. Dies schließt selbstverständlich nicht aus, daß ein anderer Teil der Bevölkerung nur wenig mit den Lehren des Christentums vertraut war oder diese nicht richtig verstanden hatte.

Hinsichtlich ihrer Bezugnahme auf die alten Paradoxien des christlichen Glaubens lassen sich für Zürich idealtypisch vier Typen von Gotteslästerern unterscheiden: den Blasphemikern aus religiöser Überzeugung stehen die Gotteslästerer wider Absicht gegenüber, die eigentlich aus gut christlichen Anliegen handelten. Ferner bilden die Blasphemiker aus rationalistischer Skepsis eine eigene Kategorie ebenso wie diejenigen, die man als Blasphemiker wider Willen bezeichnen kann.

Wer mit einer blasphemischen Sprechhandlung lediglich sein Umfeld aufschrecken wollte, suchte im Grunde genommen nicht Gott zu lästern. Diese sozialen Provokateure hatten entweder überhaupt kein Interesse an religiösen Fragen und ließen die Paradoxien der Kirchenlehre unberührt stehen oder spielten eben mit diesen Paradoxien, ohne sich mit ihnen auseinanderzusetzen. Einen ganz anderen Untertyp des Blasphemikers wider Absicht bildeten die – aus christlicher Sicht – Andersgläubigen. Wenn ein Jude die Geburt Christi mit einer leiblichen Zeugung durch jüdische Eltern verband, beging er, gemessen an seinen eigenen Glaubensvorstellungen, nicht die Spur einer Gotteslästerung. Für ihn hatte das Paradox von der Empfängnis durch den Heiligen Geist keine Gültigkeit. Dies war nur für die Christen seiner Zeit der Fall, die ihn mit dem Vorwurf der Blasphemie als Nichtchristen etikettierten.

Die Gruppe der Gotteslästerer aus rationalistischer Skepsis läßt sich nur schwer kategoriell fassen und daher nur unbefriedigend beschreiben. Da finden sich einige »philosophische Grübler«, welche die Grundsatzfrage umtrieb, was die Welt im Innersten zusammenhält, ohne daß sie dabei eine spezifische religiöse Stoßrichtung verfolgten. Neben ihnen stehen die »Pragmatiker«, die – zumindest für sich selbst – einleuchtende Alternativerklärungen auf die Paradoxien des Glaubens fanden. Von ihnen heben sich die »Empiriker« etwas ab, die systematische Zweifel an den Aussagen des Christentums übten. Von ihnen wiederum unterscheiden sich die »latenten Realisten«, die punktuell ihr Erfahrungswissen gegen Kirchenlehren ausspielten, ohne zu einer bewußten Grundsatzkritik von Glaubensaussagen vorzudringen. Diese vier tendenziellen Untertypen haben eines gemeinsam. Sie hoben – zu unterschiedlichen Graden – die Paradoxien des Christentums auf, indem sie diese an ihre lebensweltlichen Erfahrungen anpaßten. Mag die Frühe Neuzeit ein zutiefst magisch-religiös geprägtes Zeitalter gewesen sein, es kannte nüchterne »Realisten«, denen allein die mit menschlichen Verstand und Sinnen erfahrbare Welt als Wirklichkeit galt. Diese Menschen bedurften keiner wissenschaftlichen Revolution, um der Welt ihr mystisches Geheimnis zu nehmen.

In guter Absicht versuchten andere das Fascinosum et Tremendum (Rudolf Otto)[209] des Glaubens zu wahren, wenn sie die Paradoxien der christlichen Lehre aufrechterhielten. Manche verfügten hierzu allerdings nicht über das nötige dogmatische Rüstzeug und wurden dadurch zu Blasphemikern wider Willen. Ob aus Unwissen, Ungeschicklichkeit oder dogmatischer Verwirrung, sie verhedderten sich in Aussagen, die in Widerspruch mit den Lehren des Christentums standen.

In der Grauzone von Häresie und Blasphemie bewegten sich diejenigen, die aufgrund der Auseinandersetzung mit ihrem Glauben zu Einsichten gelangten, die vom offiziellen Kurs abwichen. Auch in dieser Gruppe lassen sich Unterkategorien erkennen. Einen missionarischen und unorthodoxen Kopf wie Hans Jakob Amman und einen überzeugt reformierten Freigeist wie Hans Rudolf Werdmüller, der sich zugleich als Mann der feinen Gesellschaft zu geben wußte, verband die Intellektualität, mit der sie die Bibel und Bekenntnisschriften genau lasen und mit anderen engagiert diskutierten. Eklektiker wie der Halbtheologe Fengler hingegen wiesen jeglichen intellektuellen Anspruch von sich, beriefen sich allein auf ihre Eingebung und gingen ihres einsamen Weges. Auf einen religiös, nicht aber unbedingt theologisch interessierten Laien wie Besetius wiederum übten häretische Strö-

---

[209] Vgl. R. OTTO, Das Heilige. Über das Irrationale in der Idee des Göttlichen und sein Verhältnis zum Rationalen. München [28]1947.

mungen alten Ursprungs ihre Anziehungskraft aus. Den neueren Typ des un-intellektuellen Sektierers, der in der Gemeinschaft einer pietistischen Gruppe den Glauben »richtig« zu begreifen suchte, repräsentiert der Barbiergeselle Speyer.

Wenn es sich bei diesen häretischen Blasphemikern um sehr unterschiedliche Menschen handelt, so verband sie doch zweierlei: Im Gegensatz zu den rationalistischen Skeptikern versuchten sie nicht, mit empirischen Nachweisen dogmatische Paradoxien aufzulösen. Vielmehr bemühten sie sich als zutiefst gläubige Menschen um die »wahre« (Um)Deutung der Zumutungen des Glaubens, um sie in ihrer Paradoxie zu erfassen. Neben dieser inneren Pilgerschaft verband die häretischen Blasphemiker die äußere Unruhe. Alle sind sie bereiste Leute. Es steht daher zu vermuten, daß sie auf ihrer Wanderschaft religiösen Strömungen begegnet sind, die sie in ihrer eigenen Religiosität beeinflußt haben.

Die religiösen Kontexte, in denen sich die Gotteslästerer bewegen, die mit den alten Paradoxien des christlichen Glaubens in Konflikt gerieten, lassen sich in groben Zügen skizzieren. Sektiererische Figuren bzw. Bewegungen und ihre Druckschriften spielten eine gewisse, wenn auch verhältnismäßig untergeordnete Rolle. Philosophische oder theologische Schriften haben, von den wenigen theologisch interessierten Intellektuellen abgesehen, Gotteslästerer nur selten zu ihren Äußerungen animiert. Überwiegend handelte es sich bei den Blasphemikern um eigenständige Grübler, die nach gut evangelischem Prinzip sich intensiv mit der Bibel beschäftigten, um die Lehren des Christentums zu begreifen. Man sollte daher die Verbindungslinien zwischen Blasphemikern und häretischen oder gar philosophischen Einflüssen nicht forcieren.

Das bunte Spektrum allein an Blasphemikern, die sich auf die alten Paradoxien des christlichen Glaubens beriefen, erlaubt, sich dem Phänomen frühneuzeitlicher Religion zu nähern. Religion war nicht allein eine Frage der Verbreitung von Kirchenlehren, die Theologen unter sich ausmachten. Teile der Bevölkerung nahmen das, was ihnen Predigt und Druckschriften boten, aktiv auf. Mit ihrem Normbruch zeugen Gotteslästerer davon, daß Laien, seien es Intellektuelle oder nicht, Kirchenlehren nicht einfach unkritisch übernahmen oder gleichgültig zur Seite schoben. Blasphemiker belegen vielmehr, daß auch uralte Fragen des Glaubens immer wieder für kritische Rückfragen sorgten. Sie weisen somit darauf hin, daß eine ansehnliche Zahl von Menschen es nicht bei den kirchlichen Antworten belassen wollte und sich daher auf die intensive religiöse Suche machte, um eigene Antworten zu finden.

Nur eine Minderheit der von der Justiz als Blasphemiker kategorisierten und aus heutiger Sicht als Häretiker zu klassifizierenden Tabubrecher stand unter dem Einfluß sektiererischer Bewegungen. Der absolute Referenzpunkt in Glaubensfragen war in Zürich die persönliche Auseinandersetzung mit der Bibel. Hierbei scheint das Thema der Sündenvergebung im Zentrum gestanden zu haben, was dafür spräche, daß die Angst vor den Folgen der Sünde frühneuzeitlichen Menschen besonders schwer auf der Seele lag.

Einige wenige Blasphemiker wagten es, bekannte Paradoxien des Glaubens mit den Werkzeugen ihres Verstands anzugehen. Für frühneuzeitliche Verhältnisse gingen diese skeptischen »Realisten«, die allein ihre Wirklichkeitserfahrung gelten ließen, sehr weit. Ganz gleich, ob sie systematische oder punktuelle Kritik übten, ihre Argumentationsweise rüttelte an den Fundamenten der Religion. Dennoch wagten sie sich nicht so weit vor, die Existenz Gottes grundsätzlich in Abrede zu stellen. Die christliche Religion war in der Frühen Neuzeit als normativer Referenzrahmen nicht aus der Welt zu denken.

Das Problem neuer Paradoxien

Mit der Einführung der evangelischen Predigt und der Abschaffung der Messe vollzog 1523/25 der Rat den offiziellen Bruch Zürichs mit dem »Papismus«. In der Praxis war damit noch lange nicht der Schnitt mit dem nunmehr alten Glauben vollzogen. Die biblischen Marienfeste etwa wurden vorerst beibehalten,[210] Gotteslästerer knüpften weiterhin an bekannte Paradoxien des Christentums an. Doch die reformatorischen Veränderungen lieferten Blasphemikern neuen Stoff. Welche spezifisch evangelischen Punkte der Kirchenlehre einige Gotteslästerer aufgriffen und welche Wirkung sie dabei erzielten, ist Thema der folgenden Ausführungen.

»Sola fide, sola gratia, sola scriptura« – dies sind die Glaubenssätze, auf denen die evangelische Lehre beruht. Sie hatten zur Folge, daß der Protestantismus sich nach außen vom Katholizismus abgrenzte und nach innen in diverse Gruppierungen ausdifferenzierte.[211] Die Zürcher Gotteslästerungen spiegeln diese Entwicklung wider. Mit dem Problem der Schriftautori-

---

[210] Zur Beibehaltung der Marienfeste in den ersten Reformationsjahren vgl. M. JENNY, Die Einheit des Abendmahlsgottesdienstes bei den elsässischen und schweizerischen Reformatoren. Zürich – Stuttgart 1968 S. 67.

[211] Wohl niemand wird für sich in Anspruch nehmen, die Reformationsgeschichte Europas in wenigen Sätzen zusammenfassen zu können. Eine gute Einführung in die Entwicklungen gibt für Leser, die nicht oder nicht mehr mit den Grundsätzen des Christentums vertraut sind: A. E. MC GRATH, Reformation Thought. An Introduction. Oxford – Cambridge, Mass. ²1993. Zur effektiven Orientierung aus evangelischer, kirchenhistorischer Sicht: G. SEEBAß, Reformation, in: Theologische Realenzyklopädie, Bd. 28. Berlin – New York, 1997 S. 386–404.

tät, des Abendmahlsverständnisses, des Gebets als alleiniger persönlicher Aussprache mit Gott unter Ausschluß himmlischer Fürsprecher und mit den Schwierigkeiten der Prädestinations- bzw. Rechtfertigungslehre kamen Themen zur Sprache, die im Zentrum der Konfessionalisierung standen.

Mit seiner Behauptung, »daß er nit glaube, das daß alt: und neüe Testament von Gott gschriben seige,«[212] traf Michel Wyß von Hedingen 1634 einen sensiblen Punkt. Die Heilige Schrift als göttliche Offenbarung anzuzweifeln, mußte für Reformierte besonders schwer wiegen. Die neue Lehre besagte, daß im Gegensatz zum Katholizismus allein die Bibel als verbindliches Gotteswort anzusehen, kirchlichen Verlautbarungen diese Autorität daher abzusprechen sei. Wyß hatte also einen Wesenskern der evangelischen Lehre berührt; allerdings nicht unbedingt aus religiösen Gründen. Kennzeichnenderweise mußte sich Wyß dafür verantworten, seinen Jungen aus der Schule genommen und Pfarrer mit antiklerikalen Bemerkungen »ehrverletzlich angriffen, geschmächt unnd gschändt« zu haben. In seinem Verhör führte er zu seiner Entschuldigung an, »er seig gar truncken gsyn, habe er etwas wider die heilig Bibblen, oder herren predicannten gredt, seige imme sölliches von grund synes hertzens leid.«[213] Ob nun Wyß tatsächlich im Rausch gesprochen hatte oder nicht, er nahm seine Äußerungen zurück und gab damit seine Protesthaltung auf. Er versuchte diese auch nicht religiös zu begründen. Bei Wyß handelte es sich offenbar um einen Untertan, der die weltliche und geistliche Obrigkeit, nicht aber Gott zur Zielscheibe wählte, um schließlich vor der eigenen Courage zurückzuschrecken.

Mit Großmüller Hans Dürsteller von Wetzikon trafen die Nachgänger 1671 auf einen hartnäckigeren Blasphemiker. Dürsteller war »wegen ungebührender Worthen, und Werkhen« in der Stadt Zürich gefangen gesetzt worden. Ungefähr vier Wochen zuvor hatte er sich bereits vor dem Wetzikoner Sittengericht rechtfertigen müssen und hatte, als er zu den Zehn Geboten befragt worden war, schlagfertig folgende Antworten gegeben: »Über das drit gebot. Wir schwerind allesammen vil, und es entgange Ihm auch mancher Schwuhr. Über das vierte. Er werkhe am Werktag nit gern, wöll gschwygen an dem Sontag […] Über das sibend. Seige anfangen Alt, möge (S[alvo] H[onore]) nit mehr huren, habe Wyberen gnug. Über das Acht. Es fächte Ihn nüt an zestahlen, wan man Ihme nur das synig liesse […]« Hierauf seien, so der Bericht des Grüninger Landvogts, weitere Erkundigungen eingezogen worden. Diese hätten ergeben, der Beklagte sei von seinem Pfar-

---

[212] A. 27.74, Fall Michel Wyß Bericht Hans Heinrich Meyer, 21.8.1636.
[213] A. 27.74, Fall Michel Wyß Bericht Hans Heinrich Meyer, 21.8.1636.

rer zum regelmäßigen Gottesdienstbesuch ermahnt worden. Der Müller aber
habe sein Fernbleiben mit seinen Zweifeln an einigen Bibelstellen begründet:
»[…] der Apostel Paulus habe nit alle mahl die Wahrheith gredt. Als aber
Er [der Pfarrer] Ihne, Umb dißere Worth bestehllt, und [von Dürsteller] be-
gehrt zu sagen, wo er dan die Unwahrheit gredt, hab er geantwortet, er [sc.
Paulus] hab für geben er seige ein Burger zu Rohm, und seige aber ein Jud
gewesen, hiemit nit ein Burgers zu Rohm.«[214] Wie bei Wyß handelte es sich
auch bei Dürsteller um einen Untertanen, der es sich erlaubte, aus der Reihe
zu tanzen. Der Wetzikoner Müller erwies sich jedoch nicht nur als gewitzter,
sondern auch als standhafter sozialer Provokateur. Selbst unter Druck be-
hielt er seine Protesthaltung bei: Mit seinen ironischen Antworten führte er
die Befragung der Sittenwächter, die ihn auf die Zehn Gebote festzunageln
suchten, konsequent ad absurdum; für seine gottesdienstfeindliche Haltung
verwies er auf innere Widersprüche der Bibel. Ausgerechnet Paulus, einem
biblischen Lieblingsautor des Protestantismus, sagte er nach, unwahre Angaben zur eigenen Person gemacht zu haben. Damit unterlief Dürsteller das
Prinzip der Schriftautorität. Gut reformatorisch geprägt, setzte er den Hebel
an einem zentralen Punkt der neuen Lehre an, um die Verhaltensnormen seiner Gesellschaft zu verletzen. Daß ihm hierbei eine Auseinandersetzung mit
Glaubensfragen besonders am Herzen gelegen hätte, ist nicht zu erkennen.
    Neben dem Schriftprinzip brachen Katholizismus und Protestantismus
insbesondere an der Deutung der Messe bzw. des Abendmahls auseinander.
Auch innerhalb des Protestantismus divergierten die Positionen zwischen
Luther, Zwingli und Calvin stark. Die hiermit verbundenen theologischen
Differenzen kümmerten die Zürcher Blasphemiker selten. Doch welche Stellung nahm das Abendmahl im Alltag der Zürcher ein, an welchen Normen
vergriffen sich Blasphemiker, wenn sie das Abendmahl schmähten? Im Reformiertentum verlor das Abendmahl insofern seinen sakralen Charakter,
als eine Wandlung von Brot und Wein in Leib und Blut Christi weder »materialiter« noch »essentialiter« stattfand. Trotzdem war das Abendmahl keine
profane Angelegenheit, wie dies ein Vorfall aus Dietikon veranschaulicht:
Die evangelische Gemeinde reichte 1614 beim Rat eine Klage gegen den Abt
von Wettingen ein. Dieser habe, so der Vorwurf, ein Gastmahl veranstaltet.
Da aber nicht genügend Tische vorhanden gewesen seien, habe der Abt den
Abendmahlstisch aus der Kirche holen lassen, um ihn beim Festmahl zu benutzen. Der Tisch sei somit profaniert worden. Der Rat fühlte sich offensichtlich in dieser theologischen und zugleich religionspolitischen Frage
überfordert und holte beim Kirchenvorsteher Breitinger fachkundigen Rat

---

214 A.124.5, Bericht Hans Heinrich Kilchsperger, 5.1.1671.

ein. Antistes Breitinger kam zum Schluß, daß kein neuer Tisch angeschafft zu werden brauche. Das Abendmahl werde bei den Reformierten auch in privaten Haushalten an gewöhnlichen Tischen, die anschließend wieder ihrem alltäglichen Zweck zugeführt würden, abgehalten. Die Katholiken seien lediglich zu ermahnen, die Evangelischen gemäß dem Landfrieden zu respektieren.[215] Die Dietikoner Klage zeigt, wie ambivalent gerade im Zeitalter der Konfessionalisierung das Verhältnis der Gläubigen zum Abendmahl war. Formal sollte die Feier an eine gewöhnliche Tischgemeinschaft erinnern, inhaltlich jedoch wiesen die Gläubigen der Feier einen sakralen Charakter zu. Die Zwinglianer von Dietikon hätten sonst nicht argumentieren könnten, daß der Abendmahlstisch geschändet worden sei.

Eben diese Ambivalenz machten sich Zürcher Blasphemiker zunutze, wenn sie das Abendmahl schmähten, um damit eigentlich einer Person gegenüber ihren Unmut zu äußern. Typisch ist hierfür eine weihnachtliche Wirtshausszene von 1562. Kilian Häderli aus Marbach im Rheintal hatte, so das Urteil, Jörg Wildysen zu einem gemeinsamen Trunk aufgefordert. Dieser jedoch schlug die Einladung mit dem Hinweis aus, Häderli sei bereits betrunken genug. Außerdem erinnerte Wildysen Kilian daran, daß er »wol wüße, das man deßélbigen tags zum tisch deß herren nachtmal ganngen sýge, sölle er Inn Rüwig laßen. Das er [sc. Häderli] Ime daruf verachtlicher wýß geanntwurt, das er Im Inn sýn herren Tisch (das heilig Sacramendt meinende), mit züchten zelëßen, schiße.« Außerdem habe er vielfach geschworen.[216] Während Wildysen darauf verwies, daß die Einnahme des Abendmahls zu besonderer Friedfertigkeit verpflichtete, ließ sich Häderli auf keinerlei religiöse Argumentation ein. Er machte vielmehr seinem Ärger gegen Wildysen – nicht gegen Gott – Luft. Daß in der Szene ausgerechnet die Abendmahlsthematik ins Zentrum der Auseinandersetzung rückte, war, zumal im Zeitalter der Konfessionalisierung, kein Zufall. Die beiden wählten einen besonders heiklen Punkt, um ihre Kräfte an der gesellschaftlichen Ordnung zu messen. Stilisierte sich der eine als friedfertiger Christ, pfiff der andere auf religiöse Demut und spielte sich dadurch als furchtloser Gegner auf. Mit religiösen Anliegen hatten die religiös besetzten konversationellen Implikaturen denkbar wenig zu tun.

Auffällig häufig kreisten Familienkonflikte um das Abendmahl. Typisch ist etwa der Streit der Eheleute Werki aus Dachsen aus dem Jahre 1628. Mit der Faust auf den Tisch schlagend, hatte der Weber seine Frau beschimpft und »hundert 1000 Sacer[ment] geschworen, die straal söllen sý erschieß-

---

[215] Vgl. E. II.8, fol. 95 f., Kopie Synodalakte, X. 12. 1614.
[216] B. VI.259, fol. 54, Urteil Kilian Häderli, 10. 4. 1562.

ßen. Da sÿ Inne weiter abgemanet, sagende, er sölt sich schämen, er habe hüt dz heilig Brot gebrochen, habe er daruf geredt, dz [etwas, das], erschockenlich zehören, er habe, Gott behüt unnß, den Tüffel brochen.« Auch hier standen nicht theologische Kontroversen um das Abendmahl zur Diskussion. Der Verweis auf die religiöse Handlung eignete sich vielmehr als moralische Waffe bzw. als Provokationsmittel. Das Abendmahl zu schmähen, hieß, sich dem zu verschließen, was in der Abendmahlsfeier geschah: unter Aufsicht des Pfarrers, der den Zugang zum Abendmahl regulierte, versöhnten sich die Mitglieder der Gemeinde im Gedenken an den Opfertod Christi miteinander. Die Abendmahlsfeier war somit auch ein Ort gegenseitiger sozialer Kontrolle.[217] Mit seiner Erwiderung, er habe im Brot nicht den Leib Christi, sondern den des Teufels gebrochen, machte Heini Werki keine perlokutionär theologische Aussage. Indem er die moralische Instanz Gottes durch diejenige des Teufels ersetzte, gab Werki seiner Frau vielmehr zu verstehen, daß er sich nicht um ihre Ermahnungen schere.

Von einer ähnlichen Szene berichtete 1668 der Grüninger Vogt Hans Heinrich Kilchperger dem Rat: »Als sÿ [sc. Margretha Krieß] am H[eiligen] tag zu ostern ein kindtsmüßli kochen wöllen, und Ihr StieffTochter Ana Barbara Süri sÿ von der herdblatten hinweg gestoßßen, nachdeme sÿ gedachte Stieff Tochter erinnert, wÿl sÿ das heilig nachtmal noch im bauch umbhin trage, solte sÿ nit mehr so bös sÿn, hab sÿ volgende worth über das Heilig Nachtmahl fallen Laßßen /Gott verzÿche mir das Worth, daß Ich es melde/ (s[alvo] h[onore]) Drëckmahl.«[218] Das Abendmahl, das im Reformiertentum allein an hohen Festtagen gefeiert wurde, hatte etwas Heiliges, so das Argument der Stiefmutter, und verlangte daher besonderen Anstand. Die Stieftochter indes winkte ab. Sie bezeichnete das Abendmahl als Dreck und signalisierte damit ihrer Stiefmutter, sie denke nicht daran, ihr gehorsam zu sein. Dieses Verhalten aber lief darauf hinaus, sich dem Ritual als Medium sozialer Kontrolle zu verweigern, ohne deswegen zum religiösen oder gar

---

[217] Zur Bedeutung der Abendmahlsgemeinschaft im Protestantismus siehe H. R. Schmidt, Dorf S. 299 f., 309–312. Seine These von der Disziplinierung der Gemeinde durch Selbstreformation der Gemeindemitglieder bestätigt solche Aussagen wie diejenige der Elsbetha Rößlin. Als die Magd gefragt wurde, warum sie nicht zum Abendmahl gegangen sei, gab sie zur Antwort: »weil Sie gegen underschiedenlichen persohnen Neid und Haß trage und oft gehört habe predigen, wan man neidig und häßig seye, solle man nicht zum H[eiligen] Nachtmahl gehen.« A. 27.112, Aussage Elsbetha Rößlin, 29. 5. 1683. Solche Formen der Abendmahlsverweigerung sind auch für das lutherische und württembergische Neckarhausen bekannt (vgl. D. W. Sabean, Das zweischneidige Schwert. Herrschaft und Widerspruch im Württemberg der frühen Neuzeit. Berlin 1986 S. 51–76) und dürfen daher als typisch gelten.
[218] A. 27.103, Fall Ana Süri Bericht Hans Heinrich Kilchperger, 28. 12. 1668.

theologischen Inhalt der Abendmahlsfeier propositional Stellung zu beziehen.

Die meisten vergleichbaren Fälle handeln von familieninternen Konflikten. Die Streitereien deuten somit darauf hin, daß der Hinweis auf das Abendmahl als Disziplinierungsmittel eingesetzt bzw. Disziplinierung durch eine abfällige Bemerkung über das Abendmahl zurückgewiesen wurde. Aber auch außerhalb der Familie nahm das Abendmahl eine herausragende Rolle ein, wenn es um Normbrüche ging. Im Urteil von 1638 heißt es über den Glattfeldener Hans Meyer, er habe sich am vergangenen Pfingstsonntag – also an einem Feiertag, an dem das Abendmahl ausgeteilt worden war – beim Trunk »ohne einichen anlaaß mit hëchster entunehrung der Göttlichen Majestät und des Herrn hochwürdigen Sacraments des nachtmahls sich übel [...] vergangen.«[219] Als der Spitalmeister 1660 den streitsüchtigen Victor Grüber ermahnte, »Er sëye eben erst zu deß herren tisch gangen, habe Grüber aufmüpfig erwidert: was? zum H[eiligen] nachtmahl gohn ist eben als gienge einer durch ein läre scheür hindurch.«[220] Immer wieder läßt sich feststellen: für die Verunglimpfung des Abendmahls waren die Hörer auffällig sensibel, selbst wenn es sich um alltägliche Wutausbrüche oder Widersetzlichkeiten handelte. Wer das Abendmahl angriff, rüttelte an der öffentlichen und gottgegebenen Ordnung, und dies konnte keinesfalls geduldet werden.

Neben Fragen der sozialen Ordnung verbanden sich mit dem Abendmahl selbstverständlich theologische bzw. religiöse Aspekte. Welche Rolle konfessionelle Kontroversen spielten, beleuchtet das Beispiel des Jakob Steinmann von ungefähr 1565. Der Messerschmied Anprecht Clotter berichtete den Nachgängern, Steinmann sei zu ihm gekommen und habe ihm besorgt, mit Tränen in den Augen, vom Gerücht erzählt, das über ihn kursiere: Er solle gesagt haben,« das er das nachtmal nach des lutterers [Luthers] meÿnung, namlich das der ware lÿb und blutt unsers herrn Jesu Christi selbst persönnlich unnd im nachtmal gegenwürtigklich were, neme. Das habe er gar und ganntz nit gredt, sonder das er das nachtmal wie das unnsere frommen alten fordern Im alten unnd wirs yetz Im nüwen testament durch den glouben geÿstlich empfachint, also neme ers ouch. Unnd Ihme, Clottern, ganntz ernnstlich angeruofft, Ime Inn diser sach behulffen und beraden zu sind unnd darnebent gefraget, ob er zuo einem Hern Burgermeister gan unnd Ime solliches anzeigen [solle].«[221] Aus den Sorgen Steinmanns läßt sich zweierlei ablesen: Steinmann sowie diejenigen, die ihn ins Gerede gebracht

---

[219] B. VI.269, fol. 429, Urteil Hans Meyer, 21.5.1638.
[220] A. 27.97, Fall Victor Grüber Bericht Spitalmeister, X.7 (?).1660.
[221] E. I.10.1, Aussage Anprecht Clotter, ca. 1565.

hatten, kannten die wesentlichen innerprotestantischen Differenzen in der Abendmahlsfrage. Wer verdächtigt wurde, nicht mit der zwinglianischen Linie konform zu gehen, mußte mit Schwierigkeiten rechnen und tat daher offenbar gut daran, mögliche diesbezügliche Zweifel aus der Welt zu schaffen. Beides weist darauf hin, daß die Sensibilität für theologische Implikationen auch unter Laien in der Abendmahlsfrage besonders hoch war.

Daß neben den innerprotestantischen Kontroversen um Glaubensfragen die Differenzen zwischen Alt- und Neugläubigen für Konflikte sorgten, liegt auf der Hand. Kennzeichnend sind die Schwierigkeiten, in die 1605 Ulrich Fröhlich geriet. Der offenbar zum Katholizismus konvertierte Schneidergeselle war von seinem Meister zu den Gossauwers nach Zürich geschickt worden, um dort für die Zeit eines geschäftlichen Auftrags Unterkunft zu finden. Die Gossauwers brachten Fröhlich zusammen mit ihrem Lehrjungen und ihrem Berner Gesellen David Burckhart in einer Kammer unter. Der Lehrjunge sagte aus, die beiden Gesellen seien sofort in ein religiöses Streitgespräch geraten, als sie sich schlafen gelegt hätten: »Da sÿ von nün uhren an unnzits biß umb eins mit einanderen der Religion halben gedisputiert habind. Da Erstlichen Frölich vermeldt, man gebruche sich alhie Inn unserer Religion in des herren Nachtmaalß Jesu Christi nit räht. Die Wÿber alhie stoßind ofleten Inn der Kilchen, wann man zum tisch Gottes gange, Inn die Seck und tragind daß Iren Kinderen heimb [...] Ja, sÿ die Catholischen (die Papisten meinende) habind daß räht nachtmahl, dann sÿ Inn denselbig des wahren lÿbs und bluts Christi theilhafftig werdind, daß nachtmaal aber alhie sÿge nuhr ein gmein Brot äßen.«[222] Bei der nächtlichen Szene handelte es sich um mehr als um konfessionelles Geplänker. Immerhin dauerte das Gespräch, bei dem die beiden außerdem über Heiligenanbetung, Zölibat, Seelenmesse und Bibelübersetzung diskutierten, um die vier Stunden. Hier versuchten konfessionelle Gegner beharrlich, einander zu überzeugen, doch offenbar ohne Erfolg. Burckhart erzählte am nächsten Tag herum, Fröhlich habe die reformierte Religion geschmäht. Nachdem die Angelegenheit zu einer Schlägerei zwischen den Gesellen geführt hatte, sollte das Gericht Frölich vorwerfen, er habe »unerhaffte, schmechliche und schandtliche reden« getrieben.[223] Das Gericht klagte also Frölich nicht der Gotteslästerung, sondern der ehrverletzlichen Rede an. Dies hat seinen guten Grund: Frölich hatte das reformierte Abendmahlsverständnis grundsätzlich in Frage gestellt und sich zusätzlich die Bemerkung erlaubt, Mütter steckten beim Abendmahl – wohl aus abergläubischen Vorstellungen – Oblaten für ihre Kinder

[222] A. 27.51, Aussage Lehrjunge Gossauwer, 20.4.1605.
[223] So die Anklage A. 27.51, Aussage Ulrich Fröhlich, 22.4.1605.

ein. Doch Frölich hatte damit nicht gegen die Ehre Gottes, sondern gegen
diejenige der Religion gehandelt. Mit seiner Kritik an der Zürcher Abend-
mahlspraxis beleidigte er die Zwinglianer. Auch war seine Umschreibung des
Abendmahls als ein »gmein brot äßen« wohl eher despektierlich gemeint.
Propositional aber enthielt die Bezeichnung keinen blasphemischen Inhalt,
da für Zwinglianer im Abendmahl keine Wandlung von Brot und Wein erfolgt und daher das Brot ein »gewöhnliches« bleibt. In der Diskussion hatten
also die Kontrahenten ihre jeweiligen konfessionellen Standpunkte aus-
getauscht, ohne Aussagen über Gott selbst zu treffen. Die Frage des Abendmahls war zu heikel, als daß es die Sprecher gewagt hätten, sich zum Problem der Gegenwart Gottes im Abendmahl bzw. der heiligen Kommunion
explizit zu äußern.

Eine vergleichbare relative »Zurückhaltung« von Blasphemikern ist bezüglich der evangelischen Vorstellung von der direkten Beziehung zwischen
Gott und Gläubigen, wie sie im Gebet ohne Zuziehung himmlischer Fürbitter zum Ausdruck kommt, zu beobachten. Als dem »Asozialen« Heini Zindel aus Adlikon – er war bereits zuvor wegen Schwüren und anderer Vergehen zu einem Widerruf verurteilt worden – 1661 vorgeworfen wurde, er
habe das Vaterunser als »Kätzersgebet« bezeichnet, verliefen die Recherchen des Pfarrer Käsi von Dürnten im Sande. Zindel ließ sich wohl aus zweierlei Gründen nichts nachweisen. Zum einen wollten die Nachbarn nichts gehört haben, zum anderen mag Zindel sich tatsächlich über das Beten nicht
weiter geäußert haben, weil ihm die Sache zu heiß gewesen sein dürfte.[224]
Unpassende Bemerkungen über das Beten waren offenbar kein sonderlich
geeignetes Mittel, soziale Normen in Frage zu stellen. Jedenfalls sind in den
Zürcher Justizakten kaum solche Fälle zu finden.

Das Thema Beten inspirierte Blasphemiker mit theologischen bzw. religiösen Anliegen nur selten. Man muß schon mit der Lupe suchen, um auf jemanden wie Hans Druodel zu stoßen. Dieser hatte, so das Urteil von 1564, »Inn
Niclaus Martins unnd Hanns Vosters zuo Mënidorff hüßen gredt, das niemans dann der tüfell das bäten erdacht. Zuodem sige einem Inn einer gëgen
sÿnem widersächer vil nützer und mer erschießlicher Inn gegen Im abzuoschrecken, wann einer Getz fünff wunden schwere dann so einer ein vatter
unnser bëttete, damit Innzuo stillen.«[225] Steffen Haß zufolge habe Druodel
diese Worte fallen lassen, nachdem er, Haß, bemerkt habe, daß das Wetter
glücklicherweise gut sei, man habe ja auch entsprechende Gebete an Gott gerichtet. Angesichts der zusätzlichen Angaben des Zeugen, Druodel habe sei-

---

[224] Vgl. A. 27.98, Fall Heini Zindel Bericht Pfarrer Käsi, 10.7.1661.
[225] B. VI.259, fol. 126v–127r, Urteil Hans Druodel, 11.6.1564.

ne Worte im Wirtshaus des Hans Uster wiederholt, kann dessen Sprechhandlung nicht auf einen launigen Einfall zurückgegangen sein. Trotz mehrerer Ermahnungen habe der Angeklagte darauf beharrt, daß er zwar das
Vaterunser, das Glaubensbekenntnis und die Dreifaltigkeit anerkenne, doch
das Beten sei teuflischen Ursprungs, denn der »tüffel hat Christum Inn gheißen anbetten, als er Inn uff den berg gfürt wie Im Evangelio stadt.«[226] Druodel suchte mit der Bibel zu begründen, warum ein richtiger Schwur wir-
kungsvoller denn ein frommes Gebet sei, um Widersacher abzuschrecken. Er
übersah dabei, daß seine Argumentation und sein Bekenntnis zum christlichen Glauben einander widersprachen. Ein scharfer blasphemischer Kopf
war Druodel, den sicherlich auch die Lust an der Provokation reizte, nicht.
Dennoch sollte man die Ernsthaftigkeit, mit der Druodel hinter seinen Äußerungen stand, nicht unterschätzen. Schließlich hatte der Beklagte seine
Äußerungen mehrmals in privater und öffentlicher Runde wiederholt und
sich dabei als, wenn auch ungeschickter, Bibelinterpret erwiesen.

Um eindeutig religiös-theologische Fragen ging es in der Wirtshausszene
zwischen Abraham Geßner und den Gebrüdern Hartmann im Jahre 1573.
Isaac Hartmann hatte bereits zuvor seine religiösen Anschauungen Geßner
gegenüber offensiv vertreten. Als ersterer die Osterpredigt Gwalters kommentierte, wählte er diesmal eine auffällig vorsichtige Formulierung. Gwalter
habe zwar gepredigt, »das man denselbigen [sc. den Verstorbenen] nüt thun
[solle], dann Gott den abgestorbenen schon geholffen hette, doch könne er
nichts Verwerfliches an Redewendungen wie Gott helfe mynem lieben vatter
seligen« finden.[227] Isaac Hartmann sympathisierte mit einer Position, die
aus evangelischer Sicht inakzeptabel war. Die Vorstellung, man könne für
das Seelenheil Verstorbener beten, ist mit der Rechtfertigungs- bzw. Prädestinationslehre unvereinbar. Das Seelenheil erlangt der Mensch durch die
Vergebung der Sünden, die Gott allein aus Gnade erteilt. Aus Hartmanns
Äußerung läßt sich damit zweierlei ablesen: Zum einen berührte die Überlegung, was ein Gebet bewirken könne, die Glaubenserfahrung aller praktizie-
renden Christen. Isaac Hartmann legte also als religiöser Mensch Zeugnis
von seinem persönlichen Glauben ab. Zum anderen griff er die neue Lehre in
ihrem Kern an. Somit wich Hartmann nach reformatorischen Maßstäben als
gläubiger Mensch auf blasphemische Weise von der Position der Kirche ab.

Mehr als die neue Lehre von der unmittelbaren Beziehung, in der die
Gläubigen mit Gott durch das Gebet stehen, verleiteteten Aspekte des »Ge-

---

[226] A.27.18, Aussage Steffen Haß, undat. Für die biblische Versuchungsszene vgl. Mt 4,
8–11.
[227] A.27.30, Aussage Isaac Hartmann, 4.4.1573.

heimnüß-weÿsen artikhel von der ewigen Gnadenwahl«[228] zu gewagten Äußerungen. In groben Zügen zusammengefaßt, besagt die Prädestinationslehre in Kombination mit der Rechtfertigungslehre, daß ausschließlich Gott
und dieser allein aus Gnade den sündigen Menschen rechtfertigt, d. h. ihr
oder ihm die Sünden vergibt. Es gibt nichts, weswegen der Mensch die Gnade Gottes verdienen könne. Allein Gott wählt die Menschen – und dies auf
grundsätzlich gerechte, wenn auch für Menschen nicht immer nachvollzieh-
bare Weise – zu seinen Auserkorenen.[229] An diese Lehraussage mahnten Widerrufe, wie sie 1670 Niclaus Bleuler von Zollikon vollziehen mußte. Bleuler
wurde gezwungen, im Gottesdienst zu bekennen, »daß der vatter der Barmhertzigkeit uß unverdienten gnaden und erbärmden den weithen Theÿl der
Mensch[heit] in seinem Sohn von ewiegkeit har erwehlt und angenommen
andere aber uß unerforschlichem gericht in dieser gnaden wohl übergangen
und in ihrer sündenschand habe ligen laßen daß darufhin in dißen geheim-
nüßreichen articul niemand wundergebig grüblen, sondern vermittelst der
gnad gottes ein jeder frommer christ sich dahin befleißßen solle, daß Er
durch wahren glauben, üebung guter wercks und eifriges gebett dz [das]
pfand der Kindschafft Gottes, seinen Beruff und wahl zum ewigen Leben bei
Ihme selbs erst mache.«[230] Man wird angesichts dieses Widerrufstexts die
obrigkeitlich vorformulierten öffentlichen Bekenntnisse von Delinquenten
als Katechisierungsmittel bezeichnen dürfen. Wer Bleulers Widerruf bei-
gewohnt hatte, konnte wahrlich nicht mehr behaupten, die Prädestinationslehre nicht zu kennen. Die Obrigkeit wußte ihre Mittel auszuschöpfen, um
die Kirchenlehren möglichst unters Volk zu bringen.

Was die blasphemischen Bemerkungen auf dem Feld der Prädestinationslehre betrifft, so ist freilich auch hier zu unterscheiden zwischen Sprechern,
die profane Zwecke verfolgten, und Sprechern, die religiöse Fragen formulierten. Zur ersten Kategorie gehört ein Fall, von dem Pfarrer Johann Rudolf
Zeller aus Meilen 1686 dem Obervogt Bericht erstattete: Am Vorabend sei
der Wundarzt Heinrich Wyman verärgert aus Zürich zurückgekehrt und habe in Anwesenheit des Untervogts Eberperger nicht nur fürchterlich auf sei-

---

[228] A. 27.104, Fall Niclaus Bleuler Bericht Gefängnispfarrer, 15. 1. 1670
[229] Es kann hier nicht der Ort sein, den vielfältigen theologischen Verästelungen der Recht-
fertigungslehre(n) nachzugehen. Einen summarischen Überblick vom Urchristentum bis auf die
heutige Zeit bietet: A. E. Mc Grath, Justification and the Reformation. The Significance of the
Doctrine of Justification by Faith to Sixteenth-Century Urban Communities, in: Archiv für Reformationsgeschichte 81. 1990 S. 5–19; spezifischer zur (insbesondere lutherischen) Reformation
auf knappem Raum: B. Hamm, normative Zentrierung S. 261–267. Zur Rezeption der sola-gra-
tia-Prinzipien bei den gebildeten Laien vgl. außerdem: H. R. Schmidt, Ethik der Laien.
[230] A. 27.104, Widerrufstext Nicolaus Bleuerle, undat.

nen Sohn geflucht, sondern sich auch zu den propositional blasphemischen Worten hinreißen lassen: »wan dich Gott nit straff, so iß Er nit Ein grechter Gott.«[231] Aus der Szenenbeschreibung wird ersichtlich, daß es dem erzürnten Vater in keiner Weise darum ging, eine blasphemische Aussage zu treffen, indem er die Gerechtigkeit Gottes anzweifelte. Die perlokutionäre Botschaft Wymans war eine ganz andere: Er machte seinem Sohn unmißverständlich deutlich, daß dieser sich ihm gefälligst unterzuordnen habe. Wyman instrumentalisierte also theologische Versatzstücke der neuen Lehre zu pädagogischen Zwecken; als Vater ergriff er erzieherische Maßnahmen mit blasphemischen Mitteln.

Warum auch der Buchdrucker Heinrich Bauman aus der Stadt Zürich 1671 »Gott einiche Ungerechtigkeit beklagt habe,« ist nicht bekannt.[232] Die Tatsache jedoch, daß Nachbarinnen Bauman erst zwölf Wochen nach dessen Ausspruch anzeigten, verdeutlicht, wie sehr solche Sprüche an der Grenze zwischen intolerablem, da wirklich blasphemischem, Normverstoß und tolerierter, banaler Unmutsäußerung lagen. Die Nachbarinnen hatten die Worte Baumans erst einmal stehen lassen, mobilisierten aber ihr Gedächtnis, als es zum Streit zwischen ihnen kam. Nicht religiöser Eifer, sondern persönliche Konflikte, hatten die Frauen wohl zur Denunziation getrieben. Hieraus ist zu ersehen, wie sehr das theologisch neu aufgeladene Thema der Gerechtigkeit Gottes in der Luft lag. Baumann wäre sonst nicht so angreifbar gewesen.

Was jemandem auch immer zustößt, des Menschen Schicksal liegt in Gottes gerechten Händen. Aus dieser Grundaussage der Prädestinationslehre folgt, daß etwa bei einer schweren Erkrankung Gott über Leben und Tod entscheidet.[233] Noch hundert Jahre später konnte indes ein altes Deutungsmuster von Krankheit diese theologisch neu begründete Anschauung überlagern. Als Catharina Pfister 1642 beim Wäschewaschen ihre Nachbarin Verena Burkhart fragte, wie es ihrem erkrankten Kinde gehe, habe diese geantwortet, »es stande übel [...] und dabÿ gredt, der jehnig, so dem Unmündigen Kind daß angethan, were wehrt, daß mann Ihn verbrännte und mann solte Ihn verbrennen. Darüber sÿ, Pfisterin, geanntwortet: Bhüt unß Gott! Weißst nit von wem die Kranckheiten kommend? Sÿ kommend von Gott und derohalben müßte mann Gott verbrennen.«[234] Die Mutter führte also

---

[231] A. 27.11, Bericht Pfarrer Johan Rudolf Zeller, 31.1.1686.
[232] A. 27.104a, Aussage Heinrich Bauman, 3.1.1671.
[233] Über die unterschiedlichen existentiellen Hintergründe, aus denen Luther, Zwingli und Calvin jeweils ihr Konzept von der Vorsehung entwickelten vgl. skizzenhaft: A. E. Mc Grath, Reformation Thought S. 120–132.
[234] A. 27.162, Aussage Verena Burkhart, 16.9.1642.

die Erkrankung ihres Kindes auf Hexerei zurück, die Pfister hingegen sah die Vorsehung Gottes am Werk. In ihrem Verständnis hatte die Nachbarin deswegen blasphemisch geredet, weil sie den Verursacher der Krankheit, Gott, auf den Scheiterhaufen gewünscht und damit ihn in seiner Ehre angegriffen hatte. Die Burkhart aber hatte in ihrer Vorstellung von Hexerei nicht Gott kritisiert, sondern der für das Übel verantwortlichen Person eine angemessene Strafe gewünscht. Blasphemie entstand hier aus der Konkurrenz einander ausschließender Interpretationen. Alter Hexenglaube und neue Prädestinationslehre vertrugen sich nicht.

Im Dialog zwischen Burkhart und Pfister stand zwar die Vorsehung Gottes im Mittelpunkt, doch hatte keine der beiden Gesprächspartnerinnen die Prädestinationslehre bezweifelt. Anders verhielt es sich mit Alexander Ziegler. Aus dem theologisch neuartigen Paradox, daß die Vorsehung zwar über den Menschen bestimme, die Menschen aber trotzdem für ihr Verhalten verantwortlich seien, zog er 1605 eine logisch naheliegende, aber dogmatisch falsche Schlußfolgerung: Wenn der Mensch bereits im Mutterleib verdammt sei, »so welle er nit mehr pät[en]. Gehöre er Inn himel, so khome er sonnst Darinn. Khomme er Inn die hel, so dörfe es sich nüdt.«[235] Ziegler lehnte mit seiner Argumentation nicht einfach soziale Normen ab. Fragen wie die nach dem Sinn des Kreuzestodes Christi beschäftigen ihn ebenso und weisen ihn damit als einen reformierten Christen aus, der ernsthaft mit den Zumutungen der neuen evangelischen Lehre rang. Seine Überlegung, daß des Menschen Schicksal ohnehin durch Gottes Vorsehung vorherbestimmt und daher das Beten sinnlos sei, zeugt ferner davon, wie leicht die Prädestinationslehre zu einem fatalistischen Determinismus verflachen konnte.

Auch die Reaktion des Wundarztes Felix Wirtz weist in dieselbe Richtung. Dieser grenzte sich von seinem Schwager mit den Worten ab: »By Dÿnen eignen reden Ist zuerkhennen, daß du dhein [kein] ußerwelter bist.«[236] Wer Erfolg hatte, ein vorbildlich sittsames Leben führte, war bereits auf Erden als Auserwählter Gottes zu erkennen, alle anderen gehörten eben zu den Verdammten – solche Vorstellungen hatten die Reformatoren mit ihrer Prädestinationslehre nicht in die Welt setzen wollen. Für Laien wie Ziegler jedoch, die mit zugleich religiösem Ernst und analytischem Verstand an die Lehre ihrer Kirche herangingen, barg die Prädestinationslehre so manche harte dogmatische Nuß, die sie nur mit blasphemischen Mitteln zu knacken vermochten.

---

[235] A. 27.51, Aussage Felix Wirtz, 5. 8. 1605.
[236] A. 27.51, Aussage Felix Wirtz, 3. 8. 1605.

Ziegler war nicht der einzige, der sich an der Prädestinationslehre den Kopf zerbrach. Das Thema taucht in den Justizakten wiederholt auf. So begab sich Salomon Bürgkli 1681 im Anschluß an einen Gottesdienst in ein Wirtshaus. Dort widersprach er der Bibelinterpretation, die der Pfarrer in seiner Predigt von Röm 9,11–13 geboten hatte. In seinen »gotteslästerlichen Reden« behauptete Bürgkli, der Geistliche habe den paulinischen Text sinnwidrig auf die Prädestinationslehre hin ausgelegt.[237] Kritische Gottesdienstbesucher wie Bürgkli belegen also, daß religiös wache Laien sich sehr genau anhörten, was ihnen da von der Kanzel gepredigt wurde. Sie, die Fragen des Glaubens ernst nahmen, behielten sich ein eigenständiges Urteil vor. Die spezifischen dogmatischen Paradoxien der neuen evangelischen Lehre(n) boten ihnen hierbei mehr als einen Anlaß, blasphemische Überlegungen anzustellen.

* * *

Unter den vielen dogmatischen Themen, die der Protestantismus in die religiösen Kontroversen eingebracht hatte, knüpften Blasphemiker an die des Schriftprinzips, des Abendmahls, des Gebets und der Vorsehung an. Dabei tendierten Gotteslästerer zu zwei grundverschiedenen Haltungen gegenüber den spezifisch evangelischen Zumutungen der christlichen Lehre. Die einen schnitten die aktuellen und damit besonders heiklen Punkte an, um mit ihren Unmutsäußerungen umso größere Effekte zu erzielen. Andere suchten inmitten der konfessionellen Kontroversen ihren eigenen religiösen Standpunkt zu finden. Für die einen standen profane, für die anderen religiöse Anliegen im Vordergrund.

Die Äußerungen der »profanen« Gotteslästerer handelten davon, daß die Sprecher religiöse Normen verletzten, um sich der gesellschaftlichen Ordnung zu entziehen. Das Beten mit dem Teufel in Verbindung zu bringen oder die Authentizität der Heiligen Schrift als Gotteswort zu bezweifeln, bedeutete, die Autorität Gottes und damit die Grundordnung jeder Gesellschaft abzulehnen. »Profane« Blasphemiker konnten umgekehrt auch die Einhaltung religiöser Normen einfordern, um eben diese Ordnung zu sichern. So bezogen sich einige von ihnen immer wieder auf das Abendmahl und spielten hierdurch auf eine zentrale Institution sozialer Kontrolle an. Mit einem blasphemischen Hinweis auf die Ungerechtigkeit Gottes verpackten sie die ebenso indirekte Drohung, Gott sei doch gerecht und werde daher die Ungehorsamen bestrafen. Ob soziale Provokateure oder »Erzieher«, zumeist verzichteten beide Subtypen von »profanen« Gotteslästerern darauf, ihr

---

[237] Vgl. A. 128. 9, Fall Salomon Bürgkli Pfarrerbericht, 20. 10. 1681.

Handeln mit der Bibel zu begründen. Schließlich verfolgten sie persönliche und nicht religiöse bzw. theologische Interessen. Hierbei reichte das Spektrum der Blasphemiker von einem argumentatorisch plumpen Michel Wyß bis zu einem geschickten Dürsteller.

In eine andere Richtung als die »diesseitig« motivierten zielten die »jenseitig« interessierten Gotteslästerer. Diese suchten Orientierung in religiösen Fragen. Der Protestantismus hatte im Gegensatz zum Katholizismus hervorgehoben, daß niemand – kein/e Heilige/r, keine Gottesmutter – zwischen Gläubigen und Gott vermitteln könne. Diese neue Sichtweise sorgte für einige Verunsicherung. War die Fürbitte für die Toten tatsächlich überflüssig? Freilich tauchten solche theologischen Einzelfragen selten auf. Charakteristischer sind Äußerungen allgemeiner Natur wie die Behauptung, das Beten sei eine teuflische Einrichtung. Hier reagierten religiös suchende Menschen möglicherweise auf die »Zumutung« des Protestantismus, daß der Mensch Gott im direkten Zwiegespräch des Gebets, bar aller Fürsprecher, begegne. Es kann sein, daß diese Vorstellung bei manchen den Eindruck hinterließ, sie seien Gott hilflos ausgeliefert. Entsprach die Rede vom teuflischen Ursprung des Betens einer theologischen »Übersprungshandlung«, durch die sich die Verängstigten von einem spezifisch evangelischen Anforderungsdruck zu befreien suchten? Solche Überlegungen bieten sich an und stärken die Vorstellung, der Protestantismus sei ein Glaubenssystem gewesen, das die Zürcher Untertanen in besondere Seelennöte gestürzt habe, die schließlich im Suizid enden konnten.[238] Sie gehören aber – zumindest, was die hier vorgestellten Beispiele betrifft – in das Reich psychologischer Spekulation. Jedenfalls spielte die Frage des Gebets für Blasphemiker eine untergeordnete Rolle. So furchterfüllt scheinen die Zürcher nun auch nicht gewesen zu sein.

Weit häufiger als auf das Beten bezogen sich die Anfragen religiös motivierter Blasphemiker auf eines der großen Themen des Protestantismus: das Abendmahl. Die Bemerkungen, die in diesem Zusammenhang fielen, belegen, daß Laien die konfessionellen Ausdifferenzierungen im Abendmahlsverständnis sehr wohl verfolgten und diesbezüglich auffällig sensibel auf Normbrüche reagierten. Wie sich dieses »Problembewußtsein« zeitlich entwickelte, läßt sich allerdings anhand der erfaßten Fälle nicht einschätzen. Zudem springt ins Auge, daß Blasphemiker niemals so weit gingen, das Abendmahl grundsätzlich in Zweifel zu ziehen oder zur Frage der Präsenz Gottes eigene Vorstellungen zu entwickeln. Vielmehr beließen es Blasphemiker bei despektierlichen Bemerkungen. Mochten Christen das Abendmahl

---

[238] So die Grundthese Markus Schärs. Vgl. M. SCHÄR, Seelennöte.

verunglimpfen, ihr Wagemut reichte nicht, um in völlig andere religiöse Gedankenwelten vorzustoßen.

Für die »geistlichen« Gotteslästerer war neben der Abendmahlsfrage die Prädestinationslehre akut. Doch nicht immer erreichte diese Lehre die Laien. Sie koexistierte mit alten Deutungssystemen wie etwa dem Glauben an die Hexerei. Hexereiglauben und Prädestinationslehre jedoch widersprechen einander. Allerdings trugen beide Glaubenssysteme dem religiösen Bedürfnis Rechnung, das menschliche Schicksal zu deuten. Dies hatte zur Folge, daß Anhänger des Hexenglaubens Gott die Ehre unbewußt verweigerten, wenn sie Ereignisse nicht auf dessen Vorsehung, sondern auf Manipulationen eines mit übernatürlichen Fähigkeiten begabten Menschen zurückführten.

Freilich machten Blasphemikern bei der Prädestinationslehre nicht so sehr die Inkongruenz mit anderen Weltdeutungen zu schaffen, als die inneren Widersprüchlichkeiten, die offensichtlich scheinen. Warum sollten sich Menschen überhaupt anstrengen, gottgefällig zu leben, wenn bereits von Geburt an vorherbestimmt war, ob sie zu den Verdammten oder Auserwählten gehören würden? Aus solchen Rückfragen wird ersichtlich, daß theologisch subtile Argumentationen, die eben diesen Widersprüchlichkeiten zuvorkommen wollten, im Prozeß der Rezeption verloren gingen. Die logischen Einwände, die Blasphemiker formulierten, verdeutlichen aber ebenso, daß Laien das, was ihnen die Kirche vermittelte, kritisch zu verarbeiten wußten.

Die Blasphemien, die auf evangelischem Hintergrund erfolgten, vervollständigen das bisherige Bild von der Bedeutung der Religion in einer frühneuzeitlichen Gesellschaft. Die Reformation hatte in vielerlei Hinsicht theologisch mit der alten Lehre gebrochen. Den Blasphemien nach zu schließen, die an den reformatorischen Umbrüchen ansetzten, blieben die theologischen Einschnitte für die Frühe Neuzeit ohne wesentliche Folgen für die Tragweite religiöser Normen. Auch in den neuen Glaubensfragen bewegte sich Blasphemie weiterhin zwischen sozialer Provokation und religiösen Zweifeln. Religion blieb ein Konglomerat aus profanen und metaphysischen Implikationen, eine Mischung aus überlieferten und neuartigen Deutungsmustern. Die reformierte Lehre wurde zweifellos etwa durch Widerrufe über die Kirche vermittelt, aber sie traf auf kritikfähige Laien: Laien wußten um die konfessionellen Unterschiede im Abendmahlsverständnis; mit logischen Einwänden hakten sie bei dogmatisch kritischen Punkten ein. Insbesondere dem Abendmahl und der Prädestinationslehre schenkten die Zürcher Reformierten ihre Aufmerksamkeit. Deren Nachfrage, was denn nun im Abendmahl geschehe, welchen Sinn denn noch menschliche Anstrengung in Anbetracht der Vorsehung Gottes mache, spiegelt die Sorge frühneuzeitlicher Menschen um ihr Seelenheil wider.

Die Sensibilität, mit der Hörer auf gewagte Äußerungen bezüglich des
Abendmahls reagierten, wie auch die Behutsamkeit, mit der Blasphemiker
dieses Thema anschnitten, unterstreichen die zentrale Stellung, die das
Abendmahl in einer reformierten Gesellschaft einnahm. Religion trug insofern zur Erhaltung der gesellschaftlichen Ordnung bei, als das Abendmahl
als Form sozialer Kontrolle betrachtet wurde. Das religiöse Ritual bildete eine derart selbstverständliche Grundlage der christlichen Gesellschaft, daß
Blasphemiker es unterließen, alternative Auffassungen vom Abendmahl zu
entwickeln. Das Abendmahl war eine absolut sakrosankte Institution. Öffentlich konnte sie nicht in Frage gestellt werden. Religion verband sich für
die Christenheit mit dem Kreuzestod des Sohnes Gottes. Unter konfessionell
unterschiedlichen Bedingungen war damit den Menschen die Vergebung der
Sünden verheißen. Diese Hoffnung wagte niemand zu schwächen oder gar
zu zerstören. Insofern bauten christliche Gesellschaften der Frühen Neuzeit
auf religiösen Normen, dem Produkt kirchlicher Erziehungsbemühungen einerseits und kritischer Aneignung kirchlicher Lehren durch die Laien andererseits, auf.

d) Ringen mit Gott

Aufbegehren gegen Gott

Illokutionär und propositional betrachtet, lehnen sich alle blasphemischen
Sprecher gegen Gott auf. Insofern ist Gotteslästerung immer »Systemnegation« (H. R. Schmidt). Wie an den bislang vorgestellten Fällen zu sehen war,
verzichteten jedoch Blasphemiker im allgemeinen darauf, die göttliche Ordnung systematisch in Frage zu stellen. Die meisten Gotteslästerer beließen es
dabei, Kirchenlehren zu bezweifeln oder ihre Sprechhandlungen für profane
Zwecke zu nutzen, zielten aber dabei nicht auf Gott. Inwiefern das gleiche
für Blasphemiker zutrifft, die offen gegen Gott rebellierten, wird hier zu zeigen sein. Aus welcher Gottesbeziehung heraus sie handelten und welche Kritik sie an Gott formulierten, ist Thema dieses Kapitels.

Mit ihren Sprechhandlungen stellen Blasphemiker ein bestimmtes Verhältnis zu Gott her. Für das frühneuzeitliche Zürich lassen sich, idealtypisch,
drei Grundkonstellationen unterscheiden.[239] Einige Gotteslästerer verwei-

---

[239] Die Zürcher Verhältnisse erlauben es also nicht, dem Vorschlag van Dülmens zu folgen
(vgl. R. v. Dülmen, Wider die Ehre Gottes S. 22, 32), schwere Formen der Gotteslästerung als
entschiedene Kirchenfeindlichkeit zu begreifen und für die expliziten Varianten des Unglaubens
die Kategorien des religiösen Indifferentismus, des Atheismus, der Freigeisterei und des Agno-
stizismus zu bilden.

gerten Gott den Gehorsam. Die gesellschaftliche Ordnung war gottgewollt; sie zu verneinen, hieß, Gott zu übergehen und damit ihr Verhältnis zu Gott aufzukündigen. Andere hingegen hielten zumindest eine gewisse Beziehung zu Gott aufrecht. Solange sie an Gott Kritik übten, setzten sie sich noch mit ihm auseinander. Auch im Spott, der dritten Distanzierungsform, nahmen Gotteslästerer auf Gott Bezug.

In welcher Weise Blasphemiker Gott den Gehorsam verweigerten, veranschaulicht ein Beispiel aus dem Jahre 1532, in dem der Berner, also reformierte, Geselle Hanns Benntzighofer ins Zwielicht geriet. Er besuchte den Gottesdienst nicht und gab hierfür die typisch antiklerikale Begründung, »was die pfaffen predigetenn, das were wol halb erlogen, unnd er schisse Inn die Kilchen.« Doch nicht genug, in einem Streit mit seinem Meister hatte er Drohungen ausgestoßen und mit ausdrücklichem Verweis darauf, daß er nicht auf Gott Rücksicht nehmen wolle, geflucht.[240] Benntzighofer hatte sich also in doppelter Weise schuldig gemacht. Er hatte zum einen die Autorität des Pfarrstands angezweifelt und zum anderen großmäulig klargestellt, er werde selbst gegen den Willen Gottes handeln. Somit verweigerte er Gott indirekt wie auch direkt den Gehorsam: er rebellierte gegen die geistliche Obrigkeit, die doch im Auftrag Gottes regierte, und gegen Gott, der ihn nicht weiter kümmere. Nichts weist daraufhin, daß religiöse Motivationen im Spiel waren. Nein, religiöse Zweifel belasteten Benntzighofer nicht. Der Geselle gab vielmehr zu verstehen, daß er sich von niemandem etwas bieten lasse. Er legte sich nicht wirklich mit Gott, sondern mit der kirchlichen Obrigkeit bzw. seinem Dienstherrn an. Er verweigerte sich der Gesellschaftsordnung und dies aus sozialem Widerspruch.

Eine vergleichbare Protesthaltung nahm Jacob Müller 1608 ein. Um dessen Ehe war es seit längerem schlecht bestellt. Eines Tages jedoch geschah Folgendes: Nicht nur hatte Müller seiner Frau mit verschiedenen Drohungen Angst eingejagt, um sie dadurch zur Vernunft zu bringen, »Er sÿge auch bekandtlich [er gebe zu], Als sÿn frauw uff ein zÿt Im bett zornig über Ime gsÿn unnd bätet, das er zu Iro geredt, wann sÿ also Inn zorn bätte, Bäte sÿ nit Gott, sonnder den tüfel an.«[241] Müller hatte somit ebenfalls in doppelter Weise gefehlt. Statt sich auf Gott zu besinnen, wie es ihm seine Frau mit ihrem Gebet vormachte, begehrte er gegen Gott auf. Er degradierte das Gebet seiner Frau zu einer Teufelsanrufung und ernannte damit den Antagonisten Gottes zum Weltenherrscher. Kein Zweifel, Müller hatte sich Gott gegenüber als ungehorsam erwiesen. War das nicht ein ungeheuerlicher Vorfall, ei-

---

[240] B. VI.251, fol. 252 Urteil Hanns Benntzighofer, Donnerstag nach Simon und Juda 1532.
[241] A. 27.55, Aussage Jacob Müller, ca. 18.4.1608.

ne unerhörte »Systemnegation«? Der Reformator und Antistes Bullinger reagierte relativ gelassen. Er ermahnte Müller und teilte ihm lediglich mit, daß »sölliche lüth [wie er] hundsköpf sygen.«[242] Bullinger banalisierte also Müllers Verhalten zu einem dummen, ärgerlichen Alltagsdelikt. Müller gehörte eben zu denjenigen, die ab und zu aus der Reihe der gesellschaftlichen Ordnung tanzten. Grundsätzliche Ziele verfolgten sie jedoch dabei nicht.

Die Gehorsamsverweigerung gegenüber Gott ging oft mit der Kritik an ihm einher. Dem Landiß Handol etwa war in einem harten Winter am Anfang des 16. Jahrhunderts die Saat erfroren. In einer Unterredung mit einem Pfarrer machte er keinen Hehl daraus, wen er für den Schaden verantwortlich hielt: »Pfaff [...] der gott, den du uff hest, der ist ein ketzer und nit gerecht«.[243] Ferner habe Handol hinzugefügt: »Der alt und der jung gott, da were eind ein ketzer, der andr ein bößwicht und es werent onmechtig gött [...] und der tüfel wer Im liebr zuom gott, dan die gött unden, möcht Im och bas [besser, mehr] helffen.« Und überhaupt, Maria sei eine Hure. Zudem habe Handol seine Frau angewiesen, das Wetter mit Bibelsprüchen zu beschwören, damit es aufhöre, so stark zu schneien. Sie habe dies jedoch abgelehnt und Handol ihr darauf entgegnet: »Ich bin gott und du muoßt mich an bätten.«[244] In der ungestümen Szene greifen Ungehorsam gegenüber Gott und Kritik an Gott ineinander. Wie sollte Handol Gott für gerecht halten, wenn er ihm seine Saat zerstörte? Hatte Gott etwa das Wetter nicht unter Kontrolle, war der Teufel nicht doch mächtiger? Handol ging mit Gott wahrlich ins Gericht – und trieb es noch weiter: Er beschimpfte den Gott des Alten und des Neuen Testaments als ohnmächtigen Gott. Auch die Gottesmutter verunglimpfte er. Eine radikalere Form, gegen Gott aufzubegehren, als sich zusätzlich selbst zu Gott zu erhöhen, hätte Handol nicht wählen können.

Wie die Zeitgenossen die ungeheuerlichen Worte Handols auffaßten, ist offen. Das Urteil gegen den Blasphemiker ist nicht überliefert. Dennoch läßt der Fall Handol einige interpretatorische Überlegungen plausibel erscheinen. Handol war zweifelsohne extrem weit gegangen. Trotz seiner harschen Kritik und erstaunlichen Hybris artikulierte er aber nicht die Vorstellung, daß Gott möglicherweise gar nicht existiere. Vielmehr sah er Gott im Widerstreit mit anderen Mächten stehen und forderte, an seiner Statt angebetet zu werden. Was für ein »Systemnegierer« war Handol also? Der Gotteslästerer argumentierte vor dem Hintergrund konkreter Lebenserfahrung: Wer sein

---

242 A. 27.55, Aussage Jacob Müller, ca. 18. 4. 1608.
243 B. VI.243, fol. 231r, Aussage Hannsli Stöubli, undat.
244 B. VI.243, fol. 231r, Aussage Hans Bollier, undat.

Saatgut durch Frostschaden verloren hatte, wußte, warum er nur allzugern selbst das Wetter bestimmt hätte und Gott der Ungerechtigkeit bezichtigte. Theologische Aussagen oder Glaubenszusicherungen beschäftigten jemanden wie Handol, der sich auch nicht weiter auf die Bibel zu berufen suchte, ohnehin nicht. Er gehörte vielmehr zu denjenigen, die sich von einem Gott abwandten, der sie im Stich gelassen hatte, um nunmehr allein auf sich selbst zu setzen. Mit seiner Lebenshaltung zog Handol die Konsequenzen aus seinen metaphysischen Enttäuschungen, freilich ohne Utopien von einer anderen Welt zu entwickeln. Handol wurde dadurch zum radikalen Systemverweigerer wider Gott und Obrigkeit.

Ein Systemverweigerer eigener Kategorie war Felix Meyer von Schleinikon. Er hatte seine Mutter wie auch seine Frau schwer mißhandelt, eine Frau auf offener Straße überfallen und außerdem die Gemeinde bei der Holzverteilung verflucht. Der zu Tode verurteilte Delinquent wurde 1608 zudem für schuldig befunden, »Das er uf ein Zyt Inn einem Huß zu Schlynicken gar Lätz [Unrecht] gethan, tobet, Tusent Herr Gott, Himmel, Tusent Sacrament geschworen, die Hannd ufgworffen und greth habe, die Stral sölle Inn das Huß schießen. Item es habe Ime ein mal für sich genommen [es habe ihn einmal gelüstet], einen umbzebringen und, wan daßelbig geschächen, als dann welle er sich selbs erhäncken. In einem anderen Hus habe er uf ein Zyth, als es häfftig donneret und gwäterleichet, sich an [auf den] ruggen gelegt, die bein ob sich gestreckt und greth, die Stral sölle Ime vonn Himmel herab (reverenter zemälden!) Inn hinnderen schießen. Auch daruf villmaln geschworen, thusent Herr Gott, Himmel und Sacrament. Item so habe er syn Mutter ein Häx und ein Huor gschulten unnd darzuo übel gschworen. Als er uf ein Zyt ab den Klupf heimbgangen unnd sich by dem Surbstäg gstelt, habe er greth, er habe mit Gott nüt mehr zuo schaffen, sonnder allein (Gott behüte uns) mit dem Tüfel.«[245] Hier forderte nicht ein selbstbewußter Mann Gott zur Rechenschaft, hier entzog sich jemand gesellschaftlichen Normen, der – außer im spielerischen Gedanken an Selbstmord – sein Leben nicht mehr zu regeln in der Lage war. Der Desperado stilisierte sich mit seinen Sprüchen zum Herausforderer Gottes; letztlich tat der Marginale aber nichts anderes, als verzweifelt gegen seine Zeitgenossen, und nicht gegen Gott, anzugehen. Auch Meyer widersetzte sich jeglicher Herrschaft und läßt sich somit ebenfalls als Systemverweigerer bezeichnen. Das System, das Meyer indes meinte, beschränkte sich allein auf die diesseitige Ordnung.

Ein anderer, der sich mit dem System im Widerstreit befand, war der Metzger Rudolf Bräm. Er hatte sich mit dem Vogt überworfen. Er warf ihm

---

[245] B. VI. 266, fol. 171–172, Urteil Felix Meyer, 13. 2. 1608.

vor, sein Haus unter Preis versteigert zu haben. Dann hatte auch noch ein Unwetter Bräms Nußernte verdorben. Daher fragte er 1681 bei Barbel Rieder nach, »ob der Hagel Ihro auch geschadt. Sage Sie nein, Gott lobig. Darauff er, Bräm, sage, Der Teüffel habe alles auff seines abhin [geschickt]. Wann er meine, er habe etwas, so nems der Teüfel wider hin weg.«[246] Dem Rudolf Burkhart gegenüber klagte Bräm ferner, »der Hexen Zuger Wind habe Ihme alle sine Nüßen abhin geworffen. Antworte Er [sc. Burkhart]: Nein, Behüte Unß Gott, H[er]r Nachbar, Unser Herr Got hat es gethan, meine sein auch abhin gefallen.«[247] In einer Gesellschaft knapper Ressourcen waren Wetterschäden ein ernster Grund zur Sorge. Kein Wunder, daß bei Ernteverlusten sich einige veranlaßt sahen, Gottes Vorsehung als ungerecht zu kritisieren. Bräm machte sich aber eines noch schwereren Vergehens schuldig. Mit seiner Hexeninterpretation leugnete er Gottes Vorsehung. Doch es sollte noch schlimmer kommen: Als seine Ehefrau ihn ermahnte, er solle doch aufhören zu schwören, erwiderte er trotzig, »Er wolle das reden, wohin es auch kome und wan Gott selber da were.«[248] Wer für solch einen Ungehorsam optierte, rebellierte gegen Gott. Freilich hielt Bräm sein Aufbegehren in Grenzen. Er äußerte seinen Unmut über einzelne Schicksalsschläge, brauste in manchem Konflikt auf, ohne deswegen seiner Gesellschaft grundsätzlich den Kampf anzusagen. Seine Blasphemien entsprangen profaner Unzufriedenheit in konkreten Einzelpunkten und nicht enttäuschter religiöser Sinnsuche.

Im Zentrum der Kritik an Gott standen für diejenigen Blasphemiker, die mit Gott noch zu streiten bereit waren, zwei Vorwürfe. Betonten die einen, Gott sei ungerecht, implizierten die anderen, auf Gott sei kein Verlaß. Den Beweis für die Ungerechtigkeit Gottes sahen Blasphemiker meistens in Unwetterschäden. Die Klage, Gott habe sie durch Hagel um die Frucht ihrer Arbeit gebracht, erklingt durchgehend vom 16. bis ins 18. Jahrhundert. Auf die blasphemische Behauptung, Gott sei ein willkürlicher Wettermacher, reagierten die Zeugen übrigens auffällig empfindlich. Schließlich berührte die Anklage die allen hautnahe Lebenserfahrung, daß ein Unwetter jederzeit einen schweren Ernteverlust verursachen und damit die eigene Existenz gefährden konnte. Nicht umsonst kursierte also im ersten Drittel des 16. Jahrhunderts um Michel Degenhart das Gerücht, einen ungeheuren Ausspruch getan zu haben. Die Kunde, daß der Küßnachter anläßlich eines Hagelsturms Gott verflucht und dem Höchsten vorgeworfen habe, ihn um seine

---

[246] A. 27.111, Aussage Barbel Rieder, 8.11.1681.
[247] A. 27.111, Aussage Rudolf Burkhart, 8.11.1681.
[248] A. 27.111, Extract der Aussagen Borius Bänhart, X.11.1681.

Ernte gebracht zu haben,[249] drang bis zu Pfarrer Zender vor. Auch Untervogt Jegkli erfuhr von der Sache. Seine Frau hinterbrachte ihm die Gerüchte,
die sie wiederum von Rytzis Frau bezog, Degenhart habe »ungeschicktlich
gereth, wie Ime unser hergot das sÿn durch den hagel genommen und gestolen solte han. Und wie sÿn eewürtin In darumb gestraft, dieselb übel geschlagen.«[250] Der Vorfall bot offensichtlich genügend Stoff, um die »gmein gaßen
Redt« zu nähren.[251] Statt mit seinem Schicksal zu hadern und Gott anzuprangern, hätte Degenhart als guter Christ der Vorsehung Gottes vertrauen
sollen. Genau hierzu aber war er nicht bereit; Degenhart begehrte verärgert
gegen Gott auf.

Auch im 17. Jahrhundert sorgte das Wetter für manchen blasphemischen
Unmut. Der Pfarrer Hans Jacob Atzgers meldete 1663, daß dieser am vorigen Abend »vor dem Wirtshaus allhier im bÿwesen fredrich Kellers des gesellen Wirths zu Wiedikon und Werkmeister Johan Jakob Örris gredt: Er
glaube nit, des ein Gott im Himel seige. Würde sonst nit so lang rëgnen.«
Die sofortige Ermahnung der Umstehenden hatte zu einer Schlägerei geführt, der Vorfall war dem Seelsorger »schleunig geleidet worden.«[252] Die
Worte Atzgers konnten offenbar nicht einfach im Raum stehen bleiben.

Im 18. Jahrhundert blieben Bemerkungen über Gottes metereologische
Launen gleichfalls nicht ohne Wirkung. Jedenfalls gruben sich die blasphemischen Worte in das Gedächtnis der Zeugen ein. Der Chirurg Heinrich
Wirth etwa gab 1708 zu Protokoll, er habe gehört, wie Heinrich Widmer
von Horgen beim Verlassen der Kirche Gott gelästert habe, weil es gerade
zu heftig schneien lasse. Zwar habe er, Wirth, nicht unmittelbar eingegriffen, doch den Delinquenten angezeigt, als dieser ihm einige Monate später
wieder vor die Füße gelaufen sei.[253] Die Motive, die den Chirurgen zu einer
reichlich verzögerten Anzeige bewogen, brauchen hier nicht weiter zu interessieren. Aufschlußreich ist vielmehr, daß sich Wirth so gut an die Szene erinnerte, daß der Chirurg in der Lage war, Widmer später als Gotteslästerer
wiederzuerkennen. Gottes Wege mochten unerforschlich sein, sie waren
auf keinen Fall ungerecht. Wäre andernfalls Wirth die Worte Widmers als
blasphemisch im Gedächtnis haften geblieben? Selbst als beifällige Bemerkung war die Kritik, Gott sei ungerecht, ungeheuerlich genug, um jederzeit
für eine Anzeige zu reichen. Wie radikal Wirth seine Kritik gemeint, ob er
weitere Vorwürfe gegen Gott vorzubringen hatte, ist allerdings offen.

---

[249] A. 27.13, Aussage Lamprecht Zender, undat.
[250] A. 27.13, Aussage Untervogt Jegkli, undat.
[251] A. 27.13, Aussage Heinrich Wirt, undat.
[252] A. 27.99, Bericht Pfarrer (?), X. 7. 1663.
[253] Vgl. A. 27.126, Aussage Heinrich Wirth, 14. 2. 1708.

Nur einzelne Szenen – sie beinhalten zudem wenige Details – liefern Hinweise darüber, wie grundsätzlich Blasphemiker mit ihrer Kritik ansetzten. So müssen die Aussprüche Heini Dahindens von Hedingen als erschütternd eingeschätzt worden sein. Den Justizakten zufolge wurde der Blasphemiker allein seiner Schwüre und Gotteslästerungen wegen – von anderen Delikten ist im Urteil nicht die Rede – 1526 zum Tode verurteilt. Auf die Zurechtweisung, er solle doch von seinen geläufigen Passionsschwüren lassen, habe er erwidert: »Ich mein, got weiß nüdt mer von mir. Doch gilt es mir schier glich. Dann wil mich got nit, so Ist der tüffel min vast [sehr] fro.«[254] Gott habe ihn verlassen, so die Anklage Dahindens. Aus dieser existentiellen Erfahrung zog Dahinden seine Konsequenzen: Er kehrte diesem unzuverlässigen Gott den Rücken und überließ sich statt dessen seinem Gegenspieler. Aus der Abkehr von Gott folgte zumindest für Dahinden nicht der Weg ins Nichts, in dem kein Gott mehr existierte, sondern die Vorstellung, daß der Kontrahent Gottes, der Teufel, die Lücke schließen werde.

Ähnlich harsche Kritik wie Dahinden übte Jagli Wollenweider. Der Mann aus Augst gestand 1692, in einem Ehestreit ausgerufen zu haben: »Wie hat Unßer Herr Gott so vil Kind erschafen, müßend bald halben theil Hunger sterben und du frow bist so unbarmherzig, du gibst niemanden nichts.«[255] Wenn schon Gott nicht nach seinen Menschenkindern schaute, dann sollten doch wenigstens ihre Mütter für ein anständiges Essen sorgen. Aus dem Handlungskontext wird klar, daß Wollenweider seine Worte vorrangig auf seine Frau gemünzt hatte. Dennoch war es schon ein starkes Stück, Gott dabei auch noch explizit der Unverantwortlichkeit anzuklagen.

Wollenweider ging mit seiner Kritik an Gott bereits weit. Hans Jagli Stüdli aus Wil stellte Gott noch radikaler in Frage. Dies belegt seine Auseinandersetzung mit dem Hauptmannsknecht Heinrich Stockhar aus dem Jahre 1677: Stüdli habe über die Eheleute Schmidt geschworen, so daß er, Stockhar, Stüdli abgemahnt habe. Dieser jedoch habe ihm »wider geantwordtet, [Stockhar] seÿ kein Pfaff, hab kein Kuten an, was in angange, woll einem noach ein Aug außschlagen, [die Schmidts] werffind Ihme Stein ins Huß. Darnebent gschworen, das der Donner und Hagel /: Gott behüet uns:/ alles in Boden Innen schlage und dz [das] mehr als 20. in 30. mahl, ob es gleich damahlen donnert und Gwetter Leuchtet«. Auch der Verweis auf Gottes Vergeltung habe nicht geholfen. Stüdli habe lediglich entgegnet, »Gott hab Ihne noch niemahlen nicht geben. Was Er etwas haben wolle, müße darumb Ar-

---

beiten.«[256] Hans Heller bestätigte die Aussage und fügte hinzu, Stüdli habe gesagt, »die Haßen freßind auch und byßind ab, werdind auch erhalten und bëtind nit.«[257] Stüdlis Aufbegehren war grundsätzlicher Natur. Er kritisierte nicht allein einen Gott, der zuweilen ungerechterweise ein zerstörerisches Unwetter schickte. Stüdli kündigte vielmehr Gott das Vertrauensverhältnis auf. Warum sollte es sich denn lohnen, sich um einen Gott zu bemühen, der einem als Gläubigen das Leben sauer machte, während er Tiere ohne weiteres am Leben erhielt? Stüdlis Bezichtigung gipfelte im Vorwurf, Gott trage keine Sorge um die Gläubigen. Hier sprach jemand, der mit seinem Gott abgerechnet hatte, dessen Verhältnis zu ihm gründlich »gestört« war.

Ein persönliches Vertrauen zu Gott war auch dem sechzehnjährigen Bettler Andreas Wunderli fremd. Er wurde angeklagt, den Teufel beschworen und damit Gott geschmäht zu haben. Auf seinen religiösen Hintergrund hin befragt, sagte Wunderli in seinem Verhör aus, daß er als Kind abends und morgens von den Eltern zum Beten angehalten worden sei, die Kinderlehre und Schule besucht und die Antworten aus dem großen Katechismus gelernt habe. Das Vaterunser, das Glaubensbekenntnis, die Zehn Gebote, den 23. und 113. Psalm sowie ein Morgen-, ein Abend- und ein Tischgebet beherrschte er, wie die Nachgänger feststellten, weiterhin. Dennoch überprüften sie noch einmal Wunderlis Gottesvorstellungen und stellten ihm die Frage, »Wer ihne erschaf[fen]. Antwort: Got, der sohn, und wölte ohne groß-[en] ernst nit nach spräch[en], daß Got der Vater ihne erschaf[fen], auch wölte er nit nachsprächen, das Got der sohn ihne erlöst, sagte imer der H[ei]lige] Geist. Und als ich [sc. Melchior Bucey fragte], was Got seige, da war sin erste antwort, ein großes ding seige Got [...] Entlich gibt er die definiti-on aus d[en] mindern fragstüklin, doch wölte er nit heraus sag[en], das wir von Got alles guts habind.«[258] In den vier Jahren, seit denen er von zu Hause weggelaufen war und sich vom Bettel und von Diebstählen ernährte, war Wunderli der wunderbaren Güte Gottes offenbar nicht begegnet. Gott hatte ihn fallenlassen, das war wohl die Erfahrung des jugendlichen Landstreichers. Auch er hatte sich ungeachtet seiner gründlichen religiösen Erziehung enttäuscht von Gott abgewandt und sich eine Hilfskonstruktion zurechtgelegt, die ihn davor schützte, vor dem metaphysischen Nichts zu stehen. Diesmal rückte nicht der Teufel, sondern ein verabsolutierter Heiliger Geist an die Stelle Gottes. Aber glaubte Wunderli wirklich an einen auf den Heiligen Geist reduzierten Gott? Deuten seine ausweichenden Antworten nicht darauf hin, daß seine Überlegungen noch viel weiter, in Richtung der Nicht-

---

[256] A. 27.108, Aussage Heinrich Stockhar, X. 6. 1677.
[257] A. 27.108, Aussage Hans Heller, X. 6. 1677.
[258] A. 27.120, Aussage Andreas Wunderli, 11. 1. 1698.

existenz Gottes, gingen, daß er aber seine radikalen Zweifel den Nachgängern gegenüber zu vertuschen suchte? Die Quellen bleiben eine Antwort schuldig.

Wunderli hatte es im Leben nicht leicht. Dieses Schicksal teilte Vereneli Schwartzenbach mit ihm. Die Fünfzehnjährige hatte darüber geklagt, Gespenster zu sehen, außerdem verhext, verteufelt und verzaubert zu sein. Als sie daraufhin 1702 ins Spital eingeliefert werden sollte und sich abschätzig über die Spitalleiter äußerte, sei sie ermahnt worden, nicht so zu reden, Gott werde sie hören. Sie aber entgegnete, »er sehe es [sc. das Vereneli] nit und höre es nit, er wüße nichts von ihm und er seÿe auch ein narr wie die anderen, absit blasphemia.«[259] Der Spitalaufenthalt sollte ihre Nöte verschärfen. Zwei Wochen später räumte sie ein, gesagt zu haben, »Gott sinne nit mehr an ihns, er habe ihns überal verlaßen, er höre ihn nit und sehe ihn nit und wüße auch nit, was er thue [...] Es were auch schir kein wunder gsÿn, was es geredt hete, dann es seÿe niemand von den seinigen zu ihme kommen und seÿe es in einer Einöde gsÿn.«[260] Von ihrer Familie allein gelassen, konnte die Heranwachsende in den Tiefen ihrer »melancholischen« Verzweiflung nicht erkennen, daß Gott sich ihrer annahm. Wie hätte sie Gott nicht anklagen sollen?

Gott das Vertrauen zu verweigern, hieß, sich von ihm zu distanzieren. Eine ganz andere Art, auf Abstand zu Gott zu gehen, wählte 1612 der Ratsredner Heinrich Küng. Laut Anklage führte er ein »gotloß, verrucht und ergerlichen läben und wandel« mit vielfachem Fluchen und Schwören. Den Gottesdienst besuche er nur selten, über die Predigten mache er sich lustig, seinen Amtskollegen Gabriel Ziegler habe er beleidigt und »zu dem auch das herrlich und Götlich wunder werck, Da der Herr Christus mit fünff broten und 2 Fischen Inn die 4000 man gespÿßt, dergstalt verspotet und vernütet habe, das er sagen Dörffen, diesëlbigen brot sÿgind Im Quateller Land gebachen worden und sÿge dersëlben eins so groß gewëßen als ein Einhundert Eÿmeriger faßboden.«[261] Auch Küng lehnte sich also gegen Gott auf. Er verletzte religiöse Normen, diffamierte die Heilige Schrift. Doch Küng trieben keine existentiellen Zweifel an der Botschaft des Evangeliums, die aus bitterer Lebenserfahrung geboren waren. Küng gehört vielmehr zum Typ des Provokateurs, der das System negierte, indem er souverän mit ihm spielte, statt sich ihm zu unterwerfen.

* * *

---

[259] A. 27.164, Aussage Elsbetha Nägeli, 27.12.1702.
[260] A. 27.164, Aussage Vereneli Schwartzenbach, 8.1.1703.
[261] B. VI.267, fol. 117, Urteil Heinrich Küng, 18.11.1612.

Die Zürcher Blasphemiker der Frühen Neuzeit kannten drei Grundformen, gegen Gott aufzubegehren und insofern mit Gott zu handeln, als sie mit ihm einen Handel austrugen, mit ihm stritten: Sie verweigerten ihm den Gehorsam, übten Kritik an ihm und verspotteten ihn bzw. die Heilige Schrift. Unterschiedliche Motive und Zielsetzungen begründeten den Protest, den Blasphemiker in diesen Varianten der »Systemnegation« artikulierten. Der Gruppe der sozialen stand diejenige der religiösen Provokateure gegenüber.

Soziale Provokateure widersetzten sich ihrer Gesellschaft und damit auch Gott, denn deren Ordnung war gottgegeben. Metaphysische Belange spielten für diese Provokateure keine wesentliche Rolle, ob sie sich punktuell für unzufrieden erklärten oder sich grundsätzlich über die gesellschaftlichen Ordnung hinwegsetzten. Selbst Kirchenvorsteher wie Bullinger betrachtete die Sprechhandlungen solcher Leute als ärgerliche, alltägliche Entgleisungen, nicht als gefährliche religiöse Äußerungen.

Anders verhielt es sich mit denjenigen, die aus metaphysischen Gründen Gott radikal den Rücken kehrten. Ihr Protest war, soweit Aussagen möglich sind, grundsätzlicher Natur und blieb vom vorreformatorischen 16. Jahrhundert bis ins 18. Jahrhundert inhaltlich gleich. Er entsprang weder intellektuell-philosophischer Spekulation noch persönlicher Auseinandersetzung mit der Bibel, sondern konkreter Lebenserfahrung. Für Gotteslästerer wie für deren Zeugen war der Vorwurf zentral, Gott betrüge die Menschen mit seinem metereologischen Wankelmut um die Früchte ihrer Arbeit und lasse sie im Stich. Angesichts der Erfahrung, jederzeit existentiell gefährdet zu sein und sich dabei nicht auf Gott verlassen zu können, rechneten Blasphemiker auf unterschiedliche Weise mit Gott ab. Desperados wie Felix Meyer stellten sich selbst an den Rand der Gesellschaft und gaben sich als Marginale fatalistisch auf. Selbstbewußte Herausforderer vom Typ eines Landiß Handol entzogen Gott ihr Vertrauen, um nunmehr allein auf sich selbst zu bauen. In beiden Fällen war das Vertrauensverhältnis zu Gott gründlich »gestört.«

Blasphemiker, die spöttelnd auf Distanz zu Gott gingen, sind eine extrem rare Erscheinung. Nur wenige wagten es, ihr Spiel mit religiösen Normen zu treiben, indem sie die Heilige Schrift parodierten. Mit metaphysischen Zweifeln hatte ihr Verhalten nichts zu tun, vielmehr mit sozialer Provokation. Von einem Blasphemiker, der Gott als lächerliche Figur hingestellt hätte, um sie theologisch-religiöser Grundsatzkritik auszusetzen, wissen die Zürcher Justizakten jedenfalls nichts.

Die Art und Weise, wie Blasphemiker gegen Gott rebellierten, gibt Hinweise auf die Bedeutungen, die Gott in einer frühneuzeitlichen christlichen Gesellschaft hatte. Menschen, die im Christentum aufgewachsen waren, konnten mit diesem Gott sehr hart ins Gericht gehen. Sie klagten ihn – und darin erinnern sie an die Psalmisten – ihrer Schicksalsschläge an, wehrten sich aus konkreter Lebenserfahrung gegen ihn. Sie rangen mit einem greifbar nahen und doch so unzuverlässigen Gott; der abstrakte Gott theologisch-philosophischer Spekulation stand ihnen fern. Diese Blasphemiker aus Pragmatismus und religiöser Enttäuschung waren Systemverweigerer. Systemerneuerer waren diese Blasphemiker der Frühen Neuzeit hingegen nicht. In ihrem Aufbegehren setzten sie andere bekannte Größen wie den Teufel an Gottes Stelle. Ihr rebellischer Wagemut reichte nicht, um Utopien einer neuen Ordnung zu entwerfen und etwa Gott für inexistent zu erklären.

Vormoderner Atheismus

Wie es »Durchschnittsmenschen« mit der Religion hielten, ist eine der Gretchenfragen der Frühneuzeitforschung. In den Themenkomplex gehört die von Lucien Febvre ausgehende Diskussion, ob Atheismus in der Frühen Neuzeit überhaupt möglich und von systematischer Relevanz gewesen sei. Angesichts der vorliegenden Forschungsergebnisse, gilt es hier zwei Grundsatzfragen zu stellen: Im Anschluß an Febvre ist zu prüfen, ob Menschen der Frühen Neuzeit ein »outillage mental« zur Verfügung stand, um eine Welt ohne Gott zu denken. Hieran knüpft die Beantwortung der Frage an, worin für Zürcher A-Theismus, d.h. Gottlosigkeit bestand.

Aussagen, die von der Denkbarkeit einer Welt ohne Gott zeugen, sind in den Zürcher Justizakten eine Rarität. So erstattete 1667 Felix Huber gegen Landschreiber Kraamer eine Anzeige, weil dieser ihn im Beisein anderer beleidigt habe. Die Erkundigungen ergaben, daß die beiden Stadtzürcher Bürger in der Vergangenheit bereits öfters aneinandergeraten waren. Nach einem gemeinsamen Besuch im Stadtbad von Baden kam es jedoch schließlich zum Eklat. Der verheiratete Adrian Holzhalb hatte versucht, sich den beiden auf ihrem Weg zum Kupferschmied Häfeli anzuschließen. Holtzhalb wurde jedoch unter der Begründung zurückgewiesen, er befände sich in Begleitung einer »Jungfrau«. Als Holzhalb Huber verdächtigte, die ehrenrührige Bemerkung gemacht zu haben, ergriff Kraamer die Gelegenheit, nun seinerseits Huber zu beschuldigen, dieser habe ihn auch verunglimpft. Der folgende verbale Schlagabtausch zwischen Kraamer und Huber muß den Zeugenaussagen zufolge eindrücklich gewesen sein: »Es seige zugegangen, daß einen die Har gan Berg stehen mögen,« so der Kupferschmied.[262] Laut Großkeller Meier sei Kraamer in wüste und blasphemische Beschimpfungen ausgebrochen: »Taufsloße Hunds etc /rev[erenter]/ Item doner, plitz, Straals-Kätzer und das nit nur ein, sonder oftmahl. Über diß, wölte Er lieber

---

[262] A. 27.101, Aussage Häfeli, 11.9.1667.

den Teüfel bÿ sich am Tisch haben als den Kätzer und wan /Gott behüt unß/ der böß Geist hette, was Ihme gehörte.[263] Dr. Jacob Ziegler faßte die schwör kurz und bündig zusammen: Kraamer habe Huber als Kuttelbletz, Kutelbuch (?), Teüffelsbub, vierfacher Ehebrecher (Got behüt mengklichen) Donners Kätzer, StralsKëtzer, TuffelsKätzer [beleidigt, all das] habe fast Ein halb Stund gewëhrt.«[264] Für Hans Vogel hatte Kraamer »nit gethan wie ein mentsch und alß ob kein Gott im Himel were.«[265] »Ußgegossene, ergerliche reden« waren das, die Kraamer aus Sicht der Justiz ausgestoßen hatte.[266] Für die öffentlichen, »ohngerÿmten, Goteslesterlichen, ohnliedenlichen worten« wurde er seines »gefüehrtenn gottlosem wesen« wegen zur hohen Buße von 200 Pfund verurteilt, die er an die Zürcher Kasse zu entrichten hatte.[267] Für die profanen Injurien gegen Huber mußte er zusätzliche 125 Pfund zahlen. Sie gingen an die Stadt Baden wohl als den Ort der Friedensstörung.[268] Kraamer hatte, so die übereinstimmende Einschätzung von Zeugen und Urteil, den Injurienhandel zu weit getrieben. Er hatte sich, um die Worte Vogels zu explizieren, verhalten, als ob kein Gott existiere, der ihn strafen könne. Dies wurde ihm mit einer getrennten Berechnung der Bußen – Gotteslästerung zum einen, Beleidigung zu anderen – »honoriert«. Der theoretische Gedanke von einer Welt, in der Gott nicht präsent war, ließ sich also formulieren, wurde aber im »als ob« sogleich aufgehoben.

Für die theoretisch denkbare Nichtexistenz Gottes liefert allein ein weiteres Beispiel von 1670 Indizien.[269] Er, so der Buchdrucker Heinrich Baumann in seiner Selbstdarstellung, habe sich das Gerede seiner Frau und ihrer Freundinnen, in dem sie gegen ihn gehetzt hätten, lange bieten lassen. Schließlich aber habe er der Arter zu bedenken gegeben, sie solle sich der Vorwürfe, bei denen sie den Namen Gottes vergeblich im Munde führe, enthalten, wenn sie glaubte, »daß ein Got seÿe, der alles sehe und höre.« Die Arter habe jedoch seine Kritik an ihrer Selbstgerechtigkeit falsch ausgelegt und gemeint, er habe die Existenz Gottes bezweifelt, was er umgehend berichtigt habe.[270] Keine Frage also, der Gedanke, Gott könne nicht sein, war artikulierbar. Die Formulierungen Baumanns wie auch Arters bestätigen

---

[263] A.27.101, Aussage Großkeller Meier, 11.9.1667.

[264] A.27.101, Aussage Jacob Ziegler, 14.9.1667.

[265] A.27.101, Aussage Hans Vogel, 11.9.1667.

[266] So die Formulierung des Anklagepunktes in den Zeugenvernehmungen vom 11.9.1667. Vgl. A.27.101, Aussage Hans Vogel, 11.9.1667.

[267] B.II.539, fol. 93–94, Urteil Landschreiber Kramer, 31.10.1667.

[268] B.II.539, fol. 89–90, Urteil Landschreiber Kramer, 24.10.1667.

[269] Es wäre eine Selbstüberschätzung, auszuschließen, mir hätten in der Masse der Quellenmaterials weitere Fälle entgehen können. Ihre Anzahl dürfte jedoch außerordentlich gering sein.

[270] A.27.104a, Rechtfertigungsschreiben Hermann Baumann, 15.12.1670.

dies. Aber auch hier diente der Gedanke dazu, Gottes Existenz durch doppelte Negation zu bestätigen: Sich so zu verhalten, als ob es Gott nicht gebe, wo er doch existierte, konnte nur umso schwerer wiegen. Die Vorstellung, Gott sei nicht, wurde damit ins Abseits abwegiger Vorstellungen gedrängt. Die Zürcher verfügten also über die Möglichkeit, den Gedanken von der eventuellen Nichtexistenz Gottes in Worte zu fassen. Sie kannten »mentales Werkzeug«, mit dem sich atheistische Gedanken produzieren ließen. Wenn sie Gott wegzudenken vermochten, ohne damit jedoch die Existenz Gottes zu bezweifeln, was meinten sie dann mit dem Begriff Atheismus?

Der vormoderne Atheismus unterscheidet sich vom modernen in einem wesentlichen Punkt. Deklariert der moderne Atheismus, Gott sei tot bzw. er habe niemals existiert, setzt der frühneuzeitliche Atheismusbegriff die Existenz Gottes voraus. Der Vorwurf, jemand verletze die göttliche Ordnung oder verleugne Gott, postuliert, daß dieser ist.[271] Schneider Heinrich Benninger etwa zeigte »alle zeichen eines atheistischen menschen.« Die Erkundigungen, die 1681 beim Amman, Untervogt und Pfarrer von Embach eingezogen wurden, ergaben, Benninger »seige ein grausamer flucher und Lesterer, dem kein ehrlich und christlich wort zum maul außgangen: den teüfl stets zuvorderst im maul habe und demselben rüffe.« Mehrfach sei er wegen Ehestreitigkeiten vor das Sittengericht gestellt worden, ohne sich auf dessen Ermahnungen hin zu bessern. Außerdem habe er »mit gewalt und ernst [...] zur heiligen communion gehalten werden müssen. Den 14. Hornung als man in der Haumülli ab tisch gebedet, hatte der Schnÿder den hut auf, den der Illinger müller ihm abgezogen, und ihn geheißen beten, sprach der Schnÿder gotloserweÿs: was gath mich das an? Nam in allen beten ein glas vol wein und trunke es auß.«[272] Der Schneider lebte nach zeitgenössischen Maßstäben ohne Gott. Weder wußte er eine ordentliche christliche Ehe zu führen, noch vermochte er seine Zunge gottgefällig zu zügeln, das Abendmahl verschmähte er. Doch es sollte noch schlimmer kommen: Beim Beten den Hut aufzulassen und sich dabei demonstrativ am Wein gütlich zu tun, war eine offene Provokation. Diese Verhaltensweise verletzte nicht nur alle Regeln des Anstands, sondern bewies Benningers mangelnden Respekt vor Gott. Benninger aber brachte lediglich zum Ausdruck, er schere sich nicht um Gott. Ob für ihn Gott sei oder nicht, darüber machte er keine Aussagen.

---

[271] So auch Jacques Chiffoleaus Argumentation (vgl. J. CHIFFOLEAU, Les justices du pape. Délinquance et criminalité dans la région d□Avignon au quatorzième siècle. Paris 1984 S. 204). Einen empirischen Nachweis hierzu führt Vogler an einem Pfälzer Beispiel aus. Vgl. B. VOGLER, Entstehung S. 180.

[272] A. 27.11, Fall Heinrich Benninger Vogtbericht, 27. 2. 1681.

Wie Benninger setzte sich der Schuhmacher Hans Jacob Nestler von
Obersee 1687 über religiöse Normen hinweg. Im Wirtshaus habe er den Bruder des Nachgängers, der über ihn Erkundigungen einzuholen hatte, als
»ertzketzer« beleidigt. »Der Wirthenen habe er Ketzers-Hex gesagt. Wan sỹ
zu thür ußhin gangen, habe er die Händ uf den hinderen geschlagen.«[273] Bei
der gleichen Gelegenheit habe er den Kyburger Vogt als narr bezeichnet,
der an den Galgen gehöre.[274] Eines Tages habe er in der Mühle unvermittelt
»gfluchet und gschworen, mit dem wüest wort Ketzeren, ohn underscheid
geschändt.« Auf den Verweis des Müllers Ulrich Widmer, Nestler solle an
die Predigt des Pfarrers denken, sei er in antiklerikale Beschimpfungen ausgebrochen und habe die Stadt Zürich verflucht.[275] Dies dürften nicht die einzigen Ausfälle Nestlers gewesen sein. Ein Mann aus Obersee habe ihm, Pfarrer Johann Heinrich Balber, geklagt, Nestler habe »Ihne bereden wollen, es
seỹ mir [sc. dem Pfarrer] kein ernst, wan ich wider sünd u[nd] laster predige.« Dieser Spott nehme, so die Klage des Pfarrers, trotz diverser Ermahnungen kein Ende. Nestler habe sogar behauptet, »er werde so wol in Himmel kommen als sie [sc. die Geistlichen].« Außerdem fluche Nestler, wenn er
betrunken sei. Der Schneider solle »exemplarisch discipliniert werden, da
auf d[er]l[ei] Atheismen und v[er]läugnung der wahrheit, göttlich worts zuken, und mit solcher pest u[nd] gifft leicht auch andere angesteckt werden
möchten.«[276] Für die Zeitgenossen war Nestler ein gottloser Mann. Unge-
hemmt verunglimpfte er weltliche und geistliche Obrigkeit. Dies wies ihn als
»Atheisten« aus. Ob der aufmüpfige Schuhmacher jemals halbwegs ernsthafte Gedanken über die Existenz Gottes angestellt hat, ist völlig offen. Angesichts seiner Beschreibung als nicht reflexiver, antiklerikaler Hitzkopf ist
dies eher unwahrscheinlich.

Was Nestler nach zeitgenössischen Standards charakterisierte, war, daß
er – seine Lebensweise bewies es – von Gott abgefallen war. Ohne Gott zu leben, hieß sich von Gott abgewandt zu haben und damit Gottes Existenz zu
verleugnen. Der Hauptmann und Müller Heinrich Stein aus Glattbrugg ver-
einigte die Eigenschaften eines solchen »atheistisch« lebenden Menschen. Im
Schreiben Pfarrer Johann Heinrich Kellers von 1718 heißt es, Stein lebe seit
einem Jahr wie ein unverantwortlicher Mensch, der selbst über seine Ehefrau
und Kinder unaufhörlich fluche: »Es scheint als wann Gottes Geist von Ihne
Weit gewüchen und Er kaum mehr recht thun könne. Wie Er selber außgege-
ben, Er könne nit mehr bäten und es uns wohl seÿn, daß Er nit mehr bäten

---

[273] A. 27.114, Aussage Jacob Weiß, 23. 4. 1687.
[274] A. 27.114, Aussage Hans Schiebeli, 23. 4. 1687.
[275] A. 27.114, Aussage Ulrich Widmer, 23. 4. 1687.
[276] A. 27.114, Bericht Pfarrer Johann Heinrich Balber, 21. 4. 1687.

wolte. Weÿlen Er sein Bätbuch auß dem Sack gethan und gesprochen, Er bäte nit mehr mit unß, Es seÿe in Anderen Religionen auch gut bäten. Wann
seine frauwe Ihne gesagt, ob Er dann die Verdamnüß nit förchte? gabe Er
zur Antwort: Es seÿe auch gespielen in der Hollen. Und dergleichen gotloße,
Atheistische Reden braucht Er mehr. Auß welchem abzunemmen, wie der
gut Geist nicht beÿ dißem Menschen seÿe, dero halb Er capabel ist, allerhand anzustellen.«[277] Wie Huber, Baumann, Benninger und Nestler galt
Stein also deswegen als »atheistisch«, weil er wiederholt und konsequent
Verhaltensnormen verletzte (Fluchen, »heidnische« Lebensweise seit einem
Jahr), sich Gott verweigerte (Ablehnen des Betens innerhalb des Reformiertentums) und dem Herrn nicht den gebührenden Respekt erwies (Furchtlosigkeit vor der Hölle). Doch Stein wies noch eine zusätzliche Eigenschaft
auf. Wer »atheistisch« war, konnte gefährlich werden; schließlich war er von
allen guten Geistern verlassen. Er war geradezu ein unzivilisierter »Heide«,
von dem Gott weichen mußte. Auch das Beispiel Steins zeigt also: »Atheisten« waren für Zürcher der frühen Neuzeit nicht Menschen, die Gott weg-
definierten. Stein lehnte etwa das Beten nicht grundsätzlich ab und hütete
sich damit, Gott aufzuheben. »Atheisten« galten vielmehr als gefährliche
Marginale, die sich zu weit von Gott entfernten und mit ihrem anarchischen
Verhalten die gesellschaftliche Ordnung gefährdeten.
 Wie die obigen Beispiele belegen, bezeichnete »Atheismus« ein bestimmtes
verwerfliches Verhalten. Doch wurden nicht nur Verhaltensformen, sondern
auch spezifische Aussagen über Gott als »atheistisch« eingeordnet. Blasphemiker »atheistischer« Couleur verleugnen mit ihren Worten einen Gott, der
in der Welt existiert; diese zweite Definition des vormodernen Atheismus
wird aus der Argumentation Anna Werdmüllers von 1657 ersichtlich. Die
Frau des bereits vorgestellten General Werdmüllers wandte ein, ihrem Mann
seien seine Ansichten »ungütlich ausgedeuthet« worden. Er sei »als ein Atheist, ja Gots lesterer, der eintweders seine religion nicht verstande oder wol
gar kein religion habe, zu Statt und Land ausgeschrauwen worden.«[278] Die
Haushaltung sei aber eine durch und durch christliche. Dies »achten Wir be-
weistums gnug zu sein, daß solcher Haushaltung Haupt kein Atheist, sondern die Ehr und Lehr Gottes Ihme angelegen sein lasse.«[279] Die theologischen Gutachter, die über den aufsehenerregenden Fall zu urteilen hatten,
fanden jedoch durchaus Punkte, die den Vorwurf des »Atheismus« rechtfertigten. Daß der Eid auf die Helvetische Konfession nicht bindend sei, hielten

---

[277] A. 27.132, Bericht Pfarrer Johann Heinrich Keller, 3.3.1718.
[278] (ZB) MsB, fol. 20r, Supplik Anna Werdmüller, 28.12.1657.
[279] (ZB) MsB, fol. 20v, Supplik Anna Werdmüller, 28.12.1657.

sie für eine »ungeschickt, ja gotlose red.«[280] Die sadduzäische Vorstellung von der Wiederauferstehung allein der Seele, die Werdmüller zur Diskussion gestellt hatte, bezeichneten sie als »irrig, verführerisch, heidnisch und gotloß.«[281] Den Gedanken, Frauen seien vom ewigen Leben ausgeschlossen, im Himmel würden alle Begierden erfüllt, während in der räumlich nicht verortbaren Hölle sich die Leiber der Toten verzehrten, befanden sie für »mit einem wort atheistisch und gotloß.«[282] Werdmüller hatte in seinem berüchtigten Streitgespräch und bei diversen gesellschaftlichen Ereignissen wahrlich den Advocatus diaboli gespielt und umstrittene Positionen entwickelt, doch ist aus keinem der Anklagepunkte zu ersehen, daß der General nur einen leisesten Zweifel an der Existenz Gottes geäußert hätte. Christlich, mit Gott zu leben, bedeutete, Gottes Anweisungen und die Lehre der Kirche zu befolgen. »Atheisten« führten ein Leben ohne Gott, sie verleugneten Gott und die Kirche, ohne daß sie Aussagen über Gott zu treffen brauchten.

Bei den »Atheisten« handelte es sich aus Sicht der Zürcher nicht allein um Intellektuelle im Schlage eines Werdmüllers, dessen denkerischer Freimut in gefährliche Bereiche vorstieß. Auch ein heruntergekommener Mann wie Hans Staub fiel auf. Über ihn kam der Gemeindepfarrer von Wädenswil 1692 zu einem vernichtenden Urteil: Der »unnütze mensch [habe] nun ein geraume Zeit einen verdächtigen wandel geführt, an statt ehrlicher arbeit sich gänzlich dem müßig-gang, bëtlen und daraus entstehenden leidigen früchten allerlei unheils sich ergëben, in dem er villicht manches jahr einiche predig nicht besucht, über die h[eiligen] fest nicht communiciert, in wëhrenden predigen ehrlichen leüthen mit ungestümen bëtlen überlëgen, [sei auch] deß raubens und allerlej dj zeit har bëy uns fürgehenden angriffen höchst verdëchtig.«[283] Ferner hatte er seinen beiden Brüdern ihr Haus in Brand zu setzen gedroht. Von einem solchen Menschen war nicht viel zu halten: Er verrate »sein atheisterey [...] mit seiner vÿehischer Unwüßenheit, in deme er auf von J[un]k[e]r L[and]v[o]gt und mir beschëhenes examinieren im handel deß heils mehr nicht weist, als ein roß und maulthier, ja äußert orat. Dom., Symb. und Decal. auch den 23 ps.[284] (So er ohne verstand recitiert) kein einig, auch nicht ds [das] kürzte gebëtlen bëy seinem solchem alter erzellen kan, darbei so hartnëckig und verstockt sich erzeigt, ds [daß] aller bewegliche sprëchen keine demut noch biten um Verzÿchung geschwÿge ei-

---

[280] E. II.97, fol. 1255, Fall Johann Rudolf Werdmüller Synodalgutachten, X. X. 1659.

[281] E. II.97, fol. 1260, Fall Johann Rudolf Werdmüller Synodalgutachten, X. X. 1659.

[282] E. II.97, fol. 1260, Fall Johann Rudolf Werdmüller Synodalgutachten, X. X. 1659.

[283] A. 27.117, Bericht Pfarrer Johann Conrad Rÿff, 30. 6. 1692.

[284] Gemeint sind Oratio Dominica (Vaterunser), Symbolum (Glaubensbekenntnis) und Decalogus (Zehn Gebote), also die wesentliche Bestandteile des Katechismus.

nichen thränen beÿ ihm auswürcken mag.«[285] Letztlich, so die Darstellung
Pfarrer Rÿffs, war Staub nichts weiter als ein Tier, ein Wesen ohne Gewis-
sen, ohne Kenntnis von seinem Erlöser, ein Parasit der Gesellschaft. Kein
Zweifel, Staub lebte ohne Gott. Ob für ihn deswegen Gott nicht existierte?
Weder der Pfarrer noch der Angeklagte haben an zukünftige Historiker ge-
dacht und die Frage leider unbeantwortet gelassen.

Ein ergänzendes Beispiel eines »atheistischen« Gotteslästerers gibt der wegen Diebstahl, dubioser Geschäfte und Blasphemie angeklagte Jacob Holtz
bzw. Jean-Jacques Dubois aus Lyon ab. Nach mehrmaligen Verhören gestand der »Landstreicher 1723, er müße bekennen und könne nicht leügnen,
habe die Atheistischen und Gotsvergeßnen die Gerechtigkeit Gottes ange-
hende wort – und zwahren ohne Ihme von jemanden hierzu gegebnen Anlaß
auch beÿ Morgens-Zeit, da er noch ohnberäuscht gewesen – auf eine ohn-
verandtworliche und Gotlose weise geredet.«[286] Was aber verstand denn die
Justiz im 18. Jahrhundert unter »atheistischen und gotvergeßnen« Reden?
Eines der vorangehenden Verhöre gibt Auskunft: »22. Q[uestio] Ob er nicht
allerhand gotlose und atheistische reden getrieben? R[esponsum] Man gebe
solches von Ihme auß, könne seÿn und köne nit seÿn, daß er es gesagt. Wann
deme also seÿe, es Ihme von Hertzen Leid, daß sein Zung sich so schwehr-
lich an Gott vergriffen, doch seÿ Ihm nicht allso im herzten […] 23. Q[ue-
stio] Ob er nicht gsagt, verlange nicht höher in den Himmel als bis auf den
Roßmarckt. Da seÿ es am lüstigsten? R[esponsum] Dergleichen wort habe
eines mahlen ein Soldat im Krieg hören laßen und Ihme darbeÿ unter anderen gfraget, ob er, Holtz, auch in Himmel wolle. Wüß es aber nicht mehr,
ob er dergleichen für sich selbst geredt oder nur gsagt, habs von anderen gehört. 24. Q[uestio] Ob er nicht gsagt, wer in den Himmel komme, der müße
daselbst in Sommer Waßer hinauf ziehen, im Winter aber Schnee reiteren?
R[esponsum] Könne seÿn, daß er es gsagt, seÿ Ihme aber leid! […] 25.
Q[uestio] Ob er nicht verdeütet, förchte die Holl nicht, wolle dem Satan zu
hinderst in den hinderen schliepfen, da er dann vor dem brand wol sicher?
R[esponsum] Könne auch seÿn, daß er es gredt, wüß es aber nit mehr. 26.
Q[uestio] Ob er nicht disen schröcklichen und entsetzlichen fluch hören laßen, namlich, Gott seÿe nicht ein gerechter Gott, wann er Ihme nit angesichts sträffe, so er was böses begangen […] R[esponsum] Glaub nicht, daß
er diß so gredt.«[287] Die verbalen Ausweichmanöver sollten Holtz nicht helfen. Er wurde zu einem Herdfall an der Schiffslände nach Freilassung aus

---

285 A. 27.117, Bericht Pfarrer Johann Conrad Rÿff, 30. 6. 1692.
286 A. 27.135, Aussage Jacob Holtz, 22. 6. 1723.
287 A. 27.135, Aussage Jacob Holtz, 8. 6. 1723.

dem Gefängnisturm, einer Stunde Pranger mit einem weiteren Herdfall sowie dem Schlitzen der Zunge verurteilt und des Landes verwiesen.[288] Dies alles, ohne Gottes Präsenz in der Welt angezweifelt zu haben. Holtz beging ein anderes außerordentlich schweres Vergehen: Er verspottete Gott und seine Botschaft und legte damit ein Verhalten an den Tag, von dem die Justizakten nur extrem selten zu berichten wissen. Das Himmelreich zu verschmähen und es als Ort irdischer Beschwerlichkeiten zu parodieren, war ein unerhört starkes Stück. Wohl deswegen fiel das Urteil gegen Holtz auch so hart aus. Anstatt wie sonst bei Auswärtigen üblich, den Delinquenten allein zu verbannen, hatte der Rat zusätzlich eine schwere Ehren- und Körperstrafe verhängt. Trotz seiner Spöttelei ging der Lyoneser wohlgemerkt noch von der Existenz Gottes aus. Der »Atheist« malte das Himmelreich nur in anderer als gottgefälliger Weise aus. Atheistisch und »gotlos« zu sein, das war das Etikett, das Aufsichtspersonen einem Menschen anhingen, der nichts und niemanden, selbst nicht Gott, respektierte.

Auf ein weiteres Merkmal von »Atheisten« macht das Beispiel des Hans Freÿ von 1726 aufmerksam. Freÿ kehrte zusammen mit dem Ehegaumer Hegetschwyler in einem Wirtshaus ein, in dem auch einige Katholiken saßen. Freÿ habe »mit den Papisten trunken und der Relligion halber Disputiert. Die Papisten Ihme gesagt, solle schweigen, diß gehöre den Geistlichen zu. Freÿ gesagt, Er seig ein braffer Mann, Er seig wie unßer Herr Got. Darüber Sie Ihne beschulten. Kurtz hernach Er wider gschworen.«[289] Der Sittenwächter erfüllte seine Pflicht und meldete den Fall, den Pfarrer Rahn korrekterweise an den Rat weiterleitete. Rahn argumentierte, Frey verdiene bestraft zu werden, »weil nun dieses [sc. die Worte in der Wirtshausszene] eine formale GotsLästerung ist, Frey als ein verruchter Atheist ohne Got in der welt lebt.«[290] Der Pfarrer differenzierte also zwischen Blasphemie und »Atheismus«. Worin lag der Unterschied? Das Verhör gibt eine Antwort. Aus ihm ergibt sich, daß der Angeklagte schon zweimal vor dem Sittengericht gestanden hatte. Ferner hatte er vor ungefähr neun Jahren einen Schulmeister, vor einem Jahr einen Kilchmeyer beleidigt.[291] Freÿ gestand auch die Gotteslästerung, wandte aber bezeichnenderweise ein, er »schwehre er nit so gar vil und habe in der Kirchen seinen Hut niemahlen auf dem Kopf.«[292] »Ohne got« in der Welt zu leben, konnte also heißen, auf Gott Bezug zu nehmen und damit ausdrücklich eine Welt vorauszusetzen, in der es Gott

---

[288] B. II.762, fol. 6, Urteil Jacob Holtz, 28.6.1723.
[289] A. 27.137, Aussage Hans Ulrich Hegetshchwÿler, 9.7.1726.
[290] A. 27.137, Bericht Pfarrer Johann Conrad Rahn, 7.7.1726.
[291] A. 27.137, Aussage Ulrich Frey, 19.7.1726.
[292] A. 27.137, Bericht Pfarrer Johann Conrad Rahn, 7.7.1726.

gab. Gott die Ehre zu verweigern, indem man wiederholt schwörte, in der Kirche den Hut aufbehielt, sich also als besonders hartnäckiger und respektloser Gotteslästerer erwies, dies zeichnete »Atheisten« aus. Für frühneuzeitliche Zürcher waren »Atheisten« Menschen, die nicht Gott leugneten, sondern Menschen, die Gott verleugneten. Sie handelten ex negativo mit Gott; sie begründeten ihr Verhalten mit einer Ablehnung Gottes.

Sich für ein Leben los von Gott zu entscheiden, hatte schwere Konsequenzen. Dies kommt im häufig wiederholten Vorwurf zum Ausdruck, »Atheisten« führten einen unchristlichen Lebenswandel. In der Supplik Anna Werdmüllers von 1657 war dieses Argument bereits aufgetaucht. Mehr Details darüber, wie eng Amoralität und »Atheismus« zusammengesehen wurden, gibt der Fall Jörg Stapffers aus dem Jahre 1664. Baltasar Hegner sagte gegen Stapffer aus, der Angeklagte habe der Margreth Feüer unter das Gewand »gegriffen, dar ab die Feuerin eben übel erschrocken, ganz rot worden und sich deßen auch höchsten erclagt.«[293] Ferner wurde ihm vorgeworfen, seine vierundzwanzigjährige Stieftochter beim Vorlesen des achten Johanniskapitels – Verse eins bis elf erzählen die Geschichte Jesus und der Ehebrecherin – unterbrochen und ihr verboten zu haben fortzufahren.[294] Pfarrer Spiller von Horgen legte dem Achtundfünfzigjährigen zur Last, am Ostertag Ehebruch begangen und seine Schwiegertochter mehrmals zu küssen versucht zu haben, »welches alles entspringt uß einem atheistischen gemüth. Dan er zuo H[err] Jagli Biber [...] u[nd] anderen ehrlichen leüthen mit deren bestürtzung sagen dörffen, Er glaube nit u[nd] kön nit glaub[en], dz [daß] ein providentz Gottes seige, der alles weiß u[nd] regiere, welches er nach hal[s]starriger weiß habe behaubten wöllen.«[295] Angesichts dieser Vorfälle gelangten die Synodalgutachter zum Schluß, »daß dißer Arme Mensch leider bÿ sich hab ein tief eingewurtzleten Atheismum.« Dies drücke sich darin aus, daß Stapffer nicht im Affekt oder aus Trunkenheit, sondern »auß arger gwohnheit« blasphemisch werde.[296] Stapffer wurde also nicht zur Last gelegt, Gottes Existenz zu leugnen, sondern sich moralisch verwerflich zu verhalten. Die Blasphemien, um die es sich handelte, weisen wohlgemerkt keine modern atheistischen Züge auf, sondern sind mit vielen anderen Schmähungen Gottes ganz und gar vergleichbar.

Zu einer solchen Schmähung Gottes gehören die Normbrüche Georg Stapffers von 1664. Der Horgener gestand, »er glaube nit und könne nit glauben, daß Gott alles sähe, wüße und regiere. Wie auch, daß er zu den

293 A.27.99, Aussage Baltasar Hegner, 17.7.1664.
294 A.27.99, Aussage Jörg Stapffer, 16.9.1664.
295 A.27.99, Schreiben Pfarrer Spiller, 31.5.1664.
296 E.I.5.1b, Fall Jörg Stapffer Synodalgutachten, 28.9.1664.

sÿnigen von der H[eiligen] Schrifft verachtlich gredt, Namlich, waß nützt
es, wann man sagt, es staht in der H[eiligen] Schrifft, die ist Gottes wort.
Was ists? Nüt ists.« In Hinblick auf die Auferstehung notierten die Protokollanten in offensichtlich fehlerhafter Weise, Stapffer habe die Ansicht vertreten, »sÿn meinung [sei] so wÿt nit gsÿn, das er solche verläugne, sonder allein das, wann der mensch sterbe, so fahre sÿn seel hin, wo sÿ hinghöre [...]
Der Lÿb aber, [der ja] in die Erden glegt worden, verfulet, verblÿben und also die Seel mit demselben nit mehr vereinbahret werden, sondern mit etwan
einem anderen.«²⁹⁷ Außerdem gestand er, bestritten zu haben, Gottes Vorsehung herrsche in allem, da er »sonst nit sovil böses ungstraft laßen [wür-
de].«²⁹⁸ Stapffer war nach zeitgenössischen Maßstäben ein harter Brocken.
Wie andere zweifelte er anhand empirischer Argumente Grundaussagen des
Christentums an. Zusätzlich aber ließ sich Stapffer sexuelle Fehltritte zu-
schuldekommen, was ihn offenbar nicht zum Blasphemiker, sondern zum
»Atheisten« machte. Der Ehebrecher, der übrigens nicht das geringste Interesse an irgendwelchen philosophischen Überlegungen oder theologischen
Diskussionen zeigte und daher der These Minois von der »ersten Krise des
euopäischen Bewußtseins« widerspricht,²⁹⁹ verweigerte zwar Gott den gebührenden Respekt, den Gedanken, Gott könne nicht existieren, formulierte
Stapffer indes nicht. Dieser »Atheist« war im Urteil der Zeitgenossen
schlichtweg ein widerlicher Christ.

Einen ebenfalls zwielichtigen Eindruck hinterließ 1719 Heinrich Trümpler, der in diversen Wirtshäusern großmäulige Sprüche geklopft hatte. In
Rapperswil behauptete der unehelich geborene, ungefähr zwanzigjährige
Küßnachter, »er habe im verfloßenen Jahr dem Teüffel auch ein Küchli zum
guthen jahr gegeben.« Anschließend habe er in einer anderen Gaststube »ein
glaß in handen gehabt und geredt, der Teüffel solle ihne nemen, wan er solches nit an der wand herauffwerfend widerum gantz bekommen möge.« Als
er am nächsten Tag mit Heinrich Pfister anläßlich eines Kuhkaufs in Streit
geriet, habe er gesprochen: »Er möchte wohl 1 jahr teüffel sein, er wolte
braff mit dem heinrich Pfister auff dem Schimel über den helbig /als einen

²⁹⁷ A. 27.99, Aussage Jörg Stapffer, 16.9.1664.
²⁹⁸ A. 27.99, Aussage Jörg Stapffer, 4.6.1664.
²⁹⁹ So gelangt Minois aufgrund seiner rein ideengeschichtlichen Betrachtung für die Zeit von
1600 bis 1730 zum Schluß, daß die Verbreitung des Atheismus auf die philosophischen Argumentationen der »Libertins« und Deisten zurückgehe (vgl. G. MINOIS, Atheismus S. 193–273).
Daß aber Menschen wie Stapffer ebenfalls kräftig zu dieser Entwicklung beigetragen haben
könnten, ist für Minois, keiner Überprüfung wert. Vielmehr geht er davon aus, daß sich der
Atheismus im Verlauf des 17. und 18. Jahrhunderts dadurch ausgeweitet habe, daß die atheistischen Überlegungen intellektueller Eliten ins »Volk« herabgesunken seien.

nechts beÿ Ütikon gelegnen berg/ fahren.«[300] Für viele Blasphemiker – das
war bereits zu sehen – gehörte es zum guten Stil, mit dem teuflischen Feuer
zu spielen. Die Teufelsbeschwörung mit dem Glas und die Allmachtsphanta-
sie, sich für befristete Zeit in den Teufel zu verwandeln und hexenähnliche
Ritte zu unternehmen, ging allerdings über das Gewohnte hinaus. Kein
Wunder, daß Diakon Hottinger sich bei seinen seelsorgerischen Besuchen
im Gefängnisturm mit einem verstockten Delinquenten konfrontiert sah. Er,
Hottinger, habe ihn, Trümpler, zwar katechisiert, doch habe der Gefangene
alle Unterweisungen wieder vergessen. Hierauf seien ihm »der gründ seiner
Atheistischen Reden möglichst beweglich vorgehalten worden, und hat man
getrachtet, durch Theologische und andere vilfaltige gründ, Ja auch gar mit
vorstellung der Todesgefahr, Ihne zu einem wahren und aufrichtigen Reu-
wen zu verleiten. Wir müssen aber, zu unserem nicht geringen bedauren, be-
sorgen, es möchte noch nicht der erwünschte success gefolget seÿen.«[301] Von
eventuellen theologischen oder philosophischen Einwänden Trümplers berichtete Hottinger nicht. Ebensowenig lassen die »gotlosen Reden«[302]
Trümplers erkennen, daß es sich bei ihm um einen eigensinnigen Grübler
handeln könnte, der sich so seinen eigenen, möglicherweise atheistischen
Reim auf die Welt machte. Trümpler macht eher den Eindruck eines hartge-
sottenen Provokateurs, den theologische oder philosophische Systeme nicht
im geringsten interessierten, was bisherigen Ergebnissen der Atheismusfor-
schung widerspricht.[303] Für die Zeitgenossen war er mit seinen Provokationen und seiner Uneinsichtigkeit ein schlechter Christ, der gefährlicherweise
dem Teufel statt Gott huldigte.

Wie »Atheisten« standen »Epikuräer« im Ruf, ein gottloses Lotterleben zu
führen. Dieser Zusammenhang ist in der Frühneuzeitforschung bekannt.[304]
In Zürich taucht der Terminus des »Epikuräers« jedoch nur extrem selten
auf. So bestätigten 1606 verschiedene Zeugen den Nachgängern, Joseph
Geßner schwöre und fluche, wenn er betrunken sei. Allerdings entschuldige
er sich, wenn er wieder aus seinem Rausch erwache. Doch Schulmeister
Heinrich Wyß urteilte: »Daß jetzt etliche Jar har, [daß] H[err] Joseph Geßner Ein schandtlich Epicurisch unfletig unnd Gottslesterlich läben gefürt.«

---

300 A. 27.133, Aussage Heinrich Trümpler S. 13. 7. 1719.
301 A. 27.133, Bericht »Gefängnisgeistlicher« Hottinger, 21. 7. 1719.
302 So die Anklage unter A. 27.133, Aussage Heinrich Trümpler S. 13. 7. 1719.
303 Cabantous hingegen stellt einen Zusammenhang zwischen dem frühneuzeitlichen Atheismus und der Kultur der Schriftlichkeit und damit implizit mit den zeitgenössischen philosophischen Debatten her. Vgl. A. CABANTOUS, Histoire du blasphème S. 32.
304 Zur Stereotypisierung der »Libertins« vgl. A. CABANTOUS, Histoire du blasphème S. 94–96,
187–190.

Der Angeklagte habe im Verlauf des letzten Jahres den Gottesdienst höchstens zweimal besucht, vielfach geschworen und sogar seinen Sohn beleidigt. Auch hier fehlt also die Sorge darum, daß jemand den denkbaren Gedanken vertreten hatte, Gott könne nicht sein. Geßner erregte vielmehr deswegen Anstoß, weil er wiederholt die Gebote Gottes, die er in seinen Entschuldigungen wiederum anerkannte, verletzte. Im Wissen darum, daß Gott ist, handelte dieser »Epikuräer«, als ob Gott nicht existierte; er lebte lasziv und verleugnete somit Gott. »Epikuräertum« und »Atheismus« waren also eng verwandt. »Epikuräer« scheinen für Züricher jedoch moralisch noch verwerflicher als »Atheisten« gewesen zu sein.

Im Rückblick auf die gegebenen Beispiele zeigt sich, daß nur sehr wenige Blasphemiker aktenkundig geworden sind, die zu verstehen gaben, wie die Welt aussehen könnte, wenn Gott nicht existierte. Demgegenüber lassen sich deutlich mehr Passagen zitieren, in denen von »Atheisten« die Rede ist, die unmoralisch lebten. Wie steht es also um die systematische Relevanz des Atheismus für die Glaubensüberzeugungen der Bevölkerung? Um diese Frage zu beantworten, ist es notwendig, zwischen vormodernem und modernem Atheismus zu unterscheiden. Ein moderner Atheismus, der Gott für inexistent erklärt, war den Zürchern der Frühen Neuzeit fremd. Wenn es solche Atheisten gegeben hat, dann haben sie sich nicht so laut zu Wort gemeldet, daß die Justiz sie erfaßt hätte. In diesem Sinne war Atheismus für die Frühe Neuzeit ein unbekanntes Phänomen. In seiner vormodernen Version hingegen machten »Atheisten« den Zürchern durchaus zu schaffen. Diejenigen, die sich nicht um Gott scherten und lebten, als ob er nicht existiere, waren gar nicht so selten. Für die Frühe Neuzeit stellte »Atheismus« ein Problem dar, doch es war theologisch-moralisch, nicht aber theologisch-erkenntnistheoretisch relevant.

* * *

So tief religiös geprägt die Zürcher Gesellschaft der Frühen Neuzeit auch war, sie lebte mit der Formulierung, Gott könne nicht sein. Zürcher verfügten durchaus über das nötige mentale Instrumentarium, um diesen, im modernen Sinne, atheistischen Gedanken zu formulieren. Freilich handelte es sich hierbei um ein reines Gedankenspiel, in dem durch doppelte Negation die Existenz Gottes bekräftigt wurde. Jemanden zu beschuldigen, er oder sie verhielten sich, als ob Gott nicht sei, hieß, zu bestätigen, daß Gott ist. Auch hatte dieses Gedankenspiel seine Grenzen. Keiner der erfaßten Blasphemiker nutzte das vorhandene Werkzeug, um ein System zu entwickeln, das Gott aus der Welt ausschloß. Solche radikalen Zweifler an der Existenz Gottes, die (philosophische) Alternativdeutungen von der Welt entwickelt hätten, tauchen in den Zürcher Justizakten nicht auf. Sollte es sie gegeben haben, dann waren sie vorsichtig genug, ihre Anschauung für sich zu behalten, um nicht in die Hände der Justiz zu geraten.

Im Unterschied zu heute verband die Vormoderne mit dem Begriff des »Atheismus« nicht die Frage, ob Gott existiert. Der Terminus drückte ein Werturteil darüber aus, welchen Lebensstil jemand pflegte und was jemand sich über Gott zu sagen erlaubt hatte. Unter »Atheismus« faßten Zürcher also spezifische Verhaltensformen und nicht nur Gedankensysteme, auf die das historische Phänomen des Atheismus häufig reduziert wird. Zu diesem Verhaltensstil gehörte die Respektlosigkeit vor Gott und vor der Obrigkeit wie die Störung und Gefährdung der gesellschaftlichen Ordnung. »Atheisten«, d. h. besonders verwerfliche Christen ließen sich Sexualdelikte zuschulde kommen, schwänzten den Gottesdienst, schlugen Ermahnungen in den Wind, beschwörten den Teufel, verloren sich in Allmachtsphantasien, beharrten trotz aller seelsorgerlicher Bemühungen auf ihrer respektlosen Einstellung zu Gott. »Atheisten«, das waren zutiefst unmoralische Menschen, die sich über Gott hinwegsetzten. In dieser Wortbedeutung zog der Ausdruck mit dem alteingebürgerten »Ketzer« gleich.

Daß sie von Gott abgefallen waren, bewies nicht nur die Lebenseinstellung von »Atheisten«, sondern auch deren Art, über Gott zu reden. Ein angesehener intellektueller Freidenker, der anspruchsvolle theologische Fragen durchdiskutierte oder zur Unterhaltung der feinen Gesellschaft souverän mit theologischen Konzepten spielte, konnte sich ebensogut den Vorwurf des »Atheismus« einhandeln wie ein heruntergekommener Mann, der Zeitgenossen geradezu an ein triebhaftes Tier erinnerte, das ohne Wissen um Gott sein Dasein fristete. Zu ihnen gesellten sich die seltenen »Atheisten« mit kabarettistischem Talent, die spöttelnd Gott verschmähten.

Die Bezeichnung »Atheismus« ist eine stigmatisierende Fremdetikettierung. Aufsichtspersonen, meist Pfarrer, benutzten sie für Menschen, die ohne Gott lebten, obwohl er existierte. »Atheisten« waren Menschen, die Gott verleugneten, nicht aber leugneten. Vormoderne »Atheisten« bezweifelten nicht systematisch die Existenz Gottes, sie – so der Vorwurf gegen sie – richteten sich nicht nach ihm. Sie handelten insofern mit Gott, als sie zwar gegen Gott aufbegehrten, dabei aber dennoch auf ihn Bezug nahmen. »Atheismus« läßt sich daher als Schimpfwort für zutiefst amoralische Menschen charakterisieren, das seit der zweiten Hälfte des 17. Jahrhunderts Verbreitung findet. Das andernorts auftauchende Stichwort des »Epikuräertums« spielt in Zürich im Zusammenhang mit Blasphemie so gut wie keine Rolle. Als »Epikuräer« scheinen in Zürich Menschen gegolten zu haben, die sich einem noch lasziverem Leben ergaben als »Atheisten«.

Blasphemiker selbst beanspruchten im frühneuzeitlichen Zürich nicht, »Atheisten« zu sein. Der Ausdruck blieb eine Fremdbezeichnung, die nichts über das Selbstverständnis der betreffenden Gotteslästerer aussagt. Keiner der erfaßten Fälle läßt erkennen, daß »atheistische« Gotteslästerer sich auf spezifische Motive oder Intentionen berufen hätten. Ebensowenig ist zu ersehen, daß die theologisch und philosophisch ohnehin desinteressierten »Atheisten« Gedanken über die Existenz Gottes entwickelt hätten, die sie von »normalen« Blasphemikern unterschiede. Aus dem historischen Rückblick trennt »Atheisten« und Blasphemiker nichts inhaltlich Wesentliches.

»Atheistische« Blasphemien werfen ein Licht auf die Religion der Frühen Neuzeit. Sie zeigen, daß es in dieser Welt theoretisch möglich war, Gott wegzudenken. Realität war eine Welt ohne Gott indes nicht. Jedenfalls wagte niemand, eine solche Welt, in der Gott tot war, so laut zu proklamieren, daß die Justiz hellhörig geworden wäre. Wenn es Zürcher gegeben haben sollte, die sich im modernen Sinne als Atheisten bezeichnen ließen, dann sind sie im Verborgenen geblieben. Genauso fehlen Spuren, die darauf hinwiesen, daß Zürcher sich rationalistischen Strömungen der Philosophie angeschlossen hätten. Zürcher scheinen von den philosophischen Diskussionen ihrer Zeit unberührt geblieben zu sein, was sie allerdings nicht daran hinderte, empirisch-rationalistische Argumente anzuführen, um etablierte Aussagen über Gott in Frage zu stellen. Noch waren diese Zweifel jedoch nicht radikal genug, um Gott aufzuheben, so sehr manche einen gottlosen Lebenswandel pflegen mochten. Eine Welt ohne Gott war zwar theoretisch denkbar, eine Lebenswelt ohne christliche Religion aber lag in weiter Ferne. Mit dem »Atheismus« verbanden sich Probleme theologisch-moralischer, nicht theologisch-erkenntnistheoretischer Natur.

e) Gotteslästerung und Gottesbilder

Blasphemien handeln per definitionem von Gott und somit von Gottesbildern. Sie machen daher auf die Gottesvorstellungen ihrer Gesellschaft neugierig. Anhand der Zürcher Beispiele ist es möglich, einen Eindruck vom Gott theologischer sowie obrigkeitlicher Normsetzung zu gewinnen und diesen mit dem Gott blasphemischer Sprechhandlungen zu vergleichen. Ohne die bereits genannten Fälle im Einzelnen zu wiederholen, sei deswegen danach gefragt, welche Ideen sich geistig gesunde wie auch geistig verwirrte Zürcher in der Frühen Neuzeit von Gott Vater, Sohn und Heiligem Geist machten.[305]

---

[305] Ikonographische Gesichtspunkte bilden einen eigenen Untersuchungsgegenstand und sind daher aus der Betrachtung ausgeklammert.

Mit der »Person« des Heiligen Geists hielten sich die Zürcher Gotteslästerer nicht weiter auf und scheinen somit in der Kontinuität des Mittelalters zu stehen.[306] Bezüglich der Trinität beschäftigten sie vielmehr christologische Aussagen am meisten. Einige bissen sich an der Lehre von der zweifachen Natur Christi fest. So leugnete 1634 der theologisch interessierte Wundarzt Jakob Amman die Vorstellung, Christus sei aus der Substanz der Jungfrau Maria geboren worden. Er hielt den Nachgängern vielmehr entgegen, »der Herr habe sÿn fleisch vom Himel gebracht.«[307] Für Amman hatte Jesus stärker an der Gottesnatur als an der Menschennatur teil; dies aber hieß, das Wunder der Menschwerdung Christi zu schmälern. Eine entgegengesetzte Anschauung vertrat 1686 der Fischer Hans Ulmer. Die Anklage gegen ihn lautete, er habe geleugnet, daß Christus von Ewigkeit her existiere und behauptete statt dessen, Christus sei lediglich als gewöhnlicher, vergänglicher Mensch geboren worden.[308] Im Gegensatz zu Amman rückte Ulmer also die Menschwerdung des Gottessohns in den Vordergrund. Die Lehre von den zwei Naturen Christi sorgte offenbar auch in der Frühen Neuzeit für einige Irritationen.

Ebenso reizte das Paradox vom gekreuzigten Gott zum blasphemischem Widerspruch. So vertrat Antonius Besutius in einer der vielen informellen Disputationen 1564 die Anschauung, Christus sei nicht für die Sünden der Menschen gestorben.[309] Ziegler wiederum wunderte sich 1605, warum der allmächtige Gott sich habe ans Kreuz schlagen müssen, um den Menschen von der Sünde zu erlösen.[310] Mit der Omnipotenz Gottes war es wohl doch nicht so weit her. Mit dem Problem der Naturen Christi oder der Allmacht Gottes sprachen Blasphemiker theologische Grundsatzfragen relativ abstrakter Natur an. Freilich fanden nur wenige Blasphemiker an solch theologischen »Abstraktionen« Gefallen. In der Regel konzentrierte sich ihre Aufmerksamkeit auf die konkreten Eigenschaften Gottes, wie die folgenden Beispiele zeigen.

Zum Teil erinnert das Gottesbild, das Blasphemiker benutzten, an den Gott des frühneuzeitlichen Reformiertentums, wie ihn die Forschung im allgemeinen darstellt. Für reformierte Christen sei Gott ein zürnender Gott der Vergeltung, ein strenger, autoritärer Vater gewesen, der sich allerdings als barmherzig erweisen konnte. In theologischen Abhandlungen, Predigten

---

[306] So war Dinzelbacher zufolge der Heilige Geist in der praktizierten Frömmigkeit des Mittelalters »fast abwesend«. P. DINZELBACHER, Religionsgeschichte S. 141.
[307] E. II.8, p. 764, Aussage Jakob Amman, X. 1. 1634.
[308] A. 27.114, Aussage Felix Stauber und Martin Schäppi, 12. 9. 1687.
[309] Vgl. A. 27.25, Fall Antonius Besutius Bericht, ca. 1564.
[310] Vgl. A. 27.51, Aussage Felix Wirt, 15. 6. 1605.

und Katechismen, Sittenmandaten oder Pfarrerberichten läßt sich dieser Gott leicht nachweisen.[311] Blasphemiker griffen auf diesen Gott zurück, wenn sie verbal zu imponieren oder zu drohen suchten. Sie verwiesen auf das Unheil, das der Höchste schon noch über ihre Kontrahenten hereinbrechen lassen werde. Gott sei gerecht, ziehe jeden zur Rechenschaft und strafe konsequent die Fehlbaren.[312] Diese Argumention, von dem die meisten Flüche und Schwüre lebten, ist in der gesamten Frühen Neuzeit anzutreffen. Viel seltener hingegen sind die Fälle, in denen Blasphemiker gegen diesen zürnenden Gott offen rebellierten. Diese Ausnahmeerscheinungen tauchen erst ab Ende des 17. Jahrhunderts auf: Auf die Ermahnungen des Ehegaumer Stapfers, »ob er dan Got nicht auch förchte,« habe Ulrich Schäpi 1697 erwidert, »er förchte Gott nit.«[313] Seine Furchtlosigkeit drückte Jacob Holtz 1723 ebenso klar aus. Auf die Frage, ob er nicht Angst davor habe, angesichts seines Verhaltens in die Hölle zu kommen, habe er erwidert: »wolle dem Satan zu hinderts in den hinderen schliepfen, da er dann vor dem brand wol sicher.«[314] Gott züchtigte hart, so ließen Theologen und Prediger verlauten, doch was kümmerte es Figuren wie Schäpi oder Holtz? Sie ließen sich von den Warnungen nicht abschrecken.

In ihren Suppliken schlugen Blasphemiker naturgemäß einen ganz anderen Ton an. Hier besannen sie sich auf den Topos des gnädigen Gottes, der dem reuigen Sünder vergibt. Entsprechend geläufig waren Verweise auf die Parabel vom verlorenen Sohn oder auf die biblischen Figuren des Petrus oder Paulus.[315] Wie Gotteslästerer sich verbal zu Füßen ihrer Obrigkeit bzw. Gottes warfen, zeigt die mehrere Seiten umfassende Bittschrift Heinrich Bleuwlers von 1656 am eindrücklichsten: »Alls Bekenne ich in mÿnem Herzten mit dem verlorenen son Im Evangelio, daß ich im himell wider die gerechtigkeit Gottes und wider Eüch, mÿn gnedig herrn und vetter, gröblich gesündiget, und ist mÿr von grund mÿnes hertzens Leid, und hab darüber einen hertzlichen und bekümberten Röüwen (wie dem gefallenen Appostell pettero mit biteren bueß threnen und wie dem Bueßfertigen Künig Manaße), zu welchen heilligen und selligen Lüthen zwaren ich armer erden wurm nit

---

[311] Selbstverständlich handelt es sich hier um ein Gesamturteil, das nicht die theologiegeschichtliche Diskussion im Einzelnen nachzuvollziehen beansprucht. Zur Bedeutung der Vergeltungstheologie für reformierte Christen der Frühen Neuzeit aus historischer Perspektive vgl. M. Schär, Seelennöte, S. 177, 248–265; H.R. Schmidt, Ächtung.

[312] Vgl. etwa A. 27.11, Bericht Pfarrer Johan Rudolf Zeller, 31. 1. 1606; A. 27.64, Aussage Caspar Eßßer, 23. 3. 1622; A. 27.112, Aussage Lorenz Honysen, 30. 1. 1682; A. 27.111, Aussage Rudolf Rieder, 8. 11. 1681.

[313] A. 27.120, Aussage Ulrich Schäpi, 18. 6. 1697.

[314] A. 27.135, Aussage Jacob Holtz, 8. 6. 1723.

[315] Vgl. etwa A. 92.3, Supplik Heinrich Bleuwler, X. 9. 1656.

gezelt sol werden, sonder unwürdig urtheilen, eß ist aber das thrichten und thrachten deß menschlichen herzt böß von jugent an. Wir arme mëntschen thrinckend daß böß in uns wie daß waßer und fehlend allesammen. Ja auch der aller grëchtist kan auch strüchlen und fallen eins tags siben mall, wie auch gefallen sind von Anfang der welt här vill fromme und heilige Lüth an Gott und sÿnem heiligen Gesatz. Unverantwortlich vergrifen, Alls Adam und Ewy unßer Ehrsten Eltern mit meßung der verbotenen Frucht, Nohe, der prediger der gerechtigkeit und Bluet schuld, zuglich der Künigkliche proveth davids mit Ehe bruch und Thodschlag, paulus, da er nach saullus geheißen, mit verfolgung der gmeind Gottes, peterus mit drei facher verläügung sÿnes herren und Meister.«[316] Nicht alle Suppliken fuhren derartig schwere biblische Geschütze auf, doch im Prinzip bedienten sich alle derselben Argumentation: Mochte Gott auch zurecht streng sein, den wahrhaft zur Umkehr bereiten Sünder wünschte er nicht zu zertreten, sondern zu erretten.[317] Mit dieser Anschauung standen die Zürcher übrigens nicht allein, die pfälzischen Glaubensgeschwister teilten sie.[318] Zum Gott des zwinglianischen Reformiertentums gehörten also beide Seiten: Härte und Barmherzigkeit.

Mit den obrigkeitlichen Normsetzungen verglichen, ist der Gott der Suppliken eine Vaterfigur mit bereits merklich humaneren Zügen. Der Gott der blasphemischen Sprechhandlungen konnte noch unmittelbarere menschliche Gestalt annehmen; er wurde zum gewöhnlichen Menschen. Besonders deutlich wird dies an den Zweifeln, die Blasphemiker wie Hans Wildermut an der wundersamen Empfängnis Jesu durch den Heiligen Geist hegten. Im Jahre 1543 erklärte Wildermut, Christus sei wie jeder andere Mensch die Frucht eines Geschlechtsakts seiner leiblichen Eltern.[319] Diese Beschreibung der Menschennatur Gottes war jedoch auch für Reformierte zu gewagt.

Dem Gottessohn verliehen die Zürcher Gotteslästerer selten konkrete Züge, Gott Vater hingegen umso mehr. Wie jeder Mensch besaß Gott einen Körper. Die Gliederschwüre des Spätmittelalters spiegeln dies in aller Deutlichkeit wieder. Weitere Beispiele zeigen, wie lebendig bis zum ausgehenden 17. Jahrhundert die Vorstellung von Gott als menschlichem Wesen blieb, obwohl die Gliederschwüre gegen Ende des 15. Jahrhunderts ausstarben. Die-

---

[316] A. 92.3, Supplik Heinrich Bleuwler, X. 9. 1656.
[317] Vgl. etwa A. 92.3, Supplik Uhrenmachermeister Jacob, 10. 8. 1663; A. 92.3, Supplik Abraham Hegi, 8. 9. 1678.
[318] Vogler zufolge vertrat 1593 ein Großteil der Heidelberger Bevölkerung die Vorstellung, Gott sei ein gnädiger Gott. Vom strafenden Gott habe sie nichts wissen wollen. Vgl. B. Vogler, Entstehung S. 181.
[319] A. 27.14, Aussage Hans Wildermut, X. X. 1543.

ser Gott war faßbar, wie ein Wirtshausdialog von 1548 zeigt: »Und wie es hat wellen tagen [der Tag anbrach], hat der müllerknecht das liecht wollen löschen. Das hat der bluntschli nit gewellen unnd hat der eÿgen man [sc. der Wirt namens Eigen] auch geredt, er sölle das liecht lassen hangen, bis das es tag werd. Dem nach hat aber einer das liecht wellen löschen. Do hat der bluntschli gredt: laß das liecht brennen, dann wir wernd gott von himmel verbrennen.«[320] Damit die lächerliche Flamme einer Kerzen- oder Öllampe Gott den Himmel heiß machen konnte, so die metaphorische Implikation Bluntschlis, mußte der Herr in der Tat physisch erreichbar sein.

Die Figur Gottes trug derart konkrete Züge, daß dem Höchsten seelische bzw. körperliche Empfindungen zugesprochen wurden. Der Geselle Hans Benntzighofer etwa mußte sich dafür verantworten, seinen Meister verflucht und dabei gesagt zu haben, er wolle seine Flüche wiederholen, selbst wenn »es Gott Im hÿmel Im hertzen wee thuon sollte.«[321] Wie jeder Mensch war Gott jedoch nicht nur mit einem Herzen, sondern auch mit Augen versehen. Gott brauchte Licht, wollte er nachts etwas sehen. Dies zumindest ist aus einem Vergleich Heinrich Helbings von 1556 zu erschließen. Er erklärte eine Kometenerscheinung damit, daß Gott in der Dunkelheit Licht gebraucht und daher eine »Ampel« in den Himmel gehängt habe.[322]

Nicht nur Herzschmerzen und schlechte Lichtverhältnisse machten Gott zu schaffen. Wie alle Sterblichen mußte auch Gott übermäßigen Alkoholkonsum büßen. Dies insinuierte 1556 Heinig Oswald, als er die Ermahnung in den Wind schlug, nicht noch weiter zu trinken, da sonst »ein untzucht beschëhen möcht,« d. h. er sich übergeben und damit die Gottesgabe des Weins schmähen werde. Frech habe Oswald zurückgefragt, was denn schon daran wäre, Gott übergebe sich doch auch, wenn er zu viel getrunken habe.[323] Doch der Mensch lebt nicht vom Trunk allein, er ißt auch; Gott ebenso. Es war daher verständlich, daß Gott einem Witz von 1658 zufolge seinen schwäbischen Wegbegleiter seiner Eßgelüste überführte.[324] Dieser hatte schließlich die Leber verzehrt, die er mit Gott hatte teilen sollen. Wer wird die List einer solchen kumpelhaften Gottesfigur krumm nehmen wollen, welche die Freuden der Tafel zu genießen weiß?

Folgt man einer anderen blasphemischen Darstellung, scheint der Vater im Himmel auch das Rauchen nicht verachtet zu haben. Dies war jedenfalls die gedankliche Prämisse Jacob Zahnders. Er schlug 1685 seinem Trinkkum-

---

[320] A. 27.16, Aussage Joachim Wyß, Samstag nach Karoli 1548.
[321] B. VI.251, fol. 272, Urteil Hanns Benntzighofer, Donnerstag nach Simon und Judas 1532.
[322] A. 27.159, Aussage Hans Schneberg, X. 3. 1556.
[323] Vgl. B. VI.258, fol. 197, Urteil Heinig Oswald, 6. 4. 1559.
[324] Vgl. A. 27.96, Aussage Johannes Zyder, 6. 1. 1658.

panen vor, den Tabak in drei Teile zu teilen und ergänzte: »der erste handelt von Gott, dem Vater.«[325] Doch die Anthropomorphisierung Gottes ging noch weiter, wie aus dem Beispiel des Hutmachers Schwyzer von 1690 zu ersehen ist. Dieser habe mit Doktor Bochenez disputieren wollen. Um ihn ruhig zu stellen, habe Bochenez Schwyzer die Frage gestellt, »wer zu erst / s[alvo] h[onore]/ in daß waßer geschißen habe?« Der Hutmacher habe keine Antwort zu geben gewußt und Bochenez ihn seiner Unwissenheit wegen verspottet. Schließlich habe Schwyzer den Allmächtigen als des Rätsels Lösung genannt.[326] Die Denkfigur Gottes als Menschen hatte Schwyzer konsequent zu Ende geführt. Wer Genußmittel konsumierte, körperliche Schmerzen empfinden konnte, mußte auch den irdischen Gesetzen des Stoffwechsels unterworfen sein. Dasselbe galt in Bezug auf das Altern. Wenn die Welt aus den Fugen geriet, so wollte Jacob Nägeli 1715 gehört haben, dann weil Gott ein alter Herr sei, der mit seinen 5324 Jahren nicht mehr in der Lage war, die Weltgeschäfte zu führen.[327]

Die Konkretisierung Gottes zu einem menschlichen Wesen beschränkte sich nicht darauf, dem Schöpfer einen Körper zuzuweisen. Bereits die gesetzliche Behandlung der Blasphemie als Injurie zeigt, wie sehr Gott als ein menschliches Wesen mit Ehrkapital gedacht wurde. Die Ehre Gottes war wie die eines Biedermanns zu schützen. Die Vorstellung, daß Gott im Prinzip mit einem gewöhnlichen Mitmenschen vergleichbar war, findet sich außerdem in blasphemischen Sprechhandlungen wieder. So war es möglich, sich Gott als potentiellen Ehemann vorzustellen. Henßler etwa brüstete sich 1648 damit, sich mehr als Gott verdient gemacht zu haben, da er eine Frau geehelicht habe, die Gott niemals zu Frau genommen hätte.[328] Obwohl das erste Gebot auch den Christen verbietet, sich von ihm ein Bildnis zu machen, wurde Gott also eindeutig als Figur männlichen Geschlechts gedacht. Dies unterstreicht ein weiterer blasphemischer Vergleich aus dem Jahre 1688. In einer angeheiterten Wirtshausrunde brach Jagli Wollenweider aus Augst in die Worte aus: »Er seige des Huren so rein als Unser Herr Gott.«[329]

Wie ein Sterblicher konnte jedoch Gott nicht nur als potenter, sondern auch als angreifbarer, keineswegs allmächtiger Mann hingestellt werden. Gott vermöge nicht alles zu übersehen. Deswegen, so behauptete Jacob Kuntz 1726, riskiere er nichts, wenn er ein wenig Magie treibe. Gott habe von seinen Versuchen nichts erfahren und werde ihn daher auch nicht be-

---

[325] A. 27.113a, Aussage Jacob Zahnder, 20.3.1685.
[326] Vgl. A. 27.119, Aussage Eva Engel, 21.11.1690.
[327] Vgl. A. 27.130, Aussage Jacob Nägeli, 26.6.1715.
[328] Vgl. A. 27.87, Schreiben Pfarrer Waser, 4.2.1648.
[329] A. 27.117, Aussage Hans Weiß, 21.8.1688.

strafen.[330] Noch respektloser erwies sich 1737 Andreas Schultheß. Er hatte sich an einer Wirtshausschlägerei beteiligt und dabei kräftig geschworen und geflucht. Die Frage, ob er nicht Gott im Himmel fürchte, habe er verneint und entgegnet: »Man soll ihm ihn hinuntergeben, Er woll ihm den Hinteren ertätschlen.«[331] Als weltlicher Kontrahent war dieser Gott buchstäblich zum Greifen nah. Statt ihn in seinem entfernten Himmelreich zu belassen, provozierte Schultheß nach den Gesetzen des Ehrhandels: Er stellte sich gleichsam vor Gottes Haus und versuchte, ihn durch eine beleidigende Geste zur Auseinandersetzung zu zwingen. Schultheß handelte in seiner verbalen Kraftmeierei, als ob kein Unterschied mehr zwischen Gott und einem diesseitigen Konfliktgegner bestünde.

Eine eigene Problematik stellen die Gottesbilder der als geisteskrank erachteten Gotteslästerer dar. Sie entwickelten durchaus eindrückliche Allmachtsphantasien, wie der bereits erwähnte Jaggli Gugenbül zeigt. Er, der die zehn Gebote, das Vaterunser, das Ave Maria wie das Credo beherrschte, behauptete, die Marienstatue zu Einsiedeln verstehe ihn, denn Maria habe ihm Gewalt auf Erden gegeben. Er »sÿe wahrer Gott und mentsch, darumb dz [daß] er von Gott Vater und muter Maria geboren.« Im Kloster zu Kappel habe er, so das Verhör vom Februar 1598 weiter, Tische und Weinfässer umgestoßen, weil dort Waren gehandelt würden.[332] Gugenbüls Anlehnungen an Jesus Christus sind eindeutig. Wie die Darstellung der Kappeler Klosterszene die Vertreibung der Händler aus dem Tempel (Mt 21,12–17) nachahmte, so übertrug Gugenbül mit dem Anspruch, zugleich wahrer Mensch und wahrer Gott zu sein, d.h. das Dogma der zweifachen Natur Jesu auf sich. Im Verhör vom März führte der Geisteskranke seine krausen Vorstellungen von einer heiligen Fünfeinigkeit weiter aus: »Dann er [sc. Gugenbül, der Heilige Geist, der Vater ?] sÿge d[er], dem alles gehorsam und underthan sÿn müße. Er habe alles geschaffen und v[er]möge al[le]s. Item so khönne und wüße er ouch al[le]s und khönne es denocht nit und khöns nüt destminder. Zuodem, was sÿn sÿge, das sÿge auch sÿnes vaters und muoter Maria […] und wer Ime [sc. Gugenbül] anbäte, bäte auch sÿ [sc. den Vater und Maria] an, dann Christus sÿge sÿn vat[ter] und muoter Maria sÿn Muot-[ter]. Item so habe er auch 5 sessel [sc. einen für den Vater, eine für Maria, einen für deren Vater, einen für den Heiligen Geist und einen für sich. Es gebe also eine Fünfeinigkeit]. So sÿge der himel sÿn sessel, das fägfhür sÿn handtzwechelen, die hell sÿn fuoßwasser, der umbkreis d[er] welt sÿn fuoß-

330 A.27.137, Bericht Pfarrer Diebolt, 29.9.1726.
331 A.27.145, Aussage Jacob Kuentz, 28.5.1737.
332 A.27.47, Aussage Jaggli Gugenbül, 15.2.1598.

schemel [...] Item habe er auch den Wind gemacht. [Er werde 12 weitere
Jahre gutes Wetter machen, solange man] Ime ghorsam sÿge und Ime gloube.
Ob man Inn glÿch tödte, wurde allein dz [das] fleisch lÿden und für dz [das]
gantz mentschlich gschlecht, dann B[ruder] Clauß habe von Im gwÿssaget,
man werde Inne enthaupten.«[333] In seinen Allmachtsphantasien erhob sich
Gugenbül zwar zu einer Gottheit, doch setzte sich der Geisteskranke wohl-
gemerkt nicht an die Stelle Gott Vaters, Jesu Christi oder des Heiligen
Geists. Er blieb »bescheiden« und wähnte lediglich, der Sohn Mariens und
Jesu Christi zu sein. Er ersetzte also nicht Teile der Dreieinigkeit, sondern
erweiterte sie zu einer Fünfeinigkeit.

Meinte Gugenbül ein gottähnliches Wesen zu sein, dem die Welt zu Füßen
zu liegen hatte, setzten Conrad Huser und Jacob Redinger mit ihren All-
machtsvorstellungen etwas niedriger an. Huser warf dem Landvogt mit Bezug auf das Gleichnis vom ungerechten Richter (Lk 18) vor, sein Amt
schlecht zu versehen. Er streite mit ihm wie Kain und Abel, doch Gott, die
Engel und die zwölf Apostel seien auf seiner Seite. Außerdem habe er Stimmen gehört, die ihm verkündigt hätten, daß nunmehr die Heiligen kämen,
um das Jüngste Gericht zu vollziehen. Er, Huser, werde auch zu den Richtern gehören.[334] Die Kommentierung der Nachgänger ist wohl zutreffend:
Huser habe ungereimte Antworten gegeben, sei »jedoch darbÿ wol bläßen
und vil wüßens.«[335] Wie Gugenbül war Huser mit der Bibel vertraut. Er
wußte in seiner Kritik an dem Vogt das entsprechende Lukaskapitel genau
anzugeben. Im Unterschied zu Gugenbül aber sah er sich nicht selbst als
Gottheit. Er beschied sich mit der Ankündigung, in einer nahen Zukunft im
Auftrag Gottes über die Menschheit zu richten.

Ein anderer, der im Auftrag Gottes zu handeln vermeinte, war der ehemalige Pfarrer Hans Jakob Redinger. Nach seiner Ordination im Jahre 1641
diente er in Piemont und Katalonien als Feldprediger. Fünf Jahre später trat
er in Dietikon-Urdorf eine Pfarrstelle an. Nach einer Unterbrechung durch
eine Gefangenschaft im Rapperswiler Krieg leitete er sein Pfarramt weiter,
bis er 1656 wegen auffälligen religiösen Eifers entlassen und des Landes verwiesen wurde. Er zog nach Amsterdam, wo er sich A. Comenius anschloß,
um 1658 bis 1664 das Gymnasium im pfälzischen Frankenthal zu leiten.
Doch auch hier führten seine Prophetien zur Entlassung. Anschließend versuchte er vergeblich, die Offenbarungen des Comenius in Bern, Zürich, beim
Großvizir im türkischen Heerlager nahe Neuhausel und am französischen

---

[333] A. 27.47, Aussage Jaggli Gugenbül, 15.3.1598.
[334] A. 27.76, Aussagen Conrad Huser, 22.2.1636 und 3.3.1636.
[335] A. 27.76, Aussagen Conrad Huser, 22.2.1636 und 3.3.1636.

Hof zu verbreiten. Im Jahre 1665 wurde er schließlich von der Pfalz endgültig nach Zürich abgeschoben. Dort sollte er nach einem erneutem Pariser Intermezzo zeitlebens bleiben. Bald aber setzte ihn der Rat gefangen. Aufgrund eines Traktats und der Klage seiner Frau vor dem Ehegericht wurde er 1666 festgenommen und bis zu seinem Tod 1688 im Spital – teilweise »an Banden« – verwahrt.[336] Dieser belesene Redinger nun erregte dadurch Aufsehen, daß er von sich behauptete, Gott habe ihn »als einen Bott mit briefen ausgesendet zu Christen, Juden und Türken. Die Türken und Juden, so Redinger weiter, hatend die brieffe mit grosser ehrerbietung und ver wunderung gelesen [...] Die Papisten sind ab den brieffen erschrocken, und haben erstaunet nachgeforschet ... Sie sind gleichfals bereit, von den abgoetlichen Römischen Babel auszugahn. Allein die Evangelische Scheinchristen haben laeider! laeider! laeider! die brieffe, und mit den brieffen, den Herren selbs verachtet, verworffen, geschmaecht, gelesteret«.[337] Mit einer Unmenge solcher seitenlanger Ausführungen sollte Redinger den Rat über die nächsten Jahre behelligen, bis dieser der Schriften überdrüssig wurde und wiederholt verbot, den Spitalinsassen mit Schreibmaterialien zu versorgen.[338] Es ist hier nicht der Ort, der komplexen Krankenkarriere Redingers nachzugehen. Allein dessen »Phantasÿen und Traumsachen« sollen interessieren.[339] Redinger wähnte, ein Prophet zu sein, der als Gottesbote die wahren Prinzipien der Religion zu verkünden hatte. Wenn er auch meinte, die Menschheit retten zu müssen – er hatte tatsächlich in Bern Protestanten, am französischen Hof »Papisten«, über den Großvizir »Türken« für seine Sache zu gewinnen

---

[336] Vgl. (mit falschen Angaben zur Verhaftung Redingers) Historisch-Biographisches Lexikon, Bd. 5 S. 556. Zu den ständigen Verhandlungen, die der Fall im Rat erforderte, vgl. die vielfältigen Einträge im Ratsmanual der Jahre 1666–1670. Bereits diese Kurzbiographie verdeutlicht, um was für eine schillernde Figur es sich bei Redinger handelt. Das reiche Aktenmaterial, das während der jahrelangen und regen Schrifttätigkeit Redingers wie seiner Verwandten entstanden ist, füllt mehrere Kartons im Staatsarchiv. Auch in der Zentralbibliothek sind zahlreiche Dokumente von Redinger erhalten, die eine eigene Auswertung verdienten. Die Hinweise Katalin Némeths auf die Zeugnisse vorrangig des Philologen Redinger, über die das Staatsarchiv verfügt, erfassen nur einen Bruchteil der vorhandenen Dokumente (vgl. K. S. NÉMETH, Neue Funde aus dem Nachlass von Johann Jakob Redinger, in: Daphnis. Zeitschrift für Mittlere Deutsche Literatur 26. 1997 S. 519–523). Bislang sind meines Wissens die Quellen, die besonders aus Sicht einer patientenorientierten Psychiatriegeschichte lohnend wären, allein von Aline Steinbrecher ansatzweise aufgearbeitet worden. Angesichts der Quellenmassen beschränken sich die folgenden Ausführungen auf die Selbst- und Fremdwahrnehmung Redingers als Gotteslästerer.

[337] E.I.10.5, Traktat Redinger, beigelegt einer Akte vom 16.12.1667.

[338] Vgl. etwa B.II.547, p. 91, Eintrag Jacob Redinger, 6.11.1666; B.II.551, p. 113, Eintrag Jacob Redinger, 19.10.1770.

[339] So die zeitgenössische Einschätzung in B.II.535, p. 37, Eintrag Jacob Redinger, 13.8.1666.

gesucht – , so maßte sich Redinger nicht an, den Untergang der Welt vorherzusagen oder ebenbürtig an Gottes Seite zu sitzen. Vielmehr verfolgte der ehemalige Pfarrer, dessen Suppliken vor Verweisen auf die Bibel und das humanistische Bildungsgut strotzen, in seinem missionarischen Wahn das Ziel, in einem Zeitalter der konfessionellen Abgrenzungen die Weltreligionen miteinander zu versöhnen.

Im krassen Gegensatz zu solchen Allmachtsphantasien stehen die eher depressiven Wahnvorstellungen eines Jacob Jörgs. Dieser drohte, sich 1661 in die Luft zu sprengen, und klagte, »er seig von Got verlaßßen,«[340] der Teufel bestimme über ihn.[341] Dieses Lebensgefühl scheint Hans Schmidt aus Illnau mit Jörg geteilt zu haben. Pfarrer Johann Oschwaldt berichtete 1682, »daß d[er] gerechte Got seine handt nach viler anzeigung merklich von Ihme [sc. Schmidt] abgezog[en].[342] Schmidts melancholische wut habe den Angeklagten in schröckliche lästerung undt flüch wie auch abscheüchliche verzweiflungs-wort« getrieben, und zwar nicht zum ersten Mal. Bereits fünf Jahre zuvor habe Schmidt behauptet, er warte darauf, vom Teufel geholt zu werden. Ließe dieser auf sich warten, werde er sich erhängen. Ferner habe im vergangenem Winter Schmidt »von den gaaben Gottes, sond[er]bar dem lieben brodt, lästerlich geredt [...], als da es in dem backen etwz braun worden, Es sehe auß, als wann es dem Teüffel vom Karren gefallen.«[343] Der Zustand Schmidts habe sich über die Jahre derart verschlechtert, daß er selbst in des Pfarrers Gegenwart Blasphemien ausstoße. Während also Schmidt in seiner Wahrnehmung erlebte, daß der Satan zunehmend Herr über sein Leben wurde, also Gott seine fürsorgliche Hand immer mehr zurückzog, konnte der Geistliche nicht nachvollziehen, daß sein Pfarrkind sich dem bösen Feind hilflos ausgesetzt sah. Im Rückblick interpretierte er statt dessen, Schmidt sei »ein böser Bub von jugendt auf geweßen.«[344] Daher sei es nicht verwunderlich, so wohl der weitere implizite Gedankengang des Pfarrers, daß ihn seine »Melancholie« und moralische Verwerflichkeit auf blasphemische Abwege geführt hatte. Aus der Sicht Oschwaldts war Schmidt eine verdorbene Seele, die seit mehreren Jahren herumirrte und die öffentliche Ordnung störte. Auf die subjektive, existentielle Erfahrung Schmidts, dem Teufel ausgeliefert zu sein, vermochte der Pfarrer nicht einzugehen. Da bewies die Tochter des bereits vorgestellten Heinrich Halbherrs mehr psychologisches Fingerspitzengefühl, als sie dessen »Schwermut«, in der ihr Vater

---

340 A. 27.98, Aussage Jacob Jörg, um 16.1.1661.
341 Vgl. A. 27.98, Aussage Bernhart Öri, X. 1. 1661.
342 A. 27.112, Bericht Pfarrer Johann Oschwaldt, 30. 5. 1682.
343 A. 27.112, Bericht Pfarrer Johann Oschwaldt, 30. 5. 1682
344 A. 27.112, Bericht Pfarrer Johann Oschwaldt, 30. 5. 1682

lebte und die ihn alle Hoffnung hatte aufgeben lassen, mit einem Schicksals-
schlag erklärte. Doch ihre Erklärung spielte im weiteren Verfahren keine
Rolle. Die Pathologisierung von Blasphemikern, die sich über die gesamt
frühe Neuzeit erstreckt und nicht auf das 18. Jahrhundert datieren läßt,[345]
ging nicht mit deren Psychologisierung einher.

* * *

Wie theologische Abhandlungen, Predigten, Katechismen oder Kunstwerke
vermitteln Blasphemien einen Zugang zu den Gottesvorstellungen einer Gesellschaft. Doch unterscheiden sich die Gottesbilder je nach Quellengattung.
Wer allein Quellen aus dem Bereich der normativen Vorgaben wählt, engt
den Blick auf theologisch und rechtlich geprägte Ausdrucksformen ein und
schließt somit den Gott des alltäglich gelebten Glaubens bzw. Unglaubens
aus.

Der frühneuzeitliche Gott des Zwinglianismus ist ein zürnender Gott, der
jederzeit Vergeltung üben kann. Ob in Sittenmandaten, in theologischen
Schriften oder in kirchlichen Verlautbarungen, immer wieder wurde der
strafende Gott beschworen. Eben diesen Gott führen Historiker an, wenn
sie von der disziplinierenden Wirkung des Reformiertentums auf die Bevölkerung sprechen. Sie neigen dabei dazu, aus dem Auge zu verlieren, daß der
strenge Richter sich auch als barmherziger Vater erweisen konnte. Zwar
setzten also vergeltungstheologische Argumente auf disziplinierende Effekte, diese schlossen aber die Chance zur Versöhnung der Verlorenen mit Gott
ausdrücklich ein.

Die Zürcher Blasphemien verraten nur wenig über die Gottesvorstellungen
ihrer Zeit. Auffällig ist, wie anthropomorph Gott in der gesamten Frühen
Neuzeit gesehen wird. Bis zum Ausgang des 17. Jahrhunderts überwiegen
Verweise auf die Körperfunktionen eines menschengleichen Gottes männlichen Geschlechts. Zweifel an der zweifachen Natur Christi bleiben einer
Minderheit theologisch interessierter Blasphemiker vorbehalten. Die Figur
des Heiligen Geistes wird überhaupt nicht angeführt.

Um die Mitte des 17. Jahrhunderts zeichnet sich parallel ein weiterer
Trend ab, der im 18. zum Durchbruch gelangt. Gott wird zum gewöhnlichen
Mitmenschen, dessen Ehre einem Biedermann vergleichbar stets auf dem
Spiel steht. Sicher, dieser despektierlich betrachtete Gott wird nicht dem
Gott der frommen Gläubigen entsprechen. Daß aber Blasphemiker ihrem

---

[345] Die Zürcher Fälle widersprechen also der These van Dülmens, erst der Einschnitt der Aufklärung habe bewirkt, daß Gotteslästerung im 18. Jahrhundert zunehmend als Ausdruck geistiger Verwirrung verstanden worden sei. Vgl. R. v. DÜLMEN, Wider die Ehre Gottes S. 36.

Gott derart menschliche Züge verliehen, setzt voraus, daß auch den guten Christen die Anthropomorphisierung Gottes geläufig war, sie also die Regeln des »Sprachspiels« (im Sinne L. Wittgensteins) kannten. Hätten die blasphemischen Sprechhandlungen nicht an Denkmuster ihrer Zeit angeknüpft, hätten sie keinen Sinn ergeben. Nimmt man also blasphemische Äußerungen als Negativabbild der Gottesvorstellungen ihrer Zeit, erscheint für frühneuzeitliche Christen Gott als ein konkreter, lebensnaher Gott. Dieser weicht stark vom abstrahierten Herrn theologischer Konzeptionen und obrigkeitlicher Normsetzungen ab.

Der Wandel der Gottesbilder im frühneuzeitlichen Zürich gibt einige Rätsel auf. Gehen im Spätmittelalter die Gliederschwüre, die auf den Körper Gottes verwiesen, verloren, heben bis ins 17. Jahrhundert andere Blasphemien vielfach auf die körperlichen Funktionen Gottes ab. Die Gründe für die widersprüchliche Entwicklung sind unbekannt. Auch verlieren an der Wende zum 18. Jahrhundert Blasphemiker immer mehr die Achtung vor Gott. Sie handelten mehr und mehr mit ihm wie mit einem gewöhnlichen Menschen. Wie im vorherigen Kapitel zu sehen war, verzichten aber Gotteslästerer nunmehr gleichzeitig darauf, Gott als Witzfigur hinzustellen. Gott wird einerseits als Biedermann »bürgerlich« konkretisiert und damit degradiert, andererseits dem Spott entzogen und damit tendenziell sakralisiert. Auch hier lassen sich gegensätzliche Entwicklungen feststellen, nicht aber erklären.

Bislang fällt es der Forschung schwer, sich von der Vorstellung des zürnenden Gottes des Reformiertentums zu lösen. Es wäre falsch, diesen Gott leugnen zu wollen. Er ist in den normativen Quellen allgegenwärtig. Doch neben diesem Gott der Vergeltung, der die Disziplinierung der Untertanen vorantreibt, existieren weitere Gottesvorstellungen, die kaum als Motor der Disziplinierung gedient haben dürften. Um nach der Wirkung von Gottesbildern auf die Verhaltensweisen frühneuzeitlicher Bevölkerungen zu fragen, wäre es daher wichtig, das Nebeneinander vielfältiger, teilweise widersprüchlicher Gottesbilder besser kennenzulernen. Doch hier setzen die Zürcher Blasphemien klare und überdies enge Grenzen. Sie befriedigen die von ihnen geweckte Neugier nicht.

Aufgrund der Wahnvorstellungen von geistig erkrankten Blasphemikern auf die Religion ihrer Zeit zurückzuschließen, ist ein äußerst heikles Unterfangen. Dennoch sind Beobachtungen allgemeiner Art möglich, die nicht mit dem – ohnehin zum Scheitern verurteilten –[346] Versuch einer retrospektiven

---

[346] Zur Problematik der beliebten »arm chair diagnosis« aus medizinhistorischer Sicht vgl. K.-H. LEVEN, Krankheiten. Historische Deutung versus retrospektive Diagnostik, in: N. PAUL/T. SCHLICH Hg., Medizingeschichte. Aufgaben, Probleme, Perspektiven. Frankfurt/Main 1998 S. 153 -185.

psychiatrischen Diagnose zu verwechseln sind. Auffälligerweise ging keiner der geistig verwirrten Gotteslästerer so weit, die Stelle Gottes zu usurpieren. Der in seinen Allmachtsphantasien extremste unter ihnen, stellte sich zwar Gott an die Seite, stieß ihn aber nicht von seinem Thron. Auch in umgekehrter Richtung hatte der Größenwahnsinn seine Grenzen. Niemand erhob den Anspruch, ein mächtiger Gegenspieler Gottes wie etwa der Satan persönlich zu sein. Wenn Blasphemiker Allmachtsphantasien entwickelten, dann sahen sich die Betreffenden als rechte Hand Gottes, in dessen Auftrag sie die Menschheit retteten bzw. richteten. Auf eine andere Macht beriefen sich diese Blasphemiker in ihrem religiösen Eifer nicht. Es scheint, daß in der Frühen Neuzeit Gottes Stellung als patriarchalischer Monarch – von den bereits erwähnten Rebellen gegen Gott abgesehen – recht unangefochten war. Selbst für Menschen, welche die Kontrolle über sich verloren hatten und dabei zum Teil weiterhin auf ihre gründlichen Bibelkenntnisse zurückgriffen, war Gott nicht um- bzw. wegzudenken. Freilich stand der Grundüberzeugung, Gott regiere die Welt, die Vorstellung gegenüber, der Satan treibe jederzeit und überall sein Unwesen. Die depressiv veranlagten Gotteslästerer sprachen wohlgemerkt nicht von wunderlichen Wesen, die sie traktierten, sondern klagten darüber, daß der Teufel über sie herrsche bzw. Gott sie verlassen habe. Hier kamen Argumentationsmuster zum Ausdruck, die auch gesunde Blasphemiker verwandten. Offensichtlich verfügten psychisch angeschlagene Personen – genauso wie »normale« Blasphemiker – allein über ein beschränktes Repertoire, mit dem sie existentielle Krisenerfahrungen in Worte zu fassen vermochten. Keiner von ihnen entschwebte in eine völlig realitätsfremde Welt individueller, frei erfundener Phantastereien. Vielmehr war die Religion ihrer Zeit derart prägend, daß für Alternativentwürfe zur christlichen Deutung der Welt kein Raum war.

III. Historischer Wandel
und konfessioneller Vergleich

1. Zürcher Gotteslästerung im historischen Wandel

Vom Spätmittelalter bis zum Ende des Ancien Régime durchzieht das Thema Gotteslästerung Gesetzgebung und Rechtsprechung. Angesichts dieses Zeitraums von dreihundert Jahren drängt sich die Frage nach den Kontinuitäten und Brüchen in der Entwicklung der Blasphemie auf. Hierbei sind zweierlei Perspektiven zu unterscheiden. Die Untersuchung der Verfolgungsphasen des Tabubruchs gibt nicht über das Ausmaß des Delikts Auskunft, sondern über die Sensibilität, mit der Gesellschaft und Justiz auf blasphemische Vorfälle reagierten. Neben den Veränderungen in der zeitgenössischen Einschätzung des gerichtlichen Handlungsbedarfs steht die Betrachtung der blasphemischen Sprechhandlungen selbst. Die Frage, wie sich diese – allgemein und nach ihren *species* differenziert – in Form und Inhalt wandelten, ist bis hierher nur angedeutet worden. Auch die Frage, nach welchen Kriterien Gotteslästerung kategorisiert wurde und in welchem Verhältnis die Sprachpraxis zur theologischen Betrachtung der Gotteslästerung standen, konnte bislang nur angeschnitten werden. Daher seien die bisherigen beiläufigen Bemerkungen in Hinblick auf die historische Dynamik der Gotteslästerung in ihren gewöhnlichen und außergewöhnlichen Erscheinungsformen systematisiert und an weiteren Beispielen ergänzt.

Ein charakteristisches Merkmal für den historischen Wandel von Blasphemie ist deren Verfolgungsgrad. Wenngleich die folgende Graphik aus quellenbedingten Gründen kein statistisch gesichertes Bild zeichnet, läßt sie Tendenzen erkennen.[1]

---

[1] Aus der Masse der *Kundschaften und Nachgänge* die Gotteslästerungsfälle herauszufiltern und diese konsistent nach Kategorien zu erfassen, bedeutete einen immensen Arbeitsaufwand. In Zürich haben glücklicherweise Archivare des 19. Jahrhunderts solide Vorarbeit geleistet, als sie das sogenannte Blaue Register erstellten. Es verzeichnet die gerichtlichen Vorgänge nach ihrem Betreff, wobei die damalige Numerierung der Aktenstücke aufgrund einer späteren Umorganisation des Bestands hinfällig und das Register somit als Hilfsmittel zur gezielten Suche nach

Graphik 2: Gotteslästerliche Reden ZH 1481–1540: Trend

Fälle absolut

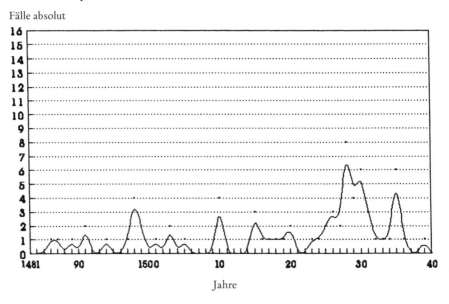

Jahre

Gotteslästerliche Reden ZH 1601–1660: Trend

Fälle absolut

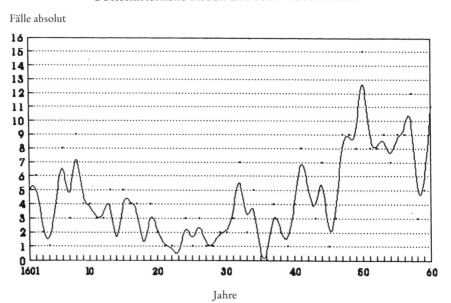

Jahre

Gotteslästerliche Reden ZH 1541–1560: Trend

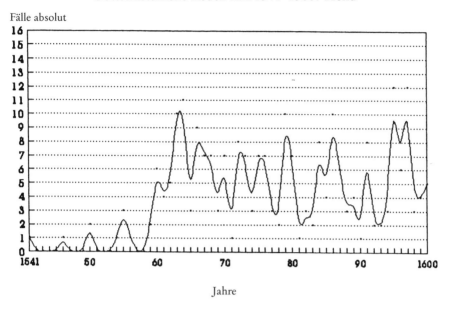

Fälle absolut

Jahre

Gotteslästerliche Reden ZH 1661–1720: Trend

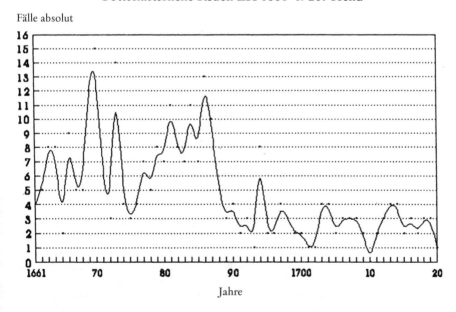

Fälle absolut

Jahre

„Blaues Register" (Katalog 102–195)

Graphik 3: Bevölkerungsentwicklung Zürich
Stadt und Landschaft

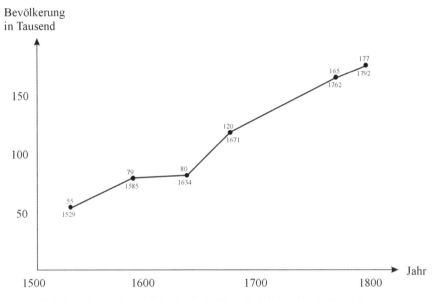

M. Irniger, Landwirtschaft S. 85–87; O. Sigg, 17. Jahrhundert S. 284, 318

Der quantitative Stellenwert der Blasphemieverfolgung läßt sich nur aus der Kombination der absoluten Verfolgungsraten mit der Entwicklung der Bevölkerungszahlen bestimmen. Ungeachtet der Tatsache, daß die entsprechenden Hochrechnungen schwanken, läßt sich das Bevölkerungswachstum, wie in der vorherigen Graphik 2, in groben Zügen beschreiben.[2]

Schälen sich auf dem Berner Land die Jahrzehnte von 1600 bis 1615, 1640 bis 1670/90 und 1715 bis 1735 als Phasen erhöhter religiöser Delinquenz

---

spezifischen Aktenstücken nahezu wertlos geworden ist. Trotzdem erweist das Register gute Dienste, wenn es darum geht, die quantitative Entwicklung von Delikten abzuschätzen. Wie Stichproben ergaben, haben die Archivare verläßlich gearbeitet. Sie halten sich in ihren Deliktkategorisierungen recht konsequent an die Quellenbezeichnungen und führen zudem nicht jede einzelne Akte, sondern jeden einzelnen Fall als in sich geschlossenen Aktenvorgang auf. Dank dieses Vorgehens können die Daten zur Rubrik »gotteslästerliches Reden« als verhältnismäßig zuverlässig gelten, wenn auch anzunehmen ist, daß die Rubrifizierung der Akten nicht immer konsistent erfolgt ist.

  [2] Zur Problematik der Schätzwerte vgl. M. IRNIGER, Landwirtschaft S. 87.

heraus,[3] heben sich in Zürich bei der Verfolgung der Gotteslästerung ebenfalls drei, zeitlich aber teilweise differierende Phasen ab: Die Zahl der blasphemischen Fälle steigt in der Reformationszeit etwas an. Die gerichtlichen Aktivitäten konzentrieren sich auf die Jahre von rund 1560 bis 1610 zum einen und 1650 bis 1690 zum anderen, um anschließend – mit Bern vergleichbar – deutlich zu sinken. In Anbetracht der Bevölkerungsentwicklung erklären sich diese zwei Hauptphasen der Verfolgung nicht aus der parallelen Zunahme der Bevölkerung. Korrelierten Bevölkerungszahl und Rate der gerichtsnotorischen Blasphemiefälle, müßten die Verfolgungsquoten kontinuierlich steigen und dürften im 18. Jahrhundert nicht auf den Stand der Reformationszeit zurückgehen. Also müssen andere Faktoren für den Konjunkturverlauf verantwortlich sein. Es ist naheliegend, der These zu folgen, deviantes Verhalten werde in Krisenzeiten, in denen der soziale Stress steigt, schlechter toleriert bzw. schärfer verfolgt. Auch die Reformation als einer kritischen Zeit des Umbruchs ist ein verlockendes Erklärungsmodell. Im Falle Zürichs lassen sich Argumente sowohl für als auch gegen diese Krisentheorien anführen.

Den ersten deutlichen Anlauf zur Verfolgung von Gotteslästerern unternahm die Zürcher Justiz in den Jahren 1526 bis 1536. Bis sie entschieden durchgriff, sollten indes nochmals dreißig Jahre vergehen. Die Reformation hatte offenbar nicht mehr als einen Startschuß zur Ahndung von Gotteslästerern gegeben. Dieser verhallte auch bald, obwohl die verantwortlichen Instanzen zur Verfügung standen und entsprechende Mandate erlassen waren. Die – auch in Bern zu beobachtenden –[4] »Startschwierigkeiten« dürften daher nicht so sehr mit institutionellen Problemen der Sittenzucht in Verbindung stehen. Vielmehr scheint es es einer Generation bedurft zu haben, bis die normativen Vorstellungen der Obrigkeit die Bevölkerung erreichten.

Die große Verfolgungswelle von 1560 bis 1610 umfaßt schwierige Zeiten. Von 1529 bis 1585 hatte sich die Bevölkerung nahezu verdoppelt, die Bodenpreise stiegen bei annähernd stabilen Löhnen um mindestens das Fünffache, die Verknappung der Ressourcen war deutlich zu spüren. Die Verschlechterung des Klimas um 1570 trug dazu bei, daß die letzten drei Jahrzehnte des 16. Jahrhunderts Not mit sich brachten. Hunger charakterisierte das Jahr 1571, Mißernten suchten 1585–89 und 1594–97 die Zürcher heim, das Problem der Armut verschärfte sich in den 70er und 80er Jahren.[5] Es

---

[3] Vgl. H. R. SCHMIDT, Dorf, S. 146.

[4] Denselben Verzögerungseffekt stellt Schmidt fest, der darauf hinweist, daß die erste Berner Verfolgungsphase von 1600/1615 auf die Chorgerichtssatzung von 1587 folgte. Vgl. H. R. SCHMIDT, Dorf, S. 147.

[5] Vgl. M. IRNIGER, Landwirtschaft S. 86; H. STUCKI, 16. Jahrhundert S. 226 f.

scheint also viele gute Gründe zu geben, die erhöhte Aktivität der Justiz mit Krisenfaktoren in Verbindung zu bringen.

Trotz der unstrittigen Krisenerscheinungen in den Jahrzehnten der ersten bedeutenden Verfolgungswelle sprechen gewichtige Einwände gegen die Krisentheorie: Die Agrarkrise hielt weit über den Anfang des 17. Jahrhunderts hinweg an; sie lief erst in den 1730er Jahren aus.[6] In diesem Zeitraum aber erfolgt – bei anhaltend angespannter landwirtschaftlicher Lage – ein erneuter Auf- und Abschwung in der Verfolgung von Blasphemikern. Hierbei ist zu bedenken, daß die Zürcher Gebiete lokal und regional in sehr unterschiedlichem Maße von der Krise betroffen waren.[7] Blasphemische »Agglomerationen« indes, die in diesen geschädigten Zentren zu erwarten wären, sind nicht zu erkennen. Ferner werden die drei Pestzüge von 1610 bis 1636 zur Katastrophenstimmung, die angesichts europäischer Kriege und ungewöhnlicher Naturerscheinungen Anfang des 17. Jahrhunderts geherrscht haben soll,[8] beigetragen haben; sie fallen aber genau in eine Phase, in der Gotteslästerer seltener gerichtlich belangt wurden. Gegen das Argument der Agrarkrise schließlich steht das des protoindustriellen Aufschwungs des ausgehenden 16. und beginnenden 17. Jahrhunderts. Sicherlich läßt sich »Protoindustrialisierung« schlecht gegen »Agrarkrise« verrechnen, doch verdeutlicht gerade dieser Umstand, wie unangemessen Gleichungen sind, die Krisenerscheinungen direkt mit erhöhter Intoleranz gegenüber Normbrüchen verknüpfen.

Die gleiche Feststellung gilt bezüglich der zweiten markanten Verfolgungsphase von 1650 bis 1690. Für die Krisentheorie ließen sich der Große Schweizer Bauernkrieg von 1653,[9] der vierte Pestzug von 1667, die Depression im Textilgewerbe, die Stagnation in Handel und dem Gewerbe der 80er sowie die Klimaverschlechterung der ausgehenden 80er und 90er Jahre anführen.[10] Doch auch hier lassen sich gewichtige Einwände gegen die Krisentheorie erheben:[11] Die erheblichen regionalen und lokalen Unterschiede schlagen sich nicht in den Verfolgungen nieder. Das Hungerjahr von 1692, die Kleine Eiszeit, die bis 1701 anhielt, sowie der zweite Villmerger Krieg 1712 lösten keine erhöhte Aktivität gegen Gotteslästerer aus. Umgekehrt er-

---

[6] Vgl. M. IRNIGER, Landwirtschaft S. 84–88.

[7] Vgl. M. IRNIGER, Landwirtschaft S. 87.

[8] Vgl. O. SIGG, 17. Jahrhundert S. 284 f.

[9] Auf diesen Zusammenhang verweist H. R. SCHMIDT. Vgl. H. R. SCHMIDT, Dorf, S. 148.

[10] Vgl. F. LENDENMANN, wirtschaftliche Entwicklung, 147 f.; O. SIGG, 17. Jahrhundert S. 284, 289. Einschlägig für die metereologischen und demographischen Daten in der Schweiz außerdem C. PFISTER, Das Klima der Schweiz von 1525–1860 und seine Bedeutung in der Geschichte von Bevölkerung und Landwirtschaft, 2 Bde. Bern 1984.

[11] Vgl. F. LENDENMANN, wirtschaftliche Entwicklung, 148 f.; O. SIGG, 17. Jahrhundert S. 288, 318; C. ULRICH, 18. Jahrhundert S. 373.

lebte die Textilproduktion, die das Zürcher Gewerbe dominierte, um 1700 einen Aufschwung, ohne daß gleichzeitig ein Abbau des sozialen Stresses oder ein Rückgang der Verfolgungsquoten zu vermerken wäre.

So eingängig die üblichen Krisentheorien auch sind, die zur Erklärung der frühneuzeitlichen Verfolgung von marginalen Gruppen vertreten werden, sie vermögen nicht zu überzeugen.[12] Dieser Befund schließt sich der skeptischen Haltung der neueren Hexenforschung gegenüber geläufigen Krisenmodellen an.[13] Eine weiterere Beobachtung verstärkt diese Skepsis: Die Wellen der Hexenverfolgung weichen – zumindest in Zürich – von den Konjunkturen in der Verfolgung von Gotteslästerern ab.[14] Damit entsteht das Interpretationsproblem, warum phasenweise eine erhöhte Intoleranz gegenüber Hexern und Hexen, nicht aber gleichzeitig gegenüber Blasphemikern festzustellen ist. Diese Frage beantworten bisherige Krisentheorien deswegen nicht, weil sie nicht berücksichtigen, daß Krisen unterschiedliche Auswirkungen zeigen können. Die bislang verfolgten Krisenmodelle setzen also eine zu simple (teils monokausale) Interdependenz von Krisenerscheinung, sozialem Stress und Repression voraus. Bis heute hat die Forschung keine befriedigenden Modelle entwickelt, mit denen sie die Hexenverfolgungen und deren Ende erklären könnte. Denjenigen, die sich mit frühneuzeitlichen Gotteslästerern und ihrem »Verschwinden« vor Gericht im 18. Jahrhundert beschäftigen, ergeht es nicht besser.[15]

---

[12] Zweifel an den gängigen Krisentheorien meldet ebenfalls an G. SCHWERHOFF, Gott und die Welt S. 270, 292.

[13] Vgl. zum Problem des Endes der Hexenverfolgungen S. LORENZ/D. BAUER Hg., Ende; G. SCHWERHOFF, Überlegungen zur Erklärung des scheinbar Selbstverständlichen, in: G. WILBERZ/ DERS./J. SCHEFFER Hg., Hexenverfolgung und Regionalgeschichte. Die Grafschaft Lippe im Vergleich, Bielefeld. 1994 S. 325–353. Für Andreas Blauert hingegen stehen die Hexenverfolgungen im Hochstift Speyer mit Krisenfaktoren in einen nachweisbaren Zusammenhang (vgl. A. BLAUERT, Kriminaljustiz, S. 135 f.). Zu devianten Verhaltensweisen und politischen Unruhen als Symptome für Krisenerscheinungen im 17. Jahrhundert vgl. außerdem die knappe Diskussion der Forschungsstands bei: M. HÄBERLEIN, Einleitung S. 15 f.

[14] In Zürich wurden von 1571 bis 1598 wegen Hexerei 79 Personen angeklagt, von 1600–1630 43 Personen, von 1631 bis 1660 27 Personen und von 1661 bis 1700 16 Personen (vgl. P. SCHWEIZER, Hexenprozess S. 43). Die Zahl der Anklagen nahm also nach 1600 deutlich und kontinuierlich ab.

[15] Vgl. G. SCHWERHOFF, Gott und die Welt S. 375 f. Auch für Schmidt harrt der Rückgang der Gotteslästerung vor Gericht der Deutung. Vgl. H. R. SCHMIDT, Dorf S. 156. Die Erklärung von Cabantous, die Anzahl der Blasphemiefälle vor Gericht sei deswegen zurückgegangen, weil sich die französische Monarchie im Laufe des 17. Jahrhunderts so weit gefestigt habe, daß Gotteslästerer nicht mehr als ernsthafte Gefährdung wahrgenommen worden seien (vgl. A. CABANTOUS, Histoire du blasphème S. 151), kann angesichts der parallelen Entwicklung der Blasphemiequoten im Kommunalstaat Zürich genausowenig überzeugen, da hier die politischen Strukturen im wesentlichen unverändert blieben und daher die Verfolgungsraten nicht mit politischen Verän-

Es wäre zu schön, wenn Zusammenhänge zwischen den quantitativen Verläufen und den qualitativen Veränderungen der Blasphemie erkennbar wären. Das ist jedoch nicht der Fall. Um dies auszuführen, seien zunächst die relevanten Ergebnisse der vorangegangenen Kapitel zusammenfaßt. Mehrere Kontinuitäten kennzeichnen Blasphemie in ihren drei Ausprägungen: Gotteslästerung ist in der gesamten frühen Neuzeit ein Breitbanddelikt sowie ein Breitbandphänomen; das Delikt erstreckt sich über ein weites Spektrum von Normverstößen und wird in allen gesellschaftlichen Schichten begangen. Freilich deutet sich eine gewisse Akzentverlagerung an. Blasphemiker gehören – zumindest aus Sicht der Justiz – tendenziell immer weniger zu den sozialen Provokateuren, dafür immer mehr zu den Gottsuchenden, die ihre religiösen Anfragen artikulieren. Ihnen gesellten sich diejenigen hinzu, die offen gegen Gott rebellieren. Dabei bleiben die religiösen Kenntnisse der erfaßten Blasphemiker vergleichbar. Der Christianisierungsgrad von Gotteslästerern schwankt, soweit die Akten ein Urteil erlauben, nicht. Daher kann blasphemisches Reden nicht als Reaktion auf wachsende obrigkeitliche Akkulturationsbemühungen interpretiert werden. Auffälligerweise wagte es keiner der Gotteslästerer, mit Gott oder seinem Heiligen Wort, der Bibel, Spott zu treiben. Sosehr also Gotteslästerer an den religiösen Fundamenten ihrer Gesellschaft rüttelten und ihr Tabubruch im 18. Jahrhundert gerichtlich deutlich an Bedeutung verlor, Gott war weiterhin heilig. Auch zum Ausgang des Ancien Régimes ließ sich die Existenz Gottes nicht ernsthaft bezweifeln; es sollte noch einige Zeit dauern, bis er für tot erklärt werden konnte.

Die Kontinuitätslinien lassen Fluchen, Schwören und Gott Lästern nahezu zu einem konstanten Phänomen der Frühen Neuzeit erstarren. Ein näherer Blick zeigt jedoch, daß die dynamischen Züge in der Entwicklung der Blasphemie nicht zu unterschätzen sind. Ab Ende des 17. Jahrhunderts gaben die Nachgänger die Erwartung auf, daß Zeugen auf Gotteslästerungen mit Abscheu zu reagieren hätten. Eine weitere Veränderung ist auf dem Feld der Denunziation zu beobachten. Ab dem zweiten Drittel des 17. Jahrhunderts nahmen die Fälle, in denen Zeugen Gotteslästerer aus persönlichen Gründen anzeigten, zu. Ebenfalls seit ungefähr 1675 gehen die Indizien für informelle Regelungen von blasphemischen Sprechhandlungen zurück. Genauso scheint von nun ab der Humor in religiösen Dingen abhandenzukommen. Blasphemische Witze, Rätselspiele oder gewagte Neckereien tauchen in den Justizakten nicht mehr auf. Wandelten sich religiöse Dinge allmählich

---

derungen zu erklären sind. Auch mag es sein, daß seit der Wende zum 18. Jahrhundert eine »zweite Krise des europäischen Bewußtseins« Raum griff, die auf dem Durchbruch intellektueller Einwände gegen den Glauben beruhte (vgl. G. Minois, Atheismus S. 309–450), doch fehlen in den Zürcher Akten jegliche Indizien dafür, daß die Bevölkerung an eine solche Krisenerfahrung durchgemacht hätte.

zu profanen Angelegenheiten, die immer weniger Anstoß erregten und immer besser zum persönlichen Vorteil genutzt werden konnten? Wurde Religion zunehmend zu einer privaten Angelegenheit, die außergerichtliche Regelungen überflüssig machte und Gott verstärkt in das Reich des Sakralen entrückte? Dies ist möglich, aber nicht zwingend.

Die historische Dynamik, der die Gotteslästerung folgte, läßt sich durchaus nach ihren *species* differenzieren. Der Fluch, der in der Regel den Schwur begleitete, gehorchte die gesamte Frühe Neuzeit hindurch dem Prinzip, daß die Sprecher auf jemanden oder auf sich selbst im Namen Gottes oder des Teufels ein Unheil herabwünschten. In Form und Inhalt blieb der Fluch eine konstante Erscheinung. Ganz anders der Schwur. Er weist deutliche Modetrends auf.

Gliederschwüre, in denen – wie andernorts –[16] bei Gottes Körperteilen, Sekretionen oder Exkrementen geschworen wurde, waren im 14. wie im 15. Jahrhundert weit verbreitet.[17] Gegen Ende des 15. Jahrhunderts starb diese Schwurform aus. Welche Rolle hierbei die Corpus-Christi-Frömmigkeit spielte, ist schwer zu beurteilen.[18] Im Spätmittelalter mußten auch Heilige oder die Gottesmutter für Schwüre herhalten.[19] Monierten die Schwörmandate bis ins frühe 16. Jahrhundert hinein die mißbräuchliche Anrufung der Heiligen, Marias und selbstverständlich Gottes, fielen seit der Reformation die Gottesmutter und die Heiligen aus den gesetzlichen Regelungen heraus. Diese »Entrechtlichung« hatte zur Folge, daß keine Fälle mehr vor Gericht auftauchten, in denen sich die Anklagepunkte auf die Himmelsfiguren bezogen. Deswegen davon auszugehen, daß die Zürcher plötzlich mit der Reformation ihre Sprechgewohnheiten geändert hätten, wird ein trügerischer

---

[16] Vgl. G. SCHWERHOFF, Blasphemare, dehosnestare et maledicere. Über die Verletzung der göttlichen Ehre im Spätmittelater, in: K. SCHREINER/DERS. Hg., Verletzte Ehre. Ehrkonflikte in Gesellschaften des Mittelalters und der frühen Neuzeit. Köln – Weimar – Wien 1995 S. 271 f.

[17] Vgl. für das 14. Jahrhundert die Aufstellung bei S. BURGHARTZ, Leib S. 267, Anm. 63. Für die Zeit von 1442–1450 befinden sich entsprechende Einträge unter B. VI.214, fol. 215v, Eintrag Nater, X. X. 1442; B. VI.221, 306v, Eintrag Armbruster, X. X. 1459; B. VI.224, fol. 328r, Eintrag Hueber, zwischen 1450 und 1457. Die Angaben verdanke ich Pascale Sutter, die mir freundlicherweise anhand der unter Hans-Jörg Gilomen für die Jahre 1450 bis 1470 elektronisch erfaßten Ratsbücher, die entsprechenden Fälle herausgesucht hat. Als Beispiele für die 1480er Jahre: B. VI.233, fol. 195–196, Eintrag Conrat Nötzli, X. X. 1482; B. VI.233, fol. 265, Eintrag Hans Zabler.

[18] Eine eingehende Diskussion (insbesondere der »Diskursivierung«) der Gliederschwüre und der Corpus-Christi-Frömmigkeit erfolgt bei Schwerhoff in Abgrenzung zu Leo Steinbergs und Caroline Bynums Thesen zum Verständnis spätmittelalterlicher Sexualität im Kontext der Religion. Vgl. G. SCHWERHOFF, Gott und die Welt S. 293–306, 310–315.

[19] Vgl. S. BURGHARTZ, Leib S. 267, Anm. 63; B. VI.218, fol. 352, Eintrag Uelrich Ritter, 6. 1. 1452.

Fehlschluß sein. Die Tatsache, daß Schwüre bei Maria oder den Heiligen in den Justizakten fehlen, besagt lediglich, daß die Fälle keinen gesetzlichen Verstoß mehr darstellten und damit nicht gerichtsnotorisch wurden.

Für die Zeit des ausgehenden Mittelalters bis ins zweite Drittel des 16. Jahrhunderts gelangten vornehmlich Passions- und Elementsschwüre vor das Gericht. Die Zürcher liebten es, Passionsschwüre aneinanderzureihen. Bei einer Handgreiflichkeit habe, so die Aussage Hanno Trayers um 1489, Hans Bintzli »Gotz krütz, gotz marter, gotz kraft, gotz macht« geschworen. Er, Trayer, habe Binztli unter Verweis auf die Strafe des Schwemmens ermahnt, von den Schwüren zu lassen, doch habe sich hierauf Heini Rot eingemischt und eingeworfen: »Das dich gots blut schennt, worumb solt man denn ein guoten gsellen ertrencken.«[20] Vergleichbare Formulierungen fielen zur Mitte des 16. Jahrhunderts, so etwa in einer der typischen Wirtshaussszene unter Gesellen. Der Aussage Johann Bentzlis zufolge habe »der Lyen Küch gotz wunden und gotz marter geschworen.«[21] Die Justizakten quellen von solchen Beispielen über und zeigen – gerade angesichts der Tatsache, daß Elementschwüre kaum isoliert auftauchen –, wie populär die Anrufung des gekreuzigten Christus war. Daß diese Sprechgewohnheiten die Passionsfrömmigkeit des 16. Jahrhunderts und damit den besonderen Stellenwert der Kreuzestheologie im Protestantismus widerspiegeln, steht zu vermuten, ist aber schlecht nachzuweisen.[22]

So populär die Reihung von Passionsschwüren war, die Zürcher entschieden sich noch häufiger dafür, Passions- mit Elementsschwüren zu kombinieren. Marx Glattfelder etwa wurde 1541 für schuldig befunden, »übel unnd Namlich gotz crütz, lÿden, macht, Ertrich, hÿmel und boden geschworen Und damit Gott dem allmechtigen (‚der umb unnser sünden willen für uns gestorben unnd thod marter für uns gelitten hat‚) nit alleÿn sin pÿn, sonnder auch alle sine geschöpfte schmächlichen uffgehept« zu haben.[23] Der im Zürcher Spital aufgenommenen Anna Fryg aus Aarau wurde vorgeworfen, »volgende Gotzlesterungen, flüch unnd schwür ußgoßen [zu haben], Namlich: das Gots Krütz, Herrgot, Himel, lufft, ertrich, Lÿden, wunden, Sacrament und Element.«[24] Im Fall Jagli Liechti berichteten die Zeugen übereinstimmend, daß Jagli mit vergleichbaren Formulierungen – »das Dich Gotts Thauff allen Pfaffhuren schend, das Gotts krankheit [Schwäche] allen frid

[20] A. 27.2, Aussage Hanno Trayer, X. X. 1489?
[21] A. 27.1, Aussage Johann Bentzli, ca. 1540.
[22] Hier könnte allerdings die Hymnologie weiterhelfen, wenn sie Kirchenlieder auf ihre Passionsfrömmigkeit hin untersuchte. Eine solche Untersuchung ist mir jedoch nicht bekannt.
[23] B. VI.256, fol. 30, Urteil Marx Glattfelder, Montag nach Himmelfahrt 1541.
[24] B. VI.258, fol. 162r, Urteil Anna Fryg, 4. 8. 1552.

schënd, das Dich Gotts Crütz schënd und das Dich Gotts Elenth als Narn schënd« –[25] gegen seinen Bruder geschworen und geflucht habe. Solche Beispiele ließen sich massenhaft anführen. Stets vereinigten sie den Hinweis auf die Passion Christi (z. B. Schwäche, Elend, Kreuz) und die »Elemente« der göttlichen Schöpfung (z. B. Erdreich, Luft, Himmel) in sich.

Deutete sich etwa mit Jagli Liechti bereits um die Mitte des 16. Jahrhunderts der Übergang zum nächsten Modetrend an (Liechti berief sich auch auf die Sakramente), markiert das Beispiel der Anna Wieland von 1579 die Akzentverschiebungen der Jahre von ungefähr 1575 bis 1675. Die Zeugen sagten der Angeklagten nach, sie habe ihrem Ehemann folgende Schwüre an den Kopf geworfen: »daß dich Gott Hergot, Gots Crütz, Gots lÿden und Gots Thauff schënd; das dich Gots Herrr Gott himmel, Sacrament, Crüz, Chrißen und Thauff als lümpel manß schënd; Das dich botz Element schënd [...] Gottß thußent Herr Gott. Element. Chrisen unnd Thauff schënd.«[26] Die Passion wurde immer mehr durch den Verweis auf die Sakramente verdrängt. Nunmehr dominierten die Kombinationen von Elements- und Sakramentsschwüren, einzeln kamen sie so gut wie nicht vor. Außerdem griff – wie in der Pfalz –[27] eine »verbale Inflation« um sich. Es reichte offenbar nicht mehr aus, bei den Sakramenten zu schwören, man rief sie gleich hundert- und tausendfach an. Der Geselle Ruodolf Keller etwa habe bereits »gar böse schwür ußgegossen und mitt namen gredt fünff Crütz und Tusent Sacrament« gehabt, als er ermahnt wurde, seinen Kontrahenten Friedrich Leibacher in Ruhe zu lassen. Keller jedoch entgegnete, »Er welle schweren und schwüre hiemitt wiederumb zum dickern mal [wiederholt] Tusent Sacrament, Tauff und Element.«[28] Im Jahre 1628 überbot ihn der Messerschmied Jacob Studer bei weitem. Im Zunfthaus habe er über seine Frau geschimpft:«10000 Sacra[ment], 1000 Ellement, 1000 stralEllement, Ich erstich Dich Kätzerin (rever[enter]) mörderin, botz lufft, botz stern.«[29]

Einen erneuten Wandel erfuhr der Schwur nach dem zweiten Drittel des 17. Jahrhundert. Der Modetrend knüpfte an die Kombination von Elements- und Sakramentsschwüren an. Ulrich Schäpi aus Horgen etwa bot seinen Nachgängern im Jahre 1697 mit der Bemerkung die Stirn, »beÿ Got und den Sacramenten, Er Förchte Got nit (absit blasphemia dicto).«[30] Johannes Lien-

[25] A. 27.10, Aussage Jörg Knechtli, Rudolf Knechtli, Rudolf Wyß, Rudolf Geissmann, Heinrich Nötzli, Jacob Grossmann, ca. 1545.

[26] A. 27.35, Aussagen Hanns Ludwig Brenwald, Jacob Asfar, Magdalen Wäber, Anna Rottenschwyl, 11. 7. 1579.

[27] Vgl. B. Vogler, Entstehung S. 177 f.

[28] A. 27.39, Aussage Möritz, X. X. 1586.

[29] A. 27.68, Aussage Arbentz, 25. 1. 1628.

[30] A. 27.120, Aussage Ulrich Schäpi, 18. 6. 1697.

hard aus dem ungarischen Waltenstein gestand 1708, gesagt zu haben, »ich hab, absit Blasphem[ia], ein teüffel von Sacramenten.«[31] Die älteren Schwurformen blieben demnach bis ins 18. Jahrhundert erhalten. Doch drangen allmählich die Unwetterschwüre vor, ohne daß sie allerdings ein Novum darstellten. So beschäftigte sich der Rat bereits 1456 mit der Frage, ob Uelman Grebel gesprochen hatte, »lass nun haglen. So gilt min win dester mer.«[32] Richtig hoch im Kurs waren jedoch solche Unwetterschwüre erst im späten 17. Jahrhundert: Hans Jagli Stüdli von Wil wurde vorgeworfen, sich über seine Nachbarn erzürnt und dabei über zwanzig mal geschworen zu haben, Donner und Hagel sollten zerstörerisch über das Land ziehen.[33] Der Weinbauer Heinrich Müller aus Flurlingen verteidigte sich, 1682, »daß er geflucht vom Hagel, Donnerschlagen […] wüße er nicht, wolle es aber nicht läugnen.«[34] Im Jahre 1690 schreckte Lins Freimüller aus Andelfingen seine Mitbürger auf. Er habe, so die Klage des Vogts, »über den wehrenden Herbst gotloßer wÿß geredt, er wolte, daß – got behüet unß darvor – der Donner und der Hagel die truben all ob den Räben Inn Boden abhin geschlagen hete, daß niemand nicht zu winnnen gehabt hete.«[35] Hatte der Unwetterschwur aufgrund der Klimaverschlechterungen der 80er und 90er Jahre an Wirkung und Aktualität gewonnen? Dies steht zu vermuten.

In Schwursachen brachte die Zeit nach 1675 eine markante Veränderung. Der Schwur verschob sich auf illokutionärer und propositionaler Ebene immer mehr in Richtung Beleidigung. Zwar wurde bereits 1569 Caspar Keller von Glattfelden darum verurteilt, »das er nit allein grobe unnd wüste wort als namlich hie Küdreck, Schwytz grunnd unnd Boden geschruwen, Sonnders auch darbÿ Crütz Lÿden, Tauff, Element unnd Sacrament geschworen« hatte,[36] doch sind solche Fälle bis rund 1670 eine relative Seltenheit. Erst danach verschmolzen Schwören und Schimpfen sprachlich immer deutlicher miteinander. Im Jahre 1667 habe etwa Landschreiber Johan Kramer Friedrich Huber die Worte entgegengeschleudert: »Taufsloße Hunds etc. /rev[erenter]/ Item doner, plitz, Straals-Kätzer und das nit nur ein, sonder oftmahl. Über diß, wölte Er lieber den Teüfel bÿ sich am Tisch haben als den Kätzer.«[37] Kramer verknüpfte also beleidigende Bezeichnungen wie die alten

---

[31] A.27.126, Aussage Johannes Lienhard, 5.6.1708.
[32] B.VI.220, fol.76, Eintrag Uelman Grebel, X.X.1456.
[33] A.27.108, Aussage Heinrich Stockhar, X.6.1677.
[34] A.27.122, Aussage Heinrich Müller, 13.2.1682.
[35] A.27.116, Bericht Vogt Hans Caspar Escher, 16.10.1690.
[36] B.VI.260, fol.16, Urteil Caspar Keller, 12.3.1569.
[37] A.27.101, Aussage Großkeller Meier, 11.9.1667.

»Kätzer« oder »Hunds« mit Flüchen und Schwüren (Donner, Blitz) und funktionierte diese noch zu injurierenden Präfixen (»Straals-Kätzer«) um.

Daß Fluchen und Schwören sprachlich immer mehr die Bedeutung von Schimpfen annahmen, läßt sich am Beispiel der Frau Caspar Spenglers besonders gut verfolgen. Ihr Mann beschwerte sich, sie habe »alzeit gewörtlet und das nachteßen auf den Tisch gestellet mit dißen worten; da friß du lump. [Sie ihm sogar noch] wuesteren worten als Galgenstrick, Kezter etc. s[alvo] h[onore] nachgeruffen.« Auch mit den Nachbarn breche sie Streitigkeiten vom Zaun: Wenn sie »des morgens mit den Kinderen solte beten, sage und schreye [sie zu ihren Nachbarn] Ihr diebsbuben schölmen etc. s[alvo] h[onore], gheÿen hin beten etc. Einmahl habe sie mit Müller Peters Tochter wegen wüschen der straßen und Kaathauffen gezankt und under anderem gsagt, ich kann es dir bey Gott wider für deine thüre wüschen etc. Auf ein ander Zeit habe sie mit gedachter Tochter wegen spöhn [Spann, Streitigkeiten] etwas streits gehabt und selbige Lusch, Hur Hex s[alvo] h[onore] geschulten [...] In summa, die gantze Nachbarschaft werde ihres fluchens, schwerens, bößen mauls und liederlichen wandels und Hauß haltens zeügnis geben könen.«[38] Zwar warf Spengler seiner Frau blasphemisches Reden vor, doch nimmt sich das einzige »bei Gott« neben den anderen, rein weltlichen Injurien recht bescheiden aus.

Die semantische Verschmelzung von weltlicher Injurie und Blasphemie unterstreicht das Geständnis der Anna Maria Froschau von 1709: Sie bekannte, »die grausamen und Seel erschreckenliche Gottslästerungen /absit blasph[emia] dictum/ Du Donners-, Ketzers- und StralsG... wüßentlich gesagt« zu haben.[39] Verlor blasphemisches Reden, das in der normativen Beurteilung weiterhin als Wortsünde stigmatisiert wurde, seinen religiös provokanten Charakter, um desto mehr zu einer profanen Injurie zu verflachen? Zeugte diese Entwicklung von einem Prozeß der Säkularisierung, in dem Religion allmählich (und vergleichsweise) in den Hintergrund gedrängt wurde? Eine zwingende Deutung ist dies nicht. Die Quellen verbieten es, über plausible Vermutungen hinauszugehen.

Einige wenige Schwüre, die als außergewöhnlich empfunden wurden, tragen weitere aufschlußreiche Details zum Wandel blasphemischer Ausdrücke bei. In einem Verhör aus den 1520er Jahren sagte Ignatig Schwerer aus, er sei zusammen mit Antonius aus Hall bei schlechtem Winterwetter unterwegs gewesen. »Do spräche Er, der Ignatig: Wenn ich yetzund fallenn, so wil Ich Ein schwuor thun, den dhein [kein] mentsch nie gehört hatt. Unnd alß Er In

---

[38] A. 27.108, Aussage Caspar Spengler, 11.1.1677.
[39] A. 27.164, Aussage Anna Maria Froschauer, 19.6.1709.

sollichem fiel, Schwire Er: Das Dich botz Joseph schend, als kindlich müßli wermers.«[40] So einzigartig aber waren die Worte Schwerers nicht. Um die gleiche Zeit benutzte Hans Wingarter vergleichbare Worte.[41] Diese Überschneidung verweist nicht so sehr auf die Originalität der beiden Delinquenten als vielmehr auf das spätmittelalterliche Josephsmotiv, das den »Vater« des Jesuskindes als Koch und Windelwäscher darstellte.[42] Das Beispiel deutet also darauf hin, daß Blasphemie und Frömmigkeit unmittelbar miteinander gekoppelt waren. Wie bei der Corpus-Christi-Frömmigkeit läßt Blasphemie auch hier populäre Glaubensvorstellungen durchscheinen.

Genauso wie die Josephsschwüre fielen die Worte Ulrich Ochsenhusers aus dem Rahmen. Der Thurgauer wurde 1572 dafür verurteilt, gesagt zu haben: »Ach Gott, Sind vier par hergott, es gannge dann einer mit Jungen ald [oder] dem kinnd.«[43] Ohne den Sinn dieses Ausspruchs auslegen zu können, sei lediglich bemerkt, daß auch die Rede von den vier Paar Göttern weder so ungeläufig noch eine lokale Besonderheit gewesen sein kann. Der Ausdruck war offenbar auch in Luzern bekannt, denn dort mußte sich Franntz Hans für seinen Trinkspruch »uff die vier par Hergott« vor dem Rat verantworten.[44]

Ebenfalls um die Mitte des 16. Jahrhunderts erregte Caspar Fatli Aufsehen. Die Szene war eine ganz alltägliche. Es ging erneut um einen Familienstreit, in dem die üblichen Passionsschwüre aufgeboten wurden. Dennoch hatte sich Bernhart Sprüngli die Auseinandersetzung ins Gedächtnis eingegraben. Fatli hatte Sprünglis Empfinden nach einen »abgemelth bösen schwuor gethan, den er vor[her] nÿe ghört. Fatli habe seinen Sohn als Pfaffen beschimpft und ihm entgegengeschleudert: Das Dich Gots barmhertzigkeit schände als nüdtsöllenden pfaffen und Tüfel, tüfel kom, nim mich bim hals, [...] darmit ich deß Barmherzigen läbens abkome.«[45] Bei der Barmherzigkeit Gottes zu fluchen, war schon ein besonders starkes Stück, denn die Formulierung kehrte die Kräfteverhältnisse, auf denen Flüche und Schwüre beruhten, sprachlich quasi um. Statt mit der Passion Christi zu drohen, also Leid mit Leid zu verrechnen, berief sich Fatli auf Gottes Barmherzigkeit, vergalt also provozierenderweise Milde mit Unheil und Hölle.

---

[40] A. 27.6, Aussage Ignatig Schwerer, 152X.

[41] Vgl. B. VI.248, fol. 30r, Urteil Hans Wingarter, Dienstag vor Ulrich. In Exzerpten abgedruckt bei E. EGLI Hg., Aktensammlung, Nr. 127 S. 24.

[42] Vgl. die Erläuterungen bei F. BÜNZLI/M. ILLI, Hirsebrei S. 42. (Der Hinweis auf das Rats- und Richtebuch 238 ist, wohl aufgrund eines Druckfehlers, falsch).

[43] B. VI.260, fol. 151v, Urteil Ulrich Ochsenhuser, 25. 8. 1572.

[44] RP 16, fol. 256v, Urteil Franntz Hans, 1544.

[45] A. 27.13, Aussage Bernhart Sprüngli, undat. (vermutlich gegen 1550).

Im 17. und 18. Jahrhundert verlor die Justiz das Interesse an außerordentlichen Blasphemien. Nur ein einziger Fall ist erwähnenswert: Der Metzger Andreas Ryffel mußte 1634 in einem Widerruf vor der Kirchengemeinde bekennen, »daß ich ohne sonderen anlaß nit allein mynen [...] lieben Tauffgötti [Taufpaten] und seynen thochter Sohn an Ir ehren und guoten namen ehr verletzlich und unschuldig angriffen, sondern noch darzu (leider Got erbarms) in dise schantliche Gots lesterung und abschüwliche wort ußgebrochen: daß Ich lieber wolte, es het mich, mit ehren zu melden, Ein Unver nünfftiger Hund uß [der] Tauf gehept weder [als] er, myn Götti. Dardurch dann Ich den Allwüssenden Gerechten Gott und syner Hochen Mayestatt heiliges Sacrament und gnediges Pundt Zeichen [sc. Zeichen des Bunds] frefentlich verachtet und mich darmit gröblich und zum höchsten versündiget.«[46] Und in der Tat, ein sprachlich vergleichbares Beispiel liefern die Justizakten nicht. Ryffel hat sich wohl etwas Besonderes für seinen Paten einfallen lassen; mit den rund vierzig Jahre später populär werdenden Kombinationen von Sakramentsschwur und persönlicher Injurie verglichen, ist Ryffels Sprachgewalt einzigartig. Außergewöhnliche, originelle Schwüre muß man also wie die Stecknadel im Heuhaufen suchen. Dies belegt, wie sehr Fluchen und Schwören eine habitualisierte Sprechhandlung war.

Soweit ein Urteil überhaupt möglich ist, weisen die blasphemischen Sprechhandlungen mit den zeitgenössischen literarischen und ikonographischen Darstellungen von Gotteslästerung aufschlußreiche Überschneidungen auf. Die lästerlichen Formulierungen, welche die spätmittelalterlichen und frühneuzeitlichen theologischen Erbauungsschriften anprangerten,[47] sind massenhaft vom Zürcher Alltag überliefert. Die Ermahnungen waren also keine leere Rhetorik, sondern orientierten sich an der Sprachpraxis.

Anders verhält es sich bei den moralischen Erbauungsgeschichten des Spätmittelalters[48] und den bildlichen Darstellungen der frühen Neuzeit. Aus diesem Fundus kehrt nur ein einziges Motiv in den Zürcher Beispielen wieder: das der verfaulenden Schwurhand. Bereits bei Thomas von Chantimpré ist im 13. Jahrhundert die Erzählung zu finden, in der Gott die Hand eines

---

[46] A. 27.72, Widerruf Andreas Ryffel, 3.12.1634.

[47] Vgl. (für das Spätmittelalter) G. Schwerhoff, Schranken S. 39f.; G. Schwerhoff, Gott und die Welt, S: 51–57; (für die Frühe Neuzeit), R. G. Bogner, Bezähmung der Zunge; insbesondere: S. 91f.

[48] Hier wußten die Prediger von den wundersamsten Strafaktionen Gottes zu erzählen. Vgl. G. Schwerhoff, Gott und die Welt S. 62–67. Daß dies nicht nur für den deutschen Sprachraum galt, lassen etwa entsprechende französische Titel erkennen. Vgl. als Beispiel: Histoire horrible et espouvantable de ce qui s'est fait et passé au fauxbourg S. Marcel, à la mort d'un misérable, qui a esté dévoré par plusieurs diables transformez en dogues, et ce pour avoir blasphemé le Sainct Nom de Dieu et battu sa mère. o. O. 1640.

schwörenden Kartenspielers erlahmen läßt.[49] An dieses Thema knüpfte die Ikonographie des 16. Jahrhunderts an, wenn sie die Hand von Meineidern schwarz einfärbte.[50] In den Zürcher Justizakten taucht der Verweis auf die Gottesstrafe allein einmal im 17. und einmal im 18. Jahrhundert auf. Da im Vorfall aus dem 17. Jahrhundert das Motiv der abfaulenden Schwurhand nur indirekt anklingt, sei das andere Beispiel genauer untersucht:[51] In einem der vielen religiösen Streitgespräche war man über die tagespolitischen Ereignisse und die konfessionelle Abgrenzung in eine heftige, reichlich mit gewöhnlichen Schwüren unterlegte Debatte geraten. Der Wirt gab zu Protokoll, die Diskutanten ordnungsgemäß abgemahnt zu haben, doch Schneider Galli habe ihn herausgefordert: »Herr Würth, Ihr Disputieret Jetzt mit mir. Händ [legt] Eüwren finger da uf den Tisch gleich ich den Meinigen und wer dan den Letzen falschen glauben hat, dem soll der finger schwartz werden.« Daß hier riskanterweise ein Gottesurteil provoziert wurde, war dem vorbildlichen Wirt klar. Er habe dem Blasphemiker entgegnet: »Du bist ein ein fauler Gotloßer verdächtiger gsell, daß ißt Got versucht.«[52] Die moralische Botschaft hätte in Literatur und Bild nicht besser gestaltet werden können. Die »Realität« blasphemischer Vorfälle und die »Fiktion« ihrer Diskursivierung durchdrangen also teilweise einander. In welchem Kausalitätsverhältnis dies geschah, bleibt jedoch der Spekulation überlassen. Vorerst muß die Feststellung genügen, daß die vielen anderen moralischen Motive der Blasphemieliteratur in den Zürcher Justizakten fehlen. Der im Spätmittelalter entwickelte »pastoraltheologische Diskurs« scheint keine tiefen Spuren im verbalen Handeln der frühneuzeitlichen Zürcher hinterlassen zu haben.

Wie die Form blasphemischer Ausdrücke änderten sich auch die Kriterien zur Beurteilung des Schweregrads einer Gotteslästerung. Bis ins erste Drittel des 16. Jahrhunderts bemühte sich das Gericht bei Flüchen und Schwüren oft darum, die Anzahl der gefallenen gotteslästerlichen Wendungen festzustellen. Typisch ist etwa die Aussage des Dietikoner Kuhhirten Hans Stachen über den Riedener Heini Frey vom Ausgang des 15. Jahrhunderts: Frey habe »gotzwunden zum ander[en] oder dritten mal [zwei oder dreimal] und botz kraft oder gotz kraft« geschworen.[53] Da die Bemessung von Geldstra-

---

49 Vgl. G. Schwerhoff, Gott und die Welt S. 119.

50 Vgl. O. Christin, matériaux (deuxième partie) S. 77–85.

51 Auch hier dreht es sich um eine Wirtshausszene. Man hatte trotz Tanzverbot Musiker aufspielen lassen. Als diese festgenommen wurden, habe Hauptmann (?) Steiner »ein hand ufgehebt und gsagt, sÿ sölle im schwartz werden, wenn er mÿnen Gn[ädigen] Herren mehr umb die 18bz (?) wie bißhar dienen welle.« A. 27.66a, Aussage Joseph Werdmüller, 13.5.1625.

52 E. I. 10.5, Aussage Wirt (Name nicht genannt), 11.2.1708.

53 A. 27.2, Aussage Hans Stachen, 149X.

fen oft dem Prinzip der Bußenarithmetik folgte, ergab dies auch einen Sinn.[54] Die Strichliste, die anläßlich einer Rauferei 1518 entstand, führt dies buchstäblich vor Augen. Unter den Namen jedes der Beteiligten wurden die gefallenen Schwüre aufgeführt und zusätzlich markiert, wie oft diese wiederholt worden waren. So heißt es zum Beispiel: »Immer hat geschworen ~~gotz schend~~, gotz macht schend iiii [sc. viermal], gotz lid[en] schend ii, fünf lid[en] iiii, gotz macht i, gotz ertrich schend i, gotz fünff ertrich i, gotz fünf wund[en].«[55] Offenbar wurde hier nicht aus bürokratischer Perfektion Buch geführt. Wie genau die Nachgänger die Sache nahmen, belegt vielmehr die Tatsache, daß die eine Schwurvariante durchgestrichen wurde, es also sehr wohl auf die Form und die Anzahl der Formulierungen ankam.

In dem Maße, in dem die Berechnung der Geldstrafen nach der Anzahl der blasphemischen Äußerungen zurückging, schwinden auch die Angaben der Zeugen über sie. Finden sich in den Justizakten des 17. Jahrhunderts noch einige diesbezügliche Hinweise, fehlen sie im 18. Jahrhundert ganz. Ob Hans Stüdli 1677 wirklich »mehr als 20. in 30. mahl« Unwetterschwüre ausstieß, wie Heinrich Stockhar aussagte, steht in den Sternen.[56] Stockhar wird wohl nicht genau mitgezählt haben, sondern wollte ausdrücken, daß Stüdli den Tabubruch sehr oft wiederholt habe. Da waren die Angaben des Ehegaumer Heinrich Däntzlers über den Zimmermann Heinrich Maag von Greifensee 1684 genauer. Als gewissenhafter Amtmann wußte er – im Gegensatz zu den anderen Zeugen – zu erinnern, daß Maag »drü [drei] mal sacr[ament] geschworen.«[57] Es mußte schon weit kommen, bis die blasphemischen Worte genau erfaßt wurden. Eine solche absolute Ausnahme stellt der Fall des mehrmaligen Ehebrechers Uli Brunner von 1567 dar. Die Nachgänger hielten es für angebracht, die insgesamt siebzehn Schwurvarianten aufzulisten, die sie dem Angeklagten vorwarfen.[58] Offenbar hatte Brunner mit seinem blasphemischen Repertoire dem Faß den Boden ausgeschlagen. Letztlich scheinen jedoch in allen drei Fällen die Angaben ohne Konsequenzen für die Strafbemessung gewesen zu sein.[59] Brunner ließ zwar unter dem Schwert des Scharfrichters sein Leben, doch hatte er dies wohl eher seinen wiederholten Ehebrüchen und nicht so sehr seinen Schwüren zu verdan-

---

[54] Vielfach griff jedoch diese Bußenarithmetik, zumal ab dem 16. Jahrhundert, nicht mehr. Woher diese Inkonsistenz rührt, ist nicht ersichtlich.
[55] A. 27.3, Fall Immer, Schleipffer, Scherer, Wold und Stubenknecht, X. 9. 1518.
[56] A. 27.108, Aussage Heinrich Stockhar, X. 6. 1677.
[57] A. 27.113, Aussage Heinrich Däntzler, 2. 6. 1684.
[58] A. 27.26, Fall Uli Brunner Liste der Anklagepunkte, X. 5. 1567.
[59] Die Strafen bewegten sich ganz im Rahmen des Üblichen. Vgl. B. II.577, fol. 155, Urteil Hans Stüdli, 7. 6. 1677; B II.605, fol. 147, Urteil Heinrich Maag, 12. 6. 1684.

ken.[60] Es sieht so aus, daß die Frage nach der Anzahl der Schwüre zu einem Gerichtsritual geworden war, das dazu diente, die Schwere eines Vergehens symbolisch zu unterstreichen.

Neben der Wiederholung der blasphemischen Worte entschied die Frage, ob der Name Gottes angerufen worden war, über den Ernst der Lage. Dieses Kriterium spielte bis zur zweiten Hälfte des 16. Jahrhunderts eine wichtige Rolle. So erkundigten sich irgendwann in den 1520er Jahren Zeugen bei Ignatig Schwerer, warum er einen auffälligen Josephsschwur gewählt hatte. Die Antwort, die der Angeklagte gegeben haben soll, ist bezeichnend: »Es wer nit so Ein bösenn schwuor, dann Joseph hette doch nit so vil marter ge-littenn.«[61] Schwerer verteidigte sich also damit, daß es weniger verwerflich sei, den Namen Josephs, denn den Namen Christi zu mißbrauchen. Daher war es auch wichtig, zu wissen, ob Gott auf lokutionärer Ebene direkt oder indirekt adressiert, ob ein »gotz« oder ein verballhorntes »getz« ausgespro-chen worden war.[62]

Für die Unterscheidung zwischen »leichterem« und »schwererem« Schwö-ren bei Gott häufen sich die Beispiele in der ersten Hälfte des 16. Jahrhun-derts. In dieser Zeit gab etwa Hans Sigrit über Mathys Schmid an, die übli-chen Passionsschwüre getan »und zudem gotz namen« gesagt zu haben.[63] Ebenso differenzierte Bernhart Sprüngli. Der Josephsschwur Fatlis habe ihn derart überrascht, » das er nitt grunntlich wüssen möge, ob er [sc. Fatli] zu den anderen schwüren Got genämpt habe.«[64] Auch Jakob Berschy trennte zwischen den Schwurformen. Er sagte 1542 aus, der vor seinem Haus ver-haftete Bettler habe »Gotz lichnam aller luterschen schelmen schend« ge-schworen, doch habe er, der Zeuge, nicht gehört, »das er weder herds [Er-de, Boden] noch yemants nampts [sc. jemand, also eventuell Gott genannt habe].«[65] Hans Meyer von Brütten wiederum wußte 1567 von Catharina Werki anzugeben, daß sie im Spital mit einer anderen Insassin gezankt habe. Im Streit hätten die Kontrahentinnen einander folgende Worte an den Kopf geworfen: »Gotz Himel, Thusent Herrgot, Touff, Sacrament, Element Crütz und Inn sinnen alle bößen schwür, so sÿ erdencken können. Hetten allweg gott darzuo genämpt.«[66] Das Gericht bat demnach die Zeugen in der

---

[60] Vgl. A.27.26, (Dorsalnotiz, 5.5.1667), Fall Uli Brunner Liste der Anklagepunkte, X.5.1567.

[61] A.27.6, Aussage Ignatig Schwerer, 152X.

[62] Vgl. A.27.14, Aussage Herman Göldli, X.X.1545. Gleiches gilt für die Bezeichnung Got-tes als »botz«.

[63] A.27.13, Aussage Hans Sigrit, undat.

[64] A.27.13, Aussage Bernhart Sprüngli, undat.

[65] A.27.14, Aussage Jakob Berschy, X.X.1542.

[66] A.27.26, Aussage Hans Meyer von Brütten, X.12.1567.

ersten Hälfte des 16. Jahrhunderts um genaue Angaben, wohingegen solche Angaben in der Folgezeit fehlen. Das Bedürfnis, den Schweregrad daran zu messen, ob Gott angerufen worden war, ging zurück. Dieser Maßstab hatte zuvor ohnehin »nur« eine vorrangig symbolische Funktion erfüllt, wie die Strafpraxis zeigt. Daß die Strafbemessung sich konsistent daran orientierte, ob Gottes Name gefallen war, läßt sich nicht nachweisen.

Um sich ein Bild über die Schwere des blasphemischen Vergehens zu machen, zog bei Schmähungen Gottes der Rat theologische Experten zu Rate. In den entsprechenden Synodalgutachten, die fast ausschließlich für die zweite Hälfte des 17. Jahrhunderts überliefert sind, halten sich die Autoren an die Kriterien ihrer mittelalterlichen Vorgänger. Die Gutachter befanden sich damit in einem offenen Widerspruch zur der Theologie Zwinglis oder Bullingers. Hatten diese theologisch einen radikalen Bruch mit der mittelalterlichen Konzeptionalisierung der Gotteslästerung vollzogen, legten die Gutachter bei ihrer Tätigkeit die mittelalterlichen Maßstäbe an. Zumindest formal hatte sich theologisch nichts an der Kategorisierung der Gotteslästerer geändert.

Das Interesse des Gerichts dafür, wie oft ein Schwur wiederholt wurde und ob er den Namen Gottes enthielt, schwand, so das Zwischenfazit, seit dem zweiten Drittel des 17. Jahrhunderts merklich. Beim Fluchen und Schwören traten die vormaligen Differenzierungen eher symbolischen Charakters zurück. Die Delikte wurde damit kategoriell eingeebnet. Bei der Schmähung Gottes hingegen hielten die theologischen Gutachter ungeachtet der theologischen Umwälzungen der Reformation an den mittelalterlichen Beurteilungskriterien fest. Möglicherweise deutet diese Entwicklung auf den Bedeutungsverlust, d.h. die Banalisierung üblicher Flüche und Schwüre, hin. Offenbar lohnte es sich für die weltliche Obrigkeit nicht mehr, die beiden blasphemischen Redeweisen nach ihrem Schweregrad zu trennen. Die Entwicklung eines neuen, der reformierten Lehre angepaßten, Kriterienkatalogs für die Beurteilung von Gotteslästerungen unterblieb. Hielten die Gutachter die alten Maßstäbe für befriedigend oder war für sie die Ausarbeitung neuer Kriterien nicht der Mühe wert? Eine Antwort erlauben die Quellen nicht.

Das große Jahrhundert der frühneuzeitlichen Blasphemie in der Ausprägung der Schmähung Gottes ist bereits das 17. und nicht erst das 18. Jahrhundert.[67] Selbstverständlich ist diese *species* nicht dem 17. Jahrhundert vorbehalten. Auch im Spätmittelalter tauchen radikale Gottesläster wie Natrer auf.[68] Ihm taten es vor allem die Gotteslästerer nach, die nach 1675 als

[67] So bezeichnet etwa Minois das 18. Jahrhundert als das »Jahrhundert des Unglaubens«. Vgl. G. Minois, Atheismus S. 309–450.

[68] Natrer wurde 1442 für schuldig befunden, folgende blasphemische Äußerungen gewagt zu

»Atheisten« Anstoß erregten. Im Vergleich zu ihnen fielen indes die Äußerungen derjenigen, die im 16. und in den ersten zwei Dritteln des 17. Jahrhunderts Gott schmähten, »gemäßigt« aus. Ohne die Ausführungen im Einzelnen zu wiederholen, sei systematisch zusammengestellt, was die Zeit vor
und nach 1675 unterscheidet.

In der ersten Phase bis 1675 kreisten die unzulässigen Aussagen über Gott
um drei Themenschwerpunkte. Sie betrafen zum einen dogmatische Fragen,
die seit jeher die Gemüter beschäftigt hatten. Zum anderen sorgten konfessionelle Polemiken für blasphemischen Stoff. Gotteslästerungen nahmen
drittens eine reformationsspezifische Färbung an. Die Fragen, die in Kontinuität zu Kontroversen der Alten und mittelalterlichen Kirche standen, betrafen den Komplex der Auferstehung, der Christologie, der Trinität und
Sündenvergebung. Über solche alten dogmatischen Probleme ließ sich auch
trefflich polemisieren. Je nach konfessionellem Standpunkt stellten sich die
Dogmen zur Jungfernschaft Mariens und der Sündenvergebung unterschiedlich dar. Eine neue polemische Zutat brachten die hämischen Bemerkungen
über die evangelischen bzw. katholischen Bibelübersetzungen. Auch die reformatorischen Umwälzungen zogen nicht spurlos an den Gotteslästerern
vorbei. Ihre kritischen Anfragen und Anklagen richteten sich auf Kernpunk-
te der reformierten Lehre. Sie konzentrierten sich auf Bibelauslegung,
Abendmahl, Prädestination und Gebet.

Diese stark theologischen Züge der radikalen Gotteslästerung verblassen
nach 1675. Ein gewisses theologisches Interesse findet allein noch das Problem der Omnipotenz Gottes. Sonst beherrschen »Atheisten« das Feld, die
im zeitgenössischen Verständnis nicht für bestimmte religiöse Überzeugungen, sondern für allgemein verwerfliche Lebensweisen standen. Neben dem
Motiv des »Atheismus« kennzeichnete die »psychiatrische Pathologisierung«
der Schmähung Gottes die Zeit nach 1675. Mit der »Entdeckung« der Melancholie entwickelte sich das Bewußtsein, daß eine seelische Erkrankung

---

haben: »Samer box jamer, wölt inn gott nit erhören und samer box verch angst, gott hett im alle
vieri geben als einem andren und woelte er inn nit erhoeren, möcht im denn gott selb werden. Er
woelt inn in das katt werffen, im sin hertz usstechen und usshowen und im als verhitlich tuon als
er jemer könd untz, das er inn erhörte […] gott hett im sin sinne verlihen und sine gelid gang
heilig geben als einem andren mentschen und er möchte och als wol werkchen als ein andrer.
Das seitte er gott niemer dank, denn er kaeme in den sine, hett er gott selb von dem himel herab,
er taette inn selbs mit sinen henden […] er könde als wol werchen als ander lüt und gienge im
doch verhitlich, und were gott selber hie niden, er woelte im reden, das er es an ein wid bunde.«
(B. VI.214, fol. 215v, Urteil Natrer, X. X. 1442). Sinngemäß läßt sich zusammenfassend paraphrasieren: Ich schere mich einen Dreck um Gott, der mich ohnehin nicht erhört. Ich kann mir
selbst mit meiner eigenen Hände Werk helfen und wenn Gott persönlich auf Erden wäre, ich
würde ihn zur Rede stellen.

Gotteslästerer zu ihren Aussprüchen getrieben haben könnte. Nimmt man beide Erscheinungen zusammen, so läßt sich auch hier feststellen, daß Gotteslästerung immer weniger differenziert wahrgenommen wurde: Blasphemie wurde zu einem Krankheitsbild bzw. einer Lebenseinstellung pauschalisiert. Die dogmatischen Aspekte blasphemischer Äußerungen verloren an Bedeutung, Gott rückte allmählich in den Hintergrund. Insofern kann man von einer Profanisierung der Schmähung Gottes sprechen. Eine gerade Linie von der gläubig-magischen Welt des Spätmittelalters zur ungläubig-rationalen Welt der Aufklärung läßt sich aber nicht ziehen.

* * *

Gotteslästerung war ein Thema, das in der gesamten Frühen Neuzeit vor Gericht präsent war. Fast scheint es, es handle sich um ein konstantes Phänomen. Dieser erste Eindruck trügt. Bei genauerer Betrachtung erweist sich Blasphemie als eine dynamische Erscheinung. Freilich fehlen spektakuläre Brüche. Die Entwicklungen gehen nicht unilinear in eine Richtung. Vielmehr kennzeichnen sanfte Übergänge und einander überlappende quantitative wie qualitative Veränderungen den historischen Wandel der Blasphemie.

Quantitative Vorstellungen von der Sensibilität, mit der Gesellschaft und Obrigkeit auf Gotteslästerung reagierten, vermittelt das Ausmaß der Verfolgungen gegen Gotteslästerer. Die unmittelbaren Reformationsjahre setzten keinen tiefen Schnitt. Die Zahl der gerichtlich erfaßten Gotteslästerer wuchs in den Jahren um 1525 bis 1535 nur relativ schwach. Es dauerte eine weitere Generation, bis Gotteslästerer in der Zeit von 1560 bis 1610 merklich häufiger vor die Schranken des Gerichts zu stehen kamen. Die zweite große Verfolgungswelle folgte in den Jahren von ungefähr 1650 bis 1690. Seitdem ebbten die Verfolgungen kontinuierlich ab, um nach 1720 nahezu aufzuhören.

Auch in anderen Gebieten wie dem Berner Land lassen sich drei Phasen erhöhter gerichtlicher Aktivität gegen Gotteslästerer verzeichnen. Diese Phasen stimmen teilweise mit denen Zürichs überein. In keinem der beiden Fällen schnellt die Zahl der Verfolgungen unmittelbar mit der Reformation an. Wortsünden erregten erst eine Generation später signifikant häufiger Anstoß. Institutionen und Sittenmandate ließen sich offenbar schneller als religiöses Normempfinden ändern. Ferner ist ein zweites – gesamteuropäisches – Phänomen klar zu erkennen. Die Zahl der registrierten religiösen Delikte nimmt nach 1720 drastisch ab.[69] Doch auch hier läßt sich dieses Phänomen der Säkularisierung nur konstatieren, nicht aber deuten.

---

[69] Vgl. etwa für Frankreich A. Cabantous, Histoire du blasphème S. 125 f.

Die anderen Phasen der Verfolgung von Gotteslästerern weichen in Bern und Zürich voneinander ab. Innerhalb Zürichs erreichen die Hexenverfolgungen in der Zeit von 1570 bis 1630 ihren Höhepunkt. Sie folgen also im Vergleich zur Gotteslästerung eigenen Rhythmen. Bereits diese beiden Beobachtungen zeigen, mit welcher Vorsicht Theorien zu betrachten sind, die Krisenerscheinungen mit stärkerem sozialem Stress und damit höherer Intoleranz gegenüber devianten Verhaltensformen gleichsetzen. Nur extrem selten lassen sich blasphemische Sprechhandlungen als Reaktion auf Krisenerscheinungen deuten. So mag man die Unwetterschwüre und die Kritik an Gottes metereologischer Willkür, die sich in der zweiten Hälfte des 17. Jahrhunderts und am Beginn des 18. Jahrhunderts relativ häufen, als Echo auf die Kleine Eiszeit auffassen. Für Zürich lassen sich durchaus weitere Krisenfaktoren ausmachen, die zugunsten von Krisentheorien sprächen. Doch die Krisenmodelle halten der Gegenprobe nicht stand. Insgesamt greifen die geläufigen Krisenmodelle zu kurz. Sie können nicht erklären, warum die Veränderungen der blasphemischen *species* weder gleichzeitig stattfinden noch in eine gemeinsame Richtung gehen. Genauso bleibt die Frage unbeantwortet, warum die quantitativen und qualitativen Entwicklungen nicht miteinander übereinstimmen.

Viele Konstanten prägen die Zürcher Gotteslästerung der Frühen Neuzeit. Das Delikt bleibt die ganze Epoche hindurch ein Breitbanddelikt, das in allen Bevölkerungsschichten zu finden ist. Zumal Fluchen und Schwören behalten ihren Charakter als habitualisierte Sprechhandlungen bei. Tatsächlich originelle Äußerungen sind in den Justizakten nur außerordentlich selten zu finden. Weder in Form noch in Inhalt zeigt der Fluch erwähnenswerte Veränderungen. Genausowenig weist der religiöse Kenntnisstand der Blasphemiker Schwankungen auf. Offenbar korrelieren Gotteslästerung und religiöse Erziehungsbemühungen der Obrigkeit nicht miteinander. An einem weitereren Umstand streicht die Zeit wirkungslos vorbei. So sehr Gott vereinzelt kritisiert werden mag, er bleibt der große Referenzpunkt in der Deutung der Lebenswirklichkeit; auch am Ende des Ancien Régime besteht für die Gesellschaft des frühneuzeitlichen Zürichs kein Zweifel, daß Gott lebt.

Trotz dieser Konstanten ist Gotteslästerung eine dynamische Erscheinung. Der Schwur folgt deutlichen Modetrends. Stehen bis zum Ausgang des 15. Jahrhunderts die Gliederschwüre (Schwören bei den Körperteilen, Exkrementen oder Sekretionen Gottes) hoch im Kurs, rücken bis ungefähr 1575 Passions- und Elementsschwüre (Schwören bei Gottes Kreuz, Leiden, Wunden, Erdreich, Luft, Blitz, Donner etc.) an deren Stelle. Ähnlich wie in Frankreich[70] bestimmen in den folgenden hundert Jahren die Elements- und

---

70 Vgl. G. Audisio, Les Français d'hier. Des croyants, XVe–XIXe siècle. Paris 1996.

Sakramentsschwüre (Schwören allgemein bei den Sakramenten oder einem einzelnen Sakrament, in der Regel die Taufe) den Trend. Eine »verbale Inflation« macht sich breit, die Schwüre werden um das Hundert- und Tausendfache gesteigert (Schwören bei den 1000 Sakramenten etc.). Nach 1675 wird der Schwur sprachlich immer mehr mit weltlichen Injurien kombiniert.

Im Unterschied zum Schwur sind die Veränderungen im Bereich der Gotteslästerung als Schmähung Gottes nicht so differenziert erkennbar. Einen Wendepunkt markiert die Zeit um 1675. Dominieren bis dorthin in der Auseinandersetzung mit den alten und neuen Dogmen theologische Inhalte, werden danach unzulässige Äußerungen über Gott vermehrt als ein Problem der Lebenseinstellung oder des Seelenzustands betrachtet.

Um die gleiche Zeit änderten sich die Kriterien, nach denen der strafrechtliche Schweregrad einer Blasphemie bestimmt wurde. Die Frage, wie oft ein Fluch oder ein Schwur wiederholt, ob dabei der Name Gottes ausgesprochen worden war, spielte kaum noch eine Rolle. Das Gericht interessierte sich nicht mehr für sie. Somit ging das vorrangig symbolische Gewicht, das die beiden Kriterien zuvor gehabt hatten, verloren; Fluchen und Schwören wurden kaum noch nach Schweregraden unterschieden. Sie wurden also allmählich kategoriell eingeebnet.

Inwiefern Schmähungen Gottes nach zeitspezifischen Maßstäben beurteilt wurden, ist eine offene Frage. Die reformiert-theologische Konzeptionalisierung der Gotteslästerung und die Kategorisierung blasphemischer Sprechhandlungen in Synodalgutachten standen zueinander im Widerspruch. Zwingli und Bullinger hatten den mittelalterlichen Kategorisierungen der Blasphemie eine radikale Absage erteilt. Die theologischen Experten aber, die konkrete Fälle zu beurteilen hatten, orientierten sich an den Maßstäben, die bereits im Mittelalter entwickelt worden waren. Die Gutachter setzten also die theologischen Veränderungen bei ihrer Tätigkeit nicht um. Wann und ob sich hieran etwas geändert hat, ist nicht zu sagen. Fast alle überlieferten Gutachten stammen aus der zweiten Hälfte des 17. Jahrhunderts, so daß eine Betrachtung in der Langzeitperspektive ausgeschlossen ist.

Ein Vergleich mit der spätmittelalterlichen Pastoraltheologie ergibt, daß die Autoren ihren Leuten aufs Maul geschaut haben. Die Sprechgewohnheiten, gegen die sie wetterten, waren nicht ihrer Imagination entsprungen, sondern entsprachen der Sprachpraxis. Die erbaulichen Geschichten hingegen, die sie aus ihren Beispielen ableiteten, hatten mit der sprachlichen Wirklichkeit nur noch wenig zu tun. Vom Motiv der verfaulenden Schwurhand abgesehen, tauchen die moralischen Erzählfiguren ihrer Schriften zumindest in Zürich in den Justizakten nicht wieder auf. Einen bleibenden Eindruck hat die Pastoraltheologie des Mittelalters in Zürich auf Sprecher nicht hinterlassen.

Die Entwicklungen auf dem Feld der Blasphemie erlauben einen Einblick in die Religiosität ihrer Zeit. Sie lassen Elemente der zeitgenössischen Frömmigkeit erkennen. Glieder- und Josephsschwüre weisen auf populäre Formen der Frömmigkeit hin. Die ersteren lassen die Corpus-Christi-Frömmigkeit, die letzteren das Josephsmotiv zum Vorschein kommen. Möglicherweise läßt sich in gleichem Sinne die Vorliebe für Passionsschwüre auf die herausragende Stellung der Kreuzestheologie im Protestantismus zurückführen.

Die Entwicklungen der Blasphemie deuten auf weitere Veränderungen im Bereich des Religiösen. Viele blasphemische Spuren belegen, daß insgesamt gesehen das 17. Jahrhundert unter dem Einfluß der konfessionellen Ausdifferenzierungen die große Zeit der religiösen Diskussionen unter Laien ist. Ab ungefähr 1675 jedoch nehmen diese Diskussionen einen anderen Charakter an. Nunmehr geht der perlokutionär blasphemische Charakter von Wortsünden zurück. Wenn Schwüre und Flüche hundert- oder tausendfach gesteigert werden, originelle Formulierungen verstärkt auftauchen, dann um eben diesen Bedeutungsverlust auszugleichen. Doch offenbar ließ sich dieser nicht aufhalten. Bezeichnenderweise machte es für das Gericht keinen Sinn mehr, Schwur und Fluch nach Schweregraden zu differenzieren.

Mit dem Verlust blasphemischer Bedeutung ging die »Profanisierung« von Gotteslästerung einher. Semantisch verschob sich der Akzent blasphemischer Formulierungen immer mehr in Richtung der Injurie. Denunziationen erfolgten zunehmend aus persönlichen, weltlichen Interessen: Religiöse Normbrüche wurden zunehmend benutzt, um persönliche Differenzen auszutragen.

Gleichzeitig erfuhr Religion eine sakrale »Aufwertung«. Gotteslästerung diente seltener der sozialen Provokation, wurde vermehrt zum Ausdruck religiöser Suche oder Rebellion. Insofern wurde Religion verstärkt zu einer privaten Angelegenheit, einer Sache der persönlichen Glaubenseinstellung. Zusammen mit dieser »Privatisierung« von Religion erfolgte eine gewisse Sakralisierung (des ohnehin heiligen) Gottes. Gott und Humor paßten nicht mehr zusammen; der Weltenherrrscher erschien nicht mehr als kumpelhafte Witzfigur. Gott wurde in andere, entferntere Sphären entrückt. Von ungefähr 1675 an wurde Religion zunehmend zu einer Frage persönlicher, sakral aufgewerteter Glaubensüberzeugungen. Profanes und Sakrales begannen sich voneinander zu trennen, ohne daß deswegen eine lineare Entwicklung von einem Zeitalter des Glaubens und der Magie zu einem Zeitalter des Unglaubens und der Vernunft festzustellen wäre.

2. Das Delikt der Gotteslästerung im konfessionellen Vergleich: Ein Blick nach Luzern

Von Schwerhoffs Städtevergleich abgesehen, existieren keine größeren konfessionsvergleichenden und zugleich empirisch fundierten Untersuchungen zur sozialen Praxis der Blasphemie. Im Streifzug durch das benachbarte katholische Luzern soll daher zum Ausblick nach den konfessionsspezifischen Merkmalen des Umgangs mit Gotteslästerung gefragt werden.[1] »Der« Protestantismus steht im Ruf, verglichen mit »dem« Katholizismus, für strenge Sitten gesorgt zu haben. Riskierten also Zürcher Blasphemiker mehr als ihre Luzerner Pendants? Kamen unter den Zürcher Bedingungen andere Gotteslästerungen zustande als in Luzern? Ein Blick auf die Luzerner Gesetzgebung, Strafpolitik und Sprachpraxis soll auf diese Fragen, soweit möglich, Antwort geben.

Bereits die dünnere Quellenlage Luzerns vermittelt den Eindruck, dort sei für die Justiz Gotteslästerung ein geringeres Problem gewesen als in Zürich. Dies mag auch erklären, warum die Aussageprotokolle der Beklagten und Zeugen nicht mit der Detailfreude der Zürcher *Kundschaften und Nachgänge* vergleichbar sind. Die Turmbücher wiederum verzeichnen in ihrer Funktion als Gefängnisregister lediglich die Anklagepunkte. In der Kürze eines Ergebnisprotokolls halten sie fest, wie die Befragung verlief und welche Stellung die Inhaftierten zu den Vorwürfen nahmen. Die für die gesamte Frühe Neuzeit erhaltenen Ratsmanuale schließlich führen allein die gefällten Urteile an und verzichten auf zusätzliche Angaben.[2] Offensichtlich sah der Rat keine Notwendigkeit, Blasphemien in größerer Ausführlichkeit schriftlich zu dokumentieren.

Die Gesetzgebung des Stadtstaats bestätigt den ersten Eindruck vom geringeren Interesse des Luzerner Rats am Problem der Blasphemie. Im Ver-

---

[1] Ich danke Dominik Sieber für seine Hinweise zur Luzerner Geschichte.

[2] Wie in Zürich registrieren die Ratsmanuale übrigens längst nicht alle gerichtlich registrierten Delinquenten. In den Turmbüchern finden sich recht viele Fälle, die nicht wieder in den Ratsprotokollen auftauchen (vgl. beispielsweise Cod.4440, fol.128v, Eintrag Jörg Clemens, Sonntag nach Pfingsten 1566). Daher unterliegen die folgenden Ausführungen zum Ausmaß der Strafverfolgung von Blasphemikern einer Verzerrung, da sie – aus Gründen des Arbeitsaufwands – allein auf die Auswertung der Ratsmanuale in Stichproben beruhen. Die Luzerner Ratsbücher werden im folgenden unter ihrer dortigen Archivregistratur RP bzw. die Turmbücher unter Cod. angegeben.

gleich zu Zürich scheint der Rat außerordentlich wenig juristische Initiativen ergriffen zu haben.[3] Im Jahre 1497 bestimmte er, daß diejenigen, die schwören und »am Allemechtig gott flüchent,« mit dem Halseisen zu bestrafen oder gegebenenfalls mit härteren Strafen zu belegen seien.[4] Die nächste Bestimmung wird 1561 faßbar. Sie knüpfte an das spätmittelalterliche Schwörmandat an. Der Rat erließ das Verbot, die »ere gottes, auch der allerheiligsten Junckfraun Maria und aller ußerwellten gottes« zu verletzen und setzte auf »sölliches gotteslesterens und schwerens« eine Geldstrafe von zehn Pfund. Bei schweren Fällen seien empfindlichere Strafen zu verhängen.[5] In der Folgezeit wurde Gotteslästerung im Rahmen der Sittenmandate zusammen mit dem Übel des Tanzens, Zechens, der nächtlichen Unruhestörung und dem Wegbleiben vom Gottesdienst geregelt. Um den Zorn Gottes abzuwenden, müsse der Rat moralische Vergehen ahnden, Gotteslästerung sei nunmehr mit einer Geldstrafe von 20 Pfund zu belegen, so die Verordnung von 1619.[6] Das Mandat von 1627 verzichtete auf die Erweiterung der Bestimmungen. Es wiederholte lediglich die bisherigen gesetzlichen Richtlinien zum Spielen, Trinken, Fluchen und Schwören.[7] Danach wurde es um die Gotteslästerung völlig still. Ergänzende oder neue Gesetzesinitiativen blieben aus.

Dieser Aufriß über die Luzerner Gesetzgebung ist mit aller Wahrscheinlichkeit unvollständig. Die Ratsbücher erlauben indes keinen besseren Überblick. Doch selbst wenn in der Zusammenstellung der Luzerner Sittenmandate manche Verordnung fehlen dürfte, ist nicht zu übersehen, wie extensiv die gesetzliche Bekämpfung der Blasphemie war. Im Gegensatz zu Zürich sah der Rat von der stetigen Wiederholung, Spezifizierung und Differenzierung der Regelungen ab, obwohl er sonst die Sorge um die Moral und luxuriöse Verschwendungssucht der Untertanen mit den Zürcher Kollegen teilte und genauso vergeltungstheologisch argumentierte. Die Luzerner Obrigkeit tolerierte also nicht allgemein lockerere Sitten. Vielmehr erkannte sie keinen Bedarf, dem Problem besondere Aufmerksamkeit zu schenken. Wie in Zürich knüpfte also der Luzerner Rat an mittelalterliche Schwörmandate an, suchte aber die Blasphemiegesetzgebung weder zu systematisieren noch zu intensivieren. Genau diesen Eindruck erhärten die quantitativen Stichproben aus den Ratsprotokollen. Im Vergleich zur Bevölkerung gelangten in Luzern

---

[3] Vgl. die Hinweise im Repertorium 42/2ab für die Jahre 1484–1708.
[4] RP. 8.1, p. 87, Entscheid, 4. 9. 1497.
[5] Cod. 1256/1, fol. 262r, Entscheid, 6. Heugat 1561.
[6] Vgl. Cod. 1256/3, fol. 258r, Entscheid, Sonntag vor St. Simon 1619.
[7] Vgl. RP. 61.3, fol. 217v, Entscheid, 27. 12. 1627.

Gotteslästerer seltener vor Gericht. Hierzu die entsprechenden Daten im graphischen bzw. tabellarischen Überblick (Tab. 12).

Tab. 12: Zahl der in den Ratsbüchern erfaßten Zürcher und Luzerner Gotteslästerer im Vergleich[8]

Stichprobenjahre	absolute Anzahl Zürich	absolute Anzahl Luzern
1500–1504	5	4
1512–1516	4	1
1525–1529	7	1
1533–1537	8	2
1545–1549	6	3
1564–1568	6	1
1571–1575	7	1
1583–1587	8	8
1592–1596	5	5
1602–1606	9	6
1614–1617	15	3
1621–1625	6	1
1630–1634	17	5
1641–1646	6	10
1652–1656	5	7
1673–1677	6	0
1680–1684	6	0
1695–1699	8	1
1706–1710	6	1
1716–1720	5	3
1720–1725	6	1
1731–1735	4	2
1740–1744	0	1

Die Tabelle verdeutlicht mit Blick auf die Bevölkerungsentwicklung in Zürich und Luzern drei Tendenzen: Bis zum Beginn des 17. Jahrhunderts ist, gemessen an der Gesamtbevölkerung, das Ausmaß der Verfolgung von Gotteslästerern in beiden Orten vergleichbar, wobei die Verfolgungsraten zum Ausgang des 16. Jahrhunderts steigen. Danach geht jedoch die Entwicklung

---

[8] Die Angaben beruhen auf den entsprechenden Bänden der Ratsprotokolle, die in Luzern unter der Signatur RP, in Zürich unter B. II. geführt werden. Eine Berechnung des prozentualen Anteils der Gotteslästerer an der Bevölkerung ist angesichts der vorhandenen Daten nicht möglich.

Graphik 4: Bevölkerungsentwicklung Luzern
Landschaft

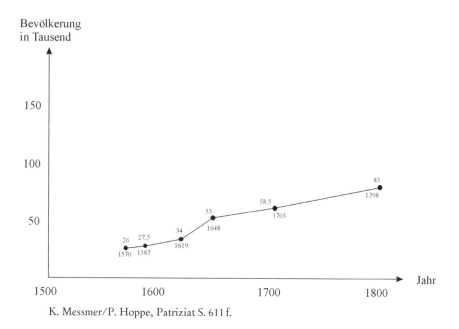

K. Messmer/P. Hoppe, Patriziat S. 611 f.

auseinander. Das reformierte Zürich nimmt sich der Gotteslästerer in den Jahren 1640 bis 1690 deutlich mehr an als das katholische Luzern. Zürich und Luzern nähern sich erst mit der Wende zum 18. Jahrhundert wieder einander an. Nunmehr verliert in beiden Orten Blasphemie als gerichtsnotorisches Delikt an Bedeutung (Graphik 4).

Auch im konfesssionellen Vergleich stellt sich also heraus, daß die Reformation bzw. Gegenreformation in Bezug auf die moralische Erziehung der Gläubigen keinen tiefen Schnitt setzt. Nur mit einer gewissen Verzögerung beginnen die Verfolgungsraten in den letzten zwanzig Jahren des 16. Jahrhunderts zu steigen, dies aber in beiden Orten. Vergleichsweise erhöhte Verfolgungszahlen weist das protestantische Zürich erst im 17. Jahrhundert auf. Während dort die Verfolgung der Gotteslästerer auf Hochtouren läuft, taucht in den Luzerner Ratsbüchern trotz Gegenreformation seit 1665 kaum noch ein Eintrag unter dem Stichwort Blasphemie auf. Im Bereich der Blasphemie kamen demnach im reformierten Gebiet erst gute hundert Jahre nach der Reformation die konfessionellen Ausdifferenzierungen wirklich zum Tragen, während im katholischen Territorium die Gegenreformation keine tiefergehenden Folgen zeigte. Der Prozeß der Säkularisierung jedoch traf wieder beide Territorien, ohne daß konfessionsspezifische Eigenheiten festzustellen wären.

Im gerichtlichen Kampf gegen Blasphemie fällt auf, daß an der Reuss wie an der Limmat nicht nur Gotteslästerung, sondern auch ihre Tolerierung unter Strafe stand. Wie entsprechende Strafurteile zeigen, ließ in den Augen der Obrigkeit das Meldeverhalten der Bevölkerung auch in Luzern zu wünschen übrig.[9] Noch eine weitere Gemeinsamkeit kennzeichnet die weltliche und kirchliche Strafpolitik Luzerns und Zürichs: Hier wie dort beruhten die Sanktionen auf Geld-, Ehrenstrafen und Körperstrafen.

Die Luzerner Justiz verfügte über ein vielfältiges Arsenal weltlicher Sanktionen, das sich mit dem Zürichs messen konnte. Geldstrafen begannen bei fünf Pfund und konnten, über mehrere Staffelungen, die Höhe von hundert Pfund erreichen.[10] Damit lagen die Sätze wie in Zürich bei denjenigen für Verbalinjurien oder Ehebruch.[11] Auch die Ehrenstrafen sahen in Luzern gleich aus. Blasphemiker wurden mit dem Halseisen dem Spott ihrer Mitbürgerinnen und Mitbürger preisgegeben.[12] Ehr- und Wehrlosigkeit oder Wirtshausverbot ergänzten die Formen sozialer Stigmatisierung.[13] Landesverweise dienten dazu, sich unliebsamer, insbesondere auswärtiger Personen zu entledigen.[14] Bezüglich der Körperstrafen teilten die Luzerner und Zürcher Räte die Vorstellung, daß Gotteslästerer ihre Wortsünde gegebenenfalls mit dem Schlitzen oder Annageln ihrer Zunge zu büßen hätten.[15] Wie andernorts betrachteten beide die Hinrichtung als letzte Lösung.[16] Doch auch in Luzern hatten die zwei zum Tode verurteilten Gotteslästerer, die in der Stichprobe

---

[9] So wurde Jörg Brändli mit einem zweijährigen Landesverweis belegt, weil er unter anderem »sein sohn gehört übel schwören und fluochen und selbigen umb so vil nit abgestraaft, sonder um sovil darzu gelachet.« RP.67, fol.108r, 115v, Urteil Jörg Brändli, 1642.

[10] Als Beispiele für Geldstrafen von 5, 10, 20, 30 oder 100 Pfund vgl. etwa RP.17, fol.47r-48v, Opf Hut, 1545; RP.7, p.366, Urteil Hans Blatter, 1491; RP.16, fol.256v, Urteil Hans Franntz, 1544; RP.38, Urteil Claus Schrüätter, 1582; RP.68, fol.119r, Urteil Jacob Kohlhammer, 1644.

[11] Vgl. als Beispiel eines Ehebruchs bzw. einer Verbalinjurie RP.41, fol.205v, Urteil Anna Rützin, 1588; RP.48, fol.122v, Urteil Jost Wandeler, 1602.

[12] Vgl. zum Beispiel RP.7, p.366, Urteil Hans Blatter, 1494; RP.71, fol.517r, Urteil Cathrin Sigerist, 1655.

[13] Vgl. etwa RP.71, fol.192, Urteil Hans Sager, 1653; RP.92.1, fol.37r, Urteil Hans Kienr (?), 3.4.1719.

[14] Vgl. etwa RP.16, fol.80r; Urteil Paule Baldegger, 12.1.1543; RP.68, fol.82v, Urteil Niclaus Wyßhaubt, 1644.

[15] Vgl. etwa RP.19, fol.291r, Urteil Jacob von Letzwyl, 1550.

[16] Siehe Kap. II.1.b.d.

zu finden sind, ihr Leben nicht so sehr ihrer Blasphemien als anderer schwerer Verbrechen wegen verwirkt.[17]

Die Kirchenstrafen des katholischen Luzerns beruhten auf Prinzipien, die dem reformierten Zürich vielfach ähnelten. Im Zentrum stand die Versöhnung mit Gott. Hierzu diente der Widerruf während des Gottesdienstes.[18] Formen des Abkanzelns, die Festlegung stigmatisierender Sitzordnungen in den Kirchenbänken waren ebenfalls bekannt.[19]

Hier hören indes die Ähnlichkeiten zwischen der Zürcher und Luzerner Strafpolitik auf. Die kirchlichen Sanktionen trugen spezifisch katholische Züge. Beichte oder Prozession kam für eine evangelische Obrigkeit nicht in Betracht. In Luzern hingegen legte der Rat den Delinquenten meistens eine Beichte bei den ansässigen Jesuiten oder eine Strafprozession (samt Beichte) zum Benediktinerkloster von Einsiedeln auf.[20] In katholischer Tradition – ähnliche Bußformen sind andernorts anzutreffen –[21] standen ferner die Bestimmungen, die verfügten, daß die Delinquenten ihre Kirchenstrafen barfuß, mit einer brennenden Kerze in der Hand zu verbüßen hätten.[22] Die kirchlichen Sanktionen in Luzern beruhten also wie in Zürich darauf, den Delinquenten zu beschämen. Die Absolution konnten im Katholizismus jedoch allein geweihte Kleriker im »Schutze« des Beichtstuhls erteilen. Nur in einer Kirche, in der die Priesterschaft aller Gläubigen als verbindlich galt, machte es wie in Zürich Sinn, die Gemeinde öffentlich um Vergebung des Fehlers zu bitten. Hiervon fehlte kennzeichnenderweise in den Luzerner Widerrufstexten jede Spur.

Die Unterschiede in den weltlichen Sanktionen, zu denen Luzern und Zürich griffen, liefern weitere aufschlußreiche Hinweise. Sehr niedrige Geldstrafen von mehreren Schillingen oder wenigen Pfund verhängte der Luzerner Rat offenbar nicht. Demnach beschäftigte er sich kaum mit den kleinen und banalen Alltagsflüchen und -schwüren. In den Zürcher Ratsentscheiden hingegen sind solche blasphemischen Formulierungen und deren Bestrafungen vielfach überliefert. Deutlich sparsamer als in Zürich ging der Luzerner

---

17 Vgl. RP. 12. 3, fol. 270v–271v, Urteil Hanns Bilsing, 10. 7. 1528; RP. 14. 3, fol. 175r–176r, Urteil Jost Lienhart, 15. 10. 1535.

18 Vgl. zum Beispiel RP. 68, fol. 378v, Urteil Caspar Diele, 1646.

19 So heißt es im Urteil über Melchior Christen, er solle »uff den Cantzel offentlich« gestellt werden. RP. 45, fol. 143v, Urteil Melchior Christen, 1596. Gottfried Haut wurde dazu verurteilt, nicht nur regelmäßig den Gottesdienst zu besuchen, sondern auch in der Bank hinter dem Kirchendiener Platz zu nehmen. Vgl. RP. 79. 5, fol. 386r, Urteil Gottfried Haut, 12. 4. 1684.

20 Vgl. zum Beispiel RP. 38, fol. 115v, Urteil Sattlermeister Lienhart, 1582; RP. 59, fol. 182r, Urteil Jacob Banwart, 1624.

21 Vgl. für Nürnberg G. SCHWERHOFF, Schranken S. 97.

22 Vgl. beispielsweise RP. 84. 4, p. 595–596, Urteil Michell Zwiler (?), 1698.

Rat auch mit der Strafe der Ehr- und Wehrlosigkeit um. Die soziale Stigmatisierung von Gotteslästerern scheint in der Luzerner Strafpolitik eine vergleichsweise geringere Rolle gespielt zu haben.

Ferner verhängte die Luzerner Justiz Strafen, die in Zürich unbekannt waren. Wem an Feiertagen blasphemische Worte über die Lippen gekommen waren, mußte bei Geldbußen einen Aufschlag zahlen.[23] Möglicherweise wurde hier katholischer Kirchlichkeit Tribut geleistet. Bei den weltlichen Ehrenstrafen wurde das »Verbot der Ürten« vereinzelt mit einem Spiel- und Fischverbot kombiniert.[24] Ebenso kam – freilich nur selten – die Trülle, ein drehbarer Käfig, in denen die Verurteilten eingeschlossen wurden und den die Passanten ins Rotieren bringen konnten, zum Einsatz.[25] Luzern variierte also die Ehrenstrafen teilweise anders als Zürich, orientierte sich dabei allerdings ebenso an den Gesetzen des Ehrkapitals. Bekamen in der Limmatstadt recht viele Zürcher Blasphemiker ihren Normbruch mit der Züchtigung »an der Stud« zu spüren, verzichtete man an der Reuss auf die Stäupenschläge. Dafür gingen dortige Blasphemiker das Risiko ein, für mehrere Jahre auf die Galeeren geschickt zu werden.[26]

Insgesamt tendierte der Luzerner Rat also dazu, etwas großzügiger mit Gotteslästerern umzugehen. Dennoch sollte man katholische »Milde« und protestantische »Härte« nicht zu krass einander gegenüberstellen. Der entscheidende Unterschied lag nicht in der Höhe der Geld-, Ehr- und Körperstrafen, sondern in der Tatsache, daß Zürich ausdrücklich horizontal-soziale Kontrolle in sein Strafsystem integrierte: Jede und jeder war berechtigt und ausdrücklich aufgefordert, von Blasphemikern den Herdfall zu verlangen. Wortsünden vergaben hier nicht geweihte Kleriker in der Ohrenbeichte, sondern die Gemeinde der Gläubigen, die öffentlich um Verzeihung anzurufen war.[27] Solche Regelungen, die aus der evangelischen Lehre von der Priesterschaft aller Gläubigen folgten, kannte Luzern nicht.

Im Bereich der Sprachpraxis verbanden Luzerner und Zürcher Blasphemie viele Gemeinsamkeiten. Hier wie dort war Gotteslästerung ein Begleitdelikt sowie ein soziales Breitbandphänomen. So gingen Luzerner Schlägereien

---

[23] Bei Leutnant Rüthima, der am Ostertag geschworen hatte, verdoppelte sich der Strafsatz auf 20 lb. Vgl. RP. 71, fol. 441v, Urteil Leutnant Rüthima, 1655.

[24] Vgl. RP. 38, fol. 321r, Urteil Lorenz Allt, 1583.

[25] Vgl. RP. 59, fol. 25r, Urteil Ehefrau Jörgi Lentz, 1623.

[26] Vgl. Cod. 4515, fol. 222v, Urteil Gabriel Bürgi, 1628.

[27] Wenn auch Andreas Holzem zurecht darauf hinweist, daß im Katholizismus nicht allein in der Ohrenbeichte, sondern auch im Sendgericht die Gläubigen zur Ordnung gerufen wurden (vgl. A. HOLZEM, Konfessionsgesellschaft S. 73, 75), so ist dieses kirchliche Gericht dennoch nicht mit dem »Tribunal« der gesamten Gemeinde zu vergleichen.

gleichfalls mit Schwüren und Flüchen einher. Hans Muner und Hans von
Bengk etwa bestätigten in ihrer Urfede von 1484, daß sich in ihren Auseinandersetzungen »uncristenlich schwür wid[er] gott« gemischt hatten.[28] Die
beiden sollten in der Frühen Neuzeit einige Nachfolger finden.[29] Ehe- und
Familienkonflikte bereiteten lästerlichen Formulierungen den Boden.[30] Wer
ein Krimineller war, blasphemierte ohnehin. Niclaus Wyßhaubt etwa wurde
1644 für sechs Jahre des Landes verwiesen, weil er mit einer Dreizehnjähri-
gen dreimal »seinen Willen versehen« und zusätzlich sich »mit hohem
schwören und Gotts lästern übersähen« hatte.[31] Ob an der Reuss, ob an der
Limmat, Blasphemie flankierte eine Vielfalt von Delikten.

Wie in Zürich wurden in Luzern oft sozial- und situationsspezifisch habitualisierte Redeweisen als blasphemische Sprechhandlungen wahrgenommen; unmoralischer Lebenswandel und Blasphemie gingen miteinander einher. So klagte im Jahre 1603 der Rat den Küfer Mathy Bläser wegen »liederlichen wäsens und husens auch übel schwörens, gotts lesterens« an.[32] Leute
wie Gottfridt Haut ließen sich durch gerichtliche Maßnahmen nicht abschrecken. Dieser war bereits 1680 zu einer Kirchenstrafe verurteilt worden,
als er 1684 erneut »liderlichen lebens halber und wegen fluchen und schwörens« vor dem Rat stand.[33] Viele solcher Fälle ließen sich anführen. Sie sind
auch im 18. Jahrhundert anzutreffen, wie das Beispiel Franz Hinelrichers (?)
zeigt, dem 1708 »wegen eines verschwänderischen Leben, fluochen undt
schwören« der Zutritt zu Wirtshäusern verboten wurde.[34] Noch 1742 geriet
Joseph Wyss wegen seines »ungestümen [...] in fluechen und schwehren und
händel machen« an das Schellenwerk.[35] Blasphemisches Reden drückte also
eine Lebenshaltung aus und wurde in Luzern wie bei den reformierten Nachbarn als soziale Provokation empfunden.

Selbst ohne einen verwerflichen Lebensstil zu pflegen, liebten es die Luzerner, so die Ratsmanuale, in zwei spezifischen Situationen zu fluchen und zu
schwören: im Spiel und in der Trunkenheit. Im Jahre 1545 beispielsweise be-
langte der Rat Opf (?) Hut dafür, »offt ym hymell uff dem spill gefluocht«
zu haben.[36] Er war längst nicht der einzige.[37] Im Rausch nahm schnell mal

---

28 RP. 6, fol. 179r, Urteil Hanns Muner und Hans von Bengk, Freitag vor Cantate 1484.
29 Vgl. zum Beispiel RP. 38, fol. 115v, Urteil Sattlermeister Lienhart und Ulrich, 1582.
30 Vgl. etwa RP. 58, fol. 53v, Urteil Hans Wygk, 1621.
31 RP. 68, fol. 82v, Urteil Niclaus Wyßhaubt, 6.7.1644.
32 RP. 48, fol. 376v, Urteil Mathy Bläsi, 1603.
33 RP. 79.5, fol. 386r, Urteil Gottfridt Haut, 12.4.1684.
34 RP. 88.2, fol. 143v, Urteil Franz Hinelricher (?), 12.5.1708.
35 RP. 100.3, fol. 183v, Urteil Joseph Wyss, 5.3.1742.
36 RP. 17, fol. 47r, Urteil Opf (?) Hut, 1545.

einer den Mund zu voll. Jacob Banwart zum Beispiel wurde 1623 für schuldig befunden, »unchristlich gotslesterlich [...] geredt, mit seiner unbedachten zunge Gotes ehr verletzt« zu haben. Volltrunken hatte er in einem Gasthaus behauptet, den Teufel beschwören zu können.[38] Geselligkeit war also häufig mancher Blasphemie Anfang. In Luzern wie in Zürich lieferten die fröhlichen Runden das Ambiente, in dem Gotteslästerer – um Gerd Schwerhoffs trefflichen Titel aufzunehmen – Gott und die Welt herausforderten.

Wer aber waren diese Gotteslästerer? Soweit die Stichprobe ein Urteil erlaubt,[39] rekrutierten sie sich in Luzern ebensowenig wie in Zürich allein aus Randgruppen und den Handwerksgesellen. Unter den 18 sozial verortbaren Delinquenten befanden sich zwei Müller, zwei Sattler, jeweils ein Schmied, ein Goldschmied, ein Weber, ein Küfer, ein Schnitzer, ein Ziegler, ein Bäkker, ein Schuhmacher, ein Schinder, ein Wirt, ein Apothekergeselle, ein Soldat und ein Student.[40] Es ist also nicht zu ersehen, daß bestimmte soziale Gruppen besonders zur Blasphemie neigten. Auch in Luzern war Gotteslästerung also ein sozial verbreitetes Phänomen.

So wie Zürcher und Luzerner Blasphemien von ihrem sozialen Hintergrund und Handlungskontext vergleichbar sind, lassen sich auch inhaltliche Gemeinsamkeiten feststellen. Der Schwur unterlag in Luzern ähnlichen Sprachmoden, die nahezu parallel zu den Zürcher Trends verliefen: Die Passions- und Sakramentsschwüre dominierten bis in die erste Häfte des 16. Jahrhunderts. Hans Bisling stand unter anderem 1528 unter der Anklage, »vil bösen schwür bÿ gets krannckheit, bÿ seinem liden unnd annder bös schwür [...] [auch] bÿ dem Sacrament unnd bim tauff« geschworen zu haben.[41] Paule Baldegger geriet 1543 deswegen vor Gericht, weil er »un Cristlichen Flüchen so er bÿ gottes lÿd[en], touff und wunden gethan, auch wÿter gredt fräffentlich Herrgott, gib mir min schuo wider, das dich gottes lÿden

---

[37] Vgl. etwa RP. 59, fol. 90v, Urteil Söhne Dane Michels, 1623 oder RP. 67, fol. 286v, Hans Jakob Schinder, 1643.

[38] RP. 58, fol. 27v, Urteil Jacob Banwart, 1623.

[39] Altersangaben fehlen, so daß eine Einschätzung zur Jugendlichkeit der Gotteslästerer nicht möglich ist.

[40] Vgl. RP. 6, fol. 11r, Urteil Haß Jacoming, 1485; RP. 34, fol. 60r, Urteil Hans Ulrich Glarer, 1575; RP. 48, fol. 65r, Urteil Melchior Boßhart, 1602; RP. 38, fol. 115v, Urteil Meister Lienhart, Meister Ulrich, 1582; RP. 38 fol. 121v, Andony Spiegel, 1582; RP. 39, fol. 112v, Urteil Ehefrau des Baders Jurdi, 1584; RP. 39, fol. 159v, Urteil Ulrich Rychniner, 1584; RP. 39, fol. 271v, Urteile Jeseph Eggli, 1585; RP. 48, fol. 376v, Urteil Mathy Bläsi, 1603; RP. 59, fol. 25r, Urteil Jörgi Lentz, 1623; RP. 59, fol. 403v, Urteil Meister Wendel, 1625; Cod. 4515, fol. 70r, Eintrag Christoph Hartmann, 1626; RP. 67, fol. 108r, 115v; Urteil Jörg Brändli; RP. 68, fol. 378v, Urteil Caspar Diele, 1646; RP. 84. 4, fol. 595–596, Michell Zwiler (?), 1698.

[41] RP. 12. 3, fol. 270v–271v, Urteil Hanns Bisling, 10. 7. 1528.

Im Himel schende.«[42] In der zweiten Hälfte des 17. Jahrhunderts verschob sich der Akzent von der Passion zu den Sakramenten. Seinen Landesverweis hatte Ludwig Lutenbach 1643 dem Umstand zu verdanken, daß er »schwärlich geschworen, Gott und die heilige Sacrament entunehret« hatte.[43] Im folgenden Jahr gelangte der Rat zum Schluß, daß Jacob Kohlhammer sich mit Worten am Abendmahl vergangen habe.[44] Das Urteil gegen Franz Jost lautete 1683, daß er »grusam geflucht und Sacramentiert« habe.[45]

Trotz dieser Parallelen stechen drei Unterschiede zwischen den Luzerner und Zürcher Gotteslästerungen ins Auge. Flüche und Schwüre bei Maria oder den Heiligen waren im katholischen Luzern in der gesamten Frühen Neuzeit ein strafrechtliches Vergehen.[46] Für theologische Fragen zeigten zweitens die Luzerner Wortsünder fast kein Interesse. Auf das Rätsel der Trinität kam in der Stichprobe allein Caspar Diele 1646 zu sprechen.[47] Weitere radikale Schmähungen Gottes schließlich fehlen ganz. Die Luzerner Gotteslästerer formulierten weder Zweifel an Gott oder an der Lehre ihrer Kirche, noch schwangen sie sich zu eigenständigen theologischen Aussagen über Gott auf – zumindest nicht in einer Weise, die jemanden dazu bewogen hätte, Anzeige gegen sie zu erstatten. Es sieht so aus, als ob die spezifisch evangelischen Bemühungen, jede und jeden einzelnen zur Bibellektüre anzuhalten, ambivalente Auswirkungen hätten. Einerseits eröffneten die Reformatoren den Gläubigen den Weg zur Offenbarung des Wortes Gottes, andererseits aber führte die persönliche Bibellektüre einige Grübler in die Untiefen blasphemischen Zweifels und Widerspruchs. Wer hingegen den Gläubigen das eigenständige Studium der Bibel vorenthielt und die Autorität der kirchlichen Tradition betonte, schützte wie das katholische Luzern seine Untertanen besser vor solchen Irrwegen.

* * *

In der Gegenüberstellung werden zwischen dem reformierten Zürich und dem katholischen Luzern im Umgang mit Blasphemie einige aufschlußreiche konfessionsspezifische Merkmale ersichtlich. Viele Gemeinsamkeiten verbanden die beiden Orte, wenige, dafür umso markantere Unterschiede trennten sie.

---

[42] RP. 16, fol. 80r, Urteil Paule Baldegger, 12. 1. 1543.
[43] RP. 67, fol. 310r, Urteil Ludwig Lutenbach, 1643.
[44] Vgl. RP. 68, fol. 119r, Urteil Jacob Kohlhammer, 1644.
[45] RP. 79.4, fol. 312v, Urteil Franz Jost, 27. 8. 1683.
[46] Vgl. etwa RP. 71, fol. 192, Urteil Hans Sager, 1653.
[47] Vgl. RP. 68, fol. 378v, Urteil Caspar Diele, 1646.

Gemeinsam war den beiden Kommunalstaaten, daß die Mandate gegen Blasphemie an spätmittelalterliche Regelungen anknüpften und seit der zweiten Hälfte des 17. Jahrhunderts nicht mehr grundlegend novelliert wurden. Die Frühe Neuzeit setzte damit auf dem Gebiet der Gesetzgebung keinen epochalen Einschnitt.

Legitimiert wurden die gesetzlichen Normen hier wie dort mit vergeltungstheologischen Argumenten. Diese sind demnach weder für die eine noch für die andere Konfession ein Spezifikum. Gleiches gilt für die strafrechtliche Kompetenz bei der Verfolgung von Gotteslästerern. In beiden Orten fiel sie der weltlichen Obrigkeit, dem Rat, zu. Ob katholisch oder zwinglianisch, die kirchlichen Instanzen hatten vorrangig die Aufgabe, den Rat durch Vollzug der Kirchenstrafen, die er festlegte, zu unterstützen. Die strafrechtliche Sanktionierung der Gläubigen war vornehmlich Sache der weltlichen Obrigkeit.

Die meisten Gotteslästerer wurden an der Limmat und an der Reuss in den Jahrzehnten von 1580 bis 1650 verfolgt. Seit dem Ausgang des 17. Jahrhunderts nahm die Zahl der Angeklagten im Verhältnis zur Bevölkerung merklich ab. Demnach erhöhten weder Reformation noch Gegenreformation die Sensibilität der Bevölkerung bzw. der Justiz für Blasphemie. Daß im 18. Jahrhundert Gotteslästerung die Justiz kaum noch beschäftigte, belegt, daß sowohl Luzern als auch Zürich einen Prozeß der Säkularisierung erlebten.

Ob in Zürich oder in Luzern, die Strafurteile gegen Gotteslästerer fielen differenziert aus. Lebensstrafen und schwere Körperstrafen wurden eher zurückhaltend gehandhabt und meistens gegen Schwerstkriminelle verhängt. Den Löwenanteil an den weltlichen und kirchlichen Sanktionen machten die Geld- und Ehrenstrafen aus. Variierten teilweise auch die Strafen in der Form, sie verfolgten in beiden Orten das gleiche Ziel: Die einheimischen Delinquenten sollten auf der Grundlage der Gesetze des Ehrkapitals in den Untertanenverband reintegriert werden.

In ihren Sprechgewohnheiten waren sich Zürcher und Luzerner verwandt. Blasphemische Sprechhandlungen galten als ein sozial- und situationsspezifischer Habitus. Flüche und Schwüre gingen als ritualisiertes verbales Imponiergehabe mit Spannung, Suff und Spiel, d. h. mit Alltagskonflikten, außerdem mit Kriminalität Hand in Hand. Marginale galten zwar als Menschen, die mit einer besonders lästerlichen Zunge ausgestattet waren, doch stammten Blasphemiker häufig aus den etablierten Bevölkerungsschichten. Blasphemie war in Luzern wie in Zürich ein Begleitdelikt sowie ein sozial verbreitetes Phänomen.

So nahe sich Zürich und Luzern auf dem Gebiet der Blasphemie standen, bezeichnende Unterschiede trennen die beiden Orte voneinander. Der Luzerner Rat wandte sich der Blasphemiegesetzgebung in weit unsystematischerer und weit weniger intensiver Weise zu. Größere Verfolgungswellen blieben aus. Von den blasphemischen Sprechhandlungen wurden nur diejenigen verfolgt, die mindestens eine Buße von fünf Gulden wert waren. Die Ehr- und Wehrlosigkeit wurde sehr viel seltener als Sanktion verhängt und damit auf eine Form sozialer Stigmatisierung weitgehend verzichtet.

Im Vergleich zwischen Zürich und Luzern sind konfessionsspezifische Gemeinsamkeiten und konfessionsunspezifische Eigenheiten im Umgang mit Blasphemie leichter voneinander zu trennen. Angesichts des Konfessionalisierungsprozesses, die Reformation und Gegenreformation auslösten, ist es naheliegend, beiden »Großereignissen« eine gewichtige Rolle für die jeweiligen Entwicklungen zuzumessen. Die Analyse der Verfolgungsquoten jedoch widerspricht dieser ereignisgeschichtlichen Annahme. Auch die konfessionsgeschichtliche Vermutung, die Säkularisierung habe im katholischen Luzern womöglich einen anderen Verlauf genommen als im reformierten Zürich, stimmt in Hinblick auf das Problem der Blasphemie nicht. Hier wie dort wurde Gotteslästerung immer weniger zur Sache der Justiz. Ebensowenig läßt sich eine besondere Vorliebe der Luzerner bzw. Zürcher Untertanen für die Meldung von Gotteslästerern erkennen. Jedenfalls sahen sich in beiden Stadtstaaten die Räte gezwungen, das Unterlassen von Anzeigen unter Strafe zu stellen. In der Strafpraxis blieb die unterschiedliche Konfessionszugehörigkeit der beiden Orte ohne Folgen.

Freilich neigte das katholische Luzern Blasphemikern gegenüber zu etwas mehr Nachsicht. Dies lag nicht daran, daß in Luzern die Strafen grundsätzlich milder ausgefallen wären. Den tendenziell größeren Freiraum, den Luzerner Gotteslästerer genossen, hatten diese vielmehr zwei anderen Umständen zu verdanken. Zum einen überging der Luzerner Rat vielfach banale, alltägliche blasphemische Sprechhandlungen, während sie in Zürich immer wieder mit minimalen Geldbußen geahndet wurden. Zum anderen machten in Zürich die gesetzlichen Regelungen zum Herdfall und zum Widerruf horizontal-soziale Kontrolle zu einem wesentlichen Bestandteil der Strafpraxis.

Soziale Kontrolle kannte Luzern auch, doch gehörten deren Varianten in den Rahmen katholischer Kirchlichkeit. Sie entsprachen einer eher vertikalen sozialen Kontrolle. Die Formen der Zürcher kommunalistischen Disziplinierung indes sprengten den Rahmen der Kirchlichkeit. Potentiell waren alle Zürcher Untertanen Sittenwächter und Sittenrichter zugleich und konnten somit stärker horizontale soziale Kontrolle ausüben. Von genau dieser Kontrollfunktion der Gemeindemitglieder gingen die obrigkeitlich formulierten Widerrufstexte aus, wenn sie die Gemeinde explizit in den Versöhnungsakt einbezogen. Das evangelische Prinzip der gemeindlichen Selbstregulierung auf der Basis der Priesterschaft aller Gläubigen hatte seine Folgen.

Weitere konfessionsspezifische Merkmale betreffen den Inhalt der Gotteslästerungen. In Luzern blieb es verboten, bei der Gottesmutter oder den Heiligen zu schwören. In Zürich wurde nach der Reformation Maria als Gottesmutter weiterhin geehrt, nicht aber verehrt; die Heiligen waren abgeschafft worden. Es erübrigte sich daher für die Justiz, Schwüre oder Flüche zu ahnden, die auf die himmlischen Fürbitter Bezug nahmen. Aus den veränderten theologischen Konstellationen folgte, daß sich in Zürich die alten, »katholischen« Blasphemien als Strafhandlungen überlebten.

Die theologischen Umbrüche hatten eine weitere Konsequenz. Der Protestantismus legte den Laien die persönliche Bibellektüre ans Herz. Wenngleich ungewollt, konfrontierte er sie somit verstärkt mit den Widersprüchlichkeiten biblischer Texte und den aus ihnen abgeleiteten, nach rationalen Kriterien, paradoxen Dogmen. Es scheint, daß die Zürcher ihre Glaubenszweifel eher als ihre Luzerner Nachbarn entdeckten. Jedenfalls artikulierten sie radikale Schmähungen Gottes, die Luzerner nicht in den Mund nahmen – zumindest nicht so, daß sie der dortige Rat registriert hätte.

Die konfessionsspezifischen Unterschiede im Umgang mit Blasphemie, wie sie aus dem Vergleich zwischen dem katholischen Luzern und dem zwinglianischen Zürich ersichtlich werden, stärken die Kommunalismusthese Heinrich Schmidts. Zum einen erweist sich obrigkeitliche Beaufsichtigung gegenüber gemeindlicher Selbstregulierung für den Prozeß theologisch-kirchlicher Disziplinierung als nachrangig. Horizontale soziale Kontrolle wirkte intensiver als obrigkeitliche Repression. Zum anderen – und diesen Aspekt läßt Heinrich Schmidt beiseite – hatte Kommunalismus auch seinen Preis. Er gründete darauf, Laien Kompetenzen in Angelegenheiten einzuräumen, die Gott anlangten. Laien vom Klerus unabhängiger werden zu lassen, barg ein erhöhtes Risiko. Einige machten sich so weit selbstständig, daß sie sich mit ihren Schmähungen Gottes schließlich von der Gemeinde der Gläubigen verabschiedeten. In Zürich hatten die religiösen Umbrüche die Position der Gemeinde gestärkt und diese zugleich für radikale Religionskritik empfänglicher gemacht. Wer danach fragt, wie in Europa frühneuzeitliche Gesellschaften sich auf Gott bezogen bzw. mit Gott handelten, sollte solche Ambivalenzen nicht übersehen.

IV. Bilanz und Perspektiven:
Von den Zürcher Gotteslästerern zu einer
Kulturgeschichte des Religiösen

Mit ihren Worten verletzten Gotteslästerer im Verständnis der Frühen Neuzeit die Ehre Gottes. Daher stand am Anfang dieser Untersuchung das fundamentale Problem, Religion als zugleich politisches, gesellschaftliches und individuelles Phänomen einer Gesellschaft zu erfassen. Aufgrund ihres Vorgehens dürfen die Ergebnisse dieser Arbeit für das Westeuropa der Frühen Neuzeit als repräsentativ gelten: Wenn irgend möglich, wurden die jeweiligen Aspekte vom ausgehenden 15. bis ins Ende des 18. Jahrhunderts verfolgt und die Zürcher Verhältnisse mit denjenigen in den englisch-, französisch- und deutschsprachigen Gebieten verglichen. Die Antworten auf die Frage nach der Bedeutung von Religion setzen hierbei auf drei Ebenen an. Zuerst gilt es, die empirischen Ergebnisse zu resümieren, um den Beitrag der Arbeit zur Geschichte der Blasphemie als verbales Handeln zu verdeutlichen. Sodann ist zu diskutieren, welche empirischen wie auch konzeptionellen Konsequenzen die Erträge dieser Arbeit für die Interpretationsparadigmen der Geschichte der Frühen Neuzeit haben. Bei der Beurteilung der Relevanz der erzielten Ergebnisse geht es darum, abschließend die Geschichte der Religion als eine Kulturgeschichte des Religiösen konzeptionell zu erweitern.

Wer das verbale Delikt der Gotteslästerung als frühneuzeitliches Phänomen analysieren will, stößt zunächst auf das Problem, was unter Blasphemie überhaupt zu verstehen sei. Der Terminus Blasphemie ist so schlecht faßbar, daß zwischen vier Sinnbedeutungen des Begriffs unterschieden werden muß: den heutigen Vorstellungen von Blasphemie, den mittelalterlichen und frühneuzeitlichen Kategorien des theologisch-juristischen Schrifttums, den Termini der frühneuzeitlichen Zürcher Justiz und dem hier benutzten Begriffsinstrumentarium. Verstehen zu wollen, was Blasphemie für eine frühneuzeitliche Gesellschaft bedeutete und dabei das Untersuchungsobjekt nach modernen Kriterien zu definieren, wäre ein anachronistisches Vorgehen. Daher muß der Untersuchungsgegenstand aus den Quellen bestimmt werden. Hierbei ist aber zwischen verschiedenen Gotteslästerungsbegriffen zu differenzieren. Die mittelalterlichen und frühneuzeitlichen theologisch-juristischen

Kategorisierungen finden sich nicht in der Terminologie der Zürcher Justizpraxis wieder. Für sie waren Schwören, Fluchen und Gott Schmähen mehr oder weniger synonyme Ausdrücke. Aufgrund dieser begrifflichen Unschärfe in den Gerichtsakten können die in der Sprachpraxis erfolgten Gotteslästerungen nicht direkt anhand ihrer sprachlichen Bezeichnung klassifiziert werden. Die Zuordnung in die Kategorie des Schwörens, Fluchens oder Schmähens setzt vielmehr die Analyse des propositionalen und perlokutionären Gehalts der inkriminierten Sprechhandlungen voraus.

Die Analyse der Zürcher Gotteslästerungen führt mitten in das grundsätzliche und empirische Problem hinein, was alles in einer frühneuzeitlichen Gesellschaft religiös besetzt war. Sie vermittelt somit einen zentralen Zugang zum Religiösen, zu all dem, was über Religion hinaus auf religiöse Inhalte verweist. Die Geschichte der Blasphemie ist also nicht die Geschichte einer exotischen Randerscheinung. Vielmehr eröffnet die Analyse des vornehmlich unter den zwanzig- bis vierzigjährigen Männern sozial weit gestreuten Breitbanddelikts Gotteslästerung einen gezielten Zugriff auf das Phänomen Religion. Der Tabubruch Blasphemie bildet gleichsam im Negativmaßstab religiöse Normen ab. Daher enthalten die Zürcher Blasphemien Hinweise, die für das Verständnis einer frühneuzeitlichen Gesellschaft wesentlich sind. Denn, so das erste Fazit, die verbalen Normbrüche ermöglichen vielfältige empirische Rückschlüsse, die sich hauptsächlich vier Gesichtspunkten zuordnen lassen: Sie zeugen zum einen davon, wie sakrale und profane Sphäre ineinandergriffen. Aus den verbalen Überschreitungen ist zum anderen zu ersehen, inwiefern Religion eine öffentliche Angelegenheit war und was Religion charakterisierte. Die Reaktionen der weltlichen und kirchlichen Obrigkeit auf religiöse Normbrüche drücken darüber hinaus die Positionen der Obrigkeit in religiösen Fragen aus. An der Praxis der Gotteslästerung läßt sich zudem verfolgen, welchem historischen Wandel Blasphemie folgte und wie die religiösen Denk- und Handlungsspielräume in einer frühneuzeitlichen Gesellschaft einzuschätzen sind.

Angesichts der Feststellung, daß im frühneuzeitlichen Europa sakrale und profane Sphäre miteinander verbunden waren, wäre es ein krasses Mißverständnis, Blasphemie rein als propositionale Aussage über Gott verstehen zu wollen. Statt religiöse Positionen zu artikulieren, nutzten die wortgewaltigen Tabubrecher Sprache, um kontextbezogen zu agieren. Insofern handelten sie mit, d. h. in Verweis auf Gott. Blasphemiker forderten Gott und die Welt perlokutionär heraus. Hinter dieser Formel steht eine komplexe Erscheinung, die aus drei Elementen zusammengesetzt ist: Gotteslästerung war in Alltagskonflikten vorwiegend Ausdruck weltlicher Ehrhändel sowie bestimmter Verhaltensstile und Etikettierungen.

In den meisten Fällen kam für Männer wie für Frauen die mißbräuchliche Verwendung des Namens Gottes einer verbalen Strategie gleich. Wenn auch nicht jeder blasphemische Kraftausdruck sorgfältig überlegt war, stellt Gotteslästerung, zumal in der Variante des Fluchens und Schwörens, eine Form des Ehrhandels dar. Blasphemisches Reden war in der Auseinandersetzung mit einem konkreten Konfliktpartner nicht lediglich ein unkontrollierter Affekt oder eine sublimierte Form der Gewalt. Vielmehr zielten die Kontrahenten im Kampf um das Kapital der Ehre bewußt darauf ab, nach den Gesetzen des Imponierens und der Retorsion aufzutrumpfen. Blasphemische Sprechhandlungen entsprachen dem Zücken einer blanken verbalen Waffe im entscheidenden Moment. Häufig provozierten Gotteslästerungen handgreifliche Auseinandersetzungen oder begleiteten sie. Blasphemien flankierten also Gewalt. Deswegen können sie nicht als »zivilisiertere« Form der Konfliktaustragung oder lediglich als »Sicherheitsventil« für angestaute Aggressionen betrachtet werden. Adressat der Sprechhandlungen war nicht Gott, sondern der Konfliktgegner bzw. die Konfliktgegnerin. Wer in einem Konflikt fluchte und schwörte, erhob den Anspruch, sich mit Gott auf eine Stufe zu stellen und ihn außerdem für die eigenen Zwecke zu instrumentalisieren, d.h. dem Gegenüber überlegen zu sein. Der Fluch konnte zwar hierbei Züge des Wortzaubers tragen, doch sollten diese nicht überbewertet werden. Zu fluchen hieß weniger, mit magischen Mitteln der oder dem anderen einen Schaden zufügen zu wollen, als vielmehr sich selbst in Pose zu setzen. Auf der propositionalen Ebene handelte Blasphemie also in Injurienfällen von Gott, illokutionär waren aber über den Verweis auf Gott die konkreten Konfliktgegner gemeint. Entsprechend entschlüsselten die Adressaten der Sprechhandlungen die Botschaft auf der perlokutionären Ebene: Sie begriffen, was mit den blasphemischen Äußerungen impliziert war, daß nämlich ihre – und nicht Gottes – Ehre auf dem Spiel stand. Dies unterstreichen die semantischen Verschiebungen, die »fluchen« und »schwören« mit »beleidigen« verschmelzen ließen.

Gotteslästerungen als Ausdruck von Verhaltensstilen verdeutlichen ebenfalls, wie sehr profane Elemente sakrale Aspekte von Religion zurückdrängen konnten. Soziale Provokateure, Conférenciers der feinen Gesellschaft, großmäulige Unterhalter gewöhnlicher Zechrunden oder Mitglieder einer Peergroup pflegten hierbei unterschiedliche Formen, um beim Publikum Eindruck zu machen. In ihren blasphemischen Sprechhandlungen wandten sie sich nicht an Gott. Vielmehr nutzten sie die gewagten Bezugnahmen auf Gott, um eindrucksvolle Effekte zu erzielen. Wer auf Themen wie das Gebet, das Abendmahl oder die Authentizität der Heiligen Schrift verwies – Themen, die im Reformiertentum besonders brisant waren –, durfte sich seines Erfolgs gewiß sein. Wenn – und dies war ein weiterer verbreiteter

Verhaltensstil – konfessionelle Kontrahenten blasphemisch gegeneinander polemisierten, redeten zwar beide Seiten von Gott, doch trafen sie dabei keine Aussagen über ihn. Statt dessen grenzten sie zur Freude des Publikums demonstrativ die jeweiligen Positionen in Berufung auf Gott voneinander ab.

Gotteslästerung als Etikett für Verhaltensmuster bestimmter sozialer Gruppen (Fremde, Soldaten, Unterschichten, Handwerksgesellen, männliche Jugend) oder für Verhaltensweisen in spezifischen Handlungssituationen (Trunkenheit, »Zorn«, bestimmte emotionale Ausnahmesituationen) zeigt ebenfalls den stark profanen Charakter des religiösen Delikts an. Formal bezogen sich diese Zuschreibungen auf die Unverletzlichkeit der Ehre Gottes. Die Implikationen der (Selbst-)Etikettierungen gingen aber in eine andere Richtung. In den blasphemischen Selbst- bzw. Fremdstilisierungen legten sich die Sprecher nicht mit Gott an, sondern mit ihrem Umfeld. Gotteslästerung bzw. der Vorwurf der Gotteslästerung diente dazu, andere sozial zu stigmatisieren bzw. sich selbst abzugrenzen, d.h. den Grad sozialer Konformität zu bestimmen. Die Ehre Gottes stand hier nicht zur Diskussion.

Wenngleich Sprechhandlungen religiösen Inhalts profanen Interessen untergeordnet sein konnten, ließ sich mit ihnen nicht beliebig agieren. So eignete sich Gotteslästerung offenbar nicht als Medium politischer Meinungsäußerung. Blasphemische Handlungen wurden in der Regel weder als Form politischer Widersetzlichkeit genutzt noch als solche wahrgenommen. Obwohl auf dem Feld der Religion sakrale und profane Elemente miteinander verschmolzen und religiöse und politische Fragen in der Frühen Neuzeit außerordentlich eng miteinander verknüpft waren, verfolgten Blasphemiker, von extrem seltenen Ausnahmen abgesehen, weder politische Ziele noch erkannte die Obrigkeit in ihren Sprechhandlungen politische Aktionen.

Auch ohne politisch aufgeladen zu sein, hatten Blasphemien öffentlichen Charakter. Im Unterschied zur säkularisierten westlichen Moderne waren Fragen der Religion keine vorrangig private Angelegenheit. Grundsätzlich konnte jedermann jederzeit in die Situation geraten, über religiöse Dinge diskutieren zu sollen, ganz gleich, ob er den Gesprächspartner kannte oder nicht. So berichten die Justizakten von blasphemischen Vorfällen in Wirtshäusern, bei Versammlungen oder Zusammenkünften insbesondere an Feiertagen, bei Zufallsbegegnungen auf Plätzen oder auf der Straße: Das Thema Religion war stets präsent.

Es wäre recht unplausibel, davon auszugehen, daß innerhalb der eigenen vier Wände dem nicht so gewesen sei. Dennoch gerieten Blasphemiker zumeist nur dann vor Gericht, wenn sie ihr Delikt öffentlich begangen hatten. Dieser Umstand verdankte sich der Tatsache, daß Meldungen allein unter bestimmten Bedingungen zustandekamen. Ohne sich in der eigenen persönlichen Ehre verletzt zu fühlen oder die öffentliche Ordnung als gefährdet anzusehen, hatten die Zeugen keinen Grund, Anzeige zu erstatten. Solange nur die Konfliktgegner selbst von einer blasphemischen Äußerung wußten, stand die injurierte Person viel weniger unter Druck, ihr Ehrkapital zu verteidigen. Eine Störung der öffentlichen Ordnung konnte definitionsgemäß erst dann eingeklagt werden, wenn eine Öffentlichkeit vorhanden war, die als bedroht dargestellt werden konnte. Die mißbräuchliche Verwendung des Namens Gottes war hier nicht deswegen brisant, weil sie von Gott handelte, sondern weil sie mittels eines illegitimen Verweises auf Gott die adressierte Person in ihrer Ehre angriff und diese Ehrverletzung zu einem Problem öffentlicher Ordnung wurde.

Auch die Rolle, die horizontal-soziale Kontrolle bei der Durchsetzung religiöser Normen spielte, unterstreicht den öffentlichen Charakter von religiösen Angelegenheiten. Hätte es die Bevölkerung nicht für wert befunden, Blasphemiker anzuzeigen, hätte die Justiz sehr viel weniger von ihnen belangen können. Anders als etwa bei Hexerei erfolgte die Meldung bei Gotteslästerung eher selten aus eindeutig persönlichen Motiven. Während sich ein unerklärlicher Vorfall jederzeit ohne weiteres mit Hexerei in Verbindung bringen ließ, mußte bei Gotteslästerung etwas gesagt worden sein, über das mehrere Zeugen übereinstimmend aussagen konnten. Der Vorwurf der Gotteslästerung bot sich daher nicht an, um persönliche Rechnungen mit einem Kontrahenten oder einer Kontrahentin zu begleichen. Um Rache zu nehmen, mußte sich das Gegenüber tatsächlich etwas zu schulden kommen lassen, das eine Meldung lohnte. Unbegründete Vorwürfe waren zudem riskant. Bei Falschbeschuldigungen fiel nach der Rechtslage die Strafe des vermeintlichen Täters auf den Denunzianten zurück. Dieser hatte zusätzlich die gesamten Gerichtskosten zu übernehmen. Trotz aller Selbststilisierung vor Gericht sollten daher die Aussagen der Zeugen, sie hätten aus Gewissensgründen Blasphemiker gemeldet, ernstgenommen werden. Soziale Kontrolle hatte durchaus genuine religiöse Motive.

Die kommunalistische Kontrolle hörte nicht bei der Meldung eines Normbruchs auf. Hatte jemand eine blasphemische Äußerung von sich gegeben, stand er oder sie potentiell jederzeit in der Schuld der Zeugen. Dank ihres gutes Gedächtnisses für blasphemische Vorfälle verfügten diese somit über ein »Beschuldigungskapital«. Zeugen konnten sich auch mehrere Wochen, Monate oder gar Jahre nach dem fraglichen Tabubruch an das Delikt erinnern und der Obrigkeit Anzeige erstatten. Bezeichnenderweise nahm die Obrigkeit die verspäteten Hinweise ernst und ging ihnen konsequent nach.

Dabei ließ es der Rat indes nicht bewenden. Er integrierte horizontale soziale Kontrolle in seine Bekämpfung von Gotteslästerern. Wenn der Rat Blasphemiker zu einem Widerruf verurteilte, indem die Delinquenten während eines Gottesdienstes die Gemeinde ausdrücklich um Verzeihung bitten mußten, institutionalisierte die weltliche Obrigkeit im öffentlichen Ritual das Prinzip der gegenseitigen Zurechtweisung. Denselben Grundsatz befolgte der Rat, indem er seine Untertanen gesetzlich darauf verpflichtete, von Blasphemikern unverzüglich entweder den Herdfall bzw. eine Geldstrafe zu verlangen oder den Übeltäter zu melden. Daß diese Anweisung nicht lediglich auf dem Papier stehenblieb, wenn sie wohl auch nicht in letzter Konsequenz befolgt wurde, zeigen die vereinzelten Konfliktfälle, in denen Blasphemiker den Herdfall verweigerten oder Zeugen mit der Strafregelung spielten. Das Religiöse war nicht privat, sondern Sache aller; religiöse Disziplinierung erfolgte zwar in erheblichem Maße über kommunalistische Selbstregulierung, wurde aber auch »von oben« befördert.

Blasphemiker provozierten und »disputierten« auf vielfältige Weise. Das Spektrum reichte von billiger Konfessionspolemik bis zu anspruchsvollen theologischen Debatten. Diese entsprangen intellektueller Neugier sowie ernsthafter Glaubenssuche. Zwischen den beiden Extremen lagen die verbalen Schaukämpfe, in denen ungefähr gleichrangige Partner sich in ihrer Schlagfertigkeit maßen oder sich auf Kosten sprachlich und intellektuell Unterlegener amüsierten. In welcher Ausprägung auch immer diese religiösen, publikumswirksamen und durchaus auch spielerischen Streitgespräche stattfanden, sie zeugen davon, daß Laien ungeachtet ihrer sozialen und intellektuellen Herkunft miteinander sowie mit Geistlichen über die alten und neuen Paradoxien des Glaubens, die Auslegung der Bibel und die religiösen Kontroversen ihrer Zeit stritten. Christianisierung und Konfessionalisierung ausschließlich als einen Akkulturationsprozeß zu betrachten, den die Eliten der weltlichen und kirchlichen Obrigkeit forciert hätten, geht daher fehl. Wenn Laien aus Anlaß einer Predigt, einer Druckschrift oder irgendeines Vorfalls zum Zweck der Unterhaltung oder aus genuinem theologischen Interesse über religiöse Dinge zu »disputieren« anfingen, dann sicherlich nicht, weil sie von einer ihnen fremden »Elitekultur« dazu gezwungen worden wären. Im Gegenteil, unter bestimmten Umständen tolerierte es die Obrigkeit, daß Probleme der Dogmatik oder Bibelexegese »übungsweis« dekliniert wurden. So sollten die Lehren der zwinglianischen Kirche in umso hellerem Lichte erscheinen. Die weltliche und kirchliche Obrigkeit gestand Laien – wenngleich in klaren Grenzen – zu, sich aktiv und selbstständig mit theologischen Grundsatzfragen zu beschäftigen.

Die Debatten, von denen hier bislang die Rede war, hatten Gott zum Gegenstand. Sie vermitteln somit ein charakteristisches Bild von Religion im Reformiertentum. In diesem Bild spiegelt sich die Christianisierung der Bevölkerung sowie die Koexistenz unterschiedlicher Glaubensformen und Gottesbilder wider. Außerdem werden die religiösen Inhalte erkennbar, die den Zürchern besonders auf der Seele lagen.

Von gerichtsnotorisch gewordenen Blasphemikern ausgehend, allgemeine Einschätzungen der Christianisierung zu wagen, wäre methodisch illegitim. Es liegt in der Natur der Sache, daß die Justizakten und die anderen Quellen, die sich mit dem Problem der Gotteslästerung beschäftigen, allein von denjenigen berichten, die unter Verdacht standen, den Namen Gottes mißbraucht zu haben. Das Quellencorpus blendet damit all diejenigen aus, die in religiösen Fragen nicht weiter auffielen. Ob dem so war, weil sie die bestehenden religiösen Normen zur Zufriedenheit der Obrigkeit befolgten oder weil sie nicht christianisiert waren, dabei aber dennoch keinen Anstoß erregten, läßt sich nicht klären. Trotzdem lassen die registrierten Blasphemiefälle erkennen, daß angesichts der religiösen Kenntnisse von Gotteslästerern nicht von einer oberflächlichen Christianisierung der Bevölkerung gesprochen werden kann. Sicherlich, unter den Gotteslästerern befanden sich so manche, die nicht einmal die Grundzüge des christlichen Glaubens kannten oder auswendig Gelerntes lediglich stumpfsinnig wiedergaben. Diese Gruppe preschte aus Unwissenheit verbal in blasphemische Gefilde vor. Ihr standen diejenigen gegenüber, denen Mißgeschicke unterliefen, wenn sie als aufrichtige, aber ungenügend geschulte Christen die Ehre Gottes zu retten versuchten und dabei in blasphemisches Fahrwasser gerieten. Die sprachlichen Äußerungen dieser Blasphemiker wider Absicht beruhten nicht darauf, daß sie dem Christentum fern standen, sondern vielmehr darauf, daß sie die - nach rationalen Kriterien - paradoxen Aussagen des Christentums nicht beherrschten. Mehrheitlich zeugen die blasphemischen Sprechhandlungen indes davon, daß Gotteslästerer dank reformierter Sozialisierung ihre Bibel recht gut - bisweilen sogar sehr gut - kannten. Überdies nahmen Blasphemiker für sich in Anspruch, Predigten kritisch zu kommentieren oder Druckschriften über religiöse Angelegenheiten zu lesen. Die Gotteslästerer arbeiteten sich an alten und neuen dogmatischen Paradoxien ab, ohne nachweislich von häretischen oder philosophischen Strömungen beeinflußt zu sein. Sie suchten die religiöse Debatte, um sich eingehend mit Gott, der Lehre ihrer Kirche und mit der Auslegung der Heiligen Schrift auseinanderzusetzen. In ihren blasphemischen Sprechhandlungen artikulierten sie gezielt Fragen an oder Protest gegen Gott; sie lehnten sich wissentlich gegen ihn auf und setzten dabei voraus, daß ihre Diskussionspartner christianisiert genug waren, ihren Einwänden zu folgen. Statt darauf hinzuweisen, wie wenig das Christentum die Bevölkerung erfaßt hatte, belegen die Zürcher Blasphemien, wie sehr die Sprecher mit dem Gott ihrer Kirche rangen bzw. wie stark ihnen ihre Ansprechpartner christlich normativ entgegentraten. Blasphemie wirkt nicht in einer areligiösen Gesellschaft, sie setzt die Gültigkeit bestimmter religiöser Normen voraus.

Neben der Intensität der Christianisierung ermöglichen die Zürcher Blasphemien Rückschlüsse auf die religiösen Inhalte, auf die sich die Zeitgenossen bezogen. Charakteristisch ist zuallererst die Gemengelage der Glaubensformen. So koexistierten Hexen- und Prädestinationsglaube, die nach heutigen Maßstäben einander hätten ausschließen müssen. Radikale Gotteslästerung konnte in existentieller Gottessuche wie in nüchternem »Realismus« wurzeln. Bezeichnend ist auch die Vielfalt der Gottesbilder. Fremd wirken heute die konkret anthropomorphen Vorstellungen, die im Übergang vom Spätmittelalter zur Frühen Neuzeit vorherrschten. Im Laufe der Frühen Neuzeit wandelte sich der Allmächtige von einem lebensnahen Wesen in einen abstrakteren Gott der Vergeltung. Dieser war nicht allein in den obrigkeitlichen Ermahnungen, sondern auch in den Köpfen und Herzen der Gläubigen präsent. Doch auch im zwinglianischen Reformiertentum war Gott nicht allein der zürnende Jachwe, der die Gläubigen in Seelennöte stürzte. Radikale Blasphemiker drehten die Verhältnisse um. Sie setzten Gott auf die Anklagebank und gingen hart mit ihm ins Gericht. Reuige Sünder hingegen appellierten zumindest formal an den barmherzigen, wenn auch autoritären Vater, der die Einsichtigen wieder in seine Arme schloß. In Formen ausgelassener Unterhaltung wurde der Weltenherrscher gar humorvoll als Kumpel dargestellt. Je mehr aber Religion ihren öffentlichen Charakter verlor, desto stärker wurde Gott in rein sakrale Sphären entrückt. Mit der Privatisierung der Religion traten einerseits die lebensnahen, »menschlichen« Züge Gottes zurück; der Höchste wurde in seiner Heiligkeit zunehmend abstrahiert. Andererseits wurde der Ehrfurcht erheischende Gott zum gewöhnlichen Biedermann degradiert. »Das« Gottesbild des frühneuzeitlichen Zürichs ist, soweit anhand der untersuchten Blasphemien überhaupt erkennbar, voller Widersprüche.

Naheliegenderweise handelte Blasphemie als Schmähung Gottes vom schlechten Glauben der Sprecher und somit von Gott. Die unbeweisbaren Postulate und vielfältigen Paradoxien der christlichen Verkündigung stürzten so manche religiöse Menschen in tiefe Glaubenszweifel. Ihre – im Ansatz jeweils unterschiedlichen – Grübeleien machten sie zu häretischen Blasphemikern, welche die Paradoxien des Glaubens umdeuteten. Die rational und skeptisch veranlagten Gemüter hingegen reizten die logischen Zumutungen des Glaubens zum Widerspruch. Sie argumentierten mit »objektiver« Wirklichkeitserfahrung und folgerten, daß die Lehren des Christentums unsinnig seien. Kehrten die einen radikalen Blasphemiker Gott aus Enttäuschung den Rücken, kündigten die anderen selbstbewußt ihre Beziehung mit Gott auf, um ihm den Gehorsam zu verweigern: Wie konnte Gott so ungerecht sein, Menschen immer wieder ins Unglück zu stürzen? Warum erlöste er die einen, während er die anderen verdammte? Wie konnte sich ein allmächtiger

Gott ans Kreuz schlagen lassen? Im reformiert zwinglianischen Zürich dominierten nicht umsonst kritische Fragen zu Themen aus dem Bereich der Sünden-, der Abendmahls- und Prädestinationslehre sowie der Soteriologie.

Obwohl radikale Blasphemiker gegen Gott rebellierten, trieben sie ihre Einwände nicht bis zur letzten Konsequenz. Das Abendmahl blieb von ihren Einwänden verschont. Offenbar war die religiöse Handlung selbst und ihre Funktion als Instrument sozialer Kontrolle derart sakrosankt, daß niemand sie (hörbar) in Frage zu stellen wagte. Der Gedanke, daß Gott nicht existiere, konnte zwar formuliert, die Wirklichkeit aber ohne Gott nicht konstruiert werden. Die Bezeichnung »atheistisch« entsprach in der Vormoderne einer moralischen Zuschreibung, nicht einem programmatischen Selbstverständnis. Wer Atheist war, lebte – so die Fremdeinschätzung – losgelöst von einem existierenden Gott, der noch nicht für tot erklärt worden war. Frühneuzeitliche Blasphemiker negierten zwar das religiöse System, Utopien von einem anderen Gott oder einer Welt ohne Gott entwarfen sie aber nicht. Gott blieb in der frühneuzeitlichen Gesellschaft absoluter Referenzpunkt und ließ sich weder um- noch wegdefinieren. Bezeichnenderweise drifteten selbst Geisteskranke nicht in wilde Phantasien einer religiös völlig von den geltenden Normen losgelösten Welt ab, wenn sie in ihrem Wahn blasphemische Äußerungen von sich gaben.

Religion war nicht allein eine Frage der Christianisierung, der Koexistenz von Glaubensformen, der Vielfalt von Gottesbildern oder der dogmatischen Inhalte, Religion war auch eine geschlechtsspezifische Angelegenheit. Dies führt die Tatsache vor Augen, daß Gotteslästerung nahezu ausschließlich als Männerdelikt registriert wurde. Von Schmäherinnen Gottes wissen die Justizakten nichts. Die Akten des Zürcher Gerichts berichten allein und sehr vereinzelt von fluchenden und schwörenden Frauen. Ihr Anteil läge bei der Auswertung der lokalen Sittengerichtsakten sicherlich höher. Religiöse »Disputationen« aber sind nur von Männern überliefert. Sollten Frauen darauf verzichtet haben, sich mit Fragen der Religion intellektuell auseinanderzusetzen? Dies dürfte recht unwahrscheinlich sein. Diese Vorstellung setzte voraus, Frauen seien entweder aus biologischen Gründen für Gotteslästerung ungeeignet oder kulturell besonders effektiv gegen Glaubenszweifel geprägt worden. Aus der Beobachtung, daß Frauen nicht als radikale Blasphemikerinnerinnen vor Gericht zu finden sind, läßt sich nicht notwendig schließen, daß Frauen keine Glaubenszweifel kannten oder solche nicht artikulierten. Die Abwesenheit von »echten« Gotteslästerinnen vor Gericht weist lediglich darauf hin, daß Äußerungen von Frauen in religiösen Dingen weniger Beachtung fanden. Frau sein und theologischen Fragen auf den Grund gehen, dies paßte für Zürcher der Frühen Neuzeit nicht zusammen.

Das Delikt der Gotteslästerung beleuchtet eine weitere Facette von Religion in der Frühen Neuzeit: die Frage der obrigkeitlichen Religionspolitik. In Zürich verfolgten Rat und Kirche hierbei äußerst ambivalente Strategien. Diese sorgten für Differenzen zwischen Rat und Kirche und schwächten somit das entschiedene Vorgehen der Obrigkeit. Einerseits dramatisierte der Rat das Delikt und begründete somit die Systematisierung und Intensivierung der gesetzlichen Verfolgung von Blasphemikern. Andererseits erwies sich der Rat in seiner Urteilspraxis – gemessen am tödlichen Ernst des Vergehens – als relativ großzügig.

Verglichen mit anderen Stadtstaaten ging die Zürcher Justiz besonders konsequent gegen Gotteslästerer vor und setzte dabei hauptsächlich auf Ehrenstrafen. Dennoch sticht insgesamt gesehen die Züricher Justiz nicht durch extreme Härte hervor: Von der Rate der Todesstrafen abgesehen waren Strafformen und Strafmaß mit denen anderer Stadtstaaten vergleichbar. Hinrichtungen wurden möglichst vermieden und vorwiegend gegen notorische Kriminelle vollzogen. Bei Fremden versuchte man das Problem durch Abschiebung zu lösen. In den übrigen Fällen wurde differenziert mit Geld-, Ehren- und vereinzelt mit Körperstrafen gearbeitet, ohne daß eine sogenannte Humanisierung der Strafen festzustellen wäre. Gotteslästerungen wurden vielfach wie Injurien behandelt. Die Strafbemessung orientierte sich in der Stadt wie auf der Landschaft an sachgerechten und personenzentrierten Kriterien, die zwar heute die Urteile willkürlich erscheinen lassen, für die Zeitgenossen aber im Grundsatz gerecht waren. Ziel dieser Strafpolitik war nicht die stigmatisierende Marginalisierung, sondern vielmehr die Wiedereingliederung der Delinquenten in die politische und kirchliche Gemeinde. Mochte der Rat in den Sittenmandaten mit dem Gott der Vergeltung argumentieren, in der Praxis schätzte er die Lage nicht so ein, daß Gott die Ausgrenzung oder gar das Leben der Übeltäter notwendig verlangte.

Von der Ambivalenz der weltlichen Obrigkeit in religiösen Angelegenheiten zeugt weiterhin die Art und Weise, wie der Rat auf Blasphemiker reagierte, die im Verdacht standen, geisteskrank zu sein. Auf der einen Seite ließ der Rat sorgfältig prüfen, ob die Angeklagten geistig umnachtet waren. In diesem Falle erkannte der Rat die Angeklagten als unzurechnungsfähig und hilfsbedürftig an. Sofern die Angeklagten nicht wieder ihren Familien zugeführt werden konnten, ließ der Rat die Kranken ins Spital einliefern, wo sie von einem Arzt und einem Geistlichen betreut wurden. Auf der anderen Seite behandelte der Rat geisteskranke Blasphemiker als normale Delinquenten. Ohne zu erkennen, daß der Wechsel zwischen Phasen der »Normalität« und Phasen der »Anormalität« ein geschlossenes Krankheitsbild ergaben, beharrte der Rat darauf, daß die Angeklagten ein Geständnis ablegten und zu religiöser »Vernunft« zurückfanden. Selbst wenn die blasphemischen

Worte in geistiger Verwirrung gefallen waren, entband dies die Sprecher nicht ihrer moralischen Verantwortung. Obwohl also Gotteslästerung als Äußerung Unzurechnungsfähiger eingeordnet wurde, galt sie als ernster Vorfall, der bereinigt werden mußte.

Gerade diese Beobachtung zeigt, daß der Rat mit der Verfolgung von Gotteslästerern ambivalente Ziele verfolgte. Er lavierte zwischen dem Anspruch, die Ehre Gottes wiederherzustellen und dem Problem, die soziale Ordnung zu schützen. Obwohl niemand den Namen Gottes tatsächlich mißbrauchen konnte, der oder die nicht bei Verstand war, pochte der Rat darauf, daß Geisteskranke ihre Blasphemien zurücknahmen. Dieser Widerspruch verdeutlicht, daß es dem Rat eher um Belange der diesseitigen als der jenseitigen Ordnung ging. Als Stellvertreterin Gottes oblag der Obrigkeit die Pflicht, im Namen Gottes zu handeln und für seine Ehre einzutreten; als Ordnungsmacht mußte sie sich entscheiden, Störenfriede entweder zur Seite zu schaffen oder wieder in den Untertanenverband einzugliedern.

Die geistliche Obrigkeit nahm in Bezug auf Gotteslästerung ebenfalls eine zwiespältige Haltung ein. Zwingli und Bullinger vollzogen eine radikale Abkehr vom kasuistischen Sündenbegriff weg zum existentiellen Sündenbegriff hin. Vor die Aufgabe gestellt, konkrete Fälle zu beurteilen, setzten jedoch die kirchlichen Gutachter die theologischen Grundsätze Zwinglis und Bullingers nicht um. In ihrer Argumentation hielten sie vielmehr an den theologischen Maßstäben ihrer altgläubigen Vorgänger fest, wenn sie in Anlehnung an die traditionelle Sündenkasuistik blasphemische Vergehen nach Schweregraden unterschieden und ahndeten. Ferner wollten die kirchliche Stimmen nicht verstummen, die den Rat mahnten, endlich konsequent gegen das um sich greifende Übel der Gotteslästerung vorzugehen. In ihren Gutachten aber vermieden es die Repräsentanten der Kirche, einen scharfen Kurs gegen die Gotteslästerer einzuschlagen. Somit klaffte ein offener Widerspruch zwischen den theologischen Konzepten Zwinglis und Bullingers zum einen und der Moralisierungspraxis der Kirche zum anderen.

Die Zürcher Kirche hatte mit einem weiteren inneren Zwiespalt zu kämpfen. Sie vertrat die Lehre von der Priesterschaft aller Gläubigen und empfahl die Bibel zur persönlichen Lektüre. Hieraus folgte, daß sie religiöse »Disputationen« tolerieren mußte, da sie Laien eine gewisse spirituelle Eigenständigkeit zugestand. Gleichzeitig aber wuchs das Risiko, daß Gläubige sich zu sehr von der kirchlichen Autorität lösten und auf unorthodoxe Abwege gerieten. So stand die Kirche vor der Notwendigkeit, der »Autonomie« der Laien Grenzen zu ziehen. Insofern schwankte sie den Gläubigen gegenüber zwischen Toleranz und Intoleranz.

Angesichts des historischen Wandels, dem das Phänomen Gotteslästerung unter dem Einfluß populärer Formen der Frömmigkeit folgte, verliert die

Reformation als Epochengrenze an Bedeutung. Die Kontinuitäten zwischen vor- und nachreformatorischer Zeit sind in der Normsetzung wie in der Strafpraxis stark. Auch im Vergleich mit dem katholischen Luzern fallen die durchaus vorhandenen Kontraste in der Entwicklung nicht so scharf aus, wie die Vorstellung vom »Großereignis« Reformation erwarten ließe. Bezeichnenderweise setzten die großen Verfolgungen von Gotteslästerern nicht mit der Reformation ein; sie fanden ihre Höhepunkte in der zweiten Hälfte jeweils des 16. und 17. Jahrhunderts. Vielmehr scheinen die Verfolgungswellen mit anderen, weiterhin ungeklärten Faktoren zusammenzuhängen. Im Kampf gegen Blasphemie darf daher die Reformation nicht als tiefer Einschnitt gewertet werden. Freilich verliehen Reformation bzw. Konfessionalisierung der Blasphemiebekämpfung neue Impulse: Die Institutionalisierung horizontaler sozialer Kontrolle förderte die Selbstregulierung der reformierten Gemeinden erheblich.

Einen viel stärkeren Umschwung als die Reformation stellen hinsichtlich der Blasphemie die Jahre um 1675 dar. Sie markieren die Grenze zwischen dem Abschluß der letzten großen Verfolgungen und dem Verschwinden religiöser Delikte vor Gericht. Die Wende zum 18. Jahrhundert läutete ein Zeitalter ein, in dem Religion immer mehr zur Privatsache wurde. Es lohnte sich nicht mehr, die vielen, meist banalen verbalen Entgleisungen des Alltags gerichtlich zu verhandeln. In der Öffentlichkeit erregten nur noch Äußerungen Anstoß, die von radikalen Glaubenszweifeln zeugten. Für die Kulturgeschichte des Religiösen liegt der Wendepunkt daher nicht in der Reformation. Ungeachtet der relativ kurzlebigen Modetrends bei den Flüchen ist vielmehr die Epochengrenze zwischen religiöser Vormoderne und religiöser Moderne entscheidend. Religiöse Vormoderne meint hierbei die Zeit bis zum dritten Viertel des 17. Jahrhunderts. Bis zu dieser Wende prägte Religion in ihren jeweiligen konfessionellen Ausrichtungen das Leben auf politischer, gesellschaftlicher und individueller Ebene. Die theologischen Erbauungsschriften des Spätmittelalters und der Frühen Neuzeit machten hierbei keinen besonderen Eindruck auf die Zürcher. Mit dem 18. Jahrhundert hingegen brach eine religiöse Moderne an. Sie leitete einen Säkularisierungsprozeß ein, in dessen Verlauf Schwüre sprachlich mit Injurien verschmolzen, Schmähungen Gottes als ein Problem der Lebenseinstellung oder des Gemütszustands betrachtet wurden und kategorielle Differenzierungen bei der gerichtlichen Beurteilung von Gotteslästerung verloren gingen. Religion wandelte sich zu einer Frage privater Glaubensüberzeugungen; Sakrales und Profanes begannen sich voneinander zu trennen.

Die Bedeutung der Reformation als Einschnitt in der Geschichte der Gotteslästerung zu relativieren, bedeutet nicht, ihre konfessionellen Auswirkungen zu bestreiten. Die konfessionellen Eigenheiten im Kampf gegen die

Blasphemie werden im Vergleich zwischen dem katholischen Luzern und dem zwinglianischen Zürich durchaus deutlich: In beiden Orten führte die Obrigkeit vergeltungstheologische Argumente an, um die Verfolgung von Blasphemikern zu begründen. An der Limmat wie an der Reuss oblag diese vornehmlich dem Rat, der wiederum die Kirche mit dem Vollzug der geistlichen Strafen betraute. Auch die Strafpolitik der beiden Orte ist vergleichbar. Die Justiz zielte auf die Reintegration der Einheimischen in den Untertanenverband nach den Gesetzen des Ehrkapitals. Ebensowenig wie in Zürich läßt sich die Verfolgung von Blasphemikern in Luzern mit Reformation bzw. Gegenreformation korrelieren. Beide erlebten zeitgleich einen Prozeß der Säkularisierung, der Blasphemiker vor Gericht verschwinden ließ. Die blasphemischen Sprechhandlungen von Zürchern und Luzernern unterschieden sich nicht wesentlich. Bei den einen wie bei den anderen war Blasphemie ein Breitbanddelikt und Breitbandphänomen, das zum Leidwesen der Räte beider Orte nicht genügend denunziert wurde. Für die vergeltungstheologische Begründung der Normsetzung, für die Strafpolitik der Obrigkeit und die Praxis der Gotteslästerung hatte die Reformation bzw. Gegenreformation also keine größere Bedeutung.

Die Gemeinsamkeiten zwischen Luzern und Zürich zeigen, welche Auswirkungen von Reformation bzw. Gegenreformation auf den Umgang mit Blasphemie denkbar sind, aber nicht zutreffen. Die Unterschiede zwischen beiden Stadtstaaten hingegen lassen erkennen, wo die konfessionsspezifischen Merkmale ansetzen: Im Prinzip waren die reformierten Zürcher weniger auf ihre Kirche angewiesen als ihre katholischen Geschwister. Allein die Heilige Schrift war Richtschnur ihres Lebens, allein die Gnade Gottes befreite sie von ihren Sünden, allein der Glaube war Grundlage ihrer persönlichen Beziehung zu Gott. Diese relative Autonomie gegenüber der Institution Kirche hatte zweischneidige Konsequenzen. Angesichts der neuen theologischen Grundlagen überlebten sich die Gotteslästerungen auf altgläubigem Hintergrund als Delikt. Dafür artikulierten Zürcher Gotteslästerungen in einer Radikalität, die Luzernern fremd war. Wer die Bibel selbständig las und in seiner Gottesbeziehung weniger an den Klerus gebunden war, kam leichter auf »dumme« Gedanken. Den größeren persönlichen Freiheiten der Gläubigen stand jedoch die stärkere horizontale soziale Kontrolle gegenüber. Die Gemeinde als die Gemeinschaft der Heiligen wachte über das gottgefällige Verhalten der Schwestern und Brüder. Mit dem gesetzlich verankerten Herdfall und den Sittengerichten verfügten die Brüder im Herrn über ein Instrument, ihrer bürgerlichen Aufsichtspflicht nachzukommen. Die Gemeinde regulierte sich zum Großteil selbst. Die weltliche Obrigkeit unterstützte diese soziale Kontrolle. Im Vergleich zu Luzern ging sie systematischer gegen Gotteslästerer vor. Sie verhängte mehr Ehrenstrafen und ahndete häufiger blasphemische Entgleisungen, die nur geringe Geldstrafen wert waren. Blasphemiker gingen somit in Zürich ein höheres Sanktionierungsrisiko ein als in Luzern. Langfristig schlug sich die Reformation in den strengeren moralischen Ansprüchen der Obrigkeit sowie der Untertanen nieder.

Solche Ansprüche sind nach heutigen Maßstäben der westlichen Welt überholt. Hier gilt das Recht auf freie Meinungsäußerung. Solange Rechte einer anderen Person nicht verletzt werden, darf alles gesagt werden. Unter diesen Prämissen ist es schwierig, eine vergangene Gesellschaft zu verstehen, in der nicht alles grundsätzlich zu äußern erlaubt war. Diese kulturelle Differenz verleitet dazu, in den Gesellschaften des frühneuzeitlichen Europas intolerante Gebilde zu sehen, in denen weltliche und kirchliche Obrigkeit die Denk- und Handlungsspielräume ihrer Untertanen stets einzuengen versuchten. Ziel der Obrigkeit sei nicht der freie, sondern der kontrollierte Untertan gewesen. Daß die Obrigkeit dieses Ziel nicht völlig umzusetzen vermocht habe, sei damit zu erklären, daß ihr dazu nicht die notwendigen Machtmittel zur Verfügung gestanden hätten. Einer solchen Konzeption zu folgen, heißt Normbrüche wie Gotteslästerung allein als Indikator für den Mißerfolg von Disziplinierungsbemühungen zu betrachten. Die empirischen Ergebnisse zu den Zürcher Gotteslästerungen eröffnen indes eine andere Perspektive. Sie zeigen, daß eine frühneuzeitliche Gesellschaft im Bereich des Religiösen weit größere Denk- und Handlungsspielräume kannte, als sie die Obrigkeit offiziell festlegte. Dieser Umstand verdankte sich nicht lediglich dem Machtvakuum der Obrigkeit. Vielmehr übten Rat, Kirche und soziales Umfeld eine gewisse Toleranz. Die Zeugen von Gotteslästerung konnten den Normbruch vorbildlich sanktionieren, indem sie die sittengesetzlichen Regelungen umsetzten. Sie konnten aber den verbalen Fehltritt ebenso passiv dulden oder gar aktiv tolerieren. In ihrer Antwort auf diese Reaktionen wiederum sahen Gotteslästerer die Möglichkeiten, trotzig auf ihren Worten zu beharren oder sie reuig zurückzunehmen. In der Praxis wurden die relevanten Normen so angewandt, daß es möglich war, je nach den Umständen flexibel mit Gotteslästerern umzugehen.

Die eben zusammengefaßten empirischen Ergebnisse der Untersuchung widersprechen – so das nächste Hauptergebnis – zum einen gängigen Interpretationsmodellen der Frühen Neuzeit und ergänzen sie zum anderen. Die Erkenntnisse konzentrieren sich auf drei große, nicht scharf voneinander abzugrenzende thematische Felder: auf die Bewältigung von Krisenphänomenen, auf die Staatsbildung und auf die (konfessionelle) Disziplinierung.

Das Leben im frühneuzeitlichen Europa war prekär. Hungersnöte, Epidemien, Krankheit, Armut, Krieg oder Naturerscheinungen gefährdeten jederzeit die Existenz. Die Tatsache, daß in einem solchen Jammertal manche

Blasphemiker Gott ihrer Schicksalsschläge anklagten, wirft die Frage auf, ob Gotteslästerung und ihre Verfolgung nicht als Antwort auf Krisen- bzw. Angstphänomene zu betrachten ist. Für diese Vermutung lassen sich durchaus gute Gründe anführen. Doch gibt es ebenso gute Gegenargumente: Die Verfolgung von Blasphemie korreliert nicht mit den bekannten Krisenerscheinungen. Im Laufe des 18. Jahrhunderts wiederum sank Gotteslästerung als Delikt zur Bedeutungslosigkeit herab, was auf Prozesse der Säkularisierung zurückzuführen sein mag. Der Nachweis hierfür läßt sich jedoch nicht anhand von Gerichtsakten führen, da diese religiöse Tabuverletzungen, nicht aber deren Tolerierung zu registrieren hatten.

Mit dem Stichwort der Staatsbildung meinen Historiker den Wandel von der vormodernen Obrigkeit zum modernen Staat. Daß der Umwandlungsprozeß stattgefunden hat, wird von niemandem bezweifelt. Die Kontroversen fangen dort an, wo es darum geht, zu erklären, wie sich dieser Wandel vollzog. Das Zürcher Beispiel stellt das Argument, Konfessionalisierung sei mit Staatsbildung, d. h. mit der Modernisierung der Obrigkeit zum Staat, einhergegangen, auf die Probe. Angesichts der Zürcher Verhältnisse verliert die These von der staatsbildenden Wirkung der Konfessionalisierung deutlich an Erklärungskraft. Weltliche und kirchliche Obrigkeit forcierten zwar die Konfessionalisierung, die politischen und administrativen Strukturen des Kommunalstaates aber blieben seit dem ausgehenden 15. Jahrhundert bis zum Ende des Ancien Régime nahezu unverändert. Konfessionalisierung diente hier kaum der Verdichtung von Herrschaft.

Neben der Religionspolitik liegt es nahe, Justiz als ein Mittel der Staatsbildung zu betrachten. Eben diese Anschauung vertreten insbesondere ältere, marxistisch inspirierte kriminalitätshistorische Arbeiten: Justiz habe zur Repression der Untertanen im Interesse der Eliten gedient; die Obrigkeit habe sich auf Kosten der Untertanen durchgesetzt. Gegen das Bild der repressiven Justiz ist eingewandt worden, frühneuzeitliche Justiz habe ausdrücklich an die Gnade des Herrn zu appellieren erlaubt und mildernde Umstände explizit anerkannt. Angeklagte hätten daher durch geschickte Argumentationsstrategien mit der Obrigkeit in einen Verhandlungsprozeß treten können, der es ihnen erlaubt habe, ihren Kopf aus der Schlinge zu ziehen. Die Zürcher Blasphemiker hatten jedoch dazu kaum eine Chance. Bei der Festsetzung des Strafmaßes spielten die Argumente der Beklagten genausowenig eine nachhaltige Rolle wie deren Suppliken. Mit Gnadenakten sparte die Justiz ohnehin. Hier handelten Gericht und Angeklagte keine Strafsätze miteinander aus. Hier ging es darum, daß die Angeklagten in ihren stereotypen Argumentationen sich für schuldig bekannten und die Obrigkeit um Verzeihung baten und damit die Entscheidung des Gerichts symbolisch legitimierten. Im Falle der Zürcher Blasphemieverfolgung trifft das Argument, die Angeklagten hätten das Barmherzigkeitsmotiv frühneuzeitlichen Rechts strategisch genutzt, so daß man deswegen die Härte der obrigkeitlichen Justiz nicht überschätzen dürfe, nicht zu.

Neuere Arbeiten betonen, daß die Umsetzung von Recht nicht allein Sache von Richtern und Gesetzgebung gewesen ist. Bei der Rechtsanwendung sei die Justiz auf die Mitwirkung der Bevölkerung angewiesen gewesen. Außerdem habe die Obrigkeit die ungeschriebenen Rechtsgepflogenheiten (»unwritten law«) der Untertanen nicht willkürlich verletzen können. Das Beispiel der Zürcher Gotteslästerer stärkt diesen Interpretationsansatz der »Aushandlung« von Rechtsnormen. Daß die Obrigkeit überhaupt Gotteslästerer vor Gericht zur Verantwortung ziehen konnte, verdankte sie mehrheitlich Hinweisen aus der Bevölkerung. Bei der Bestrafung von Gotteslästerern bedurfte sie der Teilnahme der Bevölkerung, denn die Ehrenstrafen beruhten darauf, daß die Untertanen die Strafen mitvollzogen. Die Strafen machten nur dadurch Sinn, daß die Verurteilten der horizontal-sozialen Kontrolle seitens der Untertanen ausgeliefert wurden. Ferner unterstreicht die Tatsache, daß Blasphemiker die Gemeinde öffentlich um Verzeihung bitten mußten, sofern sie zu einem Widerruf verurteilt worden waren, den aktiven Part der Bevölkerung. Weder die Verfolgung noch die Sanktionierung von Gotteslästerern war ein einseitiges, gegen die gesamte Bevölkerung gerichtetes Repressionsinstrument der Obrigkeit. Vielmehr beruhte der Kampf gegen die Gotteslästerer auf der prinzipiellen Unterstützung durch die Bevölkerung.

Die Bestrafung von Gotteslästerern erfolgte innerhalb wie auch außerhalb des Gerichts. Bei den außergerichtlichen Regelungen verglichen sich die Konfliktparteien untereinander oder mit Hilfe einer Vermittlungsperson unter Beachtung bestimmter Regeln. Soweit die Quellen ein Urteil erlauben, stellte »Infrajustiz« bei der Regelung von Blasphemiefällen keine subkulturelle Alternativjustiz dar. Die außergerichtlich erzielten Einigungen wurden vielmehr als gleichwertige Form gesehen, das begangene Delikt einvernehmlich aufzuheben. Rechtsprechung wurde nicht nur vertikal im eher formellen Raum des institutionalisierten Gerichts, sondern auch im stärker informellen, deswegen aber nicht willkürlichen Raum horizontaler sozialer Kontrolle vollzogen. Auch dieses Ergebnis bekräftigt die Zweifel an der Vorstellung, Justiz sei vorrangig »von oben« zum Zwecke der Disziplinierung aufgezwungen worden.

Radikaler als die Konzepte »unwritten law« und »Infrajustiz« stellt das Konzept »Justiznutzung« die These von der Justiz als Herrschaftsmittel in Frage. Statt von der Justiz allein drangsaliert worden zu sein, hätten Untertanen die Justiz auch zu eigenen Zwecken instrumentalisiert. Der Vorwurf der Hexerei etwa konnte erhoben werden, um sich unliebsamer Kontrahen-

ten zu entledigen. Es liegt auf der Hand, bei Blasphemie ähnliche Denunziationsmotive zu vermuten. Solange die Angeklagten vorrangig der Blasphemie
beschuldigt wurden, läßt sich jedoch in den Quellen nur selten nachweisen,
daß die Anzeigen durch Rache oder andere Schädigungsabsichten motiviert
waren. Offenbar hielten es die Kläger für wenig aussichtsreich, jemandem
unter der primären Beschuldigung, die Ehre Gottes angegriffen zu haben,
mit den Mitteln der Justiz schaden zu können. Anders scheint es sich verhalten zu haben, wenn Gotteslästerung als Begleitdelikt angeführt wurde. Es ist
anzunehmen, daß Flüche und Schwüre bei Ehrhändeln einen willkommenen
Anlaß boten, vor Gericht die eigene Ehre auf Kosten des Kontrahenten wiederherzustellen. Der reine Vorwurf der Blasphemie war aber offenbar nicht
gut dazu geeignet, die Justiz für persönliche Belange zu nutzen.

Im Falle der Zürcher Blasphemie lassen sich – so das Zwischenfazit – gewichtige Einwände gegen die These von der obrigkeitlichen Justiz als Herrschaftsmittel erheben. Die Feststellung, daß in Zürich die Religionspolitik
weder die Staatsbildung noch die Modernisierung beförderte und die Verfolgung und Stigmatisierung von Blasphemikern wesentlich auf der Unterstützung der Bevölkerung und auf horizontal-sozialer Kontrolle beruhte, hat
für die Intepretation der Frühen Neuzeit Konsequenzen. So wie Modelle
vom Klassenkampf der Eliten gegen die unterdrückten Massen überholt
sind, müssen auch vorwiegend etatistische Betrachtungen der Konfessionalisierung überwunden werden. Statt dessen sollte weiterhin die Frage in den
Mittelpunkt rücken, in welchem Verhältnis obrigkeitliche Disziplinierung
und gemeindliche Selbstregulierung zueinander standen.

Außer der Debatte Etatismus versus Kommunalismus drehen sich die
Kontroversen bei der Deutung der Frühen Neuzeit um die Themen Akkulturation und Zivilisierung. Auch hier sprechen die Ergebnisse hinsichtlich
der Zürcher Blasphemie dafür, gängige Interpretationsansätze zu revidieren.
Die Akkulturationsthese teilt mit dem etatistischen Konfessionalisierungskonzept eine Schwäche. Sie überschätzt die Herrschaftsansprüche der Obrigkeit oder Eliten zum einen und die Widersetzlichkeit der Untertanen oder
des »Volks« zum anderen. Angesichts der Intensität, mit der sich Gotteslästerer wie auch ihre Gesprächspartner mit Fragen des Glaubens auseinandersetzten, kann die These von der oberflächlichen Christianisierung der
Bevölkerung, d.h. vom gescheiterten Akkulturationsversuch der Kirche
nicht überzeugen. Sicherlich blieben so manche Zürcher von der kirchlichen
Katechisierung unberührt und wußten herzlich wenig von den Grundsätzen
des Christentums. Auch lassen sich etwa in den Hexen- und Lachsnerakten
ohne weiteres Belege dafür finden, daß der Glaube an Magie stark verwurzelt war. Doch sprechen die vielen Religionsgespräche eine beredte Sprache.
Laien führten untereinander, teilweise auch mit Geistlichen, theologische

Diskussionen über das, was sie in Predigten gehört, in Druckschriften gelesen oder bei der persönlichen Bibellektüre entdeckt hatten. Sie wollten es genauer wissen und fragten danach, was es mit dem Glauben und den Lehren der Kirche auf sich hatte. Sie waren weder Untertanen, die an ihren eigensinnigen Weltanschauungen festhielten und gegen eine fremde Weltdeutung Widerstand leisteten, noch passive Menschen, denen mit mehr oder weniger Erfolg eine solche Weltdeutung auferlegt wurde.

Auf einer ganz anderen Untersuchungsebene setzt die These der Zivilisierung an. Sie bezieht sich nicht auf Glaubensvorstellungen, sondern auf den Verhaltenswandel von Menschen. Zivilisierung bedeutet hierbei, daß Menschen im Laufe der Geschichte ihre Affekte durch wachsende Tabuisierung bestimmter Themen und Verhaltensweisen zunehmend zu kontrollieren gelernt hätten. Die Zürcher Blasphemiker sind ein gutes Gegenbeispiel für diese These. Gotteslästerung begleitete sehr oft Gewalt. Blasphemie sublimierte nicht physische Gewalt, indem sie Aggression in »zivilisiertere« Bahnen lenkte; Blasphemie bereite vielmehr Gewalt häufig den Boden und ließ sie gar eskalieren. Umgekehrt entsprangen blasphemische Sprechhandlungen nur selten »unzivilisierten«, willkürlichen Affekten. Im Gegenteil, zumeist folgten die Sprecher gezielt bestimmten Regeln der Provokation. Auch läßt sich für das frühneuzeitliche Zürich nicht feststellen, daß Gotteslästerung zunehmend tabuisiert worden sei. Blasphemie war ein Normbruch, der in allen Bevölkerungsschichten vollzogen und stets gleichen Handlungskontexten (z. B. Trunkenheit oder Geselligkeit) zugeschrieben wurde. Die verbalen Schamgrenzen stiegen weder sozial noch situativ in entscheidender Weise. Umgekehrt, der Normbruch erlebte eine teilweise Enttabuisierung: Im Verlauf des 18. Jahrhunderts wurde Gotteslästerung immer seltener zur Gerichtssache, der Normbruch hatte an öffentlichem »Streitwert« verloren.

Die Korrekturbedürftigkeit der Interpretationspararadigmen für die Geschichte der Frühen Neuzeit deckt – so der dritte Teil der vorliegenden Überlegungen – konzeptionelle Defizite in bisherigen Forschungsansätzen auf. Das Phänomen Religion wird bislang aus den Perspektiven der Ideen, der Kirche, des Un/Glaubens, der Kriminalität oder auch der Geschlechter betrachtet. Die Disziplin der Ideengeschichte verschreibt sich der Geschichte von intellektuellen Systemen. Religion interessiert sie daher als Komplex von Argumentationen, nicht als Art und Weise, wie Menschen ihr Leben bewältigten. Damit engt Ideengeschichte die Geschichte des Religiösen auf die Geschichte theologischer und philosophischer Köpfe ein, wobei sie bisweilen vorschnelle lineare Entwicklungslinien zieht und die Koexistenz verschiedener, teilweise gegenläufiger Formen des Glaubens bzw. Unglaubens nicht genügend berücksichtigt.

An der Geschichte der Kirche arbeiten Historiker diverser Sparten. Theologie- und Dogmengeschichte lassen sich als eine Variante von Ideengeschichte betrachten. Es geht hierbei um die Geschichte theologischer Konzepte, sei es der kirchlichen oder der sektiererischen. Kirchengeschichte beschäftigt sich weiterhin mit der Geschichte der Institution Kirche. Im Zusammenhang mit dem Phänomen Gotteslästerung sind die Fragen von Belang, welche die Bedeutung des Großereignisses (Gegen-)Reformation, die Organisation der Kirche oder häretischer Bewegungen betreffen. So legitim diese Fragestellungen an sich auch sind, sie beschränken Religion als historisches Phänomen auf Institutionen, Theologen und Theologien und nehmen dadurch zwangsläufig eine Sicht von oben ein.

Neben Theologen untersuchen sogenannte Profanhistoriker die Geschichte der Kirche. In der Frühneuzeitforschung konzentrieren sie sich auf die Frage der Konfessionalisierung. Aus zumeist sozial- oder mentalitätsgeschichtlicher Perspektive geraten der Pfarrerstand und das Pfarrhaus, die Vermittlung von konfessionellen Inhalten über Predigt, Katechisierung, Kirchenlied oder Flugschriften und die Erfolge der Konfessionalisierung anhand von Visitationsberichten in den Blick. Religiöses Verhalten wird somit aus der Warte von Kirchenrepräsentanten betrachtet und vorrangig als Produkt kirchlicher Bemühungen, als ein Erziehungsprozeß von oben, erkennbar. Historiker, die nach der Umsetzung der Konfessionalisierung innerhalb der Gemeinde fragen, ergänzen diesen Ansatz. Nunmehr ist Religion nicht mehr allein Ergebnis kirchlicher Maßnahmen, sondern auch Ergebnis kommunaler Selbstregulierung. Trotz dieser wesentlichen Erweiterung der Perspektive weisen die genannten Ansätze eine Schwäche auf. Sie verfolgen eine rein kircheninterne Sicht, setzen häufiger Frömmigkeit mit Kirchlichkeit gleich und neigen dazu, Polaritäten zwischen Kirchenrepräsentanten und Kirchenvolk zu postulieren.

Die Geschichte des praktizierten Un/Glaubens ist bislang Historikern vorbehalten geblieben, die mentalitäts- und mikrogeschichtlich arbeiten. So warf Lucien Febvre, einer der Gründungsväter der *histoire des mentalités*, die Frage auf, ob Rabelais habe Atheist sein können. Er machte damit religiöse Denkräume des Alltags überhaupt erst zum Gegenstand historischer Untersuchung. Einige seiner Nachfolger knüpften teilweise an seine Fragestellung an. Während sich Muchembled auf das gegensätzliche Verhältnis von »Elite-« und »Volkskultur« konzentriert, meint Delumeau in der Verfolgung von Hexerei und Gotteslästerung Angstphänomene entdecken zu können.

Weit weniger spekulativ als Delumeaus Überlegungen ist Ginzburgs minutiöse Rekonstruktion der Vorstellungswelten des Friauler Müllers Menocchio. Ihre Stärke besteht darin, die religiösen Anschauungen eines »gemeinen Mannes« en détail zu verfolgen. Freilich kann Ginzburg dies nur bewerkstelligen, weil er über eine Quellenüberlieferung verfügt, die keineswegs die Regel ist. Mikrogeschichte im Stile Ginzburgs kann daher nur einen geringen Teil der Un/Gläubigen erfassen. Doch provoziert Mikrogeschichte einen weiteren Einwand: Ginzburg bleibt die Antwort schuldig, wie repräsentativ Menocchio für seine Zeit ist. Mikrogeschichte muß nicht notwendig beim belanglosen Detail im Kleinem, so der ungerechtfertigte polemische Vorwurf, stehen bleiben. Ohne aber das Große im Kleinen zu verdeutlichen, bieten Arbeiten im Stile Ginzburgs viele bunte Geschichten von Un/Gläubigen, nicht Geschichten des Un/Glaubens.

Die deutsche Historische Anthropologie hegt viel Sympathie für mikrohistorische Ansätze. Auch sie setzt den Akzent darauf, den Alltag von »Durchschnittsmenschen« zu erfassen. Damit bildet sie ein sinnvolles Gegengewicht zu all jenen Ansätzen, die Religion mit Kirchlichkeit und Theologie gleichsetzen. Freilich haben diese Arbeiten ihre Schwächen: Häufig postulieren sie einen Gegensatz zwischen fremder Elite- und eigensinniger Volkskultur und stoßen daher allzu leicht auf Akkulturationskonflikte. Ferner münden die vielen Einzelgeschichten schnell in eine Geschichte der Religion, in der die historischen Subjekte zu Verkörperungen magischer, unchristianisierter Anschauungen gemacht werden und auf ungeklärte Weise in der Masse »der« Volkskultur aufgehen.

Die bisherigen Geschichten des praktizierten Un/Glaubens, so das Zwischenfazit, haben zweifelsohne ihre Verdienste. Konzeptionell bereiten ihre Ansätze jedoch Probleme. Daher schlägt diese Arbeit einen anderen Weg ein, um die Unzulänglichkeiten der jeweiligen Ansätze zu vermeiden. Statt nebulöse Mentalitäten erhaschen zu wollen, statt auf Einzelfälle angewiesen zu sein, in denen wenige Individuen in all ihren Irrungen und Wirrungen verfolgt werden können, ordnet diese Arbeit Subjekte mithilfe einer breiten Basis aggregativer Daten in ihren historischen Kontext ein. Die Angaben zu den hier erfaßten rund neunhundert Gotteslästerern sind in sich zwar zumeist recht spärlich, aber die Verknüpfung der Daten ergibt ein Gesamtbild, das es erlaubt, »Großtheorien« wie diejenige von der erzwungenen Zivilisierung der Bevölkerung empirisch zu überprüfen und die Repräsentativität der Individuen in ihren strukturellen Bezügen einzuschätzen.

Die Geschlechtergeschichte hat zur Geschichte der Gotteslästerung noch keine wesentlichen Beiträge geleistet. Nichtsdestotrotz hat sie in anderen Zusammenhängen am Thema Religion nachgewiesen, daß die Kategorie des Geschlechts von großer Bedeutung für die Geschichte ist. Dafür ist die Hexenforschung ein herausragendes Beispiel, wenn sie dem Problem nachgeht, daß zumeist Frauen, aber eben auch Männer, Opfer der Verfolgungen wurden. Die Frage allerdings, warum Gotteslästerung nahezu überwiegend ein Männerdelikt war, ist bislang nicht untersucht worden. Die Antwort, daß dies mit dem geringeren Wert zusammenhängen könnte, der religiös besetzten Aussprüchen von Frauen zugewiesen wurde, ist nichts weiter als eine vorsichtige Hypothese, die nicht befriedigen kann.

Die Kriminalitätsgeschichte hat sich bislang nur wenig auf das Gebiet der Religion vorgewagt. Mit religiösen Delikten beschäftigen sich am ehesten die historisch-kriminologischen Ansätze der Hexen- und Inquisitionsforschung. Dennoch kann eine Geschichte der Blasphemie von ihren Ansätzen profitieren. Auch sie versucht, ein Profil der Täter, Tatumstände und Strafen zu zeichnen. Für Zürich etwa läßt sich das Bild von der Gotteslästerung als todeswürdiges Delikt und als subkulturelles Verhalten jugendlicher Männer oder Verhaltensstil sozialer Randgruppen korrigieren. Diejenigen, die sich mit ihren starken Worten in Szene setzten, konfessionelle Polemiken vom Zaun brachen, sich an gewagten intellektuellen Diskussionen über theologische Fragen erfreuten und mit Gott rangen, stammten aus dem gesamten sozialen Spektrum. Die Justiz reagierte auf sie mit äußerst differenzierten Strafen und verhängte relativ selten – die Betonung liegt auf relativ – die Todesstrafe.

Das fundamentale Phänomen Religion reicht über Kirche und Kirchlichkeit hinaus. Deswegen kann sich – so das vierte Hauptergebnis – die Geschichte des Religiösen nicht beschränken auf die Geschichte der Institution Kirche, auf die Geschichte von Theologen oder Theologien, die Geschichte obrigkeitlicher Religionspolitik, auf die Geschichte des Pfarrerstands, der Vermittlung christlicher Lehren, der Rekonstruktion persönlicher Weltdeutungen oder der Entwicklung (geschlechtsspezifischer) Frömmigkeitsformen. Geschichte des Religiösen sollte sich vielmehr darum bemühen, die Tragweite religiöser Normen im Lebensalltag zu ergründen, um Religion in ihrer zugleich politischen, gesellschaftlichen und individuellen Dimension zu erfassen. Wie aber könnte eine solche kulturell orientierte Geschichte des Religiösen aussehen, worin bestünden ihre Perspektiven? Diese Grundsatzfrage läßt sich nicht programmatisch beantworten, ohne auf den Begriff des Religiösen einzugehen und das mit ihm verbundene Geschichtskonzept zu erläutern.

Das Religiöse umfaßt als globales Phänomen die Gesamtheit dessen, was in einer Gesellschaft religiös besetzt ist und das aufgrund seiner religiösen Relevanz Normen begründet. Diese Normen dienen der Bewältigung des Alltags, so daß sich Un/Glaube als eine Verhaltensweise begreifen läßt, in der die Un/Gläubigen in Bezug auf diese Normen handeln.

Den Akzent von der Untersuchung der Religion zur Analyse des Religiösen zu verlagern, heißt, an Bestrebungen der neueren deutschen Kulturgeschichte anzuknüpfen. Nicht Religion selbst steht im Mittelpunkt, sondern die Bedeutung von Religion. Statt Religion auf strukturelle Vorgaben von Theologie und Kirche zu reduzieren, liegt der Schwerpunkt darauf, die Verweise der historischen Subjekte auf Religion als soziales Handeln zu erschließen. Es gilt, danach zu fragen, welche Rolle das Religiöse bei der sozialen Konstruktion der Wirklichkeit spielt: Was genau meinen die Sprecher, wenn sie auf Religion referieren? Wie verstehen die Adressaten ihre impliziten Botschaften? Von welchen Wertorientierungen und Sinnstiftungen zeugen die kommunikativen Situationen? Diese drei Grundsatzfragen lenken den Blick auf die Realität, die Menschen produzieren, wenn sie mit Verweis auf religiöse Normen handeln. Der Begriff des Religiösen nimmt also das Konzept von Kultur als System kollektiver Sinnkonstruktionen auf.

Trotz ihrer Nähe zur jüngeren Kulturgeschichte folgt die hier entworfene Geschichte des Religiösen nur bedingt der Vorstellung von der hermeneutisch-symbolischen Wende in der Geschichtswissenschaft. Hermeneutisch verfahrende Geschichtsschreibung hat bislang die konzeptionellen Probleme, die sich mit dem Begriff der Praktiken, der Frage nach dem Handlungsspielraum der Subjekte und nach dem Systemcharakter von Kultur verbinden, nicht befriedigend gelöst. Ebenso helfen die methodischen Angebote nur bedingt weiter, die in der Diskussion um den *linguistic turn* entwickelt worden sind. Wer bei Gerichtsquellen die graduelle, aber bestehende Grenze zwischen Fiktion und Darstellung von Faktizität auflöst, sorgt für unnötige Verwirrung. Denn die »Geschichten«, die Zeugen und Beklagte vor Gericht auf das Gericht hin »erzählen«, beruhen genau darauf, diese Grenzen auszureizen, ohne sie zu überschreiten. Bei der empirischen Auswertung der Justizquellen führen die Ansätze des *linguistic turn* leicht auf Abwege. Dennoch bergen die Kontroversen um den *linguistic turn* ein wichtiges methodisches Potential. Es besteht darin, die Sensibilität gegenüber der narrativen Konstruktion der Wirklichkeit in Quellentexten erheblich zu steigern.

Einen fruchtbringenden Ansatz, die Anregungen der »Neuen« Kulturgeschichte und des *linguistic turn* umzusetzen, ohne deren konzeptionelle Schwächen zu übernehmen, sehe ich in der pragmatischen Wende der Kommunikationswissenschaften. Das Modell der Sprechhandlung bzw. konversationellen Implikatur ist methodisch wie empirisch tragfähig. Methodisch beruht es auf der Vorstellung, daß Subjekte sich innerhalb von Strukturen bewegen, nicht aber von ihnen determiniert sind. Sprechhandlungen sind allein in ihrem Kontext interpretierbar, werden aber nicht von ihrem Kontext diktiert: Wollen Sprecher mit ihren verbalen Äußerungen erfolgreich handeln, sind sie darauf angewiesen, Regeln einzuhalten. Sonst können ihre Adressaten unmöglich die gesendete Botschaft aufschlüsseln. Sprecher sind also an sprachliche Strukturen gebunden. In der Entscheidung aber, wie sie mit diesen sprachlichen Strukturen umgehen, sind sie recht frei. Die Verkettungsmöglichkeiten ihrer Sprechhandlungen begründet die verbalen Praktiken einer Gesellschaft. Auf der Grundlage dieses Repertoires verständigen sich die Sprecher und Adressaten über die Wirklichkeit. Sie deuten die Welt über das Medium Sprache, um ein Zusammenleben zu gewährleisten. Sprechhandlungen sind somit Zeugnisse, die nicht dem Reich beliebiger Kreativität, dem Reich der Fiktion, entlehnt sind, sondern Zeugnisse, welche die Wahrnehmung der Welt durch historische Subjekte widerspiegeln. Nach dem subjektiven Charakter dieser Zeugnisse zu fragen, bedeutet nicht, sich einfühlend in andere Menschen hineinversetzen zu wollen. Der Subjektivität der Deutungen nachzugehen, läuft vielmehr darauf hinaus, sich von dem Postulat zu lösen, daß die (vergangene) Welt objektiv gegeben und als solche erkennbar sei. Wer Dokumente als Sprechhandlungen analysiert, fragt nicht danach, wie Wirklichkeit ist, sondern wie Sprecher und Adressaten sie in gegenseitiger Verständigung darstellen.

Weiterhin trägt das Modell der konversationellen Implikatur der Polyvalenz menschlichen Handelns Rechnung. Es geht zum einen davon aus, daß Sprecher auf vier verschiedenen Ebenen (lokutionär, illokutionär, propositional und perlokutionär) handeln. Das Modell berücksichtigt, daß Menschen etwas anderes meinen können, als das, was sie sagen. Ebenso sieht das Modell vor, daß Menschen nicht zwangsläufig das erreichen, was sie von anderen wollen. Sprechhandlungen »gelingen« und sind »erfolgreich« oder auch nicht. Mit dieser Vielfalt an Aktions- und Reaktionsmöglichkeiten sieht das Modell der konversationellen Implikatur vor, daß menschliches Handeln weder in einem widerspruchsfreien, in sich geschlossenen System gründet noch einem geradlinigem Wandel folgt.

Empirisch gesehen, liefert das Modell der Sprechhandlung ein nützliches Analyseinstrument. Ohne sich in psychologische Spekulationen zu verlieren, erlaubt es, aufzudecken, was Blasphemiker taten und bewirkten, wenn sie Gottes Namen mißbrauchten. Gotteslästerung wird somit als kontextabhängiges Breitbanddelikt erkennbar, das über die Gesellschaft weit mehr aussagt als die lediglich juristisch-theologische Kategorisierung als *crimen laesae majestatis divinae*. Die Beurteilung der Schwere eines blasphemischen Delikts allein nach den zeitgenössischen formal-juristischen Kriterien, d. h. nach dem propositionalen Gehalt der inkriminierten Sprechhandlung, kann nicht befriedigen. Vielmehr ist der Grad der Tabuverletzung auch an der Wirkung der Sprechhandlung, d. h. an der Entschlüsselung ihrer perlokutionären Elemente durch die Adressaten abzulesen.

Die hier am Beispiel der Gotteslästerung vorgestellte Kulturgeschichte des Religiösen plädiert nicht nur für die stärkere Verwendung kommunikationswissenschaftlicher Modelle in der Geschichtswissenschaft, sondern auch für eine erneute Reflexion über die Stellung des Subjekts in der Geschichte. Gehen in makrogeschichtlichen Ansätzen die Subjekte bisweilen verloren, bleiben mikrogeschichtliche Untersuchungen gern bei Individuen stehen, um sie dann doch irgendwie mit der Kultur einer Kollektivität zu verbinden. Das historische Subjekt aber steht zwischen Struktur und Einzelfall. Rein etatistische Betrachtungsweisen können ihm genausowenig gerecht werden wie unzusammenhängende Einzelgeschichten. Je mehr Fallbeschreibungen aus ihrem Kontext heraus rekonstruiert werden können, desto besser läßt sich erschließen, wie Subjekte in ihrer Vielfältigkeit Geschichte mitgestalten. Subjekte zwischen Makro- und Mikrogeschichte zu verorten, ist jedoch außerordentlich schwierig, solange Quellen favorisiert werden, die auf der normativen Ebene ansetzen. Aufschlußreicher sind Quellen, in denen die Subjekte möglichst direkt zu Wort kommen. Kulturgeschichte des Religiösen unterstreicht die Notwendigkeit, Quellengruppen auszuwerten, die Blicke »von unten« erlauben. Deswegen braucht sie nicht der naiven Vorstellung aufzusitzen, diese Quellen seien mit »dem Unten« identisch. Im Gegenteil, sie steht vor der Aufgabe, konsequent nach den Brechungen in den Quellen zu fragen. Für die Auswertung von Justizakten zum Beispiel ist die Anwendung kommunikationswissenschaftlicher Modelle auf die spezifische Sprechsituation vor Gericht zentral.

Konzeptionelle und inhaltliche Konturierungen sind für die Geschichtswissenschaft unabdingbar, um die Kontoversen in der Forschungsdiskussion zu verdeutlichen. Polarisierungen sollten aber dann überwunden werden, wenn sie sich als unfruchtbar erweisen. Hierfür ist die Geschichte der Blasphemie als Geschichte des Religiösen ein gutes Beispiel. Sie zeigt, daß für die Frühe Neuzeit das Konzept Elitekultur versus Volkskultur nicht trägt. So wenig sich Gläubige einfach nur kirchlichen Lehren widersetzten, genausowenig war Justiz einfach nur ein Repressionsmittel in den Händen der Obrigkeit. Wenn ihnen auch nicht beliebige Denk- und Handlungsspielräume zur Verfügung standen, waren Gläubige sehr wohl in der Lage, sich aktiv und eigenständig mit den Grundsätzen des Christentums und den konfessionsspezifischen Positionen auseinanderzusetzen. Ebenso beruhte die Verfolgung und Bestrafung von Gotteslästerern auf der Mitwirkung der Untertanen am Justizsystem. Insofern bildeten Kirche und Gläubige, Rat und Untertanen ein »functional whole« (B. Scribner).

In diesem »cultural whole« koexistierte eine Vielfalt von Weltdeutungen. Christliche Orientierung und Magieglauben – ein weitere unzutreffende und anachronistische Polarisierung – waren keineswegs voneinander zu trennen. Gläubige, die verzweifelt um ihren Gott rangen, lebten Seite an Seite mit Menschen, die der Kirche bzw. Gott aus rationalistischen Überlegungen den Rücken kehrten. »Atheismus« wurzelte in sehr unterschiedlichen Lebenseinstellungen. »Gottlose« von Gläubigen abzugrenzen, ist daher eine zu undifferenzierte Konstrastierung, die vielfach auf eine unkritische Lektüre der Quellen zurückgeht. Hier steht die Kulturgeschichte des Religiösen vor der

Aufgabe, die fließenden Übergänge zwischen Glaubensorientierungen und religiösen Normen herauszuarbeiten, statt Gegensätzlichkeiten überzubewerten.

Wenn auch die Abgrenzung zwischen Mittelalter und Früher Neuzeit in den letzten Jahren an Schärfe verloren hat und derzeit immer mehr die Kontinuitäten zwischen Spätmittelalter und Reformationszeit herausgestellt werden, so gilt die Reformation bzw. Gegenreformation weiterhin als entscheidende Epochengrenze. Es besteht kein Zweifel, daß Reformation und Gegenreformation theologisch und kirchenpolitisch wichtige Marksteine auf dem Weg zur konfessionalisierten Gesellschaft darstellen. Doch die Kulturgeschichte des Religiösen stellt erneut die Frage, ob die Gegenüberstellung von katholischem Mittelalter und konfessionalisierter Frühen Neuzeit die entscheidende ist. Gemessen an der grundsätzlichen Wirkung religiöser Normen auf das Handeln von Menschen hebt sich eher eine religiöse Vormoderne von einer religiösen Moderne ab. Bestimmten in Europa bis zum Ausgang des 17. Jahrhunderts religiöse Normen die Denk- und Handlungsspielräume in den jeweiligen Gesellschaften, so begannen sie mit dem 18. Jahrhundert in den Hintergrund zu treten; Religion wurde allmählich zu einer Privatangelegenheit. Diese Akzentverlagerung in der Beurteilung von Epochengrenzen zeigt, wie wichtig Langzeitstudien für die Geschichte des Religiösen sind. Wer die Aufmerksamkeit auf einen relativ begrenzten Zeitraum wie die (Gegen-)Reformation konzentriert, neigt schnell dazu, den Untersuchungszeitraum in seiner Bedeutung zu verabsolutieren.

Die Geschichte des Religiösen als Geschichte praktizierter religiöser Normen trägt dazu bei, eine weitere Kontrastierung zu überwinden. Statt bei der Interpretation des Konfessionalisierungsprozesses Etatismus und Kommunalismus gegeneinander auszuspielen, versucht sie die Frage nach dem Verhältnis beider zueinander zu beantworten. Wer die Wirkung religiöser Normen auf den Alltag einer Gesellschaft untersucht, kann sich konzeptionell nicht darauf kaprizieren, entweder der vertikalen oder der horizontalen Disziplinierung den Vorzug zu geben. Kulturgeschichte des Religiösen schult statt dessen die Sensibilität dafür, daß Verhaltensmuster von allen Mitgliedern einer Gesellschaft bestimmt werden, also beide Formen der Disziplinierung miteinander verkoppelt sind. Wo hierbei Konflikte entstehen und wie von wem Normen benutzt werden, ist eine fundamentale Frage, die das Ineinandergreifen von sakraler und profaner Sphäre von einer anderen Seite beleuchtet. Zu betonen, daß in der Frühen Neuzeit profane Handlungen sakral begründet wurden, ist zu einseitig. Es muß ebenso herausgestrichen werden, daß sakrale Verweise profane Züge trugen. Für Menschen der säkularisierten Moderne ist der Hinweis, daß Diesseitiges mit Jenseitigem legitimiert wurde, unentbehrlich. Dies gilt jedoch ebenso umgekehrt. Gotteslästerungen referieren auf Gott, auf Sakrales, meinen als Injurie aber einen konkreten Konfliktgegner, verfolgen profane Interessen. Daß es Sinn machte, mit Gott zu drohen, um in einem Ehrkonflikt die Oberhand zu behalten, läßt sich nur dann erklären, wenn die Verzahnung von jenseitigem Verweis und diesseitigen Interessen, d. h. von propositionalen und perlokutionären Sprechebenen systematisch aufgedeckt wird.

So wie die hier vorgeschlagene Kulturgeschichte des Religiösen der Rolle von historischen Subjekten in der Geschichte gerecht zu werden und unfruchtbare Polaritäten in der Geschichtsschreibung zu überwinden sucht, verzichtet sie darauf, Kultur als widerspruchsfreies System zu betrachten. Statt anzunehmen, Menschen handelten konsistent, lotet sie Ambivalenzen aus: Die rhetorische Dramatisierung des Delikts Blasphemie und die Intensivierung der Gesetzgebung durch den Rat etwa stand im Widerspruch zur teilweisen Banalisierung des Normbruchs in seinen Urteilen. Vergleichbar ist die Spannung zwischen der theologisch radikalen Abkehr Zwinglis und Bullingers vom kasuistischen Sündenverständnis und der Moralisierung gotteslästerlicher Rede durch die Kirche. Mehrdeutig ist auch der Charakter der Gotteslästerung. In Form der Injurie forderten die Sprecher einerseits Gott, andererseits die Welt heraus. Gotteslästerungen waren so polyvalent wie die Kontexte, in denen sie formuliert wurden. Angesichts dieser komplexen Handlungsketten ist es verwegen, mit monokausalen Erklärungen wie etwa der Krisentheorie dem Phänomen Gotteslästerung beikommen zu wollen. Die verschärfte Sensibilität für innere Widersprüche und Mehrdeutigkeiten zwingt zum Abschied von vermeintlich plausiblen Erklärungen.

Kulturgeschichte des Religiösen begreift Religion als fundamentales, zugleich politisches, gesellschaftliches und individuelles Phänomen. Sie fragt nicht, was Religion sei, sondern wie Menschen sich in ihrem Handeln auf religiöse Normen beziehen, um sich über Wirklichkeit zu verständigen. Mit der Frage danach, wie religiöse Normen die Denk- und Handlungsspielräume von Menschen in ihren alltäglichen strukturellen Bezügen prägten, erweitert Geschichte des Religiösen den bisherigen historischen Blick auf Religion. Geschichte des Religiösen macht Religion über Kirchlichkeit und Theologie hinaus »sichtbar« und deckt somit zusätzlich grundlegende gesellschaftliche Vorgänge auf. Statt Blasphemie auf die Geschichte eines intellektuellen Konzepts, einer theologisch-juristischen Kategorie oder eines Delikts einzuengen, eröffnet die Geschichte der Blasphemie als Geschichte des Religiösen erheblich weitere Perspektiven: Sie untersucht, wie Menschen die Ehre Gottes im Namen des Herrn wiederherzustellen suchten, wie sie die Welt unter Anrufung Gottes provozierten und wie sie mit ihm rangen; kurz: wie sie mit Gott handelten.

Quellen und Literatur

1. Archivalische Quellen

Staatsarchiv des Kantons Zürich

Nachschlagewerke:

Katalog 102–195   »Blaues Register«

Akten:

A. 26.1–21	Personalien
A. 27.1–158	Kundschaften und Nachgänge
A. 27.159–164	Hexerei und Lachsnerei
A. 42.1–7	Mandate
A. 44.1–3	Weisungen der Verordneten zur Reformation
B. II.28–1060	Ratsmanuale
B. II.1080–1084	Gutachten der Verordneten zur Reformation
B. III.173–189	Protokolle der Reformationskammer
B. VI.224–290	Rats- und Richtbücher
B. VII.1.1–2.18	Gerichte der Landschaft: Andelfingen
E. I.5.1–2	Vorträge und Bedenken der Geistlichen
E. I.10.1–5	Religiöse Schmähungen
E. II.1–7b	Synodalakten
E. II.8–54	Acta ecclesiastica
E. II.87–95	Mandate & Erkenntnisse
E. II.96–103	Fürträge und Bedenken der Geistlichkeit
F. III.3	Seckelamt Vogtei Andelfingen
F. III.32	Seckelamtsrechnungen Zürich
F. III.45	Bußen und Ausstände Zürich
H. II.8	Spitalakten: Pfründer und Kranke 1685–1724
III. Aab.1.1–12	Mandate

Staatsarchiv des Kantons Luzern

RP 6–100. 3   Ratsprotokolle

Zentralbibliothek Zürich

AX 985	Mandate
MsA. 124b	Synodalgutachten
MsB.62	Mandate
MsB.74	Mandate
MsB.80a	Synodalgutachten Barbara Herstenstein
MsB. 159	Supplik Anna Werdmüller
MsB.215	Fall Johann Rudolf Werdmüller
MsB. 258	Fürtrag Schwören 1572
MsC. S522	Fall Isaac Keller
Ms.H 222	anonyme Abhandlung über Blasphemie 18. Jahrhundert
Ms.H 223	Mandate
MsJ. 304	Synodalgutachten Joh. Rud. Werdmüller
MsJ. 306	Synodalgutachten Fr. Schultheiß
MsL. 88	Fürtrag Schwören 1593
MsV. 115	Mandate
Ms.W 76	Mandate
XVIII.210.53	Mandate
XVIII 222.31	Mandate
XVIII 153.13	Mandate

2. Gedruckte Quellen

ACTENSAMMLUNG zur Schweizerischen Reformationsgeschichte in den Jahren 1521–1532, 5 Bde. Zürich 1878.

BRIEFWECHSEL der Brüder Ambrosius und Thomas Barer, 1509–1548. August 1538 – Ende 1548, Bd. 2. Freiburg i.Br. 1910.

BRUNNSCHWEILER, THOMAS/LUTZ, SAMUEL Hg., Huldrych Zwingli. Schriften, 4 Bde. Zürich 1995.

BULLINGER, HEINRICH, Verglichung der uralten und unser zyten kaetzeryen … Zürich 1526.

BULLINGER, HEINRICH, In Sacrosanctum Evangelium … secundum Marcum Commentariorum lib. VI. Zürich 1545.

BULLINGER, HEINRICH, In Sacrosanctum Evangelium … secundum Matthaeum Commentariorum lib. XII. Zürich 1552.

BULLINGER, HEINRICH, Summa Christenlicher Religion … Zürich 1556.

BULLINGER, HEINRICH, Hausbuoch, Darinn begriffen werden fuenfftzig Predigten … Zürich 1558.

BULLINGER, HEINRICH, Wider die Schwartzen Künst (1571), in: SAUR ABRAHAM Hg., Theatrum de Veneficis … Frankfurt/Main 1586 S. 298–306.

BULLINGER, HEINRICH, Briefwechsel. Briefe des Jahres 1536, Bd. 6. Zürich 1995.

BÜSSER, FRITZ Hg., Heinrich Bullinger. Werke, 12 Bde. Zürich 1972–91.

CALVIN, JOANNIS, Clarissimis syndicis et amplissiomo senatui Genvensis reipublicae dominis nostris solendissimis, in: BAUM WILHELM/CUNITZ EDUARD/REUSS EDUARD Hg., Ioannis Calvini opera quae supersunt omnia, Bd. 7. Braunschweig 1870 S. 557–558.

EGLI, EMIL Hg., Aktensammlung zur Geschichte der Zürcher Reformation in den Jahren 1519–1533. Zürich 1879 (Ndr. Aalen 1973).

EGLI, EMIL/FINSLER, GEORG Hg., Huldreich Zwinglis sämtliche Werke. Corpus Reformatorum 88. Berlin 1904.

EGLI, EMIL u. a. Hg., Huldrich Zwingli. Sämtliche Werke. Berlin – Leipzig – Zürich 1909–1954.

FROELICHSBURG, JOH. CHR. FROELICH VON, Commentarius in Kayser Carl deß Fuenfften und deß H. Roem. Reichs Peinliche HalsGErichtsOrdnung … Franckfurt – Leipzig 1733.

HENDRICK, JANSEN, Erklärung der Offenbarung Johannis. aus den visionischen Gesichte in das wahre Wesen Jesu Christi, alles durch Hiel, das einwesige Leben Gottes / Anfänglich in Nieder Teutsch gedruckt … o. O. 1687.

HISTOIRE HORRIBLE et espouvantable de ce qui s'est fait et passé au fauxbourg S. Marcel, à la mort d'un misérable, qui a esté dévoré par plusieurs diables transformez en dogues, et ce pour avoir blasphemé le Sainct Nom de Dieu et battu sa mère. o. O. 1640.

MELANCHTHONS BRIEFWECHSEL. Regesten 2336–3420 (1540–1543), Bd. 3. Stuttgart/Bad Cannstatt 1979.

ORDNUNG DER DIENEREN DER KIRCHEN / in der Statt und auf der Landschaft Zürich / samt beygefuegter Stillstands-Censur und Trucker-Ordnung erneueret/vermehret und in Truck verfertiget. Zürich 1711.

QUELLEN ZUR SCHWEIZER GESCHICHTE. Verzeichnisse von Abhandlungen und Dokumenten, Jahrbuch für schweizerische Geschichte, Anzeiger für schweizerische Geschichte und Altertumskunde, Bd, iV. 5. 6. 1941.

SCHIESS, TRAUGOTT Hg., Bullingers Korrespondenz mit den Graubündnern. II. Teil, April 1557-August 1566. Basel 1905.

WOTSCHKE, THEODOR Hg., Der Briefwechsel der Schweizer mit den Polen. Leipzig 1908.

ZELLER-WERDMÜLLER, HEINRICH/NABHOLZ, HANS Hg., Die Zürcher Stadtbücher des XIV. und XV. Jahrhunderts. 3 Bde. Leipzig 1898–1906.

ZÜRCHER DOKUMENTE. Texte und Bilder aus dem Staatsarchiv. Zürich 1984.

ZWINGLI, HULDRYCH, Eine Predigt über die ewigreine Jungfrau Maria, die Mutter Jesu Christi, unsers Erlösers (1522), in: EMIDIO CAMPI Hg., Zwingli und Maria. Eine reformationsgeschichtliche Studie. Zürich 1997 S. 99–146.

ZWINGLI, HULDRYCH, Wie man die jugend in guoten sitten und Christenlicher zucht uferziehen und leeren soelle. Zürich 1526.

ZWINGLI, HULDRYCH, Eyn kurtze klare sum und erklaerung des Christenen gloubens. o. O o. J.

HULDRICI ZWINGLII OPERA. Completa editio prima. Zürich 1838.

Sekundärliteratur

AHN, GREGOR, Religion, in: Theologische Realenzyklopädie, Bd. 28. Berlin – New York 1997 S. 513–521.

ALBERT, THOMAS D., Der gemeine Mann vor dem geistlichen Richter. Kirchliche Rechtsprechung in den Diözesen Basel, Chur und Konstanz vor der Reformation. Stuttgart 1998.

AMAN, REINHOLD Hg., Maledicta. The International Journal of Verbal Aggression, 1982 ff.

AMMAN, HEKTOR/SCHIB, KARL, Historischer Atlas der Schweiz. Aarau ²1958.

AUDISIO, GABRIEL, Les Français d'hier. Des croyants, XVe–XIXe siècle, Bd. 2. Paris 1996.

AUSTIN, JOHN L., Zur Theorie der Sprechakte. Stuttgart ²1975. (AUSTIN JOHN, How to do things with words. Oxford 1969).

BACKMANN, SYBILLE u. a. Hg., Ehrkonzepte in der Frühen Neuzeit. Identitäten und Abgrenzungen. Berlin 1998.

Baker, Wayne J., Christian Discipline and the Early Reformed Tradition. Bullinger and Calvin, in: Robert V. Schnucker Hg., Calviniana, ideas and Influence of Jean Calvin. Kirkville 1988 S. 107-120.

Baltischweiler, Wilhelm, Die Institutionen der evangelisch-reformierten Landeskirche des Kantons Zürich in ihrer geschichtlichen Entwicklung. Diss. iur. Zürich 1904.

Bartlome, Niklaus, Zur Bußenpraxis in der Landvogtei Willisau im 17. Jahrhundert, in: Jahrbuch der Historischen Gesellschaft Luzern, 11. 1993 S. 2-22.

Baufeld, Christa, Kleines frühneuhochdeutsches Wörterbuch. Tübingen 1996.

Bauhofer, Arthur, Fürsprechertum und Advokatur im Kanton Zürich vor 1798, in: Zürcher Taschenbuch, 47. 1927 S. 136-158.

Baumgartner, Mira, Die Täufer und Zwingli. Eine Dokumentation. Zürich 1993.

Bautz, Wilhelm Friedrich/Bautz, Traugott Hg., Biographisch-Bibliographisches Kirchenlexikon. Herzberg 1992-1999.

Bächtold, Hans Ulrich, Heinrich Bullinger vor dem Rat. Zur Gestaltung und Verwaltung des Zürcher Staatswesens in den Jahren 1532 bis 1575. Zürich 1982.

Bär, Emil, Die Juden Zürichs im Mittelalter, in: Zürcher Taschenbuch auf das Jahr 1896, S. 119-150.

Behrens, Ulrich, »Sozialdisziplinierung« als Konzeption der Frühneuzeitforschung. Genese, Weiterentsicklung und Kritik – eine Zwischenbilanz, in: Historische Mitteilungen, 12. 1999 S. 35-69.

Behringer, Wolfgang, Gegenreformation als Generationenkonflikt oder: Verhörsprotokolle und andere administrative Quellen zur Mentatlitätsgeschichte, in: Winfried Schulze Hg., Ego-Dokumente. Annäherung an den Menschen in der Geschichte. Berlin 1996 S. 275-293.

Behringer, Wolfgang, Hexen. Glaube – Verfolgung – Vermarktung. München 1998.

Belmas, Elisabeth, La police des cultes et des moeurs en France sous l'Ancien Régime. Thèse de 3ème cycle, Université Paris I. Paris 1980.

Belmas, Elisabeth, La montée des blasphèmes à l'âge moderne du moyen âge au XVIIe siècle, in: Jean Delumeau Hg., Injures et blasphèmes. Paris 1989 S. 13-33.

Benrath, Karl, Bernadino Ochino von Siena. Ein Beitrag zur Geschichte der Reformation. Nieuwkoop 1968.

Beriger, Andreas, Einleitung, in: Thomas Brunnschweiler/Lutz Samuel Hg., Huldrich Zwingli. Schriften. Bd. 4. Zürich 1995 S. 283-285.

Beriger, Andreas/Lutz, Samuel, Einleitung, in: Thomas Brunnschweiler/Lutz Samuel Hg., Huldrich Zwingli. Schriften. Bd. 3. Zürich 1995 S. 33-37.

Berner, Hans/Gäbler, Ulrich/Guggisberg, Hans Rudolf, Schweiz, in: Anton Schindling/Walther Ziegler Hg., Die Territorien des Reichs im Zeitalter der Konfessionalisierung. Land und Konfession 1500-1650, Der Südwesten, Bd. 5. Münster 1993 S. 279-323.

Berriot, François, Athéismes et athéistes au XVIe siècle en France, 2 Bde. Lille o. J.

Besozzi, in: Dizionario biografico degli Italiani, Bd. 9. Rom 1967 S. 672-675.

Biel, Pamela, Doorkeepers at the House of Righteousness. Heinrich Bullinger and the Zürich Clergy 1535-1575. Bern u. a. 1991.

Biesel, Elisabeth, Hexenjustiz, Volksmagie und soziale Konflikte im lothringischen Raum. Trier 1997.

Birnbaum, Norman, The Zwinglian Reformation in Zürich, in: Past and Present, 15. 1959 S. 27-47.

Blanke, Fritz, Zwingli »Fidei ratio« (1530). Entstehung und Bedeutung, in: Archiv für Reformationsgeschichte, 57. 1966 S. 96-101.

Blanke, Fritz/Leuschner, Immanuel, Heinrich Bullinger. Zürich 1990.

BLATTER A., Schmähungen, Scheltreden, Drohungen. Ein Beitrag zur Geschichte der Volksstimmung zur Zeit der schweizerischen Reformation. Wissenschaftliche Beilage zu den Jahresberichten des Gymnasiums, der Realschule und der Töchterschule. Basel 1911.

BLAUERT, ANDREAS, Kriminaljustiz und Sittenreform als Krisenmanagement? Das Hochstift Speyer im 16. und 17. Jahrhundert, in: DERS./ GERD SCHWERHOFF Hg., Mit den Waffen der Justiz. Zur Kriminalitätsgeschichte des Spätmittelalters und der Frühen Neuzeit. Frankfurt/Main 1993 S. 115–136.

BLAUERT, ANDREAS/SCHWERHOFF, GERD Hg., Kriminalitätsgeschichte. Beiträge zu einer Sozial- und Kulturgeschichte der Vormoderne. Konstanz 1999.

BLAUFUß, DIETRICH, Breckling Friedrich, in: Theologische Realenzyklopädie. Bd. 7. Berlin – New York 1981 S. 150–153.

BLICKLE, PETER, Untertanen in der Frühneuzeit. Zur Rekonstruktion der politischen Kultur und der sozialen Wirklichkeit Deutschlands im 17. Jahrhundert, in: Vierteljahrschrift für Sozial- und Wirtschaftsgeschichte, 70. 1983 S. 483–522.

BLICKLE, PETER Hg., Zugänge zur bäuerlichen Reformation. Zürich 1987.

BLICKLE, PETER, Kommunalismus. Skizzen einer gesellschaftlichen Organisationsform, 2 Bde. München 2000.

BLICKLE, PETER/LINDT, ANDREAS/SCHINDLER, ALFRED Hg., Zwingli und Europa. Referate und Protokoll des Internationalen Kongresses aus Anlaß des 500. Geburtstages von Huldrych Zwingli (26.–30. 3. 1984). Zürich 1985.

BLICKLE, PETER/KUNISCH, JOHANNES Hg., Kommunalisierung und Christianisierung. Berlin 1989.

BLUNTSCHLI, JOHANN CASPAR, Staats- und Rechtsgeschichte der Stadt und Landschaft Zürich, 2 Bde. Zürich 1838/39.

BOGNER, RALF GEORG, Arbeiten zur Sozialdisziplinierung in der Frühen Neuzeit. Ein Forschungsbericht für die Jahre 1980–1994, Erster Teil, in: Frühneuzeitinfo, 7/1. 1996 S. 127–142.

BOGNER, RALF GEORG, Die Bezähmung der Zunge. Literatur und Disziplinierung der Alltagskommunikation in der frühen Neuzeit. Tübingen 1997.

BOHRMAN, JAMES, Do Practices Explain Anything? Turner's Critique of the Theory of Social Practices, in: History and Theory, 36. 1997 S. 93–107.

BONNELL, VICTORIA E./HUNT, LYNN Hg., Beyond the Cultural Turn. New Directions in the Study of Society and Culture. Berkeley – Los Angels – London 1999.

BOSSHART VON STERNENBERG, EMIL, Das vaterländische Zürcher Regiment. Eine positive Form des Polizeistaates. Zürich 1910.

BOURDIEU, PIERRE, Entwurf einer Theorie der Praxis. Auf der Grundlage der kabylischen Gesellschaft. Frankfurt/Main ²1979.

BOURDIEU, PIERRE, Ökonomisches Kapital, kulturelles Kapital, soziales Kapital, in: REINHARD KRECKEL Hg., Soziale Ungleichheiten. Göttingen 1983 S. 183–198.

BÖDEKER, HANS ERICH/CHAIX, GÉRALD/VEIT, PATRICE Hg., Le livre religieux et ses pratiques. Göttingen 1991.

BRADY, THOMAS A. JR./OBERMAN, HEIKO A./TRACY, JAMES D. Hg., Handbook of European History, 1400–1600. Late Middle Ages, Renaissance and Reformation, 2 Bde. Leiden – New York – Köln 1994/95.

BRAUN, RUDOLF, Das ausgehende Ancien Regime in der Schweiz. Aufriß einer Sozial- und Wirtschaftsgeschichte. Göttingen – Zürich 1984.

BRAYARD, FLORENT Hg., Le Génocide des Juifs entre procès et historie 1943–2000. Paris 2000.

BRIGGS, ROBIN, Witches and Neighbours. The Social and Cultural Context of European Witchcraft. London 1996.

Brunnschweiler, Thomas, Einleitung, in: Thomas Brunnschweiler/Lutz Samuel Hg., Huldrich Zwingli. Schriften, Bd. 2. Zürich 1995 S. 3–11.

Burger, Christoph, Transformation theologischer Ergebnisse für Laien im späten Mittelalter und bei Martin Luther, in: Hans-Jörg Nieden/Marcel Nieden Hg., Praxis Pietatis. Beiträge zu Theologie und Frömmigkeit in der Frühen Neuzeit. Stuttgart 1999 S. 47–81.

Burghartz, Susanna, Leib, Ehre und Gut. Delinquenz in Zürich Endes des 14. Jahrhunderts. Zürich 1990.

Burke, Peter, Beleidigung und Gotteslästerung im frühneuzeitlichen Italien, in: Ders. Hg., Städtische Kultur in Italien zwischen Hochrenaissance und Barock. Eine historische Anthropologie. Berlin 1986 S. 96–110, 205–206.

Burkhardt, Helmut, Lästern, Lästerung, in: Das große Bibellexikon. Wuppertal – Zürich 1988 S. 869–870.

Burschel, Peter/Distelrath, Götz/Lembke, Sven, Eine historische Antrhopologie der Folter. Thesen, Perspektiven, Befunde, in: Dies. Hg., Das Quälen des Körpers. Eine historische Anthropologie der Folter. Köln – Weimar – Wien 2000 S. 1–26.

Bünzli, Frida/Illi, Martin, Hirsebarden und Heldenbrei. Bern 1995.

Büsser, Fritz, Bullinger Heinrich, in: Theologische Realenzyklopädie. Bd. 7. Berlin – New York 1981 S. 375–387.

Büsser, Fritz, Zürich – »Die Stadt auf dem Berg«. Bullingers reformatorisches Vermächtnis an der Wende zum 21. Jahrhundert, in: Zwingliana, 25. 1998 S. 21–42.

Cabantous, Alain, Du blasphème au blasphémateur. Jalons pour une histoire (XVIe–XIXe siècle), in: Patrice Darteville/Philippe Denis/Johannes Robyn Hg., Blasphèmes et libertés. Paris 1993 S. 11–31.

Cabantous, Alain, Histoire du blasphème en Occident XVIe–XIXe siècle. Paris 1998.

Campi, Emidio, Zwingli und Maria. Eine reformationsgeschichtliche Studie. Zürich 1997.

Casagrande, Carla/Vecchio, Silvana, Les péchés de la langue. Paris 1991.

Castan, Nicole, Le Recours. Exigences et Besoins de Justice. Théorie et Pratique en France et en Angleterre à l'époque classique, in: Heinz Mohnhaupt/Dieter Simon Hg., Vorträge zur Justizforschung. Geschichte und Theorie, Bd. 1. Frankfurt/Main 1992 S. 253–268.

Castan, Yves, Violence ordinaire. La vindicte légale, in: Ethnologie française, 21. 1991 S. 253–263.

Cheyronnaud, Jacques/Roussin, Philippe Hg., Critique et affaires de blasphème à l'époque des lumières. Paris 1998.

Chiffoleau, Jacques, Les justices du pape. Délinquance et criminalité dans la région d'Avignon au quatorzième siècle. Paris 1984.

Christin, Olivier, L'iconoclaste et le blasphémateur, in: Mentalités. 1989 S. 35–47.

Christin, Olivier, Matériaux pour servir à l'histoire du blasphème (première partie), in: Bulletin d'information de la mission historique française en Allemagne, 28. 1992 S. 56–67.

Christin, Olivier, Le statut ambigu du blasphème, in: Ethnologie française, 22. 1992 S. 337–343.

Christin, Olivier, Sur la condamnation du blasphème (XVIe–XVIIIe siècles), in: Revue d'histoire de l'Eglise de France, 80. 1994 S. 43–64.

Christin, Olivier, Matériaux pour servir à l'histoire du blasphème (deuxième partie), in: Bulletin d'information de la mission historique française en Allemagne. 32. 1996 S. 67–85.

Cohen, Elizabeth S., Honor and Gender in the Streets of Early Modern Rome, in: Journal of Interdisciplinary History, 22. 1992 S. 597–625.

Conley, Carolyn A., The Unwritten Law. Criminal Justice in Victorian Kent. New York – Oxford 1991.

Connell, Robert W., Masculinities. Cambridge 1995.

CONRAD, CHRISTOPH/KESSEL, MARTINA Hg., Geschichte schreiben in der Postmoderne. Beiträge zur aktuellen Diskussion. Stuttgart 1994.

CONRAD, CHRISTOPH/KESSEL, MARTINA Hg., Kultur und Geschichte. Neue Einblicke in alte Beziehungen. Stuttgart 1998.

COVENEY, P.J., An Early Modern European Crisis? in: Renaissance and Modern Studies, 26. 1982 S. 1–25.

DANIEL, UTE, »Kultur« und »Gesellschaft«. Überlegungen zum Gegenstandsbereich der Sozialgeschichte, in: Geschichte und Gesellschaft, 19. 1993 S. 69–99.

DANIEL, UTE, Historie und Hermeneutik. Zu Geschichte und Gegenwart einer turbulenten Beziehung, in: Handlung, Kultur, Interpretation, 5. 1996 S. 135–157.

DANIEL, UTE, Clio unter Kulturschock. Zu den aktuellen Debatten der Geschichtswissenschaft (Teil I), in: Geschichte in Wissenschaft und Unterricht, 48. 1997 S. 195–218.

DANIEL, UTE, Erfahrung – (k)ein Thema für die Geschichtstheorie? in: L'Homme Z.F.G., 11. 2000 S. 120–123.

DANIEL, UTE, Kompendium Kulturgeschichte. Theorien, Praxis, Schlüsselwörter. Frankfurt/Main 2001.

DAVIS, NATHALIE ZEMON, Fiction in the Archives. Pardon Tales and their Tellers in Sixteenth-Century France. Stanford 1987.

DÄNDLIKER, KARL, Geschichte der Stadt und des Kantons Zürich, 3 Bde. Zürich 1908–1912.

DEJUNG, EMANUEL/WUHRMANN, WILLY Hg., Zürcher Pfarrerbuch 1519–1952. Zürich 1953.

DELLSPERGER, RUDOLF, Die Anfänge des Pietismus in Bern. Quellenstudien. Göttingen 1984.

DELUMEAU, JEAN, La peur en occident (XIVe–XVIIIe siècle). Paris 1978.

DELUMEAU, JEAN Hg., Injures et blasphèmes. Paris 1989.

DENUNZIATION UND DENUNZIANTEN, in: Sowi, 27. 1998.

DINGES, MARTIN, Ehrenhändel als »Kommunikative Gattungen«. Kultureller Wandel und Volkskulturbegriff, in: Archiv für Kulturgeschichte, 75. 1992 S. 359–393.

DINGES, MARTIN, Frühneuzeitliche Justiz. Justizphantasien als Justiznutzung am Beispiel von Klagen bei der Pariser Polizei im 18. Jahrhundert, in: HEINZ MOHNHAUPT/DIETER SIMON Hg., Vorträge zur Justizforschung. Geschichte und Theorie, Bd. 1. Frankfurt/Main 1992 S. 269–292.

DINGES, MARTIN, Der Maurermeister und Finanzrichter. Ehre, Geld und soziale Kontrolle im Paris des 18. Jahrhunderts. Göttingen 1994.

DINGES, MARTIN, Die Ehre als Thema der historischen Anthropologie. Bemerkungen zur Wissenschaftsgeschichte und zur Konzeptualisierung, in: KLAUS SCHREINER/GERD SCHWERHOFF Hg., Verletzte Ehre. Ehrkonflikte in Gesellschaften des Mittelalters und der Frühen Neuzeit. Köln – Weimar – Wien 1995 S. 29–62.

DINGES, MARTIN, »Historische Anthropologie« und »Gesellschaftsgeschichte«. Mit dem Lebensstilkonzept zu einer »Alltagskulturgeschichte«?, in: Zeitschrift für historische Forschung, 24. 1997 S. 179–214.

DINGES, MARTIN, Normsetzung als Praxis? Oder: Warum die Normen zur Sachkultur und zum Verhalten so häufig wiederholt werden und was bedeutet dies für den Prozeß der »Sozialdisziplinierung«?, in: Norm und Praxis im Alltag des Mittelalters und der frühen Neuzeit, internationales Round-Table-Gespräch Krems an der Donau 7. Oktober 1996. Wien 1997 S. 39–53.

DINGES, MARTIN, Formenwandel der Gewalt in der Neuzeit. Zur Kritik der Zivilisationstheorie von Norbert Elias, in: ROLF PETER SIEFERLE/HELGA BREUNINGER Hg., Kulturen der Gewalt. Ritualisierung und Symbolisierung von Gewalt in der Geschichte. Frankfurt/Main – New York 1998 S. 171–194.

DINGES, MARTIN, Justiznutzungen als soziale Kontrolle in der Frühen Neuzeit, in: ANDREAS BLAUERT/GERD SCHWERHOFF Hg., Kriminalitätsgeschichte. Beiträge zur Sozial- und Kulturgeschichte der Vormoderne. Konstanz 2000 S. 503–544.

DINZELBACHER, PETER, Handbuch der Religionsgeschichte im deutschsprachigen Raum. Hoch- und Spätmittelalter. Bd. 2. Paderborn u. a. 2001.

DITTE, CATHERINE, La mise en scène dans la plainte. Sa stratégie sociale. L'exemple de l'honneur populaire, in: Droit et culture, 19. 1990 S. 23–48.

DREW, PAUL/WOOTTON, ANTHONY, Introduction, in: PAUL DREW /ANTHONY WOOTTON Hg., Erving Goffman. Exploring the Interaction Order. Cambridge 1988 S. 1–13.

DUBNO, BENJAMIN, Liebe LeserInnen, in: Ergo, 6. 1995 S. 3.

DÜLMEN, RICHARD VAN, Reformation als Revolution. Soziale Bewegung und religiöser Radikalismus in der deutschen Reformation. München 1977.

DÜLMEN, RICHARD VAN, Religionsgeschichte in der Historischen Sozialforschung, in: Geschichte und Gesellschaft, 6. 1980 S. 36–59.

DÜLMEN, RICHARD VAN, Wider die Ehre Gottes. Unglaube und Gotteslästerung in der Frühen Neuzeit, in: Historische Anthropologie, 2. 1994 S. 20–38.

DÜLMEN, RICHARD VAN, Historische Kulturforschung zur Frühen Neuzeit. Entwicklungen – Probleme – Aufgaben, in: Geschichte und Gesellschaft, 21. 1995 S. 403–429.

DÜTSCH, HANS-RUDOLF, Die Zürcher Landvögte von 1402–1798. Ein Versuch zur Bestimmung ihrer sozialen Herkunft und zur Würdigung ihres Amtes im Rahmen des zürcherischen Stadtstaates. Zürich 1994.

ECHLE, BRITTA, Magisches Denken in Krisensituationen, in: HARTMUT LEHMANN/ANNE-CHARLOTT TREPP Hg., Im Zeichen der Krise. Religiosität im Europa des 17. Jahrhunderts. Göttingen 1999 S. 189–201.

EDWARDS, JOHN, The Priest, the Layman and the Historian. Religion in Early Modern Europe, in: European History Quarterly, 17. 1987 S. 87–93.

EIBACH, JOACHIM, Kriminalitätsgeschichte zwischen Sozialgeschichte und Historischer Kulturforschung, in: Historische Zeitschrift, 263. 1996 S. 681–715.

EIBACH, JOACHIM, Recht – Kultur – Diskurs. Nullum Crimen sine Scientia, in: Zeitschrift für Neuere Rechtsgeschichte, 23. 2001 S. 102–120.

EICHHOLZER, EDUARD, Zur Geschichte und Rechtsstellung des zürcherischen Untervogtes, in: Zeitschrift der Savigny Stiftung für Rechtsgeschichte German. Abt., 44. 1924 S. 197–215.

ELTON, GEOFFREY R., Introduction. Crime and the Historian, in: JAMES S. COCKBURN Hg., Crime in England 1550–1800. London 1979 S. 1–14.

ENDERS, LISELOTT, Nichts als Ehr', Lieb' und Gut's. Soziale Konflikt- und Ausgleichspotenzen in der Frühen Neuzeit, in: AXEL LUBINSKI/THOMAS RUDERT/MARTINA SCHATTKOWSKY Hg., Historie und Eigensinn. Festschrift für Jan Peters zum 65. Geburtstag. Weimar 1997 S. 141–161.

ENNINGER, WERNER, Zu Möglichkeiten und Grenzen historischer Diskursanalyse. Der Fall der Zweiten Zürcher Disputation 1523, in: Zeitschrift für Germanistik, 11. 1990 S. 147–161.

FAGGION, LUCIEN, Points d'honneur, poings d'honneur. Violence quotidienne à Genève au XVIIe siècle, in: Revue du Vieux Genève 1989 S. 15–25.

FAVRET-SAADA, JEANNE, Rushdie et compagnie. Préalables à une anthropologie du blasphème, in: Ethnologie française, 22. 1992 S. 251–260.

FEBVRE, LUCIEN, Le problème de l'incroyance au 16e siècle. Paris 1942.

FERRAND, LUC, Villageois entre eux, in: Droit et cultures, 19. 1990 S. 49–72.

FLÜELER, NIKLAUS/FLÜELER-GRAUWILER, MARIANNE Hg., Geschichte des Kantons Zürich, 3 Bde. Zürich 1995–96.

FRANK, MICHAEL, Dörfliche Gesellschaft und Kriminalität. Das Fallbeispiel Lippe 1650–1800. Paderborn u. a. 1995.

FREI, NORBERT/LAAK VAN, DIRK/STOLLEIS, MICHAEL Hg., Geschichte vor Gericht. Richter und die Suche nach Gerechtigkeit, München 2000.

FREITAG, WERNER, Volks- und Elitenfrömmigkeit in der Frühen Neuzeit. Marienwallfahrten im Fürstbistum Münster. Paderborn 1991.

FRIEDMAN, JEROME, Michael Servetus, in: HANS. J. HILLERBRAND Hg., The Oxford Encyclopedia of the Reformation. Bd. 4. New York – Oxford 1996 S. 48 f.

FRITZSCHE, HANS, Begründung und Ausbau der neuzeitlichen Rechtspflege des Kantons Zürich. Zürich 1931.

FRITZSCHE, HANS-GEORG, Dekalog IV, in: Theologische Realenzyklopädie, Bd. 7. Berlin – New York 1981 S. 418–428.

FUCHS, RALF-PETER, Um die Ehre. Westfälische Beleidigungsprozesse vor dem Reichskammergericht (1525–1805). Paderborn 1999.

FUMASOLI, GEORG, Ursprünge und Anfänge der Schellenwerke. Ein Beitrag zur Frühgeschichte des Zuchthauswesens. Zürich 1981.

GADAMER, HANS-GEORG, Wahrheit und Methode. Tübingen 1975.

GARNOT, BENOÎT, Une illusion historiographique. Justice et criminalité au XVIIIe siècle, in: Revue historique, 281. 1989 S. 361–379.

GAROVI, ANGELO, Rechtssprachlandschaften der Schweiz und ihr europäischer Bezug. Tübingen – Basel 1998.

GARRIOCH, DAVID, Verbal Insults in Eigteenth Century Paris, in: PETER BURKE/ROY PORTER Hg., Social History of Language. Cambridge 1987 1987 S. 104–119.

GAUVARD, CLAUDE, »De grace especial«. Crime, état et sociéte en France à la fin du Moyen Age, 2 Bde. Paris 1991.

GÄBLER, ULRICH, Huldrych Zwingli im 20. Jahrhundert. Forschungsbericht und annotierte Bibliographie 1897–1972. Zürich 1975.

GÄBLER, ULRICH, Huldrych Zwingli. Eine Einführung in sein Leben und sein Werk. München 1983.

GÄBLER, ULRICH/HERKENRATH, ERLAND Hg., Heinrich Bullinger 1504–1575. Gesammelte Aufsätze zum 400. Todestag. Zürich 1975.

GESCHICHTE DER SCHWEIZ UND DER SCHWEIZER, 3 Bde. Basel – Frankfurt/Main 1991.

GINZBURG, CARLO, Der Käse und die Würmer. Die Welt eines Müllers um 1600. Frankfurt/Main 1983.

GLEIXNER, ULRIKE, »Das Mensch« und »der Kerl«. Die Konstruktion von Geschlecht in Unzuchtsverfahren der Frühen Neuzeit (1700–1760). Frankfurt/Main – New York 1994.

GLEIXNER, ULRIKE, Geschlechterdifferenzen und die Faktizität des Fiktionalen. Zur Dekonstruktion frühneuzeitlicher Verhörprotokolle, in: WerkstattGeschichte, 11. 1995 S. 65–71.

GLÜCK, HELMUT Hg., Metzler Lexikon Sprache. Stuttgart – Weimar 1993.

GOFFMAN, ERVING, Forms of Talk. Pennsylvania [2]1995 ([1]1981).

GORDON, BRUCE, Clerical Discipline and the Rural Reformation. The Synod in Zurich, 1532–1580. Bern u. a. 1992.

GOWING, LAURA, Gender and the Language of Insult in Early Modern London, in: History Workshop, 35. 1993 S. 1–21.

GÖTTSCH, SILKE, Zur Konstruktion schichtenspezifischer Wirklichkeit. Strategien und Taktiken ländlicher Unterschichten vor Gericht, in: BRIGITTE BRÖNICH-BREDNICH/HELGE GERND Hg., Erinnern und Vergessen. Göttingen 1991 S. 443–452.

GRAF, FRIEDRICH WILHELM, »Dechristianisierung«. Zur Problematik eines kulturpolitischen Topos, in: HARTMUT LEHMANN Hg., Säkularisierung, Dechristianisierung im neuzeitlichen Europa. Bilanz und Perspektiven der Forschung. Göttingen 1997 S. 32–66.

GRAHAM, MICHAEL F., The Uses of Reform. »Godly Discipline« and popular Behavior in Scotland and Beyond, 1560–1610. Leiden – New York – Köln 1996.

GREBEL, HANS RUDOLF, Der Antistes. Geschichte und Bedeutung eines verschwundenen kirchlichen Amtes, in: Neue Zürcher Zeitung, Nr. 264. 10. Juni. 1973 S. 53.

GRESCHAT, MARTIN, Rechristianisierung und Säkularisierung. Anmerkungen aus deutscher protestantischer Sicht, in: HARMUT LEHMANN Hg., Säkularisierung, Dechristianisierung, Rechristianisierung im neuzeitlichen Europa. Bilanz und Perspektiven der Forschung. Göttingen 1997 S. 76–86.

GREYERZ, KASPAR VON, Religion und Gesellschaft in der frühen Neuzeit, in: Religiosität – Frömmigkeit – Religion populaire. Lausanne 1984 S. 13–36.

GREYERZ, KASPAR VON, Vorsehungsglaube und Kosmologie. Studien zu englischen Selbstzeugnissen des 17. Jahrhunderts. Göttingen – Zürich 1990.

GREYERZ, KASPAR VON, England im Jahrhundert der Revolutionen 1603–1714. Stuttgart 1994.

GREYERZ, KASPAR VON, Switzerland, in: BOB SCRIBNER/ROY PORTER/TEICH MIKULAŠ Hg., The Reformation in National Context. Cambridge u. a. 1994 S. 30–46.

GREYERZ, KASPAR VON, Religion und Kultur. Europa 1500–1800. Göttingen 2000.

GRICE, HERBERT PAUL, Studies in the Way of Words. Cambridge /Mass. 1989.

GRIESEBNER, ANDREA, Konkurrierende Wahrheiten. Malefizprozesse vor dem Landgericht Perchtoldsdorf im 18. Jahrhundert. Wien – Köln – Weimar 2000.

GRIMM, JACOB/GRIMM, WILHELM, Deutsches Wörterbuch, 33 Bde. Leipzig 1854–1971 (Ndr. München 1984).

GROEBNER, VALENTIN, Der verletzte Körper und die Stadt. Gewalttätigkeit und Gewalt in Nürnberg am Ende des 15. Jahrhunderts, in: THOMAS LINDENBERGER/ALF LÜDTKE Hg., Physische Gewalt. Studien zur Geschichte der Neuzeit. Frankfurt/Main 1995 S. 162–189.

GROEBNER, VALENTIN, Describing the Person, Describing the Face in Renaissance Europe, identity Papers, Vested Figures and the Limits of Identification 1400–1600, in: JANE CAPLAN/JOHN TORPEY Hg., Documenting Individual Identity. The Development of State Practices in the Modern World. Princeton (i. Dr.).

GRÜNBERGER, HANS, Institutionalisierung des protestantischen Sittendiskurses, in: Zeitschrift für historische Forschung, 24. 1997 S. 215–252.

GUGERLI, DAVID, Zwischen Pfrundt und Predigt. Die protestantische Pfarrfamilie auf der Zürcher Landschaft im ausgehenden 18. Jahrhundert. Zürich 1987.

GUT, FRANZ, Die Übeltat und ihre Wahrheit. Straftäter und Strafverfolgung vom Spätmittelalter bis zur neuesten Zeit. Ein Beitrag zur Winterthurer Rechtsgeschichte. Zürich 1995.

GUYER, PAUL, Verfassungszustände der Stadt Zürich im 16., 17. und 18. Jahrhundert. Unter der Einwirkung der sozialen Umschichtung der Bevölkerung. Zürich 1943.

HAGENMAIER, MONIKA/HOLTZ, SABINA Hg., Krisenbewußtsein und Krisenbewältigung in der Frühen Neuzeit – Crisis in Early Modern Europe. Frankfurt/Main u. a. 1992.

HAMM, BERNDT, Reformation als normative Zentrierung von Religion und Gesellschaft, in: Jahrbuch für Biblische Theologie, 7. 1992 S. 241–279.

HAMM, BERNDT, Reformation »von unten« und Reformation »von oben«. Zur Problematik reformationshistorischer Klassifizierungen, in: HANS R. GUGGISBERGER/GOTTFRIED G. KRODEL Hg., Die Reformation in Deutschland und Europa. Gütersloh 1993 S. 256–293.

HANDBUCH DER SCHWEIZER GESCHICHTE, 2 Bde. Zürich 1980.

HARRAS, GISELA, Handlungssprache und Sprechhandlung. Eine Einführung in die handlungstheoretischen Grundlagen. Berlin – New York 1983.

HARSTER, THEODOR, Das Strafrecht der freien Reichsstadt Speier. Breslau 1900.

HAUSMANNINGER, THOMAS, Blasphemie, in: Lexikon für Theologie und Kirche. Bd. 2. Freiburg i. Br. u. a. ³1994 S. 522.

HAUSWIRTH, RENÉ, Stabilisierung als Aufgabe der politischen und kirchlichen Führung in Zürich nach der Katastrophe von Kappel, in: BERND MOELLER Hg., Stadt und Kirche im 16. Jahrhundert. Gütersloh 1978 S. 99–108.

HÄBERLEIN, MARK, Einleitung, in: DERS. Hg., Devianz, Widerstand und Herrschaftspraxis in der Vormoderne. Studien zu Konflikten im südwestdeutschen Raum (15. bis 18. Jahrhundert). Konstanz 1999 S. 9–32.

HÄBERLEIN, MARK Hg., Devianz, Widerstand und Herrschaftspraxis in der Vormoderne. Studien zu Konflikten im südwestdeutschen Raum (15. bis 18. Jahrhundert). Konstanz 1999.

HÄRTER, KARL, Social Control and the Enforcement of Police-Ordinances in Early Modern Criminal Procedure, in: HEINZ SCHILLING/LARS BEHRISCH Hg., Institutionen, Instrumente und Akteure sozialer Kontrolle und Disziplinierung im frühneuzeitlichen Europa, institutions, Instruments and Agents of Social Control and Discipline in Early Modern Europe. Frankfurt/Main 1999 S. 39–63.

HÄRTER, KARL, Soziale Disziplinierung durch Strafe? Intentionen frühneuzeitlicher Policeyordnungen und staatliche Sanktionspraxis, in: Zeitschrift für Historische Forschung, 26. 1999 S. 365–379.

HÄRTER, KARL Hg., Policey und frühneuzeitliche Gesellschaft. Frankfurt/Main 2000.

HÄRTER, KARL, Strafverfahren im frühneuzeitlichen Territorialstaat, inquisition, Entscheidungsfindung, Supplikation, in: ANDREAS BLAUERT/GERD SCHWERHOFF Hg., Kriminalitätsgeschichte. Beiträge zur Sozial- und Kulturgeschichte der Vormoderne. Konstanz 2000 S. 459–480.

HÄRTER, KARL/STOLLEIS, MICHAEL Hg., Repertorium der Policeyordnungen der Frühen Neuzeit. Deutsches Reich und geistliche Kurfürsten (Kurmainz, Kurtrier, Kurköln), Bd. 1. Frankfurt/Main 1996.

HELLBING, ERNST C., Die Delikte gegen die Religion aufgrund der österreichischen Landesordnungen und der CCC, in: Österreichisches Archiv für Kirchenrecht, 33. 1982 S. 3–14.

HELM, WINFRIED, Konflikt in der ländlichen Gesellschaft. Eine Auswertung frühneuzeitlicher Gerichtsprotokolle. Passau 1993.

HERBERT, SHIRANIKKA, Blasphemy Ruling on. Film is Upheld, in: Church Times, 29. 11. 1996. Nr. 6981.

HERRUP, CYNTHIA B., The Common Peace. Participation and the Criminal Law in Seventeenth-Century England. Cambridge u. a. 1987.

HERSCHE, PETER, Unglaube im 16. Jahrhundert. Ein leicht ketzerischer Beitrag zum Lutherjubiläum in Form einer Literaturbesprechung, in: Schweizerische Zeitschrift für Geschichte, 34. 1980 S. 233–250.

HILDESHEIMER, FRANÇOISE, La répression du blasphème au XVIIIe siècle, in: JEAN DELUMEAU Hg., Injures et blasphèmes. Paris 1989 S. 63–81.

HINDLE, STEVE, The State and Social Change in Early Modern England, c. 1550-1640. London 2000.

HIS, RUDOLF, Das Strafrecht des deutschen Mittelalters. Weimar 1935.

LES HISTORIENS ET LA SOCIOLOGIE DE PIERRE BOURDIEU, in: Le Bulletin de la Société d'Histoire Moderne et Contemporaine, 46. 1999 S. 4–27.

HOFFMANN, LUDGER, Kommunikation vor Gericht. Tübingen 1983.

HOFFMANN, LUDGER, Einleitung. Recht – Sprache – Diskurs, in: DERS. Hg., Untersuchungen zur Kommunikation in Gerichtsverfahren. Tübingen 1989 S. 9–23.

HOFFMANN, LUDGER, Vom Ereignis zum Fall. Sprachliche Muster zur Darstellung und Überprüfung von Sachverhalten vor Gericht, in: JÖRG SCHÖNERT/KONSTANTIN IMM/JOACHIM LINDER Hg., Erzählte Kriminalität. Zur Typologie und Funktion von narrativen Darstellungen in Strafrechtspflege, Publizistik und Literatur. Tübingen 1991 S. 87–113.

HOFFMANN, CARL A., Der Stadtverweis als Sanktionsmittel in der Reichsstadt Augsburg zu Beginn der Neuzeit, in: HANS SCHLASSER/DIETMAR WILLOWEIT Hg., Neue Wege strafgeschichtlicher Forschung. Köln – Weimar – Wien 1999 S. 193–237.

HOFFMANN, CARL A., Außergerichtliche Einigungen bei Straftaten als vertikale und horizontale soziale Kontrolle im 16. Jahrhundert, in: ANDREAS BLAUERT/GERD SCHWERHOFF Hg., Kriminalitätsgeschichte. Beiträge zur Sozial- und Kulturgeschichte der Vormoderne. Konstanz 2000 S. 563–579.

Holenstein, André, Die Huldigung der Untertanen. Rechtskultur und Herrschaftsordnung (800–1800). Stuttgart – New York 1991.

Holenstein, André, Bittgesuche, Gesetze und Verwaltung. Zur Praxis »guter Policey« in Gemeinde und Staat des Ancien Régime am Beispiel der Markgrafschaft Baden-Durlach, in: Peter Blickle Hg., Gemeinde und Staat im Alten Europa. München 1998 S. 325–357.

Holenstein, André, Ordnung und Unordnung im Dorf. Ordnungsdiskurse, Ordnungspraktiken und Konfliktregelung vor den badischen Frevelgerichten des 18. Jahrhunderts, in: Mark Häberlein Hg., Devianz, Widerstand und Herrschaftspraxis in der Vormoderne. Studien zu Konflikten im südwestdeutschen Raum (15. bis 18. Jahrhundert). Konstanz 1999 S. 165–196.

Holenstein, André, Die Umstände der Normen – die Normen der Umstände. Policeyordnungen im kommunikativen handeln von Verwaltung und lokaler Gesellschaft im Ancien Régime, in: Karl Härter Hg., Policey und frühneuzeitliche Gesellschaft. Frankfurt/Main 2000 S. 1–46.

Holenstein, André, »Gute Policey« und lokale Gesellschaft. Erfahrung als Kategorie im Verwaltungshandeln des 18. Jahrhunderts, in: Paul Münch Hg., Erfahrung in der Geschichte der Frühen Neuzeit. München 2001 S. 433–450.

Holenstein, Pia/Schindler, Norbert, Geschwätzgeschichte(n). Ein kulturhistorisches Plädoyer für die Rehabilitierung der unkontrollierten Rede, in: Richard van Dülmen Hg., Dynamik der Tradition. Studien zur historischen Kulturforschung IV. Frankfurt/Main 1992 S. 41–108, 271–281.

Hollenweger, Walter J., Ave Maria. Mariologie bei den Reformatoren, in: Diakonia, 15. 1984 S. 189–193.

Holzem, Andreas, Die Konfessionsgesellschaft. Christenleben zwischen staatlichem Bekenntniszwang und religiöser Heilshoffnung, in: Zeitschrift für Kirchengeschichte, 10. 1999 S. 53–85.

Huber, Peter, Annahme und Durchführung der Reformation auf der Zürcher Landschaft 1519–1530. Zürich 1972.

Hughes, Geoffrey, Schismatic Vituperation. The Reformation, in: Ders. Hg., Swearing. A Social History of Foul Language, Oaths and Profanity in English. Oxford – Cambridge/Mass. 1993 S. 91–100.

Hüchtker, Dietlind, »Denunziation oder Kooperation?«. Das 8. Kolloquium zur Polizeigeschichte, in: WerkstattGeschichte, 19. 1998 S. 89–91.

Hürlimann, Katja, »Er hab vil klener Kind«. Argumente vor den Gerichten in der Landvogtei Greifensee im 15./16. Jahrhundert, in: Zürcher Taschenbuch, 115 N.F. 1995 S. 67–88.

Hürlimann, Katja, Soziale Beziehungen im Dorf. Aspekte dörflicher Sozialität in den Landvogteien Greifensee und Kyburg um 1500. Zürich 2000.

Im Hof, Ulrich, Sozialdisziplinierung in der reformierten Schweiz vom 16. bis zum 18. Jahrhundert, in: Annali dell'Istituto storico italo-germanico in Trento/Jahrbuch des italienischdeutschen historischen Instituts in Trient, 8. 1982 S. 119–139.

Irniger, Margrit, Landwirtschaft in der frühen Neuzeit, in: Niklaus Flüeler/Marianne Flüeler-Grauwiler Hg., Geschichte des Kantons Zürichs. Frühe Neuzeit. – 16. bis 18. Jahrhundert, Bd. 2. Zürich 1996 S. 66–125.

Jenkins, Keith Hg., The Postmodern History Reader. London – New York 1998.

Jenny, Markus, Die Einheit des Abendmahlsgottesdienstes bei den elsässischen und schweizerischen Reformatoren. Zürich – Stuttgart 1968.

Jussen, Bernhard/Kolofsky, Craig Hg., Kulturelle Reformation. Sinnformationen im Umbruch 1400–1600. Göttingen 1999.

Jütte, Robert, Sprachliches Handeln und kommunikative Situation. Der Diskurs zwischen Obrigkeit und Untertanen am Beginn der Neuzeit, in: Helmut Hundsbichler Hg., Kommunikation und Alltag im Spätmittelalter und früher Neuzeit, internationaler Kongreß. Krems an der Donau 9.-12.10.1990. Wien 1992 S.159-181.

Kamber, Peter, Die Reformation auf der Zürcher Landschaft am Beispiel des Dorfes Marthalen. Fallstudie zur Struktur bäuerlicher Reformation, in: Peter Blickle Hg., Zugänge zur bäuerlichen Reformation. Bauer und Reformation, Bd. 1. Zürich 1987 S.85-125.

Keller, Rudi, Rationalität, Relevanz und Kooperation, in: Frank Liedtke Hg., Implikaturen. Grammatische und pragmatische Analysen. Tübingen 1995 S.5-18.

Kienitz, Sabine, Sexualität, Macht und Moral. Prostitution und Geschlechterbeziehungen Anfang des 19. Jahrhunderts in Württemberg. Ein Beitrag zur Mentalitätsgeschichte. Berlin 1995.

Kilchenmann, Küngolt, Die Organisation des zürcherischen Ehegerichts zur Zeit Zwinglis. Zürich 1946.

Kingdon, Robert M., Wie das Konsistorium des calvinistischen Genf zur Unterstützung von konfessioneller Konformität gebraucht wurde, in: Paolo Prodi/Elisabeth Müller-Luckner Hg., Glaube und Eid. Treueformeln, Glaubensbekenntnisse und Sozialdisziplinierung zwischen Mittelalter und Neuzeit. München 1993 S.179-187.

Kittsteiner, Heinz D., Die Entstehung des modernen Gewissens. Frankfurt/Main 1991.

Kläui, Paul/Imhof, Eduard, Atlas zur Geschichte des Kantons Zürich 1351-1951. Zürich 1951.

Kleinheyer, Gerd, Zur Rolle des Geständnisses im Strafverfahren des späten Mittelalters und der frühen Neuzeit, in: Gerd Kleinheyer/Paul Mikat Hg., Beiträge zur Rechtsgeschichte. Gedächtnisschrift für Hermann Conrad. Paderborn 1979 S.367-384.

Knapp, Hermann, Alt-Regensburgs Gerichtsverfassung, Strafverfahren und Strafrecht bis zur Carolina. Berlin 1914.

Koenigsberger, Helmut G., Die Krise des 17. Jahrhunderts, in: Zeitschrift für Historische Forschung, 9. 1982 S.143-165.

Kohl, Karl-Heinz, Ethnologie – die Wissenschaft vom kulturell Fremden. Eine Einführung. München ²2000.

Kors, Alan Charles, Atheism in France 1650-1729. The Orthodox Sources of Disbelief. Princeton/ NJ 1990.

Köhler, Walther, Antistes Zwingli, in: Zwingliana, III/6. 1915 S.194.

Köhler, Walther, Zu Antistes Zwingli, in: Zwingliana, III/9. 1917 S.284f.

Köhler, Walther, Beiträge zur Geschichte des Titels »Antistes«, in: Zwingliana, III/11. 1918 S.350f.

Köhler, Walther, Zürcher Ehegericht und Genfer Konsistorium. Das Zürcher Ehegericht und seine Auswirkung in der deutschen Schweiz zur Zeit Zwinglis. Bd.1. Leipzig 1932.

Krämer, Sybille, Sprache, Sprechakt, Kommunikation. Sprachtheoretische Positionen des 20. Jahrhunderts. Frankfurt/Main 2001.

Krug-Richter, Barbara, Konfliktregulierung zwischen dörflicher Sozialkontrolle und patrimonialer Gerichtsbarkeit. Das Rügegericht in der Westfälischen Gerichtsherrschaft Canstein 1718/1719, in: Historische Anthropologie, 5. 1997 S.212-228.

Kuhr, Olaf, Die Macht des Bannes und der Buße«. Kirchenzucht und Erneuerung der Kirche bei Johannes Oekolampad (1482-1531). Bern u. a. 1999.

Kunz, Erwin, Die lokale Selbstverwaltung in den zürcherischen Landsgemeinde im 18. Jahrhundert. Zürich 1948.

Kurmann, Fridolin, Die Bevölkerungsentwicklung des Kanton Luzern 1500-1700, in: Markus Mattmüller Hg., Bevölkerungsgeschichte der Schweiz. Teil I. Die Frühe Neuzeit. Basel 1987 S.604-620.

KÜMIN, BEAT, Useful to Have, But Difficult to Govern, inns and Taverns in Early Modern Bern and Vaud, in: Journal of Early Modern History, 3. 1999 S. 153-175.

LABOUVIE, EVA, Verwünschen und Verfluchen. Formen der verbalen Konfliktregelung in der ländlichen Gesellschaft der Frühen Neuzeit, in: PETER BLICKLE/ANDRÉ HOLENSTEIN Hg., Der Fluch und der Eid. Die metaphysische Begründung gesellschaftlichen Zusammenlebens und politischer Ordnung in der ständischen Gesellschaft. Berlin 1993 S. 121-145.

LACOUR, EVA, Schlägereien und Unglücksfälle. Zur Historischen Psychologie und Typologie von Gewalt in der frühneuzeitlichen Eifel. Egelsbach u. a. 2000.

LANDWEHR, ACHIM, Vom Begriff zum Diskurs – die »linguistische Wende« als Herausforderung für die Rechtsgeschichte? in: Zeitschrift für Geschichtswissenschaft, 48. 2000 S. 441-442.

LANDWEHR, ACHIM, »Normdurchsetzung« in der Frühen Neuzeit? Kritik eines Begriffs, in: Zeitschrift für Geschichtswissenschaft, 48. 2000 S. 146-162.

LANDWEHR, ACHIM, Policey im Alltag. Die Implementation frühneuzeitlicher Policeyordnungen in Leonberg. Frankfurt/Main 2000.

LANGBEIN, JOHN H., Albion's Fatal Flaws, in: Past and Present, 98. 1983 S. 96-120.

LARGIADÈR, ANTON, Die Anfänge der zücherischen Landschaftsverwaltung. Zürich 1932.

LAVATER, LUDWIG, Die Gebräuche und Einrichtungen der Zürcher Kirche. Erneut hg. und erweitert von Johann Baptist Ott. Übersetzt und erläutert von Gottfried Albert Keller. Zürich 1987.

LAVATER, HANS RUDOLF, Einleitung, in: THOMAS BRUNNSCHWEILER/LUTZ SAMUEL Hg., Huldrich Zwingli. Schriften. Bd. 4. Zürich 1995 S. 35-39.

LEHMANN, HARTMUT, Zur Erforschung der Religiosität im 17. Jahrhundert, in: MONIKA HAGENMAIER/SABINE HOLTZ Hg., Krisenbewußtsein und Krisenbewältigung – Crisis in Early Modern Europe. Festschrift f. Hans-Christoph Rublack. Frankfurt/Main u. a. 1992 S. 3-11.

LEHMANN, HARTMUT, Zur Bedeutung von Religion und Religiosität im Barockzeitalter, in: DIETER BREUER Hg., Religion und Religiosität im Zeitalter des Barock. Wiesbaden 1995 S. 3-22.

LEHMANN, HARTMUT, Von der Erforschung der Säkularisierung zur Erforschung von Prozessen der Dechristianisierung und der Rechristianisierung im neuzeitlichen Europa, in: DERS. Hg., Säkularisierung, Dechristianisierung, Rechristianisierung. Bilanz und Perspektiven der Forschung. Göttingen 1997 S. 9-16.

LEHMANN, HARTMUT, Die Krisen des 17. Jahrhunderts als Problem der Forschung, in: MANFRED JAKUBOWSKI-TIESSEN Hg., Krisen des 17. Jahrhunderts. Interdisziplinäre Fragen. Göttingen 1999 S. 13-24.

LEMBKE, SVEN, Folter und gerichtliches Geständnis. Über den Zusammenhang von Gewalt, Schmerz und Wahrheit im 14. und 15. Jahrhundert, in: PETER BURSCHEL/GÖTZ DISTELRATH/DERS. Hg., Das Quälen des Körpers. Eine historische Anthropologie der Folter. Köln – Weimar – Wien 2000 S. 171-199.

LENDENMANN, FRITZ, Die wirtschaftliche Entwicklung im Stadtstaat Zürich, in: NIKLAUS FLÜELER/MARIANNE FLÜELER-GRAUWILER Hg., Geschichte des Kantons Zürich. Frühe Neuzeit – 16. bis 18. Jahrhundert, Bd. 2. Zürich 1996 S. 126-171.

LEUTENBAUER, SIEGFRIED, Das Delikt der Gotteslästerung in der bayerischen Gesetzgebung. Köln – Wien 1984.

LEVELEUX, CORINNE, Le blasphème entre l'église et l'état (XIIIe–XVIe siècle). Diss. jur. Orléans 1997.

LEVEN, KARL-HEINZ, Krankheiten. Historische Deutung versus retrospektive Diagnostik, in: NORBERT PAUL/THOMAS SCHLICH Hg., Medizingeschichte. Aufgaben, Probleme, Perspektiven. Frankfurt/Main 1998 S. 153-185.

LEVY, LEONARD W, Treason against God. A History of the Offense of Blasphemy. New York 1981.

LEY, ROGER, Kirchenzucht bei Zwingli. Zürich 1948.

Liedtke, Frank, Das Gesagte und das Nicht-Gesagte. Zur Definition von Implikaturen, in: Ders. Hg., Implikaturen. Grammatische und pragmatische Analysen. Tübingen 1995 S. 19–46.

Lienhard, Marc, La liberté de conscience à Strasbourg au XVIe siècle, in: Frank R. Guggisberg/Frank Lestringant/Jean-Claude Margolin Hg., La liberté de conscience (XVIe–XVIIIe siècles). Genève 1991 S. 39–54.

Linke, Angelika/Nussbaumer, Markus/Portmann, Paul R., Studienbuch Linguistik. Tübingen ³1996.

Lipp, Carola, Kulturgeschichte und Gesellschaftsgeschichte – Mißverhältnis oder glückliche Verbindung? in: Paul Nolte u. a. Hg., Perspektiven der Gesellschaftsgeschichte. München 2000 S. 25–35.

Lis, Catharina/Soly, Hugo, Neighbourhood and Social Change in West-European Cities. Sixteenth to Nineteenth Centuries, in: International Review of Social History, 38. 1993 S. 1–30.

Locher, Gottfried W, Die Zwinglische Reformation im Rahmen der europäischen Kirchengeschichte. Göttingen – Zürich 1979.

Locher, Gottfried W., Zwingli und die schweizerische Reformation. Göttingen 1982.

Loetz, Francisca, Zeichen der Männlichkeit? Körperliche Kommunikationsformen streitender Männer im frühneuzeitlichen Staat Zürich, in: Martin Dinges Hg., Hausväter, Priester, Kastraten. Zur Konstruktion von Männlichkeit in Spätmittelalter und Früher Neuzeit. Göttingen 1998 S. 264–293.

Loetz, Francisca, L'infrajudiciare. Facetten und Bedeutung eines Konzepts, in: Andreas Blauert/Gerd Schwerhoff Hg., Kriminalitätsgeschichte. Beiträge zur Sozial- und Kulturgeschichte der Vormoderne. Konstanz 2000 S. 545–562.

Loetz, Francisca, Sprache in der Geschichte. Linguistic Turn vs. Pragmatische Wende, in: Rechtsgeschichte, 1. 2002 (i. Dr.).

Lorenz, Sönke/Bauer, Dieter Hg., Das Ende der Hexenverfolgung. Stuttgart 1995.

Lorenzen-Schmidt, Klaus Joachim, Beleidigungen in Schleswig-Holsteinischen Städten im 16. Jahrhundert. Städtische Normen und soziale Kontrolle in Städtegesellschaften, in: Kieler Blätter zur Volkskunde, 10. 1978 S. 5–20.

Lottes, Günther, Disziplin und Emanzipation. Das Sozialdisziplinierungskonzept und die Interpretation der frühneuzeitlichen Geschichte, in: Westfälische Forschungen, 42. 1992 S. 63–74.

Löschper, Gabriele, Bausteine für eine psychologische Theorie richterlichen Urteilens. Baden-Baden 1999.

Luckmann, Thomas, Grundformen der gesellschaftlichen Vermittlung des Wissens, in: Friedhelm Neidhardt/Rainer M. Lepsius/Johannes Weiss Hg., Kommunikative Gattungen. Opladen 1986 S. 191–211.

Lüdtke, Alf, Einleitung: Herrschaft als soziale Praxis, in: Ders. Hg., Herrschaft als soziale Praxis. Historische und sozial-anthropologische Studien. Göttingen 1991 S. 9–51.

MacHardy, K.J., Geschichtsschreibung im Brennpunkt postmoderner Kritik, in: Österreichische Zeitschrift für Geschichtswissenschaft, 4. 1993 S. 337–369.

Maddern, Philippa C., Violence and Social Order. East Anglia 1422–1442. Oxford 1992.

Markschies, Christoph, Arbeitsbuch Kirchengeschichte. Tübingen 1995.

Mattmüller, M., Bevölkerungsgeschichte der Schweiz. Die frühe Neuzeit, 1500–1700. Basel – Frankfurt/Main 1987.

Mc Cracken, Scott, Male Sexuality and the Gender Industry, in: Gender and History, 7. 1995 S. 106–113.

Mc Grath, Alister E., Iustitia Dei. A History of the Christian Doctrine of Justification, 2 Bde. Cambridge 1986.

MᴄGʀᴀᴛʜ, Aʟɪsᴛᴇʀ E., Justification and the Reformation. The Significance of the Doctrine of Justification by Faith to Sixteenth-Century Urban Communities, in: Archiv für Reformationsgeschichte, 81. 1990 S. 5–19.

MᴄGʀᴀᴛʜ, Aʟɪsᴛᴇʀ E., Reformation Thought. An Introduction. Oxford – Cambridge, Mass. ²1993.

MᴄIɴᴛᴏsʜ, Mᴀʀᴊᴏʀɪᴇ Kᴇɴɪsᴛᴏɴ, Controlling misbehavior in England 1370–1600. Cambridge 1998.

MᴄLᴀᴜɢʜʟɪɴ, Eᴍᴍᴇᴛ R., Kaspar von Schwenckfeld, in: Hᴀɴs J. Hɪʟʟᴇʀʙʀᴀɴᴅ Hg., The Oxford Encyclopedia of the Reformation. Bd. 4. New York – Oxford 1996 S. 21–24.

Mᴇᴅɪᴄᴋ, Hᴀɴs, Entlegene Geschichte? Sozialgeschichte und Mikrohistorie im Blickfeld der Kulturanthropologie, in: Jᴏᴀᴄʜɪᴍ Mᴀᴛᴛʜᴇs Hg., Zwischen den Kulturen? Die Sozialwissenschaften vor dem Problem des Kulturvergleichs. Göttingen 1992 S. 167–178.

Mᴇɪᴇʀ, Gᴀʙʀɪᴇʟ P., Phrasen, Schlag- und Scheltwörter der schweizerischen Reformationszeit, in: Zeitschrift für Schweizerische Kirchengeschichte, 11. 1917 S. 221–236.

Mᴇʀɢᴇʟ, Tʜᴏᴍᴀs/Wᴇʟsᴋᴏᴘᴘ, Tʜᴏᴍᴀs Hg., Geschichte zwischen Kultur und Gesellschaft. Beiträge zur Theoriedebatte, Göttingen 1997.

Mᴇssᴍᴇʀ, Kᴜʀᴛ/Hᴏᴘᴘᴇ, Pᴇᴛᴇʀ, Luzerner Patriziat. Sozial- und wirtschaftsgeschichtliche Studien zur Entstehung und Entwicklung im 16 und 17. Jahrhundert. Luzern – München 1976.

Mᴇᴛᴢ, Kᴀʀʟ H., »Providence« und politisches Handeln in der englischen Revolution (1640–1660). Eine Studie zu einer Wurzel moderner Politik, dargestellt am politischen Denken Oliver Cromwells, in: Zeitschrift für Historische Forschung, 12. 1985 S. 43–84.

Mᴇʏᴇʀ, Fᴇʀᴅɪɴᴀɴᴅ, Die evangelische Gemeinde in Locarno, ihre Auswanderung nach Zuerich und ihre weitern Schicksale. Ein Beitrag zur Geschichte der Schweiz im sechzehnten Jahrhundert, Zürich 1836.

Mᴇʏᴇʀ, Hᴇʟᴍᴜᴛ, Das 16. und 17. Jahrhundert, in: Schweizerische Zeitschrift für Geschichte, 1991 S. 135–148.

Mɪᴇʟᴋᴇ, Jöʀɢ, Der Dekalog in den Rechtstexten des abendländischen Mittelalters. Aalen 1992.

Mɪɴᴏɪs, Gᴇᴏʀɢᴇs, Histoire de l'athéisme. Paris 1998. (Mɪɴᴏɪs Gᴇᴏʀɢᴇs, Geschichte des Atheismus. Von den Anfängen bis zur Gegenwart. Weimar 2000.)

Mᴏᴍᴍᴇʀᴛᴢ, Mᴏɴɪᴋᴀ, »Ich, Lisa Thielen«. Text als Handlung und sprachliche Struktur – ein methodischer Vorschlag, in: Historische Anthropologie, 4. 1996 S. 303–329.

Mᴏɴᴅᴀᴅᴀ, Lᴏʀᴇɴᴢᴀ, La construction discursive de l'altérité. Effets linguistiques, in: Travers. Zeitschrift für Geschichte/ Revue d'histoire, 1. 1996 S. 51–61.

Mᴏɴᴛᴀɢᴜ, Asʜʟᴇʏ, The Anatomy of Swearing. London 1967.

Mᴏɴᴛᴇʀ, E. Wɪʟʟɪᴀᴍ, The Consistory of Geneva, in: Bibliothèque d'Humanisme et de Renaissance, 38. 1976 S. 467–484.

Mᴏɴᴛᴇʀ, Wɪʟʟɪᴀᴍ Eᴅᴡᴀʀᴅ, The Consistory of Geneva 1559–1569, in: Dᴇʀs., Enforcing Morality in Early Modern Europe, 2 Bde. London 1987 S. 467–484.

Mᴏɴᴛᴇʀ, Wɪʟʟɪᴀᴍ Eᴅᴡᴀʀᴅ/Tᴇᴅᴇsᴄʜɪ Jᴏʜɴ, Towards a Statistical Profile of the Italian Inquisitions. Sixteenth to Eighteenth Centuries, in: Dᴇʀs. Hg., Enforcing Morality in Early Modern Europe. London 1987 S. 130–137.

Mᴏʀᴛᴀɴɢᴇs, Rᴇɴᴇ́ Pᴀʜᴜᴅ ᴅᴇ, Die Archetypik der Gotteslästerung als Beispiel für das Wirken archetypischer Vorstellungen im Rechtsdenken. Freiburg 1987.

Mᴏsᴇʀ, Aᴅᴏʟꜰ, Religion und Strafrecht, insbesondere die Gotteslästerung. Breslau 1909.

Mᴜᴄʜᴇᴍʙʟᴇᴅ, Rᴏʙᴇʀᴛ, L'invention de l'homme moderne. Culture et sensibilités en France du XVe au XVIIIe siècle. Paris 1988. (Mᴜᴄʜᴇᴍʙʟᴇᴅ Rᴏʙᴇʀᴛ, Die Erfindung des modernen Menschen, Reinbek bei Hamburg 1990.)

Mᴜʀᴀʟᴛ, Lᴇᴏɴʜᴀʀᴅ ᴠᴏɴ/Sᴄʜᴍɪᴅᴛ, Wᴀʟᴛᴇʀ Hg., Quellen zur Gechichte der Täufer in der Schweiz. Bd. 1. Zürich 1952.

Müʜʟᴇɴ, Kᴀʀʟ-Hᴇɪɴᴢ ᴢᴜʀ, Reformation und Gegenreformation. Teil I. Göttingen 1999.

MÜLLER, CHRISTA, Arbeiten zur Sozialdisziplinierung in der Frühen Neuzeit. Ein Forschungsbericht für die Jahre 1980-1994. Zweiter Teil, in: Frühneuzeit-Info, 7. 1996 S. 240-252.

MÜLLER-BURGHERR, THOMAS, Die Ehrverletzung. Ein Beitrag zur Geschichte des Strafrechts in
der deutschen und rätoromanischen Schweiz von 1252-1798. Zürich 1987.

MÜNCH, PAUL, Zucht und Ordnung. Kirchenverfassungen im 16. und 17. Jahrhundert (Nassau-
Dillenburg, Kurpfalz, Hessen-Kassel). Stuttgart 1978.

MÜNCH, PAUL Hg., Erfahrung in der Geschichte der Frühen Neuzeit. München 2001.

NAUCKE, WOLFGANG, Die Stilisierung von Sachverhaltsschilderungen durch materielles Strafrecht und Strafprozeßrecht, in: JÖRG SCHÖNERT/KONSTANTIN IMM/JOACHIM LINDER Hg., Erzählte Kriminalität. Zur Typologie und Funktion von narrativen Darstellungen in Strafrechtspflege, Publizistik und Literatur zwischen 1770 und 1920. Tübingen 1991 S. 59-86.

NEUMANN, FREDERIKE, Die Schmähung als »Meisterstück«. Die Absicherung ständischer Position durch Beleidigungen unter Lemgoer Kürschnern im ausgehenden 16. und frühen 17. Jahrhundert, in: Westfälische Forschungen, 47. 1997 S. 621-641.

NÉMETH, KATALIN S., Neue Funde aus dem Nachlass von Johann Jakob Redinger, in: Daphnis.
Zeitschrift für Mittlere Deutsche Literatur, 26. 1997 S. 519-523.

NICKLIS, HANS-WERNER, Rechtsgeschichte und Kulturgeschichte. Zur Vor- und Frühgeschichte
des Steckbriefs (6.-16. Jahrhundert), in: Mediaevistik, 5. 1992 S. 95-125.

NIEWÖHNER, FRIEDRICH/PLUTA OLAF Hg., Atheismus im Mittelalter und in der Renaissance.
Wiesbaden 1999.

NOKES, GERALD D., A History of the Crime of Blasphemy. London 1928.

NOLTE, PAUL u. a. Hg., Perspektiven der Gesellschaftsgeschichte. München 2000.

OESTREICH, GERHARD, Strukturprobleme des europäischen Absolutismus, in: Vierteljahrschrift
für Sozial- und Wirtschaftsgeschichte, 55. 1969 S. 329-347.

OTTO, RUDOLF, Das Heilige. Über das Irrationale in der Idee des Göttlichen und sein Verhältnis
zum Rationalen. München [28]1947.

PÄLTZ, EBERHARD H., Böhme Jacob, in: Theologische Realenzyklopädie, Bd. 6. Berlin - New
York 1980 S. 748-754.

PETERS, EDWARD, Inquisition. Berkeley 1989.

PETERS, HELGE, Devianz und soziale Kontrolle. Eine Einführung in die Soziologie abweichenden Verhaltens. Weinheim 1989.

PFARRBÜCHER, Bürgerbücher und Genealogische Verzeichnisse im Stadtarchiv Zürich. Bearbeitet
von Robert Dünki, Zürich 1995.

PFISTER, CHRISTIAN, Bevölkerung, Klima und Agrarmodernisierung 1525-1860. Das Klima der
Schweiz von 1525 bis 1860 und seine Bedeutung in der Geschichte von Bevölkerung und
Landwirtschaft, 2 Bde. Bern - Stuttgart 1984.

PFISTER, RUDOLF, Kirchengeschichte der Schweiz. Von der Reformation bis zum Villmerger
Krieg, 2 Bde. Zürich 1974.

PO-CHIA, HSIA RONNIE, Social Discipline in the Reformation. Central Europe 1550-1750.
London - New York 1989.

POHL, SUSANNE, »Ehrlicher Totschlag« - »Rache« - »Notwehr«. Zwischen männlichem Ehrcode
und dem Primat des Stadtfriedens (Zürich 1376-1600), in: BERNHARD JUSSEN/CRAIG KOLOF-
SKY Hg., Kulturelle Reformation. Sinnformationen im Umbruch 1400-1600. Göttingen 1999
S. 239-283.

PRINZ, MICHAEL, Sozialdisziplinierung und Konfessionalisierung. Neuere Fragestellungen in der
Sozialgeschichte der frühen Neuzeit, in: Westfälische Forschungen, 42. 1992 S. 1-25.

PRODI, PAOLO, Der Eid in der europäischen Verfassungsgeschichte. Zur Einführung, in: DERS.
Hg., Glaube und Eid. Treueformeln, Glaubensbekenntnisse und Sozialdisziplinierung zwischen Mittelalter und Neuzeit. München 1993 S. VII-XXIX.

Prodi, Paolo, Das Sakrament der Herrschaft. Der politische Eid in der Verfassungsgeschichte des Okzidents. Berlin 1997.

Pünter, Daniel, »…, ist ihnen deswägen nach nothurft ernstlich zuogesprochen worden«. Sittenzucht und ihr Vollzug auf der Zürcher Landschaft 16.–18. Jahrhundert. Lizenziatsarbeit Philosophische Fakultät I der Universität Zürich. Zürich 1994.

Ranum, Orest, Lèse-majesté divine. Transgressing Boundaries by Thought and Action in Mid-Seventeenth-Century France, in: Proceedings of the Annual Meeting of the Western Societies for French History, 9. 1981 S. 68–80.

Rappe, Susanne, Schelten, Drohen, Klagen. Frühneuzeitliche Geschichtsnutzung zwischen »kommunikativer Vernunft« und »faktischem Zwang«, in: Werkstatt Geschichte, 14. 1996 S. 87–94.

Rassmann, Friedrich, Kurzgefasstes Lexicon deutscher pseudonymer Schriftsteller von der älteren bis auf die jüngste Zeit aus allen Fächern der Wissenschaften. Leipzig 1830.

Reichardt, Sven, Bourdieu für Historiker? Ein kultursoziologisches Angebot an die Sozialgeschichte, in: Thomas Mergel/Thomas Welskopp Hg., Geschichte zwischen Kultur und Gesellschaft. Beiträge zur Theoriedebatte. München 1997 S. 71–121.

Reinhard, Steven G., Crime and Royal Justice in Ancien Regime France. Modes of Analysis, in: Journal of Interdisciplinary History, 13. 1983 S. 437–460.

Reinhard, Wolfgang, Zwang zur Konfessionalisierung? Prolegomena zu einer Theorie des konfessionellen Zeitalters, in: Zeitschrift für Historische Forschung, 10. 1983 S. 257–277.

Reinhard, Wolfgang, Was ist katholische Konfessionalisierung? in: Ders./Heinz Schilling Hg., Die katholische Konfessionalisierung. Gütersloh 1995 S. 419–452.

Reinhard, Wolfgang, Sozialdisziplinierung – Konfessionalisierung – Modernisierung. Ein historiographischer Diskurs, in: Nada Boškovska Leimgruber Hg., Die Frühe Neuzeit in der Geschichtswissenschaft. Forschungstendenzen und Forschungserträge. Paderborn u. a. 1997 S. 39–55.

Reitinger, Franz, Schüsse, die Ihn nicht erreichten. Eine Motivgeschichte des Gottesattentats. Paderborn u. a.1997.

Rolf, Eckard, Sagen und Meinen. Paul Grices Theorie der Konversations-Implikaturen. Opladen 1994.

Romer, Hermann, Historische Kriminologie. Zum Forschungsstand in der deutschsprachigen Literatur der letzten zwanzig Jahre, in: Zeitschrift für Neuere Rechtsgeschichte, 14. 1992 S. 227–242.

Romer, Hermann, Herrschaft, Reislauf und Verbotspolitik. Beobachtungen zum rechtlichen Alltag der Zürcher Solddienstbekämpfung im 16. Jahrhundert. Zürich 1995.

Roodenburg, Herman, Reformierte Kirchenzucht und Ehrenhandel. Das Amsterdamer Nachbarschaftsleben im 17. Jahrhundert, in: Heinz Schilling Hg., Kirchenzucht und Sozialdisziplinierung im frühneuzeitlichen Europa (mit einer Auswahlbibliographie). Berlin 1994 S. 129–151.

Roper, Lyndal, Will and Honor. Sex, Words and Power in Augsburg Criminal Trials, in: Radical History, 43. 1989 S. 45–71.

Ross, Friso/Landwehr, Achim Hg., Denunziation und Justiz. Historische Dimensionen eines sozialen Phänomens. Tübingen 2000.

Rousseaux, Xavier, »Concurrence« du pardon et »politiques« de la répression dans les Pays-Bas espagnols au 16e siècle. Autour de l'affaire Charlet, 1541, in: Centre international d'anthropologie juridique, 3. 1999 S. 385–417.

Rousseaux, Xavier, »Sozialdisziplinierung«, Civilisation des moeurs et monopolisation du pouvoir. Eléments pour une histoire du contrôle social dans les Pays-Bas méridionaux 1500–1815, in: Heinz Schilling/Lars Behrisch Hg., Institutionen, Instrumente und Akteure sozialer Kontrolle und Disziplinierung im frühneuzeitlichen Europa, institutions, Instruments and Agents of Social Control and Discipline in Early Modern Europe. Frankfurt/Main 1999 S. 251–274.

Rublack, Hans-Christoph, Zwingli und Zürich, in: Zwingliana, 16. 1985 S. 393–426.

Rublack, Ulinka, Frühneuzeitliche Staatlichkeit und lokale Herrschaftspraxis in Württemberg, in: Zeitschrift für historische Forschung, 24. 1997 S. 347–376.

Rublack, Ulinka, Magd, Metz' oder Mörderin. Frauen vor frühneuzeitlichen Gerichten. Frankfurt/Main 1998.

Rummel, Walter, Verletzung von Körper, Ehre und Eigentum. Varianten im Umgang mit Gewalt in Dörfern des 17. Jahrhunderts, in: Andreas Blauert/Gerd Schwerhoff Hg., Mit den Waffen der Justiz. Zur Kriminalitätsgeschichte des Spätmittelalters und der Frühen Neuzeit. Frankfurt/Main 1993 S. 86–114.

Ruoff, Wilhelm Heinrich, Die Zürcher Räte als Strafgericht und ihr Verfahren bei Freveln im 15. und 16. Jahrhundert. Zürich 1941.

Ruoff, Wilhelm Heinrich, Der Blut- oder Malefizrat in Zürich von 1400–1798. Bern 1958.

Ruoff, Wilhelm Heinrich, Die Gätteri als Form des Kirchenprangers, in: Kurt Ebert Hg., Festschrift Hermann Baltl. Innsbruck 1978 S. 421–438.

Sabean, David Warren, Das zweischneidige Schwert. Herrschaft und Widerspruch im Württemberg der frühen Neuzeit. Berlin 1986.

Sabean, David Warren, Soziale Distanzierungen. Ritualisierte Gestik in deutscher bürokratischer Prosa der Frühen Neuzeit, in: Historische Anthropologie, 4. 1996 S. 216–233.

Sabean, David Warren, Peasant Voices and Bureaucratic Texts. Narrative Structure in Early Modern German Protocols, in: Peter Becker/William Clark Hg., The Figures of Objectivity (i. Dr.)

Sack, Fritz, Kriminalität, Gesellschaft und Geschichte. Berührungsängste der deutschen Kriminologie, in: Kriminologisches Journal, 19. 1987 S. 241–268.

Sack, Fritz, Strafrechtliche Kontrolle und Sozialdisziplinierung, in: Detlev Frehsee/Gabi Löschper/Karl F. Schumann Hg., Strafrecht, soziale Kontrolle, soziale Disziplinierung. Opladen 1993 S. 16–45.

Sacks, Harvey, Lectures on Conversation. Oxford ³1998.

Sauer, Klaus Martin, Die Predigttätigkeit Johann Kaspar Lavaters. Zürich 1988.

Saxer, Ernst, Einleitung, in: Thomas Brunnschweiler/Lutz Samuel Hg., Huldrich Zwingli. Schriften. Bd. 1. Zürich 1995 S. 157–158.

Sälter, Gerhard, Denunziation. Staatliche Verfolgungspraxis und Anzeigeverhalten der Bevölkerung, in: Zeitschrift für Geschichtswissenschaft, 47. 1999 S. 153–165.

Schär, Markus, Seelennöte der Untertanen. Selbstmord, Melancholie und Religion im alten Zürich. Zürich 1985.

Schellenberg, Walter, Die Bevölkerung der Stadt Zürich um 1780. Zusammensetzung und regionale Verteilung. Affoltern 1951.

Scherer, Sebastian/Hess, Hennerq, Social Control. A Defence and Reformulation, in: Roberto Bergalli/Collin Summer Hg., Social Control and Political Order. European Perspectives at the End of the Century. London – Thousand Oaks – New Delhi 1997 S. 96–130.

Schieder, Wolfgang, Religion in der Sozialgeschichte, in: Ders./Volker Sellin Hg., Sozialgeschichte in Deutschland. Entwicklungen und Perspektiven im internationalen Zusammenhang, Soziales Verhalten und soziale Aktionsformen in der Geschichte, Bd. 3. Göttingen 1987 S. 9–31.

Schilling, Heinz, Konfessionskonflikt und Staatsbildung. Eine Fallstudie über das Verhältnis von religiösem und sozialem Wandel in der Frühneuzeit am Beispiel der Grafschaft Lippe. Gütersloh 1981.

Schilling, Heinz, »Geschichte der Sünde« oder »Geschichte des Verbrechens«. Überlegungen zur Gesellschaftsgeschichte der frühneuzeitlichen Kirchenzucht, in: Annali dell'Istituto storico italo-germanico in Trento/Jahrbuch des italienisch-deutschen historischen Instituts in Trient, 12. 1986 S. 169–192.

SCHILLING, HEINZ, The Reformation and the Rise of the Early Modern State, in: JAMES D. TRACY Hg., Luther and the Modern State in Germany. Kirksville 1986 S. 21–30.

SCHILLING, HEINZ, Disziplinierung oder »Selbstregulierung« der Untertanen? Ein Plädoyer für die Doppelperspektive von Makro- und Mikrohistorie bei der Erforschung der frühmodernen Kirchenzucht, in: Historische Zeitschrift, 264. 1997 S. 675–691.

SCHILLING, HEINZ, Profil und Perspektiven einer interdisziplinären und komparatistischen Disziplinierungsforschung jenseits einer Dichotomie von Gesellschafts- und Kulturgeschichte, in: DERS./LARS BEHRISCH Hg., Institutionen, Instrumente und Akteure sozialer Kontrolle und Disziplinierung im frühneuzeitlichen Europa, institutions, Instruments and Agents of Social Control and Discipline in Early Modern Europe. Frankfurt/Main 1999 S. 3–36.

SCHILLING, LOTHAR, Im Schatten von »Annales«, Bourdieu und Foucault. Zur Rezeption französischer Rechtshistoriographie in Deutschland, in: OLIVIER BEAUD/ERK VOLKMAR HEYEN Hg., Eine deutsch-französische Rechtswissenschaft? Une science juridique franco allemande? Kritische Bilanz und Perspektiven eines kulturellen Dialogs. Biland critique et perspectives d'un dialogue culturel. Baden-Baden 1999 S. 41–66.

SCHILLING, LOTHAR/SCHUCK, GERHARD Hg., Repertorium der Policeyordnungen der Frühen Neuzeit. Wittelsbachische Territorien (Kurpfalz, Bayern, Pfalz-Neuburg, Pfalz-Sulzbach, Jülich-Berg, Pfalz-Zweibrücken), Bd. 2. Frankfurt/Main 1999.

SCHINDLER, NORBERT, Die Prinzipien des Hörensagens. Predigt und Publikum in der Frühen Neuzeit, in: Historische Anthropologie, 1. 1993 S. 359–393.

SCHLÖGL, RUDOLF, Glaube und Religion in der Säkularisierung. Die katholische Stadt Köln, Aachen, Augsburg 1700–1840. München 1995.

SCHLUMBOHM, JÜRGEN Hg., Mikrogeschichte Makrogeschichte. Komplementär oder inkommensurabel?. Göttingen 1998.

SCHMID, BRUNO, Die Gerichtsherrschaften im alten Zürich, in: Zürcher Taschenbuch, 89. 1969 S. 8–34.

SCHMIDT, HEINRICH RICHARD, Die Christianisierung des Sozialverhaltens als permanente Reformation. Aus der Praxis reformierter Sittengerichte in der Schweiz während der frühen Neuzeit, in: PETER BLICKLE/JOHANNES KUNISCH Hg., Kommunalisierung und Christianisierung. Berlin 1989 S. 113–163.

SCHMIDT, HEINRICH RICHARD, Konfessionalisierung im 16. Jahrhundert. München 1992.

SCHMIDT, HEINRICH RICHARD, Die Ächtung des Fluchens durch reformierte Sittengerichte, in: PETER BLICKLE/ANDRÉ HOLENSTEIN Hg., Der Fluch und der Eid. Die metaphysische Begründung gesellschaftlichen Zusammenlebens und politischer Ordnung in der ständischen Gesellschaft. Berlin 1993 S. 65–120.

SCHMIDT, HEINRICH RICHARD, Dorf und Religion. Reformierte Sittenzucht in Berner Landgemeinden der Frühen Neuzeit. Stuttgart – Jena – New York 1995.

SCHMIDT, HEINRICH RICHARD, Sozialdisziplinierung? Plädoyer für das Ende des Etatismus in der Konfessionalisierungsforschung, in: Historische Zeitschrift, 265. 1997 S. 639–682.

SCHMIDT, HEINRICH RICHARD, Die Ethik der Laien in der Reformation, in: BERND MOELLER Hg., Die frühe Reformation in Deutschland als Umbruch. Wissenschaftliches Symposion des Vereins für Reformationsgeschichte. Göttingen 1998 S. 333–370.

SCHMIDT, HEINRICH RICHARDT, Emden est partout. Vers un modèle interactif de la confessionalisation, in: Francia, 26. 1999 S. 23–45.

SCHMIDT, PETER, Tortur als Routine. Zur Theorie und Praxis der römischen Inquisition in der frühen Neuzeit, in: PETER BURSCHEL/GÖTZ DISTELRATH/SVEN LEMBKE Hg., Das Quälen des Körpers. Eine historische Anthropologie der Folter, Köln – Weimar – Wien 2000 S. 201–215.

SCHMÖLZ-HÄBERLEIN, MICHAELA, Ehrverletzung als Strategie. Zum sozialen Kontext von Injurien in der badischen Kleinstadt Emmendingen 1650–1800, in: MARK HÄBERLEIN Hg., Devianz, Widerstand und Herrschaftspraxis in der Vormoderne. Studien zu Konflikten im südwestdeutschen Raum (15. bis 18. Jahrhundert). Konstanz 1999 S. 137–163.

SCHNABEL-SCHÜLE, HELGA, Ego-Dokumente im frühneuzeitlichen Strafprozeß, in: WINFRIED SCHULZE Hg., Ego- Dokumente. Annäherung an den Menschen in der frühen Neuzeit. Berlin 1996 S. 295–317.

SCHNABEL-SCHÜLE, HELGA, Kirchenvisitation und Landesvisitation als Mittel der Kommunikation zwischen Herrschaft und Untertanen, in: HEINZ DUCHART/GERT MELVILLE Hg., Im Spannungsfeld von Recht und Ritual. Soziale Kommunikation in Mittelalter und Früher Neuzeit. Köln – Weimar – Wien 1997 S. 173–186.

SCHNABEL-SCHÜLE, HELGA, Überwachen und Strafen im Territorialstaat. Bedingungen und Auswirkungen des Systems strafrechtlicher Sanktionen im frühneuzeitlichen Württemberg. Köln – Weimar – Wien 1997.

SCHNYDER, RUDOLF, Zürcher Staatsaltertümer. Der Zürcher Staat im 17. Jahrhundert. Bern 1975.

SCHNYDER, WERNER, Die Bevölkerung der Stadt und Landschaft Zürich vom 14. bis 17. Jahrhundert. Eine methodologische Studie. Zürich 1927.

SCHOTT, CLAUDIA, Policey in der Schweiz. Das Beispiel Zürich, in: MICHAEL STOLLEIS/KARL HÄRTER/LOTHAR SCHILLING Hg., Policey im Europa der Frühen Neuzeit. Frankfurt/Main 1996 S. 489–507.

SCHÖNERT, JÖRG/LINDER, JOACHIM Hg., Erzählte Kriminalität. Zur Typologie und Funktion von narrativen Darstellungen in Strafrechtspflege, Publizistik und Literatur zwischen 1770 und 1920. Tübingen 1991.

SCHREINER, KLAUS/SCHWERHOFF, GERD, Verletzte Ehre. Überlegungen zu einem Forschungskonzept, in: DIES. Hg., Verletzte Ehre. Ehrkonflikte in Gesellschaften des Mittelalters und der frühen Neuzeit. Köln – Weimar – Wien 1995 S. 1–28.

SCHREINER, KLAUS/SCHWERHOFF, GERD Hg., Verletzte Ehre. Ehrkonflikte in Gesellschaften des Mittelalters und der frühen Neuzeit. Köln – Weimar – Wien 1995.

SCHULZE, WINFRIED, Einführung in die Neuere Geschichte. Stuttgart 1987.

SCHULZE, WINFRIED, Gerhard Oestreichs Begriff der »Sozialdisziplinierung« in der frühen Neuzeit, in: Zeitschrift für Historische Forschung, 14. 1987 S. 265–302.

SCHULZE, WINFRIED Hg., Ego-Dokumente. Annäherung an den Menschen in der Geschichte, Berlin 1996.

SCHULZE, WINFRIED, Zur Ergiebigkeit von Zeugenbefragungen und Verhören, in: DERS. Hg., Ego-Dokumente. Annäherung an den Menschen in der Geschichte. Berlin 1996 S. 319–325.

SCHULZE, WINFRIED, Konfessionalisierung als Paradigma zur Erforschung des konfessionellen Zeitalters, in: BURKHARD DIETZ/STEFAN EHRENPREIS Hg., Drei Konfesssionen in einer Region. Beiträge zur Geschichte der Konfessionalisierung im Herzogtum Berg vom 16. bis zum 18. Jahrhundert. Köln 1999 S. 15–30.

SCHUSTER, PETER, Eine Stadt vor Gericht. Recht und Alltag im spätmittelalterlichen Konstanz. Paderborn u. a. 2000.

SCHWEIZER, PAUL, Der Hexenprozess und seine Anwendung in Zürich, in: Zürcher Taschenbuch, 25. 1902 S. 1–63.

SCHWEIZERISCHES IDIOTIKON. Wörterbuch der schweizerdeutschen Sprache, 15 Bde. Frauenfeld 1881–1990.

SCHWERHOFF, GERD, Devianz in der alteuropäischen Gesellschaft. Umrisse einer historischen Kriminalitätsforschung, in: Zeitschrift für Historische Forschung, 19. 1992 S. 385–414.

SCHWERHOFF, GERD, Verordnete Schande? Spätmittelalterliche und frühneuzeitliche Ehrenstrafen zwischen Rechtsakt und sozialer Sanktion, in: ANDREAS BLAUERT/DERS. Hg., Mit den

Waffen der Justiz. Zur Kriminalitätsgeschichte des späten Mittelalters und der frühen Neuzeit. Frankfurt/Main 1993 S. 158–188.

SCHWERHOFF, GERD, Überlegungen zur Erklärung des scheinbar Selbstverständlichen, in: GISELA WILBERZ GISELA/DERS./JÜRGEN SCHEFFER Hg., Hexenverfolgung und Regionalgeschichte. Die Grafschaft Lippe im Vergleich, Bielefeld 1994 S. 325–353.

SCHWERHOFF, GERD, Vom Alltagsverdacht zur Massenverfolgung. Neuere deutsche Forschungen zum Hexenwesen, in: Geschichte in Wissenschaft und Unterricht, 46. 1995 S. 359–380.

SCHWERHOFF, GERD, Blasphemare, dehonestare et maledicere. Über die Verletzung der göttlichen Ehre im Spätmittelater, in: KLAUS SCHREINER/DERS. Hg., Verletzte Ehre. Ehrkonflikte in Gesellschaften des Mittelalters und der frühen Neuzeit. Köln – Weimar – Wien 1995 S. 252–278.

SCHWERHOFF, GERD, Der blasphemische Spieler. Zur Deutung eines Verhaltenstypus im späten Mittelalter und in der frühen Neuzeit, in: Ludica, 1. 1995 S. 79–95.

SCHWERHOFF, GERD, Gott und die Welt herausfordern. Theologische Konstruktion, rechtliche Bekämpfung und soziale Praxis der Blasphemie vom 13. bis zum Beginn des 17. Jahrhunderts. Habilitationsmanuskript Bielefeld 1996.

SCHWERHOFF, GERD, Blasphemie vor den Schranken städtischer Justiz. Basel, Köln, Nürnberg im Vergleich (14.–17. Jahrhundert), in: Ius Commune, 25. 1998 S. 39–120.

SCHWERHOFF, GERD, Starke Worte. Blasphemie als theatralische Inszenierung von Männlichkeit an der Wende vom Mittelalter zur Frühen Neuzeit, in: MARTIN DINGES Hg., Hausväter, Priester, Kastraten. Zur Konstruktion von Männlichkeit in Spätmittelalter und Früher Neuzeit. Göttingen 1998 S. 237–263.

SCHWERHOFF, GERD, Zivilisationsprozeß und Geschichtswissenschaft. Norbert Elias' Forschungsparadigma in historischer Sicht, in: Historische Zeitschrift, 266. 1998 S. 561–605.

SCHWERHOFF, GERD, Blasphemie zwischen antijüdischem Stigma und kultureller Praxis. Zum Vorwurf der Gotteslästerung gegen die Juden im Mittelalter und beginnender Frühneuzeit, in: Aschkenas. Zeitschrift für Geschichte und Kultur der Juden, 10. 2000 S. 117–155.

SCRIBNER, ROBERT W., Oral Culture and the Diffusion of Reformation Ideas, in: DERS. Hg., Popular Culture and Popular Movements in Reformation Germany. London – Ronceverte 1987 S. 49–69.

SCRIBNER, ROBERT W., Social Control and the Possibility of an Urban Reformation, in: DERS. Hg., Popular Culture and Popular Movements in Reformation Germany. London – Ronceverte 1987 S. 175–184.

SCRIBNER, ROBERT W., Is the History of Popular Culture Possible? in: History of European Ideas, 10. 1989 S. 175–191.

SCRIBNER, ROBERT W., Communalism. Universal Category or Ideological Construct? A Debate in the Historiography of Early Modern Germany and Switzerland, in: Historical Journal, 37. 1994 S. 199–207.

SCRIBNER, ROBERT W., Volksglaube und Volksfrömmigkeit. Begriffe und Historiographie, in: HANSGEORG MOLITOR/HERIBERT SMOLINSKY Hg., Volksfrömmigkeit in der Frühen Neuzeit. Münster 1994 S. 121–138.

SEARLE, JOHN, Sprechakte. Ein philosophischer Essay. Frankfurt/Main 1971.

SEEBAß, GOTTFRIED, Reformation, in: Theologische Realenzyklopädie. Bd. 28. Berlin – New York 1997 S. 386–404.

SELE, PATRICK K., Das Ende der Hexenprozesse im Zürich. Lizenziatsarbeit Philosophische Fakultät I der Universität Zürich. Zürich 1998.

SENN, MATTHIAS, Alltag und Lebensgefühl im Zürich des 16. Jahrhunderts, in: Zwingliana, 14. 1976 S. 251–262.

SHOEMAKER, ROBERT B., Reforming Male Manners. Public Insult and the Decline of Violence in London, 1660–1740, in: TIM HITCHCOCK/MICHÈLE COHEN Hg., English Masculinities 1660–1800. London – New York 1999 S. 133–150.

SHOEMAKER, ROBERT, Male Honour and the Decline of Public Violence in Eigteenth-Century London, in: Social History, 26. 2001 S. 190–208.

SIBLER, GEORG, Zinsschreiber, geschworene Schreiber und Landschreiber im alten Zürich, in: Zürcher Taschenbuch, 108. 1988 S. 149–206.

SIBLER, GEORG, Nachträge zu den Landschreibern im alten Zürich, in: Zürcher Taschenbuch, 113. 1993 S. 131–137.

SIEBER-LEHMANN, CLAUDIUS, Einleitung, in: DERS./THOMAS WILHELMI Hg., In Helvetios – Wider die Kuhschweizer. Fremd- und Feindbilder von den Schweizern in antieidgenössischen Texten aus der Zeit von 1386 bis 1532. Bern – Stuttgart – Wien 1998 S. 1–21.

SIGG, OTTO, Das 17. Jahrhundert, in: NIKLAUS FLÜELER/ MARIANNE FLÜELER-GRAUWILER Hg., Die Geschichte des Kantons Zürich. Frühe Neuzeit – 16. bis 18. Jahrhundert, Bd. 2. Zürich 1996 S. 282–363.

SIMON, THOMAS Hg., Repertorium der Policeyordnungen der Frühen Neuzeit. Brandenburg/ Preußen mit Nebenterritorien Kleve-Mark, Halberstadt und Magdeburg, Bd. 2. Frankfurt/ Main 1998.

SIMON-MUSCHEID, KATHARINA, Gerichtsquellen und Alltagsgeschichte, in: Medium Aevum Quotidianum, 30. 1994 S. 28–43.

SIMON-MUSCHEID, KATHARINA, Reden und Schweigen vor Gericht. Klientelverhältnisse und Beziehungsgeflechte im Prozeßverlauf, in: MARK HÄBERLEIN Hg., Devianz, Widerstand und Herrschaftspraxis in der Vormoderne. Studien zu Konflikten im südwestdeutschen Raum (15. bis 18. Jahrhundert). Konstanz 1999 S. 35–52.

SIMONCELLI, PAOLO, Bernadino Ochino, in: HANS J. HILLERBRAND Hg., The Oxford Encyclopedia of the Reformation. Bd. 3. New York – Oxford 1996 S. 166 f.

SNYDER, ARNOLD, Word and Power in Reformation Zürich, in: Archiv für Reformationsgeschichte, 81. 1990 S. 263–285.

SOKOLL, THOMAS, Kulturanthropologie und Historische Sozialwissenschaft, in: THOMAS MERGEL/THOMAS WELSKOPP Hg., Geschichte zwischen Kultur und Gesellschaft. Beiträge zur Theoriedebatte. München 1997 S. 233–272.

STAEHELIN, ADRIAN, Sittenzucht und Sittengerichtsbarkeit in Basel, in: Zeitschrift für Rechtsgeschichte. Germanische Abteilung, 85. 1968 S. 78–103.

STAYER, JAMES M., David Georg, in: Theologische Realenzyklopädie, Bd. 17. Berlin – New York 1988 S. 238–242.

STEGER, HUGO, Sprachgeschichte als Geschichte der Textsorten/Testtypen und ihrer kommunikativen Bezugsbereiche, in: WERNER BESCH/OSKAR REICHMANN/STEFAN SONDEREGGER Hg., Sprachgeschichte. Ein Handbuch zur Geschichte der deutschen Sprache und ihrer Erforschung, Bd. 2/1. Berlin – New York 1984 S. 186–204.

STEINBRECHER, ALINE, »Von der Blödigkeit des Haupts«. Geisteskranke im Zürcher Spital 16.–18. Jahrhundert, Lizenziatsarbeit Philosophische Fakultät I der Universität Zürich. Zürich 1997.

STEINBRECHER, ALINE, Schicksal eines psychisch Kranken im 17. Jahrhundert. Ein Zürcher Obervogt verliert den Verstand, in: Zürcher Taschenbuch, NF. 119. 1999 S. 331–361.

STEINMETZ, GEORGE, Introduction: Culture and the State, in: DERS. Hg., State/Culture. State-Formation after the Cultural Turn. Ithaca – London 1999 S. 1–49.

STOLLEIS, MICHAEL, Religion und Politik im Zeitalter des Barock. »Konfessionalisierung« oder »Säkularisierung« bei der Entstehung des frühmodernen Staates?, in: DIETER BREUER Hg., Religion und Religiosität im Zeitalter des Barock. Bd. 1. Wiesbaden 1995 S. 23–42.

STOLLEIS, MICHAEL, Rechtsgeschichte als Kunstprodukt. Zur Entbehrlichkeit von »Begriff« und »Tatschache«. Baden-Baden 1997.

STOLLEIS, MICHAEL, Was bedeutet »Normdurchsetzung« bei Policeyordnungen der frühen Neuzeit, in: RICHARD H. HELMHOLZ u. a. Hg., Grundlagen des Rechts. Festschrift für Peter Landau zum 65. Geburtstag. Paderborn u. a. 2000 S. 739–757.

STUCKI, HEINZPETER, Das 16. Jahrhundert, in: NIKLAUS FLÜELER/ MARIANNE FLÜELER-GRAUWILER Hg., Die Geschichte des Kantons Zürich. Frühe Neuzeit – 16. bis 18. Jahrhundert, Bd. 2. Zürich 1996 S. 172–281.

STUDER, JULIUS, Der Pietismus in der zürcherischen Kirche am Anfang des vorigen Jahrhunderts nach ungedruckten Quellen, in: Jahrbuch der Historischen Gesellschaft Züricher Theologen. 1. 1877 S. 109–209.

SUDA, MAX JOSEF, Religionsvergehen III, in: Theologische Realenzyklopädie, Bd. 29. Berlin – New York 1998 S. 55–58.

TAPPOLET, WALTER Hg., Das Marienlob der Reformatoren. Martin Luther. Johannes Calvin, Huldrych Zwingli. Heinrich Bullinger. Tübingen 1962.

TEBBUTT, MELANIE, Women's Talk? A Social History of »Gossip« in Working Class Neighbourhoods 1880–1960. Brookfield/Vt. 1995.

THEOLOGISCHE REALENZYKLOPÄDIE, 29 Bde., Berlin – New York 1977 ff.

THOMAS, KEITH, Religion and the Decline of Magic. Studies in Popular Beliefs in Sixteenth- and Seventeenth-Century England. Harmondsworth 1973.

TRECHSEL, FRIEDRICH, Die protestantischen Antitrinitarier vor Faustus Socin. Heidelberg 1839.

TRUSEN, WINFRIED, Rechtliche Grundlagen des Häresiebegriffs und des Ketzerverfahrens, in: SILVANA SEIDEL MENCHI Hg., Ketzerverfolgung im 16. und 17. Jahrhundert. Wiesbaden 1992 S. 1–20.

TÜRLER, HEINRICH/GODET, MARCEL/ATTINGER, VICTOR Hg., Historisch-Biographisches Lexikon der Schweiz. 7 Bde. Neuenburg 1926–1934.

ULBRICHT, OTTO, Supplikationen als Ego-Dokumente. Bittschriften von Leibeigenen aus der ersten Hälfte des 17. Jahrhunderts als Beispiel, in: WINFRIED SCHULZE Hg., Ego-Dokumente. Annäherung an den Menschen in der Geschichte. Berlin 1996 S. 149–174.

ULBRICHT, OTTO, Aus Marionetten werden Menschen. Die Rückkehr der unbekannten historischen Individuen in die Geschichte der Frühen Neuzeit, in: EHRHARD CHOVJKA/RICHARD VAN DÜLMEN/VERA JUNG Hg., Neue Blicke. Historische Anthropologie in der Praxis. Wien – Köln – Weimar 1997 S. 13–32.

ULRICH, CONRAD, Das 18. Jahrhundert, in: NIKLAUS FLÜELER/ MARIANNE FLÜELER-GRAUWILER Hg., Die Geschichte des Kantons Zürich. Frühe Neuzeit – 16. bis 18. Jahrhundert, Bd. 2. Zürich 1996 S. 364–505.

VIERHAUS, RUDOLF, Die Rekonstruktion historischer Lebenswelten. Probleme moderner Kulturgeschichtsschreibung, in: HARTMUT LEHMANN Hg., Wege zu einer neuen Kulturgeschichte. Göttingen 1995 S. 7–28.

VOGEL, SABINE, Sozialdisziplinierung als Forschungsbegriff? in: Frühneuzeit-Info, 8. 1997 S. 190–193.

VOGLER, BERNARD, Die Entstehung der protestantischen Volksfrömmigkeit in der rheinischen Pfalz zwischen 1555 und 1619, in: Archiv für Reformationsgeschichte/Archive for Reformation History, 72. 1981 S. 158–195.

VOGT, LUDGERA, Zur Logik der Ehre in der Gegenwartsgesellschaft. Differenzierung, Macht, Integration. Frankfurt/Main 1997.

WAGNER, K, Das Potential des Labeling-Approach. Versuch einer programmatischen Neueinschätzung, in: Kriminologisches Journal, 17. 1985 S. 267–289.

WALZ, RAINER, Agonale Kommunikation im Dorf der frühen Neuzeit, in: Westfälische Forschungen, 42. 1992 S. 215–251.

WANDEL, PALMER LEE, Brothers and Neighbors. The Language of Community in Zwingli's Preaching, in: Zwingliana, 17. 1988 S. 361–374.

WARDEN, BLAIR, Providence and Politics in Cromwellian England, in: Past and Present, 109. 1985 S. 55–99.

WEBERSINN, GERHARD, Die geschichtliche Entwicklung des Gotteslästerungsdelikt. Diss. Breslau 1928.

WEGERT, KARL, Popular Culture, Crime, and Social Control in 18th-Century Württemberg. Stuttgart 1994.

WEHRLI, CHRISTOPH, Die Reformationskammer. Das Zürcher Sittengericht des 17. und 18. Jahrhunderts. Winterthur 1963.

WEIBEL, THOMAS, Der zürcherische Stadtstaat, in: NIKLAUS FLÜELER/MARIANNE FLÜELER-GRAUWILER Hg., Geschichte des Kantons Zürich. Bd. 2. Zürich 1996 S. 16–65.

WEINZIERL, MICHAEL Hg., Individualisierung, Rationalisierung, Säkularisierung. Neue Wege der Religionsgeschichte. München 1997.

WEISZ, LEO, Die Werdmüller. Schicksale eines alten Zürcher Geschlechts. Bd. 2. Zürich 1949.

WERDMÜLLER, OTTO ANTON, Der Glaubenszwang der zürcherischen Kirche im 17. Jahrhundert. Eine kirchenhistorische Skizze. Zürich 1845.

WERNLE, PAUL, Der schweizerische Protestantismus im XVIII. Jahrhundert. Das reformierte Staatskirchentum und seine Ausläufer (Pietismus und vernünftige Orthodoxie). Bd. 1. Tübingen 1923.

WETTSTEIN, ERICH, Die Geschichte der Todesstrafe im Kanton Zürich. Winterthur 1958.

WIELEMA, MICHIEL R., Ongeloof en atheïsme in vroegmodern Europa. in: Tijdschrift voor Geschiedenis, 114. 2001 S. 332–353.

WILLOWEIT, DIETMAR Hg., Die Entstehung des öffentlichen Strafrechts. Bestandsaufnahme eines europäischen Forschungsproblems, Köln u. a. 1999.

WILLOWEIT, DIETMAR, Gewalt und Verbrechen, Strafe und Sühne im alten Würzburg. Offene Probleme der deutschen strafrechtsgeschichtlichen Forschung, in: DERS. Hg., Die Entstehung des öffentlichen Strafrechts. Bestandsaufnahme eines europäischen Forschungsproblems. Köln – Weimar – Wien 1999 S. 215–238.

WIMMER, ANDREAS, Kultur. Zur Reformulierung eines sozialanthropologischen Grundbegriffs, in: Kölner Zeitschrift für Soziologie und Sozialpsychologie, 48. 1996 S. 401–425.

WIRTH, JEAN, Against the Acculturation Thesis, in: KASPAR VON GREYERZ Hg., Religion and Society in Early Modern Europe 1500–1800. London – Boston – Sidney 1984 S. 66–78.

WOHLFEIL, RAINER, Einführung in die Geschichte der deutschen Reformation. Minden 1982.

WOOTTON, DAVID, New Histories of Atheism, in: MICHAEL HUNTER/DERS. Hg., Atheism from the Reformation to the Enlightenment. Oxford 1992 S. 13–53.

ZEEDEN, ERNST WALTER/LANG, PETER T., Einführung, in: DIES. Hg., Kirche und Visitation. Beiträge zur Erforschung des frühneuzeitlichen Visitationswesens in Europa. Stuttgart 1984 S. 9–20.

ZEEDEN, ERNST WALTER/LANG, THADDÄUS Hg., Kirche und Visitation. Beiträge zur Erforschung des frühneuzeitlichen Visitationswesen in Europa, Stuttgart 1984.

ZIEGLER, PETER, Zürcher Sittenmandate. Zürich 1978.

Register